CURSO DE DERECHO ADMINISTRATIVO

JUAN CARLOS CASSAGNE

CURSO DE
DERECHO ADMINISTRATIVO
TOMO II

(Décima Segunda edición)

Editorial Jurídica Venezolana
Caracas, 2015

©   Juan Carlos Cassagne

ISBN 978-980-365-308-8
Depósito Legal lf54020153401709

Editorial Jurídica Venezolana
Sabana Grande, Av. Francisco Solano, Edif. Torre Oasis, Local 4, P.B.
Apartado Postal 17.598, Caracas 1015-A, Venezuela
Teléfonos: 762.2553/762.3842 - Fax: 763.5239
E-mail fejv@cantv.net
http://www.editorialjuridicavenezolana.com.ve

Editado por: Editorial Jurídica Venezolana
Avda. Francisco Solano López, Torre Oasis, P.B., Local 4, Sabana Grande,
Apartado 17.598 – Caracas, 1015, Venezuela
Teléfono 762.25.53, 762.38.42. Fax. 763.5239
http://www.editorialjuridicavenezolana.com.ve
Email fejv@cantv.net

Impreso por: Lightning Source, an INGRAM Content company
para Editorial Jurídica Venezolana International Inc.
Panamá, República de Panamá.
Email: editorialjuridicainternational@gmail.com

Diagramación, composición y montaje
por: Mirna Pinto de Naranjo, en letra Times New Roman 10.5
Interlineado 11, mancha 19x12,5

SUMARIO

TOMO II

TÍTULO SEXTO
PROCEDIMIENTOS Y RECURSOS ADMINISTRATIVOS

CAPÍTULO I
EL PROCEDIMIENTO ADMINISTRATIVO

CAPÍTULO II
PRINCIPIOS FUNDAMENTALES DEL PROCEDIMIENTO ADMINISTRATIVO

CAPÍTULO VI

EL PROCEDIMIENTO DE IMPUGNACIÓN EN PARTICULAR (RECURSOS, RECLAMACIONES Y DENUNCIAS)

Sección 1ª

LOS RECURSOS ADMINISTRATIVOS

CAPÍTULO III

LA EVOLUCIÓN DE LOS PRINCIPIOS Y TÉCNICAS REGULATORIAS EN EL CAMPO DE LOS SERVICIOS PÚBLICOS

14

CAPÍTULO IV

LA EMERGENCIA Y SU PROYECCIÓN A LOS CONTRATOS QUE TIENEN POR OBJETO LA PRESTACIÓN DE SERVICIOS PÚBLICOS

1. Contexto histórico institucional
2. Las inversiones ante la permanente emergencia. Una transición
3. La protección constitucional de los derechos de propiedad
4. Estado de Derecho. Estado de necesidad. Doctrina de la "ética de mínima"
5. El problema de los límites constitucionales de la emergencia. Los reglamentos de necesidad y urgencia
6. Prórroga de la declaración de emergencia. Postergación de la renegociación
7. El sistema de la ley 25.561
8. No hay expropiación sin indemnización previa
9. La ley 25.790 y la cuestión de los límites a la renegociación
10. La ley 25.972

CAPÍTULO V

LAS SANCIONES ADMINISTRATIVAS

1. Diferentes sanciones que aplica la Administración: las sanciones penales administrativas y su trascendencia
2. La distinción entre delitos y contravenciones o faltas: vigencia y ocaso del llamado Derecho Penal administrativo
3. El fenómeno de la despenalización
4. La falta o contravención como figura típica del Derecho Penal administrativo
5. Jurisdicción nacional y provincial para legislar en materia de contravenciones e infracciones administrativas
6. Principios del Derecho Penal aplicables en materia de policía
   A) El principio de legalidad
   B) La regla de tipicidad
   C) La culpabilidad en las contravenciones
   D) Otros principios y supuestos especiales del Derecho Penal sancionatorio
7. El procedimiento sancionatorio
8. Distintas clases de sanciones penales-administrativas
   A) La pena de multa
   B) La prisión y el arresto

TÍTULO NOVENO
LOS CONTRATOS DE LA ADMINISTRACIÓN PÚBLICA

CAPÍTULO I
LA CONTRATACIÓN PÚBLICA

CAPÍTULO II

EL RÉGIMEN DE CONTRATACIONES DE LA ADMINISTRACIÓN NACIONAL

3. Ámbito material de aplicación: la presunción de que toda contratación es de índole administrativa. Consecuencias

4. Continuación: contratos incluidos y contratos excluidos

5. El régimen exorbitante y el carácter expreso que revisten las prerrogativas en el ordenamiento. Su eventual renunciabilidad o limitación

6. Aplicación de las normas que regulan el acto administrativo en la LNPA al contrato administrativo

7. La regla de la ejecutoriedad: las excepciones al principio

8. Sobre la estabilidad de los contratos y el alcance de las facultades delegadas

9. Recapitulación: algunas conclusiones y balance crítico

CAPÍTULO III

LOS PROCEDIMIENTOS DE SELECCIÓN DEL CONTRATISTA ESTATAL Y LA ADJUDICACIÓN DEL CONTRATO

1. Principios y valores en juego en la contratación administrativa

    A) El principio de concurrencia y de competencia

    B) Principio de proporcionalidad y de razonabilidad

    C) Principio de eficiencia

    D) Principio de publicidad y difusión. Transparencia

    E) Principio de responsabilidad

    F) Igualdad de tratamiento para interesados y para oferentes

2. Sobre los procedimientos de contratación. Distintas clases de procedimientos

    A) El procedimiento de contratación y el crédito legal previo

    B) Distintas clases de procedimientos

3. Etapas de formación de la voluntad administrativa en la licitación pública (u otras formas similares)

    A) El pliego de bases y condiciones. Su peculiar naturaleza jurídica. Modificabilidad

    B) El llamado a licitación

    C) La presentación de ofertas. Situación jurídica del oferente

    D) Adjudicación. La oferta más conveniente como concepto jurídico indeterminado

4. El fracaso y extinción de la licitación pública. Licitación desierta. Ofertas inadmisibles o inconvenientes

5. Perfeccionamiento del contrato administrativo

CAPÍTULO IV

LOS EFECTOS DEL CONTRATO ADMINISTRATIVO, SUS ELEMENTOS Y EL RÉGIMEN DE EJECUCIÓN CONTRACTUAL

CAPÍTULO V

LA EXTINCIÓN DE LOS CONTRATOS ADMINISTRATIVOS

CAPÍTULO VI

IMPUGNACIÓN ADMINISTRATIVA Y JUDICIAL DE LOS ACTOS RELATIVOS A LA CELEBRACIÓN, EJECUCIÓN, MODIFICACIÓN Y EXTINCIÓN DE LOS CONTRATOS DE LA ADMINISTRACIÓN

CAPÍTULO VII

EL DESARROLLO DE INFRAESTRUCTURAS PÚBLICAS: NUEVOS MECANISMOS DE FINANCIAMIENTO VINCULADOS CON LA ACTIVIDAD CONTRACTUAL DE LA ADMINISTRACIÓN, EN ESPECIAL LA COLABORACIÓN Y/O ASOCIACIÓN ENTRE LOS PARTICULARES Y EL ESTADO

Sección 1ª
INTRODUCCIÓN

Sección 2ª
EL RÉGIMEN DE INICIATIVA PRIVADA

CAPÍTULO II
EL CONTRATO DE OBRA PÚBLICA

Sección 1ª
OBRA PÚBLICA Y CONTRATO DE OBRA PÚBLICA

Sección 2ª
SUJETO, OBJETO Y CARACTERES PRINCIPALES DEL CONTRATO DE OBRA PÚBLICA

Sección 3ª
LOS SISTEMAS DE CONTRATACIÓN DE LA LOP

Sección 2ª
CONCESIÓN DE SERVICIO PÚBLICO

1.   Remisión

Sección 3ª
CONCESIÓN DE OBRA PÚBLICA

1.   Concepto
2.   El marco legal

Sección 4ª
LA CONCESIÓN DE USO DEL DOMINIO PÚBLICO

1.   Características de la concesión de uso del dominio público
2.   Concesión y permiso de uso: la precariedad

BIBLIOGRAFÍA
ÍNDICE JURISPRUDENCIAL

ABREVIATURAS UTILIZADAS
TOMO I Y II

AGN	Auditoría General de la Nación
Art.	artículo
BO	Boletín Oficial
CN	Constitución Nacional
CNCiv.	Cámara Nacional de Apelaciones en lo Civil
CNCom	Cámara Nacional de Apelaciones en lo Comercial
CNCont.	Adm. Fed. Cámara Nacional de Apelaciones en lo Contencioso Administrativo Federal
CNT	Comisión Nacional de Telecomunicaciones
CCiv	Código Civil
Cód.	Civil Código Civil
Corte Sup.	Corte Suprema de Justicia de la Nación
CPCA	Código de Procedimiento Contencioso Administrativo
Dec.	decreto
ED	Revista Jurídica El Derecho
EDA	El Derecho Administrativo
ENARGAS	Ente Nacional Regulador de la Electricidad
ENRE	Ente nacional Regulador del Gas
ETOSS	Ente Tripartito de Obras y Servicios Sanitarios
inc.	inciso
JA	Revista jurídica Jurisprudencia Argentina
LAF	Ley de Administración Financiera
LNE	Ley Nacional de Expropiaciones
LNPA	Ley Nacional de Procedimientos Administrativos
LRJPAC	Ley de Régimen Jurídico de las Administraciones Públicas y del procedimiento Administrativo Común
MEyJ	Ministerio de Educación y Justicia
p.	página
ps.	páginas
RADA	Revista Argentina de Derecho Administrativo
RAP	Revista Argentina del Régimen de la Administración Pública

PDCO	Revista de Derecho Comercial y de las Obligaciones
REDA	Revista española de Derecho Administrativo
RLNPA	Reglamentación de la Ley Nacional de Procedimientos Administrativos
SC	Secretaría de Comunicaciones
SIGEN	Sindicatura General de la Nación
ss.	siguientes
t.	tomo
t.o.	texto ordenado
v.gr.	verbi gratia

TÍTULO SEXTO

PROCEDIMIENTOS Y RECURSOS ADMINISTRATIVOS

CAPÍTULO I

EL PROCEDIMIENTO ADMINISTRATIVO

1. EL PROCEDIMIENTO ADMINISTRATIVO COMO INSTRUMENTO DE CONTROL Y GARANTÍA DEL ADMINISTRADO. CONTROL DE LEGITIMIDAD Y DE MÉRITO, OPORTUNIDAD O CONVENIENCIA

El control que se desarrolla en el ámbito de la Administración Pública asume distintas modalidades pero en todos los casos se realiza a través del procedimiento administrativo, es decir, a través de una serie de actos orientados a la realización del control de legitimidad y de oportunidad, mérito o conveniencia y que sirven, al propio tiempo, de garantía de los administrados.

El procedimiento administrativo constituye de ese modo, aun en los supuestos del mero procedimiento de formación de los actos administrativos que no implican la sustanciación de recursos, un instrumento de control de la legitimidad (que incluye legalidad y razonabilidad o justicia) y del acierto de los actos en relación con el interés público o bien común que es el fin que la Administración persigue (control de oportunidad, mérito o conveniencia).

Existen numerosas zonas o aspectos de los actos administrativos donde confluyen el control de legitimidad con el de oportunidad, mérito o conveniencia, en la medida en que el fin de interés público que el acto persigue puede ser analizado, indistintamente, a través del prisma de la legitimidad como del mérito.

La cuestión se vincula a la existencia de facultades regladas y discrecionales, por una parte, y al hecho de que el interés público, que justifica – de oficio o a pedido del administrado– la actuación de los mecanismos de control mediante el ejercicio de la potestad revocatoria, es sobreviniente y sobrepasa la finalidad tenida en mira en el momento de emitir el acto administrativo.

En otros términos, si el interés público aparece reglado al momento de dictar el acto administrativo, el control de legitimidad sólo puede ser ejercido con arreglo a las normas vigentes. Si se trata de facultades discrecionales, la determinación efectuada por la Administración también ha de ser juzgada de acuerdo con el interés público existente en oportunidad de la emisión del acto administrativo. Hay, en este último caso, control de mérito.

Pero mientras en el primer caso, el cambio o modificación operada en el interés público requiere que para justificar la revocación del acto se modifique el derecho objetivo, no sucede lo mismo tratándose del ejercicio de facultades discrecionales o de derechos subjetivos debilitados, sin perjuicio de la existencia de límites de razonabilidad puestos al ejercicio de este tipo de control.

Hay diversos tipos de procedimientos administrativos, según que ellos se refieran a la fiscalización interna (procedimientos de los órganos de control)[1], al nacimiento de los actos administrativos (procedimiento de formación), o a su impugnación (procedimiento recursivo).

En los últimos tiempos se advierte un mayor interés por el procedimiento de formación de los actos[2], tendencia que aparece confirmada en nuestro país con el dictado de los ordenamientos positivos vigentes en el orden nacional y provincial.

Tanto el procedimiento administrativo de formación como el de naturaleza recursiva constituyen garantías formales a favor del administrado que le aseguran el ejercicio del poder de reacción frente a los actos perjudiciales a sus derechos subjetivos e intereses legítimos, permitiéndole conseguir la extinción, modificación o reforma de los actos administrativos lesivos[3].

2. PROCESO Y PROCEDIMIENTO. EL PROCEDIMIENTO COMO CAUCE FORMAL DE LA FUNCIÓN ADMINISTRATIVA

De acuerdo con el criterio material utilizado para definir las funciones del Estado, la temática que se plantea alrededor de la diferencia entre proceso y procedimiento encuentra una clara sustentación real y fundamentación lógica. Con todo, hay que advertir que tanto el proceso como el procedimiento son conceptos análogos y que, en el lenguaje común y vulgar – a veces también en el ámbito científico y profesional– pueden trasuntar la misma significación.

La doctrina procesal – seguida también por un sector de administrativistas– suele diferenciar el proceso del procedimiento sosteniendo que mientras el primero es un concepto de naturaleza formal, el segundo es eminentemente teleológico. Dentro de esta corriente el proceso implica el hecho de que la satisfacción de las pretensiones sea dirimida por un órgano imparcial o independiente. El procedimiento

---

[1]   MARIENHOFF, Miguel S., *Tratado de Derecho Administrativo*, 5ª ed. act., t. I, Abeledo-Perrot, Buenos Aires, 1995, ps. 653 y ss., quien realiza un detallado estudio de los diversos medios de control o fiscalización, especialmente de las figuras de la vigilancia, autorización, aprobación, visto bueno, suspensión e intervención.

[2]   CATALDI, Giuseppe, *Il procedimento amministrativo nei suoi attuali orientamenti giuridici e non giuridici*, Milán, 1967, ps. 3/5.

[3]   Conf. GARCÍA DE ENTERRÍA, Eduardo - FERNÁNDEZ, Tomás R., *Curso de Derecho Administrativo*, 2ª ed., t. II, Civitas, Madrid, 1981, ps. 361/362. Apuntan estos autores que si bien el procedimiento administrativo representa una garantía para los administrados (y en esto se identifica con el proceso jurisdiccional) ello no agota su función principal de asegurar la eficaz satisfacción del interés público, mediante la adopción de decisiones de la Administración, que es intérprete del interés, parte del procedimiento y árbitro del mismo (*cit.*, t. II, p. 363).

sería, en cambio, una serie de actos que se desarrollan en forma progresiva[4] que trasuntan la instrumentalización del proceso[5].

De este modo habría procedimiento dentro del proceso judicial, caracterizándose por el conjunto de formalidades a que deben someterse las partes y el juez durante la tramitación del proceso[6].

Existe otra corriente en la doctrina que es partidaria de la asimilación entre proceso y procedimiento, sosteniendo que, en definitiva, el proceso se da en todas las funciones del Estado[7].

Por otra parte, se ha postulado que el criterio distintivo entre proceso y procedimiento radica en que el proceso se refiere a la sucesión de actos que se llevan a cabo ante un órgano jurisdiccional, comprendiendo el procedimiento a los demás actos sucesivos y correlacionados entre sí a través de los cuales se obtiene un pronunciamiento de un órgano público de otra naturaleza[8].

Las posturas aquí reseñadas – que no agotan por cierto todas las teorías que se han expuesto– [9], tienen – algunas de ellas– su parte de verdad, habida cuenta de que tanto el término procedimiento como proceso[10] son conceptos análogos.

---

[4] NAVA NEGRETE, Alfonso, *Derecho Procesal Administrativo*, México, 1959, p. 70; GONZÁLEZ PÉREZ, Jesús, *Derecho Procesal Administrativo*, 2ª ed., t. I, Instituto de Estudios Políticos, Madrid, 1964, ps. 7/8; BERÇAITZ, Miguel Á., "Proceso y procedimiento contencioso-administrativo", *RAP*, nro. 44, ps. 122/123, este último autor sostiene, sin embargo, una concepción amplia acerca del proceso.

[5] CARNELUTTI, Francesco, *Sistema de Derecho Procesal Civil*, Uthea, Buenos Aires, 1944, ps. 48 y ss.

[6] ALSINA, Hugo, *Tratado de Derecho Procesal*, t. I, Ediar, Buenos Aires, 1956, p. 404.

[7] SANDULLI, Aldo M., *Il procedimento amministrativo*, Giuffrè, Milán, 1959, ps. 14 y ss.; VILLAR Y ROMERO, José María, "Derecho Procesal Administrativo", *Revista de Derecho Privado*, Madrid, 1944, ps. 7 y ss. Entre nosotros, Fiorini sostiene que el proceso se da en todas las funciones estatales, pero aceptando que cada proceso tiene un procedimiento que expresa las realizaciones prácticas para su concreción (FIORINI, Bartolomé A., *Derecho Administrativo*, 2ª ed. act., t. I, Abeledo-Perrot, Buenos Aires, 1976, ps. 102 y 103).

[8] RONDON DE SANSO, Hildegard, *El procedimiento administrativo*, Caracas, 1976, p. 4. Véase DROMI, José R., *Instituciones de Derecho Administrativo*, Astrea, Buenos Aires, 1973, ps. 503/508.

[9] Ampliar en: GONZÁLEZ PÉREZ, Jesús, *Derecho Procesal...*, cit., t. I, ps. 48 y ss.

[10] Esta analogía ha sido calificada como ambivalencia por algunos autores respecto al procedimiento administrativo: GORDILLO, Agustín, *Procedimiento y recursos administrativos*, 1ª ed., Jorge Álvarez, Buenos Aires, 1964, ps. 7/8; FRUGONE SCHIAVONE, Héctor, "Principios fundamentales del procedimiento administrativo", en *Procedimiento administrativo*, Montevideo, 1977, p. 113. Entre nosotros, ESCOLA, Héctor J., *Tratado general de procedimiento administrativo*, Depalma, Buenos Aires, 1973, ps. 8/11) propicia la ampliación del concepto de proceso, el que define por su finalidad teleológica, pero admitiendo la posibilidad de que existan el proceso administrativo y el legislativo, además del judicial. Esta tesis que ya habían propiciado Berçaitz y Fiorini, ha sido postulada por Comadira quien apunta que ello esclarece la posición institucional de los órganos del Estado y favorece la defensa de los administrados (conf. COMADIRA, Julio R., "Algunas reflexiones sobre el procedimiento administrativo", *Boletín del Instituto de Derecho Administrativo Profesor Rafael Bielsa*, nro. 5, Buenos Aires, 1972, p. 51).

Pero la analogía está limitada al sentido básico y general que poseen los términos del lenguaje. En tal sentido, puede señalarse una equivalencia de los términos utilizados en cuanto proceso y procedimiento indican el cauce formal de una función del Estado, es decir, la serie de actos y recaudos formales que deben cumplimentarse en el obrar de los órganos estatales.

Sin embargo, desde el punto de vista jurídico (y por tanto, convencional y técnico) la distinción se proyecta con perfiles netos y su empleo se realiza por parte de la doctrina, las más de las veces, en forma inconsciente.

En efecto, si tanto el proceso como el procedimiento constituyen el medio instrumental para llevar a cabo una función del Estado parece evidente que sus notas adjetivas se hallarán influidas y determinadas por el tipo de función que materialmente ejerciten en cada caso los órganos estatales.

En este sentido, entonces, cobra importancia la distinción para precisar que el procedimiento administrativo constituye la forma o el cauce formal de la función administrativa[11] (en sentido material). El concepto de proceso resulta más adecuado referirlo al cauce formal de la función jurisdiccional[12], entendida ésta como la solución de controversias (en sentido amplio) con fuerza de verdad legal[13].

De esta manera, habrá procedimiento administrativo en el ámbito de los tres órganos esenciales del Estado (Ejecutivo, Legislativo y Judicial), cuando éstos realicen funciones "materialmente" administrativas, y, por otro lado, habrá proceso jurisdiccional cuando cualquiera de esos órganos – en principio sólo el Poder Judicial en nuestro sistema constitucional– ejerza la función jurisdiccional, en sentido objetivo.

3. NOTAS QUE CARACTERIZAN LAS DIFERENCIAS EXISTENTES ENTRE PROCESO JURISDICCIONAL Y PROCEDIMIENTO ADMINISTRATIVO

Las distintas funciones que en sentido material se realizan a través del procedimiento administrativo y del proceso jurisdiccional se proyectan sobre el régimen jurídico del cauce formal que es propio a cada una de ellas, demostrándose con ello cómo, a pesar de que ambos son medios instrumentales, participan de los caracteres de la función sustancial que realizan, lo que les asigna notas diferenciales.

Esas notas diferenciales entre el proceso jurisdiccional y el procedimiento administrativo se advierten en importantes aspectos del régimen jurídico de la actividad, a saber:

a) el proceso jurisdiccional se encuentra basado en el principio de la preclusión, apareciendo como etapas que una vez cumplidas no pueden reabrirse por el

---

[11] BENVENUTTI, Feliciano, "Funzione amministrativa. Procedimento. Processo", *Rivista Trimestrale di Diritto Pubblico*, 1952, ps. 118 y ss.

[12] DROMI, José R., *Instituciones...*, *cit.*, p. 504.

[13] Véase sobre este punto: ABERASTURY, Pedro (h) - CILURZO, María Rosa, *Curso de procedimiento administrativo*, Abeledo-Perrot, Buenos Aires, 1998, ps. 17 y ss.

juez ni las partes. No ocurre así en el procedimiento administrativo, donde se admite el informalismo como criterio rector en la sustanciación de los trámites procesales[14];

b) mientras en el proceso jurisdiccional la institución de la cosa juzgada (formal y material) le atribuye a la sentencia una inmutabilidad prácticamente absoluta, en el procedimiento administrativo, como regla general, no acontece lo mismo (sin perjuicio de la estabilidad que posea el acto en sede administrativa), pues la decisión final puede ser luego revocada a favor del administrado o en contra del mismo (revocación por oportunidad)[15];

c) el procedimiento administrativo es dirigido y coordinado por una de las partes principales: la Administración Pública. En el proceso jurisdiccional, el juez, o el tribunal administrativo que ejerce funciones jurisdiccionales, interviene en el proceso como un órgano ajeno a las partes de la controversia[16].

4. NATURALEZA DEL PROCEDIMIENTO ADMINISTRATIVO E INDIVIDUALIDAD DE LOS ACTOS QUE LO COMPONEN. LOS ACTOS COLIGADOS

La exposición de motivos y el texto de la Ley Nacional de Procedimientos Administrativos no contienen referencia alguna al criterio acerca de la estructura técnica del procedimiento administrativo, respecto de la que se ha sostenido, por influencia de la doctrina italiana, la tesis llamada sustancialista. Esta teoría, que parece hallarse en la actualidad abandonada, preconizaba que los diferentes actos integrantes del proceso de formación de la voluntad administrativa carecían de autonomía, integrándose en la decisión final.

El procedimiento no es un acto complejo sino un complejo de actos, cada uno de los cuales posee individualidad jurídica propia, sin perjuicio de hallarse relacionados con los demás actos con los cuales tiene una vinculación común en mérito a la obtención de la finalidad de interés público que persigue la Administración[17].

---

[14] GIANNINI, Massimo S., *Diritto Amministrativo*, t. II, Giuffrè, Milán, 1970, p. 897.

[15] CASSAGNE, Juan Carlos, *El acto administrativo*, 2ª ed., Abeledo-Perrot, Buenos Aires, 1978, p. 309.

[16] RONDON DE SANSO, Hildegard, *El procedimiento...*, cit., p. 17. La circunstancia descripta no es óbice para descartar el criterio del órgano imparcial e independiente para definir la función jurisdiccional, ya que ello no es más que una condición que debe revestir el órgano de admitirse el principio de separación de los poderes y no la sustancia o naturaleza de la función. Con todo, parece real que, en la mayoría de los países, la característica apuntada en el texto se observa en los ordenamientos positivos, siendo necesario ponerla de resalto, pues ello implica una garantía esencial del administrado que hace a la defensa en juicio (art. 18, CN). Aun así, de la noción de función jurisdiccional que hemos dado, se desprende que la interpretación expuesta es correcta pues para que exista real controversia (en sentido amplio) ha de haber un proceso (instrumento) que permita que un órgano ajeno a las partes (requisito que debe reunir el órgano judicial o el tribunal administrativo) la dirima o resuelva con fuerza de verdad legal. Por esto, en los recursos administrativos no hay actividad jurisdiccional, aun cuando se resuelva un conflicto.

[17] GARCÍA DE ENTERRÍA, Eduardo - FERNÁNDEZ, Tomás R., *Curso...*, cit., t. II, ps. 368/369. Lo que da unidad al conjunto, dice González Pérez, no es la causa, sino el efecto: en el procedimiento, todos los actos están encaminados a producir un efecto jurídico

Pero tal circunstancia no implica negar que el procedimiento administrativo de formación del acto – considerado en relación con la decisión final o definitiva– pertenezca al elemento forma[18]. El hecho de que en la Ley Nacional de Procedimientos Administrativos se mencionen los procedimientos previos[19] como un requisito separado, no implica desconocer que todo procedimiento es el cauce formal que exterioriza la voluntad de los órganos administrativos.

En síntesis, los distintos actos del procedimiento administrativo no integran un acto complejo sino un complejo de actos vinculados por una misma finalidad. Cada uno de ellos ostenta individualidad jurídica propia y es susceptible de impugnación en tanto el ordenamiento positivo no limite la procedencia del recurso a los casos en que exista una decisión definitiva o asimilable (*v.gr.*, en materia de recurso jerárquico)[20].

Ello no impide que, como esos actos separables integran el procedimiento de formación del acto final (y por ende su elemento forma), también puedan ser impugnados en oportunidad de recurrir o deducir acción judicial contra el acto que pone fin al procedimiento.

En una línea similar, Barra ha desarrollado la teoría de los actos coligados. Parte de la circunstancia de que, en ciertos actos del procedimiento administrativo como el procedimiento contractual, su estructura traduce una unidad esencial entre todos los actos del procedimiento donde los actos coligados (a diferencia de los actos interlocutorios o de mero trámite) son verdaderos actos definitivos que tienen la peculiaridad de encontrarse vinculados a una serie cocausal de actos de la misma especie, en una relación de actos antecedentes y consecuentes[21].

5. CLASIFICACIÓN DE LOS PROCEDIMIENTOS ADMINISTRATIVOS

Existen diversas clases de procedimientos administrativos. Desde aquellos que tienen en cuenta su carácter general o especial, hasta los procedimientos declarativos de impugnación, son numerosas las clasificaciones que se han formulado en el campo normativo y doctrinario.

A. Procedimiento general y procedimientos especiales

Es evidente que la diversidad de procedimientos especiales en el ámbito de la Administración conspira contra la seguridad jurídica y la garantía de la defensa de los derechos privados habida cuenta de las dificultades que tendrían los administra-

(GONZÁLEZ PÉREZ, Jesús, *Manual de procedimiento administrativo*, 2ª ed., Civitas, Madrid, 2002, p. 75).

[18] MARIENHOFF, Miguel S., *Tratado de Derecho Administrativo*, 4ª ed. act., t. II, Abeledo-Perrot, Buenos Aires, 1993, p. 309; CASSAGNE, Juan Carlos, *El acto administrativo, cit.*, p. 128.

[19] Art. 7º, inc. d), ley 19.549.

[20] El art. 84, RLNPA, admite la impugnación, mediante el recurso de reconsideración, de los actos de mero trámite.

[21] BARRA, Rodolfo C., Los actos administrativos contractuales. Teoría del acto coligado, Ábaco, Buenos Aires, 1989.

dos para conocer en detalle la infinidad de disposiciones especiales que pudieron ser dictadas para regir la actuación de cada órgano o ente del Estado.

Ello justifica que los distintos sistemas jurídicos procuren establecer normas uniformes para todos los sectores de la Administración Pública y hasta una razón de economía procedimental contribuye a esa necesaria unificación. Con todo, parecería que para ciertas materias (*v.gr.*, organismos militares) deberían subsistir los procedimientos especiales, en razón de la especial naturaleza de las respectivas funciones.

La Ley Nacional de Procedimientos Administrativos abordó el problema que presentaba la realidad en la materia delegando en el Poder Ejecutivo la determinación de los procedimientos especiales que continúan vigentes[22] pero al propio tiempo prescribió la aplicación supletoria de la Ley de Procedimientos Administrativos en las tramitaciones administrativas cuyos regímenes especiales subsistan[23].

Asimismo, al establecer las atribuciones del Poder Ejecutivo, estableció la ley el principio básico de la adaptación paulatina de los regímenes especiales al nuevo procedimiento, facultándolo para "sustituir las normas legales[24] y reglamentarias de índole estrictamente procesal de los regímenes especiales que subsistan, con miras a la paulatina adaptación de éstos al sistema del nuevo procedimiento y de los recursos administrativos por él implantados, en tanto ello no afectare las normas de fondo a que se refieren o apliquen los citados regímenes especiales"[25].

En ejercicio de la delegación dispuesta en el citado art. 2°, 1ª parte, LNPA, el Poder Ejecutivo dictó el dec. 9101/1972, donde se enunciaron los procedimientos especiales que continuarían en vigencia (sin perjuicio de la aplicación supletoria de la Ley Nacional de Procedimientos Administrativos y su reglamento). Con el tiempo, algunos de los procedimientos especiales mencionados en el decreto fueron derogados, mientras que normas posteriores crearon otros nuevos.

Intentando clarificar este escenario, el dec. 722/1996 derogó el dec. 9101/1972, y pretendió la aplicación exclusiva de la Ley de Procedimientos y su reglamento, aunque admitiendo (en su art. 2°, con la modificación introducida por el dec. 1155/1997) la subsistencia de los procedimientos especiales que regulen ciertas materias, entre ellas, las correspondientes a la AFIP, a las Fuerzas Armadas, de seguridad, policiales e inteligencia, y otras. Intentando evitar que se repita la proliferación de procedimientos especiales que sobrevino al dec. 9101/1972, el art. 3°, dec. 722/1996, prevé que, en lo sucesivo, "cualquier disposición que instituya procedimientos administrativos especiales deberá contener expresa fundamentación de la necesidad jurídica imprescindible de apartarse de los procedimientos establecidos por la Ley Nacional de Procedimientos Administrativos 19.549 y por el reglamento...".

---

[22] Art. 2°, 1ª parte, LNPA.

[23] Art. 2°, inc. a) *in fine*, LNPA.

[24] Esta facultad no ha sido ejercida en la práctica por el Poder Ejecutivo y traduce una "deslegalización" de materias.

[25] Art. 2°, inc. a), LNPA. Lamentablemente, algunas leyes posteriores excluyen expresamente la aplicación de la Ley de Procedimientos Administrativos. Creemos, sin embargo, que frente a la carencia de normas que pueda presentarse, la ley y el reglamento de procedimientos administrativos serán aplicables, al menos, por analogía.

B. Otras clasificaciones. Procedimientos declarativos, ejecutivos y de simple gestión o internos

Los procedimientos declarativos tienen por objetivo la obtención de una decisión definitiva o final, clasificándose a su vez en: a) procedimiento disciplinario; b) procedimiento de revisión *ex officio*; c) procedimiento de la Administración de control y d) procedimiento recursivo o de impugnación.

Los procedimientos tendrán naturaleza ejecutiva cuando persigan la finalidad específica de realizar o ejecutar materialmente, un acto administrativo concreto (*v.gr.*, autotutela en el dominio público) siempre que la Administración se halle facultada por el ordenamiento jurídico para utilizar la coacción sobre los bienes o las personas, con todas las limitaciones y garantías que ello supone[26].

Puede ocurrir también que el procedimiento sea de simple gestión o interno cuando vincula entre sí a órganos administrativos (*v.gr.*, de carácter técnico)[27], aun cuando en la medida en que tales actos interorgánicos trasciendan el *status* del administrado y generen efectos directos, pasan a formar parte del procedimiento externo.

6. REGULACIÓN POSITIVA DEL PROCEDIMIENTO ADMINISTRATIVO. ÁMBITO DE APLICACIÓN

Si bien el reconocimiento del derecho de los administrados a interponer recursos contra los actos administrativos no requiere que el mismo se encuentre necesariamente reglado en forma expresa[28], en virtud de ser la emanación de prescripciones constitucionales (arts. 14 y 18, CN), existió a partir de la década de 1930 la preocupación, en el orden nacional, por legislar sobre la materia, aun cuando la regulación positiva fue sólo fragmentaria, pues sólo abarcaba al recurso jerárquico. Los demás recursos tenían carácter no reglado y así lo reconoció la doctrina[29] y la jurisprudencia administrativa que los aceptó.

Hubo que esperar más de cuarenta años para tener una regulación orgánica en el orden nacional que abarcase las normas de Derecho Administrativo de fondo o sustantivo – que se consideraron materias regulables por ley– junto a las normas procedimentales que establecieron recaudos de trámite de todas las actuaciones administrativas en general y las prescripciones en materia de recursos administrativos, que se reservaron al Reglamento. Así se dictaron la ley 19.549[30] y el dec. 1759/1972[31] que constituyen los cuerpos normativos orgánicos de regulación del procedimiento administrativo nacional.

---

[26] De este tema nos ocupamos en uno de nuestros primeros trabajos: CASSAGNE, Juan Carlos, *La ejecutoriedad del acto administrativo*, Abeledo-Perrot, Buenos Aires, 1971, ps. 97 y ss. Ver también, BORIO, Fernando R., "El principio de ejecutoriedad del acto administrativo y sus fundamentos", ED 86-759.

[27] GARCÍA DE ENTERRÍA, Eduardo - FERNÁNDEZ, Tomás R., *Curso...*, *cit.*, t. II, p. 371.

[28] MARIENHOFF, Miguel S., *Tratado...*, *cit.*, t. I, ps. 646/647.

[29] MARIENHOFF, Miguel S., *Tratado...*, *cit.*, t. I, p. 647/648.

[30] Modificada por las leyes 21.686 y 25.344 y por el dec. delegado 1023/2001.

[31] Texto ordenado por el dec. 1883/1991.

En este aspecto, muchas de las provincias se habían adelantado sancionando, la mayor parte de ellas[32], normas sobre procedimientos administrativos, habiendo continuado este proceso hasta nuestros días[33].

El ámbito de aplicación[34] de las normas de procedimiento de la Ley Nacional de Procedimientos Administrativos[35] y del Reglamento de la Ley Nacional de Procedimientos Administrativos[36] ha quedado circunscripto de la siguiente manera:

a) las normas rigen tanto para la Administración Central (inclusive a los órganos desconcentrados o descentralización burocrática) como respecto de las entidades descentralizadas (art. 1°, 1ª parte, LNPA);

b) la excepción a dicho principio está dada por los procedimientos especiales subsistentes. Sin embargo, en tales supuestos, la Ley de Procedimientos Administrativos continúa aplicándose en forma supletoria y en la medida en que no afecta las normas de fondo de dichos regímenes (conf. art. 2°, dec. 722/1996, texto según dec. 1155/1997);

c) dichas normas de "procedimiento" también se aplican, en principio, respecto de los actos regulados parcialmente por el Derecho Privado siempre que no alteren las normas de fondo (civiles) aplicables al caso[37]. Esta aplicación de las normas de procedimiento a los actos de objeto privado de la Administración se realiza en forma analógica y no por subsidiariedad.

7. EL PROCEDIMIENTO DECLARATIVO DE IMPUGNACIÓN. RECURSOS, RECLAMACIONES Y DENUNCIAS

Se ha visto que una de las subespecies del procedimiento declarativo está constituida por aquellos procedimientos que tienden a la institución de reglas para la deducción y trámite de las impugnaciones que interponga el administrado, quien

---

[32] Santiago del Estero, ley 2296; Buenos Aires, ley 7647; Córdoba, ley 5350; Jujuy, ley 1886.

[33] Mendoza, ley 3909; Salta, ley 5348; Tucumán, ley 4537; Chubut, ley 920 (t.o. por dec. 1464/1995); Chaco, ley 1140 (modificada por ley 4527); Formosa, ley 971; La Pampa, ley 951; Entre Ríos, ley 7060 (1983); Neuquén, ley 1284; La Rioja, ley 4044.

[34] CABRAL, Julio E., "Ámbito de aplicación de la Ley Nacional de Procedimientos Administrativos", en DIEZ, Manuel M. (dir.), *Acto y procedimiento administrativo*, Plus Ultra, Buenos Aires, 1975, ps. 1 y ss.

[35] La Ley Nacional de Procedimientos Administrativos fue redactada por una comisión integrada por los Dres. Adalberto E. Cozzi, Carlos A. Young y Héctor Jorge Escola, y es evidente que ella ha contribuido a juridizar en grado sumo la actividad de la Administración Pública. En el año 1977 sufrió ajustes parciales por la ley 21.686.

[36] Reglamento de la Ley Nacional de Procedimientos Administrativos aprobado por dec. 1759/1972. Este Reglamento también fue reformado en el año 1977 mediante el dec. 3700/1977, que modificó sólo algunos artículos sobre la prueba y los recursos. En el año 1991, el dec. 1883/1991 introdujo algunas importantes modificaciones: incorporó el plazo de gracia en el procedimiento administrativo, modificó el sistema recursivo, reformó el régimen de notificaciones, reemplazó algunos artículos atinentes al sistema de vistas, el alegato y la prueba, y aprobó un texto ordenado; véase CANOSA, Armando N., *Los recursos administrativos*, Ábaco, Buenos Aires, 1996, ps. 42 y ss.

[37] GARCÍA DE ENTERRÍA, Eduardo - FERNÁNDEZ, Tomás R., *Curso...*, *cit.*, t. II, p. 374.

actúa en el doble carácter de portador de un interés propio y de colaborador de la legalidad objetiva[38].

El típico medio de impugnación de actos que lesionan un derecho subjetivo o interés legítimo del administrado es el recurso, que debe ser distinguido de la reclamación y de la denuncia.

El recurso es toda impugnación en término de un acto administrativo o reglamento tendiente a obtener del órgano emisor del acto, de su superior jerárquico o de quien ejerce el control llamado de tutela, la revocación, modificación o saneamiento del acto impugnado[39].

La sustancia o naturaleza de los recursos administrativos es propia de la función administrativa[40] y nunca es actividad jurisdiccional[41] ya que técnicamente no puede hablarse de estricta controversia (la Administración actúa como parte y autoridad decisoria) ni tampoco la decisión posee los atributos de la verdad legal (cosa juzgada formal y material).

Las meras reclamaciones no regladas constituyen peticiones que pueden formular los administrados en ejercicio del Derecho Constitucional de peticionar a las autoridades tendiente a obtener la emisión de un acto favorable o la extinción de un acto administrativo o reglamento. La Administración Pública no está obligada a tramitarlas ni a dictar decisión respecto de ellas, a menos que el particular tuviera un derecho a que se dicte la decisión, pudiendo presentarlas el titular de un interés legítimo y aun el portador de un interés simple.

Las reclamaciones pueden hallarse regladas tal como ocurre con la queja[42] y con los procedimientos que se exigen para la habilitación de la instancia judicial[43].

En tales supuestos el administrado tiene a su favor la opción de elegir entre el silencio negativo, sobre la base del procedimiento previsto en el art. 10, LNPA, o la obtención de una decisión expresa, que deberá requerir en la sede judicial mediante

---

[38] Conf. ABAD HERNANDO, Jesús L., "Notas sobre las reformas a la Ley de Procedimiento Administrativo", en *Comercio y justicia*, "Introducción" *in fine*, Córdoba, 1978.

[39] Ver y comparar: GONZÁLEZ PÉREZ, Jesús, *Los recursos administrativos*, Madrid, 1960, p. 21; GARCÍA DE ENTERRÍA, Eduardo - FERNÁNDEZ, Tomás R., *Curso...*, *cit.*, t. II, p. 418; BIELSA, Rafael, *Derecho Administrativo*, t. V, Ateneo, Buenos Aires, 1956, p. 135; ESCOLA, Héctor J., *Tratado general...*, *cit.*, p. 254; SAYAGUÉS LASO, Enrique, *Tratado de Derecho Administrativo*, t. I, Talleres Gráficos Barreiro, Montevideo, 1963, ps. 470/471; GARRIDO FALLA, Fernando, *Régimen de impugnación de los actos administrativos*, Instituto de Estudios Políticos, Madrid, 1956, p. 288; GORDILLO, Agustín, *Procedimiento y recursos administrativos*, 2ª ed., Macchi, Buenos Aires, 1971, p. 89.

[40] Conf. GARCÍA DE ENTERRÍA, Eduardo - FERNÁNDEZ, Tomás R., *Curso...*, *cit.*, t. II, p. 419.

[41] En contra BIELSA, Rafael, *Derecho Administrativo*, *cit.*, t. V, p. 135; PEARSON, Marcelo H., *Manual de procedimiento administrativo*, 1ª ed., Abeledo-Perrot, Buenos Aires, 1976, ps. 18 y ss.

[42] Art. 71, RLNPA.

[43] Dichos procedimientos son la reclamación administrativa previa (arts. 30 y ss., LNPA, texto según ley 25.344) y el llamado reclamo impropio exigido para impugnar directamente reglamentos administrativos en sede judicial (art. 24, inc. a], LNPA).

la interposición de una acción de amparo por mora de la Administración (art. 28, LNPA, modificado por la ley 21.686).

Las denuncias administrativas pueden ser interpuestas por los titulares de intereses simples, a diferencia de los recursos, en que se requiere una legitimación básica (derecho subjetivo o interés legítimo). Se trata de poner en conocimiento de la autoridad administrativa la comisión de un hecho ilícito de algún funcionario o particular o la irregularidad de un acto administrativo o reglamento[44]. A diferencia de los recursos la Administración no está obligada a tramitarlas ni decidirlas[45].

Sin embargo, la denuncia puede traer aparejado, en algunos casos, el derecho del administrado a que se tramite como recurso una vez acogida la misma. Tal ocurre con la denominada "denuncia de ilegitimidad" que prescribe el art. 1°, inc. e), ap. 6, LNPA, tema sobre el cual volveremos más adelante.

.

[44]   Conf. BIELSA, Rafael, *Derecho Administrativo*, *cit.*, t. V, Depalma, Buenos Aires, 1964, p. 190.

[45]   ZANOBINI, Guido, *Corso di Diritto Amministrativo*, 8ª ed., t. II, Giuffrè, Milán, 1958, p. 71; BIELSA, Rafael, *Derecho Administrativo*, *cit.*, t. V, p. 136.

CAPÍTULO II

PRINCIPIOS FUNDAMENTALES DEL PROCEDIMIENTO ADMINISTRATIVO

1. FUNCIÓN Y NATURALEZA DE LAS NORMAS QUE ESTABLECEN LOS PRINCIPIOS FUNDAMENTALES DEL PROCEDIMIENTO ADMINISTRATIVO

El procedimiento administrativo suele contener en los ordenamientos positivos una serie de principios de carácter general que hacen a la propia función del procedimiento, a las características que demanda la actividad administrativa para poder realizarse con eficacia y a la debida defensa del *status* del administrado durante el trámite procesal.

La fuente de esos principios es tanto la Constitución Nacional (*v.gr.*, el debido proceso adjetivo enunciado en el art. 1°, inc. f], LNPA, que es una emanación de la garantía de la defensa prescripta en el art. 18, CN) como la ley formal y material (ej.: celeridad, economía, sencillez, informalismo, etc.).

Su aplicación no precisa la reglamentación previa del Poder Ejecutivo, teniendo tales principios operatividad por sí mismos, y configurando, en la mayoría de los casos, verdaderos deberes para la Administración Pública, a la cual se le impone el cumplimiento de determinados requisitos en el transcurso del procedimiento administrativo, ya fuere de oficio o a pedido de parte interesada.

Ellos configuran, en el orden nacional y en aquellas provincias que los han regulado, un sistema garantístico y de eficacia administrativa que tiende a afianzar la unidad que se reclama para el procedimiento, evitando las formulaciones dispersas, al permitir que tanto el procedimiento general como los especiales puedan regirse por dichos preceptos[46].

Por otra parte, tales principios constituyen derivaciones imprescindibles de la propia función administrativa objetivamente considerada que requiere ser llevada a cabo en forma intermitente para satisfacer el interés general o bien común[47]. Por tal causa, determinados principios hacen a la eficacia del obrar administrativo.

Un segundo grupo de principios del procedimiento administrativo se vincula con típicos principios de justicia natural; así: la excusación de la inobservancia por los interesados de exigencias formales no esenciales, que pueden ser cumplimentadas *a posteriori* (principio del informalismo); las garantías que hacen a la defensa de

---

[46]   Conf. GARCÍA DE ENTERRÍA, Eduardo - FERNÁNDEZ, Tomás R., *Curso de Derecho Administrativo*, t. II, 1ª ed., Civitas, Madrid, 1977, p. 377.

[47]   CASSAGNE, Juan Carlos, *Derecho Administrativo*, 7ª ed., t. I, LexisNexis - Abeledo-Perrot, Buenos Aires, 2002, ps. 87/88.

los derechos subjetivos e intereses legítimos del administrado en su faz estrictamente procesal (debido proceso adjetivo) y el principio de la verdad material o verdad jurídica objetiva.

Finalmente, no ha de perderse de vista el hecho fundamental de que los principios del procedimiento administrativo cumplen también una triple función de fundamento, interpretación e integración del ordenamiento jurídico[48] garantizando la tutela administrativa efectiva[49].

2. EL PRINCIPIO DE LEGITIMIDAD. REMISIÓN

El procedimiento administrativo – como cauce formal de la función materialmente administrativa– debe respetar y observar el principio de legitimidad, sin cuya presencia la actuación estatal devendría ilegal o injusta.

La legitimidad se compone de dos facetas distintas que conjugan armónicamente el proceder del órgano administrativo.

Por una parte la legalidad, que procura ajustar el obrar administrativo al ordenamiento jurídico positivo, mediante la limitación o el condicionamiento del poder jurídico del órgano que lleva a cabo la función administrativa. Del otro lado, la legitimidad comprende también la razonabilidad o justicia[50] de la actuación administrativa, en cuanto exige que los actos y conductas estatales posean un contenido justo, razonable y valioso.

El principio de legitimidad, que ha sido tratado anteriormente[51], constituye la piedra angular de todo el procedimiento administrativo en cuanto de él derivan los demás principios que informan la serie de actos que lo configuran[52].

3. EL PRINCIPIO DE VERDAD MATERIAL

A diferencia de lo que acontece en el proceso judicial, donde el juez circunscribe su función jurisdiccional a las afirmaciones y pruebas aportadas por las partes, siendo ellas el único fundamento de la sentencia, en el procedimiento administrati-

---

[48] GONZÁLEZ PÉREZ, Jesús, "El método en el Derecho Administrativo", *RAP*, nro. 22, ps. 45 y ss.

[49] El principio de la tutela administrativa efectiva aparece reconocido expresamente en el Pacto Internacional de Derechos Civiles y Políticos de Nueva York, de 1966 (art. 2°, ap. 3, inc. a]), aprobado por ley 23.133 e incorporado a la Constitución Nacional (art. 75, inc. 22).

[50] Hay en esta especie de razonabilidad una dimensión axiológica de tipo instrumental en cuanto lo que se busca es el equilibrio entre lo que procura la Administración y las formas escogidas para su cumplimiento (véase HARO, Ricardo, "Control de razonabilidad y poder de policía", apartado de *Estudios de Derecho Administrativo*, Córdoba, 1978, p. 202, si bien referido a la razonabilidad de las leyes).

[51] Nos remitimos a lo expuesto en el cap. I, Tít. 4°, punto 6°, ap. A), inc. d) de este tomo.

[52] Un sector de la doctrina denomina al principio de legitimidad bajo el rótulo de "legalidad objetiva". Resulta más correcto en sentido lingüístico actual y filosófico, la denominación que proponemos en cuanto permite escindir claramente las dos facetas del principio: la norma objetiva y la justicia.

vo, el órgano que lo dirige e impulsa ha de ajustar su actuación a la verdad objetiva o material, con prescindencia o no de lo alegado y probado por el administrado.

De esta manera, el acto administrativo resulta independiente de la voluntad de las partes, a la inversa de lo que acontece en el proceso judicial, donde el acuerdo de los litigantes obliga al juez[53].

El principio de la verdad material u objetiva ha sido introducido en la Ley de Procedimientos Administrativos vigente en el orden nacional[54] y aparece reconocido en algunas leyes provinciales[55].

4. EL PRINCIPIO DE OFICIALIDAD

La Administración Pública – como gestora del bien común– tiene el deber de actuar *ex officio* en la prosecución del interés público, impulsando el procedimiento para llevarlo a cabo, cualquiera fuere la intervención e impulso que tuvieran los administrados[56]. Desde luego que ello no suprime en modo alguno la intervención de los administrados en el procedimiento ni les cercena el derecho al impulso del mismo para llegar a la decisión definitiva o pedir la revocación de un acto por razones de ilegitimidad o de mérito.

El procedimiento administrativo es de naturaleza inquisitiva[57] y esta característica viene a resaltar uno de los contrastes más singulares en relación con el proceso judicial civil, pues en este último impera el llamado principio dispositivo, donde el impulso procesal compete al particular interesado, a quien pertenecen todos los poderes de disposición respecto de las distintas fases del proceso, incluso para concluirlo en forma anticipada[58].

Del principio de la oficialidad emergen una serie de consecuencias que se proyectan en una ampliación de facultades del órgano administrativo que lleva a cabo la instrucción. Así, el órgano administrativo instructor puede revocar un acto una vez dictado y notificado, de oficio o a pedido de parte, cuando existiera una nulidad

---

[53] Conf. ESCOLA, Héctor J., *Tratado general de procedimiento administrativo*, Depalma, Buenos Aires, 1973, p. 126; GORDILLO, Agustín, *Procedimiento y recursos administrativos*, 1ª ed., Jorge Álvarez, Buenos Aires, 1964, p. 31.

[54] En el orden nacional, la modificación dispuesta por la ley 21.686 introdujo el principio de la verdad material u objetiva dentro del debido proceso adjetivo (art. 1º, inc. f], ap. 2, LNPA, modificado por la ley 21.686). Esto no quita autonomía al principio ni desmerece su trascendencia, pero hubiera sido mejor regularlo separadamente. La parte pertinente del artículo prescribe: "...debiendo la Administración requerir y producir los informes y dictámenes necesarios para el esclarecimiento de los hechos y de la verdad jurídica objetiva...".

[55] La Pampa, ley 951, art. 12, inc. a).

[56] GARCÍA DE ENTERRÍA, Eduardo - FERNÁNDEZ, Tomás R., *Curso...*, *cit.*, ps. 383/384; COMADIRA, Julio R., "Algunas reflexiones sobre el procedimiento administrativo", *Boletín del Instituto de Derecho Administrativo Profesor Rafael Bielsa*, nro. 5, Buenos Aires, 1972, p. 67.

[57] RONDON DE SANSO, Hildegard, *El procedimiento administrativo*, Caracas, 1976, p. 99.

[58] El procedimiento administrativo, en cambio, no puede abandonarse a los interesados: "debe ser regido y ordenado por el órgano administrativo" (GONZÁLEZ PÉREZ, Jesús, *Manual de procedimiento administrativo*, 2ª ed., Civitas, Madrid, 2002, p. 307).

absoluta y el acto no hubiere tenido principio de ejecución[59] y ordenar la producción de toda clase de medidas de prueba, aun cuando no fueran peticionadas por el administrado[60].

Este principio de la oficialidad, que comprende tanto la impulsión como la instrucción de oficio, se encuentra expresamente recogido en una norma de la Ley Nacional de Procedimientos Administrativos que deja a salvo, expresamente, el derecho de los interesados a participar en las actuaciones[61], debiéndose exceptuar de este principio los trámites en los que medie sólo el interés privado del administrado[62].

5. EL INFORMALISMO DEL PROCEDIMIENTO ADMINISTRATIVO. REMISIÓN

El principio del informalismo – que se concibe siempre a favor del administrado– tiende a que éste pueda lograr, superando los inconvenientes de índole formal, el dictado de una decisión legítima sobre el fondo del asunto, que plantea o peticiona ante la Administración[63].

Como ya se ha visto[64], la Ley Nacional de Procedimientos Administrativos, al establecer este principio, permite que se excuse a los interesados de la inobservancia de exigencias formales no esenciales, que puedan cumplir *a posteriori*[65].

Las formas no esenciales comprenden desde las llamadas irregularidades intrascendentes[66] que no provocan vicio alguno hasta los defectos formales que impliquen una nulidad relativa. En cambio, la existencia de vicios de forma esenciales[67] que configuran una nulidad absoluta[68], no puede excusar, por parte de la Administración y los administrados, el incumplimiento del requisito formal exigido.

Por aplicación de este principio cualquier duda que se plantee en el curso del procedimiento referida a las exigencias formales (cómputo de plazos, legitimación,

---

[59] Art. 17, LNPA, modificado por la ley 21.686. La norma se refiere a "derechos subjetivos que se estén cumpliendo".

[60] FRUGONE SCHIAVONE, Héctor, "Principios fundamentales del procedimiento administrativo", en *Procedimiento administrativo*, Montevideo, 1977, p. 30.

[61] Art. 1º, inc. a), LNPA. También lo recoge el art. 44, ley 5350, de Córdoba.

[62] Tal como lo prescriben el art. 148, ley 3909, de Mendoza y el art. 142, ley 5348, de Salta. En el orden nacional, el principio contenido en el texto está prescripto en el art. 4º, Reglamento de Procedimientos Administrativos.

[63] Conf. GARCÍA DE ENTERRÍA, Eduardo - FERNÁNDEZ, Tomás R., *Curso...*, *cit.*, t. II, p. 381.

[64] Ver lo expuesto en el cap. II, Tít. 4º de este tomo.

[65] Art. 1º, inc. c), LNPA.

[66] MARIENHOFF, Miguel S., *Tratado de Derecho Administrativo*, 4ª ed. act., t. II, Abeledo-Perrot, Buenos Aires, 1993, ps. 336 y ss.

[67] CASSAGNE, Juan Carlos, *El acto administrativo*, 2ª ed., Abeledo-Perrot, Buenos Aires, 1978, p. 288, donde sostenemos que el vicio de forma tendrá carácter esencial cuando el defecto trasgreda el orden público administrativo.

[68] Art. 14, inc. b), LNPA.

46

decidir si el acto es definitivo o de mero trámite, calificación de los recursos, etc.) debe interpretarse a favor del administrado y de la viabilidad del recurso.

Al propio tiempo que en el procedimiento administrativo se exigen las formas requeridas para cada tipo de acto, no tienen cabida en el mismo aquellas formas creadas por la rutina burocrática o trasplantadas del proceso judicial civil o penal[69]. Es decir que la aplicación supletoria del Código Procesal Civil y Comercial de la Nación, que prescribe el Reglamento Nacional de Procedimientos Administrativos[70] sólo procede a favor del administrado.

La Corte Suprema de Justicia de la Nación[71] ha dicho que frente al formalismo moderado[72] que caracteriza al procedimiento administrativo resulta "incongruente negar en él lo que está permitido en el ámbito de la justicia".

6. EL DEBIDO PROCESO ADJETIVO

Como emanación de la garantía de la defensa que consagra el art. 18, CN, se reconoce por parte de la doctrina[73], de la jurisprudencia administrativa y judicial[74] y, desde hace algunos años, por las leyes de procedimientos administrativos vigentes en el orden nacional y provincial, el principio denominado del debido proceso adjetivo[75], habiéndose reconocido ampliamente en la doctrina comparada la vigencia del mismo en el procedimiento administrativo[76].

El debido proceso adjetivo implica el reconocimiento de tres derechos fundamentales, que garantizan la defensa del administrado durante el transcurso del procedimiento, a saber:

---

[69] ESCOLA, Héctor J., *Tratado general...*, cit., p. 133.

[70] Art. 106, RLNPA.

[71] "Fundación Universidad de Belgrano", Fallos 300:1070 (1978) y LL 1979-B-107. En dicho caso se resolvió aplicar – en forma supletoria– el art. 124, CPCCN.

[72] ESCOLA, Héctor J., *Tratado general...*, cit., p. 131.

[73] ALTAMIRA GIGENA, Julio I., "El derecho de defensa en sede administrativa", JA 1967-III-34, secc. Doctrina; MARIENHOFF, Miguel S., *Tratado de Derecho Administrativo*, 5ª ed. act., t. I, Abeledo-Perrot, Buenos Aires, 1995, ps. 695 y ss.; ESCOLA, Héctor J., *Tratado general...*, cit., ps. 141 y ss.; GORDILLO, Agustín, *Procedimiento...*, cit., ps. 36 y ss.; FIORINI, Bartolomé A., *Derecho Administrativo*, 2ª ed. act., Abeledo-Perrot, Buenos Aires, 1976, ps. 455 y ss.; DIEZ, Manuel M. - HUTCHINSON, Tomás (colab.), *Manual de Derecho Administrativo*, t. II, Plus Ultra, Buenos Aires, 1980, ps. 486/488; COMADIRA, Julio R., "Algunas reflexiones...", cit., ps. 62 y ss.

[74] Fallos 71:173.

[75] Art. 1º, inc. f), LNPA, con las modificaciones de la ley 21.686.

[76] GONZÁLEZ PÉREZ, Jesús, *Comentarios a la Ley de Procedimiento Administrativo*, 1ª ed., Civitas, Madrid, 1977, ps. 524 y ss.; GARCÍA DE ENTERRÍA, Eduardo - FERNÁNDEZ, Tomás R., *Curso...*, cit., t. II, ps. 407/409; BREWER CARÍAS, Allan R., "La carga de la prueba en el procedimiento administrativo", RADA, nro. 11, p. 23; SERRANO GUIRADO, Enrique, "El trámite de audiencia en el procedimiento administrativo", RAP, nro. 4, Instituto de Estudios Políticos, Madrid, 1951, ps. 129 y ss.; RONDON DE SANSO, Hildegard, *El procedimiento...*, cit., p. 83; FRUGONE SCHIAVONE, Héctor, "Principios fundamentales...", cit., ps. 35/39.

a) derecho a ser oído;

b) derecho a ofrecer y producir pruebas;

c) derecho a una decisión fundada.

De estos derechos, nos hemos ocupado *ut supra*[77].

El derecho a ser oído comprende, a su vez, varios poderes jurídicos, como el de exponer las razones de las pretensiones y defensas antes de la emisión de actos que se refieran a los derechos subjetivos o intereses legítimos del administrado; el de interponer recursos, reclamaciones y denuncias; el de hacerse patrocinar y representar por profesionales de la abogacía; el de solicitar vista de las actuaciones[78]; y el de presentar alegatos y descargos[79].

La facultad de ofrecer y producir prueba, si bien se rige por la regla de la pertinencia[80] y está limitada por el plazo que fija la Administración atendiendo a la complejidad del asunto y la índole de la que deba producirse, debe ser ampliamente reconocida como principio general del procedimiento administrativo[81]. Este derecho lleva ínsita la facultad del administrado de controlar las pruebas producidas[82], tanto las que ha ofrecido él mismo como las que produzca la Administración en forma instructoria, por aplicación del principio de la oficialidad.

El debido proceso adjetivo se integra, finalmente, con el derecho a una decisión fundada[83], el que permite al administrado exigir que la decisión (de mero trámite o definitiva) haga mérito de los principales argumentos y de las cuestiones propuestas, en la medida en que fueran conducentes a la solución del caso[84]. Este principio, concebido con mayor amplitud se vincula con el derecho a una tutela judicial efectiva[85] y requiere que la notificación sea autosuficiente, no bastando una revisión genérica a la causa del acto que, muchas veces, el particular desconoce por no haber tenido acceso pleno al expediente administrativo.

---

[77] Nos remitimos a lo expuesto en el cap. I, Tít. 4°, punto 6°, ap. B) de este tomo.

[78] El derecho a la vista en las actuaciones no está enunciado expresamente en el art. 1°, inc. f), LNPA, pero evidentemente es presupuesto del derecho a ser oído y lo integra. Está reconocido en el art. 38, RLNPA, y rige durante todo el trámite del procedimiento.

[79] Este derecho está incluido en el art. 1°, inc. f), ap. 2, LNPA, pero sustancialmente corresponde al derecho a ser oído.

[80] Art. 1°, inc. f), ap. 2, LNPA, modificada por la ley 21.686.

[81] ESCOLA, Héctor J., *Tratado general...*, cit., ps. 146/147.

[82] Art. 1°, inc. f), ap. 3, LNPA, con las modificaciones de la ley 21.686.

[83] Véase BIELSA, Rafael, "Necesidad de motivar jurídicamente los actos del poder administrados en el sistema político de la Constitución", en *Estudios de Derecho Público*, 2ª ed., t. III, Depalma, Buenos Aires, 1952, ps. 551 y ss.

[84] Art. 1°, inc. f), ap. 3, LNPA, con las modificaciones de la ley 21.686.

[85] Su fundamento se encuentra en el art. 8°, Pacto de San José de Costa Rica, aplicable en virtud de lo prescripto en el art. 75, inc. 22, CN; sobre el punto ampliar en CANOSA, Armando N., "Influencia del Derecho a la tutela judicial efectiva en materia de agotamiento de la instancia administrativa", ED 166-988.

48

7. EL PRINCIPIO DE LA EFICACIA Y SUS COMPLEMENTOS EN EL PROCEDIMIENTO ADMINISTRATIVO

El obrar administrativo requiere de una buena dosis de eficacia para cumplir los fines de interés público que debe alcanzar con su actuación. Tal fuerza de acción se ha transformado – por imperio de la propia naturaleza de la función administrativa– en un principio rector del procedimiento administrativo.

El principio de la eficacia, reconocido en el orden nacional[86], se integra con otros principios que lo complementan, tales como el de celeridad, sencillez y economía en los trámites administrativos que hacen también a la eficiencia de la actuación administrativa.

En la Exposición de Motivos de la Ley Española de Procedimiento Administrativo – que es fuente de nuestra ley nacional– se lo destaca especialmente, señalando que "las aludidas directrices no se conciben como simples enunciados programáticos, sino como verdaderas normas jurídicas al habilitar a la Administración de una vez para siempre para adoptar cuantas medidas repercutan en la economía, celeridad y eficacia de los servicios"[87].

La afirmación del principio de eficacia y de sus complementos (celeridad, economía, sencillez) se traduce en el ordenamiento positivo nacional en una serie de facultades y deberes de los órganos superiores y, en general, de los demás órganos administrativos.

Entre las facultades expresamente contempladas, aparte de las que fluyen normalmente de la jerarquía (avocación, emitir órdenes, circulares e instrucciones, etc.) se prevé la facultad genérica de delegar atribuciones y de intervenir los respectivos órganos por parte de los ministros, secretarios de la Presidencia de la Nación y órganos directivos de los entes descentralizados[88] y de disponer en cualquier momento, la comparecencia de las partes interesadas, sus representantes legales o apoderados, para requerir las explicaciones que se estimen necesarias y aun para reducir las discrepancias que pudieran existir sobre cuestiones de hecho o de derecho[89].

Respecto de los deberes, y es ésta la consecuencia más trascendente para los derechos del administrado – siempre que ello vaya acompañado de la debida protección en la práctica y realidad jurisprudencial– el Reglamento de la Ley Nacional de Procedimientos Administrativos prescribe que el órgano administrativo debe:

a) tramitar los expedientes según su orden y decidirlos a medida que vayan quedando en estado de resolver; la alteración del orden de tramitación y decisión sólo puede disponerse mediante decisión fundada;

b) proveer en una sola resolución todos los trámites que, por su naturaleza, admitan su impulsión simultánea;

[86] Arts. 1°, inc. b), LNPA; 2°, RLNPA.

[87] Ley de Procedimiento Administrativo del 17/7/1958, modificada por la del 2/12/1963, *Exposición de Motivos*, cap. III, ap. 3.

[88] Art. 2°, RLNPA; véase DOCOBO, Jorge J., "Delegaciones a los ministros y secretarios de Estado", JA del 30/6/1975, secc. Doctrina.

[89] Art. 5°, inc. e), RLNPA.

c) concentrar en un mismo acto o audiencia todas las diligencias y medidas de prueba pertinentes;

d) señalar, antes de dar trámite a cualquier petición, los defectos de que adolezca, ordenando que se subsanen, de oficio o por el interesado;

e) disponer las diligencias necesarias para evitar nulidades[90].

Por otro lado, y con el objeto de que este principio no resulte meramente teórico, el dec. 1883/1991 dispuso la creación en el ámbito de cada Ministerio de una Secretaría General, la cual tendrá como responsabilidad primaria la de controlar todo lo concerniente a las normas sobre procedimiento administrativo, inclusive con relación a sus plazos y su eficacia[91].

8. LA GRATUIDAD DEL PROCEDIMIENTO ADMINISTRATIVO

Uno de los rasgos característicos del procedimiento administrativo que un sector de la doctrina eleva a la categoría de principio[92] es el de la gratuidad.

Si bien existen antecedentes en los antiguos Reglamentos ministeriales de Procedimiento Administrativo de España[93] que solían prescribir el carácter gratuito del procedimiento, ni la ley actual de ese país ni la nuestra vigente en el orden nacional lo hacen.

Sin embargo, ello no es óbice para que constituya uno de los principios fundamentales que informan el sistema general del procedimiento administrativo. Hay para ello varias razones.

En efecto, si se analiza el fundamento de la gratuidad la misma constituye una necesidad si se quiere la participación y el control, sin obstáculos económicos, por parte de los administrados. Es evidente que existe un verdadero interés público en que los administrados accedan libremente al procedimiento administrativo en tanto la Administración debe tutelar los intereses de la comunidad en general, los de las entidades menores y los derechos individuales. Nadie en mejor posición que el administrado para señalar a la Administración sus obligaciones y deberes, para agraviarse cuando se lesiona el bien común[94] y el bien individual que es compatible con aquél.

Por lo demás, la regla de todo procedimiento estatal es la gratuidad, salvo que una norma expresa imponga el criterio contrario.

El principio de gratuidad se afecta – en algunas ocasiones– cuando se imponen tasas al administrado para la realización de ciertos trámites administrativos que no implican una prestación técnica de un servicio público y que suelen imponerse mu-

---

[90] Art. 5°, incs. a), b) y d), RLNPA.

[91] Art. 9°, dec. 1883/1991.

[92] GARCÍA DE ENTERRÍA, Eduardo - FERNÁNDEZ, Tomás R., *Curso...*, *cit.*, t. II, p. 389.

[93] GONZÁLEZ NAVARRO, Francisco, *El procedimiento administrativo español en la doctrina científica*, Presidencia del Gobierno, Secretaría General Técnica, Madrid, 1972, p. 84.

[94] COMADIRA, Julio R., "Algunas reflexiones...", *cit.*, ps. 59/60, quien sostiene que el administrado debe ser considerado como colaborador de la Administración Pública en la gestión del bien común.

chas veces como un medio de formar un fondo especial para que ciertos organismos queden al margen de las directivas presupuestarias generales. En general, el órgano administrativo que propicia la imposición de tales tasas o contribuciones es el mismo que tendrá a su cargo la administración del fondo especial, con lo cual la Ley de Parkinson se cumple una vez más, el órgano crece en personal y se agranda en el aspecto presupuestario. Toda esta tendencia conduce inevitablemente al crecimiento administrativo y es notoriamente contraria al bien común.

CAPÍTULO III

LAS PARTES EN EL PROCEDIMIENTO ADMINISTRATIVO

1. QUIÉNES PUEDEN SER "PARTE" EN EL PROCEDIMIENTO ADMINISTRATIVO. CAPACIDAD Y LEGITIMACIÓN

Toda persona física o jurídica, de carácter público o privado tiene, en principio, aptitud genérica para intervenir en el procedimiento administrativo, en cualquiera de los tipos clasificatorios, como titulares de un derecho subjetivo o de un interés legítimo y aun, en ciertos casos, de un interés simple.

Cuando una persona tuviere una capacidad de actuar y obrar reconocida por el ordenamiento, dispone, correlativamente, del Derecho Procesal genérico a ser admitido como parte en el procedimiento[95]. Las reglas que rigen la capacidad de las personas pertenecen al Código Civil, sin perjuicio de su extensión, en algunos supuestos, por regulaciones locales de Derecho Administrativo.

Pero para ser "parte" en el procedimiento administrativo es menester reunir, además, una aptitud especial que se denomina "legitimación". Esa aptitud para ser "parte" en un procedimiento concreto, que no prejuzga sobre el resultado final de la controversia o planteo administrativo, se encuentra representada por la titularidad de un derecho subjetivo o de un interés legítimo, como regla general[96].

El interés simple, en cambio, sólo excepcionalmente otorga legitimación a quienes lo invoquen para intervenir como "partes" en el procedimiento administrativo.

Si bien el concepto de "parte" ha sido muy controvertido en el ámbito del Derecho Procesal[97] puede circunscribirse el mismo a las personas físicas o jurídicas que con capacidad y legitimación intervienen o participan en el procedimiento administrativo, con derecho a provocar la actuación de los órganos administrativos competentes y a obtener, si tal fuere el caso, la decisión requerida de la Administración.

La doctrina suele distinguir entre administrado e interesado, considerando que la primera figura es genérica mientras que el interesado – parte en el procedimien-

---

[95] Comparar REVIDATTI, Gustavo A., "Las partes en el procedimiento administrativo", en DIEZ, Manuel M. (dir.), *Acto y procedimiento administrativo*, Plus Ultra, Buenos Aires, 1975, p. 99.

[96] GONZÁLEZ PÉREZ, Jesús, *Los recursos administrativos y económico-administrativos*, 3ª ed., Civitas, Madrid, 1975, ps. 129 y ss. Esta "legitimación" implica una relación del sujeto con lo que constituye el objeto del procedimiento, una especial posición del sujeto respecto del acto que va a dictarse en el mismo (GONZÁLEZ PÉREZ, Jesús, *Manual de procedimiento administrativo*, 2ª ed., Civitas, Madrid, 2002, p. 160).

[97] ESCOLA, Héctor J., *Tratado general de procedimiento administrativo*, Depalma, Buenos Aires, 1973, ps. 151 y ss.

to– ostenta una situación más concreta[98]. En tal sentido el interesado sería un administrado cualificado por su legitimación y capacidad para ser parte en el procedimiento administrativo.

2. ALGUNOS SUPUESTOS DE SUJETOS CON CAPACIDAD PARA SER PARTE EN EL PROCEDIMIENTO ADMINISTRATIVO

A) Los menores adultos

La aptitud de los menores adultos para ser parte en el procedimiento administrativo tiene antecedentes arraigados en la legislación nacional y en la doctrina de nuestro país[99], hallando su pleno reconocimiento en el Reglamento Nacional de Procedimientos Administrativos[100].

En el orden provincial, no todas las legislaciones han regulado con plenitud la actuación de los menores adultos[101], no obstante lo cual entendemos que, a falta de regulación expresa, se aplican, por analogía, los principios que emergen de la legislación administrativa nacional, en virtud a que la capacidad de los menores adultos para intervenir en el procedimiento ante la Administración Pública es una materia que no pertenece al Derecho Civil sino al Derecho Administrativo que, por principio, es de naturaleza local.

B) Sordomudos y dementes

La situación de los sordomudos se encuentra regulada en el art. 153, CCiv., norma que admite la plena capacidad civil del sordomudo que se da a entender por escrito.

Pero la incapacidad administrativa del sordomudo no se regula por el Código Civil sino que también es materia del Derecho Administrativo, que en este sentido no se ha ocupado de regularla. No obstante, pensamos que el sordomudo posee aptitud para ser parte por sí en el procedimiento administrativo en tanto pueda actuar con intérprete reconocido o habilitado por la Administración Pública. De lo contrario debe actuar siempre mediante representante.

En el caso de los dementes declarados tales por los jueces, su incapacidad administrativa debe presumirse, aun cuando ella no surja expresamente del auto judi-

---

[98] GONZÁLEZ PÉREZ, Jesús, *El administrado*, El Consultor de los Ayuntamientos, Madrid, 1966, p. 151 y *Manual...*, *cit.*, p. 153; FIORINI, Bartolomé A., *Derecho Administrativo*, 2ª ed. act., t. II, Abeledo-Perrot, Buenos Aires, 1976, ps. 486 y ss.

[99] GORDILLO, Agustín, *Procedimiento y recursos administrativos*, 2ª ed., Macchi, Buenos Aires, 1971, ps. 124 y ss.

[100] El art. 3º, 2ª parte, RLNPA, prescribe: "Los menores adultos tendrán plena capacidad para intervenir directamente en procedimientos administrativos como parte interesada en la defensa de sus propios derechos subjetivos o intereses legítimos".

[101] Tal como ocurre con la ley 5348/1978 de la provincia de Salta, cuyo art. 115 es similar al nacional.

cial que hubiera reconocido, conforme al art. 141, CCiv., que alguien carece de aptitud para dirigir su persona o administrar sus bienes[102].

3. LA SITUACIÓN DE LAS PERSONAS PÚBLICAS ESTATALES EN EL PROCEDIMIENTO ADMINISTRATIVO

En principio, las personas públicas estatales que actúan en una misma esfera de gobierno (*v.gr.*, gobierno federal o nacional) no pueden utilizar el procedimiento administrativo de carácter recursivo para impugnar los actos del Poder Ejecutivo u órganos inferiores como otros actos provenientes de distintas entidades públicas estatales[103].

Su aceptación conspiraría contra el principio de unidad de acción que debe regir en el conjunto de la actividad administrativa.

Ello no significa que carezcan de aptitud para efectuar peticiones, requerimientos o intimaciones ante el propio Estado nacional o las demás personas públicas estatales que constituyen la llamada Administración indirecta.

El modo propio en que deben plantearse las diferentes impugnaciones o reclamaciones es la llamada "controversia interadministrativa", figura autónoma y específica regulada por ley, en el orden nacional[104].

Las personas públicas estatales pueden ser parte en el procedimiento administrativo no recursivo, lo cual ha sido reconocido por el ordenamiento nacional vigente, en la norma que dispone que "el trámite administrativo podrá iniciarse de oficio o a petición de cualquier persona física o jurídica, pública o privada..."[105].

4. CONTINUACIÓN. LOS ÓRGANOS SIN PERSONALIDAD JURÍDICA

Por lo general, la doctrina del Derecho Administrativo omite la consideración del procedimiento interorgánico como resultado de la función y fines que históricamente ha representado el procedimiento administrativo, el cual, desde el punto de vista jurídico, se analiza, primordialmente, como garantía del administrado, desplazando el estudio de las cuestiones inherentes a la eficacia del obrar administrativo.

Pero con todo, evidentemente, la llamada actividad interna de la Administración genera relaciones que, si bien no son jurídicas respecto del ordenamiento gene-

---

[102] En contra GORDILLO, Agustín, *Tratado de Derecho Administrativo*, 3ª ed., t. IV-I, Macchi, Buenos Aires, 1980, ps. I-18.

[103] Conf. art. 74, RLNPA, aprobado por dec. 1759/1972.

[104] Ley 19.983. La especificidad de su régimen lleva a sostener que no habría plazos para la articulación de controversias o reclamos interadministrativos, además de otras importantes instituciones del procedimiento administrativo, que carecen de sentido tratándose de cuestiones entre personas estatales que no deben resolverse por la vía recursiva (conf. PEARSON, Marcelo H., *Manual de procedimiento administrativo*, 1ª ed., Abeledo-Perrot, Buenos Aires, 1976, p. 50).

[105] Art. 3°, RLNPA. También en las leyes de Tucumán (art. 9°, ley 4537), Mendoza (art. 117, ley 3909), La Pampa (art. 5°, ley 951), etc.

ral y externo del Estado, tienen sin embargo "juridicidad" con relación al ordenamiento interno[106].

Si bien los órganos poseen aptitud genérica para intervenir en el procedimiento administrativo mediante notas o presentaciones ante el superior u otro órgano vinculado a la jerarquía, ellos carecen de toda potestad, en principio, para interponer recursos administrativos, aun cuando puedan requerir la realización del control de legitimidad por parte del superior jerárquico del órgano que ha emitido un acto inválido. Pero ello no debe regirse por las reglas de los recursos administrativos ni por los principios generales del procedimiento administrativo, que han sido establecidos en garantía del administrado y no de los órganos administrativos. El derecho positivo nacional así lo estatuye expresamente[107].

La impugnación de los actos de otro órgano se admite por excepción:

a) en los conflictos de competencia en defensa de las atribuciones del órgano que se considera afectado por la actuación de otro que invade su competencia (arts. 4° y 5°, ley 19.549);

b) en los actos de control, cuando el mismo es llevado a cabo por órganos ajenos a la relación jerárquica (*v.gr.*, Tribunal de Cuentas de la Nación)[108].

5. INTERVENCIÓN DE "TERCEROS" EN EL PROCEDIMIENTO ADMINISTRATIVO

El concepto de "tercero" en el procedimiento administrativo comprende a todos aquellos que teniendo legitimación para ser tenidos por parte en el procedimiento administrativo no intervienen ni participan en el mismo en tal carácter.

Como la participación de los "terceros" en el procedimiento no constituye una decisión discrecional de la Administración, ésta no sólo está obligada a reconocerles intervención en un recurso promovido por otro administrado sino que tiene, inclusive, el deber de revocar por ilegitimidad los actos dictados sin la participación del "tercero interesado", a efectos de mantener la igualdad entre quienes intervienen en el procedimiento[109].

---

[106] SILVESTRI, Enzo, *L'attività interna della Pubblica Amministrazione*, Milán, 1950, ps. 15 y ss.; SANDULLI, Aldo M., *Il procedimento amministrativo*, Giuffrè, Milán, 1964, ps. 107/109.

[107] RLNPA, cuyo art. 74 prescribe que "los organismos administrativos subordinados por relación jerárquica no podrán recurrir los actos del superior".

[108] Conf. CASSAGNE, Juan Carlos, *El acto administrativo*, 2ª ed., Abeledo-Perrot, Buenos Aires, 1978, p. 115. La distinta solución que propiciamos respecto de las personas públicas estatales se justifica en mérito a que ellas tienen un régimen de procedimiento especial para resolver las controversias administrativas que rige por extensión a todos los conflictos de esa índole, aun cuando no fueran "reclamaciones pecuniarias".

[109] Conf. GORDILLO, Agustín, *Procedimiento...*, *cit.*, ps. 1/32.

Por principio, la intervención del tercero no hace retroceder al procedimiento, salvo que la autoridad administrativa así lo declare[110].

6. REPRESENTACIÓN DE LAS PARTES

Todo administrado con capacidad para ser parte en el procedimiento administrativo posee la facultad de hacerse representar ante la Administración Pública; se trata, obviamente, de un derecho que el administrado puede o no usar[111] respecto de la totalidad de las situaciones o relaciones jurídicas administrativas. En este ámbito no hay, pues, ningún acto, por más "personalísimo" que fuere, que no pueda ser celebrado mediante representación[112].

Por principio general, cualquier persona física o jurídica puede actuar como representante del administrado en las actuaciones que se practiquen ante la Administración Pública. En el orden nacional, sin embargo, el principio pareciera ser el inverso, ya que el art. 1°, inc. f), ap. 1, LNPA, dispone que "cuando una norma expresa permita que la representación en sede administrativa se ejerza por quienes no sean profesionales del derecho, el patrocinio letrado será obligatorio cuando se planteen o debatan cuestiones jurídicas". Sin embargo, la amplitud con que está concebido el Tít. IV del RLNPA (arts. 31 a 37 inclusive) permite sustentar la admisión como representantes de quienes no son profesionales del Derecho.

La representación se lleva a cabo a través de distintos modos o formas. Ella puede acreditarse con:

a) el testimonio de poder general o especial otorgado por instrumento público;

b) copia simple íntegra firmada por apoderado o letrado[113];

c) carta-poder con firma autenticada por autoridad policial[114] o judicial o por escribano público[115];

d) carta-poder cuya firma aparezca autenticada por un Banco[116];

e) poder otorgado por acta ante la autoridad administrativa[117].

---

[110] Es la solución que acoge la ley 5350 de Córdoba en su art. 21 que prescribe: "La citación o presentación espontánea del tercero interesado no retrocederá el curso del procedimiento, salvo que la autoridad administrativa así lo disponga".

[111] ESCOLA, Héctor J., *Tratado general...*, cit., p. 175.

[112] Conf. ESCOLA, Héctor J., *Tratado general...*, cit., p. 175.

[113] Art. 32, Reglamento aprobado por dec. 1759/1972, norma que prescribe también la posibilidad de acreditar la representación con copia simple firmada por letrado o apoderado cuando se invoque un contrato de sociedad civil o comercial otorgado en instrumento público.

[114] Leyes de Buenos Aires (art. 14), de Salta (art. 116), de Tucumán (art. 11) y de Mendoza (art. 120). En la doctrina provincial también se ha negado la procedencia de la autenticación por autoridad policial (SARMIENTO GARCÍA, Jorge H. - PETRA RECABARREN, Guillermo M., *Ley de Procedimiento Administrativo de Mendoza 3909. Concordada y comentada*, Mendoza, 1973, p. 180). Art. 32, RLNPA.

[115] Art. 32, RLNPA.

[116] Esta forma de acreditar la representación, si bien no está prescripta en el Reglamento – como lo puntualiza Docobo– (DOCOBO, Jorge J., "La actuación administrativa", JA 1975-526, secc. Doctrina) se admite en la práctica administrativa argentina.

Cuando se faculte al representante a percibir sumas mayores al equivalente de diez salarios mínimos, el art. 33, RLNPA, dispone que "se requerirá poder otorgado ante escribano público".

Se acepta que, en casos de urgencia, puede admitirse la invocación por el gestor del art. 48, CPCCN[118], norma que admite la comparecencia sin los instrumentos que acreditan la personería, a condición de que fueran éstos presentados o sea ratificada la gestión en el término de sesenta días.

7. CÓMO CESA LA REPRESENTACIÓN

El art. 34, RLNPA, prevé que la representación cesa en los casos siguientes:

a) por revocación del poder, aclarando que la intervención del interesado en el procedimiento no importará revocar el mandato si al presentarse no lo declara expresamente;

b) por renuncia, después de vencido el término del emplazamiento al poderdante o de la comparecencia del mismo en el expediente;

c) por muerte o inhabilidad del mandatario;

d) por muerte o incapacidad del poderdante.

En el último caso, la ocurrencia de las situaciones descriptas en la norma suspende el procedimiento hasta que los herederos o representantes legales intervengan en el expediente, salvo aquellos trámites que deban impulsarse de oficio y que, en general, son deberes y obligaciones legales a cargo de la Administración. La norma también permite que, entretanto, el apoderado pueda formular aquellas peticiones indispensables que no admitan demora, a fin de evitar perjuicios al causante[119].

8. LA EXIGENCIA DE ACTUAR CON PATROCINIO LETRADO

En el orden nacional, el patrocinio letrado en el procedimiento administrativo es ante todo una potestad del administrado quien posee, en cada caso concreto, el derecho a ejercitarla, como una emanación de la garantía constitucional del debido proceso que reglamenta la Ley Nacional de Procedimientos Administrativos[120].

Pero en algunas circunstancias resulta también justificado que la ley imponga la exigencia de actuar con patrocinio letrado con una doble finalidad: en protección del administrado y para evitar planteos jurídicos improcedentes o absurdos que recarguen innecesariamente la actividad de la Administración Pública[121].

---

[117] Art. 33, Reglamento aprobado por dec. 1759/1972, que prescribe: "El mandato también podrá otorgarse por acta ante la autoridad administrativa, la que contendrá una simple relación de la identidad y domicilio del compareciente, designación de la persona del mandatario, mención de la facultad de percibir sumas de dinero u otra especial que se le confiere".

[118] Conf. DOCOBO, Jorge J., "La actuación...", cit., ps. 519 y ss.

[119] Art. 34 in fine, RLNPA.

[120] Art. 1°, inc. f), ap. 1, LNPA. Véase CREO BAY, Horacio D., "El abogado en el procedimiento administrativo", JA 1977-II-749.

[121] Conf. ESCOLA, Héctor J., Tratado general..., cit., p. 177. Este autor puntualiza que la participación de los abogados en el procedimiento constituye un aporte valioso por el conoci-

Tal es lo que acontece cuando el administrado hubiera hecho uso del derecho de actuar mediante representante que no sea profesional del Derecho, siempre que se debatan o planteen cuestiones jurídicas[122]. Ello no significa desde luego que cualquier intervención del representante que no fuere técnico de Derecho deba efectuarse con patrocinio letrado pero lleva a exigir ese requisito cuando se interpusiera un recurso o se presentare una petición o denuncia donde el planteo y el debate asumen una cierta complejidad jurídica, ajena a la rutina o práctica administrativa.

Similar solución legislativa se ha seguido en España, donde el art. 41, Reglamento de procedimiento para las reclamaciones económico-administrativas, considera preceptiva la intervención del abogado en el procedimiento de esa clase[123].

Si no obstante el deber de hacerlo, el escrito se presentare sin la firma de letrado, entendemos que la Administración no puede declarar inadmisible el trámite sin brindar al administrado la posibilidad de corregir la anomalía[124].

Por su parte, en la jurisprudencia se ha resuelto que no es exigible el patrocinio letrado en una nota presentada por el propio agente donde consiente una decisión administrativa que lo perjudica, ya que ello no afecta la garantía de la defensa[125].

---

miento específico que poseen y el celo profesional que ponen en la defensa de los intereses que les son confiados. En contra de la exigencia general del patrocinio letrado: GORDILLO, Agustín, *Tratado...*, *cit.*, t. IV.1, ps. 1/53.

[122] Art. 1º, inc. f), ap. 1, LNPA.

[123] GONZÁLEZ PÉREZ, Jesús, *Los recursos administrativos y económico-administrativos*, *cit.*, p. 331. La norma exige también el patrocinio letrado cuando se solicita vista pública, aun cuando el interesado actúe por sí.

[124] Es la solución del Reglamento español citado (art. 54).

[125] C. Nac. Cont. Adm. Fed., sala 3ª, 5/9/1986, "Prato, Jorge René v. Estado nacional s/nulidad de resolución", RAP, nro. 107, Ciencias de la Administración, Buenos Aires, 1987, p. 129.

CAPÍTULO IV

LOS PLAZOS EN EL PROCEDIMIENTO ADMINISTRATIVO

1. AMBIVALENCIA DE SIGNIFICADOS, CONCEPTO Y FINALIDAD DE LOS PLAZOS EN EL PROCEDIMIENTO ADMINISTRATIVO

En el procedimiento administrativo es indudable la importancia que tiene el tiempo como hecho natural[126], generador y extintivo de situaciones jurídicas, en cuanto constituye la base para determinar el cómputo de los plazos que obligatoriamente deben observar el administrado y la Administración en las distintas fases o etapas procedimentales.

El análisis doctrinario demuestra la proliferación de distintos significados sobre el concepto de plazo que algunos autores asimilan al término[127] y otros distinguen, por considerar al "término" como el instante concreto y determinado en que el acto ha de llevarse a cabo, mientras entienden por "plazo" al lapso o período de tiempo durante el cual el acto se realiza[128]. Dado que el uso indistinto de ambos conceptos constituye una realidad innegable, nos inclinamos por la doctrina que asimila "término" y "plazo"[129].

En Derecho Privado, si bien suele concebirse al plazo principalmente como una modalidad de los actos jurídicos por la cual se posterga el ejercicio de los derechos a que el acto se refiere, se admite – en forma extensiva– que el "plazo" sea también el lapso que media entre la celebración del acto y la producción de un hecho futuro y necesario al cual se subordina el ejercicio o la eliminación de un derecho[130].

A su vez, en la disciplina del Derecho Administrativo hay quienes asimilan "plazo" y "término", según que el mismo se refiera: a) a la modalidad de los actos jurídicos por la cual se posterga el ejercicio de un derecho referido en el acto; b) al lapso que media entre la celebración del acto y un hecho futuro; c) al plazo inicial y d) al plazo final[131].

---

[126] ZANOBINI, Guido, *Corso di Diritto Amministrativo*, 8ª ed., t. I, Giuffrè, Milán, 1958, ps. 212 y ss.

[127] ESCOLA, Héctor J., *Tratado general de procedimiento administrativo*, Depalma, Buenos Aires, 1973, p. 206.

[128] GONZÁLEZ PÉREZ, Jesús, *Manual de procedimiento administrativo*, 2ª ed., Civitas, Madrid, 2002, p. 286; LÓPEZ NIETO Y MALLO, Francisco, *El procedimiento administrativo*, Bosch, Barcelona, 1960, p. 222.

[129] Conf. ESCOLA, Héctor J., *Tratado general...*, *cit.*, p. 206.

[130] LLAMBÍAS, Jorge J., *Tratado de Derecho Civil, Parte general*, t. II, Perrot, Buenos Aires, 1975, p. 371.

[131] ALESSI, Renato, *Sistema istituzionale del Diritto Amministrativo italiano*, 2ª ed., Giuffrè, Milán, 1958, p. 315.

En el procedimiento administrativo el plazo o término alude esencialmente al lapso en el cual deben cumplimentarse las distintas etapas o fases del procedimiento, incluyendo dentro de este concepto el plazo para impugnar en sede administrativa los diversos actos a través de los recursos que instituye el derecho objetivo.

Su finalidad no es la misma que en el Derecho Procesal, donde el plazo tiende a concretar la preclusión de las diferentes fases del proceso[132]. Esto es así, no sólo por los principios de colaboración y verdad objetiva que nutren al procedimiento administrativo[133], sino también en mérito a otros principios también fundamentales como son el informalismo y la eficacia, los cuales trasuntan un menor rigorismo en comparación con el Derecho Procesal.

Contribuye, asimismo, a esa diferencia la propia finalidad de la función administrativa que se lleva a cabo a través del procedimiento que, al perseguir la satisfacción del interés general o bien común de un modo inmediato, contiene una télesis de rango superior que la controversia judicial, la cual resuelve eminentemente una situación de conflicto o controversia. Esto no significa que la controversia o el conflicto no se den en sede administrativa, sino que, en su solución, mientras el administrado aparece como un colaborador de la función administrativa, la Administración Pública no debe actuar como oponente en el proceso sino como gestora del bien común.

2. OBLIGATORIEDAD DE LOS PLAZOS

La Ley Nacional de Procedimientos Administrativos estatuye el principio de la obligatoriedad de los plazos, respecto de los administrados y de la Administración Pública (art. 1°, inc. e], ap. 1, LNPA).

La obligatoriedad significa el deber de cumplir los plazos del procedimiento e implica la consiguiente facultad para exigir su cumplimiento en sede administrativa o judicial. No ha de confundirse con la "perentoriedad" la cual supone la caducidad o decaimiento del derecho que ha dejado de utilizarse ni tampoco con la llamada improrrogabilidad, que se refiere a la imposibilidad de extender o ampliar los plazos fijados.

Como se ha apuntado, respecto al proceso judicial, la improrrogabilidad restringe la potestad del magistrado para ampliar los términos mientras que la perentoriedad constituye "una sanción a la inactividad de los litigantes"[134]. Por su parte, la jurisprudencia de la Corte ha sostenido que la perentoriedad torna innecesario que

---

[132] Conf. ALSINA, Hugo, *Tratado teórico-práctico de Derecho Procesal Civil y Comercial*, t. I, Compañía Argentina, Buenos Aires, 1941-1943, ps. 762/763.

[133] FIORINI, Bartolomé A., *Derecho Administrativo*, 2ª ed. act., t. II, Abeledo-Perrot, Buenos Aires, 1976, p. 520.

[134] Sostiene Lascano que mientras la improrrogabilidad procura evitar que se dilaten los plazos, la perentoriedad busca impedir la obstrucción del proceso. Pero ambas tienen vida independiente (conf. LASCANO, David, "Improrrogabilidad y perentoriedad de términos judiciales", LL 19-132).

las partes soliciten a los jueces que declaren la caducidad, produciéndose este efecto por el mero transcurso del plazo[135].

En el sistema de la Ley Nacional de Procedimientos Administrativos, la obligatoriedad de los plazos configura, en definitiva, un rigorismo procesal atenuado por los caracteres propios del sistema, a saber:

a) el principio de la prorrogabilidad o ampliación de los plazos estatuido en el art. 1°, inc. e), ap. 5, LNPA;

b) el hecho de que los plazos no revistan, en principio, carácter perentorio o fatal. El único caso que excepciona esta regla es el referido a la interposición de los recursos administrativos (art. 1°, inc. e], ap. 6)[136];

c) el derecho que poseen los interesados para ampliar o mejorar los fundamentos de los recursos interpuestos (art. 77, 2ª parte, RLNPA) en cualquier momento, antes de la resolución.

3. NATURALEZA E IRRETROACTIVIDAD DE LOS PLAZOS

Uno de los caracteres esenciales del plazo radica en que, por su naturaleza, el mismo consiste en un hecho futuro[137]. De allí deriva precisamente el principio de la irretroactividad del término o plazo, establecido de un modo implícito en la Ley Nacional de Procedimientos Administrativos al prescribir que los plazos relativos a los actos administrativos (de alcance singular) se computan a partir del día siguiente de la notificación[138].

En la doctrina italiana se ha sostenido que teniendo el "término" o "plazo" carácter futuro sólo excepcionalmente puede atribuirse retroactividad (disponiendo que los efectos se produzcan antes de su emanación o notificación) y ello a condición de que exista una norma legal expresa[139].

Ésa es también la opinión de la doctrina nacional que se ha ocupado del tema[140]. En tal sentido, Marienhoff sostiene que el plazo siempre actúa *ex nunc* es decir, sin eficacia retroactiva para el futuro.

---

[135] "Empresa Nacional de Telecomunicaciones v. Provincia de Santa Cruz", Fallos 249:621 (1961) y LL 102-704.

[136] Señala Fiorini que esa perentoriedad se debilita frente a lo dispuesto en el art. 76, Reglamento aprobado por dec. 1759/1972 que autoriza a suspender el plazo para concurrir si el interesado solicita tomar vista de las actuaciones durante el tiempo que se le conceda para recurrir (conf. FIORINI, Bartolomé A., *Derecho Administrativo*, cit., t. II, p. 518). En nuestra opinión, la suspensión del plazo para recurrir no afecta la perentoriedad sino la improrrogabilidad por cuya causa no nos parece acertada la crítica de Fiorini pues pese a que adhiere a la opinión de Lascano confunde aquí ambas instituciones.

[137] Conf. LLAMBÍAS, Jorge J., *Tratado...*, cit., t. II, p. 372.

[138] Art. 1°, inc. e), ap. 3, LNPA.

[139] LUCIFREDI, Roberto, *L'atto amministrativo nei soui elementi accidentali*, Giuffrè, Milán, 1963, p. 149 y doctrina que cita en la nota 31.

[140] MARIENHOFF, Miguel S., *Tratado de Derecho Administrativo*, 4ª ed. act., t. II, Abeledo-Perrot, Buenos Aires, 1993, ps. 356/357.

4. SU CÓMPUTO. EL LLAMADO "PLAZO DE GRACIA"

Con anterioridad a la sanción de la Ley de Procedimientos Administrativos se aplicaba, en materia de cómputo de los días, la regla establecida en el Código Civil, según la cual ellos se cuentan por días corridos[141], si bien existían algunas disposiciones específicas en materia recursiva que sentaban el principio del cómputo sobre la base de los días hábiles administrativos[142].

Tal situación ha variado desde la sanción de la ley 19.549 que en el art. 1°, inc. e), ap. 2, prescribió que los plazos se deben contar "por días hábiles administrativos salvo disposición legal en contrario o habilitación resuelta de oficio o a petición de partes", disposición plenamente válida desde que se funda en la naturaleza esencialmente local o federal de las normas de Derecho Administrativo que, en principio, no integran la legislación común.

Pero, ¿qué ocurre si los plazos están referidos a meses, semanas o años? En tal caso, se deberá tomar en cuenta el tiempo natural de los mismos aplicando el criterio que estatuye el Código Civil (art. 25)[143]. Esto es así por cuanto la aplicación analógica del Código Civil en esta materia, si bien sustituye la interpretación fundada en lo estatuido en el art. 28, CCiv. (los plazos se computan por días corridos), se mantiene respecto de las restantes normas del primero de los títulos preliminares del Código Civil.

Como se ha dicho, el comienzo del cómputo se realiza a partir del día siguiente al de la notificación cuando se trata de actos administrativos (cuyo alcance es singular o particular) mientras que tratándose de reglamentos (cuyo alcance es siempre general) rige el principio prescripto en el art. 2°, CCiv.[144], y, en consecuencia, si el reglamento no fija el tiempo en que comienza su vigencia (en principio después de su publicación), el mismo resulta obligatorio después de los ocho días siguientes al de su publicación oficial.

El vencimiento de los plazos se opera cuando finaliza el último día hábil del término fijado en cada etapa del procedimiento.

Al respecto, la doctrina había admitido (por aplicación del art. 27, CCiv.) que el administrado hiciera presentaciones hasta las 24 horas del día en que finalizaba el plazo, aun luego del cierre de las oficinas administrativas, para lo cual se postulaba la necesidad de que un escribano público diera fe de la fecha y hora en que fue presentado el escrito[145].

Tiempo después Fiorini advirtió que era posible – por aplicación analógica del art. 124, CPCCN[146]– admitir la presentación de escritos en sede administrativa en las dos primeras horas del día siguiente al del vencimiento del plazo.

---

[141] MARIENHOFF, Miguel S., *Tratado...*, *cit.*, t. II, ps. 211/212.
[142] Dec. 19.041/1951.
[143] Conf. ESCOLA, Héctor J., *Tratado general...*, *cit.*, p. 208; FIORINI, Bartolomé A., *Derecho Administrativo*, *cit.*, t. II, p. 522.
[144] Art. 1°, inc. e), ap. 3, LNPA.
[145] ESCOLA, Héctor J., *Tratado general...*, *cit.*, p. 208.
[146] Dado lo dispuesto en el art. 106, RLNPA.

62

Esa interpretación fue adoptada por un fallo de la Corte Suprema de Justicia de la Nación en el caso "Fundación Universidad Belgrano", donde se sostuvo que frente al formalismo moderado resultaba incongruente negar en él lo que está permitido en el ámbito de la justicia[147].

La aplicación del art. 124, CPCCN, se llevó a cabo, en el caso, por vía supletoria[148] y no analógica, en razón de tratarse de la aplicación directa y completa de una norma que es compatible con el sistema, cuya incorporación dispuso el legislador. Si la norma fuera incompatible con el sistema tal como acontece con la mayor parte de las normas del Código Civil la aplicación tendría que llevarse a cabo por el procedimiento de la analogía[149], lo cual implica la creación de una nueva norma.

El criterio sustentado por la jurisprudencia de la Corte era válido no sólo respecto de los recursos contra actos administrativos que tramitaran en la justicia (aun cuando en el caso se trataba de un recurso presentado en sede administrativa), sino que era extendible – como principio general– a todo el procedimiento administrativo[150].

El dec. 1883/1991 modificó el art. 25, RLNPA, admitiendo expresamente la posibilidad de presentar escritos en las dos primeras horas hábiles administrativas[151].

5. PRÓRROGA O AMPLIACIÓN DE LOS PLAZOS

Al consagrar la facultad de ampliar o prorrogar los plazos – de oficio o a petición de parte– la Ley de Procedimientos Administrativos no acoge el principio de la improrrogabilidad como regla general.

El principio es, en consecuencia, el de la prorrogabilidad de los plazos o términos, lo cual debe disponer la Administración Pública "antes del vencimiento del plazo, mediante decisión fundada y siempre que no resultaren perjudicados derechos de terceros"[152].

---

[147] "Fundación Universidad de Belgrano", Fallos 300:1070 (1978), consid. 8º. Al comentar este fallo, Bidart Campos, dice que el mismo "parece albergar implícitamente el principio liminar del derecho judicial de la jurisprudencia de la Corte que obliga a buscar la verdad objetiva o material sobre la verdad formal", opinión que compartimos, señalando que tal principio también constituye una pieza esencial del procedimiento administrativo.

[148] Conf. DOCOBO, Jorge J., "El plazo de gracia en el procedimiento administrativo", LL 1979-B-105.

[149] Véase CASSAGNE, Juan Carlos, Derecho Administrativo, 7ª ed., t. I, LexisNexis - Abeledo-Perrot, Buenos Aires, Buenos Aires, 2002, ps. 206 y ss.

[150] Conf. PEARSON, Marcelo H., "Aplicación del plazo de gracia del art. 124 del CPCCN en el procedimiento administrativo nacional", RAP, nro. 7, Ciencias de la Administración, Buenos Aires, 1979, p. 29.

[151] El art. 25, RLNPA, prescribe: "El escrito no presentado dentro del horario administrativo del día en que venciera el plazo, sólo podrá ser entregado válidamente en la oficina que corresponda, el día hábil inmediato y dentro de las dos primeras del horario de atención de la oficina"; CANOSA, Armando N., "Influencia del Derecho a la tutela judicial efectiva en materia de agotamiento de la instancia administrativa", ED 166-988, p. 163, señala que, en caso de duda, el recurso debe tenerse como presentado en término.

[152] Art. 1º, inc. e), ap. 5, ley 19.549.

La norma plantea algunas cuestiones cuya dilucidación resulta necesaria para una adecuada interpretación jurídica.

Por de pronto, consideramos que siendo potestativo de la Administración el otorgamiento o no del término ampliatorio "antes del vencimiento del plazo" nada se opone a que esa ampliación se conceda incluso en los casos en que los respectivos términos se encuentren vencidos, supuesto no prohibido por el ordenamiento jurídico administrativo ni tampoco contemplado en la norma (art. 1°, inc. e], ap. 5, LNPA).

Un problema interpretativo se plantea una vez concedida la prórroga del plazo. ¿Desde qué momento se computa? En mi opinión el cómputo ha de realizarse a partir de la notificación del acto administrativo que ordena la ampliación.

Existen varios argumentos que permiten deducir la regla aplicable a este supuesto:

a) la naturaleza propia de todo plazo según la cual el mismo consiste en un hecho "futuro";

b) el principio de la irretroactividad de todo plazo o término, regla que sólo cede cuando el acto sustituye a otro acto revocado o favorece al administrado (conf. art. 13, LNPA);

c) la regla estatuida en la Ley Nacional de Procedimientos Administrativos que prescribe que los plazos se computan a partir de la notificación[153].

6. INTERRUPCIÓN O SUSPENSIÓN DE LOS PLAZOS Y CADUCIDAD DE LOS PROCEDIMIENTOS

El ordenamiento jurídico vigente en el orden nacional consagra el efecto interruptivo de los recursos administrativos sobre los plazos del procedimiento, "aunque aquellos hubieren sido mal calificados, adolezcan de defectos formales insustanciales o fueren deducidos ante órgano incompetente por error excusable"[154].

Esta norma plantea una cuestión interpretativa frente a lo dispuesto en el ap. 9 del inc. e) del art. 1°, LPA, en cuanto prescribe que "las actuaciones practicadas con intervención de órgano competente producirán la *suspensión* de los plazos legales o reglamentarios, inclusive los relativos a la prescripción, los que se reiniciarán a partir de la fecha en que quedare firme el auto declarativo de caducidad".

Por de pronto, si como lo sostiene la Corte la versión técnicamente elaborada de la norma aplicable al caso ha de establecerse mediante una sistemática razonable y discreta hermenéutica que responda a su espíritu, esto es, a su finalidad[155], cabe rechazar de antemano cualquier interpretación que excluya alguna de dichas disposiciones salvo, claro está, que no exista otro modo de interpretación ante su manifiesta incompatibilidad.

---

[153] Art. 1°, inc. e), ap. 3, LNPA.

[154] Art. 1°, inc. e), ap. 7, LNPA.

[155] "Caja Nacional de Previsión para el Personal de la Industria v. F. Piccaluga y Cía SRL", Fallos 246:37 (1960).

Tal interpretación armónica no sólo es posible sino que guarda coherencia con la finalidad que persiguen las normas.

En efecto, mientras el ap. 7 constituye una norma con un ámbito específico de aplicación referido a la interrupción de los plazos para recurrir, inclusive cuando se presentaren ante órganos incompetentes, el ap. 9 consagra el principio en materia de interrupción o suspensión de todos los plazos, no sólo en materia de recursos sino respecto de todas las actuaciones practicadas con intervención de órganos competentes[156].

Una, pues, es la norma especial que estatuye la interrupción de los plazos en los procedimientos recursivos y la otra configura la regla general en materia de suspensión de todos los plazos del procedimiento, inclusive los relativos a la prescripción.

Comparto la opinión de aquellos autores para quienes en el procedimiento administrativo nacional no existen distinciones entre interrupción y suspensión[157].

Ello es así por cuanto el ap. 9 al estatuir que los plazos objeto de suspensión "se reiniciarán a partir de la fecha en que quedare firme el auto declarativo de la caducidad", estatuye que tales plazos se inician de nuevo, sin contar el tiempo transcurrido hasta la suspensión. Eso es también lo que acontece en materia de interrupción de los plazos por haber sido interpuesto un recurso administrativo[158].

La ley prescribe, para que la Administración pueda ejercer la potestad de declarar la caducidad de los procedimientos, el transcurso de un lapso mínimo de noventa (90) días, imponiéndole al órgano administrativo la carga de notificarle al administrado, al vencimiento de los primeros sesenta (60) días, que si su inactividad se mantiene durante otros treinta (30) días más se declara de oficio la caducidad.

Pero no obstante la inactividad del administrado la caducidad no opera automáticamente, pudiendo la Administración disponer la continuación de los trámites pese al transcurso de los plazos de caducidad[159].

Participo, en consecuencia, del criterio según el cual la caducidad de los procedimientos administrativos no opera de pleno derecho, en mérito a que tal efecto no armoniza con el principio del informalismo a favor del administrado[160] pues sería atribuir una consecuencia formalmente más rigurosa al vencimiento de los plazos de la ley.

---

[156] Conf. HALPERIN, David - CATTANI, Horacio R., "Procedimiento Administrativo", RAP, nro. 6, Ciencias de la Administración, Buenos Aires, 1979, p. 13.

[157] HALPERIN, David - CATTANI, Horacio R., "Procedimiento...", *cit.*, p. 17.

[158] Conf. HALPERIN, David - CATTANI, Horacio R., "Procedimiento...", *cit.*, p. 17, y *Dictámenes de la Procuración del Tesoro*, t. 132, p. 184, *cit.*, por estos autores.

[159] COMADIRA, Julio R., "Modos anormales de terminación del procedimiento administrativo", JA 1976-IV-630.

[160] Conf. COMADIRA, Julio R., "Modos anormales...", *cit.*, p. 630.

CAPÍTULO V

ESTRUCTURA DEL PROCEDIMIENTO ADMINISTRATIVO

1. INICIACIÓN DEL PROCEDIMIENTO ADMINISTRATIVO

De conformidad a lo prescripto en el art. 3°, RLNPA, el procedimiento puede iniciarse de oficio o a petición de parte interesada.

La norma del reglamento no precisa los supuestos en que procede la iniciación de oficio ni aquellos en que puede iniciarse a instancia del interesado, lo cual dependerá de la situación subjetiva y circunstancias de cada caso.

Pero si bien tal es el principio general, existen determinados actos administrativos (*v.gr.*, solicitud de reintegro de exportación) que requieren de una petición previa del administrado para acceder a la medida que le otorga un beneficio. En tales casos, la solicitud del administrado puede ser un presupuesto necesario para la iniciación del procedimiento administrativo (*v.gr.*, autorizaciones, permisos y concesiones).

Si se trata de una mera petición o petición graciable que formula el particular, la Administración tiene el poder discrecional de resolverla o no, notificando en este último caso la recepción de la solicitud.

Distinta es la situación de quien se encuentra frente a la Administración con un título jurídico específico proveniente de una situación subjetiva concreta o frente a un deber u obligación legal. En estos supuestos, el administrado posee la potestad de poner en marcha el procedimiento y la Administración Pública tiene el deber legal de dictar resolución.

2. EFECTOS. FORMALIDADES DE LOS ESCRITOS

Iniciado el procedimiento surge el deber de la Administración Pública de impulsar de oficio las actuaciones, "lo cual no obstará a que también el interesado inste el procedimiento"[161].

Los efectos que la iniciación del procedimiento produce son de muy variada clase, repercutiendo sobre el orden de tramitación de los expedientes[162], el comienzo

---

[161] Art. 4°, RLNPA. Este artículo exceptúa de este principio aquellos trámites en los que medie sólo el interés del administrado, situación que casi nunca puede acontecer, por cuanto en toda la actividad administrativa se halla presente, de un modo inmediato o mediato, el interés público.

[162] Art. 5°, inc. a), RLNPA. La alteración del orden de tramitación y decisión podrá disponerse mediante resolución fundada. En la práctica administrativa argentina este precepto no suele observarse.

de los plazos para resolver los recursos (cuando no hubiere alegatos) y la suspensión de la prescripción.

El Reglamento de la Ley Nacional de Procedimientos Administrativos prevé diversas formalidades para la presentación de los escritos (arts. 15 a 30, inclusive) estableciendo los recaudos que deben cumplimentarse y regulando lo atinente a la firma, al domicilio, peticiones múltiples, fecha y cargo, y a los documentos que se acompañan junto a los escritos y aquellos cuya agregación se solicite a título de prueba.

Respecto de la presentación de escritos el art. 25 prescribe que "todo escrito inicial o en el que se deduzca un recurso deberá presentarse en Mesa de Entradas o Receptoría del organismo competente o podrá remitirse por correo. Los escritos posteriores podrán presentarse igualmente a la oficina donde se encuentre el expediente". Se trata de una norma adecuada que apunta a brindar al procedimiento administrativo la celeridad y la eficacia que la ley impone como principios fundamentales.

El administrado, su apoderado o letrado patrocinante tienen el derecho de exigir del órgano administrativo competente que al recibir un escrito pongan el cargo o sello fechador sobre la copia del mismo[163].

Hay que advertir que si el escrito se envía por correo o telégrafo se considera fecha de presentación aquella en que se hubiera presentado a la oficina postal, debiendo en caso de duda estarse a la fecha enunciada en el escrito, considerando, en su defecto, que la presentación se hizo en término[164].

3. INSTRUCCIÓN DEL PROCEDIMIENTO

Como corolario del deber general que tiene la Administración de impulsar de oficio y de los principios de celeridad, eficacia e informalismo que rigen el procedimiento administrativo, el art. 5° del Reglamento prescribe que el órgano competente procurará:

1) proveer en una sola resolución todos los trámites que, por su naturaleza, admitan su impulsión simultánea;

2) concentrar en un mismo acto o audiencia todas las diligencias y medidas de prueba pertinentes;

3) señalar, antes de dar trámite a cualquier petición, los defectos de que adolezca, ordenando que se subsanen de oficio o por el interesado dentro del plazo razonable que fije;

4) disponer las diligencias que fueran necesarias para evitar nulidades;

5) ordenar en cualquier momento la comparecencia personal de las partes interesadas, sus representantes legales o apoderados para requerir las explicaciones que

---

[163] Por aplicación extensiva del art. 25, RLNPA, que consagra esta obligación respecto del agente postal.

[164] Conf. art. 25, RLNPA.

se estimen necesarias y aun para reducir las discrepancias que pudieran existir sobre cuestiones de hecho o de derecho[165].

Es evidente que al permitir que el órgano administrativo exija la comparecencia personal para reducir las discrepancias que pudieran existir, el art. 5° del Reglamento, permite convocar a verdaderas audiencias de conciliación a fin de concertar o conciliar los intereses en pugna.

4. CONTINUACIÓN. VISTA DE LAS ACTUACIONES ADMINISTRATIVAS

La institución de la vista posee – en el procedimiento administrativo– un significado más amplio que en Derecho Procesal, donde partiéndose del acceso permanente de los interesados y profesionales a las causas judiciales (lo que resulta cuasi obligatorio por el sistema de la notificación ficta en los días de nota) el problema se circunscribe al traslado sobre los actos importantes del proceso que requieren el consentimiento expreso, la contestación, etc., de la contraparte, dentro de un plazo perentorio, donde funciona el principio de la preclusión.

De este modo, el Derecho Administrativo, que no dispone de la estructura técnico burocrática del Derecho Procesal, consagra como esencial el derecho de los interesados a tener pleno acceso – formal o informal– a las actuaciones administrativas. Esto es, pues, lo sustancial y constituye un derecho subjetivo público[166] que el administrado puede ejercer en cada caso y que, en principio, no puede ser retaceado por el administrador; de lo contrario el agente estatal puede incurrir en violación de los deberes de funcionario público.

La "vista" de las actuaciones administrativas constituye una reglamentación del principio del debido proceso adjetivo enunciado en el art. 1°, inc. f), ap. 1, ley 19.549[167], y había sido ampliamente reconocida por la doctrina nacional aun antes de la sanción de la norma que actualmente la reglamenta[168].

---

[165]   Art. 5°, incs. b), d) y e), RLNPA. A nuestro juicio la norma no atribuye facultades para exigir la comparecencia personal cuando el administrado actúa por representación, siendo, en tal caso, potestativo de éste acudir personalmente o enviar a su apoderado.

[166]   FIORINI, Bartolomé A., *Derecho Administrativo*, 2ª ed. act., t. II, Abeledo-Perrot, Buenos Aires, 1976, p. 464, siguiendo a Serrano Guirado.

[167]   AGÜERO, Nélida R., "La vista de las actuaciones en la Ley de Procedimientos Administrativos", RADA, nro. 4, Universidad del Museo Social Argentino, Buenos Aires, 1972, p. 81. El dec. 229/2000, que crea el Programa Carta Compromiso con el ciudadano, contempla en el art. 3°, inc. d), este derecho al contemplar el "derecho a conocer el estado de tramitación de las actuaciones administrativas en las que tenga la condición de interesado y a obtener copias de los documentos contenidos en ellas". A su vez, en el inc. g) del mismo artículo se prevé el "derecho a acceder a los registros y archivos públicos con las limitaciones legalmente establecidas".

[168]   ALTAMIRA GIGENA, Julio I., "El derecho de defensa en sede administrativa", JA 1967-III-34, secc. Doctrina; ESCOLA, Héctor J., *Tratado general de procedimiento administrativo*, Depalma, Buenos Aires, 1973, ps. 205/211; LINARES, Juan F., "Garantía de defensa ante organismos administrativos", LL 87-875 y ss.

Por su vinculación con el derecho de defensa (especialmente el derecho a ser oído) el Derecho Administrativo español denomina a esta institución, más correctamente a nuestro juicio, bajo el nombre de trámite de audiencia y vista[169].

Pero aparte del sentido principal que tiene la vista en el procedimiento administrativo, ella también puede traducir el concepto de "traslado", ya fuere otorgado de oficio o a pedido de parte, sobre todo cuando hubiere particulares con intereses distintos en una misma actuación.

El art. 38, RLNPA, consagra con amplitud el derecho a la vista de las actuaciones en los siguientes términos: "La parte interesada, su apoderado o letrado patrocinante, podrán tomar vista del expediente durante todo su trámite, con excepción de aquellas actuaciones, diligencias, informes o dictámenes que, a pedido del órgano competente y previo asesoramiento del servicio jurídico correspondiente, fueren declarados reservados o secretos mediante decisión fundada del respectivo subsecretario del Ministerio o del titular del ente descentralizado de que se trate".

La citada norma estatuye, además, el llamado carácter "informal" de la vista en el procedimiento, al prescribir que el pedido de vista puede hacerse verbalmente debiendo concederse sin necesidad de resolución expresa al efecto en la oficina en que se encuentre el expediente, aunque no sea en la Mesa de Entradas o Receptoría[170].

En principio, el otorgamiento de la vista no implica la suspensión del trámite del expediente, con excepción de aquellas vistas que tuvieran el carácter de un verdadero traslado donde si se establece un plazo perentorio para que el administrado las conteste, es lógico que el trámite principal se suspenda hasta tanto el particular evacúe la contestación.

El administrado puede requerir – aun cuando ello no sea preceptivo– la fijación de un plazo para tomar vista de las actuaciones[171], lo cual no significa que las alegaciones respectivas tengan que ser presentadas dentro de tal plazo, como suele exigir una defectuosa práctica de nuestra Administración.

El interesado está facultado para sacar copias de las piezas que solicitare, a su costa[172].

La petición solicitando vista de las actuaciones produce un importante efecto en el procedimiento recursivo cual es la suspensión de los plazos para recurrir[173] durante el plazo en que se le conceda la vista. En tal caso, la suspensión es automática y la

---

[169] GARCÍA DE ENTERRÍA, Eduardo - FERNÁNDEZ, Tomás R., *Curso de Derecho Administrativo*, t. II, 1ª ed., Civitas, Madrid, 1977, ps. 407/409.

[170] Art. 38, 2ª parte, RLNPA. Es de lamentar que este valioso precepto no sea observado – por ignorancia o temor– por algunos empleados que exigen la presentación de un escrito pidiendo la vista y aun suspenden el trámite, durante el plazo en que otorgan la vista.

[171] Art. 38, 3ª parte, RLNPA. Como la norma se remite al art. 1°, inc. e), ap. 4, LNPA, el plazo que fija la Administración es, por lo general, de diez (10) días, salvo que hubiera una norma especial y expresa que previera un plazo menor.

[172] Art. 38, RLNPA, t.o. 1991.

[173] FANELLI EVANS, Guillermo E., "Las reformas al reglamento de la Ley Nacional de Procedimientos Administrativos", EDLA, 1978, Universitas, 1979, p. 968; art. 76, RLNPA.

norma se justifica en orden a que en la práctica administrativa argentina suele ser corriente el dictado de actos sin vista previa al particular afectado en sus derechos subjetivos o intereses legítimos.

En igual forma se suspenden los plazos previstos en el art. 25, LPA, para interponer la demanda en vía judicial[174].

En este sentido, la jurisprudencia ha declarado que la suspensión de los plazos para recurrir se opera ante la mera presentación de un pedido de vista y que la razón de ser de ello radica en la necesidad de evitar la indefensión del administrado que no ha podido tomar conocimiento de las actuaciones administrativas y cuenta con plazos exiguos para promover la vía recursiva[175].

La obtención de la vista implica la notificación de los actos administrativos obrantes en las actuaciones pero de modo alguno implica su consentimiento[176].

5. RESTRICCIONES AL OTORGAMIENTO DE LA VISTA

Como ya se ha visto, el órgano administrativo posee la facultad de impedir el acceso a las actuaciones que requiera el administrado cuando las mismas fueran declaradas reservadas o secretas por decisión del subsecretario o del titular del ente descentralizado de que se trate.

Se trata de una norma de excepción ya que el principio que rige en nuestro régimen republicano es el de la publicidad de todos los actos del Estado.

Antes de que pueda dictarse la "decisión fundada" declarando reservada o secreta una determinada actuación administrativa ha de haber "solicitud de órgano competente" y dictamen del servicio jurídico permanente. Estos requisitos tratan de evitar los abusos de quienes por temor, ignorancia o para proteger intereses propios o de terceros, pueden emitir juicios subjetivos respecto de la reserva de las actuaciones sustrayendo el acceso del particular interesado al expediente.

¿Qué piezas o temas pueden considerarse reservados? En principio, sólo aquellos que establece la normativa en vigencia y que se refieren a operativos militares y/o de las fuerzas de seguridad, adquisición, fabricación o venta de material bélico, estructuras orgánicas de los servicios de inteligencia, etc.[177], esto es así por cuanto la reserva o el secreto que constituyen excepción al principio de la publicidad de los actos estatales sólo se justifican por razones militares o de seguridad, en sentido estricto, no comprendiendo a los demás aspectos que involucra la llamada defensa nacional.

---

[174] Art. 38, RLNPA, reformado por el dec. 1883/1991.

[175] C. Nac. Apel. Cont. Adm. Fed., sala 4ª, 12/6/1986, "Cuarto Creciente SA v. Administración de Parques Nacionales s/impugnación de resolución"; la síntesis del fallo fue publicada en RAP, nro. 100, Ciencias de la Administración, Buenos Aires, 1987, p. 127.

[176] C. Nac. Cont. Adm. Fed., sala 4ª, 2/6/1992, "Linares, Gumersindo José María v. CONET s/amparo por mora". En el mismo la cámara sostuvo que el pedido de vista de las actuaciones es sólo una facultad que tiene el interesado en un expediente administrativo, por lo que no corresponde que sea éste quien cargue con la eventual obligación de notificarse, ante la inactividad o demora de la Administración en hacerlo.

[177] Dec. 1666/1978.

Esta conclusión se ve reforzada por la sanción de la ley 25.152, que en su art. 8º dispuso el "libre acceso" a cierta información de la Administración Pública nacional, para "cualquier institución o persona interesada en conocerla"[178] y el dec. 1172/2003 que aprobó, entre otros, el Reglamento General del Acceso a la Información Pública[179], cuyo ámbito de aplicación alcanza a los "organismos, entidades, empresas, sociedades, dependencias y todo otro ente que funcione bajo la jurisdicción del Poder Ejecutivo nacional", así como también a las organizaciones privadas a las que se hayan otorgado subsidios o aportes provenientes del sector público nacional, así como a las instituciones o fondos cuya administración, guarda o conservación esté a cargo del Estado nacional a través de sus jurisdicciones o entidades y a las empresas privadas a quienes se les hayan otorgado mediante permiso, licencia, concesión o cualquier otra forma contractual, la prestación de un servicio público o la explotación de un bien del dominio público" (art. 2º)[180].

En rigor, pensamos que a partir del citado principio de "publicidad de los actos de gobierno" (consecuencia del sistema republicano adoptado por nuestra Constitución Nacional) resulta natural que toda la "información" producida por el Estado (sin limitación a la mencionada en la ley) esté a disposición de todos los habitantes, salvo los casos particulares y debidamente justificados en que se decida la reserva.

6. RECUSACIÓN DE LOS AGENTES PÚBLICOS QUE INTERVIENEN EN EL PROCEDIMIENTO

Los interesados que intervienen en el procedimiento administrativo poseen la potestad de conseguir la separación del agente público del trámite previo y toma de decisión, cuando se dan los motivos previstos en la ley a través del instituto de la recusación[181] ampliamente admitido en el derecho comparado[182].

---

[178] Esta información, que se detalla en la ley, incluye, entre otros datos y documentos, a "todo tipo de contratos firmados por autoridad competente", "pagos realizados por la Tesorería Nacional", "estado de situación, perfil de vencimientos y costo de la deuda pública", "inventarios de bienes inmuebles y de inversiones financieras", "información acerca de la regulación y control de los servicios públicos, obrante en los entes reguladores", más una importante referencia genérica a "toda otra información relevante necesaria para que pueda ser controlado el cumplimiento de las normas del sistema nacional de administración financiera y las establecidas por la presente ley".

[179] El Acceso a la Información Pública es definida en el art. 3º como "una instancia de participación ciudadana por la cual toda persona ejercita su derecho a requerir, consultar y recibir información de cualquiera de los sujetos mencionados en el art. 2º".

[180] La ley 25.152 y el Reglamento General de Acceso a la Información Pública se inscriben en una tendencia que han seguido desde antiguo los países más avanzados, que cuentan con normas más completas y concretas sobre la materia: así ocurre, por ejemplo, en Estados Unidos de América (*Freedom of Information Act*, 1966), Nueva Zelanda (*Official Information Act*, 1983), Canadá (*Access to Information Act*, 1983), Irlanda del Norte (*Freedom of Information Act*, 1987), e inclusive la reciente ley 104 de la Ciudad Autónoma de Buenos Aires, de noviembre de 1998, que establece en forma concluyente el derecho de toda persona a solicitar y recibir cualquier información que obre en poder de las autoridades de la Ciudad.

[181] GONZÁLEZ PÉREZ, Jesús, *Los recursos administrativos*, Madrid, 1960, ps. 45/46; Id., *Manual de Procedimientos Administrativos*, Civitas, Madrid, 2002, p. 151.

No creemos que pueda sostenerse ya a esta altura del desarrollo de las instituciones del Derecho Público una interpretación restrictiva acerca de la recusación,
considerando que sólo procede en el ámbito de las funciones jurisdiccionales de la
Administración[183].

En la actualidad, la recusación se encuentra regulada en el art. 6°, LNPA, norma
que remite a las causales y oportunidades previstas en los arts. 17 y 18, CPCCN.

¿Quiénes pueden ser recusados? Entendemos que todo funcionario o empleado
público, cualquiera fuera su jerarquía puede ser recusado, dado que la norma no
formula distinción alguna[184], a más que no tendría sentido que se excluyera a funcionarios, ya fuere el presidente o sus ministros del Poder Ejecutivo, en mérito al
fundamento de moralidad administrativa y defensa del administrado que inspira a
esta institución.

Pero, al propio tiempo, no admitimos la procedencia de otras causales no fundadas en la ley, máxime cuando las previstas en el Código Procesal son suficientemente comprensivas de todas las situaciones que pueden provocar la necesidad o
conveniencia de recusar a un funcionario[185].

Ello no impide aceptar, por analogía, la "recusación sin expresión de causa"
prescripta en el art. 14, Código Procesal, aplicable en virtud de la remisión que formula el art. 106, RLNPA, aprobado por dec. 1759/1972[186].

Producida la recusación el agente público debe dar intervención de inmediato
(en el plazo máximo de dos días) a su superior jerárquico, informándole si admite o
no la causal o causales alegadas por el administrado que lo recusa. Si el recusado
admitiera la causal alegada y ésta fuera procedente el superior jerárquico tiene el
deber de designarle un sustituto. En caso contrario, tiene la obligación legal de resolver dentro de los cinco días, plazo que podrá extenderse otro tanto si estimare que
resulta necesario producir prueba[187].

---

[182] RONDON DE SANSO, Hildegard, *El procedimiento administrativo*, Caracas, 1976, ps.
87/90; WADE, H. William R., *Derecho Administrativo*, con Prólogo de Pérez Olea, trad. del
inglés, Instituto de Estudios Políticos, Madrid, 1971, ps. 256 y ss.; GONZÁLEZ PÉREZ,
Jesús, *Comentarios a la Ley de Procedimiento Administrativo*, 1ª ed., Civitas, Madrid, 1977,
ps. 169 y ss.

[183] BIELSA, Rafael, *Derecho Administrativo*, t. II, 6ª ed., La Ley, Buenos Aires, 1964-1966, p.
69.

[184] Conf. GORDILLO, Agustín, *Tratado de Derecho Administrativo*, 3ª ed., t. IV-I, Macchi,
Buenos Aires, 1980, p. II-57.

[185] ESCOLA, Héctor J., *Tratado general...*, cit., p. 169, y GORDILLO, Agustín, *Tratado...*, cit.,
t. IV-I, p. II-66.

[186] El art. 106, RLNPA, prescribe: "El Código Procesal Civil y Comercial de la Nación será
aplicable supletoriamente para resolver cuestiones no previstas expresamente y en tanto no
fuera incompatible con el régimen establecido por la Ley de Procedimientos Administrativos
y por esta reglamentación". Los dos presupuestos que prevé la norma se dan respecto de la
recusación sin causa pues ella no se encuentra regulada expresamente y no es incompatible
con la ley ni con el reglamento de procedimientos administrativos.

[187] Conf. art. 6°, LNPA.

La recusación debe tramitar siempre por vía incidental y las resoluciones que se dicten en los respectivos incidentes son irrecurribles[188].

Las causales que prescribe el art. 17, Código Procesal, luego de su necesaria adaptación al procedimiento ante la Administración Pública[189] respecto del agente público, son:

a) el parentesco por consanguinidad dentro del cuarto grado y segundo de afinidad con algunas de las partes, sus mandatarios o letrados;

b) tener el agente público o sus consanguíneos o afines dentro del grado expresado en el inciso anterior, interés en el expediente o en otro semejante o sociedad o comunidad con algunos de los interesados, procuradores o abogados, salvo que la sociedad fuese anónima;

c) tener controversia judicial o administrativa con el recusante;

d) ser acreedor, deudor o fiador de alguna de las partes, con excepción de los bancos oficiales;

e) ser o haber sido el agente que fue denunciado por el recusante ante la Fiscalía Nacional de Investigaciones Administrativas[190] siempre que ésta hubiere dado curso a la denuncia;

f) haber sido asesor de alguna de las partes[191];

g) haber recibido beneficios de importancia de alguna de las partes;

h) tener con alguno de los interesados amistad que se manifieste por familiaridad o frecuencia de trato;

i) tener contra el recusante enemistad, odio o resentimiento que se manifiesten por hechos conocidos. En ningún caso procederá la recusación por ofensas inferidas al agente público después que éste hubiese comenzado a conocer en el asunto.

7. EXCUSACIÓN DE LOS AGENTES PÚBLICOS

La ocurrencia de alguna de las causales de recusación previstas en el art. 17, Código Procesal, con las adaptaciones correspondientes, genera el deber del agente público que interviene en el procedimiento de excusarse de seguir entendiendo o participando en el mismo[192]. En tal sentido, la excusación es obligatoria para el funcionario o empleado público y su incumplimiento da lugar a la responsabilidad disciplinaria y eventualmente patrimonial[193] y hasta puede llegar a invalidar el acto[194].

---

[188] Art. 6º *in fine*, LNPA.

[189] Ya que es menester reemplazar la expresión "juez" por agente público.

[190] Conf. GORDILLO, Agustín, *Tratado...*, *cit.*, t. IV-I, p. II-63.

[191] La 2ª parte del inc. 7º del art. 17, Código Procesal, que se refiere al "prejuzgamiento" es inaplicable en el procedimiento administrativo nacional donde el art. 6º, ley 19.549, prescribe: "La intervención anterior del funcionario o empleado en el expediente no se considerará causal de recusación".

[192] Conf. art. 30, CPCCN, al que remite el art. 6º, ley 19.549.

[193] ESCOLA, Héctor J., *Tratado general...*, *cit.*, p. 167.

Existe otro tipo de excusación que reviste carácter facultativo para el agente público y donde se interpreta la causal en forma más amplia. Se trata de la excusación *por motivos graves de decoro o delicadeza*[195], la cual constituye una causal más genérica que debe ser ponderada prudentemente y en forma razonable por el superior jerárquico haciendo lugar a la misma en casos realmente "graves", ya que de lo contrario, se afectaría el principio de la obligatoriedad de la competencia.

La solicitud de excusación debe ser remitida de inmediato al superior jerárquico, quien tiene el plazo de cinco (5) días para resolverla, sin sustanciación alguna. Si el órgano jerárquicamente superior aceptase la excusación debe nombrar un reemplazante mientras que si la desestima devolverá las actuaciones al inferior para que prosiga el trámite. Las resoluciones que se dicten sobre los incidentes de excusación y aquellas que los resuelven son irrecurribles[196].

8. PUBLICIDAD DE LOS ACTOS DEL PROCEDIMIENTO. NOTIFICACIÓN Y PUBLICACIÓN

El sistema de publicidad de los diversos actos que emite la Administración Pública difiere – como se ha visto– según se trate de actos administrativos (de alcance individual), de reglamentos (de alcance general) o de actos internos o interorgánicos. Mientras las dos primeras categorías enunciadas poseen un régimen formal, el acto interorgánico, destinado a tener efectos, en principio y directamente, sobre otros órganos de la Administración se caracteriza por la prevalecencia de la libertad formal[197] en materia de publicidad.

A su vez, si por una parte el régimen de publicidad del acto administrativo se basa en el conocimiento real que debe tener el administrado a través de la exigencia de la notificación personal, los reglamentos, en cambio, se reputan conocidos a partir de su publicación oficial[198].

La publicación integra uno de los requisitos que hacen a la forma del acto que emite la Administración[199] en cuanto es un recaudo que trasunta la exteriorización de la voluntad administrativa.

---

[194]   GONZÁLEZ PÉREZ, Jesús, *Comentarios a la Ley de Procedimiento...*, *cit.*, p. 168, apunta que la invalidez puede producirse en los casos en que el motivo de excusación tenga influencia determinante en la formación de la voluntad del acto administrativo.

[195]   Art. 30, CPCCN.

[196]   Art. 6º, LNPA. La irrecurribilidad de las resoluciones que se dictan en los incidentes de excusación tiene su fuente en el art. 28, párr. 5º, ley española de procedimientos administrativos.

[197]   V.gr., art. 104, RLNPA, aprobado por dec. 1759/1972, que exceptúa de la exigencia de la publicación a "los reglamentos que se refieren a la estructura orgánica de la Administración y las órdenes, instrucciones o circulares internas".

[198]   Art. 11, LNPA.

[199]   CASSAGNE, Juan Carlos, *El acto administrativo*, 2ª ed., Abeledo-Perrot, Buenos Aires, 1978, p. 218.

A) Notificación del acto administrativo. Distintos medios

La integración formal del acto administrativo concreto de alcance individual requiere para su perfección, que el mismo sea notificado al particular, mediante una publicidad cierta y completa del acto, la cual puede llevarse a cabo mediante diversos medios, en el procedimiento nacional:

a) por acceso directo de la parte interesada (su apoderado o su representante legal) al expediente. En tal oportunidad, debe dejarse constancia expresa de la notificación en el expediente, previa justificación de la identidad de la persona que fuera notificada, la cual puede exigir que se le entregue una copia del acto certificada[200];

b) por presentación espontánea de la parte interesada (su apoderado o representante legal) de la cual resulta hallarse en conocimiento "fehaciente" del acto respectivo[201]. Adviértase que no se trata de una notificación presunta ni tácita, debiendo resultar la misma de concreta expresión de voluntad del administrado;

c) por cédula a diligenciarse en forma similar a lo prescripto en los arts. 140 y 141, CPCCN[202];

d) por telegrama con aviso de entrega[203];

e) por oficio impuesto como certificado expreso con aviso de recepción. Respecto de este medio, el Reglamento de la Ley Nacional de Procedimientos Administrativos exige que la carta y documentos anexos sean exhibidos al agente postal antes del despacho, quien los sellará juntamente con las copias que se agregarán al expediente[204];

f) por carta documento[205];

g) por los medios que indique la autoridad postal, a través de sus permisionarios, conforme a las reglamentaciones que ella emite[206];

h) por edictos o por radiodifusión, siempre que la Administración ignore el domicilio del administrado[207].

En cuanto al contenido de las notificaciones, debe transcribirse en forma íntegra el acto que vaya a notificarse, es decir, los fundamentos y su parte dispositiva. En las cédulas y oficios se puede reemplazar la transcripción agregando una copia autenticada de la resolución, dejándose constancia en el cuerpo de la cédula u oficio[208].

---

[200] Art. 41, inc. a), RLNPA; Córdoba, art. 53.

[201] Art. 41, inc. b), RLNPA.

[202] Art. 41, inc. c), RLNPA; La Pampa, art. 46, inc. c).

[203] Art. 41, inc. d), RLNPA.

[204] Art. 41, inc. e), RLNPA. En todos los casos que prescribe el art. 41 de dicho Reglamento sus notificaciones deben realizarse en el domicilio real del administrado. Si la notificación se practica en la portería, ello no prueba su recepción por el particular

[205] Art. 41, inc. f), RLNPA, modificado por el dec. 1883/1991.

[206] Art. 41, inc. g), RLNPA, modificado por el dec. 1883/1991.

[207] Art. 42, RLNPA.

[208] Art. 43, RLNPA.

Respecto de los edictos o de la radiodifusión, la norma del Reglamento de la Ley Nacional de Procedimientos Administrativos permite que se cumpla con el requisito de la notificación transcribiendo íntegramente sólo la parte dispositiva[209], lo cual es una solución incorrecta que puede desembocar en la invalidez de la notificación. En efecto, si de la sola lectura de la parte dispositiva no surgiera la innecesariedad de conocer la motivación, es evidente que el administrado no tendrá el conocimiento cierto y personal que, en principio, caracteriza a la notificación del acto administrativo. Algunas leyes provinciales, en cambio, exigen la transcripción íntegra del acto[210].

Por excepción y siempre que no se trate de notificar actos que tuvieren una forma escrita[211], también se admite la notificación verbal en algunos supuestos (*v.gr.*, órdenes que dan los agentes de tránsito)[212].

B) Publicación de reglamentos

Tratándose de una norma de alcance general, todo reglamento participa de un régimen similar al de las leyes, lo cual reposa en un doble fundamento: la observación del principio de igualdad ante la ley que proclama nuestra Constitución (art. 16) y la necesidad que tiene el Estado de reputar conocida por todos la existencia de las normas generales. Por tal causa, la ignorancia sobre el contenido de un reglamento no debe servir, en general, para excusar su incumplimiento. Sin embargo, tal principio positivista, que podría considerarse justo en la época en que se dictó el Código Civil[213] no tiene hoy día contenido axiológico alguno, dado el excesivo número y variedad de reglamentaciones que dictan las autoridades administrativas. Tal hecho, que constituye una suerte de "inflación reglamentaria", no puede fundar la justicia de la solución expuesta y exige que, por ejemplo, los reglamentos puedan impugnarse, en la sede administrativa, sin aplicarse los términos o plazos que se fijan en materia recursiva, para la impugnación de los actos administrativos.

Este principio, que fluye, a nuestro juicio, de los propios términos de la Ley Nacional de Procedimientos Administrativos[214] no obsta a que el particular opte por deducir, por analogía, los recursos administrativos, dentro de los términos fijados para la impugnación de los actos administrativos.

La publicación de los reglamentos debe llevarse a cabo en forma íntegra, pudiendo realizarse tanto en el Boletín Oficial como en cualquier otro periódico oficial

---

[209] Art. 43, 1ª parte.

[210] Tucumán, art. 44; Mendoza, art. 150; Córdoba, art. 52; Salta, art. 148.

[211] ESCOLA, Héctor J., *Tratado general...*, *cit.*, ps. 212/213.

[212] Conf. GONZÁLEZ PÉREZ, Jesús, *Manual de procedimiento administrativo*, 2ª ed., Civitas, Madrid, 2002, p. 221.

[213] Cuyo art. 20 prescribe: "La ignorancia de las leyes no sirve de excusa, si la excepción no está expresamente autorizada por la ley".

[214] El art. 24, inc. a), al referirse a la impugnación judicial directa de reglamentos estatuye la necesidad de promover un "reclamo" ante la autoridad que dictó el acto de alcance general, sin fijar plazo alguno para su interposición. Por ello, algunos autores la denominan "reclamo impropio contra normas generales" (véase LINARES, Juan F., *Sistema de recursos y reclamos en el procedimiento administrativo*, Astrea, Buenos Aires, 1974, p. 33).

o boletín administrativo de adecuada difusión entre los destinatarios de la publicidad (*v.gr.*, publicaciones de la Administración Nacional de Aduanas, respecto de los agentes aduaneros).

9. LA PRUEBA. DIFERENTES MEDIOS PROBATORIOS EN EL PROCE-DIMIENTO ADMINISTRATIVO

La prueba consiste en aquella actividad tendiente a acreditar la veracidad o inexactitud de los hechos que constituyen la causa objetiva de la resolución que se dicte en el procedimiento[215].

Las leyes de procedimiento de la Nación y de las provincias regulan de una manera muy esquemática – al igual que la ley española– [216] lo relativo a la prueba en el procedimiento administrativo, lo cual hace necesaria una doble recurrencia. En primer lugar, resulta imprescindible acudir a los principios fundamentales del procedimiento administrativo. En segundo término, cuando la cuestión no estuviera regulada por el Derecho Administrativo se impone a la aplicación analógica de las normas que rigen el proceso judicial.

Uno de esos principios fundamentales es el de la oficialidad en la impulsión e instrucción de la prueba, según el cual la Administración tiene el deber legal de impulsar el procedimiento, hallándose a su cargo la realización de todas las diligencias y medidas que fueren viables para la averiguación de la verdad material, constituida básicamente por los hechos y actos que constituirán la causa del acto administrativo a dictarse. Lo expuesto no implica, desde luego, desplazar la intervención de los administrados en el procedimiento probatorio[217].

Luego que se ha procedido a la apertura del período de prueba dejan de aplicarse los principios generales que rigen la carga de la prueba en el Derecho Procesal conforme a los cuales corresponde al actor o a quien alega, la carga probatoria de acreditar los hechos que fundan su pretensión, pues, en el procedimiento administrativo, la carga de la prueba corresponde a la Administración[218].

En la apreciación, admisión o valoración de las pruebas el principio esencial es que la misma debe ser razonable, sin descartar arbitrariamente las pruebas ofrecidas y producidas en el expediente. No hay en esta materia ninguna discrecionalidad técnica[219] constituyendo su errónea apreciación o valoración un vicio de ilegitimidad que afecta el elemento "causa" (art. 7°, inc. b], LNPA) en cuanto la prueba sea constitutiva de un antecedente de hecho del pertinente acto administrativo.

---

[215] GONZÁLEZ PÉREZ, Jesús, *Los recursos administrativos y económico-administrativos*, 3ª ed., Civitas, Madrid, 1975, p. 170.

[216] GARCÍA DE ENTERRÍA, Eduardo - FERNÁNDEZ, Tomás R., *Curso...*, *cit.*, 1ª ed., t. II, p. 403.

[217] El art. 1°, inc. a), LNPA, prescribe al respecto que la instrucción e impulsión de oficio lo será "sin perjuicio de la participación de los interesados en las actuaciones".

[218] En contra: GARCÍA DE ENTERRÍA, Eduardo - FERNÁNDEZ, Tomás R., *Curso...*, *cit.*, t. II, p. 404.

[219] GORDILLO, Agustín, *Tratado...*, *cit.*, t. IV-I, p. VII-27.

La tendencia actual de la doctrina[220] y de la legislación[221] se inclina por señalar la similitud existente entre la valoración probatoria administrativa con la que se opera en sede judicial, habida cuenta de que la apreciación de la prueba que se practique en sede administrativa, se hallará más tarde sometida al control judicial[222].

Respecto de la admisión de medios probatorios rige el principio de "la amplitud de la prueba"[223] y en tal sentido el Reglamento de la Ley Nacional de Procedimientos Administrativos así lo prescribe[224], siempre que se trate de hechos que hubieren sido articulados por las partes y tuvieren alguna relación con la decisión que deba dictarse[225].

En el procedimiento, el derecho positivo reconoce la existencia de diversas medidas de prueba, a saber:

A) Informes y dictámenes producidos por la Administración

Dado el carácter esencialmente escrito del procedimiento administrativo, los informes y dictámenes de los órganos técnicos y de asesoramiento jurídico, en la medida en que configuran el o los antecedentes que constituyen la causa objetiva del acto, brindan al órgano que decide o resuelve, los elementos de juicio imprescindibles para que la resolución a dictarse se encuentre provista de todas las garantías de legitimidad y oportunidad.

Los informes y dictámenes pueden ser de requerimiento obligatorio o facultativo, con independencia de su fuerza vinculatoria. De haberse omitido, en el transcurso del procedimiento, recabar un dictamen cuando éste fuera preceptivo, la decisión que se dicte adolecerá de nulidad absoluta, ya que no se admite – ni tendría ningún sentido, por otra parte– que la omisión del informe o dictamen pueda sanearse *a posteriori*[226].

La reglamentación vigente en el orden nacional prescribe que los órganos administrativos a quienes se les requiera un informe o dictamen están obligados a

---

[220] FRUGONE SCHIAVONE, Héctor, "Principios fundamentales del procedimiento administrativo", en *Procedimiento administrativo*, Montevideo, 1977, p. 31.

[221] El art. 62, RLNPA, prescribe que: "En la apreciación de la prueba se aplicará lo dispuesto por el art. 386, CPCCN".

[222] FRUGONE SCHIAVONE, Héctor, "Principios fundamentales...", *cit.*, p. 31.

[223] ESCOLA, Héctor J., *Tratado general...*, *cit.*, ps. 216/217.

[224] Art. 46, RLNPA, que estatuye: "Se admitirán todos los medios de prueba, salvo los que fueren manifiestamente improcedentes, superfluos o meramente dilatorios". La última parte de esta norma es de interpretación restrictiva en atención al principio de amplitud de la prueba.

[225] Art. 46 citado, 1ª parte. Para denegar una prueba invocando que ella no es conducente con la decisión, la improcedencia de la misma debe ser manifiesta ya que de otro modo debe efectuarse una investigación de hecho que prácticamente presupone la producción de la prueba ofrecida por el administrado. En la doctrina venezolana, véase RONDON DE SANSO, Hildegard, *El procedimiento...*, *cit.*, p. 97, quien sostiene la primacía del principio de la flexibilidad probatoria.

[226] Conf. GARCÍA DE ENTERRÍA, Eduardo - FERNÁNDEZ, Tomás R., *Curso...*, *cit.*, t. II, p. 399.

"prestar su colaboración permanente y recíproca"[227] fijando distintos plazos máximos para que se expidan, según tuvieran o no carácter técnico[228].

En punto a sus efectos jurídicos, los informes o dictámenes no tienen, en principio, carácter vinculante, salvo que una norma expresa así lo determine. En este caso, ella implica compartir la competencia entre el órgano activo y consultivo, lo cual constituye una excepción a las reglas generales que rigen la distribución de la competencia[229].

En el procedimiento administrativo – a diferencia de lo que ocurre en el proceso judicial– [230] la prueba de informes no se limita únicamente a los "actos o hechos que resulten de la documentación, archivo o registros contables del informante"[231]. Así lo impone el principio de la oficialidad (sin perjuicio de la intervención de los interesados) y el de la verdad material.

Por ello carece de sentido tanto restringir la prueba de informes a la que estuviera ya "preconstituida" como pretender aplicar un régimen distinto para informes y dictámenes[232].

B) Informes de entidades privadas y públicas no estatales

El Reglamento de la Ley Nacional de Procedimientos Administrativos también admite la prueba de informes de personas públicas o privadas (a quienes denomina "terceros") disponiendo que si las entidades requeridas no contestaren los informes dentro del plazo fijado ordinariamente o dentro del término de ampliación que se hubiera otorgado, se prescindirá de tal prueba. La solución resulta criticable, pues si, vencido ese plazo, el informe se presenta antes de la decisión no tiene ningún sentido prescindir de dicha prueba. En tal supuesto, no será procedente fijar un nuevo plazo para alegar, pero nada impide considerar el contenido del informe antes de la resolución que se dicte en el expediente[233].

A diferencia del Código Procesal Civil y Comercial, el Reglamento de la Ley Nacional de Procedimientos Administrativos no establece ninguna sanción para la no remisión del informe, por cada día de retardo.

---

[227]   Art. 14, RLNPA.

[228]   De 20 o 10 días, respectivamente (art. 48, RLNPA).

[229]   Conf. GARCÍA DE ENTERRÍA, Eduardo - FERNÁNDEZ, Tomás R., *Curso...*, *cit.*, t. II, p. 402.

[230]   Véase PALACIO, Lino E., *Manual de Derecho Procesal Civil*, t. II, Abeledo-Perrot, Buenos Aires, 1965, p. 200.

[231]   Art. 396, CPCCN.

[232]   Tal como lo postula Gordillo siguiendo la opinión procesalista (GORDILLO, Agustín, *Tratado...*, *cit.*, t. II, ps. VI, 34 y 35).

[233]   GORDILLO, Agustín, *Tratado...*, *cit.*, t. IV-I, p. VI-32.

C) Prueba testimonial

El Reglamento de la Ley Nacional de Procedimientos Administrativos sienta unas pocas reglas en materia de prueba testimonial, declarando de aplicación analógica diversas normas del Código Procesal Civil y Comercial de la Nación[234].

Como consecuencia de ello:

a) las partes interesadas poseen el derecho de exigir que la Administración tome declaración a los cinco (5) primeros testigos que ofrezcan[235], siendo discrecional la admisión de los restantes testigos propuestos;

b) el proponente puede justificar la enfermedad del testigo que no ha comparecido a declarar[236] a los efectos de no perder su testimonio;

c) no pueden ser ofrecidos como testigos los parientes por consanguinidad o afinidad en la línea directa de las personas interesadas ni tampoco el cónyuge, no obstante que estuviera separado legalmente, salvo si se tratara de reconocimiento de firmas[237];

d) las partes pueden oponerse al ofrecimiento del testigo, cuya declaración juzgaren que no es admisible o que es improcedente[238];

e) las preguntas no contendrán más de un hecho, deben ser claras y concretas, no formulándose aquellas que estuvieren concebidas en términos afirmativos, sugieran la respuesta del testigo o sean ofensivas o vejatorias. Tampoco pueden contener referencias de carácter técnico, salvo si fueren dirigidas a personas especializadas[239]. El testigo tiene derecho a negarse a responder en las mismas situaciones que determina la ley procesal[240];

f) los testigos pueden ser careados cuando sus declaraciones fueren contradictorias entre ellos y las partes o solamente entre los testigos propuestos[241];

g) las partes pueden alegar o probar acerca de la idoneidad de los testigos propuestos[242] lo cual apreciará el instructor conforme a las reglas de la sana crítica.

Si bien el art. 440, CPCCN (aplicable por la remisión que efectúa el art. 53 del Reglamento Nacional), prescribe que antes de declarar los testigos prestarán jura-

---

[234] Art. 53, RLNPA. Si bien la norma prescribe la aplicación supletoria es evidente que se trata del procedimiento de la analogía habida cuenta de que las diferencias existentes con el proceso judicial requieren la "adaptación" de sus reglas al procedimiento administrativo.

[235] Art. 491, CPCCN.

[236] Art. 419, CPCCN.

[237] Art. 427, CPCCN.

[238] Art. 428, Código citado.

[239] Art. 443, CPCCN.

[240] Conforme al art. 444, Código Procesal, la persona citada a declarar como testigo podrá negarse a contestar las preguntas cuando: a) la respuesta lo expusiere a enjuiciamiento penal o comprometiera su honor; b) no pudiere responder sin revelar un secreto profesional, militar, científico, artístico o industrial.

[241] Art. 448, CPCCN.

[242] Art. 458, CPCCN.

mento o formularán promesa de decir verdad, las consecuencias de una declaración falsa no configuran el delito de falso testimonio, que no queda tipificado por un reglamento administrativo, máxime cuando el propio cuerpo reglamentario no declara expresamente aplicable el art. 448, Código Procesal[243].

Aun cuando el Reglamento de la Ley Nacional de Procedimientos Administrativos no estatuye ninguna regulación al respecto es inherente al derecho de defensa y al necesario control que las partes deben ejercer respecto de la fidelidad e integridad de la prueba testimonial, que ellas estén presentes en el acto de la audiencia y que puedan formular repreguntas.

A su vez, nada impide en el procedimiento administrativo que las partes interesadas ofrezcan que la declaración testimonial sea formulada por escrito[244] sin perjuicio de la potestad del órgano administrativo de hacer comparecer al testigo para ratificar la firma y el contenido de la declaración.

D) Prueba confesional y documental

Pese a que el Reglamento de la Ley Nacional de Procedimientos Administrativos la excluye como prueba, admite la posibilidad de que se produzca – en el curso del procedimiento recursivo o antes– la confesión voluntaria, con los alcances que el Código Procesal Civil y Comercial fija en los arts. 423, 424 y 425[245].

Respecto de la prueba documental, el principio es que los interesados puedan presentar cualquier clase de documentos, ya fueren públicos o privados, emitidos en nuestro país o en el extranjero; en este último caso, la autoridad administrativa puede exigir la legalización, pero ésta no es preceptiva. Si los documentos estuvieren redactados en idioma extranjero ellos deben acompañarse con la pertinente traducción efectuada por profesional matriculado[246].

No es necesario adjuntar los documentos originales o testimonios expedidos por escribanos o autoridades judiciales o administrativas competentes, pudiendo presentarse los originales para su cotejo y certificación por la autoridad administrativa, dejándose copia en el expediente[247].

E. Prueba pericial

Cuando se trata de establecer o indagar sobre el conocimiento o apreciación de algún hecho que requiera conocimientos técnicos, artísticos o prácticos especializa-

---

[243] Al respecto, hemos creído conveniente aclarar el punto ya que la última parte del art. 440, Código Procesal, prescribe que los testigos sean informados acerca de las consecuencias penales a que puedan dar lugar las declaraciones falsas o reticentes. Esta parte de la norma no es aplicable – por las razones expuestas en el texto– al procedimiento administrativo, lo cual constituye una demostración más de que la aplicación de las normas del Código Procesal se realiza por analogía y no directamente (en forma supletoria).

[244] Conf. GORDILLO, Agustín, *Tratado...*, *cit.*, t. IV-I, p. VI-47.

[245] La confesión puede provenir tanto de un particular como de un órgano de la Administración con competencia respecto del hecho o acto de que se trate.

[246] Art. 28, RLNPA.

[247] Art. 27.

dos[248] los administrados pueden proponer peritos a su costa, conforme a lo prescribe el art. 54, 1ª parte, RLNPA[249].

En cambio, la Administración debe abstenerse – en principio– de designar peritos de su parte, excepto que ello fuere necesario para la debida sustanciación del procedimiento[250].

Si bien el Reglamento de la Ley Nacional de Procedimientos Administrativos prevé exclusivamente un procedimiento reglado y por tanto formal para la designación, presentación del cuestionario, aceptación del cargo y término para producir el dictamen pericial, debe prevalecer el principio del informalismo que tiene jerarquía normativa superior y admitirse, en consecuencia, la posibilidad de que el perito realice la diligencia y presente su dictamen en el expediente sin otro trámite, aun cuando no hubiese sido designado[251].

En cuanto al objeto de la prueba pericial, el principio es el de la amplitud y flexibilidad probatorias, por cuya causa la misma puede versar sobre aspectos técnicos, científicos, prácticos, de tipo especial, procediendo inclusive para analizar aspectos psicológicos o éticos de conductas, obras o actos, cuyo contenido ilícito sea materia probatoria en el procedimiento administrativo, porque la libertad individual no debe constituir un escudo para impedir la libertad probatoria en materia pericial, precisamente cuando la actividad administrativa debe orientarse hacia la búsqueda de la verdad material en tanto no se viole el límite puesto en el art. 19, CN.

10. OPORTUNIDAD DE LA APERTURA A PRUEBA

Solicitada u ofrecida que fuera la prueba por el particular interesado, la Administración tiene el deber legal de decretar la apertura a prueba de las actuaciones por imperio del principio del debido proceso adjetivo enunciado en la Ley Nacional de Procedimientos Administrativos[252]. Si este principio no estuviere reconocido en alguna legislación provincial, igual sería obligatoria la apertura a prueba, habida cuenta de que ello hace al derecho de defensa previsto y reconocido en las constituciones provinciales.

En el supuesto de que la Administración no abriera a prueba un recurso debe dar por ciertos y acreditados los hechos manifestados por el interesado[253] en la medida en que la prueba sea conducente conforme a los principios generales que se han examinado.

---

[248] LÓPEZ NIETO Y MALLO, Francisco, *El procedimiento administrativo*, Bosch, Barcelona, 1960, p. 286.

[249] En Uruguay existe el mismo principio en el art. 37, dec. 640/1973.

[250] Art. 54, 2ª parte, RLNPA.

[251] Seguimos aquí la opinión de Gordillo (GORDILLO, Agustín, *Tratado...*, cit., t. II, p. VI-55).

[252] Art. 1º, inc. f), ap. 2, LNPA.

[253] GONZÁLEZ PÉREZ, Jesús, *El procedimiento administrativo*, Madrid, 1964, p. 468.

La apertura a prueba no es, por lo tanto, discrecional[254], sino preceptiva cuando hace al derecho de defensa del administrado.

Aun cuando la Ley Nacional de Procedimientos Administrativos no fija la oportunidad en que la prueba debe ser ofrecida, la misma debe serlo antes de la decisión fundada a dictarse en el expediente, habida cuenta de que el acto decisorio debe hacer expresa consideración de las medidas de prueba propuestas[255].

La apertura a prueba no está sometida a términos formales en el procedimiento administrativo nacional procediendo, incluso, la producción informal de la prueba por parte del administrado, lo cual no es más que una ampliación del principio del informalismo y de la ausencia de preclusión.

11. EL DERECHO DE ALEGAR SOBRE LA PRUEBA PRODUCIDA

Una vez que se han sustanciado las actuaciones de prueba, la Administración está obligada a dar vista por el término de diez (10) días[256] a la parte interesada a fin de que presente un alegato sobre la prueba producida pudiendo disponer la producción de nueva prueba en los siguientes casos: a) para mejor proveer y b) si ocurriere o llegare a su conocimiento un hecho nuevo[257].

El Reglamento de la Ley Nacional de Procedimientos Administrativos también prescribe una suerte de preclusión del plazo para presentar el alegato, al disponer que vencido el mismo si no se presentaren los escritos correspondientes se dará por decaído el derecho[258]. Tal norma debe reputarse no escrita, en atención a la primacía del principio del informalismo[259] y a lo prescripto en el propio Reglamento, al contemplar la posibilidad de ampliar la fundamentación de los recursos[260].

12. TERMINACIÓN DEL PROCEDIMIENTO ADMINISTRATIVO

La doctrina clasifica, en general, a los modos de conclusión de los procedimientos en normales o anormales[261], lo cual ha sido criticado por otro sector que supone que el procedimiento administrativo tiene formas de continuación antes que modos de conclusión[262].

---

[254] En Uruguay se ha sostenido que el art. 36, dec. 640/1973, consagra una facultad discrecional respecto de la apertura a prueba (véase MARTINS, Daniel H., *Procedimiento administrativo*, Montevideo, p. 61).

[255] Por aplicación del principio enunciado en el art. 1º, inc. f), aps. 2 y 3, LNPA.

[256] Art. 60, RLNPA, t.o. 1991. En el procedimiento recursivo se aplica la prescripción del art. 79, RLNPA, que establece un plazo de cinco (5) días.

[257] Art. 60, RLNPA.

[258] Art. 60 *in fine*, RLNPA, conforme al criterio que enuncia el art. 1º, inc. c), LNPA.

[259] Dado que es una exigencia que puede ser cumplida *a posteriori*.

[260] Art. 77, RLNPA.

[261] COMADIRA, Julio R., "Modos anormales de terminación del procedimiento administrativo", JA 1976-IV-622; GARCÍA DE ENTERRÍA, Eduardo - FERNÁNDEZ, Tomás R., *Curso...*, *cit.*, t. II, ps. 409 y ss.

[262] GORDILLO, Agustín, *Tratado...*, *cit.*, t. IV-1, p. VIII-52.

Tal afirmación es errónea y no se sustenta en la realidad de la legislación positiva ni en la práctica administrativa que admiten diversas formas de terminación de los procedimientos administrativos. Lo que ocurre es que no se ha advertido que muchas de esas formas (*v.gr.*, desistimiento del procedimiento) son modos provisorios y no definitivos de conclusión.

Pero ello no quita que frente a la inactividad ulterior del administrado tales formas de conclusión se transformen, en los hechos, en los modos definitivos en que culmina el procedimiento administrativo.

El modo normal de conclusión del procedimiento administrativo es la "resolución" mientras que pueden señalarse como medios anormales el desistimiento, la renuncia y la caducidad.

A) La resolución del procedimiento

Como se ha dicho la palabra "resolución" – que puede ser expresa o tácita– debe tomarse en su acepción más restrictiva, es decir, como equivalente al acto que decide acerca de las cuestiones planteadas en el curso de una actuación administrativa[263].

De acuerdo con la prescripción del Reglamento de la Ley Nacional de Procedimientos Administrativos la resolución expresa debe ajustarse a las reglas del debido proceso adjetivo que marcan la exigencia legal de que ella haga expresa consideración de los principales argumentos y de las cuestiones propuestas, en tanto fueren conducentes a la solución del caso[264].

Pero, también, la resolución puede operarse en forma tácita por aplicación de la teoría del silencio, a cuyas reglas remite expresamente el Reglamento Nacional[265].

Cuando la decisión se dicte en un procedimiento instaurado por el administrado y, particularmente, si éste hubiera interpuesto un recurso contra el acto administrativo no procede la llamada *reformatio in peius*[266] de modo tal que la resolución que se dicte no puede empeorar la situación de quien interpuso el recurso o instó el procedimiento.

B) Caducidad de las actuaciones

Uno de los medios anormales de conclusión del procedimiento administrativo es la caducidad de las actuaciones la cual consiste en un acto por cuyo mérito la Administración declara, con efectos provisorios, la terminación del procedimiento a causa de la inactividad del trámite imputable al interesado, disponiendo el archivo de las actuaciones[267].

---

[263] GARCÍA DE ENTERRÍA, Eduardo - FERNÁNDEZ, Tomás R., *Curso...*, *cit.*, t. II, p. 409.

[264] Art. 1°, inc. f), ap. 3, LNPA, aplicable por la remisión que efectúa el art. 64, RLNPA.

[265] Art. 65, RLNPA.

[266] MARIENHOFF, Miguel S., *Tratado de Derecho Administrativo*, 5ª ed. act., t. I, Abeledo-Perrot, Buenos Aires, 1995, ps. 781 y ss.

[267] COMADIRA, Julio R., "Modos anormales...", *cit.*, ps. 622 y ss.; HALPERIN, David - CATTANI, Horacio R., "Procedimiento Administrativo", RAP, nro. 6, Ciencias de la Admi-

84

La causa del acto administrativo que declara la caducidad del procedimiento es un hecho: el transcurso del tiempo sin que el administrado active el procedimiento[268]. Pero para que el órgano administrativo pueda decretar la caducidad de una determinada actuación o expediente se requiere que la paralización o inactividad del trámite obedezca a una "causa imputable al administrado", previa intimación a que remueva el obstáculo que tenía paralizado el expediente.

Así lo prescribe la Ley Nacional de Procedimientos Administrativos al señalar que: "Transcurridos sesenta (60) días desde que un trámite se paralice por causa imputable al administrado, el órgano competente le notificará que, si transcurrieren otros treinta (30) días de inactividad, se declarará de oficio la caducidad de los procedimientos, archivándose el expediente"[269].

Un sector de la doctrina entiende que correspondiéndole a la Administración la carga del impulso de las actuaciones no se concibe cómo puede ser responsable el particular de la paralización del procedimiento[270].

No compartimos esa postura, si bien reconocemos que se trata de una vía excepcional que se circunscribe a aquellos procedimientos que por la inactividad del administrado se detienen sin posibilidad de ser proseguidos por la Administración[271]. Es decir, que si la Administración puede remover de oficio el obstáculo o, simplemente, continuar el procedimiento, obviando el trámite faltante (*v.gr.*, por no ser de carácter esencial), la declaración de caducidad es improcedente.

La caducidad no se produce en forma automática ni de pleno derecho, y requiere de un acto administrativo expreso que la declare. Tampoco la Administración se encuentra obligada a decretarla, pudiendo subsistir la inactividad del interesado y continuar, inclusive, la tramitación del expediente pese al transcurso de los plazos de caducidad[272].

¿Qué efectos produce el acto de caducidad?

Hay que distinguir dos tipos de consecuencias jurídicas:

---

nistración, Buenos Aires, 1979, ps. 12 y ss.; HUTCHINSON, Tomás, "La caducidad del procedimiento administrativo", RAP, nro. 12, Ciencias de la Administración, Buenos Aires, 1979, ps. 3 y ss.

[268] No parece entonces que pueda sostenerse la opinión según la cual la caducidad sea un hecho por cuanto éste es la causa objetiva del acto. Véase sin embargo: GONZÁLEZ PÉREZ, Jesús, *El procedimiento administrativo, cit.*, ps. 536 y ss.

[269] Art. 1º, inc. e), Apéndice 9, LNPA; ver también Córdoba, art. 108, ley 5350.

[270] GORDILLO, Agustín, *Tratado..., cit.*, t. IV-1, p. VIII-39, agrega que carece de sentido legislar sobre la caducidad sin determinar los casos en que ella se produce. Si bien hay supuestos en que puede no imputarse la demora al administrado, la práctica administrativa registra numerosos casos en los que el trámite no puede continuar por la omisión del interesado en aportar algún elemento o dato esencial (v.gr., en el procedimiento de selección de proyectos del sistema de promoción industrial no puede hacerse la evaluación del proyecto si el futuro beneficiario no aporta los datos correspondientes).

[271] GONZÁLEZ PÉREZ, Jesús, *Comentarios a la Ley de Procedimiento..., cit.*, p. 588.

[272] COMADIRA, Julio R., "Modos anormales...", *cit.*, p. 630.

a) En punto a la utilización del acto del procedimiento declarado caduco en un nuevo expediente, en el cual puede hacer valer las pruebas ya producidas[273].

b) En relación con el curso de los plazos que se encontraban suspendidos en virtud de lo dispuesto en el art. 1°, inc. e), ap. 9 *in fine*, los mismos se reinician cuando queda firme el auto declarativo de la caducidad[274].

Al respecto, la Ley Nacional de Procedimientos Administrativos no sigue el criterio civilista que distingue entre suspensión e interrupción de los términos[275] dado que al prescribir la norma que los plazos objeto de la suspensión "se reiniciarán hasta la fecha en que quedare firme el auto declarativo de caducidad" estatuye que los plazos deben comenzar a computarse nuevamente, sin considerar el tiempo transcurrido hasta ese momento.

C) El desistimiento del procedimiento y la renuncia

Tanto el desistimiento del procedimiento como la renuncia constituyen modos anormales de finalización del procedimiento administrativo, cuya característica común radica en que ambos implican el desplazamiento voluntario de la parte interesada respecto del trámite promovido[276].

Las diferencias versan sobre los efectos de uno y otro pues mientras el desistimiento del procedimiento mantiene intangibles los derechos del administrado para plantear nuevamente la pretensión[277], la renuncia (denominada por el Reglamento de la Ley Nacional de Procedimientos Administrativos "desistimiento del derecho"), impide volver a promover la pretensión e implica una dejación del derecho, el cual no podrá ejercitarse en el futuro[278].

Si hubiera varias partes interesadas, la reglamentación nacional estatuye – siguiendo a la ley española de procedimiento administrativo– [279] que el desistimiento o la renuncia de una o alguna de ellas no gravitará sobre las otras, respecto de las cuales proseguirá el trámite del expediente[280]. Tampoco el desistimiento o la renuncia producen sus efectos propios cuando "se pudiere llegar a afectar de algún modo el interés administrativo o general", lo cual requiere siempre una "decisión

---

[273] Art. 1°, inc. e), ap. 9, LNPA, que prescribe: "Operada la caducidad, el interesado podrá, no obstante, ejercer sus pretensiones en un nuevo expediente, en el que podrá hacer valer las pruebas ya producidas".

[274] Art. 1°, inc. e), ap. 9 *in fine*, LNPA.

[275] CASSAGNE, Juan Carlos, "Los plazos en el procedimiento administrativo", ED 83-897; HALPERIN, David A., "El carácter obligatorio de los plazos en el procedimiento administrativo", RAP, nro. 16, Ciencias de la Administración, Buenos Aires, 1980, ps. 27 y ss. En contra: HUTCHINSON, Tomás, "La caducidad...", *cit.*, p. 14.

[276] GARCÍA DE ENTERRÍA, Eduardo - FERNÁNDEZ, Tomás R., *Curso...*, *cit.*, t. II, p. 411.

[277] Art. 67, RLNPA.

[278] El art. 68, RLNPA, prescribe: "El desistimiento del derecho en que se fundó una pretensión impedirá promover otra por el mismo objeto y causa".

[279] Arts. 92 y 96, LPA de España del año 1958, modificada por la ley del 2/12/1963.

[280] Art. 69, RLNPA.

fundada" y, en tal caso, beneficia, inclusive, a los interesados que hubieran desistido o renunciado[281].

En particular, el desistimiento del procedimiento cuando se refiera a los trámites de un recurso produce, como efecto especial, la firmeza del acto que se ha impugnado[282]. Es decir, opera con alcance retroactivo. Ello si bien impide promover un nuevo recurso, no implica abdicar de la posibilidad de plantear nuevamente la pretensión a través de una denuncia de ilegitimidad.

El Reglamento de la Ley Nacional de Procedimientos Administrativos prescribe que la formulación del desistimiento y de la renuncia deben ser fehacientes[283] lo que en nuestro concepto significa que este modo anormal de conclusión del procedimiento administrativo no admite la forma tácita.

Al propio tiempo, corresponde destacar que ni el desistimiento del procedimiento ni la renuncia se configuran sólo con la declaración del interesado, requiriéndose en todos los casos, el dictado de un acto administrativo expreso[284] que declare clausurado el procedimiento.

---

[281] Art. 70, RLNPA.
[282] Art. 67 *in fine*, RLNPA.
[283] Art. 66, RLNPA.
[284] GARCÍA DE ENTERRÍA, Eduardo - FERNÁNDEZ, Tomás R., *Curso...*, *cit.*, t. II, ps. 412/413.

CAPÍTULO VI

EL PROCEDIMIENTO DE IMPUGNACIÓN EN PARTICULAR (RECURSOS, RECLAMACIONES Y DENUNCIAS)

Sección 1ª

LOS RECURSOS ADMINISTRATIVOS

1. CONCEPTO DE RECURSO ADMINISTRATIVO. DIFERENCIAS CON LA RECLAMACIÓN Y LA DENUNCIA

Como se ha visto el recurso es toda impugnación, en término, de un acto o reglamento administrativo que se dirige a obtener, del órgano emisor del acto, el superior jerárquico u órgano que ejerce el control de tutela, la revocación, modificación o saneamiento del acto impugnado[285].

Lo esencial del recurso administrativo consiste en que se trata de un acto de impugnación de un acto o reglamento administrativo anterior, que da lugar a un nuevo procedimiento[286] que posee carácter administrativo, desde el punto de vista material. Esto es así porque su resolución se canaliza a través de la emisión de un nuevo acto que traduce la función administrativa (en sentido material u objetivo) por parte de un órgano del Estado.

Si bien la tendencia de los ordenamientos positivos se inclina por la regulación del procedimiento recursivo ante los órganos de la Administración Pública, nada impide aplicar la mayor parte de los principios y reglas a las impugnaciones que se planteen ante los órganos legislativo y judicial que constituyan, por su sustancia, actos de naturaleza administrativa (*v.gr.*, recurso deducido por un empleado a raíz de una sanción disciplinaria).

A diferencia de los recursos, las meras reclamaciones no son, en principio, medios para impugnar actos administrativos. Se trata de articulaciones que pueden o no tener contenido jurídico que presenta el administrado en ejercicio del derecho de peticionar ante las autoridades administrativas (art. 14, CN) tendientes a obtener el

---

[285]   ESCOLA, Héctor J., *Tratado general de procedimiento administrativo*, Depalma, Buenos Aires, 1973, p. 254; GARRIDO FALLA, Fernando, *Régimen de impugnación de los actos administrativos*, Instituto de Estudios Políticos, Madrid, 1956, p. 288; SAYAGUÉS LASO, Enrique, *Tratado de Derecho Administrativo*, t. I, Talleres Gráficos Barreiro, Montevideo, 1963, ps. 470/471.

[286]   GONZÁLEZ PÉREZ, Jesús, *Comentarios a la Ley de Procedimiento Administrativo*, 1ª ed., Civitas, Madrid, 1977, p. 705; id., *Manual de Procedimientos Administrativos*, Civitas, Madrid, 2002, p. 559.

dictado de un acto favorable o provocar el ejercicio de la potestad revocatoria *ex officio* que, en algunos supuestos, puede ejercer la Administración, aun cuando no hubiera un recurso administrativo formalmente planteado.

Las meras reclamaciones también se distinguen de los recursos en que, en principio, la Administración no se encuentra obligada a tramitarlas ni a dictar resolución definitiva, salvo en aquellos casos en que el titular poseyere un derecho subjetivo, que tuviera su fuente en la ley, reglamento, acto o contrato administrativo.

Al lado de las meras reclamaciones se hallan las reclamaciones regladas, donde aun cuando no se impugna un acto administrativo (*v.gr.*, la queja) la Administración tiene el deber de tramitarlas.

Un capítulo aparte corresponde asignar a aquellas reclamaciones o "reclamos" reglados que constituyen un procedimiento previo para la habilitación de la instancia judicial, tales como la reclamación administrativa previa y el reclamo impropio que se exige para impugnar reglamentos en sede judicial[287]. En realidad, son recaudos procesales de la acción o del recurso contenciosoadministrativo, no participando de la naturaleza de las meras reclamaciones administrativas ni de aquellas que se encuentran regladas; aunque no pertenecen a las vías recursivas, estos "reclamos" pueden también tener por objeto la impugnación de un acto administrativo en forma directa o indirecta, si se reclamaren, por ejemplo daños y perjuicios.

A su vez, la denuncia administrativa, que a diferencia de los recursos y las reclamaciones puede formular el portador de un interés simple, consiste en el acto por cuyo mérito un particular pone en conocimiento del órgano administrativo la comisión de un hecho ilícito o la irregularidad de un acto administrativo o reglamento, sin que exista obligación de tramitarla ni de decidirla por parte de la Administración Pública.

Puede ocurrir, no obstante, que una vez acogida la denuncia el administrado posea un verdadero poder jurídico para que la misma se tramite como recurso. Es lo que acontece con la llamada "denuncia de ilegitimidad" que se encuentra reglada en el ordenamiento positivo nacional[288].

2. NATURALEZA JURÍDICA DEL RECURSO ADMINISTRATIVO

Tratándose de una declaración de voluntad del particular que produce efectos jurídicos respecto de la Administración y las demás personas legitimadas en el procedimiento, es evidente que el recurso administrativo es un acto jurídico y no un derecho[289]. No debe confundirse, pues, el derecho de recurrir que es emanación conjunta del derecho de peticionar a las autoridades y de la garantía de la defensa trasladada al plano administrativo, con su manifestación concretada en el acto por el

---

[287] Arts. 30 y ss. (con las reformas de la ley 25.344) y art. 24, inc. a), respectivamente. Por las razones que damos en el texto nos parece más apropiado denominar a estos medios "reclamos" y no "reclamaciones", no obstante reconocer que, en la práctica, se usan indistintamente ambos conceptos.

[288] Art. 1º, inc. e), ap. 6, LNPA, con las modificaciones de la ley 21.686.

[289] Conf. GONZÁLEZ PÉREZ, Jesús, *Comentarios a la Ley de Procedimiento...*, *cit.*, p. 704.

cual se recurre. Este último es el recurso, siendo su verdadera naturaleza la de un acto de Derecho Público[290].

Desde otro punto de vista, se ha sostenido que el recurso constituye también un medio de defensa del administrado[291] atribuyendo al recurso administrativo una naturaleza jurídica afín con las corrientes procesalistas. Pero no obstante que el recurso administrativo cumple también esa función instrumental, su esencia o naturaleza jurídica es la de un acto jurídico de Derecho Público y por tal causa el derecho positivo ha reglamentado, en los distintos países, los recaudos formales y sustanciales inherentes a la interposición de esa declaración de voluntad del particular o administrado.

3. RECURSOS ADMINISTRATIVOS Y RECURSOS O ACCIONES CONTENCIOSO-ADMINISTRATIVAS. LA DECISIÓN EN EL RECURSO ADMINISTRATIVO NO TIENE SUSTANCIA JURISDICCIONAL

El recurso administrativo constituye una parte del procedimiento administrativo y al pertenecer a la función administrativa, en sentido material u objetivo, se rige por los principios inherentes a dicha función. Los recursos contencioso-administrativos – al igual que las acciones de ese carácter– se ubican en el proceso judicial de esa especie, cuyas controversias debe resolver, en nuestro país, el llamado Poder Judicial.

Estos recursos o acciones contencioso-administrativas se tramitan según las reglas de la función jurisdiccional, siendo una de las más importantes, la de la cosa juzgada.

Entre un tipo y otro de recurso existen los llamados recursos jurisdiccionales ante la Administración, que sólo se admiten por vía excepcional cuando la ley hubiera atribuido, por razones de idoneidad técnica, el juzgamiento de ciertas causas a tribunales administrativos (*v.gr.*, Tribunal Fiscal de la Nación) o a los entes reguladores[292] siempre que el Poder Judicial conserve el control de la decisión final de la controversia.

Sin embargo, los recursos jurisdiccionales ante la Administración, aun cuando poseen ciertas características peculiares, no son recursos administrativos, participando del régimen de los recursos contencioso-administrativos o de las acciones de esta naturaleza. Por tal causa, la decisión en esta clase de recursos constituye el equivalente de la sentencia judicial.

---

[290]   Conf. DIEZ, Manuel M., *El acto administrativo*, 2ª ed., TEA, Buenos Aires, 1961, p. 95.

[291]   Conf. SAYAGUÉS LASO, Enrique, *Tratado...*, *cit.*, t. I, p. 471; entre nosotros, Fiorini dice que los "recursos administrativos son normas procesales que reglan las vías que tiene el administrado para promover instancias administrativas a fin de que la Administración actúe con justicia..." (FIORINI, Bartolomé A., *Derecho Administrativo*, 2ª ed. act., t. II, Abeledo-Perrot, Buenos Aires, 1976, p. 409), confundiendo así las normas de procedimiento que lo reglan con el acto jurídico por el cual se promueve un recurso administrativo.

[292]   Configurándose, en tales casos, una jurisdicción primaria administrativa; véase sobre esta cuestión HUICI, Héctor, "La actividad jurisdiccional de los entes reguladores", LL 1996-B-843.

De esa manera, mientras la decisión que se adopte en un recurso administrativo de reconsideración puede revocarse siempre en beneficio del administrado, ello no puede acontecer en el caso de los recursos que se promueven para excitar la función jurisdiccional, donde las resoluciones que decidan las pertinentes controversias se encuentran alcanzadas por el principio de la cosa juzgada, además de otras importantes diferencias (*v.gr.*, imposibilidad de la avocación).

Por tal causa, la decisión que se adopte en un recurso administrativo, no posee sustancia jurisdiccional, como lo sostienen algunos autores[293] sino que tiene una naturaleza materialmente administrativa[294], de lo cual se deriva que mientras un recurso contencioso-administrativo debe motivarse exclusivamente en consideraciones jurídicas inherentes a la ilegitimidad, el recurso administrativo puede apoyarse en meras razones de oportunidad[295].

4. LEGITIMACIÓN PARA PROMOVER RECURSOS ADMINISTRATIVOS

La interposición de un recurso administrativo requiere que quien lo promueva tenga una aptitud específica que le permita ser parte en el procedimiento declarativo de impugnación.

Debe, en consecuencia, poseer una legitimación previa, singularizada en la invocación de la titularidad de un derecho o interés tutelado por el ordenamiento jurídico. Se trata de un recaudo que hace a la seriedad inicial del recurso por cuya razón la Administración debe juzgar el cumplimiento de este requisito en forma amplia, habida cuenta de que al resolver el recurso, decidirá la cuestión de fondo planteada.

Esta interpretación encuentra apoyatura en el ordenamiento positivo nacional, en cuanto se prescribe que los recursos pueden deducirse por quienes "aleguen" un derecho subjetivo o un interés legítimo[296].

Para apreciar esa amplitud no hay que olvidar tampoco que si bien el recurrente es quien promueve el recurso, el mismo no es técnicamente una "parte contraria" sino un "colaborador" de la función administrativa que ayuda a la Administración a imponer la legitimidad (legalidad y justicia) propia del Estado de Derecho[297].

---

[293] BIELSA, Rafael, *Derecho Administrativo*, t. V, Ateneo, Buenos Aires, 1956, p. 135; MARIENHOFF, Miguel S., *Tratado de Derecho Administrativo*, 5ª ed. act., t. I, Abeledo-Perrot, Buenos Aires, 1995, ps. 699 y ss.; PEARSON, Marcelo H., *Manual de procedimiento administrativo*, 1ª ed., Abeledo-Perrot, Buenos Aires, 1976, ps. 18 y ss.

[294] Es la opinión mayoritaria en la doctrina: WALINE, Marcel, *Droit Administratif*, 9ª ed., Sirey, París, 1963, ps. 195 y ss., esp., p. 196 (nro. 321), donde destaca el interés de la distinción; SAYAGUÉS LASO, Enrique, *Tratado...*, cit., t. I, p. 171; DROMI, José R., *Instituciones de Derecho Administrativo*, Astrea, Buenos Aires, 1973, ps. 517/518.

[295] BENOIT, Francis P., *Le Droit Administratif français*, Dalloz, París, 1968, p. 374.

[296] Art. 74, RLNPA.

[297] Conf. PEARSON, Marcelo H., *Manual...*, cit., p. 45.

5. ACTOS IMPUGNABLES MEDIANTE RECURSOS ADMINISTRATIVOS

Los actos susceptibles de ser impugnados mediante recursos administrativos son aquellos que operan sus efectos directamente fuera del plano interno de la Administración afectando los derechos o intereses legítimos de los particulares, aun cuando su alcance sea general.

En cambio, los llamados actos internos o interorgánicos tales como las medidas preparatorias de las decisiones administrativas[298] no son recurribles, ya que los mismos no repercuten directamente en la esfera jurídica de los administrados.

Como los reglamentos administrativos no repercuten directamente sobre los particulares sino a través de un acto administrativo concreto de aplicación, sólo pueden ser recurridos en aquellos casos en que el órgano administrativo le hubiese dado o comenzado a dar aplicación[299].

De lo contrario, es decir en los supuestos en que un reglamento no hubiese sido aplicado por la Administración, puede el particular, en el procedimiento positivo nacional, interponer un reclamo administrativo impropio previo a la demanda judicial[300].

6. REQUISITOS FORMALES Y SUSTANCIALES EXIGIDOS PARA LA INTERPOSICIÓN DE RECURSOS ADMINISTRATIVOS

La deducción de recursos administrativos hallase sometida a un conjunto variado y abundante de formalidades y recaudos exigidos con miras a que la Administración pueda ejercitar adecuadamente sus poderes de control o fiscalización. Pero no todos los requisitos son de carácter formal ni poseen la misma trascendencia para la marcha del trámite administrativo.

Existen ciertos requisitos que prácticamente configuran la existencia de un recurso administrativo y ellos son:

---

[298] El art. 80, Reglamentación Nacional prescribe la irrecurribilidad aun cuando se trate de informes y dictámenes de requerimiento obligatorio y efecto vinculante.

[299] Conf. art. 73, RLNPA; se ha puntualizado que, de otra manera, la reforma introducida a este artículo por el dec. 1883/1991 carecería de sentido (CANOSA, Armando N., *Los recursos administrativos*, Ábaco, Buenos Aires, 1996, ps. 99/100); ver también el lúcido trabajo de GAMBIER, Beltrán, "La impugnación directa de los reglamentos en sede administrativa en un dictamen de la Procuración del Tesoro de la Nación", *REDA*, nro. 2, Depalma, Buenos Aires, 1985, p. 485.

[300] Art. 24, inc. a), LNPA; para este reclamo impropio contra normas generales no existe plazo de interposición, tratándose de una acción tendiente a la defensa de la legalidad objetiva, sin perjuicio de la legitimación que como requisito de seriedad del recurso o acción debe exigirse al particular que impugna el reglamento.
El dec. 1883/1991 agregó una frase al art. 73, RLNPA, ratificando la improcedencia de la utilización de los recursos en forma directa y recordó que dicha improcedencia es tal, sin perjuicio de la facultad de interponer el reclamo impropio. GARCÍA PULLÉS, Fernando R., "La impugnación de actos administrativos de alcance general", ED 148-853.

a) La indicación del acto que se recurre y consecuente declaración precisa de impugnarlo a fin de obtener el dictado de un acto de la Administración que lo revoque, modifique o derogue, según los casos[301].

b) Su redacción por escrito sin importar el medio empleado[302].

c) La firma del recurrente o su apoderado[303] indicando el nombre, apellido y domicilio real del recurrente[304].

Aunque las formalidades y recaudos que se requieren son numerosos[305], el Reglamento de la Ley Nacional de Procedimientos Administrativos, acogiendo el principio del informalismo, determina que cuando se advierta alguna deficiencia formal hay que intimar al recurrente a subsanarla[306].

7. FUNDAMENTACIÓN DE LOS RECURSOS ADMINISTRATIVOS

Pese a que los recursos pueden fundarse tanto en razones inherentes a la legitimidad del acto impugnado como a la oportunidad, mérito o conveniencia, no se requiere, en el ordenamiento nacional, que la interposición de los mismos sea fundada, bastando con una simple relación de los hechos[307].

Por excepción, algunos cuerpos normativos requieren, en forma expresa, la fundamentación respecto de ciertos recursos administrativos, como el jerárquico y el de reconsideración[308].

8. EFECTOS DE LOS RECURSOS ADMINISTRATIVOS

Como ya se ha visto al abordar el estudio de los caracteres del acto administrativo, el tema de los efectos de la interposición de los recursos se encuentra estrechamente conectado al reconocimiento del principio de la ejecutoriedad del acto administrativo.

El principal efecto que produce la presentación de un recurso administrativo es la suspensión o interrupción del curso de los plazos del procedimiento, máxime

---

[301] El Reglamento de la Ley Nacional de Procedimientos Administrativos exige en el art. 16, inc. c), que la petición se concrete "en términos claros y precisos".

[302] Los recursos pueden interponerse mediante el envío de telegramas y así lo prescribe expresamente el art. 15, párr. 2° *in fine*, RLNPA.

[303] Art. 16, inc. e), RLNPA.

[304] Si bien el art. 16, inc. a), RLNPA, exige además los datos de identidad y la constitución de domicilio especial, tales recaudos no son exigidos por la práctica administrativa y en todo caso, pueden ser cumplidos *a posteriori*.

[305] El art. 77, RLNPA, prescribe que la interposición de recursos administrativos deberá ajustarse a los recaudos y formalidades indicados en los arts. 15 y ss. "en lo que fuere pertinente".

[306] Sólo en el caso de que no la subsane dentro del plazo perentorio que se le fija, la Administración puede desestimar el recurso (conf. art. 77, RLNPA).

[307] Art. 16, inc. b), RLNPA.

[308] Buenos Aires, arts. 89, 90 y 92; Córdoba, arts. 77 y 79.

cuando se precisare tomar vista del expediente[309] lo cual no obsta a la ejecución del acto impugnado.

De ese modo, cuando el particular interesado tuviera la necesidad de tomar vista de las actuaciones se suspende, durante el tiempo que le conceda la Administración, el plazo para recurrir[310]. Cabe aclarar, también, que la suspensión se opera en forma instantánea y automática en el momento en que el administrado presente la petición de vista de las actuaciones[311].

En principio, a fin de respetar el carácter de ejecutoriedad propio de los actos administrativos, la promoción de recursos no tiene por consecuencia la suspensión de los efectos del acto[312].

El efecto no suspensivo de los recursos no impide que el administrado pueda requerir la suspensión de los efectos del acto, tanto en sede administrativa como en la judicial.

En sede administrativa, más que los supuestos en que el particular puede peticionar la suspensión (cuya nómina es amplia) interesa determinar aquellos otros que provocan – en forma obligatoria para la Administración Pública– ese efecto suspensivo. En general, ese efecto suspensivo se opera obligatoriamente para la autoridad administrativa en dos casos:

a) Cuando la norma expresamente lo dispone[313].

b) Si se alegare una ilegalidad[314] o nulidad manifiesta[315].

9. APERTURA A PRUEBA

Como corolario del derecho de defensa, el administrado posee verdadero poder jurídico para exigir la apertura a prueba de las actuaciones a fin de producir la que hubiera ofrecido[316].

Pero la Administración también tiene esa prerrogativa de oficio para lograr el esclarecimiento de los hechos y de la verdad jurídica objetiva, cuando estimare que las constancias y elementos arrimados a las actuaciones no alcanzan para desentrañar la verdadera o real situación práctica[317].

---

[309] Conf. art. 1°, inc. e), ap. 7, LNPA.

[310] Así lo prescribe el art. 76, RLNPA.

[311] Art. 76, RLNPA.

[312] CASSAGNE, Juan Carlos, "La suspensión del acto administrativo como consecuencia de la interposición de un recurso en sede administrativa", ED 41-997.

[313] El art. 12, LNPA, prescribe que "la fuerza ejecutoria del acto administrativo impide que los recursos que interpongan los administrados suspendan su ejecución y efectos, salvo que una norma expresa disponga lo contrario".

[314] La Pampa, art. 55 in fine y art. 93.

[315] CASSAGNE, Juan Carlos, El acto administrativo, 2ª ed., Abeledo-Perrot, Buenos Aires, 1978, p. 347.

[316] Art. 1°, inc. f), ap. 2, LNPA.

[317] Art. 78, RLNPA.

Producida la prueba, la parte interesada posee el derecho de alegar acerca de la misma dentro del plazo que fija la reglamentación[318] decayendo tal derecho en caso de no presentar el correspondiente alegato.

10. LA DECISIÓN SOBRE EL RECURSO PROMOVIDO

La decisión de un recurso administrativo aparece conectada a la naturaleza jurídica del acto impugnado, pues según sea ésta, procederá un tipo u otro de resolución.

En efecto, no es lo mismo extinguir un acto administrativo que un reglamento ya que mientras el primero se revoca (por ilegitimidad o conveniencia) el reglamento debe ser objeto de derogación (total o parcial).

Tratándose de un acto administrativo, la decisión que se adopte a raíz de la promoción de un recurso en sede administrativa puede comprender tanto la revocación, modificación o sustitución como la ratificación o confirmación del acto impugnado[319], o bien, el rechazo o desestimación del recurso.

Lo mismo ocurre en materia de impugnación administrativa de reglamentos, con la diferencia que, de proceder la extinción de un acto de alcance general, el medio técnico se denomina "derogación"[320] en vez de revocación[321].

Sección 2ª

EL RECURSO DE RECONSIDERACIÓN

1. CONCEPTO. SU NATURALEZA Y CARACTERES FUNDAMENTALES

El recurso de reconsideración es aquel que se deduce ante la propia autoridad que ha dictado el acto administrativo o reglamento a fin de que lo revoque, derogue o modifique, según sea el caso, por contrario imperio.

Este recurso ha recibido las más variadas designaciones, tanto en nuestro país como en el derecho comparado, habiéndoselo denominado indistintamente "recurso de revocatoria", "recurso de reposición", o bien "recurso de reconsideración". Este

---

[318] En este caso, el Reglamento de la Ley Nacional de Procedimientos Administrativos prescribe un plazo diferente para los recursos que respecto de otros tipos de procedimientos, limitando a cinco (5) días el término para alegar (conf. art. 79, RLNPA).

[319] Art. 82, RLNPA.

[320] Si bien la norma del Reglamento de la Ley Nacional de Procedimientos Administrativos no menciona la modificación ni la ratificación o confirmación, es evidente que tales figuras resultan aplicables por extensión también a la decisión de los recursos administrativos contra reglamentos (art. 83, RLNPA).

[321] La distinción no es intrascendente dado que la derogación debe respetar la igualdad de todos los administrados frente a las normas generales, mientras la revocación extingue o modifica el acto en relación con un administrado concreto. Así, el régimen de publicidad de ambas difiere notoriamente.

último concepto es el correcto pues, aparte de que técnicamente no podría utilizarse la expresión "recurso de revocatoria" para impugnar un reglamento (ya que sólo se revocan los actos administrativos), lo cierto es que la actividad del órgano que decide el recurso consiste en volver a considerar la legitimidad u oportunidad del acto a raíz de la impugnación que formula el administrado.

Se trata de un recurso administrativo de carácter ordinario[322] y optativo[323], en el sentido de que el particular que impugna no está obligado a deducirlo para agotar las llamadas instancias administrativas ni es un presupuesto para la procedencia de otros recursos que promueva ante la Administración.

En el ordenamiento nacional[324] el recurso de reconsideración, cuya plazo de interposición es de 10 días[325], no constituye un presupuesto previo para la habilitación del recurso o acción contencioso-administrativa.

El recurso de reconsideración obliga al órgano administrativo a resolverlo y, en el derecho positivo nacional, cuando es interpuesto contra actos definitivos o asimilables a ellos, lleva implícitamente el recurso jerárquico en subsidio[326].

2. ACTOS CONTRA LOS CUALES PROCEDE

Procede tanto contra los actos definitivos[327] o aquellos que sin tener ese carácter impidan totalmente el trámite de la impugnación (actos asimilables) como también con respecto a los actos interlocutorios o de mero trámite[328], siempre que se afecte un derecho subjetivo o un interés legítimo del administrado[329].

---

[322] GONZÁLEZ PÉREZ, Jesús, *Comentarios a la Ley de Procedimiento...*, cit., p. 804.

[323] Conf. PEARSON, Marcelo H., *Manual...*, cit., p. 71.

[324] Si bien se reconoce que las numerosas excepciones que introduce el art. 53, ley española restan generalidad a la regla (conf. GONZÁLEZ PÉREZ, Jesús, *Comentarios a la Ley de Procedimiento...*, cit., p. 804).

[325] Art. 84, RLNPA.

[326] Art. 88, RLNPA.

[327] Acto definitivo es aquel que resuelve el fondo de una cuestión poniendo fin al procedimiento. HALPERIN, David - CATTANI, Horacio R., "El recurso de reconsideración en el procedimiento administrativo nacional", revista AIKH, nro. 1, p. 55.

[328] HALPERIN, David - CATTANI, Horacio R., "El recurso...", cit., p. 55; estos autores distinguen los actos interlocutorios de los de mero trámite aplicando certeramente – por analogía- los principios que estatuye el Código Procesal Civil de la Nación (art. 106, RLNPA). De tal suerte, actos interlocutorios serían aquellos que requieren sustanciación para resolver la cuestión planteada durante el curso del procedimiento (art. 616, CPCCN) mientras que los actos de mero trámite serían aquellos que, sin sustanciación, tienden al desarrollo del proceso u ordenan actos de ejecución (art. 160, CPCCN).

[329] Arts. 3° y 84, RLNPA.

3. ÓRGANO ANTE EL CUAL SE DEDUCE EL RECURSO DE RECONSIDERACIÓN. PLAZO PARA INTERPONERLO

Tratándose de una verdadera "reposición"[330], en el sentido de que la autoridad que emitió el acto impugnado recobra, por imperio del recurso, su competencia para volver a considerar los hechos y antecedentes del acto recurrido, el Reglamento de la Ley Nacional de Procedimientos Administrativos estatuye que el recurso debe promoverse ante el mismo órgano que dictó el acto administrativo que se recurre[331].

¿Quién resuelve el recurso de reconsideración cuando el acto se hubiere dictado por delegación? Al respecto, la Reglamentación Nacional prescribe que si el acto administrativo o reglamento hubiera sido dictado por delegación el recurso de reconsideración debe ser resuelto por el órgano delegado, sin perjuicio de la facultad de avocarse que posee el delegante[332]. ¿Pero qué ocurre si la delegación hubiere cesado? En tal caso corresponde distinguir dos situaciones: a) si al tiempo de promoverse el recurso la delegación había cesado, la resolución del mismo compete al delegante[333] y b) si el cese de la delegación se opera después de promovido el recurso (argumento *a contrario sensu*) este último debe ser resuelto por el delegado[334].

4. LOS RECURSOS NO CALIFICADOS DEBEN REPUTARSE DE RECONSIDERACIÓN

Suele acontecer que, al interponer un recurso, el administrado no lo califique expresamente. En tal supuesto, como no es dable presumir la renuncia del administrado a la instancia que implica la posibilidad de una reconsideración por parte del órgano que dictó el acto impugnado, el recurso debe acogerse como de "reconsideración". De este modo, la solución antedicha aparece congruente con la vigencia de la garantía de la defensa y así lo ha reconocido la jurisprudencia de la Procuración del Tesoro de la Nación[335] antes y después de la sanción de la Reglamentación Nacional.

5. RESOLUCIÓN DEL RECURSO: PLAZO. DENEGATORIA POR SILENCIO

De acuerdo con lo estatuido en el Reglamento de la Ley Nacional de Procedimientos Administrativos el órgano competente tiene el deber de resolver el recurso dentro de los treinta (30) días desde que fuera interpuesto o, en su caso, de la presentación del alegato o del vencimiento del plazo para hacerlo si se hubiera recibido prueba[336].

---

[330] ESCOLA, Héctor J., *Tratado general...*, *cit.*, p. 306.

[331] Art. 84, RLNPA.

[332] Art. 85, 1ª parte, RLNPA.

[333] Art. 85, 2ª parte, RLNPA.

[334] Conf. HALPERIN, David - CATTANI, Horacio R., "El recurso...", *cit.*, p. 56.

[335] Dictámenes 126:109; 135:244, *cit.* por HALPERIN, David - CATTANI, Horacio R., "El recurso...", *cit.*

[336] Art. 86, RLNPA.

El acto que resuelva la impugnación puede desestimar el recurso, ratificar o confirmar el acto impugnado, o bien revocar, sustituir o modificar el acto recurrido[337].

La omisión de expedirse dentro del plazo reglamentario por parte del órgano que debe resolver el recurso de reconsideración permite al administrado darlo por denegado en forma tácita, sin que sea necesario el requerimiento de pronto despacho[338].

Por tratarse de un derecho a favor del administrado, éste posee la facultad de aguardar el lapso que estime oportuno (después de transcurridos los treinta [30] días que estatuye el Reglamento) para dar por configurada la denegatoria por silencio en tanto la Administración no se pronuncie en forma expresa[339].

6. LO ATINENTE A LA POSIBILIDAD DE INTERPONER RECONSIDERACIÓN CONTRA LOS ACTOS DEFINITIVOS QUE AGOTEN LA VÍA ADMINISTRATIVA

Una vez que dentro del procedimiento administrativo se dicta un acto, de oficio o a petición de parte, que causa estado o agota las instancias administrativas (*v.gr.*, dec. del Poder Ejecutivo nacional o resolución ministerial que resuelve un recurso jerárquico) el administrado se encuentra frente a la posibilidad de ejercer la opción de promover la acción judicial o bien – lo cual no implica abdicar de su ejercicio futuro– plantear en sede administrativa el recurso de reconsideración o el de revisión previsto en el art. 22, LNPA[340].

El efecto fundamental que provoca la interposición del recurso de reconsideración contra un acto definitivo que agota las instancias administrativas es la suspensión del curso de los plazos para demandar directamente al Estado en sede judicial (sin reclamación administrativa previa) establecidos en el art. 25, LNPA[341].

---

[337] Por aplicación de lo dispuesto en el art. 82, RLNPA. Esta norma resulta aplicable por la remisión expresa que efectúa el art. 84 *in fine*.

[338] Art. 87, RLNPA, con la reforma introducida por el dec. 3700/1977. Esta última prescribió que no era necesario el requerimiento de pronto despacho para la configuración de este tipo especial de silencio administrativo.

[339] HALPERIN, David - CATTANI, Horacio R., "El recurso...", *cit.*, p. 56; Dictámenes 124:289.

[340] Art. 100, RLNPA.

[341] Art. 100 *in fine*, RLNPA.

Sección 3ª

EL RECURSO JERÁRQUICO

1. CONCEPTO Y FUNDAMENTO DEL RECURSO JERÁRQUICO

De todos los recursos administrativos, el denominado recurso jerárquico[342] es, sin duda, el de mayor trascendencia jurídica ya que precisamente reposa en una combinación de fundamentos que tienden a conjugar los principios de legitimidad y de eficacia administrativa, con la unidad de acción que debe presidir la actividad de la Administración Pública.

En España, a diferencia de lo que acontece en el derecho italiano y en el francés, se lo conoce con el nombre de recurso de alzada, el cual constituye el recurso ordinario gubernativo de mayor importancia[343].

Dado que este recurso tiene por objeto provocar el ejercicio de la potestad jerárquica y teniendo en cuenta que esta última es de naturaleza típicamente "administrativa" e integra la llamada zona de reserva del Poder Ejecutivo (art. 99, inc. 1°, CN), su regulación es materia de reglamento autónomo y no de ley formal[344].

La mayoría de la doctrina define el recurso jerárquico como aquel que promueve el administrado ante el superior jerárquico del órgano que dictó la resolución que se impugna[345]. Pero si el objeto esencial del recurso es poner en juego el control de legitimidad y de oportunidad por parte del jerarca para que toda la actividad administrativa de control se concentre en un solo órgano a fin de propender a la unidad de acción, podría interpretarse que el recurso jerárquico debe ser resuelto (en el orden nacional) por el máximo superior jerárquico de la organización estatal: el Poder Ejecutivo.

---

[342] Entre la extensa bibliografía nacional y comparada puede citarse: BIELSA, Rafael, *El recurso jerárquico*, 4ª ed., Depalma, Buenos Aires, 1957; PEARSON, Marcelo H., *Del recurso jerárquico*, Buenos Aires, 1954; FIORINI, Bartolomé A., *Recurso jerárquico*, Abeledo-Perrot, Buenos Aires, 1963; SORCABURU, Aníbal E., "El recurso jerárquico en la República Argentina", RADA, nro. 4, Universidad del Museo Social Argentino, Buenos Aires, 1972, ps. 57 y ss.; ESCOLA, Héctor J., *Tratado general...*, *cit.*, ps. 319 y ss.; GONZÁLEZ PÉREZ, Jesús, *Los recursos administrativos*, Madrid, 1960; GARRIDO FALLA, Fernando, *Tratado de Derecho Administrativo*, t. III, Madrid, 1963, p. 144; HEREDIA, Horacio H., "Recurso jerárquico", en DIEZ, Manuel M. (dir.), *Acto y procedimiento administrativo*, Plus Ultra, Buenos Aires, 1975; HERNÁNDEZ, Belisario, "Los recursos administrativos", LL 147-1290.

[343] Conf. GARRIDO FALLA, Fernando, *Tratado...*, *cit.*, t. III, p. 144.

[344] MARIENHOFF, Miguel S., *Tratado...*, *cit.*, t. I, ps. 711 y ss. En los antecedentes del derecho positivo nacional, el recurso jerárquico siempre apareció regulado como reglamento autónomo (v.gr., dec. 7520/1944).

[345] BIELSA, Rafael, *El recurso jerárquico, cit.*, p. 98; GONZÁLEZ PÉREZ, Jesús, *Comentarios a la Ley de Procedimiento...*, *cit.*, ps. 130/131; DIEZ, Manuel M., *Derecho Administrativo*, t. V, Plus Ultra, Buenos Aires, 1971, p. 367; ESCOLA, Héctor J., *Tratado general...*, *cit.*, p. 321.

Sin embargo, tratándose de una facultad inherente al ejercicio "de la Administración general del país", que a partir de la reforma constitucional de 1994 le ha sido asignada al jefe de gabinete (art. 100, inc. 1°, CN), la resolución de los recursos jerárquicos integraría la competencia atribuida a dicho funcionario, incluso si el respectivo acto emanara de un ministro, en virtud de la jerarquía que surge del precepto constitucional citado.

De ese modo, pensamos que la resolución de un recurso jerárquico le correspondería al jefe de gabinete. Esta teoría, sin embargo, no ha tenido recepción en la realidad, y aun después de la reforma de 1994 se mantiene la metodología anterior: los sucesivos presidentes de la Nación han continuado resolviendo por sí los recursos jerárquicos deducidos contra decisiones originarias de los ministros (con la conformidad de la doctrina de la Procuración del Tesoro de la Nación[346]), y los recursos interpuestos contra los actos de funcionarios de jerarquía inferior a la de ministro o secretario de la Presidencia son resueltos por los respectivos ministros o secretarios, en virtud de la delegación permanente establecida en el art. 90, RLNPA.

2. ÓRGANO ANTE EL CUAL SE PRESENTA EL RECURSO JERÁRQUICO; PLAZO

Conforme a lo prescripto en el Reglamento de la Ley Nacional de Procedimientos Administrativos, el recurso jerárquico se presenta ante el órgano administrativo que dictó el acto impugnado dentro del plazo de quince (15) días a partir de la notificación, debiendo ser elevado dentro del término de cinco (5) días, y de oficio, al Ministerio o Secretaría del cual dependa el órgano emisor del acto administrativo pertinente[347].

3. REQUISITOS DE CARÁCTER OBJETIVO INHERENTES A SU INTERPOSICIÓN

No todos los actos pertenecientes al procedimiento administrativo resultan impugnables por vía del recurso jerárquico, que tiene limitada objetivamente la materia recurrible a dos tipos de actos:

---

[346] Dictámenes 221:133 y 222:53. Así ha dictaminado la Procuración del Tesoro que el jefe de gabinete de ministros no se encuentra habilitado para sustituir al Poder Ejecutivo y a los ministros en la resolución de los recursos jerárquicos, pues nada en la Constitución Nacional autoriza a afirmar que el jefe de gabinete tuviera atribuida una supremacía que lo faculte para modificar, anular o sustituir decisiones adoptadas por los demás ministros en ejercicio de su propias competencias, de lo que se infiere que sus actos, al igual que los emanados de los restantes ministros, se hallan sometidos a la revisión jerárquica del titular del Poder Ejecutivo (conf. Dictámenes 222:053; 235:510; 236:167; 238:124; 245:038 y 249:432). Asimismo, ha señalado que la institución del jefe de Gabinete de Ministros no ha significado un cambio en la estructura político-institucional vigente hasta la sanción de la enmienda constitucional, toda vez que el titular del Poder Ejecutivo continúa siendo el presidente de la Nación, de modo unipersonal (conf. Dictámenes 222:053 y 249:432).

[347] Art. 90, RLNPA.

a) actos administrativos de carácter definitivo[348];

b) actos administrativos que sin ser definitivos impidan totalmente la tramitación del recurso o la petición del administrado[349].

¿Qué debe entenderse por acto que impida totalmente la tramitación del recurso o la petición del administrado?

Se trata de actos interlocutorios o de mero trámite que sin ser definitivos ocasionan la imposibilidad total de proseguir el procedimiento[350] o provocan una violación grave y fundamental del debido proceso adjetivo, que no puede ser suplida en oportunidad de la decisión final del recurso[351].

La limitación objetiva de la materia recurrible entraña la improcedencia de impugnar – por la vía del recurso jerárquico– los siguientes actos:

1) actos interlocutorios o de mero trámite;

2) medidas preparatorias de decisiones administrativas, inclusive dictámenes e informes[352];

3) actos de sustancia jurisdiccional provenientes de órganos administrativos, si bien se admite excepcionalmente un control limitado por parte de la Administración activa, siempre que el administrado no hubiere consentido el acto o promovido acciones ante la justicia o recursos administrativos especiales[353];

4) actos interadministrativos;

5) actos de objeto privado de la Administración, sin perjuicio de la revocatoria que por razones de ilegitimidad o de mérito, oportunidad o conveniencia pueda disponer la autoridad que dictó el acto o el órgano superior, de oficio o a petición de parte. En este último caso, no habiendo recurso reglado en el orden positivo nacional para recurrir contra estos actos en el ámbito de la Administración, el agotamiento de la instancia administrativa no se halla limitado por plazos con efecto preclusivo;

6) actos institucionales[354].

---

[348] Como señalamos, tienen carácter definitivo aquellos actos que resuelven el fondo de una cuestión por oposición a los actos interlocutorios y a los de mero trámite; respecto de la impugnabilidad judicial de los actos de trámite equiparables a definitivos, véase SORIA, Daniel F., "Los actos administrativos de trámite equiparables a definitivos y su impugnabilidad judicial", LL 1990-C-945 y ss.

[349] Art. 89, RLNPA.

[350] ESCOLA, Héctor J., *Tratado general...*, *cit.*, p. 337; FIORINI, Bartolomé A., *Recurso jerárquico*, *cit.*, p. 26.

[351] V.gr., la denegatoria de una medida de prueba esencial para la dilucidación de una circunstancia de hecho de las actuaciones administrativas o el rechazo *ab initio* del recurso.

[352] Art. 80, RLNPA; véase SANDULLI, Aldo M., *Il procedimento amministrativo*, Giuffrè, Milán, 1964, p. 54

[353] Art. 99, RLNPA; véase al respecto: CELORRIO, Atanasio H., "El recurso jerárquico en materia tributaria", *RADA*, nro. 3, Universidad del Museo Social Argentino, Buenos Aires, 1972, ps. 49/51. El control se limita – en la norma citada– a los supuestos en que mediare manifiesta arbitrariedad, grave error o gruesa violación del derecho.

[354] MARIENHOFF, Miguel S., *Tratado...*, *cit.*, t. II, ps. 763 y ss.; CASSAGNE, Juan Carlos, *El acto administrativo*, *cit.*, ps. 165 y ss.

En lo que concierne a los actos de ejecución y a los actos complementarios de un acto administrativo que fuera definitivo, se admite su recurribilidad en la medida en que la ejecución o complementación signifique la configuración de una nueva situación jurídica[355].

4. CONTINUACIÓN. REQUISITOS DE CARÁCTER SUBJETIVO

La interposición del recurso jerárquico requiere analizar también diversos recaudos y características impuestas en orden a los órganos y sujetos que intervienen en el procedimiento de impugnación correspondiente a este tipo de recurso.

Hallándose en juego la jerarquía, el recurso jerárquico sólo se concibe contra los actos emanados de órganos estatales de la Administración Central, incluyendo también los actos emitidos por órganos desconcentrados[356] que no poseen personalidad jurídica (fenómeno al que un sector doctrinario titula "descentralización burocrática")[357].

En consecuencia, el recurso jerárquico no procede contra actos provenientes de personas públicas no estatales ni tampoco respecto de los actos de entidades descentralizadas, tales como las entidades autárquicas. En este último caso, el recurso tiende a la concreción de la potestad de tutela o control administrativo, llamándose – en el orden nacional– recurso de alzada.

A su vez, también es posible promover el recurso jerárquico en el ámbito de un ente autárquico o descentralizado jurídicamente (para que sea resuelto por el órgano superior de la entidad), conforme a lo prescripto en el art. 93 *in fine*, RLNPA.

5. TRÁMITE: INTERVENCIÓN DE LA PROCURACIÓN DEL TESORO DE LA NACIÓN. LO ATINENTE A LA MEJORA DEL RECURSO JERÁRQUICO

El ordenamiento positivo vigente en el orden nacional estatuye que cualquiera fuere la autoridad competente[358] para resolver el recurso jerárquico, éste debe tramitar en la sede del Ministerio en cuyo ámbito actúa el órgano que ha dictado el acto administrativo. Sin embargo, la jurisprudencia administrativa considera que el recurso debe tramitarse en la Secretaría de Estado en cuyo ámbito se dictó el acto impugnado[359].

---

[355] FIORINI, Bartolomé A., *Recurso jerárquico, cit.*, ps. 25/26.

[356] RIVERO, Jean, *Droit Administratif*, Dalloz París, 1977, p. 307.

[357] LUCIFREDI, Roberto - COLETTI, Giuseppe, *Descentramento amministrativo*, Turín, 1956, p. 4.

[358] La norma – art. 92, RLNPA– tiene en cuenta que el jerárquico puede ser resuelto tanto por el presidente de la República si el acto emanare de un ministro (hoy, por lo dispuesto en el art. 100, inc. 1°, CN, esa competencia pertenece al jefe de gabinete) o por el ministro competente en cuya esfera de competencia se desempeña el órgano emisor del acto, mediante la reforma introducida por el dec. 1744/1973 al art. 90 del citado Reglamento.

[359] Conf. Dictámenes 128:428, doctrina que se ha reiterado con posterioridad en numerosos precedentes.

Al propio tiempo – como garantía jurídica adicional– se prescribe la obligatoriedad[360] de requerir el parecer jurídico de la Procuración del Tesoro de la Nación cuando se diera alguno de estos supuestos:

a) El recurso se hubiera interpuesto contra un acto administrativo proveniente de un ministro o secretario de la Presidencia de la Nación;

b) Corresponda establecer jurisprudencia administrativa uniforme;

c) Cuando la índole del interés económico comprometido requiera su atención;

d) Cuando el Poder Ejecutivo nacional lo estime conveniente para resolver el recurso.

Como en todo recurso, el administrado tiene la carga de fundar su pretensión impugnatoria, pero si se lo hubiera hecho al promover el recurso de reconsideración – que lleva implícito el jerárquico en subsidio– no es necesario fundar nuevamente el recurso jerárquico[361] sin perjuicio de la facultad de ampliar o mejorar este último[362].

Es decir que, fuera de la potestad genéricamente reconocida al administrado en todos los procedimientos de impugnación para ampliar la fundamentación de los recursos administrativos antes de su resolución[363], la norma lo faculta – en el recurso jerárquico– a "mejorar" los fundamentos, lo cual lleva consigo la facultad de modificar los términos del planteo original[364].

6. PLAZO PARA RESOLVERLO. LA DECISIÓN Y LA DENEGATORIA POR SILENCIO

La Reglamentación Nacional estatuye que el plazo para resolver el recurso jerárquico es de treinta (30) días, computables desde que la autoridad que deba dictar la decisión hubiera recibido las actuaciones o – en caso de haberse recibido prueba– desde la presentación del alegato o del vencimiento del plazo para hacerlo[365].

La decisión que se dicte en el recurso jerárquico puede ser expresa o tácita. En este último caso, no se exige que el administrado introduzca un requerimiento de pronto despacho – conforme al art. 10, LNPA– para que se produzca la denegatoria por silencio de la Administración. El silencio, al igual que lo que acontece en el recurso de reconsideración no opera automáticamente, siendo un derecho que puede o no invocar al particular interesado.

---

[360] Art. 92, RLNPA, modificado por dec. 1883/1991.

[361] Art. 89, RLNPA.

[362] La norma – art. 88, RLNPA– prescribe que cuando el recurso de reconsideración hubiera sido denegado – expresa o tácitamente– el particular interesado puede ampliar o mejorar los fundamentos del recurso, dentro de los cinco (5) días de recibidas las actuaciones por el superior.

[363] Tal como lo prescribe el art. 77, RLNPA.

[364] Conf. PEARSON, Marcelo H., *Manual...*, *cit.*, p. 89.

[365] Art. 91, RLNPA, luego de su modificación por dec. 1883/1991. El plazo anterior era de sesenta (60) días.

Sección 4ª

LOS RECURSOS ADMINISTRATIVOS CONCERNIENTES A LAS ENTIDADES DESCENTRALIZADAS Y A OTRAS FORMAS JURÍDICAS DE PARTICIPACIÓN ESTATAL

1. INTRODUCCIÓN

A) La idea de tutela como fundamento de los recursos administrativos y su actual extensión

El panorama que exhibe el derecho positivo nacional acerca de los recursos administrativos que se han instituido para impugnar los actos de las entidades jurídicamente descentralizadas y de las otras formas jurídicas de participación estatal aparece circunscripto por algunas cuestiones previas que requieren ser analizadas, además de los recursos que pueden admitirse en el ámbito de cada una de esas entidades, particularmente aquellas que revisten la condición de persona jurídica pública estatal.

Esas cuestiones se vinculan con cuatro aspectos que serán considerados al abordar cada tipo de recurso, a saber: a) naturaleza o condición jurídica de la entidad; b) admisión o no del control por parte de la Administración Central; c) naturaleza del control y extensión del mismo.

Si bien el fundamento de estos recursos radica en el poder de tutela administrativa – lo cual es indiscutible cuando se trata del control sobre personas jurídicas públicas estatales– ello puede generalizarse en tanto se admita la extensión del concepto clásico de tutela[366] a raíz de la aparición de las sociedades anónimas cuyas acciones, en su totalidad o mayoría suficiente para prevalecer en los órganos de administración y de gobierno, son de propiedad estatal.

En efecto, la naturaleza del control que en estos casos se ejercite por parte de la Administración Central o entidad descentralizada dueña de las acciones conduce a una nueva y remozada proyección del concepto de tutela[367].

Esta especie de control – que procura asegurar el cumplimiento de los fines de la entidad, preservando el bien común– configura – a diferencia del control que dimana de la jerarquía– un poder condicionado o limitado[368] que requiere atribución expresa y que es de interpretación restrictiva.

---

[366] CASSAGNE, Juan Carlos, "La extensión del concepto de tutela y control de los actos de las sociedades del Estado", LL 1978-C-717.

[367] Hauriou, apuntaba, en 1893, que si bien el término no se ajustaba al Derecho Público era preferible conservarlo puesto que se hallaba consagrado por el uso (HAURIOU, Maurice, *Précis de Droit Administratif et de Droit Public général*, Recueil Sirey, París, 1927, p. 437).

[368] ESCOLA, Héctor J., *Tratado general...*, cit., p. 337.

La idea de tutela en el Derecho Público es radicalmente distinta del concepto reinante en el Derecho Privado (civil en la especie) en donde se emplea la técnica de la representación de la persona sometida a tutela, en lugar de la fiscalización o sustitución de la voluntad del ente público o privado sobre el cual la Administración ejerce su poder de tutela.

La tutela entraña un poder de revisión que ejerce la Administración Central sobre los actos de los órganos superiores de las entidades descentralizadas y de los órganos de administración de las personas privadas estatales (*v.gr.*, sociedades del Estado).

¿Qué tipo de control implica la tutela a través de los recursos administrativos?

En atención a la oportunidad en que se ejercita el control de tutela la doctrina italiana clásica distinguió la tutela preventiva de la represiva[369]. Así, mientras a la técnica de las autorizaciones hay que ubicarla dentro de la tutela preventiva, las aprobaciones corresponden al tipo represivo.

Este último (carácter represivo) es precisamente el tipo de control que ejerce la Administración Central sobre los actos de los órganos superiores de las entidades descentralizadas cuando resuelve los llamados "recursos de alzada".

A partir de la sanción del dec. 1883/1991, la regulación positiva en el orden nacional estableció que el recurso de alzada (expresión concreta del "control de tutela") no procedería contra los "actos inherentes a la actividad privada" de las empresas o sociedades de propiedad total o mayoritaria del Estado nacional, aunque sí sería procedente contra los actos administrativos de esos entes, cuyo objeto o contenido fuera ajeno a esa actividad, y propio del Derecho Público (conf. art. 4°, dec. 1883/1991).

B) El recurso de alzada: características generales y reglas aplicables

Al igual que el recurso jerárquico, el de alzada procede contra actos administrativos definitivos o que impiden totalmente la tramitación del reclamo o pretensión del recurrente, emanados de un órgano superior de una entidad estatal descentralizada (*v.gr.*, una entidad autárquica)[370] y se interpone para que el Poder Ejecutivo o el ministro competente (si la respectiva facultad se hallare delegada) proceda a revocar, modificar o sustituir, según corresponda, el acto administrativo recurrido. Por esa causa, la doctrina denomina a este medio de impugnación "recurso jerárquico impropio"[371].

La principal característica del recurso de alzada consiste en que se trata de un recurso optativo en el sentido de que el administrado puede elegir el camino de la acción judicial directa, dado que el acto proveniente de un órgano superior de una entidad descentralizada produce – por sí mismo– el agotamiento de la instancia administrativa.

---

[369] D'ALESSIO, Francesco, *Istituzioni di Diritto Amministrativo*, t. I, Turín, 1932, p. 371.

[370] La norma – el art. 94, Reglamentación Nacional– se refiere a los entes autárquicos, expresión que debe considerarse como equivalente a la que utilizamos en el texto.

[371] GORDILLO, Agustín, *Procedimiento y recursos administrativos*, 2ª ed., Macchi, Buenos Aires, 1971, p. 433.

Al respecto, el Reglamento de la Ley Nacional de Procedimientos Administrativos estatuye[372] el principio de que si bien la elección de la vía judicial hace perder la administrativa, la promoción del recurso de alzada no obsta a la posibilidad de desistirlo en cualquier estado del trámite con el objeto de interponer la acción judicial, ni impide que se articule esta última una vez resuelto el recurso administrativo.

Se presenta ante el órgano superior de la entidad estatal descentralizada dentro de los quince (15) días de notificado el acto que se impugna, y debe ser elevado dentro de 5 días y de oficio al ministerio en cuyo ámbito actúe la entidad, quien será el órgano competente para resolverlo.

El Reglamento de la Ley Nacional de Procedimientos Administrativos prescribe[373] la aplicación supletoria, a los recursos deducidos en el ámbito de los entes autárquicos – salvo disposición en contrario– de las normas generales establecidas para los distintos recursos previstos en la Reglamentación Nacional, debiendo destacarse, con relación al recurso de alzada, que, si la aplicación requiere previa adaptación de la norma a los principios propios de este recurso no se tratará de supletoriedad sino de analogía.

De este modo resultan aplicables las normas que reglan el recurso jerárquico referidas a:

1) el plazo de 15 días para interponer el recurso;

2) el plazo de treinta (30) días para resolver el recurso desde la recepción de las actuaciones por el órgano superior de la entidad descentralizada, o en su caso, de la presentación del alegato o del vencimiento del plazo para hacerlo, si se hubiera recibido prueba;

3) no es necesaria la petición de pronto despacho para que quede configurado el silencio negativo de la Administración;

4) las normas de trámite del recurso, tales como las que reglan la intervención del servicio jurídico permanente del ministerio y de la Procuración del Tesoro de la Nación.

2. LOS FUNDAMENTOS DEL RECURSO: CONTROL DE LEGITIMIDAD Y DE OPORTUNIDAD, MÉRITO O CONVENIENCIA. ALCANCE DE LA DECISIÓN

En la doctrina europea el control de los actos de las entidades estatales descentralizadas que se lleva a cabo al resolver un recurso mediante el poder de tutela administrativa, se limita – por principio general– al examen de la legitimidad del acto, no pudiendo controlar la oportunidad, mérito o conveniencia del mismo[374]. Tampoco

---

[372]   Art. 95, Reglamentación Nacional.

[373]   Art. 98, RLNPA, que declara aplicables los arts. 90, 1ª parte, 91 y 92 del mismo.

[374]   VEDEL, Georges, *Droit Administratif*, 4ª ed., Presses Universitaires de France, París, 1968, ps. 563 y ss.; RIVERO, Jean, *Droit Administratif, cit.*, p. 314.

106

se admite la posibilidad de que la decisión en el respectivo recurso pueda disponer la modificación del acto, debiendo limitarse a su aceptación o rechazo[375].

Nuestro país ha establecido – en el orden nacional– un régimen peculiar, vinculando el fundamento del recurso al acto de creación de la entidad descentralizada.

En tal sentido, cuando la entidad descentralizada hubiera sido creada por el Congreso, en ejercicio de sus prerrogativas constitucionales propias (*v.gr.*, universidades)[376] el control se limita al examen acerca de la legitimidad o no del acto impugnado, salvo que la ley autorizara un control amplio. Por el contrario, cuando la entidad fuere creada en ejercicio de una facultad concurrente[377] por el Congreso o por el Poder Ejecutivo, el control abarca también lo atinente a la oportunidad, mérito o conveniencia[378].

En lo que concierne al alcance de la decisión que se adopta en el recurso de alzada, la Reglamentación Nacional mantiene un resabio de la concepción europea al prescribir que dicha resolución "se limitará a revocar el acto impugnado, pudiendo, sin embargo, modificarlo o sustituirlo con carácter excepcional si fundadas razones de interés público lo justificaren"[379].

Sección 5ª

EL RECURSO DE REVISIÓN

1. ANTECEDENTES DEL RECURSO DE REVISIÓN EN SEDE ADMINISTRATIVA

Antes de la sanción de la Ley Nacional de Procedimientos Administrativos tanto la doctrina[380] como la jurisprudencia de la Procuración del Tesoro de la Nación habían admitido el recurso de revisión, a través de la aplicación analógica del art. 241 de la vieja ley 50.

El argumento principal en que se basó tal interpretación consistió en equiparar los actos del Poder Ejecutivo a las sentencias de la Corte Suprema de Justicia de la Nación, en la inteligencia de que ambos tipos de decisión producen el agotamiento de la instancia correspondiente dentro del respectivo ámbito[381]. En tal situación, la

---

[375] BREWER CARÍAS, Allan R., *Las empresas públicas en el Derecho comparado*, Caracas, 1967, ps. 151 y ss.
[376] Conforme a la tesis formulada en su momento en nuestro país por Marienhoff.
[377] De acuerdo con la tesis de los poderes concurrentes (a falta de norma constitucional expresa o implícita) que propiciamos en CASSAGNE, Juan Carlos, *Derecho Administrativo*, 7ª ed., t. I, LexisNexis - Abeledo-Perrot, Buenos Aires, 2002, ps. 342 y ss.
[378] Art. 97, RLNPA.
[379] Es evidente, empero, que la excepción que introduce la última parte del art. 97, RLNPA, abre una amplia brecha para que se lleve a cabo la modificación del acto recurrido.
[380] MARIENHOFF, Miguel S., *Tratado de Derecho Administrativo*, 5ª ed., t. I, Abeledo-Perrot, Buenos Aires, 1995, ps. 786 y ss.
[381] Dictámenes 88:100; 94:288, entre otros.

doctrina consideró que "la identidad de razón" sustentaba la aplicación analógica de la ley 50[382], interpretación que se encontraba favorecida por el hecho de admitirse este recurso en el derecho comparado[383].

A diferencia de lo que acontecía en nuestra jurisprudencia administrativa, donde se requería para la procedencia del recurso de revisión que se tratase de un decreto del Poder Ejecutivo, en el derecho español[384] no se prescribe tal exigencia, requiriéndose solamente que se trate de un acto firme en sede administrativa.

2. CARÁCTER Y FUNDAMENTO DEL RECURSO DE REVISIÓN

Por de pronto interesa poner de resalto que el recurso de revisión – en tanto hace tabla rasa con el principio de la estabilidad del acto administrativo– posee un carácter extraordinario[385]; es por tanto un recurso de excepción, cuya procedencia ha de interpretarse, en caso de duda, en forma restrictiva.

Su fundamento reposa en la idea de justicia en virtud a que los graves motivos en que el mismo se funda justifican el sacrificio del principio de la seguridad jurídica, que excepcionalmente se abandona en aras de la Justicia[386].

3. SU REGULACIÓN POR LEY O REGLAMENTO

En mérito al carácter extraordinario que caracteriza al recurso de revisión y, sobre todo, por el hecho de que implica una importante excepción al principio de la estabilidad el acto administrativo[387] su regulación debe ser materia de una ley y no de reglamento.

Ello es así no sólo por la naturaleza de la materia que regula sino también porque de acuerdo con el principio del paralelismo de las formas y a la jerarquía de las normas, no podría – en principio– un reglamento derogar un criterio establecido en una ley.

En el orden nacional, el recurso de revisión, se encuentra regulado – con acierto– en la Ley Nacional de Procedimientos Administrativos[388].

---

[382] MARIENHOFF, Miguel S., *Tratado...*, *cit.*, t. I, p. 789.

[383] GARRIDO FALLA, Fernando, *Tratado...*, *cit.*, t. III, ps. 173/174.

[384] GONZÁLEZ PÉREZ, Jesús, *Comentarios a la Ley de Procedimiento...*, *cit.*, p. 836; quien señala que "la distinción entre actos firmes y actos que causan estado adquiere aquí pleno valor, pues no es necesario – para la procedencia de este recurso– que el acto cause estado, bastando que sea 'firme'".

[385] GARRIDO FALLA, Fernando, *Tratado...*, *cit.*, t. III, p. 173; GONZÁLEZ PÉREZ, Jesús, *Comentarios a la Ley de Procedimiento...*, *cit.*, p. 834.

[386] Conf. GONZÁLEZ PÉREZ, Jesús, *Comentarios a la Ley de Procedimiento...*, *cit.*, p. 835.

[387] Consagrado en los arts. 17 y 18, LNPA, con las modificaciones de la ley 21.686.

[388] Art. 22, LNPA.

4. PROCEDENCIA DEL RECURSO DE REVISIÓN. CAUSALES QUE LO JUSTIFICAN

La Ley Nacional de Procedimientos Administrativos requiere – al igual que su antecedente español– [389] que se trate de un acto firme[390], prescribiendo que podrá pedirse la revisión en los siguientes supuestos:

a) Cuando resultaren contradicciones en su parte dispositiva, háyase pedido o no su aclaración;

b) Cuando después de dictado se recobraren o descubrieren documentos decisivos cuya existencia se ignoraba o no se pudieron presentar como prueba por fuerza mayor o por obra de tercero;

c) Cuando hubiere sido dictado basándose en documentos cuya declaración de falsedad se desconocía o se hubiere declarado después de emanado el acto;

d) Cuando hubiere sido dictado mediando cohecho, prevaricato, violencia o cualquier otra maquinación fraudulenta o grave irregularidad comprobada[391].

5. PLAZO DENTRO DEL CUAL DEBE INTERPONERSE Y ÓRGANO QUE LO RESUELVE

Tratándose del supuesto previsto en el inc. a) del art. 22, ley 19.549, el recurso de revisión debe promoverse dentro de los diez (10) días de notificado el acto.

En los demás casos, la interposición del recurso de revisión debe llevarse a cabo dentro de los treinta (30) días de recobrarse o hallarse los documentos o del cese de la fuerza mayor u obra de tercero o de acreditarse los hechos citados en los incs. c) y d) del art. 22, ley 19.549[392].

En lo concerniente al órgano que decide el recurso de revisión cabe interpretar, ante el silencio de la ley, que puede ser tanto el órgano que dicta el acto como cualquier instancia jerárquicamente superior, a elección del administrado, pudiendo llegar hasta el Poder Ejecutivo e inclusive, pedir la revisión de los actos de este órgano.

Robustece esta interpretación la circunstancia de que si en el antecedente que le sirvió de fuente se fija en forma clara la competencia de los ministros para resolver el recurso de revisión, cabe suponer que los redactores de la ley argentina – al guardar silencio sobre el punto– quisieron apartarse expresamente del sistema español[393].

---

[389]   Art. 127, Ley Española de Procedimiento Administrativo.

[390]   Sobre el concepto de acto firme véase CASSAGNE, Juan Carlos, *El acto administrativo, cit.*, p. 397, y esta misma obra, Tít. V, cap. VI, punto 8 f).

[391]   Art. 22, LNPA.

[392]   Conf. art. 22, última parte, LNPA.

[393]   Art. 127, Ley Española de Procedimiento Administrativo.

Sección 6ª

OTRAS VÍAS ADMINISTRATIVAS (QUEJA, ACLARATORIA, RECTIFICACIÓN Y DENUNCIA DE ILEGITIMIDAD)

1. LA QUEJA. CONCEPTO Y NATURALEZA JURÍDICA

Con el objeto de corregir los defectos de trámite y particularmente el incumplimiento de los plazos legales o reglamentarios del procedimiento administrativo se le concede al administrado – a través de la queja[394]– la potestad de acudir ante el superior jerárquico inmediato, a efectos de que éste disponga las medidas necesarias para subsanar las anormalidades incurridas en las actuaciones.

Se trata de una vía administrativa[395] que no constituye técnicamente un recurso, en razón de que con ella el administrado no pretende la impugnación de acto alguno[396] sobre la base de un fundamento que se apoya en el principio de economía procesal[397], reconocido por la Ley Nacional de Procedimientos Administrativos[398].

En el procedimiento administrativo la queja cumple una doble función ya que no sólo corrige los defectos de los actos ya dictados sino que también hace posible que el administrado disponga de un remedio frente a la mora de la Administración en cumplir con su deber de dictar el acto administrativo pertinente, con independencia de la facultad del particular de poner en funcionamiento el silencio (denegatoria tácita) o el amparo judicial por la morosidad administrativa[399].

Al no pretenderse con la queja la impugnación de los actos administrativos, la misma constituye una reclamación[400].

2. ÓRGANO ANTE EL CUAL SE PRESENTA. TRÁMITE DE LA QUEJA

La Reglamentación Nacional dispone que la queja tiene que presentarse ante el superior jerárquico inmediato, quien debe resolverla sin otra sustanciación que el informe que puede requerir al inferior[401].

No existe plazo para su interposición, lo cual es una obvia implicancia de su naturaleza jurídica.

---

[394] Art. 71, RLNPA. La fuente de esta norma es el art. 77, Ley Española de Procedimiento Administrativo.

[395] PEARSON, Marcelo H., *Manual...*, *cit.*, p. 145.

[396] GONZÁLEZ PÉREZ, Jesús, *Comentarios a la Ley de Procedimiento...*, *cit.*, p. 452.

[397] GONZÁLEZ PÉREZ, Jesús, *Comentarios a la Ley de Procedimiento...*, *cit.*, p. 453.

[398] Art. 1º, inc. b), LNPA, con las modificaciones de la ley 21.686.

[399] Arts. 10 y 28, LNPA, con las modificaciones de la ley 21.686.

[400] Conf. GARRIDO FALLA, Fernando, Tratado..., *cit.*, t. III, p. 164. Coincide con esta opinión: HUTCHINSON, Tomás, La Ley Nacional de Procedimientos Administrativos. Ley 19.549, comentada, anotada y concordada con normas provinciales, t. II, Astrea, Buenos Aires, 1985, p. 297.

[401] Art. 71, 2ª parte.

Interpuesta la queja, el órgano superior inmediato la resolverá dentro de los cinco (5) días, contados desde la fecha en que la queja fue recibida o desde el día en que se recibió el informe, según el caso[402].

La decisión que se dicte es irrecurrible y en ningún caso suspenderá la tramitación del procedimiento en que se haya producido[403].

El incumplimiento de los trámites y los plazos previstos en la ley 19.549 y en propio reglamento, genera responsabilidad imputable a los agentes que tienen a su cargo el procedimiento. Es por ello que el superior jerárquico respectivo deberá iniciar las actuaciones sumariales para el responsable del atraso e inclusive para el superior en caso de que no resuelva la queja en término[404].

3. LA ACLARATORIA ¿ES UN RECURSO ADMINISTRATIVO?

Cuando el acto administrativo que pone fin al procedimiento provoca una imprecisión, oscuridad o contradicción sustancial, el ordenamiento positivo nacional atribuye al administrado la potestad de peticionar la aclaratoria del respectivo acto.

En la doctrina[405] se discute acerca de la naturaleza jurídica de esta vía administrativa, que se incorporó al Reglamento de la Ley Nacional de Procedimientos Administrativos por influencia de la corriente procesalista y de anteriores precedentes de Procuración del Tesoro de la Nación[406].

En nuestra opinión, dado que se trata de la impugnación de un acto administrativo no caben dudas de que se trata de un verdadero recurso, aun cuando es de carácter alternativo o paralelo frente al recurso jerárquico y al de reconsideración, como al recurso de alzada.

4. CAUSALES QUE TORNAN PROCEDENTE SU ARTICULACIÓN. REGLAS QUE RIGEN EN LA TRAMITACIÓN

La Reglamentación Nacional determina[407], en forma expresa, los supuestos en que debe admitirse la procedencia de este recurso contra el acto, a saber:

a) cuando existiera contradicción en su parte dispositiva[408];

---

[402] Conclusión que si bien no surge expresamente de la norma debe considerarse implícita en el art. 71, RLNPA.

[403] Art. 71, última parte, RLNPA.

[404] Art. 72, RLNPA, t.o. 1991. CANOSA, Armando N., "Nuevas formas del control de plazos en el procedimiento administrativo", ED 149-823.

[405] Admiten que se trata de un recurso, entre otros: DROMI, José R., *Instituciones...*, *cit.*, p. 531; GORDILLO, Agustín, *Procedimiento...*, *cit.*, p. 516. Cabe aclarar que un trabajo posterior, en colaboración con Sarmiento García, el primero de los autores citados sostiene que la aclaratoria "no es estrictamente un recurso". En cambio, le niegan carácter de recurso a la aclaratoria: ESCOLA, Héctor J., *Tratado general...*, *cit.*, p. 394; PEARSON, Marcelo H., *Manual...*, *cit.*, p. 151; y también DROMI, José R. - SARMIENTO GARCÍA, Jorge, "Proceso administrativo", JA 1975-641 secc. Doctrina.

[406] Dictámenes 95:15.

[407] Art. 102, RLNPA (con las modificaciones del dec. 3700/1977).

b) cuando la contradicción surgiera entre la parte dispositiva y la motivación;

c) si se pretendiera suplir cualquier omisión sobre alguna o algunas de las peticiones planteadas.

Por medio de este recurso sólo pueden impugnarse actos administrativos definitivos, debiendo interponerse ante el propio órgano que dictó el acto[409] dentro del término de cinco (5) días de notificado el mismo.

El plazo para resolver la aclaratoria, tal como lo prevé el art. 102, RLNPA (después de la reforma introducida por el dec. 1883/1991) es de cinco días[410].

5. RECTIFICACIÓN DE ERRORES MATERIALES

Si el acto administrativo luce un error material o de hecho, inclusive errores aritméticos, el órgano administrativo puede, en cualquier instante del procedimiento, realizar la rectificación de tales errores[411].

La potestad para iniciar el procedimiento de rectificación puede ejercerse de oficio, por la Administración Pública[412] o provenir de una petición del administrado.

Dado que no se trata realmente de impugnar un acto administrativo – aun cuando se promueva la rectificación por parte del administrado– esta petición no participa de la condición jurídica de los recursos administrativos[413], siendo una mera petición o reclamación del administrado, cuya corrección no altera el contenido sustancial del mismo, sin que signifique un impedimento la configuración de los derechos subjetivos que nazcan del acto que se rectifica[414].

Por su propia naturaleza y características, no existe plazo para que el administrado peticione la rectificación[415] debiendo el órgano administrativo practicarla dentro del plazo general supletorio de diez (10) días prescripto en la Ley Nacional de Procedimientos Administrativos[416].

---

[408] En realidad, esta causal se superpone con la prescripta para el recurso de revisión en el art. 22, inc. a), LNPA.

[409] Conf. PEARSON, Marcelo H., *Manual...*, *cit.*, p. 151.

[410] Art. 1°, inc. e), ap. 4, LNPA, ya que dicho plazo es de aplicación supletoria ante el silencio o laguna legislativa.

[411] Art. 101, RLNPA.

[412] Conf. PEARSON, Marcelo H., *Manual...*, *cit.*, p. 149.

[413] Conf. GONZÁLEZ PÉREZ, Jesús, *Comentarios a la Ley de Procedimiento...*, *cit.*, p. 687. La doctrina española tiene aquí, una vez más, gran importancia en el campo interpretativo, habida cuenta de que el art. 102, RLNPA, reconoce su fuente en el art. 111, Ley Española de Procedimiento Administrativo.

[414] GONZÁLEZ PÉREZ, Jesús, *Comentarios a la Ley de Procedimiento...*, *cit.*, p. 685.

[415] Conf. PEARSON, Marcelo H., *Manual...*, *cit.*, p. 685.

[416] Art. 1°, inc. e), ap. 4, LNPA, con las modificaciones de la ley 21.686. Pearson estima, en cambio, que no existe plazo para que la Administración resuelva acerca de la petición del administrado: PEARSON, Marcelo H., *Manual...*, *cit.*, p. 150.

¿Cuál es el órgano competente para rectificar el acto administrativo? Al igual que en materia del recurso de aclaratoria, la rectificación debe solicitarse al propio órgano que dictó el acto, cuyos errores materiales o de hecho se pretende corregir.

6. LA DENUNCIA DE ILEGITIMIDAD. CONCEPTO Y REQUISITOS PARA SU PROCEDENCIA

La Ley Nacional de Procedimientos Administrativos ha regulado un medio de impugnación de actos administrativos existente en la práctica y en la jurisprudencia administrativa argentina. En efecto, la Procuración del Tesoro de la Nación había reconocido su procedencia en varios dictámenes con anterioridad a la sanción de la ley nacional[417], y algunos autores sostenían que la misma debía ser resuelta siempre por el Poder Ejecutivo, por tratarse del jefe de la Administración[418].

Su fundamento es doble: por una parte el derecho de petición consagrado en el art. 14, CN, y por la otra, el principio de informalismo, acogido por Ley Nacional de Procedimientos Administrativos[419].

La denuncia de ilegitimidad sólo procede actualmente cuando se interpone un recurso fuera de término o el administrado presenta la correspondiente petición, una vez vencidos los plazos para articular los recursos administrativos correspondientes.

Tratase de una denuncia inspirada en el interés que tiene el Estado en velar por el principio de legitimidad de sus actos que, de acogerse, reviste el carácter de un verdadero recurso informal que suple a los recursos de reconsideración, jerárquico o de alzada, según sea el caso.

La denuncia de ilegitimidad puede ser resuelta tanto por el Poder Ejecutivo como por los ministros u órganos jerárquicamente inferiores. En esta materia, la regla es que el órgano competente sea aquel que poseía aptitud legal o reglamentaria para resolver el recurso que formalmente correspondía. Pero de ninguna manera la competencia para resolver este tipo de denuncia corresponde exclusivamente al Poder Ejecutivo, ya que con excepción del caso en que la denuncia de ilegitimidad sustituye al recurso jerárquico, la misma no se vincula con la jefatura de Administración sino con el principio de legitimidad y ésta es la solución que, en definitiva, acoge la Ley Nacional de Procedimientos Administrativos.

Los órganos administrativos tienen el deber de tramitar las denuncias de ilegitimidad, cuya admisibilidad puede, sin embargo, no aceptarse, por parte del órgano que debe resolverla, en dos únicos supuestos:

a) motivos de seguridad jurídica, los cuales deben ser de cierta entidad y fundamentarse en el interés público o bien común, y de manera concreta e inmediata;

---

[417] Dictámenes 65:24; 90:350, entre otros.

[418] GORDILLO, Agustín, *Procedimiento...*, *cit.*, p. 524. Como se verá seguidamente dicha opinión es errónea y con acierto no fue recogida en la Ley Nacional de Procedimientos Administrativos. La Corte Suprema de Justicia de la Nación en el caso "Gorordo" expresó que el fundamento de la denuncia de ilegitimidad no es otro que asegurar el control de legalidad y eficacia de la actividad administrativa, y a través de el, el respeto de los derechos e intereses de los administrados ("Gorordo Allaria de Kralj, Haydeé María v. Estado nacional - Ministerio de Cultura y Educación", Fallos 322:73 [1999]).

[419] Art. 1º, inc. c), LNPA.

b) por entenderse que medió abandono voluntario del derecho, al hallarse excedidas razonables pautas temporales[420].

El trámite que debe dársele a la denuncia de ilegitimidad es el mismo que corresponda para el pertinente recurso que sustituya, aplicándosele todas las reglas inherentes a legitimación, actos impugnables y causales de ilegitimidad, no procediendo cuando se pretendiere extinguir o modificar un acto administrativo por razones de oportunidad, mérito o conveniencia sin perjuicio de la potestad que en tal caso poseen, *ex officio*, los órganos administrativos.

---

[420] Art. 1º, inc. e), ap. 6, LNPA, con la modificación de la ley 21.686. La futura reforma de la ley debería prescribir la oportunidad – dentro del procedimiento administrativo– para determinar la admisibilidad formal de la denuncia de ilegitimidad.

TÍTULO SÉPTIMO

LA ACTIVIDAD INTERVENTORA

CAPÍTULO I

LAS PRESTACIONES DE LA ADMINISTRACIÓN O DE LOS PARTICULARES, REGIDAS POR EL DERECHO ADMINISTRATIVO

Sección 1ª

EL SERVICIO PÚBLICO

1. APARICIÓN DE LA TÉCNICA DEL SERVICIO PÚBLICO. LA *PUBLICATIO* Y LA CONCEPCIÓN OBJETIVA COMO EJES DE LA NOCIÓN JURÍDICA

La tarea de rastrear la consagración normativa de la categoría servicio público bien podría ser emprendida acudiendo al derecho continental europeo. En efecto, en el ordenamiento jurídico francés, la noción de servicio público posee un rango constitucional emergente del inc. 9º del preámbulo de la Constitución francesa de 1946, incorporado luego, por mención expresa, en el Preámbulo de la Constitución de la V República de 1958, hoy vigente: dicho inciso declara que todos los bienes y todas las empresas, cuya explotación tiene o posee los caracteres de un servicio público nacional o de monopolio de hecho, devienen propiedad pública[421]. Como puede verse, el párrafo individualizado efectúa una declaración, pero no define qué se entiende por servicio público.

Es que, a fuer de verdad, cabe reparar en que la expresión "servicio público" aparece, en el campo del Derecho Administrativo, sin que preexista una definición legal que la tipifique y sin que se establezcan sus caracteres de una manera precisa[422]. De tal suerte, puede afirmarse que fue por obra de la doctrina y jurisprudencia francesas que se fue perfilando como institución, con un régimen jurídico peculiar

---

[421]   "Tout bien, toute entreprise, dont l'exploitation a ou acquiert les caractères d'un service public national ou d'un monopole de fait, doit devenir la propriété de la collectivité".

[422]   En 1954 Waline señalaba que "con la misma expresión servicio público, se designan, según el día, la ocasión o las circunstancias cosas muy diferentes", conf. WALINE, Marcel, "La noción de servicio público", LL 75-945; véase, asimismo, SILVA CENCIO, Jorge A., *Servicio público y concesión de servicios públicos*, Montevideo, 1980, ps. 15 y ss.

de Derecho Público, destinada a regir las actividades de prestación tendientes a satisfacer necesidades de interés general que asumió el Estado y que éste pasó a prestar, a partir del siglo pasado, en forma directa o indirecta. Fue esta una tendencia estatizadora, en especial nacionalizadora, que incluso llegó hasta las Islas Británicas[423].

El concepto de servicio público ha sido objeto de trascendentes debates doctrinarios. Incluso se ha señalado la existencia de una profunda crisis institucional en dicha noción, la cual, sin embargo, subsiste en la mayor parte de Europa Occidental[424], si bien con un perfil propio: hoy, en la Comunidad Europea existen las denominadas *obligaciones del servicio público*[425], pero, es claro, ello no implica que haya ingresado, en ese ámbito, la noción de servicio público.

En cuanto a su significado, es dable señalar que, desde aquellos autores vinculados a la Escuela de Burdeos que llegaron a propiciar que "toda" la actividad estatal debía ser considerada servicio público (Duguit, Jèze, Bonnard, entre otros), hasta quienes, en el otro extremo, propusieron suprimir radicalmente el concepto[426], han sido numerosos los criterios doctrinarios elaborados para caracterizar el servicio público.

El servicio público, ateniéndonos a una concepción objetiva que se basa en la naturaleza material de la actividad, se circunscribe, a una parte de la actividad administrativa del Estado[427] quien puede, a su vez, encomendar, conceder o atribuir el ejercicio de los correspondientes cometidos a los particulares, ya fuera a través de la

---

[423] Ampliar en NEWBERY, David M., "Rate of return regulation versus price regulation for public utilities", en NEWMAN, Peter (ed.), *The New Palgrave Dictionary of Economics and the Law*, vol. 3, Macmillan, Londres, 1998, ps. 206/209, esp. p. 206.

[424] Debe, en este punto, diferenciarse la noción continental de servicio público (*service public*) sobre la cual nos estamos explayando, y la expresión anglosajona *public service*, que alude a todo beneficio o utilidad provista al público o a porciones de éste, con fondos públicos, conf. THE PRIME MINISTER'S OFFICE OF PUBLIC SERVICES REFORM, *The Government's Policy on Inspection of Public Services*, Londres, julio 2003, p. 18.

[425] La Directiva 2002-39-CE del Parlamento y del Consejo, del 10/6/2002, para el ámbito de los servicios postales; y la Directiva 2003-54-CE del Parlamento y del Consejo, del 26/6/2003, sobre las nuevas reglas comunes del mercado interior de electricidad y revocación de la Directiva 96-92-CE, que contiene precisiones en cuanto a las denominadas *obligaciones de servicio público*.

[426] DE CORAIL, Jean Louis, *La crise de la notion juridique de service public en droit administratif français*, LGDJ, París, 1953, ps. 1 y ss.; en nuestro país: GORDILLO, Agustín, *Tratado de Derecho Administrativo*, 1ª ed., t. II, Macchi, Buenos Aires, 1975, ps. 12/14.

[427] Concepción que, sin embargo, no se observa en materia contractual en aquellos países, como Francia, que han montado la noción de contrato administrativo, en razón del objeto, sobre la base de un concepto amplísimo de servicio público que equivale, en los hechos, a la propia función administrativa. Sin embargo, ello no desbarata la noción técnica estricta pues aquella concepción extensiva sólo tiene sentido como cláusula general determinante de la naturaleza del contrato y de la competencia jurisdiccional para resolver las controversias que se suscitan con motivo de la celebración, ejecución, modificación o extinción de los contratos administrativos.

figura de la concesión, o por otros medios jurídicos como la gestión concertada, el permiso, entre otras figuras[428].

Esa actividad – el servicio público– , cuando es prestada por un particular, se encuentra regida por un régimen que es el común de la función administrativa, instituido para asegurar la continuidad, igualdad, regularidad y obligatoriedad de las prestaciones que satisfacen primordiales necesidades públicas. Al mismo tiempo, el particular que presta el servicio público, no obstante ser –en estos casos– un colaborador de la Administración Pública, se halla sujeto a las potestades de ésta; en especial, se halla sujeto a la fiscalización o control de la actividad que presta, sin perjuicio de lo cual también suele recibir, por alguna de las técnicas de transferencia (siempre que la función sea delegable o transferible por su naturaleza), determinados poderes públicos que pertenecen *jure propio* a la Administración[429].

La adopción de un criterio técnico jurídico para caracterizar la noción de servicio público implica que éste se traduce en una actividad distinta de la regida por el Derecho Privado y, por lo tanto, extraña a la esfera de libertad o franquía individual, importando la declaración como pública de una determinada función (*publicatio*)[430] lo cual determina, a partir de ese momento, que el ejercicio de la correspondiente actividad es servicio público y pasa a ser regulada por el Derecho Administrativo. Tal criterio supone desechar la noción subjetiva u orgánica ya que no hay interdicción alguna de principio para que los particulares presten materialmente los servicios públicos, no sólo a título propio sino como colaboradores de la Administración Pública, o bien, *jure propio* en aquellas actividades cuya titularidad les pertenece (como son los llamados servicios públicos impropios: taxis y farmacias).

El requisito de la existencia de ley (formal y material) como presupuesto *sine qua non* de la configuración del servicio público[431], puede surgir en forma expresa o tácita, lo cual no implica postular la tesis de la omnipotencia legislativa[432]. Es que si se atribuye calidad de servicio público a una actividad que no puede revestir tal

---

[428] MAIORANO, Jorge L., "Algunas reflexiones acerca de la noción de servicio público", RADA, nro. 14, Plus Ultra, Buenos Aires, 1976.

[429] La Procuración del Tesoro de la Nación ha dicho que "la concesión de un servicio público importa atribuir a una persona de Derecho Privado una función que es propia del Estado y, a fin de asegurar el funcionamiento del servicio y otorgar una cierta estabilidad económica a su prestación, el concesionario se subroga a los poderes públicos en un conjunto de potestades y privilegios" (Dictámenes 112:177).

[430] Véase CUÉTARA, Juan M. de la, *La actividad de la Administración. Lecciones de Derecho Administrativo*, Tecnos, Madrid, 1983, ps. 169/170. Diferenciando, en el campo de los servicios públicos, *publicatio* propia y *publicatio* impropia, véase COMADIRA, Julio R., "El Derecho Administrativo como régimen exorbitante en el servicio público", en AA.VV., *Servicio público, policía y fomento*, Jornadas organizadas por la Universidad Austral, Facultad de Derecho, Ediciones Rap, Buenos Aires, 2005, ps. 17/47, esp. p. 33.

[431] CANASI, José, *Derecho Administrativo*, t. II, Depalma, Buenos Aires, 1972, p. 12.

[432] En similar sentido, mas con criterio restrictivo, BIANCHI, Alberto B., "Una noción restringida del servicio público (Apuntes para su cuarta etapa)", en *REDA*, nro. 53, Depalma-LexisNexis, Buenos Aires, 2005: "[N]o puede dejarse librado a la ley, en forma discrecional, la fijación de una noción tan importante. Por ello, es necesario fijar de antemano algunos límites sobre el concepto, para que luego el legislador califique como servicio público solamente aquellas actividades que entran dentro de tales límites".

condición, nada obstará a la facultad que poseen los jueces para desconocer su configuración mediante la interpretación del ordenamiento positivo[433] y de los principios generales del Derecho Administrativo. La declaración legislativa resulta también imprescindible para que se configure un servicio público impropio por las razones que más adelante se exponen.

A su vez, la circunstancia de decidir que una determinada actividad constituye un servicio público propio significa encuadrarlo en el ámbito del Derecho Administrativo – en armonía con lo sostenido por la Corte Suprema de Justicia de la Nación[434]– , cuya titularidad[435], a partir de la *publicatio*, pasa al Estado, no pudiendo los particulares ejercerlo *jure propio*. Esa titularidad no implica que el Estado actúa a título de dueño sino como titular de la regulación del servicio público que constituye, en algunos sistemas como el nuestro actualmente, una actividad de gestión privada y sólo subsidiariamente estatal[436].

Excepcionalmente, el Estado podrá actuar a título de dueño cuando, conforme al ordenamiento o al respectivo contrato, proceda la extinción de la concesión o licencia y deba sustituir al prestador a fin de mantener la continuidad del servicio público. En el supuesto del Correo Argentino, actual Correo Oficial de la República Argentina SA[437], se halla en debate esa conformidad.

---

[433]   Conf. OYHANARTE, Julio, *La expropiación y los servicios públicos*, Perrot, Buenos Aires, 1957, p. 55: "La presencia o la ausencia del servicio público depende por entero de una decisión legal, *lato sensu*, que puede ser expresa o tácita. Cuando es expresa, por supuesto el texto de la ley suprime las dificultades interpretativas. Incluso debe tenerse en cuenta que si una ley positiva erróneamente atribuye de modo expreso el carácter de servicio público a determinada actividad, pese a que, en principio, no cabría discutir tal calificación legal, la realidad prevalecerá tarde o temprano sobre la decisión del legislador".

[434]   Ha sostenido la Corte Suprema que el contrato de concesión de servicio público está regido por el Derecho Administrativo, en "Meridiano SCA v. Administración General de Puertos", Fallos 301:292 (1979).

[435]   En Perú la doctrina ha sostenido, con buen criterio, que la titularidad del servicio público pertenece al Estado quien debe garantizar las prestaciones y sus caracteres básicos (continuidad, regularidad e igualdad); véase al respecto LINARES, Mario, *El control estatal*, Grijley, Lima, 2002, p. 29.

[436]   La doctrina ha criticado el concepto de titularidad: MAIRAL, Héctor A., "La ideología del servicio público", *REDA*, nro. 14, Depalma, Buenos Aires, 1993, ps. 359/437, esp. ps. 404 y ss. En realidad, lo que resulta criticable es el régimen jurídico o bien, las consecuencias que se pretenden extraer de dicha titularidad. En tal sentido, quizás sea más conveniente utilizar, en el futuro, el concepto de *declaración legislativa* que refleja mejor lo que significa la *publicatio*, esto es, el sometimiento de una determinada actividad al régimen del servicio público.

[437]   En oportunidad de la privatización, la Empresa Nacional de Correos y Telégrafos SA (Correo Argentino) fue concedida por 30 años a Correo Argentino SA (dec. 262/1997); posteriormente, por dec. 1075/2003 se rescindió el contrato de concesión y luego de una reorganzación, se formó la sociedad Correo Oficial de la República Argentina SA (CORASA), cuyas acciones son propiedad del Estado nacional (dec. 721/2004).

2. LA LLAMADA CRISIS DE LA NOCIÓN JURÍDICA DE SERVICIO PÚBLICO

Hace algún tiempo comenzó a hablarse – particularmente en Francia– de una crisis de la noción jurídica de servicio público[438], crisis que se suponía reflejada en los tres elementos que componen el concepto tradicional de esta institución, a saber: el fin que el servicio cumple, la persona que lo presta y el régimen que lo regula[439].

Es evidente que el servicio público, como toda institución jurídica, sufre las transformaciones impuestas por el momento histórico en que le toca desenvolverse. En ese proceso, que varía según los distintos países, las instituciones albergan siempre una especie de dialéctica interna, signada por la realidad política, social y económica, que las lleva a transformarse, adaptarse o desaparecer temporalmente (esto último por la pérdida de vigencia o utilidad para la sociedad y el Estado). Pero lo que resulta claro es que la institución jurídica nunca se mantiene incólume frente a las transformaciones pues, al depender de la realidad, no puede sobrevivir sin adaptarse a ésta[440].

Un buen ejemplo de ese proceso de adaptación de las transformaciones operadas en el curso de este siglo es la teoría del servicio público cuya noción jurídica tradicional ha ido ampliándose en diferentes direcciones para satisfacer las necesidades primordiales del hombre. Por esa causa, más que de una crisis del concepto cabe hablar de una evolución[441] que viene a plantear nuevos problemas, tales como el deslinde de otras actividades de prestación (actividades de interés público) pero cuya titularidad originaria privada torna suficiente la recurrencia a las técnicas de la policía para fiscalizar dichas actividades, sin perjuicio de la existencia de principios comunes.

Por de pronto, no puede hablarse de crisis del fin que persigue el servicio ya que éste – por más que se limite a la satisfacción de las necesidades primordiales colectivas– será siempre un elemento susceptible de ampliación o restricción a la luz de los requerimientos de cada momento histórico[442], o incluso a los diversos requerimientos geográficos (no es tan primordial contar con gas en invierno en Misiones que contar con gas en invierno en Tierra del Fuego), objetivos (una gran cantidad de agua se puede requerir tanto para abastecer una institución hospitalaria como para llenar una piscina), o de otra índole.

En lo que concierne a la persona que atiende el servicio público, el hecho de que se admita – por vía de hipótesis– que las actividades sean prestadas por particu-

---

[438]   DE CORAIL, Jean Louis, *La crise...*, *cit.*, ps. 1 y ss.

[439]   GARCÍA OVIEDO, Carlos, *Derecho Administrativo*, t. I, Madrid, 1955, p. 262.

[440]   Sin embargo, en muchas ocasiones una institución jurídica vuelve a tener vigencia por fruto de la realidad que recrea las condiciones en que aquélla se desenvolvía.

[441]   MARIENHOFF, Miguel S., *Tratado de Derecho Administrativo*, 4ª ed. act., t. II, Abeledo-Perrot, Buenos Aires, 1993, p. 59.

[442]   No creemos, sin embargo, que el fin sea un elemento subjetivo y contingente que no sirva para caracterizar al servicio público en un plano teórico estable como apunta Gordillo (GORDILLO, Agustín, *Derecho Administrativo*, *cit.*, t. II, p. XIII-10). Por lo demás, la mutación más o menos periódica o eventual de las necesidades no modifica el ingrediente teleológico de la concepción objetiva.

lares *jure proprio* – como los taxis– fuera del campo de las figuras tradicionales de transferencia de funciones estatales (concesiones, por autonomasia) implica, a lo sumo, una ampliación de la institución, lo cual, por lo demás, nació para regular la actividad de concesionarios privados a quienes se les transferían poderes públicos imponiéndoles, como contrapartida, un haz de deberes, obligaciones y cargas típicos de la función administrativa, pero que, desde entonces, pasaron a constituir el régimen del servicio público (continuidad, regularidad, igualdad y obligatoriedad).

Por último, menos aun puede suponerse una quiebra de la noción jurídica tradicional de servicio público en lo que atañe al régimen jurídico de Derecho Público que acompaña a dicha noción. En efecto, la circunstancia de que el Estado haya asumido la realización de actividades industriales o comerciales bajo regímenes de Derecho Privado no permite inferir que en esas funciones se esté prestando un servicio público: si la respectiva actividad se sujeta a las reglas propias de los negocios privados, ello constituye la demostración más cabal de que las correspondientes actividades civiles o comerciales resultan incompatibles con el régimen administrativo del servicio público. En definitiva, lo que hay que destacar en este proceso, es el hecho de haberse operado la extensión de la institución a ciertas actividades que los particulares ejercen *jure proprio*, calificadas por la ley como servicios públicos y sometidas a su régimen jurídico.

3. SERVICIO PÚBLICO Y MONOPOLIO

Se argumentó, con anterioridad a las privatizaciones de la década del '90, que la idea de monopolio es la que mejor explica la existencia de un régimen jurídico, de servicio público, que se desenvuelve en un marco donde no se admite la libre competencia[443].

Esta tesis, que intentó definir el servicio público por un dato ajeno a su naturaleza, pareció prescindir de su régimen jurídico: es posible que existan actividades sometidas a dicho régimen que se lleven a cabo en forma competitiva[444]. Ello, independientemente de que tal competencia resulte eficiente o ineficiente.

Puede decirse que hoy la institución de monopolios, sin límites y sin control estatal, en materia de los llamados servicios públicos, industriales o comerciales, contradice abiertamente el principio de subsidiariedad que legitima la gestión y, al propio tiempo, desemboca en un sistema de un alto costo social ya que las formas monopólicas de prestación de estos servicios públicos generan una ineficiencia natural que llega a resistir hasta los cambios tecnológicos, la racionalización del servicio y la selección del personal.

Empero, ello no implica, empero, que por estrictas razones económicas, y por tiempo determinado, se otorgue, en oportunidad de la privatización, y en pos del éxito de ésta, la *exclusividad* bajo un criterio de universalidad (por ej., sobre un

---

[443] GORDILLO, Agustín, *Estudios de Derecho Administrativo*, Perrot, Buenos Aires, 1963, ps. 41 y ss.

[444] Así acontece en realidad con numerosos servicios públicos tanto en nuestro país como en el extranjero (*v.gr.*, entre nosotros el transporte colectivo en la ciudad de Buenos Aires y el autotransporte de mediana y larga distancia).

sistema de gasoductos) o zonal (por ej., en determinadas provincias), y ello surge hoy de las condiciones básicas de las licencias de transporte y distribución de gas natural[445]. Estas exclusividades, adquiridas contractualmente integrantes del derecho de propiedad del prestador, pueden ser apreciadas desde la perspectiva de los monopolios legales permitidos – sin perjuicio de los controles– por el art. 42, CN.

También bajo el art. 42, CN, podrán concebirse servicios públicos que deben ser prestados bajo un régimen de *monopolio natural*. Sin embargo, en este caso, dada la justificación económica que subsume esa modalidad monopólica – resultaría ineficiente o antieconómica desde el punto de vista del usuario la coexistencia de diversas redes yuxtapuestas, en competencia, para proveer un mismo servicio[446]– la existencia de prestación bajo monopolio natural nada explica respecto de la existencia del régimen jurídico del servicio público. Así, la expresión monopolio natural califica al modo en que la red está organizada económicamente para beneficio de los usuarios, y la expresión servicio público califica jurídicamente al servicio o utilidad prestado mediante esa red.

4. LA CONFIGURACIÓN DE UN CONCEPTO SOBRE EL SERVICIO PÚBLICO

La coincidencia, en determinadas circunstancias históricas, del criterio orgánico o funcional (es servicio público el prestado por el Estado) con el material u objetivo[447] (es servicio público el que ostenta ciertos caracteres) contribuyó a que pasaran inadvertidas las dificultades técnicas que plantea su conceptualización jurídica. Apenas éstas surgieron, a raíz de la extensión del concepto original, se propiciaron diversas concepciones tendientes a brindar una definición comprensiva del fenómeno que se intentaba captar[448].

No se advirtió, empero, que debe diferenciarse la base objetiva de la institución – aun con las caracterizaciones inherentes a su régimen jurídico tanto de fondo como de forma– por un lado, y la posibilidad de una aplicación extensiva de su régimen a ciertas actividades que no constituyen servicios públicos (*v.gr.*, colegios profesionales) en el plano material, asignadas a personas jurídicas no estatales, por el otro. La aparición de este fenómeno conlleva la necesidad de adaptar las ideas sobre las que reposaba la noción tradicional y, aun cuando no se llega a trastocar el concepto material del servicio público, es evidente que este proceso conduce al descu-

---

[445] Dec. 2255/1992, y sus anexos.

[446] Ampliar en KAHN, Alfred E., *The economics of regulation. Principles and institutions*, vol. I, The MIT Press, Cambridge Massachusetts, p. 11; OGUS, Anthony I., *Regulation. Legal form and economic theory*, Clarendon Press, Oxford, 1994, ps. 320 y ss.

[447] Señala Vedel que "el servicio público se puede definir de dos formas: de una manera orgánica o formal o de una manera material. En su sentido orgánico o formal, el servicio público se caracteriza por una cierta organización, se trata de una empresa regida por la Administración. La definición material se refiere a la naturaleza de la actividad, considerada independientemente de la organización mediante la cual se ejerce la misma. Se definirá el servicio público como la actividad que tiende a satisfacer una necesidad de interés general" (VEDEL, Georges, *Droit Administratif*, 4ª ed., Presses Universitaires de France, París, 1968, p. 683).

[448] Véase: GARRIDO FALLA, Fernando, *Tratado de Derecho Administrativo*, 9ª ed., t. II, Centro de Estudios Constitucionales, Madrid, 1985, ps. 365 y ss.

122

brimiento de nuevos matices y caracteres distintivos respecto de actividades a cargo de particulares que, si bien revisten un indudable interés general, no llegan a constituir verdaderos servicios públicos[449].

La idea objetiva del servicio público, postulada por un calificado sector de nuestra doctrina[450], se combina con dos aspectos complementarios que permiten configurar el llamado servicio público propio, a saber: a) la declaración legislativa de que una actividad de prestación configura un servicio público (*publicatio*), y b) las notas que perfilan los caracteres de su régimen jurídico (regularidad, continuidad, igualdad, obligatoriedad y prerrogativas de poder público). En rigor, todo servicio público – ya sea propio o impropio– consiste en una prestación obligatoria y concreta[451], de naturaleza económico-social, que satisface una necesidad básica y directa del habitante (correos, transportes, electricidad, etc.)[452].

De lo expuesto se sigue, en primer término, que la noción de servicio público propio se limita a los que presta el Estado directa o indirectamente – ya sea por concesión o atribución legislativa (*v.gr.*, las sociedades del Estado)– sin que influya la forma jurídica que posea la entidad prestataria.

En segundo lugar, hay que advertir que, ante la insuficiencia de la iniciativa privada, el Estado suele realizar también – en concurrencia con los particulares- actividades de interés público, de titularidad privada (por ejemplo: enseñanza y salud pública). En tal caso, aparece una virtual coincidencia entre el régimen del servicio público propio y el que corresponde a las actividades de interés público que lleva a cabo el Estado ya que, en ambos supuestos, se aplica el régimen común y propio de la función administrativa.

En definitiva, la reducción del concepto del servicio público[453] a la prestación individualizada[454] de actividades tendientes a satisfacer necesidades primordiales y

---

[449] La explicación doctrinaria de este proceso expansivo se operó sin advertir que los aspectos inherentes a la titularidad o asunción estatal del servicio público (*publicatio*), y ciertos caracteres jurídicos propios de éste (v.gr., obligatoriedad) no se hallan presentes en las actividades de interés público que desarrollan personas privadas.

[450] Seguida, en general, por nuestra doctrina: MARIENHOFF, Miguel S., *Tratado...*, *cit.*, t. II, ps. 21 y ss.; DIEZ, Manuel M. - HUTCHINSON, Tomás (colab.), *Manual de Derecho Administrativo*, t. II, Plus Ultra, Buenos Aires, 1980, ps. 16 y ss.

[451] LINARES, Juan F., *Derecho Administrativo*, Astrea, Buenos Aires, 1986, ps. 510/511. Enfatiza la obligatoriedad MAIRAL, Héctor A., "La ideología...", *cit.*, ps. 359/437. Del carácter obligatorio de la prestación derivan importantes consecuencias jurídicas tanto en punto al derecho de los usuarios a reclamar el cumplimiento efectivo del servicio como en lo que respecta a su exigibilidad por parte de la Administración Pública cuando las prestaciones se encuentran a cargo de personas privadas y, al importar una restricción al principio de la libertad, la noción de servicio público debe ser excepcional.

[452] La concepción objetiva no ha sido aceptada por Laubadère para quien no existen servicios públicos por naturaleza sino criterios subjetivos que emanan de la intención de los gobernantes (LAUBADÈRE, André de, *Traité de Droit Administratif*, t. I, LGDJ, París, 1970, nros. 997 y ss., p. 547), lo que ha merecido la crítica de la doctrina (VEDEL, Georges, *Derecho Administrativo*, trad. de la 6ª ed. francesa, Aguilar, Madrid, 1980).

[453] La noción restringida del servicio público ha sido postulada por la jurisprudencia de la Cámara Comercial – sala 3ª– en el caso "Inversor SCPA", LL 1980-D-558, con nota de FARGOSI, Horacio P., "La posición dominante en el contrato. Nuevamente sobre la activi-

directas de los habitantes cuya titularidad el Estado asume como propias implica separar aquellas actividades de interés público que los particulares pueden ejercer *jure propio*, en concurrencia o no con la Administración Pública, habida cuenta de que éstas pueden regularse mediante las técnicas de policía o limitación. Lo contrario implicaría forzar un régimen como el que tipifica al servicio público, que prevé mecanismos de acceso, intervención y control que resultan notoriamente distintos e inaplicables a las actividades particulares (*v.gr.*, la igualdad de acceso a la enseñanza privada).

En lo que concierne a la utilidad de la noción de servicio público, si bien no presenta el interés que tiene en el derecho francés como delimitador de la competencia de los tribunales administrativos[455] y pieza central de la definición del contrato administrativo[456], ella implica en Argentina, aun para el concepto restringido que se ha adoptado, la aplicación del régimen jurídico peculiar y específico del servicio público a determinadas actividades que prestan el Estado o los particulares[457].

5. ACERCA DE LOS SERVICIOS PÚBLICOS IMPROPIOS. LAS ACTIVIDADES DE INTERÉS PÚBLICO. LOS LLAMADOS SERVICIOS SOCIALES

Se ha dicho que la importancia del debate producido alrededor de la noción de servicio público se advierte en la revisión total operada en las categorías del Derecho Administrativo para encuadrar en la nueva realidad[458].

Como esta realidad se apoya en elementos históricos evolutivos, de cada país, no hay realmente una fórmula universal en cuanto a los cometidos que configuran

---

dad bancaria como servicio público", LL 1980-D-558/571, sosteniendo que la actividad bancaria no configura un servicio público sino una mera actividad de interés general.

[454] Apunta Linares que "...el servicio público debe consistir en prestaciones específicas y determinadas. Aunque reconocemos que la cuestión es opinable nos decidimos a excluir del concepto los servicios *uti universi* es decir los de defensa, seguridad y otros indeterminados frente a muchos destinatarios. De lo contrario, toda función pública sería servicio público, debido al hecho de que el administrado tenga derecho a recibir beneficio y que se las tenga que cumplir con respeto a la regla de igualdad y en forma regular" (LINARES, Juan F., *Derecho Administrativo, cit.*, p. 511).

[455] Sin embargo, el criterio del servicio público como delimitador de la competencia de la justicia federal en lo contencioso administrativo de la Capital Federal, ha sido postulado aun respecto de aquellos servicios públicos de utilización facultativa para atribuir dicha competencia en el juzgamiento de las cuestiones que se planteen en torno a ellos, sosteniéndose que "aun cuando se admita que el vínculo entre el usuario y la empresa es contractual ello no implica excluir el sometimiento del primero al *status* reglamentario fijado por la Administración, cuya facultad de modificar dicho *status* no queda afectada por la conclusión del contrato" (C. Nac. Fed., en pleno, 4/12/1975, "Uriburu de Aldao, María C. v. Entel", LL 1976-A-357/358).

[456] LAUBADÈRE, André de, *Traité théorique et pratique des contrats administratifs*, t. I, LGDJ, París, 1956, ps. 59 y ss.

[457] Acerca de la noción de servicio público en el derecho peruano véase: ZEGARRA VALDIVIA, Diego, "La noción de servicio público en el sistema jurídico peruano; una aproximación", en la obra *Derecho Administrativo*, Jurista Editores, Lima, 2004, p. 544.

[458] VIDAL PERDOMO, Jaime, *Derecho Administrativo general*, 2ª ed., Bogotá, 1966, p. 261.

124

servicios públicos. Mas ello no es óbice para acudir a las categorías fundamentales elaboradas por la doctrina y jurisprudencia comparadas, en la medida en que fueren compatibles con los principios y reglas (legales o jurisprudenciales) de nuestro Derecho Público.

En ese marco, la categoría del servicio público impropio permite excepcionalmente extender el régimen jurídico de dicha institución a determinadas actividades que prestan los particulares que constituyen un servicio virtual[459] u objetivo.

Lo curioso es que el servicio público impropio[460] no aparece como una excepción al principio de la titularidad privada de la pertinente actividad sino como una mera extensión del régimen jurídico del servicio público propio, cuya fuerza expansiva no llega, sin embargo, a producir una verdadera *publicatio*. Por ese motivo, el servicio público impropio existe sólo por extensión, al faltarle una de sus notas centrales[461], situación que conduce a prescindir del sistema de la concesión o permiso como presupuesto del otorgamiento del derecho a ejercerlo, para sustituirlo por la autorización.

Del carácter excepcional que particulariza a esta figura se desprende la necesidad de que exista declaración legislativa que establezca que una determinada actividad, de titularidad originaria privada, se convierta en servicio público y pase a regirse por su régimen jurídico, especialmente en lo que atañe a las reglas, a las que deberá ceñirse la pertinente actividad, que exigen una prestación obligatoria, regular, igualitaria y continua del servicio por parte de los particulares.

El Estado puede asumir también la realización de actividades de interés público de titularidad privada como son la enseñanza[462] y la actividad bancaria[463] entre otras,

---

[459] Véase: VEDEL, Georges, *Droit Administratif, cit.*, ps. 645 y ss.

[460] Véase: MAIORANO, Jorge L., "Algunas reflexiones...", *cit.*, ps. 15 y ss.

[461] En la Argentina existen actividades que configuran servicios públicos impropios, como el servicio de taxis. Un concepto más amplio de servicio público impropio es sostenido por Marienhoff incluyendo algunas actividades como el expendio de pan, carne y leche (MARIENHOFF, Miguel S., *Tratado..., cit.*, t. II, ps. 39/40) que para nosotros constituyen actividades privadas que el Estado puede reglamentar en ejercicio del poder de policía.

[462] Conf. ESTRADA, Juan Ramón de, "Enseñanza privada y servicio público", ED 119-955, esp. ps. 964/967, y BARRA, Rodolfo C., "Hacia una interpretación restrictiva del concepto jurídico de servicio público", LL 1983-B-363.

Resulta ilustrativo detenerse en la res. 480/2001 ex MTEyFRH, del 28/8/2001, cuyos considerandos expresan que "el Estado nacional tiene la obligación de cumplir con el mandato constitucional de garantizar educación para todos y ofrecer condiciones para cumplir con la obligatoriedad escolar de diez años", y que "la educación es un servicio público cuyo cumplimiento debe ser asegurado, regulado y controlado por el Estado", resolviéndose "calificar como servicio esencial a la educación en el período de la escolaridad obligatoria – último año de la Educación Inicial y la Educación General Básica– , en virtud de su importancia y trascendencia" (art. 1°).

[463] Conf. MANZANEDO MATEOS, José Antonio - HERNANDO, J. - GÓMEZ REINO, E., *Curso de Derecho Administrativo Económico (ensayo de una sistematización)*, Instituto de Estudios de Administración Local, Madrid, 1970, p. 485; FARGOSI, Horacio P., "La actividad financiera privada ¿Servicio público impropio?", en *Estudios en homenaje a Isaac Halperin*, RDCO, Depalma, Buenos Aires, 1978, p. 739. En contra: LABANCA, Jorge, "Activi-

pero, en tal caso, si bien el régimen de tales actividades puede ser, en algunas circunstancias, el régimen que es propio de la función administrativa, ello no provoca una mutación o extensión del régimen jurídico del servicio público, cuando las actividades son prestadas por los particulares. De ese modo, no rigiendo la obligatoriedad, se mantiene el principio de la libertad, el cual prevalece también sobre la regla de la igualdad que veda el acceso a la prestación en condiciones discriminatorias, principio que configura un verdadero derecho subjetivo de admisión, reservado al particular que realiza la prestación[464].

Tratándose de actividades de titularidad privada originaria, el derecho a ejercerlas por parte de los particulares es pleno, lo que no significa, sin embargo, que sea absoluto ya que los derechos deben ejercerse conforme a las leyes que los reglamentan (art. 14, CN), teniendo en cuenta, además, que reglamentar un derecho no es degradarlo ni suprimirlo o limitarlo irrazonablemente, sino hacerlo compatible con el derecho de los demás, y en este caso, con el interés general o público[465].

En cambio, la realización de servicios públicos – lo cual está dentro de la finalidad[466] que asume el Estado a través de la *publicatio* (cuando son propios o en el caso de los llamados impropios, mediante la respectiva declaración legal)– supone siempre la observancia de reglas que implican la obligatoriedad de la prestación con preeminencia de la igualdad sobre la libertad, lo que se justifica en virtud del carácter primordial que reviste la atención de determinadas necesidades colectivas.

Los servicios públicos propios se distinguen también de los llamados servicios sociales que presta el Estado en áreas tales como la cultura, salud pública, previsión social, cuya gestión suele encomendarse a órganos o entes administrativos, sin perseguirse fines de lucro. Esta actuación estatal, para la realización de prestaciones que no poseen contenido económico para los usuarios de los mismos, no implica reemplazar ni sustituir la iniciativa privada que, respecto de estas actividades, continúa regida por el principio de la libertad, sin perjuicio de lo cual – cuando la actividad la lleva a cabo el Estado– se aplican los principios y normas propios de la función administrativa[467].

---

dad bancaria como servicio público y autorización para funcionar como banco", JA 1967-VI-811, secc. Doctrina.

[464] La jurisprudencia – en el caso "Fundación San Martín de Tours"– ha considerado que los colegios privados no se encuentran obligados a aceptar a todos los aspirantes a ingresar e hizo lugar a una acción de amparo tendiente a anular la intervención dispuesta por el Ministerio en el registro de inscripciones (conf. C. Nac. Cont. Adm. Fed., sala 4ª, 15/9/1981, LL 1982-B-364, con nota de Barra). Esta solución puede ser confrontada con la del caso del Colegio Nacional Montserrat, dependiente de la Universidad de Córdoba, que, en virtud de una ordenanza del Consejo Superior de dicha Universidad, se transformó en un establecimiento de educación mixta; conf. "González de Delgado, Cristina y otros v. Universidad Nacional de Córdoba", Fallos 323:2659 (2000).

[465] "Ercolano, Agustín v. Lanteri Renshaw, Julieta", Fallos 136:161 (1922).

[466] FRANCO SOBRINHO, Manoel de Oliveira, *Os serviços de utilidade pública*, Curitiba, 1940, p. 9.

[467] Ver: DIEZ, Manuel M. - HUTCHINSON, Tomás (colab.), *Manual...*, *cit.*, p. 13, considera que los servicios asistenciales son servicios públicos porque constituyen prestaciones que

En definitiva, salvo que se configure la *publicatio*, tales actividades no son de titularidad estatal ni su otorgamiento se rige por las técnicas de la concesión de servicios públicos[468] ni del permiso.

6. EL ACTO DE CREACIÓN DEL SERVICIO PÚBLICO

La cuestión inherente al acto de creación del servicio ha sido motivo de diferentes posturas doctrinales que parten de la posición de sostener que el servicio público debe ser creado siempre por ley del Congreso (por tratarse, en definitiva, de la limitación a los derechos de propiedad y libertad de los particulares)[469] hasta sustentar la tesis de que, salvo la erección en monopolio o el otorgamiento de privilegios (que pertenecen a la competencia específica y privativa del Parlamento, conforme al art. 75, inc. 18, CN) en los demás supuestos, la creación del servicio público corresponde a la competencia del Ejecutivo[470].

Por de pronto, hay que advertir que esta cuestión interpretativa se suscita en aquellos países – como el nuestro– donde no existe una cláusula genérica expresa en el ordenamiento constitucional, tal como sí ocurría en Francia, antes de la sanción de la Constitución de 1958[471], según se señaló al comienzo de este capítulo.

De acuerdo con el criterio que venimos siguiendo hasta aquí, y ante la ausencia de normas expresas en la Constitución, creemos que el acto de creación del servicio público debe ser llevado a cabo mediante una ley del respectivo parlamento (nacional o provincial) pues, aun haciendo abstracción de los aspectos presupuestarios que forzosamente precisan de la aprobación legislativa, hay una serie de razones que afirman esta interpretación.

La primera razón obedece a la naturaleza de ley en sentido material que posee la norma que declara que una determinada actividad constituye un servicio público.

La segunda razón, radica en que si el objeto del servicio público se halla constituido por prestaciones de naturaleza económica que, por principio, corresponden a la actividad de los particulares (art. 14, CN) la asunción legal por el Estado de su titularidad – instituyendo un servicio público propio– (*publicatio*) requiere el dictado de una ley formal y material, porque impone una de las máximas restricciones a la propiedad y libertad, que en algunos casos resulta equivalente a una expropiación (cuando el servicio se encuentra prestado por particulares) que requiere ley declarativa de utilidad pública.

---

tienden a satisfacer necesidades de carácter general, conclusión que no compartimos por las razones que damos en el texto.

[468] Conf. DIEZ, Manuel M. - HUTCHINSON, Tomás (colab.), *Manual...*, *cit.*, t. II, p. 13.

[469] SAYAGUÉS LASO, Enrique, *Tratado de Derecho Administrativo*, t. I, Talleres Gráficos Barreiro, Montevideo, 1963, p. 67.

[470] Conf. MARIENHOFF, Miguel S., *Tratado...*, *cit.*, t. II, ps. 91/97, quien apunta que "dicha creación constituye uno de los tantos supuestos en que se manifiesta la actividad 'administrativa' del Estado, cuya gestión hállase constitucionalmente a cargo del Poder Ejecutivo (art. 86, inc. 1º, CN [actual art. 99, inc. 1º]) integrando entonces, la 'Zona de reserva de la Administración'" (*cit.*, ps. 96/97).

[471] VEDEL, Georges - DELVOLVE, Pierre, *Droit Administratif*, 9ª ed. actual. por Jean-Claude Venezia y Yves Gaudemet, Presses Universitaires de France, París, 1984, p. 1099.

En tercer lugar, la admisión del servicio público impropio exige una declaración legislativa, en atención a que la norma que sujete una determinada actividad de titularidad privada al régimen del servicio público implica transformar una actividad esencialmente libre en una actividad reglamentada o regulada por el Estado, donde el principio de libertad sufre importantes amputaciones al imponerse a los particulares la obligación de prestar el servicio, en forma igualitaria a toda la población o a un sector de ella. Debe ponerse de resalto que estos caracteres del régimen del servicio público – obligatoriedad e igualdad– junto a la exigencia de una prestación continua o intermitente – por una necesidad pública intensa– no aparecen exigidos en las llamadas actividades de interés público que desarrollan los particulares, sin perjuicio de la potestad estatal para reglamentar esas actividades mediante el poder de policía.

7. COMPETENCIA NACIONAL, PROVINCIAL O MUNICIPAL PARA CREAR EL SERVICIO PÚBLICO

Sobre la competencia para crear servicios públicos hay que atenerse a lo que dispone, en primer término, el ordenamiento constitucional del Estado federal y, luego, acudir a las constituciones provinciales[472].

En la Constitución Nacional el principio es que, salvo las potestades que hubieran sido expresamente atribuidas a la Nación (*v.gr.*, art. 75, incs. 13, 14 y 18, CN) o las que surjan de un modo implícito (art. 75, inc. 32, CN), la competencia para crear servicios públicos corresponde a las provincias por tratarse de una atribución inherente que ellas conservan (art. 121, CN). Sin embargo, la creación de servicios públicos corresponderá a la competencia federal o nacional, cuando se trate de las potestades incluidas en los distintos incisos del art. 75, CN (*v.gr.*, servicio de correos, ferrocarriles, transporte interprovincial, etc.).

La competencia de los municipios para crear servicios públicos se circunscribe a su ámbito de actuación territorial y siendo un poder que no es originario sino derivado tendrá que surgir de la Constitución provincial o de la correspondiente ley orgánica municipal.

8. EL PODER REGLAMENTARIO EN LOS SERVICIOS PÚBLICOS

En general, el acto de creación del servicio, máxime cuando se trata de los servicios públicos impropios, suele contener algunas prescripciones inherentes a las reglas generales y principios a los que el servicio habrá de sujetarse.

En otros casos, ello no ocurre así, planteándose entonces el problema de interpretar si la determinación de las reglas que hacen a la llamada organización del servicio público es una actividad que cae bajo la competencia del Congreso o del Poder Ejecutivo. Al respecto, creemos que, sin perjuicio de las potestades reglamentarias que posee el órgano Ejecutivo – conforme a la Constitución, la jurisprudencia y la

---

[472] Sobre las regulación de los servicios públicos, a la luz de las diversas jurisdicciones, ampliar en PERRINO, Pablo E., "Distribución de competencias entre el Estado Federal, las provincias y los municipios para la regulación de los servicios públicos", REDA, vol. 14, Depalma - LexisNexis, Buenos Aires, 2002, ps. 37/51.

128

doctrina– para emitir reglamentos ejecutivos, autónomos, delegados y de necesidad y urgencia, el dictado de las normas inherentes a la organización del servicio público corresponderá a la competencia del órgano legislativo cuando ello implique limitar o restringir la propiedad privada y las libertades fundamentales (libertad individual y libertad de comercio o de industria)[473].

9. MODIFICACIÓN Y SUPRESIÓN DE LOS SERVICIOS PÚBLICOS

La potestad de modificar las reglas generales organizatorias de los servicios públicos pertenece al órgano del cual emanaron tales reglas. El mismo principio se aplica cuando se modifiquen las normas que conciernen a la creación del servicio público[474].

En lo que atañe a la supresión del servicio público, rige también el principio del paralelismo de las formas y de las competencias, requiriéndose siempre de una ley formal, a menos que la creación del servicio público hubiera sido dispuesta por reglamento delegado[475].

10. RÉGIMEN JURÍDICO: REGLAS GENERALES RELATIVAS AL FUNCIONAMIENTO DE LOS SERVICIOS PÚBLICOS

Las necesidades colectivas que se satisfacen por el procedimiento del servicio público y que justifican la *publicatio* o, en su caso, la declaración legislativa de una determinada actividad que desarrollan los particulares como "servicio público impropio", conducen a la institución de un régimen jurídico peculiar, que no es otra cosa que un aspecto del llamado "régimen exorbitante" o típico del Derecho Administrativo, constituido por una serie de prerrogativas, obligaciones y garantías[476]. Cuando el servicio público se encuentra prestado por el propio Estado en forma directa, ese régimen es parte de la función administrativa, aun cuando dentro de ésta posee caracteres específicos que lo tipifican y lo distinguen de otras formas de ac-

---

[473] Conf. VILLEGAS BASAVILBASO, Benjamín, *Derecho Administrativo*, t. III, TEA, Buenos Aires, 1951, p. 159.

[474] DIEZ, Manuel M. - HUTCHINSON, Tomás (colab.), *Manual...*, *cit.*, p. 3.

[475] MARIENHOFF, Miguel S., *Tratado...*, *cit.*, t. II, ps. 105/106, acepta, en cambio, la posibilidad de que los servicios públicos sean suprimidos por simples hechos, tesis que es consecuencia de su posición doctrinaria en cuanto admite que pueda haber servicios públicos por naturaleza, con independencia de la declaración legislativa. Nosotros creemos que, si el servicio público propio requiere siempre la *publicatio* y, el impropio, de una declaración legislativa, por las razones que hemos expuesto, no es posible aceptar servicios públicos por naturaleza máxime cuando el régimen de todo servicio público implica limitaciones y restricciones a los derechos de propiedad y libertad.

[476] En sentido similar: BENOIT, Francis P., *Le Droit Administratif français*, Dalloz, París, 1968, ps. 775/777. La doctrina de nuestro país considera que estas reglas y principios constituyen los caracteres del servicio público: BIELSA, Rafael, *Derecho Administrativo*, 3ª ed., t. I, Imprenta de la Universidad del Litoral, Santa Fe, 1937, p. 118; MARIENHOFF, Miguel S., *Tratado...*, *cit.*, t. III, p. 56; GORDILLO, Agustín, *Estudios...*, *cit.*, p. 35, mencionando como tales a la continuidad, regularidad, igualdad y generalidad.

Algunos autores incluyen, con razón, también a la obligatoriedad (Sayagués Laso y Marienhoff), lo que tiene trascendencia en punto al derecho del usuario para reclamar la prestación.

ción de la Administración Pública (*v.gr.*, policía). Lo peculiar es aquí la extensión del régimen administrativo del servicio a los particulares que prestan un servicio público (*v.gr.*, servicio de taxis o de transporte colectivo).

Importa advertir también que, en virtud de que las reglas generales que rigen el funcionamiento de los servicios públicos no se encuentran muchas veces legisladas de un modo expreso, el régimen jurídico se configura igualmente sobre la base de determinados principios generales del derecho[477], como el de la continuidad del servicio público, el cual se desprende de la naturaleza de la propia actividad que hay que satisfacer de un modo intermitente.

Tales reglas hacen a principios que son, básicamente cuatro y se refieren a la continuidad, la regularidad, la igualdad y la obligatoriedad de la prestación de la respectiva actividad. En cuanto a la llamada uniformidad ella no es otra cosa que una faceta de igualdad. A su vez, no creemos que la generalidad deba ser ni sea un principio en esta materia, toda vez que cabe admitir la prestación de servicios parciales en determinados lugares sin lesión a la igualdad.

Veamos, en lo que sigue, algunos de esos principios fundamentales:

A) El principio de la continuidad del servicio público. El problema de las huelgas en los servicios esenciales

Si la causa que legitima la existencia de un servicio público es una necesidad colectiva de tal entidad que no puede satisfacerse de otra manera que mediante la técnica de esta institución, el modo de asegurar que la prestación se haga efectiva es, precisamente, la regla de la continuidad. Según este principio, el servicio público ha de prestarse sin interrupciones. Sin embargo, ello no implica, en todos los supuestos, la continuidad física de la actividad pues sólo se requiere que sea prestada cada vez que aparezca la necesidad (*v.gr.*, servicio público de extinción de incendios).

La continuidad del servicio público se protege por dos medios, a saber:

a) por la posibilidad de que la Administración proceda a la ejecución directa del servicio cuando éste sea prestado por particulares, y b) por la reglamentación del derecho de huelga en los servicios públicos[478] sobre la base de que, en principio, la huelga se encuentra limitada por las leyes que reglamentan el ejercicio de los derechos[479] al igual que los paros patronales. En este sentido, tanto el ordenamiento positivo de Argentina como el de otros países han instituido el arbitraje obligatorio como

477 Ver: CASSAGNE, Juan Carlos, *Los principios generales del derecho en el derecho administrativo*, Abeledo-Perrot, Buenos Aires, 1988, p. 91, y DIEZ, Manuel M., *Derecho Administrativo*, 1ª ed., t. III, Bibliográfica Omeba, Buenos Aires, 1967, p. 207.

478 Ver y ampliar en CASSAGNE, Juan Carlos, "La reglamentación del derecho de huelga en los servicios esenciales", ED 139-865/872.

479 MARIENHOFF, Miguel S., *Tratado...*, *cit.*, t. II, ps. 66 y ss. En tal sentido, la interpretación razonable del art. 14 bis, CN, no implica consagrar el derecho de huelga de un modo absoluto pudiendo la ley reglamentar su procedencia limitándola a fin de no afectar el funcionamiento de los servicios públicos.

130

un modo de solucionar los conflictos colectivos que puedan ocasionar la suspensión, paralización y negación de los servicios públicos esenciales[480].

Es sabido que el reconocimiento del derecho de huelga, producido en este siglo, es obra del constitucionalismo social que lo ha incorporado en muchas constituciones modernas[481]. De ese modo, la huelga, de ser un hecho, por lo común antijurídico, pasó a convertirse en un derecho de jerarquía constitucional o, al menos, legal en aquellos países, como los Estados Unidos[482], que no lo han incorporado a su carta constitucional. En rigor, esta última debió haber sido también la orientación de nuestro derecho positivo si hubiera seguido fiel al modelo adoptado, pero los constituyentes que aprobaron la reforma constitucional de 1957 lo incorporaron a la Constitución Nacional, en el agregado que efectuaron al art. 14, como un derecho garantizado a los gremios[483]. Su inserción en el citado artículo constituye un verdadero injerto y ha venido a plantear una honda problemática jurídica (aún no resuelta totalmente en nuestro país) ya que el *status* constitucional del derecho de huelga aparece en colisión directa con los derechos fundamentales consagrados en la Constitución produciendo una importante fractura en el sistema de garantías, al que le resta la vigencia y operatividad.

Toda huelga afecta no solamente los derechos de los patrones o empresarios – las llamadas libertades económicas y el derecho de propiedad– sino también la libertad de trabajo de los dependientes (derechos todos cuya efectividad la Constitución reconoce y garantiza en los arts. 14, 17, 19 y 28). Pero, además, y esto es lo que no ha sabido verse con claridad hasta hace poco tiempo, la huelga daña profundamente el tejido social, careciendo de sentido considerarla bajo la óptica de una rela-

---

[480] El arbitraje obligatorio fue instituido por dec. 8946/1962, derogado por la ley 16.936, y finalmente restablecido a través de la ley 20.638. A su vez, la ley 17.183 faculta a las autoridades a sancionar a los agentes que prestan servicios públicos que recurran a medidas de fuerza. Sobre la ineficacia de la actual legislación para garantizar la continuidad de los servicios públicos: Véase MARTÍNEZ VIVOT, Julio J., "La huelga de los empleados públicos y en los servicios públicos", en *Derecho del Trabajo*, t. XLIV-B, La Ley, Buenos Aires, 1984, nro. 12, ps. 1755/1773.

[481] V.gr., en la Constitución de España de 1978 (art. 28.1); en la italiana de 1948 (art. 39); también en el Preámbulo de la Constitución francesa de 1946 (declarado vigente por la Constitución de 1958) y en la Ley Fundamental de Bonn de 1949 (art. 9.3).

[482] Especialmente, a partir de la Ley Taft de 1947 y de la Ley Landrum-Graffith de 1959. Al fundamentar esta última la Comisión Redactora del proyecto de ley precisó: "El objetivo de la política del Estado en esta área es fácilmente explicable. Fue muy importante legalizar el poder sindical como contraparte de las poderosas corporaciones industriales. Es importante mantener la organización sindical fuerte. Pero la creación de instituciones investidas de poder suficiente para cumplir sus objetivos, también crea el peligro de que esas instituciones puedan erróneamente ir más lejos de sus objetivos o puedan ser usadas en beneficio de quienes las dirigen, en lugar de ser utilizadas en beneficio de aquellos a quienes se busca proteger. La política del Estado debe ser minimizar ese riesgo sin despojar a los sindicatos de la posibilidad de cumplir sus verdaderas funciones" (COX, A., *Law and National Labor Policy*, t. II, Universidad de California, 1960).

[483] Conf. SAGÜÉS, Néstor P., "El constitucionalismo social", en VAZQUEZ VIALARD, Antonio (dir.), *Tratado de Derecho del Trabajo*, t. II, Astrea, Buenos Aires, 1982, cap. VI, ps. 828/829; en contra BIDART CAMPOS, Germán J., "La titularidad del derecho de huelga en la Constitución Argentina", ED 114-815.

ción interprivada, porque tanto su extensión como sus objetivos y formas de ejecución rebasan la perspectiva particular de las relaciones entre empresarios y trabajadores, para ingresar decididamente en el ámbito de lo público.

Esta calidad pública que posee la huelga se refleja con mayor intensidad cuando se trata de la prestación de servicios esenciales para la población ya que si el trabajo humano goza – en el plano de los valores– de prelación sobre los demás factores económicos[484] el Estado no puede tolerar, sin agravio a la justicia, que grupos, sectores o corporaciones abusen de su poder para impedir el trabajo que otros necesitan realizar para subsistir y mejorar sus condiciones de vida. En ese plano, las huelgas perjudican, directa o indirectamente, a todos los habitantes en su condición de proveedores, usuarios, consumidores, etc., impedidos de trasladarse de un lugar a otro, comunicarse con un semejante o atenderse en un establecimiento sanitario, para citar algunos de los ejemplos más reiterados. Esa mirada sobre la faceta pública de la huelga nos muestra la profunda desproporción que existe entre el sacrificio de unos y otros, entre los beneficios individuales o corporativos y los de la sociedad en su conjunto, poniendo en evidencia los graves daños económicos y sociales que provoca un conflicto colectivo, máxime cuando interrumpe la continuidad de los servicios públicos.

Lo que se halla en juego entonces es la privación del bien común cuya protección está confiada a los gobernantes. Por eso, en la naturaleza del derecho de huelga ha de verse la de un derecho secundario cuyo ejercicio no implica el ejercicio de una facultad normal derivada de una auténtica y primaria libertad. No configura, pues, un derecho fundamental ya que no podría concebirse la existencia de un derecho pleno para frustrar las libertades esenciales de las personas. ¿Cuál es entonces la real naturaleza de este derecho? La clave de su sustancia jurídica, evidentemente, consiste en concebir a la huelga como un derecho de excepción, un remedio extremo[485] cuyo fundamento radica en el estado de necesidad que sufren los trabajadores o empleados. Su legitimidad no es de principio sino que irrumpe en el plano del derecho como un instituto jurídico de carácter excepcional.

El ejercicio del derecho de huelga se deberá encontrar, entonces, siempre condicionado o limitado por el bien común que debe marcar, a través de la legislación, la línea divisoria entre su legítimo ejercicio y el abuso del derecho. Este punto de vista ha sido sostenido, reiteradamente, en las Encíclicas papales, donde se ha sentado la doctrina de que cuando alcanza a servicios esenciales la continuidad de éstos ha de asegurarse mediante reglamentaciones adecuadas, ya que si el abuso de la huelga conduce a la paralización de toda la vida socio-económica esto resulta contrario al bien común de la sociedad, de cuya naturaleza participa el trabajo mismo[486].

El ordenamiento debe prever tanto la interdicción de las formas irregulares que puede asumir un conflicto colectivo de trabajo y un procedimiento de prevención que encauce la huelga de los servicios esenciales, así como un sistema de prestacio-

---

[484] La primacía ha sido remarcada por la Doctrina Social de la Iglesia (*Gaudium et Spes*, cap. III, secc. II, parágrafo 67).

[485] Esta naturaleza resulta atribuida por la Doctrina Social de la Iglesia (*Gaudium et Spes*, cap. III, secc. II, parágrafo 68 *in fine*).

[486] *Laborem Exercens*, párr. 20 in fine.

132

nes mínimas para la prestación de los servicios esenciales y un régimen sancionatorio, extensivo a los gremios, que garantice contra el abuso en el ejercicio del derecho
de huelga y la alteración de la continuidad de los servicios.

Es por ello que la ley 25.877, del año 2004, establece, en su art. 24, que cuando
por un conflicto de trabajo alguna de las partes decidiera la adopción de medidas
legítimas de acción directa que involucren actividades que puedan ser consideradas
servicios esenciales, deberá garantizar la prestación de servicios mínimos para evitar
su interrupción, considerándose esenciales los servicios sanitarios y hospitalarios, la
producción y distribución de agua potable, energía eléctrica y gas y el control del
tráfico aéreo. Asimismo, dicha ley dispone que una actividad no comprendida en la
anterior enumeración podrá ser calificada excepcionalmente como servicio esencial,
por una comisión independiente, previa apertura del procedimiento de conciliación
previsto en la legislación cuando se den los siguientes supuestos: por un lado, cuando por la duración y extensión territorial de la interrupción de la actividad, la ejecución de la medida pudiere poner en peligro la vida, la seguridad o la salud de toda o
parte de la población; por el otro, cuando se tratare de un servicio público de importancia trascendental, conforme a los criterios de los organismos de control de la
Organización Internacional del Trabajo.

Debe ponerse de resalto, empero, la llamativa técnica legislativa adoptada, que
soslaya el principio de calificación legal previa de una actividad como servicio
público; así, la precitada norma excluye el transporte de gas declarado servicio
público por ley el art. 1° de la 24.076, e incluye, como servicios esenciales, actividades de interés público que no constituyen servicio público, tales como la producción
de gas[487] y la generación de energía eléctrica[488].

B) La regularidad del servicio público

Si bien para un sector de la doctrina la regularidad constituye una consecuencia
del principio de la continuidad del servicio público[489], lo cierto es que son dos reglas
diferentes.

En efecto, si la regularidad se refiere a la prestación del servicio de acuerdo con
las reglas que surgen del reglamento que rige el servicio o del contrato de concesión
(en su caso), bien puede ocurrir que dicha prestación se lleve a cabo de manera continua pero irregular. Por ese motivo, el llamado impropiamente "trabajo a reglamento" que practican determinados sindicatos (que consiste en una interpretación literal
o rigurosa de ciertas normas o en interpretarlas de mala fe) configura una afectación
del principio de la regularidad[490].

---

[487] Arg. art. 1°, ley 24.076.
[488] Art. 1°, ley 24.065.
[489] VEDEL, Georges - DELVOLVE, Pierre, *Droit Administratif, cit.*, p. 1110; CHAPUS, René, *Droit Administratif général*, 2ª ed., t. I, Montchrestien, París, 1986, p. 444.
[490] VILLEGAS BASAVILBASO, Benjamín, *Derecho Administrativo, cit.*, t. III, p. 61.

C) El principio de la igualdad

La igualdad, entre nosotros, se encuentra reconocida en el art. 16, CN, que prescribe que todos los habitantes son iguales ante la ley; sin embargo, vinculado con el principio general del derecho que constituye la base del citado precepto, dicha igualdad se extiende ante la Administración[491] y frente a los prestatarios del servicio público que al colaborar con la función administrativa se someten a su régimen exorbitante.

De ese modo, la igualdad juega como una garantía para los usuarios del servicio en el sentido del derecho que poseen a que se les dispense igual tratamiento, jurídico y económico, sin efectuar discriminaciones, a menos que éstas se funden en la desigual condición o situación en que objetivamente se encuentra cada usuario. La igualdad se refiere tanto al acceso al servicio como al precio o tasa que perciba el prestatario.

En general, la aplicación del principio de igualdad, que no presenta mayores inconvenientes cuando se trata de actividades regidas por un estatuto o reglamento, suele plantear algunos problemas cuando el vínculo, entre el usuario y quien presta el servicio, es de naturaleza contractual. En tales casos, la igualdad no debe considerarse conculcada cuando se pactan precios diferentes en función de la magnitud de las prestaciones, lo que suele ocurrir en el servicio de energía eléctrica[492], o cuando se asegura legalmente la prioridad en el suministro de gas no interrumpible a los usuarios residenciales[493].

D) La obligatoriedad

La configuración del régimen jurídico del servicio público quedaría desprovista de sentido si no se asegurara la prestación efectiva del mismo y la consecuente satisfacción de las necesidades colectivas. A ello tiende, precisamente, el principio de obligatoriedad que predica no sólo una vinculación entre el Estado y el prestatario (en los supuestos de los llamados servicios públicos impropios) sino el derecho de los usuarios que utilizan el servicio para reclamar ante quienes lo prestan (ya sea el Estado o los particulares) su realización efectiva[494].

La obligatoriedad ínsita en el régimen del servicio público, desde la perspectiva del derecho comparado, se halla unida al deber de prestar el servicio o *duty to serve* del derecho anglosajón que se impone a ciertas actividades de interés general. Por

---

[491] Ver: CASSAGNE, Juan Carlos, "La igualdad en la contratación administrativa", en *Cuestiones de Derecho Administrativo*, Abeledo-Perrot, Buenos Aires, 1987, p. 97.

[492] Esto ocurre, en general, en los llamados servicios públicos industriales o comerciales. En el caso del servicio público de electricidad, en Argentina al igual que en otros países, suelen pactarse condiciones especiales cuando se trata de empresas que consumen grandes cantidades de energía eléctrica, lo que no se ha considerado violatorio, en Francia, del principio de igualdad (véase: VEDEL, Georges - DELVOLVE, Pierre, *Droit Administratif, cit.*, p. 1113).

[493] Nro. 3 de las condiciones especiales servicio "residencial", Subanexo II - Reglamento del Servicio, del Anexo B - Licencia de Distribución, RBL aprobadas por dec. 2255/1992.

[494] Véase: VEDEL, Georges - DELVOLVE, Pierre, *Droit Administratif, cit.*, p. 1114, y entre nosotros: MARIENHOFF , Miguel S., *Tratado..., cit.*, t. II, ps. 81 y ss.; DIEZ , Manuel M. - HUTCHINSON, Tomás (colab.), *Manual..., cit.*, t. II, p. 23.

134

último, la doctrina ha llegado a considerar a la obligatoriedad como "factor definitorio" a los fines de caracterizar a una actividad como servicio público[495].

Sección 2ª

LA GESTIÓN DE LOS SERVICIOS PÚBLICOS Y LAS RELACIONES JURÍDICAS QUE VINCULAN A LOS USUARIOS

1. NACIONALIZACIÓN DE LOS SERVICIOS PÚBLICOS. REMISIÓN

Hemos analizado, con anterioridad lo atinente al llamado proceso de nacionalizaciones[496], la mayor parte de las cuales se han producido en el campo de los servicios públicos, a través de la asunción por el Estado de la explotación económica de las respectivas actividades en forma directa, instituyendo, al propio tiempo, diversos monopolios legales.

2. SISTEMAS DE GESTIÓN DE LOS SERVICIOS PÚBLICOS

La problemática de la gestión de los servicios públicos gira en torno de los servicios públicos propios ya que los llamados impropios tienen, prácticamente, un sólo régimen jurídico y funcionan mediante el empleo de la técnica autorizatoria.

Sin entrar a las debatidas cuestiones de naturaleza política y económica que rodean el análisis de los sistemas de prestación, las diferentes formas de gestión de los servicios públicos propios, interesan fundamentalmente al Derecho Administrativo por tres razones, a saber: a) la condición jurídica del prestatario; b) las relaciones entre los prestatarios particulares y el Estado (en los supuestos de gestión indirecta) y c) el posicionamiento de los usuarios, y su protección atemporal.

No ha de olvidarse tampoco que, conforme al principio de la subsidiariedad, existe una regla general que determina que la prestación de los servicios públicos debe ser efectuada por los particulares, justificándose la asunción de la gestión directa por el Estado solamente cuando la iniciativa privada revele desinterés, insuficiencia o ineficacia. Es este un verdadero principio general del derecho[497]. Sobre esa base, una vez que se haya operado la *publicatio*, que implica la asunción – o, en su caso, reasunción[498]– de la titularidad del servicio por parte del Estado, éste puede organizar alguno de los siguientes sistemas de prestación:

---

[495]   MAIRAL, Héctor A., "La ideología...", *cit.*, ps. 359/437, esp. p. 434.

[496]   CASSAGNE, Juan Carlos, *Derecho Administrativo*, 3ª ed., t. I, Abeledo-Perrot, Buenos Aires, 1991, ps. 302 y ss.

[497]   Véase: CASSAGNE, Juan Carlos, *Los principios...*, *cit.*, p. 91.

[498]   Véase, por ej., el dec. 1261/2004, de reasunción estatal de la prestación de un servicio interurbano de transporte ferroviario de pasajeros de largo recorrido, interjurisdiccional.

A) Gestión directa

En nuestro ordenamiento, este tipo de gestión comprende distintas formas jurídicas pues el servicio público puede prestarse mediante alguno de estos modos: 1) empresa sin personalidad jurídica propia; 2) persona pública estatal o entidad descentralizada, incluidas las empresas del Estado regidas por la ley 13.653 y complementarias; 3) sociedad del Estado; 4) sociedad anónima de participación mayoritaria estatal; 5) sociedad de economía mixta o sociedad anónima común (cuando el Estado tuviera la mayoría del capital de la entidad)[499].

B) Gestión indirecta

Se produce cuando el Estado, sin relegar sus potestades ni renunciar a su titularidad le encomienda a un particular, por lo común dotado de organización empresaria, la prestación de un servicio público. Aquí también son varias las formas que puede asumir esta clase de gestión, que, en lo sustancial, abarcan el contrato de concesión de servicio público y la licencia[500]. De ellas nos ocuparemos al estudiar el régimen de los contratos y demás figuras afines cuyo objeto es la prestación de servicios públicos.

Por excepción, puede darse también la gestión indirecta en la llamada colaboración que realizan los particulares en forma paralela, por participación o por injerencia[501].

---

[499] En caso contrario, si en la sociedad de economía mixta prevaleciera el capital privado la gestión sería indirecta. Algunos autores (Garrido Falla) consideran que, en tales supuestos, hay que suponer la existencia de una gestión mixta pero nos parece que, si bien esta clasificación puede tener virtualidad en materia económica y societaria, ella no plantea diferencias jurídicas fundamentales dentro de las formas de gestión (véase: GARRIDO FALLA, Fernando, *Tratado de Derecho Administrativo*, t. II, Centro de Estudios Constitucionales, Madrid, 1980, ps. 411 y ss.).

[500] La doctrina incluye también entre las formas de gestión indirecta a la actividad de las cooperativas que, generalmente, revisten la condición jurídica de concesionarias de servicios públicos. Las cooperativas integradas por particulares son personas jurídicas privadas; véase: CARELLO, Luis A., "Las cooperativas de servicios públicos. ¿Personas públicas o personas privadas?", JA 1987-III-756/762. En el mismo sentido, CASSAGNE, Juan Carlos, "La condición jurídica de las cooperativas prestatarias de servicios públicos", ED 122-981/984.

[501] Esta clasificación proviene de Hauriou, véase al respecto: MARIENHOFF, Miguel S., *Tratado...*, *cit.*, t. II, ps. 196/198. La colaboración por actividad paralela supone que el Estado permite a los particulares la realización de determinadas actividades en concurrencia con la gestión directa, dato este que no se da en la colaboración por participación, que puede ser voluntaria (como la concesión) o forzosa (la carga pública). La colaboración por injerencia revela la realización de prestaciones de servicios públicos que favorecen a la Administración y que los particulares llevan a cabo sin título legal ni acuerdo con la Administración. La doctrina está conteste en aplicar aquí los principios de la gestión de negocios o del enriquecimiento sin causa (conf. MARIENHOFF, Miguel S., *Tratado...*, *cit.*, t. II, p. 193).

3. NATURALEZA DE LAS RELACIONES JURÍDICAS ENTRE LOS USUARIOS Y LAS ENTIDADES PRESTATARIAS DEL SERVICIO

La situación jurídica del usuario del servicio público ha sido y es aun todavía materia de controversias, habiéndose sostenido dos tesis contrapuestas. Así, mientras la concepción privatista caracteriza a la relación que une al usuario con quien presta el servicio como un contrato de Derecho Privado la corriente publicista, considera que tales vinculaciones pertenecen siempre al Derecho Administrativo, en virtud de la situación estatutaria, reglamentaria o legal que rige el servicio[502].

En rigor, no es posible deslindar genéricamente, para todos los supuestos, la situación jurídica del usuario, cuya caracterización dependerá de los elementos que sean propios de cada relación jurídica. De este modo, la naturaleza pública estatal de la entidad prestataria unida a la presencia de un régimen exorbitante (en los servicios públicos se instrumenta en la ley o reglamento) indican que la relación pertenece al Derecho Público (pudiendo ser tanto contractual como reglamentaria).

A su vez, la relación entre un concesionario privado de servicios públicos y el usuario se rige, en principio, por el Derecho Privado, sin perjuicio de que corresponda al Derecho Administrativo todo lo atinente a la reglamentación del servicio.

4. LA ADMISIÓN DE LOS PARTICULARES AL SERVICIO PÚBLICO

El derecho a ser admitido como usuario de un servicio público es corolario del principio de igualdad[503] según el cual, la correspondiente prestación debe garantizarse a todos los habitantes que se encuentren en condiciones iguales o semejantes. De ahí que sea posible establecer requisitos generales o especiales de admisión, de carácter subjetivo u objetivo, a condición de que ellos no sean discriminatorios.

El derecho de admisión existente en ciertos sectores (*v.gr.*, bancos y enseñanza privada) demuestra hasta qué punto ellos no configuran servicios públicos sino actividades de interés público, sometidas a una reglamentación más intensa que las meras actividades privadas, en razón de que también satisfacen necesidades colectivas, aun cuando no se encuentran alcanzadas por el régimen propio del servicio público, no obstante la marcada injerencia que pueda tener, en esas relaciones, el Derecho Administrativo.

Al conseguir la admisión al servicio, el particular pasa a ser titular de un verdadero derecho subjetivo a la prestación[504], cuya exigibilidad puede pretender ante la Administración o la Justicia, según la clase de relación que lo vincule al prestatario y a tenor de las normas o cláusulas específicas y concretas de cada servicio.

---

[502] Una síntesis de estas concepciones en: GARRIDO FALLA, Fernando, *Tratado...*, *cit.*, t. II, ps. 426/431.

[503] GARCÍA DE ENTERRÍA, Eduardo - FERNÁNDEZ, Tomás R., *Curso de Derecho Administrativo*, 2ª ed., Civitas, Madrid, 1975-1981, p. 70, se inclinan por el respeto al principio de igualdad cuando el particular accede a un servicio público.

[504] DIEZ, Manuel M. - HUTCHINSON, Tomás (colab.), *Manual...*, *cit.*, t. II, p. 41, recuerda que algunas leyes nacionales consagraron en su momento, el derecho de los usuarios a la prestación de los servicios públicos, como las leyes 750, 816 y 2873.

5. RETRIBUCIÓN DE LOS SERVICIOS PÚBLICOS

Sin dejar de reconocer la posible existencia de actividades administrativas que satisfacen necesidades colectivas cuya remuneración no se encuentra a cargo de las personas directamente beneficiadas (aun cuando, en todo caso, ellas resulten solventadas a través de impuestos que se imponen sobre los contribuyentes), el principio en la materia consiste en que todo servicio público sea retribuido por los usuarios a través de una tasa, precio o contribución de mejoras[505].

Y si bien algunas de dichas figuras jurídicas son estudiadas principalmente por el derecho financiero o tributario, en cuanto se trata de las relaciones que nacen del poder tributario del Estado, no puede desconocerse la íntima conexión que existe con el derecho administrativo en punto a determinados principios que deben regir las tarifas[506] de los servicios públicos.

6. FIJACIÓN DE LAS TARIFAS: NATURALEZA JURÍDICA DEL ACTO

La determinación de los precios y tasas que los usuarios deben abonar como contrapartida de las prestaciones que reciben al utilizar los servicios públicos no configura un reglamento administrativo[507] habida cuenta de que el respectivo acto no integra el ordenamiento jurídico, es decir, no prescribe reglas de Derecho.

Sin embargo, tampoco constituye un acto administrativo concreto creador de situaciones jurídicas subjetivas, toda vez que constituye la base objetiva y general, en cuyo marco se desenvuelven diversos actos singulares, sometidos, por regla general, a las regulaciones del Derecho Privado.

Por este motivo, salvo que el sistema tarifario hubiere sido pactado en el contrato de concesión o licencia, la naturaleza del acto de fijación de tarifas de los servi-

---

[505] La doctrina ha debatido el sentido y alcance de estos conceptos jurídicos. En rigor, la tasa se distingue del impuesto en que es la contraprestación de un servicio efectivamente prestado a un usuario concreto y determinado, mientras que la diferencia entre la tasa y el precio reposa en la naturaleza obligatoria de la relación con el prestatario, lo que origina una situación legal o reglamentaria (v.gr., servicio público de alumbrado, barrido y limpieza), a contrario de lo que ocurre con el precio, donde aquella relación es convencional o contractual y el particular no está forzado a utilizar el servicio (v.gr., servicio público de transporte). A su vez, la contribución de mejoras es una figura tributaria conectada a la construcción de una obra pública (que no implica necesariamente un servicio) que provoca un aumento en el valor de las propiedades cercanas a dicha obra que, en principio, debe ser de beneficio local. Sobre estos conceptos véase MARIENHOFF, Miguel S., *Tratado...*, *cit.*, t. II, ps. 137 y ss.

[506] Las tarifas son listas de precios o de tasas, véase VILLEGAS BASAVILBASO, Benjamín, *Derecho Administrativo*, *cit.*, t. III, p. 178.

[507] Para Ariño Ortiz, "...las tarifas deben ser calificadas claramente como norma, esto es derecho objetivo, en cuanto constituyen la pauta, regla, escala de la que derivan derechos y deberes para los sujetos, siendo, por lo tanto, normas complementarias que integran y completan la regla jurídica" (conf. ARIÑO ORTIZ, Gaspar, *Las tarifas de los servicios públicos. Poder tarifario, poder de tasación, y control judicial*, Instituto García Oviedo, Sevilla, 1976, p. 124). En el mismo sentido: MEILÁN GIL, José Luis, *La distinción entre norma y acto administrativo*, Madrid, 1967, p. 50. Por las razones que damos en el texto consideramos que el acto de fijación de las tarifas no es un acto reglamentario sino un mero acto de alcance general.

cios públicos prestados en forma monopólica, en relación con los usuarios, es la propia de los actos de alcance general[508] que, aun cuando no integran el ordenamiento jurídico, se rigen en gran medida por los principios y normas aplicables a los reglamentos, *v.gr.*, publicidad, igualdad, irretroactividad, impugnabilidad[509], motivación[510].

Si los servicios se llevan a cabo en un marco de concurrencia donde su utilización resulta facultativa[511], los precios deben establecerse por vía contractual si prevalece el principio de libertad, o mediante una suerte de contrato de adhesión entre el usuario[512] y quien presta el servicio público.

7. LOS PRINCIPIOS DE PROPORCIONALIDAD E IRRETROACTIVIDAD DE LAS TARIFAS

Entre los principios a que, a modo de protección de los intereses de los usuarios, deben sujetarse las tarifas de servicios públicos (aparte de los que resultan de los caracteres de la institución, como el de igualdad) cabe mencionar a los principios de proporcionalidad e irretroactividad que constituyen principios generales del derecho administrativo, se hallen o no incorporados al ordenamiento positivo o a las cláusulas contractuales que rigen el respectivo servicio[513].

---

[508] En igual sentido, BIANCHI, Alberto B., *La regulación económica*, t. I, Ábaco, Buenos Aires, 2001, ps. 327/328; SACRISTÁN, Estela B., "Naturaleza jurídica de las tarifas. Sistemas tarifarios", en *Servicio público, policía y fomento*, jornadas organizadas por la Universidad Austral, Facultad de Derecho, Ediciones Rap, Buenos Aires, s/f, ps. 795/844, esp. ps. 796/797 y 841/843.

[509] Cabe señalar la complejidad de la materia tarifaria en punto a dicha impugnación. Ampliar en GARCÍA PULLÉS, Fernando R., *Tratado de lo contencioso-administrativo*, t. II, Hammurabi, Buenos Aires, 2004, ps. 586/594; IVANEGA, Miriam M., "Control judicial sobre las tarifas en los servicios públicos", en *Servicio público, policía y fomento*, Jornadas organizadas por la Universidad Austral, Facultad de Derecho, Ediciones Rap, Buenos Aires, 2005, ps. 845/863, esp. ps. 860/863.

[510] El recaudo de motivación deviene una exigencia de racionalidad, que facilita la eventual labor de revisión judicial. Ampliar en SACRISTÁN, Estela B., "La administración legisladora (y dos saludables recaudos)", en CASSAGNE, Juan Carlos (dir.), *Derecho Procesal Administrativo. Libro homenaje a Jesús González Pérez*, Hammurabi, Buenos Aires, 2004, ps. 391/437.

[511] Tal sería el caso del servicio básico telefónico, véase dec. 764/2000. Únicamente como excepción, si no existiera competencia efectiva en un determinado servicio en una determinada área, los prestadores deberán respetar las tarifas máximas; conf. arts. 11.5 y 11.6 del Anexo I del dec. 764/2000.

[512] Véase "Gregorio Gutiérrez v. Cía Hispano Americana de Electricidad", Fallos 158:268 (1930).

[513] Como tales, los principios de proporcionalidad e irretroactividad tienen mayor jerarquía que las normas positivas ya que aun cuando pudieran ser objeto de delimitación legislativa o reglamentaria, no se pueden degradar, suprimir ni transformar su esencia y sentido.

A) Principio de proporcionalidad

Tanto en la legislación como en la doctrina y jurisprudencia es de recibo el principio de proporcionalidad de las tarifas, pese a no encontrarse nominado en forma expresa en absolutamente todos los marcos regulatorios específicos. La proporcionalidad – que es una manifestación de la razonabilidad– constituye una garantía de raigambre constitucional innominada exigible, en definitiva, en virtud de lo prescripto en el art. 28, CN. De lo contrario, por vía del establecimiento de una tarifa desproporcionada se podrían conculcar ciertos derechos fundamentales de la persona que en nuestro ordenamiento constitucional tienen preeminencia, como son los derechos de propiedad y de libertad.

Este principio, que ha concentrado la atención de la doctrina[514] tal vez por constituir un concepto jurídico indeterminado, suele instrumentarse mediante la cláusula que prescribe que las tarifas han de ser "justas y razonables"[515]. Como principio se remonta al Medioevo según la literatura británica[516], y se halla consagrado, en nuestro país, en diversos marcos regulatorios sectoriales como los de transporte y distribución de energía eléctrica[517] y transporte y distribución de gas natural[518].

---

[514] Ampliar en MAIRAL, Héctor A., "La determinación de las tarifas en la concesión de servicios públicos", RADA, nro. 2, Universidad del Museo Social Argentino, Buenos Aires, 1971, ps. 53 y ss., esp. p. 54; GRECCO, Carlos M., "Potestad tarifaria, control estatal y tutela del usuario (a propósito de la privatización de Entel)", REDA, nro. 5, Depalma, Buenos Aires, 1990, ps. 481 y ss.; GORDILLO, Agustín, *Tratado de Derecho Administrativo*, t. 2, 4ª ed., Fundación de Derecho Administrativo, Buenos Aires, 2000, p. VI-18 y ss.; BUDASSI, Iván F., "El control de razonabilidad en la doctrina de la Corte Suprema de Justicia de la Nación", *REDA*, nros. 21/23, Depalma, Buenos Aires, 1996, ps. 211 y ss., esp. ps. 219 y ss.; URRUTIGOITY, Javier, "Retribución en los servicios públicos", en AA.VV., *Los servicios públicos. Régimen jurídico actual*, Instituto de Estudios de Derecho Administrativo (IEDA), Depalma, Buenos Aires, 1994, ps. 89 y ss., esp. p. 111; BIANCHI, Alberto B., "La tarifa en los servicios públicos (Del Rate of Return al Price-Cap)", en *REDA*, nros. 27/29, Depalma, Buenos Aires, 1998, ps. 35 y ss., esp. p. 39; entre muchos otros.

[515] BIELSA, Rafael, *La locución justa y razonable en el derecho y la jurisprudencia*, Universidad, Rosario, 1942. Véase, asimismo, art. 2º, inc. d), ley 24.076.

[516] Conf. CRAIG, P. P., *Administrative Law*, 4ª ed., Sweet & Maxwell, Londres, 1999, p. 342. Véase SACRISTÁN, Estela B., "El concepto de tarifa justa y razonable", ED 189-14, esp. p. 15.

[517] Así, el art. 2º, ley 24.065, BO del 16/1/1992, ADLA LII-A-82 y ss., establece: "Fíjense los siguientes objetivos para la política nacional en materia de abastecimiento, transporte y distribución de electricidad (...) d) regular las actividades del transporte y la distribución de electricidad, asegurando que las tarifas que se apliquen a los servicios sean justas y razonables". Y el art. 40 de la misma ley prescribe: "Los servicios suministrados por los transportistas y distribuidores serán ofrecidos a tarifas justas y razonables, las que se ajustarán a los siguientes principios...". Véanse, asimismo, los incs. a), b) y d) del citado art. 40, así como los arts. 41, 44 y 48 de la citada ley; y el art. 48, dec. 1398/1992, BO del 11/8/1992, ADLA LII-C-3077 y ss.

[518] El art. 2º, ley 24.076, BO del 12/6/1992, ADLA LII-B-1583 y ss., establece: "Fíjense los siguientes objetivos para la regulación del transporte y distribución del gas natural. Los mismos serán ejecutados y controlados por el Ente Nacional Regulador del Gas que se crea por el art. 50 de la presente ley (...) d) Regular las actividades del transporte y la distribución de

140

En dicha fórmula, lo justo se refiere fundamentalmente a los aspectos jurídicos, es decir, al modo de aplicar las tarifas, mientras que lo razonable se vincula al *quantum* de las mismas[519]. En este sentido, tanto las tasas como los precios integrantes de aquéllas deben surgir de una ecuación equilibrada con el costo del servicio, al que cabe añadir una utilidad tasada y establecida también en forma proporcional, cuando el servicio es prestado por un concesionario o permisionario privado, sin perjuicio de la remuneración de la red por medio de la cual se pone a disposición el servicio[520].

La quiebra de este principio permite que el usuario particular afectado[521], verificados los clásicos requisitos formales y sustanciales de acceso a la jurisdicción[522], impugne en sede judicial la respectiva tarifa como acto de alcance general – como ya vimos– o su acto particular de aplicación.

B) La irretroactividad de las tarifas

Cuando la fijación de tarifas la realiza el Estado, la naturaleza jurídica de acto de alcance general que corresponde atribuir al acto de determinación da lugar a la aplicación del principio de irretroactividad que rige para las leyes, actualmente prescripto en el art. 3°, CCiv., después de la reforma introducida por la ley 17.711[523].

Esta norma, si bien admite la posibilidad de que la propia ley estatuya la retroactividad de sus disposiciones, prescribe también que "en ningún caso podrá afectar derechos amparados por garantías constitucionales".

La aplicación de una tarifa que imponga en forma retroactiva nuevos precios o tasas sería un acto inconstitucional por cuanto privaría a los usuarios de un derecho adquirido a pagar el valor de prestaciones ya efectuadas e incorporadas definitivamente a su patrimonio. En otras palabras, si se entiende que la tarifa remunera un servicio ya prestado – o que estaba a disposición– , la misma no podría ser retroactiva[524]. En tales supuestos, según lo tiene dicho la Corte Suprema de Justicia de la Nación, el principio de irretroactividad se confunde con la garantía de la inviolabilidad de la propiedad consagrada en el art. 17, CN.

---

gas natural, asegurando que las tarifas que se apliquen a los servicios sean justas y razonables de acuerdo con lo normado en la presente ley".

[519] En similar sentido, MAIRAL, Héctor A., "La determinación...", *cit.*, p. 54.
[520] "FF.CC. Oeste v. Obras Sanitarias", Fallos 170:233 (1933).
[521] Ampliar en IVANEGA, Miriam M., "Control judicial...", *cit.*, ps. 854/860, y los fallos allí citados.
[522] Véase nota 88.
[523] En este caso se opera tanto la aplicación analógica como la supletoria, ya que siendo similar la situación retroactiva que genera la ley y el mero acto de alcance general, el precepto contenido en el art. 3°, CCiv., se aplica en forma subsidiaria, por integrar la parte general o preliminar de dicho cuerpo normativo, de vigencia general para todas las ramas del Derecho.
[524] BIANCHI, Alberto B., *La regulación...*, *cit.*, t. I, p. 333.

En consecuencia, poco importa si se ha abonado o no la tasa o precio respecti-vo[525] por parte del usuario para cuestionar la irretroactividad de las tarifas ya que, tratándose de prestaciones consumadas o consumables respecto de personas deter-minadas, se configura siempre un verdadero derecho adquirido al pago del valor fijado al momento de realizarse o ponerse a disposición las prestaciones.

---

[525] En materia tributaria, con respecto a los llamados hechos imponibles instantáneos – que son aquellos que se originan o perfeccionan en determinado momento– se ha negado la posibili-dad de una aplicación retroactiva de la ley en tales supuestos, véase GARCÍA BELSUNCE, Horacio A., *Garantías constitucionales*, Depalma, Buenos Aires, 1984, p. 168, postura que compartimos.

CAPÍTULO II

LA ACTIVIDAD INTERVENTORA Y SU INCIDENCIA SOBRE LOS DERECHOS PRIVADOS

1. INTRODUCCIÓN

La metodología tradicional encaraba el capítulo de la dinámica del obrar estatal que aborda las limitaciones a los derechos privados dentro de la categoría denominada "poder de policía"[526], cuya noción y sentido actual vamos a tratar seguidamente, luego de una incursión previa sobre una serie de cuestiones que nos introducirán en la problemática central de la teoría de los actos de gravamen (como modernamente ha sido calificada dicha institución jurídica).

No se puede desconocer que la idea de un poder de policía rememora una figura preconstitucional que mantuvo vigencia en otras épocas históricas (el llamado Estado gendarme)[527] ni tampoco puede dejar de advertirse que, a partir de la instauración del Estado de Derecho, que provocó la limitación y el consiguiente condicionamiento del poder estatal, se operó una profunda evolución del concepto originario, que culminó despojado de aquel carácter preconstitucional y en cierto modo omnímodo.

Aun con el margen de penumbra que provoca el empleo de dicha noción, no creemos que – como se ha dicho– fuera de los textos legales (donde se requiere una mayor precisión) ella no pueda seguir utilizándose en la ciencia jurídica para referirse al tema de la limitación de los derechos privados, utilización que se justifica también por el empleo que de la expresión *police power* hace el derecho norteamericano, cuyas analogías con el nuestro son conocidas, específicamente en determinadas instituciones del Derecho Constitucional[528].

En realidad, el problema jurídico que aquí se suscita puede superarse en la medida en que se advierta que, aparte del análisis de las materias en que se manifiesta y justifica la intervención estatal, ésta se circunscribe al estudio de las diferentes técnicas de limitación de los derechos privados por razones de interés público pues, como es sabido, actualmente, no existe una delimitación estricta de aquellas mate-

---

[526] MARIENHOFF, Miguel S., *Tratado de Derecho Administrativo*, 6ª ed. act., t. IV, Abeledo-Perrot, Buenos Aires, 1997, nro. 1514, p. 528; FIORINI, Bartolomé A., *Derecho Administrativo*, 2ª ed. act., t. II, Abeledo-Perrot, Buenos Aires, 1976, p. 17.

[527] La crítica de la noción ha sido efectuada, en el ámbito de la doctrina nacional, por GORDILLO, Agustín, *Tratado de Derecho Administrativo*, 1ª ed., t. II, Macchi, Buenos Aires, 1975, cap. XII, ps. 3 y ss.

[528] LINARES, Juan F., *Derecho Administrativo*, Astrea, Buenos Aires, 1986, p. 424 apunta que "todo hombre de derecho sabe que cuando se habla del 'Poder de Policía' se menciona la parte de las atribuciones del Estado que limitan la libertad individual según ciertas valoraciones pragmáticas y valoraciones jurídicas de justicia como orden, seguridad, paz y poder".

rias que antaño restringían la intervención estatal a reducidos ámbitos (seguridad, salubridad y moralidad). De ese modo, un concepto que operaba como válvula de cierre del poder estatal aparece superado por la propia realidad que refleja la extensión de la potestad del Estado para establecer limitaciones a los derechos privados bajo nuevos títulos de intervención, aunque siempre con la finalidad de satisfacer una finalidad inherente al bien común.

Estas ideas no pretenden ignorar que la base de nuestro sistema constitucional en esta materia se asienta en el reconocimiento y subsistencia previa de los derechos de libertad, propiedad e igualdad que prescribe la Constitución a favor de todos los habitantes (arts. 14, 16 y 17, CN) y que las limitaciones a estos derechos no pueden superar el umbral de razonabilidad constitucionalmente prefijado (art. 28, CN) ni tampoco pueden incursionar en la esfera reservada a las acciones privadas de los hombres (art. 19, CN).

Es cierto que el exagerado y hasta en ocasiones abusivo intervencionismo sobre la actuación privada ha provocado no poco descrédito en la acción interventora del Estado, sobre todo cuando ella traba o suprime las iniciativas de los particulares y aquél asume y monopoliza actividades que éstos pueden llevar a cabo, transgrediendo notoriamente el principio de subsidiariedad.

Ha de señalarse, empero, que una defectuosa o injustificada intervención, muchas veces contraria al sistema que informa nuestra Constitución, no disminuye la necesidad de abordar el examen de las técnicas de limitación (en sentido amplio) de los derechos privados por causa de interés público, sistematizadas por el Derecho Administrativo de este siglo, cuya subsistencia (con los límites y garantías del caso) resulta fundamental, en determinadas ocasiones, para asegurar la plena compatibilidad entre el ejercicio de los derechos personales o individuales y el bien común, tal como lo demuestra la experiencia de lo acontecido en el derecho comparado.

Comenzaremos por abordar lo atinente a las limitaciones, en general, que conciernen al ejercicio de los derechos individuales para completar más adelante su temática con el estudio de otras formas de intervención tales como las delimitaciones al contenido de los derechos; la expropiación y otras figuras de sacrificio forzoso de derechos patrimoniales; las prestaciones forzosas; la imposición de deberes; las sanciones; y también las técnicas de ampliación o creación *ex novo* de derechos privados por el Derecho Administrativo que no configuran prestaciones de servicios públicos.

El estudio de todas estas situaciones excede el ámbito de la teoría general del acto administrativo, cuya formulación incluye, de un modo genérico, cualquier tipo de actos de esa categoría para penetrar en el plano del contenido especial de estos actos que adquieren existencia jurídica singular y separable en el momento en que se opera la incidencia de la Administración sobre los derechos de los administrados[529].

---

[529] Conf. GARCÍA DE ENTERRÍA, Eduardo - FERNÁNDEZ, Tomás R., *Curso de Derecho Administrativo*, 2ª ed., t. II, Civitas, Madrid, 1981, p. 94.

2. ORIGEN Y EVOLUCIÓN DEL CONCEPTO DE POLICÍA[530]

Como es sabido, el término "policía", proveniente de la voz latina *politia*, reconoce su origen en el concepto griego de la *politeia*. Circunscripto en sus comienzos a la constitución de la ciudad, se extendió más tarde a toda la actividad estatal, con la que llegó a identificarse[531].

Durante la Edad Media, la institución de la policía se hallaba referida al buen orden que debía imponer la autoridad pública temporal sobre la sociedad civil con exclusión del orden moral y religioso, cuya tutela se atribuía a la Iglesia.

Contrariamente a lo que algunos erróneamente suponen, la policía no era, entonces, un concepto absoluto e ilimitado. Antes bien, las medidas limitativas de los derechos particulares no debían contrariar (al menos en el terreno de los principios) las reglas de la justicia general o legal que sólo justificaban esa intervención por razones inherentes al bien de la comunidad. De otro modo, no podría concebirse el desarrollo alcanzado entonces por algunos cuerpos intermedios de la sociedad civil, la ausencia de controles públicos sobre estas actividades y la escasa burocracia existente en las ciudades.

A partir de la Edad Moderna, con el auge de las ideas del nominalismo y de las filosofías que continuaron esa corriente se produjo una sustancial mutación en los fines de los gobiernos sustituyéndose el bien común por la razón de Estado ejercida por un poder que se concebía soberano, absoluto e ilimitado. De allí en más, se operó el consecuente abandono de aquellas limitaciones establecidas al ejercicio del poder público por el derecho natural, comenzándose a imponer a los súbditos conductas sin base objetiva o legal, que tenían por sólo fundamento la voluntad del príncipe o funcionario. Es en este período en que comienzan a extenderse las regulaciones públicas de los diversos Estados sobre los particulares.

En el transcurso de ese proceso se desarrolló, especialmente en Alemania[532], el denominado *jus politiae*, impulsado por la Reforma, que precisó acudir al mecanismo de ese poder absoluto para justificar la extensión de las funciones del Estado y la secularización de importantes actividades de interés público que tenían a su cargo la Iglesia (particularmente la vinculada a la enseñanza y a la salud pública) y las comunidades intermedias.

Al operarse la sustitución de la soberanía absoluta del monarca por la del pueblo, esta concepción histórica llegó a su punto culminante con la Revolución Francesa, donde se generalizó la utilización de las técnicas de policía. Durante el ciclo revolucionario, pese a la Declaración de Derechos de 1789, los ciudadanos tenían en realidad muy pocas posibilidades de reclamar por la violación de sus derechos per-

---

[530] Véase, asimismo, LEGARRE, Santiago, *Poder de policía y moralidad pública. Fundamentos y aplicaciones*, Ábaco, Buenos Aires, 2004, caps. I a IV.

[531] VILLEGAS BASAVILBASO, Benjamín, *Derecho Administrativo*, t. V, TEA, Buenos Aires, 1954, p. 14, sentido etimológico que, como anotaba Bielsa, carecía de utilidad para desentrañar el que existía hace unos años, conf. BIELSA, Rafael, *Régimen jurídico de la policía*, La Ley, Buenos Aires, 1957, p. 10.

[532] FLEINER, Fritz, *Les principes généraux du Droit Administratif allemand*, trad. del alemán al francés de Ch. Einsenmann, Delegrave, París, 1933, p. 26.

sonales afectados por medidas de policía, a menos que se arriesgaran a comparecer ante los tribunales especiales, ya que los jueces ordinarios carecían entonces de toda potestad para juzgar los actos de la Administración.

Con el proceso de codificación, las limitaciones a los derechos privados se cristalizaron por algún tiempo. No poca influencia en ello tuvieron las concepciones que restringieron las funciones del Estado, en una verdadera vuelta de timón sobre las ideas dominantes durante el absolutismo y la propia Revolución.

En ese cuadro, aparece el Estado de Derecho como representación de un modelo ideal de régimen característico de los derechos individuales que instituye un principio fundamental, a partir del cual se edifica el andamiaje jurídico de la protección de los particulares. Este principio consiste en la instauración de la regla de la competencia objetiva derivada de ley expresa, como condición que habilita y legitima el ejercicio del poder del Estado para establecer limitaciones a los derechos privados.

Como resultado de esa evolución (que en Europa corrió paralela con la *publicatio* de numerosas actividades en el campo de la enseñanza y la salud) la policía, que inicialmente se limitaba a la seguridad, terminó por abarcar las limitaciones de derechos por razones de moralidad y salubridad.

Con todo, ese concepto clásico y fundamentalmente *limitado* (*narrow*) del poder de policía tuvo una *ampliación* de su contenido, por obra de la doctrina y jurisprudencia norteamericanas, al incorporar también la promoción del bienestar general (*broad and plenary*) cuya imprecisión sigue en pie, no obstante la labor, muchas veces clarificadora, que han efectuado los jueces. Esta concepción amplia sobre el "poder de policía", ha sido adoptada, en reiterados pronunciamientos, por nuestra Corte Suprema de Justicia de la Nación[533].

Lo cierto es que esta noción ampliatoria del contenido de la policía termina confundiéndose con el propio poder de legislación incluyendo la regulación de actividades que no son propiamente de limitación ni de gravamen sino de creación o ampliación de situaciones activas favorables, también encuadradas tradicionalmente bajo la categoría del fomento.

Al ceder los postulados políticos que apuntalaban la noción, la policía ya no aparece referida a la causa de los actos de limitación de los derechos individuales (lo que constituía una noción tan incierta e imprecisa como carente de utilidad práctica) sino que se relaciona con las diferentes técnicas de las llamadas operaciones de gra-

---

[533]   Conf. MARIENHOFF, Miguel S., *Tratado...*, *cit.*, t. IV, nro. 1522, ps. 538 y ss. Como se señalara en un voto, "la Corte Suprema ha aceptado una noción amplia y plena del poder de policía, entre cuyas manifestaciones está incluida la policía de emergencia", conf. "Russo, Ángel, y otra v. C. de Delle Donne, E.", Fallos 243:467 (1959), voto de los Dres. Aráoz de Lamadrid y Oyhanarte. Mas a ello se suma que se haya admitido que "el inc. 16 del art. 67, CN, que garantizaría la vigencia amplia del "poder de policía", contiene una norma genérica donde no siempre se observa la precisión del concepto. Su texto ha de analizarse en relación con las otras normas constitucionales, porque lo contrario le haría predominar de manera indebida sobre otros derechos igualmente concedidos por la Constitución Nacional. Aun cuando la materia es sumamente discutida, resulta posible apreciar con claridad, como lo ha hecho la jurisprudencia de la Corte Suprema, la diferencia entre una restricción razonable a la actividad lícita de una empresa comercial o industrial y una que no lo sea", conf. "Cine Callao", Fallos 247:121 (1960), voto del Dr. Boffi Boggero.

vamen que vienen a crear y ampliar las situaciones pasivas de los particulares frente al Estado.

Desde este punto de vista, la incidencia de la actuación estatal revela una cierta complejidad en los actos de gravamen[534] los que no se circunscriben exclusivamente a las actividades de limitación pues, por razones de interés público o bien común, se suele habilitar por ley a la Administración para el ejercicio de potestades ablatorias (expropiaciones y prestaciones forzosas) o bien, se delimita el contenido normal de los derechos (*v.gr.*, mediante la concesión) que es cosa distinta de la mera limitación que hace al ejercicio de los derechos y, por último, hasta se imponen deberes y se ejerce el poder sancionatorio.

En consecuencia, si se sigue utilizando la noción (aun sin la utilidad que le atribuía la doctrina clásica) su empleo responde al sentido antes indicado y, sobre todo, a la inteligencia de que resulta un concepto profundamente arraigado en nuestra jurisprudencia que, despojado de su sentido arcaico, puede reportar alguna utilidad o simplemente comodidad al presuponerse ínsito en esa noción un "techo" de razonabilidad suficientemente entendido por todos.

3. LA ACCIÓN INTERVENTORA DEL ESTADO: ACTOS DE GRAVAMEN Y ACTOS FAVORABLES

La incidencia de la actuación estatal en la posición jurídica de los particulares o administrados puede ser positiva o negativa. En el primer supuesto, la actividad de la Administración o del Congreso puede consistir tanto en la creación *ex novo* de derechos, facultades o poderes que hasta entonces el administrado no tenía (*v.gr.*, los beneficios de la legislación de promoción industrial o de promoción minera) como en la supresión de las limitaciones que afectaban su ejercicio o su alcance. Este tipo de actos que la doctrina clásica englobaba bajo la figura genérica del fomento, configuran siempre una ampliación de la esfera jurídica de los destinatarios privados y se contrapone a la categoría de los actos desfavorables o de gravamen, que traducen un poder estatal de limitación, imposición o extinción de los derechos individuales por causa de interés público.

Huelga decir que, con la salvedad de la revocación por razones de mérito u oportunidad (que procede previa indemnización), los derechos emergentes de este tipo de actos se incorporan definitivamente al patrimonio de los administrados, hallándose protegidos por la garantía del art. 17, CN, y por el principio de irrevocabilidad de los actos administrativos prescripto por el art. 17, LNPA.

Carecería de sentido que formuláramos aquí una clasificación detallada de las diferentes figuras que pertenecen a esta categoría de los actos favorables. Nos basta con señalar que ella comprende tanto las concesiones, aprobaciones, autorizaciones[535], como las que, en rigor, entrañan también limitaciones, declaraciones de exenciones, subvenciones y subsidios. De ello nos ocupamos más adelante.

---

[534] GARCÍA DE ENTERRÍA, Eduardo - FERNÁNDEZ, Tomás R., *Curso...*, *cit.*, t. II, p. 97.

[535] Ampliar en CASSAGNE, Juan Carlos, "Las técnicas de habilitación en el marco de una nueva concepción sobre el servicio público. Concesión, licencia, autorización y permiso", en ARIÑO ORTIZ, Gaspar, *La regulación económica. Teoría y práctica de la regulación para*

La contrapartida de la categoría que subsume a los actos ampliatorios de la esfera jurídica de los particulares es, obviamente, la de los actos de gravamen o desfavorables que inciden negativamente en la posición de las personas, y que van desde la limitación de los derechos y la delimitación de sus contenidos hasta las llamadas potestades ablatorias (*v.gr.*, expropiación) pasando por las prestaciones forzosas, la imposición de deberes y las sanciones.

Ese conjunto de figuras conforman la parte de la dinámica del obrar estatal que las concepciones antiguas explicaban bajo la categoría genérica de policía y poder de policía.

Aun aplicando esta clasificación y disección modernas, con antecedentes en la doctrina italiana y española (Romano, Giannini y García de Enterría y Fernández), no creemos conveniente abandonar totalmente las categorías tradicionales por razones derivadas de la interpretación constitucional (formulada, obviamente, tanto por los jueces como por la doctrina) sin perjuicio de incorporar a su problemática las nuevas técnicas, mecanismos y principios que rigen la acción interventora. Además, no reporta utilidad alguna abandonar un término que significa en nuestro derecho un valor convencional que, despojado de su sentido preconstitucional y limitativo, puede todavía ser utilizado como expresión que sintetiza el fenómeno de los actos de creación y ampliación de situaciones jurídicas pasivas, aun cuando – reiteramos–, ello no sea óbice para realizar aquella disección de los mecanismos en que se manifiesta negativamente la acción interventora del Estado con una metodología remozada.

4. LA DISTINCIÓN ENTRE EL LLAMADO "PODER DE POLICÍA" Y LA POLICÍA ADMINISTRATIVA

La circunstancia de no acudir al enfoque tradicional – al menos en lo que atañe a las facetas teleológicas y de metodología que justificaron las antiguas clasificaciones, cuya vigencia quedó rezagada respecto de la realidad, cuando no superada por ésta– no impide, aun con el relativo valor que posee, realizar el análisis sumario de la clasificación entre "poder de policía" y policía administrativa.

La llamada policía administrativa se traduce, fundamentalmente, en el dictado de actos concretos. El poder normativo de la Administración requiere siempre de una ley (arts. 14, CN, y 99, inc. 2°, CN) careciendo aquélla de la potestad de dictar normas generales sin una cobertura legal expresa, determinada y circunscripta en razón de la materia[536].

Mas al lado de aquélla, existe otra actividad de limitación, extinción, etc., de derechos privados que se manifiesta a través del poder de legislación mediante leyes y reglamentos que limitan el ejercicio y el contenido de los derechos individuales para hacerlos compatibles con los derechos de otros o con los fines de interés públi-

---

la competencia. Hacia un nuevo concepto de servicio público, Ábaco, Buenos Aires, 1996, ps. 15/48.

[536] Los reglamentos carecen de aptitud para crear *ex novo* limitaciones de derechos privados (conf. GARCÍA DE ENTERRÍA, Eduardo - FERNÁNDEZ, Tomás R., *Curso...*, *cit.*, t. II, p. 103).

co que persigue la comunidad. En este último supuesto se habla de "poder de policía", aun cuando, por lo común, esta denominación se reserva, entre nosotros, a cierto tipo de actividad reglamentaria de los derechos individuales que realiza el Congreso.

En ambos casos, ya se trate de la función materialmente legislativa a cargo del Congreso o de una remisión normativa al órgano Ejecutivo, la coacción no integra necesariamente la sustancia del concepto[537] siendo tan sólo un accidente que se pone en ejercicio cuando fracasan las medidas preventivas o intimaciones que formule la Administración en orden al cumplimiento de las obligaciones, deberes y cargas que las normas imponen a los particulares.

5. SOBRE LOS LÍMITES DE LA ACTIVIDAD ESTATAL RESTRICTIVA DE LOS DERECHOS INDIVIDUALES. LO ATINENTE AL FIN

Ya se trate del ejercicio del poder normativo o de la actuación singular y concreta, la actividad del Estado que impone limitaciones (en sentido *lato*) a los derechos individuales precisa encuadrarse en una serie de principios y reglas de derecho que condicionan su obrar.

Si bien se parte, en esta materia, de una idea relativa sobre los derechos individuales (en el sentido de que no existen derechos absolutos) cuyo goce y ejercicio se realiza conforme a las leyes reglamentarias (art. 14, CN)[538], tanto la Administración como el Congreso no disponen de un poder ilimitado y deben ajustar sus actos al llamado principio de razonabilidad (art. 28, CN). También está vedado penetrar en el ámbito reservado a las acciones privadas de los hombres que no sean violatorias de la moral pública (art. 19, CN), principio este que, en definitiva, hace a la dignidad de la persona[539].

En lo esencial, existen cuatro tipos o especies de conductas que despojan de razón suficiente a la pertinente actuación estatal, a saber:

a) irrazonabilidad en los fines perseguidos que se apartan de lo preceptuado en las normas de habilitación (de carácter constitucional, legal o reglamentario) o de los principios generales del derecho;

---

[537] En una postura contraria: GARRIDO FALLA, Fernando, *Tratado de Derecho Administrativo*, t. II, 10ª ed., Tecnos, Madrid, 1987, ps. 115 y ss.; FIORINI, Bartolomé A., *Derecho Administrativo*, *cit.*, t. II, ps. 24/25.

[538] La jurisprudencia de la Corte Suprema ha sostenido este principio reiteradamente en todos sus pronunciamientos. En el caso: "Ercolano v. Lantieri de Renshaw" la Corte sentó su doctrina en los siguientes términos: "...Ni el derecho de usar y disponer de la propiedad ni ningún otro derecho reconocido por la Constitución, reviste el carácter de absoluto. Un derecho ilimitado sería una concepción antisocial. La reglamentación o limitación de los derechos individuales es una necesidad derivada de la convivencia social. Reglamentar su derecho es limitarlo, es hacerlo compatible con el derecho de los demás dentro de la comunidad y con los intereses superiores de esta última", conf. "Ercolano, Agustín v. Lanteri Renshaw, Julieta" (Fallos 136:161 (1922) y ss.), interpretación reiterada en "Font, Jaime Andrés y otros v. SRL Carnicerías Estancias Galli", Fallos 254:56 (1962); "Brunella Vda. de Weiser, Edda Leonor v. Dirección General Impositiva", Fallos 289:67 (1974); entre otros.

[539] Véase: GONZÁLEZ PÉREZ, Jesús, *La dignidad de la persona*, Civitas, Madrid, 1986, ps. 84 y ss., esp. ps. 88/94.

b) desproporción entre el objeto de la medida de policía y los fines perseguidos (argumento incorporado al derecho positivo por el art. 7°, inc. f] *in fine*, LNPA);

c) exceso de limitación o de punición (en el caso de aplicación de sanciones de naturaleza penal-administrativa) cuando las normas y/o medidas administrativas no guarden una adecuada proporción con los fines que persigue el ordenamiento[540]; y

d) violación de la igualdad al introducirse en las normas o en los actos respectivos un factor de discriminación que atribuye a algunos situaciones de ventajas o de gravamen que no se conceden a otras personas que se encuentran en similares condiciones objetivas.

Tal resulta, de ordinario, el principal límite que se contrapone al ejercicio del llamado "poder de policía"[541]. Sin embargo, no hay que olvidar la existencia de otros límites que enmarcan la legitimidad del obrar del Estado de modo esencial como es, por ejemplo, el principio de la competencia objetiva que impide la creación de limitaciones sin fundamento normativo, aun cuando éste pueda derivarse del fin de la norma conforme a la regla de la especialidad. El carácter preceptivo y vinculante de la competencia y el hecho de que ella juega como un verdadero límite a la aptitud del órgano o ente administrativo son cosas que hoy día ya nadie discute y quizás en esto radique la principal innovación que introdujo el Derecho Administrativo respecto del Derecho Privado[542].

Tampoco hay que ignorar la influencia que en este ámbito pueden ejercer los principios generales del derecho al ser utilizados como técnica para controlar la injusticia de las normas o de los actos administrativos que restringen los derechos individuales[543].

Pero el límite realmente fundamental al ejercicio de la potestad del Estado que reglamenta o restringe los derechos de las personas es el relativo a la finalidad que orienta la actuación estatal, que no es otro que la prosecución del bien común temporal o interés público que instrumenta el ordenamiento objetivo.

Su justificación racional reposa en el principio de la subsidiariedad o suplencia. Según este principio, toda persona física o jurídica ha de tener libertad y aptitud para desarrollarse dentro de la órbita de sus fines, correspondiendo al Estado intervenir

---

[540] Principio recogido en el art. 7°, inc. f), LNPA.

[541] La jurisprudencia ha sostenido, expresa o implícitamente, que la razonabilidad derivada de la preceptiva constitucional constituye el límite principal para el ejercicio del llamado "poder de policía". Así, en el célebre "Cine Callao", Fallos 247:121 (1960); y en "Sindicato de Músicos", Fallos 248:800 (1960); "Motor Once v. MCBA", Fallos 310:943 (1987); "Ferace, Victorio s/demanda de inconstitucionalidad", Fallos 311:1557 (1988); "Vega, Andrés Roberto y otro v. Inst. Nac. de Vitivinicultura", Fallos 311:1565 (1988); "Irizar, José M. v. Provincia de Misiones", Fallos 319:1934 (1996); "Mar de Ostende v. Provincia de Buenos Aires", Fallos 320:222 (1997); "Padres de alumnos de colegios dependientes de la UNC", Fallos 322:270 (1999); "Frascalli, José Eduardo v. Senasa s/acción de amparo", Fallos 327 (16/11/2004); entre muchos otros.

[542] Un claro ejemplo de lo dicho con respecto a la competencia se advierte en el fallo "YPF SA v. Enargas - res. 421/1997 y 478/1997", Fallos 328 (31/5/2005).

[543] Conf. CASSAGNE, Juan Carlos, *Los principios generales del derecho en el derecho administrativo*, Abeledo-Perrot, Buenos Aires, 1988, ps. 43 y ss.

150

sólo en caso de que las respectivas tareas se desempeñen en forma defectuosa o resulten insuficientes para la comunidad[544].

Cuando la injerencia estatal está justificada, el correspondiente sacrificio impuesto al Derecho Privado por la prevalencia del bien común temporal sobre el bien privado se sustenta en las exigencias de la justicia general o legal, que determina los deberes y obligaciones de los individuos – como partes del todo social– respecto de la comunidad a la que pertenecen. Su fundamento es la solidaridad social[545].

A su vez, como lo justo de una limitación (en sentido amplio) se determina conforme a una ordenación racional y reglada que estatuye la conducta debida por el administrado, se torna imprescindible que tal limitación provenga siempre del ordenamiento positivo, no siendo discrecional, en principio, la elección de la conducta limitativa ni, obviamente, de su alcance y contenido. Por su parte, si fueran varios los medios limitativos que la ley admitiera, la Administración se encuentra obligada a escoger aquellos que impliquen una menor restricción de la libertad y de la propiedad individual. Esta solución surge de un modo inequívoco del sistema constitucional (arts. 14, 17 y 19, CN) y conduce también a sostener que las dudas que pudieran existir acerca de la procedencia, alcance o extensión, de la medida limitativa, han de resolverse a favor del principio de la libertad o de la propiedad, en su caso[546].

6. LA TÉCNICA ESPECÍFICA DE LIMITACIÓN DE DERECHOS PRIVADOS POR RAZONES DE INTERÉS PÚBLICO. LA FIGURA DE LA DELIMITACIÓN DEL CONTENIDO DE LOS DERECHOS

A) Limitaciones al ejercicio de los derechos

En el Derecho Administrativo clásico, la técnica de limitación de derechos privados por causa de interés público operaba como una categoría genérica, integrante tanto del capítulo de la policía como del llamado régimen administrativo de la propiedad privada[547]. En este último, se reconocían, a su vez, tres clases de limitaciones que apuntaban al modo y grado en que se afectaban los tradicionales principios del dominio privado y según afectara su carácter absoluto (restricción), exclusivo (servidumbre) o perpetuo (expropiación), se perfilaban sus características principales.

Sin embargo, los mecanismos y formas de la intervención administrativa entrañan una mayor complejidad, producto de la evolución de las principales instituciones, advirtiéndose la existencia de una variada gama de figuras de gravamen que implican el desenvolvimiento de potestades que se manifiestan en la determinación de límites sobre el ejercicio de los derechos junto a la delimitación de su contenido normal, imposición de deberes, aplicación de sanciones y potestades ablatorias.

---

[544] MONTEJANO, Bernardino (h), *Curso de derecho natural*, 2ª ed., Buenos Aires, 1978, ps. 300/301.

[545] Véase: DROMI, José R., *Manual de Derecho Administrativo*, t. II, Astrea, Buenos Aires, 1987, p. 62, con relación a las limitaciones a la propiedad privada en interés público.

[546] GARCÍA DE ENTERRÍA, Eduardo - FERNÁNDEZ, Tomás R., *Curso...*, *cit.*, t. II, p. 105.

[547] Ver: GARRIDO FALLA, Fernando, *Tratado...*, *cit.*, t. II, ps. 115 y ss.

En tal sentido, la orientación doctrinaria actual reserva el tipo de la limitación administrativa para referirse a las actuaciones cuya incidencia no afecta sustancialmente al derecho subjetivo del particular ni su capacidad jurídica sino que actúa, con exclusividad, sobre las condiciones inherentes al ejercicio del derecho, sin alterar su contenido normal[548].

En la doctrina se han reconocido diversas especies de limitaciones[549]. Entendemos que, fundamentalmente, en nuestro derecho, existen tres clases de limitaciones que, sin afectar el contenido normal del derecho, vienen a comprimir su ejercicio.

La primera, se produce cuando, existiendo una permisión libre de derecho (sea o no reglada), se condiciona su ejercicio mediante una *autorización administrativa*. Aquí la autorización opera sobre la libertad de ejercer la respectiva facultad o poder jurídico levantando una condición puesta para el ejercicio o puesta en práctica del derecho que preexiste al acto de autorización (*v.gr.*, la licencia o autorización para construir o para la habilitación de un comercio o industria, licencia para conducir, etc.).

Otro tipo de limitaciones se configura en aquellas circunstancias en que, hallándose la respectiva actividad bajo una prohibición relativa, la norma legal o reglamentaria admite la posibilidad de que, excepcionalmente, para usos concretos o períodos determinados, la Administración pueda levantar la referida prohibición (*v.gr.*, permiso de caza de ciertas especies). En este caso, a diferencia del anterior no hay derecho subjetivo que preexiste al acto de excepción por cuya causa la protección jurisdiccional del respectivo interés legítimo es menor, circunscribiéndose, básicamente, a una garantía contra la violación del principio de igualdad. Para estos supuestos preferimos seguir utilizando el concepto jurídico de *permiso*[550], habida cuenta las diferencias sustanciales y procesales que cabe reconocer respecto de la autorización.

Por último, existen aquellos supuestos vinculados a la necesidad de *informar* a la Administración ciertos hechos o circunstancias o el ejercicio mismo del derecho, a efectos de facilitar el contralor por parte de los órganos competentes. Con independencia de que muchos de los deberes pertenecen más que a las limitaciones en sentido estricto a la técnica de imposición de deberes personales, no se puede desconocer que muchos de ellos condicionan directamente el ejercicio de un derecho, de modo tal que la imposición del deber personal se efectúa *ob rem* al titular del dere-

---

[548] GARCÍA DE ENTERRÍA, Eduardo - FERNÁNDEZ, Tomás R., *Curso...*, *cit.*, t. II, p. 99.

[549] Sobre la base del criterio ya propuesto por Romano, se ha efectuado una sistematización dogmática de la figura de la limitación por parte de Vignochi, la cual comprendería tres especies: a) prohibición absoluta e incondicionada de un modo de ejercicio concreto; b) prohibición relativa con reserva de autorización y c) permisión de ejercicio libre, con reserva de prohibición por parte de la Administración. Respecto de la prohibición absoluta pensamos que, en todos los supuestos, ella opera sobre el contenido del derecho por cuya causa configura siempre una delimitación, aun cuando esa prohibición sea temporal, pues es evidente que durante el lapso que ella rija, más que una compensación del ejercicio lo que se afecta es el contenido o sustancia del derecho subjetivo del particular (ver y comparar: GARCÍA DE ENTERRÍA, Eduardo - FERNÁNDEZ, Tomás R., *Curso...*, *cit.*, t. II, ps. 99/100).

[550] CASSAGNE, Juan Carlos, "La autorización para edificar. Su naturaleza. Efectos sobre la potestad revocatoria", LL 1982-D-936/944.

cho y no a todos los ciudadanos, por lo que también hay que incluir esta categoría entre las especies de limitaciones[551] (*v.gr.*, obligación de informar los precios).

Como se verá más adelante, las formas jurídicas que revisten las limitaciones son variadas, abarcando desde leyes, reglamentos, ordenanzas y edictos, hasta actos administrativos[552], al igual que las delimitaciones de las que nos ocupamos a continuación.

B) Delimitaciones al contenido normal de derechos privados

Mientras, como se ha señalado, la figura de la limitación opera sobre el ejercicio de los derechos, la delimitación actúa directamente sobre el contenido normal del derecho, definiendo el ámbito de lo lícito y recortando los poderes jurídicos del titular cuyo derecho no se reputa ya preexistente[553].

En nuestro ordenamiento existen numerosos ejemplos de estas delimitaciones de derechos privados que van desde la prohibición de edificar más allá de cierta altura, la de vender más allá de un cupo determinado (*v.gr.*, régimen de la industria azucarera), la interdicción de construir para usos no permitidos por los Códigos de Edificación o Planeamiento Urbano, hasta la atribución de derechos mediante la técnica de la concesión o la calificación de ciertos bienes como del dominio del Estado, no obstante que su utilidad última sea privada (*v.gr.*, yacimientos de hidrocarburos). Su estudio pertenece a la parte especial del Derecho Administrativo.

C) Indemnización por daños provocados por limitaciones y delimitaciones

En principio, por el carácter relativo que poseen los derechos conforme al sistema constitucional (art. 14, CN) y a condición de que no se desnaturalice ni se afecte la esencia del derecho o se limite de tal modo su ejercicio que éste sea incompatible con la naturaleza del interés o derecho del particular, las limitaciones no son indemnizables.

Hacen excepción a esta regla los daños provocados por la ejecución del acto administrativo que la impone[554] o cuando el ataque que se infiera al derecho de propiedad[555] sea sustancial.

---

[551] Conf. GARCÍA DE ENTERRÍA, Eduardo - FERNÁNDEZ, Tomás R., *Curso...*, *cit.*, t. II, p. 101.

[552] Ver: DROMI, José R., *Manual...*, *cit.*, t. II, ps. 54 y ss., Buenos Aires, 1987.

[553] No compartimos la crítica que formulan García de Enterría y Fernández a la concepción que considera a la autorización como el acto que levanta un obstáculo puesto al ejercicio de un derecho preexistente (GARCÍA DE ENTERRÍA, Eduardo - FERNÁNDEZ, Tomás R., *Curso...*, *cit.*, t. II, p. 121) expuesta en su momento por Ranelletti, cuya aplicación los propios autores hacen en otras partes de su obra (GARCÍA DE ENTERRÍA, Eduardo - FERNÁNDEZ, Tomás R., *Curso...*, *cit.*, II, p. 132) frente a la necesidad de distinguir la figura de la limitación de la llamada delimitación del contenido de los derechos privados.

[554] VILLEGAS BASAVILBASO, Benjamín, *Derecho Administrativo*, *cit.*, t. IV, p. 69; MARIENHOFF, Miguel S., *Tratado...*, *cit.*, t. IV, nro. 1257, p. 62.

[555] En el caso "Los Pinos" (consid. 5º), la Corte distinguió entre meras restricciones (v.gr., colocación de chapas en el frente de los edificios o de columnas de alumbrado público) y las restricciones sustanciales (ej. cambio del nivel de las calles) que implican un ataque mayor al

Igual solución corresponde aplicar para las delimitaciones que definen el contenido normal de los derechos privados, sin perjuicio de la responsabilidad estatal que pudiera corresponder por cambio del derecho objetivo, de darse las circunstancias y los requisitos que la tornan procedente.

7. LAS LIMITACIONES AL DERECHO DE PROPIEDAD EN INTERÉS PÚBLICO: RESTRICCIONES Y SERVIDUMBRES

El régimen de las limitaciones administrativas se proyecta, también, sobre la propiedad privada donde, en nuestro ordenamiento, se utilizan las técnicas de la mera restricción y de la servidumbre.

Mientras la figura de la restricción administrativa se ajusta al concepto de limitación que venimos utilizando en la medida en que fije los límites al ejercicio normal del derecho de propiedad[556], la servidumbre se acerca más a la de las delimitaciones al implicar un desmembramiento – aun cuando parcial– del dominio a favor de terceros (*v.gr.*, la establecida en el art. 2539, CCiv., denominada camino de sirga). Sin embargo, la diferencia con la delimitación está dada porque esta última define o recorta el contenido del derecho sin que se generen derechos a favor de otros particulares o administrados, salvo la legitimación que éstos puedan tener, en los respectivos ordenamientos, para reclamar en justicia su cumplimiento. Por ello, la servidumbre, al contrario de la limitación (y también de la delimitación), afecta la nota de exclusividad del dominio mientras que aquéllas hacen al grado de relatividad de los derechos particulares que se comprimen o restringen en su ejercicio o se definen en su contenido normal, predeterminando el ámbito de lo lícito o legítimo.

Las restricciones administrativas, al incidir solamente en el ejercicio normal del derecho de propiedad con el objeto de hacerlo compatible con el interés público, obligan al propietario a cumplirlas sin que éste pueda reclamar indemnización alguna. Ello pues se considera, en cierta manera, que ellas son inseparables del dominio privado. En cambio, las servidumbres administrativas aparejan, por principio, la obligación de indemnizar a quien resulte afectado por su imposición habida cuenta que provocan una situación de sacrificio patrimonial (por lesionar la nota típica de la exclusividad) que, al disminuir el valor del respectivo bien, genera el consiguiente deber de reparar, con fundamento en la garantía prescripta en el art. 17, CN[557].

8. LAS LIMITACIONES Y LAS TÉCNICAS AUTORIZATORIAS. AUTORIZACIÓN Y PERMISO

Si bien la autorización administrativa (tomada esta figura en su acepción genérica) constituye en alguna medida un acto de ampliación de la esfera jurídica del

---

derecho de propiedad. Mientras las primeras no son indemnizables, las segundas pueden generar daños que configuran la responsabilidad del Estado por su actividad legítima. Véase ABERASTURY, Pedro, *Legislación administrativa usual con jurisprudencia*, 2ª ed. ampl. y act., Abeledo-Perrot, Buenos Aires, 1993, ps. 632/641, donde se halla transcripto el mencionado fallo.

[556] MARIENHOFF, Miguel S., *Tratado...*, *cit.*, t. IV, ps. 364 y ss.

[557] MARIENHOFF, Miguel S., *Tratado...*, *cit.*, t. IV, p. 113.

particular que la obtiene, ella cobra su verdadero sentido si se la considera como una verdadera limitación a la esfera de los derechos de libertad y propiedad.

A su vez, para comprender bien el cuadro de las técnicas autorizatorias hay que penetrar – sin consideraciones dogmáticas– en el análisis de las diferentes tipologías jurídicas.

En este aspecto, tanto la autorización como el permiso o la licencia, significan la facultad que se atribuye a alguien para hacer alguna cosa. Pero esta significación vulgar o común de los citados conceptos no tiene en cuenta la situación jurídica del administrado antes del otorgamiento del acto administrativo, ni tampoco la naturaleza reglada o discrecional de la potestad de la Administración. Menos todavía esa significación permite distinguir los casos en que la Administración Pública agota su potestad con el otorgamiento de la autorización de aquellos otros en que el poder de intervención subsiste durante el período posterior a la emisión del acto administrativo.

Para captar la problemática que en la actualidad plantean las figuras de la autorización y del permiso, resulta necesario discernir una diferenciación jurídica entre ambos conceptos, los cuales traducen contenidos análogos, presentando, como tales, cierta semejanza que no impide formular distinciones, aunque éstas no sean necesariamente correlativas.

La idea común sobre la cual reposan ambos conceptos es la de un acto administrativo que levanta una condición puesta al ejercicio de una actividad privada. La distinción viene dada, en cambio, por la circunstancia de que mientras en la autorización la respectiva actividad no está prohibida (habiendo muchas veces un sujeto que posee un derecho preexistente, cuyo ejercicio se halla subordinado al cumplimiento de las condiciones establecidas en las leyes o reglamentos), en el permiso se trata siempre del otorgamiento de un derecho nuevo al particular, que configura una excepción a una prohibición impuesta por una norma de policía en forma preventiva.

En este último caso, la Administración Pública tiene el deber de comprobar que el ejercicio de la actividad prohibida no afecte el interés público o bien común conforme a criterios objetivos que surgen del ordenamiento jurídico.

El hecho de que la técnica autorizatoria haya rebasado los límites originales dentro de los cuales se redujo el poder de policía (tranquilidad, salubridad, moralidad), trasplantándose a la llamada "policía de prosperidad o económica", no implica que ese concepto técnico de la autorización, circunscripto a los supuestos en que existe un derecho preexistente, deje de tener sentido para explicar tanto el derecho del administrado a pedir la autorización, como el agotamiento de la potestad revocatoria, en los casos en que dicha autorización hubiera sido otorgada.

A) Diferentes clases de autorizaciones

Una vez que se ha visto que el concepto técnico de autorización, se apoya en el reconocimiento del derecho, muchas veces preexistente, a realizar una actividad que no se halla genéricamente prohibida, y del acto por el cual se levanta la condición puesta al ejercicio de ese derecho del administrado, por una norma de naturaleza policial, corresponde analizar las distintas clasificaciones que se han formulado con el objeto de desentrañar la verdadera naturaleza que ella tiene y sus efectos jurídicos.

Cabe advertir, sin embargo, que la óptica de cualquier esquema clasificatorio, y en especial el que vamos a utilizar, encierra siempre un valor relativo, en la medida en que contempla los distintos tipos de autorizaciones partiendo de algún criterio parcial y determinado, referido, según los casos, a la naturaleza de las facultades que tiene asignadas la Administración, al objeto de la actividad que se autoriza, a su contenido real o personal y a los fines que el Estado persiga al otorgar la autorización.

La propia relatividad que caracteriza a las clasificaciones formuladas sobre la base de dichos criterios, explica la razón por la cual no resultan incompatibles entre sí, admitiendo la posibilidad de que cada uno de ellos pueda ser aplicado simultáneamente sobre las demás clasificaciones[558].

B) Autorizaciones regladas o discrecionales

Frente a un pedido del administrado tendiente a obtener el levantamiento de una condición puesta al ejercicio de un derecho, la Administración puede hallarse obligada a otorgar la pertinente autorización – si se cumplen los requisitos condicionantes–, o bien puede disponer de poderes discrecionales en punto tanto a la oportunidad de emitir el respectivo acto como a su contenido y extensión. En el primer supuesto, se trata de una actividad reglada, donde el comportamiento esencial de la Administración está predeterminado, aun cuando pueda haber detalles accesorios donde puede existir un cierto margen de discrecionalidad. La autorización tendrá carácter reglado cuando se condicione el ejercicio de un derecho preexistente, por la sencilla razón de que, de admitirse la hipótesis de una potestad discrecional, ello equivaldría a la frustración de tal derecho.

En esos casos, si aparecen razones de interés público o bien común que aconsejan el no otorgamiento de la autorización, el medio jurídico idóneo es la expropiación, habida cuenta que se trataría de un sacrificio que sufre el administrado en beneficio de la comunidad que, a fin de mantener o restablecer la igualdad, debe ser objeto de una justa indemnización, recaudo de raigambre constitucional.

Hoy día se reconoce que, más que un margen excluyente de arbitrio, la discrecionalidad configura un supuesto de remisión legal, en cuanto la norma remite a una valoración administrativa que atribuye a la Administración la opción de elegir entre distintas soluciones igualmente justas[559].

En el otorgamiento de la autorización, el poder discrecional ha de ejercerse sin violar los límites sustanciales y formales establecidos por el ordenamiento jurídico, siendo uno de los principales la adecuación o compatibilidad con el interés público o bien común.

La discrecionalidad no se debe confundir con el concepto jurídico indeterminado, y esto es trascendente en materia de autorizaciones. La concepción de los conceptos jurídicos indeterminados, cuyo mérito pertenece a la doctrina alemana, y que que constituye uno de los últimos intentos tendientes a reducir la discrecionalidad,

---

[558] Conf.: GARCÍA DE ENTERRÍA, Eduardo - FERNÁNDEZ, Tomás R., *Curso...*, *cit.*, t. II, ps. 123 y ss., a quienes seguimos en este punto.

[559] DROMI, José R., *Derecho subjetivo y responsabilidad pública*, Temis, Bogotá, 1980, p. 83.

sostiene que en aquellos casos en que las normas no admiten una determinación o cuantificación cierta o rigurosa, por no hallarse fijados exactamente los límites conceptuales, no hay más de dos posibilidades: o se da el concepto predeterminado prescrito en la norma o no se lo configura, lo cual implica sostener que frente a un concepto de esa índole sólo se da una solución justa. Esta teoría, juntamente con el reconocimiento de la posibilidad de controlar judicialmente la llamada discrecionalidad técnica, puede contribuir decisivamente en nuestro país a una ampliación de la fiscalización que realizan los jueces sobre la actividad discrecional de la Administración Pública en materia de autorizaciones, no sólo para alcanzar el logro académico de sacar a nuestras instituciones administrativas de una situación de atraso insostenible, sino fundamentalmente para realizar lo justo objetivo, que es el mejor de los caminos para alcanzar el bien de la comunidad.

C) Otras especies de autorizaciones

a) Autorizaciones por operación y autorizaciones de funcionamiento

Esta clasificación viene dada por el diferente objeto que persigue la autorización según se trate de levantar una condición puesta para el ejercicio de un derecho que se vincula a una operación determinada (*v.gr.*, importación o exportación de mercadería), o bien de un derecho relativo al desarrollo de una actividad sucesiva cuya vigencia se prolonga mientras dure la actividad que ha sido objeto de la autorización (*v.gr.*, instalación de un establecimiento industrial).

La distinción no es puramente conceptual ni didáctica, sino que se proyecta a las relaciones existentes entre el particular y la Administración. En las autorizaciones por operación, la potestad de esta última se agota con el dictado del acto, no dando origen a ningún vínculo posterior con el administrado, salvo que ello haya sido expresamente prescrito (*v.gr.*, importación de un bien sometido a control de destino). En cambio, en las autorizaciones de funcionamiento hay una vinculación permanente con la Administración, con el fin de tutelar el interés público, admitiéndose – tanto en la doctrina como en la jurisprudencia española– la posibilidad de modificar el contenido de la autorización para adaptarlo, en forma constante, a dicha finalidad, durante todo el tiempo en que se realice la actividad autorizada. En tales supuestos, llega hasta admitirse la potestad revocatoria – con la debida indemnización– siempre que se hayan agotado todas las posibilidades de corrección y adaptación de la actividad autorizada a las nuevas circunstancias y a las nuevas normas.

b) Autorizaciones simples y autorizaciones operativas

Desde la óptica de las funciones que el ordenamiento asigna a la Administración Pública, se distinguen las autorizaciones otorgadas en ejercicio de una norma de naturaleza policial, de aquellas otras donde – sin resignar la potestad de control– la Administración Pública procura orientar o encauzar la actividad privada hacia la realización de planes, programas o proyectos regionales o sectoriales, previamente definidos (por ejemplo, apertura de bancos - art. 8°, ley 21.526[560]).

---

[560] Conforme al cual, al considerarse la autorización para funcionar, se "evaluará la conveniencia de la iniciativa, las características del proyecto, las condiciones generales y particulares

Este tipo de autorizaciones operativas, acompañado de una alarmante arbitrariedad, es precisamente el que plantea mayores problemas al Derecho Administrativo actual, en virtud de que su generalización provoca un aumento proporcional en la magnitud de la actividad discrecional del Estado y al hecho de que el ordenamiento no ha establecido el principio de la igualdad de acceso a ellas por parte de los administrados, sino sólo para ciertas materias (*v.gr.*, concursos para adjudicar la realización de proyectos industriales con beneficios fiscales).

c) Autorizaciones personales o reales

Esta clasificación tiene en cuenta el interés personal o real, que constituye el núcleo central de la autorización. Si ésta ha sido otorgada en atención a las condiciones personales que debe reunir el beneficiario, es dable concluir que ella esté permanentemente subordinada al cumplimiento de las cualidades personales del titular de la autorización. Por tanto, también es lógico pensar que ellas tengan plazo de duración determinado, no sólo para facilitar el control sino porque previsiblemente existe un tiempo a partir del cual no puede asegurarse el mantenimiento de las condiciones personales que la autorización demanda (*v.gr.*, autorización para conducir). En virtud de su propia naturaleza esta clase de autorizaciones son intransmisibles.

La situación descripta cambia radicalmente, en punto a su régimen jurídico, en aquellos casos en que la autorización se ha concedido, fundamentalmente, en atención a la cosa u objeto que constituye el contenido de aquélla. En estos supuestos, no existe ninguna limitación ni prohibición que pueda restringir la libre transmisibilidad de la autorización, sin perjuicio de la posibilidad de que el ordenamiento imponga al administrado la carga o el deber de informar cuando ocurra la transferencia en su titularidad.

9. CONCESIÓN Y LICENCIA

En un sentido opuesto a la técnica autorizatoria se encuentra la técnica concesional que puede originar, a su vez, relaciones contractuales o meramente bilaterales. El paradigma de lo típicamente contractual es el contrato de concesión de servicios públicos o la concesión de obra pública y si bien durante algún tiempo se sostuvo por influencia de la doctrina francesa la tesis del acto mixto (donde la relación jurídica se consideraba parcialmente reglamentaria y parcialmente contractual) nuestra doctrina se ha inclinado por la concepción del contrato administrativo[561] sobre cuyo análisis cabe remitir a lo que expusimos en *El Contrato Administrativo*, sin perjuicio de las anotaciones que efectuamos más adelante. Toda concesión es consti-

---

del mercado y los antecedentes y responsabilidad de los solicitantes y su experiencia en la actividad financiera".

[561] MARIENHOFF, Miguel S., *Tratado de Derecho Administrativo*, 2ª ed. act., t. III-b, Abeledo-Perrot, Buenos Aires, 1978, ps. 597 y ss.

tutiva de derechos e implica que la Administración transfiere a un particular una atribución o poder que le pertenece *jure proprio*[562].

Aun dentro de la técnica concesional, la figura de la licencia no trasunta *per se* una vinculación contractual, ni la idea de monopolio o exclusividad total o parcial de un servicio, ni tampoco las clásicas cláusulas de reversión o de rescate que son propias de la concesión. Mas cabe detectar en ella innegables elementos contractuales[563]. Reporta, además, la ventaja de generar relaciones bilaterales de inmediato, haya o no reciprocidad, sin necesidad de formalizar un contrato de concesión.

A diferencia de la autorización no puede suponerse aquí la configuración de derechos preexistentes ya que el derecho del licenciatario constituye un derecho *ex novo* que nace con el acto administrativo de otorgamiento, lo que hace que la licencia sea siempre, al igual que la concesión, constitutiva de derechos y no declarativa, como es, en cambio, la autorización.

La figura de la licencia, que posee una mayor estabilidad que los llamados permisos que se han analizado precedentemente, ha sido específicamente incorporada a nuestro derecho positivo en el ordenamiento que rige en materia de telecomunicaciones[564] y radiodifusión[565].

10. LAS CARGAS PÚBLICAS: PRESTACIONES PERSONALES Y REALES

Entre las medidas de gravamen se encuentran las prestaciones forzosas[566] que pueden imponer las leyes, con carácter general, en interés de la Nación o para satisfacer indispensables necesidades públicas comúnmente denominadas cargas públicas. Se clasifican en personales y reales, según que la prestación se refiera a un servicio de carácter personal o, bien, a la entrega de una cosa.

Las cargas públicas personales requieren, en la mayor parte de las veces, de un acto administrativo de determinación del sujeto particular obligado a cumplirla (*v.gr.*, servicio militar obligatorio, presidencia de Mesa Electoral, etc.).

Las prestaciones obligatorias de carácter real pueden ser tributarias o extratributarias. Rara vez se imponen *in natura* siendo, por lo general, convertibles en dinero. En este último caso su estudio pertenece al derecho tributario porque aun cuando éste integra una parte especial del Derecho Administrativo (en el que abreva sus principales concepciones y técnicas), ha alcanzado hoy día una innegable autonomía didáctica, cuya especialización justifica su enseñanza separada. Los supuestos de prestaciones forzosas reales extratributarias no son comunes en nuestro derecho (un caso aislado es el depósito de libros en el Registro de la Propiedad Intelectual) ya

---

[562] Véase: SANTAMARÍA PASTOR, Juan A. - PAREJO ALFONSO, Luciano, *Derecho Administrativo. La jurisprudencia del Tribunal Supremo*, Madrid, 1989, ps. 290 y ss.; GARCÍA TREVIJANO FOS, José A., *Los actos administrativos*, 1ª ed., Civitas, Madrid, 1986, p. 233.

[563] Véase CASSAGNE, Juan Carlos, *El contrato administrativo*, 2ª ed., LexisNexis - Abeledo-Perrot, Buenos Aires, 2005, p. 205.

[564] Art. 9°, inc. 1°, ley 19.778, dec. 739/1989, y dec. 59/1990.

[565] Arts. 3° y ss., ley 22.285.

[566] GARCÍA DE ENTERRÍA, Eduardo - FERNÁNDEZ, Tomás R., *Curso...*, *cit.*, p. 110.

que tampoco corresponde incluir entre ellos en las figuras asimilables (*v.gr.*, ocupación temporaria y requisición) a la expropiación (potestades ablatorias) que corresponde tratar al abordar esta última categoría jurídica.

La doctrina ha subrayado la necesidad de que la imposición de cargas públicas cumpla una serie de requisitos a saber:

a) el principio de legalidad formal (argumento emergente de los arts. 17 y 19, CN);

b) el principio de la igualdad que supone la generalidad de la prestación forzosa[567] con fundamento en lo prescripto en el art. 16, CN, que proclama que la igualdad es la base de los impuestos y de las *"cargas públicas"*;

c) su transitoriedad o duración temporaria[568].

Además, como caracteres de la carga pública y con particular referencia a la prestación personal obligatoria se han señalado otros caracteres que completan el cuadro de juridicidad en que deben desenvolverse. Así, cabe mencionar desde su intransferibilidad, hasta el carácter gratuito que reviste y la necesidad de que exista correspondencia con un servicio cierto y determinado[569], requisito este último que resulta esencial para apreciar la certeza que debe tener el acto administrativo de alcance individual que especifica la carga pública para que su objeto sea legítimo[570]. Todo ello, sin perjuicio de que la prestación impuesta no se funde en una ley arbitraria o irrazonable ya que en tal caso el administrado tendría derecho a resistir la carga pública mediante la impugnación jurisdiccional del acto administrativo de aplicación.

11. IMPOSICIÓN DE DEBERES EN SENTIDO ESTRICTO

Dentro del cuadro de las situaciones jurídicas pasivas en que se encuentra el administrado frente a la Administración Pública, cabe distinguir la figura de la obligación – tradicionalmente delineada por el Derecho Privado– del deber en sentido estricto, el que asume una particular trascendencia en el campo del Derecho Público.

Mientras la obligación nace de la relación jurídica y encuentra su contrapartida en el derecho subjetivo de otro sujeto (en el caso el Estado), el deber opera en dirección genérica, y tiene su origen no en una relación subjetiva sino en la potestad de la Administración.

De esta peculiar naturaleza que poseen los deberes administrativos se desprende que, en tales casos, los particulares no tienen ante sí – como en el supuesto de la obligación– a un sujeto que pueda reclamarles directamente la ejecución de su deber sino que estarán ante un poder que actúa en garantía del cumplimiento efectivo

---

[567] MARIENHOFF, Miguel S., *Tratado...*, *cit.*, t. IV, ps. 177/180.

[568] MAYER, Otto, *Derecho Administrativo alemán*, t. IV, Depalma, Buenos Aires, 1954, p. 21, donde sostiene que "todos los servicios obligatorios tienen de común el hecho de estar limitados a cierto plazo; la carga a imponerse tiene siempre su medida".

[569] BULLRICH, Rodolfo, *Curso de Derecho Administrativo*, t. II, Biblioteca Jurídica Argentina, Buenos Aires, 1932, p. 72.

[570] MARIENHOFF, Miguel S., *Tratado...*, *cit.*, t. IV, p. 179.

del deber[571], mediante la amenaza de aplicación de sanciones (*v.gr.*, deber de exportar impuesto en el régimen azucarero).

A su vez existen diversas clases de deberes. Por de pronto, se encuentran aquellos impuestos por reglamentación en la medida en que exista una ley formal que habilite a dictarla y con los debidos límites constitucionales. Los requisitos que conciernen a la legitimidad de estos deberes impuestos por vía reglamentaria corresponden a la teoría del reglamento al igual que su impugnación en sede jurisdiccional que se deduce conforme a normas específicas, contenidos en el art. 24, LNPA.

En segundo lugar, se hallan los deberes legales o reglamentarios cuya fiscalización compete a la Administración donde ésta no lleva a cabo acto alguno constitutivo del deber sino que efectúa una intimación – de efecto meramente aclaratorio– a fin de que se cumpla el deber impuesto por la norma. No hay aquí, en rigor, una orden de la Administración, como se verá seguidamente.

En efecto, la figura que reviste mayor interés es la de los deberes que se imponen por decisiones administrativas concretas sobre la base de una previa habilitación legal, deberes que se estudian dentro de la tradicional teoría de las órdenes administrativas, elaborada principalmente por la doctrina alemana (Mayer) como uno de los medios típicos en que se manifestaba la actividad policial.

Interesa puntualizar que la orden que aquí consideramos no debe confundirse con las manifestaciones de mando que son normales en las relaciones organizativas (ej.: en la función pública) o en aquellas relaciones que traducen una supremacía o exorbitancia (*v.gr.*, en los contratos administrativos). En estos casos, las órdenes no hacen nacer un deber *ex novo* y carecen de efecto limitativo, siendo más bien la manifestación normal de un vínculo creado previamente, por el cual se establecen ciertos poderes de disposición a favor de una de las partes.

La orden, aun cuando su posibilidad debe encontrarse siempre configurada por la ley, tiene como presupuesto una previa situación de libertad del destinatario. Esa libertad viene a excluirse o relativizarse a través de la orden de manera positiva (prescripciones que imponen conductas activas) o de un modo negativo (prohibiciones que imponen conductas omisivas). De ahí que la orden sea – como se ha dicho antes que una técnica interventora de actuación general y necesaria, una manifestación eventual de la Administración que relativiza la libertad del ciudadano[572].

Las órdenes pueden ser individuales o generales, no debiendo asimilarse esta última a los reglamentos, con los que – no obstante tener en común el hecho de referirse a un conjunto indeterminado de personas– difieren al no tener aquéllas, por objeto, una situación genérica y permanente sino una situación concreta y no permanente. Por ende, las órdenes no integran el ordenamiento jurídico (ej.: la orden de disolver una manifestación no autorizada; la de no circular por una calle determinada, etc.).

Las órdenes también se clasifican, en punto a su funcionalidad, en preventivas, directivas y represivas. Las órdenes preventivas están destinadas a evitar peligros, perjuicios o simplemente riesgos en la realización de actividades privadas.

---

[571] GARCÍA DE ENTERRÍA, Eduardo - FERNÁNDEZ, Tomás R., *Curso...*, *cit.*, t. II, p. 33.
[572] *Idem* p. 114.

Aun cuando por lo general este tipo de órdenes traducen prohibiciones ello no es así en todos los casos (ej.: en materia sanitaria).

En el campo de la intervención económica asumen gran importancia las llamadas órdenes directivas que procuran, de cierta manera, encauzar las actividades privadas dentro de determinados planes y objetivos (es lo que acontece, por ejemplo, en el régimen de la industria azucarera establecido por la ley 19.597, respecto del deber de no producir más azúcar que la cantidad fijada en el cupo anual o del deber de exportar determinadas cantidades).

Ciertas órdenes poseen, a su vez, una naturaleza represiva en cuanto procuran eliminar una situación contraria al interés público o ilegal ya producida o sus efectos (*v.gr.*, orden de demolición de un edificio que amenaza ruina, incautación de alimentos en mal estado, orden de clausura, etc.) y pueden en ciertos supuestos, tener contenido sancionatorio en cuyo uso revisten la condición de actos mixtos.

12. EL PRINCIPIO DEL *FAVOR LIBERTATIS* Y LA NECESIDAD DE RESPALDO NORMATIVO PARA ESTABLECER ACTOS DE GRAVAMEN SOBRE LOS PARTICULARES

En aquellos sistemas constitucionales, como el nuestro, que han consagrado la necesidad de asegurar la libertad (como reza el Preámbulo de la CN) cuyas distintas manifestaciones se preceptúan (art. 14, CN) como derechos fundamentales de las personas (*v.gr.*, libertad de ejercer industria, de comerciar, de ejercer cultos, etc.) asignándole, en definitiva, una posición preferente en el marco jurídico de la Constitución, no puede dudarse que el principio del *favor libertatis*, aun con las excepciones que pueda haber por razones de interés público, constituya una de las reglas básicas del sistema.

Este principio veda el uso indiscriminado y discrecional de medidas que afecten la libertad individual en perjuicio de los particulares cuando la Administración o la ley pudieran utilizar otros medios menos onerosos o perjudiciales a los derechos e intereses de las personas para alcanzar la finalidad en cada caso perseguida y obliga a resolver, en favor de la libertad, cualquier duda interpretativa que pudiera existir respecto de la aplicación de la limitación o delimitación de derechos[573].

En garantía de las libertades fundamentales de las personas y del derecho de propiedad, se requiere que la medida limitativa de la Administración cuente con un respaldo legal inexcusable para fundar su legitimidad. Este principio surge, de un modo implícito, de lo prescripto en el art. 19, CN, al estipular un ámbito de libertad privada que, como regla, se halla exento de la intromisión estatal estableciendo claramente que *ningún habitante de la Nación está obligado a hacer lo que no manda la ley ni privado de lo que ella no prohíbe*. Esa prescripción constitucional se completa con el art. 28 que establece el principio de la inalterabilidad de los derechos y garantías fundamentales por parte, leyes que reglamenten su ejercicio, principio este que rechaza la existencia de derechos absolutos habida cuenta que conforme al propio art. 14, CN, éstos se ejercen conforme al marco de la legislación reglamentaria.

---

[573] GARCÍA DE ENTERRÍA, Eduardo - FERNÁNDEZ, Tomás R., *Curso...*, *cit.*, t. II, p. 105.

13. LAS LLAMADAS POTESTADES ABLATORIAS: REMISIÓN

Al lado de los poderes de la Administración o del Congreso que confieren derechos o dan nacimiento a situaciones jurídicas *ex novo* a través de las figuras de la limitación o de la delimitación de derechos privados se encuentran aquellas otras situaciones jurídicas donde lo que se opera es una eliminación total o parcial del derecho del administrado. Estas potestades, denominadas ablatorias por un sector de la doctrina italiana, asumen diversas tipicidades jurídicas en relación con el grado de extensión en que se manifiesta la potestad estatal e incluyen desde la expropiación hasta la ocupación temporánea, la requisición, el decomiso, etc. De ellas nos ocupamos más adelante.

14. LA TÉCNICA DE LOS ACTOS FAVORABLES: EL FOMENTO

Como se ha señalado precedentemente mediante la técnica de los actos favorables la acción interventora de la Administración viene a producir una suerte de ampliación del *status jurídico* del particular. Esos actos, cuyo título juega en forma autónoma (con la consiguiente estabilidad de los derechos adquiridos) de la cobertura legal en la que se fundan[574] han sido estudiados bajo la categoría genérica del fomento, a la que se aplican los principios de la teoría general del acto administrativo o del contrato administrativo, según los casos, con ciertas peculiaridades que trataremos de resumir seguidamente tomando como ejemplo la técnica de la promoción industrial[575].

Dentro de las formas de intervención que caracterizan a la actividad del Estado, las técnicas del fomento asumen una tipicidad que se percibe en el contenido de la actividad y en los fines que ésta procura, cuyas características se vuelcan al régimen jurídico de los actos que generan las relaciones jurídicas subjetivas entre el Estado y las personas (físicas o jurídicas) que resultan destinatarias de las medidas del fomento.

Y si bien resulta gráfico Jordana de Pozas cuando puntualiza que uno de los objetivos que cumple la clasificación de las formas de la actividad administrativa es impedir *agotarse en el vano intento de aprender memorísticamente los cuarenta mil artículos en que prudentemente pueden calcularse los contenidos de las leyes y*

---

[574] GARCÍA DE ENTERRÍA, Eduardo - FERNÁNDEZ, Tomás R., *Curso...*, *cit.*, t. II, p. 95.

[575] Al influjo del derecho comunitario europeo, la doctrina viene abogando por el reemplazo de la voz *fomento* por la locución *ayudas públicas*, propuesta que resulta de un enfoque dogmático parcialmente distinto de esta modalidad de intervención pública, menos apegado a sus aspectos teleológicos y más centrado en su dimensión estructural (conf. MARTÍNEZ LÓPEZ-MUÑIZ, José Luis, "La actividad administrativa dispensadora de ayudas y recompensas: una alternativa al fomento en la teoría de los modos de acción de la Administración Pública", en GÓMEZ-FERRER MORANT, Rafael (coord.), *Libro homenaje al profesor José Luis Villar Palasi*, Civitas, Madrid, 1989, ps. 751 y ss.; entre nosotros, DE LA RIVA, Ignacio M., *Ayudas públicas. Incidencia de la intervención estatal en el funcionamiento del mercado*, Hammurabi, Buenos Aires, 2004, ps. 118/120). Por nuestra parte, si bien participo de la crítica a la tradicional teoría del fomento, entiendo que la reconstrucción dogmática que se precisa debe abordarse desde una perspectiva funcional de la actividad (ver CASSAGNE, Juan Carlos, "Reflexiones sobre las ayudas públicas", REDA, nro. 45, LexisNexis-Depalma, Buenos Aires, 2003, ps. 601 y ss.).

reglamentos administrativos[576], dicha clasificación reporta una utilidad práctica innegable y constituye una herramienta jurídica necesaria para la aplicación e interpretación del derecho, en particular en los supuestos de carencia normativa.

Así como no se pueden trasplantar algunas reglas de la concesión de servicios públicos (*v.gr.*, sustitución excepcional del cocontratante) al campo de los contratos o relaciones de promoción industrial, tampoco se puede resolver, en caso de duda interpretativa, una relación de atribución que tiende a beneficiar directamente al administrado y sólo mediatamente al interés general de la misma manera que una relación de colaboración (*v.gr.*, servicio público), donde la realización del bien común aparece de forma directa e inmediata.

Como los fines y la naturaleza de toda institución o categoría jurídica influyen y modelan su régimen, no obstante que pueden aparecer las distintas técnicas entremezcladas, las normas aplicables y, sobre todo, los principios jurídicos que informan cada actividad, son distintos en la medida en que respondan a una finalidad de policía, de fomento o de servicio público.

El concepto de fomento reposa sobre la idea de la conveniencia de que el Estado proteja o promueva determinadas actividades que realizan las personas físicas o jurídicas, con la finalidad mediata de procurar que, mediante la concreción de dichas actividades, resulte un beneficio a la comunidad.

Al igual que la policía y el servicio público, el fomento refleja la intervención subsidiaria del Estado, tratándose de una actividad estatal que amplía los derechos de las personas físicas o jurídicas, técnica que puede extenderse también a las entidades estatales, ya fuere que tengan condición jurídica pública o privada.

En cambio, la policía es una típica forma de intervención estatal que limita los derechos individuales con el fin de hacerlos compatibles con el bien común o interés general. Todo el régimen de la policía administrativa se halla influido por el hecho de tratarse de una *actividad* de limitación, que concilia el interés particular con el bien común.

Difiere también el fomento del servicio público en la naturaleza y en los fines y, consecuentemente, en el régimen jurídico que acompaña la realidad que transmite este cometido estatal. En efecto, mientras el servicio público se concibe objetivamente como una actividad prestacional interferente, donde surge la necesidad, continuidad, etc., de la prestación, el fomento aparece como una ayuda, un estímulo, tendiente a que los particulares puedan realizar sus propias finalidades comerciales o industriales, en tanto dicho quehacer redundará en beneficio del interés general.

La utilización de la técnica de fomento, enunciada como tal a partir del siglo XVIII[577], frente a una situación de insuficiencia de la iniciativa particular o de los

---

[576] JORDANA DE POZAS, Luis, "Ensayo de una teoría del fomento en el derecho administrativo", en *Estudios en homenaje a Jordana de Pozas*, t. I, Instituto de Estudios Políticos, Madrid, 1961, p. 486.

[577] VILLAR PALASI, José L., "Las técnicas administrativas de fomento y de apoyo al precio político", RAP, nro. 14, Instituto de Estudios Políticos, Madrid, 1954, ps. 11/121, esp. ps. 22/23.

cuerpos intermedios, estimula la realización de las actividades faltantes, en lugar de realizarlas el Estado por su propia cuenta.

Diseñadas las líneas que distinguen las diferentes modalidades de las técnicas de fomento y su diferenciación con las actividades de limitación y de prestación, sus aplicaciones, en un orden jurídico determinado, muestran un fenómeno de coexistencia e intercambiabilidad de las distintas técnicas que pueden aparecer en forma promiscua, en la acción administrativa concreta del Estado.

Puede objetarse que la hipótesis de la cual se parte pretende agotar todos los tipos clasificatorios que condensan la actividad jurídica administrativa del Estado.

Tal sistematización no pretende representar el grupo de los criterios clasificatorios expuestos de modo absoluto y estricto, tratándose de una aproximación real y útil a la ciencia jurídica que precisa captar objetivamente los procesos propios de la actividad estatal y adscribirlos a determinado régimen jurídico[578].

Porque, en verdad, cualquier acto estatal concreto puede contener simultáneamente las actividades descriptas, ya que la unidad de la acción del Estado reposa sobre ese hecho evidente y la circunstancia de que ella se reconduce en definitiva a un único fin, que es la realización del bien común[579].

Pero no es menos evidente que en la casi totalidad de los actos predomina alguno de los contenidos objetivos que se utilizan para realizar ese bien común, quedando desde luego admitido que en cada uno de esos actos pueden actuar también las otras técnicas en que se resume la actividad estatal concreta, creadora de situaciones jurídicas subjetivas.

15. LOS MEDIOS DE FOMENTO

La doctrina se ha ocupado de clasificar los medios a que acude el Estado para estimular la realización de actividades privadas por razones inherentes al interés público[580]. Se trata de actos propios de la justicia distributiva ya que el incentivo que se procura con el fomento se concreta en la adjudicación o distribución de ventajas de índole honorífica o económica que pertenecen a los llamados bienes comunes.

De ese modo, mediante la técnica distributiva, se conectan regulaciones públicas en actividades regidas por el Derecho Privado, dando origen a una serie de relaciones jurídicas donde el poder público del Estado queda circunscripto al aspecto *ius*

---

[578] En Francia, la doctrina no se ha ocupado mayormente de los diferentes tipos de clasificación de la actividad administrativa, incluyendo la actividad de fomento dentro del concepto amplio de intervencionismo económico (conf. LAUBADÈRE, André de, *Traité élémentaire de Droit Administratif*, t. IV, LGDJ, París, 1977, ps. 147 y 157, quien incluye entre los procedimientos convencionales de dicho intervencionismo a los llamados "contratos económicos", equivalente a nuestros contratos de promoción industrial).

[579] Esta ambivalencia de la actuación pública sobre la economía ha sido destacada hace ya muchos años por la doctrina española, que a partir de dicha observación acuñó el principio de la *intercambiabilidad de las técnicas de intervención* (conf., VILLAR PALASI, José L., *La intervención administrativa en la industria*, t. I, Instituto de Estudios Políticos, Madrid, 1964, p. 93).

[580] Véase: GARRIDO FALLA, Fernando, *Tratado...*, *cit.*, t. II, ps. 250 y ss.; DIEZ, Manuel M., *Derecho Administrativo*, t. IV, Bibliográfica Omeba, Buenos Aires, 1969, ps. 144 y ss.

administrativo de la relación emergente del fomento que no puede interferir en el *status* jurídico del particular ni en sus derechos de propiedad sobre el bien o la empresa que constituyen el objeto del fomento. Este límite hace que ciertos poderes que el ordenamiento atribuye a la Administración en el marco de la contratación pública (ej.: sustitución del cocontratante) carezcan de sentido y, por tanto, de vigencia, en esta clase de relaciones donde se actúa a través de una técnica de inducción y el beneficio para la comunidad se logra en forma indirecta.

Entre los medios que tienden a estimular la actuación de los particulares en un determinado sentido se encuentran los denominados honoríficos, cuyo sentido acaso más trascendente consiste en generar el perfeccionamiento individual de quien alcanzó la distinción, el premio, la condecoración o la más alta calificación en un examen, cuyo fundamento radica en el beneficio social que ello reporta.

El empleo de estos medios honoríficos ha sido objeto de críticas por parte de las corrientes que postulan el igualitarismo social que, en forma dogmática, pretenden borrar las naturales desigualdades que existen entre las personas y diluir la sociedad en el Estado, pues al desaparecer aquéllos, los únicos desiguales serán los detentadores del poder político de turno. Al sostener esta tesis no se repara en que el principio de igualdad no se altera cuando se trata en forma igual a los iguales (por ejemplo, a quienes se encuentran en una misma condición jurídica), sino cuando el ordenamiento incide igualitariamente sobre quienes se encuentran entre sí en un plano de desigualdad. Pero, además, la concepción igualitaria no advierte la trascendencia – ni la aptitud– que tienen los medios honoríficos para provocar una alta dosis de ejemplaridad en el seno de la sociedad respecto de las conductas que resultan premiadas con una distinción de esa naturaleza.

Los medios de fomento también pueden revestir naturaleza económica, ya sea que consistan en prestaciones *in natura* o materiales, o en ventajas financieras o dinerarias. Estos últimos, pueden ser directos como los anticipos o préstamos, primas, subsidios, subvenciones y reintegros o reembolsos aduaneros, o bien, indirectos como las exenciones y desgravaciones impositivas o la admisión temporal de mercaderías exentas de derechos de importación para su elaboración con destino a la exportación, donde no se opera ningún desplazamiento patrimonial por parte de la Administración. En el derecho comparado de vertiente continental, la tendencia se dirige claramente hacia la agrupación de todas las técnicas de fomento señaladas bajo el género común de las ayudas públicas.

En ese cuadro clasificatorio la doctrina suele distinguir el subsidio, la prima y la subvención. El primero, consiste en un desembolso dinerario periódico fundado en la ley o en un contrato administrativo (basado en ley) que genera un derecho subjetivo a su percepción (*v.gr.*, el subsidio familiar), mientras que la prima carece de dicha periodicidad. A su vez, se ha sostenido que la prima se diferencia de la subvención en que el otorgamiento de esta última resulta discrecional y no genera derecho subjetivo en cabeza del particular subvencionado[581].

Lo cierto es que si la fuente de la subvención deriva de un contrato, su concesión deja de ser discrecional y el particular tendrá acción para reclamar su cumplimiento ante la justicia, confundiéndose en tal caso con la prima y con el subsidio (en

---

[581]   Conf. DIEZ, Manuel M., *Derecho Administrativo, cit.*, t. IV, ps. 148/149.

el supuesto que sea periódica), lo que permite concluir que la subvención puede también ser concebida en sentido amplio, comprensiva de cualquiera de las especies indicadas, en virtud de la existencia de reglas comunes en su régimen jurídico[582]. En principio, la subvención no genera contraprestación o compensación, salvo que hubiera al respecto alguna estipulación expresa establecida en un acto o contrato administrativo.

16. EL FOMENTO DE LAS INDUSTRIAS

La técnica de *estimulación* que traduce el fomento comprende tanto medidas orientadas a proteger determinadas actividades como a aquellas encaminadas a promoverlas.

Promoción y protección son, pues, dos formas distintas de realizar el fomento[583], que coexiste muchas veces en un régimen jurídico unitario.

De este modo, el fomento de las industrias puede abarcar tanto medidas de *promoción* (ej.: beneficios fiscales para la formación del capital social de la entidad promovida), como aquellas ventajas que encuadran en el concepto de protección industrial (*v.gr.*, fijación de aranceles o derechos de importación tendientes a proteger la industria instalada o la que se instale en el país).

Tal es la orientación que fluye de la ley argentina de promoción industrial 21.608, donde si bien se emplea el término *promoción*, dicha voz es utilizada en su acepción amplia, es decir, como equivalente a *fomento*, habida cuenta de que en el art. 4° de la citada ley, los incs. c) y f) aluden a verdaderas técnicas de protección, referidas a la imposición de derechos de importación con el fin de proteger la industria instalada o a instalarse.

La promoción o protección de la industria no implica el fomento de toda la actividad económica, la cual, en la mayor parte de los países occidentales, suele tener regímenes positivos propios en el ordenamiento jurídico de cada actividad.

De ese modo, el concepto de *actividad industrial* se convierte en el presupuesto básico objetivo para el acceso a los beneficios de fomento. En tal sentido, la idea de transformación en su forma o esencia (ya sea física, química o físico-química) de materias primas o materiales, en nuevos productos, por medio de un proceso induci-

---

[582] La tendencia del derecho positivo orienta hacia un tratamiento jurídico uniforme para subsidios y subvenciones (en sentido estricto), tal como lo preceptúa el art. 2°, ley 23.696. Sin embargo, esta ley distingue los subsidios y las subvenciones de determinadas exenciones impositivas vinculadas a la promoción industrial y minera (arts. 4° y ss., ley 23.696), pese a que en ambas figuras no hay, técnicamente, desplazamiento patrimonial.

[583] La definición de fomento proporcionada por Jordana de Pozas, Luis, en su célebre trabajo "Ensayo de una teoría del fomento en el derecho administrativo", *cit.*, la cual describe dicha modalidad interventora como *"la acción de la Administración encaminada a proteger o promover aquellas actividades, establecimientos o riquezas debidos a los particulares y que satisfacen necesidades públicas o se estiman de utilidad general..."*, sugiere claramente la presencia de los dos elementos arriba señalados.

do, mediante la aplicación de técnicas de producción uniformes, configura el eje de lo que se entiende por actividad industrial[584].

17. ESTRUCTURA DE LAS RELACIONES JURÍDICAS DE PROMOCIÓN INDUSTRIAL

Uno de los temas, quizá, de mayor trascendencia en los regímenes de fomento industrial, es el referente a la estructura de la relación jurídica que se crea entre el Estado y la entidad que recibe los beneficios de fomento industrial.

La cuestión presenta matices peculiares que se reflejan tanto en la posibilidad de extender o excluir las reglas sobre responsabilidad contractual y prescripción de las respectivas acciones, como en la aplicabilidad o no de las normas que rigen la invalidez de las cláusulas accidentales, que, en principio, no parecerían tener cabida en el ámbito contractual, donde es difícil escindir una porción del conjunto de cláusulas que ha sido querida y aceptada en su totalidad.

A) La relación jurídico-administrativa

El concepto y perfiles de lo que cabe entender por relación jurídica han sido elaborados por la doctrina, no siendo patrimonio exclusivo del Derecho Civil, sino de la teoría general del derecho. Por relación jurídica administrativa se entiende toda relación o vinculación intersubjetiva que teniendo su fuente en la ley, hechos o actos, contratos o cuasicontratos, enlaza elementos del ordenamiento jurídico y produce efectos jurídicos[585].

No se debe confundir, por tanto, la relación jurídica con su contenido, el cual está formado generalmente por un haz de potestades, derechos, deberes y obligaciones, cuya naturaleza jurídica corresponde a la condición de fuente de la cual emana.

En el Derecho Privado es frecuente, sin embargo, definir a la obligación como relación jurídica, cuando en realidad es parte del contenido de esa relación. Refiérese la relación a la creación de una estructura jurídica entre los sujetos vinculados; por ello es que se puede hablar de relación unilateral y bilateral con respecto a la formación del acto. Pero también puede comprender la incidencia de los efectos con respecto a cada uno de los sujetos que integra la estructura de esa relación, desde el momento que esos efectos pueden ser tanto unilaterales como bilaterales[586]. Esta postura es expresamente aceptada por Manoel de Oliveira Franco Sobrinho, en el Brasil, si bien la circunscribe a los actos unilaterales en su formación[587].

---

[584] Ver dec. 2541/1977, art. 7º. A ello cabe agregar aún la utilización de maquinarias o equipos, o la repetición de operaciones o procesos unitarios llevados a cabo en un establecimiento industrial.

[585] Conf.: GARCÍA TREVIJANO FOS, José A., *Tratado de Derecho Administrativo*, Revista de Derecho Privado, Madrid, 1967, p. 435.

[586] MARIENHOFF, Miguel S., *Tratado de Derecho Administrativo*, 4ª ed. act., t. II, Abeledo-Perrot, Buenos Aires, 1993, p. 230.

[587] FRANCO SOBRINHO, Manoel de Oliveira, *Atos administrativos*, San Pablo, 1980, p. 320.

168

B) Estructura de la relación jurídica de fomento

En la casi totalidad de los casos, la relación jurídica que vincula al administrado con la Administración Pública en materia de fomento industrial, es evidentemente bilateral, tanto en su formación como en sus efectos[588].

La constitución es bilateral, habida cuenta que las ventajas o beneficios requieren de la solicitud o petición del administrado y de la consecuente voluntad administrativa que decide otorgar alguna ventaja o medida de promoción o protección industrial.

Los efectos que ese acto genera alcanzan, por regla general, tanto al Estado que tiene la obligación de concretar los actos que trasuntan la concesión de los beneficios promocionales, como a la entidad que recibe las medidas de fomento, que asume diversas cargas y obligaciones (*v.gr.*, obligación de poner en marcha la instalación industrial en un plazo determinado).

Determinada la estructura de la relación jurídica, resta por establecer el tipo de fuente que la origina, aspecto que ha generado bastante confusión en los autores que se han ocupado del tema.

C) Fuente de la relación jurídica de fomento industrial

Se ha visto que las relaciones jurídico-administrativas se originan en muy diversas fuentes: ley, hechos y actos jurídicos (dentro de los cuales cabe incluir los contratos) y cuasicontratos[589].

En materia de fomento industrial, las relaciones nacen, por lo general, en un acto jurídico bilateral, que puede asumir o no la categoría de un contrato administrativo de atribución[590].

En el derecho argentino, la política legislativa no siempre ha seguido una misma tendencia, pues mientras la ley 20.560 exigía la suscripción de un contrato, la ley 21.608, aun cuando no excluye esta figura, no requiere la formalización de un acuerdo de voluntades entre el Estado y la empresa promovida.

---

[588] Esta cuestión, sin embargo, no está exenta de debate, existiendo también un sector de la doctrina que se inclina por calificar a las diversas manifestaciones del fomento como configuradoras de actos de naturaleza unilateral (VILLAR PALASI, José L., "Las técnicas...", *cit.*, ps. 68 y 90/93; FERNÁNDEZ FARRERES, Germán, *La subvención: concepto y régimen jurídico*, Instituto de Estudios Fiscales, Madrid, 1983, ps. 396 y 412/147; NIEVES BORREGO, Julio, "Estudio sistemático y consideración jurídico-administrativa de la subvención", RAP, nro. 42, Madrid, 1963, ps. 28/30 y 45/46; entre nosotros, DE LA RIVA, Ignacio M., *Ayudas públicas...*, *cit.*, ps. 176/181).

[589] Sobre esta cuestión, puede verse el trabajo de SACRISTÁN, Estela B., "El problema de la fuente en las relaciones de fomento", *REDA*, nro. 43, LexisNexis - Depalma, Buenos Aires, 2003, ps. 99 y ss.

[590] Sobre los contratos administrativos de atribución, ver: MARIENHOFF, Miguel S., *Tratado...*, *cit.*, t. III-A, p. 113; CASSAGNE, Juan Carlos, "Los contratos en la Administración Pública (Distintas categorías y regímenes jurídicos)", ED 57-793/804.

De esta circunstancia no se desprende forzosamente que la relación de fomento pierda su naturaleza bilateral, pudiendo surgir de un simple acto bilateral o de un contrato.

Cuando existe de parte de la entidad beneficiaria un mero acto de acogimiento a determinado régimen de fomento industrial, que impone deberes para el Estado, juntamente con cargas y obligaciones para la recipiendaria, y cuando la voluntad estatal aparezca determinada o reglada por el ordenamiento (del cual derivan los efectos del acto administrativo que genera las relaciones entre las partes), él no puede ser un contrato. Será, en todo caso, un mero acto jurídico bilateral en su formación y efectos. Esta circunstancia no impide aplicarle a este tipo de acto las reglas de la responsabilidad contractual, las cuales, cuando provienen del Código Civil, se aplican por analogía.

Tampoco corresponde extender a estos casos la noción del negocio jurídico que, proveniente de la doctrina alemana, resulta extraña en nuestro derecho, que acude al concepto más amplio de acto jurídico[591].

En el mismo sentido que el expuesto, nuestra Corte Suprema de Justicia ha expresado:

Que el régimen de promoción de la industria automotriz – como se ha dicho – colocaba a ésta como una actividad reglamentada, cuyo ejercicio requería contar con la correspondiente autorización.

La voluntad del interesado debía, en consecuencia, manifestarse para la incorporación al régimen: pero desde el momento que aquélla era aceptada, otra voluntad, la de la Administración Pública, en conjunción con aquélla, daba nacimiento al acto administrativo que resultaba de ese modo bilateral en su formación y también en sus efectos. En su formación, porque el pedido del interesado de acogerse al referido régimen era un presupuesto esencial de su existencia; y en sus efectos, porque originaba los respectivos derechos y obligaciones emergentes de esa concurrencia de voluntades.

En ese sentido, particularizando más lo dicho, debe señalarse que, en lo esencial de la relación jurídica, la empresa automotriz quedaba comprometida a cumplir el plan aprobado por la Administración y ésta a respetar el mismo, así como el régimen de importaciones de material, establecido en beneficio de aquéllas[592].

Cabe destacar que en un caso más reciente la Corte se apartó de la doctrina señalada, para sostener que en la ocasión sólo había mediado un acogimiento unilateral por parte de la empresa beneficiaria, frente a un régimen también unilateralmente

---

[591] En la Argentina, si bien un sector de la doctrina acepta la noción de negocio jurídico de Derecho Público, se sostiene que un mismo acto puede concebirse a la vez como mero acto administrativo y como negocio de Derecho Público, lo cual demuestra el escaso rigor lógico de la clasificación. Por lo demás, la categoría del negocio jurídico es extraña a la Ley Nacional de Procedimientos Administrativos 19.549 y al Código Civil. En el Brasil, mientras que algunos autores la aceptan, como López Meyrelles, otros ni siquiera la incluyen en la clasificación de los actos administrativos. Tal el caso de Oliveira Franco Sobrinho.

[592] *In re* "Metalmecánica SA v. Gobierno Nacional", Fallos 296:672 (1976).

dictado por la Administración, desechando expresamente la aplicación del criterio de la bilateralidad consagrado en el caso Metalmecánica[593].

18. NATURALEZA Y CARACTERES DE LAS RELACIONES DE LOS REGÍMENES DE FOMENTO INDUSTRIAL Y DEL ACTO OTORGANTE DE BENEFICIOS

Aun cuando la realización del bien común se obtiene de un modo mediato, la actividad concreta de fomento no deja de pertenecer a la función administrativa objetivamente considerada, habida cuenta que la intervención del Estado tiende a cumplir la función supletoria o subsidiaria que le es propia sobre las bases de las técnicas del Derecho Público, como evidentemente son los actos por los cuales se otorgan beneficios a las industrias.

Las relaciones que se generan pertenecen tanto al ámbito de la justicia distributiva (*v.gr.*, otorgamiento de beneficios fiscales), como a aquella especie de justicia que trata lo debido por las partes a la comunidad (justicia legal), tal como ocurre con las cargas que impone el ordenamiento a quienes reciben la promoción. Esto es así, por cuanto aun cuando la fuente de la relación sea un contrato, no se puede hablar, en rigor de verdad, de conmutación alguna que relacione lo debido en proporción a la cosa.

En la medida en que se trata de relaciones de atribución, en las cuales la prestación principal está a cargo de la Administración, es evidente que toda interpretación que se formule acerca tanto del régimen como del acto otorgante de beneficios, tiene que favorecer los fines que la promoción o protección persiguen en el caso concreto, debiéndose interpretar toda duda en favor de la entidad beneficiaria.

Si bien la relación jurídica básica que surge de un acto de fomento es de carácter administrativo por la naturaleza y el fin de la actividad – dado que los bienes o ventajas que el administrado percibe no son susceptibles de constituir el objeto de una contratación privada (*v.gr.*, beneficios fiscales)– , ello no impide desconocer la posibilidad de que el respectivo acto sirva también de fuente de relaciones jurídicas privadas, cuya problemática se extiende a las situaciones jurídicas subjetivas derivadas de los regímenes, actos y contratos de fomento industrial, de los cuales surgen relaciones entre la entidad promovida y los inversionistas (especialmente cuando la empresa que recibe la promoción sea una sociedad anónima mercantil).

Este tipo de relaciones se regirán por las normas y principios del Derecho Comercial, siendo aplicable el Derecho Público en la medida en que hubiera una derogación expresa y especial de las normas comunes mercantiles. Pero esto no es más que el reconocimiento, en el orden de la realidad, del fenómeno de interferencia entre los derechos público y privado, o, si se quiere, de la injerencia parcial del Derecho Administrativo en las relaciones jurídicas privadas.

[593] "Compañía Azucarera Concepción SA v. Estado nacional s/proceso de conocimiento", Fallos 322:496 (1999), y en ED 183-671; con comentario de SACRISTÁN, Estela B., "La relación jurídica de fomento: ¿unilateralidad o bilateralidad?", ED 184-948.

19. LA DISTRIBUCIÓN CONSTITUCIONAL DE COMPETENCIAS RELATIVA A LA ACCIÓN INTERVENTORA DEL ESTADO

A) Principios que rigen la distribución de competencias en la Constitución Nacional

La cuestión inherente a la distribución constitucional de competencias entre el Estado y las provincias en materia de la acción interventora de los poderes públicos ha sido tradicionalmente enfocada desde la óptica del llamado *poder de policía*. Sin embargo, como se ha visto, dicha acción interventora abarca también diversos aspectos que, orgánicamente, competen no sólo al Congreso sino también al órgano ejecutivo de gobierno no circunscribiéndose, en la actualidad, al concepto clásico de la actividad de limitación. Con todo, las concepciones elaboradas en torno del sistema constitucional y, específicamente, sobre el poder de policía, con las debidas cautelas, siguen siendo válidas y, por tanto, pueden extenderse a todo el conjunto de medios en que se traduce la acción interventora del Estado.

Nuestra Constitución, al establecer la estructura del Estado Federal (la Nación, según otra terminología que también utiliza la CN) – en quien reside la soberanía– y las provincias – como entidades autónomas– no hace un mero reparto de competencias sino que articula un sistema bajo el cual las autonomías provinciales pueden desenvolverse, sistema que guarda, en este punto, una sustancial analogía con el estatuido en la Constitución de los EE.UU.

Esa estructura general que tiene por propósito la ordenación del conjunto para cumplir uno de los objetivos del preámbulo que consiste en *realizar la unión nacional* se apoya en el principio de prevalencia del derecho emanado de los poderes nacionales o federales en el marco de la Constitución, principio reconocido desde antaño por la jurisprudencia de la Corte Suprema[594] cuya fuente es el precepto contenido en el art. 31, CN (que estatuye que la Constitución y las leyes dictadas en su consecuencia son la ley suprema de la Nación)[595].

El principio de supremacía de la legislación federal o nacional[596] que aparece potenciado con la reserva de facultades exclusivas, expresamente enumeradas, la

---

[594] Si bien la Corte ha sostenido en términos generales que el poder de policía compete, por principio, a las provincias, conf. "Soc. Com. Ind. Giménez Vargas Hnos. v. Provincia de Mendoza", Fallos 239:343 (1957), siempre ha reconocido que en caso de incompatibilidad o repugnancia efectiva entre los poderes nacionales y provinciales, debe prevalecer el precepto federal, por su carácter de ley suprema, conf. "Griet Hnos. v. Provincia de Tucumán", Fallos 137:212 (1922).

[595] Este precepto reconoce su fuente en la Constitución de los EE.UU. (art. VI, ap. 2). Entre los antecedentes nacionales una norma similar se encuentra en el Proyecto de Constitución para las Provincias Unidas del Río de la Plata de 1813 (cap. 13, art. 185) y en el Proyecto de Alberdi para la Confederación Argentina (cap. 1, art. 15). Cabe apuntar en este último proyecto se enfatizaba más aun el principio de supremacía al establecerse: "No hay más autoridades supremas que las autoridades generales de la Confederación".

[596] Véase ESTRADA, José Manuel, *Curso de Derecho Constitucional*, t. III, Sudamericana de Billetes de Banco, Buenos Aires, 1902, p. 32, quien interpreta el art. 121, CN, en el sentido de los poderes allí descriptos son conservados por las provincias, mas "siempre que de ello no se siga perjuicio ni a la unidad nacional ni a la supremacía de la Constitución y de las le-

cabeza del Congreso Nacional (en varios incisos del art. 75, CN), representa una importante limitación al poder dispositivo de las autonomías provinciales y se encuentra asegurado por el precepto que consagra el art. 126, CN, que veda a las provincias *"el ejercicio del poder delegado a la Nación"*. El sistema se cierra con la cláusula que estatuye que las Constituciones de provincia (y por ende la consecuente legislación emanada de los poderes locales constituidos) debe ajustarse al sistema y a los principios de la Constitución Nacional (art. 5°, CN) cuyo gobierno federal, garantiza el goce y ejercicio de las instituciones provinciales. En esa función de garantía se funda – según Alberdi– el principio de prelación de la ley nacional sobre la ley provincial[597].

B) Poderes implícitos y poderes inherentes o resultantes

Ahora bien, para completar el cuadro descripto es necesario advertir la configuración de dos clases de poderes que deben jugar funcionalizados con los atribuidos o delegados expresamente al gobierno federal. En primer lugar, se encuentra la cláusula del art. 75, inc. 32 – cuyo funcionamiento constitucional no ha sido muchas veces correctamente advertido– que prescribe una delegación genérica a favor del Congreso para *hacer todas las leyes y reglamentos que sean convenientes para poner en ejercicio los poderes antecedentes, y todos los otros concedidos por la presente Constitución al gobierno de la Nación Argentina*[598].

---

yes de la Nación". Con acierto, apunta también Estrada, al referirse a las limitaciones implícitas a la autonomía de las provincias, que si la facultad ejercida por el gobierno federal "es de tal naturaleza que no pueda menos de producirse perturbación si se legisla en diverso sentido y por diversas autoridades, sobre la materia a que se refiere, entonces la atribución conferida a la Nación excluye por completo toda atribución concurrente por parte de las provincias" (ESTRADA, José Manuel, *Curso...*, *cit.*, t. III, p. 50), completando este pensamiento con una cita del Federalista que resume la doctrina de la exclusión de los poderes provinciales cuando las facultades "conferidas al gobierno federal, aunque no como exclusivas, sean, sin embargo, de tal naturaleza que entrañe verdadera repugnancia y contradicción su simultáneo ejercicio de parte de la nación y de las provincias" (ESTRADA, José Manuel, *Curso...*, *cit.*, t. III, p. 51). Esta ha sido, asimismo, la interpretación invariablemente sustentada por nuestra Corte Suprema. Ver en el mismo sentido: ALBERDI, Juan B., *Sistema económico y rentístico de la Confederación Argentina según su Constitución de 1853*, Eudeba, Buenos Aires, 1979, p. 193.

[597] ALBERDI, Juan B., *Sistema económico...*, *cit.*, p. 193.

[598] La fuente de la cláusula de los poderes implícitos del Congreso (art. 75, inc. 32, CN) se halla en el art. I, secc. VIII, cláusula 18, Constitución de los EE.UU. Pero nuestro artículo es más restringido que el de la Constitución de los EE.UU. que avanza sobre los poderes (expresos o implícitos) del Ejecutivo o del Judicial como advierte Aja Espil al desarrollar el pensamiento insinuado por González al comparar ambas cláusulas constitucionales. Véase: AJA ESPIL, Jorge A., *Constitución y poder. Historia de los poderes implícitos y de los poderes inherentes*, TEA, Buenos Aires, 1987, ps. 140 y ss. En otro sentido, el precepto de nuestra Constitución tiene un alcance más amplio pues habla de leyes y reglamentos que sean convenientes mientras que en la Constitución norteamericana se requiere que las leyes sean "necesarias y apropiadas". En ambos casos, se trata de conceptos jurídicos indeterminados cuya función de atribuir una competencia residual es bien patente y así ha ocurrido en las respectivas experiencias constitucionales.

Pero el artículo de nuestra Constitución tiene un alcance más restringido que el de la Constitución de los Estados Unidos, pues éste avanza sobre los poderes (expresos o implícitos) del Ejecutivo y del Judicial, tal como lo ha advertido Aja Espil – en un lúcido trabajo sobre la materia– al desarrollar la opinión vertida por Joaquín V. González cuando compara ambas cláusulas constitucionales[599].

Esta cláusula se refiere a los llamados poderes implícitos del Congreso que son aquellos que surgen por implicancia o extensión de las competencias expresamente atribuidas[600].

El otro tipo de poderes son los poderes inherentes o *resultantes* que derivan de las competencias propias de la naturaleza y fines[601] de un órgano o institución determinada[602] como son los que dimanan de la llamada Zona de Reserva de la Administración[603].

C) Los poderes atribuidos a las provincias

Finalmente, hay que tener en cuenta otro precepto de capital trascendencia en punto a la determinación de la competencia local, como es el que consagra la Constitución en su art. 121 al prescribir que "Las provincias conservan todo el poder no delegado por esta Constitución al gobierno federal..."[604]. De este precepto, se han extraído algunas conclusiones (como el carácter local de muchas instituciones administrativas, particularmente de la policía) que, a nuestro juicio, deben rectificarse con la finalidad de armonizar su contenido con los principios fundamentales que hacen a la unidad de la Nación[605] y a la consecuente prevalencia del bien común o interés nacional sobre los particularismos de las provincias, cuya diversidad y autonomía la Constitución por otra parte garantiza.

En efecto, al hilo de una correcta interpretación constitucional, que no desarticule el sistema instaurado, esa competencia atribuida por el art. 121, CN, a las provincias no significa reconocerles a éstas poderes inherentes que puedan hallarse en pugna con los poderes delegados, en forma expresa o implícita, ni con los poderes inherentes propios del gobierno federal. Se refiere, en rigor, a los poderes (sean concurrentes o resultantes) que conservan, es decir, a los que no han sido objeto de atribución exclusiva al gobierno federal o bien, que la Constitución les ha atribuido

---

[599] Véase AJA ESPIL, Jorge A., *Constitución y poder...*, cit., ps. 140 y ss.

[600] Conf. AJA ESPIL, Jorge A., *Constitución y poder...*, cit., ps. 150 y ss.

[601] El concepto de poder inherente se conecta con el principio de la especialidad de la competencia de los órganos o entes administrativos que, para nosotros constituye la regla general, salvo en materia sancionatoria o Derecho Penal administrativo (véase CASSAGNE, Juan Carlos, *Derecho Administrativo*, cit., t. I, p. 240).

[602] Conf. AJA ESPIL, Jorge A., *Constitución y poder...*, cit., p. 160.

[603] Véase: MARIENHOFF, Miguel S., *Tratado de Derecho Administrativo*, 5ª ed. act., t. I, Abeledo-Perrot, Buenos Aires, 1995, ps. 260 y ss.

[604] El art. 121, CN, es similar a la cláusula contenida en la Décima Enmienda de la Constitución de los EE.UU. por lo que cabe asignarle idéntico alcance: Conf. ESTRADA, José Manuel, *Curso...*, cit., t. II, p. 191.

[605] ESTRADA, José Manuel, *Curso...*, cit., t. II, p. 194.

en forma excluyente (arts. 5°, 122 y 123) o concurrente (art. 125). En otros términos, cuando el Congreso o el Ejecutivo (a través del ejercicio del poder reglamentario) hagan uso de alguno de los poderes que emergen de su competencia constitucional (ya sean exclusivos, implícitos o inherentes) tal normación tendrá prevalencia sobre la que puedan realizar las provincias en ejercicio de los poderes concurrentes que han conservado conforme al art. 121, CN. Sólo de este modo adquiere sentido constitucional la cláusula de supremacía contenida en el art. 31, CN, y su función de garantía de aquella prevalencia de las normas federales o nacionales sobre las provinciales.

En resumidas cuentas, la cláusula de supremacía del art. 31 asegura la prevalencia de la legislación del Estado nacional que el Congreso sancione tanto en ejercicio de las competencias exclusivas atribuidas expresamente como de los poderes implícitos que surgen de esa competencia expresa y de los llamados poderes inherentes. Es en ese marco donde cobran sentido los poderes que conservan las provincias conforme al art. 121, CN.

De otro modo, ni la cláusula de los poderes implícitos (art. 75, inc. 32)[606] ni el reconocimiento de los poderes inherentes hubieran podido desempeñar la trascendente misión de servir a una interpretación evolutiva de los fines y medios que la Constitución adjudica al gobierno federal, imposibles de ser previstos de antemano aun cuando, en realidad, la cláusula de los poderes implícitos igualmente hubiera podido desarrollarse en forma pretoriana como consecuencia de la interpretación constitucional. Esta circunstancia fue percibida claramente, en su momento, por Marshall, debiendo anotarse que para Hamilton la inclusión de la cláusula no agregaba nada sustancial a la Constitución en la inteligencia de que *la autoridad de ejercer los poderes estaba implícita en la misma concesión de poderes*[607].

La sustancial analogía (no obstante la menor amplitud con que se reconocen en nuestra Constitución los llamados poderes implícitos del Congreso) que guarda el sistema argentino con el de la Constitución de los EE.UU., después de las vicisitudes y cambios de criterios producidos en la jurisprudencia de la Corte Suprema norteamericana, permite extraer orientaciones válidas para nuestra propia interpretación judicial. En efecto, a partir del año 1941 (especialmente en el caso "United States v. Darby")[608] en la Corte norteamericana se consolidó el triunfo de la cláusula de supremacía de la Constitución de los Estados Unidos y de las leyes dictadas por el

---

[606] En la Constitución de 1826 (secc. IV-B, cap. 4, art. 58) se adjudicaba al Poder Legislativo la función de hacer "todas las demás leyes y ordenanzas de cualquier naturaleza que reclame el bien del Estado: modificar, interpretar y aprobar las existentes".

[607] *Cit.* por BARBER SOTIRIOS, A., *Sobre el significado de la Constitución de los EE.UU.*, trad. de Ana Santos, Abeledo-Perrot, Buenos Aires, 1986, ps. 111/112.

[608] En este caso de 1941 se completa y reformula expresamente la tesis de Marshall (312 US 100); ver también: "Case v. Bowles" (327 US 92, 101) del año 1946; asimismo: "Milliken v. Bradley" (97 S. Ct. 2749). Sin embargo, en algunas ocasiones, la Corte dio prevalencia al sistema federal sobre el poder del Congreso en materia de las atribuciones de los Estados para regular los salarios de los empleados públicos (*in re* "National League of Cities v. Usery" (426 US 833, 842, 845, año 1976); véase: CORWIN, Edward S., *La Constitución de los Estados Unidos y su significado actual*, trad. de Fraterna, Buenos Aires, 1987, ps. 568 y ss., de donde hemos extraído las citas jurisprudenciales.

Congreso – particularmente en lo referente al comercio interior– siendo evidente – se ha dicho– que actualmente la Décima Enmienda *no protege a los estados ni a sus subdivisiones del influjo de una autoridad otorgada afirmativamente al gobierno federal*[609].

Y si bien como lo reconoce Bianchi el sistema de la Constitución es claro, la Corte ha establecido los límites entre los poderes federales y los provinciales[610] pudiendo señalarse entre los poderes que han quedado bajo la reserva exclusiva de las provincias los que conciernen: a) el dictado de sus propias Constituciones y el establecimiento de sus respectivos regímenes municipales; b) la administración de la justicia local y los códigos de procedimientos; c) las instituciones de Derecho Público interno, como el poder de policía local.

En otros casos, como en materia de educación primaria, fomento y facultades impositivas (entre otras competencias) los poderes provinciales son concurrentes pero su ejercicio no debe resultar incompatible con el de poderes federales de idéntica naturaleza dado que si esto ocurriera, prevalecería siempre la legislación del Congreso Nacional, en mérito a la cláusula de supremacía contenida en el art. 31, Constitución.

---

[609] Conf. CORWIN, Edward S., *La Constitución...*, *cit.*, p. 572.
[610] Conf. BIANCHI, Alberto B., *La delegación legislativa*, Ábaco, Buenos Aires, 1990, p. 208.

CAPÍTULO III

LA EVOLUCIÓN DE LOS PRINCIPIOS Y TÉCNICAS REGULATORIAS EN EL CAMPO DE LOS SERVICIOS PÚBLICOS

1. LA DÉCADA DE LAS PRIVATIZACIONES: SU SIGNIFICACIÓN POLÍTICA Y JURÍDICA

A partir de 1990 – si bien el proceso puede situarse algo antes– la Argentina entró en un período de su historia política y económica que bien podría denominarse la década de las privatizaciones.

La operación privatizadora fue de tan vastos alcances – cabe remitir, en punto a ello, a los anexos de la ley 23.696– que comprendió, prácticamente, todas aquellas empresas que no cumplían funciones esenciales o indelegables del Estado. Desde empresas que tenían por objeto meras actividades comerciales o industriales (ej.: fábricas) hasta las reguladas por el Derecho Administrativo en virtud de la gravitación que traducen para la comunidad (calificadas por un sector de la doctrina como actividades de interés público) hasta los servicios públicos tradicionales[611] (como la producción y distribución de agua) todo un variado universo de empresas fue declarado, por ley, sujeto a privatización.

Con excepción de algunos casos aislados, puede decirse que la operación privatizadora de los servicios públicos y demás actividades de interés público fue tan eficaz (en cuanto a que se cumplieron los objetivos fijados por el legislador) como eficiente (en la medida en que pudieron seleccionarse – en condiciones económicas ventajosas– consorcios que contaban con operadores internacionales de primera línea). Se llevaron a cabo importantes inversiones y, en general, las tarifas a sufragar por los usuarios resultaban razonables en tanto comparadas con las correspondientes a los principales países del mundo occidental. Posteriormente, sobrevino la ley 25.561, que se proyectó sobre todos los contratos abarcados por su art. 8º[612].

Dada la provisionalidad de la ley 25.561 en cuanto a lo que dispone – como Ley de Emergencia que es, ha sufrido prórrogas[613], que, cabe hacer votos, no serán

---

[611]   POUGNAUD, Pierre, *Service public "à la française" ¿une exception en Europe?*, Institut de Gestion Déléguée, París, 1999, p. 65, afirma que el vocablo servicio público tiene la ventaja de evocar una amplia accesibilidad a un vasto público, por lo que conlleva una connotación muy democrática. Por supuesto, la fórmula "servicio económico de interés general" ha sido consagrada en el derecho comunitario europeo.

[612]   Ampliar en: CASSAGNE, Juan Carlos - SACRISTÁN, Estela (colab.), *El contrato administrativo*, 2ª ed., LexisNexis - Abeledo-Perrot, Buenos Aires, 2005, ps. 227/253.

[613]   Hallándose vigente al actualizarse esta obra.

infinitas en el plano temporal– puede en este capítulo de esta obra volverse sobre los principios aplicables a los servicios públicos pues, esencialmente, la ley 25.561 sólo alteró, bajo una lectura literal, los marcos regulatorios vigentes en lo relativo al ajuste del precio o tarifa, quedando en pie las restantes previsiones de aquéllos. De tal modo, los principios que en este capítulo se desbrozan se sustentan en los marcos regulatorios en los aspectos vigentes (*v.gr.*, los extraños al ajuste del precio o tarifa), así como, fundamentalmente, en los principios o lineamientos generales que la jurisprudencia y la doctrina han elaborado, a lo largo de los años, en torno al servicio público.

Volviendo la mirada hacia las mencionadas privatizaciones, puede señalarse que ese proceso reflejó un cambio *político* profundo en el modelo de Estado que regía en la Argentina, cambio que implicó, entre otras cosas, el quiebre de la concepción del Estado de Bienestar que rigió hasta la década del '80.

Como fenómeno común a la casi totalidad de los países de Europa y de América latina, posee – como lo ha destacado bien Ariño[614]– un significado político y otro de naturaleza jurídica. En el plano político, se operó una verdadera revolución al quebrarse, primero, la tendencia creciente de absorción de la economía privada por el Estado que se concretó definitivamente con el abandono de la concepción del Estado de Bienestar y que fue reemplazado por un nuevo modelo de Estado basado en la gestión privada de todas aquellas actividades que son susceptibles de ser llevadas a cabo por empresarios particulares, esto es, actividades estatales delegables en el sector privado. Ese proceso de cambio desplazó, entonces, no solamente la gestión estatal en típicas empresas de carácter comercial o industrial sino también, en los servicios públicos y actividades de interés público, los cuales pasaron a la gestión privada, con fundamento en el principio de subsidiariedad. De ese modo, el servicio público será prestado por entidades privadas y sólo subsidiariamente, en caso de inexistencia de iniciativa privada, será asumido por el Estado.

Consecuentemente, el papel político del Estado en este nuevo modelo no es ya el de productor de bienes ni el de gestor de servicios públicos. Su principal función, en este ámbito de la economía, pasó a concentrarse tanto en la regulación del control de los servicios y actividades de interés público (en lo que respecta a la calidad y eficiencia de las respectivas prestaciones) como a la promoción de la competencia que se opera, también, mediante regulaciones estatales.

Hay que advertir, asimismo, que la aplicación del mencionado principio de subsidiariedad al plano de la realidad económica, ha generado numerosas zonas o actividades que, en principio y salvo los poderes ordinarios de policía, se encuentran exentas de un control estatal organizado y sus consecuentes regulaciones (liberalización o desregulación de actividades).

De ese modo, el control y la regulación para la competencia junto a la liberalización y la desregulación, representan algo así como dos caras de una misma moneda perteneciente al patrimonio ideológico del Estado Subsidiario (como lo venimos

---

[614] Conf.: ARIÑO ORTIZ, Gaspar, *Principios de Derecho Público Económico. Modelo de Estado, gestión pública, regulación económica*, Fundación de Estudios Regulatorios, Comares, Granada, 1999, ps. 439/442.

178

denominando desde hace algún tiempo[615]) debiendo advertirse que el motor que impulsó la configuración del nuevo modelo se ha inspirado tanto en decisiones políticas nacionales (ej.: en los países de América latina) como supranacionales (ej.: en la Unión Europea)[616], incluso de países reacios a la privatización de los servicios públicos (ej.: Francia[617]).

De otra parte, en determinadas ocasiones, desde el poder político que conduce la vida del Estado, se ha tratado de justificar las privatizaciones con argumentos de tipo pragmático, concibiendo la operación privatizadora como un instrumento técnico atado a la finalidad de desprenderse de empresas deficitarias o, en otros supuestos, lograr eficiencia en prestación. Con todo y tal como se ha puntualizado[618] ambas motivaciones (la ideológica y la práctica) aparecen muchas veces entremezcladas.

Por otro lado, existe una significación jurídica que reposa en la técnica de transferencia de amplios segmentos del sector público de la economía al ámbito privado, que básicamente comprendió:

(i) la venta de activos y la transferencia del capital social mayoritario al capital privado;

(ii) la asignación de la gestión del servicio o actividad a un operador privado.

En este último sentido, la experiencia argentina permite visualizar dos modalidades diferenciadas.

La primera, de mayor trascendencia política, implica el mantenimiento del carácter público de la actividad (actividad "publificada"), la cual resulta sometida al régimen del servicio público ("*publicatio*") a través de una declaración legislativa previa.

La segunda, consiste en la supresión del carácter de servicio público de la actividad ("despublificación" de la actividad), que pasa a regularse por las reglas más generales del poder de policía que se ejerce sobre empresas que, en principio, se rigen por el Derecho Privado. Es lo que ha ocurrido, entre nosotros, con la producción de gas y con la generación de electricidad[619]. Es que ello constituye una garantía de que ese gas o esa electricidad serán producidos o generados: la regulación, y en especial la regulación del precio, provocaría la huida del respectivo producto del mercado. Ello es lo que se tuvo en cuenta al diseñarse la organización de los diversos segmentos en oportunidad de la privatización, y al dejarse en el campo de la desregulación las premencionadas actividades.

---

[615] CASSAGNE, Juan Carlos, *Derecho Administrativo*, 6ª ed., t. I, Abeledo-Perrot, Buenos Aires, 1998, ps. 62 y ss.

[616] Ver CASSESE, Sabino, "La transformación del servicio público en Italia", su conferencia del 12/6/1996 en el Instituto Italiano de Cultura de Buenos Aires para el Seminario Ítalo Argentino sobre el Régimen Jurídico de los Servicios Públicos 'Estabilidad y privatización', en *Actualidad en el Derecho Público*, Ad-Hoc, Buenos Aires, 1997, vol. 1/6, ps. 279/288.

[617] Ampliar en THIRION, Nicolás, *Les privatisations d'entreprises publiques dans une économie sociale de marché*, LGDJ, París, 2002; véase, empero, MOULIN, Jean-Marcel, *EDF-GDF, non à la privatisation-spoliation*, Fondation Copernic, Syllepse, París, 2004.

[618] ARIÑO ORTIZ, Gaspar, *Principios...*, cit., p. 439.

[619] Leyes 24.065 y 24.076.

Sin embargo, corresponde advertir que ambas modalidades son compatibles con la imposición – en grado diverso– de cargas u obligaciones de Derecho Público, lo que acontece con mayor intensidad en el campo en que se desenvuelven las concesionarias o licenciatarias de servicios públicos (*vgr.*: las cargas propias del llamado servicio universal), y en mucho menor grado, o incluso en un grado inexistente, en el caso de las actividades desreguladas, tales como la producción de gas.

2. LOS DIFERENTES PERÍODOS DEL RÉGIMEN DE GESTIÓN DE LOS SERVICIOS PÚBLICOS

A grandes rasgos, la situación de los servicios públicos en la Argentina puede dividirse en cuatro grandes etapas, que se corresponden con la menor o mayor injerencia estatal en los servicios públicos.

A) Primera etapa

Abarca desde fines del siglo XIX hasta la década del '40. La nota común que caracterizó a esta etapa radica en el hecho de que la casi totalidad de los servicios públicos eran prestados por empresas privadas de capital primordialmente extranjero a través de las clásicas concesiones regidas por el Derecho Administrativo. Así ocurrió con los servicios de gas, teléfonos, electricidad, ferrocarriles y subterráneos.

Hubo, empero, dos importantes excepciones en el caso de los servicios de agua y de correos – que no se hallaban dados en concesión– al propio tiempo que el Estado explotaba un ferrocarril de fomento que prestaba un excelente servicio y no generaba pérdidas, sin competir con los ferrocarriles privados (que al final terminaron todos siendo adquiridos por compañías privadas, en su mayoría inglesas).

Y si bien hubo otros factores que contribuyeron al crecimiento económico de la Argentina en este período, en el que nuestro país alcanzó a ocupar el 5° lugar en el comercio internacional, los servicios públicos fueron una pieza básica del desarrollo alcanzado.

B) Segunda etapa

El comienzo de este período puede situarse hacia mediados de la década del 40 y se caracteriza por la nacionalización, salvo alguna excepción, de todos los servicios públicos cuya titularidad y gestión asumió el Estado.

En algunos ejemplos puntuales, la operación nacionalizadora resultó inconveniente para las finanzas del país (tal fue el caso de la nacionalización de los ferrocarriles que explotaban capitales británicos, cuya concesión vencía al año siguiente de que se operara la renacionalización mediante compra por el pago de un precio).

La ideología estatista, entonces también imperante en Europa[620], fue la principal causa que impulsó la nacionalización de los servicios públicos. La nacionalización

---

[620] Recuérdese, como se destacara antes, el preámbulo de la Constitución francesa de 1946 (incorporado luego, por mención expresa, en el Preámbulo de la Constitución de la V República de 1958, hoy vigente): *"Tout bien, toute entreprise, dont l'exploitation a ou acquiert les caractères d'un service public national ou d'un monopole de fait, doit devenir la propriété de la collectivité"*.

no se fundamentó, entonces, en razones pragmáticas. El *slogan* que se utilizó fue que, por fin, los ferrocarriles y demás servicios públicos pasaban al patrimonio nacional. Por fin eran nuestros.

Las mayorías políticas y aun sectores de la oposición no vislumbraron el monumental déficit que, en poco tiempo, año tras año, iba a generar la explotación ferroviaria bajo la gestión de administradores estatales, y, a su turno, los restantes servicios asumidos por el Estado[621].

En forma paralela con esos déficits, y de un modo generalizado, la mayor parte de las empresas, que pasaron a ser de propiedad estatal, empezaron a perder calidad, eficiencia y hasta el sentido de la misión de servicio que debían cumplir, sin que la Administración se preocupara por controlar debidamente las prestaciones que pasaron a regularse, en los hechos, por los propios agentes de las empresas públicas, cuyas filas aumentaban notoriamente[622].

C) Tercera etapa

Hacia el final de los años 80 la explotación de los servicios públicos por parte de empresas estatales condujo a una situación de emergencia económica que fue declarada en el art. 1°, ley 23.696, y que dio lugar a la privatización de las empresas enumeradas en sus anexos. Esa emergencia se hallaba signada por una significativa falta de inversión en los diversos sectores, especialmente los de producción de gas y generación eléctrica, y una grave anquilosis empresarial que se traducía en gestiones de baja calidad e ineficientes, que iban acumulando abultados déficits crónicos.

Si bien durante el gobierno del presidente Alfonsín aparecieron distintas proyectos, iniciativas y dictámenes tendientes hallar una solución a tal situación, fue recién en el año 1989, cuando, tras la sanción de la Ley de Reforma del Estado 23.696, se forjaron las bases legales que permitieron ejecutar una vasta operación privatizadora, al declararse sujetas a privatización las principales empresas de servicios públicos y actividades comerciales o industriales que explotaba el Estado y al dictarse normas que establecieron los procedimientos de transferencia de la propiedad y de la gestión al sector privado, delegándose, en el Poder Ejecutivo, la potestad de derogar privilegios, cláusulas monopólicas y condiciones discriminatorias, y, al propio tiempo, la potestad de desregular actividades.

---

[621] Según FUNDACIÓN DE INVESTIGACIONES ECONÓMICAS LATINOAMERICANAS, *Los costos del Estado regulador*, FIEL, Buenos Aires, 1989, ps. 271/272, las empresas estatales YPF, Agua y Energía, Ferrocarriles Argentinos, Encotel, Obras Sanitarias de la Nación, Gas del Estado, Segba, Entel, Aerolíneas Argentinas y Administración General de Puertos dieron rentabilidad negativa en los años 1965 a 1967, 1971 a 1976, 1979 a 1987. Asimismo, en 1988 se señalaba que Segba tenía una rentabilidad negativa desde 1982 hasta ese año, conf. RICCIARDI, Darío, "La rentabilidad negativa", en AA.VV., *Jornada de reflexión y propuesta de cambio. Segba, 1958-1988*, Asociación del Personal Superior de Segba, Buenos Aires, s/f, ps. 29/33.

[622] Bianchi ha llegado a decir que esas empresas operaban, en realidad como grandes ministerios: así, había un ministerio del agua, un ministerio del gas, un ministerio ferroviario, etc. Ampliar en BIANCHI, Alberto B., "Una noción restringida del servicio público (Apuntes para su cuarta etapa)", en REDA, nro. 53, Depalma - LexisNexis, Buenos Aires, 2005, ps. 299/349, esp. p. 335.

Aun a riesgo de no precisar un catálogo completo sobre las notas principales que caracterizaron a la vasta operación privatizadora llevada a cabo en esta etapa, dicha operación revela la configuración de una serie de rasgos – algunos establecidos *a priori* y otros sobre la propia marcha del proceso– , que se proyectan al plano tanto político y económico como jurídico, susceptibles de describirse – en forma sintética– como sigue:

(i)   la amplia publicidad y difusión de las distintas convocatorias efectuadas para conseguir la mayor cantidad posible de oferentes en los diferentes procesos licitatorios;

(ii)   la celeridad de la decisión legislativa inicial que declaró a una gran parte de las empresas estatales sujetas a privatización junto a mecanismos de delegación que hicieron posible que el Poder Ejecutivo nacional pudiera concretar, en poco tiempo, las medidas iniciales previas, indispensables para sentar las bases de cada privatización[623];

(iii) el plan fue generalizado, incluyendo a las principales empresas del sector público, sin prevalecer el objetivo recaudatorio. El propio art. 10, ley 23.696, habilitó al Poder Ejecutivo nacional para desregular actividades económicas;

(iv) en casi todos los casos se realizaron estudios previos que contaron con el asesoramiento de entidades financieras internacionales de primera línea, con participación del Banco Mundial;

(v)   no hubo privatización que no incluyera la transferencia del control de la empresa al capital privado reservándose el Estado, en algunos supuestos, una porción minoritaria de capital que, por lo general, no superó el 30%, debiéndose tener en cuenta además la porción de capital que se destinó al programa de participación participada[624];

(vi) el proceso de información y de consultas formales e informales por parte de los interesados, en torno a la elaboración de los pliegos de las respectivas licitaciones públicas. Se generalizaron sistemas de doble sobre que concluían con la adjudicación de la mejor oferta económica, exigiéndose, cuando lo justificaba la envergadura del servicio y la magnitud de las inversiones, la presencia de un operador internacional de primer nivel. La mayor parte de las operaciones de privatización, particularmente aquellas efectuadas en el área energética, se caracterizaron por una gran transparencia que las distintas misiones oficiales enviadas al exterior se encargaron de destacar;

(vii) la segmentación de los mercados e introducción de competencia en aquellas actividades en que ello era posible, a través de la creación de mercados disputables. En este aspecto, las leyes excluyeron del régimen del servicio público a una serie de actividades competitivas (ej.: generación de electricidad y producción de gas).

---

[623]   Frente a la concepción gradualista que algunos propugnaban se optó por un tratamiento de *shock*, a causa de la crítica situación por la que atravesaban las finanzas públicas.

[624]   Establecido en los arts. 21 y ss., ley 23.696.

182

D) Cuarta etapa

La crisis gestada en el año 2000, provocada fundamentalmente tanto por erróneas políticas monetarias y fiscales como por la falta de equidad en la distribución
del ingreso y la ausencia de medidas tendientes a paliar la desocupación generada
por el proceso privatizador, hizo eclosión en la primavera de 2001, culminando con
la sanción y promulgación de la Ley de Emergencia 25.561, la cual marcó el comienzo de una cuarta etapa del servicio público[625].

En ella un aspecto neural de toda prestación de un servicio público – el tarifario– se encuentra provisionalmente congelado (art. 8°, ley cit.) mientras duren las
prórrogas de la citada ley declarativa de la emergencia.

Aunque de manera limitada, se advierte un regreso a las tendencias favorables a
la prestación estatal del servicio público en la concreta creación de una empresa
estatal habilitada para prestar los servicios públicos de transporte y distribución de
gas y electricidad (Enarsa[626]), así como en el abandono de la consigna de reprivatizar
el Correo Argentino, o en la posibilidad de que el Estado preste servicios públicos
asociado a capitales privados (dec. 697/2005).

3. EL SERVICIO PÚBLICO COMO TÉCNICA QUE REQUIERE UNA CONSTANTE ADAPTACIÓN A LOS SISTEMAS Y REALIDADES IMPERANTES: LA REGULACIÓN PARA LA COMPETENCIA

La historia del servicio público tanto en los países del continente europeo, especialmente Francia, como en Hispano-América (el caso argentino ha sido, por lejos,
el más típico) demuestra que si bien la institución ha subsistido, sobreviniendo a las
distintas crisis que la acecharon, la técnica que, en definitiva, configura su régimen
jurídico, ha ido adaptándose a los sistemas y realidades prevalecientes en cada época
histórica. Es que el servicio público, como todas las instituciones del Derecho Administrativo, no pasa de ser una de las tantas categorías históricas a que el Estado
acude para satisfacer las necesidades primordiales de la población.

Precisamente, el error en que cayó la escuela de Burdeos, advertido en su momento por Hauriou, fue el de suponer que el servicio público podía ser capaz de
absorber toda la actividad del Estado y aun de los particulares, diluyendo las energ-
ías y capacidades que surgen de la propia sociedad, mediante una teoría autoritaria
que transformó al Estado en una gran cooperativa de servicios públicos.

Con algunas excepciones la teoría desembocó en el abandono de la gestión privada de los servicios públicos de carácter económico y en el consecuente estatismo
que siguió uno de los períodos de mayor decadencia de la institución (aquí nos referimos al caso argentino) en lo que concierne a la calidad, eficiencia y – por qué no

---

[625] En igual sentido, BIANCHI, Alberto B., "Una noción..." *cit.*, esp. ps. 301/302.

[626] En este sentido, ESTEVES, José A., "Un diagnóstico errado", *Revista del Colegio Público de Abogados de la Capital Federal*, nro. 77, julio 2004, ps. 16/17, esp. p. 17. Enarsa, empero, como operadora energética, sería ajena a las potestades exorbitantes del Estado, conf. QUEVEDO MENDOZA, Efraín, "Enarsa. Un novedoso concepto en empresas del Estado", entrevista publicada en *Servicios & Infraestructura*, año 1, nro. 2, Buenos Aires, junio-julio 2004, p. 13.

admitirlo– eficacia de las prestaciones. A raíz de ello, el prestador del servicio – que pese a las formas encubiertas utilizadas era, finalmente, el propio Estado– se convirtió en el regulador de hecho o de derecho del servicio, relegándose de este modo el interés de los usuarios. En ese proceso de estatización de la gestión de los servicios públicos desapareció la característica más trascendente del modelo anterior que colocaba a la Administración Pública como ente interpuesto entre los concesionarios y los usuarios del servicio. He aquí la segunda etapa ya mencionada.

En la tercera etapa, al haberse privatizado la casi totalidad de los servicios que antes prestaba el Estado a través de empresas públicas, se plantea un nuevo problema de adaptación ya que el régimen jurídico que condujo al estatismo resulta incapaz de modelar una realidad mucho más rica y fragmentaria que pone el acento en la calidad y eficiencia de las prestaciones, en el libre acceso a las redes – cuando es posible– y en la competencia comparativa. Si se repara en el hecho de que el objetivo de obtener la eficiencia de las prestaciones resulta compatible con la apertura de cada sector privatizado a una mayor competencia, con la salvedad del servicio universal, la clave de la adaptación consiste en articular técnicas de equilibrio. Ello, empero, sin afectar los monopolios legales o exclusividades zonales acordadas (ej.: distribución de gas[627]) o exclusividades acordadas sobre una red o sistema (ej.: transporte de gas[628]), respetando los segmentos o calificaciones de actividades dados en los respectivos marcos regulatorios[629], y, en la medida de lo permitido por dichos marcos regulatorios, o con acuerdo entre concedente y concesionario o licenciatario, desgajando actividades que pueden ser prestadas en un marco de competencia en cuanto sea posible en beneficio de los usuarios (por ej.: lectura domiciliaria de medidores; *unbundling*).

Así, desde la competencia imperfecta regulada en función de parámetros o modelos que rigen la gestión de empresas similares en la economía local, regional o internacional hasta la segmentación de los mercados (donde la competencia surge en un ámbito creado por el propio Estado) así como el libre acceso a las redes de transporte y la apertura a las redes de distribución de grandes servicios públicos, como son el gas y la electricidad, muchas son las técnicas utilizadas que combinan la desregulación con el poder regulatorio que pasa, fundamentalmente a cumplir la función básica de promover la competencia.

El principio de la defensa de la competencia, que va de la mano con el principio de subsidiariedad, ha adquirido en la Argentina *status* constitucional – al declararse interdicta cualquier forma de distorsionar los mercados– (art. 42, CN) e implica, como regla general, que prevalece la gestión privada de los servicios, justificándose la gestión estatal sólo en supuestos de ausencia de toda posibilidad de que los particulares operen empresas de servicios públicos.

A su vez, el principio de competencia y el principio de subsidiariedad introducen un límite general al ejercicio del poder regulatorio: la regulación no puede utilizarse para cercenar las libertades del mercado sino de un modo ciertamente relativo, esto es, en el marco de las técnicas de equilibrio que tienden a garantizar la eficien-

---

[627] Dec. 2255/1992.

[628] Dec. 2255/1992.

[629] Véase "YPF v. Enargas", Fallos 328 (31/5/2005).

184

cia (que incluye una razonable rentabilidad) de las prestaciones y la competencia, cuando se dan las condiciones para la afluencia de varios prestadores.

Con la apariencia de una paradoja puede advertirse que regulación y competencia se articulan de tal modo que el sentido que justifica la primera se encuentra en la segunda y viceversa, habida cuenta de que para defender la libre competencia en los distintos mercados – incluso cuando se trate de una competencia imperfecta o promovida por el Estado al dividir en segmentos un mercado que antes era monopólico– se acude a la regulación, cuya intensidad disminuye cuanto más fuerte y abierta sea la competencia. En este aspecto, la regulación aparece siempre como una consecuencia del principio de subsidiariedad o de gestión privada con lo que resulta fácil entender cómo el Estado de nuestros días pasa de la desregulación a la regulación. Lo que desaparece es la regulación estatista que cercena y limita las actividades competitivas de los agentes del mercado. No desaparece la regulación para la competencia[630].

4. EL SERVICIO PÚBLICO COMO CATEGORÍA CONSTITUCIONAL

La reforma de la Constitución Nacional hecha en 1994 introdujo, en el art. 42, la categoría del servicio público prescribiendo una serie de principios que la nutren de una tipicidad especial, sin llegar empero a definir el concepto jurídico de servicio público, cuyo perfil seguirá siendo obra de la jurisprudencia y la doctrina. De ella se desprende la configuración de un cuadro normativo básico de principios que requieren ser completados con los marcos regulatorios que, por imperio de la referida cláusula de la Constitución Nacional, debe dictar el Congreso de la Nación.

Dicho cuadro normativo básico está constituido por los siguientes principios o directivas constitucionales:

a) reconocimiento de los derechos de los usuarios, en la relación de consumo, a la protección de su salud, seguridad e intereses económicos, a una información adecuada y veraz, a la libertad de elección y a condiciones de trato equitativo y digno (art. 42, 1ª parte, CN);

b) la defensa de la competencia contra toda forma de distorsión de los mercados y el control de los monopolios naturales y legales (art. 42, 2ª parte, CN);

c) la calidad y eficiencia de los servicios (art. 42, 2ª parte, CN). Este principio coexiste con el criterio de rentabilidad razonable, medida en función de parámetros internacionales, y ésta es comparable a las obtenidas en actividades similares (*v.gr.*, art. 41, ley 24.065, y art. 39, ley 24.076);

d) la participación de los consumidores y usuarios y de las provincias interesadas, en los organismos de control (art. 42, 3ª parte, CN)[631].

---

630 ARIÑO ORTIZ, Gaspar, *Principios...*, *cit.*, ps. 553 y ss.

631 Nos remitimos a lo expuesto en CASSAGNE, Juan Carlos, "La participación pública en el control de los servicios públicos", RAP, nro. 250, Ciencias de la Administración, Buenos Aires, 1999, p. 9; con una óptica diferente véase el análisis de GORDILLO, Agustín, *Tratado de Derecho Administrativo*, 3ª ed., t. II, Fundación de Derecho Administrativo, Buenos Aires, 2000, p. VI-21.

Finalmente, hay que advertir que en la citada cláusula constitucional subyace el modelo de gestión privada de los servicios públicos y que por aplicación del principio de subsidiariedad la intervención estatal en el plano de la gestión se limita a los supuestos de falta o insuficiencia de las actividades privadas. En esa línea, el art. 42, 2ª parte, CN, consagra, a cargo de las autoridades, el deber de proveer a la defensa de la competencia contra toda forma de distorsión de los mercados y al control de los monopolios naturales y legales, normas que, obviamente, tienen como destinatarias a las empresas privadas prestadoras de las respectivas actividades que pueden configurar, o no, servicios públicos.

La misma inteligencia cabe atribuir al precepto constitucional (art. 42, 3ª parte, CN) que pone en cabeza de la ley el dictado de los marcos regulatorios de los servicios públicos puesto que toda regulación, por principio, se proyecta al plano externo de la persona jurídica Estado, recayendo sus efectos sobre la gestión de las concesionarias o licenciatarias (en principio, personas jurídicas privadas) y los usuarios o clientes.

5. EVOLUCIÓN DE LA CONCEPCIÓN TRADICIONAL

La concepción tradicional del servicio público ha debido evolucionar a fin de adaptarla a la cambiante realidad económica y social y al nuevo papel que se le asigna al Estado como promotor y árbitro de la competencia.

Dicha evolución ha operado principalmente en tres sentidos. En primer lugar, en cuanto al ámbito o extensión de la propia categoría que ahora se restringe a las actividades llevadas a cabo mediante prestaciones de naturaleza económica que satisfacen necesidades primordiales o esenciales de los ciudadanos previamente configuradas como tales en la ley.

De la exigencia de una previa declaración legislativa para configurar el servicio público se desprende la no admisión del servicio público implícito o virtual, tal como se postulaba en la denominada teoría tradicional.

En consecuencia, el criterio material ha desplazado al criterio subjetivo y la categorización del servicio se produce por obra exclusiva del legislador (así ha ocurrido en la Argentina en los marcos regulatorios del gas y de la electricidad, entre otros).

Por otra parte, y tal como se ha visto precedentemente, la gestión privada es el principio que domina la categoría del servicio público, no habiendo reserva alguna a favor del Estado, como ocurrió en algunos ordenamientos comparados. En este aspecto hay que anotar, asimismo, que si bien se produce una neta separación entre titularidad y gestión, el Estado no actúa como dueño del servicio (aunque pueda serlo de determinados activos afectados al servicio) sino en el doble papel de concedente y regulador, es decir, en cuanto a su otorgamiento, la determinación de las reglas aplicables a los concesionarios y su control.

De esa manera, la concepción actual pone el acento en la función reguladora del Estado y en el control de la actividad de las empresas privadas que gestionan el servicio, control que se asigna a entes independientes, los que, sin embargo, antes que crear nuevas reglas (salvo que la ley le delegue atribuciones dentro de los límites fijados por el art. 76, CN) tienen por principal misión la de aplicar la regulación que hace el Estado al conceder el servicio y aun *a posteriori*, dentro del marco contractual preestablecido.

Como se verá seguidamente, esas transformaciones terminan incidiendo en el régimen jurídico del servicio público en el que se afirma la *obligatoriedad* como uno de los rasgos peculiares, que tipifica al servicio público[632].

6. LOS MODOS DE GESTIÓN Y EL RÉGIMEN JURÍDICO DEL SERVICIO PÚBLICO

A) Concesión y licencia

El modo más típico de gestión para la prestación de los servicios públicos continúa siendo la figura de la concesión, de naturaleza contractual, por la que se otorga a una empresa privada el derecho de explotar un determinado servicio público, con o sin exclusividad. La concesión de servicios públicos (ej.: distribución de energía eléctrica; distribución de agua) va siempre acompañada de un régimen jurídico administrativo especial, por el que se le atribuyen diversos poderes al concesionario en el marco de la prestación a su cargo.

A su vez, la figura de la licencia consiste en un acto unilateral del Estado que genera relaciones bilaterales con el licenciatario, relaciones que no son preexistentes como en la autorización sino creadas *ex novo*. Cuando la licencia reviste naturaleza contractual y su objeto es la explotación de un servicio público, ella es, en el fondo, una concesión con las modalidades peculiares que le imprima cada marco regulatorio[633].

Las consecuencias que se desprenden de dicha categorización no implican la configuración de un régimen jurídico unitario para aquellos contratos en que la legislación optó por encuadrar la relación concesional bajo la figura de la licencia[634] sino un entramado de principios y técnicas que, en cada régimen sectorial puede presentar una regulación diferente y específica.

Más aun, el proceso de globalización de la economía mundial muestra la existencia de problemas similares entre diferentes sistemas jurídicos, como son el argen-

---

[632] Ello ha sido destacado por MAIRAL, Héctor A., "La ideología del servicio público", REDA, nro. 14, Depalma, Buenos Aires, 1993, ps. 429 y ss. Puede verse, asimismo, CASSAGNE, Juan Carlos, *Derecho Administrativo, cit.*, t. II, p. 438; BIANCHI, Alberto B., "Una noción...", *cit.*, p. 340.

[633] Véase MARIENHOFF, Miguel S., "Los 'privilegios en el Derecho Público' (Exclusividad: monopolio, exención impositiva) Lo atinente a la 'reserva de zona'. La 'zona de influencia'", ED 162-1200/1208.

[634] Conf. TAWIL, Guido S., "A propósito del proyecto de Ley de Concesiones, Licencias y Permisos de Servicios Públicos", RAP, nro. 252, Ciencias de la Administración, Buenos Aires, 1999, ps. 18/45, esp. ps. 21 y ss.; en contra, SALOMONI, Jorge L., "Régimen de los bienes públicos en las concesiones o licencias de servicios públicos (el caso de la explotación en la distribución del gas natural)", en AA.VV., *El Derecho Administrativo argentino hoy*, Universidad Austral, Ciencias de la Administración, Buenos Aires, 1996, ps. 302/310, esp. ps. 305 y ss.

tino y el británico[635], cuyas interpretaciones resultan susceptibles de ser aplicadas pues allí las privatizaciones cuentan con aproximadamente dos décadas de antigüedad.

En resumidas cuentas la primera regla conduce a la aplicación de las prescripciones específicas de los marcos regulatorios y de los contratos de licencia, en lo posible conforme su letra, que fue lo que tuvieron a la vista quienes asumieran los respectivos negocios[636]. A su vez, ante una carencia normativa, otra regla de hermenéutica indica la necesidad de acudir a la analogía integrando el vacío mediante un proceso de adaptación del principio o norma que se considera que contiene una *ratio juris* similar a las reglas y cláusulas contractuales que rigen en cada licencia en particular.

Con esa peculiaridad, los principios jurídicos de la concesión de servicios públicos y las soluciones que brinda el derecho comparado pueden aplicarse a las licencias de naturaleza contractual[637].

B) Sobre el régimen administrativo aplicable a las concesiones de servicios públicos

En la concesión de servicios públicos, matizada primero y más tarde absorbida por el Derecho Administrativo del siglo XX, las principales notas que caracterizaban la determinación de una actividad como servicio público y el régimen jurídico aplicable eran:

1) el titular del servicio público era el Estado siendo dicha titularidad inalienable; esa titularidad devenía implícita de su naturaleza, o bien, de la ley;

2) la figura mediante la cual la Administración delegaba la gestión del servicio al empresario privado era la concesión de servicios públicos;

3) los bienes que el Estado le hubiera vendido o facilitado y los que adquiriera el concesionario *a posteriori* revertían al patrimonio estatal al finalizar la concesión; pero la transferencia de los bienes del concesionario al Estado podía llevarse a cabo por razones de interés público en cualquier tiempo (rescate);

4) toda concesión de servicios públicos debía ser temporal;

---

[635] BUDASSI, Iván F., "Licencias y concesiones: un estudio comparativo entre los sistemas del Reino Unido y la Argentina", *REDA*, nro. 24/26, Depalma, Buenos Aires, 1998, ps. 227/269.

[636] Tal como la propia Corte Suprema lo ha resuelto; véanse, entre otros, fallo citado en nota 19, y "Defensor del Pueblo de la Nación v. Estado nacional - Poder Ejecutivo nacional - Ministerio de Economía, Obras y Servicios Públicos y otros s/amparo ley 16.986", Fallos 323:2519 (2000), esp. disidencia de los Dres. Nazareno, Belluscio, Petracchi, Vázquez.

[637] ROCA JUNYENT, Miguel, "Neorregulación, servicio público y el papel del Estado en el mundo globalizado", su exposición en el *44° Congreso de la Union Internationale des Avocats*, Buenos Aires, 29/10/2000 al 2/11/2000, ha señalado, con acierto, que "la fuerte regulación a la que están sometidos los mercados analizados [se refiere fundamentalmente a las telecomunicaciones, electricidad y energía] y las obligaciones impuestas a algunas de las empresas que en ellos operan, justificadas por razones de interés general, acercan su situación a las de las empresas concesionarias de servicios públicos" planteando la posibilidad de aplicar a esas actividades los principios propios del contrato de concesión de servicios públicos (ROCA JUNYENT, Miguel, "Neorregulación...", *cit.*, p. 14).

5) la Administración conservaba el poder de modificación unilateral e implícito del contrato de concesión (*ius variandi*) sin perjuicio del derecho del concesionario a ser indemnizado;

6) las potestades inherentes al rescate y a la modificación unilateral se consideraban irrenunciables;

7) la igualdad tarifaria configuraba uno de los pilares esenciales del servicio público.

Ahora bien, ese bagaje de principios, que provenía del antiguo Derecho Administrativo, propio de las interpretaciones imperantes a principios del siglo XX, hoy han sido abandonadas o bien, sustancialmente aminoradas. Se trata de una adecuación más del servicio público al moderno rol subsidiario del Estado, a los requerimientos de certidumbre y certeza jurídica enalzados a las legítimas expectativas de quienes asumen la prestación de servicios necesarios para la comunidad, y, en fin, al abandono del dogma de que el Estado era quien debía proveerlo todo.

¿Por qué y cómo sobrevive la figura del servicio público? ¿Es compatible con la introducción de la competencia? Resulta evidente que las obligaciones o cargas del servicio público, aun en un régimen de competencia de las prestaciones, no han desaparecido y que la noción de servicio de interés general que introduce el derecho comunitario europeo constituye un supra concepto comprensivo del servicio público al que no excluye ni niega[638].

Se ha intentado, por algunos, reemplazar el servicio público por la noción de regulación económica (proveniente del derecho anglosajón), lo que nos parece erróneo por varios motivos. El servicio público (en su versión amplia o restringida) es una institución con caracteres típicos y definidos mientras que la regulación constituye una función o actividad englobada en el poder de policía. En cualquier caso, el servicio público es el *objeto* de la regulación, por lo que esta noción que juega en el plano de la competencia y de los poderes o facultades de los órganos estatales nunca puede confundirse con la institución que regula. En tal sentido, la *publicatio*, en su función actual, no se diferencia de la regulación[639].

No parece caber duda, sin embargo, acerca de la subsistencia de algunos de los caracteres fundamentales del régimen jurídico del servicio público tales como la *continuidad, regularidad* y *obligatoriedad*, los que, junto a la *igualdad*, constituían el basamento típico de su régimen administrativo.

Con todo, no se alcanza a configurar un régimen jurídico homogéneo. Existen – como es previsible– diferencias entre los distintos marcos regulatorios, ya que si bien se advierten cambios significativos en algunos regímenes (en la concepción que regía el campo de la concesión de servicios públicos), en otros, ello no se ha producido. Así, se ha operado transformaciones mediante técnicas que tienden a fortalecer

---

[638] Conf. FERNÁNDEZ, Tomás R., "Del servicio público a la liberalización desde 1950 hasta hoy", *RAP*, nro. 150, Centro de Estudios Políticos y Constitucionales, Madrid, 1999, ps. 57/157, esp. p. 64.

[639] CASSAGNE, Juan Carlos, *Derecho Administrativo, cit.*, t. II, ps. 421/422. Ésta es también la opinión que, recientemente, ha sostenido FERNÁNDEZ, Tomás R., "Del servicio público...", *cit.*).

la estabilidad de las concesiones, consagrándose, en los marcos regulatorios, figuras tales como la interdicción del rescate, la prohibición de congelamientos de precios o de aplicación de leyes de abastecimiento, o la revocación por oportunidad. No puede concebirse que ellas sean prerrogativas implícitas en marcos regulatorios que expresamente las vedan, y aun cuando no se hallaren expresamente vedadas, es claro que deberían ceder ante los derechos adquiridos contractualmente.

Otra figura que comienza a padecer una declinación histórica es la llamada reversión de los bienes[640] al fin de la concesión (mantenida en algún régimen sectorial como el del agua) que, en vez de garantizar patrimonialmente al Estado, quita todo incentivo para que el concesionario realice inversiones con fondos propios en los últimos años de su gestión, cuando ya no es posible efectuar las amortizaciones.

De otra parte, en algunos regímenes sectoriales, el principio de igualdad tarifaria aparece matizado con el de solidaridad a través de la creación de componentes tarifarios específicos (*v.gr.*, el cargo SUMA, Servicio Universal y Mejora Ambiental[641]) o bien, mediante el establecimiento de una tarifa social (tal como aconteció con los acuerdos marco celebrados con las distribuidoras de electricidad para proveer el servicio a villas de emergencia y barrios carenciados[642]).

En la evolución que ha experimentado la concesión de servicios públicos no puede dejar de señalarse un aspecto de gran trascendencia para la estabilidad contractual, ya advertido hace unos años por Ariño[643], como es la sustitución del principio del riesgo y ventura, que caracterizaba a las primeras concesiones de servicios públicos. Dicho principio aparece desplazado por el principio del equivalente económico o del equilibrio financiero mediante una ecuación que limita el riesgo del concesionario al derivado de su ineficiente gestión, sin cargarle ni el *alea* administrativa (hecho del príncipe) ni el *alea* económica general que no le sea imputable ni pueda razonablemente entrar dentro de una razonable previsión.

Por último, el análisis de los regímenes sectoriales existentes revela la franca imposibilidad de englobarlos en un régimen jurídico homogéneo por cuanto existen una serie de características diferenciales que obstan a su configuración unitaria. Las

[640] Ver GARCÍA DE ENTERRÍA, Eduardo - FERNÁNDEZ, Tomás R., *Curso de Derecho Administrativo*, 9ª ed., t. I, Civitas, Madrid, 1999, ps. 740 y ss., para quienes la reversión no es de la esencia de la concesión y al poseer una naturaleza exclusivamente económica que juega en el equilibrio contractual debe ser motivo de pacto expreso.

[641] Puede verse "Defensor del Pueblo de la Nación v. Estado nacional - Poder Ejecutivo nacional - decs. 149/1997 y 1167/1997 s/proceso de conocimiento", Fallos 327, del 11/5/2004, donde se convalidó dicho cargo, anotado por SACRISTÁN, Estela B., "Dos puntos de vista diversos (Conceptos tarifarios, cuestiones de hecho y prueba, circunstancias sobrevinientes)", *REDA*, nro. 53, LexisNexis - Depalma. Buenos Aires, 2005, ps. 460/470.

[642] Programas discontinuados en razón de la crisis de 2001/2002.

[643] ARIÑO ORTIZ, Gaspar, *Principios...*, *cit.*; y ARIÑO ORTIZ, Gaspar, *Teoría del equivalente económico en los contratos administrativos*, Instituto de Estudios Administrativos, Madrid, 1968, ps. 194 y ss.

diferencias hacen al régimen de bienes[644], a las previsiones normativas en materia de reversión[645], al régimen de rescate[646], al régimen tarifario[647].

El plano de la realidad demuestra, inexorablemente, la inexistencia de un régimen unitario a todos los servicios públicos privatizados[648]. Deben puntualizarse los inconvenientes que podrían llegar a generarse si se concretasen los intentos hacia la unificación que algunos sectores han propiciado[649], ya que se afectarían derechos adquiridos por concesión o licencia, con los consiguientes costos de transacción extrajudicial o judicial.

7. *QUID* DE LA REGULACIÓN ECONÓMICA

La regulación económica constituye una de las funciones esenciales del Estado Subsidiario que se configura básicamente – en su dimensión normativa– como una típica emanación del denominado poder de policía. Mediante ella se comprime el ámbito de la libertad económica a través del establecimiento de límites a su ejercicio y la imposición de obligaciones y cargas. Ello, con la finalidad de armonizar los derechos de los prestadores de los servicios públicos (y demás actividades privadas de interés público que capta el Derecho Administrativo) con los intereses de la comunidad (entre los que se ubica la protección de los usuarios).

La actividad regulatoria de la economía es, sustancialmente, actividad legislativa o reglamentaria, encontrándose sometida a todos los principios, normas y garantías constitucionales (en este ámbito resulta trascendente la garantía de razonabilidad)[650], así como a los límites al ejercicio de la potestad reglamentaria en razón de la competencia de quien la ejerce.

Como la dinámica regulatoria se traduce en fuentes de naturaleza reglamentaria, a través de la técnica de la delegación o atribución de funciones a los entes reguladores, hay un cúmulo de principios generales aplicables en este ámbito que operan como límites sustanciales al ejercicio de la respectiva potestad (*v.gr.*, reglas que

---

[644] Propiedad estatal (dec. 999/1992); dominio sujeto a cláusula de plazo de la licencia (dec. 2255/1992).

[645] Reversión al término de la licencia (dec. 2255/1992) o concesión (dec. 999/1992); inexistencia de reversión (dec. 62/1990).

[646] Prohibido expresamente (dec. 2255/1992, dec. 62/1990); permitido con previa indemnización de base contractual (dec. 999/1992).

[647] *Price-caps* (ley 24.076 y dec. 2255/1992, dec. 62/1990, en los mercados no desregulados). Empero, los regímenes tarifarios combinan, mediante formulaciones técnicas de gran diversidad, el sistema de *price cap* con el de la tasa de retorno o tasa de rendimiento, y aunque en general existe una tendencia a la aplicación del primero, no se excluye la determinación de la rentabilidad a la hora de fijar las tarifas máximas que pueden percibir los distintos concesionarios y licenciatarios, ni tampoco la obligatoriedad de determinadas inversiones a cargo de éstos a fin de mantener la calidad de las prestaciones.

[648] Ampliar, con provecho, en TAWIL, Guido S., "A propósito del proyecto...", *cit.*, ps. 18/45.

[649] Ampliar en los trabajos publicados en AA.VV., *Servicios públicos. Regulación. Primer congreso nacional*, Diké Foro de Cuyo, Mendoza, 2004.

[650] LINARES, Juan F., *Razonabilidad de las leyes*, 2ª ed. act., Astrea, Buenos Aires, 1970, ps. 107 y ss.

rigen la competencia y la procedencia de la delegación; el principio de inderogabilidad singular del reglamento, etc.).

Al descenderse al plano de la aplicación de las normas legales o reglamentarias, la actividad administrativa concreta creadora de situaciones jurídicas subjetivas (mediante la técnica del acto administrativo) tiene que respetar las reglas del procedimiento administrativo y los requisitos establecidos para la validez de los respectivos actos. De ese modo y sin perjuicio de la importancia valorativa de otros fines, también esenciales de la actividad regulatoria (*v.gr.*, tutela de los usuarios, promoción de la competencia), no hay que perder de vista la función garantística que en todo Estado de Derecho cumplen tanto el procedimiento como la institución del acto administrativo, para hacer posible que la actividad prestacional se desenvuelva con arreglo al principio de legalidad y en un marco general de juridicidad.

La necesidad de la regulación aparece como un correlato del servicio público con el objeto de armonizar los poderes de los prestadores del servicio con el interés de los usuarios y, más todavía, con el interés más genérico de la comunidad, interés público en suma. Desde luego que el grado e intensidad de la regulación no son ilimitados ni absolutos, siendo mayor en aquellos supuestos donde existen situaciones de monopolio legal o natural, aunque no todo servicio público posee *per se* estas características. En menor grado, también están alcanzadas hoy día por las regulaciones administrativas las llamadas actividades de interés público, mas dentro de los límites prefijados en el marco regulatorio aplicable.

En la actualidad se viene sosteniendo que la regulación económica tiene un nuevo sentido, como consecuencia de asignarle, entre otras, la función de estimular y proteger la libre competencia[651] en beneficio de los consumidores, lo que implica adoptar, en forma previa o concomitante, una política de segmentación de los diversos mercados junto a la desregulación de las actividades comerciales o industriales con el objeto de afirmar las libertades básicas del mercado. De lo contrario, el ámbito donde se encuentran oferta y demanda recibiría señales falsas o artificiales alterándose el sistema natural de formación de los precios y las condiciones de las transacciones que inciden sobre ellos. Se sabe, por la experiencia de los sistemas interventores, que el costo de los mecanismos estatales que inciden artificialmente sobre el mercado termina siendo pagado por la propia comunidad, sobre cuyos miembros recaen los efectos nocivos de una economía ineficiente e inflacionaria.

---

[651] Conf. CASSAGNE, Juan Carlos, "Marcos regulatorios y regulación económica", RAP, nro. 183, Ciencias de la Administración, Buenos Aires, 1993, ps. 21/25, esp. ps. 22/23. Sobre la función de los entes reguladores; véase el interesante trabajo de BARBARA, Jorge E., "El Estado post privatizador. Los entes reguladores", LL 1994-B-1184, presentado al I Congreso Nacional de Ciencia Política realizado en Huerta Grande (Córdoba) en 1993, así como MATA, Ismael, "Los entes reguladores de los servicios públicos", en *El Derecho Administrativo argentino, hoy*, jornadas organizadas por la Universidad Austral, Facultad de Derecho, Ciencias de la Administración, Buenos Aires, 1996, ps. 115/121; y MATA, Ismael, "Los entes reguladores de servicios públicos (La experiencia de Argentina)", *Documentación Administrativa*, nro. 267-268, INAP, Madrid, 2003/2004, ps. 395/418. Ver también DROMI, José R., *Reforma del Estado y privatizaciones*, t. I, Buenos Aires, 1991, ps. 23 y ss., donde destaca la relación de la libertad económica con otras instituciones como la desregulación y la competencia, aunque no estamos de acuerdo con su afirmación en el sentido de que nuestro régimen es de economía mixta.

Ahora bien, el sentido actual que asume la regulación económica – desarrollada con una intensidad mayor en el campo de los servicios públicos– no implica que el Estado abdique de las otras finalidades básicas establecidas en los diferentes marcos regulatorios. Esas finalidades se centran en los aspectos siguientes:

(i) asegurar la estabilidad de los suministros;

(ii) alcanzar grados óptimos de eficiencia y calidad en los servicios; y

(iii) proteger las libertades de los usuarios.

El objeto de la regulación económica se circunscribe a las actividades vinculadas a la satisfacción de necesidades cuyo régimen de prestación aparece regulado por el Derecho Público. En unos casos, las necesidades son de primer orden, es decir primordiales (servicios públicos), mientras que en otras son meramente generales (actividades de interés público). Aquí nos referiremos, principalmente, a aquellos servicios indispensables que se satisfacen a través de prestaciones de naturaleza económica[652] en mérito a al hecho de que la titularidad y, en definitiva, la responsabilidad de su control, recae sobre el Estado[653].

En la Argentina, han sido declarados servicios públicos el transporte y la distribución de gas[654]; el transporte y distribución de electricidad[655]; el transporte ferroviario; la provisión de agua potable y la operación del sistema de desagües cloacales[656]; entre otros.

No asumen el carácter de servicio público las actividades de generación de electricidad y de producción de gas[657].

En cuanto al servicio básico telefónico, no obstante las cualidades de servicio público que poseería bajo la ley 19.798 – que así lo considera–, cabe apuntar que las obligaciones originariamente previstas en el dec. 62/1990 deben ser ponderadas a la luz de la senda de desregulación abierta en el año 2000. La regla general en este

---

[652] CASSAGNE, Juan Carlos, "En torno a la noción de servicio público", *Revista Jurídica de Buenos Aires*, t. II, Abeledo-Perrot, Buenos Aires, 1988, ps. 45/58. La mayor parte de la doctrina ha repetido y viene repitiendo que el origen de la concepción se encuentra en Duguit y su escuela. De esta idea, hasta se ha llegado a extraer la tesis de que el servicio público surgió en la doctrina, como forma de continuar el conflicto entre Alemania y Francia (conf. MAIRAL, Héctor A. "La ideología...", *cit.*, ps. 359/437) a fin de que este país pudiera alcanzar el predominio en el campo cultural y jurídico que no pudo lograr en el plano bélico en 1870. Sin embargo, se trata de un error que la propia doctrina francesa ha develado al atribuir el origen de la concepción a Hauriou; conf. LAUBADÈRE, André de, en AA.VV., *La pensée du Doyen Maurice Hauriou et son influence*, Journées Hauriou, Pédone, París, 1969, ps. 209 y ss.; puede verse también en el mismo sentido: RIVERO, Jean, "Hauriou et l'avénement de la notion du service public", en AA.VV., *L'évolution du Droit Public; études offertes à Achille Mestre*, Sirey, París, 1956, ps. 462 y ss., quien, precisamente, no estaba de acuerdo con diluir el poder público en el servicio público, como hizo más tarde la escuela de Burdeos.

[653] Véase: PAREJO ALFONSO, Luciano, *Estado social y Administración Pública*, Civitas, Madrid, 1983, p. 121, donde destaca la visión anticipada de Hauriou sobre el punto.

[654] Art. 1º, ley 24.076.

[655] Art. 1º, ley 24.065.

[656] Art. 1º del Marco Regulatorio aprobado por dec. 999/1992.

[657] Art. 1º, ley 25.064; art. 1º, ley 24.076.

sector es la del derecho de las licenciatarias a fijar sus precios libremente[658] salvo cuando no hubiere competencia efectiva en un determinado servicio en una determinada área, supuesto en el cual aquéllas deben respetar las tarifas máximas[659]. En tal aspecto, esa posibilidad de competencia y desregulación se ve desplazada por el ingreso de las leyes del mercado, allí donde dicha competencia sea efectiva.

8. SOBRE LA NECESIDAD DE SEPARAR LA FUNCIÓN REGULADORA BÁSICA DEL CONTROL

La idea anglosajona de regulación traduce como función esencial la de atribuir a una autoridad independiente el poder de dictar las normas generales y actos individuales de aplicación cuyos efectos recaen en general sobre empresas, que prestan servicios que satisfacen necesidades primordiales de la población[660].

Salvo para la designación inicial del presidente de cada ente regulador, la autoridad regulatoria actúa con independencia total del Poder Ejecutivo y como árbitro neutral de los intereses contrapuestos de prestadora y clientes.

Es fácil advertir que, el sentido práctico de los anglosajones, los ha llevado a concebir un sistema similar al que rige en los encuentros deportivos, cuyas reglas, en estos casos, no las fijan los árbitros, los que sólo tienen el poder de aplicarlas e interpretarlas. Pero, como se verá seguidamente, no siempre resulta fácil trasladar esta concepción a otros países, con sistemas constitucionales y tradiciones diferentes.

En la Argentina, se han creado numerosos entes reguladores de servicios públicos que, aun cuando se proclama que actúan con independencia de los poderes de turno, se encuentran en la órbita del Ejecutivo.

Esto es así porque, conforme a nuestro sistema constitucional, el Poder Ejecutivo conserva la jefatura de la Administración (arts. 99 y 100, CN) como máximo responsable político en la organización administrativa del país y el Congreso no podría, en tal sentido, cercenarle sus atribuciones constitucionales ya sea recortando sus facultades reglamentarias y de control de tutela, o bien, creando entidades administrativas que dependan del Parlamento.

En tal sentido, nuestro sistema constitucional difiere del que rige en los Estados Unidos donde las agencias actúan en la órbita del Congreso y éste les delega un amplio poder regulatorio[661].

De todos modos, si las buenas ideas germinan siempre en otros sistemas y como resulta conveniente que el ente encargado de aplicar y controlar la regulación

---

[658] "Los Prestadores podrán fijar libremente las tarifas y/o precios de los servicios brindados, para categorías objetivas de Clientes, las que deberán aplicarse con carácter no discriminatorio, garantizando la transparencia de los precios que apliquen a cada uno de los servicios que brinden al público" (art. 11.1 del Anexo I, dec. 764/2000).

[659] Arts. 11.5 y 11.6 del Anexo I, dec. 764/2000.

[660] Ampliar en REIRIZ, Graciela, "Autoridades administrativas independientes para la regulación y control de los servicios públicos", en BOTASSI, Carlos A. (dir.), *Temas de Derecho Administrativo. En honor al profesor Dr. Agustín A. Gordillo*, Platense, La Plata, 2003, p. 265.

[661] Ampliar en REIRIZ, Graciela, "Autoridades administrativas...", *cit.*, esp. ps. 273/277.

194

guarde independencia con el Ejecutivo, se trata de ver en qué medida ello puede ser aplicable en nuestro modelo constitucional, particularmente con la jefatura de la Administración que le corresponde a dicho órgano (arts. 99, inc. 1°, y 100, inc. 1°, CN).

Por de pronto, con abstracción del mecanismo de designación, es obvio que la elección de los directivos del ente de control debe recaer en personas políticamente independientes, que posean una idoneidad general para el cargo (por ej.: título universitario habilitante) y especial para el cargo (*v.gr.*, ser versados en la materia). En segundo lugar, estas personas precisan actuar con independencia funcional (que es un concepto diferente al político y jurídico) sin que el Ejecutivo o sus ministros y demás funcionarios tengan la posibilidad de interferir en su accionar mediante el poder de vigilancia o por órdenes o instrucciones.

En definitiva, en nuestra organización constitucional, se trata de entes autárquicos que se auto administran en el marco de un sistema en que el Ejecutivo conserva sólo un control de tutela por causales inherentes a la legalidad (excluyendo la oportunidad) conforme a la extensión que le atribuya la ley.

Ahora bien, en cada sistema regulatorio resulta imprescindible dilucidar en cabeza de quién se encuentra la regulación así como analizar la posibilidad de separar la función regulatoria de la de control. Una serie de razones impiden, en nuestro sistema constitucional, que el Parlamento confiera a los entes de control un poder regulatorio autónomo o delegado habida cuenta de que:

a) la competencia para dictar normas generales le corresponde, en primer término, al Congreso y, en segundo lugar al Ejecutivo, a través de reglamentos de ejecución o delegados, con los límites prescriptos en el art. 76, CN;

b) el Congreso no puede delegar en entes de control que actúan en el ámbito del Ejecutivo, soslayando las atribuciones constitucionales de este último;

c) el Ejecutivo, como poder concedente de las licencias y concesiones ha establecido, en todos los casos, reglamentaciones aplicables a cada servicio y, además, ha reglamentado los marcos regulatorios que han precedido las respectivas adjudicaciones en las diferentes operaciones de privatización llevadas a cabo. Si conforme a la Constitución Nacional el Ejecutivo es el órgano encargado de reglamentar las leyes que contienen los llamados marcos regulatorios, es evidente que al Congreso le está vedado otorgar, a un ente de control, una facultad similar; ello, no sólo por la anarquía normativa que se produciría sino porque la Constitución Nacional atribuye el poder reglamentario en exclusiva, al Poder Ejecutivo (art. 99, inc. 2°, CN).

En consecuencia, se impone la separación de la función regulatoria de aquellas que lleven a cabo los entes de control[662], sin perjuicio de las facultades que el ordenamiento les atribuya para reglar aspectos de detalle que no impliquen la creación *ex novo* de obligaciones y derechos. Esta conclusión encuentra también fundamento en la circunstancia de que si los entes de control tienen atribuidas también funciones de naturaleza cuasijurisdiccional ellos serían jueces de sus propios asuntos (pues juz-

---

[662] Ver LAGUNA DE PAZ, José C., "Nuevo marco jurídico de las actividades liberalizadas", *REDA*, nro. 33/35, Depalma, Buenos Aires, 2000, ps. 83/115, esp. p. 114, punto VI, texto y notas 141 y 142.

garían sobre las normas que han dictado) contraviniendo de ese modo un trascendente principio general del derecho, proveniente del derecho natural, que se aparta del objetivo constitucional de *"afianzar la justicia"*.

9. LOS MARCOS REGULATORIOS

El proceso de privatizaciones de las empresas prestatarias de servicios públicos ha sido acompañado del dictado de una serie de normas reguladoras, en el orden nacional, de la respectiva actividad, las que tienen unas veces su fuente en una ley formal y material y, en otras, en reglamentos emitidos por el Poder Ejecutivo. Así, por ejemplos, las leyes 24.065 y 24.076 para los sectores eléctricos y de gas; el dec. delegado 999/1992, dictado por delegación contenida en la ley 23.696.

En tal sentido, el art. 42, CN, al prescribir que "la legislación establecerá (...) los marcos regulatorios de los servicios públicos de competencia nacional" no indica, preceptivamente, la exigencia de ley formal emanada del Congreso debiendo interpretarse que corresponde también a los reglamentos delegados. El conjunto de las normas aplicables a un determinado sector ha recibido el *nomen juris* de *Marco Regulatorio*. Pero, en rigor, se trata de algo más que de fijar los principios o bases que deben guiar la regulación, pues el contenido de cada marco regulatorio constituye un sistema, completo e integrado, que deja sólo los aspectos de detalle o pormenores para ser reglados mediante las reglamentaciones que dicten los distintos órganos o entes de aplicación, mediante el ejercicio de las facultades que les han sido delegadas[663].

10. SU CONTENIDO BÁSICO

Para un sector de la doctrina española que ha seguido las pautas del esquema formulado por Giannini[664], la sistematización de la acción administrativa tendiente a regular las actividades económicas privadas aparece circunscripta a las siguientes funciones: a) Ordenación de los elementos subjetivos de la empresa; b) Ordenación de la actividad empresarial, y c) Ordenación de la producción[665].

Sin embargo, como se verá seguidamente, el panorama que exhibe la regulación de los servicios públicos en Argentina es mucho más rico y diverso, como consecuencia, quizás, de haberse privatizado en forma global y sistematizada, la gestión de los principales servicios públicos nacionales.

En ese sentido, sin dejar de reconocer la relatividad que entraña toda sistematización, los marcos regulatorios de los servicios públicos han enfocado la respectiva ordenación sectorial en los siguientes aspectos:

a) Fijación de los objetivos de política general que no son otros que el conjunto de los fines que persiguen los marcos regulatorios de cada sector;

---

[663] Sobre los problemas que plantea el reconocimiento de la delegación legislativa en la jurisprudencia de la Corte ver: HALPERIN, David A. - CANOSA, Armando N., "Reflexiones sobre temas de derecho administrativo actual a partir de un fallo de la Corte", ED 156-963.

[664] Ver GIANNINI, Massimo S., *Diritto Pubblico dell'economia*, Il Mulino, Bologna, 1977.

[665] MARTÍN-RETORTILLO BAQUER, Sebastián, *Derecho Administrativo Económico*, t. I, Madrid, 1988, ps. 194/195.

b) Ordenación de los requisitos subjetivos inherentes a las empresas que prestan el servicio o actividad: aquí la regulación define quiénes llevan a cabo las distintas actividades – *v.gr.*, producción, transporte, distribución en la ley 24.076; generación, transporte, distribución en la ley 24.076, entre otros supuestos– hallándose regulados la mayor parte de los requisitos subjetivos, que se exigen a las empresas concesionarias o licenciatarias, en los pliegos de bases y condiciones de las licitaciones o concursos;

c) Regulaciones genéricas y sectoriales aplicables a la actividad prestacional. Este contenido es algo así como el núcleo central de la regulación y comprende:

(i) declaración legal sobre la *publicatio* de cada actividad: se definen las actividades que constituyen servicio público, con todas sus consecuencias;

(ii) limitaciones[666] y prohibiciones;

(iii) procedimientos para acceder a la habilitación (concesión, licencia o mera autorización);

(iv) normas sobre la calidad técnica de los servicios y/o productos, aun cuando muchas de estas normas figuran en los respectivos contratos que instrumentan la habilitación y, otras han sido objeto de delegación en los entes reguladores;

(v) los principios que rigen el sistema tarifario y los procedimientos establecidos para su ajuste o modificación;

(vi) disposiciones relativas a la creación, fines y potestades de los entes reguladores;

(vii) prescripciones acerca de los procedimientos y control jurisdiccional estableciendo, en algunos casos, reglas especiales de participación, como el procedimiento de la audiencia pública[667] o el de consulta, y, por último,

(viii) el régimen sancionatorio aplicable en los supuestos de incumplimiento de las cláusulas de la licencia o contrato de concesión, como, asimismo, en casos de violación de las normas regulatorias.

En lo que sigue vamos a precisar aquellos aspectos principales que configuran una suerte de fondo común de los marcos regulatorios.

Cabe advertir, de otra parte, que el fenómeno regulatorio de los servicios públicos no se agota con las leyes o decretos que sancionan los marcos normativos puesto que dicho fenómeno responde a una diversidad de fuentes entre las que figuran, entre otras, los decretos reglamentarios de cada marco, las resoluciones de esa naturaleza provenientes de la Administración concedente y de los entes regulatorios, y los pliegos y las cláusulas de las licencias o contratos de concesión, a más de la posibilidad que siempre existe de que la regulación aparezca *a posteriori* del complejo normativo y contractual existente al momento del acto de adjudicación, hecho este que plantea no pocos problemas jurídicos pues tal regulación *ex post* podrá poner en juego los derechos de propiedad del concesionario o licenciatario.

---

[666] V.gr., ley 24.076, arts. 33 y ss.

[667] Consagrado en el art. 67, ley 24.076. Ampliar en: GORDILLO, Agustín, "El estado actual del derecho administrativo", conferencia pronunciada en ocasión de recibir el nombramiento como profesor honorario de la Universidad Nacional de Cuyo, Mendoza, 1993.

11. EL SISTEMA TARIFARIO: DIVERSIDAD DE FUENTES. NATURALEZA DEL ACTO O CLÁUSULA DE DETERMINACIÓN DE LAS TARIFAS

En materia tarifaria los marcos regulatorios fijan, por lo general, los principios aplicables por cuyo medio los concesionarios o licenciatarios pueden retribuir una justa rentabilidad, sus costos e inversiones. Dicha rentabilidad se mide en términos de eficiencia comparativa.

Pero los marcos regulatorios (con origen en una ley o un decreto), no son las únicas fuentes que regulan lo atinente a las tarifas. En algunos casos, es la propia ley la que remite a los pliegos de condiciones por los que se licitan las habilitaciones[668] mientras que, en otros, la determinación de las tarifas tiene como base un acto de la Administración concedente, o bien, surge de las cláusulas de la licencia o del contrato de concesión, ya sea en forma integral o como complemento del plexo normativo.

Esta última circunstancia es, precisamente, la que ha vuelto a replantear en nuestro país la cuestión concerniente a la naturaleza de la fuente jurídica que las fija y, consecuentemente, el tema de la potestad tarifaria en cabeza de la Administración[669].

En España, después de haberse sostenido en un principio la concepción de la tarifa paccionada o pactada como corolario de la relación contractual que vinculaba al concesionario de servicios públicos con el Estado concedente, ha venido postulándose la tesis que atribuye carácter reglamentario al acto que fija o aprueba las tarifas de los servicios públicos. Esta corriente cobró singular relieve en una clásica obra de Ariño publicada en el año 1976 (en la que es advertible la influencia de Jèze) donde se puntualiza:

"A lo largo del siglo XIX primeros años del XX la cuestión tuvo su molde jurídico regulador en la figura concesional clásica, de la que derivaba una situación contractual presidida por un principio jurídico: el principio de riesgo y ventura, bajo el que la gestión del servicio era asumida, y la intangibilidad de la remuneración en los términos pactados. En el seno de la relación contractual, y ante una Administración no intervencionista y una economía estable, el poder tarifario era como tal inexistente; no era realmente una potestas, *sino un ius derivado de la concesión, tanto para el concesionario (que no podía ver sus tarifas alteradas) como para la Administración y el usuario que tenía el derecho a que aquél, no las elevase nunca por encima de los términos pactados"*[670].

Los principales fundamentos en que se basaba entonces Ariño eran dos: por un lado, la quiebra del principio de riesgo y ventura en el contrato de concesión y su reemplazo por el de cobertura suficiente y por el otro, que, siendo el poder tarifario

[668] Art. 40, ley 24.076.

[669] Véase: GRECCO, Carlos M., "Potestad tarifaria, control estatal y tutela del usuario (a propósito de la privatización de Entel)", REDA, nro. 5, Depalma, Buenos Aires, 1990, ps. 481/518.

[670] ARIÑO ORTIZ, Gaspar, Las tarifas de los servicios públicos. Poder tarifario, poder de tasación, y control judicial, Instituto García Oviedo, Sevilla, 1976, p. 21.

198

una potestad administrativa, tal poder era irrenunciable y no podía ser objeto de pacto alguno con el concesionario[671].

Como consecuencia, frente a la cuestión[672] que plantea el ejercicio de la potestad tarifaria por el concesionario, se ha sostenido que éste carece de un derecho subjetivo tanto a una determinada tarifa como al ejercicio del poder tarifario, reconociéndose como único derecho el relativo al mantenimiento de la ecuación económico-financiera del contrato de concesión. Dicha conclusión, en esa época, fue terminante en el sentido de que el acto de determinación tarifaria posee siempre naturaleza normativa[673]. Cabe recordar que a una conclusión similar, acerca del carácter de norma del acto de fijación de las tarifas, arribó unos años antes otro prestigioso catedrático español[674].

Ésta fue también la línea doctrinaria y jurisprudencial seguida en Argentina con anterioridad a la ola de nacionalizaciones ocurrida a partir de 1946. En efecto, las más autorizadas opiniones de esa época – siguiendo a Jèze– negaron el carácter contractual de la tarifa sosteniendo que en todos los casos se trataba de normas reglamentarias[675] y una línea similar se marcó por parte de la jurisprudencia[676].

En la doctrina posterior continuó afirmándose la naturaleza reglamentaria de la tarifa como parte integrante de las reglas inherentes a la organización del servicio público[677], sin perjuicio del derecho del concesionario a intervenir en su fijación[678],

---

[671]   ARIÑO ORTIZ, Gaspar, *Las tarifas...*, *cit.*, ps. 66/69.

[672]   ARIÑO ORTIZ, Gaspar, *Las tarifas...*, *cit.*, p. 119.

[673]   ARIÑO ORTIZ, Gaspar, *Las tarifas...*, *cit.*, p. 124. Sin embargo, en su obra más reciente, no aborda la cuestión que examinamos en el texto: véase ARIÑO ORTIZ, Gaspar, *Economía y Estado*, Abeledo-Perrot, Buenos Aires, 1993.

[674]   MEILAN GIL, José L., *La distinción entre norma y acto administrativo*, Madrid, 1967, ps. 48 y ss.

[675]   Conf. IV Conferencia Nacional de Abogados, celebrada en la ciudad de Tucumán en el año 1936, JA 61-90 y ss. En ella participaron juristas de la talla de Bielsa y Villegas Basavilbaso señalándose sobre este tema que: "La tarifa no tiene carácter contractual, es un acto reglamentario de la Administración Pública sobre el precio del servicio para el usuario. El contenido jurídico de la tarifa no es bilateral; es un reglamento" ("Cuarta Conferencia..." *cit.*, p. 107). Sobre la influencia de dicha Conferencia, ampliar en MAIRAL, Héctor A., "La influencia de los Derechos francés, español y norteamericano en el concepto de servicio público del Derecho Administrativo argentino", *Documentación Administrativa*, nro. 267-268, INAP, Madrid, 2003/2004, ps. 339/365, esp. ps. 346/349.
        Sobre la naturaleza normativa reseñada, cabe remitir a la sentencia del Tribunal Superior de Justicia, de la Ciudad de Buenos Aires, causa 52/99 "Doy, Miguel v. Gobierno de la Ciudad de Buenos Aires s/acción declarativa de inconstitucionalidad y nulidad", del 20/4/2001, voto del Dr. Guillermo Muñoz, y obras allí citadas.

[676]   Entre otros casos puede consultarse "Andrés Schill v. Cía. Telef. del Río de la Plata", Fallos 184:280 (1939).

[677]   MARIENHOFF, Miguel S., *Tratado de Derecho Administrativo*, 4ª ed. act., t. II, Abeledo-Perrot, Buenos Aires, 1993, p. 151; DIEZ, Manuel M., *Derecho Administrativo*, 1ª ed., t. III, Bibliográfica Omeba, Buenos Aires, 1967, p. 287; para Fiorini se sustentan en una cláusula contractual pero debe ser homologada por la autoridad administrativa sin cuyo requisito carecen de legitimidad, conf. FIORINI, Bartolomé A., *Derecho Administrativo*, 2ª ed. act., t. II, Abeledo-Perrot, Buenos Aires, 1976, p. 214; FANELLI EVANS, Guillermo E., *La concesión de obra pública*, Ciencias de la Administración, Buenos Aires, 1989, sería lo que, a diferen-

habiéndose también sostenido esta tesis en trabajos realizados después de iniciado el proceso de privatizaciones[679] y aun luego de la sanción de los marcos regulatorios aplicables a cada sector[680].

12. EL RETORNO DE LA CONCEPCIÓN CONTRACTUAL EN LA FIJACIÓN DE LAS TARIFAS DE LOS SERVICIOS PÚBLICOS EN EL DERECHO FRANCÉS

La procedencia de las fórmulas contractuales para la determinación de las tarifas de los servicios públicos depende de los ordenamientos jurídicos generales y sectoriales de cada país pues el servicio público no deja de ser, como casi todas las instituciones administrativas, una categoría histórica cuyo implante y modulación varía según el lugar y la época en que vaya a aplicarse. Esto no significa que por la influencia que siempre reflejan determinados sistemas del derecho comparado no sea útil efectuar algún *excurso* breve acerca de esta cuestión.

En este punto el sistema que se aproxima más a las formulaciones implantadas recientemente en Argentina, es el francés, donde conviven la potestad tarifaria estatal junto a la posibilidad de que las tarifas emerjan del *cahier de charges* ya sea en forma automática o dentro de un *maximum* o tope como un derecho del propio concesionario limitado por el principio de igualdad[681].

Y si bien la tesis mayoritaria en la doctrina francesa se inclina todavía por atribuir naturaleza reglamentaria a la tarifa[682], lo cierto es que la jurisprudencia del Consejo de Estado no vacila en negarle potestad a la Administración para modificarla unilateralmente, cuando se altera el equilibrio económico-financiero de la concesión[683]. Esta posición de la jurisprudencia conduce a sostener, en el marco de la doctrina francesa, una doble naturaleza para la tarifa: reglamentaria, respecto de los

---

cia de la concesión de obra pública, en la de servicios públicos el poder concedente es quien aprueba o autoriza las tarifas (p. 25).

[678] MARIENHOFF, Miguel S., *Tratado...*, cit., t. II, p. 148.

[679] Conf. TAWIL, Guido S., "Servicio público: ¿Eficacia o desgobierno? (A propósito de privilegios, tarifas, atención al público y otros problemas presentes en el proceso de transformación del Estado)", LL 1991-C-639/669, esp. ps. 652 y ss.

[680] URRUTIGOITY, Javier, "Retribución en los servicios públicos", en AA.VV., *Los servicios públicos. Régimen jurídico actual*, Instituto de Estudios de Derecho Administrativo (IEDA), Depalma, Buenos Aires, 1994, ps. 63/117, esp. puntos 1.1 y ss.

[681] Véase: LAUBADÈRE, André de - MODERNE, Franck - DELVOLVE, Pierre, *Traité des contrats administratifs*, 2ª ed., t. I, LDGJ, París, 1983, ps. 335 y ss.; DUFAU, Jean, *Les concessions de service public*, Moniteur, París, 1979, ps. 150/153.

[682] VEDEL, Georges - DELVOLVE, Pierre, *Droit Administratif*, 9ª ed. actual. por Jean-Claude Venezia y Yves Gaudemet, Presses Universitaires de France, París, 1984, p. 1143. Otros autores han comenzado a sostener, sin embargo, que la tarifa posee naturaleza contractual (conf. LINOTTE, Didier - MESTRE, Achille - ROMI, Raphael, *Services publics et droit public économique*, t. I, 2ª ed., Litec, París, 1992, p. 334) afirmando que el *cahier de charges* integra el instrumento convencional (LINOTTE, Didier - MESTRE, Achille - ROMI, Raphael, *Services publics...*, cit., p. 332).

[683] CE 30/9/1969 en el arrêt *Cie française d'irrigation*, p. 506.

usuarios del servicio público y contractual, en lo que atañe a las relaciones entre concesionario y concedente[684].

13. LA NATURALEZA JURÍDICA DE LAS TARIFAS EN LA ARGENTINA

En la Argentina, desde el comienzo del proceso privatizador, la concepción contractual para la fijación o modificación tarifaria afirma una tendencia que no se puede desconocer ni ignorar[685]. Pero antes de adentrarnos a los lineamientos generales de los regímenes tarifarios aplicables en cada sector creemos que corresponde analizar, en el plano estrictamente doctrinario, los principales argumentos que se han formulado para negar naturaleza contractual a la tarifa.

El argumento de la potestad de dirección y organización del servicio público, como potestad irrenunciable del Estado para la fijación de las tarifas, encuentra su propia refutación en la circunstancia de que el pacto que autoriza al concesionario a fijarla no implica enajenar o transferir la potestad[686], sino acordar lo inherente a su ejercicio sobre la base de una habilitación legal. En todo caso, si las potestades, como poder del que deriva una situación de sujeción[687], requieren de una base objetiva de habilitación para su nacimiento nada impide sustentar que la norma permite que se configure, en cabeza del concesionario, la potestad tarifaria como consecuencia de un acuerdo bilateral (poder que debe ejercer en el marco del contrato y de los ordenamientos regulatorios) reservándose siempre la Administración concedente – o el ente regulador, en su caso– la potestad de control sobre la tarifa, poder este último que, en principio, resulta irrenunciable[688].

Es por demás obvio que ello no implica confundir la potestad con el *ius*, en tanto el poder del concesionario para fijar tarifas previsto contractualmente tenga su

---

[684]   Conf. LAUBADÈRE, André de - MODERNE, Franck - DELVOLVE, Pierre, *Traité des contrats...*, *cit.*, t. II, ps. 330/332, esp. p. 353 (punto 1143 *in fine*).

[685]   Uno de los primeros juristas que advirtió el fenómeno fue Grecco, al analizar el régimen del servicio telefónico (GRECCO, Carlos M., "Potestad tarifaria...", *cit.*, ps. 501 y 503).

[686]   En el mismo sentido: ROMANO, Santi, *Fragmentos de un diccionario jurídico*, trad. de Sentís Melendo, Ediciones Jurídicas Europa-América, Buenos Aires, 1964, ps. 340/343.

[687]   Conf. GARCÍA DE ENTERRÍA, Eduardo - FERNÁNDEZ, Tomás R., *Curso de Derecho Administrativo*, 5ª ed., t. I, Civitas, Madrid, 1989, ps. 440 y ss., a quienes hemos seguido en CASSAGNE, Juan Carlos, *Derecho Administrativo*, 4ª ed., t. I, Abeledo-Perrot, Buenos Aires, 1994, p. 107.

[688]   Hace algunos años Romano había advertido que la relación entre concedente-concesionario podía generar un nuevo poder al señalar que "...puede también ocurrir que sobre la base de un poder perteneciente a su sujeto, surja en favor de otro sujeto un poder menos amplio y diferente, como cuando, por ejemplo, los poderes del Estado de gobernar una colonia o de gestionar un servicio público, quedan limitados y disminuidos por cuanto dicho gobierno o dicha gestión son asumidos por un llamado concesionario. Dicha concesión da lugar a una sucesión no traslativa, sino, como se suele decir, constitutiva, que, por lo demás, no es una verdadera y propia sucesión, ya que no se transmite ningún poder, sino que se da vida a otro poder, que puede ser análogo al del concedente, pero que, de todos modos, es no sólo más restringido y circunscripto, sino también nuevo. En otras palabras, hay una restricción del poder del concedente, no una transferencia a otro sujeto, restricción a la cual corresponde el nacimiento de un poder diferente en favor de este último" (conf. ROMANO, Santi, *Fragmentos...*, *cit.*, p. 340).

fuente en el derecho objetivo (*v.gr.*, Pliego de Condiciones o Marco Regulatorio) lo que no impide que esa habilitación normativa sea ejercida a través de un acuerdo de voluntades que genera obligaciones para los clientes o usuarios, en mérito a la incidencia que el contrato administrativo puede tener respecto de terceros[689] fenómeno especialmente advertible en la concesión de servicios públicos.

Otro de los argumentos argüidos para desechar la posibilidad de atribuir a la tarifa naturaleza contractual ha pretendido fincar en la quiebra del principio de riesgo y ventura que caracterizaba al contrato administrativo[690] y su sustitución por el principio denominado indirectamente de cobertura suficiente[691], equilibrio económico-financiero del contrato[692], intangibilidad de la remuneración del contratista[693] o mutabilidad del contrato administrativo[694].

En rigor, esta recepción de principios, que se opera en el seno de la figura contractual y que abandona la rígida estructura de la contratación a fin de adaptarla a la realidad cambiante en la que se desenvuelve, reafirma y no desplaza la necesidad de que las cláusulas contractuales de la concesión regulen lo atinente a la tarifa como una garantía para exigir del concedente el mantenimiento de la ecuación económico-financiera del contrato de concesión. De lo contrario, sólo le cabría, al concesionario, una acción resarcitoria para pretender la compensación debida cuando posee el poder de fijar la tarifa en virtud del pacto celebrado con la Administración concedente.

Por estas razones resultan más ventajosos los sistemas más o menos automáticos[695] de reajuste y actualización que, con base normativa y contractual, habilitan al concesionario a fijar la tarifa cuando se producen ciertos hechos o acontecimientos que alteran la economía del contrato, sin perjuicio del control que corresponde a la Administración concedente o a los entes reguladores, en su caso.

Otro procedimiento de fijación contractual de la tarifa, también utilizado en el derecho argentino, consiste en establecer el cuadro tarifario en el contrato de conce-

---

[689] Conf. MARIENHOFF, Miguel S., *Tratado de Derecho Administrativo*, 2ª ed. act., t. III-A, Abeledo-Perrot, Buenos Aires, 1978, ps. 325/326.

[690] Sobre el principio de riesgo y ventura véase: GARCÍA DE ENTERRÍA, Eduardo, "Riesgo y ventura en la contratación administrativa", RAP, nro. 2, Instituto de Estudios Políticos, Madrid, 1950, ps. 83 y ss., donde demuestra que el principio juega con menor rigor en la contratación administrativa que en la contratación privada.

[691] ARIÑO ORTIZ, Gaspar, *Economía y Estado*, *cit.*, ps. 42 y ss. y p. 112.

[692] CASSAGNE, Juan Carlos, "El equilibrio económico financiero del contrato administrativo", *Anales de la Academia Nacional de Derecho y Ciencias Sociales*, 2ª época, nro. 26, t. I, año XXXIII, Buenos Aires, 1988, ps. 241/261, también publicado en REDA, nro. 1, Depalma, Buenos Aires, 1989, ps. 27 y ss.

[693] BARRA, Rodolfo C., "La intangibilidad de la remuneración del contratista particular en los contratos administrativos", ED 62-727.

[694] GARRIDO FALLA, Fernando, *Tratado de Derecho Administrativo*, 9ª ed., t. II, Tecnos, Madrid, 1989, ps. 80/81 y ps. 85 y ss., puntualiza cómo el principio de la mutabilidad puede jugar también en beneficio del contratista.

[695] Ver TAWIL, Guido S., "Servicio público...", *cit.*, p. 655, cita como ejemplo de automaticidad el servicio telefónico.

202

sión sobre la base de unas *tarifas máximas* dentro de las cuales el concesionario desarrolla su política tarifaria y hasta puede beneficiarse dado que una mayor eficiencia en el manejo de los costos del servicio mejora la rentabilidad de la inversión al mantenerse inalterada la tarifa.

Es evidente, al menos en la Argentina, que estos mecanismos que, en líneas generales, han seguido las licitaciones convocadas para los distintos sectores y empresas que han sido privatizadas a partir de 1989 reportan una doble ventaja ya que, mientras por una parte sustraen la cuestión de las tarifas de las decisiones políticas muchas veces discrecionales y con propósitos puramente electorales, por la otra, reducen significativamente las posibilidades de corrupción.

En conclusión, la condición jurídica de la tarifa y el poder del concesionario para fijarla conforme a las cláusulas del contrato de concesión es algo que no corresponde establecer *a priori* ni en forma dogmática pues todo dependerá, en definitiva, de los ordenamientos jurídicos (general y sectorial).

Estos ordenamientos podrán establecer que la tarifa constituye un acto de alcance general, o bien, podrán atribuir el poder de su fijación al concesionario en forma automática (cuando se cumplen ciertos parámetros) o dentro de un máximo acordado para estimular la eficiencia. Por lo demás, si la tarifa tiene base contractual, el concesionario posee un derecho subjetivo que le acuerda legitimación para demandar la protección judicial, derecho este que incluye la posibilidad de obtener las medidas cautelares del caso para que la sentencia no resulte ineficaz o imposible de cumplir dado que, en materia tarifaria, se torna muy difícil para el concesionario recuperar los atrasos.

En resumidas cuentas, desde el punto de vista jurídico el acto de fijación de tarifas no constituye un reglamento[696] en razón de no integrar el ordenamiento jurídico[697].

Y aunque ese acto pueda participar, en algunos supuestos, de la condición propia de los actos de alcance general, hay que advertir que el fenómeno puede explicarse también por vía del efecto general que ciertos contratos – como el de concesión de servicios públicos– operan respecto de terceros que son ajenos a la relación contractual (ej.: usuarios).

Lo que sí parece una predicción afirmada en el curso del proceso argentino de privatizaciones, es el reconocimiento de la aptitud del contrato para convertirse en fuente derivada o complementaria de la potestad tarifaria en cuyo supuesto la tarifa integra las cláusulas convencionales, configurando una cláusula exorbitante que delimita el marco jurídico donde el concesionario ejerce la facultad de conformidad al ordenamiento[698]. En tal sentido, al no fundarse la cláusula exorbitante en un dere-

---

[696] CASSAGNE, Juan Carlos, *La intervención administrativa*, 1ª ed., Abeledo-Perrot, Buenos Aires, 1992, p. 62.

[697] GARCÍA DE ENTERRÍA, Eduardo - FERNÁNDEZ, Tomás R., *Curso...*, *cit.*, 5ª ed., t. I, p. 201.

[698] Sobre la distinción entre cláusula y régimen exorbitante nos remitimos a CASSAGNE, Juan Carlos, *Cuestiones de Derecho Administrativo*, Depalma, Buenos Aires, 1987, ps. 71 y ss.

cho preexistente, viene a operar como una delimitación que acota el contenido normal del derecho del concesionario.

En otros casos, cuando la potestad pertenece *in totum* a la Administración concedente y se ejerce fuera del contrato administrativo, no rige el principio contractual de la intangibilidad tarifaria y cualquier modificación que altere el equilibrio económico-financiero debe ser corregida no por vía tarifaria sino mediante una compensación o subvención que restituya la ecuación contractual.

Existen numerosos sistemas y fórmulas para determinar las tarifas[699] que se han reflejado en los respectivos Marcos Regulatorios y en los contratos de concesión o licencia.

En principio, las tarifas deben retribuir todos los costos reales del servicio más una utilidad razonable[700].

La mayor parte de las fórmulas tarifarias contienen, básicamente, cuatro elementos, a saber:

a) costos de explotación;

b) amortización de activos;

c) un factor de rentabilidad de la inversión (que puede estar implícito cuando la tarifa es máxima); y

d) el rubro impuestos, tasas y demás gravámenes fiscales[701].

La característica que presenta el régimen jurídico aplicable a empresas prestadoras de servicios públicos en la Argentina radica en la diversidad de técnicas utilizadas en los distintos ordenamientos sectoriales y contratos de concesión o licencias. A todo evento, puede destacarse el predominio de la técnica denominada *price-caps* o sistema de precios tope o precios máximos, en especial en el marco de las leyes 24.076 y 24.065.

14. EL PRINCIPIO DEL EQUILIBRIO ECONÓMICO-FINANCIERO DE LA CONCESIÓN O LICENCIA Y SU PROYECCIÓN AL DERECHO DEL CONCESIONARIO A LA MODIFICACIÓN TARIFARIA

Tanto la concesión de servicios públicos como la figura de la licencia de explotación de servicios públicos constituyen, en razón de su objeto o finalidad[702], contratos administrativos.

Esos contratos administrativos reflejan una equivalencia de prestaciones nacida de un acuerdo de voluntades entre la Administración y el particular concedente o licenciatario.

[699] Ver MAIRAL, Héctor A., "La determinación de las tarifas en la concesión de servicios públicos", RADA, nro. 2, Universidad del Museo Social Argentino, Buenos Aires, 1971, ps. 53 y ss.

[700] ARIÑO ORTIZ, Gaspar, *Economía y Estado, cit.*, p. 411.

[701] BAUER, R. J., *Updating public utility regulation*, Chicago, 1966, ps. 3 y ss., *cit.* en ARIÑO ORTIZ, Gaspar, *Economía y Estado, cit.*, p. 414, nro. 16.

[702] MARIENHOFF, Miguel S., *Tratado..., cit.*, t. III-A, ps. 54 y ss.

204

A su vez, en el mantenimiento de esa equivalencia durante la vida del contrato administrativo (y siempre que la economía de ésta no se distorsione por culpa del contratista), estriba una de las distinciones de mayor trascendencia existentes entre el régimen jurídico de los contratos administrativos y los contratos privados (civiles o comerciales).

En efecto, en el Derecho Público todas las técnicas correctoras de los desequilibrios económico-financieros no juegan, en principio, para la resolución o extinción de la relación contractual[703] sino para mantener inalterada la ecuación económico-financiera del contrato.

Así concebida, la superación del principio de "riesgo y ventura" en los contratos administrativos implica que el contratista privado asume sólo los riesgos propios y normales de su gestión, quedando a cargo de la Administración todos aquellos riesgos que le son ajenos[704], ya provengan de actos o hechos del propio Estado o de caso fortuito o fuerza mayor.

A) La teoría del contrato administrativo y sus relaciones con el Derecho Civil

La progresiva construcción de los principios y reglas aplicables al contrato administrativo demuestra cómo esta institución, que comenzó modelándose dentro de un esquema de casi absoluta dependencia del Derecho Privado, fue modificando la aplicación de las soluciones privatistas hasta alcanzar cierta autonomía científica que le permite abastecerse con los fundamentos y técnicas que le provee el Derecho Público, principalmente el Derecho Administrativo.

Fue un proceso lógico – y hasta si se quiere previsible– en virtud de la posición privilegiada que el Estado asume en el contrato administrativo, donde la jerarquía de los fines que persigue, en relación con los intereses particulares de quienes se vinculan contractualmente con la Administración, justifica la distinta situación jurídica en que ésta se halla colocada en la relación contractual con el particular o administrado.

La inserción de la figura del contrato administrativo en el Derecho Público no se hizo sin esfuerzos y sin transponer estadios intermedios. Entre éstos, cuadra apuntar que el primitivo montaje de los principios se efectuó en forma paralela al Derecho Civil del cual tomó gran parte de sus contenidos adaptándolos a las peculiaridades propias de su naturaleza, lo que tenía la ventaja de que, agotadas las soluciones publicistas, quedaba un ancho margen de derecho común aplicable al Estado[705].

---

[703] Conf. ARIÑO ORTIZ, Gaspar, *Teoría...*, *cit.*, p. 285, donde al comentar la teoría de la imprevisión señala: "en los contratos privados se propugna la rescisión; en los contratos administrativos, en cambio, la imprevisión tendrá como primer objetivo el mantenimiento de la relación pues con ello lo que se busca es, ante todo, la realización continua de la obra o el servicio: Por ello, el contrato no se rescinde sino que se revisa".

[704] Conf. URRUTIGOITY, Javier, "Retribución...", *cit.*

[705] Ver: BULLINGER, Martín, *Derecho Público y Derecho Privado*, trad. del alemán, Madrid, 1976, ps. 91 y ss.

En este siglo, sin embargo, el crecimiento del Derecho Administrativo dio lugar a la concepción de éste como derecho común de la Administración Pública[706], sin excluir, por cierto, la aplicación del Derecho Privado a cierto tipo de relaciones cuando las entidades administrativas realizan meras actividades industriales y comerciales y no persigan un fin público inmediato[707].

En este proceso evolutivo cabe señalar que otras concepciones propugnaron una completa autonomía para el Derecho Administrativo bajo el lema de la *huida de Derecho Privado*[708], lo que hubiera tenido como consecuencia forzosa la aplicación del bloque del Derecho Administrativo a todas las relaciones en que fuese parte la Administración Pública, incluso aquellas inherentes al tráfico mercantil (*v.gr.*, actividad bancaria estatal)[709]. Pero esta tendencia extrema ha chocado abiertamente con la realidad que exhiben la legislación[710] y la jurisprudencia de los tribunales, habida cuenta de que la unidad final que tiene el derecho es algo que difícilmente pueda desvirtuarse con concepciones puramente idealistas desvinculadas de aquella realidad.

Desde luego, no se puede desconocer que existe una sustancial distinción en punto a los principios que inspiran al Derecho Privado y al Derecho Público respecto de su naturaleza, fines y posición de las partes en la relación jurídica. Pero de allí a sustentar la tesis de la aplicación exclusiva del Derecho Administrativo a todas las relaciones que vinculan a las personas con el Estado (en forma directa o por medio de sus entidades), hay una distancia muy grande que, al acortarse, genera el peligro de que la situación desemboque en un estado de inseguridad jurídica y de injusticia, frente a la natural incompatibilidad de ciertas normas públicas para regir las situaciones que plantea el accionar estatal mediante formas jurídicas privadas o cuando la actividad fuera, por ejemplo, de naturaleza típicamente comercial.

En este contexto, la teoría del contrato administrativo, como la categoría más trascendente entre los acuerdos que suele celebrar la administración[711], ha tenido un desarrollo considerable, abasteciéndose, en principio, de sus propias formulaciones, lo cual no impide la aplicación analógica de las reglas y principios del Derecho Civil

---

[706] GARCÍA DE ENTERRÍA, Eduardo - FERNÁNDEZ, Tomás R., *Curso de Derecho Administrativo*, 2ª ed., t. I, reimp., Civitas, Madrid, 1977, p. 29.

[707] CASSAGNE, Juan Carlos, *Derecho Administrativo*, t. I, Abeledo-Perrot, Buenos Aires, 1983, ps. 386/388.

[708] Conf.: FLEINER, Fritz, *Institutionem*, p. 326, y LEISNER, *Grundrechte und Privatrecht*, Munich, 1960, p. 200, citados ambos por BULLINGER, Martín, *Derecho Público...*, *cit.*, p. 101, nro. 239.

[709] BULLINGER, Martín, *Derecho Público...*, *cit.*, ps. 98/99.

[710] FIORINI, Bartolomé A., *Derecho Administrativo*, *cit.*, t. I, p. 51, admite que los entes estatales actúen en la órbita del Derecho Privado, pero a condición de que exista una norma estatal imperativa que le imponga ese tipo de actuación.

[711] En general, se ha propiciado que el contrato administrativo constituye una de las especies de los contratos de la administración (además de los interadministrativos y de objeto privado), sin perjuicio de la posibilidad reconocida por la doctrina y la jurisprudencia de extender las reglas de la contratación pública a los convenios que celebran, entre otras entidades, las sociedades comerciales que posee el Estado (ver: CASSAGNE, Juan Carlos, "Naturaleza administrativa de ciertos contratos celebrados por empresas estatales", ED 110-610).

o Comercial, aplicación que se lleva a cabo – como ha dicho la Corte Suprema– *con las discriminaciones impuestas por la naturaleza de lo que constituye la sustancia* del Derecho Administrativo[712].

Ahora bien, la necesidad de compensar los desequilibrios que se producen en el ámbito de la contratación pública ha dado lugar a una serie de técnicas aplicables a las diferentes situaciones que se presentan, algunas de las cuales pertenecen al Derecho Administrativo; otras, como la teoría de la imprevisión, aunque su aparición en este siglo tuvo primero lugar en el campo del Derecho Público, con motivo de la jurisprudencia del Consejo de Estado de Francia han cobrado mayor trascendencia en el derecho privado.

Sin embargo, no se puede negar el fondo común que, desde la óptica realista, traduce la tesis de que el contrato constituye, al cabo, en su esencia, un intercambio voluntario de prestaciones que viene a realizar, en su ámbito, el equilibrio o igualdad que procura la justicia.

B) La proyección del principio del equivalente económico en el derecho del concesionario o licenciatario a obtener el reajuste tarifario

El derecho del concesionario o licenciatario a obtener el reajuste tarifario como consecuencia de la alteración del equilibrio económico-financiero del contrato por causas que no le son imputables, se configura – como se ha visto– como un auténtico y pleno derecho subjetivo[713].

Y si bien la forma de realización concreta de ese derecho puede variar de acuerdo con cada régimen jurídico o situación contractual, tanto el concesionario como el licenciatario poseen el derecho de exigir a la Administración concedente el restablecimiento de la ecuación económico-financiera del contrato ya sea a través de una indemnización o compensación (que, en principio, es integral), o bien, mediante la modificación de la tarifa que rige la concesión o la licencia o el otorgamiento de subvenciones[714].

En el derecho argentino y precisamente en las diferentes normas y cláusulas que contienen las regulaciones económicas puede hacerse una sistematización básica según:

(i) que el derecho a modificar las tarifas sea ejercido por el propio concesionario o licenciatario sin intervención previa de la Administración; o

(ii) que se requiera la previa aprobación de la tarifa por la autoridad concedente.

---

[712] En el conocido caso "Ganadera Los Lagos", Fallos 190:142 (1941), cuya doctrina ha permanecido invariada en este punto. Véanse, empero, las agudas observaciones formuladas en el renovado análisis de GUGLIELMINETTI, Ana P. - GRECCO, Carlos M., "Invalidez del acto administrativo (una visión alternativa del caso 'Los Lagos')", *Revista de Derecho Público*, vol. 2004-2, Rubinzal-Culzoni, Buenos Aires, 2004, ps. 567/580.

[713] Vid RODRIGUEZ, Libardo, *El equilibrio económico en los contratos administrativos*, Temis, Bogotá, 2009, p. 9 y ss., en uno de los trabajos más completos e integrales sobre el tema.

[714] Conf. MESTRE DELGADO, Juan F., *La extinción de la concesión de servicio público*, La Ley, Madrid, 1992, ps. 79 y ss.

En el primer caso, la modificación tarifaria dispuesta por el concesionario (siempre sobre bases regladas) se aplica en forma automática[715] lo cual no excluye el debido y razonable control que pueda llevarse a cabo por parte de la autoridad concedente o de los entes reguladores.

Y aunque los marcos regulatorios o las cláusulas de los contratos de concesión o de licencia limiten o restrinjan el alcance del derecho a mantener intangible la ecuación económico-financiera de la concesión o licencia[716] este derecho existe con independencia de su reconocimiento legislativo, reglamentario o contractual pues tiene base en normas y principios constitucionales (arts. 16, 17, y 28, CN, entre otros) no pudiendo ser objeto de renuncia en virtud de la naturaleza de orden público que se le atribuye[717].

15. TÉCNICAS Y PRINCIPIOS DE INTERPRETACIÓN DE LOS MARCOS REGULATORIOS Y ACTOS DE APLICACIÓN

La hermenéutica no sólo es una técnica que se vincula con la interpretación del derecho positivo sino que utiliza también principios o directivas que exigen conciliar lo que es propio de todo sistema jurídico (incluidas sus reglas interpretativas)[718] con los elementos que proporcionan la realidad en cada caso determinado y los principios generales del derecho[719]. Particularmente, en la interpretación de los marcos regulatorios hay que destacar el papel que desempeñan los principios generales del Derecho Administrativo[720].

Este método interpretativo de carácter tridimensional[721] trasciende el ámbito de la hermenéutica normológica a que se ceñía la interpretación positivista y tiene en cuenta tanto la realidad como el orden de los valores (justicia). En ese contexto, ya se trate de actos de alcance general como de actos de alcance individual que tienden

---

[715] *V.gr.*, el traslado a la tarifa del aumento del precio del gas que adquieren los distribuidores (art. 37, inc. 5º, del reglamento del Marco Regulatorio, aprobado por dec. 1738/1992). Igualmente, el traslado a la tarifa telefónica de los incrementos en los índices de precios al consumidor, conforme a lo hemos puntualizado *ut supra*.

[716] En general, los distintos ordenamientos sectoriales admiten, en tales supuestos, la modificación tarifaria: véase: art. 7º, inc. 4º, dec. 1143/1991 (marco regulatorio del transporte ferroviario del área metropolitana) que prescribe la posibilidad de compensar con subsidios el déficit de la tarifa en relación con el costo global de los servicios, los costos de inversión, los de explotación y una utilidad razonable; arts. 48 y 57, ley 24.076; art. 46, ley 24.065, concordante con los arts. 40 y 41 de dicha ley; en el Marco Regulatorio del servicio de agua potable y desagües cloacales también se admite la revisión (ordinaria y extraordinaria) de la tarifa (art. 46).

[717] Véase: MARIENHOFF, Miguel S., *Tratado...*, cit., 2ª ed. act., t. III-B, ps. 562/563.

[718] Ver VILLAR PALASI, José L., "Consideraciones sobre el sistema jurídico", RAP, Instituto de Estudios Políticos, Madrid, ps. 509 y ss.

[719] Véase: GONZÁLEZ PÉREZ, Jesús, El principio general de la buena fe en el derecho administrativo, Civitas, Madrid, 1983, p. 44.

[720] Ampliar en CASSAGNE, Juan Carlos, *Los principios generales del derecho en el derecho administrativo*, Abeledo-Perrot, Buenos Aires, 1988, ps. 43 y ss.

[721] GOLSCHMIDT, Werner, *Introducción filosófica al Derecho*, 4ª ed., Depalma, Buenos Aires, 1973, ps. 18 y ss., esp. ps. 258 y ss.

208

a escoger una solución concreta para el caso, rigen en esos ámbitos una serie de principios de interpretación o pautas aplicables, a saber:

A) La interpretación integrativa de los fines u objetivos fijado en los marcos regulatorios y la protección de los usuarios

La armonización del rango de cada uno de los fines dentro del conjunto de los objetivos demanda muchas veces una interpretación integrativa que resuelva el conflicto entre ellos – sin asignarle como regla general– prevalencia a uno sobre otro. De ese modo, si uno de los fines de los marcos regulatorios consiste en la protección de los usuarios o consumidores, esta protección no puede traspasar las normas regulatorias y las cláusulas de los contratos de concesión o licencia afectando los derechos de los concesionarios o licenciatarios. Tampoco se podría interpretar que corresponde beneficiar al usuario en perjuicio de la calidad técnica del servicio. Se trata de un límite implícito de los poderes que tienen asignados los entes reguladores para proteger a los usuarios.

Por lo demás, la Administración no ejerce la representación de los usuarios y menos aun la tienen los entes reguladores que han de actuar con imparcialidad en el ejercicio de las funciones que tienen a su cargo, muchas de ellas de naturaleza típicamente jurisdiccional. Si la Administración tuviera la representación de los usuarios, carecería de sentido el procedimiento de Audiencia Pública donde los usuarios actúan ante los propios entes reguladores en defensa de un interés común.

B) Flexibilidad de la interpretación en el ámbito de la regulación económica y contratos de concesión o licencia

Se ha dicho que la realidad económica hace que la Administración tenga que enfrentarse, con frecuencia, con "supuestos de difícil penetración jurídica", heterogéneos y complejos y que la exigencia de obrar con celeridad impuesta muchas veces por la coyuntura obliga a una flexibilidad en su actuación que supera todo formalismo[722].

Por aplicación de este principio, por ejemplo, la proyección de la igualdad licitaria queda limitada por las modificaciones que se introduzcan a posteriori, siempre que no se altere la esencia y fines del contrato de concesión o licencia y el cambio de circunstancias hubiera obligado igualmente a modificar el contrato cualquiera fuere el adjudicatario[723].

Otro supuesto de flexibilidad lo proporciona la interpretación de los contratos de concesión de distribución de electricidad, a través de la cual el Estado nacional y la provincia de Buenos Aires han reconocido la situación especial de los barrios carenciados y asentamientos de emergencia, estableciendo una regulación no prevista en el contrato de concesión. Esta regulación, oportunamente instrumentada mediante "acuerdos marco" implicó una modificación del contrato de concesión en lo que respecta a la no aplicación de las normas de calidad del servicio aguas arriba de

---

[722] MARTÍN-RETORTILLO BAQUER, Sebastián, *Derecho Administrativo...*, cit., t. II, p. 60.
[723] CASSAGNE, Juan Carlos, *Cuestiones de Derecho Administrativo, cit.*, p. 84.

los centros de transformación vinculados a los asentamientos y barrios carencia-dos[724].

Pero, en definitiva, la flexibilidad de la actuación de la Administración y su in-formalismo no deben conducir al desconocimiento de las garantías y derechos que fluyen del ordenamiento jurídico[725], principalmente de la Constitución y de los prin-cipios generales del derecho[726].

Todo ello, sin perjuicio de la importancia que cabe asignar, en la interpretación de las licencias y concesiones, a la literalidad de los términos empleados, de innega-ble trascendencia cuando de relaciones de contendio patrimonial se trata[727].

C) El carácter restrictivo de las actuaciones públicas que limitan las liber-tades económicas

Se ha señalado con acierto que la desregulación y el consecuente aumento de las libertades económicas no genera la eliminación del poder del Estado y que, al contrario, puede ocurrir que se acreciente[728] a raíz de la necesidad que tiene el Esta-do moderno de estimular y, en algunos casos, regular la libre competencia y comba-tir los abusos monopólicos.

Nuestra Constitución reconoce, explícitamente, entre los derechos constitucio-nales básicos, el de libertad para el ejercicio de las actividades industriales y comer-ciales (art. 14, CN). Se trata, en el más amplio sentido, de la libertad económica, comprensiva de la libertad de empresa, base imprescindible del sistema económico de mercado que reconoce la libre función del capital y de las iniciativas individua-les, a condición de que sean lícitas.

El ejercicio de las libertades económicas y puntualmente, el ejercicio del co-mercio e industria, son como apunta Bidart Campos: actividades humanas y en cuanto humanas, privadas, es decir libradas a la iniciativa de los particulares[729] por lo que rige con plenitud en esta materia el principio de subsidiariedad. De ahí deriva el corolario que sustenta el carácter restrictivo de toda intervención administrativa que limite las libertades[730], especialmente cuanto mayor es el riesgo empresario.

---

[724] Aprobado por dec. 584/1994 PEN y dec. 1495/1994 del gobernador de la provincia de Bue-nos Aires; art. 9º, inc. b), si bien esta excepción debe hallarse autorizada por el ENRE.

[725] Conf. MARTÍN-RETORTILLO BAQUER, Sebastián, *Derecho Administrativo...*, *cit.*, t. II, p. 61.

[726] CASSAGNE, Juan Carlos, *Los principios...*, *cit.*

[727] El texto literal es el punto de partida para la interpretación; ampliar en GALLIGAN, D. J., *Discretionary Powers*, Clarendon Press, Oxford, 1992, p. 292; SUNSTEIN, Cass R., *After the rights revolution*, Harvard University Press, Cambridge, Mass., 1990, p. 157.

[728] SORIANO GARCÍA, José E., *Desregulación, privatización y Derecho Administrativo*, Bolonia, 1993, ps. 9/10.

[729] BIDART CAMPOS, Germán J., *Manual de Derecho Constitucional argentino*, Ediar, Bue-nos Aires, 1984, p. 271.

[730] Ver GONZÁLEZ NAVARRO, Francisco, *Derecho Administrativo español*, t. I, EUNSA, Pamplona, 1987, p. 124, señala que: "el Derecho Administrativo encuentra su justificación última en hacer más libre al hombre mediante el condicionamiento y limitación de la actua-ción de los poderes públicos, actuación que habrá de ajustarse no sólo a la ley sino también al

210

Considérese, a mero título de ejemplo, una concesión de obra pública por peaje en la que se haya garantizado un tránsito mínimo, y una en la que se haya excluido tal clase de garantía[731].

Hay que tener en cuenta, además, que si bien en todo sistema constitucional no hay derechos absolutos, ello no implica que las regulaciones económicas puedan cercenar o suprimir el respectivo derecho ya que, como lo ha entendido la Corte Suprema de Justicia de la Nación, *reglamentar un derecho es limitarlo, es hacerlo compatible con el derecho de los demás dentro de la comunidad*[732].

Los límites del poder regulatorio del Estado se encuentran, en primer lugar, en la propia Constitución (principio de legalidad, no confiscación, no configuración de figuras penales y de tributos sin ley previa, etc.) y entre los principios constitucionales que, de un modo especial figuran en el capítulo de las limitaciones del poder regulatorio del Estado, hay dos que lo encabezan y que aparecen, casi siempre, recíprocamente influenciados: son los principios de razonabilidad e igualdad. El primero de ellos, corolario del art. 28 de nuestra Constitución, incluye tanto la llamada razonabilidad en la selección de los supuestos de hecho que contempla la regulación como en la adecuación o proporción entre los motivos y fines de la ley frente a las medidas restrictivas que impone a los particulares[733] mientras que la igualdad comporta esencialmente lo que en los marcos regulatorios se vincula con la exigencia legal de no discriminación, circunscripta específicamente al mercado respectivo.

En este sentido, de la jurisprudencia de la Corte Suprema de Justicia de la Nación se desprende que lo esencial de este principio de igualdad radica en la garantía – a favor de los particulares– de que no se establezcan en las leyes, reglamentos, y aun en las actuaciones concretas y singulares de la Administración, distinciones indebidas, arbitrarias, o fundadas en propósitos de hostilidad contra las personas o que importen el otorgamiento indebido de privilegios[734].

Ahora bien, volviendo al principio que afirma el carácter restrictivo de la intervención económica de la Administración limitativa de las libertades hay que recordar que, en el derecho español, la jurisprudencia del Tribunal Supremo ha sentado

---

[731]   derecho, que es previo a la ley". Véase, asimismo, el completo trabajo de DE LA RIVA, Ignacio M., "La libertad de empresa en los servicios públicos concesionados", REDA, nro. 44, LexisNexis, Buenos Aires, 2003, ps. 293/309.

[731]   Puede verse a modo de ejemplo el dec. 356/1997, cuyo art. 4º establece que "los recursos de la Concesión provendrán de las tarifas de peaje y de las restantes actividades colaterales que se autoricen. La concesión que se otorgue no contará con aportes financieros, avales o garantías a proporcionar por parte del Estado nacional, no tendrá beneficios impositivos ni ingresos ni tránsito mínimo asegurados. La concesión será a todos los efectos un contrato de riesgo...".

[732]   "Ercolano, Agustín v. Lanteri Renshaw, Julieta", Fallos 136:161 (1922).

[733]   Ampliar en: MARIENHOFF, Miguel S., *Tratado de Derecho Administrativo*, 5ª ed. act., t. IV, Abeledo-Perrot, Buenos Aires, 1992, ps. 681 y ss.; LINARES QUINTANA, Segundo V., *Tratado de la ciencia del Derecho Constitucional. Argentino y comparado*, t. III, 2ª ed., Plus Ultra, Buenos Aires, 1985, ps. 356 y ss.

[734]   "Melo de Cané, Rosa", Fallos 115:111 (1911); "Valdez Cora, Ramón", Fallos 182:355 (1938); "Chachero Fernández, Ricardo v. Sacamoto, Malvina", Fallos 247:293 (1960); entre otros.

algunas pautas de interpretación que son perfectamente compatibles con nuestro ordenamiento jurídico y la protección de las libertades económicas. Así, se ha entendido que existe la obligación de elegir los medios que impliquen la menor restricción a la libertad (STS 15/6/1981), los que resultan menos lesivos a los derechos de los administrados (STS 14/2/1977), como también que no es posible imponer cargas, obligaciones o prestaciones que resulten más gravosas que las medidas que sean necesarias para cumplir con el interés público (STS 17/6/1981), lo que configura, según la doctrina, un principio general del derecho, incuestionable después de la sanción del art. 38, Constitución española[735].

16. LA RESPONSABILIDAD DE LAS CONCESIONARIAS Y LICENCIA-TARIAS FRENTE A LOS USUARIOS POR DAÑOS OCASIONADOS POR INTERRUPCIONES DEL SERVICIO

Los sistemas de responsabilidad en materia de concesiones y la licencia de servicios públicos cuando se interrumpen los suministros o prestaciones y se ocasionan daños a los usuarios requieren de fórmulas de equilibrio que, como en el caso del transporte aéreo, permitan la limitación de responsabilidades, algunas veces sobre la base de regímenes o cláusulas de naturaleza objetiva e incluso de cláusulas de exención de responsabilidad por causas ajenas al prestador del servicio público[736].

Para ello, juegan fundamentalmente consideraciones económicas que hacen al valor de la tarifa[737], la configuración y estado de la red así como el nivel de inversiones que será menor a medida que aumente el riesgo empresario derivado de una responsabilidad civil por la actividad riesgosa.

Se impone pues una ecuación equilibrada que preserve el interés de la comunidad en no encarecer las tarifas con riesgos no acotados que, en definitiva, serán trasladados a las tarifas, o bien, implicarán una reducción de las inversiones de las concesionarias o licenciatarias.

Cierta jurisprudencia[738] sostuvo que, en el caso de interrupción del suministro del servicio eléctrico, correspondía aplicar "directamente" el Código Civil por sobre la fórmula de responsabilidad objetiva y limitada prevista en el subanexo 4 del Con-

---

[735] Conf. MARTÍN-RETORTILLO BAQUER, Sebastián, *Derecho Administrativo...*, *cit.*, t. I, p. 172.

[736] Ver por ejemplo, el art. 11, inc. c), Reglamento de Servicio aplicable a las distribuidoras de gas natural. Sobre la limitación de la responsabilidad de empresas distribuidoras de energía eléctrica en los regímenes europeos, véase: BARREIRO, Rubén, "Naturaleza jurídica de la relación concesionario-usuario y responsabilidades emergentes", en ENTE NACIONAL REGULADOR DE LA ELECTRICIDAD, *Jornadas sobre Servicio Público de Electricidad*, Buenos Aires, 1995, ps. 270 y ss.

[737] Ampliar en CARASALLE, Juan Manuel, "La obligación de suministro de los distribuidores de electricidad ante la crisis energética", REDA, nro. 53, LexisNexis, Buenos Aires, 2005, ps. 365/381, y su cita de LAHITOU, Juan P., "Una lectura de la relación tarifa-calidad", REDA, nro. 55, LexisNexis - Depalma, Buenos Aires, 2006, ps. 99/122.

[738] C. Nac. Cont. Adm. Fed., sala 1ª, 15/10/1998, "Ángel Estrada y Cía. SA v. res. 71/1996 - Secretaría de Energía y Puertos", publicada en ED 187-982, anotada por BIANCHI, Alberto B., "Algunas precisiones sobre el alcance de las facultades jurisdiccionales de los entes reguladores", EDA 2000/2001-478 y ss.

trato de Concesión, condenando a la distribuidora eléctrica a la indemnización del lucro cesante.

A todo evento, cabe recordar que, más recientemente, la Corte Suprema de Justicia de la Nación resolvió, en la citada causa "Ángel Estrada"[739] que:

(i)   se confirmaba la sentencia anterior, que había sostenido que, según el art. 78, ley 24.065, el pago de multas por incumplimiento no relevaba a la distribuidora de los reclamos de daños y perjuicios (responsabilidad extracontractual) pues las previsiones contractuales no eran oponibles a terceros;

(ii)   los límites a la responsabilidad deben resultar de la letra expresa de la ley, y dichos límites son válidos siempre y cuando el criterio de distinción establecido por el Congreso para fundar la excepción al régimen general obedezca a fines propios de su competencia y la potestad legislativa haya sido ejercida de modo conducente al objetivo perseguido;

(iii)   Las multas previstas en el contrato de concesión no constituyen el límite de la responsabilidad de la empresa concesionaria por incumplimiento del contrato pues, además de que tal alegación carece de base legal, no cabe especular acerca de cuál hubiera sido el justificativo válidamente elegido por el Congreso para exceptuar a las distribuidoras de energía eléctrica de las normas que, de manera uniforme, regulan los efectos del incumplimiento de las obligaciones nacidas de los contratos respecto de la generalidad de las personas jurídicas;

(iv)   Es inadmisible entender que las normas estatutarias que regulan el servicio público de distribución de energía eléctrica derogan las normas del derecho común, salvo que el Congreso expresamente hubiera dispuesto lo contrario, o cuando la subsistencia de las normas preexistentes fuera tan repugnante al estatuto legal que lo privara de eficacia, esto es, que lo inutilizara;

(v)   Ninguna de las disposiciones que establecen las bases para la fijación de las tarifas – arts. 40 y ss., ley 24.065– permite que las consecuencias de las eventuales faltas de diligencia en que incurriesen las empresas concesionarias puedan ser tenidas en cuenta y cargadas al precio del servicio respectivo, toda vez que la tarifa debe satisfacer exclusivamente los costos en que aquellas hubieran prudentemente incurrido con el objeto de satisfacer la prestación debida a los usuarios.

También resolvió el alto tribunal, en la precitada causa, que si bien el otorgamiento de facultades jurisdiccionales a órganos de la administración desconoce lo dispuesto en los arts. 18 y 109, CN, tales principios constitucionales quedan a salvo siempre y cuando los organismos de la Administración dotados de jurisdicción para resolver conflictos entre particulares hayan sido creados por ley, su independencia e imparcialidad estén aseguradas, el objetivo económico y político tenido en cuenta por el legislador para crearlos (y restringir así la jurisdicción que la Constitución Nacional atribuye a la justicia ordinaria) haya sido razonable y, además, sus decisio-

---

[739]   "Ángel Estrada y Cía. SA v. res. 71/1996 - Secretaría de Energía y Puertos (expte. 750-002119/96)", del 5/4/2005, Fallos 328, anotada por CASSAGNE, Juan Carlos, "Las facultades jurisdiccionales de los entes reguladores (a propósito del caso 'Ángel Estrada')", LL 2005-C-736/743; GARCÍA PULLÉS, Fernando R., "Ángel Estrada. La Corte Suprema y el fundamento de la potestad jurisdiccional. Facultades del legislador y de los justiciables", JA 2005-III, número especial "El caso 'Ángel Estrada'", del 31/8/2005; entre muchos otros.

nes estén sujetas a control judicial amplio y suficiente. A la luz de tal criterio, entendió el la Corte Suprema que no cualquier controversia puede ser válidamente deferida al conocimiento de órganos administrativos con la mera condición de que sus decisiones queden sujetas a un ulterior control judicial suficiente: los motivos tenidos en cuenta por el legislador para sustraer la materia de que se trate de la jurisdicción de los jueces ordinarios deben estar razonablemente justificados pues, de lo contrario, la jurisdicción administrativa así creada carecería de sustento constitucional, e importaría un avance indebido sobre las atribuciones que el art. 116, CN, define como propias y exclusivas del Poder Judicial de la Nación. Por ende, la determinación y condena al pago de los daños y perjuicios eventualmente derivados del incumplimiento del contrato celebrado con el usuario debe considerarse fuera de la jurisdicción especial atribuida al ENRE (art. 72, ley 24.065), el cual sólo está facultado para resolver las controversias que se susciten entre los sujetos mencionados en dicha norma, en la medida en que las relaciones entre ellos afectan el correcto funcionamiento del servicio.

17. EL SERVICIO UNIVERSAL. LA TRANSICIÓN HACIA UN RÉGIMEN MÁS ABIERTO Y COMPETITIVO. TARIFA SOCIAL

Se sostiene, en el plano de la técnica, que prácticamente todos los servicios públicos pueden prestarse bajo un régimen competitivo y abierto, de modo que la liberalización de ellos provocaría un incentivo para la realización de nuevas inversiones y el acceso a las redes de distribución para comercializar las prestaciones a un precio de mercado que, por resultar del juego de la oferta y la demanda, sería el menor que paguen los usuarios o clientes de los servicios sin la injerencia del Estado regulador (lo que resultaría ventajoso).

Sin embargo, como también se sostiene que la propiedad de las redes se encuentra, en general, en cabeza de una empresa o muy pocas y como, además, desde el punto de vista geográfico, ambiental y económico resulta imposible la instalación de muchas redes de distribución en las zonas territoriales que demandan los servicios, el problema fundamental que plantea la apertura de la competencia se centra en la determinación de los llamados derechos de conexión o peajes que permiten el acceso y la utilización de las redes. ¿Quién los fija y sobre la base de qué criterio?

Como se trata de abrir la competencia, y dada la posición usualmente monopólica o dominante de los propietarios de las redes por mediar un monopolio natural o una exclusividad legal, tales derechos sólo pueden ser fijados por el Estado como titular de la potestad regulatoria, lo cual, desde luego, no impide que, sin enajenar sus potestades, pueda regular su ejercicio en los respectivos contratos de concesión o licencia.

Los criterios para fijarlos pueden ser múltiples y variados, debiendo adaptarse a las modalidades de cada servicio. En cualquier caso, ellos tienen que respetar el mantenimiento de la ecuación económica financiera de las concesiones o licencias existentes (salvo que se indemnice o compense a los dueños de la red de otro modo) y contemplar, por encima de todo, el financiamiento de los denominados servicios universales que son aquellos que el Estado considera servicios básicos mínimos a los que todos los ciudadanos tienen derecho a acceder así como los que se prestan en zonas no rentables[740]. Ello, por cierto, en la medida en que el marco regulatorio aplicable prevea expresamente un régimen de servicio universal y defina sus características. Actualmente, existen sectores donde tal servicio no se halla previsto por lo que mal se puede exigir a los prestadores el cumplimiento de obligaciones inexistentes de servicio universal[741].

En resumidas cuentas, la cuestión pasa por hacer compatible el servicio competitivo con el servicio universal y trazar las reglas de separación entre uno y otro, lo cual entraña una serie de dificultades que van desde la determinación de las tarifas y su diversificación[742] (incluyendo el análisis de los subsidios cruzados explícitos e implícitos), hasta la distribución equitativa de los mayores costos que irroga el servicio universal. Y aquí juega el principio de solidaridad que conduce, en casos excepcionales, al establecimiento, incluso, de tarifas sociales.

Con todo hay que evitar, como se ha señalado, el riesgo de que la teoría contradiga la realidad[743] ya que el costo de desandar las situaciones consolidadas (concesiones con exclusividad zonal, por ejemplo) puede ser mayor para los ciudadanos, sin reparar en las indemnizaciones que debería abonar el Estado por el cambio de régimen. En otras palabras, se trata de evitar los costos de transacción involucrados en tal clase de medidas, sopesando adecuadamente costos y beneficios ínsitos en la implementación respectiva.

Tampoco es justo que esto se lleve a cabo en forma encubierta (ej.: redefinición unilateral del módulo para calificar como gran usuario eléctrico) sino que tendrá que ser producto de un consenso entre las partes involucradas, dentro de un clima de seguridad jurídica y transparencia, en las que se basa la confianza de los inversores.

18. LAS SANCIONES PREVISTAS EN LOS MARCOS REGULATORIOS: TIPOS DE SANCIONES Y PRINCIPIOS APLICABLES. NATURALEZA DEL ACTO ADMINISTRATIVO SANCIONATORIO

Las infracciones o incumplimientos de las leyes y reglamentos así como de los contratos de concesión o licencia se encuentran regulados de distinto modo conforme al tipo de cada sanción[744]. Cuando las sanciones, por su carácter preventivo o represivo, poseen naturaleza penal administrativa se aplican todos los principios

---

[740] Según anota Bianchi se trata de un concepto antiguo – nacido en el campo de las telecomunicaciones– proveniente de Theodore Vail, un empresario norteamericano (conf.: BIANCHI, Alberto B., "La regulación económica en Estados Unidos", REDA, nro. 32, Depalma, Buenos Aires, 1999, ps. 403/404).

[741] Tal el supuesto de la ley 24.076.

[742] Véase: ARIÑO ORTIZ, Gaspar, *Teoría...*, *cit.*, p. 586, quien considera que las tarifas diversificadas son compatibles con el servicio universal.

[743] ARIÑO ORTIZ, Gaspar, *Teoría...*, *cit.*, p. 581.

[744] Ampliar en GARCÍA PULLÉS, Fernando R., "La potestad sancionatoria de la Administración Pública y la reforma de la Constitución Nacional", *Documentación Administrativa*, nro. 267-268, INAP, Madrid, 2003/2004, ps. 501/524; ROCHA PEREYRA, Gerónimo, "Sobre el Derecho Administrativo sancionador (las sanciones administrativas en sentido estricto)", REDA, nro. 43, LexisNexis - Depalma, Buenos Aires, 2003, ps. 123/161.

propios del Derecho Penal sustantivo (*v.gr.*, legalidad, tipicidad, culpabilidad, irretroactividad, *non bis in idem*, etc.)[745].

Ahora bien, en los marcos regulatorios no se han tipificado sanciones específicas para los prestadores de los respectivos servicios, lo que implica una remisión a los contratos de concesión o licencia efectuada expresamente en algunos casos[746] y en otros en forma implícita, aunque el vacío legal ha sido cubierto *a posteriori* por la reglamentación[747]. Las sanciones previstas, por ejemplo, en el marco regulatorio eléctrico tienen como sujetos a los terceros no prestadores y consisten en: a) multas, b) inhabilitación especial, c) suspensión en la prestación de servicios, y d) decomiso[748].

En lo que concierne a los principios aplicables al procedimiento de aplicación de sanciones hay que señalar el deber constitucional y legal[749] de la observancia de las reglas del debido proceso que les imponen los marcos regulatorios a los entes. Esta garantía, que reglamenta el derecho de defensa en juicio previsto en el art. 18, CN, exige que se respeten los tres derechos básicos en que se descompone: a) derecho a ser oído, antes de la decisión que afecte al particular en sus derechos subjetivos o intereses legítimos; b) derecho a ofrecer y producir prueba pertinente para la solución del caso, y c) derecho a una decisión fundada que haga mérito de las principales cuestiones planteadas[750].

En cuanto a la gradación de las sanciones el criterio que debe respetarse es el de razonabilidad o proporcionalidad. En este aspecto, en la reglamentación de la ley 24.076 se sientan algunos criterios que vienen a reglar, y consecuentemente a limitar el poder sancionatorio, los que rigen, por analogía, en los restantes marcos regulatorios en atención al vacío normativo que pudiera suscitarse. En tal sentido, dicha reglamentación[751] estatuye que las sanciones se graduarán en atención a las siguientes pautas: a) la gravedad y reiteración de la infracción; b) las dificultades o perjuicios que la infracción ocasione a los usuarios del servicio prestado o a terceros; c) el grado de afectación del interés público; d) el grado de cumplimiento de las condiciones fijadas en la habilitación respecto del servicio en cuestión, y e) el ocultamiento deliberado de la situación infraccional mediante registraciones incorrectas, declaraciones erróneas u otros arbitrios análogos.

Interesa puntualizar, por último, que no se considera infracción el incumplimiento derivado de fuerza mayor o el originado en causas no imputables al prestador, lo cual no excluye la necesidad de acreditar la culpa (salvo que se tratare de un

---

[745] Con respecto a las distintas cuestiones que se plantean en torno a la aplicación de estos principios nos remitimos a CASSAGNE, Juan Carlos, "En torno de las sanciones administrativas y la aplicabilidad de los principios del Derecho Penal", ED 43-939.

[746] Art. 78, ley 24.065.

[747] Dec. 1738/1992, reglamentación a los arts. 71 a 73, ley 24.076.

[748] Art. 77, ley 24.065; un criterio similar ha seguido el art. 71, ley 24.076 (Gas).

[749] Arts. 56, inc. m), y 81, ley 24.065.

[750] Conf. art. 1°, inc. f), ley 19.549. Por aplicación de este principio, la práctica administrativa, seguida por algunos entes reguladores, de denegar medidas de prueba en sumarios donde se discuten aspectos fácticos resulta ilegítima y arbitraria.

[751] Dec. 1738/1992, reglamentación de los arts. 71 a 73, ley 24.076, inc. 2°.

supuesto de responsabilidad objetiva que, en principio, requiere norma o pacto expreso en el contrato de concesión o de licencia), al igual que aquellos supuestos en que el prestador corrige o cesa en su incumplimiento ante la intimación que le curse el ente[752].

19. RÉGIMEN DE LOS BIENES. REVERSIÓN. PROHIBICIÓN DE RESCATE

Sobre el régimen de bienes, en el marco de las licencias y concesiones, se ha pronunciado la doctrina[753], puntualizando la diversidad de regímenes que se produjeron en oportunidad de las privatizaciones de la ley 23.696. A modo de ejemplo, considérese que los vetustos bienes de la ex Entel fueron dados en propiedad a las licenciatarias telefónicas históricas; en cambio en las licencias de transporte y distribución de gas se operó una transferencia en propiedad con las particularidades que se verán seguidamente.

Cabe señalar, asimismo y desde los criterios que inspiran la doctrina y jurisprudencia clásicas, que, con independencia de los bienes que pertenecen *ab initio* al concedente, que se justifica reviertan al concesionario al finalizar la concesión[754] en virtud de haber sido amortizados durante el plazo de la concesión previsto oportunamente, los bienes que aporte o adquiera el concesionario integran su dominio. Esta postura es compatible con el concepto constitucional del derecho de propiedad que nuestra Constitución garantiza en su art. 17, incluyéndose dentro de ella todas las razones (construcciones o instalaciones) que el concesionario hubiere realizado sobre los bienes del Estado, aun tratándose de los bienes del dominio público cuya utilización le facilitó el concedente[755].

Un problema jurídico de trascendencia se plantea con respecto a la denominada *reversión* de los bienes que, para alguna doctrina ya superada constituía una regla general, implícita en el contrato de concesión, al operarse su extinción por vencimiento del plazo, caducidad o rescate. El origen de la reversión que se conectaba con el desarrollo de la figura contractual de la concesión de obra pública, donde constituía una cláusula política destinada a resguardar la propiedad de la corona, ha sido actualmente superado sosteniéndose que, en definitiva, no es otra cosa que una cláusula económica[756].

---

[752] Conf. dec. 1738/1992, reglamentación de los arts. 71 a 73, ley 24.076, inc. 3º.

[753] Ampliar en TAWIL, Guido S., "Algunas reflexiones en torno al régimen jurídico de los bienes afectados al servicio público", en AA.VV., *Organización administrativa, función pública y dominio público*, Jornadas organizadas por la Universidad Austral, Facultad de Derecho, Ediciones Rap, Buenos Aires, 2005, ps. 523/537.

[754] Véase: DUFAU, Jean, *Les concessions...*, *cit.*, ps. 138 y ss. En el derecho francés se denominan bienes de *retour* que se diferencian de los bienes de *reprise*, que son aquellos que el concedente tiene derecho a que reviertan al Estado. Además, existen los bienes propios del concesionario.

[755] Conf. MARIENHOFF, Miguel S., *Tratado...*, *cit.*, t. III-B, p. 630.

[756] Véase: GARCÍA DE ENTERRÍA, Eduardo, "El dogma de la reversión de las concesiones", en *Dos estudios sobre la usucapión en Derecho Administrativo*, Tecnos, Madrid, 1974.

En rigor, la reversión de los bienes del concesionario no puede considerarse una cláusula implícita del contrato de concesión o licencia, ya que la voluntad de perder el dominio no se presume (como en general la renuncia de derechos) y toda cláusula de renuncia al derecho de propiedad es de interpretación restrictiva[757].

A todo evento, se recordará que en las licencias del dec. 2255/1992 se prevé claramente una reversión: las licencias de transporte de gas, de 35 años de duración, establecen en forma expresa que al término de ese número de años los activos esenciales retornarán al otorgante de la licencia[758]; similar temperamento se advierte en el supuesto de licencias para la distribución de dicho fluido[759].

Una solución similar corresponde aplicar para el rescate de la concesión por el concedente. Se debe acotar que en la reglamentación del marco regulatorio del gas[760] la facultad de proceder al rescate unilateral de la licencia ha sido expresamente interdicta, norma plausible que otorga una mayor estabilidad a la relación bilateral que vincula al concedente con el concesionario.

En cambio, en otros regímenes, como en el marco regulatorio de los servicios públicos de provisión de agua y cloacas, se permite el rescate de la concesión en cualquier momento con sujeción a lo acordado en el respectivo contrato de concesión[761]; y se prescribe que a la extinción de la concesión se transferirán sin cargo al Estado todos los bienes afectados al servicio[762].

Los inconvenientes y desventajas que plantea tanto el rescate como la cláusula de reversión de los bienes al Estado son suficientemente conocidos por las anteriores experiencias, donde el concesionario dejaba de hacer mejoras en el servicio ante la eventual pérdida gratuita de las inversiones realizadas, máxime cuando los respectivos bienes ya habían sido amortizados. Para solucionar este problema, que se plantea incluso en el supuesto de vencimiento normal del plazo de las concesiones, se ha pactado en las concesiones del servicio de distribución de energía eléctrica, un sistema novedoso que consiste en licitaciones periódicas del paquete accionario del

---

[757] Conf. MARIENHOFF, Miguel S., *Tratado...*, *cit.*, t. III-B, p. 639.

[758] RBL, dec. 2255/1992, Anexo A, nro. 5.7.

[759] RBL, dec. 2255/1992, Anexo B, nro. 5.7.

[760] Art. 4°, inc. 5°, del reglamento aprobado por dec. 1738/1992 ("Las licencias otorgadas no podrán ser objeto de rescate por la Administración, ni serán modificadas durante su vigencia sin el consentimiento de los licenciatarios"). Por lo demás, el rescate sólo puede imponerse por ley y previo cumplimiento de las garantías constitucionales consagradas en el art. 17, CN.

[761] Dec. 999/1992, art. 65 ("La Concesión se extinguirá por vencimiento del plazo contractual, por rescisión o rescate de los servicios, según lo que se establezca en el Contrato de Concesión").

[762] Dec. 999/1992, art. 64 ("Será sin cargo, a la extinción de la Concesión, la transferencia al Estado nacional de todos los bienes afectados al servicio, sea que se hubieren transferido con la Concesión o que hubieren sido adquiridos o construidos durante su vigencia").

grupo controlante, que se efectúan, sobre una base de normalidad[763], cada quince (15) años, dentro del plazo de la concesión[764].

La utilización de la técnica del rescate para finalidades políticas o económicas constituye una de las amenazas más grandes que se cierne sobre la gestión privada de los servicios y es necesario que el Derecho Administrativo moderno encuentre el equilibrio para que el sistema jurídico brinde la mayor seguridad jurídica a las inversiones.

Por ello, insistimos que el rescate, para ser jurídicamente viable, requiere siempre base legal y contractual que asegure, además, el cumplimiento de todas las garantías inherentes a la propiedad (art. 17, CN) ya que, en el fondo, constituye un sacrificio al particular impuesto por causa de utilidad pública (la reorganización del servicio)[765].

20. INCONVENIENTES QUE PLANTEA LA INSTITUCIÓN DE TRIBUNALES ADMINISTRATIVOS PARA ENTENDER EN LOS CONFLICTOS RELATIVOS A SERVICIOS PÚBLICOS, Y VENTAJAS DEL SISTEMA JUDICIALISTA PURO

Aparte de los obstáculos constitucionales que hemos indicado, y de los requisitos establecidos para que su creación no sea considerada violatoria de la Constitución, cabe que nos preguntemos acerca de la conveniencia de instituir tribunales administrativos para dirimir los conflictos que se susciten en materia de servicios públicos.

Aunque ello podría tener una mayor justificación si se eliminasen los entes reguladores o, al menos, se les prohibiere el ejercicio de funciones jurisdiccionales (por no ser órganos totalmente independientes del Poder Ejecutivo), lo cierto es que existe una serie de razones que a nuestro juicio aconsejan, en cualquier circunstancia, mantener el esquema judicialista puro previsto por la Constitución.

En primer lugar, porque si de lo que se trata es de reconocer la necesidad de que sean órganos especializados quienes lleven a cabo un examen más técnico y correcto de los conflictos, son tan diversos los sectores involucrados que sería difícil encontrar un tribunal que reúna los conocimientos suficientes para apreciar los hechos y el derecho controvertidos, integrado por miembros que posean la idoneidad requerida por todas las especializaciones, máxime cuando los jueces administrativos serán abogados que, como es de suponer, tendrán también que basarse en la opinión de expertos. Es decir que los integrantes de dichos tribunales administrativos estarán en la misma situación que los miembros del Poder Judicial que, en tales casos, resuelven los conflictos fundamentalmente sobre la base de la prueba pericial producida por expertos.

---

[763]   En el capítulo siguiente se ve cómo la emergencia declarada por ley 25.561 afectó también estos plazos.

[764]   El plazo de la concesión es de noventa y cinco (95) años pero, es claro, sujeto a las mentadas licitaciones. Véanse arts. 3º a 11 del contrato de concesión de Edenor, en *www.enre.gov.ar*.

[765]   Véase: PRITZ, Osvaldo A. F., "El rescate", en AA.VV., *Los servicios públicos*, Depalma, Buenos Aires, 1994.

El problema, entonces, no estriba en el lugar o ámbito en que se desempeñe el tribunal, sino en la especialización requerida para el análisis técnico y económico de las cuestiones que se plantean en los procesos vinculados con los servicios públicos. En cualquier caso, si la lección que brinda la experiencia indica una erosión de la independencia del Poder Judicial, será ella más difícil de mantener frente al Poder Ejecutivo cuando los tribunales se ubiquen en el ámbito de dicho órgano, por más independencia formal que se les reconociera.

Por ese motivo, en todo caso parece más conveniente mantener el actual esquema de los entes reguladores, reforzando su independencia a fin de que se les pueda adjudicar el ejercicio de funciones jurisdiccionales por motivos de especialización razonablemente establecidos por ley[766], para dirimir controversias regidas en forma exclusiva o primordial, por el Derecho Administrativo, con un amplio control judicial posterior, conforme a la interpretación que ha hecho la Corte en el fallo "Ángel Estrada", cumpliendo con todos los requisitos que fundan su viabilidad constitucional (Una consideración aparte merece otro aspecto de este fallo, no suficientemente remarcado por la doctrina, el cual concierne a la posibilidad de que se limite por ley la responsabilidad de las distribuidoras eléctricas[767]. En tal sentido, como lo ha señalado con acierto Budassi[768], el fallo de la Corte asigna prevalencia a la legislación especial sobre los principios generales de la responsabilidad contractual establecidos en el Código Civil).

Volviendo al análisis: si se mantienen los actuales entes reguladores, creándose tribunales administrativos para controlarlos, la duración de los pleitos se alargará excesivamente, por cuanto habrá que establecer, a su vez, para no conculcar el sistema constitucional, un control judicial pleno y suficiente, con amplitud de debate y prueba.

En esas condiciones puede amenguarse la escasa seguridad jurídica que aun nos queda dejando que situaciones contenciosas permanezcan mucho tiempo en la incer-

---

[766] LINARES, Juan F., *Derecho Administrativo*, Astrea, Buenos Aires, 1986, p. 164, apunta que "nunca tal vez se logró, en el Estado contemporáneo de derecho, que toda la jurisdicción sea ejercida por los jueces".

[767] Aunque con anterioridad al fallo de la Corte llegamos a sostener la limitación de la responsabilidad de la concesionaria con fundamento en una cláusula del contrato de concesión y el carácter administrativo de la relación que la vincula con el usuario (como consecuencia de la proyección de los efectos del contrato) de cara al caso "Ángel Estrada" hemos retomado nuestra postura originalmente sostenida en el sentido de que se trata de una relación que, en principio, se rige por el Derecho Privado. Ello no es óbice para que, con arreglo a lo que se indica en la nota siguiente, se dicte por el Congreso, en el futuro, un régimen especial de responsabilidad para estos casos, regido por el Derecho Administrativo sobre bases objetivas, prevaleciendo sobre los principios de derecho común que rigen la responsabilidad contractual.

[768] BUDASSI, Iván F., "Responsabilidad de los concesionarios: ¿derecho común?", JA 2005-III-32, número especial "El caso 'Ángel Estrada'", del 31/8/2005, anota que, en tal supuesto, la norma legal específica del marco regulatorio prevalece sobre la legislación común y la de defensa del consumidor, tal como se desprende del propio caso "Ángel Estrada", en el que si bien se aplican los principios contractuales del Derecho Civil, ello es así en tanto su vigencia "no ha sido desplazada por ninguna otra norma contenida en el estatuto legal específico que regula la prestación del servicio de electricidad" (consid. 9° del voto de la mayoría).

tidumbre[769]. Por ello, pensamos que adicionar otros órganos de control jurisdiccional distintos a los jueces no traduce ventaja alguna.

¿No sería mejor, entonces, que se creasen tribunales especializados en el ámbito del Poder Judicial? Pensamos que sí, y que con esta decisión saldría beneficiada tanto la libertad de los ciudadanos y empresas como el verdadero interés público que no es, por cierto, el de los políticos de turno.

Si cada país tiene su propia realidad histórico-constitucional y si el sistema judicialista es, en nuestro diseño constitucional, el eje en el que se apoya el equilibrio de la separación de poderes, nada mejor que mantenernos fieles a él para evitar las corruptelas que el modelo de tribunales administrativos puede generar en el futuro, no obstante las buenas intenciones que pudieran perseguir quienes lo propician.

Solía decirse – mediante una metáfora comúnmente utilizada– que el camino del infierno está empedrado de buenas intenciones. La experiencia argentina, lejos de ser buena, al haber importado instituciones foráneas extrañas a la realidad de nuestros modos de ser y costumbres (*v.gr.*, audiencias públicas, procesos colectivos, etc.) revela que éstas terminan siendo deformadas, cuando son objeto de apropiación por grupos políticos o sindicales o, lo que es aun peor, por determinados intereses que se usan para explotar los errores que generan las leyes, los funcionarios y las empresas, en beneficio de unos pocos y no de los usuarios y consumidores, quienes muchas veces ni siquiera alcanzan a enterarse que otro u otros han invocado su representación colectiva.

De cara a ese cuadro, parece más conveniente – antes que crear tribunales administrativos– reglamentar algún tipo de proceso colectivo que canalice la protección de los derechos de los usuarios de los servicios públicos y/o de los consumidores y que preserve, al propio tiempo, en forma directa o indirecta, la legalidad del obrar de la Administración y, en definitiva, la justicia[770].

---

[769] No se puede dejar de notar que el caso de "Ángel Estrada" insumió diez años de tramitaciones administrativas y judiciales hasta llegar a la sentencia de la Corte (que, además, anuló la decisión inicial del ENRE).

[770] En el Perú, la doctrina ha planteado las dificultades que presenta el proceso de amparo y la tendencia hacia su ordinarización para la protección de los derechos de las personas afectadas por actos de los poderes públicos, véase: ESPINOSA-SALDAÑA BARRERA, Eloy, "Proceso contencioso administrativo, amparo alternativo y algunas previsiones a la espera de un amparo individual", en *Derecho Administrativo*, Jurista Editores, Lima, 2004, p. 233 y ss.

CAPÍTULO IV

LA EMERGENCIA Y SU PROYECCIÓN A LOS CONTRATOS QUE TIENEN POR OBJETO LA PRESTACIÓN DE SERVICIOS PÚBLICOS

1. CONTEXTO HISTÓRICO INSTITUCIONAL

Hasta aquí, hemos desarrollado los lineamientos que hacen a los contratos que tienen por objeto la prestación de servicios públicos, en épocas de normalidad.

Sin embargo, en los últimos años, se alteró dicho escenario y el Congreso declaró la emergencia en múltiples oportunidades. Así, durante la presidencia de Menem se dictaron las leyes 23.696 y 23.697, de emergencia administrativa y económica, respectivamente; en la presidencia de de la Rúa, se sancionó la ley 25.344, de emergencia económico-financiera; bajo la presidencia provisional de Duhalde, la ley 25.561, de emergencia pública y reforma del régimen cambiario; finalmente en la de Kirchner, se mantuvo la vigencia de esta última ley y se dictaron las leyes 25.820 y 25.972, de extensión del plazo de la emergencia.

De cara a ese contexto, cabe preguntarse si no ha sido, incluso, el propio Estado[771] el que ha contribuido a crear – por acción u omisión– las condiciones que, a su turno, impidieron la marcha correcta y aún la subsistencia de sus principales instituciones.

La experiencia ha venido a demostrar que los éxitos económicos iniciales logrados a partir del proceso de reforma del Estado de la década del '90 no fueron acompañados por políticas públicas coherentes con la transformación operada a nivel internacional, esto es, con las pautas de la globalización económica del mundo. Porque no obstante el éxito[772] alcanzado por la sustitución de las anquilosadas em-

---

[771] Señala Pérez Hualde que, con relación a la emergencia declarada por la ley 25.561, "se trata de una maraña de causas, algunas de ellas atribuibles a las mismas autoridades y sus estrategias políticas desarrolladas para enfrentar la crisis, en algunos casos, y, en otro, a los avatares del fracaso de un plan político y económico en el que se persistió más allá de las permanentes manifestaciones que ponían en evidencia su falta de adecuación a la realidad argentina"; ampliar en PÉREZ HUALDE, Alejandro, *Renegociación de contratos públicos*, LexisNexis - Abeledo-Perrot, Buenos Aires, 2002, p. 15.

[772] Conf. PÉREZ HUALDE, Alejandro, *Renegociación de contratos...*, *cit.*, p. 21, donde se detiene en "la convicción generalizada de que los contratos del Estado, vinculados a servicios públicos (...) celebrados en la última década lo han sido en condiciones de altos niveles de corrupción política y administrativa y (...) se han traducido en márgenes extraordinarios de utilidad para las empresas cocontratantes particulares. Sobre la fundada sospecha de la presencia de grandes sumas entregadas en carácter de *coimas* a funcionarios por las empresas hoy concesionarias, se asienta una de las más importantes dificultades..." (la bastardilla es del original).

222

presas estatales como principales gestoras de los servicios públicos, la ausencia de una estrategia y acción global ordenadas, en materia de gasto público, políticas cambiaria y financiera, unida a la destrucción de los ciclos económicos de intercambio comercial (lo que se advirtió oportunamente en los desequilibrios de la balanza de pagos) y a la falta de una política socio-económica que paliara el proceso de desocupación y subocupación (debido en gran parte a las mayores eficiencias producidas en los sectores que fueron objeto de la transformación) provocó una crisis sin precedentes en nuestra historia que se proyectó al plano político, al económico y al social.

2. LAS INVERSIONES ANTE LA PERMANENTE EMERGENCIA. UNA TRANSICIÓN

Lejos estamos de pretender describir, en este capítulo, lo bueno y lo malo de la reforma del Estado iniciada en 1989, y menos aún, de las políticas fiscal y monetaria seguidas por los distintos gobiernos que la ejecutaron. Pero hay algunos hechos que, no obstante parecer definitivamente anclados en el pasado y casi borrados de la memoria colectiva, han vuelto a resurgir con una fuerza y extensión extraordinarias.

Lo cierto es que, fuera de otros vicios que anidan tanto en los gobernantes de turno como en la sociedad misma, el sistema legal argentino parece haber transitado, en los períodos constitucionales que siguieron al retorno de la democracia, por un estado de emergencia permanente[773], que ha terminado por minar las bases en que se apoyaban las instituciones.

---

[773] La literatura sobre la emergencia ha sido en los últimos años tan nutrida como constante; véase además de los citados en el curso de este trabajo, entre otros: CASSAGNE, Juan Carlos, "Los contratos públicos y la reciente Ley de Emergencia", *REDA*, nro. 39, LexisNexis - Depalma, Buenos Aires, ps. 131/140; BIANCHI, Alberto B., "La Corte Suprema ha establecido su tesis oficial sobre la emergencia económica", LL 1991-C-141; HALPERIN, David - CANOSA, Armando N. - MARTORELLO, Beatriz R., *Emergencia económica. Ley 25.344*, Errepar, Buenos Aires, 2001.

Asimismo, pueden verse: MILJIKER, María E. (coord.), *El derecho administrativo de la emergencia I*, Fundación Derecho Administrativo, Buenos Aires, 2002; AHE, Dafne (coord.), *El Derecho Administrativo de la emergencia II*, Fundación Derecho Administrativo, Buenos Aires, 2002; ALANIS, Sebastián (coord.), *El Derecho Administrativo de la emergencia III*, Fundación Derecho Administrativo, Buenos Aires, 2003; SCHEIBLER, Guillermo (coord.), *El Derecho Administrativo de la emergencia IV*, Fundación Derecho Administrativo Buenos Aires, 2004; GORDILLO, Agustín (dir.), *El contrato administrativo en la actualidad*, La Ley, Buenos Aires, 2004; MERTEHIKIAN, Eduardo, "La emergencia y la emisión de cuasimonedas por las provincias", RAP, nro. 303, Ciencias de la Administración, Buenos Aires, 2003, p. 83; del mismo autor, "Renegociación de servicios públicos de jurisdicción nacional, emergencia y derechos de los usuarios", *RAP*, nro. 282, Ciencias de la Administración, Buenos Aires, 2002, ps. 27/29; ANDREUCCI, Carlos, "La emergencia y el federalismo", *Revista de Derecho Público*, Rubinzal-Culzoni, Santa Fe, 2002-1-349/359; GALLEGOS FEDRIANI, Pablo, "La Ley de Emergencia Económico-Financiera 25.334. Diversos aspectos procesales de la misma", ED 191-729; BIANCHI, Alberto B., "El caso San Luis o de cómo la emergencia fue encarada desde la delegación legislativa", REDA, nro. 45, Depalma, Buenos Aires, 2003, ps. 611/614; PALAZZO, Eugenio, "La emergencia administrativa y los juicios contra el Estado", *Prudentia Iuris*, nro. 27/28, Universidad Católica Argentina, Buenos Aires, 1991, p. 10; del mismo autor, "Peralta y Smith: Diferencias de estilo,

Pese al *status* irregular del sistema, pudimos atraer, importantes inversiones privadas. Basta señalar que sólo entre 1995 y 1997 migraron, de Europa a Argentina, 5.700 millones de dólares, contra 3.825 que salieron desde aquel continente hacia los Estados Unidos[774]. De tal suerte, la celebración de tratados de promoción y protección recíproca de inversiones fomentó la radicación de capitales, y de los beneficios a ellos asociados. Fenómeno, por cierto, que no fue exclusivamente argentino pues otras naciones sudamericanas – entre ellas, Chile– adoptaron similar temperamento[775].

---

de circunstancias y de conclusiones", RAP, nro. 285, Ciencias de la Administración, Buenos Aires, 2002, p. 27; CASTRO HERNÁNDEZ, Manuel H., "El derecho de propiedad y la emergencia", ED 203-718/752; KEMELMAJER DE CARLUCCI, Aída R., "Emergencia y seguridad jurídica", RDPyC, nro. 1, ps. 13/48; URRUTIGOITY, Javier, "Del derecho de la emergencia al derecho de la decadencia", RAP, nro. 289, Ciencias de la Administración, Buenos Aires, 2002, ps. 261; PÉREZ HUALDE, Alejandro, "La Corte Suprema y sus novedades en el tratamiento de la normativa de emergencia", JA 2003-IV-1405; del mismo autor, su PÉREZ HUALDE, Alejandro, ponencia "Hacia una 'nueva' doctrina judicial sobre emergencias", presentada en las Primeras Jornadas Internacionales "Perfilando la Constitución. El Rol de la Corte Suprema de Justicia de la Nación y de la US Supreme Court en la Constitución Nacional", organizadas por el Consejo Latinoamericano de Estudios de Derecho Internacional y Comparado (COLADIC), celebradas en la Universidad del Congreso, Mendoza, 29 al 31/5/2003; del mismo autor, "Crisis jurídico política, emergencia económica y y recurso extraordinario federal en el terreno tributario", en GELLI, María A. (dir.), *Emergencia económica y recurso extraordinario*, La Ley, Buenos Aires, 2003, ps. 22 y ss.; IVANEGA, Miriam M., "El caso 'Tobar': ¿emergencia o imprevisión en la programación presupuestaria?", REDA, nro. 42, Depalma, Buenos Aires, 2003, ps. 805/812; CASÁS, José O., "La emergencia infinita en el ámbito del derecho tributario argentino", REDA, nro. 41, Depalma, Buenos Aires, 2002, ps. 499/534; SPACAROTEL, Gustavo D., "La constitucionalidad de la emergencia en la provincia de Buenos Aires", REDA, nro. 41, Depalma, Buenos Aires, 2002, ps. 651/656; MALJAR, Daniel E., "Antecedentes jurisprudenciales de la Corte Suprema sobre el derecho de emergencia. El principio de razonabilidad utilizado como límite", ED 197-799; CRIVELLI, César - VEGA, Susana, "Estado Argentino: La emergencia permanente", RAP, nro. 264, Ciencias de la Administración, Buenos Aires, 2000, ps. 19/23; de los mismos autores, "Emergencia y prohibición indexatoria de tarifas (Una vía de salida en la concesión de servicios públicos)", RAP, nro. 282, Ciencias de la Administración, Buenos Aires, 2002, ps. 15/17; TORRES, Ismael F., "Ley 25.344 (de Emergencia Económica). principales proyecciones", RAP, nro. 275, Ciencias de la Administración, Buenos Aires, 2001, p. 13; SALVATELLI, Ana, "Acerca de la emergencia y sus excesos", RAP, nro. 280, Ciencias de la Administración, Buenos Aires, 2002, ps. 15/22; COMADIRA, Julio P., "La Ley de Emergencia 25.561 y el alcance de la prohibición a los prestadores de servicios públicos de suspender o alterar sus obligaciones", JA 2003-IV-992; PIAGGIO, Lucas, "Límites a la aplicación de la doctrina de la emergencia económica en materia de deuda pública: el caso Falcón", RAP, nro. 287, Ciencias de la Administración, Buenos Aires, 2002, p. 218; UGOLINI, Daniela, "Los derechos sociales y la emergencia", LL 2004-C-1519/1527, entre muchos otros.

[774] BANCO INTERAMERICANO DE DESARROLLO, *Foreign Direct Investments in Latin America: Perspectives of the major investors. An Update*, París, 1999. Ampliar en SACRISTÁN, Estela B., "La Constitución de 1853 como instrumento de progreso económico: los capitales extranjeros", en AA.VV., *Estudios sobre la Constitución Nacional de 1853 en su sesquicentenario*, Academia Nacional de Derecho y Ciencias Sociales de Buenos Aires, Instituto de Derecho Constitucional e Instituto de Derecho Administrativo, La Ley, Buenos Aires, 2003, ps. 527/550.

[775] El listado correspondiente Chile se halla en:

A una situación de emergencia puede llegarse por varias causas; algunas son ajenas al Estado y otras provocadas por su directo accionar. Lo típico que ha venido caracterizando las diferentes situaciones de emergencia (y las consecuentes leyes o decretos de necesidad y urgencia) es el hecho de que su origen deriva, fundamentalmente, de actos de los poderes públicos (del Congreso y de la Administración). Esos actos, que en su sustancia reconocen una situación fáctica de emergencia unilateralmente declarada[776], situación fáctica que ni siquiera suele ser objeto de debate en sede legislativa[777], son los que, jurídicamente, producen efectos.

De otra parte, la producción de continuas leyes de emergencia las despoja de su excepcionalidad y transforma situaciones que, por su naturaleza deben ser transitorias, en situaciones permanentes y definitivas. Esta mutación radical conduce, como se verá seguidamente, a la paradoja de que lo normal y ordinario del sistema legislativo sea, precisamente, su anormalidad. Por ello se advierte que la restricción asociada a la emergencia pasa a ser una constante de reducción permanente de la protección constitucional. Ello aun cuando, desde cierta perspectiva, hayan cambiado las circunstancias fácticas y reine la estabilidad derivada de un superávit fiscal, de una política monetaria estable, del ordenamiento del gasto de las provincias y del arreglo de la deuda externa, con el consiguiente crecimiento económico, lejos de la emergencia declarada en enero de 2002[778].

3. LA PROTECCIÓN CONSTITUCIONAL DE LOS DERECHOS DE PROPIEDAD

Como es sabido, la emergencia permite que, en forma transitoria, se comprima o limite el ejercicio del derecho de propiedad, de raigambre constitucional. Ingresan dentro de esa compresión o limitación tanto las relaciones de Derecho Público como de Derecho Privado e interesa destacar que suelen quedar comprendidos en la restricción los contratos administrativos, en especial los de prestación de servicios públicos.

En esta perspectiva, el solo hecho de que numerosas leyes y decretos hayan decretado la emergencia hace que el derecho de gozar, usar y disponer de los bienes que se precisan para el desarrollo de la dignidad personal y social se vea afectado de tal modo que torne ilusoria su propia existencia y la garantía constitucional que instituyó nuestra sabia Constitución histórica de 1853 en las cláusulas que le confieren no sólo su reconocimiento sino una efectiva protección, particularmente en los

---

http://www.worldbank.org/icsid/treaties/chile.htm; el correspondiente a Uruguay se halla en http://www.worldbank.org/icsid/treaties/uruguay.htm; el correspondiente a Venezuela, en http://www.worldbank.org/icsid/treaties/venezuela.htm; entre muchos otros.

[776] Sobre este reconocimiento legislativo, véase PÉREZ HUALDE, Alejandro, "Renegociación de las concesiones de servicios públicos en Mendoza", en AA.VV., Control de la Administración Pública, Jornadas organizadas por la Universidad Austral, Facultad de Derecho, Ediciones Rap, Buenos Aires, 2003, ps. 407/414.

[777] Al efecto, puede verse el debate parlamentario de la ley 25.561, en especial en el ámbito de la Honorable Cámara de Diputados de la Nación.

[778] Véase CASSAGNE, Juan Carlos, "Entre la estabilidad y la revolución", Clarín del 15/3/2005.

arts. 14 y 17, CN. Los términos en que está redactado el art. 17, CN, son categóricos: "La propiedad es inviolable". Nótese que, a diferencia de la Enmienda 5ª de la Constitución norteamericana, que establece que nadie será privado "de su propiedad sin el debido proceso legal", la fórmula de nuestra Constitución resulta mucho más asertiva y determinante.

De ese contexto, se derivan dos naturales efectos. Por un lado, el alcance de la protección de la propiedad, para abarcar a los derechos emergentes de los contratos de Derecho Privado. Por el otro, un similar alcance, para incluir también a los contratos de Derecho Público. No puede hallarse ninguna razón para una interpretación diferente[779].

Y, a fuer de verdad, las relaciones jurídicas que nacen de los contratos regidos por el Derecho Público celebrados entre la Administración y los particulares resultan las más afectadas por las emergencias. Ello, por cuanto su recomposición, al depender directamente de las finanzas públicas, encuentra mayores dificultades para restablecer el equilibrio alterado por la violación del *pacta sunt servanda*[780], máxime cuando la economía se desploma por la pérdida del valor de la moneda y la caída del nivel relativo de ingresos de los actores económicos que dan sustento a las distintas ecuaciones financieras de los contratos, cuyos desequilibrios aumentan cuando se generan, al propio tiempo, dificultades internas y externas para acceder al crédito en condiciones razonables de competitividad (disponibilidad y tasa de interés).

Frente a esta situación, compleja en el plano económico, poco pueden hacer los remedios tradicionales que brinda el Derecho Administrativo, pues se invierte la regla de la solvencia estatal desapareciendo así el presupuesto básico que permite hacer jugar la responsabilidad del Estado, al menos en el orden interno[781]. Y mucho más importante que encontrar los culpables de la situación o de solucionar los problemas individuales que todos padecemos es tratar de restaurar la confianza sobre la base de un plan de equilibrio fiscal y de estabilidad jurídica que devuelva a los particulares la confianza que han perdido en el funcionamiento normal de las instituciones del Estado.

---

[779] En igual sentido, MERTEHIKIAN, Eduardo, "Servicios públicos, emergencia, delegación legislativa, renegociación, prestación privada, y aprobación ficta por el Congreso (a propósito de las leyes 25.561, 25.790 y 25.820)", en GORDILLO, Agustín (dir.), *El contrato administrativo en la actualidad*, La Ley, Buenos Aires, 2004, ps. 79/85, esp. p. 80; SACRISTÁN, Estela B., "Aspectos constitucionales de la renegociación de los contratos de prestación de los servicios públicos", en *Debates de Actualidad*, Revista de la Asociación Argentina de Derecho Constitucional, julio-octubre 2003, año XVIII, nro. 191, ps. 15/35. Conf. BADILLOS, Ana - RECALDE, María Cecilia, "El derecho de la emergencia y los contratos administrativos", RAP, nro. 301, Ciencias de la Administración, Buenos Aires, 2003, ps. 87/101, aludiendo al poder de policía.

[780] Para el caso de los contratos a renegociar bajo la ley 25.561, conf. PÉREZ HUALDE, Alejandro, *Renegociación de contratos...*, *cit.*, p. 22, donde señala que "existen serias dudas acerca de la existencia de un real equilibrio decente y razonable en el momento de la celebración del contrato, y también fundados temores de que la renegociación sea utilizada como instrumento para *recomponer* escandalosos contratos perjudiciales para el interés público" (la bastardilla es del original).

[781] Véase BIANCHI, Alberto B., "La responsabilidad del Estado en la época de Rozas: la ley 25.453", ADLA, LXI-D5409.

Ese plan no podría limitarse sólo a la preservación del valor de la moneda, instrumento indispensable para los intercambios que se producen en el seno de cualquier economía, sino que debe encarar una profunda reforma de las instituciones estatales para colocarlas al servicio de la comunidad, eliminando los vicios más notorios del sistema político y administrativo, como son, entre otros, el desequilibrio de los presupuestos públicos, la evasión fiscal junto a la corrupción, la excesiva burocracia y, en el plano de la transparencia, el escaso acceso a la información en poder del Estado a los fines de los controles políticos y sociales propios de los ciclos democráticos. Así, la restauración debe ir así más allá de los valores económicos y comprender la moral pública en pos del logro de una *buena* Administración.

De otra parte, la anquilosis institucional conduce a pensar si no será necesario encarar en el futuro una reforma constitucional que reduzca el llamado costo de la política y que implique limitar el dictado de medidas demagógicas y populistas, promoviendo al propio tiempo, una renovación en los cuerpos representativos del Estado en todos sus niveles.

En ese marco, no hay que perder de vista la necesidad de establecer reglas razonables que garanticen la estabilidad de los contratos en general, y de los contratos administrativos en particular. Es que de ellos depende la provisión de servicios necesarios y esenciales y la realización de obras públicas indispensables, en forma acorde, empero, con las exigencias de la globalización[782].

En síntesis, de la aplicación e interpretación razonable de la Ley de Emergencia Económica 25.561 a los contratos regidos por el Derecho Público, así como de las fórmulas que se arbitren para corregir los desequilibrios consagrados por actos del propio Estado, dependerá la salida de la crisis, sobre la base del principio del sacrificio compartido de todos los sectores involucrados.

4. ESTADO DE DERECHO. ESTADO DE NECESIDAD. DOCTRINA DE LA "ÉTICA DE MÍNIMA"

Cuando nos referimos al estado de necesidad mentamos una situación en que se encuentra una realidad dada, que nos obliga a actuar de una determinada manera o nos dispensa de hacerlo según las reglas ordinarias que rigen el curso de nuestras conductas.

En tal sentido, la jurisprudencia de la Corte Suprema ha señalado que la situación de emergencia origina un estado de necesidad[783].

Esta afirmación lleva de la mano otra: que en el orden jurídico constitucional así como en el Derecho Administrativo no cabe concebir un Estado de Necesidad con mayúsculas (a no ser por la costumbre de recalcar la trascendencia de ciertas instituciones) ya que si el Estado es la comunidad perfecta y soberana por excelencia

---

[782] Esta puede ser la redefinición del rol del Estado a la que se alude en PÉREZ HUALDE, Alejandro, *El concesionario de servicios públicos privatizados*, Depalma, Buenos Aires, 1997, p. 8.

[783] "Peralta, Luis A. y otro v. Estado nacional - Ministerio de Economía - BCRA s/amparo", Fallos 313:1513 (1990); "Videla Cuello, Marcelo sucesión de v. La Rioja, Provincia de s/daños y perjuicios", Fallos 313:1638 (1990), voto de los Dres. Fayt y Barra.

no cabe que se funde en una situación de necesidad que lo justifique y absorba. Lo fáctico no puede prevalecer sobre lo jurídico pues es lo jurídico lo que permite la vida en sociedad.

Menos aún puede el Estado de Derecho – que es la fórmula que condensa la distribución de los poderes y las garantías debidas a los particulares– llegar a traducirse en un derecho de emergencia, entendido éste como el conjunto de normas que autorizan la suspensión transitoria de los derechos constitucionales o la dispensa de determinadas cláusulas de la Constitución, por la carencia de los supuestos de hecho reales previstos en las respectivas normas.

Esto último, que siempre se ha considerado como un remedio extraordinario al que acuden los Estados para defender la subsistencia de la sociedad o la propia conservación institucional, no constituye una suerte de "bill" de indemnidad apto para justificar el aumento de los poderes de los gobernantes sino que requiere ajustarse a la doctrina que Sagüés califica como "ética de mínima"[784]. Esta doctrina, que se funda en que la necesidad puede generar derecho (*necessitas jus constituit*) admite su funcionamiento como remedio extraordinario y restrictivo dentro de la Constitución, oponiéndose a la llamada "ética de máxima", que subordina el derecho y sus fines a la propia necesidad, como producto del poder de los gobernantes. Esta necesidad de Estado, sólo justificada en el poder, contraría los principios del derecho natural y constituye la negación del Estado de Derecho que es el principal basamento del orden constitucional en los países occidentales.

La suerte de los derechos de propiedad y, consecuentemente, la estabilidad de los contratos, no pueden quedar sometidos a la decisión de los gobernantes de turno, sin respetarse los límites constitucionales y legales.

Se impone entonces la denominada "ética de mínima" cuyo fundamento puede ubicarse – como se dijo antes– en el principio de subsistencia de la sociedad y del Estado, o bien, como contrapartida, el derecho de la sociedad a poseer un Estado en el que anida un poder inherente a la defensa de la comunidad, sobre la base de una interpretación extensiva de los derechos no enumerados que prescribe el art. 33, CN[785].

5. EL PROBLEMA DE LOS LÍMITES CONSTITUCIONALES DE LA EMERGENCIA. LOS REGLAMENTOS DE NECESIDAD Y URGENCIA

Situándonos en el plano de la emergencia como opción constitucional, o, si se quiere, en el terreno de la denominada dispensa constitucional[786], debe entenderse que ni siquiera en tal supuesto anormal y extremo se podrían afectar elementales

---

[784] SAGÜÉS, Néstor P., "Derecho Constitucional y derecho de emergencia", *Separata de la Academia Nacional de Derecho y Ciencias Sociales de Buenos Aires, Anales XXXV*, segunda época, nro. 28, Buenos Aires, 1990, ps. 11/12, anota como antecedente de esta doctrina a Francisco Suárez, citado en el clásico trabajo de BIELSA, Rafael, "El estado de necesidad con particular referencia al Derecho Constitucional y administrativo", que se publicó originariamente en el *Anuario del Instituto de Derecho Público*, t. III, Rosario, 1940, p. 85.

[785] Conf. SAGÜÉS, Néstor P., "Derecho Constitucional...", *cit.*, ps. 36 y ss.

[786] LINARES, Juan F., La razonabilidad de las leyes. El debido proceso como garantía innominada en la Constitución Argentina, 2ª ed., Astrea, Buenos Aires, 1980.

principios del derecho natural y positivo como son, por ejemplo, los principios de igualdad y de razonabilidad en sus distintas facetas aplicativas.

En cualquier caso, la configuración de la emergencia en el ámbito del Derecho Público, y fundamentalmente en los aspectos sustantivos y procesales del Derecho Administrativo, condensa un conjunto de fórmulas preceptivas que justifican su inserción en el orden constitucional, tal cual ha sido ella concebida en el modelo de la Constitución argentina y en su fuente norteamericana, las cuales han sido desarrolladas a través de los precedentes de la Corte Suprema de Justicia de la Nación.

El contenido de esas reglas – emergentes de los precedentes jurisprudenciales– constituye un repertorio de principios que deben respetarse para asegurar la constitucionalidad de la legislación de emergencia, y tiene como punto de partida el reconocimiento de los hechos que configuran el estado de necesidad que origina la situación excepcional de emergencia, la cual puede justificar la delegación de facultades en el Poder Ejecutivo conforme al art. 76, CN. A partir de allí, la jurisprudencia de la Corte Suprema ha sentado una serie de exigencias que juegan como presupuestos para determinar la constitucionalidad de cualquier legislación de emergencia[787].

En algunos precedentes la Corte, se ocupó, específicamente, de señalar las pautas que permiten definir una situación de grave perturbación social y económica a los efectos de justificar el empleo de remedios extraordinarios y excepcionales[788]. Entre los principales requisitos establecidos por la Corte se cuentan:

En primer lugar, la emergencia no puede consistir en la supresión o aniquilamiento de los derechos constitucionales habida cuenta que las leyes que la consagran no pueden escapar a las garantías y normas señaladas por la Constitución Nacional. A su vez, la Constitución es un estatuto para regular y garantir las relaciones y los derechos de los hombres que viven en la República, tanto en tiempo de paz como en tiempo de guerra y sus previsiones no podrían suspenderse en ninguna de las grandes emergencias de carácter financiero o de otro orden él que los gobiernos pudieran encontrarse[789]. Así, la sanción de una ley, aún de emergencia, presupondrá el sometimiento de la misma a la Constitución y el Derecho Público y administrativo del Estado en cuanto éste no habrá sido derogado.

Por ende, la emergencia no habilita para frustrar un derecho adquirido por una ley o un contrato sino que sólo permite suspender su goce de un modo razonable entendiéndose que la suspensión no implica desnaturalizar el Derecho Constitucional regulado[790]. Ello pues la emergencia está sujeta en un Estado de Derecho a los mismos principios que amparan la propiedad en épocas normales[791].

---

[787] Así lo hizo en oportunidad de pronunciarse sobre la constitucionalidad de las leyes 23.696 y 23.697.

[788] "Peralta, Luis Arcenio y otro v. Estado nacional - Ministerio de Economía - BCRA s/amparo", Fallos 313:1513 (1990); "Videla Cuello, Marcelo sucesión de v. La Rioja, Provincia de s/daños y perjuicios", Fallos 313:1638 (1990).

[789] "Compañía Azucarera Tucumana v. Provincia de Tucumán", Fallos 150:150 (1927).

[790] "Russo, Ángel, y otra v. C. de Delle Donne, E.", Fallos 243:467 (1959).

[791] "Nación v. Lahusen, Valdemar Düring", Fallos 237:38 (1957).

En resumidas cuentas, y tal como se desprende de la doctrina judicial norteamericana, la emergencia no origina poderes inconstitucionales a favor de los gobernantes "ni suprime ni disminuye las restricciones impuestas sobre el poder otorgado o reservado[792]" y mucho menos justifica el debilitamiento de los controles, que "desaceleran la improvisación que sacrifica la libertad en aras de la urgencia"[793].

En segundo lugar, la nueva regulación, de emergencia, no debe destruir o frustrar definitivamente el derecho reglamentado, privándolo de eficacia práctica[794]. Se exige que la restricción o suspensión que prescribe la norma de emergencia sea esencialmente transitoria[795]. Caso contrario, una situación fáctica fagocitaría el derecho.

En este aspecto, el art. 1°, ley 25.561, al declarar la emergencia pública en materia social, económica, administrativa, financiera y cambiaria, delegó una serie de facultades en el Poder Ejecutivo hasta el 10/12/2003[796], habiendo sido extendido tal plazo hasta fines del 2004 por ley 25.820[797], así como durante el 2005 por ley 25.972.

En tercer lugar, la Ley de Emergencia ha de soportar una suerte de *test* de razonabilidad que demanda, aparte de la acreditación de las circunstancias justificantes, que se verifiquen, por un lado, la existencia de una finalidad pública que consulte los intereses generales de la comunidad[798], sin imponer sacrificios especiales que recaigan sobre determinadas personas y excluyan arbitrariamente a otras; por el otro, una adecuada proporción entre los medios que prescribe la emergencia y los fines de bien común[799] que persigue la legislación.

---

[792] LINARES QUINTANA, Segundo V., "La legislación de emergencia en el Derecho argentino y comparado", LL 30-908 y ss.

[793] Véase: PÉREZ HUALDE, Alejandro, *Decretos de necesidad y urgencia*, Depalma, Buenos Aires, 1995, p. 83, y la coincidencia destacada por Vítolo entre esta apreciación y el precedente de la Corte Suprema norteamericana *US v. Brown*, 381 US 437 (1965); véase VÍTOLO, Alfredo M., "La crisis del sistema constitucional de control del poder", REDA, nro. 47, LexisNexis - Depalma, Buenos Aires, 2004, ps. 35/45, esp. p. 43, nro. 35.

[794] "Roger Balet, José v. Alonso, Gregorio", Fallos 209:405 (1947).

[795] La jurisprudencia de la Corte sobre el punto ha sido reiterada en numerosos precedentes, véase: "Ercolano v. Ranteri de Renshaw", Fallos 136:171 (1922); "Vicente Martini e hijos", Fallos 200:450 (1944); "Ghiraldo, Héctor v. Pacho, Samuel", Fallos 202:456 (1945).

[796] "Declárase, con arreglo a lo dispuesto en el art. 76, CN, la emergencia pública en materia social, económica, administrativa, financiera y cambiaria, delegando al Poder Ejecutivo nacional las facultades comprendidas en la presente ley, hasta el 10/12/2003, con arreglo a las bases que se especifican seguidamente...".

[797] "Modifícase el texto del párr. 1° del art. 1°, ley 25.561, por el siguiente: Art. 1°: Declárase con arreglo a lo dispuesto en el art. 76, CN, la emergencia pública en materia social, económica, administrativa, financiera y cambiaria, delegando al Poder Ejecutivo nacional las facultades comprendidas en la presente ley, hasta el 31/12/2004, con arreglo a las bases que se especifican seguidamente...".

[798] "Ghiraldo, Héctor v. Pacho, Samuel", Fallos 202:456 (1945); "Perón, Juan Domingo", Fallos 238:76 (1957), entre otros.

[799] "Vicente Martini e hijos", Fallos 200:450 (1944); "Ghiraldo, Héctor v. Pacho, Samuel", Fallos 202:456 (1945); entre otros.

En conclusión, el marco constitucional de la emergencia requiere que no se conculque de un modo definitivo el núcleo de derechos básicos de la Constitución, particularmente los derechos de propiedad de los particulares (art. 17), el principio de igualdad ante la ley (art. 16) y la garantía de la razonabilidad o justicia consagrada en el art. 28, CN.

A su vez, cuando la legislación de emergencia delega en el Poder Ejecutivo facultades para dictar las medidas de excepción o de limitación de los derechos constitucionales, resulta preceptivo el cumplimiento de los recaudos del art. 76, CN, a saber:

a) declaración legislativa de la emergencia;

b) fijación de un plazo para el ejercicio de las facultades delegadas; y

c) determinación de las bases de la delegación, esto es, determinación de la política legislativa o establecimiento del estándar inteligible.

Tal es el caso de la ley 25.561 que, en este punto, se ajusta al referido precepto constitucional. Por ende, es una norma delegante, de emergencia, válida.

Finalmente, no hay que confundir el ejercicio de las facultades delegadas que el Poder Ejecutivo ejerce a través de los respectivos reglamentos conforme al art. 76, con la figura del reglamento de necesidad y urgencia que autoriza, a partir de la reforma constitucional de 1994, el nuevo art. 99, inc. 3°, CN[800].

Como apunta Perrino, la emergencia aparece tanto en una como en la otra disposición citada[801]. En esta perspectiva, si se interpretara que ambas causales – emergencia, necesidad y urgencia– son equivalentes, se llegaría a la conclusión de que existirían dos vías que autorizarían el dictado de ambas clases de reglamentos. Incluso el razonamiento de la Corte Suprema en el fallo "San Luis"[802] parecería haberse hecho eco de esta posibilidad interpretativa. En efecto, por un lado, declara la inconstitucionalidad de la delegación por exceso en la misma, esto es, por hallarse el decreto delegado impugnado fuera del estándar inteligible de la ley delegante. Mas, por el otro, el alto tribunal llega a aseverar que, si el reglamento analizado fuera concebido como decreto de necesidad y urgencia, cabría razonar en el sentido de que el Poder Ejecutivo nacional no puede emitir un decreto de necesidad y urgencia para regular la misma emergencia que ya fue declarada y regulada por el Congreso[803].

---

[800] Ampliar en PERRINO, Pablo E., "Algunas reflexiones sobre los reglamentos delegados en la reforma constitucional", en CASSAGNE, Juan Carlos (dir.), *Derecho Administrativo*, obra colectiva en homenaje al profesor Dr. Miguel S. Marienhoff, Abeledo-Perrot, Buenos Aires, 1998, ps. 971/992, quien efectúa la salvedad de que la cuestión tenía que ser objeto de interpretación jurisprudencial. Véase, a tal fin, nota 32 y texto correspondiente.

[801] Sobre las diferencias entre ambos conceptos – emergencia, necesidad y urgencia– puede verse COMADIRA, Julio R., "Los reglamentos de necesidad y urgencia (Fundamento. Su posible regulación legislativa)", LL 1193-D-750 y ss.; así como PERRINO, Pablo E., "Algunas reflexiones...", *cit.*, p. 980.

[802] "San Luis, provincia de v. Estado nacional s/acción de amparo", Fallos 326:417 (2003), esp. consids. 32 y 30.

[803] BIANCHI, Alberto B., "El caso San Luis...", *cit.*

Lo cierto es que tanto el reglamento delegado como el decreto de necesidad y urgencia se hallan fundados en el estado de necesidad. Mas un decreto de necesidad y urgencia – que puede o no comprender la limitación de los derechos constitucionales que es propia de la doctrina de la emergencia– puede establecer, por razones de urgencia imperiosa, normas relativas a materias que, de ordinario, pertenecen a la competencia del Congreso (considérense materias tales como migraciones, contratos del Estado). En otras palabras, el Poder Ejecutivo nacional, mediante un decreto de necesidad y urgencia, puede legislar en cualquier materia del Congreso en la medida en que no sean de las prohibidas en el art. 99.3, CN. Y, a su vez, esos reglamentos de necesidad y urgencia se hallan sujetos a la aprobación del Congreso[804], extremo procedimental clave a efectos de encarar la determinación de la naturaleza de los reglamentos que adoptan la inadecuada práctica de ser dictados con invocación simultánea tanto del art. 99.3, CN, como del art. 76, CN.

Bajo esta perspectiva, una correcta interpretación debería apuntar a que el Congreso no puede delegar en el Poder Ejecutivo nacional, por razones de emergencia, las materias que están prohibidas en el art. 99.3, CN (electoral, tributaria, penal, partidos políticos), y sí puede delegar materias como las delegadas en la ley 25.561. Y, a su vez, el Poder Ejecutivo nacional no podría dictar decretos de necesidad y urgencia en las precitadas materias, que le han sido prohibidas en aquella norma constitucional[805]. En lo que nos interesa, mediante un decreto de necesidad y urgencia sí podría legislar autónomamente en materias como las legisladas por el Congreso en la ley 25.561 pues no hacen a aquellas prohibiciones. Ello, sin perjuicio de aquellas materias que pudieran haber sufrido una deslegalización.

6. PRÓRROGA DE LA DECLARACIÓN DE EMERGENCIA. POSTERGACIÓN DE LA RENEGOCIACIÓN

Como señalamos, mediante la ley 25.561[806] (Ley de Emergencia en enero de 2002) preanunciada ya en su inmediata anterior, la ley 25.344 de noviembre de 2000[807], el Congreso alteró en forma sustancial la estructura de los contratos de

---

[804] Este punto lo hemos desarrollado en CASSAGNE, Juan Carlos, *Derecho Administrativo*, 7ª ed., t. I, LexisNexis - Abeledo-Perrot, Buenos Aires, 2002, ps. 184/194.

[805] Ahora bien, según señala Bianchi, el Poder Ejecutivo nacional podría evadir la mentada prohibición relativa a las materias acudiendo a la invocación del art. 99.2, CN. Así, mediante un reglamento ejecutivo podría saltar aquella veda, y la jurisprudencia en materia de convalidación de reglamentos ejecutivos parecería haber sido sumamente benevolente bajo la doctrina de la deferencia. Ampliar en BIANCHI, Alberto B., "Dimensión actual de la delegación legislativa", REDA, nro. 42, Depalma, Buenos Aires, p. 723 y en, del mismo autor, "El control judicial bajo la doctrina de la deferencia", en *Control de la Administración Pública*, Ediciones Rap, Buenos Aires, 2003, ps. 523/569.

[806] BO del 7/1/2002.

[807] Cuyo art. 1º establecía: "Declárase en emergencia la situación económico-financiera del Estado nacional, la prestación de los servicios y la ejecución de los contratos a cargo del sector público nacional definido en el art. 8º, ley 24.156, con exclusión del Banco de la Nación Argentina y del Banco de Inversión y Comercio Exterior. El estado de emergencia tendrá vigencia por un (1) año a partir de su promulgación. El Poder Ejecutivo nacional podrá prorrogarlo por una sola vez y por igual término". Este plazo fue prorrogado por el art. 1º, dec. 1602/2001, a partir del 14/11/2001 y por el término de un año.

obras y servicios públicos. En especial, cabe recordar que, aunando licencias y concesiones, pesificó las tarifas[808], prohibió su indexación y al mismo tiempo dispuso, en forma general, la renegociación de todos los contratos celebrados, prohibiéndoseles a las empresas prestadoras la suspensión o alteración de las obligaciones a su cargo. A diferencia de la ley 25.344, entonces, que había excluido en su art. 2°[809] a los contratos emergentes de la privatizaciones autorizadas por la ley 23.696 con marco regulatorio establecido por ley, la ley 25.561 comprende, en forma expresa, a dichos contratos[810].

Se estableció, entonces, un procedimiento de renegociación, reglado por los arts. 8[811], 9[812] y 10[813], ley 25.561, que abarca varias decenas de contratos de los que da cuenta la página *web* de la cartera de economía, celebrados por el Estado nacional. Dado que el art. 14[814] de la ley invita a las provincias, municipios y a la Ciudad de Buenos Aires a llevar adelante la renegociación de los contratos de servicios públicos de su propia jurisdicción, la sumatoria total es considerable.

Por su parte, el dec. 311/2003[815] alude, en su art. 4°, a los siguientes sectores, cuyos contratos se hallan a renegociar: a) provisión de servicios de agua y cloacas; b) transporte y distribución de gas y de energía eléctrica; c) telefonía básica fija; d) transporte público automotor y ferroviario de personas, de superficie y subterráneo,

---

[808] Sin perjuicio de la pesificación general del art. 1°, dec. 214/2002.

[809] Art. 2°, ley 25.344: Facúltase al Poder Ejecutivo a disponer por razones de emergencia la rescisión de los contratos, sean de obra, de servicios, de suministros, de consultoría o de cualquier otro tipo que generen obligaciones a cargo del Estado, celebrados con anterioridad al 10/12/1999 por el sector público descripto en el art. 1° de la presente. Quedan expresamente excluidos del régimen establecido en esta ley los contratos suscritos en virtud de los procesos de privatización autorizados por la ley 23.696 y que estén regidos en sus prestaciones por marcos regulatorios establecidos por ley.

[810] Ampliar en PÉREZ HUALDE, Alejandro, *Renegociación de contratos...*, *cit.*, p. 16.

[811] Art. 8°: "Dispónese que a partir de la sanción de la presente ley, en los contratos celebrados por la Administración Pública bajo normas de Derecho Público, comprendidos entre ellos los de obras y servicios públicos, quedan sin efecto las cláusulas de ajuste en dólar o en otras divisas extranjeras y las cláusulas indexatorias basadas en índices de precios de otros países y cualquier otro mecanismo indexatorio. Los precios y tarifas resultantes de dichas cláusulas, quedan establecidos en pesos a la relación de cambio un peso ($ 1) = un dólar estadounidense (U\$S 1)".

[812] Art. 9°: "Autorízase al Poder Ejecutivo nacional a renegociar los contratos comprendidos en lo dispuesto en el art. 8° de la presente ley. En el caso de los contratos que tengan por objeto la prestación de servicios públicos, deberán tomarse en consideración los siguientes criterios: 1) el impacto de las tarifas en la competitividad de la economía y en la distribución de los ingresos; 2) la calidad de los servicios y los planes de inversión, cuando ellos estuviesen previstos contractualmente; 3) el interés de los usuarios y la accesibilidad de los servicios; 4) la seguridad de los sistemas comprendidos; y 5) la rentabilidad de las empresas".

[813] Art. 10: "Las disposiciones previstas en los arts. 8° y 9° de la presente ley, en ningún caso autorizarán a las empresas contratistas o prestadoras de servicios públicos, a suspender o alterar el cumplimiento de sus obligaciones".

[814] "Art. 14: Invítase a las provincias, Ciudad Autónoma de Buenos Aires y municipios a adherir a las disposiciones de los arts. 8°, 9° y 10 de la presente ley".

[815] BO del 4/7/2003.

y servicio ferroviario de cargas; d) concesiones viales con cobro a usuarios incluyendo accesos a la ciudad de Buenos Aires; e) servicios portuarios; f) vías fluviales por peaje; g) concesión de la terminal de ómnibus de Retiro; h) servicios postales, monetarios y de telegrafía; i) sistema nacional de aeropuertos[816].

El Congreso ha tenido que extender hasta fines del 2005 el plazo para llevar a cabo la renegociación de los contratos aludidos (art. 1°[817], ley 25.972), por lo cual dicho proceso se ha extendido hasta el 31/12/2005, plazo fijado para que el Poder Ejecutivo lleve a cabo la renegociación de los contratos de obras y servicios públicos dispuesta por el art. 9°, ley 25.561.

Al compás de esta extensión, también fue prorrogada la emergencia declarada en la ley 25.561 y las delegaciones a aquélla asociadas. Ello se concretó por ley 25.820, que prorrogó el plazo de la emergencia hasta el 31/12/2004, y mediante la ley 25.972, que lleva la declaración de emergencia hasta fines del 2005.

De tal modo, se han unificado los vencimientos de la duración de la emergencia y del plazo establecido para la renegociación.

7. EL SISTEMA DE LA LEY 25.561

Liminarmente, cabe advertir que el sistema que surge de los arts. 8°, 9° y 10, Ley de Emergencia 25.561, resulta bastante complejo y requiere de una interpretación armónica de sus prescripciones para que ellas tengan algún sentido jurídico y económico.

Por de pronto, su ámbito de aplicación es amplio y, a la vez, restrictivo. Su amplitud aparece a poco que se advierte que prácticamente todos los contratos regidos por el Derecho Público y no sólo los contratos administrativos típicos quedan comprendidos en la nueva regulación de emergencia (*vgr.* los contratos regidos parcialmente por el Derecho Privado que contengan elementos pertenecientes al Derecho

---

[816] Cabe señalar que por dec. 1075/2003, el Poder Ejecutivo nacional rescindió, por culpa del concesionario, el contrato de concesión suscripto entre el Estado nacional y la empresa Correo Argentino SA, por el cual se concedió el servicio oficial de correos, reasumiendo el Estado transitoriamente la operación de dicho servicio, instruyendo al Ministerio de Planificación Federal, Inversión Pública y Servicios para que en un plazo determinado proceda a llamar a licitación pública nacional e internacional con la finalidad de volver a privatizar el servicio público postal.
   Asimismo, por dec. 798/2004 el Poder Ejecutivo nacional rescindió el contrato de concesión de la explotación de servicios ferroviarios de pasajeros aprobado por dec. 479/1994, suscripto con la empresa Transportes Metropolitanos General San Martín SA - Grupo de Servicios, nro. 5.

[817] "Prorrógase en los términos de la presente ley, hasta el 31/12/2005, el plazo al que refiere el art. 1°, ley 25.561, y sus modificatorias. *Prorrógase, por igual plazo las disposiciones de la ley complementaria 25.790* y el estado de emergencia sanitaria nacional dispuesto por el dec. 486/2002, sus disposiciones complementarias y modificatorias, incluyendo los plazos establecidos por el dec. 756/2004". En su momento, la ley 25.790 había establecido en su art. 1°: "Dispónese la extensión hasta el 31/12/2004 del plazo para *llevar a cabo la renegociación* de los contratos de obras y servicios públicos dispuesto por el art. 9°, ley 25.561. Dicha renegociación podrá abarcar a determinados sectores de servicios públicos o a determinadas contrataciones en particular". La bastardilla no es del original.

Público, como la competencia y la forma). Pero, al propio tiempo, el ámbito de aplicación se circunscribe a los contratos celebrados por la Administración Pública, lo cual permite inferir que se han excluido los contratos celebrados por otros poderes del Estado (Legislativo y Judicial).

Mientras el art. 8° consagra los principios generales aplicables a los contratos de obras y de servicios públicos, los arts. 9° y 10 se refieren principalmente a estos últimos, en virtud de su peculiar naturaleza y la necesidad de regulaciones específicas que deberán adoptarse en el marco de la renegociación contractual prevista en la ley.

8. NO HAY EXPROPIACIÓN SIN INDEMNIZACIÓN PREVIA

El capítulo referido a los contratos que tienen por objeto la prestación de servicios públicos se cierra con una norma (art. 10) que enfáticamente proclama que las disposiciones previstas en los arts. 8° y 9° en ningún caso autorizarán a suspender o alterar el cumplimiento de las obligaciones[818].

Esta norma, interpretada a la letra, constituye una causal típica de arbitrariedad de la ley y no deja de ser contradictoria. Ello, habida cuenta de que: a) por un lado, se establece la modificación unilateral de los contratos; b) por el otro, se reconoce, que habrá que renegociarlos para ajustarlos a las nuevas circunstancias que los alteraron. En este contexto; c) no se les puede exigir a los contratistas que no suspendan ni alteren el cumplimiento de sus obligaciones.

Como una norma semejante sería a todas luces inconstitucional, por abierta violación de la garantía constitucional del art. 17, CN, debe interpretarse que ella sólo rige en cuanto la modificación unilateral del contrato no altere sustancialmente el equilibrio financiero de la ecuación que le sirve de base y en tanto exista una razonable posibilidad de mantener la continuidad del servicio.

Dadas las modificaciones establecidas, el deber del contratista, en el ámbito de sus obligaciones contractuales, se ve limitado a la mera operación y mantenimiento. Ello presupone mantener la subsistencia del contrato y la continuidad del servicio en tanto los ingresos provenientes de las tarifas permitan mantener la ecuación vigente a la fecha de la ley[819]. Con respecto a las inversiones, podrá ser necesaria la adecuación, de los respectivos planes aprobados, a la nueva ecuación resultante de la ley, al menos hasta tanto se recomponga el equilibrio contractual de la concesión o licencia respectiva, inteligencia que cabe aplicar para el supuesto de objetivos de calidad, ínsitamente vinculados a aquéllas.

---

[818]   Ampliar en COMADIRA, Julio P., "La Ley de Emergencia...", cit.

[819]   Conf. PÉREZ HUALDE, Alejandro, "Tarifas y renegociación de contratos", en GORDILLO, Agustín (dir.), *El contrato administrativo en la actualidad*, La Ley, Buenos Aires, 2004, ps. 54/64, esp. p. 63.

9. LA LEY 25.790 Y LA CUESTIÓN DE LOS LÍMITES A LA RENEGOCIACIÓN

La ley 25.790 dispuso la extensión del plazo para la renegociación a la cual fueran invitados[820] los contratistas estatales[821].

Ahora, del articulado de esa ley surgen diversas opciones legislativas que revelan, nuevamente, que la obtención de finalidades loables pueden colisionar con el ordenamiento jurídico.

En primer lugar, el art. 1º posibilita la renegociación conjunta de "determinados sectores de servicios públicos". Así, permitiría la renegociación de un sector determinado como el de concesiones de obra pública por peaje, o el sector transporte ferroviario de pasajeros, soslayando la individualidad de cada contrato y el particular equilibrio económico-financiero asociado a cada uno de ellos, que surge, prístinamente, y al menos, de los registros contables pertinentes de cada sociedad cocontratante. Considérese tan sólo que la aplicación del criterio de rentabilidad[822] de la firma será único en relación con la rentabilidad que pueda deparar cada contrato sujeto a renegociación.

En segundo lugar, el art. 2º de dicha ley establece que el Poder Ejecutivo nacional no tendrá límites emergentes de los marcos regulatorios en punto a las "decisiones que adopte en el desarrollo de la renegociación". Ello puede deparar un trasbordo, de la hipótesis de "renegociación" a la situación de "ejercicio del *ius variandi*", modalidad de modificación unilateral por parte del Estado[823] que fluye no sólo de art. 12, inc. b), dec. 1023/2001[824], sino también, con verdaderos efectos expansivos, de la ley 13.064 de obras públicas[825].

En efecto, los marcos regulatorios, cuyo núcleo acompañó la prestación desde la privatización misma, por hallarse integrados a la respectiva concesión o licencia,

---

[820] Recuérdese que dicho proceso es "voluntario" para la firma contratista: el art. 9º, ley 25.561, autoriza al Poder Ejecutivo nacional a renegociar, y en tal contexto, las firmas pueden someterse a la renegociación, o dar por rescindido el contrato pues nadie puede ser obligado a trabajar a pérdida sin indemnización, año tras año. La nota de voluntariedad en la adhesión al régimen de renegociación se halla sostenida, también, por el término empleado en el art. 3º, ley 25.790: "acuerdo". Distinta hubiera sido la interpretación si la ley 25.561 hubiera declarado a todas las concesiones y licencias "sujetas" a renegociación.

[821] Se ha sostenido que, al así hacer, habría puesto en evidencia la mora del poder delegado en llevar adelante dicha renegociación. Ampliar en GELLI, María Angélica, "La estabilidad de los contratos y la emergencia del default", en GORDILLO, Agustín (dir.), *El contrato administrativo en la actualidad*, La Ley, Buenos Aires, 2004, ps. 19/28, esp. p. 28.

[822] Art. 9º, ley 25.561.

[823] En punto a la unilateralidad aludida, véase SARMIENTO GARCÍA, Jorge H., "El *ius variandi* y los contratos de la Administración", en AA.VV., *Contratos administrativos*, jornadas organizadas por la Universidad Austral, Facultad de Derecho, Ciencias de la Administración, Buenos Aires, 2000, ps. 221/241, esp. p. 237.

[824] De amplios límites, conf. MAIRAL, Héctor A., "La teoría del contrato administrativo a la luz de recientes normativas", en GORDILLO, Agustín (dir.), *El contrato administrativo en la actualidad*, La Ley, Buenos Aires, 2004, ps. 3/18, esp. p. 11.

[825] Ampliar en MAIRAL, Héctor A., "La teoría..." *cit.*, esp. p. 9.

bien pueden entenderse como parte del "contrato regulatorio"[826] respectivo. Por ende, obliterar los marcos regulatorios de los límites a la renegociación implicaría:

a) indirectamente – y no obstante la posibilidad de consulta al regulador[827], dueño de un *know how* especializado aquilatado en sede de los entes reguladores en lo que a la interpretación de dichos marcos se refiere, fruto de una labor altamente especializada dado el basamento técnico sobre la cual reposa[828]– la posibilidad de establecer un marco regulatorio nuevo[829] en los puntos objeto de decisión;

b) expresamente, que la Administración se coloque fuera del campo convencional o contractual tripartito (concedente-firma-regulador), y dentro del cauce de la potestad modificatoria unilateral[830]. Por eso la ley alude a "las decisiones que adopte" el poder administrador.

En esta última tesitura, si bien se coincide en que, en pos del interés el *ius variandi* de la Administración es ilimitado en extensión o intensidad, ya que aquel interés prima sobre cualquier otra consideración"[831], también es dable reiterar que lo que siempre resulta inmutable en esta materia, y que no se puede modificar, es el fin del contrato administrativo que prevalece sobre el alcance y modalidad de las pres-

---

[826] El *regulatory contract* involucra no sólo la la firma que presta el servicio y al Estado que privatiza, sino también al ente regulador competente. Ampliar en BUDASSI, Iván F., "Licencias y concesiones: un estudio comparativo entre los sistemas del Reino Unido y la Argentina", REDA, nro. 24/26, Depalma, Buenos Aires, 1998, ps. 227 y ss., esp. p. 256, y en PARKER, D., "Caveat emptor at privatization? Reflections on the regulatory contract in the UK", occassional paper 9, Centre for the Study of Regulated Industries, Chartered Institute of Public Finance and Accountancy, Londres, 1997.

[827] Art. 7°, dec. 311/2003.

[828] Aspecto de conocimientos e información especializada que se vincula con el objetivo de dejar fuera de la contienda política partidista determinadas funciones administrativas. Sobre este último aspecto, nos remitimos a REIRIZ, Graciela, "Autoridades administrativas independientes para la regulación y control de los servicios públicos", en BOTASSI, Carlos A. (dir.), *Temas de Derecho Administrativo. En honor al profesor Dr. Agustín A. Gordillo*, Platense, La Plata, 2003, ps. 265/284, esp. p. 268.

[829] Conf. PÉREZ HUALDE, Alejandro, "Breve reflexión sobre la credibilidad de los marcos regulatorios y de los entes reguladores", LL 1999-D-349, quien oportunamente señalara que "Es evidente que los entes reguladores no han estado a la altura de las expectativas de los usuarios; tampoco lo han estado los marcos regulatorios elaborados sin coherencia y sin coincidir siquiera en algunos supuestos elementales, como si el rango normativo debe ser de ley, decreto o resolución; o si al usuario se lo debe denominar o no cliente. La Cámara en lo Contencioso Administrativo Federal nos completa el cuadro crítico institucional demostrando que los jueces tampoco creen en la eficacia de los marcos regulatorios ni de sus entes carentes de la independencia deseable. Nuestros jueces más especializados en Derecho administrativo aplican, al concesionario de servicios públicos, y lo hacen con corrección y técnica impecable, el régimen jurídico elaborado específicamente para los consumidores".

[830] Ampliar en GELLI, María Angélica, "La estabilidad...", *cit.*, ps. 19/28, esp. p. 8; RICCIARDI, Darío, "Reflexiones sobre aspectos de la regulación tarifaria en los servicios públicos del sector eléctrico", REDA, nro. 48, Depalma, Buenos Aires, 2004, ps. 453/483, esp. ps. 467 y ss.; entre otros.

[831] GARCÍA DE ENTERRÍA, Eduardo - FERNÁNDEZ, Tomás R., *Curso de Derecho Administrativo*, t. I, 5ª ed., Civitas, Madrid, 1996, ps. 705/706. Similar postura aparece receptada en SARMIENTO GARCÍA, Jorge H., "El *ius variandi*...", *cit.*, p. 238.

taciones, mas ello ocurre siempre que "la equivalencia económica" de dichas prestaciones se mantenga inalterada[832]. De tal suerte, lo que entre nosotros se ha denominado como *ius variandi* o prerrogativa modificatoria[833] trae como consecuencia, según se ha señalado, el riesgo, para el gobierno, de tener que pagar el reajuste de equidad que los cambios produzcan[834].

En tercer lugar, el art. 5°, ley prevé, nuevamente[835], que lo allí dispuesto "en ningún caso autorizará a las empresas contratistas o prestadoras de servicios públicos, a suspender o alterar el cumplimiento de sus obligaciones". Con respecto a ello, cabe remitirse, en lo sustancial, a lo expresado en el punto 8, *supra*.

En esencia, de la comparación de la ley 25.561 con la ley 25.790 surgiría que una renegociación que debería haber estado enderezada únicamente a las adaptaciones de la fórmula tarifaria – en lo esencial, la incorporación de un índice– y al reestablecimiento de los objetivos de inversiones y calidad que dicha tarifa sufraga en tanto aquélla fue desdolarizada y desprovista de reajustes por aplicación de un índice, ha pasado a convertirse en un proceso de posibles vastos horizontes: una renegociación de amplio espectro. Ello, pues la autoridad renegociante no tendrá límites emergentes de los marcos regulatorios en punto a las "decisiones que adopte en el desarrollo de la renegociación". También deberá sopesarse[836] la incidencia que tendrá – en la renegociación en marcha o en la concluida en forma provisoria o definitiva–[837], el nuevo marco regulatorio que se dicte a tenor del art. 1°, inc. d), dec. 311/2003.

10. LA LEY 25.972

Como señaláramos antes, a partir de enero de 2002 han cambiado ciertas situaciones fácticas especialmente en punto a los determinantes de la oportuna declaración de emergencia.

---

[832] Ampliar en el cap. III de este Título.

[833] Véase: BARRA, Rodolfo C., *Contrato de obra pública*, t. III, Ábaco, Buenos Aires, 1988, cap. XIX.

[834] WORTHINGTON, Margaret M. - GOLDSMAN, Louis P., *Contracting with the Federal Government*, 4ª ed., John Wiley & Sons Inc., New York, 1998, p. 385; ampliar en BIANCHI, Alberto B., "Algunas reflexiones críticas sobre la peligrosidad o inutilidad de una teoría general del contrato administrativo (Una perspectiva desde el derecho administrativo de los Estados Unidos)", ED 185-714, esp. ps. 720/722. En igual sentido, SACRISTÁN, Estela B., "*Ius variandi* y modificación de precios", RAP, nro. 219, Ciencias de la Administración, Buenos Aires, 1996, ps. 5 y ss., punto II.a. *in fine*.

Asimismo, cabe recordar que las cláusulas económico-financieras del contrato definen los límites del derecho del concedente y del concesionario, y que la autoridad no puede modificarlas o alterarlas, sin indemnización, contra la voluntad de este último, so pena de violar la garantía de la propiedad; conf. "Cía. General de Electricidad de Córdoba SA (en liquidación) v. Provincia de Córdoba", Fallos 262:302 (1965), voto del Dr. Aberastury.

[835] Véase art. 10, ley 25.561.

[836] Ampliar en BRICHETTO, Marcelo, "Efecto de la incertidumbre regulatoria sobre la industria del gas", RAP, nro. 307, Ciencias de la Administración, Buenos Aires, 2004, ps. 39 y ss.

[837] Dec. 311/2003, art. 9°, inc. a).

238

Es por ello que el Congreso, por ley 25.972, art. 2°, facultó al Poder Ejecutivo nacional para declarar la cesación, en forma total o parcial, del estado de emergencia pública en una, algunas o todas las materias comprendidas en el párr. 1° del art. 1°, ley 25.561, y sus modificatorias. También lo ha facultado para declarar la cesación del estado de emergencia en una, algunas o todas las bases enumeradas en los incs. 1° a 4° de dicho art. 1°, ley 25.561, cuando la evolución favorable de la materia respectiva así lo aconseje.

Asimismo, y en pos de la confección de una suerte de balance, necesario para hipotéticas futuras prórrogas de la emergencia declarada en enero de 2002, por el art. 3° de dicha ley 25.972 se dispuso que la Comisión Bicameral de Seguimiento[838] y el Poder Ejecutivo nacional deberán producir, al 30/6/2005, un informe *conjunto relativo a la evolución del estado de emergencia declarado en el art. 1°, ley 25.561*[839].

---

[838] Creada por el art. 20, ley 25.561, y sus modificatorias.

[839] El estado de emergencia ha sido prorrogado por las sucesivas leyes 26.204, 26.339, 26.456 y 26.563 (la cual extiende dicho estado hasta el 31 de diciembre de 2011).

CAPÍTULO V

LAS SANCIONES ADMINISTRATIVAS

1. DIFERENTES SANCIONES QUE APLICA LA ADMINISTRACIÓN: LAS SANCIONES PENALES ADMINISTRATIVAS Y SU TRASCENDENCIA

Como ha puntualizado García Pullés, existen pluralidad de formas mediante las cuales la Administración expresa su potestad sancionatoria[840]. El estudio de las sanciones que aplica la Administración Pública a los particulares en ejercicio de los poderes que emanan de las potestades que le atribuye el ordenamiento o que emanan de un vínculo jurídico convencional concertado en el marco del llamado régimen exorbitante[841] constituye otro de los capítulos centrales de la denominada parte dinámica del Derecho Administrativo.

En ese ámbito, una de las primeras cuestiones que se plantea es la relativa a la naturaleza del ilícito objeto de la sanción y, en segundo lugar, lo concerniente a los principios aplicables en materia sancionatoria, que abordaremos más adelante.

Por de pronto, en la doctrina se ha tratado de distinguir el ilícito penal, tanto del ilícito civil como del administrativo, sobre la base de que la diferencia se encuentra en la vulneración del ordenamiento que resulta infringido en cada caso[842].

Pero la clave para resolver este problema no hace a esa conclusión, bastante elemental por cierto, en razón de que el ordenamiento administrativo actúa como centro de confluencia de diferentes especies de sanciones. Así, mientras existe un tipo de sanción que tiene por objeto la retribución del daño o perjuicio que se causa al Estado, de naturaleza eminentemente patrimonial, al lado de ésta (llamada también civil) la Administración pone en marcha mecanismos represivos y preventivos[843] que tienden a sancionar tanto el incumplimiento del deber de los particulares

---

[840] GARCÍA PULLÉS, Fernando R., "La potestad sancionatoria de la Administración Pública y la reforma de la Constitución Nacional", *Documentación Administrativa*, nro. 267-268, INAP, Madrid, 2003/2004, ps. 501/524.

[841] Ampliar en ROCHA PEREYRA, Gerónimo, "Sobre el Derecho Administrativo sancionador (las sanciones administrativas en sentido estricto)", *REDA*, nro. 43, LexisNexis - Depalma, Buenos Aires, 2003, ps. 123/161, esp. ps. 142 y ss.

[842] MONTORO PUERTO, Miguel, La infracción administrativa. Características, manifestaciones y sanción, Nauta, Barcelona, 1965, ps. 116/118.

[843] Para Garrido Falla la sanción constituye un medio represivo que se distingue de la coacción en que mientras la primera se pone en marcha porque la obligación no se ha cumplido la segunda se encamina al cumplimiento de lo ordenado en contra de la voluntad del obligado a ello (conf. GARRIDO FALLA, Fernando, *Tratado de Derecho Administrativo*, 10ª ed., t. II, Tecnos, Madrid, 1987, p. 137).

de contribuir o colaborar con la Administración – deber que imponen las leyes por razones concernientes al bien común o interés general– como las infracciones al orden público, cuya protección la ley confiere primariamente a la Administración. Estas últimas constituyen *sanciones penales administrativas*, por su evidente sustancia punitiva y la circunstancia de regirse parcialmente por las normas y principios del Derecho Administrativo.

Las sanciones penales-administrativas se pueden clasificar conforme a la materia en que se imponen y así existen desde las sanciones de policía general y especial – incluidas las relativas a la policía que el Estado ejerce sobre los bienes del dominio público– hasta las sanciones de naturaleza tributaria, cuyo estudio se ha independizado actualmente del Derecho Penal administrativo, aun cuando su naturaleza punitiva[844] torna aplicables una serie de principios penales, especialmente los que emergen de las disposiciones generales del Código Penal.

Lo contrario ocurre en materia de *sanciones civiles o patrimoniales aplicadas por la Administración*, donde las reglas generales que gobiernan el procedimiento administrativo contienen suficientes garantías para el particular o administrado, compatibles con los intereses cuya tutela procura el ordenamiento.

En lo que respecta a las *sanciones disciplinarias*, ellas nacen del poder de supremacía especial que posee la Administración en la relación de empleo público, instituida con la finalidad de mantener la continuidad del servicio a su cargo y, en general, de proteger su estructura organizativa, tanto personal como patrimonial[845]. Esta peculiaridad explica por qué motivo, si bien las sanciones disciplinarias ostentan también, en algunos casos, una sustancia represiva, no se aplican a ellas, estrictamente, algunos de los principios del Derecho Penal (por ej., el principio que veda el doble juzgamiento o *non bis in idem*)[846].

---

[844] Véase GARCÍA BELSUNCE, Horacio A., "Régimen penal tributario. Concurso de sanciones", LL 1990-C-918, sostiene que el ilícito tributario posee naturaleza penal no obstante que la sanción es administrativa.

[845] BARO, Daisy, *La relación de empleo público*, Fundación de Derecho Administrativo, Buenos Aires, 1982, p. 50, considera que la falta disciplinaria es "todo acto realizado por un funcionario, susceptible de causar daño directa o indirectamente al funcionamiento del servicio público".

[846] Ver VILLEGAS BASAVILBASO, Benjamín, *Derecho Administrativo*, t. I, TEA, Buenos Aires, 1949, p. 122; DIEZ, Manuel M., *Derecho Administrativo*, 2ª ed., t. I, Plus Ultra, Buenos Aires, 1974, p. 276; GARRIDO FALLA, Fernando, *Tratado...*, *cit.*, t. II, p. 141, n. 81. Conf. BLANCO O'DENA, Diego E., "Principios aplicables al régimen disciplinario del empleo público", REDA, nro. 51, Depalma - LexisNexis, Buenos Aires, 2005, ps. 194/198, y la adecuada opinión brindada por la Procuración del Tesoro de la Nación en el dictamen allí anotado.

2. LA DISTINCIÓN ENTRE DELITOS Y CONTRAVENCIONES O FALTAS: VIGENCIA Y OCASO DEL LLAMADO DERECHO PENAL ADMINISTRATIVO

El eje de la construcción jurídica del denominado Derecho Penal administrativo, elaborado a partir de la obra de James Goldschmidt[847] y afirmado posteriormente en la escuela alemana por Eberhard Schmidt[848] pasa por la idea de que existe una distinción cualitativa entre delitos judiciales e infracciones administrativas (contravenciones), determinada por la naturaleza de las cosas sobre la base de que, mientras en los primeros el contenido material del injusto se encuentra en el daño (o en la situación de peligro), concreto y mensurable, inferido a un bien jurídico, en las infracciones o contravenciones administrativas se está ante la violación del deber de obediencia o de colaboración por parte de los particulares con la Administración Pública, afectando solamente a intereses de tipo administrativo[849].

En la doctrina vernácula, si bien hubo quienes negaron la aludida distinción cualitativa entre delitos y contravenciones[850] y otros que la sostuvieron[851] lo cierto es que, por lo general, se ha admitido siempre la posibilidad de que la Administración aplique las llamadas penas contravencionales, aun cuando sin plantearse a fondo el problema de la despenalización, aspecto este que, en nuestra organización constitucional, adquiere un singular relieve en mérito a la potestad de las provincias para legislar en materia contravencional[852].

---

[847] Puede verse, en español, GOLDSCHMIDT, James, "El Derecho Penal Administrativo", *Boletín de la Facultad de Derecho de Córdoba*, vol. 1-3, 1946, ps. 93/187.

[848] Véase SCHMIDT, Eberhard, "Las repercusiones de la obra científica de James Goldschmidt sobre la legislación y la ciencia de Alemania", trad. por Goldschmidt, Werner, *Revista de Derecho Procesal*, Ediar, Buenos Aires, 1951, vol. 2, ps. 280/293.

[849] Ver: MATTES, Heinz, *Problemas de Derecho Penal Administrativo: historia y derecho comparado*, trad. del alemán de José María Rodríguez Devesa, Edersa, Jaén, 1979, ps. 229/230 y nota 363, apunta que dicho autor ejerció una notable influencia en la nueva configuración del Derecho Penal económico, atribuyendo a la Administración el poder de juzgar las llamadas infracciones o contravenciones administrativas, cuya satisfacción considera indispensable para realizar la división de poderes. En esta concepción de Schmidt se advierte un notorio retroceso doctrinario ya que con anterioridad, aun entre los seguidores de Goldschmidt, hubo algunos, como Wolf, que renunciaron "a tratar de concebir el Derecho Penal administrativo con características conceptuales u ontológicas, considerando el problema como una cuestión de referencia valorativa o normativa" (*cit.*, p. 208). Un criterio similar sostuvo entre nosotros SOLER, Sebastián, *Derecho Penal argentino*, t. I, TEA, Buenos Aires, 1956, p. 254.

[850] Conf. LEVENE, Ricardo (h.), *Introducción al Derecho Contravencional*, Depalma, Buenos Aires, 1968, ps. 37 y ss.; JIMÉNEZ DE ASÚA, Luis, "Las contravenciones o faltas", LL 56-959; VILLEGAS BASAVILBASO, Benjamín, *Derecho Administrativo*, t. V, TEA, Buenos Aires, 1954, ps. 245 y ss. Con todo, en la obra de Villegas Basavilbaso parece haber un resabio de la tesis cualitativa, en cuanto señala que el límite entre ambas figuras se halla en la ilicitud intrínseca y en la peligrosidad, que determinan (si bien relativamente) una mayor magnitud de la pena para el delito (*cit.*, t. I, p. 247).

[851] BIELSA, Rafael, *Estudios de Derecho Público*, t. I, Depalma, Buenos Aires, 1950, p. 325.

[852] Véase MARIENHOFF, Miguel S., *Tratado de Derecho Administrativo*, 4ª ed. act., t. I, Abeledo-Perrot, Buenos Aires, 1990, p. 169.

242

Ahora bien, es evidente que el Derecho Penal administrativo no configura una disciplina autónoma[853]. Sus fundamentos se encuentran hoy día superados (no hay que olvidar que esta concepción es la sucesora[854] de las teorías que sustentaron el llamado Derecho Penal de policía) toda vez que si las sanciones poseen naturaleza represiva, por menos graves que ellas fueran, las contravenciones contienen, en estos casos, idéntica sustancia penal que los delitos, no existiendo un Derecho Penal subjetivo de la Administración sino del Estado[855].

La consecuencia de todo ello es que si las contravenciones o faltas poseen naturaleza penal, su diferencia con los delitos constituye, en principio, una cuestión de grado y, por tanto, cuantitativa[856], siendo aplicables en materia contravencional y en los llamados delitos administrativos, las reglas y principios que prescribe el Código Penal, máxime cuando para estos últimos existe una disposición expresa del ordenamiento (art. 4º, CPen.) que así lo estatuye[857]. En tal sentido, si bien puede hablarse de una superación de las bases que hacen a la fundamentación autónoma del Derecho Penal administrativo y, especialmente, de los postulados de la escuela de Goldschmidt[858], no puede desconocerse que, aun en el ocaso de esta escuela, ella ha influido decisivamente en el proceso de despenalización, ocurrido tanto en nuestro país como en el derecho comparado. Ese proceso de despenalización se caracteriza por conferir la atribución de aplicar penas a la Administración, al menos en una suerte de primera instancia y sujeta siempre a la revisión judicial. Ello plantea también entre nosotros la cuestión inherente a la concurrencia de potestades entre la Nación y las provincias, en materia contravencional.

3. EL FENÓMENO DE LA DESPENALIZACIÓN

Las aspiraciones de las diferentes administraciones públicas a poseer la titularidad de la potestad punitiva, al menos en la primera fase del procedimiento sancionatorio, se revelan constantemente en el derecho comparado, cuya evolución confirma la tendencia a excluir la figura de la contravención del ordenamiento penal, dejando la aplicación de aquélla a los órganos administrativos, sin perjuicio de la posterior revisión judicial.

---

[853] Tal como expusimos en CASSAGNE, Juan Carlos, *Derecho Administrativo*, 7ª ed., t. I, LexisNexis - Abeledo-Perrot, Buenos Aires, 2002, ps. 138/140.

[854] MATTES, Heinz, *Problemas...*, *cit.*, p. 494.

[855] MATTES, Heinz, *Problemas...*, *cit.*, p. 205, n. 272. Conf. GARCÍA PULLÉS, Fernando R., "La potestad..." *cit.*, ps. 508/509.

[856] GARCÍA BELSUNCE, Horacio A., *Derecho Tributario Penal*, Depalma, Buenos Aires, 1985, ps. 58, 61 y 75.

[857] Ver SPOLANSKY, Norberto, "Culpabilidad, la responsabilidad solidaria de las sociedades anónimas y la de sus directivos", LL 1978-D-235.

[858] Véase: AFTALIÓN, Enrique R., *Derecho Penal Administrativo*, Arayú, Buenos Aires, 1955, ps. 75 y ss.; este autor sustenta una postura adversa al reconocimiento de la autonomía del Derecho Penal administrativo sosteniendo la unidad fundamental de todo el derecho represivo (*cit.*, ps. 11 y ss.).

Sin embargo, dicha tendencia, lejos de soslayar la aplicación de los principios que informan el proceso penal y el Derecho Penal sustantivo[859] se orienta, significativamente, hacia una regulación análoga para los llamados ilícitos penales administrativos y los delitos, extendiendo a las infracciones penales administrativas las reglas que gobiernan el principio de legalidad, la imputabilidad, el concurso de infracciones, la culpabilidad (dolo o culpa), la tentativa y las causas de exclusión de la responsabilidad criminal[860] (*v.gr.*, estado de necesidad y legítima defensa).

Este fenómeno de la despenalización[861] produce la quiebra del sistema que atribuía exclusivamente al Poder Judicial la aplicación de penas y requiere, para no afectar el principio de la división de poderes, que se cumplan dos requisitos fundamentales:

a) un control judicial suficiente[862] a través de la revisión de la sanción penal administrativa ante los tribunales judiciales, con amplitud de debate y prueba, y

b) la observancia de las garantías del debido proceso, lo que comporta la no ejecutoriedad o, al menos, suspensión de la pena contravencional hasta tanto se pronuncie la justicia pues, hasta ese instante, rige la presunción de inocencia[863].

4. LA FALTA O CONTRAVENCIÓN COMO FIGURA TÍPICA DEL DERECHO PENAL ADMINISTRATIVO

La imposibilidad de establecer *a priori* diferencias sustanciales u ontológicas entre delitos y contravenciones conduce a que el problema se resuelva, en definitiva, a través de la política legislativa según "la gravedad e importancia que se le dé en momento y lugar determinado, las razones de necesidad y utilidad práctica y el sentimiento general predominante"[864].

La circunstancia de que cada una de las figuras delictivas del Código Penal se configura como una especie de círculo incomunicado, donde no existe propiamente continuidad ni analogía, hace que esas zonas de libertad puedan ser disminuidas o

---

[859] MARIENHOFF, Miguel S., *Tratado...*, *cit.*, t. I, ps. 168 y ss.

[860] Así lo prescribe, en Alemania Federal, la ley del 24/5/1968 sobre ilícitos administrativos, véase al respecto: PARADA VÁZQUEZ, José R., *Derecho Administrativo*, t. I, Pons, Madrid, 1989, ps. 349/350; MATTES, Heinz, *Problemas...*, *cit.*, ps. 234 y ss.

[861] Véase, asimismo, ROCHA PEREYRA, Gerónimo, "Sobre el Derecho Administrativo...", *cit.*, esp. ps. 133/135.

[862] En el *leading case* de la jurisprudencia de la Corte Suprema el conocido caso "Fernández Arias, Elena y otros v. Poggio, José", Fallos 247:646 (1960), se estableció que "control judicial suficiente quiere decir: a) reconocimiento a los litigantes del derecho a interponer recursos ante los jueces ordinarios; b) negación a los tribunales administrativos de la potestad de dictar resoluciones finales en cuanto a los hechos y al derecho controvertidos, con excepción de los supuestos en que, existiendo opción legal, los interesados hubiesen elegido la vía administrativa, privándose voluntariamente de la judicial" (consid. 19).

[863] Tal como ocurre en el derecho alemán; en cambio, en Italia el recurso contra una sanción carece de efectos suspensivos. Dice al respecto Parada Vázquez que "en todo caso, hay que destacar críticamente que el sistema italiano ofrece menos garantías que el alemán, ya que el recurso ante el juez no provoca la suspensión de la ejecución de la sanción".

[864] Conf. LEVENE, Ricardo (h.), *Introducción...*, *cit.*, ps. 43/44.

244

cubiertas mediante la creación de faltas o contravenciones[865]. Esto último – aunque no afecta la naturaleza de la contravención de naturaleza penal, cuya estructura es, en principio, similar a la de los delitos[866] al pertenecer al género común del ilícito penal[867]– provoca, sin embargo, algunas diferencias en su régimen jurídico que la separan tanto del delito penal como de la mera infracción administrativa.

En efecto, mientras el juzgamiento de los delitos queda reservado a órganos del Poder Judicial que actúan conforme a las reglas del proceso penal – entre las que figuran las relativas a la cosa juzgada de la sentencia que dicta el juez– en el caso de las faltas o contravenciones (que algunos denominan delitos administrativos) el órgano administrativo que las aplique no se encuentra ceñido por la citada regla y siempre conserva la potestad revocatoria a favor del particular, que es propia de los actos administrativos. En tal sentido, el órgano administrativo posee competencia, aun después de impuesta una sanción, para reducirla o dejarla sin efecto, ya fuera de oficio o al resolver el recurso administrativo (v.gr., de reconsideración o jerárquico) que interponga el sujeto sancionado. Por esa causa, aun de configurarse un ilícito de naturaleza penal, en el juzgamiento de la contravención se aplican principios y normas del Derecho Administrativo. Esta característica justifica un tratamiento separado para la materia penal administrativa, aun cuando la disciplina no goza de autonomía por las razones que hemos dado[868], lo que no obsta a la aplicabilidad de las garantías y los preceptos generales del Código Penal. En tal sentido, rigen – entre otros– los principios de tipicidad, imputabilidad, antijuridicidad y culpabilidad[869].

En cambio, en las infracciones administrativas de autoprotección (v.gr., imposición de una sanción con motivo de la ejecución de un contrato de la Administración; sanciones disciplinarias) basta con las garantías del procedimiento administrativo, sin perjuicio de reconocer que, muchas de ellas, encuentran su base de sustentación en principios de naturaleza penal que han tenido recepción en el Derecho Administrativo.

En algunas circunstancias y sólo cuando la ley lo establezca en forma expresa, se suelen consagrar, en materia contravencional, presunciones de culpabilidad que invierten el *onus probandi*, las que, excepcionalmente, se justifican en mérito a la menor gravedad que puede caracterizar a las faltas y contravenciones, en la ejemplaridad y función preventiva que corresponde atribuir a las penas contravencionales y en la necesidad de que los administrados cumplan los deberes impuestos por las leyes.

---

[865] Ver VILLEGAS BASAVILBASO, Benjamín, *Derecho Administrativo, cit.*, t. V, p. 257; SOLER, Sebastián, *Derecho Penal..., cit.*, t. I, ps. 247 y ss.

[866] Conf. MARIENHOFF, Miguel S., *Tratado de Derecho Administrativo*, 6ª ed. act., t. IV, Abeledo-Perrot, Buenos Aires, 1997, p. 601, observa que ambos contienen idénticos elementos constitutivos.

[867] LEVENE, Ricardo (h.), *Introducción..., cit.*, p. 44.

[868] Nos remitimos a CASSAGNE, Juan Carlos, *Derecho Administrativo, cit.*, t. I, ps. 179/182.

[869] La imputabilidad consiste en la atribución de un hecho u omisión a una persona determinada mientras que la antijuridicidad denota la lesión del bien jurídico que genera la ilicitud objetiva de cada conducta. A su vez, la culpabilidad implica un juicio de reproche subjetivo que por una falla o defecto imputable por culpa o negligencia, o bien, por el obrar doloso del agente. Sin embargo, en la doctrina del Derecho Penal la imputabilidad se asimila a la capacidad de delinquir (véase: FONTÁN BALESTRA, Carlos, *Tratado de Derecho Penal*, t. III, Abeledo-Perrot, Buenos Aires, 1990, p. 139).

5. JURISDICCIÓN NACIONAL Y PROVINCIAL PARA LEGISLAR EN MATERIA DE CONTRAVENCIONES E INFRACCIONES ADMINISTRATIVAS

En aquellos países – como el nuestro– que han consagrado el sistema federal de gobierno y que al propio tiempo han unificado la legislación penal de fondo, atribuyendo al Congreso Nacional la potestad de legislar en dicho ámbito (art. 75, inc. 2º, CN), se opera una aparente colisión entre los poderes de la Nación y los que un sector de la doctrina considera que, en materia de faltas y contravenciones, corresponden a las provincias, por aplicación del art. 121, CN.

Corresponde señalar que tanto la doctrina como la jurisprudencia, al ocuparse de esta cuestión, si bien sentaron la tesis de que la competencia pertenece, en principio, a las provincias como derivación del poder residual que les reconocería el art. 121, CN, lo cierto es que dejaron a salvo que la respectiva potestad corresponde a la Nación cuando ésta ejercita las atribuciones que la Constitución le asigna, en forma expresa o implícita, y, especialmente, cuando el ejercicio de los poderes provinciales resulta incompatible con el que efectúa la Nación[870].

Con base en este último criterio, quedan fuera de la competencia local no sólo las facultades privativas, atribuidas en forma expresa al gobierno federal en los diversos incisos del art. 75, CN, y las denominadas facultades implícitas (art. 75, inc. 32, CN) que resultan por implicancia de las competencias explícitas[871], sino también las facultades concurrentes, en tanto su ejercicio por parte de las provincias sea repugnante o incompatible con la finalidad y el objeto que persiga la legislación nacional.

De ese modo, queda claro que el art. 121 de nuestra CN, similar al de la Constitución de los Estados Unidos (art. I, secc. VIII, cláusula 18), si bien configura potestades de carácter residual a favor de las provincias, se circunscribe prácticamente a la conservación de los poderes inherentes, puesto que la asignación de atribuciones que hace la Constitución en cabeza del gobierno federal incluye tanto los poderes expresamente delegados como los poderes implícitos[872]. A su vez, respecto de los privativos (atribuidos o no en forma expresa) carece de sentido suponer la existencia de un poder residual habida cuenta de que surgen de los propios textos constitucionales.

En esta línea interpretativa, se ha sostenido que nuestra Constitución ha escogido un sistema según el cual todo lo que "no atribuye al estado federal se considera

[870] Conf. MARIENHOFF, Miguel S., *Tratado...*, *cit.*, t. IV, ps. 603 y ss.

[871] Esta interpretación, que compartimos, es formulada por AJA ESPIL, Jorge A., *Constitución y poder. Historia de los poderes implícitos y de los poderes inherentes*, TEA, Buenos Aires, 1987, ps. 150 y ss.

[872] AJA ESPIL, Jorge A., *Constitución y poder...*, *cit.*, p. 40, sostiene que el traspaso de los poderes al gobierno federal "no requirió de enumeración taxativa y precisa". En cambio, cuando la Constitución adopta el principio inverso enumera la necesidad de una expresa reserva de poderes (art. 121, 2ª parte, CN).

reservado a los estados miembros" pues "la capacidad es la regla para éstos y la incapacidad es la excepción"[873].

El sistema de la Constitución Nacional es un poco más complejo y la recepción de la regla de la capacidad, construida para ser aplicada a las personas físicas en el marco del Derecho Civil, no puede trasladarse sin más a las personas jurídicas o morales, en especial en el Derecho Público[874], sin resentir el principio de la especialidad[875], según el cual los órganos y entes se hallan limitados en su actuación jurídica por el fin u objeto que motivó su creación, pero pueden llevar a cabo no solamente lo razonablemente implícito en las normas sino también una serie de actos relativos a sus poderes inherentes o resultantes[876] derivados de la naturaleza de las funciones y de la finalidad que les atribuye el ordenamiento. A una conclusión semejante se llega también por aplicación de la teoría que postula el reconocimiento de una zona de reserva de la Administración[877] y de una zona de reserva de la ley: la Administración tendría facultades inherentes[878] o residuales que no surgirían de preceptos específicos sino de cláusulas genéricas[879] o de los principios del sistema constitucional.

De otra parte, si la Constitución Nacional asigna a la Nación una serie de poderes en concurrencia con las provincias (art. 75, inc. 30 y art. 125, CN) la amplitud del carácter residual que se atribuye al art. 121, CN, queda desprovista de sentido, al menos como regla general del sistema de nuestra Constitución, en virtud de que, al coincidir dos poderes sobre un mismo objeto, no se puede configurar un residuo de facultades a favor de uno de ellos.

De lo hasta aquí expuesto se sigue que, dada la identidad sustancial y cualitativa que existe entre los delitos y las contravenciones de naturaleza penal, el sistema que estructura la Constitución Nacional, en lo que concierne al poder de legislación en materia contravencional, se halla sujeto a estas reglas:

1°) si el Código Penal legisla sobre una determinada figura delictiva, las provincias carecen de competencia para crear contravenciones que tengan por base el tipo penal prescripto para un delito;

---

[873]   Ver BIDART CAMPOS, Germán J., *Manual de Derecho Constitucional argentino*, Ediar, Buenos Aires, 1984, p. 131. No obstante, este autor reconoce la existencia de una gama de poderes implícitos que emergen del actual art. 75, inc. 32, CN (*cit.*, p. 132).

[874]   Ver LINARES, Juan F., "La competencia y los postulados de la permisión", RADA, nro. 2, Universidad del Museo Social Argentino, Buenos Aires, 1971, ps. 14 y ss.

[875]   Conf. CASSAGNE, Juan Carlos, *Derecho Administrativo*, *cit.*, t. I, ps. 278/280.

[876]   AJA ESPIL, Jorge A., *Constitución y poder...*, *cit.*, p. 160.

[877]   Conf. MARIENHOFF, Miguel S., *Tratado...*, *cit.*, t. I, ps. 252/256 y ss.

[878]   Véase: AJA ESPIL, Jorge A., *Constitución y poder...*, *cit.*, p. 161, quien observa que dicha tesis tiene sustento en lo que denomina facultades propias o inherentes del Poder Ejecutivo.

[879]   MARIENHOFF, Miguel S., *Tratado...*, *cit.*, t. I, ps. 255/256, sostiene que la zona de reserva de la Administración encuentra su fundamento en los preceptos contenidos en los actuales incs. 1° y 7° del art. 99, CN.

2°) la Nación y las provincias poseen poderes tanto privativos como concurrentes para legislar en dicha materia[880];

3°) las provincias no pueden crear contravenciones relativas a las competencias implícitamente asignadas a la Nación (art. 75, inc. 32, CN); y

4°) cuando la Nación legisla sobre alguno de los poderes concurrentes el ejercicio de las respectivas facultades que poseen las provincias será legítimo sólo en la medida en que no resulte repugnante o incompatible con la legislación federal.

La jurisprudencia de la Corte Suprema, si bien no ha efectuado, como es lógico, la sistematización de todas las reglas aplicables en esta materia para legislar acerca de faltas o contravenciones, ha dicho que, para definir el carácter local de una contravención hay que tener en cuenta *las características especiales determinadas por las costumbres de cada localidad, por las necesidades de orden moral o material de los pueblos o por el resguardo de ciertas instituciones locales, cuyo regular funcionamiento les interesa más directamente, o porque existen en cada región muchos y pequeños intereses que hay que contemplar en este género de represión y que lógicamente pueden ser mejor apreciados por los intereses locales[881]*.

Finalmente, tratándose de infracciones administrativas de autoprotección[882] (*v.gr.*, sanciones disciplinarias, sanciones de tutela del dominio público) o bien, de meras infracciones formales, tengan o no naturaleza penal, tanto la Nación como las provincias poseen facultades para legislar sobre ellas como emanación de sus poderes inherentes al cumplimiento de los fines que la Constitución Nacional les asigna.

6. PRINCIPIOS DEL DERECHO PENAL APLICABLES EN MATERIA DE POLICÍA

La unidad del derecho represivo y las garantías ínsitas en el Estado de Derecho conducen a la aplicabilidad a las contravenciones de los principios propios del Derecho Penal sustantivo. Si bien la mayor parte de esos principios provienen directamente del Código Penal, su base radica en los preceptos y garantías constitucionales, tanto nominadas como innominadas (*v.gr.*, la garantía de razonabilidad). Su aplicación se efectúa, por lo general, en forma supletoria o directa, aun cuando en ciertos supuestos nada impide acudir a la técnica de la analogía, a condición de que ella opere en favor del administrado[883].

---

[880] Ver LEVENE, Ricardo (h.), *Introducción...*, *cit.*, p. 41, afirma que "existe una verdadera concurrencia de facultades entre la Nación y las provincias en materia de legislación de faltas".

[881] *In re* "Cimadamore Esio, Bruno", Fallos 191:245 (1941).

[882] GARCÍA DE ENTERRÍA, Eduardo - FERNÁNDEZ, Tomás R., *Curso de Derecho Administrativo*, 2ª ed., t. II, Civitas, Madrid, 1981, ps. 148 y ss. observan que, en tales casos, la potestad sancionatoria es una potestad doméstica que persigue "la propia protección más que la de otros fines sociales generales". Ver también GARCÍA DE ENTERRÍA, Eduardo, "El problema jurídico de las sanciones administrativas", *Civitas*, nro. 10, Madrid, 1976, ps. 399/400. En nuestra opinión, la categoría de las llamadas sanciones de autoprotección no incluye a las sanciones tributarias, sean éstas de naturaleza penal o resarcitoria.

[883] LEVENE, Ricardo (h.), *Introducción...*, *cit.*, p. 51.

248

De ese modo, resultan aplicables diversos principios del Derecho Penal sustantivo, a saber:

A) El principio de legalidad

Emanado de la cláusula constitucional que instituye la garantía de la defensa, este principio prescribe que toda pena debe fundarse en ley (art. 18, CN). Tal precepto, que algunas cartas constitucionales, como la española, han incorporado al ordenamiento positivo no hace demasiado tiempo[884], tiene entre nosotros mayor antigüedad y cuenta con una tradición arraigada en una interpretación jurídica constante, formulada a partir de la sanción de la Constitución de 1853. A su vez, el citado principio se completa con la cláusula contenida en el art. 19, según la cual nadie se encuentra *obligado a hacer lo que la ley no manda* ni privado de lo que ella no prohíbe.

En mérito a la naturaleza restrictiva que demanda la interpretación en esta materia – en cuanto tiende a tutelar los derechos fundamentales de las personas– el concepto de ley se limita sólo a la ley material y formal. Es decir que las contravenciones de naturaleza penal no pueden ser establecidas por reglamentos, pues las autoridades administrativas carecen de competencia constitucional para crear faltas o contravenciones[885].

Por lo demás, el propio Código Penal al prescribir que sus disposiciones generales se aplicarán a todos los delitos previstos por leyes especiales (art. 4°, CPen.) refleja el necesario acatamiento al principio de legalidad, a través de la unidad de aplicación de sus principios a todo el derecho represivo, habida cuenta de la semejanza sustancial que existe entre delitos y contravenciones.

B) La regla de tipicidad

Una de las principales garantías que poseen los ciudadanos y las personas en general se halla configurada por el principio de tipicidad consistente en la exigencia de que las conductas punibles se encuentren descriptas o delimitadas por una norma legal.

En este plano, la tipicidad aparece como un corolario obligado del principio de legalidad, que juega en un doble sentido, esto es como una garantía frente a la determinación subjetiva o discrecional de los hechos que configuran el ilícito penal y como una forma de prevención individual y social, en la medida de que el conocimiento público y oficial de la acción punible desalienta la comisión de los hechos reprimidos por la ley. A este respecto, el principio de tipicidad legal requiere que se hagan públicas:

a) tanto la descripción de los hechos que definen cada contravención, así como

b) las penas a aplicarse en cada supuesto típico.

---

[884] Véase art. 2.5.1, Constitución española de 1978.
[885] Conf. MARIENHOFF, Miguel S., *Tratado...*, *cit.*, t. IV, ps. 606 y ss.

Ello, ya que, en materia penal, el silencio del legislador se considera que configura un ámbito de libertad[886].

Por esta causa, el principio de tipicidad es incompatible con las fórmulas genéricas y abiertas que se emplean en algunas oportunidades para calificar la infracción penal[887], llamadas también leyes penales en blanco[888]. En cambio, tratándose de sanciones de naturaleza disciplinaria se admite la utilización de conceptos jurídicos indeterminados[889] lo que ha sido justificado frente a la imposibilidad de precisar de antemano y en forma detallada los deberes profesionales del agente público, sin que ello excluya la exigencia de concretar, en cada caso, la conducta computable y su conexión con la violación antijurídica de los deberes administrativos[890].

C) La culpabilidad en las contravenciones

Una consecuencia importante derivada de la aplicación de las reglas prescriptas en el Código Penal es la vigencia del principio *nulla pena sine culpa* en materia contravencional.

Este principio de derecho natural, caro al sistema beccariano, tiende a proteger la libertad de las personas impidiendo que éstas puedan ser declaradas penalmente responsables por conductas o hechos ejecutados sin culpa o dolo, por más que las respectivas conductas les sean imputables a los sujetos de la acción violatoria del orden jurídico objetivo. La culpa se constituye entonces en el factor exclusivo de atribución de responsabilidad en el Derecho Penal.

No obstante, en materia contravencional, tanto el derecho argentino como el comparado, admiten, en ciertas circunstancias, una responsabilidad objetiva por extensión, en aquellos supuestos en que la ley asigna responsabilidades, incluso de naturaleza penal, por el hecho de otro.

La cuestión ha suscitado opiniones controvertidas en la doctrina[891] particularmente en el caso de la responsabilidad solidaria establecida, entre otras, por la legislación fiscal y aduanera[892] respecto de las personas jurídicas y los miembros de sus cuerpos directivos.

---

[886] FONTÁN BALESTRA, Carlos, *Tratado...*, *cit.*, t. II, p. 26.

[887] GARCÍA DE ENTERRÍA, Eduardo - FERNÁNDEZ, Tomás R., *Curso...*, *cit.*, t. II, ps. 165/166.

[888] SOLER, Sebastián, *Derecho Penal argentino*, t. I, Buenos Aires, 1945, p. 133.

[889] V.gr., ley 22.140, de régimen jurídico básico de la función pública, artículo donde el art. 31, inc. e) sanciona el incumplimiento, entre otros, del deber de observar "una conducta correcta, digna y decorosa, acorde con su jerarquía y función" (art. 27, inc. b]).

[890] GARCÍA DE ENTERRÍA, Eduardo - FERNÁNDEZ, Tomás R., *Curso...*, *cit.*, t. II, p. 167.

[891] Véase el artículo de Spolansky citado en nota 13 donde el autor postula la incompatibilidad de las normas que atribuyen responsabilidad penal solidaria a las personas jurídicas y a los integrantes de sus cuerpos directivos por los hechos de sus dependientes, sobre la base de la violación de los principios del Derecho Penal sustantivo, fundamentalmente, del principio de culpabilidad.

[892] Art. 19, ley 11.683, y art. 887, Código Aduanero.

En la jurisprudencia tradicional de la Corte Suprema de Justicia de la Nación se impuso la tesis favorable a la admisión de la responsabilidad de las personas jurídicas sobre la base de que en las materias *de carácter penal administrativo no se aplican las reglas comunes a la responsabilidad por actos delictuosos, lo que permite dirigir la acción contra personas jurídicas a los efectos de su condena, en la forma prevista por leyes especiales*[893]. Más tarde, en el caso "Banco de Santander" el alto tribunal modificó el criterio precedente sosteniendo que la responsabilidad solidaria (en materia de infracciones cambiarias) de los administradores y directores no reviste carácter penal[894] soslayando de este modo la objeción de que el establecimiento de la solidaridad no implica consagrar la responsabilidad penal de las personas por actos de terceros, es decir, sin que medie imputación de culpa o dolo sobre los sujetos a quienes la ley declara responsables.

Claro está que – como bien se ha dicho– esa objeción no se supera por el hecho de acudir al artilugio de decir que la sanción no es penal si al propio tiempo no se demuestra tal afirmación[895]. En efecto, si las sanciones previstas en el ordenamiento penal administrativo (*v.gr.*, en materia fiscal y cambiaria) revisten, a la vez, naturaleza preventiva y represiva (y en modo alguno retributiva o reparatoria), ellas poseen una indiscutible sustancia penal, siendo aplicables en consecuencia, los principios típicos del Derecho Penal sustantivo relativos a la imputabilidad, tipicidad, antijuridicidad, culpabilidad, etc.

Pero, en materia contravencional, las leyes especiales pueden legitimar un sistema de responsabilidad objetiva para ciertas infracciones donde el bien común reclama una solución diferente en orden a las mayores exigencias de la comunidad. Esta responsabilidad asume, sin embargo, un carácter excepcional y debe instrumentarse bajo ciertas cautelas, particularmente las que hacen a la observación de la garantía constitucional de la razonabilidad de las leyes (art. 28, CN).

Con todo, el planteo de la cuestión que se suscita aparece centrado en una necesaria disociación entre imputabilidad, culpabilidad y antijuridicidad – por una parte– y el reconocimiento de una responsabilidad solidaria, de carácter objetivo, por la otra. Por ese motivo, en el supuesto de las personas jurídicas o ideales, antes que la aplicación de una sanción penal sin culpa, lo que ocurre es una atribución de responsabilidad solidaria por la sanción penal aplicada a un dependiente[896].

En rigor, más que una quiebra del principio de culpabilidad, que se mantiene incólume respecto del autor de la infracción penal administrativa, se opera una modificación en el factor atributivo de responsabilidad, desplazando la regla de la culpa por una atribución de raíz eminentemente objetiva.

---

[893] Ver el caso "Wlodavsky, Pedro y otros", LL 1978-A-431. Allí se declaró la responsabilidad solidaria de una institución bancaria, juntamente con sus directores y el síndico titular, condenándolos a pagar una multa por infracciones cometidas por un dependiente, a quien también se le aplicó dicha sanción.

[894] "Banco de Santander y otros", Fallos 300:100 (1978), también en LL 1978-D-231 y ss.

[895] SPOLANSKY, Norberto, "Culpabilidad...", *cit.*, p. 239.

[896] No obstante, la impropia redacción de las leyes 19.359 y 10.184 que prescriben que "sin perjuicio de la responsabilidad de los autores, la persona jurídica será sancionada con la pena de multa (...) que se aplicará en forma solidaria a la sociedad (...) y a sus directores".

Ahora bien, la admisión de esa responsabilidad objetiva reconoce algunas limitaciones que es necesario establecer para no incurrir en una manifiesta degradación de principios y garantías constitucionales de jerarquía superior que operan a modo de válvulas que compriman aquella responsabilidad a fin de hacerla compatible con los principios del Estado de Derecho, representados por la interdicción de la desigualdad y de la irrazonabilidad de los actos estatales y, particularmente, de la desigualdad.

En tal sentido, la extensión de la responsabilidad hacia personas físicas o ideales derivadas de sanciones penales aplicadas por hechos de sus dependientes requiere, para no afectar la garantía de la razonabilidad (art. 28, CN) y el principio de igualdad – art. 16, CN– (pues habría un grupo de ciudadanos que asumirían una responsabilidad penal sin culpa), que se cumplan una serie de condiciones, a saber:

a) el hecho o la omisión del dependiente ha de constituir un acto antijurídico que le sea imputable a título de culpa o dolo;

b) la tipificación de la conducta punible debe haberse efectuado en norma de rango legal (formal y material);

c) la responsabilidad solidaria establecida en la legislación penal administrativa (*v.gr.*, en materia cambiaria y fiscal) que alcanza a las personas jurídicas y/o físicas por los actos de sus dependientes, se limita a las sanciones de índole patrimonial, no extendiéndose a las penas privativas de la libertad (ej.: prisión o arresto) ni tampoco a las que afecten temporariamente el ejercicio de algunas de las libertades particulares que garantiza la Constitución en su art. 14 (*v.gr.*, la inhabilitación para el ejercicio de la respectiva actividad);

d) los directivos de una persona jurídica pueden invocar la exención de responsabilidad (tal como sería la circunstancia de haber dejado constancia de su desacuerdo o disidencia con el hecho o conducta punible en un acta del directorio de la sociedad)[897];

e) por último – y no menos trascendente– la responsabilidad solidaria no puede ser ilimitada, pudiendo los jueces corregir el rigorismo de la ley con el auxilio de la equidad ya que resulta injusto que una persona llegue – sin incurrir en culpa– a una situación de ruina económico-financiera como consecuencia de un hecho punible cometido por otro.

D) Otros principios y supuestos especiales del Derecho Penal sancionatorio

El contenido sustancial del Derecho Penal sancionatorio no se agota con los principios fundamentales que han quedado expuestos y aun cuando entre todos ellos

---

[897] Ver al respecto: SPOLANSKY, Norberto, "Culpabilidad...", *cit.*, ps. 247/248, admite que la prueba contraria puede destruir o revocar la presunción de culpa que pesa sobre los directores y la sociedad. Aun compartiendo la solución práctica de Spolansky pensamos que el fundamento de la responsabilidad, en tales casos, no radica en una presunción de culpa sino en el factor objetivo de atribución previsto en la ley y es por ese motivo que no puede extenderse a las sanciones penales privativas de libertad, además de las razones que hemos expuesto precedentemente sobre el punto.

y los que se analizarán seguidamente existe una conexión y funcionamiento simultáneo, es posible deslindar algunos supuestos especiales que le otorgan a la materia
una peculiaridad bastante atípica dentro del procedimiento administrativo de carácter general.

a) La interdicción de la analogía

Frente al vacío normativo que pueda ofrecer al ordenamiento penal sancionatorio no existe la posibilidad de acudir a la analogía en perjuicio del administrado, lo
cual no es óbice para que pueda operar a su favor (*in bonam partem*) mediante la
extensión de normas que se refieren a circunstancias desincriminatorias, atenuantes
o causales de extinción de las penas[898].

La razón de la prohibición de aplicar analógicamente la ley penal reposa en la
necesidad de preservar la "zona de libertad" a raíz del principio *nullum crimen nulla
poena sine lege* que sienta el art. 18, CN, y de la consecuente regla de tipicidad que
constituye su garantía específica[899]. De lo contrario, si el intérprete pudiera ampliar o
extender el ámbito de aplicación de una norma de naturaleza penal se conculcarían
esos principios, al limitarse el ámbito de libertad a una zona indeterminada e imprecisa de figuras penales imposibles de conocer de antemano para captar, inclusive, la
criminalidad de los actos propios.

b) La irretroactividad en materia penal y la aplicación de la ley más benigna

Otra de las garantías de recibo en el Derecho Penal administrativo se halla
constituida por el principio de irretroactividad que consagra el citado art. 18, CN, al
estatuir que ninguna persona pueda ser penada "...sin juicio previo fundado en ley
anterior al hecho del proceso...".

Esta garantía encuentra también fundamento en el precepto contenido en el art.
19, CN, cuanto prescribe – a favor de las personas físicas– una porción de libertad
implícita en el sentido de que todo lo que no se encuentra prohibido por las leyes[900]
se considera permitido.

El ámbito de la irretroactividad alcanza tanto a las nuevas incriminaciones de
hechos que anteriormente se consideraban lícitos como a los preceptos que prescri-

---

[898] LEVENE, Ricardo (h.), *Introducción...*, *cit.*, p. 51; "Robba, Eugenio v. Dir. Gral. Imp. Réditos", Fallos 195:56 (1943) y "Noel y Cía Ltda. SA v. Dir. Gral. Imp. Réditos", Fallos
195:119 (1943).

[899] SOLER, Sebastián, *Derecho Penal...*, *cit.*, p. 145. La Corte Suprema, afirmó que "es concepto indudablemente recibido por el art. 18, CN, que el Derecho Penal, en cualquiera de sus
ramas, es un sistema riguroso y cerrado, formado por ilicitudes discontinuas que no tolera
ningún tipo de integración por analogía, tendiente a completar los elementos esenciales de las
figuras creadas por la ley", conf. "Usandizaga, Perrone y Juliarena SRL v. DGI", Fallos
303:1548 (1981), esp. consid. 8°).

[900] La expresión "ley", que utiliza el art. 19, CN, debe ser interpretada con amplitud, a favor del
principio de libertad que ella establece, comprendiendo toda clase de norma materialmente
legislativa (v.gr., reglamentos).

ban requisitos más rigurosos (ej.: carácter de la condena, prescripción, etc.) para los que sigue rigiendo ultractivamente la ley anterior[901].

Como excepción al principio de irretroactividad y a la consecuente ultractividad de la ley anterior, que continúa rigiendo para los hechos, cometidos durante su vigencia aun después de su derogación, se admite la aplicación retroactiva de la ley más benigna[902]. Así lo prescribe, por otra parte, el art. 2°, CPen.[903], norma que resulta aplicable directamente a la materia penal administrativa. Esta regla ha sido reiteradamente acogida por la jurisprudencia[904].

c) La presunción de inocencia y sus proyecciones

En la totalidad de los sistemas del derecho occidental rige la llamada presunción de inocencia a favor del imputado o procesado por la comisión de un delito. En nuestro derecho, ella resulta un corolario obligado del ámbito de libertad consagrado en el art. 19, CN. Este principio, combinado con el de razonabilidad, impide que, por un mandato legislativo, una persona sea condenada sobre la base de una presunción pues, al carecerse de una prueba idónea que acredite el hecho cometido, el vacío no puede cubrirse mediante una deducción, por más lógica y racional que fuera, ya que, en caso de duda, el precepto conduce a elegir la solución más favorable al particular.

El Código Procesal Penal, en su art. 13, ha consagrado una presunción de inocencia que prevalece sobre la que pudiera existir respecto de la culpabilidad de las personas[905]. Este precepto se aplica en forma directa en materia de faltas o contravenciones.

A su vez, una consecuencia trascendente de esta presunción, que viene dada por la necesidad de que se pruebe de una manera efectiva la culpabilidad del particular, consiste en el desplazamiento, en materia penal, de las presunciones de legalidad de los actos administrativos que, de mantenerse, conducirían a transferir la carga de la prueba al acusado, con la obligación consiguiente de acreditar su inocencia, lo que implica sumirlo en una total indefensión[906].

---

[901] GARCÍA BELSUNCE, Horacio A., *Derecho Tributario...*, *cit.*, p. 106.

[902] SOLER, Sebastián, *Derecho Penal...*, *cit.*, t. I, ps. 172 y ss.

[903] El art. 2°, CPen., prescribe: "Si la ley vigente al tiempo de cometerse el delito fuere distinta de la que exista al pronunciarse el fallo o en el tiempo intermedio, se aplicará siempre la más benigna. Si durante la condena se dictare una ley más benigna, la pena se limitará a la establecida por esa ley. En todos los casos del presente artículo, los efectos de la nueva ley se operarán de pleno derecho".

[904] Ver entre otros: "Maskivker, Moisés s/impuestos internos", Fallos 211:443 (1948); FONTÁN BALESTRA, Carlos, *Tratado...*, *cit.*, t. I, ps. 297 y ss.

[905] El art. 13, CPPN, prescribe que "en caso de duda deberá estarse siempre a lo que sea más favorable al procesado".

[906] Conf. GARCÍA DE ENTERRÍA, Eduardo - FERNÁNDEZ, Tomás R., *Curso...*, *cit.*, t. II, ps. 169/170.

d) El exceso de punición

De otra parte, la sanción penal administrativa ha de respetar el principio de proporcionalidad entre la pena prevista en la norma y la conducta del agente, sobre la base de la regla de razonabilidad cuya valoración debe responder a la realización del bien jurídico tutelado y su significado social, que configura la finalidad perseguida por la ley. Este vicio, en el procedimiento administrativo de carácter sancionatorio, traduce una nulidad absoluta y, al afectar la proporcionalidad inherente al objeto del acto que impone la sanción, vulnera la garantía innominada de razonabilidad, prevista en los arts. 28 y 33, CN[907].

e) El principio *non bis in idem*

Según este principio, una persona no puede ser procesada ni condenada dos veces por un mismo hecho. Se trata de un principio de derecho natural que configura una garantía constitucional innominada cuyo sustento se encuentra en el debido proceso legal prescripto en el art. 18, CN, como una consecuencia de la cosa juzgada penal[908]. Además, también se fundamenta en la garantía de razonabilidad de los actos estatales (art. 28, CN) en virtud de que, al admitirse una segunda condena por un mismo hecho, se genera una evidente desproporción entre la falta o el delito cometido y la sanción. El carácter constitucional de esta garantía, que veda la doble persecución penal, ha sido admitido en la jurisprudencia de la Corte Suprema, aun cuando sin profundizar mayormente en su fundamentación positiva[909].

Por todo ello y no obstante lo prescripto en el art. 7°, CPPN[910], el principio *non bis in idem* resulta aplicable a las faltas y contravenciones cuando la sanción posea naturaleza penal. Tal es lo que acontece en materia de los llamados ilícitos tributarios[911].

---

[907] Conf. MARIENHOFF, Miguel S., "El exceso de punición como vicio del acto jurídico de Derecho Público", LL 1989-E-963; véanse además: LINARES, Juan F., *Razonabilidad de las leyes*, Astrea, Buenos Aires, 1970, ps. 160 y ss., COMADIRA, Julio R., "El exceso de punición y su incidencia sobre la validez del acto administrativo", REDA, nro. 4, Depalma, Buenos Aires, 1990, ps. 273 y ss.; COMADIRA, Julio R., *Derecho Administrativo*, 2ª ed. act. y ampl., Abeledo-Perrot, Buenos Aires, 2003, ps. 83 y ss.

[908] GARCÍA BELSUNCE, Horacio A., *Derecho Tributario...*, *cit.*, p. 918.

[909] "L'Eveque, Ramón Rafael p/robo", Fallos 311:1451 (1988); "Taussig, Jorge F. s/arts. 109 y 110, Código Procesal", Fallos 314:377 (1991); "Moño Azul SA s/ley 11.683", Fallos 316:687 (1993); "Peluffo, Diego Pedro s/promueve querella", Fallos 319:43 (1996); entre otros.

[910] Que prescribe: "Nadie puede ser procesado ni condenado sino una sola vez por el mismo hecho. Sin embargo, el procesamiento y la condena de alguno, o su absolución, por la autoridad administrativa, con relación a una falta, no impedirán su procesamiento ni su condena ulteriores, por el mismo hecho, cuando éste sea constitutivo de delito; en cuyo caso, tampoco representará impedimento lo que hubiese decidido la autoridad judicial con relación a sanciones disciplinarias, a funcionarios o empleados permanentes de los tribunales, o a otras personas que intervengan en los procesos".

[911] GARCÍA BELSUNCE, Horacio A., *Derecho Tributario...*, *cit.*, p. 3.

f) La prescripción de las acciones y los ilícitos penales administrativos

En esta materia no existe precepto alguno que consagre un principio general acerca del plazo de prescripción aplicable a las acciones y a las sanciones de naturaleza penal que aplica la Administración Pública. Pero, aun cuando hay dificultades para establecer un principio general de prescripción en el campo sancionatorio administrativo, derivadas del carácter local que poseen gran parte de los ordenamientos que legislan sobre faltas o contravenciones, lo cierto es que existen numerosos regímenes especiales, de carácter federal, donde la respectiva competencia constitucional ha sido atribuida a la Nación.

No obstante ello y dada la sustancia preventiva y represiva que poseen las sanciones penales administrativas, que castigan la comisión de ilícitos de esa naturaleza, rigen todas las normas y principios que sobre prescripción contiene el Código Penal, en virtud de lo preceptuado en el art. 4° de dicho cuerpo orgánico.

Esta conclusión, que se ha impuesto en muchos casos resueltos por la Corte Suprema de Justicia de la Nación, no fue la postura adoptada inicialmente por la jurisprudencia, que mostró sus vacilaciones y hasta criterios contrarios a la aplicabilidad de los preceptos del Código Penal. Para ello, el alto tribunal sostuvo que la omisión de disposiciones sobre la prescripción en materia de leyes de policía no se puede suplir con el auxilio de otras leyes, agregando también el argumento de que la prescripción en materia penal no procede de garantía constitucional alguna[912].

Esta interpretación no puede considerarse aceptable. Aquí no se trata de supuestos de analogía sino de la aplicación directa o supletoria de las normas por imperio de un mandato legal expreso (art. 4°, CPen.). No obstante, a idéntica conclusión habría que arribar de sostenerse que estos casos resultan regulados por la técnica de la analogía pues la analogía prohibida en materia penal no es – como se ha visto– la que juega a favor del particular.

Tampoco es posible aceptar el forzado argumento según el cual la prescripción no integra garantía constitucional alguna pues ella hace a la garantía de la defensa o del debido proceso, que se conecta con el denominado derecho a la libertad integral del ciudadano[913].

Años más tarde la Corte cambió ese criterio interpretativo al sostener que, a las infracciones de naturaleza penal-administrativa, les resultan aplicables las disposiciones generales del Código Penal[914].

---

[912] "Fernández, Julio Alberto, Rey Gorrez, Dora Raquel v. Dos Muñecos SA", Fallos 259:231 (1964).

[913] MARIENHOFF, Miguel S., *Tratado...*, cit., t. IV, p. 625.

[914] "Miras, Guillermo SACIF v. Administración Nacional de Aduanas", Fallos 287:76 (1973); "Bigio, Alberto v. Dirección Nacional de Aduanas", Fallos 289:336 (1974); "Linch, Mauricio", Fallos 290:202 (1974); "Nación v. Rennis, Mario", Fallos 295:307 (1976); "Rabinovich, José", Fallos 300:716 (1978). En "Saud, Carlos Rubén", Fallos 301:426 (1979) la Corte dijo que las disposiciones generales del Código Penal son aplicables a las infracciones cambiarias en tanto no se advierta incompatibilidad entre una y otras, con lo que parece aceptar la idea de la aplicación analógica.

7. EL PROCEDIMIENTO SANCIONATORIO

El aumento creciente de la despenalización de la llamada jurisdicción administrativa primaria – como ha sido denominada entre nosotros– plantea una serie de problemas que pueden resumirse en la ausencia real de garantías y en la existencia de vacíos legislativos para resolver diversos aspectos inherentes al procedimiento sancionatorio.

Parece preferible que los organismos administrativos que ejercen funciones jurisdiccionales se transformen en órganos especializados del Poder Judicial, asegurando así a sus miembros todos los caracteres que hacen a la independencia de los jueces (inamovilidad y, sobre todo, imparcialidad)[915].

En lo que concierne al régimen aplicable al procedimiento sancionatorio hay que advertir que cuando se trata de juzgamiento de infracciones de sustancia penal, frente a la ausencia de preceptos generales que regulen expresamente la cuestión en el orden nacional, corresponde aplicar, por analogía, las disposiciones del Código Procesal Penal[916], sin perjuicio de la aplicación de las normas y principios de la Ley Nacional de Procedimientos Administrativos y su reglamentación.

En este último sentido, al juzgar la aplicación de una multa impuesta por la Junta Nacional de Carnes, la Corte Suprema dejó sin efecto la decisión administrativa que la había decretado porque, al haberse denegado la prueba ofrecida por el sancionado, se conculcaron las reglas del debido proceso adjetivo que garantizan los arts. 18, CN, y 1°, inc. f), LNPA[917].

Las grandes líneas del procedimiento sancionatorio deben orientarse a garantizar un adecuado derecho de defensa[918] y la razonabilidad de todos los actos que se dicten en el curso del procedimiento, asegurándose una revisión judicial amplia y suficiente[919] con amplitud de debate y prueba.

8. DISTINTAS CLASES DE SANCIONES PENALES-ADMINISTRATIVAS

La ausencia de codificación en esta materia junto a la dispersión legislativa existente, provocada por la falta de criterios normativos uniformes o, al menos, compatibles, dificulta enormemente su sistematización orgánica, objeto éste en cierto modo inalcanzable por la intervención de tres órdenes de gobierno diferentes (nacional, provincial y municipal), cuyos productos normativos se vuelcan en leyes, reglamentos y ordenanzas.

---

[915] Conf. GUASTAVINO, Elías P., *Tratado de la jurisdicción administrativa y su revisión judicial*, t. I, Biblioteca de la Academia Nacional de Derecho y Ciencias Sociales de Buenos Aires, Buenos Aires, 1987, ps. 300/301.

[916] Así lo prescriben algunas leyes especiales (v.gr., art. 28, ley 20.680).

[917] "Mezzadri Hnos. y Cía. SA", Fallos 297:360 (1977), publicado en LL 1977-C-129 con nota de MICELE, Mario R., "Recursos judiciales contra sanciones aplicadas por órganos de la Administración. Previo depósito de la multa. Restricciones para la viabilidad del conocimiento por el Poder Ejecutivo", LL 1977-C-126/138.

[918] Conf. LINARES, Juan F., "La garantía de defensa ante la Administración", LL 142-1137/1146.

[919] GUASTAVINO, Elías P., *Tratado...*, *cit.*, t. I, p. 302.

Las penas que puede disponer la Administración se clasifican por su modo de aplicación en principales o accesorias, paralelas, alternativas y conjuntas[920]. Otra clasificación finca en el distingo entre la lesión producida a los bienes jurídicos que se afectan con la aplicación de las sanciones penales, en cuanto ellas puedan implicar la privación de libertad, la disminución del patrimonio y aun su pérdida o la suspensión del ejercicio de determinados derechos personales o sociales.

Veamos, a continuación, las diferentes medidas sancionatorias, de naturaleza penal, que aplica la Administración.

A) La pena de multa

Es la sanción quizás más utilizada en el campo contravencional, habiéndosela considerado como la pena clásica en esta materia[921]. Consiste en la obligación de dar sumas de dinero liquidadas por la Administración de conformidad con importes previamente publicados y cognoscibles por los administrados, cuyo pago es impuesto por aquélla, en razón de la violación de una norma de policía[922].

Dicha sanción poseerá naturaleza penal sólo cuando persiga una finalidad preventiva y/o represiva.

La pena de multa se ha extendido en demasía en los últimos tiempos desempeñando un papel sustitutivo de las penas privativas de libertad de breve duración y también se aplica para reemplazar las penas aplicadas a delincuentes primarios, tal como acontece con la función que cumple la figura de la condena de ejecución condicional[923].

Si bien la pena de multa es susceptible de afectar significativamente el patrimonio de una persona, esa lesión patrimonial no puede ser confiscatoria, toda vez que el instituto de la confiscación general de bienes ha sido objeto de una prohibición expresa en el art. 17, CN[924].

---

[920] VILLEGAS BASAVILBASO, Benjamín, *Derecho Administrativo*, *cit.*, t. V, ps. 302/303. Son penas principales aquellas que poseen autonomía y que se justifican por sí mismas mientras que hay penas accesorias que mantienen siempre una relación de dependencia con la sanción principal. A su vez mientras el carácter paralelo de una pena alude a una distinta naturaleza aunque con idéntica magnitud (v.gr., prisión o arresto de un año) las sanciones alternativas permiten la elección entre dos penas de naturaleza y magnitud diferentes (ej.: infracción reprimida con multa o prisión). Por supuesto, las penas conjuntas se configuran en aquellos supuestos en que la norma prescribe que deben aplicarse conjuntamente, tal como sería una contravención para la que se establezca una pena de multa y de arresto, simultáneamente.

[921] Conf. BIELSA, Rafael, "Naturaleza jurídica de la multa administrativa", JA 60-25.

[922] Un caso de interés académico, C. Nac. Cont. Adm. Fed., sala 4ª, 3/7/2003, "Swissair Líneas Aéreas Suizas", es anotado por NIELSEN, Federico, "Algunas cuestiones controvertidas en el régimen sancionatorio previsto en la Ley de Migraciones", REDA, nro. 47, LexisNexis - Depalma, Buenos Aires, 2004, ps. 151/163.

[923] FONTÁN BALESTRA, Carlos, *Tratado...*, *cit.*, t. III, ps. 375/376.

[924] La Corte Suprema de Justicia de la Nación, en "Municipalidad de Tucumán v. SA La Eléctrica del Norte", Fallos 179:54 (1937) consideró que la confiscatoriedad se refiere a cada infracción y no al conjunto de infracciones que haya cometido el particular.

B) La prisión y el arresto

La prisión y el arresto son penas de idéntica naturaleza que afectan la libertad ambulatoria y que sólo difieren en punto a la posibilidad de exigirle al condenado a una pena de prisión algún trabajo obligatorio[925], lo que no se justifica en el mero arresto[926] cuya duración será menor que la pena de prisión.

C) La inhabilitación

Otra figura sancionatoria que viene a limitar la autonomía personal, aunque con otro alcance que las penas privativas de la libertad, es la denominada inhabilitación, que incide sobre la autonomía para realizar las propias actividades que venía ejerciendo el autor de una falta o contravención. A diferencia de otras penas, la inhabilitación opera para el futuro, pues su fundamento radica en la protección de la sociedad frente al riesgo de que el sancionado pueda volver a cometer infracciones que afecten desde el orden público hasta cargos profesionales inherentes a los servicios públicos. En otras ocasiones, la pena de inhabilitación se impone como medida accesoria para castigar un delito penal y evitar la producción de daños directos a las personas, tal como ocurre con las inhabilitaciones para conducir, a raíz de la comisión de un delito.

Existen diferentes clases de inhabilitación variando su régimen en tanto ellas comporten una limitación general o especial de derechos, o bien, su duración sea perpetua o temporal.

D) Otras penas: amonestación, clausura, retiro de la personería jurídica, decomiso y caducidad

Aparte de las sanciones que se han expuesto, la Administración puede aplicar una variada gama de penas que van desde la mera amonestación para castigar infracciones que no revisten gravedad, el decomiso, la clausura de un establecimiento industrial o comercial, el retiro de la personería al ente que hubiera cometido una grave infracción hasta la caducidad, como pena accesoria a la inhabilitación (v.gr., caducidad de un permiso de uso del dominio)[927].

9. EXTINCIÓN DE LAS SANCIONES PENALES DE POLICÍA ADMINISTRATIVA

Como principio general rigen, en materia de extinción de sanciones de naturaleza penal que impone la Administración Pública, las reglas y principios prescriptos

---

[925] VILLEGAS BASAVILBASO, Benjamín, *Derecho Administrativo*, cit., t. V, ps. 303/304.

[926] En contra: MARIENHOFF, Miguel S., *Tratado...*, cit., t. IV, p. 620, considera que se trata de penas similares, no aceptando la exigencia del trabajo obligatorio en las penas contravencionales. En nuestra opinión y tal como es utilizado en distintos Estados norteamericanos, el trabajo obligatorio, en el caso de faltas o contravenciones, cumple una función preventiva de gran ejemplaridad social.

[927] MARIENHOFF, Miguel S., *Tratado...*, cit., t. IV, ps. 622/623.

en el Código Penal, según lo ha reconocido desde antiguo la jurisprudencia de la Corte Suprema[928].

En este sentido, las penas se extinguen por la muerte del infractor, la amnistía y la prescripción[929]. A estas causales cabe añadirle otras provenientes del Derecho Constitucional – como el indulto o condonación– [930] y del Derecho Administrativo, que interfiere en este ámbito con su propia regulación como, por ejemplo, cuando mediante el dictado de un acto administrativo se extinguen los efectos de las sanciones penales como consecuencia de una revocación dispuesta por razones de ilegitimidad.

---

[928] En "Frigorífico Anglo SA v. Junta Nacional de Carnes", Fallos 185:251 (1939) se señaló que "dado el carácter penal de las multas y no existiendo disposición especial alguna sobre la prescripción de la acción ni de las penas son de aplicación los principios generales del Código Penal".

[929] Art. 59, CPen.

[930] Véase: LOZANO, Blanca, *La extinción de las sanciones administrativas y tributarias*, Marcial Pons, Madrid, 1990, p. 185; apunta esta autora que la condonación administrativa al igual que el indulto penal, traduce una potestad "esencialmente discrecional en cuanto a la oportunidad de la concesión y la extensión del beneficio".

CAPÍTULO VI

LAS POTESTADES ABLATORIAS Y SU INCIDENCIA SOBRE LOS DERECHOS REALES DE LOS PARTICULARES

Sección 1ª

LA EXPROPIACIÓN POR CAUSA DE UTILIDAD PÚBLICA

1. INTRODUCCIÓN: POTESTADES ABLATORIAS, LIMITACIONES Y DELIMITACIONES DE DERECHOS

Los actos de gravamen no quedan circunscriptos a la actividad de limitación y delimitación de derechos, sino que comprenden también una amplia gama de actos o procedimientos que habilitan a la Administración a ejercer poderes jurídicos más intensos a través de las llamadas potestades ablatorias[931].

En efecto, mientras la limitación viene a operar sobre las condiciones relativas al ejercicio del derecho, sin modificar los derechos subjetivos del titular, y la delimitación a comprimir su contenido normal, la potestad ablatoria[932] produce una privación o eliminación de derechos privados en atención a un interés público que nuestra Constitución Nacional y la legislación califican en su grado más intenso (cuando los procedimientos ablatorios inciden sobre derechos reales)[933] bajo el concepto jurídico indeterminado de *expropiación por utilidad pública* (art. 17, CN, y art. 1°, Ley de Expropiación (21.499).

Esta privación de los derechos patrimoniales del particular comporta una situación de legítimo y real sacrificio impuesto por consideraciones inherentes al bien común o interés público, que se singulariza en una operación concreta[934], afectando a un sujeto o conjunto de sujetos determinados, a diferencia de la figura de la delimitación de derechos (tradicionalmente englobados bajo el denominado régimen administrativo de la propiedad privada) que comporta una delimitación abstracta del contorno del derecho, que grava por igual a todos los titulares concretos.

---

[931] GARCÍA DE ENTERRÍA, Eduardo - FERNÁNDEZ, Tomás R., *Curso de Derecho Administrativo*, 2ª ed., t. II, Civitas, Madrid, 1981, p. 97.

[932] GIANNINI, Massimo S., *Diritto Amministrativo*, t. II, Giuffrè, Milán, 1970, ps. 1181 y ss.

[933] Los procedimientos ablatorios también pueden afectar derechos de obligación. Tal el caso, entre otros, del empréstito forzoso, el servicio militar y, en general, de todas las cargas públicas de naturaleza personal.

[934] ALESSI, Renato, *Instituciones de Derecho Administrativo*, trad. a la 3ª ed. italiana del *Sistema Istituzionale di Diritto Amministrativo*, t. I, Bosch, Barcelona, 1970, p. 495.

De allí surge la necesidad de proceder a la conversión del sacrificio de los derechos patrimoniales que provoca la expropiación, dado que, al afectar singularmente a una persona en sus derechos concretos de un modo especial, la falta de adecuada y oportuna reparación del desequilibrio haría asumir sólo a ella la carga pública que implica la expropiación, generando una situación de desigualdad con el resto de las personas. Por eso, se ha dicho que el sacrificio que produce la expropiación se reduce al mínimo, al sustituirse por la indemnización que se otorga al particular, logrando así que la carga pública que – en sentido lato– supone la extinción de la propiedad no recaiga, exclusivamente, sobre el expropiado, sino que se distribuya entre toda la colectividad[935].

2.   SOBRE LOS ANTECEDENTES DE LA EXPROPIACIÓN

Una visión retrospectiva histórica sobre esta institución demuestra que, prescindiendo de la controversia en torno a si la figura de la expropiación tuvo o no acogida en los ordenamientos antiguos, más probablemente en Roma[936], lo cierto es que no puede desconocerse que ella aparece con perfiles bastante nítidos en las Siete Partidas de Alfonso el Sabio[937], si bien sin que se alcanzara a desarrollarse una técnica procesal completa de la institución hasta el advenimiento del constitucionalismo europeo, donde la conversión del sacrificio del administrado en una justa indemnización se plasmó como una garantía constitucional nominada, reglamentada y, por ende, complementada por los preceptos de la legislación.

Ese principio general del derecho que recoge las Partidas no es más que la expresión formal del *jus commune* europeo que, a través de la teoría del dominio eminente o de la teoría del Fisco (esta última en Alemania, desarrollada en pleno auge del absolutismo)[938], proclamaba la exigencia de la correlativa *restitutio* patrimonial.

En lo que concierne a nuestro país, la cláusula que, inspirada en las ideas de Alberdi, preceptúa la Constitución Nacional, en su art. 17, perfecciona los numerosos antecedentes patrios que existían – como los preceptos contenidos en las consti-

---

[935]   GARCÍA DE ENTERRÍA, Eduardo - FERNÁNDEZ, Tomás R., *Curso...*, *cit.*, t. II, p. 202.

[936]   LEGÓN, Fernando, *Tratado integral de la expropiación pública*, Abeledo, Buenos Aires, 1934, ps. 122 y ss., con apoyo en Orlando (p. 124, nota 25) señala que, según algunos autores, resulta imposible poner en duda que, entre los romanos, se ignoraba el instituto de la expropiación.

[937]   Ley 2ª, Tít. I de la Partida 2ª y la ley 31 del Tít. XVIII de la Partida 2ª. La primera de ellas prescribe: *Si por aventura gelo oviese menester a tomar heredad por razón que el Emperador oviese menester de facer alguna cosa en ello que se tornase procomunal de la tierra, tenudo es por derecho de la dar ante buen cambio que vala tanto o más, de guisa que el finque pagado a bien vista de homes buenos. Y la segunda agrega: Si el Rey la oviese menester por facer alguna lavor o alguna cosa que fuese procomunal del Reino, así como si fuese alguna heredad en que oviese de facer Castillo, Torre o puente o alguna otra cosa semejante de estas que tornase a proamparamiento de todos o de algún lugar señaladamente. Pero esto deven facer en una de estas dos maneras: Dándole cambio por ello primeramente, o comparándolo según que valiera.*

[938]   Véase: FORSTHOFF, Ernst, *Tratado de Derecho Administrativo*, trad. del alemán, Centro de Estudios Constitucionales, Madrid, 1958, p. 158.

tuciones de 1819 y de 1826[939]– y termina apartándose, ostensiblemente, del modelo norteamericano[940]. En este punto está claro que los constituyentes de 1853 adoptaron una fórmula inspirada en la concepción que plasmó el Código de Napoleón en su art. 545. Sobre tal base, el art. 17, CN, consagra la inviolabilidad del derecho de propiedad y, al propio tiempo, prescribe el régimen garantístico de la propiedad, asentado en el reconocimiento de cuatro principios esenciales: a) la privación de la propiedad sólo opera en virtud de sentencia; b) se requiere el dictado de una ley declarativa de la utilidad pública como fundamento de la sentencia; c) el sacrificio patrimonial implica indemnización, y d) la indemnización ha de ser previa[941], y aun cuando no se prescriban expresamente otros requisitos constitucionales la indemnización ha de ser también justa, integral, actual y pronta[942].

En el orden nacional, la citada cláusula constitucional fue reglamentada, sucesivamente, por las leyes 189 y 13.264, cerrándose el ciclo de la evolución legislativa con la sanción de la ley 21.499 en el año 1977[943].

3. EL FUNDAMENTO DEL PODER DE EXPROPIAR

La cuestión concerniente al fundamento de la expropiación no puede resolverse con apoyo en la teoría del *dominio eminente*, que postula la configuración de la potestad expropiatoria como un atributo inherente a la soberanía que consagra el derecho absoluto del Estado, frente al que ceden los derechos de los particulares cuando aquél reasume su poder de dueño del territorio[944].

---

[939] Por ejemplo: los arts. 123 y 124, Constitución de 1819 y los arts. 75 y 76, Constitución de 1826.

[940] GONZÁLEZ, Joaquín V., *La expropiación en el Derecho Público argentino*, t. I, La Facultad, Buenos Aires, 1915, p. 31. En la Enmienda V (del año 1791) la Constitución norteamericana estatuye que a ninguna persona se le podrá quitar: *la propiedad sin las debidas formas de ley; ninguna propiedad privada podrá tomarse para uso público sin generar indemnización*. Mientras el criterio del *uso público* resulta por una parte más restringido que el de *utilidad pública* que emplea nuestra Constitución Nacional, esta última consagra mayores garantías a los particulares que no figuran en la Constitución norteamericana, cuyo sistema sigue aferrado al casuismo del *common law* y a la arcaica concepción del dominio eminente, aun cuando su aplicación no ha generado abusos probablemente debido a las ideas y prácticas políticas que allí imperan.

[941] A un razonamiento similar arriba BIELSA, Rafael, *Derecho Administrativo*, 3ª ed., t. I, Imprenta de la Universidad del Litoral, Santa Fe, 1937, p. 420, nota 20, sosteniendo que las garantías de la propiedad que prescribe la Constitución en materia de expropiación no encuentran explicación en la teoría del dominio eminente.

[942] Conf. LINARES, Juan F., "Valor objetivo e indemnización en la ley 21.499", RADA, nro. 15-16, Plus Ultra, Buenos Aires, 1977, p. 58.

[943] Redactada por una comisión que integramos con los Dres. Marienhoff, Cozzi y Vaquer.

[944] FORSTHOFF, Ernst, *Tratado...*, *cit.*, p. 41, afirma que el concepto de *dominio eminente* sólo puede comprenderse "si se tiene en cuenta que estaba destinado a fundamentar jurídicamente, en la terminología tradicional, algo nuevo para lo que no existía nombre aún: la soberanía administrativa sobre el orden social de los bienes. Por eso era preciso la conexión con el *dominum* del cual es derivado el título para el amplio derecho del soberano. Junto a este *dominium eminens*, referido al orden de la propiedad, surge también la *potestas eminens* referida, a su vez, a la persona y a las libertades de los súbditos. Ambas nociones confluyen en el con-

No vamos a efectuar aquí – por razones obvias– una reseña completa de las distintas teorías formuladas para proporcionar el fundamento de la expropiación[945] que, en definitiva, condicionan el alcance del concepto jurídico indeterminado de *utilidad pública*, operando como límite para su calificación legislativa e interpretación jurisdiccional.

Si bien se ha sostenido que su justificación se halla en la necesidad que tiene la Administración, para satisfacer sus finalidades públicas, de contar con bienes que pertenecen a la propiedad de los particulares, cuyos derechos se encuentran subordinados a los intereses públicos[946], la determinación del fundamento de la potestad expropiatoria requiere indagar sobre la causa de la obligación o deber de sacrificar derechos patrimoniales que, en ciertas circunstancias, se impone a las personas privadas. No creemos, tampoco, que la expropiación tenga su justificación en la ley[947], ya que la potestad expropiatoria nunca podría contrariar los fines del Estado ni los principios del derecho natural, siendo la ley sólo el medio o instrumento para declarar la utilidad pública.

El fundamento del poder expropiatorio reposa en la obligación de contribuir al bien común[948] conforme a un vínculo que enlaza al particular con el Estado en virtud de una relación propia de la llamada justicia legal. Esta especie de justicia, de naturaleza general, contiene el deber de contribución común a través de prestaciones obligatorias de los particulares, que en este caso son de carácter real. Así como el bien común impone el sacrificio de la propiedad, la inviolabilidad de éste resulta garantizada mediante la conversión del derecho real en un derecho creditorio (en una justa y previa indemnización). Por eso, en este esquema jurídico de la expropiación, no cabe esgrimir la superioridad absoluta del derecho estatal sobre el Derecho Privado patrimonial. En rigor, se trata del fenómeno de disponibilidad de determinadas potestades ablatorias que vienen a imponer un sacrificio a través de mecanismos sustitutivos como la indemnización, que la propia Constitución Nacional exige que sea previa. De ese modo, se afirma la concepción que condensa la conversión de la carga pública en un equivalente económico.

4. CONCEPTO LEGAL DE UTILIDAD PÚBLICA: SU CALIFICACIÓN LEGISLATIVA

En la mayoría de los ordenamientos que exhibe el derecho comparado la causa que justifica el ejercicio de la potestad expropiatoria se halla configurada en la ley,

---

cepto superior de *ius eminens*, el cual se convierte en el denominador común de la amplia soberanía administrativa del príncipe".

[945] Véase: LEGÓN, Fernando, *Tratado...*, *cit.*, ps. 79 y ss.

[946] GARRIDO FALLA, Fernando, *Tratado de Derecho Administrativo*, 10ª ed., t. II, Tecnos, Madrid, 1987, p. 190.

[947] Como lo postulan GARCÍA DE ENTERRÍA, Eduardo - FERNÁNDEZ, Tomás R., *Curso...*, *cit.*, t. II, p. 202.

[948] MARIENHOFF, Miguel S., *Tratado de Derecho Administrativo*, 5ª ed. act., t. IV, Abeledo-Perrot, Buenos Aires, 1992, p. 131/132; BIDART CAMPOS, Germán J., *Derecho Constitucional*, t. II, Ediar, Buenos Aires, 1966, p. 345; MAIORANO, Jorge L., *La expropiación en la ley 21.499*, Cooperadora de Derecho y Ciencias Sociales, Buenos Aires, 1978, p. 16.

lo cual opera como una garantía[949] que limita la discrecionalidad del legislador haciendo que la calificación legal se torne objetiva y concreta, en cada caso. Al propio tiempo, a través de otros mecanismos que más adelante veremos, juega para obligar a la Administración a cumplir con la finalidad que persigue la ley.

Como ya vimos, nuestra Constitución, siguiendo el modelo francés[950], recoge el concepto de *utilidad pública* para definir la *causa expropriandi*, empleando una fórmula legal que supera el criterio más estrecho de la necesidad pública o del uso público.

De acuerdo con el art. 1°, LE, *la utilidad pública que debe servir de fundamento legal a la expropiación comprende todos los casos en que se procure la satisfacción del bien común, sea éste de naturaleza material o espiritual*. Este concepto legal[951] importa, en rigor, una ampliación tanto del primitivo criterio que limitaba el objeto de la expropiación a la finalidad de realizar obras públicas o servicios públicos, como del criterio que concebía la utilidad pública sobre la base de una idea economista, puramente material, que no incluía la satisfacción de intereses de tipo moral o espiritual. Así – por ejemplo– la expropiación de un conjunto de obras de arte con el propósito de exhibirlas en un museo configura una causal que, aun cuando no satisface una necesidad material sino de naturaleza espiritual o cultural de los habitantes, se encuentra enmarcada en el concepto legal de *utilidad pública*.

La expresión *bien común*[952] que emplea la fórmula legal resulta tan alejada de las tendencias vinculadas con el igualitarismo social como de aquellas corrientes estatistas, de inspiración hegeliana, que consideran que el Estado es el único sujeto del bien común[953]. Ella se refiere al conjunto de las condiciones sociales que consienten y favorecen en los seres humanos el desarrollo integral de su personalidad[954].

No obstante la amplitud del referido criterio legal, el *bien común* se erige en un concepto jurídico indeterminado que excluye la discrecionalidad legislativa o administrativa, exigiendo que él se traduzca en un acto singular y concreto. Y si bien la

---

[949] La Corte Suprema de Justicia de la Nación ha considerado que la exigencia de la utilidad pública constituye para los particulares una garantía constitucional consagrada en protección de la propiedad privada (*In re* "Nación v. Ferrario, Jorge J.", Fallos 251:246 [1961]).

[950] GARCÍA DE ENTERRÍA, Eduardo, Los principios de la nueva Ley de Expropiación Forzosa, Madrid, 1984, p. 59.

[951] Un criterio similar es el que propició, en su momento, el "Instituto Argentino de Estudios Legislativos" a propuesta de Walter A. Villegas. Véase VILLEGAS, Walter A., *Régimen jurídico de la expropiación*, Depalma, Buenos Aires, 1973, ps. 31 y ss. El art. 1° del mencionado proyecto (fuente del precepto equivalente de la actual LE) prescribía: "El concepto de 'utilidad pública' es extensivo a todo lo que representa o tienda a lograr una satisfacción para la colectividad, sea ésta de índole material o puramente espiritual".

[952] CASSAGNE, Juan Carlos, "Expropiación: causa, sujeto y objeto. Las obras o planes de ejecución diferida", en *La Ley Nacional de Expropiaciones, nro. 21.499*, La Asociación, Buenos Aires, 1977, p. 44.

[953] Entre nosotros, la fórmula legal ha sido ponderada por la doctrina; ver: MAIORANO, Jorge L., *La expropiación...*, *cit.*, p. 26.

[954] Resulta fácilmente advertible que la fórmula legal utilizada en el art. 1°, LE, constituye una aplicación de las concepciones contenidas en la Doctrina Social de la Iglesia; conf. MAIORANO, Jorge L., *La expropiación...*, *cit.*, p. 26.

satisfacción de la finalidad apuntada puede producirse de manera directa o indirecta, lo cierto es que su razonabilidad precisa hallarse fundada en un interés comunitario que beneficie a los habitantes o a un sector de éstos y que sea compatible con el sistema constitucional, concebido sobre la base de que los derechos fundamentales, principalmente la propiedad y las distintas libertades, han sido instituidas a favor de los particulares (art. 14, CN) y no del Estado. Es indudable que estos límites operan sobre el Parlamento cada vez que proceda a la calificación legislativa de la utilidad pública, por imperio de lo prescripto en el art. 28, CN (principio de razonabilidad).

Para captar el sentido de la expropiación forzosa y el alcance objetivo de la *causa expropriandi* hay que advertir que aquélla no constituye un fin en sí mismo, sino un instrumento al servicio de una actividad del poder público, cuya finalidad, en cierto modo, supera a la propia operación expropiatoria. De allí que la inserción de la *causa expropriandi* en la expropiación forzosa tenga carácter permanente, no quedando circunscripta a la oportunidad en que se emite la declaración legislativa de la utilidad pública, ni agotándose con la transferencia de la propiedad al expropiante[955]. Este funcionamiento de la *causa expropriandi* que conecta la expropiación al destino del bien expropiado de un modo continuo y permanente, genera una doble consecuencia: por un lado, el deber esencial relativo a su realización y, por el otro, el consecuente derecho del expropiado para demandar la retrocesión del bien en caso de incumplimiento de la finalidad expropiatoria.

La declaración legislativa de la utilidad pública precisa referirse, en principio, a bienes determinados (art. 5°, 1ª parte, LE), lo cual no impide que, excepcionalmente, se admita la declaración genérica en aquellos casos en que existan razones que impidan realizar la determinación anticipada y específica de los bienes a expropiar, con la finalidad de evitar el retardo en la satisfacción de los intereses públicos en juego. Sin embargo, la procedencia de la declaración genérica queda circunscripta por la ley a una serie de requisitos (art. 5°, 2ª parte), a saber: 1°) los bienes que constituyen el objeto de la expropiación han de ser necesarios para la ejecución de una obra o para el diseño de un plan o proyecto[956]; 2°) la declaración de utilidad pública debe realizarse sobre la base de informes técnicos referidos a planos descriptivos, análisis de costos u otros elementos, que fundamenten los planes o programas a concretarse; y 3°) tiene que existir una directa vinculación o conexión entre los bienes a expropiar y la obra, plan o proyecto a realizar.

Por último, el art. 5°, LE, prescribe que: "en caso de que la declaración de utilidad pública se refiere a inmuebles, deberán determinarse, además, las distintas zonas...", lo que implica la exigencia de precisar el área geográfica a la que queda circunscripta la calificación genérica de utilidad pública.

Un tema de particular trascendencia vinculado con la *causa expropriandi* es el relativo al alcance del control judicial de la respectiva declaración legislativa, porque, no obstante la tendencia de la doctrina favorable a la amplitud de la revisión

---

[955] Conf. GARCÍA DE ENTERRÍA, Eduardo, *Los principios...*, cit., p. 63.

[956] En la ley española la expropiación forzosa, en casos similares, requiere la elaboración de planes, lo que presupone un ordenación, ciertamente general, distinta de la mera realización de un proyecto concreto.

judicial[957], existen fallos jurisprudenciales que han limitado el control de los jueces a los casos en que median supuestos de gravedad o arbitrariedad extremos[958]. Esta tendencia jurisprudencial limitativa del alcance de la revisión judicial, que suele fundarse en el hecho de que el objeto del contralor, al penetrar en el análisis de la potestad legislativa, podría llegar a alterar el principio de la división de poderes, es, a todas luces, insostenible. En efecto, con una tesis semejante, lejos de afirmarse la división de poderes se la debilita, al consagrarse la omnipotencia del legislador. El Estado de Derecho exige, por el contrario, que para garantizar los derechos y garantías fundamentales, en este caso vinculados con la propiedad privada, la declaración de utilidad pública que efectúa el Parlamento pueda impugnarse por los particulares antes o después del procedimiento expropiatorio, y ser objeto de un control amplio por parte de los tribunales de justicia.

5. SUJETOS DE LA RELACIÓN EXPROPIATORIA

A) Sujeto activo

Nuestra LE no distingue, en forma expresa, a diferencia de la ley española, entre sujeto activo y beneficiario de la relación expropiatoria. El art. 2°, LE, prescribe que la titularidad de la potestad expropiatoria corresponde al Estado nacional, lo que no es óbice para que también puedan ejercerla el gobierno de la Ciudad de Buenos Aires, las entidades autárquicas y las empresas del Estado de carácter nacional *en tanto estén facultadas para ello por sus respectivas leyes orgánicas y por leyes especiales*. De ese modo, la LE se ha inclinado por un criterio amplio que supera las concepciones imperantes en aquellos ordenamientos (*v.gr.*, art. 2°-I de la ley española) que limitan la potestad de expropiar al Estado, la provincia o el municipio[959]. Esta limitación ha pretendido justificarse sobre la base de la idea de que sólo dichas personas "representan los fines generales y abstractos de la Administración que entran inevitablemente en juego en el ejercicio de la potestad de expropiar"[960]. Sin embargo, aparte de que la menor generalidad de los fines que persiguen las demás entidades territoriales o institucionales del Estado constituye una cuestión de grado y

---

[957] Conf. MARIENHOFF, Miguel S., *Tratado...*, *cit.*, t. IV, ps. 181 y ss.; LINARES QUINTANA, Segundo V., *Tratado de la ciencia del Derecho Constitucional y comparado*, t. IV, Alfa, Buenos Aires, 1956, ps. 151 y ss.; VILLEGAS BASAVILBASO, Benjamín, *Derecho Administrativo*, t. VI, TEA, Buenos Aires, 1956, ps. 354 y ss.; MAIORANO, Jorge L., *La expropiación...*, *cit.*, ps. 29/32.

[958] "Nación v. Ferrario Jorge J.", Fallos 251:246 (1961); en la actualidad la jurisprudencia de la Corte admite la revisión judicial de la declaración y subsistencia de la causa de utilidad pública ("Nación v. Las Palmas del Chaco Austral SA", Fallos 291:507 [1975], consid. 17 *in fine*) en hipótesis de manifiesta arbitrariedad ("Cía. Azucarera Tucumán v. Gobierno Nacional", de fecha 21/9/1989, LL 1989-IV-425 y ss., esp. en el consid. 9° *in fine*).

[959] Las leyes especiales que facultan a determinadas entidades autárquicas a realizar expropiaciones (tal el caso de la Dirección Nacional de Vialidad) no fueron derogadas por la LE, manteniendo su vigencia en tanto los preceptos de la ley especial anterior sean compatibles o no repugnen a la ley general posterior; véase: CASSAGNE, Juan Carlos, "Causa, sujeto y objeto de la expropiación. Los planes de ejecución diferida", en *Cuestiones de Derecho Administrativo*, Depalma, Buenos Aires, 1987, p. 172.

[960] GARCÍA DE ENTERRÍA, Eduardo, *Los principios...*, *cit.*, p. 47.

que, en definitiva, ellos son una porción separada de esos fines generales, lo cierto es que, al confundirse las figuras del sujeto activo y del beneficiario, la solución de la ley resulta más conveniente.

Por esta causa, a efectos de facilitar la realización del interés público que persigue la Administración, la LE (art. 2° *in fine*) apodera a los particulares para que, mediante *acto administrativo fundado en ley*, puedan también actuar como sujetos activos de la relación expropiatoria. De esa manera, algunos particulares como los concesionarios de obra o de servicios públicos[961], se colocan en la misma posición jurídica que el Estado para actuar como expropiantes.

Interesa destacar, al propio tiempo, que el ejercicio de la potestad expropiatoria que la LE atribuye a los diferentes sujetos que enuncia, no significa otra cosa que el reconocimiento de la legitimación para actuar como expropiante, por cuanto nuestra ley ha seguido el modelo francés, según el cual la autoridad final en la materia es el Poder Judicial[962], único titular de la potestad de disponer la transferencia de la propiedad, salvo en caso de avenimiento, donde se admite la inscripción directa en el Registro de la Propiedad del decreto que lo aprueba (art. 32, LE).

En cuanto al beneficiario de la expropiación, la circunstancia de que la ley no lo haya contemplado en forma expresa no impide que esta situación jurídica llegue a configurarse en aquellos supuestos en que para la satisfacción de la utilidad pública (*v.gr.*, indemnización) se requiere que la titularidad del objeto expropiado se transfiera a un particular o administrado[963], o bien, a otra persona pública estatal distinta de la entidad expropiante. El sistema de la LE no asimila ni confunde ambas figuras; simplemente ha reputado que son conceptos diferentes aunque el ordenamiento sólo comprenda la situación del sujeto expropiante, por no haber considerado necesario legislar sobre el beneficiario. En definitiva, todas las personas mencionadas en el art. 2°, LE, pueden actuar, indistintamente, como expropiantes y, a su vez, tener la calidad de beneficiarios[964].

B) Sujeto pasivo

El ejercicio de la potestad expropiatoria puede recaer tanto sobre una persona física o jurídica privada, como también respecto de una persona jurídica pública

---

[961] Conf. MARIENHOFF, Miguel S., *Tratado...*, *cit.*, t. IV, p. 190; VILLEGAS BASAVILBASO, Benjamín, *Derecho Administrativo*, *cit.*, t. VI, ps. 382/383; en Francia también se ha reconocido el poder de expropiar a favor de personas privadas; véase: BRAIBANT, Guy, *Le Droit Administratif français*, Dalloz, París, 1984, p. 128.

[962] En el sistema español la potestad expropiatoria pertenece plenamente a la Administración; véase: GARCÍA DE ENTERRÍA, Eduardo, *Los principios...*, *cit.*, ps. 47/48.

[963] Conf. MARIENHOFF, Miguel S., *Tratado...*, *cit.*, t. IV, ps. 192/193. Se entiende por "beneficiario" a la persona a cuyo favor se transfiere, en definitiva, la propiedad del bien o cosa expropiada; ver también MAIORANO, Jorge L., *La expropiación...*, *cit.*, ps. 38/39.

[964] La combinación de los supuestos posibles que podrían configurarse permiten reconocer cuatro hipótesis: 1) sujeto expropiante estatal que reviste también el carácter de beneficiario; 2) sujeto expropiante privado que se beneficia con la expropiación; 3) sujeto expropiante estatal y otra persona estatal beneficiaria; y 4) sujeto expropiante privado y otro sujeto particular que resulta directamente beneficiario de la expropiación.

estatal o no estatal (art. 3°, LE). Dada la amplitud de la formulación legislativa, ninguna duda cabe – aparte de no haber obstáculos de orden constitucional– para que el Estado nacional expropie cosas o bienes pertenecientes a las provincias, las cuales, aunque en forma excepcional, pueden expropiar cosas o bienes de propiedad nacional, ya fuera que pertenezcan al dominio público o al dominio privado.

6. EL OBJETO EXPROPIABLE

En principio, toda clase de situaciones jurídicas patrimoniales pueden incluirse en el contenido de la potestad expropiatoria. Una antigua y arraigada jurisprudencia de nuestro alto tribunal así lo viene sosteniendo desde el caso "Bourdieu, Pedro E. v. Municipalidad de la Capital"[965], donde interpretó el sentido que corresponde atribuir al derecho de propiedad en el sistema de la Constitución Nacional. En ese precedente sostuvo que el derecho de propiedad (o la propiedad a secas) *cuando se emplea en los arts. 14 y 17 de la Constitución o en otras disposiciones de ese estatuto, comprende, como lo ha dicho esta Corte, todos los intereses apreciables que un hombre puede poseer fuera de sí mismo, fuera de su vida y de su libertad. Todo derecho que tenga un valor reconocido como tal por la ley, sea que se origine en las relaciones de Derecho Privado, sea que nazca de actos administrativos (derechos subjetivos privados o públicos), a condición de que su titular disponga de una acción contra cualquiera que intente interrumpirlo en su goce, así sea el Estado mismo, integra el concepto constitucional de propiedad. Los derechos emergentes de una concesión de uso sobre un bien del dominio público (derecho a una sepultura), o de los que reconocen como causa una delegación de la autoridad del Estado en favor de particulares (empresas de ferrocarriles, tranvías, luz eléctrica, teléfonos, explotación de canales, puertos, etc.) se encuentran tan protegidos por las garantías consagradas en los arts. 14 y 17 de la Constitución como pudiera estarlo el titular de un derecho real de dominio.*

Quedan, sin embargo, fuera de la expropiación, los derechos de la personalidad, como el derecho a la vida, al honor, a profesar un culto, a la libertad y al nombre de las personas, ya que la privación de esos derechos sería inconstitucional al violar el principio de la dignidad de la persona humana que, como tal, posee una superior jerarquía, pues, aun cuando no se encuentre expresamente contemplado en el ordenamiento positivo de la Constitución, no se puede desconocer que constituye un principio general del derecho[966], proveniente del derecho natural, cuya cobertura constitucional se configura con la regla que prohíbe negar los derechos y garantías no enumerados[967].

De la circunstancia que la mayor parte de los derechos e intereses privados o públicos, de contenido patrimonial, puedan ser sacrificados por la expropiación no

---

[965] "Bourdieu, Pedro E. v. Municipalidad de la Capital", Fallos 145:307 (1925).

[966] GONZÁLEZ PÉREZ, Jesús, *La dignidad de la persona*, Civitas, Madrid, 1986, ps. 71 y ss.

[967] Véase: SAGÜÉS, Néstor P., "Los derechos no enumerados en la Constitución Nacional", *Separata de la Academia Nacional de Ciencias Morales y Políticas - Anticipo Anales XIV*, Buenos Aires, 1985, ps. 13 y ss., afirma que el art. 33, CN, engloba, en primer lugar, a los derechos naturales del hombre y de la sociedad (ps. 253 y ss.).

se desprende, a nuestro juicio, el carácter claudicante[968] ni condicionado[969] del derecho subjetivo de propiedad. Por de pronto, el sacrificio del expropiado no consiste en ceder su derecho patrimonial sino en la aceptación forzada o amigable de un sustitutivo económico que reemplace integralmente el valor de la cosa o derecho transferido. Pero, además de la intangibilidad de su derecho patrimonial, el expropiado queda de tal manera vinculado con la operación expropiatoria que se lo habilita incluso a revertir los bienes si no se cumple con el destino fijado por la ley, y hasta puede promover la expropiación irregular o inversa cuando se dan los supuestos legales (art. 51, LE), con el objeto de realizar efectivamente la sustitución patrimonial.

A diferencia de lo que acontece en otras situaciones, donde el derecho del particular aparece condicionado o debilitado de antemano – en las que la carga del sacrificio patrimonial comporta un poder normal que se reconoce a la Administración como titular del interés público, para revisar en Derecho Administrativo sin derecho a indemnización (*v.gr.*, permiso sobre un bien del dominio público)– aquí la privación consiste en un poder excepcional, rodeado de las máximas garantías constitucionales y legales que aseguran el principio de la intangibilidad del patrimonio del expropiado a través de la previa compensación de los valores del derecho sacrificado, el que cambia de objeto y se transforma en un derecho creditorio. En la medida en que se respeten los principios antes mencionados, creemos que no es posible sostener entonces – al menos en el sistema de la LE– , que frente a la potestad expropiatoria el administrado posee un derecho claudicante o condicionado.

Volviendo a la explicación del ordenamiento positivo, éste ha consagrado como regla que la potestad de expropiar puede alcanzar cualquier clase de bienes siempre que fueran *convenientes o necesarios para la satisfacción de la utilidad pública, cualquiera sea su naturaleza jurídica, pertenezcan al dominio público o al dominio privado...* (art. 4°, LE).

¿Cuáles son los bienes que resultan *convenientes (...) para la satisfacción de la utilidad pública*? Esta cuestión, que había planteado numerosas interpretaciones jurisprudenciales, ha sido resuelta por el art. 7°, LE. Esta norma, no obstante la amplitud del criterio legal, viene a tasar la potestad expropiatoria fijándole unos límites que la Administración no puede alterar a su arbitrio, al preceptuar que la declaración de utilidad pública podrá comprender también todos aquellos bienes *cuya razonable utilización sobre la base de planos y proyectos específicos convenga material o financieramente a ese efecto, de modo que se justifique que las ventajas estimadas serán utilizadas concretamente en la ejecución del programa que motivó la declaración de utilidad pública.*

---

[968] Como lo sostiene GARCÍA DE ENTERRÍA, Eduardo, *Los principios...*, *cit.*, p. 51.

[969] ALESSI, Renato, *Sistema istituzionale del Diritto Amministrativo italiano*, 2ª ed., Giuffrè, Milán, 1958, p. 498; sin embargo, distingue el caso de los derechos donde el uso del poder antitético de la Administración resulta un fenómeno normal de aquellos otros supuestos, como la expropiación, donde ese poder antitético sobre el Derecho Privado representa un fenómeno anormal y patológico.

Se observa, en primer lugar, que el citado precepto, antes que el propósito de acrecentar el erario público[970], lo que persigue es facilitar la realización de la *causa expropriandi* mediante la utilización razonable de otros bienes, aunque éstos no sean estrictamente necesarios para encarar la operación expropiatoria, tal como son los denominados *préstamos* (terrenos adyacentes de los que se extraen los materiales que se utilizan en la construcción de una obra). En segundo término, la norma exige que se demuestre que la razonable utilización de esos bienes se hará *sobre la base de planos y proyectos específicos*, y también que se justifique o acredite la relación entre las ventajas estimadas y la ejecución del programa previsto[971] (concepto este último que no se requiere para los bienes *necesarios*, donde el art. 5°, LE, sólo menciona a la obra, plan o proyecto).

Al reglamentar el objeto expropiable la LE incluye expresamente: a) los bienes del dominio público (art. 4°), que no son otros que los pertenecientes a las provincias o municipios habida cuenta de que el Estado nacional jamás podría expropiar sus propios bienes dominiales[972]; b) el subsuelo, con independencia de la propiedad del suelo (art. 6°, 2ª parte); c) los inmuebles pertenecientes al régimen de propiedad horizontal (art. 6°, 2ª parte); d) los objetos que resultan inadecuados para el propietario (arts. 8° y 9°). Estos últimos habilitan al dueño a exigir la expropiación total del inmueble, básicamente, en dos supuestos: 1) si como consecuencia de una expropiación parcial la parte sin expropiar fuera inadecuada para un uso o explotación irracional[973], y 2) cuando se tratare de un inmueble que pertenezca a una misma unidad orgánica (*v.gr.*, edificio de propiedad horizontal) y se afectare su estructura arquitectónica o su aptitud funcional.

7. LA INDEMNIZACIÓN EXPROPIATORIA COMO INSTITUCIÓN DE DERECHO PÚBLICO

Uno de los pilares donde, ciertamente, se asienta la solidez del edificio de una ley expropiatoria es el relativo a la indemnización, pues de los criterios y procedi-

---

[970] VILLEGAS, Walter A., *Régimen...*, *cit.*, p. 88.

[971] El concepto de *"programa"* prescripto en la última parte del art. 7°, LE, para justificar la conveniencia de expropiar los bienes que no son necesarios implica la exigencia de un grado de una planificación mayor de la operación expropiatoria y, en definitiva, opera como una limitación de la potestad.

[972] Conf. MAIORANO, Jorge L., *La expropiación...*, *cit.*, p. 47. A su vez, se ha sostenido que las provincias también poseen la potestad de expropiar bienes del dominio público o privado del Estado nacional (MARIENHOFF, Miguel S., *Tratado...*, *cit.*, t. IV, ps. 205/207) para preservar su existencia integral, conforme a sus leyes. Sin embargo, en caso de conflicto entre una ley provincial y una ley nacional, que declare la utilidad pública sobre un mismo bien, prevalece la ley nacional en virtud del principio de supremacía prescripto en el art. 31, CN.

[973] El art. 8°, LE, en materia de terrenos urbanos, prescribe que se considerarán sobrantes inadecuados aquellos que quedaran con frente, fondo o superficie menores a las que permita la norma que autorice a edificar conforme a las ordenanzas o usos locales. A su vez, tratándose de inmuebles rurales las superficies inadecuadas deberán determinarse, en cada caso, teniendo en cuenta la explotación que venía efectuando al expropiado, eliminando así la facultad que, en tal sentido, le reconocía al Poder Ejecutivo la anterior legislación (13.264).

mientos establecidos para arribar a su determinación y pago hacen a la efectividad y justicia del sistema.

Su fundamento se conecta con la exigencia derivada del principio de la igualdad ante las cargas públicas, contenido en el art. 16, CN, que prescribe la obligación del Estado de restablecer el equilibrio patrimonial del administrado alterado por la expropiación. Porque de sostenerse que esta última implica una suerte de carga pública se violaría la igualdad, por cuanto determinados particulares tendrían que soportar con exclusividad el sacrificio que importa la privación de una cosa o de un derecho, sin recibir a cambio el valor que representa esa ablación, desde el punto de vista patrimonial.

La indemnización, por la peculiaridad de su régimen jurídico, es un instituto perteneciente al Derecho Público, habiéndose superado las antiguas concepciones que postulaban la extensión a esta materia de las reglas del Derecho Civil[974]; sin embargo, cabe distinguirla del precio que, por tener base convencional, resulta sometido al régimen aplicable a los contratos[975], tal como acontece en el caso del denominado avenimiento o cesión amistosa.

A) El juego de los principios y requisitos constitucionales

La naturaleza pública que, en nuestro ordenamiento, reviste la indemnización se desprende claramente de un análisis básico del precepto que prescribe que la privación de la propiedad debe ser "previamente indemnizada" (art. 17, CN). Esta prescripción, que se revela como un corolario imperativo (aun cuando el constituyente pudo haber establecido un sistema distinto) del principio de la inviolabilidad de la propiedad, viene a configurar uno de los presupuestos esenciales de la legitimidad del ejercicio de la potestad expropiatoria[976], cuyo incumplimiento impide el perfeccionamiento de la expropiación[977]. La fuerza de esta regla constitucional ha sido tan grande entre nosotros que ha impedido la regulación de las llamadas expropiaciones de urgencia, cuya recepción realizan otros sistemas del derecho comparado[978] como una excepción al principio general que postula la indemnización previa.

En esa línea interpretativa, la doctrina ha interpretado que el art. 2512, CCiv., no se refiere a la expropiación sino a la figura de la ocupación temporal[979].

---

[974] MARIENHOFF, Miguel S., *Tratado...*, *cit.*, t. IV, ps. 149 y ss.; FORSTHOFF, Ernst, *Tratado...*, *cit.*, ps. 426 y ss.; GARCÍA DE ENTERRÍA, Eduardo, *Los principios...*, *cit.*, ps. 112 y ss. Por de pronto, el Derecho Civil no conoce la técnica de la indemnización previa ni su naturaleza de carga pública, aparte de la peculiaridad y autonomía del régimen que regula el alcance de la indemnización y el sacrificio del expropiado, sólo explicable por el juego armónico de los principios propios del Derecho Público que halla fundamento tanto en la justicia general como en la justicia distributiva.

[975] Una referencia a esta distinción es la que recoge el art. 28, LE.

[976] GARCÍA DE ENTERRÍA, Eduardo, *Los principios...*, *cit.*, ps. 113 y ss.

[977] Art. 29, 2ª parte, LE.

[978] Véase: GARCÍA DE ENTERRÍA, Eduardo, *Los principios...*, *cit.*, ps. 115/116. La situación es similar en los derechos francés e italiano.

[979] VILLEGAS BASAVILBASO, Benjamín, *Derecho Administrativo*, *cit.*, t. VI, p. 139; MARIENHOFF, Miguel S., *Tratado...*, *cit.*, t. IV, p. 430.

272

El segundo de los requisitos a que apunta el art. 17, CN, se desprende de la propia lógica interna del sistema, ya que si el particular solamente puede ser privado de su propiedad mediante sentencia judicial y si la indemnización ha de ser previa, los jueces poseen una jurisdicción privativa para determinar la compensación (a diferencia también de otros sistemas) y así lo prescriben, en consonancia con esta regla, los respectivos artículos de la LE, en cuanto señalan que "no habiendo avenimiento respecto del valor de los bienes inmuebles, la cuestión será decidida por el juez" y "la sentencia fijará la indemnización...".[980]

Resulta también fundamental que la indemnización sea justa, requisito éste que no surge en forma expresa de la Constitución Nacional, habiéndose interpretado que se trata de una garantía constitucional innominada[981] prevista, por otra parte, en el art. 2511, CCiv. La justicia de la indemnización se desprende, por lo demás, del principio establecido en el preámbulo de la Constitución Nacional que proclama el objetivo de afianzarla, y de la garantía innominada de razonabilidad (art. 28, CN); dicho de otro modo, la garantía de la inviolabilidad de la propiedad sería ilusoria si no se compensara al particular con una justa indemnización.

Un calificado sector doctrinario[982] ha propiciado el principio de la reparación integral en materia indemnizatoria y, aun cuando se acepta que la restitución no comprende el llamado lucro cesante, no por eso se ha considerado que disminuye la garantía de la justa indemnización. Una solución similar, en el derecho alemán, se articula sobre la base de la regla de la indemnización adecuada, la cual se considera inferior a la plena indemnización pues "comprende únicamente el valor mínimo afectado directamente por la expropiación, pero no los otros daños que sobrevienen y, en especial, la pérdida de ganancia"[983].

En rigor, la plenitud de la indemnización no puede medirse en función de las técnicas del Derecho Privado, pues depende de la llamada justicia del bien común (tanto la legal o general como la distributiva). Sin embargo, en punto a la justicia de la indemnización hay un umbral que la ley no puede alterar: el expropiado no debe experimentar una pérdida esencial en su patrimonio y tiene que recibir el equivalente económico de la privación que tendrá que soportar. A partir de allí compete al legislador efectuar la distribución del bien común, que puede comprender otros daños sobrevinientes o bien, como carga propia de la justicia legal o general, prescribir la obligación de contribuir a la comunidad con la exclusión de algunos rubros indemnizables, en la medida en que se respeten los principios, garantías y derechos constitucionales. Desde luego que cuanto más plena sea la reparación de los daños que sufre el expropiado más justa será la indemnización, siendo ésta una cuestión donde, en general, los sistemas vigentes en el derecho comparado restringen la indemnización al valor real u objetivo del bien y a los daños que sean consecuencia directa de la expropiación.

---

[980] Arts. 15 y 20, LE.

[981] Conf. MARIENHOFF, Miguel S., *Tratado...*, *cit.*, t. IV, nro. 1359, ps. 252 y ss.

[982] Entre quienes se destaca MARIENHOFF, Miguel S., *Tratado...*, *cit.*, t. IV, nro. 1361, p. 256.

[983] FORSTHOFF, Ernst, *Tratado...*, *cit.*, ps. 443/444.

B) Extensión y medida de la compensación: el concepto legal de valor objetivo y su influencia en el sistema indemnizatorio de la LE

Habiéndose analizado, precedentemente, los principios y requisitos constitucionales que hacen a la indemnización, veamos ahora lo atinente a su extensión y medida. La cuestión se encuentra resuelta, básicamente, en el art. 10, LE, que con variantes de trascendencia (que separadamente trataremos), reproduce lo prescripto por el art. 11 de la anterior ley 13.264.

Interesa destacar, para despejar confusiones, que, en dicho precepto, el sistema indemnizatorio gira en torno a dos rubros: uno de carácter central, que hace a la esencia de la institución – el valor objetivo del bien que se expropia– ; y otro, en cierto modo complementario, pero de gran trascendencia práctica, que apunta a cubrir los daños que sean una consecuencia directa e inmediata de la expropiación.

Como puede apreciarse, la LE regula la indemnización con arreglo a pautas y principios diferentes que los estatuidos en el Derecho Privado[984], instituyendo un sistema que no guarda relación con las categorías allí establecidas, especialmente con el criterio establecido en el art. 519, CCiv., en materia obligacional, que declara indemnizable – como regla general– tanto el valor de la pérdida de la cosa como el de la utilidad que haya dejado de percibir el acreedor de la obligación por la inejecución de la obligación a su debido tiempo.

El sistema de la LE tampoco guarda similitud, en este punto, con la fórmula que recoge el art. 520, CCiv., en cuanto éste sólo reconoce el resarcimiento de los daños que fueren consecuencia inmediata y necesaria de la falta de cumplimiento de la obligación. Las diferencias son aun mayores si se acepta el criterio de que en materia de responsabilidad extra contractual objetiva o subjetiva (delictual y cuasi delictual) se responde también por las consecuencias mediatas o indirectas[985].

A partir de las distinciones apuntadas se hace evidente un principio antes desconocido: la indemnización que debe el Estado al particular a raíz de la operación expropiatoria resulta del hecho de que ésta constituye un supuesto de responsabilidad por acto lícito[986], uno de los primeros que ha consagrado el Derecho Público, bajo un régimen jurídico peculiar.

Ya vimos que el concepto central del régimen indemnizatorio en la LE, que en esto ha seguido las aguas del sistema francés, está constituido por la reparación del

---

[984]   Conf. MAIORANO, Jorge L., *La expropiación...*, *cit.*, p. 66.

[985]   Conforme a lo prescripto por el art. 1079, CCiv., aplicable a la responsabilidad proveniente de actos ilícitos que no son delitos civiles, por la remisión que efectúa el art. 1109, CCiv.; véase: ALTERINI, Atilio A., *Responsabilidad civil. Límites de la reparación civil*, Abeledo-Perrot, Buenos Aires, 1972, p. 246.

[986]   Esta interpretación no es uniforme. Para García de Enterría mientras la expropiación se presenta como negocio jurídico dirigido directamente al despojo patrimonial, la responsabilidad aparece como un hecho jurídico incidental por relación a la posición del administrado que ocasiona un daño no directa inmediatamente procurado (GARCÍA DE ENTERRÍA, Eduardo, *Los principios...*, *cit.*, p. 174). Para nosotros, la expropiación constituye un tipo especialmente regulado de la responsabilidad por acto lícito, siendo sus notas diferenciales matices peculiares que no alteran la esencia común de la institución general de la responsabilidad.

llamado valor objetivo del bien que se expropia ¿qué se entiende por valor objetivo? Es evidente que el concepto no refleja ya los caracteres que revestía la figura escolástica del justo precio, por otra parte inaplicable en el marco que rige la economía moderna. La objetividad del valor hace referencia hoy al valor general o de mercado[987], al valor real[988] del bien objetivamente considerado, con independencia de la valoración subjetiva que pueda atribuirle el propietario[989].

En sentido contrario a lo preceptuado por la ley anterior, la actual LE derogó la prohibición de indemnizar los valores panorámicos e históricos[990], por considerar que ambos no son valores subjetivos sino que integran el "valor objetivo" indemnizable. En cambio, se mantiene la exclusión de otros rubros típicamente subjetivos o eventuales, como son las "ganancias hipotéticas", las "circunstancias de carácter personal" y los "valores afectivos".

Una reflexión aparte merece la exclusión del lucro cesante[991], es decir, de las ganancias (no hipotéticas y excluidas expresamente en el art. 10, LE) dejadas de percibir por el administrado, que ya había recepcionado también el art. 11 de la anterior ley 13.264. Éste es sin duda uno de los aspectos más debatidos de la teoría de la indemnización y la definición que se adopte al respecto se proyecta al régimen de responsabilidad que rige la indemnización de los daños causados por actos lícitos, conforme, al menos, a la jurisprudencia que era tradicional en la Corte Suprema hasta hace poco tiempo. Con independencia de esta última tendencia jurisprudencial, no se puede desconocer que, en ciertas circunstancias, la aptitud de producción o el valor potencial respecto de la rentabilidad de un bien o las ganancias futuras[992], se tienen en cuenta a los efectos de la determinación de su valor objetivo. Lo mismo cuadra decir de los daños que son consecuencia directa o inmediata de la expropiación (v.gr., venta interrumpida por una expropiación parcial o fraccionamiento inadecuado de los lotes restantes que le restan utilidad a la parte del bien no expropiado).

---

[987] MARIENHOFF, Miguel S., *Tratado...*, *cit.*, t. IV, ps. 243/244 y 255/256; LEGÓN, Fernando, *Tratado...*, *cit.*, ps. 497 y ss.

[988] PERA VERDAGUER, Francisco, *Expropiación forzosa*, Barcelona, 1970, p. 22, al comentar el art. 43, Ley de Expropiación Forzosa de 1954.

[989] La jurisprudencia de la Corte ha dicho que el valor objetivo es el valor que una cosa o bien tiene en plaza al precio de contado y que "el criterio de objetividad persiste, a los efectos de su razonabilidad, ajustarlo en cada caso, no solamente a las cualidades intrínsecas de la cosa expropiada, sino también a las circunstancias de lugar y tiempo" ("Nación v. Lausen, Valdemar During", Fallos 237:38 [1957]).

[990] MARIENHOFF, Miguel S., *Tratado...*, *cit.*, t. IV, ps. 255/256.

[991] Véase el caso Jucalán, Forestal Agropecuaria SA v. Provincia de Buenos Aires s/daños y perjuicios, Fallos 312:2266 (1989) donde se sostuvo que tratándose de la responsabilidad del Estado por sus actos lícitos que causaran perjuicios a particulares no cabe omitir la reparación del lucro cesante.

[992] En el comentario que al respecto formuló Jesús Abad Hernando, al poco tiempo de sancionarse la Ley de Expropiaciones, entrevió este problema; al referirse a la posibilidad de expropiar derechos intelectuales o patentes de invención, dijo que "cuando la ley prohíbe el lucro cesante, en mi opinión, allí éste aparece como accesorio porque la ley ya ha contemplado expresamente el valor objetivo del bien y los daños que sean consecuencia directa o inmediata. Y aquí, precisamente, la única forma que tenemos de valuar este derecho intelectual o patente de invención es por esta posibilidad de ganancias futuras" (ABAD HERNANDO, Jesús L., "Notas sobre las reformas a la Ley de Procedimiento Administrativo", en *Comercio y Justicia*, introducción *in fine*, Córdoba, 1978, ps. 68/69).

Por dicha causa no parece del todo correcta la asimilación absoluta entre valor objetivo y daño emergente, ni tampoco la noción restrictiva que pretende definir al daño emergente como aquel que es "causado directamente e indirectamente por la privación de la propiedad"[993].

El dispositivo legal que prescribe la irreparabilidad del lucro cesante en la fórmula del art. 10, LE, no puede interpretarse sino a la luz de la pareja de conceptos de Derecho Público que componen los rubros indemnizables (valor objetivo y daños que sean consecuencia inmediata[994] de la expropiación). En tal sentido, la exclusión de la ley se relaciona con el lucro cesante eventual[995] y, desde luego, futuro, operando sobre el valor objetivo y los daños directos consecuentes a la privación cuya indemnización, en definitiva, se integra tanto con el daño emergente como con aquellos lucros o beneficios futuros cuya probabilidad de realización se encuentra asegurada conforme al curso ordinario de las cosas. Esto es así porque, en tales situaciones, corresponde interpretar que se ha producido la incorporación del respectivo derecho, desde el punto de vista jurídico y económico, al patrimonio de una persona o empresa.

En consecuencia, el concepto del "valor objetivo" de la cosa o bien que se expropia no se corresponde estrictamente con la idea civilista del daño emergente, respondiendo a la finalidad de restaurar la lesión intrínseca sufrida en la propia cosa (una revivencia de los *circa rem* o *circa jus*) abarcativa del daño emergente y de las utilidades dejadas de percibir, cuyo ingreso al patrimonio del expropiado ocurrirá indefectiblemente de acuerdo con la evolución normal u ordinaria de los acontecimientos.

Con una interpretación más restringida que la civilista, el rubro lucro cesante que la LE prohíbe compensar juega, entonces, como un concepto autónomo, cuyo fundamento responde al propósito de evitar que la expropiación se convierta en una fuente de enriquecimiento o de ganancias para el expropiado.

C) La indemnización de los daños que sean consecuencia directa o inmediata de la expropiación

El art. 10, LE, estatuye – como criterio residual– , aparte de la reparabilidad del valor objetivo del bien o cosa objeto de la expropiación, la obligación de indemnizar todos los daños que sean una consecuencia directa o inmediata de aquélla. Se trata de perjuicios, por lo general no provocados por la pérdida en sí del objeto expropiado, sino generados a raíz de la consecuente privación del dominio del particular, limitándose a los llamados daños inmediatos, que son aquellos que traducen una

[993] Así lo sostuvo VILLEGAS, Walter A., *Régimen...*, *cit.*, p. 224.

[994] Los daños directos se asimilan a los daños inmediatos, tal como acontece en el derecho francés; véase: ALTERINI, Atilio A., *Responsabilidad civil...*, *cit.*, p. 131 con cita de RIPERT, Georges - BOULANGER, Jean,*Tratado del Derecho Civil según el tratado de Planiol*, trad. del francés, t. IV, La Ley, Buenos Aires, 1964, p. 490.

[995] La interpretación que damos en el texto reconoce antecedentes en la jurisprudencia de la Corte Suprema. En el precedente que se registra en "Musso, Eugenio Segundo v. Nación", Fallos 242:254 (1958), consideró que "...el lucro cesante se caracteriza por su carácter eventual y futuro...".

conexión de primer grado con la expropiación, es decir, que tienen en ésta su causa próxima (argumento del art. 901, CCiv., aplicable aquí por analogía).

En cambio, si la expropiación fuera la causa lejana del daño o éste resultara de su conexión con un acontecimiento diferente, el daño sería mediato y como tal no comprendido en la indemnización prevista en el art. 10, LE[996].

A su vez, y como hemos puntualizado precedentemente, dentro de los daños que sean consecuencia directa o inmediata de la expropiación, sólo se excluye el lucro cesante eventual y no el que debe considerarse razonablemente incorporado al patrimonio del expropiado – con posibilidades objetivas y estrictamente comprobadas– conforme a las pautas que se han señalado.

Por último, la jurisprudencia exhibe muchos ejemplos de daños que se han considerado indemnizables a la luz de los criterios que se han expuesto, entre los que cabe mencionar: a) los gastos de traslado o de mudanza[997]; b) el dinero pagado en concepto de despido[998]; c) los gastos de adquisición de la nueva propiedad[999]; d) los honorarios de los profesionales de la ingeniería por la confección de los planos de la obra proyectada por el propietario[1000]; y e) el valor "empresa en marcha"[1001], entre otros. En cambio, no se ha admitido la indemnización del valor llave, por considerar que su realización depende "de una eventualidad, como es la posible transferencia futura del negocio"[1002].

D) El pago en dinero efectivo

De acuerdo con el criterio que fluye del art. 21, LE, la indemnización debe abonarse en dinero efectivo. Este precepto legislativo se conecta con la exigencia constitucional de una previa indemnización[1003] y hace a la justicia e integridad de la resti-

---

[996] A una conclusión similar, aun cuando por vía de un razonamiento teórico distinto, llega Barra para excluir los daños mediatos de la indemnización que debe el Estado a los particulares por la revocación lícita de actos o contratos administrativos; véase: BARRA, Rodolfo C., "Responsabilidad del Estado por sus actos lícitos", ED 142-930.

[997] "Nación v. M. de Baigorri, Delia", Fallos 204:205 (1946).

[998] "Menéndez, José Antonio v. Banco Hipotecario Nacional", Fallos 258:213 (1964).

[999] C. Nac. Civ., sala D, "Municipalidad de la Ciudad de Buenos Aires v. Pose Rama, Eliseo", ED 45-439.

[1000] "Nación v. IANUA SA", Fallos 277:450 (1970).

[1001] La Corte Suprema ha sostenido que para su reconocimiento hoy debe tenerse en cuenta "la situación económica de la empresa" ("Nación v. La Industrial del Norte Santa Fe Ltda. SAC Ingenio Arno", Fallos 300:299 [1978] consid. 5º) y que no es indemnizable la situación de una empresa que resulta precaria "en cuanto a las posibilidades de mantener su actividad industrial" (Corte Sup., 21/9/1989, "Cía. Azucarera Tucumana SA v. Gobierno Nacional", JA 1989-IV-437, consid. 20).

[1002] En el caso "Cía. Azucarera Tucumana SA v. Gobierno Nacional", *cit.* en nota anterior. La Corte puntualizó que la frustración de la transferencia del negocio "como consecuencia del acto expropiatorio no recae sobre ningún elemento positivo y actual de los bienes expropiados sino únicamente sobre una esperanza de lucro"; ver también: "Nación Argentina v. Josefa Della Valle de Palma", Fallos 305:837 (1983), consid. 12.

[1003] Conf. MARIENHOFF, Miguel S., *Tratado...*, *cit.*, t. IV, ps. 289 y ss.

tución que el Estado debe a quien padece el sacrificio patrimonial. Por lo demás, la previsión legislativa, al establecer una determinada forma de pago, impide, paralelamente, el empleo de otros medios cancelatorios de la obligación, como los títulos de la deuda pública, salvo, desde luego, que se cuente con la conformidad del expropiado[1004].

Esta obligación legal, que la LE le impone al Estado, rige también frente a situaciones de emergencia, pues estas situaciones, a lo sumo, habilitan para comprimir el ejercicio de los derechos (*v.gr.*, postergación de los plazos de pago), pero no fundamentan ni justifican cualquier disminución o demérito que se pretenda realizar sobre el valor del respectivo bien o derecho a costa del expropiado, supuesto francamente inconstitucional[1005].

E) Depreciación monetaria e intereses

Para que la indemnización sea realmente integral se requiere que ella comprenda también la depreciación del valor de la moneda pues, de lo contrario, en épocas de inflación monetaria, el expropiado recibirá un valor sensiblemente inferior y meramente nominal que no le compensaría la privación patrimonial, tal como lo ha venido sosteniendo una nutrida jurisprudencia[1006]. Igualmente, los intereses forman parte de la indemnización[1007] sin necesidad de que el expropiado los reclame expresamente en su pretensión indemnizatoria[1008]. Conforme al art. 20, LE, dichos intereses se liquidarán a una tasa del 6% anual a partir del momento de la desposesión y hasta el momento en que el pago se haga efectivo, sobre el total de la indemnización o sobre la diferencia, según corresponda.

F) Resarcimiento de las mejoras, valor llave y valor empresa en marcha

A partir de la declaración legislativa de utilidad pública, el propietario del bien afectado posee el derecho a que se le indemnicen las mejoras necesarias que hubiera realizado (art. 11, LE). Esta prescripción de la ley, que excluye de la indemnización las mejoras útiles y las voluntarias, ha sido criticada, sosteniéndose que contradice la

---

[1004] MAIORANO, Jorge L., *La expropiación...*, cit., p. 85.

[1005] En este sentido, la Corte ha declarado la inconstitucionalidad de la ley 23.982 de consolidación de deudas del Estado en tanto disponía su aplicación al pago de la indemnización expropiatoria ("Servicio Nacional de Parques Nacionales v. Franzini, Carlos y sus herederos o quien resulte propietario de Finca 'Las Pavas'", Fallos 318:445 [1995]), criterio que ha contado con el asentimiento de la doctrina (conf. BIDART CAMPOS, Germán J., "La inconstitucionalidad de la Ley 23.982 en la indemnización expropiatoria", ED 162-520).

[1006] Fallos 285:285 y ss., y "Dirección Nacional de Vialidad v. Provincia de Buenos Aires", Fallos 294:202 (1976), entre otros. La sanción de la Ley de Convertibilidad 23.928, ha producido la inaplicabilidad del rubro *depreciación monetaria* ya que el valor de la moneda se ha independizado de la tasa de inflación y se mantiene constante en relación con el dólar estadounidense.

[1007] MAIORANO, Jorge L., *La expropiación...*, cit., p. 74.

[1008] MARIENHOFF, Miguel S., "La nueva Ley Nacional de Expropiación: su contenido", en AA.VV., *La Ley Nacional de Expropiaciones 21.499*, La Asociación, Buenos Aires, 1977, ps. 21/22.

solución que consagra el art. 42, inc. c), LE, para el caso de retrocesión, en el que deben resarcirse también las mejoras útiles que hubiera efectuado el expropiante[1009].

Se trata de supuestos que obedecen a una diferente *ratio legis* pues, al excluirse de la indemnización las mejoras útiles una vez operada la calificación del bien, la ley pretende que se cumpla el destino legal y que el valor del bien objeto de la expropiación no se altere por actos posteriores y unilaterales del propietario que conocía esa afectación, el cual, por lo demás, tiene siempre a su alcance la acción de expropiación irregular, en los casos previstos en el art. 51, LE.

En cambio, en la acción de retrocesión, el expropiante ha obrado, hasta el momento de la sentencia condenatoria, como propietario pleno y sin limitaciones, por lo que parece justo que si la acción se encuentra subordinada a un resultado que, en última instancia, es incierto, el accionante no se enriquezca indebidamente con las mejoras útiles que introduzca el expropiante.

Ha sido objeto de debate doctrinario si el valor llave constituye un bien integrante del patrimonio[1010] o de la propiedad, en sentido amplio; en este punto consideramos que el valor llave constituye un valor mensurable en dinero que integra el patrimonio, y por ello corresponde incluirlo en los rubros indemnizables[1011] a raíz de la expropiación, al formar parte del valor objetivo del bien (art. 10, LE). De ese modo, se cumple con el principio de la reparación integral.

En general, la jurisprudencia no ha reconocido la procedencia del valor llave en la indemnización expropiatoria[1012], admitiendo[1013], en cambio, la posibilidad de que, con base en prueba pertinente, se indemnice el valor empresa en marcha, entendiendo por tal, no las ganancias que produce un determinado patrimonio o conjunto de activos (donde rige la prohibición de indemnizar el lucro cesante), sino el valor que se añade a ese patrimonio o activos cuando integran una empresa que se encuentra en producción o realizando su actividad comercial. Su procedencia responde también a la necesaria integralidad que caracteriza a la indemnización expropiatoria.

8. PROCEDIMIENTO EXTRAJUDICIAL

El art. 13, LE, prescribe un procedimiento extrajudicial para llevar a cabo la expropiación, denominado avenimiento o cesión amistosa, el cual consiste en la posibilidad de que el expropiante adquiera directamente el bien del expropiado de-

---

[1009] MAIORANO, Jorge L., *La expropiación...*, *cit.*, p. 76.

[1010] Véase: FERRO, Héctor R., *Expropiación de empresas y fondos de comercio*, Astrea, Buenos Aires, 1977, ps. 117 y ss.

[1011] MAIORANO, Jorge L., *La expropiación...*, *cit.*, p. 77.

[1012] "Nación Argentina v. Josefa Della Valle de Palma", Fallos 305:837 (1983) y en ED 106-150; C. Nac. Civ., sala G, 2/10/1986, "Moix, Mauricio v. Municipalidad de la Capital", JA 1986-IV-739. Excepcionalmente, la Corte ha admitido la procedencia de incorporar el "valor llave" entre los conceptos indemnizables, cuando el Estado expropia un negocio con vistas a continuar con su giro comercial (conf. "Estado nacional v. Textil Escalada SA", Fallos 312:2444 [1989], consid. 7°).

[1013] "Rappallini, Aristeo E. R. y otro v. Dirección Nacional de Industrias del Estado DiNIE", Fallos 271:354 (1968) y "Nación v. La Industrial del Norte Santa Fe Ltda. SAC Ingenio Arno", Fallos 300:299 (1978).

ntro de los valores máximos que estimen el Tribunal de Tasaciones para los bienes inmuebles o las oficinas técnicas competentes para los bienes muebles.

En el caso de los bienes inmuebles la norma citada establece que dichos valores se incrementarán en un diez por ciento con la finalidad de facilitar los acuerdos extrajudiciales y de resarcir al propietario de una serie de gastos que tendrá que soportar a raíz de la transferencia del bien[1014] (*v.gr.*, gastos para la adquisición de otro inmueble, gastos de mudanza o traslado, etc.). Se trata de un monto determinado por la ley que no requiere petición ni prueba de ninguna clase[1015], a diferencia de lo que acontece en el proceso judicial.

9. PROCEDIMIENTO JUDICIAL ("CONTENCIOSO EXPROPIATORIO"). PRESCRIPCIÓN

Si no hubiese avenimiento, el expropiante debe promover un proceso en sede judicial. La frustración del avenimiento puede provenir, aparte de la discrepancia sobre el monto indemnizatorio, del cuestionamiento de otros aspectos de la expropiación (inexistencia de utilidad pública, alcance de la expropiación, errores o falsedades de hecho, etc.).

La causa tramita por el procedimiento establecido para el juicio sumario, con las modificaciones que introduce la LE, no hallándose sujeta al fuero de atracción de los juicios universales (art. 19).

En punto a la competencia, habida cuenta de la naturaleza federal y local que caracteriza a la LE, el art. 21 se inclina por considerar competente al juez federal con jurisdicción en lo contencioso administrativo del lugar donde se encuentra el bien a expropiar, mientras que los juicios en que sea parte la Ciudad de Buenos Aires deben tramitar ante los jueces nacionales en lo civil de la Capital Federal[1016].

Interesa destacar que, tratándose de inmuebles, con carácter previo a la iniciación del juicio, el expropiante precisa contar con la valuación del Tribunal de Tasaciones con el objeto de consignarla ante el juez a fin de que la retire el expropiado. Ocurrida esta circunstancia el juez le otorga la posesión judicial del bien (arts. 22 y 23), momento a partir del cual quedan resueltos todos los arrendamientos, otorgándose a los ocupantes un plazo de treinta días para desalojar el inmueble.

La realización de la utilidad pública conlleva una suerte de supremacía procesal del juicio de expropiación al estatuir que *ninguna acción de los terceros podrá impedir la expropiación ni sus efectos* y que los derechos de los reclamantes se consideran transferidos de la cosa a su precio o a la indemnización (art. 28).

En cuanto a la prescripción para demandar el pago de la indemnización, la LE consagra un plazo especial de cinco años, superando así la remisión a la legislación civil (se aplicaba el plazo de prescripción de las acciones personales) que se efectuaba antes de la sanción de la ley.

[1014] Conf. MARIENHOFF, Miguel S., "La nueva Ley...", *cit.*, p. 24. En el mismo sentido, CASAS, Juan Alberto - ROMERO VILLANUEVA, Horacio J., *Expropiación. Ley 21.499. Comentada, anotada y concordada con las normas provinciales*, Astrea, Buenos Aires, 2005, p. 75.

[1015] MAIORANO, Jorge L., *La expropiación...*, *cit.*, p. 95.

[1016] Esta situación puede modificarse después de la reforma constitucional en el caso de que la ley establezca la jurisdicción de los tribunales locales de la ciudad de Buenos Aires.

10. PLAZO DE LA EXPROPIACIÓN (ABANDONO). EXPROPIACIÓN DIFERIDA

La inactividad de la Administración Pública en concretar la expropiación dentro de determinados plazos, ya sea por la vía del avenimiento o por la acción judicial, da lugar a que se configure el abandono de la expropiación. Al respecto, el art. 33, LE, prescribe que *dicho abandono se opera* si el expropiante no promueve el juicio dentro de los dos años de vigencia de la ley que la autorice, cuando se trate de llevarla a cabo sobre bienes individualmente determinados; de cinco años, cuando se trate de bienes comprendidos dentro de una zona determinada; y de diez años, cuando se trate de bienes comprendidos en una enumeración genérica.

Quedan excluidos de la aplicación de la figura del abandono los tres supuestos siguientes: a) las prescripciones de leyes especiales que lo declaren inaplicable, b) el caso en que las leyes orgánicas municipales autorizaren a expropiar la porción de los inmuebles afectados a rectificaciones o ensanches de calles y ochavas (art. 33 *in fine*, LE), y c) la expropiación diferida (art. 34, LE).

La principal innovación que introdujo la LE vigente, con relación a las anteriores, fue la regulación de la denominada *reserva de inmuebles para obras o planes de ejecución diferida*, que reglamenta el art. 34 de dicha ley. En tal sentido, el precepto, después de disponer que en la expropiación diferida no rigen las normas sobre abandono, señala que se aplicarán las siguientes reglas:

a) El expropiante, luego de declarar que se trata de una expropiación diferida, obtendrá la tasación del bien afectado con intervención del Tribunal de Tasaciones de la Nación y notificará al propietario el importe resultante.

b) Si el valor de tasación fuere aceptado por el propietario, cualquiera de las partes podrá pedir su homologación judicial y, una vez homologado, dicho valor será considerado como firme para ambas partes, pudiendo reajustarse sólo de acuerdo con el procedimiento previsto en el inc. d) del presente artículo.

c) Si el propietario no aceptara el valor de tasación ofrecido, el expropiante deberá solicitar judicialmente la fijación del valor del bien, de conformidad con las normas de los arts. 10 y 11.

d) La indemnización será reajustada en la forma prevista en el art. 10.

e) Si durante la tramitación del caso y antes de que se dicte la sentencia definitiva el expropiante necesitara disponer en forma inmediata del inmueble, regirá lo dispuesto en los arts. 22, 23 y 24.

f) Los inmuebles afectados podrán ser transferidos libremente a terceros, a condición de que el adquirente conozca la afectación y consienta el valor fijado, si éste estuviera determinado. Con tal finalidad, una vez firme dicho valor, será comunicado de oficio por el ente expropiante o, en su caso, por el juzgado interviniente, al Registro de la Propiedad Inmueble que corresponde. Los certificados que expidan los Registros en relación con el inmueble afectado deberán hacer constar ese valor firme. En las escrituras traslativas de dominio de los inmuebles comprendidos en este artículo, los escribanos que las autoricen deberán dejar expresa constancia del conocimiento por el adquirente de la afectación, o de su consentimiento del valor firme, según corresponda.

Por último, aunque la ley no lo indica expresamente, el particular se encuentra habilitado, ante la inacción del poder administrador, a promover la acción de expropiación irregular prevista en el art. 51, LE[1017].

11. LA EXPROPIACIÓN IRREGULAR O INVERSA

Esta acción, que había tenido anterior recepción jurisprudencial, fue incorporada a la LE en los arts. 51 a 56. Su fundamento radica en la garantía constitucional de inviolabilidad de la propiedad privada prescripta en el art. 17, CN[1018].

A través del precepto contenido en el art. 51, la LE admite que el impulso procesal de la acción expropiatoria se traslade al expropiado cuando: a) el Estado se apodera de un bien sin haber indemnizado previamente al expropiado; b) una cosa mueble o inmueble resultan, de hecho, indisponibles por evidente dificultad o impedimento para que el propietario pueda ejercer derecho de disposición en condiciones normales; y c) se imponga al derecho del titular del bien o cosa una indebida restricción o limitación que importen una lesión a su derecho de propiedad.

En los tres supuestos precedentemente descriptos se requiere, como condición previa, la existencia de una ley declarativa de utilidad pública[1019], pues va de suyo que, aunque en el inc. c) del art. 51 no se reitera dicho presupuesto, el Estado no puede ser obligado a expropiar en contra de su voluntad[1020]. De imponerse esas restricciones indebidas y no existir ley declarativa de utilidad pública, los derechos del propietario afectado encuentran protección a través de una acción indemnizatoria de daños y perjuicios[1021].

[1017] Esta opinión, que sostuvimos al sancionarse la LE (CASSAGNE, Juan Carlos, "Causa, sujeto...", *cit.*, ps. 60/61), fue confirmada tanto por nutrida jurisprudencia como por la doctrina especializada; conf. MAIORANO, Jorge L., *La expropiación...*, *cit.*, p. 138. A este respecto, sin embargo, la Corte tiene sentado el criterio de que *"la declaración por el Estado de que un inmueble se halla sujeto a expropiación no crea un derecho a favor del propietario para obligar a aquél a hacerla efectiva; es potestad del expropiante elegir el momento para ello salvo que medie ocupación del inmueble, privación de uso o restricción del dominio. La concurrencia de tales extremos no se desprende de la mera existencia de una norma que califique de utilidad pública el bien"* (conf. "Sidema v. Entidad Binacional Yacyretá s/expropiación irregular", Fallos 320:934 [1997]; "Lecturia de Iglesias, María J. y otros v. Estado nacional - Ministerio de Educación", Fallos 310:1865 [1987]; y "Del Vecchio, Domingo y otra v. Nación Argentina", Fallos 304:985 [1982]).

[1018] MARIENHOFF, Miguel S., *Tratado...*, *cit.*, t. IV, ps. 338/339; MAIORANO, Jorge L., *La expropiación...*, *cit.*, p. 167.

[1019] MARIENHOFF, Miguel S., "La nueva Ley...", *cit.*, ps. 34/35; USLENGHI, Alejandro J., "La expropiación irregular en la ley 21.499", *RADA*, nro. 15-16, Plus Ultra, Buenos Aires, 1977, ps. 82/83.

[1020] Conf. OYHANARTE, Julio, "Aspectos del nuevo régimen expropiatorio", RADA, nros. 15-16, Plus Ultra, Buenos Aires, 1977, p. 49.

[1021] Se registra, no obstante, un caso en que la Corte hizo lugar a una pretensión de expropiación inversa sin que hubiere mediado ley declarativa de utilidad pública, sobre la base de una interpretación extensiva de la solución prevista en el art. 51, inc. c), LE (ver "Sanabria, Blas Ovando y otro v. Municipalidad de la Ciudad de Buenos Aires", Fallos 308:1282 [1986]). El pronunciamiento ha merecido la crítica de la doctrina especializada (conf. BIANCHI, Alber-

No obstante, la jurisprudencia de la Corte Suprema, ha admitido, en un caso de notable complejidad por la cambiante conducta del Estado, que resulta procedente la expropiación cuando se deroga la ley declarativa de utilidad pública con posterioridad a la promoción de la demanda y los actos posteriores del Estado hacen resurgir dicha declaración[1022].

Otro supuesto especial donde procede la expropiación irregular es el contemplado en el art. 64, LE, que faculta al propietario cuyo bien fuera objeto de una ocupación temporánea normal, a promover la acción judicial, siempre que hubiera vencido el plazo de dos años (que es el tope de la ocupación temporánea normal) sin que le restituyeran al propietario el objeto ocupado.

La regla central en este proceso es la aplicabilidad de las normas de procedimiento judicial de la acción de expropiación regular (art. 55), rigiendo, en materia indemnizatoria, las prescripciones de los arts. 10 y ss., LE (art. 54).

A su vez, por aplicación del principio del rigorismo inútil[1023], quien acciona por expropiación irregular se encuentra exento de interponer el reclamo administrativo previo (art. 53), debiendo entablar la demanda dentro del plazo establecido para la prescripción de la acción, que el art. 56 fija en cinco años[1024].

12. EL DERECHO DE RETROCESIÓN Y SU REGULACIÓN PROCESAL

El derecho de retrocesión puede definirse como aquel que permite al expropiado obtener el reintegro a su patrimonio del bien objeto de la expropiación cuando a este último se le diere un destino distinto del previsto en la ley expropiatoria o cuando no se le asignare destino alguno (*en el lapso que fija la ley*).

La evolución operada con el reconocimiento legislativo del instituto de la retrocesión demuestra la adaptabilidad constante del Derecho Administrativo, en este caso de la materia expropiatoria, pues ella se nutre no sólo de las normas positivas, sino en grado no desdeñable, también de la recepción jurisprudencial de figuras no reguladas por la legislación.

Esta característica que trasunta nuestra disciplina se pone de manifiesto al analizar lo acontecido con el derecho de retrocesión, el cual había sido extrañado de la ley 13.265, no obstante poseer raigambre positiva en la antigua ley 189 (en su art.

---

to B., "¿Es un requisito indispensable de la expropiación irregular la ley que califique la utilidad pública?", ED 121-503).

[1022] En el caso "Cía. Azucarera Tucumana SA v. Gobierno Nacional", resuelto el 21/9/1989, en JA 1989-IV-429.

[1023] Conf. MAIORANO, Jorge L., *La expropiación...*, *cit.*, ps. 177/178.

[1024] Es menester señalar que la Corte Suprema de Justicia de la Nación ha declarado la inconstitucionalidad del art. 56, ley 21.499, en tanto, al fijar un plazo de cinco años para la prescripción de la acción de expropiación inversa promovida en los términos del art. 51, inc. a), de la misma ley, implica dar lugar a la transferencia de bienes al Estado sin la correspondiente indemnización, contrariando así la exigencia prevista en el art. 17, CN (conf. "Garden, Jacobo Aarón y otros v. Municipalidad de la Ciudad de Buenos Aires", Fallos 320:1263 [1997]; "Aranda Camacho, Carlos v. Dirección Nacional de Vialidad s/expropiación irregular", Fallos 315:596 [1992]). En el mismo sentido, XANTHOS, "Expropiación irregular. Prescripción liberatoria de la acción. Consolidación de las obligaciones del Estado", LL 2002-A-183.

19) y ser reconocido por una constante jurisprudencia, que incluye una decisión de la Corte Suprema de Justicia de la Nación[1025].

Los argumentos que se proporcionaron entonces no encuentran justificación pues, aun dentro de la objetividad más estricta, no puede aceptarse que "la experiencia ha demostrado que la extensión dada al art. 19, ley 189, sobre el derecho de retrocesión ha sido y puede ser aun más en el futuro fuente de cuestiones que redunden en perjuicio del interés del Estado y por ende de la colectividad"[1026].

En efecto, no puede concebirse que la circunstancia de que el Estado sea condenado en juicio a devolver el bien al expropiado por no haber asignado al mismo el destino de utilidad pública prevista en la ley, constituya un demérito, cuando es precisamente la realización del bien común lo que reclama tal restitución, como garantía del derecho de propiedad que reconoce nuestra carta fundamental y como un medio para controlar la desviación del fin que motivó la expropiación.

Esas circunstancias contribuyeron al rápido renacer del instituto de la retrocesión a través de su reconocimiento por la jurisprudencia. La negación del derecho de retrocesión traduce una postura que hace primar el interés exclusivamente material de la persona jurídica pública estatal sobre el bien común o interés público del Estado, en su concepción totalizadora, en la que la garantía de intangibilidad de la propiedad lleva ínsita, para su adecuación al interés público, la exigencia de que toda expropiación, además de ser previamente objeto de indemnización, tenga su apoyatura en una causa de utilidad pública o bien común.

Al aseguramiento de ese principio constitucional obedece el instituto de la retrocesión, ya que el derecho del expropiado a retroceder el bien emana del propio art. 17, CN, en mérito a que si una vez operada la desposesión, el expropiante no asigna al bien el destino de utilidad pública que legitima la expropiación, se violaría la garantía de la propiedad, habida cuenta de que ésta sólo se sacrifica ante la utilidad pública calificada por ley formal y material.

Sin embargo, aunque ello no tenga un sustento normativo expreso en la Constitución sino en la ley, en la doctrina y jurisprudencia de nuestros tribunales, la retrocesión constituye uno de los instrumentos adecuados con el que el particular puede impedir la desviación de la finalidad que motivó la expropiación[1027].

En otros países, como Francia, se ha juzgado que el fundamento del derecho de retrocesión se apoya en una regla de equidad[1028], no obstante su base legislativa.

A) **Naturaleza jurídica de la retrocesión**

Técnicamente, la retrocesión es un derecho o acción real administrativa, no debiendo confundirse la pretensión procesal con el derecho material o de fondo del

---

[1025] "Ayerza, Hernán v. Provincia de Buenos Aires", Fallos 139:150 (1923).

[1026] *Diario de Sesiones de la Cámara de Diputados de la Nación*, del 2 y 3 de septiembre de 1948, ps. 3411 y 3414.

[1027] Para Marienhoff, la retrocesión tiene *lugar a raíz de una desviación de poder*, ver MARIENHOFF, Miguel S., *Tratado...*, *cit.*, t. IV, ps. 348/349.

[1028] BAUDRY, G., *L'expropriation pour cause d'utilité publique*, Recueil Sirey, París, 1953, p. 112.

cual aquélla surge, pues esta confusión puede traer consigo otras referentes a los requisitos procesales de la pretensión[1029], también denominados, por un sector doctrinal, de admisibilidad de la pretensión contencioso-administrativa[1030].

Se trata, pues, de un derecho en un sentido similar, aunque no igual, al que fluye de la acción real del Derecho Privado contemplada en el Código Civil – cuyas condiciones de fondo pertenecen al derecho sustantivo, no obstante el carácter peculiar de las normas sobre expropiación– , habida cuenta que el Derecho Administrativo de fondo tiene, en principio, naturaleza local[1031], y esto constituye uno de sus rasgos característicos en nuestro sistema jurídico.

Por otra parte, si se tratara de una mera *acción procesal* como se ha sostenido[1032], no cabría sustentar la figura del avenimiento dentro de la temática de la institución, pues ello excluye la idea de proceso.

El interés práctico que reviste la distinción es grande, pues si no se valora debidamente la naturaleza jurídica del instituto pueden después llegar a confundirse los presupuestos procesales o de admisibilidad de la pretensión contencioso-administrativa con los requisitos de fondo, que no configuran técnicamente presupuestos que deban ser cumplimentados para habilitar la instancia y dar curso al proceso sino las condiciones de fondo que hacen al derecho del demandante.

B) Presupuestos especiales de la pretensión procesal

No obstante que muchos de los requisitos procesales que preceptúa la Ley de Expropiaciones aparecen dentro del sistema que formula la doctrina (al clasificarlos en subjetivos, objetivos y de la actividad), analizaremos aquí los presupuestos procesales que hacen a la admisibilidad de la pretensión contencioso-administrativa, sobre la base de los que recepta la ley, que asumen por esa causa un carácter especial, por tratarse de requisitos que no son comunes a otras pretensiones procesales.

Por de pronto, debemos separar tales presupuestos procesales tanto de los requisitos o condiciones que hacen al fondo del derecho de retrocesión como de aquellos que implican una condición última puesta para el reconocimiento definitivo del derecho de fondo (*v.gr.*, devolución de las sumas percibidas por la expropiación del bien cuando se demanda la retrocesión).

Tales presupuestos procesales que enuncia la ley 21.499 son:

a) Intimación o reclamación administrativa previa

La ley distingue, en su art. 39, dos situaciones diferentes:

[1029] Ver: GONZÁLEZ PÉREZ, Jesús, *Derecho Procesal Administrativo*, 2ª ed., t. II, Instituto de Estudios Políticos, Madrid, 1966, ps. 422 y ss.; GRAU , Armando E., *Habilitación de la instancia contencioso-administrativa*, La Plata, 1971, ps. 62 y ss., en especial lo expuesto en p. 70.

[1030] VIVANCOS, Eduardo, Las causas de inadmisibilidad del recurso contencioso administrativo, Barcelona, 1953, p. 12.

[1031] CASSAGNE, Juan Carlos, *Derecho Administrativo*, 7ª ed., t. I, LexisNexis - Abeledo-Perrot, Buenos Aires, 2002, p. 133.

[1032] DROMI, José R., "Acción retrocesión. Presupuestos procesales y sustanciales", LL 1975-A-156.

1) Si al bien no se le hubiere dado destino alguno en el lapso de dos (2) años computados desde que la expropiación quedó perfeccionada, el expropiado debe intimar fehacientemente al expropiante para que asigne al bien el destino que motivó la expropiación;

2) Cuando el expropiante hubiere asignado al bien un objeto diferente al previsto en la ley que declaró la utilidad pública, deberá formularse el reclamo administrativo previo.

En este caso, las normas que se aplican para regular el reclamo, son las previstas en los arts. 30 y 31, ley 19.549, normas que entendemos resultan de aplicación analógica para la Ciudad de Buenos Aires.

El reclamo administrativo previo tiene en este supuesto la finalidad de favorecer el avenimiento, pues la desviación de poder o del fin del acto expropiatorio ya se ha consumado. Es por esta causa y porque además surge del juego de las dos situaciones previstas en el art. 39 que, promovido el reclamo administrativo previo, el derecho de retrocesión se mantiene incólume, aun cuando la Administración iniciare trabajos tendientes a darle el destino de utilidad pública previsto en la ley o se lo asignare directamente. De otra manera sería muy fácil burlar las disposiciones legales que consagran la exigencia de atribuirle al bien expropiado el destino de utilidad pública que fija la ley como garantía para los derechos del particular.

También por el carácter especial que reviste la norma (art. 39) y por su finalidad, no procede ninguna de las excepciones a la reclamación administrativa previa que prescribe la ley 19.549.

b) Denegatoria expresa o tácita

En ambos casos (intimación o reclamación administrativa previa) la denegatoria puede ser expresa, aunque esto no es lo que acontece normalmente. Por eso la ley regula la denegatoria tácita.

Tratándose de la intimación, el proceso quedará expedito recién cuando hubieran transcurrido seis meses sin que el expropiante haya asignado el destino previsto en la ley o sin que haya comenzado los respectivos trabajos (art. 39, 1ª parte).

A fin de evitar arbitrariedades, la ley consagró la exigencia de mantener los trabajos por parte del expropiante (se refiere al ritmo y naturaleza de los mismos) conforme a los planos aprobados.

Si se trata de la situación provocada por el cambio de destino legal, la denegatoria tácita se opera una vez vencidos los plazos y cumplimentados los requisitos que figuran en el art. 31, ley 19.549.

c) Perfeccionamiento de la expropiación

Es un recaudo procesal de admisibilidad de la retrocesión, por cuanto la ley ha tratado de evitar que se promuevan acciones prematuras antes de que se haya operado la transferencia del dominio al expropiante mediante sentencia firme, toma de posesión y pago de la indemnización, de acuerdo con lo dispuesto en el art. 29 de la ley.

Entendemos que el requisito de que el dominio continúe registrado a nombre del expropiante no configura un requisito procesal imprescindible, pues basta, a nuestro concepto, que la transferencia se haya operado, sin importar la ulterior transferencia a terceros que difícilmente puedan invocar buena fe ya que la causa expropiatoria figurará casi siempre en el título, de conformidad a lo establecido en el art. 32[1033].

d) Legitimación activa

De acuerdo con la más autorizada corriente doctrinal, la legitimación procesal no se vincula con el derecho de fondo. Ella hace a la titularidad del derecho subjetivo que se alega como lesionado[1034].

La ley 21.449 establece como presupuesto procesal de legitimación activa el siguiente: *La acción de retrocesión corresponde únicamente al propietario expropiado y a sus sucesores universales.*

No obstante que la fuente que sirviera de inspiración para la redacción de la ley sostiene la posibilidad de que sea legitimado el sucesor a título singular[1035], el texto de la ley lo excluye en forma expresa, al haber puesto la expresión "únicamente", por lo que cabe concluir que sólo los sucesores a título universal poseen legitimación activa[1036].

e) Plazo

El plazo juega como un presupuesto procesal para determinar la existencia o no del concepto técnico de *extemporaneidad*, la cual puede configurarse por: a) prematuridad y b) caducidad[1037].

C) Condiciones de fondo para la procedencia de la demanda de retrocesión

A diferencia del abandono, que se opera cuando la Administración deja transcurrir determinado tiempo sin deducir la acción judicial, la retrocesión implica, como un presupuesto necesario, la existencia anterior de una expropiación consumada, ya sea que se hubiera arribado a ella por sentencia judicial o por avenimiento.

Los supuestos que recoge la actual Ley de Expropiaciones, inspirada en la doctrina de uno de sus autores[1038], son los dos que señalamos a continuación:

a) Expropiación sin habérsele asignado al bien destino alguno

En este supuesto la demanda de retrocesión se declara procedente cuando al bien expropiado no se le hubiere dado destino alguno en el tiempo que fija la ley[1039].

[1033]   En contra: DROMI, José R., "Acción retrocesión...", *cit.*, p. 159.

[1034]   GONZÁLEZ PÉREZ, Jesús, *Derecho Procesal...*, *cit.*, t. II, ps. 304/305.

[1035]   MARIENHOFF, Miguel S., *Tratado...*, *cit.*, t. IV, p. 371.

[1036]   Conf. BAUDRY, G., *L'expropriation...*, *cit.*, p. 112.

[1037]   Conf. VIVANCOS, Eduardo, *Las causas...*, *cit.*, ps. 241 y ss.

[1038]   Nos referimos a MARIENHOFF, Miguel S., *Tratado...*, *cit.*, t. IV, ps. 351 y ss., con quien tuvimos el honor de colaborar en la redacción del anteproyecto que dio origen a la ley 21.499 juntamente con los Dres. Cozzi y Vaquer. Ver también VILLEGAS, Walter A., *Régimen...*, *cit.*, ps. 461 y ss.

[1039]   La ley 189 prescribía sólo esta causal disponiendo que *si la cosa expropiada no se destinara al objeto que motivó la expropiación el dueño anterior puede retraerla en el estado en que se enajenó, consignando el precio o la indemnización que recibió.*

Frente a tal situación, el expropiado debe practicar la intimación prevista en el art. 39 de la ley, justificándose el distinto tratamiento legislativo en virtud de que no hay aquí, como en el otro supuesto, una desviación expresa de los fines de utilidad pública que motivaron el dictado de la ley expropiatoria.

b) Cambio de destino

No obstante que el cambio de destino no fue contemplado expresamente en la ley 189 como uno de los supuestos que tornaban procedente la acción de retrocesión, la doctrina y la jurisprudencia, al igual que lo acontecido en Francia ante idéntica situación, aceptaron, en su momento, la configuración de esta causal de retrocesión.

La LE ha seguido aquí los criterios que había sustentado la jurisprudencia de la Corte Suprema de Justicia de la Nación[1040], prescribiendo que no habrá cambio de destino cuando: 1) el acordado al bien mantenga conexidad, interdependencia o correlación con el específicamente previsto en la ley; y 2) cuando a una parte del bien expropiado se le asignare un destino complementario, o uno que tienda a integrar y facilitar el previsto por la ley (art. 36).

Sin desconocer que la determinación del cambio de destino constituye una cuestión de hecho susceptible de ser valorada por el juzgador, no habrá cambio de destino en los siguientes casos: a) si el bien ha cumplido su destino, alcanzándose los fines que motivaron la expropiación[1041]; o b) si dicho cambio se dispone por una ley que sustituya la primitiva causa de utilidad pública por otra[1042].

D) Contraprestación ulterior que debe cumplimentar el expropiado: su actualización

El art. 42, ley 21.499, prescribe que el expropiado, dentro del plazo que fije la sentencia, debe reintegrar al expropiante lo que percibió de éste en concepto de precio o de indemnización *con la actualización que correspondiere.*

La norma tiende a evitar un enriquecimiento injusto por parte del expropiado, que devolvería de lo contrario sumas que no guardan relación con el valor del bien que se reintegra a su patrimonio por efecto de la retrocesión. Por ello, la LE se ha apartado de la doctrina y de la jurisprudencia que existía sobre el punto[1043], adoptando el criterio de actualizar dichas sumas, lo cual ha recibido la opinión favorable de un destacado civilista[1044].

Pero, desde luego, tal actualización, aunque queda librada al arbitrio judicial, ha de ser compatible con la naturaleza creditoria de la obligación que cumple el expropiado para perfeccionar su derecho a la devolución del bien. Con el fin de no malo-

[1040] "Nación v. Tonello, José y Ángel", Fallos 272:88 (1968).
[1041] "Colombo de Colombo, Rosa y otras v. Transportes de Buenos Aires en liquidación u otro", Fallos 266:193 (1966).
[1042] VILLEGAS, Walter A., *Régimen...*, *cit.*, p. 462.
[1043] MARIENHOFF, Miguel S., *Tratado...*, *cit.*, t. IV, ps. 364 y ss.
[1044] BORDA, Guillermo A., "Balance provisional de la nueva Ley de Expropiaciones", ED 72-705.

grar la posibilidad de que ella pueda realizarse, y teniendo en cuenta la *ratio* de la institución, pensamos también que la tasa de actualización no puede erigirse en una fuente de ganancias para el Estado, por cuyo mérito no cabe incluir la parte correspondiente a interés puro de la tasa de actualización que se establezca.

Finalmente, la ley, en consonancia con los criterios sustentados por la doctrina[1045] y por diversos fallos de la Corte Suprema de Justicia de la Nación, estatuye, en su art. 42, diversas reglas para fijar el monto que debe devolver el expropiado, sin que se altere con ello la naturaleza de la obligación de reintegrar las sumas recibidas.

Así, si el bien hubiera disminuido de valor por actos del expropiante, esa disminución será deducida de la suma que debe devolver el expropiado[1046].

En cambio, si el bien hubiera aumentado de valor por mejoras necesarias o útiles introducidas por el expropiante, el expropiado debe abonar el valor de las mismas[1047].

Una regulación diversa se da en el supuesto que el bien aumentare o disminuyere su valor por causas naturales; en tal caso los respectivos aumentos o disminución no serán exigidos al accionante ni deducidos de las sumas que éste debe reintegrar. Al no exigir el aumento del valor del bien por causas naturales, la ley ha tratado aquí de asimilar la situación del Estado a la de un poseedor de mala fe, tal como lo ha sostenido la doctrina que se ha ocupado anteriormente de este tema[1048].

Sección 2ª

LA OCUPACIÓN TEMPORÁNEA

1. RAZONES PARA UNA REGULACIÓN DIFERENCIADA DE LA EXPROPIACIÓN

Entre los actos singulares de gravamen que traducen el ejercicio de potestades ablatorias sobre los derechos de propiedad privada se encuentra la figura de la ocupación temporánea o temporal de bienes para satisfacer fines de utilidad pública.

Si bien en algunos ordenamientos[1049] esta categoría aparece legislada dentro de la expropiación, resulta preferible la solución que brinda nuestra LE, la cual, sin negar la conexidad existente entre ambas instituciones, ha optado por una regulación diferenciada que encuentra apoyo en dos razones principales: a) la ablación del derecho de dominio es parcial y sólo afecta al derecho de uso y goce no incidiendo

---

[1045] MARIENHOFF, Miguel S., *Tratado...*, *cit.*, t. IV, ps. 364 y ss.

[1046] "Ortega, Juan de Dios y otros v. Dirección General de Fabricaciones Militares", Fallos 271:42 (1968).

[1047] MARIENHOFF, Miguel S., *Tratado...*, *cit.*, t. IV, ps. 365/366.

[1048] PETRACCHI, Enrique S., "De la retrocesión", *Lecciones y Ensayos*, nro. 24, Buenos Aires, 1962, p. 48.

[1049] En el derecho español, las ocupaciones temporales pertenecen a la categoría positiva de las expropiaciones; véase: GARCÍA DE ENTERRÍA, Eduardo - FERNÁNDEZ, Tomás R., *Curso...*, *cit.*, t. II, p. 121.

sobre el denominado *jus abutendi*, por lo que no afecta la nuda propiedad ni el consecuente poder de disposición sobre la cosa; y b) esa ablación posee, además, carácter transitorio, medido en forma temporal, según el grado o espacio de afectación del bien ocupado al destino de utilidad pública.

2. DISTINCIÓN CON OTRAS FIGURAS JURÍDICAS (REQUISICIONES Y SERVIDUMBRES)

La ocupación temporánea se distingue, en nuestro derecho, de la figura de la requisición, fundamentalmente, en que mientras esta última se impone como una medida de carácter general para conjurar un estado de necesidad pública imperiosa (*v.gr.*, estado de guerra, terremotos, etc.), la primera es una medida de gravamen particular que se individualiza sobre un bien o conjunto de bienes determinados *a priori* para satisfacer una concreta causa de utilidad pública[1050]. Además, la requisición puede implicar la extinción definitiva del derecho real de dominio sobre los bienes objeto de la incautación.

De otra parte, la distinción con las servidumbres administrativas radica en la circunstancia de que en éstas no se opera una real ablación del derecho de propiedad sino una limitación de su carácter absoluto, imponiéndose al propietario la permisión de determinados usos por parte del público – (privación parcial)– , sin afectar la esencia de los elementos constitutivos de su derecho real de dominio[1051].

3. CONCEPTO LEGAL. LA OCUPACIÓN TEMPORÁNEA NORMAL

La LE habilita a la Administración a que ejerza la potestad de acudir a la técnica de la ocupación temporánea cuando existan razones de utilidad pública que hagan necesario el uso transitorio de un bien o cosas determinadas, muebles o inmuebles, o bien, de una universalidad determinada de ellos[1052]. Existen dos especies: a) normal, y b) anormal.

La ocupación temporánea normal, al igual que la expropiación, apareja el derecho a ser indemnizado, aplicándose en subsidio las reglas vigentes en materia expropiatoria[1053], en tanto se opera el sacrificio del derecho de propiedad por razones de utilidad pública, garantizado por el art. 17, CN.

Habida cuenta de las similitudes existentes, la ley ha extendido a esta figura los principios y reglas de la expropiación en cuanto a la utilidad pública, destino del bien y procedimiento judicial para llevarla a cabo[1054].

[1050] MARIENHOFF, Miguel S., *Tratado...*, *cit.*, t. IV, ps. 386/387.

[1051] MARIENHOFF, Miguel S., *Tratado...*, *cit.*, t. IV, p. 387.

[1052] Art. 57, LE. La institución que venía siendo regulada en las legislaciones provinciales (ej.: Mendoza) sólo reconocía como antecedente nacional la recepción de la figura en el art. 2512, CCiv.

[1053] Art. 62, LE.

[1054] Arts. 63 y 65, LE.

290

La LE fija también un límite temporal de dos (2) años para la duración de la ocupación temporánea normal, vencido el cual y previa intimación, el particular se encuentra habilitado para promover la acción de expropiación irregular[1055].

4. LA OCUPACIÓN TEMPORÁNEA ANORMAL: REQUISITOS

Como consecuencia de lo indicado, la regulación legal de la ocupación temporánea se ocupa, principalmente, de la especie denominada anormal, que responde a la configuración de una necesidad imperiosa o súbita que coloca a la Administración frente a una situación límite, vinculada con lo que en el derecho se conoce como *estado de necesidad*[1056].

Esa situación excluye la posibilidad de utilizar la figura de la ocupación temporánea por parte de la Administración para satisfacer sus necesidades corrientes y operativas que, por su naturaleza, resultan cubiertas sobre la base de los procedimientos normales. Hay que tener en cuenta que se trata de supuestos excepcionalísimos donde se sustituye la competencia del legislador para calificar la utilidad pública y la garantía de la previa indemnización (art. 17, CN), por lo que los casos que la configuran (además del estado de necesidad) resultan de interpretación restrictiva (accidentes y en general catástrofes de cierta magnitud)[1057].

Conforme al régimen de la LE, la ocupación temporánea anormal no acarrea indemnización alguna, salvo la reparación de los daños causados a la cosa o aquellos que se deriven de su uso posterior en menesteres ajenos a los que motivaron la expropiación[1058]. Esta prescripción, motivo de críticas doctrinarias[1059], sólo debe considerarse operativa cuando se trata de un uso transitorio y excepcionalmente breve de la cosa o bien, en cuyo caso, la situación queda asimilada a una suerte de prestación real forzosa que no puede ir más allá del tiempo absolutamente necesario para cumplir con su finalidad[1060].

5. OTRAS CUESTIONES: SITUACIÓN DE LOS TERCEROS. PRESCRIPCIÓN DE LAS ACCIONES

La situación de los terceros que han celebrado negocios jurídicos con el propietario suele verse afectada a raíz de la decisión de disponer la ocupación temporánea de un bien o cosa.

La LE, en línea con la solución prescripta para la expropiación, recepciona el principio de unicidad al prescribir que los terceros deben hacer valer sus derechos sobre el importe de la indemnización, librando al bien o cosa de cualquier controversia judicial ajena a la que pueda ser propia de la ocupación temporánea.

[1055] Art. 64, LE.

[1056] Conf. MAIORANO, Jorge L., *La expropiación...*, cit., p. 192.

[1057] MARIENHOFF, Miguel S., "La nueva Ley Nacional de Expropiaciones", JA 1977-I-823.

[1058] Art. 59, LE.

[1059] OYHANARTE, Julio, "Aspectos...", cit., p. 52; BORDA, Guillermo A., "Balance...", cit., p. 707, y MAIORANO, Jorge L., *La expropiación...*, cit., ps. 193/194.

[1060] Compartimos la crítica formulada por Maiorano a una resolución del ex Ministerio de Bienestar Social que dispuso la ocupación temporánea de un inmueble después de haber sido condenada a desalojarla, con orden de lanzamiento (conf. *cit.*, p. 194, nota 367).

En materia de prescripción, la LE unificó en cinco (5) años el plazo de prescripción para las acciones del propietario del bien ocupado para: a) reclamar el pago de la indemnización, y b) requerir su devolución. No obstante la crítica que ha merecido esta norma[1061], consideramos que, dada la naturaleza publicista del instituto de la expropiación y la razonabilidad del plazo establecido, la misma no puede reputarse inconstitucional.

Sección 3ª

OTRAS FIGURAS QUE IMPLICAN EL EJERCICIO DE POTESTADES ABLATORIAS

1. LA FIGURA DE LA REQUISICIÓN

Las técnicas descriptas anteriormente (expropiación y ocupación temporánea) no agotan el cuadro de las transferencias coactivas de bienes que puede disponer la Administración. Como se ha advertido, la requisición, si bien tiene como principal fundamento la satisfacción de una utilidad pública, constituye (a diferencia de la expropiación) una medida de alcance general, que afecta por igual a todos los ciudadanos, por la cual se opera la ocupación o adquisición de un bien por el Estado[1062].

En el derecho comparado se distingue la requisición civil de la militar[1063]. Ambas exigen de base legal para su validez, que discrimine los requisitos y casos en que será procedente. Hallándose en juego la garantía de la propiedad, va de suyo que el propietario afectado tiene derecho, en principio, a la indemnización previa que consagra el art. 17, LE, por lo que se aplican, en subsidio, las prescripciones de la LE, a falta de regulación específica sobre la materia.

Una excepción a dicho principio, generalmente reconocida en los ordenamientos, se presenta en la requisición militar en caso de guerra, donde se aminoran las garantías del Estado de Derecho con el objeto de preservar la defensa de la Nación.

A su vez, otro rasgo diferencial entre ambos institutos es que mientras la requisición militar hace posible la ejecución coactiva del acto administrativo que la lleva a cabo, en la civil, la Administración, ante la oposición del propietario, precisa acudir la justicia para ejecutar la orden[1064].

La Ley de Defensa Nacional habilita al Poder Ejecutivo a que, en caso de guerra o ante su inminencia, disponga requisiciones de bienes para satisfacer necesida-

---

[1061] REVIDATTI, Gustavo A., "La ocupación temporánea. Expropiación de uso y expropiación de urgencia", en *La Ley Nacional de Expropiaciones*, *cit.*, p. 217.

[1062] MARIENHOFF, Miguel S., *Tratado...*, *cit.*, t. IV, p. 422.

[1063] Véase: GARRIDO FALLA, Fernando, *Tratado de Derecho Administrativo*, t. II, Tecnos, Madrid, 1992, p. 225.

[1064] Doctrina que sustenta Marienhoff (MARIENHOFF, Miguel S., *Tratado...*, *cit.*, t. IV, ps. 440/441), aunque con otra terminología.

des de la defensa nacional, cuyo procedimiento y recaudo se establecen por vía reglamentaria[1065].

La citada ley prescribe que la requisición configura una carga pública irrenunciable, que genera el derecho a ser indemnizado por los gastos en que incurra el propietario[1066], excluyendo el lucro cesante, en armonía con lo prescripto en la Ley Nacional de Expropiaciones[1067]. En consecuencia, corresponde interpretar que, dado que la requisición puede también implicar la pérdida del dominio, cuando ello ocurra, deberán indemnizarse tanto el valor objetivo del bien como todos los daños que sean consecuencia directa e inmediata de la privación del bien.

En la requisición, la garantía de la propiedad (art. 17, CN) conduce a la aceptación de la viabilidad de la acción de retrocesión en caso de que al bien se le asigne otro destino o no se le fije destino alguno[1068].

2. OTRAS TRANSFERENCIAS COACTIVAS: EL DECOMISO Y LA CONFISCACIÓN

En general, el decomiso o comiso se caracteriza por traducirse en una limitación máxima al derecho de propiedad al implicar la pérdida definitiva de una cosa mueble, por razones de seguridad, moralidad y salubridad públicas[1069].

Su procedencia requiere base legal por constituir una pérdida del derecho de propiedad que sólo puede decretarse por ley formal, además de que únicamente esta clase de leyes puede reglamentar, en principio, el ejercicio de los derechos individuales conforme a lo prescripto en el art. 14, CN

A diferencia de la expropiación, que también puede operar como sanción accesoria (v.gr., en materia aduanera), el decomiso no genera el derecho a ser indemnizado. El fundamento de ello radica en que el decomiso no beneficia directamente a la Administración sino a la sociedad en su conjunto, inclusive al particular decomisado, aparte de que no podría hablarse, en estos casos, de una verdadera propiedad legal.

Dentro de las transferencias coactivas no hay que olvidar la confiscación, que consiste en la pérdida de todos los bienes del particular confiscado, o bien, en la aplicación de una sanción pecuniaria que exceda los límites de lo razonable, afectando o desnaturalizando el derecho de propiedad.

[1065] Art. 34, ley 23.554.

[1066] Art. 34, ley 23.554.

[1067] Art. 10, ley 21.499.

[1068] Conf. MARIENHOFF, Miguel S., *Tratado...*, *cit.*, t. IV, ps. 444 y ss.

[1069] Conf. VILLEGAS BASAVILBASO, Benjamín, *Derecho Administrativo*, *cit.*, t. VI, p. 529, señala que no tiene por finalidad afectar la cosa decomisada a usos públicos.

En nuestro orden jurídico constitucional (art. 17, CN, en materia penal) y jurisprudencial[1070], la confiscación, en cualquiera de sus modalidades, se considera un
acto o medida violatoria de la Constitución Nacional.

[1070] Una reiterada jurisprudencia de la Corte reiterada veda la posibilidad de admitir impuestos o
tasas confiscatorios; véase: "Martín Pereyra Iraola v. Provincia de Buenos Aires", Fallos
138:161 (1923). En nuestro orden jurídico constitucional (art. 17, CN, en materia penal) y jurisprudencial la confiscación, en cualquiera de sus modalidades, se considera un acto o medida violatoria de la Constitución Nacional. Entre los antecedentes jurisprudenciales cabe
mencionar los siguiente: "Pedro Emilio Bourdieu v. Municipalidad de Capital", Fallos
145:307 (1925); "Arrotea de Muñoz, Amalia v. Provincia de Córdoba", Fallos 196:122
(1943); "Mattaldi Simón Ltda. SA v. Provincia de Córdoba", Fallos 195:250 (1943); "Pereyra Iraola, Sara v. Provincia de Córdoba", Fallos 206:247 (1946); "Jenaro García v. Provincia
de Córdoba", Fallos 209:114 (1948); "Rosa Jarón Perisse v. Provincia de Córdoba", Fallos
209:200 (1948); "Devoto y González, María Juana v. Provincia de Córdoba", Fallos 194:428
(1942); "María Juana Devoto y González v. Provincia de Córdoba", Fallos 210:310 (1948);
"Cipriano, Cándida de Gregorio viuda de", Fallos 236:22 (1956); "Giménez Fauvety y otros
s/demanda de inconstitucionalidad", Fallos 239:157 (1957); "Ajmechet, Jacobo y otros", Fallos 191:233 (1941); "La Esmeralda, Capitalización SA v. Provincia de Córdoba", Fallos
207:373 (1946); "Satia v. Provincia de Buenos Aires", Fallos 188:27 (1940); "Vázquez de
Filipini, Filomena v. SA Wayss y Freitag SA", Fallos 206:21 (1946). La Corte enerva la pretensión fiscal del Estado únicamente hasta el límite en que ésta excede de lo compatible con
el principio de amparo del derecho de propiedad y que todo lo demás queda perfectamente
legal. "Ford Motors Argentina SA", Fallos 306:1401 (1984) y en LL 1984-B-2285; Suprema
Corte de Buenos Aires, 9/12/1981, "Corporación Argentina de Productores de carne v. Municipalidad de Avellaneda" (LL, XLII-A-I-1252 sumario 30); "Bauer, Guillermo v. Municipalidad de Rosario", Fallos 177:373 (1937); "Banco de la Provincia de Buenos Aires v. Nación Argentina", Fallos 186:170 (1940); "Esso SA Petrolera Argentina v. Nación", Fallos
271:7 (1968) y en LL 131-773; "Soficomar y Constitución Palace Hotel SRL y otro v. Nación", Fallos 268:56 (1967) y LL 127-71, ED 21-610; "Synge, Kathleen Frances Anne", Fallos 235:883 (1956); "Mordeglia, Gerónimo (sucesión) v. Provincia de Buenos Aires", Fallos
200:393 (1944); "Ocampo, Carlos Vicente", Fallos 234:129 (1956); "Ganadera e Industrial
Ciriaco Morea SA v. Provincia de Córdoba", Fallos 210:172 (1948). Con respecto a Tasas:
"Banco de la Nación Argentina v. Municipalidad de San Rafael" (Fallos 234:663 [1956] y
Derecho Fiscal 1956-VI-496).

TÍTULO OCTAVO

LOS BIENES PÚBLICOS. CAPÍTULO ÚNICO

CAPÍTULO I
DOMINIO PÚBLICO

Sección 1ª

LA NOCIÓN DE DOMINIO PÚBLICO

1. EXCURSO SOBRE LAS CONCEPCIONES DEL DOMINIO PÚBLICO

Como toda institución del mundo del derecho, el dominio público constituye una categoría histórica que, continuamente, se va modelando conforme a la realidad de cada tiempo y lugar. Sin embargo, a través de la historia de la institución, se perfila como un rasgo de esta categoría el hecho de contar con un régimen de protección especial, distinto al dominio o propiedad privada (en sentido amplio), caracterizado por la nota principal de su indisponibilidad o inalienabilidad[1071], a la que se añaden la inembargabilidad e imprescriptibilidad junto a la circunstancia de contar con un régimen típico de afectación al uso común.

Pues si bien, en diferentes épocas del mundo civilizado, los bienes del Emperador, Rey o de la Corona, no se distinguían de aquéllos que eran de uso común por el pueblo, lo cierto es que la nota de indisponibilidad, que se consolida en Francia con el Edicto de Moulins de 1566[1072], constituye su principal característica, manteniéndose hasta la Revolución Francesa. Sin embargo, la ruptura del principio de indisponibilidad en la Francia revolucionaria, ocasionada por causas financieras y la necesidad de acentuar la centralización del poder de la Nación, fue seguida de una rápida restauración del citado principio, restauración que se consolida con el dictado del Código Napoleón en 1804, en el que se consagra la distinción entre dominio público y dominio privado[1073].

Años más tarde, la doctrina francesa profundiza esta distinción hallándose de acuerdo en admitir que la construcción del concepto, que podría decirse moderno, del dominio público, cobra relieve doctrinario y jurisprudencial a partir de la obra de

---

[1071] *Vid.* LAUBADERE, André de, *Traité de Droit Administratif,* actualizado por Venezia, JEAN-CLAUDE y GUADEMET, Yves, t. 2, 8ª ed., LGDJ, París, 1986, p. 127.

[1072] CHAPUS, René, *Droit Administratif General,* t. 2, Montchrestien, París, 1985, p. 285 y ss.

[1073] LAUBADERE, André de, *Traité de Droit Administratif, cit.*, t. 2, ps. 127-128.

Víctor Proudhon, decano de la Facultad de Derecho de Dijon, quien pública los cinco volúmenes de su *Traité du domaine public en 1833-1834*[1074]. Esta distinción entre dominio público y dominio privado fue objeto de críticas en el seno de la doctrina francesa posterior al advertirse que los regimenes jurídicos de ambas categorías dominiales no forman un bloque monolítico ya que, por una parte, no todos los bienes del dominio público están sometidos a reglas absolutamente idénticas y, por la otra, existen bienes de dominio privado que contienen normas derogatorias del derecho común. Esta constatación ha llevado a subrayar la relatividad de la distinción señalándose que hay como una escala de la dominialidad (échelle de la dominialité, según la expresión metafórica de Duguit)[1075].

Con todo, estas opiniones, aún cuando tienen el mérito de haber puesto el acento sobre el carácter relativo de la distinción y la diferente graduación de los regímenes dominiales[1076], deben confrontarse con la realidad que exhibe el derecho positivo de cada país y la construcción dogmática que efectúan la doctrina y la jurisprudencia. Por lo demás, nada impide adoptar una clasificación anclada en el ordenamiento positivo y reconocer simultáneamente su relatividad.

El peculiar fenómeno de fragmentación y dispersión, acentuado en el mundo actual al proyectarse al campo del derecho, ha dado lugar a infinidad de doctrinas y categorías jurídicas cuya aparición responde las más variadas causas, entre las que cuentan desde la pretensión de originalidad de los juristas hasta la adopción o creación de posturas por razones ideológicas, habiéndose señalado que el dominio público no goza del relativo grado de pacificación que han alcanzado otros institutos jurídicos[1077].

En ese escenario complejo se sitúa la crítica concerniente a la llamada concepción de la propiedad pública o propietarista[1078] del dominio público, la cual se ha intentado sustituir por dos concepciones diferentes. Mientras una pone el acento en la idea de potestad que el Estado tiene sobre los bienes del dominio público[1079] es

---

[1074] CHAPUS, René, *Droit Administratif, cit.*, t. 2, p. 287.

[1075] LAUBADÈRE, André de, *Traité..., cit.*, t. 2, p. 126, apunta que Auby participa de dicha opinión.

[1076] LAUBADÈRE, André de, *Traité..., cit.*, t. 2, p. 126-127.

[1077] LAGUNA DE PAZ, José Carlos, *La autorización administrativa*, Thomsom- Civitas, Madrid 2006, p.46.

[1078] Si bien el término "propietarista" no figura en el diccionario de la Real Academia Española, el mismo es usualmente utilizado por la doctrina administrativista de nuestro país. Cabe advertir que la corriente que sostiene la existencia de una propiedad pública debe distinguirse de aquella que sustenta la configuración de la de derecho de propiedad privada. Esta última, sostenida antaño por CAPITANT respecto de todos los bienes del Estado no llegó a extenderse en nuestro suelo. En cambio, se ha impuesto tanto en Francia como en Argentina se ha impuesto la concepción de la propiedad pública para encuadrar el dominio afectado al uso común de los habitantes del Estado, aunque se discuta si la titularizad real pertenece al pueblo o al Estado.

[1079] DE LA RIVA, Ignacio, "La naturaleza jurídica del dominio público", en REINA TARTIÈRE, Gabriel de, (Coord.), *Dominio Público*, Heliasta, Buenos Aires, 2009, p. 195 y ss.

decir, por un título de intervención (cuya paternidad corresponde a Villar Palasí)[1080], se ha desarrollado posteriormente en España otra construcción, (inspirada en la doctrina alemana), que se articula sobre la base del concepto de relación jurídica, sin que esta construcción contradiga la otra tesis que argumenta que es una mera técnica de atribución de títulos causales de intervención del poder público.

En ésta línea, el principal sostenedor de la tesis de la relación jurídica ha dicho que el dominio público "no es sino una relación jurídica específica, constituida por el ordenamiento jurídico, consistente en un deber de la Administración pública de establecer y mantener en determinadas condiciones una precisa prestación, prestación cuya realización requiere, entre otros extremos, un soporte físico, una cosa o un bien en sentido jurídico–privado que -en virtud de su conexión con este último y la correspondiente función pública- queda sustraído al orden jurídico-privado de los bienes y sujeto al régimen regulador de la función pública"[1081].

El mérito de la tesis expuesta por Parejo se encuentra, sin duda, no tanto en la articulación entre el dominio público y la función pública, que se presenta con todas las instituciones administrativas, sino en haber puesto el acento en un punto casi olvidado por la doctrina clásica: el deber de prestación a cargo de la Administración, deber que se vincula con la necesidad de asegurar a todos los habitantes el uso común de los bienes dominiales. Es una demostración más de que la titularidad del dominio de los bienes de uso común le corresponde al pueblo y de que pesa sobre la Administración el deber de hacerla efectiva mediante su actividad prestacional.

En cuanto a la tesis de Villar Palasí se ha dicho que la misma "se reduce a afirmar la mayor idoneidad del título de potestad frente al de propiedad en un contexto de afirmación del derecho público frente al privado, pero sin que tales ideas conformen una teoría o tesis, más allá de la idea de adscribir una función o fin a un patrimonio[1082].

En rigor, se trata de maneras distintas de ver y captar una misma realidad. Pero aunque no se pueda desconocer que las concepciones coexisten[1083], ha terminado prevaleciendo la tesis de Hauriou, quien consideraba al dominio público como una propiedad pública[1084], diferente del dominio privado. Esta propiedad pública es sus-

[1080] Para BIELSA, sobre los bienes del dominio público "el Estado ejerce una función de reglamentación del uso... El estado tiene un superior derecho de policía y no un derecho de propiedad", cfr. Derecho Administrativo, t. III, 5° ed., Depalma, Buenos Aires, 1956, p. 389, posición adoptada en anteriores ediciones. Como anota este autor se trata de una idea de antigua data desarrollada por Ducrocq a fines del siglo XIX, seguida más tarde por Berthèlemy (op. cit., t. III, p. 387, nota 5).

[1081] PAREJO ALFONSO, Luciano, "Dominio público: un ensayo de reconstrucción de su teoría general", Revista de Administración Pública N° 100-102, Centro de Estudios Constitucionales, Madrid, 1993, p. 2417.

[1082] BOBES SÁNCHEZ, María José, La teoría del dominio público y el derecho de las carreteras, Iustel, Madrid, 2007, p. 39, nota 26.

[1083] DE LA RIVA, Ignacio, "La naturaleza jurídica...", cit., p. 195 y ss.

[1084] MARIENHOFF, Miguel S., Tratado de Derecho Administrativo, t. V, Abeledo-Perrot, Buenos Aires, 1988, p. 95; SAMMARTINO, Patricio Marcelo M, "El régimen del dominio público y sus implicancias procesales", en Organización Administrativa, Función Pública y

298

ceptible de configurar un derecho real administrativo y, a juicio nuestro, es la que mejor explica la posición jurídica de la Administración y, en general, del Estado, respecto de los bienes afectados al uso común de los habitantes así como la potestad –entre otras– de imponer tasas de ocupación y acudir al ejercicio de acciones posesorias para restablecer el uso común[1085]

Lo cierto es que, aún cuando en 1964 se haya vaticinado que los días de la teoría del dominio público (en su versión de la propiedad pública) estaban contados[1086], han pasado ya casi cincuenta años y ella sigue gozando de buena salud a través de la incorporación de nuevas técnicas e ideas[1087].

Ahora bien, tratándose de una categoría histórica la realidad también impone transformaciones a la institución con el objeto de brindarle a los bienes del dominio público el máximo aprovechamiento económico y social. Se trata, como bien señaló el Consejo de Estado francés, "de considerar que el dominio público no sólo es objeto de una 'riqueza colectiva' sino también de un objeto de explotación, para lo cual le reconoció al lado de los tradicionales poderes de policía, poderes de administración"[1088].

Esa tendencia fructificó en Francia a través del Código de Dominio del Estado de 1994, el cual prescribió que quien ejerce la ocupación temporaria sobre el dominio público es titular, salvo disposición en contrario, de un verdadero derecho real[1089]. Este derecho real, que se desprende del título de ocupación, y que comprende "las obras, construcciones e instalaciones de carácter inmobiliario", es susceptible de ser cedido, transmitido o hipotecado, sin que con ello se altere la utilización prevista con la afectación del bien del dominio público[1090].

Dominio Público, Jornadas organizadas por la Universidad Austral, Buenos Aires, 2005, p. 865.

[1085] Véase: BOBES SÁNCHEZ, María José, *La teoría del dominio público…, cit.*, ps. 29 y 55, apunta que la conciliación con las teorías existentes puede realizarse a partir del reconocimiento y desarrollo de la técnica de la afectación que es común a todas ellas "por ser el que define de manera esencial...el instituto jurídico del dominio público" (*op. cit.*, p. 41).

[1086] NIETO GARCÍA, Alejandro, *Los bienes comunales,* Edersa, Madrid, 1964, p. 3.

[1087] Véase: MARTINEZ LOPEZ-MUÑIZ, José Luis "Derecho público y Derecho privado, disyuntiva determinante para el Estado de Derecho", discurso pronunciado en el acto de recepción en la Real Academia de Legislación y Jurisprudencia de Valladolid (España), Valladolid, 2009, ps. 25 y 55. Luego de analizar las diferentes categorías de bienes públicos apunta, que: "Las diferencias de su régimen, pues, con respecto a los bienes del dominio público y al de las demás categorías de bienes públicos antes expresadas, son notables. Se comprende la tendencia a considerarlos como de propiedad o dominio privado, dada la mayor cercanía de su régimen al de propiedad privada e incluso la mayor aplicabilidad que en la práctica presenta en cuanto a ellos la ordenación más esencial y común de los derechos reales, tradicionalmente elaborada...en el ámbito del derecho civil" (*op. cit.*, p. 32).

[1088] SUBRÁ DE BIEUSSES, Pierre, "Dominio público y derechos reales", en CASSAGNE, Juan Carlos (Dir.), *Derecho Administrativo,* obra colectiva en homenaje al Profesor Miguel S. MARIENHOFF, Abeledo-Perrot, Buenos Aires, 1998, p. 1170.

[1089] SUBRÁ DE BIEUSSES, Pierre, "Dominio público...", *cit.*, p. 1173.

[1090] Art. L.34-1, Código de Dominio del Estado.

La cuestión revestía particular interés en Francia, como la sigue teniendo en aquellos países, como Argentina, que aún continúan aferrados al principio que asigna carácter precario al derecho de los concesionarios sobre el dominio público, ciertamente una suerte de emboscada jurídica que resulta poco compatible con la puesta en valor económico del dominio público[1091], siempre con el objeto de beneficiar a la colectividad.

La evolución operada en el derecho francés, cuna de la concepción tradicional del dominio público, resulta significativa en cuanto da lugar a que la Administración pueda establecer cláusulas de estabilidad, mediante el reconocimiento de plazos mayores para las concesiones, permisos y autorizaciones que tengan por objeto bienes del dominio público. Al propio tiempo, se admite ahora la posibilidad de eliminar o atenuar la potestad de revocar los respectivos actos o contratos administrativos por razones de oportunidad, todo lo cual tiende a promover las inversiones de los particulares en el dominio público en beneficio colectivo. Finalmente, otra de las nuevas ideas consiste en limitar la extensión del dominio público a los bienes accesorios o anexos a los bienes dominiales, admitiéndose su titularidad privada no obstante su afectación al uso común. Recordemos lo que dijo años atrás con agudeza Ariño Ortiz en el sentido de que "la afectación no prejuzga titularidades sino que mira a los estados posesorios y a la utilización efectiva de la cosa, en actividades que no pueden ser interrumpidas"[1092].

Esta reformulación de la dogmática tradicional, es, precisamente, la que habría que efectuar en nuestro medio. En vez de mantener discusiones ociosas y sin utilidad alguna, conviene aprovechar las experiencias del derecho comparado para dictar las leyes necesarias que aseguran la mejor explotación y consagren la estabilidad de las inversiones en el sector de bienes pertenecientes al dominio público, en la medida que las innovaciones resulten compatibles con nuestra realidad e idiosincrasia. No se trata, como bien se ha apuntado, de eliminar el concepto tradicional sino de insuflarle un sentido útil a la economía en beneficio de todos los ciudadanos de modo que haga posible el "aprovechamiento pleno del dominio público... con las debidas garantías de procedimiento y de fondo que aseguren los intereses públicos"[1093].

En esa línea, corresponde admitir que, dentro del dominio público coexistan porciones de dominio privado en cabeza de los titulares de la ocupación que puedan servir para garantizar los préstamos necesarios para la financiación de las obras con el fin de alcanzar una mejor explotación económica. Para ello, se han creado nuevas figuras jurídicas como las asociaciones público-privadas, originadas en el derecho anglosajón (Public-Private Partnership) las cuales, gracias a la globalización, se han extendido a muchas partes del mundo. Tal el caso del Partenariat Public-Privé de

---

[1091] RICHER, Laurent, *Droit des contrats administratifs*, 4° ed., LGDJ, París, 2004, p. 577.

[1092] ARIÑO ORTIZ, Gaspar "La afectación de bienes al dominio público", *ENAP*, Madrid, 1973, p.100.

[1093] MAIRAL, Héctor A., "Nuevas ideas en materia de dominio público", en la obra colectiva *Organización administrativa,..., cit.*, p. 111, agrega que "movilizar riqueza en parte hoy día dormida redundará en beneficio no sólo de las arcas públicas sino también de la sociedad y de la economía en general".

Francia[1094], que cuenta con una legislación especial así como la introducción al ordenamiento de figuras similares en otros Estados de Latinoamérica, como Argentina[1095].

En nuestro país, al igual que en Chile[1096], la distinción entre bienes públicos y privados fue impuesta por el Código Civil (arts. 2340 y ss.) y si bien hay que reconocer otras categorías jurídicas como los recursos naturales regulados en leyes específicas lo cierto es que, pese a la crítica que ha recibido la clasificación, ella se mantiene incólume. A su vez, como lo indica la evolución acontecida en el derecho francés, la categorización clásica es susceptible de compatibilizarse con las grandes transformaciones que precisa incorporar la dogmática tradicional.

En ese contexto, no hay que perder de vista que, la regulación del dominio público por el Código Civil corresponde a la competencia del Congreso de la Nación (art. 75 inc. 12 CN) toda vez que dado el carácter complejo de nuestro sistema federal, basado en el principio de unidad de legislación, resultaba necesario establecer en ese ordenamiento de fondo la línea divisoria en varias materias (*v.g.* condición jurídica de las personas y de las cosas) para evitar colisiones con el derecho local o provincial.

La necesidad de efectuar ese deslinde obedece al hecho de que dicha norma constitucional tiene por función limitar el carácter local del derecho administrativo a fin de evitar su desborde ya que si las Provincias hubieran conservado una potestad plena para definir –por ejemplo– que bienes naturales integran su dominio público se produciría una suerte de anarquía en el territorio del Estado Nacional, afectándose el principio de unidad de la legislación de fondo, piedra angular del sistema normativo establecido en la Carta Magna.

Ahora bien, tras la reforma constitucional de 1994 y aún tiempo antes[1097] han aparecido categorías jurídicas de bienes cuya relación con el dominio público requiere ser precisada con el auxilio de una interpretación razonable y armónica que brinde coherencia y seguridad jurídica al ordenamiento. Más adelante nos ocuparemos de estas nuevas categorías.

2. LOS ASPECTOS TÓPICOS DE LA NOCIÓN DE DOMINIO PÚBLICO Y EL USO LINGÜÍSTICO

El dominio público se perfila y conforma mediante la convergencia de una serie de fórmulas y elementos que juegan como piezas centrales de la noción jurídica, lo cual no obsta –como vamos a ver- a la posibilidad de que puedan también utilizarse en forma separada. En tal sentido, los tres aspectos que, prácticamente, todas las

---

[1094] RICHER, Laurent, *Droit des contrats administratifs, cit.*, ps. 46-47 y 347-348.

[1095] Sobre el tema: AGUILAR VALDEZ, Oscar, "Contratación administrativa y financiamiento", en CASSAGNE, Juan Carlos - RIVERO YSERN, Enrique, (Dirs.), *La Contratación Pública*, t. I, Hammurabi, Buenos Aires, 2006, ps. 581-597.

[1096] Ver al respecto: VERGARA BLANCO, Alejandro, "El novísimo derecho de bienes y recursos naturales en Chile. *Publicatio* y derechos reales administrativos", *REDA* nro. 49, Lexis-Nexis, Buenos Aires, 2004, p. 576 y ss.

[1097] V.g. la ley de actividades portuarias nro. 24.092, sancionada en 1992.

doctrinas y ordenamientos recogen, versan sobre la titularidad estatal de los bienes, la afectación al uso común o público y el régimen jurídico propio del derecho administrativo, cuya nota predominante es la indisponibilidad.

Empero, esos aspectos pueden presentarse en forma disociada[1098]. Basta pensar en la afectación de un bien privado del concesionario a un uso o servicio público para advertir la posibilidad de disociar la titularidad pública de la afectación. A su vez, nada impide que la legislación establezca que ciertos bienes del Estado que no se hallan directamente afectados al uso común sean indisponibles (*v.g.* reservas monetarias).

Por otra parte, a partir de la rigurosa disección que realizó Ballbé hace medio siglo[1099], es difícil sustentar una noción sobre el dominio público que ignore la existencia de sus cuatro elementos básicos, a saber: a) subjetivo; b) objetivo; c) legal o normativo y, d) finalista o teleológico.

Y aunque las concepciones tradicionales han recibido el embate de nuevas teorías, lo cierto es que han sabido adaptarse sin mayores antinomias, tal como se desprende de la evolución operada en el derecho francés y otros similares.

Por lo demás, el uso lingüístico en el derecho tiene por límite el ordenamiento normativo y la lógica interpretativa mediante una tarea hermenéutica que demanda armonización y coherencia. Esa tarea requiere no confundir las propias opiniones –muchas veces sostenidas en la soledad de los gabinetes– con la de la comunidad jurídica y, sobre todo, con las doctrinas jurisprudenciales. Todo nuevo uso lingüístico o, incluso, concepción doctrinaria, para que cobre vida en la ciencia jurídica necesita siempre hallarse legitimado por una convención o costumbre. Sólo después de su recepción por la comunidad se puede hablar de un paradigma en el derecho[1100].

3. LA CUESTIÓN DE LA TITULARIDAD DEL DOMINIO PÚBLICO (ELEMENTO SUBJETIVO)

Aparte de la postura que sostiene ciertos bienes de uso común carecen de pertenencia (*res nullius)* o son inapropiables[1101] tanto en la tesis de la propiedad pública como en la que considera el dominio público como un título de intervención, la potestad estatal sobre el bien reposa en un derecho de tipo real, en cuanto implica, básicamente, una relación directa con el bien o la cosa.

Ese derecho al uso común del bien dominial, configura un derecho real administrativo, es decir, una propiedad pública (en sentido amplio y con la característica

---

[1098] GRECCO, Carlos Manuel, "El ocaso de la dogmática tradicional del dominio público", en *Organización Administrativa,…, cit.,* p. 826.

[1099] BALLBÉ, Manuel, "Concepto de Dominio Público", *Revista Jurídica de Cataluña,* 1945-5, Barcelona, p. 25 y ss.; sistematización seguida en Argentina; véase: MARIENHOFF, Miguel S., *Tratado del Dominio Público,* Tea, Buenos Aires, 1960, p. 55 y ss; CANOSA, Armando, "El dominio público", en *Organización Administrativa…, cit.* p. 552 y ss.

[1100] Lo cual no implica cerrar la posibilidad de proponer nuevos paradigmas, posibilidad que siempre estará abierta en el mundo jurídico.

[1101] VERGARA BLANCO, Alejandro, "El novísimo derecho…", *cit.,* p. 579.

de la indisponibilidad) que le pertenece al pueblo[1102] (o sea, a todos sus habitantes)[1103], representado por el Estado, Provincia, Municipio o Ciudad de Buenos Aires[1104], en cada caso, a través del respectivo órgano Ejecutivo, aunque el Congreso posee, en cualquier caso, facultades para determinar los bienes que integran el dominio público. La Administración Pública actúa, pues, como gerente de dichos bienes en virtud del principio representativo que tiene base constitucional (arts. 1 y 22 de la CN). En tal sentido, pesan sobre ella una serie de deberes y obligaciones de derecho público poco estudiadas por la doctrina como el deber de librar y mantener los bienes dominiales abiertos al uso común (*v.g.* deber de impedir los cortes de rutas y autopistas) así como el de hacer compatible los usos especiales del dominio público con el uso común por parte de todos los habitantes.

Suele argumentarse que el pueblo no puede ser titular de los bienes de uso común porque carece de individualidad jurídica[1105]. Sin embargo, el sostenimiento de esta postura tiene más que ver con el derecho de dominio privado que con el derecho de propiedad pública o colectiva cuya regulación corresponde al derecho administrativo, aunque, por razones históricas y sistemáticas (la *divissio juris*) ella se aloja en el Código Civil, como lugar común donde se opera el deslinde entre instituciones públicas y privadas[1106]. No hay que confundir, entonces, el ejercicio de la representación, que corresponde a los órganos del Estado, con la titularidad de los bienes que éste administra. Además, el origen del dominio público y su titularidad por el pueblo respecto de los bienes destinados al uso común es anterior a la formación del Estado moderno y el pueblo constituye una *"realidad jurídica"* reconocida en distintas partes de la Constitución (el Preámbulo y los artículos 22 y 33 de la CN).

Una cosa es el reconocimiento de la titularidad del pueblo sobre el dominio público de uso común y otra muy diferente es el sujeto jurídico que encarna esa representación que, en esta materia, es siempre y exclusivamente el Estado (*lato sensu*), quien emite los actos jurídicos que regulan el uso común así como los usos especiales. En principio, ni las personas privadas (físicas o jurídicas) ni las personas públicas estatales (*v.g.* la Iglesia Católica) pueden ser sujetos titulares del dominio público[1107], aunque esta cuestión comienza a ser discutida como consecuencia de la

[1102]   *Cfr.* BIELSA, Rafael, *Derecho Administrativo*, t. 3°, 5ª ed. Depalma, Buenos Aires, 1955, p. 387; LINARES QUINTANA, Segundo V., *Gobierno y Administración de la República Argentina*, t. 1, Tea, Buenos Aires, 1946, p. 422 y MARIENHOFF, Miguel S., *Tratado de Derecho Administrativo*, t. V, *cit.*, p. 64 y ss.

[1103]   MARIENHOFF, Miguel S., *Tratado de Derecho Administrativo*, t. V, *cit.*, p. 81.

[1104]   GAUNA, Juan Octavio, "Dominio Público en la Ciudad Autónoma de Buenos Aires", en *Organización Administrativa...*, *cit.*, p. 721 y ss.

[1105]   VILLEGAS BASIVILBASO, Benjamín, *Derecho Administrativo*, t. IV, Tea, Buenos Aires, 1950, p. 170; DIEZ, Manuel María, *Derecho Administrativo*, t. IV, Bibliográfica Omeba, Buenos Aires, 1969, ps. 359-360 y 381-384.

[1106]   MARIENHOFF, Miguel S., *Tratado de Derecho Administrativo*, *cit.*, t. V, p. 97.

[1107]   GARCÍA DE ENTERRÍA, Eduardo, "Sobre la imprescriptibilidad del dominio público", *Revista de Administración Pública*, nro. 13, Madrid, 1954, ps. 48-49, sustenta la imposibilidad de que los particulares puedan ser titulares del dominio público en "el principio de igualdad ante la ley y correlativo de centralización de prerrogativa y funciones públicas..." en el poder estatal; DIEZ, Manuel María, *Derecho Administrativo...*, *cit.*, t. IV, p. 358 y ss.

disociación que se admite entre titularidad y afectación. Con todo, en los usos especiales y sin perjuicio de la configuración de derechos reales administrativos a favor de permisionarios y concesionarios, la titularidad de la propiedad pública pertenece al Estado al no estar los bienes afectados al uso común[1108]

Por otra parte, la condición de los bienes de la Iglesia Católica revela un *status* peculiar no sólo en cuanto se encuentran afectados al servicio del culto y como tales constituyen un servicio público[1109] (en virtud de la preferencia que le reconoce la Constitución) sino, fundamentalmente, por su caracterización como *"bienes eclesiásticos"* establecida en el c. 1257 del Código de Derecho Canónico (en adelante CDC), al que reenvía el art. 1 del Concordato de 1966. En tal sentido, la primacía de las normas del CDC se halla consagrada por el art. 75 inc. 22 de la CN[1110].

En aplicación de la técnica del reenvío, por lo demás prescripta en el art. 2345 del Código Civil, y dada de la relevancia jurídica reconocida al ordenamiento eclesiástico[1111], la Corte Suprema de Justicia de la Nación dejó sin efecto un embargo y la consecuente ejecución mediante subasta, ordenada por una instancia judicial inferior, de un inmueble perteneciente a la Diócesis de Venado Tuerto, en el que funcionaba la sede y vivienda del Obispo. En dicho caso, la Corte sostuvo que *"en tales condiciones, perteneciendo el bien embargado a la Diócesis demandada, toda interpelación jurisdiccional sobre su disponibilidad sólo puede decretarse o reconocerse en la República de conformidad con el ordenamiento canónico en virtud de sus disposiciones aplicables, a las que reenvía el derecho argentino..."*[1112] lo cual traduce una clara aplicación de *"la esfera de competencia"* que le corresponde al ordenamiento eclesiástico[1113].

4. EL DOMINIO ORIGINARIO DE LOS RECURSOS NATURALES

A) Trascendencia e implicancia de la categoría

El tema del dominio originario ha cobrado actualmente, una gran complejidad al proyectarse sobre el régimen patrimonial que regula la titularidad y explotación de los recursos naturales en sectores básicos de la economía, como el agua, la minería, y particularmente, los yacimientos de hidrocarburos.

En efecto, a raíz de la reforma constitucional de 1994 se han suscitado una serie de cuestiones interpretativas que resulta necesario dilucidar para conocer, con un

---

[1108] De ese modo, el uso público entraña dos sub-especies, el uso común directo que pertenece al pueblo y el uso especial, que no pierde su carácter público aunque implique la interdicción del uso común.

[1109] BIELSA, Rafael, *Derecho Administrativo*, t. III, 4ª ed., La Ley, Buenos Aires, 1964, ps. 423-424.

[1110] Véase: BOGGIANO, Antonio, *Derecho internacional. Derecho de las relaciones entre ordenamientos jurídicos y derechos humanos,* La Ley, Buenos Aires, 2001, p. 64 y ss.

[1111] BARRA, Rodolfo Carlos, *Tratado de Derecho Administrativo*, t. 2, Ábaco, Buenos Aires, 2007, p. 380.

[1112] In re "Juan Lastra c/Obispado de Venado Tuerto", Fallos, 314:1324 (1991).

[1113] BARRA, Rodolfo Carlos, *Tratado de Derecho Administrativo, cit.*, t. 2, p. 380.

mínimo grado de certeza, cuál es el actual *status* jurídico que corresponde al dominio de los recursos naturales.

En el caso de los yacimientos de hidrocarburos la dilucidación de esas cuestiones interpretativas constituye el punto de partida para resolver lo concerniente al régimen jurídico que acompaña a la propiedad de dichos recursos y tienen trascendencia para la adopción de las decisiones que deberían tomarse de cara a la política petrolera.

Como es sabido, la mencionada reforma constitucional agregó un último párrafo al artículo 124, prescribiendo que *"corresponde a las Provincias el dominio originario de los recursos naturales existentes en su territorio"*.

Para comprender el significado de dicha cláusula constitucional, hay que remontar el curso de las concepciones jurídicas y efectuar el análisis de los cambios legislativos ocurridos en la materia.

Ante todo, corresponde advertir que la figura *dominio originario*, que recoge el art. 124 de la CN, proviene del Derecho Minero[1114], circunstancia que remite –en primer lugar– a esta rama del derecho para desentrañar el sentido y alcance del precepto constitucional. Pero, como se verá seguidamente, el marco positivo y doctrinario del derecho minero se integra con un conjunto de principios y normas de derecho público pertenecientes tanto al derecho constitucional como al administrativo.

Por lo demás, otra circunstancia adicional que dificulta el esclarecimiento de la mencionada figura es el hecho de que la técnica jurídica que utiliza el derecho privado no siempre ha distinguido con precisión la propiedad del dominio ni tampoco el derecho real del dominio del derecho real administrativo (que poseen los particulares sobre dependencias del dominio público).

En lo que sigue vamos a partir de los antecedentes de la cláusula constitucional confrontándola con los conceptos básicos a través de la caracterización de las diferentes figuras relacionadas –directa o indirectamente– con la materia objeto de este estudio.

B) Antecedentes del artículo 124 de la Constitución Nacional

Los principios del regalismo, que formaron parte de la concepción que imperó en los comienzos de nuestra organización constitucional, se basaban en la regla que prescribía que las minas *"son del Rey"*, cuya propiedad se transfirió a la Nación por ser ésta la continuadora de los derechos de la Corona de España, a quien correspondía el llamado dominio eminente[1115].

[1114] PRIETO, Hugo N., "El dominio de los recursos naturales. La titularidad de las provincias y sus consecuencias en materia de hidrocarburos", LL Sup. Const., 20 de septiembre de 2005, p. 11.

[1115] CASSAGNE, Juan Carlos, "La propiedad de los yacimientos de hidrocarburos", *Academia Nacional de Derecho y Ciencias Sociales de Buenos Aires*, Buenos Aires, 1991, p. 8 y ss., y en ED 145-857. URIBURU MICHEL, Francisco M., "Los derechos de las provincias a las minas de su territorio", Academia Nacional de Derecho y Ciencias Sociales de Buenos Aires, 1991, en la Obra de la Convención Nacional Constituyente 1994, t. VII, Buenos Aires 1997, p. 7116 y ss.

En ese sentido, el Estatuto de Hacienda y Crédito de la Confederación, dictado en diciembre de 1853, dispuso la aplicación de las Ordenanzas de Nueva España (Méjico) de 1783, las que asignaban al soberano el dominio eminente de las minas, en tanto que el dominio útil era reconocido a los particulares[1116].

La Reforma Constitucional de 1860 y el Código de Minería[1117] prescribieron la caducidad del Estatuto en cuestión. Así, el artículo 7° del ese Código, concordando con lo establecido en el inciso 2° del artículo 2432 del Código Civil, dispone que las minas son bienes privados de la Nación o de las Provincias, según el territorio en que se encuentren.

En esas condiciones, la propiedad provincial sobre las minas en su territorio se mantuvo estable, hasta que la Constitución de 1949 dispuso que *"los minerales, las caídas de agua, los yacimientos de petróleo, de carbón y de gas, y las demás fuentes de energía, con excepción de los vegetales, son propiedades imprescriptibles e inalienables de la Nación, con la correspondiente participación en su producto, que se convendrá con las provincias[1118]"*. Esta Constitución fue más tarde dejada sin efecto, acto que fue confirmado en la reforma constitucional de 1957.

Específicamente, con relación al tema de los hidrocarburos, cabe recordar que, durante un largo período de tiempo, la ley atribuyó al Estado Nacional la titularidad exclusiva, inalienable e imprescriptible de los mismos, a la que, mediante la ley 14.773, se sumó el monopolio de la explotación, dejado de lado con la sanción del decreto-ley 17.319/67, que admitió la posibilidad de otorgar concesiones[1119].

La discusión vinculada al llamado dominio originario de los recursos naturales recobró vigencia a raíz de lo acordado en el denominado Pacto de Luján, suscripto el 24 de mayo de 1990 entre el Presidente de la República y los gobernadores provinciales, al reconocerse el dominio y jurisdicción de las Provincias sobre determinados recursos naturales[1120].

A su vez, el status legal descripto cambió nuevamente tras la sanción de la ley 24.145 que transfirió el dominio de los yacimientos de hidrocarburos del Estado Nacional a las Provincias, debiéndose entender que, conforme a lo que se verá a continuación, dicha transferencia se refirió al llamado "dominio originario".

En ese escenario aconteció la reforma constitucional de 1994 que sancionó el artículo 124, en el cual se introdujo definitivamente el concepto de dominio originario utilizado antes en el Código de Minería (art. 10) e implícitamente comprendido en la ley 24.145.

[1116] "Yacimientos Petrolíferos Fiscales", Fallos 301: 341 (1979), especialmente p. 367.

[1117] URIBURU MICHEL, Francisco M., "Los derechos de las provincias...", *cit.*, p. 7116 y ss. Ver: OYHANARTE, Julio "Régimen constitucional de las fuentes de energía", LL 88- 863.

[1118] GELLI, María Angélica, *Constitución de la Nación Argentina- Comentada y Concordada,* 3ª ed. ampliada y actualizada, La Ley, Buenos Aires, 2006, p. 1025 y ss.

[1119] "Yacimientos Petrolíferos Fiscales", Fallos 301: 341 (1979).

[1120] CASSAGNE, Juan Carlos, "La propiedad de los yacimientos...", *cit.*, p. 8 y ss.

C) El ordenamiento constitucional sobre el dominio originario y otras figuras afines, paralelas y opuestas. Los conceptos básicos

i. El dominio minero

Se ha señalado que la dominialidad del Estado sobre las minas ha tenido diversos alcances, según se trate de la expresión de la soberanía estatal relativa a las cosas ubicadas en su territorio o represente la manifestación del poder real que el mismo ejerce sobre las cosas[1121]. Sobre el punto, existen pues, básicamente, dos teorías acerca de la dominialidad minera: la teoría positiva y la teoría negativa o del dominio eminente[1122].

La teoría primeramente enunciada implica un concepto de dominio real, con alcances jurídicos parecidos al derecho de propiedad. En cambio, la segunda considera que las minas son *res nullius*, y que, por lo tanto, no tienen dueño originario, surgiendo como única atribución del Estado la tutela del patrimonio minero, al sólo efecto de vigilar la constitución legal de derechos privados sobre las minas y custodiar el interés público de producción[1123].

Tal análisis, sin embargo, implica una simplificación del problema que plantea la dominialidad minera a la luz del concepto de dominio originario, como se verá más adelante. Dicha postura no resiste el *test* de razonabilidad habida cuenta que, con anterioridad a las Provincias, la propiedad minera pertenecía al Rey, al soberano. En consecuencia, si en el sistema regalista estaban disociadas la propiedad del Rey (por ello se denominaba regalía), la potestad de otorgar concesiones y el derecho real de dominio privado, los derechos de las Provincias no serían originarios sino derivados, en el sentido antes expuesto.

ii. Dominio eminente, dominio civil y dominio útil

Buena parte de la doctrina divide la propiedad en dominio eminente y dominio civil. Así, mientras que el Estado tiene el derecho de reglamentar las condiciones y las cargas públicas de la propiedad privada, el mismo no posee un verdadero derecho de propiedad respecto de los bienes que se encuentran en su territorio, sino que conserva un poder de legislación, jurisdicción y contribución[1124], del cual surge el sometimiento de los propietarios a las restricciones impuestas en interés público, y de contribuir a los gastos necesarios a la existencia o al mayor bien del Estado[1125].

Al respecto, en el dictamen de la causa "Yacimientos Petrolíferos Fiscales c. Provincia de Mendoza y otros s/ nulidad de concesión minera" de fecha 3 de mayo de 1979, el entonces Procurador General, Dr. Guastavino, señaló que el dominio provincial sobre las minas no es el dominio del Código Civil, sino el dominio emi-

---

[1121] CATALANO, Edmundo F., *Código de Minería Comentado*, Zavalía, Buenos Aires, 1999, p. 60 y ss.

[1122] CATALANO, Edmundo F., *Código de Minería Comentado, cit.*, p. 60 y ss.

[1123] CATALANO, Edmundo F., *Código de Minería Comentado, cit.*, p. 60 y ss.

[1124] Véase: MOLINARIO, Alberto D., *Derecho Patrimonial y Derecho Real*, La Ley, Buenos Aires 1965, p. 118 y ss.

[1125] Nota al art. 2507 del Código Civil.

nente propio del sistema regalista, y es así que las Provincias no pueden explotar los bienes por sí mismas, debiendo conceder la propiedad útil a los particulares[1126].

En ese contexto, se ha sostenido que el dominio eminente es algo así como un poder supremo vinculado a la noción de soberanía interna que, potencialmente, se ejerce sobre los bienes situados dentro del Estado, ya se trate del dominio privado o público del mismo, o de la propiedad de los particulares. Se trata, en suma, de una *potestas* y, en este sentido, es una facultad de legislación sobre las personas y los bienes, no reconociendo como expresión de soberanía interna otras limitaciones que las preceptuadas en el ordenamiento constitucional[1127].

Si bien la pareja de conceptos que definen al dominio eminente y al dominio útil guardan alguna simetría, este último también ha sido empleado, en el ordenamiento civil, con un sentido diferente. En tal sentido, el 2661 del Código Civil prescribe: "Dominio imperfecto es el derecho real (...) reservado por el dueño perfecto de una cosa que enajena solamente su dominio útil".

De acuerdo a esa inteligencia, el dominio imperfecto se configura cuando no tiene perpetuidad, por encontrarse sometido a una condición o a un plazo resolutorio, o por estar gravado con un derecho real a favor de un tercero[1128].

Dentro de los casos del dominio imperfecto, se encuentra el del dominio desmembrado, que implica el traslado de facultades de un dominio reservado a un dominio útil, habiéndose este último caracterizado – en el derecho civil– como un derecho de disfrute que se ejerce por la posesión sobre cosa ajena[1129].

iii. Dominio eminente y dominio originario

El contenido del Art. 124 de la CN, plantea la necesidad de resolver una cuestión hermenéutica que exige diferenciar –como punto de partida– la noción de dominio eminente de la referida al dominio originario.

En ese sentido, se ha dicho que el dominio originario es el derecho que pertenece desde el origen o descubrimiento de la cosa a una persona física o jurídica, a diferencia del dominio derivado que reconoce la existencia de un dueño anterior.

En cambio, el llamado dominio eminente, que traduce el derecho de tutela o jurisdicción, es aquel que el Estado posee sobre todas las cosas ubicadas en su territorio, vinculado a la soberanía que ejerce y no a la propiedad, en virtud del cual, como representante del interés público, puede reglar jurídicamente el destino de las cosas aunque no pertenezcan a su patrimonio[1130].

[1126] "Yacimientos Petrolíferos Fiscales", Fallos 301: 341 (1979).

[1127] MARIENHOFF, Miguel S., *Tratado de Derecho Administrativo,* t. V, *cit.*, p. 38.

[1128] LLAMBÍAS, Jorge J. - ALTERINI, Atilio A., *Código Civil Anotado,* t. IV-A, Abeledo Perrot, Buenos Aires, 1981, p. 302.

[1129] BUERES, Alberto J. - HIGHTON, Elena, *Código Civil y normas complementarias. Análisis doctrinario y jurisprudencial,* t. 5, Hammurabi, Buenos Aires, 1997, p. 514. Llambías, Jorge J. - ALTERINI, Atilio A., *Código Civil Anotado,* t. IV-A, *cit.*, p. 472.

[1130] *Cfr.* VILLEGAS BASAVILBASO, Benjamín, *Derecho Administrativo,* t. IV, Tea, Buenos Aires, 1952, p. 13. CATALANO, Edmundo F., *Código de Minería Comentado, cit.*, p. 63.

El punto de conexión entre dominio eminente y dominio originario se encuentra en el hecho de que ambos son atributos de la soberanía. Sin embargo, el dominio eminente se ejerce en forma genérica sobre todos los bienes y personas que se encuentran en el territorio, en el momento en que el Estado lo considera oportuno, mientras que el dominio originario es ejercido de manera continua[1131].

En estas condiciones, puede advertirse que el derecho de propiedad minera reconoce un dominio originario en manos del Estado, el cual se desmembra al otorgar el derecho de *"propiedad minera"* a los particulares. Este último sería un dominio útil o derecho de explotación, mediante un acto de imperio, que no implica la extinción de su dominio originario, el cual es anterior a la propiedad minera, coexiste con ella y subsiste a su caducidad[1132].

Así, las minas pertenecen al dominio originario del Estado o de las Provincias, mientras que la propiedad minera que adquieren los particulares está sometida a la potestad estatal, por distintas causas[1133].

Por su parte, con relación a la atribución constitucional del dominio originario de los recursos naturales a las Provincias, cierta doctrina, que juzgamos errónea, sostiene que ello conduce a adoptar la concepción positiva de la dominialidad minera como un derecho real de dominio, con alcances jurídicos semejantes al derecho de propiedad[1134].

Resulta trascendente advertir que, también, se ha sostenido que existe equivalencia entre los conceptos de dominio originario y de dominio eminente, contraponiéndose al dominio derivado o al dominio útil también llamado derecho de explotación. En este orden, el dominio eminente ha sido concebido como un derecho de propiedad, en el sentido del derecho privado[1135].

Dentro de esta postura se ha dicho que la falta de recepción del concepto de *dominio eminente,* en las leyes mineras nacionales, ha provocado la confusión o mala interpretación de las prescripciones sobre dominio minero[1136].

A su vez, con arreglo al dictamen del Procurador General de la Corte Suprema, Doctor Elías P. Guastavino, y a lo resuelto por la sala IV de la Cámara en lo Civil y Comercial de Rosario en autos "Rosario Rowing Club" (en cuanto a que el dominio originario importa una potestad de disposición y de percibir regalías con sujeción a un ordenamiento fundamental) se ha considerado que el concepto de dominio origi-

---

[1131] VALLS, Mario F., *Recursos Naturales,* t. 1, Abeledo Perrot, Buenos Aires, 1994, p. 85 y ss.

[1132] VALLS, Mario F., *Recursos Naturales,* t. 1, *cit.*, p. 85 y ss.

[1133] VALLS, Mario F., *Recursos Naturales,* t. 1, *cit.*, p. 85 y ss. Ver: GONZALEZ, Joaquín V., *Obras completas,* t. IV, Universidad de La Plata, Buenos Aires, 1935, p. 205.

[1134] PRIETO, Hugo N., "El dominio de los recursos naturales...", *cit.*, p. 11. Asimismo, ver: HERNÁNDEZ, Antonio M., *Federalismo, autonomía municipal y ciudad de Buenos Aires en la reforma constitucional de 1994*, Depalma, Buenos Aires, 1997, p. 114, nota 158 y QUIROGA LAVIÉ, Humberto, *Constitución de la Nación Argentina Comentada*, Zavalía, Buenos Aires, 1996, p. 711.

[1135] MARTÍNEZ, Víctor H., "El dominio eminente", *Anales de la Academia Nacional de Derecho y Ciencias Sociales de Córdoba*, Disertación realizada en la sesión privada del 4 de agosto de 1998, t. XXXVII, p. 233 y ss.

[1136] MARTÍNEZ, Víctor H., "El dominio eminente", *cit.*, p. 233 y ss.

nario de las Provincias podría caracterizarse como una manifestación del regalismo o del dominio eminente[1137].

iv. Dominio y jurisdicción

La lectura de los debates de la Convención Constituyente ha conducido a sostener que el reconocimiento del dominio de los recursos naturales en cabeza de las Provincias no sustrae a estos bienes de la jurisdicción exclusiva del Congreso Nacional, entendida como potestad de regulación jurídica[1138].

En el mismo sentido, con independencia del dominio originario reconocido a las Provincias, los artículos 121, 126 y 75 inciso 12 de la CN ponen de manifiesto que nuestra Carta Fundamental ha atribuido al Congreso Nacional la facultad exclusiva de dictar un Código de Minería que comprende la regulación de determinados recursos naturales[1139] como son las minas y los yacimientos de petróleo y gas.

5. EL DOMINIO ORIGINARIO SOBRE EL MAR TERRITORIAL. CONDICIÓN JURÍDICA DE LA DENOMINADA ZONA ECONÓMICA EXCLUSIVA

El alcance del mar territorial ha sido establecido de manera uniforme para todos los Estados por la Convención de las Naciones Unidas sobre el Derecho del Mar de 1982, celebrada en Montego Bay, en 12 millas marinas medidas a partir de las líneas de base[1140] que establece dicha Convención (art. 3). En ese espacio marítimo el Estado ejerce con plenitud su soberanía, con arreglo a las prescripciones de la citada Convención (art. 2 ap. 3), otras normas del derecho internacional y el art. 3° de la ley 23.968[1141]. Por otra parte, de acuerdo al ordenamiento interno, el mar territorial integra el dominio público (art. 2340 inc. 1 del Cód. Civil).

No obstante que la Convención, al ser ratificada por la ley 24.543, posee jerarquía superior a las leyes (art. 75 inc. 22 de la CN) dado que aquella comprende al Estado Nacional como sujeto del Derecho Internacional vinculado por sus normas corresponde armonizar su preceptiva con el art. 124 de la CN. En tal sentido, la ley 18.502 que fijó el dominio provincial sobre el mar territorial en un espacio de 3 millas marinas debe considerarse derogada institucionalmente por el juego del referido precepto constitucional y lo prescripto por la Convención sobre el Derecho del Mar. En consecuencia, el dominio de las Provincias sobre el mar territorial se extiende a 12 millas marinas medidas en la forma antes indicada. En cualquier caso, también podría sostenerse que la ley 18.502 fue derogada expresamente por la ley 24.922 (art. 72) aún cuando este argumento podría cuestionarse sobre la base de que

---

[1137]   SARAVIA, Luis Adolfo, "El petróleo y las provincias", LL 1999- B, 1182.

[1138]   DE SIMONE, Orlando, "El dominio originario de los recursos naturales", LL 1997-C, 1440.

[1139]   AHUMADA, Horacio, "La ley de protección ambiental para la minería nro. 24.585. El Código de Minería y la Constitución Nacional," LL 1996- E, 1361.

[1140]   Las líneas de base de la República Argentina fueron determinadas en la Ley 23.968 (conf. su art. 1°, y los Anexos I y II).

[1141]   Que dispone que "La Nación Argentina posee y ejerce soberanía plena sobre el mar territorial, así como sobre el espacio aéreo, el lecho y el subsuelo de dicho mar".

los alcances de tal derogación no son generales sino que se circunscriben a la materia que, de modo especial, regula la citada ley.

En cambio, tanto en la zona adyacente o contigua[1142] como en la Zona Económica Exclusiva[1143] no hay dominio originario de las Provincias sino derechos de soberanía a favor de los Estados signatarios de la Convención, los que comprenden la explotación de los recursos naturales (tanto vivos como no vivos) y la producción de energía derivada del agua y de los vientos (art. 56 ap. 1 inc. A., arts. 4° y 5° de la ley 23.968). Al propio tiempo, el Estado Nacional ejerce jurisdicción, entre otras cosas, para el establecimiento y utilización de islas artificiales y la protección del medio marino (art. 56 ap. 1, inc. 2).

6. LA CONVENCIÓN CONSTITUYENTE DE 1994

A esta altura del análisis que venimos efectuando se advierte que el artículo 124 de la Constitución Nacional exhibe una suerte de mutismo ya que, a pesar de reconocer a las Provincias el dominio originario de los recursos naturales existentes en sus territorios, no especifica el contenido del concepto, lo cual se tornaba imprescindible frente al abanico de variantes interpretativas que habían surgido tanto en el campo de la doctrina como en el ámbito de la jurisprudencia[1144].

En el debate de la Convención, tan confuso y desordenado como contradictorio, se expusieron dos tesis centrales.

La primera, sostuvo que corresponde a las Provincias el dominio eminente, entendido como aquel que tienen las Provincias respecto de los elementos que se encuentran dentro de su territorio, a diferencia del dominio originario concebido como aquel que se posee sobre los recursos que las Provincias o la Nación conceden para su explotación por un tiempo determinado o, en el caso de las minas, hasta su agotamiento, manteniendo el Estado la tutela que permite recuperar su dominio si el concesionario no cumple con sus obligaciones[1145]. En esta línea, no faltaron, incluso, quienes dudaron acerca de si el reconocimiento del dominio originario implicaba la negación del dominio privado[1146].

Por otro lado, hubo quienes sostuvieron la concepción de que el dominio originario equivalía al derecho real de dominio. Al respecto, se postuló que el dominio originario de los recursos naturales no podía ser referido a otra cosa que al *dominio patrimonial* sobre los mismos. De ese modo, se sostuvo que siendo el dominio un derecho real, el correspondiente a los recursos naturales constituye un dominio de

---

[1142] Comprende hasta 12 millas desde el límite externo del mar territorial (12 millas medidas a partir de las líneas de base) según la Ley 23.968, art. 4°.

[1143] Que abarca desde el límite del mar territorial hasta las 200 millas marinas de las líneas de base Ley 23.968, art. 5°.

[1144] Obra de la Convención Nacional Constituyente 1994, Buenos Aires 1997, t. VI, p. 5486 (NATALE, Alberto).

[1145] Obra de la Convención Nacional Constituyente 1994, Buenos Aires 1997, t. VI, p. 5771, (DÍAZ ARAUJO).

[1146] Obra de la Convención Nacional Constituyente 1994, Buenos Aires, 1997, t. VI, p. 5769, (BATTAGIÓN).

naturaleza patrimonial sobre ellos. Pero como no implica prescribir un sistema co-lectivista, dicho dominio, de público, se transfiere a la propiedad privada para que su explotación y aprovechamiento se efectúe en el mercado[1147].

7. LA TITULARIDAD DEL DOMINIO ORIGINARIO DE LOS RECURSOS NATURALES PERTENECE, EN PRINCIPIO, A LAS PROVINCIAS, Y SÓLO EXCEPCIONALMENTE AL ESTADO NACIONAL

La prescripción contenida en el artículo 124 de la CN que atribuye a las Pro-vincias la titularidad del dominio originario de los recursos naturales existentes en su territorio, no implica, como más adelante se puntualiza, que la persona jurídica Estado Nacional no pueda ser titular también del dominio originario sobre los recur-sos naturales, aunque de modo excepcional y circunscripto al marco constitucional o internacional.

Así, en el supuesto previsto en el artículo 75, inciso 30 CN referido a los esta-blecimientos de utilidad nacional, corresponde al Congreso ejercer una legislación exclusiva, sin que ello obste al ejercicio de los poderes de policía y tributarios de naturaleza local. Según los antecedentes constitucionales, dichos establecimientos son los adquiridos por la Nación *por compra o cesión, en cualquiera de las Provin-cias,* como prescribía el anterior artículo 67, inciso 27, antes de la reforma constitu-cional de 1994.

Asimismo, el dominio originario de los recursos naturales corresponde, clara-mente, a la Nación en el caso de las áreas marítimas en las que, conforme al deslinde que resulta de la legislación vigente, se atribuyen los respectivos derechos al Estado Nacional. Concretamente, a excepción del mar territorial cuyo dominio originario pertenece a las provincias respectivas, los recursos existentes en la Zona Contigua (que se extiende a partir de las doce millas marinas y hasta las veinticuatro millas marinas) y en la Zona Económica Exclusiva (cuyo límite coincide con las doscientas millas marinas) pertenecen al dominio eminente y originario del Estado Nacional, según resulta de la interpretación armónica de la legislación en vigor (conf. La ley 24.543, art. 56, y la ley 24.922, art. 4).

El artículo 2º de la ley 25.943, al otorgar a la sociedad estatal ENARSA "la titu-laridad de los permisos de exploración y de las concesiones de explotación sobre la totalidad de las áreas marítimas nacionales que no se encuentran sujetas a tales per-misos o concesiones a la fecha de entrada en vigencia de la presente ley", confirma lo que venimos afirmando, en tanto exterioriza el ejercicio por el Estado Nacional de las potestades inherentes a la titularidad que le compete sobre las áreas marítimas sujetas a su dominio originario.

8. LA CONDICIÓN JURÍDICA DE LOS PUERTOS

Un capítulo aparte que merece también el abordaje doctrinario del tema, aunque en forma sucinta, concierne a la condición jurídica que revisten los puertos a la luz

---

[1147] Obra de la Convención Nacional Constituyente 1994, Buenos Aires 1997, t. VII, p. 6975 (QUIROGA LAVIÉ).

de las prescripciones de la ley de actividades portuarias[1148], cuya especial naturaleza confirma el valor relativo que tiene la clasificación adoptada en el Código Civil. Esto sucede porque un determinado bien resulta objeto de una regulación especial por una ley federal que no coincide con la condición jurídica que correspondería atribuir a los puertos por aplicación puntual de los preceptos y principios que establece el Código Civil.

Este ordenamiento especial reconoce la titularidad privada de los puertos construidos por particulares para su propio uso o de terceros vinculados contractualmente con ellos[1149], con lo que se legalizó una situación jurídicamente indefinida que tenía sustento en la realidad[1150].

Como la ley independiza la cuestión de la titularidad pública o privada del uso público o privado al que están destinados los puertos, resulta posible admitir la explotación de puertos de uso público por parte de particulares[1151] que sean propietarios de las instalaciones portuarias.

Por lo demás, la ley de actividades portuarias también escinde de la clasificación clásica las diversas formas que asume la actividad portuaria en la actualidad distinguiendo entre puertos comerciales (se cobra un precio), puertos industriales (que requieren una integración operativa entre la industria y el puerto) y los puertos recreativos en general, los deportivos o turísticos locales.

9. EL ELEMENTO NORMATIVO O LEGAL

La inclusión de un bien en la categoría y régimen del dominio público corresponde siempre a la ley. No se conciben, pues, bienes públicos por naturaleza[1152], a partir del Estado de Derecho y el imperio de legalidad, lo cual no impide que los ordenamientos prescriban que ciertos bienes naturales (*vgr.* ríos y lagos navegables) que, por sus características están destinados al uso común de los habitantes, posean una mayor protección jurídica de modo de impedir que puedan ser desafectados de ese destino mediante nuevos actos administrativos.

No obstante, la exigencia de ley para la desafectación de un bien natural que integra el dominio público no rige, en algunos supuestos, en que el propio legislador admite la posibilidad de su enajenación a particulares. Tal es lo que acontece en el caso de las islas conforme a la reforma introducida al art. 2340 por la ley 17.711[1153].

[1148] Ley 24.093.

[1149] Art. 7º, inc. 2, Ley 24.093.

[1150] *Vid.* GORDILLO, Agustín A. "Desregularización y privatización portuaria", *REDA* nro. 9/10, Depalma, Buenos Aires, 1992, ps. 34-35.

[1151] Art. 7º, incisos 1), 2) y 3) Ley 24.093. Se tratará de una figura similar a la concesión de servicios públicos en la que el titular del puerto está obligado a prestar "obligatoriamente el servicio a todo usuario que lo requiera".

[1152] Véase: BOBES SÁNCHEZ, María José, *La teoría del dominio público...*, cit. p. 51 y ss; Canosa, Armando, "El dominio público", en *Organización administrativa...*, cit., ps. 555-556.

[1153] Art. 2340, inc. 6 del Código Civil.

Es decir que, en definitiva, la categorización de los bienes del dominio público en naturales y artificiales puede ser utilizada o no por el legislador en la determinación del régimen jurídico de la institución.

Ahora bien, hay dos aspectos vinculados al elemento formativo o legal que merecen ser resaltados. El primero se refiere a la clase de ley que tenga aptitud para determinar que bienes pertenecen al dominio público, los criterios de afectación y el régimen jurídico. Tratándose –como se ha señalado– de una normativa imprescindible para acotar los límites entre los bienes públicos y privados, su regulación corresponde al Código Civil por tratarse de una materia propia de la legislación común o de fondo[1154], sin perjuicio de que las prescripciones sean de derecho administrativo. En tal sentido, las provincias carecerían de competencia constitucional para suprimir, ampliar o modificar las categorías de bienes establecidas en el Código Civil, sin perjuicio de las regulaciones locales que se dicten respecto de dichos bienes.

En segundo lugar, en materia de dominio público se aplican por analogía o subsidiariedad, según sea el uso, las prescripciones del Código Civil, en tanto fuera compatible con la naturaleza y fines de la institución[1155]. En este marco jurídico, los conceptos propios del derecho privado pueden ser dejados de lado o modificados por la ley administrativa tal como podría ser la posibilidad de limitar la extensión del dominio público a las cosas accesorias.

10. LA DETERMINACIÓN OBJETIVA DE LOS BIENES

El contenido del dominio público puede hallarse integrado tanto por bienes inmuebles como por cosas muebles y por derechos inmateriales (v.g. derechos de autor). La enunciación de tales bienes se encuentra[1156], como antes señalamos, en el Código Civil, cuyo artículo 2340 estatuye que quedan comprendidos entre los bienes públicos:

1. Los mares territoriales hasta la distancia que determine la legislación especial, independientemente del poder jurisdiccional sobre la zona contigua;

2. Los mares interiores, bahías, ensenadas, puertos y ancladeros;

3. Los ríos, sus cauces, las demás aguas que corren por cauces naturales y toda otra agua que tenga o adquiera la aptitud de satisfacer usos de interés general, comprendiéndose las aguas subterráneas, sin perjuicio del ejercicio regular del derecho del propietario del fundo de extraer las aguas subterráneas en la medida de su interés y con sujeción a la reglamentación;

4. Las playas del mar y las riberas internas de los ríos, entendiéndose por tales la extensión de tierra que las aguas bañan o desocupan durante las altas mareas normales o las crecidas medias ordinarias;

[1154] DIEZ, Manuel María, *Derecho Administrativo,* t. IV, *cit.*, p. 375, anota que la determinación de los bienes del dominio público implica "legislar sobre la condición jurídica de las cosas lo que es materia del derecho sustantivo, de fondo...".

[1155] DROMI, José Roberto, *Derecho Administrativo,* t. 2, Astrea, Buenos Aires, 1992, p. 27.

[1156] Ampliar en MARIENHOFF, Miguel S., *Tratado de Derecho Administrativo,* t. V, *cit.*, p. 98 y ss.

5. Los lagos navegables y sus lechos;

6. Las islas formadas o que se formen en el mar territorial o en toda clase de río, o en los lagos navegables, cuando ellas no pertenezcan a particulares;

7. Las calles, plazas, caminos, canales, puentes y cualquier otra obra pública construida por utilidad o comodidad común;

8. Los documentos oficiales de los poderes del Estado;

9. Las ruinas y yacimientos arqueológicos y paleontológicos de interés científico.

Conviene notar que el sistema adoptado no excluye la posibilidad de que leyes especiales, de carácter federal, amplíen la nómina de los bienes naturales ya que la creación de bines artificiales afectados al uso o utilidad común (art. 2340 inc. 7° del Código Civil) será, por lo general, dispuesta por la autoridad administrativa competente.

La cuestión acerca de si las cosas muebles son susceptibles de pertenecer al dominio público ha dejado de suscitar desacuerdos y hoy día se acepta su inclusión en la categoría[1157] si bien se considera que algunas cosas, por su carácter de no permanencia y ser susceptibles de reemplazo, como las cosas consumibles y las fungibles, respectivamente, no constituyen bienes dominiales[1158]. Es posible también que un determinado conjunto de bienes integren una *"universidad pública"*, en tanto estuvieran afectados al uso común, tal como acontece con las bibliotecas o museos públicos[1159].

Debe destacarse, finalmente, que entre los derechos u objetos incorporales o inmateriales el contenido del dominio público comprende diversas clases de bienes a saber: a) el espacio aéreo; b) las servidumbres públicas; y, c) los derechos intelectuales sobre las obras científicas o literarias[1160].

11. LA FINALIDAD A LA QUE ESTÁN DESTINADOS LOS BIENES PÚBLICOS

El llamado elemento teleológico hace referencia al fin al cual se hallan destinados los bienes públicos. Esta finalidad no es otra que la de satisfacer el uso público de los bines del Estado por parte de los habitantes o personas no estatales, uso que puede revestir carácter común o especial.

La concepción del Código Civil en materia del uso al que están destinados los bienes públicos es un tanto compleja, circunstancia que ha llevado a la doctrina a debatir si sólo comprende el uso directo[1161] o también el indirecto[1162].

[1157] BALBÍN, Carlos F., *Curso de Derecho Administrativo,* t. I, La Ley, Buenos Aires, 2007, p. 1059; Diez, Manuel María, *Derecho Administrativo..., cit.*, t. IV, p. 365 y ss.

[1158] MARIENHOFF, Miguel S., *Tratado de Derecho Administrativo,* t. V, *cit.*, p. 109.

[1159] MARIENHOFF, Miguel S., *Tratado de Derecho Administrativo,* t. V, *cit.*, p. 120 y ss.

[1160] DIEZ, Manuel María, *Derecho Administrativo..., cit.*, t. IV, p. 367; MARIENHOFF, Miguel S., *Tratado de Derecho Administrativo,* t. V, *cit.*, p. 114 y ss.

[1161] BIELSA, Rafael, *Derecho Administrativo,* t. III, La Ley, Buenos Aires, 1964, p. 454 y ss.

[1162] MARIENHOFF, Miguel S., *Tratado de Derecho Administrativo,* t. V, *cit.*, p. 133 y ss.

De otra parte, se trata de una cuestión que no puede escindirse del carácter común o especial, como forma de ejercicio de los derechos de las personas sobre el dominio público ni tampoco de la clasificación de los bienes privados que enuncia el Código Civil en el artículo 2342 del Código Civil.

Con apoyo en esta última prescripción y lo prescripto en el artículo 2340 del Código Civil, consideramos que el criterio del codificador Vélez Sarsfield, tanto en el caso del uso común como en el uso especial, se refiere al uso directo[1163] por parte de los respectivos usuarios del bien. En este aspecto, nos parece, también, que vinculan la cuestión con la teoría del servicio público que traduce una complicación innecesaria. De lo contrario, de admitirse que el uso indirecto proyecta su efecto sobre la condición jurídica del bien o de la cosa, prácticamente todos los bienes del Estado serían del dominio público. Antes bien, el ordenamiento excluye, expresamente, del dominio público ciertos bienes que no están afectados al uso directo de los usuarios y los considera bienes privados del Estado o de las Provincias (ej. muros y cuarteles)[1164].

El uso común así como los que admite el artículo 2341 del Código Civil, ha de ser directo como también el uso especial, en cuanto dicha norma admite la competencia de la autoridad administrativa para reglamentar el uso común, lo que conlleva la posibilidad de conceder usos especiales.

En Francia, a raíz de la amplitud que se le ha dado a la institución del servicio público (desde Duguit en adelante) la mayoría de la doctrina considera que la destinación del bien del dominio público comprende tanto el uso directo como indirecto.

Argentina exhibe una situación diferente como consecuencia de haberse enraizado la distinción entre función pública y servicio público[1165] y adoptarse para éste último concepto una noción más restringida que la francesa, limitada a las prestaciones individualizadas[1166] de actividades que tienden a satisfacer necesidades primordiales de los habitantes[1167].

Ahora bien, entre el dominio público y el servicio público coexisten relaciones de interdependencia. Y si bien la afectación de un bien o cosa al servicio público no es la finalidad exclusiva del concepto de dominio público –pues puede haber bienes naturales que no prestan actividades sino que simplemente están destinados al uso común (*v.gr.* ríos y lagos navegables) en materia de bienes de creación artificial los mismos pueden estar afectados al uso común de los habitantes. Cuando los bienes son estatales (aún cuando la titularidad sea del pueblo) y están afectados a un servicio público (*v.g.* caminos y vías férreas) ellos pertenecen al dominio público. Pero

---

[1163] BORDA, Guillermo, *Tratado de Derecho Civil Argentino,* t. II, Perrot, Buenos Aires, 1955, p. 52.

[1164] MAIRAL, Héctor A., "Nuevas ideas...", *cit.*, p. 103. En contra: Balbín, Carlos F., *Curso...*, *cit.*, t. I, p. 1060.

[1165] MARIENHOFF, Miguel S., *Tratado de Derecho Administrativo,* t. II, 2ª ed. actualizada, Abeledo Perrot, Buenos Aires, 1975, p. 49.

[1166] LINARES, Juan Francisco, *Derecho Administrativo,* Astrea, Buenos Aires, 1986, p. 511.

[1167] La definición del texto es la que dimos en nuestro *Derecho Administrativo*, t. II, 9° ed., reimpresión, Abeledo-Perrot, Buenos Aires, 2010, p, 412, la cual guarda coincidencia con la expuesta por Linares.

nada impide disociar la propiedad pública de la afectación al uso público y esto es precisamente lo que ocurre con los bienes de los concesionarios y permisionarios afectados a un servicio público quienes, mediante prestaciones individualizadas, satisfacen necesidades directas de los habitantes. Estos bienes no constituyen bienes dominicales sino que pertenecen a los concesionarios como titulares de derechos reales de propiedad privada[1168], sin perjuicio de las cargas y limitaciones que trae aparejado su afectación al servicio público[1169].

12. RECAPITULACIÓN

Resulta evidente que la atribución de naturaleza real a un derecho otorga a su titular una mayor protección y éste es el sentido que tiene la categoría en el derecho civil, que perfila la configuración del derecho real en base a dos caracteres esenciales: el efecto inmediato (el poder del titular se ejercita directamente sobre los bienes) y el carácter absoluto o eficacia *erga omnes,* frente a terceros[1170].

El derecho público de los bienes dominiales está montado sobre la clasificación entre bienes públicos y privados establecida en el Código Civil (que sigue el modelo francés). Estos últimos, por ser bienes patrimoniales del Estado que le sirven a éste como instrumentos de la gestión pública, están sometidos a la regulación básica de dicho Código. Sin embargo, la titularidad estatal de los bienes conduce a que coexistan, con la regulación civilista, principios de derecho administrativo fundados, precisamente, en la institución de la prerrogativa pública con el objeto de proteger esa titularidad con regímenes jurídicos especiales, algunos de los cuales atribuyen a la Administración poderes excepcionales que equivalen a dotar de ejecutividad a las decisiones administrativas (*v.g.* Ley 17.091), sin perjuicio de que sea posible cuestionar su conveniencia e, incluso, su constitucionalidad.

En los bienes del dominio público de uso común (*v.g.* ríos y lagos navegables) el titular real es el pueblo y sólo en sentido formal puede afirmarse que sean el Estado u otros particulares (concesionarios o permisionarios que posean derechos de uso especiales). Nada impide postular, como se ha hecho en Francia, a partir de Hauriou, la concepción que postula un dominio afectado al uso común por los habitantes, como una propiedad pública que admite la configuración de un derecho real administrativo distinto derecho privado de dominio previsto en la ley civil. Hay también una suerte de efecto inmediato y eficacia *erga omnes* característicos de los derechos de uso común que poseen los habitantes sobre los respectivos bienes dominiales y salvo que la Administración conceda usos especiales, ellos tienen derecho a recla-

---

[1168] En la misma línea de nuestro pensamiento: TAWIL, Guido S., "Algunas reflexiones en torno al régimen jurídico de los bienes afectados al servicio público", en *Organización Administrativa..., cit.*, p. 523 y ss., especialmente ps. 531-537, con respecto a los bienes afectados al servicio público de distribución de gas natural.

[1169] Véase: MARIENHOFF, Miguel S., *Tratado de Derecho Administrativo,* t. V, *cit.*, p. 35.

[1170] DIEZ-PICAZO, Luis, *Fundamentos del Derecho civil Patrimonial,* t. III, Civitas, Madrid, 1995, p. 68 y ss.

mar que se les permita utilizar los respectivos bienes, así como actuar judicialmente en defensa del dominio público[1171].

De igual modo, el ordenamiento puede prescribir la posibilidad de que los usos especiales que otorgue la Administración sobre el dominio público constituyan derechos reales administrativos[1172] de titularidad privada, con un régimen de estabilidad que estimule la realización de inversiones y favorezca la financiación de obras que benefician a la colectividad (v.g. instalaciones para el uso de pistas de esquí).

Como recapitulación podemos decir que la tesis de la propiedad pública y uso común del dominio público puede perfectamente coexistir con la que sustenta un título o potestad de intervención estatal sobre los bienes e incluso con la idea de relación jurídica proveniente de la doctrina germánica, sostenida en España por Parejo[1173]. Todas ellas traducen ópticas diferentes sobre un mismo objeto y aunque las dos últimas hayan pretendido desplazar a la tesis de la propiedad pública lo cierto es que no han logrado eclipsar su vigencia.

En cualquier caso, las críticas no han abordado la reconstrucción dogmática de la institución que, con sus ventajas e inconvenientes, han montado la doctrina, la legislación y la jurisprudencia al sostener la tesis de la propiedad pública, concepción desde luego, susceptible de ser perfeccionada, tal como ha sucedido con el modelo francés seguido muy de cerca por Argentina.

En ese sentido, cabe poner de relieve la opinión de Sainz Moreno, respecto a un debate similar suscitado en el derecho español, en cuanto cuestiona que sentido tiene "destruir todo esto", o ser, "una construcción muy acabada, incorporada a la Constitución, a las leyes sobre el patrimonio de cada Comunidad Autónoma y de las Entidades locales, aplicada por los Jueces y Tribunales, bien entendida por la doctrina y abierta a un proceso continuo de perfeccionamiento y adaptación"[1174].

La fuerza de la tesis de la propiedad pública quizás radica en la circunstancia de no cuestionar los elementos que concurren en la relación jurídica dominial que, como se ha señalado, es siempre la naturaleza real y no personal[1175]. Esto amerita,

---

[1171] Ampliar en USLENGHI, Alejandro J., "La protección del usuario de los bienes del dominio público", en *Organización Administrativa..., cit.*, p. 829 y ss., especialmente ps. 831-834.

[1172] Ver al respecto: GONZÁLEZ PÉREZ, Jesús, *Los derechos reales administrativos*, 2ª ed., Civitas, Madrid, 1984; GARRIDO FALLA, Fernando, *Tratado de Derecho Administrativo*, Vol. II, 10ª ed., Tecnos, Madrid, 1992, p. 393 y ss.

[1173] Véase: GONZÁLEZ GARCÍA, Julio V., *La titularidad de los bienes del dominio público*, Marcial Pons, Madrid, 1998, ps. 59-60.

[1174] SAINZ MORENO, Fernando, "El dominio público: una reflexión sobre su concepto y naturaleza, cincuenta años después de la fundación de la "Revista de Derecho Administración Pública", en *Revista de Administración Pública*, nro. 50, Centro de Estudios Políticos y Constitucionales, Madrid, 1999, ps. 512-513.

[1175] DIEZ-PICAZO, Luis, *Fundamentos..., cit.*, t. III, ps. 73-74, anota que, en el derecho privado, la distinción entre derechos reales y personales se desvanece un tanto y afirma que "los derechos reales se encuentran siempre insertos dentro de un marco que es jurídico-obligatorio, o que es, por lo menos, muy similar al jurídico obligatorio" (op. *cit.*, p. 74). Al respecto, un sector de la doctrina sostiene que el concesionario de bienes del dominio público no es titular de un derecho real sino personal, *Vid.* BOTASSI, Carlos, "Dominio y jurisdicción. Competencia nacional, provincial y municipal", en *Organización Administrativa..., cit.*, p. 666.

asimismo, que puedan constituirse derechos reales administrativos sobre el dominio público a favor de los particulares y no obstante que el contenido de ese derecho real de propiedad pública se encuentra limitado por una interdicción de disponibilidad, el derecho pierde su categorización pública al pasar al dominio privado del Estado o de los particulares, cuando se opera la desafectación del respectivo bien dominial y desaparece su destinación al uso común y, en su caso, al uso especial.

*Sección 2*ª

EL RÉGIMEN JURÍDICO DEL DOMINIO PÚBLICO

1. INTRODUCCIÓN

El régimen del dominio público se configura por un conjunto de normas y principios de derecho público exorbitante del derecho privado. Esa regulación diferenciada no es única y responde a la estructura trialista que caracteriza el mundo jurídico, en cuanto combina los elementos normológicos con los sociológicos y dikelógicos (normatividad, realidad y justicia)[1176].

En el plano normativo coexisten las prescripciones generales del Código Civil sobre el dominio público (arts. 2340 y 2341) con regímenes especiales distintos, como el que regula la actividad portuaria[1177]. A su vez, en determinados aspectos (*v.g.* el régimen de afectación de los bienes) las autoridades provinciales poseen toda la competencia que la Constitución no ha atribuido a la Nación (art. 121 CN) para completar y reglamentar la regulación establecida en el Código Civil, a condición de no modificar la legislación común en materia civil y comercial y, excepcionalmente, en las normas de derecho administrativo que delimitan las instituciones públicas y privadas para encuadrarlas en sus ámbitos naturales, sin interferencias de unas sobre otras (*v.g.* la regulación de la condición jurídica de las personas y de las cosas).

Por su parte, la realidad desempeña un papel trascendente e impone muchas veces soluciones que implican una suerte de desuetudo fundado en una necesidad pública que juega a favor de los particulares, máxime cuando la calificación de un bien del dominio público natural no resulta razonable porque el mismo, por su naturaleza, no está destinado al uso común de los habitantes. Como más adelante se verá, ello aconteció en el caso de las islas.

A su vez, no hay que perder de vista que – en el campo de los principios– el dominio público, si bien comprende relaciones propias de la justicia distributiva (en cuanto se distribuyen equitativamente bienes comunes) genera, al propio tiempo, a través del otorgamiento de usos especiales a particulares, relaciones con los respectivos usuarios de los bienes, que pertenecen a la justicia conmutativa o contractual, en las que la igualdad se realiza de objeto a objeto, en proporción a la cosa, lo cual

---

[1176] GOLDSCHMIDT, Werner, *Introducción filosófica al Derecho*, 4° ed., Depalma, Buenos Aires, 1973, p. 30 y ss.

[1177] Ley 24.093.

incide en la medida de la indemnización (valor objetivo), en los supuestos de privación de derechos a los permisionarios[1178] o concesionarios.

Finalmente, corresponde notar que, en gran parte, se trata de un derecho de formación doctrinaria lo que, en algunas circunstancias, dificulta los consensos doctrinarios así como la interpretación del sistema jurídico, en virtud de la diversidad de fuentes existentes. En realidad, el sistema recién adquiere estabilidad cuando la respectiva solución doctrinaria recibe acogida jurisprudencial uniforme.

En lo que sigue, abordaremos distintos aspectos del régimen jurídico de los bienes dominiales (afectación y desafectación, caracteres y tutela o protección del dominio público).

2. AFECTACIÓN Y DESAFECTACIÓN DE LOS BIENES DEL DOMINIO PÚBLICO

A) Conceptos de afectación y desafectación dominial

La afectación consiste en el acto o hecho administrativo que tiene por finalidad destinar un bien o cosa al uso común de los habitantes que, de esa manera, adquiere la condición jurídica típica de bien del dominio público.

En rigor, la afectación se refiere siempre a bienes del dominio público artificial ya que en los bienes del dominio público natural o necesario, su destinación al uso común está comprendida en cada tipo de bien genéricamente considerado[1179] (*v.g.* ríos, lagos navegables, mar territorial, etc.), sin requerirse un hecho o el dictado de acto administrativo alguno porque el bien ya ha sido incorporado al dominio público ministerio *legis*[1180].

La figura opuesta, que implica la extinción de la condición jurídica del dominio público, es la desafectación, la cual se produce cuando por hechos de la naturaleza (ej. cambio del cauce de un río) o por hechos o actos administrativos (*v.g.* supresión de una calle), el respectivo bien deja de destinarse al uso común.

Como se verá seguidamente, en la figura de la desafectación (a diferencia de la afectación) cobra trascendencia la clasificación entre bienes del dominio público natural y bienes del dominio público artificial. Sin embargo, no hay que confundir la desafectación de los bienes naturales con la pérdida de la condición jurídica de un bien dominial genérico que se opera en virtud de la ley. La supresión de una categoría de bienes del dominio público natural efectuada por ley, no constituye una desafectación sino una desclasificación que indica que determinado bien o cosa, ha

---

[1178] No obstante, la figura del precario (aplicable a un uso especial) que permite revocar un permiso por razones de oportunidad sin indemnización, goza, inexplicablemente, del favor de nuestra doctrina y jurisprudencia.

[1179] PARADA, Ramón, *Derecho Administrativo*, t. III, "Bienes Públicos, Derecho Urbanístico", 4° ed., Marcial Pons, Madrid, 1991, p. 66.

[1180] Vid. SAINZ MORENO, Fernando, "El dominio público...", *cit.*, p. 495, reconoce que en los casos del dominio público por naturaleza la afectación "consiste más bien en una clasificación de los bienes".

dejado de pertenecer al dominio público. En cualquier caso, la afectación tiene que ser actual y efectiva y no potencial o futura[1181].

Cuando un bien se encuentra afectado a un servicio público el destino de la actividad prestacional satisface una necesidad directa de los habitantes a través de prestaciones individualizadas y concretas. Los bienes que se encuentran afectados a un servicio público (también se denominan bienes afectos) pueden pertenecer al Estado (como representante de la comunidad) o a los particulares (ej. concesionarios). En este último supuesto, se opera una disociación entre titularidad del bien dominial y afectación, ya que tales bienes, aunque afectados a un servicio público y sujetos a un régimen jurídico especial, pertenecen al patrimonio del concesionario o licenciatario[1182].

B) Desafectación de los bienes públicos naturales

a. Cese de la condición dominial por ley

Como se ha visto, los bienes del dominio público natural son susceptibles de desclasificación por la ley estableciendo que determinados bienes genéricos han perdido su condición jurídica de bienes del dominio público, con lo que pueden pertenecer tanto al dominio privado del Estado como al de los particulares, si el Estado decidiera transferir su titularidad, al no estar alcanzados por la regla de la inalienabilidad.

Por ello, aun cuando no se trata de una típica desafectación produce sus mismos efectos y esto ha dado lugar a que se la confunda no obstante que ella se lleva a cabo a través de la actividad legislativa y no administrativa, como acontece en los supuestos que seguidamente pasamos a considerar.

b. Desafectación de bienes públicos[1183] naturales operada por hecho o acto administrativo o por causas físicas sin intervención del Estado

El cambio de los caracteres físicos que caracterizan a una clase de bienes del dominio público puede reconocer su origen en:

(i) hechos administrativos que impliquen una modificación de tales caracteres y hagan posible su incorporación al dominio privado o de los particulares. Es lo que acontece con las obras hidráulicas que provocan la desecación de un río o con las tierras ganadas al mar territorial o a los ríos. Esa desafectación –cuando se consu-

---

[1181] MARIENHOFF, Miguel S., *Tratado de Derecho Administrativo*, t. V, *cit.*, ps. 191-193; "Santiago Kenny c/ Provincia de Santa Fe", Fallos 113:158 (1909/1910); SAMMARTINO, Patricio Marcelo E., "El régimen del dominio público y sus implicancias procesales", en *Organización Administrativa..., cit.*, p. 870.

[1182] Véase: TAWIL, Guido S., "Algunas reflexiones en torno al régimen...", *cit.*, p. 533; apunta que los activos de Gas del Estado SA fueron transferidos al dominio privado del licenciatario (Reglas básicas de la licencia de distribución de gas, anexas al Decreto 2255/92). En consecuencia, no siempre los bienes afectados a un servicio público pertenecen al dominio público.

[1183] La expresión "bienes públicos" la usamos por comodidad del lenguaje y debe entenderse como equivalente a bienes del dominio público.

ma– opera *ipso facto*, sin necesidad de declaración legislativa o administrativa específica alguna, pues el bien ha perdido su característica básica como género incluido en la categoría de los bienes dominiales necesarios o por naturaleza;

(ii) la transformación física del bien producida por causas naturales, tal como sucede en algunos supuestos en que el respectivo bien del dominio público pierde aquellos caracteres físicos esenciales que le correspondían en cuanto a su inserción en dicha categoría (ej. cauce abandonado de los ríos, que pasa a pertenecerles a los respectivos ribereños)[1184].

C) Desafectación de los bienes públicos artificiales

Entre las causales de desafectación de los bienes públicos construidos para utilidad o comodidad común (art. 2340 inc. 7° CC), además de las enunciadas para los bienes del dominio público natural, hay que incluir una causal que reviste carácter principal en esta clase de bienes: la desafectación que dispone el cambio de destino del bien efectuada por la autoridad administrativa.

Esto acontece –generalmente– en materia de urbanismo e infraestructuras, cuando se decide, por ejemplo, la supresión de una calle o plaza pública, un puente, el traslado de un cementerio público, etc. Este tipo de desafectación puede producirse en forma expresa o tácita[1185] (*v.g.* el cierre definitivo de una vía pública) a condición de que sea dispuesta por la autoridad administrativa competente que, en principio, es local o provincial (art. 121 CN). La respectiva desafectación puede tener como fuente tanto un hecho como un acto administrativo.

3. EL DOMINIO SOBRE LAS ISLAS: LA SOLUCIÓN TRAS LA REFORMA DEL CÓDIGO CIVIL

Un caso revelador de la multiplicidad de regímenes existentes en materia de dominio público es el concerniente a las islas.

Con anterioridad a la reforma, el inc. 6° del art. 2340 del Código Civil, prescribía que las islas eran del dominio público. Pero la realidad fue distinta y se impuso sobre el precepto, llegando incluso las Provincias y la jurisprudencia de la Corte a legitimar las adquisiciones de islas por parte de particulares[1186], generando una situación que no fue aceptada por prestigiosos doctrinarios que consideraron que las leyes que autorizan su enajenación, así como las correspondientes compraventas de islas adolecen de nulidad absoluta, dado el principio de inalienabilidad que preside el régimen del dominio público[1187].

La doctrina favorable a la desafectación de las islas se basó, principalmente, en la utilidad general y pública de incluirlas en el comercio de derecho privado, para

---

[1184] MARIENHOFF, Miguel S., *Tratado de Derecho Administrativo, cit.*, t. V, p. 207 y *Régimen y legislación de las aguas públicas y privadas*, Valerio Abeledo, Buenos Aires, 1939, nro. 362.

[1185] MARIENHOFF, Miguel S., *Tratado de Derecho Administrativo, cit.*, t. V, p. 233.

[1186] "Gobierno Nacional c/ Franco Mercedes, Elena y Enrique", Fallos 151:272 (1928); "Cardile, Pancracio c/ Provincia de Buenos Aires", Fallos 191:473 (1941).

[1187] MARIENHOFF, Miguel S., *Tratado de Derecho Administrativo, cit.*, t. V, p. 248 y ss.

favorecer la explotación de las "extensas y fecundas tierras insulares" considerando que ello constituía la *ratio legis* del art. 2340 del Código Civil[1188].

Al respecto, cabe tener en cuenta que el régimen de dominialidad de las islas, el Decreto-Ley 14.577, había desafectado las islas de propiedad de la Nación, lo que a nuestro juicio importó una modificación del Código Civil. Igual *ratio legis* corresponde, en consecuencia, extender a las islas de propiedad provincial.

Esta interpretación ha quedado confirmada, a nuestro juicio, tras la reforma introducida al art. 2340 del Código Civil por la ley 17.711 que dispuso que las islas pertenecerán al dominio público "cuando ellas no pertenezcan a particulares".

De esa manera, al ser susceptibles de desafectación, las islas han pasado a tener un "status especial", dentro del dominio público natural. La caracterización dominial de las islas ha quedado así como una categoría residual que puede cambiar por hechos o actos administrativos provenientes de autoridades nacionales o locales que decidan enajenarlas e incluso, cabe admitir que los particulares puedan adquirir el dominio sobre ellas a través de la usucapión o prescripción adquisitiva.

4. CARACTERES: INDISPONIBILIDAD E IMPRESCRIPTIBILIDAD. LA INEMBARGABILIDAD DE BIENES ESTATALES

En la construcción dogmática del régimen jurídico del dominio público, que cobra relieve en el derecho vernáculo a partir de la obra de Bielsa, asumen trascendencia los denominados caracteres (indisponibilidad o inalienabilidad e imprescriptibilidad) cuya creación ha sido básicamente doctrinaria y, en menor medida, jurisprudencial.

A) Indisponibilidad o inalienabilidad

El destino de los bienes dominiales a un fin directo de uso público por parte de la comunidad justifica la interdicción de enajenarlos con el objeto de mantener la afectación, particularmente de los bienes naturales[1189], dispuesta por la ley. Para fundamentar la indisponibilidad de dichos bienes, desde la mitad del siglo pasado, se aduce la necesidad de proteger los bienes para reservarlos a las generaciones futuras[1190] lo cual no resulta incompatible con la idea de maximizar su utilización económica en beneficio de la colectividad, admitiéndose la constitución de derechos reales administrativos sobre los bienes que integran el dominio público.

Como acontece en otras instituciones del derecho administrativo de fondo, la indisponibilidad de los bienes del dominio público no surge expresamente de la ley administrativa ni tampoco, en forma expresa, del Código Civil. Sin embargo, de la

---

[1188] Véase: SPOTA, Alberto G., "'Desafectación' y venta de las islas. La usucapión de las mismas", comentario a la jurisprudencia de la Corte Suprema ("Cardile, Pancracio c/ Provincia de Buenos Aires", Fallos 191:473 [1941]), JA 1942-I, 1019 y del mismo autor *Tratado de Derecho Civil*, t. I, vol. 1, Depalma, Buenos Aires, 1953, ps. 413-414.

[1189] Véase: BIELSA, Rafael, *Derecho Administrativo. Legislación administrativa argentina*, 3° ed., Lajouane y Cía, Buenos Aires, 1939, p. 8 y ss.; MARIENHOFF, Miguel S., *Tratado de Derecho Administrativo, cit.*, t. V, nro. 1758, p. 257 y ss.

[1190] DIEZ, Manuel María, *Derecho Administrativo*, t. IV, *cit.*, p. 398.

interpretación armónica y coordinada de los preceptos del Código se desprende que si el dominio público está fuera del comercio (art. 2336 CC) no puede ser objeto de actos jurídicos (art. 953 CC) ni del derecho real de propiedad (art. 2604 CC), la regla de indisponibilidad se impone como principio general.

La principal consecuencia que se desprende de esta regla es la inembargabilidad de los bienes del dominio público, regla que también se extiende, en algunos supuestos, a los bienes del dominio privado del Estado y también a los pertenecientes a los concesionarios que se encuentran afectados a un uso público[1191].

B) Imprescriptibilidad

Los bienes del dominio público no son susceptibles de incorporarse al dominio de los particulares, mediante el instituto de la prescripción adquisitiva. Idénticas razones que justifican la regla de inalienabilidad se imponen para establecer la imprescriptibilidad de los bienes dominiales.

Al respecto, del Código Civil, aunque no en forma directa, se desprende la imprescriptibilidad de dichos bienes toda vez que si las cosas que no se encuentran en el comercio no pueden ser objeto de posesión (art. 2400 CC, a contrario sensu) y si sólo pueden prescribirse las cosas cuyo dominio o posesión puede ser objeto de una adquisición, los bienes del dominio público –como no se encuentran entre aquellos que pueden ser objeto de adquisición según el art. 3951 CC– , no son susceptibles de incorporarse al dominio privado mediante la prescripción adquisitiva.

En ese sentido, la Corte ha señalado que los bienes del dominio público, mientras mantengan su afectación específica, se encuentran fuera del comercio y no son enajenables, ni prescriptibles, así como no pueden ser embargados, a tenor del art. 2336 y siguientes del Código Civil[1192].

5. TUTELA DEL DOMINIO PÚBLICO

La protección del dominio público constituye otra de las peculiaridades del régimen jurídico típico del derecho público en el que coexisten, junto a las medidas de tutela judicial, propias del derecho privado que se aplican por analogía frente al vacío existente en la legislación administrativa, las prerrogativas de la Administración para utilizar la coacción directa en defensa de los bienes dominiales.

A) La autotutela sobre los bienes del dominio público

Para proteger las finalidades que persigue esta categoría de bienes estatales, primordialmente su afectación al uso público directo por parte de los habitantes, la Administración puede utilizar la coacción sobre las personas que dificultan o impiden el cumplimiento de los fines que persigue esta categoría de bienes.

[1191] Véase: MARIENHOFF, Miguel S., *Tratado de Derecho Administrativo*, *cit.*, t. V, nro. 1765, ps. 271-274.

[1192] "Provincia de Buenos Aires c/ Club Mar del Plata", Fallos 146:288 (1926) y "Provincia de Buenos Aires c/ Riglos", Fallos 147:178 (1926).

Se trata del principio general, que preside esta institución, establecido con el objeto de mantener la continuidad a la que están destinados los bienes dominiales[1193]. Este principio ha sido recogido en el ordenamiento positivo de la Ciudad Autónoma de Buenos Aires[1194], así como en la jurisprudencia de la Corte Suprema[1195].

La principal consecuencia de la autotutela consiste en habilitar a la Administración para emplear la fuerza pública, con el objeto de proteger los bienes del dominio público, manteniéndolos en condiciones de ser utilizados por los habitantes o usuarios especiales.

B) Acciones judiciales

En principio, el Estado, a través de la Administración Pública, y como representante del pueblo (en quien radica, en definitiva, la titularidad del dominio público) puede acudir, para proteger los bienes dominiales, tanto a la autotutela administrativa como a la instancia judicial, ejercitando, en este último supuesto, las acciones petitorias o posesorias que fueran pertinentes. La doctrina[1196] ha señalado que se trata de una opción de ejercicio discrecional, la cual dependerá de las circunstancias de cada caso.

Aunque se haya negado, por un sector doctrinario[1197], la procedencia de la acción reivindicatoria sobre bienes dominiales, lo cierto es que, en concordancia con la doctrina más autorizada[1198], el Código Civil ha seguido esa tesis al declarar, en el art. 4019 inc. 1°, la imprescriptibilidad de la acción reivindicatoria de las cosas que están fuera del comercio, lo cual implica admitir la viabilidad de dicha acción.

El ejercicio de las acciones judiciales que protegen el dominio público cobra especial trascendencia en nuestro régimen federal, habida cuenta que en las relaciones inter-administrativas que pertenecen a diferentes esferas de gobierno está vedado el uso de la coacción (autotutela) para proteger el dominio público. Este es otro principio general de nuestro derecho público que prohíbe esta especie de ejecutoriedad[1199] en materia de relaciones inter-administrativas exigiendo que los conflictos se ventilen, única y exclusivamente, ante los tribunales judiciales.

[1193] MARIENHOFF, Miguel S., *Tratado de Derecho Administrativo*, cit., t. V, nro. 1780, p. 320 y ss.; LAUBADÈRE, André de, *Traité elémentaire de Droit Administratif*, t. II, 5° ed., LGDJ, París, 1970, p. 175 y ss. y nuestro *Derecho Administrativo*, 9° ed., Abeledo Perrot, Buenos Aires, 2008, p. 331.

[1194] Art. 12, Ley de Procedimientos Administrativos de la Ciudad Autónoma de Buenos Aires.

[1195] In re "Hijos de Isidro Grillo SA", Fallos 263:477 (1965).

[1196] MARIENHOFF, Miguel S., *Tratado de Derecho Administrativo*, cit., t. V, nro. 1783 b), p. 326.

[1197] DIEZ, Manuel María, *Derecho Administrativo, cit.*, t. IV, ps. 449-450.

[1198] VILLEGAS BASAVILBASO, Benjamín, *Derecho Administrativo*, t. IV, Tea, Buenos Aires, 1954, p. 178; MARIENHOFF, Miguel S., *Tratado de Derecho Administrativo, cit.*, t. V, nro. 1783, ps. 324-325.

[1199] *Vid.* nuestro *Derecho Administrativo, cit.*, t. II, p. 126.

6. USO COMÚN Y USO ESPECIAL. NATURALEZA DE LOS DERECHOS DE LOS USUARIOS

La dogmática en la que se concentra la cuestión concerniente al uso del dominio público se encuentra plagada de aporías de interpretación, originadas muchas veces en confusiones teóricas o en preconceptos doctrinarios desconectados de la finalidad que persigue la institución.

Por de pronto, se ha pretendido identificar el uso común con el uso colectivo (en la versión del *utis universi*) y el uso especial, con el uti singuli. A su vez, la doctrina que postula que los bienes del dominio público pueden estar afectados a una finalidad indirecta de la población incorpora un elemento adicional a la confusión existente.

Por de pronto, si se define el uso común como el derecho a utilizar un bien dominial en forma directa por parte de cualquier habitante, es evidente que su ejercicio puede llevarse a cabo tanto en forma individual como colectiva (lo que no implica que sea forzosamente *uti universi*)[1200].

En principio, el derecho al uso común, como todos los derechos reconocidos en el at. 14 de la CN, se ejerce en forma individual, tal como sucede con el derecho a transitar por las vías públicas, aún cuando, por excepción, cabe admitir su ejercicio colectivo a través de un grupo, clase o asociación que represente intereses colectivos (ej. Asociación de Navegantes).

Al propio tiempo, el uso esencial, que consiste en el derecho de utilizar el dominio público, en forma exclusiva o preferente, también es susceptible de ejercicio individual (*v.g.* concesión de uso de agua) o colectiva (concesión de cementerio otorgada a una asociación).

Cabe advertir que ambas especies de uso se regulan por el derecho administrativo, ya que en virtud de la naturaleza local de la institución del dominio público, el poder de legislar corresponde a las Provincias, al no haber sido delegado por la Constitución al Estado Nacional (art. 121 CN)[1201].

Conviene precisar, asimismo, que el derecho de uso (sea éste común o especial) puede ser tanto gratuito como oneroso (ej. peaje)[1202] ya que la gratuidad no constituye una cualidad inherente al dominio público.

En lo que concierne a la naturaleza del derecho que poseen los usuarios de los bienes dominiales, siendo un derecho real de uso atípico regido por el derecho ad-

---

[1200] MARIENHOFF, Miguel S., *Tratado de Derecho Administrativo, cit.*, t. V, ps. 340-341, aunque aceptando la idea de uso indirecto como parte de la noción.

[1201] El precepto contenido en el art. 2341 del Código Civil debe reputarse inconstitucional; véase: MARIENHOFF, Miguel S., *Tratado de Derecho Administrativo, cit.*, t. V, nro. 1790, p. 344 y ss.

[1202] MARIENHOFF, Miguel S., *Tratado de Derecho Administrativo, cit.*, t. V, nro. 1789, ps. 343-344; GUIRIDLIAN LAROSA, Javier D., "Dominio público y fiducia", en REINA TARTIÈRE, Gabriel de (Dir.), *Dominio público, cit.*, p. 331; en contra: Diez, Manuel María, *Derecho Administrativo, cit.*, t. IV, p. 460, con respecto al uso común.

326

ministrativo (derecho real administrativo)[1203] que tiene por objeto el dominio públi-co[1204], las respectivas situaciones jurídicas o prerrogativas en cuanto a su ejercicio constituyen verdaderos derechos subjetivos susceptibles de ser reclamados ante el Estado, o bien, por éste último, a los particulares que turben o impidan el ejercicio de tales derechos por parte de los habitantes o de los titulares de usos especiales[1205].

[1203] Véase: BOQUÉ, Roberto, "Las relaciones reales administrativas", en REINA TARTIÈRE, Gabriel de (Dir.), *Dominio público, cit.*, p. 293 y ss.

[1204] *Cfr.* GONZÁLEZ PÉREZ, Jesús, *Los derechos reales administrativos*, Civitas, Madrid, 1989, p. 29.

[1205] Ello no obsta a que la titularidad real pertenezca siempre a los usuarios especiales que recla-man ante la justicia el reconocimiento de sus derechos de uso. El Estado, en cambio, actúa frente a terceros no usuarios como representante de los titulares reales. Hay, si se quiere, una suerte de doble titularidad, aunque en dos esferas diferentes.

TITULO NOVENO

LOS CONTRATOS DE LA ADMINISTRACIÓN PÚBLICA

CAPÍTULO I

LA CONTRATACIÓN PÚBLICA

1. LIMINAR

La categoría del contrato administrativo se ha abierto paso y se ha afirmado en la mayoría de la doctrina y la jurisprudencia de nuestro derecho administrativo, no obstante el proceso dialéctico que, con diferentes matices y grados de intensidad, suele afectar a todas las instituciones del derecho.

Desde luego que siendo el instituto del contrato administrativo tributario de las concepciones imperantes en Francia y en España, como en el caso de muchas otras instituciones de nuestro derecho público, dicha figura ha permanecido fiel, aun con los aportes vernáculos originales, al molde de la teoría *ius administrativa* del contrato.

En tal sentido, el caso español resulta paradigmático de la adhesión a esa corriente y así se ha venido reflejando en la legislación[1206] y jurisprudencia de ese país, cuya influencia hoy día en nuestro medio es superior a la que en gran parte del siglo pasado llegó a irradiar el derecho francés.

La afección a las modas de turno, influidas muchas veces por premisas ideológicas, condujo a un sector de la doctrina, en el siglo pasado, a postular la desaparición del contrato administrativo como categoría autónoma y diferente del contrato civil o comercial. Básicamente, esta figura tenía su base en una construcción teórica que, apoyada en la causa de fin público relevante, se integraba por reglas, principios y potestades propias del derecho administrativo, cuyo bloque configura el denominado régimen exorbitante del derecho privado, régimen típico o régimen administrativo del contrato.

Se argumentaba, entre otras cosas, que era una figura de contornos imprecisos que impedía establecer criterio esencial alguno que permitiera definirla con certeza, como si las categorías jurídicas participaran de la misma condición que las físicas o las matemáticas. Al tiempo que se creía que el régimen del contrato privado repre-

---

[1206] *V.gr.*, la última Ley española de Contratos del Sector Público, 30/2007 (BOE 261 del 31/10/2007), recoge la categoría del contrato administrativo, diferenciándola de los contratos de objeto privado (cfr. arts. 19 y 20).

sentaba la mayor garantía para la estabilidad de los contratos administrativos, también se negaba su sustantividad sobre la base de que ésta no difería, básicamente, de la categoría del contrato civil, y que lo único que era típico de esta figura consistía en una modulación especial que configuraba el reconocimiento de un conjunto de prerrogativas de poder público durante la ejecución del contrato.

De otro lado, se sostenía que la presencia del Estado en la contratación pública tenía la fuerza suficiente para transformar esa participación en sustancial (lo cual sería un verdadero milagro) y convertir el respectivo acuerdo de voluntades en un contrato administrativo, puesto que la posición que asumía como sujeto en la relación jurídica contractual revelaba la existencia del interés público o del fin público que teñía, por decirlo de algún modo, toda la figura de una coloración administrativa. En nuestra doctrina, hubo un sector que consideró que esta postura reflejaba una tesis sustantiva del contrato administrativo, propiciando un régimen unitario para todos los contratos celebrados en el llamado sector público de la economía.

En un sentido distinto – no necesariamente opuesto a las tendencias señaladas– aparecieron corrientes relativistas que, apoyadas en la flexibilidad del régimen jurídico contractual y en el grado diferente de intervención del interés público en el régimen del contrato, sostuvieron tesis restrictivas sobre el contrato administrativo, al cual consideran algo así como una cosa en movimiento que sólo alcanza a configurarse cuando se está frente a un *crescendo* de prerrogativas de poder público, sin llegar a definir cuándo esto acontece. En esta tesitura, se propugna la defensa irrestricta del usuario en el campo de las concesiones de servicios públicos, debilitándose las garantías del concesionario, que queda a merced del poder unilateral y discrecional del Estado. No puede menos que causar asombro que en el punto extremo de esta tesis se intente retornar a la doctrina y jurisprudencia francesa de la época de Jèze, e incluso anterior.

A su vez, coexiste con las anteriores una corriente también restrictiva que rechaza la teoría del contrato administrativo, a la que atribuye peligrosidad para la seguridad jurídica.

En el medio de ese fárrago de posturas doctrinarias, la tesis que afirma la figura del contrato administrativo como una categoría autónoma y sustantiva, dotada de una teoría propia que la nutre de principios jurídicos comunes, se ha mantenido en sus grandes líneas tanto en la doctrina como en la legislación y en la jurisprudencia argentina y comparada (Iberoamérica, Francia y España).

No han faltado tampoco quienes propugnen sustituir la nomenclatura tradicional por la de "contratos públicos". Pero ésta es una categoría jurídica de mayor amplitud conceptual que, en realidad, comprende al contrato administrativo aun cuando no absorbe la figura, ya que no existen reglas comunes en la contratación, excepto en lo concerniente al régimen de selección (zona común de la contratación administrativa).

No se ha querido ver, algunas veces, que se trata de una categoría que transita en un medio dinámico que evoluciona al compás de los cambios tecnológicos y las exigencias de la economía social de mercado, sin alterar el núcleo que funda su sustancia, que no es otro que la causa de interés público relevante o los fines públicos que persigue la función administrativa[1207].

En línea con los principios de la economía social de mercado, se ha advertido acerca de la ausencia, en los estudios jurídicos, del análisis económico sobre las decisiones que adopta la Administración en el campo contractual.

Surge así una nueva tendencia que pone la mira, antes que en las cuestiones dogmáticas, en los efectos económicos de las decisiones administrativas y los criterios para seleccionar el contratista, en la medida en que repercuten sobre el incremento de los precios o la reducción de la competencia[1208].

2. LA TENSIÓN ENTRE LOS PRINCIPIOS *LEX INTER PARTES* Y *PACTA SUNT SERVANDA* Y LA SOBERANÍA DEL PODER LEGISLATIVO SOBRE LOS CONTRATOS ADMINISTRATIVOS. LA PROYECCIÓN EN EL CONTRATO DE LA POTESTAD REGLAMENTARIA

La historia demuestra que la figura del contrato, en general, poseía una mayor estabilidad en el Antiguo Régimen que en el sistema que inauguró la Revolución Francesa. El respeto por los pactos, el cumplimiento de la palabra que obliga tanto a nobles como a los ciudadanos comunes (no obstante algunas desviaciones), era la regla común que todas las personas debían observar según un conocido principio: *pacta sunt servanda*.

La Revolución vino a romper esa situación de estabilidad de los contratos como consecuencia del dogma de la soberanía del Poder Legislativo sobre las relaciones convencionales, lo que implicó no sólo una modificación en el esquema de poderes, sino que, también, colocó a la ley por encima del contrato, haciendo posible la continua alteración de la fuerza obligatoria contractual. La primacía de la ley sobre el contrato (propugnada en su momento por Bentham) constituía un postulado originado en la concepción rousseauniana de la ley como producto de la voluntad general, a la que se consideraba la fuente de la soberanía del pueblo, que, como tal, se suponía infalible.

[1207] Un criterio similar al expuesto se desprende de la jurisprudencia aplicable a los contratos públicos en Italia. En tal sentido, se ha dicho que "el problema no es conseguir una pretendida equiparación de la parte contratante pública a la privada, sino más bien superar los planteamientos tradicionales, que han favorecido el crecimiento de los privilegios ligados a la tutela del sujeto público, por una nuevas que privilegien la tutela de la función administrativa. En este sentido, no puede discutirse que la Administración se encuentre sometida al régimen privado allí donde se cuestione su figura de contratante; al mismo tiempo, sin embargo, como la jurisprudencia parece sugerir, se justifica la subsistencia de instituciones especiales allí donde el instrumento contractual no sea completamente idóneo para conseguir el fin público. Resulta, sin embargo, evidente que el terreno sobre el que llevar a cabo un equilibrio entre las dos exigencias contrapuestas de autonomía y función continúa todavía en gran medida por explorar" (*cfr.* Benedetti, Auretta - Rossi, Giampaolo, "La actividad contractual de la Administración Pública en Italia", *Documentación Administrativa*, nro. 248/249, Instituto Nacional de Administración Pública, Madrid, 1997, p. 422).

[1208] Rivero Ortega, Ricardo, "¿Es necesaria una revisión de los contratos administrativos en España?", *Revista Española de Derecho Administrativo*, nro. 121, Madrid, 2004, p. 43.

Si bien no es éste el lugar para hacer el análisis de las complejas relaciones que existen entre la estabilidad y la Revolución, así como de sus efectos, en el plano contractual resulta evidente que el Código Napoleón, al encapsular la soberanía legislativa en un Código Civil – orgánico, sistemático y destinado a perdurar en el tiempo– trató de crear un nuevo escenario de estabilidad contractual y, por ende, de seguridad jurídica. De ese modo, quedaron sentadas las bases para generalizar el desarrollo del capitalismo en el siglo XIX, al menos en Europa continental, puesto que tanto en Inglaterra como en los Estados Unidos los pactos gozaron, en principio, de una gran estabilidad. Pero el art. 1197 de nuestro Código Civil contiene algo más que la regla del *pacta sunt servanda,* ya que al presentir que "[…] convenciones hechas en los contratos forman para las partes una regla a la cual debe someterse como en la ley misma" (en forma similar al art. 1134, CCiv. francés), consagra el principio de la *lex inter partes* que impide su alteración por las leyes generales posteriores[1209].

Sin embargo, nuevas situaciones económicas y sociales llevaron al legislador a dictar leyes que afectaron los contratos aun con obligaciones en curso de ejecución, ya fuera en forma retroactiva o sólo para el futuro. A su vez, el auge que asumió el desarrollo de la potestad reglamentaria sobre el contratista público durante el siglo XX planteó la necesidad de establecer unos límites razonables a su ejercicio y una compensación por los sacrificios especiales que tienen que soportar los cocontratantes privados.

Dicho proceso dio nacimiento, en el campo de la contratación administrativa, a una serie de teorías y de principios que procuraron paliar los desequilibrios producidos en la economía de los contratos por actos generales del poder público. Así, después de imponerse la teoría del "hecho del príncipe"[1210], se produjo el reconocimiento de la responsabilidad del Estado por la actividad legislativa y, finalmente, empiezan a vislumbrarse los problemas que plantea la incidencia de la potestad reglamentaria respecto de los contratos administrativos, hecho señalado por la doctrina clásica sobre la concesión de los servicios públicos (que la dividió en una faz reglamentaria y otra contractual)[1211], pero no suficientemente estudiado en la evolución posterior de la teoría del contrato administrativo.

[1209] Como la Revolución Francesa provocó la ruptura de los lazos interindividuales de la sociedad, fue necesario que el Código Civil restableciera la fidelidad de los contratos, además de otras instituciones fundamentales. Tal fue el sentido que tuvo la regla establecida en el art. 1134, CCiv. francés (similar a nuestro art. 1197) que lejos de consagrar el principio de la autonomía de la voluntad, estableció positivamente el antiguo *pacta sunt servanda,* asignándole la jerarquía de ley especial entre las partes signatarias del acuerdo; ampliar en Martin, Xavier, "Fundamentos políticos del Código Napoleón", en AA.VV., *La codificación: raíces y prospectiva. El Código Napoleón,* t. I, Educa, Buenos Aires, 2003, ps. 157 y ss.

[1210] Esta teoría vino a compensar el ejercicio del *ius variandi; vid.* por todos: García de Enterría, Eduardo - Fernández, Tomás R., *Curso de derecho administrativo,* t. I, 10ª ed., Civitas, Madrid, 2000, ps. 733 y ss.

[1211] Para Marienhoff, uno de los pocos juristas que abordó este tema, la faz reglamentaria integra la parte exorbitante del contrato; Marienhoff, Miguel S., *Tratado de derecho administrativo,* t. III-B, 2ª ed. actualizada, Abeledo-Perrot, Buenos Aires, 1978, ps. 595 y ss.

Lo cierto es que el ejercicio de la potestad reglamentaria se encuentra siempre subordinado a la Constitución y a la ley, que les marcan sus límites.

En tal sentido, se fue conformando un conjunto de principios jurídicos que actúan como límites del poder (tales como el de no alterar la esencia de los contratos, la garantía de no expropiar derechos contractuales sin previa declaración de la utilidad pública [art. 17, CN] y el de no afectar la ecuación económico-financiera de los contratos sin compensación, el derecho a rescisión por parte del contratista, la irretroactividad, etc.), que vinieron a brindar seguridad jurídica y a contribuir a la estabilidad contractual. Aunque no todos estos principios se encuentren actualmente recogidos por el derecho positivo, resulta evidente que, de pretender mayores inversiones y crecimiento económico, ellos deberían incorporarse al ordenamiento en el futuro.

3. LA "IUSPUBLIFICACIÓN" DE LOS CONTRATOS Y LA INEXISTENCIA DE UN RÉGIMEN JURÍDICO UNITARIO

El campo de la contratación pública presenta un conjunto de matices que impide elaborar una teoría unitaria que abarque, con principios comunes, todo el universo contractual regido por el derecho público, tanto en el ámbito interno del Estado (del cual se ocupa el derecho administrativo en forma prevaleciente) como en el plano internacional (en el que confluyen diversos derechos y ordenamientos externos cuya aplicación generalizada dependerá del grado de imperio normativo y de la jurisdicción internacional sobre el respectivo contrato).

El fenómeno de la contratación pública fue descripto, en la etapa de mayor auge de la tesis *ius administrativa* del contrato, como un sistema radicalmente opuesto al de la contratación privada, sin reparar muchas veces en la circunstancia de que lo público y lo privado son categorías históricas que van formando conceptos jurídicos relativos, los cuales no siempre pueden encapsularse en formulaciones rígidas ni unitarias.

En el ámbito contractual, la idea de lo público se vincula, por una parte, con el Estado como sujeto contratante, pero, fundamentalmente, su principal conexión es con el interés general o bien común que persiguen, de manera relevante e inmediata, los órganos estatales al ejercer la función administrativa.

Ello no supone desconocer la ambivalencia que implica el hecho de que el Estado (que es siempre una persona de derecho público) acuerda también contratos regulados, en punto a su objeto, por el derecho privado, ni tampoco que determinados contratos celebrados por particulares pasen a regirse por el derecho administrativo, en forma entremezclada con el derecho civil o comercial.

Por lo demás, el contrato público que aparece, en punto a la competencia y al procedimiento de contratación, regido por el derecho administrativo, recibe también la injerencia del derecho internacional público o privado, a través de ordenamientos supranacionales como son los tratados internacionales, los que a partir de la reforma constitucional de 1994 poseen – como mínimo– una jerarquía superior a las leyes (art. 75, inc. 22, CN), formando parte, en algunos casos determinados, de la Constitución misma, aunque sin alterar su estructura dogmática.

De ese modo, el panorama que ofrece la contratación pública resulta tan complejo como variado, siendo difícil concebir un régimen jurídico unitario que agrupe y comprenda todas las formas contractuales a las que acude el Estado para alcanzar sus fines.

Lo expuesto no quita que la categoría principal en el campo de la contratación pública, regida por el derecho interno, siga siendo la categoría del contrato administrativo[1212], sin dejar de reconocer la configuración de otras especies contractuales en las que se aplica preponderantemente el derecho internacional y, en menor medida, el derecho administrativo (con la posibilidad de aplicación analógica del derecho privado). Esto acontece con los contratos excluidos del régimen general aplicable a la contratación administrativa, como son "los contratos celebrados con Estados extranjeros, con entidades de derecho público internacional, con instituciones multilaterales de crédito, los que se financien, total o parcialmente, con recursos provenientes de esos organismos", así como "los comprendidos en operaciones de crédito público[1213]".

Esa variedad de formas y regímenes se advierte, asimismo, en el ámbito interno, respecto de los contratos que celebran la Administración y los demás órganos del Estado, en ejercicio de la función materialmente administrativa (nos referimos aquí al Poder Judicial y al Congreso), los cuales pueden vincularse a través de otras figuras como: a) contratos parcialmente regidos por el derecho privado, con o sin cláusulas exorbitantes expresas, cuyo grado de aplicación del derecho administrativo dependerá del tipo y régimen jurídico de cada contrato (*v.gr.*, el régimen jurídico de los contratos que realiza el Banco Nación, regidos por el derecho mercantil, no es igual al que rige los contratos de objeto privado de la Administración pública nacional), y b) contratos interadministrativos, con caracteres diferenciales en punto al ejercicio de las prerrogativas de poder público, si bien hoy día la tendencia mundial apunta a despojar cada vez más a esta categoría de alguno de sus rasgos distintivos que antes tipificaban el régimen de selección (*v.gr.*, libertad de elección sin sometimiento al principio de concurrencia).

En efecto, tanto en la Argentina como en los Estados Unidos y Europa, en este último ámbito a través de la influencia que el derecho comunitario ha irradiado en los derechos nacionales de los países miembros de la Unión Europea, se observa una tendencia creciente hacia la *iuspublificación* de los sistemas de contratación estata-

---

[1212] Cuya existencia se afirmó en la jurisprudencia del Consejo de Estado francés. En el legendario *arrêt* "Terrier", del 6/2/1903, el Consejo de Estado galo sostuvo que "todo lo que concierne a la organización y funcionamiento de los servicios públicos, propiamente dichos, ya actúe la Administración por vía de contrato, ya lo haga por vía de autoridad, constituye una operación administrativa, que es, por su naturaleza, del dominio de la jurisdicción administrativa". Ampliar en García de Enterría, Eduardo - Fernández, Tomás-R., *Curso...*, *cit.*, t. I, ps. 677 y ss.

[1213] *Cfr. Régimen de Contrataciones de la Administración Nacional*, aprobado por dec. 1023/2001, art. 5°, incs. c) y d), en adelante RCAN.

les[1214], contrariamente a lo sostenido por algunos[1215], que se proyecta incluso hacia los antiguos esquemas contractuales basados en el derecho privado[1216].

Esa *iuspublificación* se revela en las reglas que rigen el proceso de selección que excluyen, en principio, la libertad para elegir al contratante y el reconocimiento de prerrogativas públicas que acompañan la ejecución del contrato, su extinción y los efectos que ella produce. Este proceso se ha llevado a cabo hasta en los países que no utilizaban la figura del contrato administrativo en sus sistemas jurídicos[1217].

A su vez, las situaciones de crisis o emergencias económicas que puede padecer el Estado (el caso de América latina es, en este aspecto, paradigmático) y que conducen a un acentuado dirigismo o intervencionismo estatal, inciden sobre los derechos y obligaciones de los contratistas estatales. En efecto, al modificar las condiciones de contratación, particularmente la ecuación económica-financiera del respectivo acuerdo de voluntades, se plantea el interrogante acerca de la subsistencia del contrato. En cualquier caso, sea que se acepte la configuración de relaciones obligatorias[1218], o bien que se considerase un supuesto de vinculación forzosa o de carga pública impuesta unilateralmente por el Estado, lo cierto es que el contratista debe ser resarcido de los perjuicios mediante una justa compensación, por imperio del art. 17, CN.

4. TRASCENDENCIA DE LA FIGURA DEL CONTRATO ADMINISTRATIVO

Entre las instituciones del derecho administrativo que han alcanzado mayor desarrollo doctrinario y jurisprudencial, la figura del contrato administrativo ocupa un lugar tan destacado que suele eclipsar a otras categorías que no han tenido una evolución comparable.

Quizá, como fenómeno que responde a causas similares, la única institución que adquirió una dimensión jurídica semejante fue la decisión ejecutoria del derecho francés; sin embargo, no obstante la proliferación de concepciones que postulan una vinculación de género a especie entre el contrato y el acto administrativo (y así debería ser dentro de un sistema con cierta coherencia lógica), el desarrollo de ambas figuras transitó por carriles diferentes, y aun cuando la tendencia actual parece orientarse hacia una mayor vinculación entre ambas figuras (*v.gr.*, la integración de los actos y reglamentos de ejecución contractuales con las cláusulas del contrato), no

---

[1214] *Cfr.* González-Varas Ibáñez, Santiago, *El contrato administrativo*, Civitas, Madrid, 2003, ps. 257 y ss., especialmente ps. 266-269. Este autor cita numerosos trabajos doctrinarios (nota 294) escritos por juristas europeos de diferentes países – incluso del Reino Unido– que advierten sobre la transformación que se ha venido operando en los sistemas contractuales.

[1215] Mairal, Héctor A., "De la peligrosidad o inutilidad de una teoría general del contrato administrativo", ED 179-655, y "El aporte de la crítica a la evolución del derecho administrativo", ED 180-849.

[1216] Ver Entrena Cuesta, Rafael, *La nueva contratación pública*, INAP, Madrid, 2002, ps. 30-31.

[1217] *Cfr.* González-Varas Ibáñez, Santiago, *El contrato...*, *cit.*, p. 266 y nota 294.

[1218] Larenz, Karl, *Derecho de las obligaciones,* t. I, traducción española de J. Santos Briz, Madrid, 1958, ps. 65 y ss., en especial, ps. 85 y ss.

se pueden extraer conclusiones definitivas en este punto acerca del rumbo futuro de la teoría del contrato administrativo.

Las causas de la trascendencia que ha cobrado la categoría jurídica del contrato administrativo son conocidas y van desde el crecimiento de las necesidades colectivas y la aparición de nuevas tecnologías, hasta la idea de la colaboración de los sujetos privados con la Administración Pública. Lo cierto es que los particulares, en estos casos, asumen cargas y obligaciones que no encajan en el molde del derecho privado[1219], el cual tampoco resulta compatible para regular el conjunto específico de derechos y garantías que vienen a compensar, de algún modo, las prerrogativas públicas del Estado.

La concepción finalista del contrato administrativo, no obstante la estabilidad de sus principios fundamentales, participa de la dinámica que es propia del derecho administrativo y que lo torna, en algunos aspectos, mutable con una textura abierta a las necesidades sociales y económicas. En ese marco, las instituciones y técnicas de la contratación administrativa acompañan siempre la evolución que se opera en los fines del Estado, cuyo bien común se conforma y desarrolla según el destino histórico de cada comunidad, variando de Estado a Estado[1220]. Así, muchos de los instrumentos y doctrinas al uso caen pronto en desuetudo por las transformaciones que provocan los cambios tecnológicos, que conducen al dictado de nuevas normas o a la renovación de las vigentes, a fin de adaptarlas, al propio tiempo que los criterios interpretativos, a la realidad en la cual operan.

El problema central que sigue planteándose en torno del contrato administrativo es hasta qué punto su construcción se independiza de las normas y principios del derecho civil – que vinieron rigiéndolo desde que el Estado comenzó a utilizar la técnica contractual en forma esporádica– y en qué medida ha adquirido una fisonomía peculiar y típica del derecho público.

A su vez, en forma correlativa, también se advierte, con menos énfasis, que la clásica discusión habida en la doctrina sobre la existencia de los llamados contratos privados de la Administración se ha trasladado al régimen jurídico, siendo difícil vaticinar cuál será la evolución del derecho comparado en este punto, salvo en Francia, donde, por razones tanto históricas como de unidad doctrinaria y jurisprudencial, continúa prevaleciendo el clásico esquema bipartito.

Las actuales tendencias que exhibe la evolución de la concepción del contrato en el derecho administrativo van desde una mayor flexibilidad para favorecer el ejercicio de la *potestas variandi*, en armonía con los principios generales que preservan la ecuación económico-financiera, hasta el reconocimiento de una "zona común" para regir todos los procedimientos de la contratación administrativa junto a

---

[1219] Por esa razón, en España, la reciente ley 30, del 30/10/2007, considera contratos administrativos a los contratos de colaboración celebrados entre el sector público y el privado (art. 19.1, inc. a]).

[1220] Véase sobre este punto la descripción de los distintos modelos de contrato administrativo utilizados en el derecho comparado, efectuada por Ariño Ortiz, Gaspar, "Contrato y poder público. La figura del contrato administrativo en el derecho español y europeo", en Cassagne, Juan Carlos (dir.), *Derecho administrativo. Obra colectiva en homenaje al profesor Miguel S. Marienhoff,* Abeledo-Perrot, Buenos Aires, 1998, ps. 867 y ss.

la tesis que admite contratos administrativos por extensión. En todas estas concepciones campean nuevos criterios de hermenéutica que sólo adquieren sentido si se mantiene la categoría del contrato administrativo, como figura típica del derecho público, dotada de un régimen peculiar específico que, fundado en una distinta materialidad jurídica, lo distingue tanto de los contratos regidos plenamente por el derecho civil o comercial como de aquellos de régimen mixto.

En nuestro país, una parte de la doctrina ha recibido el contagio de ideologías que ponen el acento, exclusivamente, en la protección del interés colectivo como exageradamente individualistas, lo cual resulta incompatible con cualquier intento serio de sistematización basado en la realidad y en los principios generales del derecho, particularmente el respeto de los pactos y la buena fe en la ejecución contractual. Todas estas doctrinas, generalmente seudo empíricas y en algunos casos dogmáticas, presentan, sin embargo, como característica común la de relegar la importancia de los fines que persigue el Estado para satisfacer las necesidades públicas, dando prevalecencia a los aspectos formales y positivos sobre la sustancia. De ese modo, para citar ejemplos de actualidad en materia de concesiones de servicios públicos, esas concepciones están más preocupadas por la rentabilidad empresaria (que juzgan siempre excesiva) que por la calidad y la eficiencia de los servicios, así como por los bajos niveles tarifarios antes que por la realización de inversiones para su aprovechamiento por las generaciones presentes y futuras. Ello provoca, en definitiva, un desplazamiento del verdadero interés público que no es sólo el del usuario actual, sino también el del potencial, e incluso el que tendrán los usuarios de las futuras generaciones que no es justo que soporten los desequilibrios de las concesiones o licencias mal administradas por las políticas de turno.

5. ESBOZO DE LAS PRINCIPALES CRÍTICAS Y COINCIDENCIAS QUE EXHIBE LA POLÉMICA

En uno de sus trabajos, el profesor Mairal[1221] formula dos críticas principales a la teoría del contrato administrativo que trataremos de resumir a continuación tratando de no alterar su pensamiento.

La primera apunta a que la teoría pretende crear una categoría que, en sí misma, se encuentra afectada por una gran imprecisión conceptual. Se propone, en cambio, que la categoría de los contratos administrativos sea resuelta por el ordenamiento mediante una enumeración que suponemos sería taxativa (concesión de servicios públicos, obra pública, etc.).

Pero esta solución reconduce al punto de partida y, lejos de resolver la cuestión teórica que procura solucionar, viene a complicarla aún más. En efecto, si cada contrato comprendido en la enumeración taxativa constituye por sí mismo una categoría conceptual específica, ésta tendría también las notas de imprecisión que le atribuye a la categoría general del contrato administrativo. Desde luego que si la lista fuera enunciativa, los problemas interpretativos serían mayores. Tampoco sería una respuesta adecuada para determinar qué tipo de contrato es aquel en que se mezclan

---

[1221] Mairal, Héctor A., "La teoría del contrato administrativo a la luz de recientes normativas", en Gordillo, Agustín A. (dir.), *El contrato administrativo en la actualidad*, La Ley, Buenos Aires, 2004, p. 3.

elementos de los contratos típicos y nominados, con nuevas figuras innominadas de derecho público y menos aún cuando se combinan con contratos de derecho civil o mercantil (*v.gr.*, préstamos, fideicomisos, etc.).

Es evidente que en este aspecto de la postura que criticamos late una suerte de rechazo a toda teorización sobre la categoría del contrato administrativo, postulando su carácter descriptivo antes que prescriptivo. En rigor, una teoría no se reduce a un mero formalismo hipotético deductivo. Las teorías están caracterizadas por cierto contenido y proporcionan un conocimiento que permite explicar una determinada realidad en el mundo jurídico. Desde luego que no se limitan a describir categorías, pero tampoco las prescriben aun cuando irradian su influencia en el medio. La prescripción corre por cuenta del ordenamiento que, eventualmente, las incorpora o le da recepción en los precedentes administrativos y judiciales.

En segundo lugar, se arguye que la adopción de una categoría conceptualmente definible importa la aplicación de una serie de reglas a todos "los entes que encuadran en tal categoría"[1222] y que ello produce una gran confusión en los alcances del "régimen especial" al que se sujeta el contrato administrativo, al generalizarse las reglas que rigen en la concesión de servicios públicos y en la obra pública.

Pero salvo los juristas partidarios de la concepción orgánica o subjetiva, la doctrina sustantiva o finalista nunca ha pretendido que los principios que caracterizan al contrato administrativo se extiendan todos los contratos que celebra la Administración –en especial a los de objeto privado– ni tampoco a los contratos administrativos de atribución o a los regidos por leyes especiales.

En este punto, existen otras posiciones doctrinarias que pese a rechazar la existencia de los llamados actos privados de la Administración admiten, al caracterizar el contrato administrativo, la presencia de un régimen parcial de derecho privado (aunque la competencia y la forma se rijan por el derecho público), con lo cual, en el fondo, esta tesis viene a coincidir con la postura doctrinaria que sustentamos desde los comienzos de nuestros primeros abordajes al tema.

En la actualidad, nos parece que, frente al dictado de un régimen normativo aplicable a la contratación del Estado y a sus entidades descentralizadas, que ha receptado prácticamente todas las potestades o prerrogativas de poder público de la Administración en el ámbito del contrato administrativo, la crítica que imputa confusión a la teoría ha perdido su principal razón de ser, toda vez que ahora la generalización que se cuestiona no surge de la doctrina sino de la norma.

Pero tanto a la luz del nuevo ordenamiento (RCAPN) como respecto al régimen de la Ley de Obras Públicas, que ha estructurado un régimen típico para los contratos administrativos, se impone efectuar la depuración de sus elementos autoritarios, habida cuenta de que el derecho administrativo debe concebirse siempre como un derecho que limita el poder en beneficio de la libertad, como lo ha destacado Covie-

---

[1222] Mairal, Héctor A., "La teoría...", *cit.*, p. 4.

llo recordando a González Navarro[1223], aspecto éste sin duda trascendente en el pensamiento de González Pérez[1224].

En este plano, vamos a poner de resalto nuestras coincidencias con algunas de las principales críticas hechas al régimen contractual (RCAPN y obra pública) en línea con las que hicimos en su oportunidad[1225].

Así, nos parece que los aspectos más criticables del nuevo régimen pueden reducirse a dos:

a) la prescripción que impide indemnizar el lucro cesante cuando el contratista no acepta las modificaciones propuestas por la Administración, que superan los topes admitidos[1226]. Es evidente que ello altera la estabilidad contractual y la seguridad jurídica al crear una regla injusta que carga sobre el contratista los daños que le irroga la lesión a sus derechos contractuales por decisiones adoptadas unilateralmente en función del interés público. Este precepto no sólo conculca el derecho de propiedad (art. 17, CN), sino el principio de igualdad (art. 16, CN), al hacerle soportar, de un modo desigual, los perjuicios provocados por la rescisión del contrato;

b) el régimen de la revocación con fundamento en razones de interés público, en cuanto excluye la indemnización por lucro cesante[1227], lo cual resulta inconstitucional y actualmente incompatible con la jurisprudencia de la Corte sentada en el caso "Jacarandá"[1228].

De todas maneras, aparte de que la revocación por razones de interés público es una técnica que no armoniza con la regla de que los contratos se celebran para ser cumplidos porque son la *lex inter partes* (siendo más propio aplicarla en el ámbito del acto administrativo unilateral o bilateral en sus efectos, que es, en rigor, de donde proviene), como esta especie de extinción posee idéntica *ratio iuris* que la expropiación, se requiere, en todos los supuestos, el dictado de una ley declarativa de la utilidad pública y un procedimiento reglado para cumplir con el recaudo de la previa indemnización, conforme lo prescrito en el texto constitucional (art. 17, CN).

Como es obvio, al ser la norma que regula la revocación por razones de interés público producto del ejercicio de una potestad delegada que le corresponde privativamente al Congreso, resulta inconstitucional delegar una atribución legislativa en forma genérica, sin determinar el plazo para su ejercicio y la determinación concreta

---

[1223] En el discurso inaugural de las Jornadas de Derecho Administrativo de la Universidad Austral pronunciado el 17/5/2006 celebradas en homenaje al profesor Julio Rodolfo Comadira.

[1224] Véase González Pérez, Jesús, *Administración pública y libertad*, McGraw-Hill, México, 1971.

[1225] Cassagne, Juan Carlos, "La categorización legal de las contrataciones de la Administración Nacional", *REDA* nro. 49, Depalma, Buenos Aires, 2004, p. 701 y ss.

[1226] Art. 54, inc. f), LOP. Obsérvese que ni siquiera Gordillo, que últimamente ha adoptado, en gran parte, la concepción francesa de Jèze para interpretar las prerrogativas de la Administración en las concesiones de servicios públicos, ha sostenido semejante principio; véase al respecto Gordillo, Agustín A., *Tratado de derecho administrativo*, t. I, FDA, Buenos Aires, 1982-1995-1998, ps. XI-89-90.

[1227] Art. 12, inc b), RCAPN.

[1228] "El Jacarandá S.A. v. Estado Nacional s/ juicio de conocimiento", Fallos 328:2654 (2005).

de la declaración legislativa, como lo exige la Ley de Expropiaciones[1229]. Esta objeción no nos parece que pueda cubrirse apelando al argumento de la prórroga genérica de la vigencia de las delegaciones que dispuso la ley 25.148[1230], ya que una ley no puede soslayar el cumplimiento de normas constitucionales que, en el caso, son tan claras como taxativas y se encuentran por encima de las leyes.

En suma, resulta inconveniente para la seguridad jurídica y el principio de transparencia que se interprete que las prerrogativas del RCAN revisten carácter absoluto y discrecional, incluso por encima de las garantías constitucionales, permitiendo la consumación de actos susceptibles de provocar la confiscación de derechos patrimoniales y contribuyendo a instrumentar herramientas que, en manos de funcionarios deshonestos o incapaces, favorecen la corrupción o la ineficiencia en el seno de la Administración y de los otros poderes del Estado.

Pero nuestras coincidencias son aún mayores si se repara en el hecho de que se extienden tanto al rechazo de las llamadas cláusulas exorbitantes implícitas – lo que ha tenido recepción doctrinaria[1231] –, a la admisión de la *exceptio non adimpleti contractus* en la concesión de servicios públicos[1232] (que para nosotros rige en todos los contratos administrativos) como a la crítica que efectuamos acerca de la fórmula prescripta para la aplicación directa de los preceptos de la LNPA sobre el acto administrativo al contrato administrativo, que creemos, en cualquier caso, ha de limitarse a lo que "fuera pertinente", como expresa la norma (art. 7°, LNPA). Esta hermenéutica termina reconduciendo el problema interpretativo a una aplicación analógica y no directa o subsidiaria de las normas que regulan el acto administrativo.

6. UTILIDAD DE UNA TEORÍA GENERAL SOBRE EL CONTRATO ADMINISTRATIVO

En algunos ensayos que pretenden ser prácticos o utilitarios se suelen criticar las teorías que, pretendiendo anclarse en la realidad, exhiben un nivel de abstracción e idealismo que las hace perder utilidad práctica. Sin embargo, basta con recordar a Chesterton cuando, refiriéndose a los ensayos, señaló los peligros que se generan al tratarse con frecuencia de cuestiones teóricas agregando que abordan "constantemente de cuestiones teóricas sin la responsabilidad de ser teóricos o de proponer una teoría"[1233].

[1229] Art. 5°, primera parte, ley 21.499. En cambio, la declaración genérica de la utilidad pública resulta excepcional y se vincula a los proyectos o planes urbanísticos de ejecución diferida (art. 5°, segunda parte, ley *cit.*).

[1230] Como lo sostienen Ortiz de Zárate, Mariana - Diez, Horacio P., "Perfiles de la contratación administrativa a la luz del Decreto 1023/2001", *REDA* nro. 44, Lexis Nexis, Depalma, Buenos Aires, 2002, p. 72.

[1231] Jeanneret de Pérez Cortés, María, "Acto administrativo y contrato administrativo", en *Contratos administrativos*, Jornadas organizadas por la Universidad Austral, Ciencias de la Administración, Buenos Aires, 2000, ps. 145-146.

[1232] En contra, Gordillo, Agustín A., *Tratado..., cit.*, t. I, p. XI-42.

[1233] Chesterton, Gilbert K., "Sobre el ensayo", citado en Cassagne, Juan Carlos, "La delimitación de la categoría del contrato administrativo (Réplica a un ensayo crítico), ED 181-942.

La utilidad de una teoría general se proyecta en una serie de reglas y principios que contribuyen a la seguridad jurídica, que, básicamente, hace a la previsibilidad de las reglas de juego aplicables al contrato administrativo.

Entre otros aspectos cabe destacar:

1) Cubre las lagunas legislativas o las cuestiones de interpretación que surgen acerca de la naturaleza administrativa de ciertos contratos que celebra el Estado tales como los contratos atípicos y los innominados, y en particular los contratos que contienen objeto múltiple.

2) Permite explicar el funcionamiento de las técnicas de la analogía y/o de la aplicación subsidiaria.

3) Justifica la prevalencia de la causa de fin público relevante en la interpretación del contrato (*v.gr.*, en cuanto al régimen de la caducidad, *potestas variandi* y/o en la revocación por razones de oportunidad).

4) Configura el marco teórico que fundamenta la inexistencia de potestades implícitas, justificando la renuncia al ejercicio de las prerrogativas (teoría de las potestades).

5) Hace posible el deslinde entre lo público y lo privado, en el campo de las contrataciones estatales, aspecto del que nos ocuparemos en el punto siguiente.

6) Da cabida a la clasificación entre contratos de colaboración y de atribución, excluyendo en este último caso las prerrogativas de poder público y estableciendo una interpretación más favorable al contratista.

7) Por último, admite que la teoría general resulta inaplicable a los contratos regidos por leyes especiales, así como a los contratos de atribución (*v.gr.*, contratos de promoción industrial o sobre ayudas públicas), en los que no cabe la sustitución del cocontratante privado.

7. HACIA UNA CONCEPCIÓN OBJETIVA Y FINALISTA DE LOS CONTRATOS ADMINISTRATIVOS

Para realizar los cometidos estatales, la Administración Pública actúa en el campo contractual utilizando potestades y prerrogativas que difieren en relación con el grado y naturaleza del interés público tutelado en cada caso.

Aun dando por superada en este estadio del derecho administrativo nacional y extranjero la postura que niega la categoría de los contratos administrativos[1234],

---

[1234] MARIENHOFF, Miguel S., *Tratado de derecho administrativo,* t. III-A, Abeledo-Perrot, Buenos Aires, 1989, ps. 20 y ss.; DIEZ, Manuel M., *Derecho administrativo,* t. II, Omeba-Plus Ultra, Buenos Aires, 1965, ps. 435 y ss.; FIORINI, Bartolomé A., *Manual de derecho administrativo,* t. I, La Ley, Buenos Aires, 1968, ps. 409 y ss. Para los antecedentes de esta cuestión: ENTRENA CUESTA, Rafael, "Consideraciones sobre la teoría de los contratos de la Administración", *Revista de Administración Pública,* nro. 42, Instituto de Estudios Políticos, Madrid, 1963, ps. 42 y ss.; BERÇAITZ, Miguel Ángel, *Teoría general de los contratos administrativos,* 2ª ed., Depalma, Buenos Aires, 1980, ps. 189 y ss. Se ha ocupado de este tema SOLAS RAFECAS, José María de, *Contratos administrativos y contratos privados de la Administración,* Tecnos, Madrid, 1990, ps. 21 y ss.

sostenida por la doctrina italiana[1235], hay que analizar toda la problemática que origina la aparición de una concepción finalista y objetiva sobre los contratos de la Administración que recoja el curso de la evolución operada y la realidad actual.

Lo primero que cabe observar es la presencia de dos grandes sectores de contratos de la Administración Pública: contratos administrativos e interadministrativos – por un lado– y contratos parcialmente regidos por el derecho civil o comercial – por el otro– . Tanto los contratos administrativos como los interadministrativos se rigen, en forma preponderante, por el derecho público, administrativo en la especie, no obstante la posibilidad de aplicarles las normas del Código Civil, pero adaptándolas siempre a la peculiar naturaleza publicista del contrato administrativo[1236]. En cambio, en los contratos de la Administración, parcialmente reglados por el derecho privado, las normas del derecho civil se aplican en su plenitud a los aspectos del contrato que regula el derecho civil o comercial (principalmente en punto al objeto) y la Administración carece de prerrogativas de poder público (en materia de modificación, ejecución, sustitución del contratista, etc.), pero la competencia resulta siempre reglada por el derecho administrativo, al igual que el procedimiento de selección, variando el grado de intensidad de aplicación del derecho público en función del tipo de contrato y del interés público (aunque éste no sea inmediato)[1237]. Por lo tanto, resulta imposible sostener la existencia de un régimen unitario, ni siquiera para los llamados contratos administrativos, en sentido estricto[1238].

En otros países, como en el caso del Perú, si bien el régimen legal no distingue entre contratos administrativos y privados, no habiendo tampoco un régimen unitario en el ordenamiento que rige las adquisiciones del Estado sino mixto, existe una prevalencia de la regulación administrativa sobre la civil[1239], y dentro de aquélla, de las potestades exorbitantes.

[1235] RANELLETTI, Oreste, *Teoria degli atti amministrativi speciali,* 7ª ed., Giuffrè, Milán, 1945, ps. 139 y ss.; ALESSI, Renato, *Instituciones de derecho administrativo,* t. I, trad. de la 3ª ed. italiana, Bosch, Barcelona, 1970, ps. 263 y ss., quien admite, empero, los contratos entre entes públicos (p. 265). Véase también, FALCON, Giandománico, *Le convenzione pubblicistiche,* Giuffrè, Milán, 1984.

[1236] Sobre la aplicación de normas privadas por el procedimiento de la analogía al derecho administrativo nos remitimos a lo expuesto en *El acto administrativo,* Abeledo-Perrot, Buenos Aires, 1981, ps. 51-52, donde distinguimos la aplicación subsidiaria de la analogía. La Corte Suprema acogió esta diferenciación técnica en el caso "Meridiano SCA v. Administración General de Puertos s/demanda daños y perjuicios", Fallos 301:292 (1979).

[1237] Se ha sostenido que no puede, en estos casos, calificarse al contrato como un contrato de derecho civil, ya que lo único que se rige por el derecho civil es el objeto del contrato, pero que ello no quita que la nota dominante siga siendo el derecho público (GORDILLO, Agustín A., "Los contratos administrativos", en LIBERATORI, Elena A. - ORTIZ DE ZÁRATE, Mariana [eds.], *Contratos administrativos. Regímenes de pago y actualización,* t. I, Astrea, Buenos Aires, 1982, p. 17).

[1238] Conf. BREWER CARÍAS, Allan R., *Contratos administrativos,* Ed. Jurídica Venezolana, Caracas, 1992, p. 51.

[1239] DANÓS ORDOÑEZ, Jorge, "El régimen de los contratos estatales en el Perú", *REDA* nro. 60, Depalma, Buenos Aires, 2007, p. 317, especialmente p. 343.

Otra distinción fundamental es la relativa a la caracterización del contrato inter-administrativo o contrato entre entes públicos[1240], cuyo régimen jurídico difiere del de los contratos administrativos, al carecer la Administración de las prerrogativas de poder público que hacen a la supremacía estatal y resolverse todos los conflictos en el marco del principio de unidad de acción del Estado.

Por otra parte, en el campo típico del contrato administrativo, aparece la clasifi-cación entre contratos de colaboración y de atribución[1241], cuyos regímenes jurídicos contienen modalidades y características que admiten una diferente modulación dentro de la especie contrato administrativo.

En definitiva, el contrato de la Administración (desde el punto de vista del suje-to administrativo) incluye distintas categorías: a) contratos administrativos; b) con-tratos parcialmente regidos por el derecho privado cuyo grado de aplicación depende del tipo y régimen jurídico de cada contrato (*v.gr.*, no es igual el régimen de los contratos mercantiles de los bancos estatales que el de los contratos de derecho pri-vado de la Administración central), y c) contratos interadministrativos, cuyas carac-terísticas diferenciales no excluyen los puntos de conexión ni las notas que resultan comunes a todos los contratos que celebran los órganos o sujetos estatales.

8. LA CATEGORÍA DEL CONTRATO ADMINISTRATIVO Y SU DISTINCIÓN CON LOS CONTRATOS CIVILES

El contrato administrativo, categoría jurídica peculiar del derecho público for-jada por la jurisprudencia del Consejo de Estado francés, responde a la idea de que los particulares colaboren con la misión que persigue la Administración mediante la institución contractual que, correlativamente, le garantiza al contratista privado la intangibilidad de sus derechos económicos.

En tales casos, a diferencia de lo que ocurre en los contratos regidos por el de-recho privado, la Administración procura la satisfacción de un interés público rele-vante, de realización inmediata o directa, que se incorpora al fin u objeto del acuer-do, proyectándose en su régimen sustantivo (*ius variandi*, interpretación, equilibrio financiero, etc.).

Esa finalidad pública – y no la competencia jurisdiccional– define y tipifica la institución del contrato administrativo con rasgos peculiares que lo distinguen tanto del contrato civil entre particulares como del regido parcialmente por el derecho civil, aun cuando este último se celebre dentro de la llamada "zona común de la contratación administrativa"[1242].

El problema de la calificación de los contratos administrativos y su distinción con los contratos civiles ha dividido a la doctrina comparada (con excepción de la francesa, enrolada en la concepción del servicio público) en dos grandes corrientes: una, que puede calificarse como finalística o sustantiva, que apoya la distinción en la

---

[1240] ALESSI, Renato, *Sistema istituzionale del diritto amministrativo italiano,* 2ª ed., Giuffrè, Milán, 1958, ps. 274 y ss.

[1241] Esta clasificación fue receptada en la doctrina argentina a partir de la obra de Marienhoff (MARIENHOFF, Miguel S., *Tratado..., cit.*, t. III-A) cuya primera edición data de 1970.

[1242] Véase SOLAS RAFECAS, José María de, *Contratos..., cit.*, ps. 143 y ss.

causa fin (finalidad u objeto), de naturaleza objetiva, propia del derecho público, y en el régimen jurídico peculiar, que deriva de su finalidad pública; mientras que la otra se basa en la presencia subjetiva de uno de los contratantes, sosteniendo que el régimen jurídico resulta una consecuencia de las prerrogativas jurídicas que posee la Administración como sujeto.

Dentro de esta última tendencia, se torna difícil unificar toda la extensa gama de doctrinas que representan posiciones que resultan muchas veces más opuestas entre sí que las discrepancias existentes con los partidarios de la tesis finalista[1243].

En lo que sigue vamos a referirnos a los distintos criterios que se han formulado en la doctrina y en la jurisprudencia en torno de la configuración del contrato administrativo.

A) Criterios del sujeto, de la jurisdicción aplicable y de la forma del contrato

Los criterios del sujeto y de la jurisdicción, inicialmente propuestos, fueron pronto desechados por la doctrina. El primero, por cuanto la presencia de la Administración no basta para calificar un contrato como administrativo, ya que ésta puede acudir a técnicas de contratación privada cuando el interés público que persigue no sea relevante y pueda satisfacerse en forma indirecta o mediata. A su vez, la jurisdicción aplicable, denominada contencioso-administrativa, tampoco sirve para calificar, en forma autónoma, la condición del contrato, por cuanto ella es consecuencia de la disímil naturaleza y peculiaridades de los contratos que celebra la Administración[1244].

También cabe rechazar el criterio de la forma, sostenido por la antigua doctrina española[1245], pues cuando la Administración Pública celebra un contrato parcialmente reglado por el derecho privado, pueden ser de aplicación también los requisitos formales del derecho público[1246], sin perjuicio de la mayor o menor aplicación del principio de la libertad formal, cuando la elección de la forma fuera discrecional para la Administración Pública.

[1243] Un ejemplo de ello es la postura de Barra al sustentar una sustantividad pública para todos los contratos que celebra la Administración que se estructura a partir de la presencia subjetiva de esta última (conf. BARRA, Rodolfo C., *Los actos administrativos contractuales,* Ábaco, Buenos Aires, 1989, ps. 186-189). En cambio, la tesis de GARCÍA DE ENTERRÍA - FERNÁNDEZ no reconoce sustantividad al contrato administrativo, admitiendo, sin embargo, modulaciones especiales de derecho público aplicables a la institución contractual (conf. GARCÍA DE ENTERRÍA, Eduardo - FERNÁNDEZ, Tomás R., *Curso...*, *cit.*, t. I, ps. 579 y ss. y 6ª ed., ps. 681 y ss.), vinculada al giro o tráfico de la Administración.

[1244] ENTRENA CUESTA, Rafael, "Consideraciones...", *cit.*, ps. 61-62; MARIENHOFF, Miguel S., *Tratado...*, *cit.*, t. III-A, p. 48; Berçaitz, Miguel Ángel, *Teoría...*, *cit.*, ps. 190-192.

[1245] FERNÁNDEZ DE VELASCO, Recaredo, *Los contratos administrativos,* Librería General de Victoriano Suárez, Madrid, 1927, p. 12.

[1246] Ver ENTRENA CUESTA, Rafael, "Consideraciones...", *cit.*, ps. 60-61; BERÇAITZ, Miguel Ángel, *Teoría...*, *cit.*, ps. 192/195; los criterios de distinción fundados en el sujeto, la jurisdicción aplicable y la forma no son considerados por Laubadère, quien se refiere a tres: a) calificación legal; b) la voluntad de las partes, y c) el objeto; LAUBADÈRE, André de, *Traité théorique et pratique des contrats administratifs,* t. I, LGDJ, París, 1956, ps. 33 y ss.

B) La voluntad de las partes y la calificación legislativa

Se ha discutido si las partes, en un contrato que celebra la Administración con un particular, pueden atribuir condición administrativa al acuerdo contractual. Es evidente que dichas voluntades no resultan idóneas por sí mismas para asignarle tal calidad[1247], puesto que, en definitiva, todo dependerá de la finalidad administrativa del contrato y del régimen que sea consecuencia de esa finalidad dentro de la competencia específica que tenga asignada cada órgano o ente administrativo.

De otra parte, la calificación legislativa como pauta determinante del concepto de contrato administrativo – con independencia de su naturaleza– puede surgir expresamente o en forma implícita. Lo primero ocurrirá cuando la norma legal prescriba que determinados contratos revisten carácter administrativo; lo segundo, en los supuestos en que se estatuya la jurisdicción contencioso-administrativa para dirimir la controversia[1248].

Por lo demás, frente a una prescripción legislativa que atribuya naturaleza administrativa a un determinado contrato, siempre será posible cuestionar por irrazonable la calificación a través de los medios de impugnación de las leyes aunque, en principio, prevalezca la presunción favorable a la validez de la norma legal.

A su vez, el criterio de la jurisdicción resulta inadecuado para determinar una calificación, pues el eventual cambio de las normas adjetivas que reglamenten el proceso contencioso-administrativo no provoca, por sí mismo, una mutación en el régimen jurídico sustantivo que rige el contrato.

C) El servicio público y la utilidad pública como criterios determinantes del contrato administrativo en razón de su objeto

En Francia, durante muchos años (y aun en la actualidad), la concepción del servicio público constituyó el eje central de la noción de contrato administrativo. Superada la antigua teoría que fincaba la caracterización del contrato administrativo en la distinción entre actos de autoridad y de gestión, surgió, a principios de siglo, la concepción que basó el carácter del contrato en la circunstancia de que él tuviera por objeto la organización o el funcionamiento de los servicios públicos. Si bien, con posterioridad, se impuso el criterio de la cláusula exorbitante, que absorbió en gran medida al que se basaba en el servicio público, lo cierto es que a partir de 1956 (caso de los esposos Bertin) la condición del servicio público volvió a tener plena vigencia, al considerar el Consejo de Estado que reviste naturaleza administrativa aquel contrato en el cual se le ha confiado al contratista la ejecución directa de un servicio público.

Empero, el criterio del servicio público se ha considerado inadecuado para fundamentar la categoría del contrato administrativo, ya sea porque no existe acuerdo doctrinario acerca de los alcances y amplitud del concepto[1249], o bien por la apari-

---

[1247] MARIENHOFF, Miguel S., *Tratado...*, *cit.*, t. III-A, p. 49.

[1248] MARIENHOFF, Miguel S., *Tratado...*, *cit.*, t. III-A, p. 47.

[1249] DIEZ, Manuel María, *Derecho administrativo*, t. III, Omeba-Plus Ultra, Buenos Aires, 1967, ps. 183 y ss.; BIELSA, Rafael, *Derecho administrativo*, t. II, 6ª ed., La Ley, Buenos Aires, 1964, p. 176; BERÇAITZ, Miguel Ángel, *Teoría...*, *cit.*, ps. 195-198.

344

ción de los llamados servicios públicos industriales o comerciales que, en principio, se hallan sometidos a las reglas del derecho privado[1250]. Sin embargo, el resurgimiento de la concesión de servicios públicos y los diferentes modos contractuales de gestionarla, por empresas privadas que han ido desarrollándose en el proceso de transformación del Estado, le ha devuelto al servicio público, en Francia, un protagonismo esencial en la configuración de la figura del contrato administrativo.

En una línea afín, otro sector doctrinario ha sostenido que la prestación de utilidad pública constituye el objeto del contrato administrativo, junto con la exigencia de que uno de los sujetos de la relación sea la Administración Pública[1251]; pero además de lo impreciso de la noción de utilidad pública, es evidente que muchos contratos administrativos (concesión de uso de un bien del dominio público) no persiguen fines directos de utilidad pública[1252] y pertenecen, no obstante, al ámbito de la función administrativa.

D) Las cláusulas exorbitantes

La insuficiencia que, según alguna doctrina, portaba la teoría del servicio público para configurar el criterio determinante de la noción de contrato administrativo provocó, en la doctrina y jurisprudencia francesas, la aparición de una corriente que, al advertir la presencia en los contratos administrativos de cláusulas exorbitantes al derecho común, creyó encontrar en tal característica la solución al problema que planteaba su categorización.

De ese modo, la inserción de una cláusula exorbitante en un contrato celebrado por la Administración tenía la virtud de convertirlo en administrativo, ya que, según la doctrina dominante en Francia, tal circunstancia hacía presumir la intención de acudir al régimen del contrato público. Sólo residualmente la jurisprudencia apelaba al criterio del servicio público, exigiendo, en tales casos, que el contratante participase en forma directa en la gestión del servicio público.

¿Qué se entiende por cláusula exorbitante? Mientras que para un sector de la doctrina francesa las cláusulas exorbitantes son aquellas que resultan inusuales en el derecho privado[1253], para otros son las que, de incorporarse a un contrato de derecho privado, serían ilícitas[1254], no faltando concepciones más amplias que abarcan tanto a las

[1250] LAUBADÈRE, André de, *Traité...*, *cit.*, t. I, ps. 61 y ss., para quien existe una presunción en favor del carácter de derecho común de dichos contratos, que puede ser destruida (p. 62 *in fine*).

[1251] BIELSA, Rafael, *Derecho administrativo*, *cit.*, t. II, p. 172.

[1252] BERÇAITZ cita como ejemplo el contrato de publicidad en los vidrios de los quioscos instalados en calles o plazas que no persiguen un fin de utilidad pública y que, sin embargo, son administrativos (BERÇAITZ, Miguel Ángel, *Teoría...*, *cit.*, p. 185).

[1253] VEDEL, Georges, *Droit administratif*, PUF, París, 1961, p. 643. Ésta fue también la opinión de Laubadère, quien sostuvo que se trata simplemente de una cláusula que resulta inhabitual en un contrato entre particulares. Señaló, además, que la jurisprudencia francesa al respecto era por demás oscura, siendo en su opinión un principio o una regla técnica de derecho de los contratos administrativos que les imprime la marca de derecho público (LAUBADÈRE, André de, *Traité...*, *cit.*, t. I, ps. 91-93). Ver también BENOIT, Francis P., *Le droit administratif français*, Dalloz, París, 1968, ps. 598 y ss.

[1254] WALINE, Marcel, *Droit administratif*, 9ª ed., Sirey, París, 1963, p. 572.

que resultan ilícitas como a las inusuales en el ámbito de la contratación civil o comercial[1255], o bien que consideran cláusula exorbitante a aquella que tiene por objeto otorgar a las partes derechos o imponerles obligaciones extrañas por su naturaleza a las que resultan libremente consentidas por cualquiera dentro del ámbito de las leyes civiles o comerciales[1256]. Así, se consideraron cláusulas exorbitantes las prerrogativas de modificar unilateralmente el contrato, de aplicar multas por sí y ante sí, entre otras[1257].

En el ámbito nacional, el criterio de la cláusula exorbitante ha sido objeto de críticas, sosteniéndose que, de seguirse, el contrato tendría naturaleza administrativa si las partes la incluyesen[1258]. Desde otro punto de vista, en la doctrina española se ha afirmado que sería tanto como confundir causa con efecto, es decir que las denominadas cláusulas exorbitantes aparecen como consecuencia de la naturaleza administrativa del contrato[1259], lo cual no siempre acontece, por cuanto se suelen introducir aun en contratos que nada tienen de administrativos.

E) Otros criterios: la doctrina nacional

En la doctrina argentina, y a los fines de caracterizar el contrato administrativo, se han propugnado tanto criterios finalísticos, objetivos o sustantivos, como concepciones de naturaleza exclusivamente subjetiva, no faltando tesis que combinan elementos de ambas teorías.

En este último sentido, se ha sostenido – siguiendo a García de Enterría[1260]– que los contratos administrativos se caracterizan por una modulación que es el resultado de una doble exigencia: 1) las peculiaridades funcionales de la Administración como organización colectiva característica; 2) su actividad peculiar y propia[1261].

Tal modulación, según se señala, "se presenta con caracteres propios en el contrato administrativo, en cuanto a la prerrogativa de poder público con que cuenta la Administración en sus contratos administrativos, y que consiste en el privilegio de la decisión unilateral y ejecutiva previa al conocimiento judicial, que impone al cocontratante la obligación de su cumplimiento inmediato, con la posibilidad de impugnarlo si está disconforme con su legalidad"[1262].

[1255] RIVERO, Jean, *Droit administratif*, 3ª ed., Dalloz, París, 1965, p. 102. Es también la postura que adopta Marienhoff al acoger el criterio de la cláusula exorbitante (MARIENHOFF, Miguel S., *Tratado...*, cit., t. III-A, ps. 74 y ss.).

[1256] PEQUIGNOT, G., *Jurisclasseur Administratif*, fasc. 500, nro. 212, París, 1964, p. 27, citado por MONTORO PUERTO, Miguel, *Contratos administrativos atípicos*, Escuela Nacional de Administración Pública, Madrid, 1969, p. 58.

[1257] Ver DIEZ, Manuel María, *Derecho administrativo*, t. II, cit., p. 447.

[1258] BERÇAITZ, Miguel Ángel, *Teoría...*, cit., ps. 213-214.

[1259] ENTRENA CUESTA, Rafael, "Consideraciones...", cit., ps. 63-64.

[1260] GARCÍA DE ENTERRÍA, Eduardo, "La figura del contrato administrativo", *Revista de Administración Pública*, nro. 41, Instituto de Estudios Políticos, Madrid, 1963.

[1261] DIEZ, Manuel María, *Derecho administrativo*, cit., t. II, ps. 452-455.

[1262] DIEZ, Manuel María, *Derecho administrativo*, cit., t. II, p. 454, quien sigue en este punto a García de Enterría.

En realidad, esta tesis refleja una de las notas peculiares y propias del contrato administrativo cuyo régimen jurídico es consecuencia de su naturaleza pública. Se requiere averiguar, precisamente, cuáles son los contratos que deben contener dicha modulación específica, que, por lo demás, no se circunscribe solamente al privilegio de la decisión unilateral y ejecutiva, sino que comprende todo el régimen administrativo, aunque aquel privilegio (en nuestro derecho, "ejecutoriedad") le confiere una mayor tipicidad y trascendencia.

En un plano diferente, aunque no necesariamente opuesto, se encuentra la concepción formulada por Marienhoff, para quien los contratos que celebra la Administración poseen carácter administrativo en virtud de dos criterios principales: a) por razón de su objeto; b) aun cuando no fueren "administrativos por su objeto, cuando contengan cláusulas exorbitantes expresas del derecho privado"[1263]. Esta concepción es básicamente de naturaleza finalista, a pesar de su combinación con el criterio de las cláusulas exorbitantes.

El criterio de los fines específicos o propios del Estado a que se acude para determinar cuándo un contrato de colaboración (donde la prestación principal está a cargo del co-contratante) es administrativo, parte de concebir como fines propios o específicos del Estado a aquellos que surgen de los preceptos de la Constitución o de su Preámbulo. Hay que advertir, empero, que la legislación que el Congreso dicta, en ejercicio de su competencia constitucional, puede establecer finalidades estatales no expresamente previstas en la Constitución (poderes implícitos e inherentes), siempre que no se trate de actividades reservadas a particulares (desde luego que con el fin de realizar el bien común y respetando el principio de subsidiariedad).

Carece de sentido hacer la reseña de todas las concepciones que han procurado definir los contratos administrativos. Basta con señalar que se ha sostenido que son aquellos que celebra la Administración con un fin público, o aquellos que en su ejecución tiendan a la satisfacción de una necesidad pública colectiva, o bien que, aun cuando no se dieren esos supuestos, el legislador hubiera sometido a reglas de derecho público, exorbitantes del derecho común.

Si el criterio de los fines públicos directos y específicos resulta restringido en la medida en que no se pueden abarcar algunos supuestos tradicionalmente regidos por la contratación administrativa (v.gr., concesión de uso de un bien del dominio público), aquel basado en la eventual afectación de una necesidad pública colectiva impide incluir una serie de casos cuya regulación escapa al derecho privado (v.gr., contrato que otorga a un particular el derecho de explotar con publicidad las veredas de las calles), en que la regulación jurídica pertenece al campo de la función administrativa, aun cuando no se persiga un fin público en forma directa[1264]. Se trata de un

---

[1263] MARIENHOFF, Miguel S., *Tratado...*, *cit.*, t. III-A, ps. 54 y ss., sostiene que habrá contrato administrativo, en razón de su objeto, en dos casos: a) cuando, tratándose de un contrato de atribución, la prestación determinante de él se refiera a un objeto que excluya la posibilidad de constituir materia de contrato entre particulares, sea por tratarse de un acuerdo contractual cuya finalidad fuera exclusiva del Estado, o bien que la cosa pertenezca al dominio público, y b) en los contratos de colaboración cuando la prestación fundamental se relacione directa o indirectamente con las funciones específicas del Estado.

[1264] BERÇAITZ, Miguel Ángel, *Teoría...*, *cit.*, p. 208.

concepto jurídico indeterminado que, en algunos supuestos, resulta carente de precisión, no obstante la utilidad que pueda tener para resolver determinadas situaciones contractuales.

La decisión legislativa puede ser idónea para caracterizar un contrato administrativo en tanto concuerde con los principios y normas en que se asienta el derecho público, contemplando especialmente los requerimientos de la Justicia; en caso contrario, se estará dentro de lo que se suele denominar la tesis de la omnipotencia del legislador – de cuño rousseauniano– y la respectiva ley puede adolecer del vicio de irrazonabilidad.

F) La función administrativa y la causa fin del contrato

El panorama hasta aquí descripto revela hasta qué punto se generan dificultades en torno de una noción doctrinaria que sirva de base para el desarrollo de una concepción del contrato administrativo, pero demuestra también que existen una serie de coincidencias que acercan posturas aparentemente inconciliables.

Así, la finalidad sustantiva o de interés público relevante del contrato administrativo se hace patente cuando el acuerdo es celebrado por un órgano del Estado en ejercicio de la función administrativa[1265], lo cual conduce a la institución de un régimen jurídico específico y exorbitante del derecho privado (en materia especialmente de ejecución y extinción). Se configuran de esta manera contratos administrativos en el ámbito de los tres órganos en que se distribuye el poder estatal: ejecutivo, legislativo y judicial, y no sólo cuando la Administración sea parte.

La existencia de cláusulas exorbitantes, que es un hecho dependiente de la voluntad de las partes, especialmente de la Administración, no es de por sí decisiva para caracterizar el contrato administrativo, pues pueden hallarse presentes aun en los contratos parcialmente reglados por el derecho privado (en punto a su objeto), que poseen una regulación jurídica distinta.

El criterio de la función administrativa, en sentido material, como causa fin del contrato que utiliza un régimen jurídico típico y peculiar es el que, precisamente, permite distinguir dicha función de la actividad industrial o comercial del Estado, también llamada gestión económica, donde la Administración acude a los principios y técnicas de la contratación privada (por ej., en la actividad del Banco Nación regida por el derecho mercantil). Y esa causa fin comprende tanto aquellas contrataciones orientadas a un fin público específico y directo como a las que tienen por objeto cosas o bienes instrumentales pertenecientes al derecho administrativo (*v.gr.*, dominio público).

[1265] Se utiliza aquí el concepto material u objetivo sobre función administrativa cuyas notas esenciales son la concreción, continuidad e inmediatez para satisfacer mediante un régimen de derecho público las necesidades de la comunidad y de los individuos que la integran con la finalidad de alcanzar el bien común. Sobre los distintos criterios que se han dado respecto de la noción de Administración Pública o función administrativa, nos remitimos a *El acto administrativo*, 1ª ed., Abeledo-Perrot, Buenos Aires, 1981, ps. 60 y ss. Al respecto, la concepción mixta o residual que algunos autores propician no pasa de ser, en el mejor de los casos, un buen ejercicio intelectual, pues no proporciona una explicación real ni lógica a la luz de la naturaleza y el régimen jurídico de cada función estatal.

De ese modo, los contratos resultan administrativos, en razón de su objeto o fin, cuando su contenido pertenezca a la función administrativa materialmente considerada, criterio que, en definitiva, se ubica en una línea similar a la del servicio público de la doctrina y jurisprudencia francesas (en sentido amplio), o a la del giro o tráfico de la Administración. A su vez, el fin público relevante y asumido por el derecho objetivo es el que determina la pertenencia de un determinado objeto, o bien a la función administrativa aunque la contratación no persiga una finalidad pública inmediata (*v.gr.*, contratos de uso del dominio público).

Por ese motivo los distintos tipos y denominaciones de los contratos que se celebran para colaborar con la función administrativa (contratos de colaboración) o para atribuir ventajas propias de la justicia distributiva (contratos de atribución), prácticamente son los mismos que en la concepción del servicio público elaborada por la jurisprudencia francesa (concesión de servicios públicos, obra pública, suministro, etc.), y tal es el criterio de la reciente legislación española sobre contratos públicos de 2007[1266].

En esa línea, el concepto de función administrativa es esencialmente dinámico e históricamente variable en cuanto debe graduarse de conformidad con el ordenamiento jurídico-legal de cada país, pero ello no le resta valor a su utilización como centro de referencia, unido a la existencia de un régimen en el cual se reconozcan, en forma orgánica y sistematizada, las prerrogativas de poder público que posee la Administración a su favor (*v.gr.*, modificación unilateral del contrato), que nunca pueden ser prerrogativas implícitas. La presencia o no de este régimen administrativo no depende de la voluntad de las partes, pues existe con independencia de la voluntad de someterse a él, sin perjuicio de que la Administración pueda celebrar, cuando el ordenamiento lo admita, un contrato parcialmente reglado por el derecho privado, donde tal regulación estará ausente, en principio. No se debe confundir, en consecuencia, "régimen exorbitante" con cláusula exorbitante. Esta última depende de la voluntad de quienes contratan y no surge directamente del ordenamiento.

G) Continuación: efectos respecto de terceros

Hay que advertir que como consecuencia de la potestad que tiene la Administración Pública para crear unilateralmente vínculos obligatorios con relación a terceros, en la medida en que no se altere el ordenamiento jurídico ni los principios generales que informan al derecho administrativo, es posible que los contratos administrativos produzcan efectos respecto de particulares, ajenos al vínculo contractual. Pero los terceros también pueden estar protegidos *a posteriori* en la medida en que del principio de igualdad en el acceso a la contratación deriva la consabida regla de la inalterabilidad del fin contractual con el objeto de preservar razonablemente dicha igualdad durante la ejecución del contrato.

[1266] Ley 30/07 (Ley de Contratos del Sector Público, art. 19.1, inc. a]).

H) El contrato administrativo como acuerdo sobre una declaración de voluntad común

Ha sido tradicional, dentro de las ideas jurídicas dominantes que inspiraron la noción del contrato en nuestro Código Civil, definirlo, en general, como un acuerdo sobre una declaración de voluntad común[1267]. En cualquier caso, esta concepción no debe aplicarse con un sentido absoluto, dando estricta y total prevalencia al acuerdo que nace de un vínculo donde la voluntad de ambas partes se manifiesta, ya sea en forma expresa o tácita. Por ello, aunque el proceso de formación de la voluntad contractual tenga origen en un acto bilateral de voluntad del cual nacen obligaciones para quienes lo celebran, el contrato es algo más que el acuerdo de voluntades que le da nacimiento. Desde la óptica realista, el contrato es una conmutación voluntaria, un intercambio de prestaciones que traduce el equilibrio o igualdad que procura la justicia.

Ahora bien, esa conmutación voluntaria puede dar lugar a un intercambio instantáneo o bien a una relación de tipo institucional[1268] de cierta duración, donde la Administración se encuentra obligada a compensar los desequilibrios económico-financieros no imputables al contratista mediante actos propios de la justicia distributiva o restituciones de naturaleza conmutativa.

Esta tesis, para los contratos administrativos que encierran una fundación o una asociación subyacente (*v.gr.*, concesión de servicios públicos), reposa en tres ideas fundamentales. En primer lugar, toda vez que tales contratos son verdaderas instituciones que persiguen el bien común, hay un interés público a tutelar que se halla por encima de la voluntad de las partes, cuya satisfacción es esencialmente dinámica y precisa adecuarse a los cambios que se van produciendo durante la vida del contrato[1269]. En segundo lugar, la idea de colaboración, que implica una suerte de solidaridad con la función administrativa, justifica que el Estado corrija esos desequilibrios que se presentan en el curso de una relación contractual, cuando no media culpa o dolo del contratante, mediante una indemnización fundada en la justicia distributiva o bien mediante una compensación propia de la justicia conmutativa. La tercera razón que completa las ideas restantes consiste en reconocer que ese interés público dinámico que se persigue en el contrato administrativo y la consecuente obligación de colaborar o de repartir bienes comunes rebasan las previsiones de las partes, debiendo considerarse consustanciales al contrato e integrantes del acuerdo celebrado.

El desplazamiento de la primacía del contrato como acuerdo de voluntades es por demás evidente en el contrato administrativo, que, en este campo, se ha adelantado, en mucho, al derecho privado. Basta con recordar las teorías de la imprevisión

[1267] Risolía, Marco A., *Soberanía y crisis del contrato*, 2ª ed., Abeledo-Perrot, Buenos Aires, 1958, ps. 94 y ss.

[1268] Hauriou, Maurice, "La teoría del riesgo imprevisible o los contratos influidos por instituciones sociales", *Revista de Derecho Privado*, vol 13, Madrid, 1926, p. 1 y ss.

[1269] En la misma línea: Solas Rafecas, José María de, *Contratos...*, *cit.*, p. 43, señala, siguiendo a Villar Palasí, que "la inmutabilidad que se exige en el contrato administrativo es una estabilidad dinámica y nunca estática", que no es otra que aquella requerida por el principio de igualdad.

350

y el hecho del príncipe como ejemplo de la labor de los tribunales administrativos que, juzgando con equidad, han superado la concepción voluntarista del contrato.

Pero además implicó el abandono de las concepciones que postulaban la rigidez en la interpretación de los pliegos de condiciones por el principio de la flexibilidad, la posibilidad de modificar *a posteriori* las bases del contrato celebrado mediante licitación pública, en tanto la modificación se hubiera introducido igualmente de haberse adjudicado a otro oferente y, lo que todavía es mucho más significativo, el reconocimiento del principio de la intangibilidad de la ecuación económico-financiera del contrato, que, fundado en la idea de colaboración, termina por trasladar a la Administración el riesgo del incumplimiento que no fuera imputable al contratista[1270].

9. LA CAUSA FIN COMO ELEMENTO DIFERENCIADOR DEL CONTRATO ADMINISTRATIVO. LA CONFIGURACIÓN DE UNA ZONA COMÚN DE LA CONTRATACIÓN ADMINISTRATIVA

Una tesis[1271], sostenida con rigor científico, explica el fenómeno de la contratación administrativa a través de la teoría de la causa fin que, representada por el interés público relevante, se incorpora como elemento esencial del contrato y funciona durante toda la ejecución de éste, ejerciendo una influencia decisiva en el campo de la interpretación y, sobre todo, en lo que concierne a la eventual modificación de sus cláusulas.

Esta postura distingue los contratos administrativos de los contratos de la Administración regidos por el derecho privado, según que exista en los primeros un interés público relevante, que conlleva un régimen jurídico especial, típico del derecho público (que no es otra cosa que el denominado régimen exorbitante).

Desde el punto de vista sustancial es evidente que la causa fin (finalidad) del contrato administrativo traduce el ejercicio de la función administrativa material y sustantiva[1272], o bien lo que se ha calificado como fin público específico del Estado[1273].

El interés de esta construcción, compatible con la gran mayoría de las posturas que propician la tesis finalista, se relaciona con la manera en que juega la causa final en ambos tipos de contratos, ya que mientras en el contrato privado ella integra los antecedentes que justifican el contrato (motivo o causa eficiente), en el contrato administrativo se convierte en un "motivo causalizado" que trasciende al régimen contractual[1274].

[1270] Ver Bandeira de Mello, Celso A., *Elementos de Direito Administrativo*, Revista dos Tribunais, São Paulo, 1980, ps. 149 y ss.

[1271] Solas Rafecas, José María de, *Contratos...*, *cit.*, ps. 22 y ss.

[1272] Cassagne, Juan Carlos, *Derecho administrativo*, t. I, 5ª ed., Abeledo-Perrot, Buenos Aires, 1996, ps. 81-82.

[1273] Marienhoff, Miguel S., *Tratado...*, *cit.*, t. III-A, ps. 54 y ss.

[1274] Solas Rafecas, José María de, *Contratos...*, *cit.*, p. 24.

Esta tesis, de raíz finalista, encierra una buena dosis de realismo y justicia en cuanto postula la configuración de una "zona común" de la contratación estatal[1275], con principios aplicables a toda la gama de contratos que celebre la Administración a fin de garantizar plenamente el principio de igualdad de los ciudadanos y empresas en los procedimientos de acceso a las ventajas y beneficios que derivan de la contratación con el Estado[1276], cualquiera que sea la forma jurídica que éste asuma.

10. CLASIFICACIÓN DE LOS CONTRATOS ADMINISTRATIVOS

Dentro del género contratos administrativos existen diferentes especies que marcan una distinta modulación administrativa tanto en función del papel y finalidades que persiguen las partes en la relación jurídica cuanto de la tipicidad que exhiben algunas figuras contractuales.

A) Contratos de atribución y de colaboración

Esta clasificación[1277] se apoya especialmente en las distintas funciones que cumplen las partes en orden a sus prestaciones esenciales, lo cual permite deslindar dos especies de contratos administrativos: a) de colaboración, y b) de atribución. En el contrato administrativo de colaboración, lo fundamental es la prestación que debe el particular al Estado, es decir, la transformación del contratista privado en un colaborador de la función administrativa. De ello se deriva que estos contratos tengan un rigorismo mayor que los contratos de atribución, donde lo esencial es la prestación del Estado, mientras que la del contratista se caracteriza por ser la contrapartida de las ventajas que obtiene el Estado[1278].

Si bien a ambas especies de contrato administrativo se les aplica un régimen jurídico exorbitante del derecho común, existen algunas prerrogativas de poder público que, en los contratos de atribución, aparecen morigeradas o resultan inaplicables, tal como acontece con la ejecución directa de la prestación del contratista o su sustitución en caso de incumplimiento, sin perjuicio del derecho a extinguir el contrato, con aplicación de penalidades[1279]; derechos que, desde luego, deben derivar

---

[1275] ARIÑO ORTIZ, Gaspar, en el "Prólogo" de la obra de SOLAS RAFECAS, coincide con esta concepción (p. 17).

[1276] SOLAS RAFECAS, José María de, *Contratos...*, *cit.*, ps. 141 y ss.

[1277] GARRIDO FALLA recoge al respecto la clasificación de Zwahlen (GARRIDO FALLA, Fernando, *Tratado de derecho administrativo*, t. II, 10ª ed., Tecnos, Madrid, 1987, p. 51), que también postula entre nosotros Marienhoff (MARIENHOFF, Miguel S., *Tratado...*, *cit.*, t. III-A, ps. 55 y ss.).

[1278] Como ejemplos de contratos de colaboración cabe mencionar: el contrato de obra pública, empleo o función pública, concesión de servicios públicos de suministro, etc. Constituye, en cambio, contrato de atribución, entre otros, la concesión de uso de bienes del dominio público, en el que la prestación principal está a cargo del Estado.

[1279] *V.gr.*, en un contrato de concesión del servicio público de recolección de residuos existen tales prerrogativas que resultan inaplicables, en principio, a un contrato de atribución. Ello obedece a que en la relación contractual de atribución la prestación de ambas partes se encamina a que el particular o empresa obtenga o alcance un fin particular de un modo directo e inmediato, mientras que la finalidad pública se presenta sólo de una manera indirecta y mediata.

de una facultad expresa que tenga su fuente en las normas que rigen el contrato o en las propias cláusulas contractuales cuya inserción autoriza el marco normativo contractual.

En materia de interpretación de las cláusulas del contrato puede hallarse también otra característica diferencial entre los contratos de colaboración y de atribución, pues, en estos últimos, en el supuesto de existir una duda razonable en punto a su interpretación, ella debe resolverse en favor del interés del contratista, a contrario de lo que acontece en materia de contratos de colaboración, donde la interpretación que prevalece, en principio y en caso de duda, es aquella que favorece a la Administración por la naturaleza de la actividad que se ha contratado (servicio público, obra pública, etc.) y en la medida en que represente la realización del interés público objeto del contrato y no se altere el principio de *lex contractus*[1280].

B) Según su tipicidad

En la doctrina administrativa se distingue la categoría de los contratos típicos y atípicos, en la medida en que se hallen regulados o no por una "disciplina concreta y detallada en la ley", de los contratos nominados o innominados, donde lo que cuenta es la existencia o inexistencia de *nomen iuris*[1281].

En la Argentina, el contrato de obra pública constituye un contrato administrativo típico, en cuanto tiene una regulación legal basada en la ley y las partes (Estado y contratista) sólo pueden introducir aquellas cláusulas que no modifiquen la sustancia de dicha regulación legal.

En cambio, cuando se carece de una disciplina normativa para regular el contrato, éste será atípico, por más que tuviera asignada una nominación jurídica por la ley, la doctrina o la jurisprudencia (por ej., contrato de concesión de uso de un bien dominical)[1282], lo que admite una mayor posibilidad de acudir a la analogía para resolver las situaciones no previstas en el contrato. Tanto la tipicidad como la atipicidad del contrato administrativo pueden darse en forma total o parcial, conectándose la trascendencia de esta calificación con la manera en que se introduce la analogía para resolver una situación no prevista contractualmente.

[1280] Ver MARIENHOFF, Miguel S., *Tratado..., cit.*, t. III-A, p. 617. Así lo ha entendido la Corte Suprema en numerosos pronunciamientos. Al respecto, sostuvo que la interpretación de las cláusulas contractuales que otorgan algún privilegio de exclusividad a concesionarios de servicios públicos debe ser restrictiva: en caso de duda debe resolverse en contra de los derechos del concesionario; nada debe tomarse por concedido sino cuando fue dado en términos inequívocos o por una implicancia clara; la afirmativa necesita ser demostrada, el silencio es negación y la duda le impide reconocer lo pretendido ("Compañía Swift de La Plata v. Gobierno de la Nación", Fallos 149:218 [1927], especialmente 223/4; "Transportes Tres de Febrero SRL v. Nación Argentina", Fallos 303:1890 [1981], consid. 5°)

[1281] MONTORO PUERTO, Miguel, *Contratos..., cit.*, ps. 26 y ss.

[1282] También habrá atipicidad administrativa cuando se acuda por analogía a las normas del Código Civil, ya que en tales casos no hay aplicación directa o subsidiaria de normas.

C) Nominados e innominados

Esta clasificación, cuyos orígenes históricos se remontan al derecho romano, tiene en cuenta la nominación jurídica del contrato con prescindencia del hecho de que él esté sometido o no a una legislación específica[1283]. De esta manera, existen en nuestro derecho administrativo contratos nominados típicos, como el contrato de obra pública[1284], y contratos nominados atípicos, que carecen de disciplina legal que los regule[1285], como el contrato de concesión de servicios públicos, categoría abarcadora de la licencia en cuanto a los aspectos contractuales de ésta[1286].

11. EL CONTRATO INTERADMINISTRATIVO

La presencia de dos o más sujetos estatales en este tipo de acuerdos le imprime a la contratación una modulación especial, caracterizada por la ausencia de prerrogativas exorbitantes del derecho común, que pueden afectar el principio de unidad de acción, y que se vincula, a su vez, con otro principio esencial propio de nuestro Estado federal: la unidad del poder del Estado.

El régimen jurídico que poseen los contratos interadministrativos se caracteriza por algunas notas diferenciales, tales como: a) excepción al requisito de la licitación pública en el proceso de selección[1287]; b) inaplicabilidad de multas o sanciones pecuniarias a entidades estatales[1288]; c) un particular sistema de solución de conflictos[1289]; d) no rige el principio de la estabilidad del acto administrativo cuando las entidades se hallan en una misma esfera de gobierno (nacional o provincial)[1290], lo cual tendrá aplicación con respecto a los actos de ejecución de un contrato interadministrativo.

Por aplicación extensiva de la teoría de la superación de las formas jurídicas, también se regirán por las reglas de los contratos interadministrativos aquellos que

[1283] MONTORO PUERTO, Miguel, *Contratos...*, *cit.*, p. 27.

[1284] Reglado por la ley 13.064.

[1285] Para MESSINEO, al contrario, existe identificación entre contrato nominado y contrato típico (MESSINEO, Francesco, *Doctrina general del contrato*, t. I, Ediciones Jurídicas Europa América, Buenos Aires, 1952, ps. 378 y ss., trad. del italiano).

[1286] CASSAGNE, Juan Carlos, "Los contratos públicos y la reciente ley de emergencia", LL 2002-C, 1037/1043.

[1287] Que prescribía la antigua Ley de Contabilidad en el art. 56, inc. 3°, ap. i; principio que se extiende a los contratos administrativos atípicos. Para el régimen actual, véase: dec.-ley 1023/2001, art. 25, d), incs. 8° y 9°. Ver SAYAGÜES LASO, Enrique, *Tratado de derecho administrativo*, t. I, Talleres Gráficos Barreiro, Montevideo, 1963, ps. 590-591.

[1288] CASSAGNE, Juan Carlos, *La ejecutoriedad del acto administrativo*, Abeledo-Perrot, Buenos Aires, 1970, ps. 79-81.

[1289] Al respecto nos remitimos a *El acto administrativo, cit.*, ps. 118 y ss., y a nuestro *Derecho administrativo*, t. II, Abeledo-Perrot, Buenos Aires, 1994, ps. 62 y ss. Véase, asimismo, la ley 19.983.

[1290] Ya que no es concebible la existencia de derechos subjetivos en las entidades descentralizadas superiores a los del propio Estado (en sentido estricto, es decir, la persona pública Estado).

se celebren entre una entidad pública estatal, centralizada o descentralizada[1291], y una sociedad comercial en cuya administración o capital tenga participación mayoritaria el Estado.

12. CONTRATOS DE LA ADMINISTRACIÓN REGIDOS PARCIALMENTE POR EL DERECHO PRIVADO

La existencia de contratos de la Administración parcialmente reglados por el derecho privado es, por lo general, propugnada por la doctrina nacional[1292] y extranjera[1293], aun por los sostenedores de la concepción unitaria en materia de actos y contratos administrativos[1294].

La discrepancia surge en punto al reconocimiento de este tipo de contratos como categoría jurídica diferenciada, ya sea que se los llame contratos mixtos o contratos privados de la Administración, donde la competencia y, en principio, la forma se hallan regidas por el derecho administrativo, y el objeto, por el derecho civil o comercial.

En general, en nuestro país, la Administración Pública solía acudir a esta clase de contrataciones cuando realizaba una actividad industrial o comercial, tal como sucedía con las denominadas empresas del Estado, en cuya legislación se establecía que la respectiva actividad se hallaba sometida al derecho privado en todo lo relativo a sus actividades específicas[1295].

Así, cuando estas empresas actuaban en el mercado utilizando las técnicas de la contratación privada, se aplicaba el derecho civil o comercial para reglar al menos el objeto del acto, toda vez que la competencia resultaba siempre encuadrada en el derecho administrativo. En tal caso, la aplicación del derecho privado se realizaba en forma directa o bien subsidiaria, y no por analogía, como en el caso de un contrato administrativo en sentido estricto.

[1291] Sobre el concepto de entidad estatal descentralizada, ver nuestro trabajo "Las entidades estatales descentralizadas y el carácter público o privado de los actos que celebran", LL 143-1172 y ss.

[1292] BIELSA, Rafael, *Derecho administrativo*, cit., t. II, p. 175; Berçaitz, Miguel Ángel, *Teoría...*, cit., ps. 240-241; FIORINI, Bartolomé A., *Manual...*, cit., t. I, p. 414; Diez, Manuel María, *Derecho administrativo*, cit., t. II, ps. 440 y ss.; MARIENHOFF, Miguel S., *Tratado...*, cit., t. III-A, ps. 85 y ss.; señala al respecto Bielsa la necesidad de distinguir los contratos civiles o comerciales, que celebra la Administración, de los contratos administrativos, es tan evidente e incuestionable que toda discusión sobre ello es obvia y que "la circunstancia de que el régimen interno (financiero, contable, etc.) sea uno para todos los contratos, administrativos o no, tiene su explicación en el principio de que todos los bienes del Estado están sujetos a un sistema patrimonial uniforme y responsable" (Bielsa, Rafael, *Derecho administrativo*, cit., t. II, p. 175, nota 24).

[1293] LAUBADÈRE, André de, *Traité...*, cit., t. I, ps. 29 y ss.; BENOIT, Francis P., *Le Droit...*, cit., ps. 595 y ss.; SANDULLI, Aldo M., *Manuale di Diritto Amministrativo*, 10ª ed., Jovene, Nápoles, 1979; GARRIDO FALLA, Fernando, *Tratado...*, cit., t. II, ps. 37 y ss.

[1294] GORDILLO, Agustín A., *Empresas del Estado*, Macchi, Buenos Aires, 1966, ps. 84-86.

[1295] Art. 1º, ley 13.653, t.o. por dec. 4053/55, modificado por la ley 15.023. Ver también sobre esta cuestión: ESCOLA, Héctor J., *Tratado integral de los contratos administrativos*, 2ª ed., Depalma, Buenos Aires, 1977, ps. 252 y ss., concluye aceptando los contratos privados de la Administración.

La característica distintiva de este tipo de contrato es la ausencia de un régimen jurídico exorbitante de derecho común, no procediendo la ejecutoriedad, la aplicación y la ejecución de multas en sede administrativa, la sustitución directa del contratista, entre otros supuestos.

Pero ¿qué acontece si en un contrato parcialmente reglado por el derecho privado se introduce una cláusula exorbitante por voluntad de las partes contratantes (aunque en definitiva se trate de la adhesión del particular a ella)? En tal caso es evidente que habrá una injerencia parcial del derecho administrativo, pero su inserción no convierte de por sí a todo el contrato en administrativo[1296].

Su régimen es, pues, de una naturaleza muy peculiar y la competencia para entender en las causas relativas a este tipo de contratos mixtos – en los que prevalece el derecho privado– es la civil y comercial, y no la contencioso-administrativa[1297]. Esta particular naturaleza justifica el interés jurídico de la distinción que supera aun a los argumentos que le atribuyen vinculación con la arcaica doctrina de la doble personalidad del Estado, ya que la circunstancia de que una persona jurídica pública estatal tenga capacidad para celebrar tanto contratos administrativos como contratos parcialmente reglados por el derecho privado, no provoca un desdoblamiento en la personalidad del ente (que siempre tendrá carácter público), al igual que lo que sucede en relación con las personas jurídicas privadas, que pueden realizar tanto contratos civiles y comerciales como administrativos, sin que ello implique fraccionar su personalidad.

Por otro lado, la concepción unitaria de los contratos que celebran las personas públicas estatales (que les atribuye condición pública por el sujeto), además de contrariar la realidad (como lo comprueba el hecho de que cualquier persona jurídica privada posee aptitud para celebrar contratos de derecho público), no tiene cabida en el ordenamiento nacional que rige las contrataciones[1298].

La jurisprudencia de nuestro más alto tribunal ha recogido la distinción apuntada al atribuir, en forma reiterada, carácter civil[1299] a determinados contratos celebrados por la Administración Pública, como el de compraventa y el de arrendamiento de tierras fiscales.

13. LOS CONTRATOS ADMINISTRATIVOS POR EXTENSIÓN

La evolución operada en la jurisprudencia y doctrina francesas – en lo que concierne a la configuración de la categoría jurídica del contrato administrativo– ha llevado a la admisión de una nueva especie de contrato, regido también por el derecho público. Se trata de la figura del contrato administrativo por extensión, que permite que un contrato se rija por la modulación propia del derecho público – aun

---

[1296] ENTRENA CUESTA, Rafael, "Consideraciones...", *cit.*, p. 64, cita en su apoyo las opiniones de GARCÍA DE ENTERRÍA, PEQUIGNOT, GARCÍA TREVIJANO FOS y LAUBADÈRE (nota 72).

[1297] Conf. MARIENHOFF, Miguel S., *Tratado...*, *cit.*, t. III-A, ps. 124 y ss.

[1298] CASSAGNE, Juan Carlos, "Reflexiones sobre los contratos de las empresas públicas", *EDA* 2007-548.

[1299] V.gr., "Horteloup, Andrés v. Provincia de Santa Cruz", Fallos 259:343 (1964).

cuando no contenga las llamadas "cláusulas exorbitantes"– , siempre que el contrato tenga un régimen[1300] o elementos exorbitantes, ajenos a las cláusulas insertas en el acuerdo de voluntades, "pero susceptibles de ejercer una influencia directa sobre éste"[1301].

De ese modo, sin romper el molde de las estructuras tradicionales del derecho administrativo, se admite la aplicación de su ordenamiento, no por la naturaleza de la función ejercida ni por el sujeto contratante, sino, por extensión, en virtud de los elementos exorbitantes del régimen. Así, se instituye un sistema que conduce, en nuestro país al menos, a impedir el abuso de la forma jurídica privada por parte del Estado y a brindar mayores garantías a los particulares, habida cuenta de que la competencia, en tales casos, se atribuye a una Justicia más especializada, como es la contencioso-administrativa federal, aplicándose todo el régimen garantístico del derecho administrativo.

En esa línea extensiva del derecho administrativo se ubican varios fallos de la Corte Suprema de Justicia de la Nación[1302], en cuanto sientan una doctrina según la cual la naturaleza de la relación se determina, básicamente, por las prescripciones de derecho público de los reglamentos de contrataciones de las empresas estatales, las que integran el régimen exorbitante del contrato administrativo, aun cuando no se trate de las cláusulas pactadas por las partes e incorporadas directamente al acuerdo formal celebrado entre el contratista y la Administración Pública o de cualquiera de sus empresas constituidas bajo formas privadas.

De admitirse tal interpretación extensiva, hay que aceptar otra que surge por implicancia. En efecto, si se acepta que la presencia o configuración de un régimen exorbitante en un contrato celebrado por una empresa estatal lo convierte en administrativo – con prescindencia de su finalidad–, va de suyo que cuando faltan esos elementos exorbitantes y el contrato persiga un fin privado (civil o mercantil), el contrato no será estrictamente administrativo, sino de objeto privado o mixto.

[1300] Esta tesis la sostuvimos en "Los contratos de la Administración Pública", ED 57-793, publicado también en la *Revista de Administración Pública,* nro. 78, Madrid, 1975, p. 411.

[1301] LAUBADÈRE, André de, "Las tendencias extensivas del derecho administrativo en Francia según la jurisprudencia", *Revista de la Universidad de Buenos Aires. Homenaje al profesor Doctor Rafael Bielsa,* vol. II, p. 183. Este artículo, que en su oportunidad nos envió el profesor Laubadère para su publicación en el homenaje a Bielsa, demuestra la tendencia extensiva del derecho administrativo francés, por obra pretoriana de la jurisprudencia del Consejo de Estado y del Tribunal de Conflictos y analiza la evolución operada no sólo en la institución contractual, sino también respecto del acto administrativo, el dominio público y el contrato de obra pública.

[1302] Entre otros: "Ferrocarriles Argentinos v. Jorge Papadopulos", Fallos 306:333 (1984) y "Gas del Estado Sociedad del Estado v. Lindoro ICSA", Fallos 306:328 (1984), ED del 4/10/1984. Para Coviello, la línea jurisprudencial que la Corte sigue en estos fallos y en otros del mismo período – *v.gr.,* "Talleres Carmona SCA v. Ferrocarriles Argentinos", Fallos 306:856 (1984)– marca un rumbo que servirá para elaborar una concepción sobre los contratos de la Administración. Afirma que es necesario superar "el esquema dicotómico de los contratos administrativos como opuestos a los contratos privados de la Administración" (conf. Coviello, Pedro J. J., "El criterio del contrato administrativo en la jurisprudencia de la Corte Suprema de Justicia de la Nación", ED 111-852).

14. LOS CONTRATOS SOBRE ACTOS Y POTESTADES ADMINISTRATIVAS

Una figura contractual regida por el derecho público a la que la doctrina española viene prestándole últimamente una especial atención[1303] es la de los llamados *"contratos públicos"* del derecho alemán[1304]. El objeto de estos contratos es, sustancialmente, la regulación, por vía bilateral, de actos y potestades administrativas que, aun cuando podrían serle impuestas unilateralmente al particular por la Administración, se considera conveniente para ambas partes, muchas veces por economía procedimental o eficiencia administrativa y privada, establecerlas en un marco contractual. Este tipo de contrato puede determinar no sólo el alcance del ejercicio de las prerrogativas estatales (sobre todo cuando éste opera en la zona de la discrecionalidad), sino también, aunque no sea imprescindible la presencia de la relación sinalagmática del contenido del acto administrativo, con las prestaciones del contrato[1305], una serie de cargas y obligaciones para el contratista (*v.gr.*, construcción de un puente en un proyecto de urbanización) – que de otro modo estarían a cargo del Estado– como el otorgamiento de ventajas fiscales o promocionales.

En la Argentina, un antecedente acerca de esta clase de contratos, aun cuando no fueron objeto de sistematización ni de tratamiento doctrinario o jurisprudencial como una figura distinta al contrato administrativo clásico, se encuentra en los contratos de promoción industrial de la ley 20.560.

La problemática que plantea la celebración de esta clase de contratos se vincula fundamentalmente con la protección de los terceros interesados en obtener un contrato similar (principio de igualdad) y en la participación de los ciudadanos eventualmente afectados. Pero, en todo caso, producida que fuera su incorporación al plano jurídico real de nuestro derecho, resulta evidente que – como se ha sostenido– "la celebración de un convenio no permite a la Administración liberarse de ninguno de los límites a que está sometida cuando actúa unilateralmente", aplicándoseles, en forma supletoria, los principios que regulan los contratos administrativos[1306].

15. CONSECUENCIAS QUE GENERA LA DISTINCIÓN ENTRE LOS CONTRATOS ADMINISTRATIVOS Y LOS CONTRATOS PRIVADOS

La adopción de las dos categorías de contratos de la Administración que venimos postulando – enrolados en la posición que afirma una concepción finalista[1307]

[1303] HUERGO LORA, Alejandro, *Los contratos sobre los actos y las potestades administrativas*, Civitas, Madrid, 1998, ps. 23 y ss.

[1304] KREBS, Walter, "Contratos y convenios entre la Administración y los particulares", trad. por Julio Nieto König, *Documentación Administrativa*, nros. 235-236, Madrid, 1993, ps. 55 y ss.

[1305] HUERGO LORA, Alejandro, *Los contratos...*, *cit.*, ps. 252 y ss.

[1306] HUERGO LORA, Alejandro, *Los contratos...*, *cit.*, ps. 437-438.

[1307] En España, la denominada sustantividad del contrato administrativo y la admisión correlativa del contrato de la administración regido por el derecho privado viene siendo sostenida por distintos autores: VILLAR PALASÍ, José Luis, *Lecciones sobre contratación administrativa*, Facultad de Derecho de la Universidad Complutense, Madrid, 1969; MONEDERO GIL, Oscar, *Doctrina del contrato del Estado*, Instituto de Estudios Fiscales, Madrid, 1977; ARIÑO

358

acerca del contrato administrativo– genera una serie de consecuencias en punto a las obligaciones que nacen del acuerdo de voluntades que difieren del régimen establecido en la ley civil, donde las prestaciones son, en principio, equivalentes y deben interpretarse con arreglo a criterios comunes y uniformes para ambas partes. En cambio, en el contrato administrativo, al incorporarse la causa fin o finalidad al contrato se introduce el interés público relevante e inmediato como elemento esencial durante las diferentes etapas de la ejecución contractual[1308], proyectándose al campo interpretativo y especialmente al plano de la igualdad de los contratistas que resulta una nota típica (la desigualdad proveniente de la posición jurídica de la Administración)[1309] de los contratos administrativos. De todo ello volveremos a ocuparnos más adelante al tratar lo concerniente a la ejecución contractual.

A) La interpretación del contrato administrativo

En materia de hermenéutica, sin descartar la aplicación analógica de las normas civiles y comerciales, una de las principales diferencias con los contratos de la Administración regidos por el derecho privado radica en la circunstancia de que el interés público relevante e inmediato, incorporado al contrato administrativo, juega un papel esencial y autónomo como criterio sustantivo de interpretación[1310]. Para otro sector, en cambio, el interés público no permite configurar un criterio interpretativo autónomo y sólo se lo tiene en cuenta al formalizar el contrato o al investigar "la voluntad negocial"[1311], no obstante lo cual se reconoce la configuración de una prerrogativa de interpretación unilateral del contrato[1312].

En cualquier caso, es evidente que cuando la interpretación no afecta a la causa final o finalidad del contrato administrativo, sino al particular contratista (*v.gr.*, prestaciones pecuniarias a cargo de la Administración), el interés público no juega como criterio interpretativo, debiendo acudirse a las normas de la legislación civil o comercial[1313].

En ese sentido parece orientarse la jurisprudencia del Alto Tribunal, al establecer la aplicación del principio según el cual los contratos deben celebrarse, interpretarse y ejecutarse de buena fe y de acuerdo con lo que verosímilmente las partes entendieron o pudieron entender, obrando con cuidado y previsión, a los contratos

---

ORTIZ, Gaspar, "Contrato del Estado y *Common Law*", en el estudio prólogo hecho al libro de Monedero Gil antes citado, y SOLAS RAFECAS, José María de, *Contratos...*, *cit.*, ps. 22 y ss., especialmente p. 41, nota 46 *in fine*.

[1308] Ver SOLAS RAFECAS, José María de, *Contratos...*, *cit.*, ps. 32-33.

[1309] MARTÍN-RETORTILLO BAQUER, Sebastián, El derecho civil en la génesis del derecho administrativo y de sus instituciones, Civitas, Madrid, 1996, ps. 108 y ss.

[1310] SOLAS RAFECAS, José María de, *Contratos...*, *cit.*, ps. 37-38.

[1311] GARCÍA DE ENTERRÍA, Eduardo - FERNÁNDEZ, Tomás-R., *Curso...*, *cit.*, t. I, ps. 505 y ss.

[1312] En este sentido, los autores mencionados en la nota precedente (op. y lugar *cit.*) expresan que "no se trata de que la Administración pueda decidir libremente sobre el alcance real de lo pactado, sino de asegurar una decisión que provisionalmente permita continuar la obra, servicio o suministro contratado sin interrupciones perjudiciales para el interés general".

[1313] Conf. SOLAS RAFECAS, José María de, *Contratos...*, *cit.*, ps. 39-40.

administrativos[1314]; así como el principio de buena fe informa y fundamenta todo el ordenamiento jurídico, tanto público como privado[1315].

B) Un supuesto especial: la procedencia de la *exceptio non adimpleti contractus* y la rescisión o resolución del contrato administrativo ante el incumplimiento de la Administración

Como se verá más adelante, el funcionamiento de la *exceptio non adimpleti contractus* en determinados contratos administrativos – como la concesión o licencia de servicio público– difiere del establecido para los contratos regidos por el derecho civil o comercial habida cuenta de que la finalidad pública o causa fin que preside el acuerdo de voluntades viene a colocar, en un primer plano, el cumplimiento de la finalidad pública inmediata cuando esta finalidad se encuentra directamente vinculada a la prestación de un servicio público.

Se ha sostenido que esta peculiaridad, típica de la concesión o licencia de servicios públicos, limita las facultades del contratista para ejercer la *exceptio non adimpleti contractus*[1316] y, consecuentemente, para suspender la ejecución del contrato administrativo, a los supuestos en que exista una razonable imposibilidad de cumplirlo en las condiciones convenidas.

Desde luego que un atraso en los pagos a cargo de la Administración de cierta magnitud habilita al concesionario o licenciatario para suspender la ejecución y pedir la rescisión o resolución del contrato en sede judicial, en tanto el hecho de la Administración (*v.gr.*, mora en los pagos) provoque una razonable imposibilidad de continuar la ejecución contractual[1317] o una mayor onerosidad de significativa importancia. La procedencia de la citada *exceptio* constituye la regla general y se sustenta en un principio de justicia[1318], pero, sobre todo, en el principio general de la buena fe que exige, como se ha dicho[1319], no sólo que los contratos deben celebrarse con arreglo a dicho principio y para ser cumplidos, sino que también han de interpretarse y ejecutarse de buena fe, conforme a lo que las partes entendieron o pudieron entender actuando con cuidado y previsión (art. 1198, CCiv.).

[1314] Del dictamen del Procurador General de la Nación que la Corte hace suyo *in re:* "Sebastián Maronese e Hijos SA v. Instituto Provincial de la Vivienda", S.3.XXXVII, sent. del 16/11/2004.

[1315] Del dictamen de la Procuradora Fiscal que la Corte hace suyo *in re:* "Aguas Argentinas SA v. Ente Tripartito de Obras y Servicios Sanitarios s/proceso de conocimiento", A.1561.XL y A.1339.XL, sent. del 17/4/2007.

[1316] MARIENHOFF, Miguel S., *Tratado..., cit.*, t. III-A, ps. 376 y ss.

[1317] Ésta es la doctrina que fluye del caso "Cinplast IAPSA v. ENTel. s/ordinario", Fallos 316:212 (1993); en ese fallo, el Alto Tribunal adoptó la tesis sustantiva para considerar que un contrato de suministro celebrado con la ex ENTel. revestía carácter administrativo en virtud de su objeto que consistía "en la prestación de un servicio destinado a cumplir el fin público de las telecomunicaciones". En rigor, no se trataba en el caso de un servicio, sino de un suministro y el atraso en los pagos fue de bastante magnitud, pero esto no cambia el razonamiento jurídico que consideramos correcto, no obstante la injusticia de la sentencia en lo que concierne a los hechos de la causa y su interpretación.

[1318] MARIENHOFF, Miguel S., *Tratado..., cit.*, t. III-A, p. 377, nro. 730.

[1319] MERTEHIKIAN, Eduardo, "La excepción de incumplimiento contractual y su aplicación al contrato de obra pública", LL 1994-D, 311.

C) El poder modificatorio de la Administración en los contratos administrativos

Otra de las diferencias fundamentales estriba en la potestad que el ordenamiento puede atribuir, de un modo expreso, a la Administración para introducir modificaciones, en forma unilateral, a lo pactado en los contratos administrativos, poder que puede razonablemente ejercer dentro de los límites establecidos en cada ordenamiento especial (*v.gr.*, obras públicas) y a condición de que no se altere el fin del contrato[1320] ni las obligaciones esenciales y que se efectúe la pertinente compensación económica que permita mantener el equilibrio financiero del contrato[1321].

Ahora bien, el *ius variandi* puede relacionarse con dos principios fundamentales del contrato administrativo[1322]: a) el de la *lex contractus* articulado en el art. 1197, CCiv., aplicable al derecho administrativo[1323] con las peculiaridades de esta disciplina[1324], y b) el principio de la inalterabilidad del contrato que tiende a preservar la igualdad de los terceros de cara a los beneficios públicos.

En el primer supuesto, el *pacta sunt servanda* impide que el poder modificatorio altere la ecuación económico-financiera del contrato administrativo mientras que, en el segundo, el *ius variandi* no se ejerce como una excepción al principio de inalterabilidad del contrato, sino que juega como un supuesto de articulación entre la finalidad y el contenido de las obligaciones concretamente asumidas por ambas partes[1325].

En ese sentido, la Corte tiene dicho reiteradamente que, por una parte, los contratos administrativos constituyen una ley para las partes[1326]; en ellos el principio es siempre el cumplimiento de lo pactado y la modificación unilateral llevada a cabo por la Administración con independencia del contratista no puede ser justificada a la luz de lo dispuesto por el art. 1197, CCiv.[1327]

[1320] MARIENHOFF, Miguel S., *Tratado...*, *cit.*, t. III-A, ps. 399-403. Algunos autores como Benoit en Francia y Durán Martínez en Uruguay han negado la configuración, en principio y como regla general, de la *potestas variandi;* véase DURÁN MARTÍNEZ, Augusto, "Ejecución de los contratos administrativos", en *Contratación administrativa,* Fundación de Cultura Universitaria, Montevideo, 1968, p. 64. El principio de la mutabilidad unilateral del contrato administrativo también ha sido sostenido en la doctrina brasileña: BANDEIRA DE MELLO, Celso A., *Curso de direito administrativo,* 24ª ed., Malheiros Editores, San Pablo, 2007, p. 611 y ss., y OLIVEIRA FRANCO SOBRINHO, Manoel de, *Contratos administrativos*, Saraiva, San Pablo, 1981, ps. 50-51.

[1321] ARIÑO ORTIZ, Gaspar, *Teoría del equivalente económico en los contratos administrativos*, Instituto de Estudios Administrativos, Madrid, 1968, ps. 248 y ss.

[1322] Distinción que, según SOLAS RAFECAS, no siempre ha sido puesta de manifiesto con nitidez (SOLAS RAFECAS, José María de, *Contratos...*, *cit.*, p. 41).

[1323] MARIENHOFF, Miguel S., *Tratado...*, *cit.*, t. III-A, ps. 334, 451-452.

[1324] Véase sobre el punto BREWER CARÍAS, Allan R., *Contratos administrativos*, *cit.*, ps. 160-161.

[1325] SOLAS RAFECAS, José María de, *Contratos...*, *cit.*, ps. 40-43.

[1326] Fallos 313:376 (1990); Fallos 315:1760 (1992).

[1327] Fallos 312:84 (1989), citado *in re* "Pradera del Sol v. Municipalidad de General Pueyrredón", sent. del 2/12/2004.

Esta compatibilidad entre la potestad modificatoria (ya sea el caso de una modificación unilateral prevista, en forma expresa, en el ordenamiento o pactada entre las partes) y el principio de inalterabilidad es la que permite que la Administración introduzca modificaciones a los contratos ante el cambio de circunstancias para cumplir con la finalidad perseguida, lo cual será lícito y justo en cuanto las modificaciones fueran objetivamente necesarias, esto es, cualquiera hubiera sido el contratista seleccionado en condiciones normales y en la medida en que no se suprima el riesgo empresario[1328].

Si se observa lo que ha acontecido en el plano de la realidad, éste ha sido el sentido con que se ha venido ejerciendo la *potestas variandi* en aquellos contratos de cierta duración y trascendencia, como la concesión de servicios públicos, donde el particular mantiene un vínculo asociativo con la Administración, sin perjuicio de sus poderes de control y de los derechos contractuales del concesionario.

16. EL CONTRATO ADMINISTRATIVO EN LA JURISPRUDENCIA DE LA CORTE SUPREMA

El análisis acerca de la jurisprudencia de la Corte demuestra que, aun cuando pueda reconocerse la existencia de etapas diferenciadas[1329], se advierte el desarrollo de una línea doctrinaria que postula la concepción finalista del contrato administrativo, sobre la base de criterios que tienen en cuenta el objetivo perseguido por la autoridad contratante.

En tal sentido, nuestro Alto Tribunal considera que un contrato es administrativo cuando se celebra "por el Estado en ejercicio de las funciones públicas que le competen y con el propósito de satisfacer necesidades de ese mismo carácter"[1330], o bien en aquellos casos en que su "objeto está constituido por un fin público o propio de la Administración"[1331].

Esta finalidad o, si se prefiere, sustantividad, determinante – en la jurisprudencia de la Corte– del carácter administrativo del contrato en razón de su objeto, produce correlativamente la exclusión de esta categoría jurídica de los llamados contratos privados de la Administración[1332], ya que éstos no cumplen una finalidad pública directa e inmediata, lo cual no implica su total sometimiento al derecho privado habida cuenta de que la competencia y el procedimiento (la llamada zona común de la contratación administrativa) se rigen siempre por el derecho público.

[1328] Véase UGOLINI, Daniela B., "El nuevo rol del Estado y los contratos administrativos", ED 148-870.

[1329] Como lo sostiene COVIELLO, Pedro J., "La teoría general del contrato administrativo a través de la jurisprudencia de la Corte Suprema de Justicia de la Nación", *130 años de la Procuración del Tesoro de la Nación*, Buenos Aires, 1993, ps. 99 y ss.

[1330] "Yacimientos Petrolíferos Fiscales v. Corrientes, Provincia de y Banco de Corrientes s/cobro de australes", Fallos 315:158 (1992).

[1331] "Cinplast v. ENTel.", Fallos 316:212 (1993), que acoge el criterio sustentado por el doctor Fayt en el voto emitido en el caso "Dulcamara", Fallos 313:376 (1990).

[1332] COVIELLO, Pedro J. J., "La teoría...", *cit.*, p. 117.

Por su parte, la jurisprudencia de la Corte no erige a la finalidad como factor exclusivo de la configuración de la categoría jurídica del contrato administrativo, sino que lo complementa con la necesidad de la presencia subjetiva de la Administración junto con la existencia de cláusulas exorbitantes (lo cual – como se ha visto– resulta objetable) o, como se señaló en algún caso, con la inserción del contrato en un régimen especial o exorbitante del derecho privado.

En lo que concierne a la presencia del Estado como uno de los sujetos del contrato administrativo, el Alto Tribunal ha resuelto que si la Administración no interviene en el contrato, no puede asignársele el carácter de contrato administrativo, sin perjuicio de que éste pueda estar sustancialmente regido por el derecho público[1333]. De esa manera, afirma su doctrina respecto del mantenimiento de este requisito subjetivo[1334].

Asimismo, si bien la Corte aceptó en un caso la tesis del contrato administrativo por extensión[1335], lo cierto es que parece orientarse hacia una concepción más restrictiva que combina el elemento orgánico con el finalista o sustantivo[1336].

Completa el cuadro de los criterios jurisprudenciales el relativo a las cláusulas exorbitantes donde aún no parece haberse perfilado una posición definitiva y precisa, ya que, en algunos casos, aplicó el criterio en forma alternativa con el finalista; en otros, lo hizo en forma conjunta[1337], sin perjuicio de que existen fallos que acogen un criterio (el del régimen exorbitante) que, no obstante cierta analogía, no genera idénticas consecuencias interpretativas.

En este punto, en la causa "Cinplast", el criterio de la cláusula exorbitante no jugó como un criterio alternativo, sino como un efecto propio del carácter administrativo del contrato. A una similar conclusión habrá que llegar si la Corte volviese a utilizar – en materia contractual[1338]– el criterio del régimen exorbitante, típico o especial del contrato administrativo, que constituye una de las primeras consecuencias o manifestaciones de su caracterización finalista.

Con posterioridad a los fallos referidos, la Corte pareciera delinear más precisamente la calificación de la naturaleza del vínculo contractual, reiterando la jurisprudencia del Tribunal[1339], según la cual existe contrato administrativo "cuando el

---

[1333] *In re* "Pluspetrol Energy SA v. Ente Nacional Regulador del Gas", P.307.XLI, sent. del 22/5/2007, del dictamen de la Procuradora Fiscal de la Nación que la Corte hace suyo.

[1334] COVIELLO, Pedro J. J., "El elemento subjetivo en los contratos administrativos según un fallo de nuestra Corte Suprema (breves anotaciones al caso 'Pluspetrol')", EDA 2007-307.

[1335] "Schirato, Gino v. Nación Argentina", Fallos 304:490 (1982).

[1336] "Davaro, Saúl v. Telecom SA s/juicio de conocimiento", Fallos 315:1883 (1992), aunque todavía no se puede vislumbrar cuál será la tendencia definitiva.

[1337] Véase COVIELLO, Pedro, J. J., "La teoría...", *cit.*, p. 111.

[1338] Criterio utilizado en el caso "López, Juan Manuel y otra v. Nación Argentina (Fuerza Aérea Argentina) s/ordinario", Fallos 306:731 (1984).

[1339] Véase CANDA, Fabián O., "La importancia del elemento forma en el contrato administrativo (Consecuencias de su omisión en la jurisprudencia de la Corte Suprema de Justicia de la Nación)", en AA.VV., *Cuestiones de Contratos Administrativos,* Jornadas organizadas por la Universidad Austral, Facultad de Derecho, *RAP*, Buenos Aires, 2007, ps. 35-52.

Estado, en ejercicio de funciones públicas que le competen y con el propósito de satisfacer necesidades del mismo carácter, suscribe un acuerdo de voluntades"[1340].

En resumidas cuentas y como ya señalamos con anterioridad[1341], al igual que en el derecho español, la "entronización" de la figura del contrato administrativo en el derecho argentino ha sido un verdadero acierto, pues como apunta Ariño Ortiz, no se concibe "cuál es la utilidad de propugnar a estas alturas... la tesis de la unidad de contratación"[1342]. Al contrario, el contrato administrativo supone una construcción racional y progresiva tanto para el interés público como para la seguridad de los particulares[1343].

17. A MODO DE SÍNTESIS

A modo de resumen de todo lo expuesto puede advertirse la conformación de tres etapas diferenciadas en la evolución de la teoría del contrato administrativo:

a) una primera etapa, caracterizada por la noción "*ius* administrativa" rígida del contrato administrativo, con prevalencia de los elementos públicos sobre los privados, sin excluir la posibilidad de celebrar contratos de la Administración regidos por el derecho civil o comercial. Sin embargo, una derivación exagerada de esta corriente llevó a considerar que todo contrato celebrado por el Estado era de derecho público, de naturaleza administrativa;

b) en una segunda etapa de la evolución se operó la huida al derecho privado, reflejada en modificaciones legislativas que intentaron producir una suerte de metamorfosis con las empresas públicas transformándolas en privadas para escapar, sobre todo, del campo de la contratación pública, sus procedimientos de selección y los controles estatales. Este proceso, que tuvo un cierto nivel de generalización en el derecho comparado, se encuentra actualmente en retirada, descorriéndose el velo del verdadero dueño que está detrás de estas empresas que no es otro que el Estado;

c) finalmente, en una tercera etapa,

[1340] *In re* "Punte, Roberto A. v. Tierra del Fuego, Antártida e Islas del Atlántico Sur s/ cumplimiento de contrato", p.238.XXVIII, sent. del 21/3/2006 y reiterado en "Intense Life SA v. Tierra del Fuego, Provincia de (Secretaría de Salud Pública) s/cobro de sumas de dinero", I.423.XLI, sent. del 20/2/2007, y "La Holando Sudamericana Cía. de Seguros SA v. Corrientes, Provincia de s/cobro de sumas de dinero", L.1954.XL, sent. del 15/5/2007.

[1341] CASSAGNE, Juan Carlos, "En torno a la evolución de las instituciones del derecho administrativo argentino y sus principales tendencias", EDA 2005-478.

[1342] ARIÑO ORTIZ, Gaspar, "Estudio introductorio", en Ariño y Asociados, *Comentarios a la Ley de Contratos de las Administraciones Públicas,* t. I, Granada, Comares, 2002, p. 42.

[1343] ARIÑO ORTIZ, Gaspar, "Estudio...", *cit.,* anota que "la experiencia histórica y comparada demuestra que es mucho peor, y mucho más indefensa, la condición del contratista en los países del *common law,* en los que no existe un derecho administrativo de la contratación, que aquéllos como el nuestro en que éste existe; que es mucho más generoso con el contratista el derecho público que el derecho privado, por la sencilla razón de que aquél está presidido por el principio de igualdad ante las cargas públicas, que en nuestro ordenamiento es la clave para entender el régimen de indemnizaciones, y aun de riesgos y de equivalencia material de las prestaciones en el contrato administrativo, frente a la puramente abstracta y sinalagmática del derecho civil".

i) se afirma la idea de lo público basada en la conexión entre el interés general o bien común y la función administrativa que, si bien tiene como eje al Estado como sujeto, se extiende a otros sujetos no estatales que cumplen funciones públicas o regidas por el derecho administrativo. En esta tendencia, las prerrogativas de poder público no son de la esencia del contrato sino el efecto de la sustancia *ius administrativa*, afirmándose una corriente generalizada a promover y estimular la competencia bajo el impulso estatal;

ii) se agudiza la tendencia a celebrar contratos de la Administración con diferente intensidad de elementos propios del derecho privado (que van desde un régimen prevaleciente del derecho civil o comercial hasta un régimen jurídico entremezclado) rigiéndose la competencia, en todos estos supuestos, por normas de derecho público;

iii) se afirman los principios de concurrencia e igualdad en la llamada "zona común de la contratación administrativa", al consagrar los procedimientos de la licitación pública y/o el concurso público como regla general de la selección del contratista;

iv) se presenta una confluencia entre normas de derecho público interno con disposiciones del derecho internacional tanto público como privado[1344], fruto del fenómeno de la "globalización" de las contrataciones públicas[1345];

v) junto a la técnica de los contratos excluidos, que no son necesariamente de derecho privado (por ej., contratos incluidos en operaciones de crédito público), se incorporan al ordenamiento positivo expresamente las prerrogativas de poder público;

vi) se reafirma la tendencia a limitar el régimen de los llamados actos interadministrativos procurando estimular la competencia a través de la generalización de la regla de la licitación pública y/o concurso público para elegir el contratante.

En suma, la interrelación entre lo público y lo privado y la injerencia de normas provenientes del derecho internacional confirman la imposibilidad de elaborar una teoría unitaria que, por otra parte, nunca fue factible desarrollar en el plano sustancial ya que su justificación sólo hubiera tenido sentido en el aspecto formal.

[1344] Lo cual se revela en algunas convenciones internacionales específicas cuyas cláusulas se proyectan al plano de los contratos nacionales (*v.gr.*, Convención Interamericana contra la Corrupción firmada en la 3ª Sesión Plenaria de la Organización de Estados Americanos el 29/3/1996, ratificada por la ley 24.759).

[1345] Al respecto, ver el interesante trabajo de AGUILAR VALDEZ, Oscar R., "Sobre las fuentes y principios del derecho global en las contrataciones públicas", expuesto en las Jornadas de Derecho Administrativo sobre "Principios del derecho administrativo. Su aplicación práctica", organizadas por la Universidad Católica Argentina, Buenos Aires, 20 y 21/8/2008. El autor señala las fuentes que, entiende, están transformando los regímenes de contratación pública: a) las directivas emanadas de las llamadas instituciones de "Bretton Woods"; b) los acuerdos de integración comercial y económica; c) el llamado "derecho suave" o *soft law*, y d) la "estandarización".

Esto no implica desconocer que tanto en el derecho comparado como en el argentino prevalece una línea favorable a la "iuspublificación" que se caracteriza, esencialmente, por excluir la libertad negocial para elegir al contratante y establecer las bases generales de la contratación, como asimismo para reconocer las prerrogativas públicas.

CAPÍTULO II

EL RÉGIMEN DE CONTRATACIONES DE LA ADMINISTRACIÓN NACIONAL

1. NECESIDAD DE LA REFORMA Y REORDENAMIENTO DEL RÉGIMEN DE CONTRATACIONES: SU FUNDAMENTO

A la luz de la evolución operada en los ordenamientos contractuales de aquellos países cuyos regímenes han sido fuente del nuestro, la configuración de nuevos principios generales y la extensión de las reglas de selección fundadas en dichos postulados de la institución contractual, cualquiera fuera la condición jurídica del contrato (administrativo o mixto, de objeto privado) y, al propio tiempo, los deberes asumidos en tratados internacionales (*v.gr.*, Convención contra la Corrupción), se tornaba necesaria la reforma y el reordenamiento del sistema que regía, con carácter general (dec.-ley 23.354/1956, ratificado por la ley 14.467), los contratos administrativos, así como, en particular, el régimen de la obra pública (ley 13.064).

La reforma se llevó a cabo por un decreto del Poder Ejecutivo dictado en el año 2001[1346], en ejercicio de facultades delegadas, y en el marco de la situación de emergencia, sobre materias de administración (art. 76, CN), como son aquellas inherentes a la contratación pública, a través de un régimen que posee jerarquía legislativa y no reglamentaria.

Tuvieron que transcurrir cuarenta y cinco años de vigencia de las normas de la Ley de Contabilidad para que, ante el fracaso de sucesivos proyectos legislativos, el Congreso delegara en el Poder Ejecutivo facultades para dictar el régimen de contrataciones de la Administración nacional, a fin de suplir la inadecuación del régimen a las cambiantes condiciones que imperan en el campo de la contratación administrativa. En rigor – como se ha destacado– se trata de una regulación integral, siendo la primera vez que ello acontece en el ordenamiento nacional[1347].

El fundamento que preside la reforma del régimen de contrataciones, como en forma reiterada se expone en los considerandos del dec. 1023/2001, se basó en la necesidad de fortalecer la competitividad de la economía, y en el objetivo de mejorar la eficiencia[1348] de la Administración nacional. Se argumenta que el incremento

---

[1346] Dec. 1023 del 13/8/2001, BO del 16/8/2001 (modificado por decs. 486/2002, 666/2003 y 204/2004).

[1347] *Cfr*. ORTIZ DE ZÁRATE, Mariana - DIEZ, Horacio P., "Perfiles de la contratación administrativa a la luz del dec. 1023/2001", *REDA* nro. 44, Lexis Nexis – Depalma, Buenos Aires, 2002, p. 50.

[1348] Esto es, que la Administración Pública logre los resultados propuestos, mas con los mínimos costos económicos y sociales, siguiendo la conceptualización de SARMIENTO GARCÍA, Jorge, *Concesión de servicios públicos*, Ciudad Argentina, Buenos Aires, 1999, p. 340.

de la eficiencia[1349] de la gestión reviste carácter estratégico por su impacto en el empleo, en la promoción del desarrollo de las empresas privadas y en la competitividad sistémica[1350].

De otra parte, resultaba también necesario adecuar el régimen de contrataciones a la situación existente en materia de comunicaciones e informática, legalizando las transacciones electrónicas y los procedimientos que permitieran utilizar el formato y la firma digital en la documentación a presentar y en los expedientes administrativos.

Al propio tiempo, el régimen implica, de suyo, la supresión de los diferentes regímenes especiales de contratación vigentes con anterioridad, con la expresada finalidad[1351] de uniformar los procedimientos de selección que utilizan los distintos organismos que componen la Administración nacional para no encarecer los costos de presentación de las ofertas, los cuales, en definitiva, se trasladan al precio de los bienes y servicios que paga el Estado.

2. ÁMBITO SUBJETIVO DE APLICACIÓN

El régimen de contrataciones instituido por el dec. 1023/2001 (en adelante RCAN) se aplica, en primer lugar, a aquellas que celebra la Administración nacional, sus organismos descentralizados o entidades autárquicas[1352].

En segundo término, el art. 39, RCAN, establece, en forma preceptiva, el deber de reglamentarlo en el ámbito de los poderes Legislativo y Judicial y del Ministerio Público. Esta norma indica que el ordenamiento se inclina por la concepción material u objetiva sobre la función administrativa[1353], de la que la actividad contractual constituye una parte sustancial, cualquiera sea la ubicación del sujeto contratante en los órganos fundamentales del Estado. Como se verá seguidamente, el hecho de prescribir la existencia de contratos administrativos en el seno de los tres poderes, junto con el reconocimiento de contratos regidos parcialmente por el derecho privado, revela una pauta normativa clara en punto a la adopción del criterio sustantivo o material para la configuración del contrato administrativo.

3. ÁMBITO MATERIAL DE APLICACIÓN: LA PRESUNCIÓN DE QUE TODA CONTRATACIÓN ES DE ÍNDOLE ADMINISTRATIVA. CONSECUENCIAS

Como regla general, el art. 1°, dec. 1023/2001, establece la presunción de que toda contratación que realice la Administración nacional (y por extensión los demás

---

[1349]   Ampliar en SOLA, Juan V., *Constitución y economía*, Lexis Nexis, Buenos Aires, 2004, ps. 783 y ss., especialmente p. 787.

[1350]   *Cfr*. consid. 4°, RCAN.

[1351]   *Cfr*. consid. 15°, RCAN.

[1352]   El art. 2°, RCAN, prescribe que el régimen será de aplicación a los procedimientos de contratación en los que sean parte los órganos y entidades comprendidos en el inc. a) del art. 8°, ley 24.156 (Ley de Administración Financiera y Sistemas de Control).

[1353]   *Cfr*. ORTIZ DE ZÁRATE, Mariana - DIEZ, Horacio P., "Perfiles...", *cit*., p. 58.

poderes del Estado) se presume de índole administrativa, "salvo que de ella o de sus antecedentes surja que está sometida a un régimen jurídico de derecho privado".

Esta norma implica establecer, para el contrato que no se presume administrativo, una categorización privada que se apoya en la sustancia o fin del acuerdo, en la medida en que los objetivos que se persiguen, en forma inmediata, difieren de los que se procuran en el ámbito de las contrataciones regidas totalmente por el derecho público. Consecuentemente, este paralelismo de figuras conduce a que, para excluir una determinada materia en razón de su sustancia (el precepto utiliza la frase "salvo que de ella", lo cual, obviamente, traduce un criterio material), la determinación del carácter administrativo del contrato no puede hacerse de otra manera que basándose en un criterio similar que permita la comparación, esto es, acudiendo al análisis del objeto o fin del contrato sobre la base de la función administrativa y de las operaciones que constituyen el giro o tráfico que la tipifica.

Veamos ahora cómo juega esa presunción y su excepción de cara al precepto contenido en el art. 4°, RCAN, el cual, al enunciar los contratos comprendidos en el régimen, incluye tanto los contratos administrativos como los regidos parcialmente por el derecho privado (contratos mixtos o de objeto privado) en tanto no resulten expresamente excluidos.

Sin embargo, la última parte del art. 1°, RCAN, tiene que guardar sentido y coherencia dentro del régimen para tener operatividad, ya que no es correcto interpretar que resulta derogado – en ese aspecto– por el art. 4°, RCAN. En tal sentido, el régimen debe aplicarse a todos los contratos que celebran los órganos del llamado sector público en los siguientes aspectos:

a) en cuanto al procedimiento que rige la selección de los contratantes[1354], al prescribirse el principio de la licitación pública o concurso público como regla general;

b) en la aplicación de principios comunes que rigen la contratación en el ámbito de la Administración Pública nacional, tales como el de concurrencia, competencia entre oferentes, razonabilidad del proyecto y eficiencia de la contratación para cumplir con el interés público comprometido, transparencia en los procedimientos, publicidad y responsabilidad de los agentes y funcionarios públicos que gestionen, autoricen o aprueben las contrataciones[1355], todo lo cual configura la llamada "zona común" de la contratación estatal;

c) en lo inherente a las normas que regulan el concepto jurídico que el RCAN denomina "anticorrupción", las cuales se aplican indistintamente cualquiera fuera la condición jurídica del contrato de la Administración o el grado de injerencia del derecho público;

d) en los preceptos que reglamentan las contrataciones electrónicas.

[1354]   *Cfr.* art. 24, primera parte, RCAN.

[1355]   *Cfr.* art. 3°, RCAN. La última parte de esta norma preceptúa que "(d)esde el inicio de las actuaciones hasta la finalización de la ejecución del contrato, toda cuestión vinculada con la contratación deberá interpretarse sobre la base de una rigurosa observancia de los principios que anteceden". A su vez, la Ley de Ética Pública 25.188 prescribe, entre los deberes de los funcionarios públicos, el de observar en las contrataciones públicas los principios de publicidad, igualdad, concurrencia y razonabilidad (art. 2°, inc. h]).

A su turno, cabe preguntarse si el régimen exorbitante[1356] – que contiene distintas prerrogativas de poder público– se aplica a los contratos de objeto privado[1357].

Al respecto, las prerrogativas del régimen exorbitante tienen necesariamente que acotarse a los llamados contratos administrativos, pues, de otra manera, el principio enunciado en el art. 1°, última parte, RCAN, quedaría desprovisto de vigencia, ya que no habría ninguna distinción de régimen jurídico en los contratos que celebra la Administración Pública, los cuales estarían sometidos a un régimen jurídico unitario.

Una interpretación contraria sería incompatible con la última parte del mencionado art. 1° que consagra la posibilidad de que se celebren contratos sometidos a un régimen jurídico de derecho privado, aunque esta aplicación sea parcial y su grado varíe en cada contrato. En otros términos, las prerrogativas del régimen exorbitante son una nota típica del derecho público, no extensibles sin más a los contratos de objeto privado, por cuya razón no integran la denominada "zona común de la contratación administrativa". Ésta es también la tendencia que se advierte en el derecho comparado[1358].

Confirma esa interpretación la circunstancia de que la cláusula del art. 1° es específica y presenta una regulación más precisa que la enunciación genérica de los contratos comprendidos en el art. 4°.

De otra parte – y esto es lo más importante– , para el caso de que el art. 1° se interpretara en sentido inverso, éste quedaría desprovisto de aplicación, contrariando la regla que indica que la interpretación más razonable es la que permite la coexistencia de regímenes jurídicos diferentes, sin perjuicio de las variaciones que refleje cada contrato en punto a la mayor o menor proporción de elementos públicos o privados en su régimen jurídico, lo cual puede plantearse, particularmente, en los llamados contratos atípicos, en los que se combinan elementos de ambas ramas jurídicas, como por ejemplo el contrato de construcción de una obra pública con un fideicomiso o un contrato de préstamo mercantil.

4. CONTINUACIÓN: CONTRATOS INCLUIDOS Y CONTRATOS EXCLUIDOS

Como se ha dicho, el RCAN configura una regulación integral del ordenamiento que rige las contrataciones en el sector público nacional, extendiendo la parte común de la regulación ("zona común de la contratación administrativa") a los contratos de objeto privado.

No obstante ello, el RCAN excepciona el principio de regulación integral, prescribiendo cuáles contratos se encuentran expresamente comprendidos y cuáles excluidos de la aplicación del régimen de contrataciones.

[1356] Prescripto en el art. 12, RCAN.

[1357] La existencia de los contratos regulados por el derecho privado, que prescribe el RCAN, conforme a la tesis que venimos sosteniendo a nivel doctrinario siguiendo a MARIENHOFF y BIELSA, ha sido reconocida en trabajos posteriores; véase: ORTIZ DE ZÁRATE, Mariana - DIEZ, Horacio P., "Perfiles...", cit., p. 55.

[1358] Cfr. art. 194, LCAP de España (30/2007).

Entre los contratos comprendidos[1359] menciona dos grandes grupos: a) compraventa, suministros, servicios, locaciones, consultoría, alquileres con opción a compra, permutas, concesiones de uso de los bienes del dominio público y privado del Estado nacional, que celebren las jurisdicciones y entidades comprendidas en su ámbito de aplicación y a todos aquellos contratos no excluidos expresamente, y b) obras públicas, concesiones de obras públicas, concesiones de servicios públicos y licencias.

A su vez, los contratos excluidos[1360] se enuncian del siguiente modo: a) los de empleo público[1361]; b) las compras de caja chica; c) los que se celebren con Estados extranjeros, con entidades de derecho público internacional, con instituciones multilaterales de crédito, los que se financien total o parcialmente con recursos provenientes de esos organismos, sin perjuicio de la aplicación del RCAN cuando así se establezca de común acuerdo entre las partes en el respectivo instrumento que acredite la relación contractual, y las facultades de fiscalización sobre este tipo de contratos que la ley 24.156 y sus modificaciones confiere a los organismos de control[1362], y d) los comprendidos en operaciones de crédito público[1363].

[1359] Art. 4°, incs. a) y b), RCAN.

[1360] Art. 5°, incs. a), b), c) y d), RCAN.

[1361] Ello, por cierto, no implica vedarles el carácter de contratos; se recordará que en "Guida, Liliana v. Poder Ejecutivo nacional s/empleo público", Fallos 323:1566 (2000), se señaló que las prerrogativas del Estado en la relación de empleo público no son absolutas ni irrestrictas, sino que encuentran su límite en la imposibilidad de alterar la sustancia del *contrato*. Dicha doctrina fue mantenida, aunque con soluciones diversas, según la valoración efectuada por la Corte Suprema de las circunstancias del caso, en las causas "Müller", Fallos 326:1138; "Tobar", Fallos 325:2059, y "Miglierini", Fallos 327:2111.

[1362] El texto de este inciso contiene las modificaciones introducidas en el dec. 666/2003.

[1363] Sin perjuicio de que la Corte Suprema afirmara que el empréstito público constituye un contrato administrativo típico ("Aquino, Virgina C. v. Chaco, Pcia. del y otro s/ejecutivo", Fallos 314:810 – 1991–), con posterioridad ha eludido tal calificación. En efecto, en la causa "Brunicardi, Adriano C. v. Estado nacional (BCRA) s/cobro", Fallos 319:2886 (1996), luego de afirmar que así como se ha calificado el acto original – dec. 1334/1982, de creación de los Bonods– como un acto de soberanía, también la modificación de su régimen participó de tal naturaleza, pues fue un acto unilateral del Estado, "la naturaleza jurídica" del empréstito público no significa la exclusión de toda responsabilidad de orden patrimonial por la modificación unilateral de las obligaciones en caso de conducta arbitraria o de lesión a derechos individuales dignos de protección. Más recientemente, en ocasión de avalar la pesificación de títulos de deuda pública, la Corte Suprema reconoció al Estado la atribución de alterar unilateralmente las condiciones del empréstito público (conf. "Galli, Hugo G. y otros v. PEN - ley 25.561, decs. 1570/2001 y 214/2002 s/amparo", sent. del 5/4/2005). El dictamen del Procurador, a cuyos argumentos y conclusiones se remite la Corte, cita el precedente "Brunicardi", para concluir que, en el caso, a diferencia de aquél, no se había demostrado que las nuevas condiciones comportasen actos confiscatorios o condujesen a una privación de la propiedad o degradación sustancial del crédito (acápite VI *in fine* del dictamen). Sobre las distintas posturas doctrinarias respecto de la naturaleza jurídica del empréstito público, ver ZILLI DE MIRANDA, Martha, "El empréstito público ¿contrato administrativo?", en AA. VV., *Cuestiones de Contratos Administrativos*, Jornadas de Derecho Administrativo de la Universidad Austral, Ediciones RAP, Buenos Aires, 2007, ps. 785-800.

Si bien se ha sostenido que la enumeración de los contratos comprendidos tiene sólo carácter enunciativo[1364], ello es así en tanto se refiera a la "zona común de la contratación administrativa", puesto que a los contratos de objeto privado no se les aplican, en principio, las prerrogativas típicas del régimen exorbitante.

En cambio, la mención de los contratos excluidos se reputa taxativa, lo cual sólo significa la exclusión de dichos contratos del RCAN y no empece a la aplicación analógica de las normas pertinentes de la LNPA para la emisión de los actos vinculados a la formación de la voluntad de la Administración, así como a los demás requisitos inherentes a su validez.

5. EL RÉGIMEN EXORBITANTE Y EL CARÁCTER EXPRESO QUE REVISTEN LAS PRERROGATIVAS EN EL ORDENAMIENTO. SU EVENTUAL RENUNCIABILIDAD O LIMITACIÓN

Una cuestión que se venía debatiendo en la doctrina y en la jurisprudencia es la del carácter implícito o no de las cláusulas exorbitantes, también llamadas prerrogativas de poder público, que solían reconocerse comprendidas – tácitamente– en el llamado régimen administrativo del contrato.

Mientras un sector de la doctrina negaba esa posibilidad[1365], otro consideraba que las llamadas cláusulas exorbitantes implícitas se encontraban comprendidas en el régimen contractual[1366], como si fueran una suerte de principios generales del derecho público.

En tal aspecto, la prerrogativa de poder público puede concebirse en dos sentidos diferentes, esto es, como la propia potestad administrativa, o bien como una facultad que traduce el ejercicio de la potestad.

En el primer caso, existe una evidente asimilación entre prerrogativa y potestad, la cual debe surgir en forma expresa del ordenamiento en cuanto implica el sometimiento a un poder de sujeción, en forma abstracta y genérica, sobre las personas, y por ende no puede disponerse sino por ley (argumento que se funda en el art. 19, CN).

[1364] *Cfr*. ORTIZ DE ZÁRATE, Mariana - DIEZ, Horacio P., "Perfiles...", *cit.*, p. 52.

[1365] En este punto, Mairal coincide en gran parte con la tesis que hemos venido sosteniendo en trabajos anteriores, aunque con diferentes fundamentos y metodología, véase: MAIRAL, Héctor A., "De la peligrosidad o inutilidad de una teoría general del contrato administrativo", ED 179-655, y "El aporte de la crítica a la evolución del derecho administrativo", ED 180-849; y CASSAGNE, Juan Carlos, "La delimitación de la categoría del contrato administrativo (Réplica a un ensayo crítico)", ED 181-942, especialmente ps. 954 y ss.; ver también JEANNERET DE PÉREZ CORTÉS, María, "Acto administrativo y contrato administrativo", en AA.VV., *Contratos Administrativos*, Jornadas de Derecho Administrativo de la Universidad Austral, Ciencias de la Administración, Buenos Aires, 1999, ps. 144 y 146, quien sostiene que "(e)s lo público – el sujeto y la actividad o función, con sus fines– lo que determina la existencia de un régimen de derecho público, exorbitante del derecho privado (en cuanto propio del derecho público y no de las mal llamadas 'cláusulas exorbitantes implícitas'), y lo que puede justificar, en su caso, también la existencia de cláusulas exorbitantes, pactadas" (p. 144).

[1366] MARIENHOFF, Miguel S., *Tratado de derecho administrativo*, t. III-A, 3ª ed., Abeledo-Perrot, Buenos Aires, 1989, ps. 80 y ss.

372

En el segundo sentido, la prerrogativa se concibe como un poder que traduce el ejercicio de la potestad, que permite limitar su alcance y efectos, en la medida en que no se contravenga el orden público administrativo ni el fin de interés público relevante[1367] que la Administración persigue al celebrar el contrato.

Esta última interpretación se adecua a lo prescripto en el sistema del RCAN y todo dependerá, en definitiva, de las prescripciones expresas del pliego de bases y condiciones y de la documentación contractual, tal como lo estatuye el art. 12, primera parte, de dicho decreto, que, al par que consagra la configuración de las prerrogativas de poder público en forma expresa y como parte del régimen exorbitante, deja abierta la posibilidad de que la Administración se obligue, limitando, por ejemplo, la cláusula de rescate para obtener mejores cotizaciones de los oferentes (frente al menor riesgo que representa el ejercicio pleno de dicha facultad) y favorecer una mayor competitividad y concurrencia.

En otros supuestos, el ejercicio de la prerrogativa debe llevarse a cabo de acuerdo con los límites prefijados, cuando la potestad está expresamente configurada, en cuanto al alcance de su contenido, y existen razones de orden público, de moralidad administrativa y de promoción de la concurrencia que impiden renunciar al ejercicio de la prerrogativa. Esto acontece, por ejemplo, con relación a la prerrogativa de declarar la caducidad del contrato, en caso de incumplimiento de las obligaciones esenciales a cargo del contratante, la cual, en principio, resulta irrenunciable, aunque la norma autoriza a que la Administración pueda estipular, en los pliegos de bases y condiciones o en la documentación contractual (esto último en la contratación directa), los efectos de la declaración de caducidad, rescisión o resolución[1368].

En cualquier caso, aunque la Administración no ejerciera su poder para reglamentar, limitar o declarar incluso inaplicable una determinada facultad por razones de interés público, las prerrogativas establecidas en el art. 12, RCAN, integran el régimen jurídico exorbitante del contrato, lo que marca una distinción sustantiva respecto del régimen jurídico de los contratos de objeto privado que puede celebrar la Administración. Estos últimos resultan parcialmente regulados por el derecho administrativo, en punto a la competencia, las formas y, especialmente, las reglas que reglamentan el procedimiento de selección, así como la aplicación de los principios generales que rigen las contrataciones de la Administración (conforme al precepto contenido en el art. 3°, RCAN), entre los cuales no figuran las prerrogativas que integran el régimen exorbitante.

[1367] DIEZ, Manuel María, *Derecho administrativo*, t. II, Omeba-Plus Ultra, Buenos Aires, 1965, p. 455, señala que la verdadera razón que justifica la prerrogativa de la Administración se encuentra en la relación inmediata del contrato con la satisfacción del interés público.

[1368] Art. 12, inc. a), RCAN. La fuente de este precepto era el art. 59, LCAP 2/2000 – hoy plasmado en el art. 194 de la actual LCAP 30/2007– , aunque la norma española sólo se refiere a la prerrogativa de interpretar el contrato, modificarlo por razones de interés público, acordar su resolución y determinar los efectos de ésta.

6. APLICACIÓN DE LAS NORMAS QUE REGULAN EL ACTO ADMINISTRATIVO EN LA LNPA AL CONTRATO ADMINISTRATIVO

A su vez, el régimen de contrataciones modifica la redacción contenida en la última parte del art. 7°, LNPA, que prescribía la aplicación analógica de las prescripciones del Título III de dicho ordenamiento a los contratos administrativos regidos por leyes especiales.

La modificación consiste en introducir una fórmula según la cual los contratos que celebran los órganos y entidades del sector público se rigen por sus respectivas leyes especiales, sin perjuicio de la aplicación directa de las prescripciones del Título III, LNPA, "en cuanto fuere pertinente"[1369].

Va de suyo que la expresión "en lo que fuere pertinente" viene a limitar el alcance de la aplicación directa de los preceptos de la LNPA que regulan el acto administrativo a la realización de un acto previo de hermenéutica, que tiene más similitud con la analogía que con la aplicación lisa y llana de cada precepto. Así, la norma remite a un proceso previo de adaptación de cada requisito o precepto legal, a la naturaleza, estructura y fines que persigue la contratación pública en las respectivas leyes especiales. Por esta razón, la modificación establecida adquiere sentido siempre que su aplicación se lleve a cabo en función de su compatibilidad con la institución contractual. Sólo si se da esa compatibilidad procederá la aplicación directa de las normas de la LNPA que regulan el acto administrativo (en sentido estricto), aun cuando el contrato administrativo sea (en sentido amplio) una de las especies del acto administrativo.

7. LA REGLA DE LA EJECUTORIEDAD: LAS EXCEPCIONES AL PRINCIPIO

El art. 12, inc. a), RCAN, prescribe que los actos que se dicten en ejercicio de las prerrogativas allí enunciadas tendrán "los caracteres y cualidades otorgados por el art. 12, LNPA". Aunque era innecesario decirlo – dada la aplicación– "en lo que fuere pertinente" de dicho principio general del acto administrativo prescripto por el art. 36, RCAN (al modificar el art. 7°, LNPA), la norma viene a reafirmar – con los alcances antes señalados– la ejecutoriedad como nota típica que poseen los actos administrativos mencionados en la parte final del inc. a) del art. 12, RCAN.

En esta materia, corresponde aclarar que la ejecutoriedad no constituye una regla absoluta, y que lejos de comprender la ejecución coactiva del acto, exige la intervención judicial cuando esta forma de ejecución recae sobre los bienes y/o las personas, salvo casos excepcionales (como, por ejemplo, la autotutela sobre bienes del dominio público), dado que por la "naturaleza" del acto de ejecución (argumento del art. 12, LNPA), se trata de una típica función jurisdiccional a cargo de los jueces.

Tampoco procederá la ejecutoriedad, que permite disponer el cumplimiento del acto sin acudir a medios coactivos, si el respectivo acto carece de presunción de legitimidad, y cuando no se verifique el cumplimiento de todos o algunos de los

---

[1369] Art. 36, RCAN, modificatorio del último párrafo del art. 7°, LNPA.

requisitos exigidos por el art. 7°, LNPA, y se trate de una omisión manifiesta, pues tal exigencia resulta preceptiva a tenor de lo prescripto en el art. 11, RCAN.

8. SOBRE LA ESTABILIDAD DE LOS CONTRATOS Y EL ALCANCE DE LAS FACULTADES DELEGADAS

Casi no se discute en el campo del derecho administrativo que la regla de la inalterabilidad de los contratos se encuentra paralelamente acotada por el *ius variandi*, y que el equilibrio entre el ejercicio de esta última prerrogativa y el derecho a la estabilidad del contrato se vincula tanto con la seguridad jurídica como con el principio general de la buena fe, el interés público y los derechos patrimoniales del contratista, protegidos por la garantía de la propiedad establecida en el art. 17, CN[1370].

No resulta razonable ni lógico que la alterabilidad del contrato constituya una prerrogativa absoluta e ilimitada de la Administración, como si fuera una suerte de extensión del principio de riesgo y ventura a cargo del contratista. Es evidente que una interpretación autoritaria de la prerrogativa puede desalentar, potencialmente, a los buenos contratistas, al afectarse la seguridad jurídica y tornar más oneroso el costo de las prestaciones que debe satisfacer el Estado.

En este punto, aunque el RCAN establece límites al ejercicio del *ius variandi*, consagra una regla confiscatoria al prescribir que si el contratista se niega a aceptar la modificación propuesta, el contrato se considera rescindido sin culpa de las partes, lo cual a todas luces resulta inconstitucional, pues cercena el derecho de propiedad del contratista (art. 17, CN) y viola el principio de igualdad, al hacerle soportar, de un modo dispar, la carga de los perjuicios derivados de la rescisión del contrato, por razones de interés público.

Por otro lado, se encuentra la facultad de revocar los contratos administrativos por razones de interés público, en cuyo supuesto el inc. b) del art. 12, RCAN, prescribe que no se indemnizará el lucro cesante. Este precepto (que no figura en la ley española) altera el principio de la estabilidad contractual, generando una gran incertidumbre en los contratistas, lo cual puede gravitar negativamente en las inversiones necesarias para el crecimiento del país[1371].

De todas maneras, aparte de que la revocación por razones de interés público es una figura incompatible con la regla según la cual los contratos se celebran para ser cumplidos porque son la *lex inter partes* (siendo más afín aplicarla en el ámbito del acto administrativo unilateral o bilateral en sus efectos, que es, en rigor, de donde

---

[1370] Sobre el derecho de propiedad de los contratistas, ver SACRISTÁN, Estela B., "Aspectos constitucionales de la renegociación de los contratos de prestación de los servicios públicos", en *Debates de Actualidad, Revista de la Asociación Argentina de Derecho Constitucional*, año XVIII, nro. 191, julio/octubre 2003, ps. 15/35.

[1371] Es que el lucro cesante, en tanto acreditado, debe ser indemnizado: sostuvo la Corte Suprema que "la legitimidad del proceder del Estado en la resolución unilateral del contrato no lo releva de la obligación de resarcir los daños que de aquél se hubiesen derivado, que no puede limitarse al daño emergente con exclusión del lucro cesante, esto es, de las ventajas económicas esperadas de acuerdo a probabilidades objetivas debidas y estrictamente *comprobadas*", "Eduardo Sánchez Granel Obras de Ingeniería SAICFI v. Dirección Nacional de Vialidad", Fallos 306:1409 (1984).

proviene), como esta especie de extinción posee idéntica "*ratio iuris*" que la expropiación, se requiere, en todos los supuestos, el dictado de una ley declarativa de la utilidad pública y un procedimiento reglado para cumplir con el recaudo de la previa indemnización, conforme a lo prescripto en el texto constitucional (art. 17, CN).

Como es obvio, siendo la norma que regula la revocación por razones de interés público el ejercicio de una potestad delegada que corresponde privativamente al Congreso, resulta inconstitucional delegar esa atribución legislativa en forma genérica, sin establecer el plazo para su ejercicio y la determinación concreta de la declaración legislativa, como lo exige la Ley de Expropiaciones[1372]. Esta objeción no nos parece que pueda salvarse apelando al argumento de la prórroga genérica de la vigencia de las delegaciones que dispuso la ley 25.148[1373] – criterio que posteriormente repitió el Congreso mediante las leyes 25.645 y 25.918–, ya que una ley no puede soslayar el cumplimiento de normas constitucionales que, en el caso, son tan claras como taxativas y se encuentran por encima de las mismas leyes.

En suma, resulta peligroso para la seguridad jurídica y el principio de transparencia que se interprete que las prerrogativas del RCAN revisten carácter absoluto y discrecional, incluso por encima de las garantías constitucionales, permitiendo la consumación de actos susceptibles de provocar una verdadera confiscación de derechos patrimoniales y contribuyendo a instrumentar herramientas que, en manos de funcionarios deshonestos, favorecerían la corrupción en el seno de la Administración y de los otros poderes del Estado.

9. RECAPITULACIÓN: ALGUNAS CONCLUSIONES Y BALANCE CRÍTICO

De lo expuesto pueden extraerse algunas conclusiones generales a modo de recapitulación final:

Si bien el RCAN configura una regulación que tiende a ser integral, ello no significa que consagre un régimen unitario para todos los contratos que celebra la Administración o los otros poderes del Estado en ejercicio de la función administrativa.

El régimen del RCAN viene a reafirmar la línea doctrinaria[1374] y jurisprudencial[1375] que, aun con matices diferentes, sostiene básicamente la concepción sustan-

---

[1372] Art. 5°, primera parte, ley 21.499. En cambio, la declaración genérica de la utilidad pública resulta excepcional y se vincula a los proyectos o planes urbanísticos de ejecución diferida (art. 5°, segunda parte, ley *cit.*).

[1373] Como lo sostienen ORTIZ DE ZÁRATE, Mariana - Diez, Horacio P., "Perfiles...", *cit.*, p. 72.

[1374] Véase: MARIENHOFF, Miguel S., *Tratado...*, *cit.*, t. III-A, 4ª ed., ps. 53 y ss.; Bielsa, Rafael, *Derecho administrativo*, t. II, 6ª ed., Buenos Aires, 1964, ps. 171 y ss.; COVIELLO, Pedro J., "La teoría general del contrato administrativo a través de la jurisprudencia de la Corte Suprema de Justicia de la Nación", en *130 años de la Procuración del Tesoro de la Nación*, Buenos Aires, 1994, ps. 98 y ss.; SARMIENTO GARCÍA, Jorge H., "Primeras reflexiones sobre la tesis de Mairal frente al 'contrato administrativo'", ED 180-858, y Cassagne, Juan Carlos, *El contrato administrativo*, Abeledo-Perrot, Buenos Aires, 1999, ps. 11 y ss.

[1375] Véanse, entre otros: "Dulcamara SA v. ENTel. s/cobro de pesos", Fallos 313:376 (1990); "Yacimientos Petrolíferos Fiscales v. Corrientes, Provincia de y Banco de Corrientes s/ cobro de australes", Fallos 315:158 (1992); "Cinplast IAPSA SA v. ENTel. Empresa Nacional de

tiva del contrato administrativo, prescribiendo, en forma expresa, un sistema que regula las prerrogativas públicas en la etapa de ejecución contractual, lo cual pone fin al debate acerca de las llamadas cláusulas exorbitantes implícitas, y reconduce el eje del problema a la interpretación vinculada al ejercicio de las potestades establecidas en la ley y su extensión a los contratos que no revisten carácter administrativo (contratos de objeto privado que celebra la Administración).

La incorporación al ordenamiento positivo de una serie de principios generales que rigen la contratación estatal constituye una novedad legislativa trascendente, en cuanto ellos tienden a fortalecer la competitividad de la economía, la transparencia, así como la eficiencia de la gestión pública, que hoy día se reconoce que tienen carácter estratégico por su impacto en el empleo. En ese sentido, el establecimiento de la regla de la licitación o concurso público[1376] para la elección del contratista estatal no sólo promueve la competencia entre los oferentes y tiende a que la Administración obtenga las mejores condiciones de precio, sino que hace más transparente todo el proceso de selección.

Se advierte también que el principio de colaboración, cuya inutilidad había sido señalada por un sector de la doctrina, goza de buena salud, ya que en el RCAN se introduce la posibilidad de que los interesados en participar en una licitación o concursos públicos puedan formular observaciones al proyecto de bases y condiciones particulares[1377].

Mientras por una parte se amplía la llamada "zona común de la contratación administrativa", por la otra se frena la huida del derecho público al extenderse el régimen del RCAN a todos los sujetos que componen el sector público, con independencia de su forma pública o privada, siguiendo la línea marcada en el derecho comunitario europeo hacia la prevalencia de los principios y procedimientos de

Telecomunicaciones", Fallos 316:212 (1993); "SA Organización Coordinadora Argentina y Secretaría de Inteligencia del Estado de la Presidencia de la Nación", Fallos 318:1518 (1995).

[1376] Sin embargo, en una línea opuesta a la apertura de la competencia, recientemente se han establecido excepciones al principio de selección por licitación o concurso público, determinándose la contratación directa cuando se contrata con universidades o cuando el contrato se celebra entre las jurisdicciones y las entidades del Estado nacional entre sí o con organismos provinciales, municipales o del Gobierno de la Ciudad de Buenos Aires, y se refiera a materias tales como la prestación de servicios de seguridad, logística o salud; véase art. 1°, dec. 204/2004, mediante el cual se incorporan los acápites 8 y 9 al inc. d) del art. 25, RCAN, así como la crítica al dec. 204/2004 en Rocha Pereyra, Gerónimo, "El decreto 204/2004. Un posible retroceso en la contratación pública", JA 2004-III- 29 y ss., Suplemento de Derecho Administrativo.

[1377] Art. 8°, RCAN; así lo afirman ORTIZ DE ZÁRATE, Mariana - DIEZ, Horacio P., "Perfiles...", cit., p. 58. Acerca del principio de colaboración, véase, asimismo, "Actuar Agrupación Consultores Técnicos Universitarios Argentinos SA y otros v. Agua y Energía Eléctrica Sociedad del Estado s/contrato administrativo", Fallos 325:1787 (2002), en el cual se señala que el principio cardinal de la buena fe hace exigible, a la Administración, por un lado, que no incurra en prácticas que impliquen comprometer los intereses superiores que ella está obligada a preservar, y como contrapartida, el contratista debe comportarse con diligencia, prudencia y buena fe, habida cuenta de su condición de colaborador de la Administración en la realización de un fin público.

derecho público en los procesos de selección de contratistas cuando se trate de empresas privadas que disponen de fondos estatales[1378].

Las principales críticas que merece el RCAN se centran en:

a) el establecimiento de la rescisión sin culpa cuando el contratista no acepte las modificaciones propuestas por la Administración, lo cual altera el principio de la estabilidad del contrato y la seguridad jurídica, creando una regla injusta que carga sobre el particular la lesión a sus derechos contractuales por decisiones adoptadas unilateralmente en función del interés público, y

b) el régimen de la revocación por razones de interés público, mediante una fórmula que, a nuestro juicio, vulnera la garantía constitucional de la propiedad (art. 17, CN). En cualquier caso, creemos que siempre se requerirá el dictado de una ley declarativa del interés público que fundamente la revocación o el rescate.

No obstante ello, el resultado del balance del RCAN puede considerarse positivo en líneas generales, pues no obstante advertirse una tendencia orientada a acrecentar las prerrogativas de poder público, éstas aparecen en muchos casos compensadas con fórmulas de equilibrio[1379] y, en otros supuestos, dejan paso a que la interpretación doctrinaria y jurisprudencial se desenvuelva en un marco justo, es decir, de razonabilidad.

[1378] Ver GARCÍA DE ENTERRÍA, Eduardo - FERNÁNDEZ, Tomás R., *Curso de derecho administrativo*, 9ª ed., t. I, Madrid, 1999, ps. 681-682.

[1379] En el caso "Meridiano SCA v. Administración General de Puertos", Fallos 301:292 (1979), se colocó en simétrica ubicación a la Administración y al contratista, al señalarse que la demandada tenía, por lo menos, el *mismo* derecho que las actoras para extinguir la relación en igualdad de condiciones.

CAPÍTULO III

LOS PROCEDIMIENTOS DE SELECCIÓN DEL CONTRATISTA ESTATAL Y LA ADJUDICACIÓN DEL CONTRATO

1. PRINCIPIOS Y VALORES EN JUEGO EN LA CONTRATACIÓN ADMINISTRATIVA

La Administración, al seleccionar a sus contratistas, lo hace según un procedimiento *preestablecido* en las leyes y reglamentos administrativos. Se ha ido construyendo, en tal sentido, un principio de interpretación conforme al cual "los contratos públicos están sujetos a formalidades preestablecidas y contenidos impuestos por normas que prevalecen sobre lo dispuesto en los pliegos, lo que desplaza la plena vigencia de la regla de la autonomía de la voluntad de las partes"[1380].

La determinación del grado de libertad que tiene la Administración para optar por un cauce formal u otro constituye, de tal suerte, una cuestión asaz debatida, en la que confluyen posturas doctrinarias y jurisprudenciales no siempre coincidentes.

Es así que la interpretación acerca de si existe o no el principio de libre elección o contratación[1381] en esta materia ha sufrido variaciones, pues aun cuando no se puede desconocer que, en los orígenes del derecho administrativo, ella fue la idea dominante, tampoco hay que ignorar que en la posterior evolución de la disciplina, surgió la regla según la cual la licitación, específicamente la denominada "pública", pasó a constituir un principio inherente a toda contratación administrativa[1382].

En un principio, el Alto Tribunal sostuvo, con apoyo en Marienhoff, la postura que restringe la aplicación de dicha regla a los supuestos en que el ordenamiento positivo lo prescriba en forma taxativa[1383], al declarar que, "a falta de una norma

---

[1380] "Espacio SA v. Ferrocarriles Argentinos s/cobro de pesos", Fallos 316:3157 (1993).

[1381] Este principio ha sido sostenido en nuestro país, particularmente a partir de la obra del maestro MARIENHOFF, Miguel S., *Tratado de derecho administrativo*, t. III-A, 4ª ed. actualizada, Abeledo-Perrot, Buenos Aires, 1994, nro. 627 A, ps. 627 y ss.; véase también SAYAGÜES LASO, Enrique, *La licitación pública*, Acali, Montevideo, 1978, p. 57.

[1382] BIELSA, Rafael, *Derecho administrativo*, t. II, Depalma, Buenos Aires, 1955, ps. 162-163.

[1383] "Meridiano SCA v. Administración General de Puertos", Fallos 301:292 (1979), también en ED 88-444 y ss. Esta posición fue mantenida por la Corte Suprema en un pronunciamiento ulterior ("Almacenajes del Plata SA v. Administración General de Puertos", Fallos 311:2385 (1988); puede verse también "Cía. Argentina de Estiba y Almacenaje SAC v. Administración Gral. de Puertos s/daños y perjuicios", Fallos 312:2096 (1989). Ampliar en COVIELLO, Pedro J. J., "El contrato administrativo en la jurisprudencia de la Corte Suprema de Justicia de la Nación", en AA.VV., *Contratos Administrativos,* Jornadas organizadas por la Universidad Austral Facultad de Derecho, Ciencias de la Administración, Buenos Aires, 2000, ps. 83-96, especialmente p. 91.

expresa que exija la licitación pública para elegir al cocontratante, o sea, ante la ausencia de fundamento legal, debe estarse por la validez del acto"[1384]. Sin embargo, cabe señalar que con anterioridad, en la causa "Schmidt"[1385], la Corte había sostenido que el carácter formal de la licitación configuraba un procedimiento de garantía para el interés público[1386] y que su incumplimiento, cuando la regla se hallaba impuesta por un mandato legal o constitucional, generaba una nulidad absoluta. La doctrina expuesta en el caso "Meridiano" resulta más amplia y categórica, al apuntar que más tarde el Alto Tribunal señaló que cuando la legislación aplicable exige una forma específica para la conclusión de un determinado contrato, dicha forma debe ser respetada porque se trata de un requisito esencial de su existencia[1387].

En otras palabras, si bien la libertad de contratación del Estado no puede limitarse por la analogía[1388], ni tampoco surgir en forma implícita[1389], la exigencia de licitación pública, configurada como una regla inherente al ordenamiento, encuentra su basamento en dos principios generales del derecho: los principios de concurrencia y de igualdad.

Aunque el principio de concurrencia posee una jerarquía superior, no es menos cierto que, aun desde una posición antiformalista, la igualdad ha de respetarse tanto en el acceso[1390] a la contratación administrativa como durante la ejecución del contrato[1391].

[1384] Fallos 301:292 (1979), consid. 9°.

[1385] "Empresa Constructora F. H. Schmidt v. Pcia. de Mendoza", Fallos 179:249 (1937).

[1386] La invocación del interés público, en el campo de los contratos que celebra la Administración, también aparece en estudios doctrinarios extranjeros. Así, en el ámbito norteamericano se ha afirmado que "(a)l perseguir el objetivo de una administración contractual flexible para obtener los bienes y servicios que el Gobierno requiere, los funcionarios contractuales y los restantes funcionarios públicos deben estar constantemente al tanto de la obligación de proteger el interés público. En la administración de un contrato del gobierno debe prestarse mucha atención al mantenimiento de la integridad del sistema competitivo". Conf. CIBINIC, John - NASH, Ralph, *Administration of Government Contracts*, 3ª ed., The George Washington University, Washington DC, 1995, p. 10, citado en Bianchi, Alberto B., "Algunas reflexiones críticas sobre la peligrosidad o inutilidad de una teoría general del contrato administrativo. (Una perspectiva desde el derecho administrativo de los Estados Unidos)", ED 184-900 (primera parte), y en ED 185-714 (segunda parte).

[1387] Así lo entendió la Corte Suprema, entre otros, en los casos "Mas Consultores", Fallos 323:1515 (2000); "Servicios Empresariales Wallabies", Fallos 323:1841; "Ingeniería Omega", Fallos 323:3924; "Carl Chung Chi Kao", Fallos 324:3019; "Distribuidora Médica de Elena Kapusi", D.604.XXXV; "Laser Disc", Fallos 326:3206; "Bit Electrónica", B.3229.XXXVIII; "Magnarelli", Fallos 326:1280; "Punte", P.328.XXVIII; "Cardiocorp", C.1597.XL (2007).

[1388] SAYAGÜÉS LASO, Enrique, *La licitación pública, cit.*, p. 57.

[1389] Ver nuestro comentario al caso "Meridiano", ED 88-446.

[1390] CASSAGNE, Juan Carlos, "La igualdad en la contratación administrativa", *Cuestiones de derecho administrativo*, Depalma, Buenos Aires, 1987, ps. 98 y ss.

[1391] Como lo sostiene GAMBIER, Beltrán, "El principio de igualdad en la licitación pública y la potestad modificatoria en los contratos administrativos", *Derecho administrativo. Obra colectiva en homenaje al profesor Miguel S. Marienhoff*, Abeledo-Perrot, Buenos Aires, 1998, p. 937. Ver, asimismo: Corte Sup., "Junta Nacional de Granos v. Frigorífico La Estrella SA

En este sentido, en el marco del contrato administrativo confluyen simultánea-mente relaciones de contribución, de distribución y de conmutación (que, en defini-tiva, constituyen las clásicas especies de la justicia). Si, por un lado, las relaciones de justicia general versan sobre todas las potestades del Estado y los deberes y car-gas que éste impone en la Administración durante la ejecución del contrato, por el otro, las relaciones de distribución y de conmutación tienen por objeto una relación más específica y concreta. En suma, ambas apuntan a lo debido por el Estado, ya tengan por objeto los bienes o cosas que distribuye la Administración, o bien los beneficios que obtiene el contratista en la conmutación voluntaria, en la que la igualdad se realiza de objeto a objeto, en proporción a la cosa.

A) El principio de concurrencia y de competencia

Precisamente, lo debido por el Estado en una relación de justicia distributiva, siempre que sea posible lograr la concurrencia de ofertas o cuando se trata de con-trataciones estándares o de productos fungibles, conduce a la observancia por parte de la Administración, del procedimiento de licitación pública u otro similar (*v.gr.*, concurso, licitación, etc.), aun cuando no hubiera texto expreso que lo prescriba[1392].

En el curso de la evolución descripta, la falta de una determinación normativa expresa en el orden nacional acabó completándose con la adopción de la licitación pública o concurso público como regla general para todas las contrataciones com-prendidas en el régimen[1393].

De ese modo, el ámbito del principio de libre contratación queda limitado – en líneas generales– a los supuestos en que la decisión para el apartamiento se funda debida y suficientemente en la inviabilidad e inconveniencia de la concurrencia (por ej., caso de un fabricante único o exclusivo), y a los supuestos de extinción o fracaso de una licitación pública (tal el caso del art. 25, inc. d], 4, RCAN, pero siempre que se haya efectuado antes el segundo llamado allí dispuesto, con los recaudos estable-cidos)[1394].

Esta tesis encuentra apoyo no sólo en el principio de igualdad que proclaman los arts. 16 y 75, inc. 23, CN (este último precepto prescribe la igualdad de trato), sino también en otro principio que recoge la reforma constitucional de 1994 relativo

---

s/nulidad de contrato", sent. del 9/8/2005, comentada por CORTELLEZI, Juan, "Un fallo que afirma el principio de igualdad de los oferentes en los concursos de precios y las prerro-gativas de dirección pública", *REDA* nro. 56, Depalma, Buenos Aires, 2006, ps. 473-483.

[1392] En un sentido similar, se ha expresado que "los bienes y servicios serán adquiridos mediante reglas de competencia a menos que existan razones convincentes para adoptar una solución en contrario" ("*Goods and services are to be acquired by competition rules unless there are convincing reasons to the contrary*"), conf. CRAIG, P. P., *Administrative Law*, 4ª ed., Sweet & Maxwell, Londres, 1999, p. 122.

[1393] *Cfr.* art. 24, primera parte, RCAN.

[1394] *Cfr.* la experiencia británica, CRAIG, P. P., *Administrative Law*, *cit.*, ps. 140 y ss., en el ámbito de las contrataciones de los gobiernos locales, con un abandono del *compulsory com-petitive tendering (CCT)* tal que la competencia deja de ser el único criterio de efectuar la mejor contratación.

al deber del Estado de proveer "a la defensa de la competencia contra toda forma de distorsión de los mercados" (art. 42, segunda parte, CN).

A nuestro juicio, el principio de concurrencia, que se vincula con la defensa de la competencia, resulta plenamente aplicable a las relaciones entre los particulares y el Estado en el ámbito de la contratación administrativa, siendo evidente, por otra parte, que soslayar el procedimiento de licitación pública (cuando la concurrencia es posible) constituye una forma de distorsionar el mercado[1395].

En definitiva, si los principios poseen una dimensión de peso, cualquier duda debe resolverse a favor del principio de concurrencia, que constituye la médula de todo el procedimiento licitatorio.

Al promover la concurrencia del mayor número posible de ofertas[1396], la Administración persigue la obtención de un menor precio (principio de eficiencia) o un procedimiento que asegure la realización de la obra en el tiempo que demanda la necesidad pública (principio de eficacia), lo que no impide la observancia armónica de los principios de informalismo e igualdad[1397], salvo la configuración de las circunstancias que justifican la libre elección del contratista.

En ese marco de principios, los procedimientos de licitación pública o similares permiten lograr una mayor transparencia[1398] en las decisiones de las autoridades administrativas, al haber más de un interesado en que la Administración observe la legalidad y adjudique a la oferta más conveniente o ventajosa, ya fuere por razones económicas o de otra índole (por ej., la selección de la mejor tecnología).

Los principios de concurrencia y de competencia así concebidos se hallan consagrados en el RCAN, cuyo art. 3°, inc. b), prevé que la gestión de las contrataciones deberá ajustarse, entre otros principios generales, a la "promoción de la concurrencia de interesados y de la competencia de los oferentes".

[1395] Sobre este principio se ha dicho que tiende a permitir que el mayor número posible de interesados pueda formular su oferta: CANOSA, Armando N. - MIHURA ESTRADA, Gabriel, "El procedimiento de selección del contratista como procedimiento administrativo especial", JA 1996-IV, 774/784. Ver, asimismo: MURATORIO, Jorge I., "Algunos aspectos de la competencia efectiva entre oferentes de la licitación pública", en AA.VV., *Cuestiones de Contratos Administrativos*, Jornadas de Derecho Administrativo de la Universidad Austral, RAP, Buenos Aires, 2007, ps. 371-386.

[1396] "La concurrencia tiene por objeto lograr que al procedimiento licitatorio se presente la mayor cantidad posible de oferentes", conf. COMADIRA, Julio R., "Algunos aspectos de la licitación pública", en AA.VV., *Contratos Administrativos,* Jornadas organizadas por la Universidad Austral, Facultad de Derecho, Ciencias de la Administración, Buenos Aires, 2000, ps. 319-345, especialmente p. 330.

[1397] Ver el lúcido artículo de GORDILLO, Agustín A., "El informalismo y la concurrencia en la licitación pública", en *Después de la reforma del Estado*, FDA, Buenos Aires, 1966, p. VII-1 y ss., publicado también en *Revista de Derecho Administrativo*, nro. 11, Buenos Aires, Depalma, 1992, ps. 293-318.

[1398] Sobre este principio en Francia ver LASERRE, Bruno - LENOIR, NOËLLE - Stirn, Bernard, *La transparence administrative*, PUF, París, 1987, ps. 13 y ss.

382

B) Principio de proporcionalidad y de razonabilidad

El RCAN también prevé, en su art. 1°, una directriz conforme a la cual el régimen de contrataciones reglado en dicho decreto tendrá por objeto que las obras, bienes y servicios sean obtenidos con la mejor tecnología proporcionada a las necesidades. De ello se infiere la necesaria confrontación de las necesidades con la mejor tecnología posible, de modo que la decisión resultante contemple, en principio, dicha proporcionalidad.

A su vez, este concepto de proporcionalidad, que constituye un principio implícito aplicable a las contrataciones comprendidas en el régimen, se engarza, asimismo, en el principio de razonabilidad, en tanto no puede concebirse que la decisión de llevar adelante el *iter* enderezado a la concreción de la contratación estatal pueda ser irrazonable[1399]. De tal suerte, el mérito, oportunidad y conveniencia de la actividad discrecional desplegada en aquel procedimiento no podrá suponer una desproporción entre necesidad y tecnología, ni trasuntar una decisión irrazonable en la faceta de gestión de la contratación[1400]. Por ello, el RCAN establece, en su art. 3°, inc. a), la regla de la razonabilidad del respectivo proyecto, la cual, conforme a la jurisprudencia, presupone un amplio margen de ponderación[1401] y que, a nuestro juicio, es susceptible de un control judicial pleno.

C) Principio de eficiencia

Hemos dicho que "el costo de los mecanismos estatales que inciden artificialmente sobre el mercado termina siendo pagado por la propia comunidad, sobre cuyos miembros recaen los efectos nocivos de una economía ineficiente"[1402]. Ello resulta aplicable a la economía de los contratos administrativos. En otras palabras, las ineficiencias en el contrato que concluya la Administración deben ser evitadas a toda costa en salvaguarda de los intereses de la ciudadanía.

En forma adecuada, la ley 24.156 establece que uno de sus objetivos consiste en "garantizar la aplicación de los principios de regularidad financiera, legalidad, eco-

---

[1399] GRECCO, Carlos M. - GUGLIELMINETTI, Ana P., "El principio de proporcionalidad en la Ley Nacional de Procedimientos Administrativos de la República Argentina (Glosas preliminares)", *Documentación Administrativa,* nro. 267-268, INAP, Madrid, septiembre de 2003/abril de 2004, p. 133.

[1400] En "Astilleros Alianza", la Corte Suprema señaló que "la realización de una obra pública configura el ejercicio de una actividad discrecional por parte de la Administración que se lleva a cabo en función del mérito, oportunidad y conveniencia de aquélla y que constituye el ejercicio de una facultad que, como regla, excluye la revisión judicial, cuyo ámbito queda reservado para los casos en que la decisión administrativa resultare manifiestamente ilegal o irrazonable"; conf. "Astilleros Alianza SA de Construcciones Navales, Industrial, Comercial y Financiera v. EN (PEN) s/daños y perjuicios - (incidente)", Fallos 314:1202 (1991), especialmente consid. 5°.

[1401] En "Astilleros Alianza", Fallos 314:1202 (1991), especialmente consid. 6° *in fine*, se consideró que las normas involucradas habían conferido a la Administración "un amplísimo margen para determinar lo que, en un momento dado, es más conveniente para el quehacer portuario".

[1402] CASSAGNE, Juan Carlos, *Derecho administrativo*, t. II, 8ª ed. actualizada, LexisNexis, Buenos Aires, 2006, p. 503.

nomicidad, eficiencia y eficacia en la obtención y aplicación de los recursos públicos"[1403], y la ley 24.759[1404] se refiere en forma expresa a sistemas para la "adquisición de bienes y servicios por parte del Estado que aseguren la publicidad, equidad y eficiencia de tales sistemas"[1405].

En tal contexto, y coherentemente con lo prescripto en dichas leyes, el RCAN prevé, en su art. 3°, inc. a), que uno de los principios a los que se deberá ajustar la gestión de las contrataciones será el de "eficiencia de la contratación para cumplir con el interés público comprometido y el resultado esperado".

D) Principio de publicidad y difusión. Transparencia

La gestión de las contrataciones también exige publicidad y difusión; ello resulta corolario natural de las reglas de promoción de la concurrencia y de la competencia antes mencionadas.

Va de suyo que la publicidad no siempre se limitará a la publicación en medios de soporte papel, sino que también podrá involucrar la difusión mediante medios electrónicos (la *web*). Por ello, el art. 32, RCAN, establece, para el caso de bienes y servicios, que "todas las convocatorias, cualquiera sea el procedimiento de selección que se utilice, se difundirán por internet u otro medio electrónico de igual alcance que lo reemplace, en el sitio del órgano rector, en forma simultánea, desde el día en que se les comience a dar publicidad por el medio específico que se establezca en el presente o en la reglamentación, o desde que se cursen las invitaciones, hasta el día de la apertura, con el fin de garantizar el cumplimiento de los principios generales establecidos en el art. 3° de este régimen".

En punto al cumplimiento del principio de transparencia – art. 3°, inc. c), RCAN– , el art. 32 manda, en principio, difundir por internet, en el sitio del órgano rector, las convocatorias, los proyectos de pliegos correspondientes a contrataciones que la autoridad competente someta a consideración pública, los pliegos de bases y condiciones, el acta de apertura, las adjudicaciones, las órdenes de compra y, en fin, "toda otra información que la reglamentación determine".

Las obligaciones de difusión, empero, hallan excepción conforme a dicho art. 32, en la medida en que se trate de operaciones contractuales secretas, o contrataciones de emergencia, entre otros supuestos. Por cierto que la respectiva calificación de secreta o de emergencia deberá hallarse motivada – art. 7°, inc. e), LNPA– , no bastando la mera voluntad del funcionario interviniente.

Al respecto, como enseña la Corte Suprema, el secreto sobre determinados actos no significa "instituir un ámbito de la actividad administrativa al margen de la legalidad y del correlativo deber de dar cuenta de los antecedentes de hecho y derecho en virtud de los cuales se decide, y de observar exclusivamente los fines para los

---

[1403] Art. 4°, inc. a), ley 24.156.

[1404] Ley aprobatoria de la Convención Interamericana contra la Corrupción firmada en la tercera sesión plenaria de la Organización de los Estados Americanos.

[1405] Convención citada en la nota precedente, Anexo I, art. II, inc. 5°.

que fueron conferidas las competencias respectivas, entre ellas, la de contratar"[1406], y la emergencia no puede considerarse como ajena al deber de la Administración de brindar las razones de sus actos[1407].

E) Principio de responsabilidad

El principio de responsabilidad, en la gestión de las contrataciones, encuentra asidero en la ley 24.156. En efecto, conforme al art. 3°, existe un principio basilar de toda organización administrativa que consiste en que los funcionarios tienen la obligación de "rendir cuentas de su gestión".

En esta senda, el art. 3°, inc. e), RCAN, establece el principio de responsabilidad de los agentes y funcionarios públicos que autoricen, aprueben o gestionen las contrataciones.

De la consagración de este principio surge claramente – como destaca la Corte Suprema– que si bien puede resultar indiferente a la ley el modo en que los particulares arreglan sus propios negocios, no resulta indiferente la manera en que los funcionarios administran los asuntos públicos"[1408]. En ese marco, resulta de aplicación la regla conforme a la cual la obligación de indemnizar de quien ha actuado como órgano del Estado dependerá de la prueba del desempeño irregular de la función[1409].

F) Igualdad de tratamiento para interesados y para oferentes

En el ámbito de la licitación pública, que es el ámbito de grado máximo de concurrencia, se considera que la igualdad de posibilidades en la adjudicación del contrato constituye un presupuesto fundamental[1410]. Esto significa que las condiciones deben ser las mismas para todos los competidores, trato igualitario que implica, incluso, que todos los interesados y oferentes reciban adecuada información sobre el devenir del proceso de selección.

En otras palabras, el principio de igualdad entre los oferentes – de pura raigambre constitucional– se manifiesta al posibilitarse la participación competitiva de todos ellos, erigiéndose en base o presupuesto de la contratación, aun ante la existencia de oferentes nacionales y extranjeros[1411].

Un supuesto de particular importancia se verifica cuando, de acuerdo con el art. 38, RPA, el funcionario competente declara, en forma fundada, la reserva de ciertas actuaciones comprendidas en el expediente por el cual tramita el *iter* contractual,

---

[1406] "SA Organización Coordinadora Argentina v. Secretaría de Inteligencia de Estado", Fallos 321:174 (1998).

[1407] "Ingeniería Omega Sociedad Anónima v. Municipalidad de la Ciudad de Buenos Aires", Fallos 323:3924 (2000). Ver, al respecto: SOTELO DE ANDREAU, Mirta, "Las contrataciones reservadas", en AA.VV., *Cuestiones...*, *cit.*, ps. 79-101.

[1408] "SA Organización Coordinadora Argentina v. Secretaría de Inteligencia de Estado", Fallos 321:174 (1998), consid. 8°.

[1409] "Tarnopolsky, Daniel v. Estado nacional y otros s/proceso de conocimiento", Fallos 322:1888 (1999).

[1410] "Elinec SRL y otro", Fallos 303:2108 (1981).

[1411] "Papini, Mario Néstor v. Nación Argentina", Fallos 304:422 (1982).

dejando constancia de tal proceder. En efecto, puede darse el supuesto de que medie tal declaración, y los restantes oferentes no puedan llegar a conocer las otras ofertas, con afectación de la igualdad entre ellos, enervándose la posibilidad de efectuar impugnaciones. Se ha hecho adecuado mérito de este supuesto en la jurisprudencia, de modo que, en principio, debe hacerse prevalecer la correcta práctica administrativa, unida al principio del carácter público de los actos de un gobierno republicano, toda vez que "si la licitación se caracteriza fundamentalmente por la publicidad y el trato igualitario, el acceso de las partes al expediente favorece decididamente la observancia de la legalidad y transparencia del procedimiento"[1412].

2. SOBRE LOS PROCEDIMIENTOS DE CONTRATACIÓN. DISTINTAS CLASES DE PROCEDIMIENTOS

A) El procedimiento de contratación y el crédito legal previo

Por lo general, los contratos que celebra la Administración con personas privadas o públicas no estatales se instrumentan a través de un procedimiento formal que presenta una serie de variantes según el grado de concurrencia y de igualdad que admita cada uno.

Al respecto, no sólo la decisión de contratar ha de hallarse suficientemente motivada (art. 7°, inc. e], LNPA), sino que deberán "cumplirse los procedimientos esenciales y sustanciales previstos y los que resulten implícitos del ordenamiento jurídico", además de tener que ser precedida de un dictamen jurídico (art. 7°, inc. d], LNPA). Ello no responde sino al requisito republicano de que el Estado brinde las razones de sus decisiones, con el debido cumplimiento de los recaudos rituales preestablecidos en la ley. A su vez, aquella motivación – como ya dijimos– explicitará la proporcionalidad aludida en el art. 1°, RCAN.

En cuanto a los requisitos específicos que predeterminan la legalidad del procedimiento, corresponde señalar que todo contrato que celebre la Administración tiene que contar con la pertinente autorización o crédito legal presupuestario, premisa normativizada en el art. 6°, RCAN, en tanto establece que "cada jurisdicción o entidad formulará su programa de contrataciones ajustado... a los créditos asignados en la Ley de Presupuesto de la Administración Nacional"[1413].

Por cierto, esto es así siempre que el respectivo contrato implique un gasto (que puede o no figurar en el plan de inversiones) y, en tal sentido, la exigencia de una partida presupuestaria previa que autorice el respectivo gasto en el presupuesto armoniza con lo preceptuado en el art. 75, inc. 8°, CN, y con el art. 12, ley 24.156, en cuanto a que los presupuestos comprenderán "todos los recursos y gastos previstos para el ejercicio".

[1412] Interpretación que surge del voto del Dr. Pedro J. J. Coviello en "Finmecánica Spa Aérea", causa 20.615/98, 6/11/1998, consid. 4°, que tramitara por ante la C. Nac. Cont. Adm. Fed., sala 1ª.

[1413] Por su parte, la Ley de Obras Públicas 13.064 prevé, en su art. 4°, que "antes de sacar una obra pública a licitación pública o de contratar directamente su realización, se requerirá la aprobación del proyecto y presupuesto respectivo, por los organismos legalmente autorizados".

Sobre el punto, la jurisprudencia de la Corte Suprema delimitó los alcances de dicho principio al establecer (contrariamente a lo sostenido en el fallo de la Cámara Civil de la Capital) que:

> *"El acto de convocar a la recepción de ofertas sin crédito disponible es legítimo pues los fondos son obtenibles con posterioridad a través del trámite del art. 7º, ley 13.064; o en todo caso el acto es regular y susceptible de saneamiento (arts. 15 y 19, ley 19.549), pues la Administración puede subsanar el defecto a través de la vía indicada o mediante cualquier otro arbitrio que le permita transformar partidas"*[1414].

Esta interpretación de la Corte encuentra apoyo en la circunstancia de que todo procedimiento previo en el ámbito administrativo constituye, por esencia, una invitación a contratar que no obliga a la Administración a celebrar o perfeccionar el contrato, sin perjuicio de la responsabilidad "precontractual" que le pudiera corresponder. Similar criterio puede adoptarse ante la existencia de una línea de crédito abierta con un organismo multilateral del crédito[1415], contemplada presupuestariamente, en el supuesto de que con anterioridad a la celebración del contrato, sometido de común acuerdo a las previsiones del RCAN[1416], la operación de crédito no fuere concretada.

Por lo demás, la subsanación será siempre procedente, dado que no se advierte la violación del orden público administrativo en los supuestos en que el respectivo contrato no alcanza a consumarse o perfeccionarse ni ha tenido principio de ejecución en lo que atañe a la erogación presupuestaria.

También vale la pena recordar que el crédito correspondiente a la contratación de que se trate podrá ser ejecutado durante el ejercicio presupuestario en curso, o bien a lo largo de diversos ejercicios sucesivos.

B) Distintas clases de procedimientos

El RCAN enumera los distintos procedimientos de selección en su art. 25; a saber: licitación o concurso públicos; subasta pública; licitación o concurso abreviados; contratación directa. Como ya vimos, la mención es enunciativa.

[1414] "Libedinsky, Jorge SACIFyC. v. Municipalidad de la Ciudad de Buenos Aires", Fallos 310:548 (1987), también publicado en ED 125-172, con comentario de BIANCHI, Alberto B., "El crédito legal previo como requisito presupuesto de una licitación", ED 125-270/278.

[1415] Conf. art. 40, ley 11.672 Complementaria Permanente de Presupuesto (t.o. 2005): "...cuando convenga facilitar la movilización de capitales en el mercado interior o exterior, con el fin de establecer o ampliar servicios públicos o actividades que directa o indirectamente estén vinculadas a los servicios de ese carácter, mediante obras o explotaciones legalmente autorizadas, o realizar inversiones fundamentales para el desarrollo económico del país, declaradas de interés nacional por ley o por el Poder Ejecutivo nacional, queda éste facultado para contratar préstamos con organismos internacionales económico-financieros a los que pertenezca como miembro la República Argentina, siempre que se ajusten a términos y condiciones usuales, y a las estipulaciones de los respectivos convenios básicos y reglamentaciones sobre préstamos".

[1416] Supuesto previsto en el art. 5º, inc. c), RCAN.

A su vez, en todos los casos en los que sea posible, será de aplicación el criterio general de adjudicación del art. 15, RCAN: la adjudicación deberá realizarse a favor de la oferta más conveniente. Tal interpretación de la ubicación sistemática del precepto en el articulado del decreto.

1) La contratación directa

Con independencia de la asimilación del procedimiento de contratación directa al procedimiento de libre elección[1417], la primera constituye una especie de libre elección *con base en un procedimiento reglado* que puede prescribir la obligatoriedad o no de recabar varias ofertas y generar una concurrencia limitada de oferentes.

Si bien la procedencia de la contratación directa o trato privado se encuentra reglada en el art. 25, inc. d), RCAN, en cuanto a los casos en los cuales procede – carácter taxativo que se funda en lo prescripto en el art. 24, párr. 2°, RCAN–, tanto la decisión de contratar con una persona determinada, sin concurrencia de otras ofertas, como la de recabar varias propuestas – cuando el ordenamiento lo admite– se caracteriza por su discrecionalidad, la cual no excluye un control judicial amplio de la respectiva facultad.

A su vez, la decisión de acudir al procedimiento de contratación directa es eminentemente facultativa[1418], ya que nada impide utilizar otro procedimiento que posea un mayor rigorismo formal, para mejor tutela de la concurrencia e igualdad (por ej., licitación privada o pública). Es ésta una posibilidad cuyas consecuencias axiológicas no pueden soslayarse.

Este procedimiento de selección del contratista fue reglado por el ordenamiento positivo para supuestos tales como: monto escaso, razones de urgencia, reserva o secreto del Estado, artistas o fabricantes especializados, marcas o privilegios, único fabricante o vendedor, licitación desierta o con ofertas inadmisibles, compras y locaciones que sea menester efectuar en el extranjero, notoria escasez de los bienes a adquirir en el mercado local, venta de productos perecederos, reparación de vehículos y motores, compra de semovientes y contratos entre entidades públicas[1419].

Actualmente, el RCAN prevé la contratación directa para diez supuestos distintos[1420]:

[1417] Ver y ampliar en: MARIENHOFF, Miguel S., *Tratado...*, *cit.*, t. III-A, nro. 627-A, ps. 163-164 y ss.; BARRA, Rodolfo C., *Contrato de obra pública*, t. II, Ábaco, Buenos Aires, 1986, ps. 503 y ss.; por su parte, COMADIRA, Julio R. - WINKLER, Dora P., "Las contrataciones interadministrativas y el principio de la libre elección", ED 119-860 y ss., sostienen que la libre elección o contratación constituye el principio general en materia de contrataciones interadministrativas. Esta conclusión, que compartimos a la luz del ordenamiento vigente en esa época, tiene actualmente que armonizar con los nuevos principios como el que estatuye el deber de estimular la competencia en el mercado.

[1418] Conf. DROMI, José R., *La licitación pública*, 2ª ed., Ciudad Argentina, Buenos Aires, 1995, p. 118.

[1419] Antiguo art. 56, inc. 3°, aparts. a), b), c), d), e), f), g), h), i), j), k), l) y m), Ley de Contabilidad (dec.-ley 23.354/1956), y art. 9°, LOP.

[1420] La posibilidad de la Administración, de contratar directamente, no es patrimonio exclusivo de nuestro ordenamiento. Para las excepciones a la regla de un procedimiento competitivo, en el ámbito norteamericano, orden federal, véase WORTHINGTON, Margaret M. -

(i) Por el monto: cuando de acuerdo con la reglamentación no fuere posible aplicar otro procedimiento de selección y el monto presunto del contrato no supere el máximo que fije la reglamentación.

En este supuesto, razones de prudencia aconsejan que se recaben al menos tres ofertas o presupuestos, rigiendo los principios de informalismo e igualdad, con sus proyecciones jurídicas en el procedimiento administrativo de selección.

(ii) Obras científicas, técnicas o artísticas: la realización o adquisición de obras científicas, técnicas o artísticas cuya ejecución deba confiarse a empresas, artistas o especialistas que sean los únicos que puedan llevarlas a cabo.

En tales casos, de fuerte impronta *intuitae personae*, existe la obligación de la Administración de fundar o motivar (art. 7°, inc, e], LNPA) la necesidad de requerir específicamente los servicios de la persona física o jurídica de que se trate. A tal fin, no bastará la incorporación al expediente de los antecedentes curriculares o institucionales del especialista, artista o empresa, sino que será menester que el organismo explicite la unicidad aludida en la norma y la adecuación de aquéllos al objeto de la contratación.

Conforme lo dispone el RCAN, estas contrataciones deberán establecer la responsabilidad propia y exclusiva del cocontratante, quien actuará inexcusablemente sin relación de dependencia con el Estado nacional.

(iii) Exclusividad: la contratación de bienes o servicios cuya venta fuere exclusiva de quienes tengan privilegio para ello o que sólo posea una determinada persona física o jurídica, siempre y cuando no hubieren sustitutos convenientes.

Así, cuando la contratación se origine en esta disposición, también deberá quedar documentada en el expediente la constancia o prueba de tal exclusividad mediante el informe técnico correspondiente. Para el caso de bienes, el fabricante exclusivo deberá presentar la documentación que compruebe el privilegio de la venta del bien que elabora. En otras palabras, este supuesto también generará la obligación de la Administración de fundar o motivar (art. 7°, inc, e], LNPA) la respectiva deci-

---

GOLDSMAN, Louis P., *Contracting with the Federal Government*, 4ª ed., John Wiley & Sons, Inc., New York, 1998, ps. 48/49, donde se enumeran los supuestos, que Bianchi sintetiza así: (i) que se haya comprobado que existe un solo proveedor del material o servicio requerido; (ii) que haya razones de urgencia; (iii) que sea necesario adjudicar a un determinado proveedor con el fin de: (a) mantener disponible un determinado proveedor en caso de emergencia nacional, (b) establecer o mantener una capacidad de investigación o desarrollo de ingeniería esencial para asistir a una institución educacional, o sin fines de lucro, o a un centro de investigación sostenido con fondos federales y (c) requerir los servicios de un perito en un litigio (judicial o administrativo) o en una solución alternativa de conflictos en que sea parte el gobierno federal; (iv) que un tratado o acuerdo internacional exijan el uso de un procedimiento no competitivo; (v) que por disposición legal la contratación deba o pueda hacerse: (a) con otra agencia del gobierno, (b) con un determinado proveedor o (c) con una marca determinada; (vi) que esté comprometida la seguridad nacional; (vii) que la autoridad superior de la agencia contratante: (a) determine que es necesario recurrir a una contratación directa por razones de interés público y (b) notifique al Congreso de esta decisión al menos 30 días antes de la adjudicación del contrato; conf. BIANCHI, Alberto B., "Algunas...", *cit.*

sión, explicitando las razones de hecho y de derecho que propician la contratación directa, *v.gr.*, la exclusividad y la inexistencia de sustitutos convenientes.

Por cierto, se prevé que la marca no constituirá de por sí causal de exclusividad, salvo que técnicamente se demuestre la inexistencia de sustitutos convenientes en los términos mencionados.

(iv) Fracaso o desierto de la segunda licitación o concurso: también se prevé la contratación directa en aquellos casos en que la licitación o concurso fueren declarados desiertos o fracasaren, y, con posterioridad al segundo llamado – previa modificación de los pliegos de bases y condiciones particulares– , éste también resultare desierto o fracasare.

(v) Urgencia o emergencia: mediando razones de urgencia o emergencia probadas, y que respondan a circunstancias objetivas, tal que se impida la realización de otro procedimiento de selección en tiempo oportuno. Para que proceda la contratación directa en este supuesto, es necesario que tales extremos sean debidamente acreditados y el trámite aprobado por la máxima autoridad de cada jurisdicción o entidad.

Es claro que la mentada urgencia o emergencia deberá ser inusual, pues si ella obedece a circunstancias que el funcionario competente podría y debería haber previsto, aquélla devendrá inhábil para habilitar el supuesto excepcional.

También en este caso se acompañarán al expediente los informes que acrediten las aludidas circunstancias objetivas y la urgencia o emergencia, con intervención, en cuanto a la aprobación, de la máxima autoridad de la jurisdicción o entidad. Las jurisdicciones y entidades son las especificadas en el art. 8°, inc. a), ley 24.156, según lo dispone el art. 2°, RCAN[1421].

Las demostraciones requeridas en este supuesto guardan arreglo con los requerimientos oportunamente consagrados por la Corte Suprema en materia de decisiones de necesidad y urgencia, emanadas de los cuadros de la Administración[1422] y con el deber genérico de ésta de brindar las razones de sus actos.

En este supuesto también parece prudente que la Administración recabe al menos tres ofertas o presupuestos.

(vi) Contratación secreta: también procede la contratación directa cuando el Poder Ejecutivo nacional haya declarado secreta la operación contractual por razones de seguridad o defensa nacional, facultad ésta excepcional e indelegable.

[1421] Recordemos que los entes comprendidos en el inc. b) del art. 8°, ley 24.156, quedan fuera del régimen del RCAN, al menos a los efectos procedimentales, conf. MAIRAL, Héctor A., "La teoría del contrato administrativo a la luz de recientes normativas", en GORDILLO, Agustín (dir.), *El contrato administrativo en la actualidad*, La Ley, Buenos Aires, 2004, ps. 3-18, especialmente p. 9.

[1422] En este sentido, "Verrocchi, Ezio D. v. Poder Ejecutivo nacional - Administración s/acción de amparo decs. 770/1996 y 771/1996", Fallos 322:1726 (1999), consid. 9°, en cuanto consagra el control judicial de la convergencia de las circunstancias fácticas que dan lugar al dictado de la medida de necesidad y urgencia, doctrina que si bien fue circunscripta en el fallo aludido a un decreto de necesidad y urgencia, proyecta su hermenéutica sobre la contratación directa por razones de emergencia.

Al igual que en otros supuestos ya reseñados, también en éste deberá la Administración fundar la respectiva declaración. Razones de prudencia – nuevamente– y de responsabilidad en el manejo de fondos públicos propician la previa obtención de tres ofertas o presupuestos.

(vii) Reparaciones: pueden contratarse en forma directa las reparaciones de maquinarias, vehículos, equipos o motores cuyo desarme, traslado o examen previo sea imprescindible para determinar la reparación necesaria y resultare más oneroso en caso de adoptarse otro procedimiento de contratación. Empero, no podrá utilizarse la contratación directa para las reparaciones comunes de mantenimiento de tales elementos.

(viii) Prestación de servicios de seguridad, logística y salud: los contratos que celebren las jurisdicciones y entidades del Estado nacional entre sí o con organismos provinciales, municipales o del Gobierno de la Ciudad Autónoma de Buenos Aires, como así también con las empresas y sociedades en las que tenga participación mayoritaria el Estado, podrán ser perfeccionados mediante contratación directa. Ello siempre que tengan por objeto la prestación de servicios de seguridad, logística o de salud, hallándose expresamente prohibida la subcontratación del objeto del contrato.

(ix) Universidades nacionales: los contratos que celebren las jurisdicciones y entidades del Estado nacional con las universidades nacionales también podrán celebrarse directamente.

Esta previsión reglamentaria debe ser ponderada con cautela[1423], atento a la ausencia de incidencia del monto respectivo. En última instancia, cobra relevancia la prescripción del art. 8°, dec. 2666/1992, reglamentario de la ley 24.156, en cuanto abarca a las universidades nacionales en lo que se refiere a su administración financiera y control, con las modulaciones emergentes de la interpretación de la Corte Suprema acerca de la autonomía funcional de dichas universidades con posterioridad a la reforma constitucional de 1994[1424].

(x) Registro Nacional de Efectores: finalmente, los contratos que, previo informe al Ministerio de Desarrollo Social, se celebren con personas físicas o jurídicas que se hallen inscriptas en el Registro Nacional de Efectores de Desarrollo Local y Economía Social, reciban o no financiamiento estatal, también podrán ser celebrados en forma directa.

[1423] Véase ROCHA PEREYRA, Gerónimo, "El decreto 204/2004: Un posible retroceso en las contrataciones públicas", JA 2004-III, Suplemento de Derecho Administrativo, 1/9/2004, ps. 29 y ss., y CASSAGNE, Juan Carlos, "La caracterización legal de las contrataciones de la Administración nacional", *REDA* nro. 49, Depalma, Buenos Aires, 2004, p. 801 y ss. Acerca de la necesidad de control económico y financiero de los fondos provistos por el Tesoro nacional a las universidades nacionales, ampliar en GUSMAN, Alfredo S., "Control administrativo, judicial y legislativo sobre las universidades públicas", *Control de la Administración Pública. Administrativo, legislativo y judicial*, Rap, Buenos Aires, 2003, ps. 143-155, especialmente p. 154.

[1424] "Universidad Nacional de Mar del Plata v. Banco Nación Argentina s/daños y perjuicios", 24/4/2003, JA 2004-I-52; "Universidad Nacional de La Matanza v. Estado nacional s/amparo ley 16.986", 12/8/2003, JA 2004-I-57.

Conforme al dec. 189/2004, podrán inscribirse en dicho Registro: i) las personas físicas en condiciones de vulnerabilidad social debidamente acreditada mediante informe técnico-social suscripto por profesional competente, o que se encuentren en situación de desempleo, o que resulten real o potenciales beneficiarias de programas sociales o de ingreso; ii) las personas jurídicas cuyos integrantes reúnan esas condiciones o aquellas que pudieran ser destinatarias de programas sociales o de ingreso.

2) La licitación pública

La selección del contratante privado encuentra en la "licitación pública" el cauce general de la contratación administrativa, que se configura, básicamente, como un procedimiento[1425] por el cual, mediante una convocatoria o llamado a los eventuales interesados para que formulen sus propuestas con arreglo a un pliego de condiciones, la Administración elige o acepta la que resulte más conveniente.

Se trata de un género que comprende varias especies, las cuales tienen en común la limitación de la discrecionalidad sobre la base de los principios de publicidad, concurrencia e igualdad[1426].

Así, desde una perspectiva general, la selección puede llevarse a cabo: (i) en función del precio u otras condiciones económicas, (ii) por un sistema que atribuya distinto puntaje a los antecedentes y a la oferta económica[1427], o bien (iii) por el procedimiento llamado "de doble sobre", donde, en el primero de ellos, se presentan los antecedentes técnicos, empresarios, etcétera, y, en el segundo, la propuesta económica. Este último procedimiento, aplicado en la mayoría de las privatizaciones de los servicios públicos dispuestas en nuestro país, implica un mayor grado de transparencia frente a otros, que se prestan a combinaciones que favorecen, muchas veces, a un determinado oferente[1428].

El RCAN, en su art. 25, establece que la licitación es pública cuando el llamado a participar está dirigido a una cantidad indeterminada de posibles oferentes con capacidad para obligarse.

Dicho artículo prescribe que el procedimiento de licitación pública es aplicable cuando el monto estimado de la contratación supera el mínimo que a tal efecto determine la reglamentación, sin perjuicio del cumplimiento de los demás requisitos que exijan los pliegos. De tal suerte, el procedimiento de licitación pública se reali-

---

[1425] Sobre su calificación como procedimiento, ver: GORDILLO, Agustín A., "El informalismo y la concurrencia en la licitación pública", *REDA*, nro. 11, Depalma, Buenos Aires, 1992, ps. 293-294. Acerca de la licitación pública en Uruguay, ver FLORES DAPKEVICIUS, Rubén, "Los contratos administrativos y la licitación pública en la República Oriental del Uruguay", *RAP*, Buenos Aires, año XXIX-344, ps. 7-47.

[1426] MARIENHOFF, Miguel S., *Tratado...*, *cit.*, t. III-A, nro. 638-641, ps. 200 y ss.

[1427] BARRA, Rodolfo C., *Contrato...*, *cit.*, t. II, ps. 494-496.

[1428] En España, el art. 134.2. *in fine*, ley 30/2007, establece: "La evaluación de las ofertas conforme a los criterios cuantificables mediante la mera aplicación de fórmulas se realizará tras efectuar previamente la de aquellos otros criterios en que no concurra esta circunstancia, dejándose constancia documental de ello. Las normas de desarrollo de esta ley determinarán los supuestos y las condiciones en que deba hacerse pública tal evaluación previa, así como la forma en que deberán presentarse las proposiciones para hacer viable esta valoración separada".

zará de acuerdo con el monto que fije la reglamentación y cuando el criterio de selección del cocontratante recaiga primordialmente en factores económicos.

También prevé el citado decreto – art. 25, inc. c), RCAN– que la contratación se hará mediante licitación abreviada cuando el llamado a participar esté dirigido exclusivamente a proveedores que se hallaren inscriptos en la base de datos a implementarse. El procedimiento de licitación abreviada procede cuando el monto estimado de la contratación no supere el que se fije, y también serán tomadas en consideración las ofertas de quienes no hubiesen sido invitados a participar. Todo ello es aplicable, por vía de principio, a las licitaciones públicas.

Éstas, conforme al art. 26, RCAN, podrán ser de etapa única o múltiple, y también podrán ser nacionales o internacionales.

La licitación pública podrá ser de etapa única cuando la comparación de las ofertas y de las calidades de los oferentes se realice en un mismo acto.

Cuando las características específicas de la prestación – tales como el alto grado de complejidad del objeto o la extensión del término del contrato– lo justifiquen, la licitación pública deberá instrumentarse bajo la modalidad de etapa múltiple. La licitación pública será de etapa múltiple cuando se realice en dos o más fases la evaluación y comparación de las calidades de los oferentes, los antecedentes empresariales y técnicos, la capacidad económico-financiera, las garantías, las características de la prestación y el análisis de los componentes económicos de las ofertas mediante preselecciones sucesivas.

Por último, la licitación pública será nacional cuando la convocatoria esté dirigida a interesados y oferentes cuyo domicilio o la sede principal de sus negocios se encuentre en el país, o tengan sucursal en él, debidamente registradas en los organismos habilitados a tal efecto. Y será internacional cuando, por las características del objeto o la complejidad de la prestación, la convocatoria se extienda a interesados y oferentes del exterior. Revestirán tal carácter aquellos cuya sede principal de negocios se encuentre en el extranjero y no tengan sucursal debidamente registrada en el país.

3) La licitación privada

La principal diferencia entre la licitación pública y la privada radica en que en esta última no se procede a formular un llamado o convocatoria a los interesados, sino que, en tal caso, la Administración decide invitar a determinadas personas a fin de que formulen ofertas con base en un pliego de condiciones previamente elaborado. En todos los demás actos del procedimiento de selección de una licitación privada se aplican los principios y normas que rigen la pública[1429], pero en forma supletoria, lo cual, a su vez, permite distinguir este medio de elegir el contratista de la llamada contratación directa.

El RCAN prevé la licitación privada en forma *implícita*.

En esta tesitura, del art. 25, inc. a), puede inferirse que la licitación será privada cuando el llamado a participar esté dirigido a una cantidad "determinada" de posi-

---

[1429] BARRA, Rodolfo C., *Contrato...*, *cit.*, t. II, p. 492.

bles oferentes con capacidad para obligarse; y del art. 26 surge que podrá haber licitaciones privadas de etapa única o múltiple, nacionales o internacionales.

Implícitamente surge también del art. 25, inc. c), que la licitación abreviada allí prevista podrá ser, por vía de hipótesis, privada.

La transparencia atenuada de este procedimiento, así como la concurrencia limitada que promueve, en un marco de eficiencia, lo torna no sólo aplicable *de lege data* a las jurisdicciones y entidades comprendidas en el art. 2°, RCAN, cuando fuere procedente, sino también apta para las contrataciones de formas societarias de urbanización que, en los hechos, trascienden el ámbito privado, como clubes de campo, así como para llevar adelante obras civiles de importancia económica.

Por lo demás, algunos ordenamientos revelan la preferencia del legislador por la adopción de la licitación como procedimiento de contratación, no obstante no hallarse involucrados sujetos del art. 8°, inc. a), ley 24.156; tal el caso de la contratación masiva de seguros por parte de las administradoras de fondos de jubilaciones y pensiones[1430].

4) El concurso público

Cuando la selección del contratante privado deba resolverse teniendo en cuenta, primordialmente, los antecedentes de la persona a contratar, la figura típica es la del denominado "concurso público", que permite elegir a quien reúne la mejor aptitud técnica, científica, cultural o artística, e inclusive, económico-financiera. Esta figura rige para las relaciones o contratos *intuitu personae,* y su procedimiento es el mismo que disciplina la licitación pública.

En el orden nacional, el procedimiento de concurso público constituye la regla para las designaciones de profesores en las universidades estatales[1431].

El RCAN prevé el concurso público en su art. 25, inc. a), de modo que éste procederá "cuando el llamado a participar esté dirigido a una cantidad indeterminada de posibles oferentes con capacidad para obligarse y será aplicable cuando el monto estimado de la contratación supere el mínimo que a tal efecto determine la reglamentación, sin perjuicio del cumplimiento de los demás requisitos que exijan los pliegos".

Conforme con dicha norma, el procedimiento de concurso público se realizará de acuerdo con el monto que fije la reglamentación y cuando el criterio de selección

---

[1430] Art. 95 y concs., ley 24.241.

[1431] Art. 51, ley 24.521: "El ingreso a la carrera académica universitaria se hará mediante concurso público y abierto de antecedentes y oposición, debiéndose asegurar la constitución de jurados integrados por profesores por concurso, o excepcionalmente por personas de idoneidad indiscutible aunque no reúnan esa condición, que garanticen la mayor imparcialidad y el máximo rigor académico. Con carácter excepcional, las universidades e institutos universitarios nacionales podrán contratar, al margen del régimen de concursos y sólo por tiempo determinado, a personalidades de reconocido prestigio y méritos académicos sobresalientes para que desarrollen cursos, seminarios o actividades similares. Podrán igualmente prever la designación temporaria de docentes interinos, cuando ello sea imprescindible y mientras se sustancia el correspondiente concurso. Los docentes designados por concurso deberán representar un porcentaje no inferior al setenta por ciento (70 %) de las respectivas plantas de cada institución universitaria".

del cocontratante recaiga primordialmente en factores no económicos, tales como la capacidad técnico-científica, artística u otras, según corresponda.

A su vez, según surge implícitamente del art. 25, inc. c), RCAN, podrá haber concursos públicos abreviados con las características ya reseñadas para la licitación abreviada.

Por último, los concursos públicos podrán ser de etapa única o múltiple, y nacionales o internacionales, resultando aplicables las consideraciones ya efectuadas.

5) Concurso privado

El RCAN prevé el concurso privado implícitamente en su art. 25, inc. a), tal que puede entenderse que éste será privado cuando el llamado a participar esté dirigido a una cantidad "determinada" de "posibles oferentes".

Conforme surge de dicha norma, el procedimiento de concurso privado se realizará de acuerdo con el monto que fije la reglamentación y cuando el criterio de selección del cocontratante recaiga primordialmente en factores no económicos, tales como la capacidad técnico-científica, artística u otras, según corresponda.

A su vez, según la interpretación implícita que deriva del art. 25, inc. c), RCAN, podrá haber concursos privados abreviados con las características ya reseñadas.

Por último, los concursos privados podrán ser de etapa única o múltiple, y nacionales o internacionales, resultando aplicables las consideraciones ya efectuadas.

6) Concurso de proyectos integrales

En su momento, la Ley de Reforma del Estado, al modificar la ley 17.520 que rige la concesión de obra pública[1432], introdujo el procedimiento de concurso de proyectos integrales mediante el cual la selección se origina en una iniciativa privada previa que elabora el interesado en contratar con la Administración.

En la actualidad, por expresa disposición del dec. 436/2000, la iniciativa privada ha sido regulada nuevamente a través de la sanción del dec. 966/2005. Este decreto, según prescribe en su artículo 1°, con referencia a las leyes 13.064, 17.520 y 23.696, reglamenta el instituto de la iniciativa privada en lo relativo a las obras de infraestructura (contratos de obra pública y de concesión de obra y de servicios públicos, así como las privatizaciones dispuestas por la Ley de Reforma del Estado). El dec. 436/2000, por su parte, es de aplicación a todos los demás contratos (especialmente compraventa, suministros, servicios, locaciones, alquileres con opción de compra, permutas y concesiones de uso de bienes del dominio público y privado del Estado nacional), siempre que no se encuentren expresamente excluidos (como ocurre con: a) los contratos de empleo público; b) las compras con caja chica; c) los que se celebren con Estados extranjeros, con entidades de derecho público internacional o con instituciones multilaterales de crédito, y d) los que se financien con recursos provenientes de los Estados o entidades mencionados en el punto anterior, sin perjuicio de su eventual aplicación supletoria cuando pudiere corresponder).

7) Subasta pública

Esta figura, también denominada "remate", difiere de la licitación pública en cuanto se realiza, previa convocatoria al público en general debidamente publicita-

---

[1432] Así lo prescribía el art. 4°, ley 17.520, modificado por el art. 58, ley 23.696.

da, una puja para ofrecer el mejor precio para la Administración. Precisamente, esta puja que se produce entre los concurrentes a la subasta y que no finaliza hasta no tener más postores que la última oferta, constituye una de las principales diferencias con el procedimiento de la licitación. En cambio, si la subasta se realiza con la recepción de ofertas bajo sobre obviando la puja, el procedimiento se asemeja al de la licitación pública.

La subasta pública se encuentra reglada en el art. 25, inc. b), RCAN, y es de índole facultativa en dicho contexto. Así, podrá ser aplicada en los dos siguiente casos:

(i) compra de bienes muebles, inmuebles, semovientes, incluyendo dentro de los primeros los objetos de arte o de interés histórico, tanto en el país como en el exterior. Prescribe la citada norma que este procedimiento será aplicado preferentemente al de contratación directa, en los casos en que la subasta fuere viable, en las condiciones que fije la reglamentación.

(ii) Venta de bienes de propiedad del Estado nacional.

8) Venta de acciones en bolsas y mercados

La calidad de accionista de una sociedad anónima permite que el Estado utilice el procedimiento de oferta pública para la venta de sus paquetes accionarios en las bolsas y mercados del país. Así lo prescribe la Ley de Reforma del Estado[1433], obviando el procedimiento de la licitación pública, lo cual se justifica en virtud de la transparencia y publicidad que caracterizan a esta modalidad.

Esta venta podrá realizarse en una sola operación, por la totalidad del paquete accionario, o bien procediéndose a la venta de una determinada porción, conservando el Estado el denominado *golden share*, que puede ofrecer en venta transcurrido determinado número de años[1434].

9) Suministro o relevamiento de precios

Esta modalidad de contratación ha sido prescripta en el orden nacional a partir de 1994 y tiene por objeto la agilización del procedimiento de compras de la Administración mediante la recepción de disquetes que entregan los consultados, lo cual permite formar una base de datos que después hace posible adquirir directamente en función de los precios más ventajosos que se hayan informado[1435].

Este procedimiento se justifica para la contratación de productos estándar, de escasa envergadura económica (por ej., papelería y útiles de oficina) y, a la par de que es mucho más ágil que la contratación directa, permite obtener los mejores precios del mercado, constituyéndose en una manifestación del principio de libertad de contratación o libre elección.

[1433] Art. 18, inc. 4), ley 23.696.

[1434] Ésta es la experiencia que surge de algunas privatizaciones británicas; ampliar en PROSSER, Tony, *Law and the Regulators*, Clarendon Press, Oxford, 1997, ps. 136 y ss., y p. 169, para los sectores de agua y electricidad, respectivamente.

[1435] Ver DROMI, José R., *La licitación pública, cit.*, ps. 133-134, y BO del 5/4/1994, p. 11, donde se publica dicho procedimiento establecido por el Ministerio de Economía en el marco de un llamado para el suministro de precios de artículos de librería y útiles de oficina.

Dado que el RCAN incluye la regulación de contrataciones públicas electrónicas en su Título I, cap. II, la contratación de productos estándar bien puede hallar adecuado encauce en el marco de dicha regulación.

3. ETAPAS DE FORMACIÓN DE LA VOLUNTAD ADMINISTRATIVA EN LA LICITACIÓN PÚBLICA (U OTRAS FORMAS SIMILARES)

El procedimiento de la licitación pública resulta de aplicación directa (y no analógica) a procedimientos similares como son el llamado concurso público o privado, la subasta y la licitación privada, cualquiera fuera el sistema de calificación o de selección que se utilice para elegir la oferta más conveniente[1436]. Las prescripciones del RCAN antes señaladas guardan armonía con esta interpretación en tanto la conjunción disyuntiva "o" empleada en el art. 25, incs. a) y c), es la que une a las modalidades "licitación" y "concurso", públicos o privados, nacionales o internacionales, siendo la "subasta" de orden facultativo (art. 25, inc. b], RCAN). Por lo común, a diferencia de la subasta romana, la Administración no declara *a priori* el precio máximo sobre la base del cual contratará la construcción de una obra o servicio ni, a veces tampoco, el mínimo valor a partir del cual está dispuesta a enajenar los activos de una concesión y la adjudicación de la concesión misma.

A) El pliego de bases y condiciones. Su peculiar naturaleza jurídica. Modificabilidad

A partir de la existencia del crédito legal, contenido en la Ley de Presupuesto[1437], la Administración se halla facultada para iniciar las distintas etapas de la licitación, siendo una de las primeras la elaboración de los pliegos de condiciones que servirán de base para la confección de las propuestas.

Este proceso, inicialmente, tiene carácter interno, aun cuando genera luego la posibilidad de producir relaciones fuera de la Administración, después de su publicación. Dicha publicación emerge de lo prescripto en el art. 9°, RCAN, que establece que "la contratación pública se desarrollará en todas sus etapas en un contexto de transparencia que se basará en la publicidad y difusión de las actuaciones emergentes de la aplicación de este régimen (...)". Por ello, es trascendente la prescripción del art. 11, incs. a) y b), RCAN, en cuanto a que, tanto la "convocatoria y elección del procedimiento de selección" como la "aprobación de los pliegos de bases y condiciones particulares" deberán realizarse mediante el dictado de un acto administrativo que respete lo prescripto en el art. 7°, LNPA.

Los pliegos de las licitaciones o concursos públicos contienen un conjunto de prescripciones que comprenden desde reglas de procedimiento, requisitos técnicos y financieros de las ofertas y criterios de selección hasta cláusulas de naturaleza contractual que regirán la futura relación con el adjudicatario. Por ello, se ha dicho que las distintas clases de pliegos pueden reconducirse, en realidad, a dos: a) de contenido legal o jurídico, y b) de las condiciones técnicas[1438].

[1436] Nos remitimos a la primera edición de esta obra, especialmente ps. 49 y ss.

[1437] Véase texto correspondiente a nota 36.

[1438] BARRA, Rodolfo C., *Contrato...*, *cit.*, t. II, p. 479.

En doctrina se ha debatido sobre su naturaleza jurídica, teniendo esta cuestión gran trascendencia a la hora tanto de interpretar el poder de modificación o derogación que posee la Administración, como de determinar el régimen que regula su impugnación. En tal sentido, existen dos concepciones opuestas, ya que mientras, por una parte, un sector de la doctrina les atribuye naturaleza contractual[1439], otro postula su carácter normativo[1440] o reglamentario, en cuanto a los pliegos de condiciones generales[1441]. No se puede desconocer que en ambas concepciones anida una razón parcial, aunque, en el fondo, ninguna de ellas rescata la peculiar condición jurídica variable y progresiva que revisten los pliegos de condiciones.

La variabilidad de su carácter jurídico no depende del arbitrio del funcionario, sino que posee una naturaleza que va cambiando progresivamente en cada etapa del proceso de selección y durante la ejecución del contrato[1442]. En efecto, como ya se indicó, antes de la publicidad de los pliegos – requerida normativamente– no operan efectos jurídicos directos en la esfera de los particulares interesados, por lo que permanecen como actos internos de la Administración[1443]. Pero una vez que han cobrado publicidad, los pliegos asumen una condición normativa o reglamentaria plena, hasta el momento de la presentación de las ofertas (y como tales, pueden ser derogados, sustituidos o modificados sin mengua del principio de igualdad, lo que obligará a dar a publicidad, también, dichas derogaciones, sustituciones o modificaciones). A partir de allí y hasta la adjudicación, los pliegos no pierden su carácter normativo o reglamentario, aunque bajo un régimen peculiar que, en principio, excluye la posibilidad de modificar las reglas de juego sobre las cuales los oferentes formularon sus propuestas, salvo para permitir la subsanación de recaudos formales.

Al producirse la adjudicación y durante toda la etapa de ejecución, los pliegos integran la relación contractual a la que sirven de fuente, aunque su inalterabilidad se relativiza por el principio de mutabilidad consensuada (por razones objetivas de interés público[1444], cambio de circunstancias, etc.), a condición de que ello igualmente hubiera ocurrido cualquiera hubiera sido el oferente.

[1439] MARIENHOFF, Miguel S., *Tratado...*, *cit.*, t. III-A, nro. 643 a), p. 211.

[1440] FIORINI, Bartolomé - MATA, Ismael, *Licitación pública. Selección del contratista estatal*, Abeledo-Perrot, Buenos Aires, 1972, p. 80; Barra, Rodolfo C., *Contrato...*, *cit.*, t. II, p. 486.

[1441] ABAD HERNANDO, José Luis, "Pliego de condiciones", *Contratos públicos*, producto del Primer Congreso Internacional de Derecho Administrativo, Mendoza, 1980, p. 304; allí sostiene que los pliegos de condiciones no tienen naturaleza reglamentaria, ya que "poseen una connotación objetiva directa con relación a cada contrato y su aprobación es un acto particular y concreto".

[1442] BERÇAITZ, Miguel Ángel, *Teoría general de los contratos administrativos*, Depalma, Buenos Aires, 1980, p. 330, expuso una tesis compatible con la que propugnamos en el texto al atribuirles a los pliegos una naturaleza compleja.

[1443] En el marco de esa actividad interna, con posterioridad a la elaboración del pliego, podrá operarse el control "posterior" que ejerce la Unidad de Auditoría Interna del organismo, art. 102, ley 24.156. Por cierto, dicho control podrá ser visualizado como "posterior" a la elaboración del pliego y "anterior" al dictado del acto de aprobación de éste.

[1444] Acerca del interés público comprometido, véase SESÍN, Domingo J., "Contratos administrativos: jurisprudencia", en AA.VV., *Contratos administrativos,* Jornadas organizadas por la

398

El carácter reglamentario que cabe atribuir al pliego durante el procedimiento de selección no puede contradecirse con el argumento de que, finalmente, sus prescripciones pasarán a ser parte integrante del contrato administrativo, pues una situación similar se produce con los contratos civiles, que se integran con las normas imperativas y supletorias del Código Civil, las que no pierden por ello su peculiar naturaleza materialmente legislativa.

Pero, por otro lado, al incorporarse los pliegos al contrato, no rige el principio de autonomía de la voluntad propio de los contratos civiles, que pueden ser modificados en cualquier momento por acuerdo de partes. En efecto, no obstante que su inalterabilidad sea relativa, no son susceptibles, en principio, de modificación, salvo las causales de excepción que admite el derecho administrativo (por ej., el ejercicio del *ius variandi* previsto en el art. 12, inc. b], RCAN, cuyos efectos expansivos constituyen una característica de la ley 13.064 de Obras Públicas[1445]). Es ésta una importante diferencia que se da entre los contratos privados y los administrativos, que por sí sola justifica la configuración de una categoría diferenciada, y el régimen típico que la acompaña.

En la jurisprudencia de la Corte Suprema de Justicia de la Nación se ha puntualizado el carácter reglamentario de los pliegos, señalándose que:

"El establecimiento en los procesos de selección, ya sean concursales o licitatorios, de normas vinculadas a la comparación de oferentes o concursantes, no resultan meras formalidades susceptibles de ser obviadas o de ser cumplidas de manera implícita o indirecta. Por el contrario, se trata de normas contenidas en un reglamento administrativo que tienden a homogeneizar los criterios de evaluación, permitiendo así tanto el control de legalidad por parte de la Administración, como el resguardo de los propios derechos de los participantes, que también requieren de datos objetivos a esos efectos. Se trata, en definitiva, de garantizar los principios de publicidad –conocimiento de las razones tenidas en cuenta por la Administración–, competencia –pujar conforme a los mismos criterios de selección– e igualdad –trato a todos los concursantes oferentes sin discriminación ni preferencias subjetivas–, principios éstos esenciales a todo procedimiento administrativo de selección, y emanado de las garantías del debido proceso y de igualdad consagradas por los arts. 18 y 16, Constitución Nacional"[1446].

Y que, en definitiva:

Universidad Austral, Facultad de Derecho, Ciencias de la Administración, Buenos Aires, 2000, ps. 97-112, especialmente p. 112, y su cita.

[1445] Acerca de las posibilidades interpretativas, ver MAIRAL, Héctor A., "La teoría...", *cit.*, p. 11.

[1446] Voto del ex juez Barra en la causa "MARTÍN, Estela Delia Correa de v. Universidad Nacional de San Juan", Fallos 315:2899 (1992), fallo también publicado en RAP nro. 175, Ciencias de la Administración, Buenos Aires, 1993, p. 149.

"Los pliegos de condiciones generales revisten condición de reglamentos, razón por la cual el particular que participa en la licitación carece de la facultad de sustraerse a la aplicación de alguna de sus disposiciones"[1447].

De dicha jurisprudencia se desprende que la atribución del carácter reglamentario de los pliegos se refiere a las etapas previas a la adjudicación, en cuanto ellas garantizan la publicidad, la competencia o la puja entre los oferentes y su vinculación con los principios de igualdad y del debido proceso adjetivo, sin entrar al análisis de la integración de las cláusulas del pliego en el contrato administrativo.

B) El llamado a licitación

Los pliegos de condiciones elaborados por la Administración, que hasta el llamado poseían carácter interno[1448], adquieren naturaleza reglamentaria (con su consiguiente fuerza externa e impugnabilidad) a partir del respectivo anuncio licitatorio. En este sentido, debe tenerse presente, por un lado, el recaudo de publicidad y difusión del llamado a licitación pública por aplicación de la cláusula de transparencia (art. 9°, RCAN), exigencia que tiene por fin preservar el principio de libre concurrencia y de igualdad de acceso a la contratación administrativa.

Asimismo, es menester tener en cuenta el art. 32, RCAN, que dispone todo lo relativo a la publicidad y a la difusión en el marco de las contrataciones de bienes y servicios, el que consagra la regla conforme a la cual la convocatoria a presentar ofertas en las licitaciones y concursos públicos que no se realicen en formato digital deberá efectuarse mediante la publicación de avisos en el Boletín Oficial por dos días, al menos veinte días corridos antes de la fecha fijada para la apertura, computados a partir del día siguiente a la última publicación.

La mencionada norma también prevé que, en los casos de contrataciones que por su importancia, complejidad u otras características lo hicieran necesario, deberán ampliarse los plazos de antelación fijados, en las condiciones que determine la reglamentación, agregando que, cuando se trate de licitaciones o concursos internacionales, se preverán exigencias específicas, entre otras, disponer las publicaciones pertinentes en países extranjeros con una antelación no menor a cuarenta días corridos.

En el supuesto de invitación a presentar ofertas en licitaciones y concursos abreviados, ésta deberá efectuarse con un mínimo de siete días corridos de antelación a la fecha fijada para la apertura, en las condiciones que fije la reglamentación, y complementarse mediante la exhibición de la convocatoria, el pliego de bases y condiciones particulares y las especificaciones técnicas en carteleras o carpetas ubicadas en lugares visibles del organismo contratante, cuyo ingreso sea irrestricto para los interesados en consultarlos.

También establece la citada norma que todas las convocatorias, cualquiera sea el procedimiento de selección que se utilice, se difundirán por internet u otro medio

---

[1447] "El Rincón de los Artistas SRL v. Htal. Nac. Profesor Alejandro Posadas s/ordinario", Fallos 326:3700 (2003), consid. 19.

[1448] BOQUERA OLIVER, José María, *La selección de contratistas*, Instituto de Estudios Políticos, Madrid, 1963, ps. 35-50.

electrónico de igual alcance que lo reemplace, en el sitio del Órgano Rector. Así, se cumple acabadamente la cláusula de transparencia prevista en el art. 3°, RCAN.

Dicho principio de transparencia se cumple publicando en la página *web* de la Oficina Nacional de Contrataciones[1449]: las convocatorias, los proyectos de pliegos correspondientes a contrataciones que la autoridad competente someta a consideración pública, los pliegos de bases y condiciones, el acta de apertura, las adjudicaciones, las órdenes de compra y toda otra información que la reglamentación determine[1450].

Por último, el mentado anuncio consiste en una invitación a presentar ofertas que traduce la voluntad de contratar de la Administración, sin que la formalización del llamado implique una "promesa de contrato" en los términos de los arts. 1148 y ss., CCiv., habida cuenta de que no se trata de una relación jurídica regida por el derecho privado sino por el administrativo, donde dicho anuncio constituye una de las etapas del proceso de formación de la voluntad administrativa[1451].

En consecuencia, esa invitación a presentar ofertas no obliga a la Administración a celebrar el contrato, aun en los supuestos de formularse la invitación a personas determinadas, como ocurre en el procedimiento de la licitación privada.

C) La presentación de ofertas. Situación jurídica del oferente

Se ha dicho que la propuesta u oferta constituye una instancia del procedimiento de selección cuyo reflejo es el derecho a ser admitido como licitador y, al propio tiempo, una auténtica oferta de contrato[1452]. En cuanto a la situación jurídica del oferente[1453], la doctrina oscila entre atribuirle la titularidad de un interés legítimo en todos los casos o una combinación de situaciones jurídicas subjetivas, según la presencia de un interés sustancial o formal (garantía de legalidad) y, finalmente, se ha abierto una corriente[1454] que propicia la unificación de la distinción.

De todos modos, es evidente que, cualquiera sea la posición que se adopte, se trata de poderes jurídicos conferidos por el ordenamiento para la protección de situaciones jurídicas individuales, variando su grado de protección en cuanto a su vinculación con la acción de fondo o sustancial. En ese sentido, es evidente que

[1449] Al momento de escribir este capítulo, *http://www.argentinacompra.gov.ar/*.

[1450] Asimismo, se prevé que están exceptuadas de la obligación de difusión en todas las etapas del procedimiento, las contrataciones directas encuadradas en el apart. 6 del inc. d) del art. 25 y de difusión de la convocatoria las de los aparts. 5, para los casos de emergencia, y 8.

[1451] BARRA, Rodolfo C., *Contrato...*, *cit.*, t. II, p. 516.

[1452] Conf. DIEZ, Manuel M., "La oferta", *Contratos administrativos,* Universidad Nacional de Cuyo y Asociación Argentina de Derecho Administrativo, Mendoza, 1980, p. 328 (obra que contiene los trabajos y debates del Primer Congreso Internacional de Derecho Administrativo).

[1453] Ampliar en URRUTIGOITY, Javier, "Derecho subjetivo e interés legítimo en la contratación administrativa", en AA.VV., *Contratos Administrativos,* Jornadas organizadas por la Universidad Austral, Facultad de Derecho, Ciencias de la Administración, Buenos Aires, 2000, ps. 415-435.

[1454] BARRA, Rodolfo C., *Principios de derecho Administrativo*, Ábaco, Buenos Aires, 1980, ps. 273 y ss.

– por ejemplo– el oferente como titular de un interés legítimo no está legitimado para demandar la adjudicación ni la celebración o cumplimiento del contrato, sin perjuicio de la posibilidad de impugnar aquellos actos de la autoridad licitante que agravien la legalidad y la razonabilidad del procedimiento y el principio de igualdad (garantía de legalidad). En última instancia, ese oferente, titular de un interés legítimo, estará comprendido en los alcances del art. 19, RCAN, que, con buen criterio, establece: "Toda persona que acredite fehacientemente algún interés, podrá en cualquier momento tomar vista de las actuaciones referidas a la contratación, con excepción de la información que se encuentre amparada bajo normas de confidencialidad, desde la iniciación de las actuaciones hasta la extinción del contrato, exceptuando la etapa de evaluación de las ofertas. La negativa infundada a dar vista de las actuaciones se considerará falta grave por parte del funcionario o agente al que corresponda otorgarla. La vista del expediente no interrumpirá los plazos".

En cambio, el oferente que cumple con todos los requisitos subjetivos, objetivos y formales establecidos en los pliegos posee un verdadero derecho subjetivo a ser admitido al procedimiento de selección[1455], ya que, en tal caso, la pretensión procesal coincide con su interés sustancial y concreto, que se traduce en un acto que subjetivamente sólo a él le concierne y en el que su interés representa algo más que una garantía formal. En cambio, la situación jurídica del oferente difiere cuando actúa ejerciendo una potestad pública de defensa genérica de legalidad (con base, por cierto, en la eventualidad de que se cristalice el derecho subyacente a ser adjudicatario), situación que se da – por ejemplo– al impugnar una circular emitida dentro del procedimiento licitatorio por el licitante que viola el principio de igualdad, beneficiando a un solo licitador (supuesto previsto en el art. 18, RCAN[1456]). En este último supuesto, la situación jurídica subjetiva del oferente se singulariza a través de la titularidad de un interés legítimo, no obstante que pueda observarse la presencia de un derecho subjetivo subyacente.

Una vez operada la adjudicación, el oferente seleccionado posee un derecho subjetivo al contrato, pero es evidente que si no se emite el acto administrativo en que culmina el proceso de selección (con independencia del perfeccionamiento contractual) a través de la adjudicación en legal forma, no adquiere el derecho a ser contratista si ese acto no se consuma, por más que pudiera demostrar que su propuesta fuera la más conveniente[1457]. Por lo común, esta distinción se refleja en el tipo o especie de responsabilidad (la violación del interés legítimo sólo genera una responsabilidad precontractual) y en la ausencia de titularidad para promover acciones de cumplimiento contractual.

[1455] MARIENHOFF, Miguel S., *Tratado...*, *cit.*, t. III-A, nro. 648, p. 223.

[1456] "Revocación de los actos administrativos del procedimiento de contratación: La comprobación de que en un llamado a contratación se hubieran omitido los requisitos de publicidad y difusión previa, en los casos en que la norma lo exija, o formulado especificaciones o incluido cláusulas cuyo cumplimiento sólo fuera factible por determinado interesado u oferente, de manera que el mismo esté dirigido a favorecer situaciones particulares, dará lugar a la revocación inmediata del procedimiento, cualquiera fuere el estado de trámite en que se encuentre, y a la iniciación de las actuaciones sumariales pertinentes".

[1457] MARIENHOFF, Miguel S., *Tratado...*, *cit.*, t. III-A, nro. 648, ps. 223-224.

402

Ocurre, en estos supuestos, que tanto la admisión al procedimiento de selección como el cumplimiento del contrato representan la culminación de su pretensión sustancial, en cada caso, mientras que las impugnaciones que se formulan dentro del procedimiento de selección configuran medios de defensa formales[1458], que hacen a las garantías de legalidad establecidas en protección del eventual derecho a ser adjudicatario[1459]. En este sentido, como se afirmara, "la calidad de oferente otorga legitimación para controvertir la legalidad del procedimiento licitatorio"[1460].

Ahora bien, a partir de la adjudicación, tanto el adjudicatario como los eventuales impugnantes poseen un verdadero derecho subjetivo, por más que la jurisprudencia no haya acertado aún a declarar que, superando la mera declaración de invalidez de la adjudicación (que implica el retorno a una etapa indefinida), el juez ordene a la Administración que adjudique a quien legalmente corresponda.

En cuanto a la presentación de las ofertas (en el lugar y el término indicados en el pliego), si bien se ha sostenido que se trata de una única etapa procesal juntamente con la apertura de los sobres[1461], resulta procedente, en virtud del principio del informalismo, admitir las que se realicen por vía postal u otro medio técnico que, emitidas antes, puedan abrirse con posterioridad, sin que ello obste a la igualdad de trato en el proceso licitatorio. Ello, sin perjuicio de la posibilidad de realización de contrataciones públicas electrónicas (arts. 21 y 22, RCAN y art. 102, dec. 632/2002)[1462]. En síntesis, la coincidencia entre los actos de presentación de ofertas y su apertura no excluye cualquier otro medio de presentación que permita abrir los sobres en esa instancia del procedimiento.

1) Mantenimiento de las ofertas: garantía

A diferencia de lo que acontece en el derecho privado, donde rige el principio según el cual toda propuesta de contrato puede ser retirada antes de su aceptación sin incurrir en responsabilidad, en el derecho administrativo existe una regla opuesta[1463]. Conforme a ella, los oferentes tienen la obligación de mantener sus ofertas por

---

[1458] Al respecto, el art. 30, RCAN, relativo a bienes y servicios, dispone: "Observaciones e impugnaciones: La reglamentación deberá prever cuáles actuaciones podrán ser susceptibles de observaciones o impugnaciones, el trámite que se dará a ellas y los requisitos para su procedencia formal. Toda observación, impugnación, reclamo o presentación similar que se efectúe fuera de lo previsto en la reglamentación no tendrá efectos suspensivos y se tramitará de acuerdo a lo que determine dicha reglamentación".

[1459] Garantías de legalidad a las cuales el oferente también podría tener un verdadero "derecho subjetivo" en la interpretación de BARRA, Rodolfo C., *Principios...*, *cit.*, ps. 270 y ss.

[1460] C. Nac. Cont. Adm. Fed., sala 3ª, 19/2/2002, "Yamil Ekel Milgron (Cleanciti) v. DGI (EN) s/proceso de conocimiento", voto del Dr. Roberto M. Mordeglia, con cita de la 1ª ed. de esta obra, p. 54. Ver, asimismo, Comadira, Julio R., *La licitación pública*, 2ª ed. actualizada y ampliada, LexisNexis, Buenos Aires, 2006, ps. 170 y ss.

[1461] BARRA, Rodolfo C., *Contrato...*, *cit.*, t. II, ps. 600-601.

[1462] Otra norma nacional referida a las contrataciones públicas electrónicas es la Ley de Firma Digital (25.506, BO del 14/12/2001). Sobre este tema, ver CORRÁ, María Inés, "La contratación pública electrónica", en AA.VV., *Cuestiones...*, *cit.*, ps. 281-300.

[1463] MARIENHOFF, Miguel S., *Tratado...*, *cit.*, t. III-A, p. 235.

el plazo determinado en la normativa aplicable, por lo general, en el pliego[1464]. Ello surge implícitamente del RCAN, pues en su art. 31 se prevé la constitución de garantías por parte de los oferentes y el art. 29, inc. a), contempla la penalidad de "pérdida de la garantía de mantenimiento de la oferta".

Es que la función de asegurar el cumplimiento de esa obligación por parte de los oferentes se opera mediante el establecimiento de una garantía de oferta que cubre toda la responsabilidad del proponente[1465] en el supuesto de que este último desista de su propuesta. Por lo demás, la Administración posee siempre el derecho a dejar sin efecto el llamado a convocatoria sin responsabilidad de su parte, mediante acto dictado bajo los recaudos del art. 7°, LNPA (art. 11, inc. g], RCAN).

2) Inmodificabilidad de las ofertas: su carácter relativo

Durante muchos años se sostuvo el principio de la inmodificabilidad de las ofertas como una regla absoluta, afín a la naturaleza formalista que se atribuía a todo el procedimiento de contrataciones.

En la actualidad, se extiende el principio del informalismo, propio del procedimiento administrativo, a todo el procedimiento de selección y ejecución de los contratos que celebra la Administración Pública[1466]. La aplicación de este principio a todos los procedimientos administrativos, dado que posee base legal[1467], no plantea dudas, como tampoco ocurre con otros principios de la contratación administrativa (en especial, el de concurrencia e igualdad y el de transparencia, art. 3°, RCAN).

Por tales razones, resulta razonable admitir el cambio o subsanación de las ofertas (art. 17, RCAN) por aspectos o detalles formales que no impliquen su modificación sustancial, dado que, en tales casos, se privilegia la posibilidad de que la Administración obtenga adecuadas alternativas de selección mediante una mayor concurrencia y, al propio tiempo, se asegura el principio de igualdad.

Por otra parte, la modificabilidad de las ofertas puede surgir *a posteriori* de la adjudicación a raíz de un cambio de circunstancias que plantee la necesidad de adaptar o reajustar el contrato y mantener el equilibrio de las prestaciones inicialmente comprometidas, siempre que tal cambio hubiese ocurrido igualmente con cualquiera de los oferentes[1468].

3) Variantes u ofertas alternativas

En principio, la posibilidad de presentar variantes u ofertas alternativas debe hallarse contemplada en el pliego[1469], lo que contribuye a la transparencia del proce-

---

[1464] En este sentido, se ha sostenido que "el régimen de la oferta en derecho administrativo se diferencia del de derecho civil, donde la oferta puede ser retirada en cualquier momento, sin perjuicio de las responsabilidades que quepan de índole precontractual", conf. voto de la juez Marta Herrera en C. Nac. Cont. Adm. Fed., sala 2ª, 26/10/1999, "Universal Services SA v. BCRA s/proceso de conocimiento".

[1465] BARRA, Rodolfo C., *Contrato...*, *cit.*, t. II, ps. 640-641.

[1466] GORDILLO, Agustín A., "El informalismo...", *cit.*, ps. 299 y ss.

[1467] Art. 1°, inc. e), LNPA.

[1468] DIEZ, Horacio, "La inmodificabilidad de las ofertas en los procedimientos de selección del cocontratante del Estado. La proyección de ese principio durante la etapa de ejecución del contrato administrativo", *Cuestiones...*, *cit.*, ps. 53-70.

[1469] Conf. BARRA, Rodolfo C., *Contrato...*, *cit.*, t. II, p. 634.

so de selección, dada la seguridad que traduce el hecho de homogeneizar las ofertas a los efectos de su comparación, con lo que, en definitiva, se promueve una mayor concurrencia de oferentes. Aun en tal caso, resulta necesario que se realice la presentación conforme a las bases o contenido del pliego[1470].

Y aun sobre la base del principio de que la presentación de una variante no puede invalidar la propuesta principal, también puede proponerse una variante absoluta, donde se cambien las bases de la licitación, en cuyo caso la Administración, si lo considera conveniente, puede convocar a un nuevo proceso licitatorio[1471].

D) Adjudicación. La oferta más conveniente como concepto jurídico indeterminado

La decisión de contratar con un determinado oferente se lleva a cabo a través de un acto administrativo que recibe el nombre de adjudicación, la que viene a perfeccionar el acuerdo de voluntades con la Administración, si bien, en algunos casos, se exigen requisitos adicionales para el perfeccionamiento contractual (por ej., suscripción del contrato de obra pública).

En el derecho comparado se detectan distintos criterios de adjudicación de la contratación cuando media licitación pública. Así, un repaso de regímenes revela que tales criterios no se agotan con el precio más bajo[1472], sino que pueden consistir en la oferta más ventajosa[1473]; la oferta con el precio más bajo, u oferta más ventajosa económicamente, tomando en consideración el precio, plazo, costos, rentabilidad y mérito técnico[1474]; la oferta más conveniente para el Estado en cuanto a precio, calidad, financiamiento, oportunidad y demás circunstancias[1475]; entre otros supuestos.

Entre nosotros, la adjudicación constituye el acto administrativo que selecciona la *oferta más conveniente para la Administración desde el punto de vista de su idoneidad moral, técnica y económico-financiera*[1476] y tal criterio interpretativo ha sido consagrado en el RCAN, en cuanto establece, en su art. 15, que "la adjudicación deberá realizarse a favor de la oferta más conveniente para el organismo contratante, teniendo en cuenta el precio, la calidad, la idoneidad del oferente y demás condiciones de la oferta". Esta regla, dada la ubicación sistemática en el cuerpo legal, es

---

[1470] Solución que se propone en el Proyecto CIMOP de 1970 (art. 13).

[1471] BARRA, Rodolfo C., *Contrato...*, *cit.*, t. II, p. 634.

[1472] RICHER, Laurent, *Droit des contrats administratifs*, 2ª ed., LGDJ, París, 1999, p. 355.

[1473] CIANFLONE, Antonio - GIOVANNINI, Giorgio, *L'appalto di opere pubbliche*, 10ª ed., Giuffrè, Milán, 1999, p. 492.

[1474] Ello, en el marco de la aplicación al Reino Unido de las directivas comunitarias; ampliar en CRAIG, P. P., *Administrative Law*, *cit.*, ps. 156-159, especialmente p. 158, y en BOVIS, Christopher, *EC Public Procurement Law*, Longman, London, 1997, ps. 67 y ss.

[1475] LUCERO ESPINOSA, Manuel, *La licitación pública*, Porrúa, México, 1993, p. 86.

[1476] MARIENHOFF, Miguel S., *Tratado...*, *cit.*, t. III-A, p. 243.

aplicable a todos los procedimientos de selección, por lo que, con mayor razón aún será aplicable cuando se seleccione al contratista mediante licitación[1477].

Sin embargo, como se verá seguidamente, existen dificultades para adoptar un criterio uniforme que defina el principio aplicable para realizar la selección ante la ausencia de pautas indicadoras en el pliego.

En los contratos tipificados legalmente, como el de obras públicas, cuyo régimen positivo se inclina por el criterio de la "oferta más conveniente"[1478], se plantea el problema de cuál es el criterio que debe prevalecer a la hora de definir el grado de conveniencia de una determinada oferta. En otras palabras, el concepto de "oferta más conveniente" se erige en un concepto jurídico indeterminado[1479].

Es cierto que si la Administración tuviera la posibilidad de determinar *a priori* la idoneidad moral, técnica y financiera de cada oferente, la selección sería más automática y objetiva, realizándose la adjudicación por el criterio del precio más conveniente[1480]. Sin embargo, en la práctica, los sistemas de registros de proveedores o constructores no han funcionado eficazmente y han sufrido los efectos de la anquilosis constitucional que viene aquejando a las organizaciones burocráticas. Por ese motivo, y además porque puede haber otros elementos objetivos de comparación, aparte del precio (*v.gr.*, aspectos tecnológicos, experiencia u obras similares, calidad, eficiencia, etc.), la selección de la oferta más conveniente puede llevarse a cabo mediante la comparación de *todos* los elementos objetivos integrantes de la oferta (precio, plazo, plan de inversiones, aspectos técnicos y antecedentes en obras similares, entre otros)[1481]. De allí que el precitado art. 15, RCAN, se refiera a "demás condiciones de la oferta".

Por ese motivo, resulta imprescindible establecer en el pliego de bases y condiciones generales el *sistema* y el *procedimiento* que regirá para la adjudicación de la oferta, tanto en garantía del principio de concurrencia como del de igualdad. En la práctica administrativa viene imponiéndose, por su mayor automatismo y transparencia, el sistema del doble sobre, propio de la figura denominada "concurso-licitación" o licitación, en el que la Administración, en el primer sobre, no sólo examina los antecedentes generales del oferente, sino los específicos de la contratación, lo cual, combinado con un sistema de puntaje mínimo que permita eliminar a los que no alcanzan a cumplir los requisitos indispensables, permite que todos los oferentes elegidos se encuentren en las mismas condiciones para ofertar el precio en el segundo sobre.

[1477] La excepción, claro está, es la relativa a la compra de un bien o de la contratación de un servicio estandarizado o de uso común, cuyas características técnicas puedan ser inequívocamente especificadas e identificadas, en cuyo caso se entenderá, en principio, que oferta más conveniente es la de menor precio (véase art. 15, párr. 2°, RCAN), y, en materia de preferencias, se estará a lo que disponga la normativa vigente en cada caso (*ídem*, párr. 3°).

[1478] Art. 18, LOP: "La circunstancia de no haberse presentado más de una propuesta no impide la adjudicación. Ésta caerá siempre sobre la más conveniente, siendo conforme con las condiciones establecidas para la licitación".

[1479] SESÍN, Domingo J., "La determinación de la oferta más conveniente en los contratos administrativos", en AA.VV., *Cuestiones...*, *cit.*, ps. 125-142.

[1480] MARIENHOFF, Miguel S., *Tratado...*, *cit.*, t. III-A, ps. 247 y ss.

[1481] BARRA, Rodolfo C., *Contrato...*, *cit.*, t. II, p. 654.

Ahora bien, tratándose de venta de bienes de propiedad del Estado nacional – mediante subasta, art. 25, inc. b), RCAN– o privatizaciones de empresas, la adjudicación ha de efectuarse, por principio, a la propuesta que ofrezca el precio más alto, lo que implica la adopción de una regla distinta. Ello se funda en la diferencia de objeto y fines que, en tales casos, persigue la Administración al procurar la obtención de mayores ingresos derivados de la transferencia al sector privado.

En todos los casos (obras públicas, suministros, ventas, concesiones o licencias, etc.), sin embargo, el criterio de "oferta más conveniente" que preside la selección traduce – como adelantáramos– un concepto jurídico indeterminado[1482], susceptible de la más amplia revisión judicial en punto a la legalidad y a la razonabilidad de la comparación. Este análisis , por lo común, está a cargo de una comisión de preadjudicación, habiéndose sostenido que no constituye una actividad discrecional[1483], sino reglada, que coloca a la Administración frente "al inequívoco y claro camino de elegir lo que la norma propone"[1484], actividad que hoy, asimismo, resulta regida por el criterio de transparencia que emana del art. 3°, RCAN.

Desde luego, la determinación de la oferta más conveniente tiene que efectuarse con arreglo a las cláusulas del pliego de bases y condiciones generales que rige la licitación[1485], no obstante lo cual precisa cumplir siempre con el requisito de la motivación (art. 7°, inc. e], LNPA), debiéndose expresar el criterio objetivo y real[1486] que permitió seleccionar la propuesta en cada caso.

1) La preadjudicación

En ciertas contrataciones suele preverse, como parte de una etapa preparatoria de la decisión de adjudicar el contrato a la oferta más conveniente, la intervención de una comisión de preadjudicación, cuya tarea consiste en comparar y ponderar las distintas propuestas presentadas en la licitación[1487].

En la doctrina[1488] y en la jurisprudencia administrativa[1489] existe acuerdo, en general, acerca de que se trata de una actividad no vinculante, interna y provisional[1490],

---

[1482] Ver GRECCO, Carlos M., "La doctrina de los conceptos jurídicos indeterminados y la fiscalización judicial de la actividad administrativa", LL 1980-D, 1306/1320; BARRA, Rodolfo C., *Contrato...*, *cit.*, t. II, ps. 430 y ss.; BIANCHI, Alberto B., "El 'writ of certiorari' en nuestra Corte Suprema (La cuestión federal suficiente como concepto jurídico indeterminado)", ED 125-857; y nuestro *Derecho administrativo*, t. II, 5ª ed., ps. 116 y ss. Con relación específicamente al tema, nos remitimos al lúcido trabajo de GAMBIER, Beltrán, "El concepto de oferta más conveniente en el procedimiento licitatorio público (La doctrina de los conceptos jurídicos indeterminados y el control judicial)", LL 1988-D, 744/755.

[1483] BARRA, Rodolfo C., *Contrato...*, *cit.*, t. II, p. 437.

[1484] GAMBIER, Beltrán, "El concepto...", *cit.*, p. 751.

[1485] ESCOLA, Héctor J., *Tratado integral de los contratos administrativos*, t. I, Depalma, Buenos Aires, 1977, p. 353.

[1486] GAMBIER, Beltrán, "El concepto...", *cit.*, p. 751.

[1487] Sobre el acto de preadjudicación, la Corte Suprema ha sostenido que se trata de una etapa que tiene por fin posibilitar el control de los restantes oferentes en orden a la obtención de la oferta más conveniente; conf. "Raffo y Mazieres SA s/contenciosoadministrativo de plena jurisdicción e ilegitimidad", Fallos 315:1561 (1992).

[1488] LINARES, Juan F., "Valoración de los sistemas de selección del contratista", *Contratos Públicos*, Primer Congreso Internacional de Derecho Administrativo, Universidad Nacional

aunque en algunos casos se admita la posibilidad de que el particular impugne la preadjudicación [1491]. De todas maneras, ello dependerá de los efectos que el respectivo régimen o pliego de condiciones atribuyan al acto de preadjudicación, ya que si él provoca la exclusión definitiva de ofertas, es evidente que se convierte en un acto administrativo por el carácter directo de sus efectos en relación con los terceros participantes de la licitación, aun cuando, respecto del oferente carezca de facultades para exigir la adjudicación[1492] y el consecuente perfeccionamiento del contrato.

4. EL FRACASO Y EXTINCIÓN DE LA LICITACIÓN PÚBLICA. LICITACIÓN DESIERTA. OFERTAS INADMISIBLES O INCONVENIENTES

Una licitación pública puede fracasar, en primer término, por la falta de presentación de ofertas, lo cual hace que la Administración se vea ante la necesidad de declarar desierta la licitación. El principal efecto que produce esta situación consiste en el surgimiento de una habilitación a favor de la Administración para proceder conforme a lo prescripto en el art. 25, inc. d) 4, RCAN: cuando una licitación o concurso hayan resultado desiertos o fracasaren, se deberá efectuar un segundo llamado, modificándose los pliegos de bases y condiciones particulares; y si éste también resultare desierto o fracasare, podrá utilizarse el procedimiento de contratación directa previsto en este inciso. Mas, como es lógico, aun en el caso de que resultare desierto o fracasare el segundo llamado, la Administración podría insistir en la convocatoria a una nueva licitación pública antes de recurrir a la contratación directa.

Ahora bien, hay otras causales de extinción que también implican el fracaso de la licitación. La primera de ellas se vincula con los defectos o vicios de las propuestas, en punto a su ilegitimidad, lo que provoca la declaración de inadmisibilidad de las ofertas[1493]. La segunda situación de fracaso de una licitación se da cuando la Administración considera que los precios ofertados resultan inconvenientes[1494].

---

de Cuyo, Universidad de Mendoza, Asociación Argentina de Derecho Administrativo, Mendoza, 1980, p. 179; BARRA, Rodolfo C., *Contrato...*, *cit.*, t. II, p. 644; FANELLI EVANS, Guillermo E., "La preselección de oferentes en la licitación pública", ED 97-898.

[1489] *Dictámenes de la Procuración del Tesoro de la Nación*, t. 198, p. 240, donde se puntualizó que la preadjudicación constituye "uno de los actos preparatorios de la voluntad de la Administración que en el supuesto en análisis se opera dentro de una sucesión de pasos que conducen desde la presentación de ofertas hasta su adjudicación final". Asimismo, en un dictamen posterior de la Procuración del Tesoro se sostuvo que "...la opinión vertida por la Comisión de Preadjudicación consiste en un consejo que da la autoridad decisoria, luego de haber valorado las ofertas y por tanto, un asesoramiento o recomendación, tendiente a la mejor información del órgano que deberá resolver en definitiva, el que puede apartarse o no de esa valoración, dada su falta de carácter vinculante" (conf. *RAP* nro. 186, Ciencias de la Administración, Buenos Aires, 1994, ps. 201 y ss.).

[1490] MARIENHOFF, Miguel S., *Tratado...*, *cit.*, t. III-A, p. 244.

[1491] FANELLI EVANS, Guillermo E., "La preselección...", *cit.*, p. 899.

[1492] MARIENHOFF, Miguel S., *Tratado...*, *cit.*, t. III-A, p. 245.

[1493] BARRA, Rodolfo C., *Contrato...*, *cit.*, t. II, ps. 646 y ss.

[1494] La doctrina considera que el art. 9º, inc. f), LOP, incluye en el concepto de oferta inadmisible el supuesto de oferta inconveniente: MARIENHOFF, Miguel S., *Tratado...*, *cit.*, t. III-A, ps.

Es claro que en los supuestos considerados, los oferentes no pueden reclamar indemnización alguna[1495] y así lo prescribe el art. 20, RCAN: "Las jurisdicciones o entidades podrán dejar sin efecto el procedimiento de contratación en cualquier momento anterior al perfeccionamiento del contrato, sin lugar a indemnización alguna en favor de los interesados u oferentes".

La situación es distinta si la Administración resuelve revocar, por razones de ilegitimidad, el llamado a licitación o el procedimiento, de oficio o a petición de un particular afectado: en tales casos, no se encontrará habilitada para proceder a la contratación directa[1496], habida cuenta de que la causa invalidante no supone que existan circunstancias que obsten a una futura concurrencia ni al prejuzgamiento de las ofertas. La revocación de la licitación, ya sea por razones de ilegitimidad (imputables a la Administración) como de oportunidad, genera responsabilidad administrativa y el consecuente derecho de los oferentes a la indemnización de los gastos incurridos y del valor estimado de la *chance* que tenían a resultar adjudicatarios[1497].

5. PERFECCIONAMIENTO DEL CONTRATO ADMINISTRATIVO

El tema del perfeccionamiento del contrato presenta algunas peculiaridades en el derecho administrativo, pues los principios provenientes del Código Civil deben articularse con los regímenes contractuales que contienen prescripciones específicas[1498].

Como regla general, el contrato se perfecciona con el acuerdo o fusión de voluntades[1499], aunque esta regla va a tener una aplicación relativa en el derecho administrativo que, por lo común, acota el margen de libertad formal de los contratantes, no sólo en el proceso de selección, sino en el perfeccionamiento del vínculo contractual.

La cuestión cobra trascendencia en la medida en que – como ya vimos– , hasta ocurrir el perfeccionamiento del contrato, la Administración puede dejar sin efecto el proceso de selección, sin perjuicio de la responsabilidad precontractual que se le pudiera llegar a imputar en el supuesto de revocación por ilegitimidad. Recién a partir del perfeccionamiento del acuerdo de voluntades es que nacen propiamente los derechos y obligaciones del contrato y de la Administración y, por ende, la responsabilidad contractual en caso de incumplimiento.

El art. 20, RCAN, resuelve esta cuestión al establecer que "los contratos quedarán perfeccionados en el momento de notificarse la orden de compra o de suscribirse el instrumento respectivo, en los plazos y con las modalidades que determine la reglamentación". Dicha prescripción es, asimismo, aplicable a los contratos de obras públicas en virtud de lo dispuesto en el art. 24 de aquél.

261-262; MÓ, Fernando F., *Régimen legal de las obras públicas*, Depalma, Buenos Aires, 1966, p. 109.

[1495] *Dictámenes de la Procuración del Tesoro de la Nación*, t. 160, p. 462.

[1496] Conf. BARRA, Rodolfo C., *Contrato...*, t. II, *cit.*, p. 648.

[1497] BARRA, Rodolfo C., *Contrato...*, *cit.*, t. II, ps. 650-652.

[1498] Sobre el perfeccionamiento del contrato en España, ver MARTÍNEZ LÓPEZ-MUÑIZ, José Luis, "La adjudicación", AA.VV., CASSAGNE, Juan Carlos - YSERN, Enrique R. (dirs.), *La contratación pública*, t. II, Hammurabi, Buenos Aires, 2007, ps. 681-721.

[1499] MARIENHOFF, Miguel S., *Tratado...*, *cit.*, t. III-A, nro. 620, p. 145.

La orden de compra se erige así en un requisito que se adiciona a la comunicación de la adjudicación: ella constituye un acto administrativo, por sí mismo, que perfecciona el acuerdo de voluntades. De ese modo, la sola adjudicación, aunque fuere notificada, no es idónea para producir el perfeccionamiento ni, por ende, para exigir la emisión de la orden de compra, sin perjuicio de la responsabilidad precontractual en que incurra, en tal caso, la Administración[1500].

Las instancias del procedimiento reglado en el art. 20 (notificación de la orden de compra, suscripción del instrumento respectivo) no obstarán, por cierto, a que, en determinados supuestos, el legislador, o, en su caso, la Administración, dentro del ámbito de sus competencias, indiquen una formalidad esencial diversa de la prescripta en el mencionado art. 20: de tal modo, se podría llegar a exigir una ley o decreto de aprobación. Tal recaudo de aprobación emanada del legislador o de un órgano o ente de la Administración deberá – es lógico– ser fijado antes del comienzo del *iter* contractual, esto es, antes de la convocatoria.

[1500] Al respecto, ver UGOLINI, Daniela, "Perfeccionamiento del contrato administrativo", en AA.VV., *Cuestiones...*, *cit.*, ps. 143-152.

CAPÍTULO IV

LOS EFECTOS DEL CONTRATO ADMINISTRATIVO, SUS ELEMENTOS Y EL RÉGIMEN DE EJECUCIÓN CONTRACTUAL

1. LA CUESTIÓN DE LOS EFECTOS DE LOS CONTRATOS ADMINISTRATIVOS

En el derecho civil, como es sabido, los contratos no producen efectos sobre terceros ajenos al vínculo contractual (art. 1195, CCiv.), dado que se considera que la autonomía de la voluntad de los contratantes no puede extenderse más allá de quienes celebran el acuerdo generador de derechos y obligaciones (o sus sucesores o herederos universales en los casos admitidos por el ordenamiento civil)[1501].

En cambio, el derecho administrativo postula el principio inverso, o sea, la posibilidad de que los efectos de los contratos se extiendan a terceros que pueden hallarse vinculados o no con su objeto, lo que implica otra consecuencia del carácter flexible y abierto que caracteriza esta figura convencional en el campo del derecho público.

Los casos más notables que revelan la aplicación del citado principio suelen presentarse en la concesión de servicios públicos y en la concesión de obra pública, en cuyos ámbitos de relaciones pueden nacer, recíprocamente, derechos, obligaciones y cargas, en cabeza de terceros que no son parte en la relación contractual. Tal es el caso, por ejemplo, de las tarifas que los usuarios sufragan en virtud de los efectos que el contrato entre concedente y concesionario (o, en su caso, licenciatario) irradia hacia dichos terceros.

Se ha intentado explicar este fenómeno de la extensión de los efectos del contrato administrativo hacia terceros desde la óptica del derecho privado, a través de la figura de la *estipulación por otro*, lo que resulta insuficiente en virtud de que las estipulaciones de los contratos administrativos no se limitan al nacimiento de derechos, sino que, muchas veces, configuran obligaciones o cargas que pesan sobre personas extrañas al vínculo contractual[1502].

[1501] Aun cuando el principio, en el derecho civil, no reviste un carácter tan absoluto, admitiéndose que, excepcionalmente, puedan los contratos tener efectos respecto de terceros (por ej. art. 2°, ley 17.801); véase ALTERINI, Atilio A., *Contratos. Teoría general*, Abeledo-Perrot, Buenos Aires, 1998, ps. 425 y ss., lo cierto es que en el derecho administrativo, especialmente en el contrato de concesión o licencia de servicios públicos, se parte de la regla opuesta.

[1502] Conf. MARIENHOFF, Miguel S., *Tratado de derecho administrativo*, t. III-A, 5ª ed. actualizada, Abeledo-Perrot, Buenos Aires, 1994, ps. 335-336.

Un segundo intento de explicación doctrinaria se basó en la disección que se efectuaba entre la parte estrictamente contractual y la faz reglamentaria que se atribuía al contrato administrativo, puntualmente en la concesión de servicios públicos. Esta teoría, que asignaba a la concesión la condición de un *acto mixto*, seguida durante mucho tiempo en Francia[1503], ha sido superada por la concepción moderna sobre el contrato administrativo[1504] que lo concibe como una unidad, incluyendo las llamadas cláusulas reglamentarias dentro del régimen exorbitante que caracteriza al contrato administrativo[1505].

Si el Estado posee el poder de crear vínculos obligatorios en forma unilateral a través de un acto administrativo (en sentido estricto) – en la medida admitida por el ordenamiento– , no hay razón para que no pueda hacerlo a través de una cláusula contractual dirigida a terceros. En tal caso, esta cláusula, incorporada al contrato, actúa como una especie de acto administrativo de alcance general, sin afectar la unidad del contrato, pues bien puede constituir la contrapartida de las obligaciones del contratante (por ej.: el derecho al cobro ejecutivo de la tarifa por el concesionario o al corte del suministro si el usuario incurriera en falta de pago del servicio) o bien, directamente, pactarse cláusulas que confieren derechos a los usuarios (*v.gr.*, a reclamar por la calidad e ineficiencia del servicio).

Por otra parte, es igualmente cierto que también ese poder o facultad del Estado para proyectar los efectos de los contratos hacia terceros con el acuerdo del contratante encuentra su fundamento en la finalidad de beneficio o interés público que persigue todo contrato administrativo[1506], ya sea en forma inmediata como mediata.

2. ELEMENTOS Y VICIOS DEL CONTRATO ADMINISTRATIVO

La configuración del contrato administrativo como una de las especies del acto administrativo, en sentido amplio, conduce, en primer lugar, a tornar aplicables las prescripciones que formula la LNPA respecto de los elementos o requisitos de aquél.

En punto a dicha aplicabilidad, debe tenerse presente que el art. 36, RCAN, modifica el último párrafo del artículo 7°, ley 19.549, que ahora establece: "Los contratos que celebren las jurisdicciones y entidades comprendidas en el Sector Público Nacional se regirán por sus respectivas leyes especiales, sin perjuicio de la aplicación directa de las normas del presente título, en cuanto fuere pertinente".

Dicho principio guarda armonía con la interpretación según la cual, si bien los requisitos del acto han sido diseñados para regir en el ámbito del acto administrativo unilateral en su formación, nada impide extender la regulación de la LNPA a los

---

[1503] LAUBADÈRE, André de, *Traité theorique et pratique des contrats admnistratifs*, t. II, LGDJ, París, 1956, ps. 94-95; y del mismo autor: *Traité des contrats admnistratifs*, 2ª ed. actualizada por Frank MODERNE y Pierre DELVOLVE, t. I, LGDJ, París, 1983, ps. 104 y ss.

[1504] MARIENHOFF, Miguel S., *Tratado...*, *cit.*, t. III-A, p. 337.

[1505] Véase BARRA, Rodolfo C., *Contrato de obra pública*, t. I, Ábaco, Buenos Aires, 1984, ps. 31 y ss.; y nuestro trabajo "Sobre la sustantividad del contrato administrativo y su recepción a través de la doctrina y de la jurisprudencia de la Corte Suprema", *Revista Argentina del Régimen de la Administración Pública*, año XIX, nro. 217, octubre de 1996, ps. 7-19.

[1506] MARIENHOFF, Miguel S., *Tratado...*, *cit.*, t. III-A, p. 337.

contratos que celebra la Administración, en forma directa, en la medida de lo pertinente[1507].

Ahora, este orden jerárquico – aplicar las leyes especiales; aplicar el título precitado de la LNPA en forma directa, en lo pertinente– obliga a algunas precisiones:

a) Régimen de nulidades: en materia de nulidades, será aplicable, como vimos, la legislación específica, especial, y si la cuestión no hallare solución normativa allí, se recurrirá a la LNPA, título III, sobre requisitos esenciales del acto.

Las prescripciones sobre nulidades de dicho título III, a su vez, serán interpretadas con arreglo a la jurisprudencia de la Corte Suprema, tal que "las disposiciones del Código Civil, entre ellas las relativas a las nulidades de los actos jurídicos, son aplicables en la esfera del derecho administrativo con las discriminaciones impuestas por la naturaleza de lo que constituye la sustancia de este último"[1508]. Así, la recurrencia a la analogía con el Código Civil será siempre residual, puesto que ella sólo procede ante la imposibilidad de integrar el vacío legal con las prescripciones del ordenamiento administrativo[1509]; en el supuesto bajo examen, las prescripciones de la LNPA, título III. Ello, evidentemente, impide acudir a una visión contractualista de cuño civil para caracterizar el contrato administrativo.

b) Elementos subjetivos: sin perjuicio del orden jerárquico señalado antes, debe atenderse a la dificultad adicional que plantea la propia estructura del contrato administrativo, concebido, como es lógico, como un acuerdo de voluntades celebrado, fundamentalmente, entre la Administración y una persona privada (no interesa, en este aspecto, el régimen del contrato interadministrativo regido en su totalidad por el derecho público).

En efecto, del mismo modo que ciertos elementos del acto administrativo, como el elemento subjetivo – en lo que atañe a la capacidad del particular para celebrar el contrato– , se rigen por la legislación civil, la teoría del contrato administrativo también recepta dicho concepto proveniente del Código Civil para regular la aptitud del contratista privado.

[1507] La conveniencia de la aplicación directa fue oportunamente señalada por Grecco: "Como se puede observar, pese a los reparos que puede despertar la aplicación directa de la ley... no puede haber otra solución que tal aplicación directa ya que, por ejemplo, el acto administrativo de adjudicación de un contrato, la sanción impuesta al contratista o la rescisión del convenio no pueden sino estar sometidos a los requisitos generales consignados en el art. 7° de la ley y al régimen diseñado en la ley para las diversas vicisitudes del obrar administrativo", conf. Grecco, Carlos M., "Procedimientos administrativos y contratos administrativos", en AA.VV., *Contratos administrativos*, Ciencias de la Administración, Buenos Aires, 2000, ps. 133-137, especialmente p. 136.

[1508] "Ganadera 'Los Lagos' SA v. Nación Argentina", Fallos 190:142 (1941); "Vialco SA v. Agua y Energía Eléctrica", Fallos 304:919 (1982); y "Sosa de Basso, María Angélica y Basso, María Cristina v. Buenos Aires, Provincia de y Municipalidad de Junín", Fallos 310:1578 (1987). Esta doctrina ha sido reiterada en el caso "SA Organización Coordinadora Argentina (OCA)", Fallos 321:174 (1998), publicado en ED 177-749, con comentario de Comadira, Julio R., "La observancia de la causa y el fin en la contratación administrativa reservada. La revocación por ilegitimidad del contrato administrativo en cumplimiento".

[1509] Conf. COMADIRA, Julio R., "La observancia...", *cit.*, p. 750, conclusión que se destaca en el consid. 5°, *in fine*, del caso "OCA" citado en la nota anterior.

c) Elementos y vicios: también se plantean una serie de singularidades en materia de elementos y vicios que derivan de la específica naturaleza de la figura contractual, habida cuenta de que aparece en ella el consentimiento como un requisito imprescindible para la validez del vínculo contractual, en el que se relativiza la autonomía de la voluntad por obra de una legalidad que, en tanto es imperativa, integra el llamado régimen administrativo del contrato.

Con esas salvedades, al estarse ante una hipótesis de aplicación directa del título III, LNPA, en lo que fuere pertinente, habiéndose agotado la consulta a las leyes específicas, se operará la conexión entre los elementos y los vicios que afectan la validez de los contratos administrativos con los correspondientes al acto administrativo en sentido estricto (unilateral en su formación) y así se admitirá la posibilidad de extenderle a aquéllos todos los vicios, desde los inherentes a la competencia, causa y finalidad[1510], hasta los que sancionan la violación del objeto y las formas del procedimiento de contratación.

Particularmente, en lo que se refiere a la figura de la lesión prevista en el art. 954, CCiv., aparte de consideraciones derivadas de la justicia y la ética contractual que le impiden al Estado invocarla para invalidar el contrato (a diferencia del contratista privado)[1511], lo cierto es que la Administración se encuentra suficientemente protegida con los recaudos que conciernen a la finalidad (causa-fin) y a la proporcionalidad y razonabilidad del objeto o contenido (art. 7°, incs. c] y f], LNPA), como lo ha puesto de resalto la jurisprudencia de la Corte Suprema en el caso "OCA". Recaudos que, como se vio, resultan aplicables directamente, en lo pertinente, agotada la consulta de las leyes específicas.

3. LA MUTABILIDAD DEL CONTRATO ADMINISTRATIVO. EL PRINCIPIO DE LA FLEXIBILIDAD

Una de las diferencias más notorias – en relación con los contratos privados[1512]– que exhibe el régimen de ejecución del contrato administrativo radica en la existencia de prerrogativas a favor de la Administración. De la lectura del RCAN surge el reconocimiento – de rango legal– de éstas[1513].

[1510] Conf. caso "OCA" *cit.*, consids. 8° y 9°.

[1511] Conf. Marienhoff, Miguel S., "La 'lesión' en el derecho administrativo. Improcedencia de su invocación por el Estado. Lo atinente al administrado", JA Doctrina 1975, 468/473, y "De nuevo sobre la 'lesión' en el derecho administrativo. Improcedencia de su invocación por el Estado. Lo atinente al administrado", JA 1976-III, 766/767.

[1512] En el derecho anglosajón – como lo ha demostrado, entre otros, ARIÑO ORTIZ– los contratos que celebran las empresas con el Estado se regulan por un régimen que posee características similares a las que rigen nuestros contratos administrativos (ARIÑO ORTIZ, Gaspar, "Contratos del Estado y *common law*", prólogo a MONEDERO GIL, José I., *Doctrina del contrato del Estado,* Instituto de Estudios Fiscales, Madrid, 1977, p. 10).

[1513] No es éste un fenómeno exclusivamente nacional; explica Turpin que "en muchos países... los términos de los contratos públicos se hallan, al menos en parte, prescriptos por las normas establecidas para ciertas autoridades públicas para clases particulares de contratos, y el rol quasi-legislativo de las partes es disminuido en forma acorde. Aun donde las partes gozan de sustancial autonomía en cuanto a establecer los términos del contrato, se da comúnmente el caso de que los organismos públicos están dotados de prerrogativas especiales (*special pre-*

Desde tal punto de partida, la prerrogativa modificatoria que puede ejercer la Administración, en forma unilateral, dentro de ciertos límites cuantitativos establecidos por el derecho positivo[1514], es susceptible de serle impuesta al contratante. Esta posibilidad limitada de modificación cuantitativa se halla en el art. 12, inc. b), RCAN, que prevé, a favor de la Administración, "la fancultad de aumentar o disminuir hasta un 20% el monto total del contrato, en las condiciones y precios pactados y con la adecuación de los plazos respectivos".

A su vez, para hacer frente a necesidades de *interés público*, vinculadas, concretamente, con la ejecución del contrato, y siempre que el ordenamiento lo apodere en forma expresa, el sujeto estatal que contrata con un particular puede también ejercer tal prerrogativa (a condición de que su ejercicio no sea abusivo o arbitrario), teniendo el contratista, en tales casos, la opción de resolver el contrato por culpa de la Administración, si la modificación que se pretende llevar a cabo alterara la ecuación económico-financiera contractual o excediera el tope cuantitativo[1515]. En relación con ello, el art. 12, inc. a), RCAN establece, en punto a los contratos, que la autoridad administrativa posee, "(l)a prerrogativa de... modificarlos por razones de interés público...". Se trata, técnicamente, no de un derecho o de un *ius*, sino del ejercicio de una potestad[1516] que, como tal, resulta irrenunciable, configurando un principio general de la contratación administrativa que integra el llamado régimen exorbitante. Como se advierte, entonces, la *potestas variandi* no surge, en principio, del contrato, sino del ordenamiento vigente, como una regla general que se consuma a través del ejercicio de la prerrogativa modificatoria.

Ahora bien, nada impide, en principio, que la Administración y el contratista puedan acordar la modificación de un contrato administrativo, siempre que con ello se preserve el cumplimiento de la finalidad de interés público tenida en vista al celebrar el acuerdo originario de voluntades. Esa posibilidad de acordar bilateralmente la modificación se halla prevista en el art. 12 antes citado, en el cual se establece que "(l)a autoridad administrativa tendrá las facultades y obligaciones establecidas en este régimen, *sin perjuicio* de las que estuvieren previstas en la legislación específi-

---

rogatives) con relación a la ejecución de los contratos... estas prerrogativas pueden hallarse otorgadas a la autoridad pública en forma directa por la ley (*by the law*) o pueden derivar de cláusulas obligatorias o estandarizadas del contrato mismo"; conf. Turpin, Colin C., "Public Contracts", en VON MEHREN, Arthur (dir.), *International Encylopedia of Comparative Law*, vol. VII, Contracts in General, J.C.B. Mohr (Paul Siebeck) Tübingen y Martinus Nijhoff Publishers, La Haya, Boston, Londres, 1982, cap. 4, p. 9. Acerca de la posibilidad de prerrogativas, no ya de fuente legal o convencional estandarizada, sino implícita, para el derecho vigente antes del RCAN, véase Bianchi, Alberto B., "Algunas reflexiones críticas sobre la peligrosidad o inutilidad de una teoría general del contrato administrativo (Una perspectiva desde el derecho administrativo de los Estados Unidos)", ED 184-900, especialmente p. 947.

[1514] Por ejemplo, el art. 30, Ley de Obras Públicas, 13.064, que, en los contratos por ajuste alzado, establece una limitación sobre los aumentos o redacciones de los costos o de los trabajos que inciden sobre los costos, del 20% del valor total de las obras contratadas.

[1515] Art. 53, inc. a), Ley de Obras Públicas.

[1516] ARIÑO ORTIZ, Gaspar, *Teoría del equivalente económico en los contratos administrativos*, Instituto de Estudios Administrativos, Madrid, 1968, ps. 266 y ss.

ca, en sus reglamentos, en los *pliegos de bases condiciones, o en la restante documentación contractual*" (la bastardilla no es del original).

Muchas veces suele confundirse la modificación bilateral (de común acuerdo) con la prerrogativa modificatoria unilateral (por razones de interés público), pretendiéndose aplicar los principios y técnicas que fundan su procedencia (por ej.: imprevisión, desequilibrio contractual, etc.).

Aunque nada impide acordar bilateralmente una modificación en aquellos supuestos en los que se altera la ecuación económico-financiera del contrato, la Administración puede verse ante la necesidad – por razones de interés público– de introducir modificaciones al contenido del contrato originario (por ej., modificaciones tecnológicas, condiciones ambientales, seguridad del servicio por aumento del tráfico, etc.). Como se ha señalado, lo único inmutable e inmodificable en esta materia es el fin del contrato administrativo que prevalece sobre el alcance y modalidad de las prestaciones, siempre que "la equivalencia económica" de dichas prestaciones se mantenga inalterada[1517].

Desde luego, para preservar los derechos de los oferentes que participaron en una licitación o concurso, deben mediar circunstancias objetivas (aplicables cualquiera hubiera sido el adjudicatario) y debe haber transcurrido un tiempo razonable a partir del perfeccionamiento del contrato[1518] y [1519].

[1517] GARCÍA DE ENTERRÍA, Eduardo - FERNÁNDEZ, Tomás R., *Curso de derecho administrativo*, t. I, 5ª ed., Civitas, Madrid, 1996, ps. 706-707 y ss. Al respecto, refiriéndose a los límites para modificar los contratos administrativos, indican que la expresión *ius variandi* es, en parte, equívoca, pues en tal sentido (como obstáculos o barreras que impidan proceder a la modificación) no pueden existir limitaciones ya que "las exigencias del interés público, el servicio a la comunidad, no pueden quedar comprometidas por el error inicial de la Administración contratante o por un cambio en las circunstancias originariamente tenidas en cuenta en el momento de contratar... Obligar a la comunidad a soportar una carretera, un puerto o un embalse mal planteado *ab initio,* inútiles e ineficaces desde una misma concepción, por un simple respeto al *contractus lex,* no tendría sentido. Al servicio del interés público y de sus concretas e insoslayables exigencias, el *ius variandi* de la Administración es ilimitado en extensión o intensidad, ya que el interés público prima sobre cualquier otra consideración" (ps. 705-706). Ver asimismo, ARIÑO ORTIZ, Gaspar, "El equilibrio financiero del contrato administrativo", en CASSAGNE, Juan Carlos - RIVERO YSERN, Enrique (dir.), *La contratación pública*, t. II, Hammurabi, Buenos Aires, 2006, ps. 725-746.

[1518] Sin perjuicio del principio de flexibilidad contractual, la regla que proclama el *pacta sunt servanda* resulta más rigurosa en el ámbito del contrato administrativo que en el privado, pues – cuando se ha acudido al procedimiento de licitación pública u otros similares– hay que respetar los derechos de los oferentes excluidos. Consecuentemente, el ámbito del ejercicio de la potestad modificatoria, aun cuando encuentra más límites que una modificación contractual regida por el derecho civil o comercial, viene a compensar la mayor rigurosidad que tiene el *pacta sunt servanda* frente a terceros (oferentes excluidos de la selección).

[1519] A partir de esta previsión, el derecho que se tiende a preservar es la igualdad que hay que asegurar a todo oferente en un procedimiento de selección. Sobre este punto se ha sostenido que el principio de igualdad está destinado a proteger a quienes pretenden contratar con la Administración, pero su supervivencia durante la ejecución del contrato administrativo opera como un elemento residual habilitante para el ejercicio del control del obrar administrativo sobre el ejercicio de la *potestas variandi* (conf. GAMBIER, Beltrán, "El principio de igualdad en la licitación pública y la potestad modificatoria en los contratos administrativos", en

En este sentido, la admisión de la posibilidad de una modificación contractual por acuerdo de partes implica el abandono del antiguo principio de la rigidez del contrato o de la rigidez del pliego de condiciones (que ya, en su momento, criticó Hauriou)[1520] para sustituirlo por el principio de la flexibilidad contractual.

Este principio cobra, sobre todo, una trascendente función en materia de interpretación de los contratos administrativos y, en definitiva, tiende a reconocer prevalencia al fin de interés público perseguido concretamente en cada caso sobre una interpretación rígida de las cláusulas del contrato o del pliego.

4. LOS PODERES DE DIRECCIÓN Y CONTROL

Esta prerrogativa integra el denominado régimen administrativo[1521] y encuentra fundamento en el principio de la competencia[1522] que los órganos administrativos conservan como potestad irrenunciable en el ámbito propio de la ejecución del contrato administrativo para impulsar, ordenar, verificar y controlar su cumplimiento efectivo, la que debe surgir en forma expresa del ordenamiento o de las cláusulas de cada contrato[1523].

Dentro de esta prerrogativa se incluye el poder sancionatorio, que se rige por las reglas generales de las sanciones administrativas con las peculiaridades que tipifican cada contrato que celebra la Administración (*v.gr.*, la ejecución directa de las prestaciones y/o sustitución del contratista en los contratos administrativos de colaboración)[1524]. El art. 11, inc. e), RCAN, reconoce esta potestad sancionatoria de la Administración.

El ejercicio de estos poderes se encuentra acotado por el principio de la razonabilidad, que impone la preservación de la autonomía técnica y empresaria del contratista, no obstante la amplitud con que suelen prescribirse en los distintos regímenes contractuales.

Al respecto, debe ponerse de resalto que el art. 12, inc. c), RCAN, establece que la Administración posee "(e)l poder de control, inspección y dirección de la respectiva contratación".

CASSAGNE, Juan Carlos [dir.], *Derecho administrativo. Obra colectiva en homenaje al profesor Miguel S. Marienhoff,* Abeledo-Perrot, Buenos Aires, 1998, ps. 937 y ss.).

[1520] GARCÍA DE ENTERRÍA, Eduardo - Fernández, Tomás R., *Curso....*, *cit.*, t. I, p. 710.

[1521] BARRA, Rodolfo C., *Contrato...*, *cit.*, t. II, p. 703.

[1522] GARCÍA DE ENTERRÍA, Eduardo - FERNÁNDEZ, Tomás R., *Curso...*, *cit.*, t. I, p. 703.

[1523] Respecto de los poderes de dirección y control en los contratos para la prestación de servicios públicos, ver AGUILAR VALDEZ, Oscar, "Apuntes sobre el control administrativo de los entes reguladores de los servicios públicos", en AA.VV., *Control de la Administración Pública Administrativo, Legislativo y Judicial,* Jornadas organizadas por la Universidad Austral, *RAP*, 2003, ps. 491 y ss.

[1524] Acerca de las sanciones en el marco de los contratos administrativos, puede verse ROCHA PEREYRA, Gerónimo, "Sobre el derecho administrativo sancionador (las sanciones administrativas en sentido estricto)", *REDA* nro. 43, Depalma, Buenos Aires, 2003, ps. 123-161, especialmente ps. 144 y ss.

Finalmente, todo acto de imposición de sanciones deberá respetar los recaudos prescriptos en el art. 11, RCAN.

5. LA PRERROGATIVA DE EJECUCIÓN DIRECTA

En el campo de la contratación administrativa se ha reconocido la configuración de otra prerrogativa típica de los contratos que celebra el Estado, regidos por el derecho público interno. Se trata de la ejecución directa de los contratos administrativos, tal como establece el art. 12, inc. e), RCAN: la Administración tiene "(l)a prerrogativa de proceder a la ejecución directa del objeto del contrato, cuando el cocontratante no lo hiciere dentro de plazos razonables, pudiendo disponer para ello de los bienes y medios del cocontratante incumplidor."

Para un sector de la doctrina, la prerrogativa de ejecución directa emana de los poderes virtuales o implícitos que posee la Administración contratante[1525], o bien de la propia naturaleza del contrato administrativo y los fines que persigue[1526]. Como puede verse, ésta ha hallado consagración legislativa expresa.

El poder de ejecución directa del contrato, que comprende, lógicamente, la sustitución (al menos, provisional) del contratante, posee, en nuestro derecho, un fundamento expreso en el art. 12, LNPA, en virtud de la obvia conexión con el principio de ejecutoriedad de los actos administrativos y de la remisión que prescribe el artículo 7° *in fine* de dicho ordenamiento, en materia de contratos administrativos.

En efecto, el art. 12, LNPA – invocado en el art. 12, inc. a), RCAN– , autoriza a la Administración (entendida en sentido amplio a partir de la reforma constitucional de 1994) a emplear su fuerza ejecutoria para poner en práctica el acto administrativo (y por extensión, el contrato de esa especie) por sus propios medios, salvo que la ley o la naturaleza del acto exigieran la intervención judicial (*v.gr.*, ejecución patrimonial sobre los bienes del contratista). En el caso, el acto respectivo que resuelva la sustitución provisional del contratista, si bien es susceptible de control judicial pleno y se halla subordinado al cumplimiento de determinadas condiciones (las que se verán seguidamente), puede ser dispuesto unilateralmente por la Administración, en razón de que, por constituir un poder inherente (no implícito o virtual) que emana, además, de una potestad atribuida en forma expresa por el ordenamiento, no requiere la intervención previa de la justicia, siempre, claro está, que no se precise acudir a la coacción sobre personas o bienes para llevar a cabo la sustitución.

Ahora bien, el acto administrativo que decida la sustitución del contratista, aparte de que necesariamente ha de tener una causa legítima, debe hallarse suficientemente motivado – art. 7°, inc. e), LNPA– y ser precedido de una intimación, no sólo para posibilitar su derecho de defensa, sino también por aplicación analógica del principio que recepta, en materia de caducidad, el art. 21, LNPA.

En lo que concierne a la situación que justifica el dictado del acto de sustitución del contratista o ejecución directa del contrato, debe tratarse de un grado de incumplimiento que altere, con culpa grave, el objeto y la finalidad esencial perseguida por

---

[1525] MARIENHOFF, Miguel S., *Tratado...*, *cit.*, t. III-A, p. 419.

[1526] BERÇAITZ, Miguel A., *Teoría general de los contratos administrativos*, 2ª ed., Depalma, Buenos Aires, 1980, ps. 424 y ss.

el contrato[1527] y que torne imprescindible ejecutar las prestaciones contractuales, ya que, de lo contrario, lo que corresponde es que la Administración resuelva el contrato y proceda a seleccionar un nuevo contratista. Por tales razones, esta prerrogativa no resulta procedente en los contratos administrativos de atribución ni, menos aún, en los de objeto privado (regulados en este aspecto por el derecho civil o mercantil).

Excepcionalmente, y siempre que se configure la imposibilidad de cumplir el contrato por causas ajenas a la voluntad del contratista (*v.gr.*, fuerza mayor o hecho del príncipe), la Administración puede decretar la sustitución provisional, sin responsabilidad para aquél, lo cual no la exime, sin embargo, de cumplir los recaudos precedentemente indicados.

6. LA INVOCACIÓN DE LA EXCEPCIÓN *NON ADIMPLETI CONTRACTUS* POR PARTE DEL CONTRATISTA

De acuerdo con lo que estatuye el art. 1201, CCiv. – aplicable por analogía a los contratos administrativos– , el contratista no puede ser obligado a cumplir las prestaciones a su cargo mientras la Administración no cumpla con las que le corresponden, por aplicación de la regla de reciprocidad que, como emanación de la justicia, rige en materia obligacional (art. 510, CCiv.).

Si bien durante bastante tiempo se desconoció la procedencia de esta excepción en el campo del contrato administrativo, tanto por parte de la doctrina francesa[1528] como, en su momento, por la vernácula[1529], lo cierto es que a partir de la corriente que ha impulsado en nuestro país Marienhoff[1530], se ha abierto una línea proclive a su reconocimiento[1531], que ha tenido recepción jurisprudencial[1532].

[1527] Conf. MARIENHOFF, Miguel S., *Tratado...*, *cit.*, t. III-A, p. 421. En tal caso, el contratista responde por los gastos que insuma su sustitución o su ejecución directa.

[1528] RIVERO, Jean, *Droit administratif*, 8ª ed., Dalloz, París, 1977, nro. 121, p. 124. No obstante, en caso de falta de pago de la Administración, un sector de la doctrina francesa admitió su procedencia; véase LAUBADÈRE, André de, *Traité des contrats administratif*, t. II, 2ª ed. act., LGDJ, París, 1984, nro. 1002, ps. 206-209, fundan la exclusión de la *exceptio* en la idea de colaboración al servicio público que implica el contrato administrativo.

[1529] BERÇAITZ, Miguel A., *Teoría...*, *cit.*, ps. 291-292, opinión que rectificó en la 2ª ed., Buenos Aires, 1980, ps. 371-375.

[1530] MARIENHOFF, Miguel S., *Tratado...*, *cit.*, t. III-A, nro. 730, ps. 376 y ss.

[1531] Véase CARASALLE, Juan Manuel, "La *exceptio non adimpleti contractus* en materia de servicios públicos", *REDA* nro. 51, Depalma, Buenos Aires, 2005, p. 91 y ss., donde explica que dicha *exceptio* era aplicada en el derecho romano en materia de contratos, que luego fue incorporada a los códigos civiles de Italia, Alemania, Suiza, Brasil, Venezuela, y que en Francia y España, si bien no está expresamente prevista en la legislación, es admitida por la jurisprudencia; ello, con cita de BORDA, Guillermo A., *Tratado de derecho civil. Obligaciones*, t. II, Abeledo-Perrot, Buenos Aires, 1998, p. 184.

[1532] C. Nac. Adm. Fed., sala 4ª, "TAMSE v. Ind. Met. Pescarmona SA s/juicio de conoc.", 29/11/1994, y "Caminos del Río Uruguay SAC y CV v. EN (M° de Infraestructura y Vivienda) s/medida cautelar (autónoma)", causa 24.888/2000 del 15/2/2001; C. Nac. Cont. Adm. Fed., sala 1ª, "FEMESA v. General Motors Interamericana Corporation Sucursal Arg. s/contrato administrativo", 8/11/2001; C. Nac. Cont. Adm. Fed., sala 3ª, "Credimax SACIFIA v. Empresa Ferrocarriles Arg. s/contrato de obra pública", 10/8/2000.

En el momento actual de la evolución del derecho administrativo, no obstante que se admite la procedencia de la excepción *non adimpleti contractus,* se exige que el incumplimiento de las prestaciones a cargo de la Administración (por ej., falta o demoras en el pago) le cree al contratista una "razonable imposibilidad" de cumplir el contrato[1533] y que éste no se encuentre en mora al momento de su invocación[1534]. A esa imposibilidad alude el art. 13, inc. c), RCAN, al prescribir que el cocontratante tendrá "(l)a obligación de cumplir las prestaciones por sí en todas las circunstancias, salvo caso fortuito o fuerza mayor, ambos de carácter natural, o actos o incumplimientos de autoridades públicas nacionales o de la contraparte pública, de tal gravedad que tornen imposible la ejecución del contrato".

Así, salvo el caso de aquellos contratos que tuvieran por objeto la prestación de un servicio público y en lo estrictamente inherente a su continuidad[1535], la *exceptio* no encuentra obstáculos para su procedencia, habida cuenta del principio de justicia en que ella reposa (la reciprocidad obligacional). En efecto, aparte de que resulta sumamente difícil medir cuándo se está en presencia de una "razonable imposibilidad"[1536], va de suyo que no sería justo que la Administración reclame el cumplimiento al contratista cuando ella incumple sus obligaciones, ni tampoco que el contratante privado sea quien, en definitiva, soporte la carga financiera del contrato, aunque estuviera en condiciones de hacerlo[1537].

Obsérvese, por lo demás, que con el criterio de la "razonable imposibilidad" se afecta el principio de igualdad, ya que sólo podrían llegar a invocar la excepción aquellos contratistas que cuentan con menor capacidad patrimonial. De allí que la precitada norma aluda a "imposibilidad" y no a "razonable imposibilidad".

En suma, su no admisión implica agravar los riesgos propios del contrato, ajenos a la voluntad del contratista, quien los trasladará, como es lógico, al precio de sus prestaciones, en perjuicio del interés de la comunidad.

7. EL PRINCIPIO GENERAL DE LA BUENA FE EN LA EJECUCIÓN DEL CONTRATO ADMINISTRATIVO Y LA DOCTRINA DEL ACTO PROPIO

El art. 1198, 1ª parte, CCiv., aplicable por analogía al derecho administrativo, recepta el principio general de la buena fe en los siguientes términos:

[1533] "Cinplast SA v. ENTel. (Empresa Nacional de Telecomunicaciones)", Fallos 316:212 (1993), JA 1994-I-313.

[1534] Sup. Corte Just. Mendoza, causa nro. 45919, *in re* "Pettino, Jorge L. y otro, en Pettino, Ricardo D. y otro v. Reynaldo Caseres s/demanda ordinaria", 28-2-1990.

[1535] MARIENHOFF, Miguel S., *Tratado...*, *cit.*, t. III-B, p. 640.

[1536] MERTEHIKIAN, Eduardo, *Estudios sobre la contratación pública*, Ciencias de la Administración, Buenos Aires, 1996, p. 193. Ver, del mismo autor, "Excepción de incumplimiento contractual en los contratos administrativos", en AA.VV., *Contratos...*, *cit.*, ps. 277-289.

[1537] Se ha negado la posibilidad de utilizar esta excepción en la concesión o licencia de servicios públicos en GORDILLO, Agustín, *Tratado de derecho administrativo*, t. I, 3ª ed., Macchi, Buenos Aires, 1995, cap. XI, p. 47.

"Los contratos deben celebrarse, interpretarse y ejecutarse de buena fe y de acuerdo con lo que verosímilmente las partes entendieron o pudieron entender, obrando con cuidado y previsión".

Este principio general del derecho, que existe con independencia de su reconocimiento por el Código Civil, se encuentra en la base misma del ordenamiento jurídico y demanda – en el plano de las relaciones jurídicas– conductas leales y honestas (como el mantenimiento de los compromisos asumidos), como garantía de la confianza y seguridad en los negocios. A la par que informa el ordenamiento y sirve, por lo tanto, para la tarea interpretativa, cumple también una función integradora con las normas positivas[1538].

En el ámbito de la contratación administrativa, el contenido de buena fe se vuelve más intenso, en atención a los intereses o necesidades públicas que se tienden a satisfacer, lo que naturalmente conlleva a que el Estado se encuentre impedido de actuar como si se tratara de un negocio lucrativo del que deba obtener la mayor cantidad de ganancias legítimas, en perjuicio del contratista[1539].

A su vez, se ha considerado que la doctrina del acto propio constituye una derivación necesaria e inmediata del principio de la buena fe[1540], e incluso la técnica denominada *estoppel*, que integra aquel principio general susceptible de ser invocado frente a la Administración Pública[1541].

En materia contractual, la buena fe abona el cumplimiento de las obligaciones pactadas a través de varias soluciones que se fundan en la conducta que se espera de una persona normal, que actúe con lealtad y sin malicia. Así, de ello se desprende la interdicción de rechazar el cumplimiento de una prestación, tanto por faltarle una mínima parte como cuando se opera un incumplimiento de los plazos que no sea de envergadura y trascendencia[1542].

En lo que respecta a la prohibición de ir contra sus propios actos (*venire contra factum proprium*), la jurisprudencia la ha aplicado en reiteradas oportunidades, impidiendo o rechazando la actuación de la Administración que pretende, para beneficiarse a costa del contratista, desconocer o contradecir sus actos o hechos anteriores legítimos[1543].

[1538] GONZÁLEZ PÉREZ, Jesús, *El principio general de la buena fe en el derecho administrativo*, Real Academia de Ciencias Morales y Políticas, Madrid, 1983, ps. 46-51.

[1539] C. Nac. Cont. Adm. Fed., sala 4ª, 26/8/1986, "Incofer SA v. Ferrocarriles Argentinos", causa 3431/86.

[1540] MORELLO, Augusto M. - STIGLITZ, Rubén S., "La doctrina del acto propio", LL 1984-A, 865-876.

[1541] MAIRAL, Héctor A., *La doctrina de los actos propios y la Administración Pública*, Depalma, Buenos Aires, 1988, ps. 18-31 y 33-61.

[1542] GONZÁLEZ PÉREZ, Jesús, *El principio...*, *cit.*, p. 102.

[1543] Ver la jurisprudencia que cita Mairal, Héctor A., *La doctrina...*, *cit.*, p. 134; y particularmente, el fallo de la Sup. Corte Bs. As. caratulado "Fasolo Hnos. SRL v. Prov. de Buenos Aires", JA 1982-II-141.

8. LA COMPENSACIÓN DE LOS DESEQUILIBRIOS EN LA EJECUCIÓN DE LOS CONTRATOS ADMINISTRATIVOS

Tanto en el contrato administrativo como en el regido por el derecho civil o comercial celebrado entre dos particulares pueden producirse desequilibrios que afecten las bases de lo acordado o la llamada ecuación económico-financiera del contrato, por lo cual, a primera vista, no parecería necesario establecer soluciones diferentes para el restablecimiento del equilibrio contractual en el ámbito del derecho público.

Sin embargo, la doctrina y la jurisprudencia administrativas consideraron que esa alteración del equilibrio de las prestaciones podía provenir de actos del propio Estado cuando modificaba unilateralmente el contrato en ejercicio de la *potestas variandi*, y que esta circunstancia tenía que incidir en la extensión y alcance de la compensación. En efecto, ésta no debía limitarse a una ayuda o subsidio para morigerar las pérdidas del contratista (como acontecía al aplicar la teoría de la imprevisión), sino en una reparación integral de la ecuación, ya que no es justo que se obligue al contratista a extender y ampliar las prestaciones acordadas, sin mantener la remuneración pactada[1544]. A similares conclusiones hay que arribar en aquellos supuestos en los que la modificación provenga de un acuerdo entre la Administración y el contratista.

Y ello es así, toda vez que el respeto a lo pactado constituye un principio aplicable a todo tipo de contratos, sean administrativos[1545] o de otra índole[1546].

Por otra parte, para lograr la mayor transparencia posible en las cotizaciones que formulan los contratistas y disminuir así el peligro de que trasladen los riesgos contractuales a las propuestas[1547], se perfilaron sistemas de revisión de precios *ex*

[1544] C. Nac. Cont. Adm. Fed., sala 2ª, "Dunco SA v. BNA s/cobro de pesos", 1/4/1993, causa 35.532/94.

[1545] "Mientras se halle garantizada en la ley fundamental la inviolabilidad de la propiedad, o en tanto que el Congreso no esté investido de facultades constitucionales expresas que lo habiliten para tomar la propiedad privada sin la correspondiente indemnización, la limitación existe para los otros poderes del gobierno, cualquiera sea la naturaleza y finalidad de la ley o del decreto (t. 137, p. 47; t. 145, p. 307; t. 158, p. 268)... La prohibición de suprimir o alterar las obligaciones de los contratos es general y aplicable a las convenciones de todo orden, es decir, tanto a las realizadas entre particulares como entre éstos y los Estados o por los Estados entre sí. El Estado cuando contrata no puede invocar su soberanía para justificar un acto subsiguiente tendiente a alterar las obligaciones nacidas del acto jurídico realizado... Cuando el Estado contrata con los particulares no le es permitido anular o revocar, en todo o en parte, sus propias concesiones sin cumplir con los requisitos exigidos por el principio de la inviolabilidad de la propiedad...", "Ferrocarril del Sud v. Nación Argentina", Fallos 183:116 (1939), p. 134, *cit.* en Sacristán, Estela B., "Aspectos constitucionales de la renegociación de los contratos de prestación de los servicios públicos", en *Debates de Actualidad. Revista de la Asociación Argentina de Derecho Constitucional,* julio/octubre de 2003, año XVIII, nro. 191, ps. 15-35, especialmente p. 25.

[1546] Corte Sup., "Necon SA v. Dirección Nacional de Vialidad s/ordinario", Fallos 314:491 (1991); C. Nac. Cont. Adm. Fed., sala 5ª, 13/12/1996, "Case (Comp. Arg. de Serv. Esp. SA) v. Gas del Estado s/contrato administrativo", causa 28.150/96.

[1547] GARCÍA DE ENTERRÍA, Eduardo - FERNÁNDEZ, Tomás R., *Curso..., cit.,* t. I, p. 522, respecto de la revisión de precios.

422

lege que compensan no sólo el riesgo imprevisto, sino hasta los mayores costos previsibles por las partes al momento de celebrar el contrato administrativo, tal como acontecía entre nosotros con el régimen instituido por la ley 12.910[1548].

9. CONTINUACIÓN. EL MANTENIMIENTO DE LA ECUACIÓN ECONÓMICO-FINANCIERA DEL CONTRATO ADMINISTRATIVO: SU FUNDAMENTO COMÚN

La noción de equilibrio financiero del contrato administrativo como una condición inherente en la concesión de servicio público, en la cual se halla comprendida la denominada equivalencia honesta de las prestaciones, es decir, aquella que debe mediar entre las ventajas que se le otorgan al contratista y lo que se le exige, fue establecida por primera vez en Francia, en un caso promovido por el ministro de Obras Públicas contra la Compañía Francesa de Tranvías, resuelto en el año 1910.

En esa oportunidad, el Consejo de Estado, recogiendo la conclusión de León Blum, expuso el principio en términos que son todavía citados y seguidos por la doctrina moderna[1549], al sentar la tesis de que corresponde a la esencia de todo contrato de concesión de servicio público encontrar y realizar, en la medida de lo posible, un equilibrio entre las ventajas otorgadas al concesionario y las cargas que le son impuestas, las cuales "deben balancearse de manera que formen la contrapartida de los beneficios probables y de las pérdidas previstas. En todo contrato de concesión hállase también implícita, como un cálculo, la equivalencia honesta entre lo que se otorga al concesionario y lo que se le exige..."[1550].

Casi simultáneamente a dicha formulación, nacida para corregir el desequilibrio provocado por el ejercicio de la *potestas variandi* – que habilita a la Administración para modificar unilateralmente el contrato–, el Consejo de Estado, frente al cambio de las circunstancias originalmente pactadas, aplicó la cláusula *rebus sic stantibus*, o teoría de la imprevisión, y con la idea de morigerar las pérdidas que ese cambio provocaba, reconoció una ayuda en favor del contratista, sin compensar, empero, la totalidad de su déficit financiero.

La extensión de esta teoría al campo de la contratación administrativa, si bien al principio fue resistida, provocando – como recuerda Hauriou– casi un escándalo[1551], terminó por reconocerse ampliamente, más que para propugnar la resolución contractual, como ocurrió en las aplicaciones que de ella se hicieron en el derecho privado, para revisar el contrato, con el objetivo básico de no alterar la continuidad de la obra o servicio público (en sentido amplio)[1552].

[1548] Ver SPOTA, Alberto G., *Contratos*, t. III, Depalma, Buenos Aires, 1980, p. 583.

[1549] LAUBADÈRE, André de, *Traité...*, *cit.*, t. I, ps. 716-717.

[1550] LAUBADÈRE, André de, *Traité...*, *cit.*, t. I, p. 717, nro. 2.

[1551] HAURIOU, Maurice, *La jurisprudence administrative de 1892 à 1929* (Réunies et classées par A. Hauriou), t. III, Recueil-Sirey, París, 1929, p. 675.

[1552] El reconocimiento de la posibilidad de revisar el contrato por el derecho administrativo, en virtud del cambio imprevisible de las circunstancias originarias del contrato, se adelantó en muchos años a la evolución de esta idea en el derecho civil moderno. Ver ARIÑO ORTIZ, Gaspar, *Teoría...*, *cit.*, p. 285, nota 31.

Es evidente que en el derecho público todas las teorías correctoras de los desequilibrios tienen un fondo común, que está dado básicamente por una circunstancia de hecho – como es la modificación de las condiciones contractuales originarias–, que altera el equilibrio financiero entre las obligaciones y los derechos, las cargas y los beneficios, junto con un principio jurídico general que conduce al restablecimiento en forma total o parcial de la ecuación económico-financiera del contrato administrativo, lo cual no es óbice para la coexistencia de diferentes técnicas de garantías adaptadas a cada situación, como se verá en el punto siguiente.

Esto es así por cuanto existe una fundamentación unitaria que justifica el mantenimiento de la equivalencia económica en el contrato administrativo sobre la base de principios jurídicos dogmáticos, propios del derecho público, que carecen de sentido en el ámbito de las relaciones privadas. Este fundamento encuentra su directa apoyatura en principios generales del derecho administrativo, algunos de los cuales tienen, entre nosotros, recepción positiva en la Constitución Nacional, como el artículo 16, que prescribe la igualdad ante las cargas públicas.

Este último principio, conectado con la necesidad de mantener la continuidad de los servicios públicos y la realización de la obra pública, configura, en rigor, el principal fundamento en que se apoyan las distintas técnicas (hecho del príncipe, revisión de precios, imprevisión, etc.) para mantener el equilibrio financiero del contrato administrativo[1553].

En efecto, si sobre el contratista recae la carga de soportar el peso del régimen exorbitante, que incluye, en algunos casos, la obligación de ampliar sus prestaciones por la modificación contractual que disponga unilateralmente la Administración, o bien de cumplir el contrato pese al cambio producido en las circunstancias originariamente convenidas y previstas, ya sea a causa del *alea* administrativa provocada por hechos del propio Estado (*factum principis*) o el *alea* que tiene su origen en la economía general (teoría de la imprevisión), resulta justo otorgarle una compensación que le permita, al menos, continuar en la ejecución del contrato. De lo contrario, los contratistas del Estado sufrirían una carga pública de un modo desigual, pues la situación de sacrificio especial en que se hallan no les sería compensada, pese a incidir sobre ellos "una carga que no pesa sobre las demás personas"[1554].

A su vez, como todo menoscabo patrimonial impuesto en beneficio público, debe ser indemnizado, por aplicación del principio de inviolabilidad de la propiedad privada (art. 17, CN); cuando tal situación acontece en el contrato administrativo, se impone el restablecimiento de la ecuación económico-financiera por aplicación de aquel principio constitucional[1555], ya que a nadie puede imponérsele el sacrificio de

---

[1553] ARIÑO ORTIZ, Gaspar, *Teoría...*, *cit.*, p. 321.

[1554] Conf. MARIENHOFF, Miguel S., *Tratado...*, *cit.*, t. III-A, ps. 482-483 y ss., respecto del hecho del príncipe y de la teoría de la imprevisión; BERÇAITZ, Miguel A., *Teoría...*, *cit.*, p. 460.

[1555] Conf. MARIENHOFF, Miguel S., *Tratado...*, *cit.*, t. III-A, ps. 483 y ss., fundamento que considera aplicable aun para la teoría de la imprevisión (ps. 507 y ss.). Así, nuestro Alto Tribunal, en numerosos pronunciamientos sostuvo: "El equivalente económico, como derecho subjetivo surgido de la relación contractual administrativa, constituye una propiedad en el sentido constitucional del término" ("Bourdieu, Pedro Emilio v. Municipalidad de la Capi-

424

sus intereses particulares en beneficio público sin el respectivo resarcimiento, como tampoco la obligación de soportar exclusivamente o de un modo especial una carga pública (art. 16, CN).

A lo expuesto cabe añadir que la necesidad de compensar los desequilibrios contractuales encuentra también su razón de ser en la circunstancia de que el contratista público se convierte, en la mayor parte de los contratos administrativos, en un colaborador[1556] de la actividad concreta que cumple la Administración, cuya finalidad superior tiende al bien común y se encuentra por sobre las previsiones contractuales[1557], tal como ocurre con aquellos contratos vinculados con la prestación de un servicio público (continuidad, regularidad y obligatoriedad, por ejemplo).

10. APLICACIÓN DE LAS REGLAS PROPIAS DE LA JUSTICIA CONMUTATIVA

Se ha sostenido, por parte de la doctrina, que la justificación del principio del equilibrio financiero del contrato reposa en razones inherentes a la justicia distributiva vinculadas a la igualdad, proporcionalmente comparativa, que se da entre las propuestas de los diferentes oferentes que concurren al procedimiento de selección contractual[1558].

Pero, aparte de que dicha tesis no alcanza a explicar plenamente el motivo por el que igualmente se corrigen los desequilibrios mediante el procedimiento de revisión de precios o mayores costos instituido por la ley 12.910 y complementarias en casos donde no ha existido concurrencia (*v.gr.*, contrataciones directas), lo cierto es que no constituye una derivación fiel de la teoría clásica de la justicia[1559] y contrasta con lo que acontece en el plano de la realidad.

Ello por cuanto la remuneración pertenece, en todo contrato, a la justicia conmutativa, dado que el precio contractual constituye el equivalente de las prestaciones que se llevan a cabo en función de la obra, cosa o servicio contratado, sin atender, en principio, a la condición personal, salvo que esta condición influya decisivamente sobre la calidad o especialidad de la respectiva obra, cosa o servicio.

---

tal", Fallos 145:307 [1925]; "Gutiérrez, Gregorio v. Cía. Hispano Americana de Electricidad", Fallos 158:268 [1930]; entre otros).

[1556] GARRIDO FALLA, Fernando, *Tratado de derecho administrativo*, t. II, Tecnos, Madrid, 1987, ps. 79-80.

[1557] Conf. CASSAGNE, Juan Carlos, "En torno de la figura del contrato administrativo", en CASSAGNE, Juan Carlos, *Cuestiones de derecho administrativo*, Depalma, Buenos Aires, 1987, ps. 83-84, donde señalamos la incidencia de este principio en punto a la modificación de los pliegos de la licitación *a posteriori* del perfeccionamiento del contrato.

[1558] BARRA, Rodolfo C., *Contrato...*, *cit.*, t. III, p. 1146, al tratar la intangibilidad de la remuneración del contratista en el contrato de obra pública.

[1559] En el *Tratado de la Justicia*, al referirse a la división de la justicia, Santo Tomás de Aquino se expresa en términos que no admiten duda alguna acerca de lo que sustentamos, pues dice "...si se da a un servidor de la comunidad un pago por un servicio prestado, no sería esto justicia distributiva, sino conmutativa. Y es que en la justicia distributiva no se toma como norma la igualdad objetiva entre lo que se da a uno y los servicios que ha prestado; sino más bien a lo que cada uno recibe según la dignidad de la persona" (*Summa Teológica*, II.II., q. 61, a. 4).

Hay, pues, una igualdad de objeto a objeto que difiere de la igualdad proporcional, que es propia de la justicia distributiva.

En cambio, como lo hemos sostenido anteriormente[1560], cuando el Estado distribuye bienes comunes en virtud del principio de igualdad proporcional, que toma en cuenta la situación de cada persona en la sociedad, el gobernante realiza un acto propio de la justicia distributiva, la cual, si bien no deja de ser justicia individual o particular (lo debido por la comunidad a sus miembros como partes del todo de esa comunidad), reposa en una igualdad proporcional entre la cosa y la persona, entre la prestación debida y la situación personal de esa persona en la sociedad.

La materia de la justicia contractual se resuelve casi siempre por aplicación de principios propios de la justicia conmutativa. Así lo ha decidido nuestro más alto tribunal al apuntar que "en situaciones regidas por los principios de la justicia conmutativa... ha de estarse a la igualdad estricta de las prestaciones recíprocas conforme a las circunstancias del caso, y no siendo el dinero un valor en sí mismo sino un medio que, como denominador común, permite conmensurar cosas y acciones muy dispares en el intercambio, aquella igualdad exige que la equivalencia de las prestaciones recíprocas responda a la realidad de sus valores y al fin de cada una de ellas, situación equitativa que resulta alterada cuando... por culpa del deudor moroso la prestación nominal a su cargo ha disminuido notablemente su valor real"[1561].

Además, en el plano de la realidad, los criterios legales y jurisprudenciales que se han dado para mantener el equilibrio financiero del contrato administrativo descansan sobre el aumento o disminución que sufren las cosas o servicios contratados por acontecimientos económicos no imputables al contratista, sin establecerse igualdad proporcional alguna respecto de las personas que contratan a los efectos de fijar los valores que se compensan o indemnizan.

11. PECULIARIDADES DE LAS PRINCIPALES TÉCNICAS QUE GARANTIZAN EL EQUILIBRIO FINANCIERO DEL CONTRATO

En lo que sigue vamos a analizar algunas de las peculiaridades de las principales técnicas de garantía del mantenimiento de la ecuación económico-financiera del contrato administrativo, como son: a) la compensación por el ejercicio de la *potestas variandi*; b) el hecho del príncipe; c) la teoría de la imprevisión, y d) la revisión de precios *ex lege*.

A) La compensación por el ejercicio de la potestas variandi

Las modificaciones que directamente, en forma unilateral[1562], puede introducir la Administración en el contrato, siempre que la potestad surja en forma expresa del

---

[1560] CASSAGNE, Juan Carlos, "En torno...", *cit.*, p. 113.

[1561] En el caso "Vieytes de Fernández, Juana (suc.) v. Provincia de Buenos Aires", Fallos 295:973 (1976), ED 69-86.

[1562] Según GARRIDO FALLA, la potestad de modificar los contratos administrativos aparece en la misma génesis de la concepción sobre el contrato administrativo "como una de las notas que viene a caracterizarlo decisivamente desde un punto de vista sustancial" (Garrido Falla, Fernando, *Tratado...*, *cit.*, t. II, p. 82).

ordenamiento administrativo o previo pacto con el contratista, generan el correlativo derecho de aquél a ser compensado de todas las consecuencias económicas [1563], o bien a introducir en el pacto que celebre las correspondientes compensaciones que garanticen el mantenimiento del equilibrio financiero.

Es sabido que el poder modificatorio de la Administración constituye una potestad que, como tal, es irrenunciable[1564], y que tiene sus límites jurídicos racionales – uno de los cuales es, precisamente, el que veda afectar la sustancia o esencia del contrato[1565]– , y también legales, habiendo tasado la legislación el máximo dentro del cual puede ejercerse la mencionada potestad[1566]. En caso de que tales límites se excedan se reconoce pacíficamente el derecho del contratista a rescindir el contrato.

De producirse, en forma ilegítima, la modificación unilateral del contrato administrativo, el contratista tiene un verdadero derecho subjetivo a la intangibilidad de su remuneración[1567], a fin de que se mantenga integralmente indemne la ecuación económico-financiera originaria.

B) El hecho del príncipe (*factum principis*)

La teoría del hecho del príncipe, calificada como una de las más confusas del derecho administrativo[1568], nació para corregir las consecuencias de aquellas intervenciones de los poderes públicos que tuvieran por efecto afectar, con medidas generales, las condiciones jurídicas o de hecho conforme a las cuales el contratista ejecuta su contrato. El RCAN establece en el art. 13, inc. c), que el cocontratante poseerá la obligación de cumplir las prestaciones por sí en todas las circunstancias, salvo caso fortuito o fuerza mayor, ambos de carácter natural, o "actos o incumplimientos de autoridades públicas nacionales o de la contraparte pública, de tal gravedad que tornen imposible la ejecución del contrato".

Ello no significa que haya desaparecido del ordenamiento el hecho del príncipe, como se ha interpretado[1569], pues esta teoría, en el derecho público argentino,

---

[1563] En este sentido, la Suprema Corte de Santa Fe sostuvo que "si las modificaciones de la Administración rompen el equilibrio económico-financiero del contrato, el contratista debe ser indemnizado" (Sup. Corte Santa Fe, "Transportes la Florida SRL y otros v. Municipalidad de Rosario", 26/6/1986).

[1564] MARIENHOFF, Miguel S., *Tratado...*, *cit.*, t. III-A, p. 399. Este principio no excluye – como hemos señalado– la facultad de pactar las condiciones o cláusulas inherentes al ejercicio de la potestad.

[1565] LAUBADÈRE, André de, *Traité...*, *cit.*, t. I, p. 407.

[1566] Art. 12, inc. b), RCAN.

[1567] Conf. BARRA, Rodolfo C., "El caso 'Pizarro Aráoz' y la modificación del sistema de variación de costos pactado en los contratos de obra del sector público", ED 95-736, con respecto a la variación de costos en los contratos de obra pública o locaciones de obra en sector público.

[1568] LAUBADÈRE, André de, *Traité...*, *cit.*, t. II, nro. 1291, p. 516.

[1569] MAIRAL, Héctor A., "La teoría del contrato...", *cit.*, p. 12.

posee base constitucional de acuerdo con lo que hemos sostenido en diferentes oportunidades (arts. 16 y 17, CN)[1570].

A diferencia de la alteración del equilibrio financiero que se opera con motivo del ejercicio de la potestad de modificación unilateral del contrato, el hecho del príncipe concierne a medidas que no tienen por objeto realizar directamente la prerrogativa modificatoria, pero que inciden o repercuten sobre el contrato, haciendo que su cumplimiento sea más oneroso. Se trata de un supuesto de responsabilidad extracontractual[1571].

Por ese motivo se ha sostenido que debe tratarse de medidas de carácter general[1572], que adopte el Estado, sean legítimas o no (lo que puede incidir en la extensión del resarcimiento)[1573]. En cambio, si la medida es de alcance particular, el caso encuentra aplicación dentro de la responsabilidad contractual, donde la reparación corresponde en plenitud, aun cuando provenga de una ley formal, siempre que pertenezca al mismo orden de competencia constitucional bajo el cual se realizó el contrato (*v.gr.*, nacional, provincial o municipal, en caso de tener estos entes reconocida autonomía en las constituciones provinciales).

Poco importa, pues, si la medida general proviene o no de la Administración contratante, del órgano legislativo pertinente[1574] o de otra entidad estatal con personalidad jurídica encuadrada en dicha Administración, ya que, en todos estos supuestos, se consuma un "*alea* administrativa" por una medida general que torna aplicables los principios que rigen en materia de responsabilidad extracontractual del Estado.

Para que el contratista pueda invocar el hecho del príncipe para obtener el reajuste del contrato afectado por un *alea* de esa naturaleza, se requiere que la medida general: 1) sea de índole económica o financiera; 2) provoque una excesiva onerosidad sobreviniente; 3) sea imprevista[1575] y no exceda el *alea* normal de todo contrato; 4) exista una relación de causalidad entre la medida y la alteración de la ecuación del contrato, y 5) que el daño sea cierto y especial, en el sentido de que afecte más intensamente al contratista que al resto de las personas a las que se les impone la medida de alcance general, cuyas consecuencias resultan asimilables a la imposición de cargas públicas[1576].

[1570] Así lo hemos sostenido con anterioridad, ver, entre otros estudios, *El contrato administrativo*, 1ª ed., Abeledo-Perrot, Buenos Aires, 1999, ps. 75-77.

[1571] Dicha responsabilidad, conforme a nuestra doctrina y jurisprudencia, es objetiva y directa; véase CASSAGNE, Juan Carlos, *Derecho administrativo*, t. I, 7ª ed., LexisNexis, Buenos Aires, 2006, p. 487.

[1572] GARCÍA DE ENTERRÍA, Eduardo - Fernández, Tomás R., *Curso...*, *cit.*, t. I, p. 513; Ariño Ortiz, Gaspar, *Teoría...*, *cit.*, p. 263.

[1573] CASSAGNE, Juan Carlos, *Derecho...*, *cit.*, t. I, ps. 500 y ss.

[1574] ARIÑO ORTIZ, Gaspar, *Teoría...*, *cit.*, p. 269.

[1575] MARIENHOFF, Miguel S., *Tratado...*, *cit.*, t. III-A, p. 494. En Fallos 308:821, la Corte Suprema hizo expresa referencia a la nota de imprevisibilidad que deben tener las medidas que se invoquen como "hechos del príncipe" y consideró, en el caso, que el contratante no podía invocar un hecho propio para excluir la responsabilidad derivada del contrato que había celebrado.

[1576] ARIÑO ORTIZ, Gaspar, *Teoría...*, *cit.*, ps. 266-267.

C) La teoría de la imprevisión

La teoría de la imprevisión tiende a compensar la excesiva onerosidad sobreviniente en la prestación a cargo de una de las partes del contrato, provocada por un cambio imprevisto producido en las circunstancias que constituyeron la base del contrato, recogida en nuestro Código Civil a partir de la reforma introducida por la ley 17.711[1577]. Éste es el supuesto previsto en el art. 13, inc. a), RCAN, que prevé que contratista tendrá "(e)l derecho a la recomposición del contrato, cuando acontecimientos extraordinarios o imprevisibles de origen natural, tornen excesivamente onerosas las prestaciones a su cargo".

El desarrollo de esta teoría, que se hallaba, según algunos, también insinuada en el derecho romano[1578], se perfila nítidamente en la Edad Media a través de la cláusula *rebus sic stantibus*, donde se postula el respeto por la palabra empeñada, en tanto las circunstancias tenidas en cuenta al celebrar el contrato no sufran alteraciones fundamentales que trastoquen el equilibrio contractual.

Su recepción en este siglo obedeció – como se ha visto– a la jurisprudencia del Consejo de Estado Francés, que la aplicó en el caso "Compañía de Gas de Burdeos", al reconocer que cuando el cambio de circunstancias causaba una excesiva onerosidad en la prestación a cargo del concesionario y se trataba de un *alea económica* imprevisible, correspondía indemnizar al contratista mediante una ayuda que le permitiese compensar sus pérdidas y continuar en la ejecución del contrato de concesión, manteniendo la continuidad del servicio público[1579].

Las condiciones que regulan su procedencia han sido objeto de una sistematización rigurosa en el derecho público[1580], sosteniéndose la necesidad de que concurran simultáneamente diversos requisitos; a saber: 1) una excesiva onerosidad en una prestación del contrato; 2) que ella sea sobreviniente, o sea, que el acontecimiento que perturba el acuerdo surja y produzca efectos después de la celebración del contrato, debiendo éste hallarse pendiente de ejecución o cumplimiento[1581]; 3) se trate de un *alea económica,* y no de un *alea administrativa;* 4) el acontecimiento que provoca el desequilibrio no sea normalmente previsible, sino de carácter extraordi-

---

[1577] El actual art. 1198, CCiv., tiene su fuerte en el art. 1467, CCiv. de Italia.

[1578] Véase MOSSET ITURRASPE, Jorge, *Contratos*, Ediar, Buenos Aires, 1987, p. 313; REZZÓNICO, Luis M., *La fuerza obligatoria del contrato y la teoría de la imprevisión*, Perrot, Buenos Aires, 1954, p. 21.

[1579] Han dicho GARCÍA DE ENTERRÍA - FERNÁNDEZ, en este sentido, que "la lógica del *contractus lex,* que postula la rescisión por incumplimiento, se enfrenta así a la lógica del servicio público, que aboga en pro de una solución que garantice la continuidad del mismo" (GARCÍA DE ENTERRÍA, Eduardo - FERNÁNDEZ, Tomás R., *Curso...*, *cit.*, t. I, p. 514).

[1580] MARIENHOFF, Miguel S., *Tratado...*, *cit.*, t. III-A, p. 522.

[1581] Sobre la imprevisión en el derecho privado, en casos de devaluación monetaria, ver BUSTAMANTE ALSINA, Jorge, "La devaluación del peso y la teoría de la imprevisión", en *Responsabilidad civil y otros estudios*, Abeledo-Perrot, Buenos Aires, 1984, ps. 187 y ss. En relación con este punto, la Corte Suprema de Justicia de la Nación sostuvo que era necesario demostrar que la distorsión en la ecuación económica del contrato fuera consecuencia de hechos sobrevinientes e imprevisibles al momento de la celebración del contrato; conf. "Dulcamara SA v. ENTel. s/cobro de pesos", Fallos 313:376 (1990); "Tecnobra SA v. Comisión Nacional de Energía Atómica", Fallos 316:729 (1993).

nario y ajeno a la voluntad del contratista[1582]; 5) no haber suspendido el contratista la ejecución del contrato[1583]; 6) que se opere un trastorno o quebranto en la ecuación económico-financiera del contrato con motivo del hecho determinante del *alea económica*[1584].

Ahora bien, en la medida en que uno de los objetivos fundamentales de la adopción de la cláusula *rebus sic stantibus* por el derecho administrativo es la continuidad del servicio público (expresión ésta que debe concebirse aquí en sentido amplio, es decir, equivalente a función administrativa), el déficit o quebranto debe ser transitorio[1585]. De producirse un acontecimiento que trastoque definitivamente el cumplimiento del contrato, sería aplicable la teoría de la fuerza mayor[1586] o del caso fortuito (de darse los supuestos correspondientes), o bien podría configurarse un supuesto de responsabilidad extracontractual del Estado, ya fuera la respectiva actividad legítima o ilegítima.

Un supuesto atípico que daría lugar a la invocación de la teoría de la imprevisión sería también el que se configuraría por un acto de autoridad pública que proviniere de una esfera distinta a la del Estado nacional (*v.gr.*, provincias y/o municipios), pues, en tal caso, no se generaría un *alea* típicamente administrativa, sino económica.

La aplicación de la teoría de la imprevisión puede ser invocada tanto por el contratista como por la Administración, y no se traduce en una compensación integral[1587], sino en una ayuda por la cual se distribuye el *alea económica* entre am-

---

[1582]   Así lo disponía el inc. 56, dec. 5720/1972, que reglamentaba el art. 61, Ley de Contabilidad, al prescribir que "los precios correspondientes a la adjudicación, por norma, serán invariables. No obstante, cuando causas extraordinarias e imprevisibles modifiquen la economía del contrato se podrá, por acuerdo de partes: a) reconocer variaciones de costos en la medida en que dichas causas incidan en los mismos; b) dar por rescindido el contrato sin penalidades". Al respecto, Barra apunta que "la diferencia esencial respecto del art. 1198, CCiv., consiste en una inversión de la mecánica de aplicación de ese artículo: no hay demanda de rescisión sino un acuerdo de partes para mejorar la economía del contrato y en caso de fracaso la rescisión del contrato sin penalidades" (Barra, Rodolfo C., *Contrato...*, *cit.*, t. III, p. 1162).

[1583]   MARIENHOFF, Miguel S., *Tratado...*, t. III-A, *cit.*, p. 520, sostiene que ello "es así porque, precisamente, la teoría de la imprevisión tiende a 'ayudar' económicamente al cocontratante, evitando que éste suspenda la ejecución del contrato y facilitando, en cambio, el cumplimiento del mismo, cualquiera sea su especie (concesión de servicio público, construcción de obra pública, suministro, etc.). En esto hay una fundamental diferencia entre teoría de la imprevisión y fuerza mayor".

[1584]   MARIENHOFF, Miguel S., *Tratado...*, t. III-A, *cit.*, p. 523, y jurisprudencia allí citada.

[1585]   VEDEL, Georges - DELVOLVÉ, Pierre, *Droit administratif*, 9ª ed., PUF, París, 1984, p. 1152.

[1586]   MARIENHOFF, Miguel S., *Tratado...*, *cit.*, t. III-A, ps. 521-522. Ver, asimismo, Bianchi, Alberto B., "La fuerza mayor en la contratación con el Estado. El caso actual de los contratos de prestación de los servicios públicos", en CASSAGNE, Juan Carlos - Rivero Ysern, Enrique (dir.), *La contratación pública*, *cit.*, t. II, ps. 861-877, y MATA, Ismael, "El riesgo en los contratos administrativos", *RAP* nro. 320, Buenos Aires, 2006, p. 135.

[1587]   Se ha afirmado sobre esta cuestión que la indemnización debe deducir la carga del *alea* normal y sólo comprende los gastos suplementarios soportados por el empresario a partir del momento en que las cargas de su empresa, en razón de circunstancias económicas excepcionales, han excedido los límites extremos de los aumentos de gastos que habían podido consi-

bos[1588], sobre la base de que el contratista continúe la ejecución del contrato y sólo soporte la parte de las pérdidas que una razonable interpretación del contrato permita dejar a su cargo[1589].

En el derecho administrativo, donde la resolución contractual está más limitada que en el derecho civil, en atención al interés público que se persigue, el principal efecto de la teoría de la imprevisión radica en la revisión del contrato[1590], lo cual importa que el perjudicado se encuentra impedido de suspender las obligaciones contraídas, debiendo limitarse a gestionar directamente una compensación que lo permita.

D) La revisión de precios *ex lege*

La llamada revisión de precios o régimen de mayores costos[1591] apareció fundada, en sus comienzos, en la teoría de la imprevisión ya reseñada, con motivo de los aumentos extraordinarios de precios ocurridos especialmente durante y después de la Segunda Guerra Mundial, circunscribiéndose al contrato de obra pública[1592].

El decreto de necesidad y urgencia 1295[1593] establece el régimen de redeterminación de precios, el cual es aplicable únicamente a los contratos de obra pública regidos por la ley 13.064. Este sistema confiere a los cocontratantes de la Administración nacional el derecho a solicitar la redeterminación de los precios cuando los costos de los factores principales reflejen una variación promedio de los precios superior en un diez por ciento (10%) a los del contrato.

Su fundamento aparece como similar a los demás sistemas y técnicas que tienden a preservar el equilibrio financiero del contrato, esto es, a evitar el grave daño a los intereses públicos que puede provocar la paralización de las obras, decisión esta que resultaría casi siempre inútil, por la simple circunstancia de que si la Adminis-

---

derar las partes al celebrar el contrato (Bezzi, Osvaldo M., *El contrato de obra pública*, Abeledo-Perrot, Buenos Aires, 1982, p. 195).

[1588] GARCÍA DE ENTERRÍA, Eduardo - FERNÁNDEZ, Tomás R., *Curso...*, *cit.*, t. I, p. 517.

[1589] Tal fue el criterio expuesto por el Consejo de Estado francés en el caso de la Compañía de Gas de Burdeos.

[1590] Conf. BARRA, Rodolfo C., *Contrato...*, *cit.*, t. III, p. 1152.

[1591] Así lo denominan, entre otros, DIEZ, Manuel M., *Manual de derecho administrativo*, t. I, Plus Ultra, Buenos Aires, 1977, p. 418, con la colaboración de GONZÁLEZ DE RECA, Florencia y HUTCHINSON, Tomás; BERÇAITZ, Miguel A., *Teoría...*, *cit.*, p. 466.

[1592] La omisión de este instituto del RCAN, destinado a la preservación de la ecuación económico-financiera del contrato, fue objeto de crítica por ORTIZ DE ZÁRATE, Mariana - DIEZ, Horacio P., "Perfiles de la contratación administrativa a la luz del decreto 1023/2001", *REDA* nro. 44, Lexis Nexis-Depalma, Buenos Aires, 2003, p. 84, y DIEZ, Horacio, "La inmodificabilidad de las ofertas en los procedimientos de selección del cocontratante del Estado. La proyección de ese principio durante la etapa de ejecución del contrato administrativo", en AA.VV., *Cuestiones de Contratos Administrativos,* Jornadas de Derecho Administrativo de la Universidad Austral, *RAP*, Buenos Aires, 2007, ps. 53 y ss.

[1593] BO del 22/7/2002.

tración rescindiera el contrato tendría que adjudicar las obras a los nuevos precios, con inclusión de los mayores costos producidos[1594].

Esta técnica, oportunamente, fue acompañada de una nutrida jurisprudencia y tradujo, en nuestro ordenamiento nacional, el grado más alto de protección de los derechos de quienes contratan con la Administración, en la medida en que mantiene incólume la ecuación económica del contrato, compensando las variaciones de costos que ocurren durante su ejecución, sin reparar en que éstos sean o no imprevisibles, de manera autónoma con respecto a la aplicabilidad de dicha teoría.

Esto último, en virtud de la inflación que puede llegar a padecer nuestro país, cuya situación económica condujo, otrora, a que el sistema estructurado se apartase de la teoría de la imprevisión para adquirir perfiles propios, bajo la forma de una garantía de orden público[1595] instituida tanto en favor del contratista como de la Administración.

En este sentido, las distinciones más significativas con aquella teoría se han perfilado esencialmente en estos extremos: a) no se exige la concurrencia de un acontecimiento imprevisible ni extraordinario; b) no se requiere que el aumento del precio sea excesivo[1596]; c) el resarcimiento es pleno e integral; d) configura una obligación que asume la Administración al celebrar el contrato que queda a él incorporada.

12. LAS SANCIONES ADMINISTRATIVAS EN EL ÁMBITO CONTRACTUAL

Con independencia del tipo de sanción (de naturaleza penal o resarcitoria)[1597], el poder sancionatorio de la Administración incide en los contratos celebrados en esa esfera de un modo distinto que en el ámbito de los contratos del derecho privado,

---

[1594] GARCÍA DE ENTERRÍA, Eduardo - FERNÁNDEZ, Tomás R., *Curso...*, t. I, *cit.*, p. 519. Ver, asimismo, BANDEIRA DE MELLO, Celso A., "Las cláusulas de reajuste de precios en los contratos administrativos", CASSAGNE, Juan Carlos (dir.), *Derecho Administrativo. Obra colectiva en homenaje al Profesor Miguel S. Marienhoff, cit.*, p. 903, y RIVERO ORTEGA, Ricardo, "El precio de los contratos públicos", en CASSAGNE, Juan Carlos - RIVERO YSERN, Enrique (dir.), *La contratación pública*, t. II, *cit.*, ps. 893-908.

[1595] Sobre el carácter de orden público del sistema de mayores costos, BERÇAITZ, Miguel A., *Teoría..., cit.*, p. 468, señala que las cláusulas que excluyan la aplicación del régimen de mayores costos son ilegítimas, salvo que no se refieran a determinado rubro específico; BARRA, Rodolfo C., *Contrato..., cit.*, t. III, p. 1156, recuerda que conforme a la jurisprudencia de la Procuración del Tesoro de la Nación, tal exclusión se acepta siempre que ella obedezca a razones técnicas o a la poca trascendencia económica del rubro que se excluye.

[1596] BARRA, Rodolfo C., *Contrato..., cit.*, t. III, ps. 1156-1157, apunta que "no importa la magnitud de la onerosidad causada en la prestación a cargo del particular. Es suficiente con que ocurra el mayor costo, cualquiera sea su entidad para generar el derecho a su reconocimiento por parte del contratista, sin perjuicio de que los pliegos o cláusulas de los contratos fijaran un porcentaje por debajo del cual no proceda dicho reconocimiento, y ello por razones de simplicidad acorde con la poca importancia de la variación". Ver, asimismo, BARRA, Rodolfo, "Redeterminación de precios en los contratos de obra pública y concesión de obra pública", en AA.VV., *Cuestiones..., cit.*, ps. 547 y ss.

[1597] Respecto de las distintas posturas doctrinarias referidas a la naturaleza jurídica de las sanciones administrativas, ver FRANCAVILLA, Ricardo H., "El alcance de la potestad sancionadora del Estado", en CASSAGNE, Juan Carlos, *Cuestiones..., cit.*, ps. 209 y ss.

donde, fuera de lo pactado entre las partes y las prescripciones del Código Civil o leyes especiales, el alcance del poder de configurar sanciones y, eventualmente, de aplicarlas al contratante incumplidor no puede exceder dicho marco.

En cambio, en el derecho administrativo, a raíz de la desigual posición de las partes, el poder de configurar sanciones puede derivar tanto de la ley como de la legislación delegada (dentro de los límites que prescribe el art. 76, CN) y esa potestad sancionatoria (no así el ejercicio de la potestad) no puede ser objeto de pacto en el contrato administrativo, habida cuenta de la indisponibilidad e irrenunciabilidad que caracterizan a la figura de la potestad.

Pero, si bien no cabe reconocer la posibilidad de que se puedan configurar sanciones implícitas[1598] no tipificadas legalmente[1599], lo cierto es que el contratista se encuentra sometido (dentro de los límites constitucionales) a un estado de sujeción que implica el eventual sometimiento a la configuración de un poder sancionatorio que la Administración ejerce tanto *ad intra* como desde afuera del contrato aunque, como se verá seguidamente, ciertos poderes que parecen externos al contrato terminan, en definitiva, integrándose a él, en cuanto en ese ámbito es donde encuentran la razón de su existencia y su sentido.

En otras palabras, el contratista se halla sometido a la facultad que posee la Administración de imponer penalidades a los cocontratantes, cuando éstos incumplieren sus obligaciones (art. 12, inc. d], RCAN)[1600].

Específicamente, el precitado artículo establece que "(l)a autoridad administrativa tendrá las facultades y obligaciones establecidas en este régimen", mas ellas operarán "sin perjuicio de las que estuvieren previstas" en diversas fuentes, a saber: "la legislación específica", "sus reglamentos", "los pliegos de bases condiciones", "la restante documentación contractual", agregándose que "especialmente tendrá... (l)a facultad de imponer penalidades de las previstas en el presente régimen a los... cocontratantes, cuando éstos incumplieren sus obligaciones".

De ello se infieren distintas situaciones, a saber:

[1598] Éste ha sido el criterio dominante en la doctrina clásica; véase Marienhoff, Miguel S., *Tratado...*, *cit.*, t. III-A, p. 111, con apoyo en las opiniones vertidas por Rivero y Laubadère. Con referencia a las cláusulas penales aplicables en caso de incumplimiento contractual, Marienhoff, siguiendo a Laubadère, ha sostenido que estas cláusulas "lógicamente han de tener por fuente al contrato y a los textos que lo complementan, es decir, han de hallar fundamento en la letra misma del contrato, o en el complejo de textos que indubitablemente lo complementen (pliegos de condiciones generales o particulares, reglamentos de contrataciones, leyes formales preexistentes que integran el contenido del contrato, etc.). Pretender sancionar un incumplimiento contractual con una penalidad (cláusula penal) no integrante del contrato, implica apartarse del contrato, actitud evidentemente ilícita o contraria a derecho: en la especie faltaría la causa jurídica" (MARIENHOFF, Miguel S., *Tratado...*, *cit.*, t. III-A, p. 415).

[1599] Conf. NIETO, Alejandro, *Derecho administrativo sancionador*, 2ª ed., Tecnos, Madrid, 1994, p. 94. Cuadra apuntar que si bien Nieto admite la potestad sancionadora implícita, distingue entre la existencia de la potestad y la capacidad para su ejercicio, distinción que conduce al reconocimiento de límites y condiciones establecidas para su procedencia.

[1600] Ver el trabajo de GARCÍA PULLÉS, Fernando R., "Potestad sancionatoria de la Administración Pública en la contratación administrativa", en CASSAGNE, Juan Carlos - RIVERO YSERN, Enrique (dir.), *La contratación pública*, t. II, *cit.*, ps. 909-936.

a) sanciones previstas en el régimen normativo especial que constituye el marco o el soporte del contrato (leyes, reglamentos, pliegos, etc.), que suelen ir acompañadas de poderes exorbitantes (en el alcance con que se ha definido este concepto);

b) sanciones que derivan de principios exorbitantes de la institución que constituye el objeto o contenido del contrato (*v.gr.*, autotutela sobre los bienes del dominio público) que, en cualquier caso, nunca son implícitas y se ejecutan dentro de los límites constitucionales y legales;

c) sanciones que se configuran en los reglamentos inherentes a la ejecución de ciertos contratos administrativos (*v.gr.*, reglamentos de servicio en la concesión de servicios públicos) que, sin alterar el equilibrio contractual, pueden configurar sanciones por el incumplimiento – por ejemplo– de ciertos deberes informativos o deficiencias técnicas (cuando la Administración tenga atribuida la respectiva facultad por la ley) imputables al concesionario, en un marco de regulación por mandato y control[1601];

d) sanciones derivadas del llamado poder de policía que, aun cuando posean una configuración "extracontractual", repercuten sobre los contratos de la Administración al igual que sobre las personas ajenas al vínculo contractual.

En consecuencia, salvo el supuesto enunciado en el punto d) precedente, en todos los demás existe una vinculación estrecha entre la configuración de las sanciones y el contrato de la Administración, que se vuelve más intensa tratándose de contratos administrativos donde se opera una suerte de integración, en el sentido de que la Administración tiene el deber de no alterar – con el poder sancionatorio–, sobre todo el que se configura *a posteriori* de la celebración del contrato administrativo, el equilibrio contractual y las garantías constitucionales que protegen el derecho de propiedad (art. 17, CN) y prescriben la igualdad ante las cargas públicas (art. 16, CN)[1602].

En suma, esa integración que se opera entre el poder sancionatorio, el objeto del contrato y las garantías debidas al contratista constituye el principal límite que acota la configuración del poder sancionatorio y, al propio tiempo, influye decisivamente en el plano de la interpretación.

En cuanto al derecho aplicable, la primera recurrencia es, obviamente, al derecho administrativo y sus principios fundamentales e institucionales, lo que implica el respeto de las cláusulas convenidas en el respectivo contrato, teniendo en cuenta que, en materia de sanciones de naturaleza represiva, resultan aplicables los principios y normas del derecho penal[1603]. En segundo lugar, se aplican, por analogía, las prescripciones de la ley civil o comercial, es decir, adaptándolas a las peculiaridades

---

[1601] Sobre este modo de regulación, ampliar en el cuidadoso estudio de AGUILAR VALDEZ, Oscar, "Competencia y regulación económica. Lineamientos para una introducción jurídica a su estudio", en AA.VV., *Servicio público, policía y fomento*, RAP, Buenos Aires, ps. 59/121, especialmente ps. 95 y ss.

[1602] Ampliar en ROCHA PEREYRA, Gerónimo, "Sobre el derecho..." *cit.*, ps. 136 y ss. y ps. 159 y ss.

[1603] Conf. la doctrina que hemos expuesto en *La intervención administrativa*, 2ª ed., Abeledo-Perrot, Buenos Aires, 1994, ps. 215 y ss.

propias del derecho administrativo, sin que esta aplicación analógica pueda constituir un pretexto para crear sanciones no previstas ni para eludir el régimen más gravoso que pudieran contener las normas civiles o comerciales cuando éstas pertenecieran al orden público.

CAPÍTULO V

LA EXTINCIÓN DE LOS CONTRATOS ADMINISTRATIVOS

1. CONSIDERACIONES ACERCA DE LAS PRERROGATIVAS ESTATALES EN MATERIA DE EXTINCIÓN Y LA FIGURA DEL CONTRATO ADMINISTRATIVO

El régimen de extinción del contrato administrativo demanda una sistematización eficaz para perfilar los límites y distinciones con el derecho que rige los contratos civiles, el cual seguirá aplicándose por analogía.

Como se verá seguidamente, muchas de las prerrogativas estatales en materia de extinción contractual que la doctrina reconoce de manera implícita derivan, en realidad, de normas del derecho positivo, aplicadas, en forma directa o analógicamente, al derecho administrativo, mientras que otras, al carecer de fundamento normativo ni fundarse en un principio general del derecho administrativo, no existen como tales sino como construcciones doctrinarias que, para la determinación de sus precisos contornos, dependen de su recepción por el ordenamiento y la jurisprudencia. Para zanjar el problema interpretativo expuesto precedentemente, en la línea del derecho anglosajón se ha recurrido al extremo de eliminar la categoría del contrato administrativo, sin repararse en que, en los países en los que rige ese derecho, como los Estados Unidos, los contratos que celebra el Estado (*government contracts*) contienen una serie de prerrogativas y peculiaridades que los diferencian de los contratos celebrados entre particulares regidos por el derecho civil[1604]. Ello fue oportunamente apuntado por la doctrina extranjera[1605] y nacional[1606].

[1604] Sobre el punto puede verse ARIÑO ORTIZ, Gaspar, "Contrato y poder público. La figura del contrato administrativo en el derecho español y europeo", CASSAGNE, Juan Carlos [dir.], *Derecho administrativo. Obra Colectiva en homenaje al profesor Miguel S. Marienhoff,* Abeledo-Perrot, Buenos Aires, 1998, ps. 867-901, especialmente ps. 870-876; y del mismo autor, con particular referencia al proceso de publificación de los contratos del Estado en EE.UU. e Inglaterra, véanse las reflexiones expuestas en su "Contratos del Estado y *common law*", prólogo a MONEDERO GIL, José I., *Doctrina del contrato del Estado,* Instituto de Estudios Fiscales, Madrid, 1977.

[1605] Resulta ineludible la remisión a TURPIN, Colin C., "Public Contracts", en VON MEHREN, Arthur (chief ed.), *International Encylopedia of Comparative Law*, vol. VII – Contracts in General, J.C.B. Mohr (Paul Siebeck) Tübingen y Martinus Nijhoff Publishers, La Haya, Boston, Londres, 1982, cap. 4, p. 33, quien concluye señalando, en punto a la individualización de la categoría *government contract*, que "probablemente sea más cercano a la verdad caracterizar al *government contract,* tanto en el Reino Unido como en los Estados Unidos, como una figura contractual híbrida: en su estructura teórica y principios fundamentales, es el contrato del derecho civil o privado, pero desde el ámbito público en el cual se desenvuelve, ha originado muchas características especiales y distintivas".

436

Lo cierto es que la realidad de nuestro sistema jurídico demuestra la presencia de un régimen diferenciado – y aun mixto, si se prefiere– que marca distinciones notorias con el régimen que rige la contratación civil y comercial y esto, de por sí, explica y justifica la configuración de una categoría jurídica autónoma y específica para el contrato administrativo[1607], sin que ello obste a la aplicación del derecho civil por vía de analogía.

Para demostrar esa categorización basta con tener en cuenta el hecho, también reflejado en el cuadro de las causales de extinción, de que el contrato administrativo se integra, a partir de su formación y durante su ejecución o extinción: (a) por actos del contratista privado, pero fundamentalmente, (b) por una cadena, serie o concatenación de actos administrativos provenientes de los órganos de la Administración Pública, caracterizados por la presencia de un régimen exorbitante que viene, bajo cierta perspectiva, a empapar la figura del contrato con un torrente de normas y principios propios y típicos del derecho administrativo.

Por fin, advertimos también que existe cierta semejanza[1608] con los medios de extinción del acto administrativo de formación unilateral. Sin embargo, esta semejanza no alcanza a todos los supuestos que se dan respecto de la finalización contractual ni tampoco respecto de sus soluciones específicas.

2. DIFERENTES SUPUESTOS DE EXTINCIÓN CONTRACTUAL

No vamos a efectuar aquí una recopilación acerca de las complejas clasificaciones ni de las terminologías que definen los distintos tipos o causales de extinción de los contratos administrativos porque nos parece que sería un ejercicio innecesario en el plano práctico y de escasa utilidad científica.

En similar tesitura, ha señalado la doctrina francesa: "Aux États-Unis les contrats de l'État fédéral sont soumis au droit commun, mais il n'en présentent pas moins un incontestable particularisme (...) Le contentieux des contrats avec l'État fédéral est atribué à une juridiction particulière qui a progressivement développé un véritable droit des contrats administratifs dérogatoire au droit commun", conf. RICHER, Laurent, *Droit des contrats administratifs*, 2ª ed., LGDJ, París, 1999, p. 29.

[1606] Al respecto, pueden verse COVIELLO, Pedro J. J., "El contrato administrativo en la jurisprudencia de la Corte Suprema de Justicia de la Nación", AA.VV., *Contratos Administrativos,* Jornadas organizadas por la Universidad Austral, Ciencias de la Administración, Buenos Aires, 2000, ps. 83/96, especialmente p. 96, y BIANCHI, Alberto B., "Algunas reflexiones críticas sobre la peligrosidad o inutilidad de una teoría general del contrato administrativo. (Una perspectiva desde el derecho administrativo de los Estados Unidos)", ED 184-900 (primera parte) y ED 185-714 (segunda parte), especialmente ps. 715-732.

[1607] En España, hasta la doctrina adversa a la sustantividad del contrato administrativo admite la coexistencia paralela de contratos administrativos y privados de la Administración, enfatizando que los contratos que celebra el Estado carecen de un régimen único como se ha pretendido en nuestro país, conf. GARCÍA DE ENTERRÍA, Eduardo - FERNÁNDEZ, Tomás R., *Curso de derecho administrativo*, t. I, 6ª ed., Civitas, Madrid, 1998, ps. 689 y ss. Lo propio ocurre también en Venezuela, BREWER CARIAS, Allan R., *Contratos administrativos*, Jurídica Venezolana, Caracas, 1992, p. 51.

[1608] BERÇAITZ, Miguel Á., *Teoría general de los contratos administrativos*, Depalma, Buenos Aires, 1980, p. 476.

Sin embargo, la metodología que adoptamos no es óbice para advertir la presencia de diferentes supuestos de extinción contractual: (i) supuestos normales de extinción (cumplimiento contractual y vencimiento del plazo) y (ii) supuestos relacionados con la validez del contrato (revocación por ilegitimidad y anulación judicial, en su caso)[1609]. A su vez, dentro de los supuestos relacionados con el cumplimiento del contrato, es posible identificar causales de extinción *ex lege* y causales por voluntad de las partes[1610].

En materia de extinción del contrato administrativo, se encuentran tanto la revocación del contrato administrativo por razones de interés público o por ilegitimidad como las técnicas de extinción que implican la resolución del contrato por causas vinculadas a su cumplimiento, las cuales, en la doctrina y aun en el campo legislativo, se califican con diversas terminologías (caducidad – en las concesiones de obras y servicios– y rescisión unilateral – en los contratos de obras y suministros–), confundiendo muchas veces las respectivas figuras extintivas.

3. EL CUMPLIMIENTO DEL CONTRATO

A) Vencimiento del plazo

Mientras que algunos contratos administrativos tienen un plazo cierto y determinado de duración en los que generalmente las prestaciones son de tracto sucesivo (*v.gr.*, la concesión de servicios públicos), en otros, el plazo sólo juega como el lapso en el que debe cumplirse la prestación principal o las prestaciones parciales (por ej., el contrato de suministro), donde la extinción del contrato se configura por el cumplimiento del objeto.

En esa clase de contratos, el vencimiento del término no provoca inmediatamente la cesación automática de los efectos del contrato[1611], sino que ello se produce con la entrega de los bienes o la recepción de la obra, en su caso, y el reintegro al contratista de la garantía que tuvo que constituir.

Al respecto, la jurisprudencia de la Corte Suprema ha establecido la regla que reconoce la continuidad de las cláusulas de convenios originarios una vez vencido el plazo contractual. Así, el Alto Tribunal ha sostenido que, en el período posterior al vencimiento del término estipulado en el convenio de preadjudicación – durante el cual la empresa continúa prestando los servicios sin que el Estado se pronuncie sobre la adjudicación definitiva de ellos– , deben considerarse subsistentes los términos del convenio originario, por aplicación del principio contenido en el art. 1622, CCiv.[1612].

[1609] Sobre este punto, véase SUBRA DE BIEUSSES, Pierre, "La extinción del contrato administrativo", en CASSAGNE, Juan Carlos - RIVERO YSERN, Enrique (dirs.), *La contratación pública,* vol. 2, Hammurabi, Buenos Aires, 2006, ps. 1067-1099.

[1610] Respecto de las distintas causales de extinción, véase el trabajo de PÉREZ HUALDE, Alejandro, "Extinción de los contratos de la Administración", en CASSAGNE, Juan Carlos - RIVERO YSERN, Enrique (dirs.), *La contratación pública, cit.,* vol. 2, ps. 1101-1117.

[1611] BERÇAITZ, Miguel Á., *Teoría..., cit.,* p. 477.

[1612] "Compañía Avellaneda de Transportes SA v. Gobierno de la Nación", Fallos 289: 461 (1974).

A su vez – en la concesión de servicio público– , el vencimiento del término del contrato administrativo plantea una serie de cuestiones trascendentes en relación con el destino de los bienes afectados al servicio, los cuales, en principio, pertenecen al concesionario[1613], aunque en algunos contratos suele pactarse una cláusula de transferencia de dichos bienes al Estado, denominada "reversión". Así, por ejemplo, las licencias de transporte de gas, de 35 años de duración, prevén en forma expresa que, al término de ese número de años, los activos esenciales retornarán al otorgante de la licencia[1614]. Similar temperamento se advierte en el supuesto de licencias para la distribución de aquel fluido[1615].

Esta cláusula, que nunca podrá ser implícita, pues la renuncia de los derechos no se presume (art. 874, CCiv.), no debe interpretarse, en caso de duda, en contra del derecho del concesionario[1616] a conservar la titularidad de los bienes afectados originariamente a la concesión o adquiridos por él durante el curso del contrato.

La conveniencia de introducir dicha cláusula de reversión en las concesiones de servicios públicos es harto discutible, habida cuenta de que desplaza el interés del concesionario en el mantenimiento y la sustitución de los bienes, quien carecería así de todo aliciente para introducir cambios tecnológicos o reemplazar la infraestructura amortizada.

Empero, también puede concluirse que, en la medida en que los bienes o activos individualizados o inventariados hayan sido suficiente y adecuadamente remunerados mediante el traslado del respectivo costo al usuario en la tarifa, no resulta irrazonable que, al término del plazo pactado, opere, por aplicación de la cláusula contractual respectiva, la reversión al Estado otorgante o concedente[1617].

B) El cumplimiento del contrato

Para que el objeto del contrato administrativo se considere cumplido, se requiere de un acto expreso y formal que certifique la entrega, la recepción o la conformidad de la Administración con la obra, bien o prestación encomendada al contratista (en los contratos de colaboración, donde la prestación principal se halla a cargo del cocontratante privado).

En esa línea, si bien hay que atenerse al ordenamiento específico aplicable, a las disposiciones del pliego y a las cláusulas insertas en cada contrato, los regímenes

---

[1613] Conf. MARIENHOFF, Miguel S., *Tratado de derecho administrativo*, t. III-A, 4ª ed. act., Abeledo-Perrot, Buenos Aires, 1994, p. 559.

[1614] RBL, dec. 2255/92, Anexo A, nro. 5.7.

[1615] RBL, dec. 2255/92, Anexo B, nro. 5.7. En España, en los denominados "contratos de gestión de servicios públicos", la LCAP 30/2007 prevé la reversión a la finalización del plazo contractual y de acuerdo con lo allí establecido. El art. 259 establece que "1. Cuando finalice el plazo contractual, el servicio revertirá a la Administración, debiendo el contratista entregar las obras e instalaciones a que esté obligado con arreglo al contrato y en el estado de conservación y financiamiento adecuados".

[1616] BERÇAITZ, Miguel Á., *Teoría...*, *cit.*, p. 879.

[1617] En este sentido, SACRISTÁN, Estela B., "Naturaleza jurídica de las tarifas. Sistemas tarifarios", en *Servicio Público, Policía y Fomento*, Jornadas organizadas por la Universidad Austral, RAP, Buenos Aires, s/f, *cit.*, ps. 795-844, especialmente ps. 806-807.

legales que rigen, tanto en el orden nacional como provincial, mantienen un sistema de recepción por etapas (provisoria y definitiva)[1618] cuyo análisis corresponde al estudio particularizado de la respectiva clase de contrato (por ej., obras públicas y suministros).

4. RESOLUCIÓN DEL CONTRATO POR CAUSAS VOLUNTARIAMEN-TE PACTADAS: APLICACIÓN ANALÓGICA DEL CÓDIGO CIVIL

Un primer grupo de causales de resolución contractual (que no ha sido mayormente abordado por la doctrina administrativa) se configura en aquellos supuestos en que las partes acuerdan introducir al contrato alguna de las siguientes modalidades de extinción: a) la condición resolutoria prevista en el art. 553, CCiv., y, también, la fijación de un plazo resolutorio para el cumplimiento de una obligación contractual (art. 569, CCiv.), y b) el pacto comisorio expreso, cuando "alguna obligación no fuera cumplida con las modalidades convenidas", según la fórmula contenida en el art. 1204, CCiv.

En ambos casos, la resolución se opera de pleno derecho, pero mientras en la condición resolutoria los efectos se producen desde el hecho futuro e incierto que la desencadena, en el pacto comisorio ellos operan recién a partir del acto que declara y comunica la decisión de resolver el contrato[1619].

En cualquier caso, como la aplicabilidad de estas causales de extinción provenientes del derecho civil se realiza por analogía, su procedencia depende de un vacío normativo (insusceptible de ser cubierto en forma directa o analógica por el sistema administrativo) y de su compatibilidad o adaptación con los principios que rigen la contratación pública.

5. LO ATINENTE A LA EXTINCIÓN DEL CONTRATO ADMINISTRATIVO POR CAUSAS *EX LEGE* O REGLAMENTARIAS

El núcleo típico de las causales de extinción del contrato administrativo conforma en gran medida el régimen exorbitante que es propio del derecho público[1620]. Empero, si bien en algunos casos se acerca al régimen del Código Civil (la analogía entre el pacto comisorio tácito para los controles de ejecución continuada, siendo la caducidad demostrativa de ello) y en otros supuestos no altera la normativa civilista (imposibilidad de hecho de cumplir la prestación convenida no imputable a las partes, según el régimen de los arts. 888 y 891, CCiv.), las diferencias se encuentran, más que en la resolución contractual, en los supuestos de revocación por causas inherentes al interés público y por razones concernientes a la validez del contrato (revocación por ilegitimidad y anulación judicial).

[1618] Arts. 40 y 41, ley 13.064.

[1619] Conf. MOSSET ITURRASPE, Jorge, *Contratos*, Ediar, Buenos Aires, 1987, p. 331. Los efectos de esta clase de resolución son retroactivos, es decir *ex tunc*, excepto en los contratos de ejecución continuada o tracto sucesivo respecto de los ya cumplidos, los que quedarán firmes (art. 1204, primera parte, CCiv.).

[1620] En otras palabras, conforma un régimen contractual privilegiado, como lo denomina BARRA, Rodolfo C., *Principios de derecho administrativo*, Ábaco, Buenos Aires, 1980, p. 161.

440

6. EXTINCIÓN POR RAZONES DE INTERÉS PÚBLICO: REVOCACIÓN Y RESCATE

Uno de los aspectos de la teoría del contrato administrativo que demanda una reconstrucción legislativa y jurisprudencial se vincula con la extinción del contrato por razones de interés público que exige el fortalecimiento del *pacta sunt servanda* en los contratos públicos, particularmente aquellos vinculados con la prestación de servicios públicos que son, precisamente, los que soportan con mayor virulencia la inclinación a ser empleados como herramientas de las políticas de turno[1621].

En este sentido, la tentación de confundir esos cambios de orientación política con el interés público, además de traducir una evidente desviación de poder, constituye un atractivo para el ejercicio de abusos y prácticas de corrupción sancionadas por convenciones internacionales[1622].

De otra parte, el Estado siempre puede acudir, para sacrificar los derechos del contratista por causa de interés público, al instituto de la expropiación que, al requerir el dictado de una ley declarativa de la utilidad pública, brinda una mayor transparencia y seguridad jurídica que la llamada revocación por oportunidad, mérito o conveniencia y, desde luego, que la figura – por demás arcaica– del rescate.

A) Revocación por razones de oportunidad, mérito o conveniencia

Esta institución, otrora configurada para un sector de la doctrina como una prerrogativa implícita en todos los contratos administrativos, con evidentes efectos desalentadores de la inversión[1623], se halla prevista en el art. 12, inc. b), párr. 2°, RCAN, e implica atribuir a la Administración el poder de extinguir unilateralmente el contrato por razones de oportunidad, mérito o conveniencia, indemnizando al contratista de todos los perjuicios provocados por el acto de extinción, salvo el lucro cesante.

La causal de revocación bajo estudio, que siempre responde a razones de interés público, ha sido denominada por la doctrina y el ordenamiento legal con el término revocación (lo que tiene mayor sentido en el acto administrativo); empero, cuando la extinción por razones de oportunidad, mérito o conveniencia – interés público– opera en los contratos administrativos, resulta más adecuado encuadrarla dentro de la resolución o rescisión unilateral sin culpa y por razones ajenas al contratista[1624].

[1621] Tampoco es esta inclinación un fenómeno exclusivo de nuestro país; puede ampliarse en PROSSER, Tony, *Law and the Regulators*, Clarendon Press, Oxford, 1997, ps. 127-132.

[1622] Véase sobre este punto la Convención Interamericana contra la Corrupción, aprobada por ley 24.759, en particular, art. VI, y la Convención de las Naciones Unidas contra la Corrupción, aprobada por ley 26.097.

[1623] En este sentido, FONROUGE, Máximo, "La indemnización en la revocación del contrato administrativo por razones de interés público", en AA.VV. *Contratos Administrativos*, Jornadas organizadas por la Universidad Austral, Ciencias de la Administración, Buenos Aires, 2000, ps. 554-557, especialmente p. 556.

[1624] No obstante, seguiremos utilizando la terminología convencionalmente aceptada en la doctrina y en el ordenamiento nacional, distinguiendo la revocación por oportunidad del rescate conforme con el criterio expuesto por MARIENHOFF, Miguel S., *Tratado...*, *cit.*, t. III-A, ps. 582 y ss., y BERÇAITZ, Miguel Á., *Teoría...*, *cit.*, p. 504.

Mientras que en la doctrina española no se atribuye mayor trascendencia a esta figura extintiva[1625] – y de hecho, existen autores que han abordado el tema de la extinción de los contratos administrativos sin siquiera mencionarla[1626]–, la doctrina y la jurisprudencia francesas[1627], como italianas[1628], se han ocupado de precisar su fundamento y deslinde jurídico. Este tipo de extinción contractual tuvo acogida en la doctrina nacional y culminó incorporándose al ordenamiento positivo: primero, en la LNPA, y más tarde – como vimos– en el Régimen de Contrataciones (RCAN).

En efecto, mediante una fórmula genérica (que, como veremos luego, en materia contractual requiere ser completada y matizada con otros principios), la LNPA[1629] perfila la institución con relación al acto administrativo, de este modo:

"También podrá ser revocado, modificado o sustituido por razones de oportunidad, mérito o conveniencia, indemnizando los perjuicios que causare a los administrados".

Con posterioridad, el artículo 96 del Reglamento para la Adquisición, Enajenación y Contratación de Bienes y Servicios del Estado Nacional (aprobado por el dec. 436/2000[1630]) establece que "cuando la Administración Pública Nacional revoque o rescinda un contrato por causas no imputables al proveedor, este último tendrá derecho a que se le reconozcan los gastos en que probare haber incurrido con motivo del contrato".

Con ello se pretendió zanjar la discusión que, en materia de interpretación, se generó acerca de si constituía o no una prerrogativa que la Administración podía ejercer en el marco de los actos administrativos unilaterales en su formación. Sin embargo, la falta de precisión y ambigüedad del precepto dio origen a nuevos y no menores problemas hermenéuticos.

Entre los problemas interpretativos que el precepto plantea, se destacan los inherentes a: (a) el órgano que declara la oportunidad, mérito o conveniencia – el interés público– como fundamento de la extinción del contrato administrativo; (b) la extensión del resarcimiento; y finalmente, (c) la aplicabilidad del principio de la previa indemnización que rige en materia de expropiación (art. 17, CN).

Hemos sostenido[1631] que el interés público en que se fundamenta la extinción del contrato por razones de oportunidad, mérito o conveniencia debe hallarse previamente declarado o contenido en una ley formal, no pudiendo consistir en un mero

---

[1625] Ver GARRIDO FALLA, Fernando, *Tratado de derecho administrativo*, t. II, 10ª ed., Tecnos, Madrid, 1987, p. 95.

[1626] MONEDERO GIL, José I., *Doctrina...*, ps. 416 y ss.

[1627] LAUBADÈRE, André de, *Traité des contrats administratifs*, actualizada por Frank Moderne y Pierre Delvolvé, t. II, LGDJ, París, 1984, ps. 664 y ss., consideran que el poder de rescisión *(resiliation)* unilateral existe como una regla de derecho común de los contratos administrativos consagrada de la manera más neta por el Consejo de Estado (p. 660).

[1628] ALESSI, Renato, *Principi di diritto amministrativo*, t. I, Giuffrè, Milán, 1966, ps. 400 y ss.

[1629] Art. 18 *in fine*, LNPA.

[1630] BO del 5/6/2000.

[1631] Esta opinión la sostuvimos en CASSAGNE, Juan Carlos, *Derecho administrativo*, t. II, 1ª ed., Abeledo-Perrot, Buenos Aires, 1982, ps. 37-38, y en las posteriores ediciones.

cambio de criterio de la Administración sobre la apreciación del interés público que se persiguió al celebrar el acuerdo de voluntades.

Esta solución se impone a fin de no violar el principio *lex inter partes* que prescribe el art. 1197, CCiv., puesto que, en tal caso, las cláusulas contractuales no formarían "para las partes una regla a la que deben someterse como la ley misma" y el contratista estaría sometido a una potestad revocatoria *ad libitum* de la Administración, cuyo ejercicio o sujeción no fue pactada ni resulta susceptible de ser calculada dentro de un margen de razonable previsibilidad contractual.

Al propio tiempo, la aplicación de la norma contenida en el art. 18 *in fine*, LNPA[1632] – hoy reflejada también en el art. 12, inc. b), párr. 2°, RCAN– , y del art. 96 del dec. 436/2000, tiene, necesariamente, que armonizar con la garantía constitucional del derecho de propiedad, consagrada en el art. 17, CN, la cual exige que todo sacrificio patrimonial sea precedido de una ley declarativa de la utilidad pública y, como es sabido, el precepto constitucional prevalece sobre cualquier prescripción legislativa (art. 31, CN).

En este sentido, si todo sacrificio de un derecho privado en razón del interés público se halla sujeto a la doble garantía que exige, no sólo la sanción de una ley que lo declare, sino también la previa indemnización (conforme se desprende del art. 17, CN), es evidente que la delegación al Poder Ejecutivo que prescribe el art. 18 *in fine*, LNPA, no puede configurar una delegación genérica ni en blanco, ya que ello se encuentra vedado – aun cuando se trata de materias administrativas– , por un precepto constitucional expreso, introducido por la reforma constitucional de 1994. Esta cláusula constitucional prescribe la necesidad de que el Congreso fije un plazo para el ejercicio de la delegación y establezca sus bases (lo que es a todas luces incompatible con una delegación genérica).

Sobre este punto se debe tener presente, además, que de conformidad con lo dispuesto por la cláusula transitoria octava de la Constitución Nacional, de no mediar una ratificación expresa por parte del Congreso de la Nación, la delegación conferida por el art. 18 *in fine*, ley 19.549, caducaba al cumplirse el plazo de cinco (5) años de la vigencia de dicha cláusula, sin perjuicio de las prórrogas legislativas[1633]. Tal situación se vio modificada con la sanción de la ley 26.122, de creación de la Comisión Bicameral Permanente de Control de los decretos de necesidad y urgencia, de los decretos delegados y de los decretos de promulgación parcial de leyes[1634]. Lo dicho, en relación con la delegación contenida en el art. 18 *in fine*, LNPA, en cuanto a que no puede configurar una delegación genérica ni en blanco, vedada, resulta aplicable, con mayor razón aún, en el análisis del art. 12, inc. b), párr. 2°, RCAN, que no constituye – es claro– una ley formal sino una reglamenta-

---

[1632] Una situación similar acontecería si la ley de expropiaciones se limitara a prescribir que la Administración se encuentra habilitada genéricamente para expropiar porque esa potestad no podría ejercerse sin cumplir con los recaudos constitucionales.

[1633] Tal es el caso de las leyes 25.148, 25.645 y 25.918.

[1634] Puede verse una mirada crítica en GELLI, María Angélica, "De la delegación excepcional a la reglamentación delegativa. Acerca de la reforma a la Ley de Administración Financiera", LL 2006-E, 868.

ción dictada en virtud de las atribuciones conferidas por el art. 1°, inc. II, ap. e), ley 25.414. La misma conclusión cabe aplicar respecto del dec. 436/2000.

Por lo demás, no parece justo ni lógico extrapolar las consecuencias resarcitorias del régimen de la expropiación y negar su aplicabilidad en un aspecto tan trascendente como es el de las garantías constitucionales, máxime cuando se reconoce que se trata de situaciones que se rigen por principios similares.

Ahora bien, en el supuesto de que se dictase la ley que, concretamente, declarase el interés público del caso y habilitase a la Administración a ejercer la potestad genéricamente atribuida por el art. 18, LNPA (la ley no indica el titular de la habilitación), y por el art. 12, inc. b), párr. 2°, RCAN, se plantearía la cuestión inherente al alcance de la indemnización.

La Corte Suprema reconoció en el año 1984 el principio de la indemnización integral en el caso "Sánchez Granel"[1635], y en el voto de la mayoría del Tribunal se destacó que a la interpretación adoptada "(t)ampoco se opone el art. 18, ley 19.549 que, al no aclarar cuáles son los alcances de la 'indemnización de perjuicios', funda la concesión del lucro cesante antes que su prohibición..., porque el principio jurídico que rige toda indemnización es el de la integridad"[1636].

Aunque se trata de una postura que no es pacífica en la doctrina[1637] ni puede extraerse con certeza de las decisiones que exhibe la jurisprudencia de nuestro Alto Tribunal[1638], seguimos sosteniendo el criterio que abona la indemnización integral[1639] (comprensiva del daño emergente y del lucro cesante), en cuanto asegura que ha de mantenerse incólume el patrimonio del contratista afectado con la revocación

[1635] "Sánchez Granel", Fallos 306:1409 (1984).

[1636] Con anterioridad – en el año 1973– la Corte estableció dicho criterio en el caso "Livio Dante Porta SRL y Cía.", Fallos 286:333 (1973). Es también el criterio dominante en la doctrina francesa y en la jurisprudencia del Consejo de Estado, véase LAUBADÈRE, André de, *Traité...*, *cit.*, t. II, ps. 667-671

[1637] MARIENHOFF, Miguel S., "El lucro cesante en las indemnizaciones a cargo del Estado. Lo atinente a la revocación de actos o contratos administrativos por razones de oportunidad", ED 114-949; COMADIRA, Julio R., *Derecho administrativo*, Buenos Aires, 1996, ps. 435 y ss.; COMADIRA, Julio R., *Derecho administrativo. Acto administrativo, procedimiento administrativo, otros estudios*, 2ª ed. act. y amp., LexisNexis, Buenos Aires, 2003, ps. 383-417.

Para las soluciones en el derecho comparado pueden verse MAIRAL, Héctor A., "La teoría del contrato administrativo a la luz de recientes normativas", en GORDILLO, Agustín (dir.), *El contrato administrativo en la actualidad*, La Ley, Buenos Aires, 2004, ps. 3-18, especialmente ps. 13-17; FONROUGE, Máximo, "La indemnización...", *cit.*

[1638] Una síntesis de la jurisprudencia de la Corte puede verse en: COMADIRA, Julio R., *Derecho...*, 2ª ed., *cit.*, p. 422.

[1639] CASSAGNE, Juan Carlos, *Derecho administrativo...*, *cit.*, t. II, ps. 32-33, y BERÇAITZ, Miguel Á., *Teoría...*, *cit.*, ps. 502-503; BARRA, Rodolfo C., "Responsabilidad del Estado por revocación unilateral de sus actos y contratos", ED 122-859, y BIANCHI, Alberto B., "Nuevos alcances en la extensión de la responsabilidad del Estado", ED 111-550.

Cfr. HUTCHINSON, Tomás, "La responsabilidad del Estado por la revocación del contrato administrativo por razones de interés público", en AA.VV., *Contratos...*, *cit.*, ps. 535-553, especialmente p. 545, donde se refiere a la no existencia de un principio de integralidad del resarcimiento.

del contrato (art. 17, CN) y protege contra la tentación que muchas veces acecha a los funcionarios de incumplir el contrato sin que la Administración asuma el costo integral del perjuicio (que se circunscribe al daño emergente), costo que, en definitiva, se transforma en una pérdida para el contratista[1640].

Desde el punto de vista práctico, la interpretación adoptada no implica sino admitir la procedencia de la indemnización de todo perjuicio probado, sin hacer hincapié en su carácter de daño emergente o de lucro cesante.

En efecto, tal como surge del precitado fallo "Sánchez Granel"[1641]: (a) no cabe admitir la reparación sobre la base de una extensión analógica de la Ley de Expropiaciones (consid. 8°); (b) existe el derecho a una indemnización plena por parte del damnificado (consid. 6°); (c) la fuerza mayor o una ley específica previa podrá disponer lo contrario para algún caso singular (consid. 6°); (d) la ley de obras públicas no contiene normas que releguen el lucro cesante (consid. 7°); (e) el art. 18 de la ley 19.549 no aclara cuáles son los alcances de la indemnización de perjuicios (consid. 7°).

Lo dicho en el acápite (d) precedente, de cara al RCAN, art. 12, inc. b), párr. 2°, producirá, naturalmente, en el estudio del caso en concreto, la búsqueda de una ley específica previa que disponga la exclusión del lucro cesante. Ya vimos que la ley 13.064 no cuenta con una disposición que adopte en forma expresa tal temperamento; ante un contrato para provisión de servicios públicos, deberá acudirse al marco regulatorio específico previo a fin de ubicar en él una disposición específica que excluya la indemnización de aquel rubro.

Además, la indemnización, para ser justa y armonizar con dicha garantía constitucional, tiene que representar, como mínimo, el valor objetivo del contrato que se mide, como es obvio, de acuerdo con el plazo faltante para su ejecución y la rentabilidad calculada, enderezada, en primer término, a remunerar las inversiones.

Los efectos que produce el acto administrativo que decide revocar un contrato por razones de oportunidad son siempre *ex nunc,* pero recién operan a partir del momento en que se han cumplido todas las exigencias constitucionales (ley declarativa de utilidad pública y previa indemnización), lo que requerirá que la Administración deposite judicialmente – con carácter previo– el importe del valor objetivo del contrato y los daños que sean una consecuencia inmediata de la revocación (daño emergente y lucro cesante). Así lo impone también el principio de igualdad ante las cargas públicas (art. 16), que es uno de los fundamentos principales de la responsabilidad del Estado[1642].

[1640] Por un derrotero diverso, en el derecho comparado también se advierten soluciones jurisprudenciales que posibilitan la indemnización del lucro cesante en los contratos bajo estudio. Ampliar en MAIRAL, Héctor A., "La teoría del contrato administrativo", en AA.VV., *Contratos...*, *cit.*, ps. 209-214, especialmente p. 214; del mismo autor, "La teoría del contrato...", *cit.*, ps. 3-18, especialmente ps. 13-17; y BIANCHI, Alberto B., "Algunas...", *cit.*, p. 726.

[1641] "Sanchéz Granel", Fallos 306:1409 (1984).

[1642] Sobre el tema, ampliar en PERRINO, Pablo E., "El alcance de la indemnización en los supuestos de extinción del contrato administrativo por razones de interés público. El reconocimiento del lucro cesante moderado", en CASSAGNE, Juan Carlos - RIVERO YSERN, Enrique (dirs.), *La contratación pública, cit.*, vol. 2, ps. 1119-1137.

B) El rescate

Dentro de las causales de extinción por razones de interés público se ubica la figura del rescate[1643].

De acuerdo con la doctrina tradicional, el ámbito de aplicación de esta causal extintiva se encuentra en las concesiones de servicio público y de obra pública y, a diferencia de la revocación por razones de oportunidad, mérito o conveniencia, no implica la supresión del servicio público ni de la actividad concesional de una obra pública, sino la *reasunción* por parte de la Administración[1644] de la gestión que le había encomendado al contratista. En consecuencia, el rescate sólo procede en aquellos contratos de colaboración en que sea posible jurídicamente dicha reasunción de la gestión, ya que existen, en determinados ordenamientos de regulación económica sectorial, cláusulas que lo prohíben expresa o implícitamente[1645]. Va de suyo, entonces, que tampoco sería admisible rescatar una concesión de dominio público ni cualquier otro contrato de atribución[1646], ya que en esos contratos, la prestación principal se encuentra a cargo del contratista.

Las modalidades que asume el rescate son básicamente dos: (a) legal y (b) contractual. En la doctrina francesa, Moderne ha sostenido la procedencia del rescate no contractual efectuado mediante una decisión unilateral no prevista en el contrato[1647]. Sin embargo, esa postura, propia del sistema jurídico administrativo francés, donde la creación del derecho se lleva a cabo, en gran medida, en forma pretoriana por el Consejo de Estado (compensada con el reconocimiento de una indemnización integral que incluye el lucro cesante), no puede extenderse, sin más, a nuestro derecho, por las razones que hemos dado precedentemente al abordar lo concerniente a la revocación de los contratos por razones de oportunidad, mérito o conveniencia.

Confirma esta conclusión la circunstancia de que el rescate, como poder implícito no previsto en el contrato ni en la ley, atenta contra la política delineada por el

[1643] Sobre el tema, ampliar en PRITZ, Osvaldo A. F., "El rescate", en AA.VV., *Los servicios públicos. Régimen jurídico actual*, Depalma, Buenos Aires, 1994, ps. 181-206; del mismo autor, "Rescate: Delimitación y efectos", en AA.VV., *Estudios de derecho administrativo*, Depalma, Buenos Aires, 1995; del mismo autor, "El rescate", en AA.VV., *Contratos...*, *cit.*, ps. 243-258, y VILLARRUEL, María S., "El rescate en los contratos administrativos", en AA.VV., *Cuestiones de Contratos Administrativos*, Jornadas organizadas por la Universidad Austral, Buenos Aires, *RAP*, 2007, p. 449-455.

[1644] Conf. LAUBADÈRE, André de - MODERNE, Frank - DELVOLVÉ, Pierre, *Traité...*, *cit.*, t. II, ps. 704-705; MARIENHOFF, Miguel S., *Tratado...*, *cit.*, t. III-A, ps. 575 y ss.

[1645] Véase MAIRAL, Héctor A., "La ideología del servicio público", *REDA*, nro. 14, Depalma, Buenos Aires, 1993, ps. 410 y ss. Por ejemplo, el régimen de transporte y distribución de electricidad establece la interdicción de prestar el servicio por parte del Estado mientras existan particulares interesados en hacerlo (art. 3°, ley 24.065). En la misma línea, el rescate está prohibido en materia de transporte y distribución de gas, por vía reglamentaria (art. 45 del reglamento de la ley 24.076, aprobado por dec. 1738/1992), y RBL, dec. 2255/2002, nro. 11.5.

[1646] MARIENHOFF, Miguel S., *Tratado...*, *cit.*, t. III-A, p. 575.

[1647] MODERNE, Franck, "Le rachat des concessions", en BENOIT, Francis-Paul (dir.), *Colléctivités locales*, t. III, Dalloz-Sirey, París, 1985, ps. 3292-1 y ss.

446

Congreso a partir de la sanción de la ley 23.696[1648]. La cuestión debe, pues, resolverse dentro de cada régimen jurídico sectorial, o bien en el marco de las cláusulas contractuales, sin que ella se encuentre relacionada con el reconocimiento de la titularidad estatal sobre el servicio (que se traduce, en rigor, sólo en la *potestas* reglamentaria especial)[1649], máxime si se reconoce que el poder de rescatar una concesión pertenece al Congreso (lo que también implica reconocer que la titularidad sobre el servicio corresponde al Estado). En suma, la analogía existente entre la figura del rescate y la expropiación por utilidad pública conduce a exigir en todos los supuestos (excepto que el rescate hubiera sido pactado así en el contrato) la sanción de una ley que disponga expresamente la asunción de la titularidad del servicio público por parte del Estado[1650].

Cuando la Administración se hallare contractualmente habilitada para decidir el rescate de una concesión o éste fuera dispuesto por ley del Congreso, surgen, ante el silencio del contrato o de la ley, dos cuestiones trascendentes.

La primera se vincula al régimen de los bienes afectados a la concesión, los cuales, en principio, le corresponden al concesionario, como lo ha reconocido la Corte Suprema[1651], sin que la Administración pueda incautarse o tomar posesión de ellos obviando el procedimiento expropiatorio.

La otra cuestión se relaciona con el alcance de la indemnización debida, en tal caso, al contratista. Por un lado, se ha señalado la conveniencia, por razones de seguridad jurídica, de que los alcances de ésta puedan ser conocidos por el oferente al ofertar, o al menos antes de disponerse el rescate[1652]. Por otro lado, dicha indemnización debe ser integral, es decir, comprensiva del valor objetivo del contrato y de todos los daños (incluido el lucro cesante) que sean una consecuencia inmediata del rescate, tal como lo hemos sostenido con respecto a la revocación contractual por razones de oportunidad. Ésta es la interpretación que surge del fallo "Pcia. de Corrientes"[1653], en el que el Alto Tribunal reiteró que la concesión constituía un "compromiso del Estado concedente respecto a los términos y condiciones que él mismo puso a la concesión[1654], y que cuando la modificación o rescate (recuperación) de la concesión ocasionara un perjuicio real, era inviolable el derecho del titular a una "justa reparación". De tal suerte, sostuvo la Corte Suprema en dicho precedente que

---

[1648] Conf. MAIRAL, Héctor A., "La ideología...", *cit.*, p. 411.

[1649] Una postura contraria ha sostenido MAIRAL, Héctor A., "La ideología...", *cit.*, p. 410.

[1650] Sobre el recaudo de ley previa, en el supuesto en que adquiere forma de cláusula constitucional, a propósito de la Constitución de 1949, véase PRITZ, O., "El rescate", *cit.*, p. 244, n. 5; y SACRISTÁN, Estela B., "Aspectos constitucionales de la renegociación de los contratos de prestación de los servicios públicos", *Debates de Actualidad. Revista de la Asociación Argentina de Derecho Constitucional,* julio/octubre de 2003, año XVIII, nro. 191, ps. 15-35, especialmente ps. 32-33.

[1651] "Compañía Electricidad de Corrientes v. Provincia de Corrientes", Fallos 201:432 (1945).

[1652] Conf. TAWIL, Guido S., "Licencia y contrato como título habilitante para la prestación del servicio público", en AA.VV., *Contratos...*, *cit.*, ps. 457-496, especialmente p. 484.

[1653] "Pcia. de Corrientes v. Cía. de Electricidad de Corrientes", Fallos 230:380 (1954).

[1654] Criterio antes empleado en "Cía. Argentina de Teléfonos SA v. Provincia de Mendoza", Fallos 211:83 (1948).

el rescate de la concesión es facultad inalienable del Estado, a la que el concesionario no puede oponer una acción de cumplimiento de contrato; pero cuando con ello se le ocasiona un perjuicio real, su derecho a una justa reparación no es menos inviolable que aquella facultad[1655]. A igual conclusión han arribado la doctrina y jurisprudencia francesas[1656].

A todo evento, debe tenerse presente que, en virtud del art. 11, RCAN, el acto que disponga la delicada decisión del rescate – dictado de conformidad con la cláusula contractual que permita tal medida, o bajo la respectiva ley de Congreso– deberá cumplir con los recaudos del art. 7°, LNPA, y de acuerdo con la tradicional jurisprudencia, podrá ser objeto de revisión judicial en pos del examen de aquellos recaudos.

7. RESOLUCIÓN O RESCISIÓN DEL CONTRATO POR CAUSAS NO IMPUTABLES AL CONTRATISTA

El ordenamiento jurídico administrativo contiene numerosas remisiones al régimen que prescribe el Código Civil mediante fórmulas de justicia contractual tendientes a morigerar el rigorismo que predica el cumplimiento estricto de lo pactado, cuando acontecen sucesos no imputables a los contratantes que exceden los riesgos normales que implican toda contratación.

En principio, esas remisiones al sistema del Código Civil operan por analogía, lo que implica la necesidad de adaptarlas a las reglas y fines del derecho administrativo. Así, desde la posibilidad de sustituir, en el régimen de la fuerza mayor, el concepto de "insuperable o irresistible" por el criterio que reconoce que la ruptura definitiva de la ecuación económico-financiera del contrato administrativo da derecho a la rescisión del contrato[1657] y la extensión de los efectos de la resolución contractual a terceros[1658], hasta la interdicción de invocar la lesión por parte del Estado junto con la no rescisión de pleno derecho por incumplimiento contractual de las obligaciones esenciales a cargo del concesionario[1659], las soluciones que brinda el derecho administrativo son numerosas y variadas, en el marco de un sistema jurídico que combina el ejercicio de las potestades con las garantías del contratista.

Si a ello se le añade, además, la configuración del principio que impone el mantenimiento de la ecuación económico-financiera del contrato con sus múltiples aplicaciones, el cuadro que exhibe el régimen propio del contrato administrativo, calificado, en este sentido, como "régimen exorbitante", muestra la existencia de un ordenamiento autónomo y típico que se autoabastece con técnicas diferentes a las del derecho privado.

[1655] "Pcia. de Corrientes v. Cía. de Electricidad de Corrientes", Fallos 230:380 (1954).

[1656] LAUBADERE, André de - MODERNE, Frank - DELVOLVE, Pierre, *Traité...*, cit., t. II, p. 727.

[1657] Principio básico de la contratación administrativa proveniente del derecho francés recogido por la doctrina argentina, véase MARIENHOFF, Miguel S., *Tratado...*, cit., t. III-A, ps. 359-360.

[1658] Solución opuesta a la del derecho civil: MOSSET ITURRASPE, Jorge, *Contratos*, cit., p. 331.

[1659] Por aplicación del principio que prescribe el art. 21, LNPA.

Con tales salvedades, resultan aplicables a la resolución o rescisión contractual – por analogía– aquellas concepciones civilistas, como la fuerza mayor (*force majeure*), la imprevisión[1660] y la lesión[1661], que se fundan en principios generales del derecho como las relativas al hecho del príncipe[1662] y a la intangibilidad de la ecuación económico-financiera de la concesión[1663], que son típicas de la contratación administrativa. Tales concepciones se hallan recogidas en los diversos incisos del art. 13, RCAN, que reglan lo relativo a: (a) acontecimientos extraordinarios o imprevisibles de origen natural que tornen excesivamente onerosas las prestaciones; (b) caso fortuito o fuerza mayor, ambos de carácter natural; (c) actos o incumplimientos de autoridades públicas nacionales o de la contraparte pública de tal gravedad que tornen imposible la ejecución del contrato.

8. LA RENUNCIA COMO CAUSAL EXTINTIVA DEL CONTRATO ADMINISTRATIVO DE ATRIBUCIÓN

Otra peculiaridad destacable que exhibe la categoría del contrato administrativo consiste en la posibilidad de que éste se extinga por renuncia del contratista privado, ya sea con fundamento en la ley o en el propio pacto.

Esta facultad sólo resulta procedente en materia de contratos administrativos de atribución (por ej., la concesión de uso de un bien del dominio público), ya que se otorgan en interés inmediato del contratista, lo cual no contradice el interés público, no hallándose interdicta la renuncia por el ordenamiento. En tal supuesto, se trata de un derecho patrimonial renunciable conforme a los términos del art. 19, CCiv., surtiendo efectos la renuncia a partir de su notificación al órgano contratante.

9. RESOLUCIÓN POR INCUMPLIMIENTO: LA CADUCIDAD Y LA LLAMADA RESCISIÓN UNILATERAL DEL CONTRATO ADMINISTRATIVO

A) La declaración de caducidad del contrato administrativo

Como una rémora de la teoría de los actos de autoridad, el derecho administrativo incorporó originariamente esta causal de extinción, propia del acto administrativo unilateral, a las concesiones de servicio público y de obra pública. En realidad, se trata de un típico medio de resolución o rescisión unilateral que dispone la Administración frente al incumplimiento de alguna obligación esencial por parte del concesionario, con el fin de preservar el servicio público o la explotación de una obra pública, según sea el caso.

[1660] No obstante que tiene su origen en la jurisprudencia del Consejo de Estado francés.

[1661] MARIENHOFF, Miguel S., "La 'lesión' en el derecho administrativo. Improcedencia de su invocación por el Estado. Lo atinente al administrado", JA Doctrina-1975, 468/473, y "De nuevo sobre la 'lesión' en el derecho administrativo. Improcedencia de su invocación por el Estado. Lo atinente al administrado", JA 1976-III, 766/767; PETRA RECABARREN, Guillermo R., "Extinción de los contratos de la Administración", JA Doctrina-1976-IV, 679/680.

[1662] BERÇAITZ, Miguel Á., *Teoría...*, *cit.*, p. 413, sostiene que la indemnización en tales casos debe ser integral, comprensiva del daño emergente y del lucro cesante, postura que compartimos.

[1663] MARIENHOFF, Miguel S., *Tratado...*, *cit.*, t. III-A, ps. 469 y ss.

Si bien esta causal extintiva, reconocida por la doctrina[1664] y los precedentes de nuestros tribunales, se encuentra prevista en el ordenamiento administrativo vigente en el orden nacional para el acto administrativo unilateral (art. 21, LNPA), nada impidió extenderla al contrato administrativo como prerrogativa estatal (art. 12, inc. a], RCAN), que constituye una de las especies de aquél, máxime teniendo en cuenta la remisión que efectúa el art. 7° *in fine*, LNPA, en la medida en que no hubiere prescripciones específicas en la legislación especial o en el contrato.

Interesa poner de resalto, como se ha visto, que el art. 21, LNPA, sienta un principio – extensivo al art. 12, inc. a), RCAN– según el cual la resolución de un contrato administrativo de concesión, de cara al incumplimiento del concesionario, no opera de pleno derecho[1665]. Por el contrario, la regla en la materia es que la Administración debe procurar, en primer término, el cumplimiento del contrato, intimando al contratista mediante el otorgamiento de un plazo razonable al efecto.

La interpretación del aludido precepto plantea diversas cuestiones que asumen entidad a la hora de resolver el contrato por dicha causal.

Una de ellas conduce a excluir de la caducidad el incumplimiento de obligaciones accesorias que no constituyen el objeto central del contrato de concesión (*v.gr.*, el incumplimiento de la obligación de informar o de presentar determinada documentación periódicamente), lo que habrá de juzgarse conforme a la naturaleza y el grado de vinculación con el interés público perseguido al establecer una determinada obligación a cargo del contratista.

En segundo lugar, ante la ausencia de algún plazo en el régimen especial aplicable a la concesión o en el propio contrato, habrá que estar al prescripto en el art. 1204, segunda parte, CCiv., en tanto ese plazo sea compatible con la naturaleza y modalidades de la prestación a cumplir por el concesionario. Los efectos de la caducidad, al igual que la llamada rescisión unilateral (a diferencia de la anulación), se producen *ex nunc*[1666], es decir, a partir del acto que la declara y confiere al Estado el derecho a resarcirse de los daños y perjuicios[1667].

B) La llamada rescisión unilateral

En los demás contratos, como en los de obra pública, los respectivos ordenamientos se refieren a la resolución por incumplimiento bajo la denominación de rescisión[1668] y, a falta de prescripciones específicas, se aplica el régimen del art. 21, LNPA. Desde luego que nada impide, dentro del orden público administrativo, que las partes dispongan una rescisión bilateral, en cuyo caso ella se regirá por las cláusulas que acuerde la Administración con el contratista en materia de alcance y efectos, sin perjuicio de la aplicación supletoria de las normas y principios del ordenamiento administrativo.

[1664] MARIENHOFF, Miguel S., *Tratado...*, *cit.*, t. III-A, p. 561 y ss.

[1665] Por ello, la prescripción contenida en el art. 1204, 3ª parte, CCiv., que contempla la posibilidad de pactar la rescisión de pleno derecho, no rige en el derecho administrativo.

[1666] Sup. Corte Bs. As., 5/6/1990, causa BA.B.80.241, "Fryd, Abraham David v. Pcia. de Buenos Aires s/demanda contencioso administrativa".

[1667] Véase el trabajo de CANOSA, Armando N., "La caducidad en los contratos administrativos", en AA.VV., *Cuestiones...*, *cit.*, ps. 501-508.

[1668] Art. 50, ley 13.064.

En materia de obra pública, la ley 13.064 contempla, en su artículo 50, diversos supuestos de rescisión contractual, por culpa o falta grave imputable al contratista, a saber:

1. Cuando el contratista se haga culpable de fraude o grave negligencia o contravenga las obligaciones y condiciones estipuladas en el contrato.

2. Cuando proceda a la ejecución de las obras con lentitud, de modo que la parte ejecutada no corresponda al tiempo previsto en los planos de trabajo y a juicio de la Administración no puedan terminarse en los plazos estipulados.

3. Cuando se exceda del plazo fijado en las bases de la licitación para la ejecución de las obras.

4. Si transfiere en todo o en parte su contrato, se asocia con otros para su construcción o subcontrata, sin previa autorización de la Administración.

5. Cuando abandone las obras o interrumpa sus trabajos por plazo mayor de ocho días en tres ocasiones o cuando el abandono o interrupción sean continuados por el término de un mes.

En el caso del inc. b), deberá exigirse al contratista que ponga los medios necesarios para acelerar los trabajos hasta alcanzar el nivel contractual de ejecución en el plazo que se le fije y se procederá a la rescisión del contrato si éste no adopta las medidas exigidas con ese objeto.

En el caso del inc. c), se podrá prorrogar el plazo si el contratista demostrase que la demora en la iniciación de las obras se ha producido por causas inevitables y ofrezca cumplir su compromiso. En caso de que no proceda el otorgamiento de esa prórroga, o que, concedida ésta, el contratista tampoco diera comienzo a los trabajos en el nuevo plazo fijado, el contrato quedará rescindido con pérdida de la fianza.

De manera similar, el RCAN permite determinar la existencia de diferentes casos que autorizan la rescisión frente al incumplimiento del contrato, a saber: transferencia o cesión sin previa anuencia (art. 13, inc. b]); en general, incumplimiento sin causa justificada (art. 13, inc. c]); vencimiento del plazo y de las prórrogas acordadas (art. 12, inc. g]); entre otros supuestos.

Un caso que se asimila al incumplimiento contractual es el derecho que el ordenamiento confiere al contratista cuando la Administración, en ejercicio de la *potestas variandi*, pretende modificar el contrato, introduciéndole variaciones significativas y aumentando las prestaciones acordadas[1669].

De cara a la prescripción contenida en el art. 21, LNPA, que autoriza a la Administración a declarar la caducidad (y, por extensión, la rescisión unilateral), carece en la actualidad de interés práctico la cuestión acerca de si la rescisión o caducidad se encuentran pautadas en el respectivo contrato, no obstante que, para obtener su cumplimiento coactivo, sea menester acudir a la sede judicial[1670].

[1669] Arts. 29, 30 y 53, inc. e), ley 13.064.

[1670] Un ejemplo de rescisión unilateral se halla en el marco de los servicios postales (dec. 1075/2003, del 19/11/2003, aduciéndose culpa del contratista); otro, en el del transporte ferroviario de pasajeros (dec. 798/04, del 23/6/2004, con fundamento en las causas expresadas en sus considerandos).

10. LA DECLARACIÓN DE INVALIDEZ DEL CONTRATO ADMINIS-TRATIVO (REVOCACIÓN POR ILEGITIMIDAD Y ANULACIÓN) Y SUS EFECTOS

La declaración de invalidez de un contrato administrativo se rige, sustancialmente, por el régimen previsto en los arts. 7° y 14, LNPA, que establecen los requisitos de validez de los actos administrativos y las sanciones aplicables (nulidad absoluta o relativa, según la gravedad del vicio). Cuando la Administración se encontrare habilitada para declarar la invalidez en sede administrativa (lo que ocurre, en principio, con los contratos que adolecen de nulidad absoluta), ella no precisa acudir a los jueces para decretar la nulidad del respectivo contrato, la que opera por sí y ante sí.

Sin embargo, como el sistema de LNPA prescribe la regla de la estabilidad de los actos administrativos unilaterales (con mayor razón, de los contratos), la potestad de la Administración para declarar la nulidad de un contrato carece de operatividad en la práctica. Ello así porque los contratos que no se han extinguido por cumplimiento de su objeto o vencimiento del término generan siempre "derechos subjetivos que se están cumpliendo" (conforme al texto del art. 17, LNPA), la Administración sólo podrá impedir su subsistencia y efectos mediante declaración judicial de nulidad, lo que supone una declaración previa de lesividad mediante el dictado de un acto administrativo pertinente.

Una diferencia notable que trasunta el ordenamiento administrativo con relación al privado radica en el principio según el cual la Administración, al decretar la lesividad de un contrato administrativo, puede declarar la invalidez de sus propios actos[1671], ya que el derecho público excluye la prohibición de que alguien alegue su propia torpeza[1672].

Por último, en lo que concierne a los efectos de la declaración de invalidez hay que advertir que dicha declaración de nulidad (sea absoluta o relativa) produce efectos retroactivos (*ex tunc*) entre las partes contractuales[1673], no habiendo norma legal alguna que permita trasladar las soluciones del derecho francés al argentino en esta materia, al haber una prescripción expresa sobre el punto en el Código Civil (art. 1050), aplicable por analogía al derecho administrativo.

Sin embargo, no existiendo una regla expresa en el ordenamiento administrativo sobre los efectos de la declaración judicial de invalidez de un acto o contrato administrativo, la jurisprudencia ha resuelto, por razones de equidad y de interés público, que dicha declaración no surta efectos retroactivos[1674].

[1671] MARIENHOFF, Miguel S., *Tratado...*, *cit.*, t. II, ps. 646 y ss., y "Rodríguez Melero, Francisco v. Nación Argentina", Fallos 185:177 (1939); "Ganadera Los Lagos", Fallos 190:142 (1941); "De Sezé, Román María José v. Nación", Fallos 241:384 (1958); entre otros.

[1672] Ver CASSAGNE, Juan Carlos, *Derecho administrativo*, *cit.*, t. II, 7ª ed. act., p. 265.

[1673] Ampliar en CASSAGNE, Juan Carlos, *Derecho administrativo*, t. II, 7ª ed. act., ps. 262-264. Esta postura ha sido compartida por COMADIRA, Julio R., *Derecho...*, 2ª ed., *cit.*, p. 62.

[1674] CASSAGNE, Juan Carlos, "Monges, Analía v. Universidad de Buenos Aires - res. 2314/95", Fallos 319:3148 (1996), consid. 34; también publicado en LL 1997-C, 150 y ss. Si bien el fallo se refiere a la declaración de invalidez de un reglamento, nada impide extender el principio a la anulación o nulidad tanto de actos administrativos de alcance individual como de contratos administrativos.

CAPÍTULO VI

IMPUGNACIÓN ADMINISTRATIVA Y JUDICIAL DE LOS ACTOS RELATIVOS A LA CELEBRACIÓN, EJECUCIÓN, MODIFICACIÓN Y EXTINCIÓN DE LOS CONTRATOS DE LA ADMINISTRACIÓN

1. EL ÁMBITO DE LOS ACTOS ADMINISTRATIVOS CONTRACTUALES Y SU IMPUGNACIÓN. EL PRINCIPIO DE TUTELA ADMINISTRATIVA Y JUDICIAL EFECTIVA

No puede desconocerse que la figura del acto administrativo contractual, de la que la doctrina se viene ocupando desde hace algún tiempo, ha adquirido carta de ciudadanía por una doble serie de razones.

En primer lugar, en cuanto exhibe la realidad de una "zona común" de la contratación pública, puesto que, ya se trate de los contratos administrativos típicos (en sentido estricto) o de los demás contratos que celebra la Administración que no acusan la preponderancia del derecho público sino del derecho civil o comercial (contratos privados de la Administración), los actos inherentes al procedimiento, que hay que llevar a cabo para celebrar el contrato, constituyen, en principio, actos administrativos.

Pero esta nota distintiva del carácter complejo que posee el régimen jurídico de los contratos que celebra la Administración se acentúa cuando esta última ejerce su poder jurídico en la etapa de ejecución de los contratos administrativos, y aun en la de su extinción, utilizando las prerrogativas que le asigna el ordenamiento.

Aquí es donde aparece un conjunto de cuestiones que trataremos de analizar en la inteligencia de que existen diferentes posturas bastante afincadas, pero reconociendo también que la movilidad propia de las instituciones del derecho administrativo no asegura el anclaje definitivo de ninguna de las soluciones al uso, con excepción de los grandes y fundamentales principios de esta rama del derecho.

En ese marco, adquieren trascendencia una serie de concepciones que explican la vinculación existente entre los denominados actos administrativos contractuales (de naturaleza por cierto unilateral) y el contrato al que se incorporan, se separan o se ligan a través de las teorías del acto separable, de la incorporación y, últimamente, del acto coligado, a lo que se antepone el régimen de impugnación de los actos administrativos dictados durante el proceso de licitación pública que finaliza con la adjudicación o perfeccionamiento del vínculo contractual. Más aún, hasta se ha llegado a demostrar que una clase de actos, denominados "meros pronunciamientos administrativos"[1675] – que no repercuten en la esfera jurídica de los particulares, ni la modifican– se encuentran regidos por el sistema de impugnación judicial propio de los actos administrativos, particularmente por el plazo de caducidad que prescribe el art. 25 de la LNPA[1676].

La institución de *plazos fugaces de caducidad* en el proceso contencioso administrativo nacional, siguiendo la orientación de los códigos provinciales, junto con la naturaleza *revisora* que suele atribuirse a la jurisdicción contencioso administrativa[1677], han sido dos cuestiones de gran trascendencia en el plano de la impugnación de los actos administrativos.

Como regla general, debe admitirse que la impugnación de los actos administrativos – y aun la de los meros pronunciamientos administrativos– ante la propia Administración Pública es siempre procedente, no sólo como emanación de la garantía constitucional de la defensa (art. 18, CN), sino porque así lo impone el principio de la *tutela administrativa efectiva*.

El principio de tutela, no sólo judicial sino también administrativa efectiva, se halla reconocido en el art. 2°, ap. 3°, incs. a), b) y c), del Pacto Derechos Civiles y Políticos de Nueva York, incorporado expresamente al art. 75, inc. 22, CN, luego de la reforma constitucional de 1994[1678], en tanto prevé que "(c)ada uno de los Estados Partes en el presente Pacto se comprometen a garantizar que: a) Toda persona cuyos derechos o libertades reconocidos en el presente Pacto hayan sido violados podrá interponer un *recurso* efectivo... b) La autoridad... administrativa... decidirá... c) Las autoridades competentes cumplirán toda decisión en que se haya estimado procedente el recurso" (la bastardilla no es del original).

El recurso administrativo – que, como es sabido, se encuentra reglamentado, según los diferentes medios de impugnación (recurso jerárquico, de reconsideración y queja) en el reglamento nacional de procedimientos administrativos[1679]– precisa de una interpretación que lo ensamble con el principio de la doble tutela efectiva (administrativa y judicial) prescripto en los pactos internacionales incorporados a la Constitución Nacional[1680], cuyas emanaciones más conocidas se vuelcan en los prin-

---

[1675]   MAIRAL, Héctor A., "Los meros pronunciamientos administrativos", en CASSAGNE, Juan Carlos (dir.), *Derecho administrativo. Obra colectiva en homenaje al profesor Miguel S. Marienhoff,* Abeledo-Perrot, Buenos Aires, 1998, ps. 651 y ss.

[1676]   Plazo cuyo cómputo puede, incluso, correr a partir del silencio por influencia de la ley 25.344, art. 10, en la ley 19.549; ampliar en GARCÍA PULLÉS, Fernando, "El proceso contencioso administrativo como instrumento de control", en CASSAGNE, Juan Carlos (dir.), *Derecho procesal administrativo. Obra en homenaje a Jesús González Pérez,* t. I, Hammurabi, Buenos Aires, 2004, p. 165.

[1677]   La doctrina española ha producido una obra excelente sobre el tema, véase FERNÁNDEZ TORRES, Juan R., *Jurisdicción administrativa revisora y tutela judicial efectiva,* Civitas, Madrid, 1998, ps. 29 y ss., con prólogo de Eduardo García de Enterría.

[1678]   Aprobado por ley 23.313.

[1679]   Aprobado por dec. 1759/1972, con las modificaciones introducidas por los decs. 3700/1977 y 1883/1991.

[1680]   Arts. 8° y 25 del Pacto de San José de Costa Rica y art. 2°, ap. 3, incs. a), b) y c) del Pacto de Derechos Civiles y Políticos de Nueva York, aprobado por ley 23.313.

454

cipios *in dubio pro actione*[1681] *y de* "amplitud de debate y prueba"[1682] , que conducen al abandono del pretendido carácter revisor de la jurisdicción contencioso-administrativa y al aseguramiento de una adecuada instancia para litigar.

Por tanto, en el caso de los meros pronunciamientos administrativos, que son aquellos que se emiten cuando el recurrente solicita – por ejemplo– el reconocimiento de un derecho incorporado a su patrimonio, cuya existencia no depende de una declaración administrativa, atribuirle a la posición negativa de la Administración los efectos de un acto administrativo que repercute sobre su esfera jurídica alterándola o afectándola[1683] para de allí en más – en razón de algún elevado deber–

[1681] Sobre la ya abundante aplicación del principio *in dubio pro actione,* véanse: "Mackentor SA v. OSN s/daños y perjuicios", Fallos 312:1017 (1989); "Guerrero, Luis Ramón v. Municipalidad de Córdoba", Fallos 312:1306 (1989); "Serra, Fernando Horacio y otro v. Municipalidad de la Ciudad de Buenos Aires", Fallos 313:83 (1990); "Colegio Bioquímico del Chaco v. Instituto de Previsión Social de la Provincia del Chaco s/demanda contencioso-administrativa", Fallos 316:2477 (1993); "Tidone, Leda Diana v. Municipalidad del Partido de General Pueyrredón", Fallos 316:3231 (1993); "Monje, Humberto Daniel v. Obras Sanitarias de la Nación", Fallos 317:695 (1994); "Biain, Abel Rubén y Olivero, Antonio Jesús v. Instituto de Previsión Social de la Provincia del Chaco s/demanda contencioso-administrativa", Fallos 318:1349 (1995); "Electroingeniería SA v. Dirección de Energía de Catamarca", Fallos 324:1087 (2001); "Elemec SA v. Dirección de la Energía de la Provincia de Buenos Aires", Fallos 324:2672 (2001); 25/11/2003, "Sefina SRL v. Banco de la Provincia de Buenos Aires s/demanda contenciosoadministrativa", Fallos 326; entre otros.

[1682] Ello no es sino consecuencia de que la tutela judicial efectiva se realiza tanto al acceder a la jurisdicción, como durante la tramitación del proceso, y al momento de la ejecución de la sentencia. Ampliar en CASSAGNE, Juan Carlos, "La tutela judicial efectiva", en CASSAGNE, Juan Carlos (dir.), *Tratado de derecho procesal administrativo*, 1ª ed., La Ley, Buenos Aires, 2007, v. 1, ps. 95-115; PERRINO, Pablo E., "El derecho a la tutela judicial efectiva y el acceso a la jurisdicción contencioso administrativa", en *Revista de Derecho Público - Proceso Administrativo II*, vol. 2003-I, Santa Fe, 2003, p. 261; GONZÁLEZ PÉREZ, Jesús, *El derecho a la tutela jurisdiccional*, Civitas, Madrid, 2000, p. 59; posturas también receptadas en AGUILAR VALDEZ, Oscar, "El agotamiento de la vía administrativa", en CASSAGNE, Juan Carlos (dir.), *Tratado de derecho procesal administrativo*, Tº I, 1ª ed., La Ley, Buenos Aires, 2007, p. 605.

[1683] Afirma Mairal que "(n)o caben dudas de que cuando el particular invoca un derecho preexistente cuya existencia o reconocimiento no depende de una declaración administrativa, y la Administración se rehúsa a reconocerlo, tal actitud en nada afecta al derecho preexistente. Cuando la controversia se refiere a una relación de derecho privado es fácil desconocer a tal rechazo el carácter de acto administrativo y encontrar, así, una solución al problema. Pero ello no ocurre cuando la relación está regida por el derecho administrativo. Así sucedió en un caso en que una entidad autárquica, en el marco de una relación de derecho administrativo, garantizó las obligaciones de una empresa del Estado, y rechazó luego por escrito el reclamo del particular para que honrara dicha garantía, ante lo cual el agente fiscal exigió el agotamiento de la vía administrativa para habilitar la instancia judicial con el posible correlato del carácter firme del acto ante la inacción recursiva del particular.

"Idéntica situación se observa con la decisión de una reclamación administrativa previa: si ella configurara un acto administrativo, debería impugnarse tal acto autónomamente con lo que la acción judicial quedaría alcanzada por la regla de la caducidad que establece el art. 25 de la Ley de Procedimientos Administrativos, siendo de allí en más inaplicables los plazos de prescripción que hasta ese momento regían la cuestión [*omissis*]. Obsérvese que, en este supuesto, la decisión administrativa produce efectos jurídicos, a saber, torna innecesario aguardar el vencimiento del plazo para que se produzca el silencio negativo y quede habilitada la

aplicarle los plazos de caducidad y los requisitos inherentes a la impugnación judicial de los actos, que agotan la vía administrativa[1684], resulta un contrasentido mayúsculo que colisiona abiertamente con el principio de la tutela administrativa y judicial efectiva, de raigambre constitucional.

2. LA IMPUGNACIÓN EN SEDE JUDICIAL DE LOS ACTOS RELATIVOS A LA ETAPA DE SELECCIÓN DEL CONTRATISTA: TEORÍA DE LA INCORPORACIÓN Y DEL ACTO SEPARABLE

Las peculiaridades propias del contencioso-administrativo-francés, caracterizado por una duplicidad de jurisdicciones en esta materia (el juez ordinario del contrato y el Consejo de Estado), y la configuración del recurso objetivo de exceso de poder concebido como un proceso de anulación al acto administrativo (o proceso al

---

instancia judicial. Es necesario precisar entonces que, cuando se habla de la producción de efectos jurídicos como requisito para la existencia de un acto administrativo, tales efectos deben ser sustantivos y no meramente adjetivos.

"Por ello puede afirmarse de manera genérica que cuando un particular tiene un derecho cuya existencia no depende de reconocimiento administrativo, dependencia que sólo puede surgir de ley expresa que la establezca, las manifestaciones que respecto de dicho derecho formule la Administración son inhábiles para afectarlo, no constituyen actos administrativos ni requieren impugnación. Ello ocurre tanto respecto de la manifestación negativa de la Administración frente a la pretensión de reconocimiento del derecho que formula el particular, como de la pretensión administrativa de prohibir al particular el ejercicio de conducta lícita cuya jerarquía constitucional lo torna independiente del dictado de acto administrativo alguno allí donde una ley no establece expresamente la necesidad de intervención administrativa previa con carácter habilitante, si bien en este último caso la carencia total de base legal permitiría recurrir a las figuras de la vía de hecho o del acto inexistente. De lo contrario estaríamos reconociendo una facultad genérica de 'decir el derecho' a favor de la Administración, incluso en aquellas controversias en las que ella es parte, con el agravante de que lo así establecido obtendría fuerza de verdad legal ante la inacción del particular durante un brevísimo plazo de pocos días. Este otorgamiento de una amplísima potestad jurisdiccional a favor de la Administración nos parece violatoria del principio de separación de los poderes e impropia de un Estado de Derecho.

"Se hace necesario, entonces, distinguir entre los actos administrativos y los que llamamos 'meros pronunciamientos administrativos', es decir, entre aquellas conductas estatales idóneas para alterar la esfera jurídica del particular, y aquellas otras que se limitan a fijar la posición del Estado ante el particular pero sin ser, por sí solas, hábiles para producir aquel resultado. Mientras que a las primeras les alcanza cabalmente la definición de acto administrativo, a las últimas debe serles negado tal carácter, reconociéndoles solamente, y ello en algunas pocas hipótesis, el efecto meramente adjetivo de liberar al particular de una espera adicional para habilitar la vía reparatoria prevista en los arts. 30 a 32 de la Ley de Procedimientos Administrativos"; conf. MAIRAL, "Los meros pronunciamientos...", *cit.*, ps. 657-658.

[1684] Acerca de la difusión provincial de este privilegio, véase PERRINO, Pablo E., "El régimen del agotamiento de la vía administrativa en el nuevo Código Contencioso Administrativo bonaerense", en CASSAGNE, Juan Carlos - GORDILLO, Agustín (dirs.), *El nuevo proceso contencioso administrativo de la provincia de Buenos Aires*, Platense, La Plata, 2000, ps. 273 y ss.; CASSAGNE, Juan Carlos - PERRINO, Pablo E., *El nuevo proceso contencioso administrativo de la provincia de Buenos Aires*, 1ª ed., LexisNexis, Buenos Aires, 2006, esp. ps. 189-256.

456

acto[1685]), llevaron a la jurisprudencia francesa del Consejo de Estado a buscar la armonización de la estabilidad del contrato administrativo con la protección de la legalidad y, consecuentemente, de los oferentes desplazados ilegítimamente en las diferentes etapas de los procesos de selección.

Así surgió, para afirmar la seguridad jurídica contractual y en el consecuente respeto de los derechos adquiridos, la teoría de la incorporación, según la cual los actos unilaterales dictados en el proceso de formación del contrato se consideraban incorporados al acuerdo con el que integran un *tout indivisible* y, por ende, de carácter irrevocable. Mediante un artilugio interpretativo, se deducía de esa concepción la inadmisibilidad del recurso por exceso de poder, dado que este recurso sólo podía tener por objeto (aún hoy es así) la impugnación de un acto administrativo. Como tampoco era posible que los terceros afectados (*v.gr.*, licitantes) acudieran ante el juez del contrato (pues allí sólo estaban legitimados los contratantes), la teoría desembocaba en una total y absoluta desprotección de los licitantes, que no podían impugnar los vicios del procedimiento de formación del contrato administrativo.

Para paliar esa radical injusticia del sistema (que rigió hasta comienzos del siglo XX), el Consejo de Estado Francés elaboró una concepción jurisprudencial distinta: la teoría del acto separable[1686], tendiente a proteger los intereses de quienes participan en un proceso licitatorio.

De acuerdo con la teoría del acto separable, se interpreta que los diferentes actos unilaterales que dicta la Administración – hasta la adjudicación o perfeccionamiento del contrato– son susceptibles de ser aislados e impugnarse, en forma separada, a través del recurso por exceso de poder. Sin embargo, aparte de exigirse como condición para la impugnación del acto separable el requisito de que éste sea decisorio o definitivo (lo que sólo acontece con el desplazamiento prematuro de un oferente o la misma adjudicación), lo cierto es que, ante el juez del contrato no ha llegado a repercutir la concepción del acto separable. Por ende, el cumplimiento de una sentencia que declara la nulidad de un acto separable – fuera de su efecto moralizador– sólo se puede convertir en una indemnización de daños y perjuicios a favor del oferente que triunfa en el recurso por exceso de poder en el que no hay partes contrapuestas pues, mediante un eufemismo, únicamente existe un proceso del acto[1687].

[1685] La historia que anida en tal expresión puede verse en LAFERRIÈRE, Edouard, *Traité de la juridiction administrative et des recours contentieux*, Berger-Levrault, París, 1ª ed. 1887-1888; 2ª ed. 1896, reimpr. LGDJ, París, 1989.

[1686] Sobre la teoría del acto separable: LAUBADÈRE, André de - MODERNE, Franck - DELVOLVÉ, Pierre, *Traité des contrats administratifs*, t. II, LGDJ, París, 1984, ps. 1035 y ss.; también se han ocupado de las teorías del todo indivisible (incorporación) y del acto separable en España, BOQUERA OLIVER, J. M., *La selección de contratistas*, Instituto de Estudios Políticos, Madrid, 1963, p. 187; y SOLAS RAFECAS, José María de, *Contratos administrativos y contratos privados de la Administración*, Tecnos, Madrid, 1990, ps. 231 y ss.

Un precedente de trascendencia es el caso "Diavil SRL", resuelto por la Suprema Corte de la provincia de Tucumán, del 13/3/1987, ED 126-130, con comentario de CASSAGNE, Juan Carlos, "El amparo en las provincias: su procedencia respecto de actos dictados durante el proceso licitatorio", ED 126-130/135.

[1687] Si bien, con sano desapego de la noción de juicio al acto, se ha propuesto una concepción más amplia de conducta administrativa "susceptible" de enjuiciamiento jurisdiccional; en es-

Con todo, no puede controvertirse que, aun con sus imperfecciones técnicas procesales, la concepción del acto separable introdujo criterios proclives a una mayor protección de los licitantes injustamente desplazados en los procesos de selección de contratistas. Resulta entonces paradójico que el adelanto que significó esta concepción francesa del contencioso-administrativo, que tardó bastante tiempo en ser adoptada por la jurisprudencia de otros derechos europeos como el español[1688], no hubiera continuado su lógico desarrollo con el reconocimiento amplio de medidas cautelares sobre el contrato y, más aún, con la extensión al contrato de la sentencia que declara la nulidad de una adjudicación.

3. LA TEORÍA DE LOS ACTOS CONTRACTUALMENTE COLIGADOS

Desde la óptica de la protección de los legítimos derechos del contratista, sobre todo frente a la construcción dogmática que ha efectuado la jurisprudencia acerca del acto consentido y la aplicación de breves plazos de caducidad para impugnar en sede judicial cada uno de los actos administrativos dictados durante la ejecución del contrato, se ha intentado armonizar esas teorías (que en la jurisprudencia no han seguido una línea coherente) mediante la concepción del acto coligado, introducida en nuestro medio por Barra[1689].

Según esta tesis, los actos contractuales pueden tener distinta causa, objeto y finalidad inmediata, pero mediatamente todos ellos encuentran en el contrato administrativo la base de valoración de la totalidad de los requisitos enunciados en el art. 7°, LNPA[1690]. La importancia de esta relación, que implica que el acto antecedente es susceptible de determinar de una manera total o parcial el acto consecuente (y a la inversa), adquiere relevancia por cuanto "pueden ser separadamente consideradas (con relación al contrato y a los restantes actos contractuales) pero, a la vez, son lo que son porque así fueron los actos antecedentes y porque así es el contrato... al que se encuentran incorporados como una unidad inescindible"[1691].

No se puede dejar de reconocer que la tesis del acto coligado traduce una tendencia interpretativa favorable a la vigencia de los principios de la justicia contractual en el contencioso de los contratos administrativos que permite decantarlo de los rigorismos formales que frustran su realización efectiva.

---

te sentido, GARCÍA PULLÉS, Fernando, *Tratado de lo contencioso administrativo*, t. I, Hammurabi, Buenos Aires, 2004, ps. 398 y ss.

[1688] Ver por todos: GARCÍA TREVIJANO FOS, José A., "Reciente evolución de la jurisprudencia administrativa: los actos separables admitidos por el Tribunal Supremo", en *Revista de Administración Pública*. nro. 36, Instituto de Estudios Políticos, Madrid, 1961, p. 227.

[1689] BARRA, Rodolfo C., *Los actos administrativos contractuales. Teoría del acto coligado*, Ábaco, Buenos Aires, 1989.

[1690] BARRA, Rodolfo C., *Los actos...*, *cit.*, p. 100.

[1691] BARRA, Rodolfo C., *Los actos...*, *cit.*, p. 103. Esta concepción aparece someramente descripta en el caso "Serra, Fernando Horacio y otro v. Municipalidad de la Ciudad de Buenos Aires", Fallos 316:2454 (1993).

Pero, aun compartiendo las ventajas que encierra esta concepción[1692], es evidente que la teoría del acto coligado implica – al igual que la tesis sostenida en el plenario "Petracca"[1693]– extender la concepción del acto separable mucho más allá de la etapa de formación del contrato administrativo, aplicándola a los actos de ejecución contractual y aun a la rescisión, cuando la validez de ésta se juzga en función de algún acto antecedente.

Una de las consecuencias de esta tesis es la opción que se reconoce al contratista para impugnar individualmente los actos de ejecución y, al propio tiempo, iniciar la acción judicial contra el acto consecuente, particularmente el acto que pone fin a la relación jurídica contractual, a partir del cual se computan los plazos de caducidad para demandar al Estado, por la vía de los arts. 23 y 24 de la LNPA.

Sin embargo, quedarían siempre fuera de la tutela judicial otras situaciones merecedoras de una protección efectiva, que nada tienen que ver con el encadenamiento o coligación de los actos contractuales.

Tampoco la solución pasa por extender la teoría del acto separable a la impugnación de los actos dictados durante la etapa de ejecución contractual, como incorrectamente, a nuestro juicio, hizo la Cámara en el plenario "Petracca"[1694].

Ello, pues resulta injusto y revela un cierto anacronismo – no obstante la autoridad de los jueces que sustentaron el voto de la mayoría en dicho plenario– el hecho de aplicar una teoría como la del acto separable, que amplió el alcance del control jurisdiccional de los actos vinculados al proceso de formación del contrato, en un sentido opuesto, es decir, para cerrar el acceso al contratista a la jurisdicción en los procesos de impugnación de los actos emitidos durante las diferentes fases de la ejecución contractual.

4. LA NULIDAD DEL ACTO SEPARABLE: EFECTOS

La teoría del acto separable, no obstante sus imperfecciones iniciales, significó una mayor protección de los oferentes ilegítimamente desplazados, aun cuando, paradojalmente, preservaba el cumplimiento del contrato administrativo. En algunos sistemas, en consonancia con un sector de la doctrina[1695], la concepción del acto

---

[1692] Ver, asimismo, GALLEGOS FEDRIANI, Pablo O., "Sobre el control jurisdiccional en la contratación administrativa", en CASSAGNE, Juan Carlos - RIVERO YSERN, Enrique (dir.), *La contratación pública*, t. II, 1ª ed., Hammurabi, Buenos Aires, 2006, ps. 1141-1162, esp. 1146-1159; URRUTIGOITY, Javier, "Impugnación jurisdiccional de los contratos", en CASSAGNE, Juan Carlos - RIVERO YSERN, Enrique (dir.), *La contratación...*, *cit.*, t. II, ps. 1163-1190, especialmente ps. 1165-1168.

[1693] C. Nac. Cont. Adm. Fed., en pleno, 24/4/1986, "Causa 9068 Petracca e Hijos SACIFI y otros v. Estado nacional (Ente Autárquico Mundial '78) s/cobro de pesos", publicado en CARATTINI, Marcelo G. (Recop.), *Fallos plenarios*, Ciencias de la Administración, Buenos Aires, 1997, ps. 192-206.

[1694] C. Nac. Cont. Adm. Fed., en pleno, 24/4/1986, "Causa 9068 Petracca e Hijos SACIFI y otros v. Estado nacional (Ente Autárquico Mundial '78) s/cobro de pesos", *cit.* en nota 19, esp. p. 195.

[1695] GARCÍA DE ENTERRÍA, Eduardo - FERNÁNDEZ, Tomás R., *Curso de derecho administrativo*, t. I, Civitas, Madrid, 1996, p. 727; SOLAS RAFECAS, José María de, *Contratos*

separable se ha incorporado expresamente al derecho positivo que rige las contrataciones públicas, asignándole consecuencias que tienden a corregir los defectos de la concepción, afirmando el principio de legitimidad – que incluye la legalidad– por encima del interés concreto de cumplir el contrato.

Tal es el caso de España, cuya ley 30/2007[1696] prescribe – incluso para los contratos privados– la posibilidad de impugnar ante el orden jurisdiccional contencioso-administrativo los actos jurídicos separables que se dicten con relación a la preparación y adjudicación de los contratos privados que celebra la Administración[1697]. En cuanto a los efectos de la declaración de nulidad de los actos preparatorios y de la adjudicación del contrato (cualquiera fuera su naturaleza jurídica), la legislación española dispone que dicha declaración "... cuando sea firme, llevará, en todo caso, consigo la del mismo contrato que entrará en fase de liquidación, debiendo restituirse las partes recíprocamente las cosas que hubiesen recibido en virtud del mismo y si esto no fuere posible se devolverá su valor. La parte que resulte culpable deberá indemnizar a la contraria de los daños y perjuicios que haya sufrido"[1698].

A su vez, con el objeto de no afectar el interés público, la citada ley habilita a la Administración, cuando la declaración administrativa de nulidad provoca un grave trastorno a un servicio público, a disponer su continuidad "hasta que se adopten las medidas urgentes para evitar el perjuicio"[1699].

En el ordenamiento administrativo nacional argentino, la cuestión debe resolverse en términos semejantes, aunque la solución sea la misma para el acto separable de la concepción clásica (los preparatorios y de adjudicación del contrato) que respecto de los actos posteriores, vinculados con la ejecución y modificación de los contratos administrativos, con algunas modalidades específicas de nuestro derecho positivo que conducen a una doble analogía.

Hay que advertir, por de pronto, que la aplicación de las prescripciones del Título III de la LNPA a los contratos administrativos se lleva a cabo una vez agotada la posibilidad de aplicar las normas de las leyes especiales que rigen cada contrato administrativo o, eventualmente, de un régimen general de contrataciones públicas. En este sentido, recordemos que el art. 36, RCAN, para el ámbito nacional, modifica el último párrafo del art. 7°, LNPA, tal que ahora reza: "Los contratos que celebren las jurisdicciones y entidades comprendidas en el Sector Público Nacional se regirán

---

administrativos..., cit., Tecnos, Madrid, 1990, p. 252, aclarando que la invalidez sólo se opera cuando el acto anulado sea relevante o le sirva de soporte.

[1696] BOE nro. 261 del 31/10/2007.

[1697] Art. 37, ap. 2: "Serán susceptibles de recurso especial los acuerdos de adjudicación provisional, los pliegos reguladores de la licitación y los que establezcan las características de la prestación, y los actos de trámite adoptados en el procedimiento antecedente, siempre que estos últimos decidan directa o indirectamente sobre la adjudicación, determinen la imposibilidad de continuar el procedimiento o produzcan indefensión o perjuicio irreparable a derechos o intereses legítimos".

[1698] Art. 35, ap. 1°, ley 30/2007.

[1699] Art. 35, ap. 3°, ley 30/2007.

por sus respectivas leyes especiales, sin perjuicio de la aplicación directa de las normas del presente título [III], en cuanto fuere pertinente"[1700 y 1701].

En consecuencia, salvo las prescripciones específicas de cada contrato, el régimen general de invalidez del contrato administrativo es el previsto en los arts. 14 y 15, LNPA.

Sin embargo, como esas normas – de aplicación *directa*– no regulan lo concerniente a los efectos de la declaración de invalidez de los actos administrativos, resulta necesario acudir a la aplicación *analógica* de los preceptos del Código Civil, siguiendo la doctrina adoptada por la Corte Suprema a partir del caso "Los Lagos"[1702].

Ahora bien, en el derecho civil (como por analogía en el administrativo) la declaración de nulidad de un acto genera dos efectos entre las partes: a) su operatividad con carácter retroactivo, con el consecuente deber de restablecer las cosas al estado anterior, y b) la restitución de lo percibido en virtud o por consecuencia del acto anulado[1703], lo que puede suplirse con una indemnización dineraria en el supuesto de resultar imposible o si el damnificado optare por ella[1704].

Por último, con relación a los efectos de la invalidez de los actos administrativos contractuales, también hay que tener en cuenta que, con diferente alcance, el ordenamiento civil contiene la concepción de la cláusula separable en materia de nulidades[1705]. De ese modo, se permite que una invalidez parcial no perjudique las otras disposiciones o etapas (en el caso del derecho administrativo) si el vicio del acto es sólo parcial y puede aislarse sin afectar la validez del contrato.

5. EL PLAZO DE CADUCIDAD DEL ART. 25, LNPA: SU FINALIDAD E INTERPRETACIÓN. OBJECIONES A UNA INTERPRETACIÓN RIGUROSA QUE VEDE EL ACCESO A LA JURISDICCIÓN

A) Finalidad que persiguen los plazos de caducidad

El establecimiento de plazos de caducidad para impugnar los actos administrativos fue una de las nuevas instituciones que se introdujeron a esta clase de procesos

---

[1700] La bastardilla no es del original.

[1701] Véase, para la situación anterior a esa modificación, 30/9/2003, "El Rincón de los Artistas v. Hospital Nacional Profesor Alejandro Posadas s/ordinario", Fallos 326, conforme al cual resulta adecuado aplicar, para el examen de la validez de los actos relacionados con contratos administrativos, las disposiciones de la ley 19.549, pues de acuerdo con lo establecido en el último párrafo del art. 7° de dicha ley (texto anterior a la reforma por el RCAN), los contratos administrativos se regían por sus leyes especiales y en forma analógica por las disposiciones del Título III de la ley, referente al régimen del acto administrativo, y en ese contexto, la inexistencia de regulaciones especiales referentes a los contratos sobre las materias regidas en el citado título llevaba a que aquéllos debieran considerarse regulados por la misma normativa aplicable a los actos administrativos.

[1702] "Ganadera Los Lagos SA v. Nación Argentina", Fallos 190:142 (1941).

[1703] Arts. 1050 y 1052, CCiv.

[1704] Art. 1083, CCiv., aplicable en virtud de la remisión que efectúa el art. 1109.

[1705] Art. 1039, CCiv.

en el orden nacional, a partir de la sanción de la LNPA en el año 1972[1706], contrariando la legislación federal anterior que existía en punto al acceso a la jurisdicción.

Esta concepción (que entonces ya había comenzado a cuestionarse y a ser morigerada en los países europeos que la habían adoptado) condujo, como era de esperar, a una catarata de procesos judiciales que los litigantes debieron articular para no perder sus derechos de fondo ni consentir los respectivos actos alcanzados por fugaces plazos de caducidad de las acciones previstas para impugnarlos en sede judicial.

En la práctica, y en virtud de las interpretaciones restringidas que se sostuvieron, los plazos de caducidad se confundieron con los términos de prescripción de los derechos de fondo, dado que, una vez vencidos aquéllos, se producía el rechazo de la demanda y, consecuentemente, de los derechos en los que se fundaba la pretensión, aun en los casos de nulidad absoluta.

Esta concepción, aplicada indiscriminadamente, es pasible de diversas objeciones, que pueden sintetizarse así:

1) traduce un inadmisible privilegio para la Administración cocontratante[1707], que excede la consideración de la seguridad jurídica[1708];

2) contradice el principio de la tutela *judicial* efectiva;

3) dicho principio se halla incorporado a nuestra legislación de fondo a través de la recepción constitucional (art. 75, inc. 22) de dos tratados internacionales[1709] – como ya vimos–, exigiendo una interpretación armónica del art. 25 de la LNPA, sobre todo, en materia de los actos vinculados con la ejecución y modificación de los contratos administrativos.

Para enrarecer aún más el tema, conforme al art. 31, LNPA, con la modificación de la ley 25.344[1710], los jueces no podrán dar curso a las demandas de los arts. 23, 24 y 30 sin comprobar de oficio en forma previa el cumplimiento de los recaudos establecidos en esos artículos y los plazos previstos en el art. 25 y en el presente.

[1706] Para un cuidadoso estudio de la situación anterior, y posterior, véase AGUILAR VALDEZ, "El agotamiento...", *cit.*, sección III y del mismo autor, "El agotamiento de la vía administrativa", en CASSAGNE, Juan Carlos (dir.), *Tratado...*, *cit.*, t. I, ps. 605-659.

[1707] Se ha señalado que no obsta a la aplicación del art. 25 de la ley 19.549 la naturaleza contractual de la relación en la que se sustenta el reclamo al resultar indudable la aplicación de esa norma a los pleitos relativos a relaciones jurídicas originadas en contratos celebrados por la Administración, conf. "Industrias Metalúrgicas Pescarmona SA v. BCRA s/proceso de conocimiento", Fallos 326 (del 4/7/2003) (Voto del Dr. Fayt).

[1708] Véase, también, MAIRAL, Héctor A., *Control judicial de la Administración*, t. I, Depalma, Buenos Aires, 1984, p. 383: "...Las razones de seguridad jurídica que se invocan para defender el sistema de caducidad pueden ser valederas en Francia, donde los efectos de la sentencia anulatoria se extienden *erga omnes*..., pero no tienen igual peso en el régimen argentino...".

[1709] Pacto de San José de Costa Rica (arts. 8º y 25) y Pacto Internacional de Derechos Civiles y Políticos de Nueva York (art. 3º, aps. a] y b]). Ampliar en PERRINO, Pablo E., "Reclamo administrativo previo", en CASSAGNE, Juan Carlos (dir.), *Derecho procesal...*, *cit.*, t. I, p. 856, con cita de GONZÁLEZ PÉREZ, Jesús, *El derecho a la tutela jurisdiccional*, 3ª ed., Civitas, Madrid, 2001, p. 33.

[1710] BO del 21/11/2000.

462

Por ende, el control sobre la expiración del plazo de caducidad podrá ser efectuado oficiosamente[1711].

Si nos atenemos a los argumentos expuestos por la doctrina[1712] y la jurisprudencia[1713], el establecimiento de plazos de caducidad para la impugnación judicial de actos administrativos se justifica por la necesidad de "asegurar la estabilidad de aquellos actos, dar seguridad jurídica al obrar del Estado para evitar incertidumbres prolongadas y, fundamentalmente, impedir que se perturbe el normal funcionamiento de la Administración"[1714].

Como se ha sostenido, esos argumentos pretenden proteger la acción administrativa poniéndola a cubierto de los riesgos que implican las anulaciones tardías [1715].

[1711] Ampliar en MAIRAL, Héctor A., "Los plazos de caducidad en el derecho administrativo argentino", en CASSAGNE, Juan Carlos (dir.), *Derecho procesal...*, *cit.*, t. I, p. 900; en REJTMAN FARAH, Mario, "La consagración legal de la habilitación de instancia de oficio: su inconstitucionalidad", en CASSAGNE, Juan Carlos (dir.), *Derecho procesal...*, *cit.*, t. I, esp. ps. 931 y ss., y en DIEZ, Horacio P., "La impugnación de los 'actos administrativos contractuales'", en CASSAGNE, Juan Carlos (dir.), *Derecho procesal...*, *cit.*, t. II, esp. ps. 1276 y ss.; ABERASTURY, Pedro, "El plazo de caducidad", en CASSAGNE, Juan Carlos (dir.), *Tratado...*, *cit.*, t. I, ps. 661-691.

Destaca AGUILAR VALDEZ, Oscar, "El agotamiento...", *cit.*, sección IV, que la aludida norma devela "deficiente técnica legislativa y de dogmática procesal, lo primero, porque trata una cuestión vinculada al procedimiento de habilitación de la instancia dentro de una norma referida al reclamo administrativo previo; y lo segundo, porque antes que no 'dar curso' a la demanda, en estos casos, el tribunal lo que hace es no acoger la pretensión procesal que es la causa de lo primero... Soria ha señalado que la reforma operada por la ley 25.344 excede lo que la Corte Suprema había decidido sobre la admisibilidad de la revisión de oficio de los presupuestos de la pretensión en la causa 'Gorordo' ". Véanse "Gorordo Allaria de Kralj, Haydée María v. Estado Nacional (Ministerio de Cultura y Educación)", Fallos 322:73 (1999), y SORIA, Daniel F., "El reclamo administrativo previo y el acceso a la jurisdicción contencioso administrativa. Su evolución y las reformas introducidas por la ley 25.344", en AA. VV., *El Procedimiento Administrativo y el Control Judicial de la Administración Pública*, IV Jornadas Hispano-Argentinas de Derecho Administrativo en Homenaje al profesor Laureano López Rodó, Instituto Nacional de Administración Pública, Madrid, 2001, ps. 136 y 137.

[1712] DE ESTRADA, Juan R., "Juicios contra el Estado nacional. Plazos para interponer acciones o recursos", JA 1977-III-689/696; GONZÁLEZ ARZAC, Rafael, "Los plazos de impugnación judicial de actos administrativos nacionales", ED 51-951.

[1713] Por ejemplo, en "Gypobras SA v. Estado nacional (Ministerio de Educación y Justicia)", Fallos 318:441 (1995), cons. 8º, fallo publicado también en LL 1995-E-478, con comentario de TAWIL, Guido S., "El art. 25 de la ley 19.549 en la reciente jurisprudencia de la Corte Suprema", LL 1995-E-473/484 .

[1714] Véase JEANNERET DE PÉREZ CORTÉS, María, "Admisibilidad de la acción por cobro o indemnización de daños sin impugnar, dentro del plazo del art. 25 de la ley 19.549, la legitimidad del acto administrativo que ha desestimado la misma pretensión o cuyo contenido excluye el pago de lo reclamado", en *La impugnación judicial de los actos administrativos en el orden nacional. A propósito de los casos "Petracca" y "Mevopal"*, Separata del Instituto de Derecho Administrativo de la Academia Nacional de Derecho y Ciencias Sociales de Buenos Aires, *Anales*, año XXXV, segunda época, nro. 28, Buenos Aires, 1990, p. 32.

[1715] Conf. DEBBASCH, Charles, *Contentieux administratif*, Dalloz, Paris, 1981, p. 362.

De ese modo, los plazos de caducidad procuran despejar la incertidumbre sobre la validez y la estabilidad de los actos estatales[1716].

B) Necesidad de una interpretación que armonice con el principio de legitimidad y con el derecho a la tutela judicial efectiva

Sin embargo, su aplicación, aun restringida a los supuestos de anulación de actos administrativos, demanda una interpretación que armonice con dos principios fundamentales que hacen, por una parte, a la legitimidad del obrar estatal y, por la otra, en el plano estrictamente constitucional, a la tutela judicial efectiva de los derechos e intereses de las personas.

Tal línea de análisis posee la virtualidad de tornar insustanciales, en principio, las consideraciones relativas a la doctrina de la separación de poderes para justificar el requerimiento de agotamiento previo de la instancia administrativa y de operatividad a ultranza de los plazos de caducidad[1717].

Desde esta perspectiva, debe estimarse necesaria la limitación del instituto de los plazos de caducidad a las acciones judiciales de anulación (la LNPA se refiere a la impugnación) de actos administrativos.

Quedan, entonces, fuera del alcance del art. 25, LNPA, aquellas acciones donde el objeto de la pretensión procesal no consiste en la impugnación de un acto administrativo de alcance particular o general, como, por ejemplo, las acciones relativas al cumplimiento de una prestación de dar a cargo de la Administración[1718].

En segundo lugar, como el interés público revela una mayor dimensión de peso en la protección de la ley y del derecho que en la estabilidad de actos administrativos, portadores de graves violaciones al ordenamiento jurídico, no parece lógico adoptar una interpretación que sepulta el principio de legitimidad en aras de una validez ficticia y artificial, sin perjuicio de lo ya expresado con respecto al principio de separación de poderes.

Por otro lado, el argumento de los riesgos que plantean las anulaciones tardías de los actos administrativos constituye otra falacia fácilmente refutable a poco que se repare en que la tardanza de una sentencia judicial firme que anula un acto administrativo es una característica común en los procesos contencioso-administrativos promovidos dentro de los plazos de caducidad. Así, el plazo de caducidad no es un freno a la anulación tardía ni a la inestabilidad del acto impugnado sino un formidable bloqueo de la acción de nulidad que altera el juego de las reglas sobre la prescripción.

[1716] JEANNERET DE PÉREZ CORTÉS, María, "Admisibilidad de la acción...", *cit.*, p. 33.

[1717] En el paradigmático caso "Serra", Fallos 316:2454 (1993), la Corte Suprema fundó la constitucionalidad de los plazos de caducidad en el principio constitucional de división de los poderes. Compartimos, al respecto, la crítica de BIANCHI, Alberto B, "¿Tiene fundamentos constitucionales el agotamiento de la instancia administrativa?", LL 1995-A, 397, especialmente p. 433, porque la división de poderes conduce a la interpretación inversa, al menos en el sistema judicialista de nuestra Constitución Nacional.

[1718] JEANNERET DE PÉREZ CORTÉS, María, "Admisibilidad de la acción...", *cit.*, p. 34.

En esa inteligencia, sostuvimos en su momento[1719] que la caducidad funcionaba como una carga impuesta al administrado para la admisión de la impugnación judicial directa de un acto administrativo que no hacía perder el derecho de fondo (máxime cuando el vicio era de nulidad absoluta) contenido en la pretensión anulatoria, a través de un nuevo planteo ante la Administración por la vía del art. 30, LNPA (reclamo administrativo previo).

Una interpretación armónica sobre los plazos de caducidad no puede eludir que el orden público – que la división de poderes exige– sea controlado plenamente por los jueces. Tampoco puede evitar el principio de legitimidad. Por ende, y en principio, la acción de nulidad absoluta contra un acto administrativo no debería limitarse con esa cortapisa procesal, pues ella altera de hecho la imprescriptibilidad que poseen las acciones tendientes a resguardar el orden público administrativo[1720], impidiendo sancionar aquellas graves transgresiones al ordenamiento previstas en el art. 14, LNPA[1721].

Es claro, entonces, que la tutela judicial, para ser efectiva, debe permitir el acceso a la justicia no sólo para que ésta declare la legitimidad o ilegitimidad del obrar administrativo, sino también a fin de reparar las consecuencias dañosas de sus actos, aun cuando no se hubiera accionado por nulidad.

Esta interpretación, que se inspira en una constelación de principios generales del derecho administrativo (a los que cabe adicionar[1722] el de la interpretación anti-formalista de la ley y el de la interpretación más favorable al enjuiciamiento jurisdiccional de los actos administrativos), se proyecta con algunas peculiaridades, como se verá más adelante, sobre el régimen de impugnación de los actos relacionados con la ejecución y modificación de los contratos administrativos.

C) Objeciones a la constitucionalidad de una interpretación rigurosa sobre los plazos de caducidad

El encuadre en nuestro sistema jurídico de la institución de los plazos de caducidad del art. 25, LNPA, y su interpretación viene planteando, desde hace tiempo,

---

[1719] CASSAGNE, Juan Carlos, "Acerca de la caducidad y prescripción de los plazos para demandar al Estado nacional", ED 45-829.

[1720] En la doctrina se ha sostenido que el plazo de caducidad no se compadece con la imprescriptibilidad de la acción de nulidad absoluta, tal como lo sostuvimos a poco de sancionada la LNPA (CASSAGNE, Juan Carlos, "Acerca...", cit., p. 829). Véase FIORINI, Bartolomé A., Derecho administrativo, t. II, 2ª ed., Abeledo-Perrot, Buenos Aires, 1976, ps. 613 y ss.; GORDILLO, Agustín A., "El reclamo administrativo previo", ED 89-777; MAIRAL, Héctor A., Control..., cit., t. I, ps. 391 y ss.; TAWIL, Guido A., "Los plazos para accionar en la instancia contencioso-administrativa. Primera aproximación", RAP, nro. 133, Buenos Aires, 1989, ps. 11-31.

La jurisprudencia no ha seguido esa línea, sosteniendo, equivocadamente a nuestro juicio, que la imprescriptibilidad de la acción de nulidad absoluta carece de base legal (no obstante que surge del Código Civil); véase el análisis que efectúa, al respecto, COMADIRA, Julio R., Derecho administrativo, 2ª ed., LexisNexis - Abeledo-Perrot, Buenos Aires, 2003, ps. 55 y ss.

[1721] JEANNERET DE PÉREZ CORTÉS, María, "Admisibilidad de la acción...", cit., p. 36.

[1722] Idem ps. 40-41.

como pocas normas del derecho administrativo, serias y fundadas objeciones en punto a su constitucionalidad. Y no puede afirmarse que la cuestión haya sido resuelta aún en forma definitiva, sobre todo a la luz de la preceptiva de los pactos internacionales incorporados a la Constitución Nacional en ocasión de la reforma de 1994.

Porque podrá debatirse la constitucionalidad de una norma que elimina los efectos de la imprescriptibilidad de la acción de nulidad absoluta y, quizás, también la interpretación del sistema judicialista previsto en nuestra Carta Magna (que conduce al abandono del carácter revisor[1723] que se atribuía al proceso contencioso-administrativo). Empero, lo que no puede postularse, a la luz del principio de la tutela judicial efectiva incorporado a nuestro ordenamiento por sucesivos pactos internacionales, es la constitucionalidad de una interpretación que privilegie el cierre de la jurisdicción antes que su apertura para concretar aquella tutela.

Es que, aun reconociendo las escasas posibilidades de una interpretación constitucional restrictiva dentro del nuevo marco constitucional[1724], ella representa la única posibilidad favorable a la validez de la norma y, por esa causa, la jurisprudencia debe hacerse eco de la existencia de ese camino.

De tal modo, se jerarquiza la tutela judicial efectiva y se privilegia la legitimidad sustantiva por sobre una interpretación rigurosa de los plazos de caducidad que no condice con la regla básica de nuestro sistema judicialista que postula el enjuiciamiento judicial pleno (con amplitud de debate y prueba) de los actos administrativos.

6. LA ACCIÓN CONTENCIOSO-ADMINISTRATIVA EN EL SISTEMA DE LA LNPA Y EN LA JURISPRUDENCIA FEDERAL

Tanto la problemática que plantea la impugnación judicial de los actos relativos a la celebración, ejecución, modificación y extinción de los contratos administrativos y, por extensión, de los actos integrantes de la "zona común" de la contratación pública (que incluye los denominados contratos mixtos o regidos parcialmente por el derecho privado), como también todo lo concerniente a las acciones que no persiguen pretensiones impugnatorias o de anulación, requiere abordar, en forma previa, los grandes lineamientos que exhibe el sistema de la LNPA y su interpretación jurisprudencial.

El punto de partida, como nadie puede desconocerlo, consiste en advertir que el sistema de la LNPA, en vez de seguir el modelo español (articulado sobre la base de un único proceso con pluralidad de pretensiones)[1725], aparece configurado por medio

---

[1723] Sobre el carácter revisor véase TAWIL, Guido S., "Los grandes mitos del derecho administrativo. El carácter revisor de la jurisdicción contencioso administrativa, la inactividad de la Administración y su fiscalización judicial", ED 128-958 y ss.

[1724] Arts. 28 y 25 del Pacto de San José de Costa Rica; art. 2°, ap. 3°, incs. a) y b), del Pacto de Derechos Civiles y Políticos de Nueva York. Un antecedente internacional del principio de la tutela judicial efectiva se encuentra en el art. 8° de la Declaración Universal de Derechos Humanos, cuyo art. 8° prescribe el derecho a un "recurso efectivo" contra actos que violen sus derechos fundamentales reconocidos por la Constitución o por la ley.

[1725] GONZÁLEZ PÉREZ, Jesús, *Comentarios a la Ley de la Jurisdicción Contencioso Administrativa (ley 29/1998, de 13 de julio)*, 2ª ed., Civitas, Madrid, 1994, ps. 594 y ss., especialmente, ps. 625 y ss.

del reconocimiento de dos vías o acciones procesales[1726]: la acción impugnatoria, por una parte, y la acción ordinaria (también llamada reparatoria o reclamatoria), por la otra.

Pero las disidencias interpretativas afloran en aspectos fundamentales del sistema. Ellas versan sobre el ámbito de ambas vías, sus relaciones, la naturaleza y fines de los plazos de caducidad, la conveniencia de su aplicación de oficio por parte de los jueces[1727] y la renuncia a invocarla en el proceso por parte de la Administración, hasta su inaplicabilidad en supuestos de vicios que afectan el orden público administrativo (nulidad absoluta).

El resultado de la experiencia jurisprudencial no ha sido bueno. En efecto, produjo un sistema que, pese a ser susceptible de ser interpretado en armonía con el principio de la tutela judicial efectiva, ha llegado muchas veces a desnaturalizarlo por obra de un formalismo jurídico que ha venido cerrando el acceso a la jurisdicción a los ciudadanos, frustrando el derecho de éstos a enjuiciar los actos administrativos.

En el campo doctrinario existen dos líneas bien definidas. Por un lado, junto con Gordillo[1728] y Mairal[1729], nos ubicamos aquellos que, desde hace muchos años [1730], venimos sustentando una interpretación restrictiva acerca de los plazos de caducidad y las demás cuestiones involucradas, sosteniendo una concepción que contribuye a una mayor apertura del proceso contencioso-administrativo.

En el otro extremo de la línea interpretativa, que gira principalmente en torno del art. 25, LNPA, se han expuesto tesis que, pese a no ser compartidas por sus desafortunadas consecuencias, revelan rigor científico [1731].

A) La acción impugnatoria

La primera vía procesal que contempla la LNPA, en sus arts. 23 y 24, ha sido denominada "acción impugnatoria" y se configura como un proceso contencioso-administrativo especial que contiene una o varias (según el caso) pretensiones de anulación. Su objeto consiste en la impugnación judicial de actos administrativos de alcance individual o general, hallándose subordinada la procedencia de la acción al cumplimiento de determinadas condiciones de admisibilidad (*v.gr.*, acto definitivo que causa estado o agota las instancias administrativas para el caso de los típicos actos administrativos).

[1726] En este único sentido, el sistema de la LNPA se aproxima más al contencioso-administrativo francés que al español, que ha tenido mayor gravitación como fuente de muchas de las prescripciones del Título IV, LNPA.

[1727] Véase nota 37.

[1728] GORDILLO, Agustín A., "El reclamo...", *cit.*, p. 777.

[1729] MAIRAL, Héctor A., *Control... cit.*, t. I, ps. 386 y ss.; y MAIRAL, Héctor A., "Los plazos..., *cit.*, t. I, p. 900.

[1730] CASSAGNE, Juan Carlos, "Acerca...", *cit.*, p. 829.

[1731] MUÑOZ, Guillermo A., "Naturaleza de los plazos establecidos por la ley 19.549 para la impugnación judicial de los actos administrativos", *Revista Argentina de Derecho Administrativo,* nro. 5, Universidad del Museo Social Argentino, Buenos Aires, junio 1973, ps. 35-48; HUTCHINSON, Tomás, *La Ley Nacional de Procedimientos Administrativos*, t. I, Astrea, Buenos Aires, 1985, ps. 464 y ss.; GONZÁLEZ ARZAC, Rafael M., "Los plazos de impugnación judicial de los actos administrativos", ED 51-253.

En ambas clases de impugnación judicial hay variantes procesales significativas y, a su vez, dentro de la impugnación de actos de alcance general ante la justicia se admiten dos procedimientos diferentes, según se trate de la acción directa de anulación (art. 24, inc. a], LNPA) o de la impugnación indirecta, a través de los actos individuales de aplicación (art. 24, inc. b], LNPA).

Sin embargo, las tres variantes de la acción impugnatoria (de actos de alcance particular, directa de actos de alcance general e indirecta de estos mismos actos) tienen en común el sometimiento a un plazo de caducidad, el cual varía según que la impugnación sea efectuada por vía de esta acción, o bien mediante alguno de los recursos especiales directos previstos en otros ordenamientos sectoriales (por ej., en los marcos regulatorios de los servicios públicos).

Dicho plazo, que es de caducidad y no de prescripción[1732], juega para la concepción formalista como una válvula de cierre del proceso judicial, provocando la pérdida del derecho material o de fondo mediante una caducidad que, en los hechos, se confunde con la prescripción.

La jurisprudencia de la Corte Suprema y tribunales inferiores ha reconocido, en forma por demás precisa, la configuración de la "acción impugnatoria"[1733] para plantear la anulación judicial de actos administrativos, de alcance individual o general, en el proceso contencioso-administrativo.

B) La cuestión del acto administrativo consentido frente a la presencia de vicios de orden público (nulidad absoluta)

Una aplicación rigurosa del plazo de caducidad conduce a otros resultados desatinados que, en el derecho español, se han superado gracias al procedimiento de revisión de actos administrativos por parte de la Administración[1734]. En efecto, de considerarse que el particular pierde siempre su derecho de fondo en el supuesto de que no impugnase judicialmente el acto administrativo que lo afecta dentro de los plazos de caducidad establecidos en el art. 25, LNPA – en virtud de lo prescripto en el art. 1°, inc. e), apartado 6°, LNPA– , se produciría por vía de ese camino procesal la purga del vicio del acto administrativo.

Esta situación conduce a otorgar estabilidad plena al acto nulo de nulidad absoluta, lo que no encuentra justificación en principio jurídico alguno, máxime cuando: a) la acción de nulidad absoluta es imprescriptible, y b) la propia LNPA admite que la validez del vicio no se convalida con el no ejercicio del derecho a recurrir el acto, al admitir la denuncia de ilegitimidad[1735].

[1732] MARIENHOFF, Miguel S., "Demandas contra el Estado nacional. Los arts. 25 y 30 de la ley de procedimiento administrativo nacional", LL 1980-B, 1026, y CASSAGNE, Juan Carlos, "Acerca...", *cit.*, p. 829.

[1733] En los consids. 12 y 13 del caso "Serra", Fallos 316:2454 (1993).

[1734] Véase GONZÁLEZ PÉREZ, Jesús - GONZÁLEZ NAVARRO, Francisco, Comentarios a la Ley de Régimen Jurídico de las Administraciones Públicas y Procedimiento Administrativo Común, t. II, Civitas, Madrid, 1997, ps. 1623 y ss.

[1735] Art. 1°, inc. e), ap. 6°, LNPA.

468

Se trata de una verdadera trampa jurídica cuya salida está en reconocer – al menos en los supuestos de nulidad absoluta– la procedencia de un replanteo de la cuestión en sede administrativa por la vía del art. 30, LNPA, o bien en abrir la acción impugnatoria contra el acto administrativo que resuelve en forma expresa o por silencio una denuncia de ilegitimidad[1736]. Con todo, esta última posibilidad tiene el inconveniente de que la Administración está habilitada para declarar que hubo abandono del derecho (por motivos de seguridad jurídica o por hallarse excedidas razonables pautas temporales[1737]), potestad que se limita, como es obvio, a la nulidad relativa, dado el carácter de orden público de la nulidad absoluta.

C) La defensa de ilegitimidad. Renunciabilidad e interdicción de la aplicación de oficio de los plazos de caducidad

Con respecto a la defensa de ilegitimidad, cabe expresar que si el tiempo – como decía Bielsa– no convalida la ilegalidad[1738] y la intención de renunciar a los derechos no se presume[1739], cabe siempre la posibilidad, aun cuando el particular hubiere dejado vencer el plazo para interponer la acción judicial impugnatoria, de alegar la defensa de ilegitimidad frente al Estado[1740].

Esta solución se impone en virtud de que la caducidad del plazo para promover la acción impugnatoria no configura una institución perteneciente al orden público administrativo y constitucional, sino que, antes bien, precisa encuadrarse en ese conjunto de principios generales inderogables (por voluntad de las partes y de los jueces) que integran la tutela judicial efectiva como base del enjuiciamiento jurisdiccional de los actos administrativos.

De esa circunstancia derivan otras dos consecuencias. La primera, referida a la admisión de la aptitud jurídica que posee el Estado para renunciar o abstenerse de alegar la caducidad[1741]; la segunda, siguiendo una línea jurisprudencial firme reiterada en los fallos de la Corte Suprema[1742], consiste en la prohibición impuesta a los

---

[1736] La jurisprudencia considera que la decisión al resolver una denuncia de ilegitimidad no importa el restablecimiento de los plazos vencidos; véase al respecto: MUÑOZ, Guillermo A., "El reclamo administrativo previo", LL 1988-A,1063, y los fallos que cita en nota 35.

[1737] Ampliar en CANOSA, Armando N., *Los recursos administrativos*, Ábaco, Buenos Aires, 1996, p. 242.

[1738] BIELSA, Rafael, *Derecho administrativo*, t. V, 5ª ed., J. Lajouane, Buenos Aires, 1947, p. 502, *cit.* por MAIRAL, *Control...*, *cit.*, t. I, p. 398.

[1739] Sobre la hipótesis de renuncia por acta convenio, véase "Cálix SA v. Provincia de Buenos Aires", Fallos 326 (del 12/8/2003).

[1740] Conf. MAIRAL, Héctor A., *Control...*, *cit.*, t. I, ps. 398-400.

[1741] BIANCHI, Alberto B., "¿Tiene fundamentos...?", *cit.*, p. 431. La Corte Suprema consideró que la interposición por el Estado de falta de agotamiento de la vía administrativa no constituye un requisito de orden público en los casos "Cajida, Arturo v. Instituto Nacional de Acción Social", Fallos 246:132 (1960), y "Mariño, Edward Arturo v. Nación", Fallos 252:326 (1962). A su vez, en "Serra", Fallos 316:2454 (1993), reiteró la renunciabilidad de la alegación de caducidad por parte del Estado (véase consid. 17).

[1742] Casos "Caja Nacional de Ahorro y Seguro v. NCR Argentina SAIC", Fallos 310:2709 (1987); "Cohen, Rafael v. Instituto Nacional de Cinematografía", Fallos 313:228 (1990) y "Construcciones Taddia SA v. Estado nacional (Ministerio de Educación y Justicia)", Fallos

jueces para aplicar de oficio (invocando el principio *iura curia novit*) el plazo del art. 25, LNPA, y denegar, por esa causa, la habilitación de la instancia contencioso-administrativa. Mas esta última posibilidad se halla coartada por la doctrina emergente del fallo "Gorordo"[1743] y por la modificación introducida por la ley 25.344, que exige el control de oficio, por los jueces, del plazo del art. 25, LNPA, antes de dar curso a las demandas[1744].

7. LA ACCIÓN ORDINARIA CONTENCIOSO-ADMINISTRATIVA

Esta acción, también denominada reparatoria[1745] o reclamatoria, se encuentra prevista en el art. 30, LNPA[1746] que básicamente, prescribe: "...salvo cuando se trate de los supuestos de los arts. 23 y 24" se requiere, para demandar al Estado, la promoción de un reclamo administrativo previo.

Por de pronto, la norma resulta bastante clara en el sentido de que, con excepción de las pretensiones en que se persigue la declaración de ilegitimidad de un acto administrativo de alcance particular o general (lógicamente que por la vía de los arts. 23 y 24, LNPA), las demás pretensiones (daños y perjuicios, restablecimiento de una situación jurídica, cumplimiento contractual, pretensiones declarativas, etc.) deben encauzarse en la acción judicial ordinaria contencioso-administrativa prevista en el art. 30, LNPA.

De ese modo, el cauce de esta acción desempeña un papel residual con respecto a la acción impugnatoria de los arts. 23 y 24 que constituye una excepción en el sistema de la LNPA o, si se quiere, un proceso contencioso-administrativo especial que, aunque persigue la declaración de ilegitimidad de un acto, permite acumular también otras pretensiones que no requieren el reclamo administrativo previo (por ej., pretensión de daños y perjuicios)[1747].

Lo dicho conduce a analizar los conceptos de independencia y de interdependencia entre ambas acciones y sus consecuencias, pues aquí se encuentra, a nuestro juicio, el punto medular de toda la discusión doctrinaria y jurisprudencial en el or-

---

315:2217 (1992). A su vez, la Corte Suprema, en la causa "Luis Ramón Guerrero v. Municipalidad de Córdoba", Fallos 312:1396 (1989), resolvió que no podía la justicia no admitir de oficio una acción por falta de reclamo administrativo previo porque este trámite es renunciable para la Administración (ampliar en ESTRADA, Juan Ramón de, "Agotamiento de la vía administrativa y habilitación de la instancia judicial: dos importantes fallos de la Corte Suprema", *REDA,* nro. 4, Depalma, Buenos Aires, 1990, p. 327, n. 7).

[1743] Véanse "Gorordo Allaria de Kralj, Haydée María v. Estado nacional (Ministerio de Cultura y Educación)", Fallos 322:73 (1999). Ello, pues se permite – en el plano jurisprudencial– que la caducidad sea declarada de oficio por los magistrados acudiendo al *iura novit curia* o – como ocurre usualmente– por mediar dictamen en tal sentido del Fiscal interviniente.

[1744] Art. 12 *in fine* de la ley 25.344, que modifica el art. 31, LNPA.

[1745] MAIRAL, Héctor A., *Control..., cit.*, t. I, p. 356.

[1746] Art. 30, LNPA, texto según la reforma introducida por la ley 25.344.

[1747] Circunstancia que impide asimilar la acción impugnatoria de la LNPA al recurso por exceso de poder del sistema francés, limitado a la anulación del acto administrativo viciado.

den nacional y que se mantiene, no obstante, la posibilidad que ofrece la modificación introducida al art. 30, LNPA, como la entrevió Estrada[1748].

Porque, mientras que para un sector de la doctrina[1749] y de la jurisprudencia[1750] la acción impugnatoria prevalece siempre sobre la acción reparatoria u ordinaria e impide rehabilitar el procedimiento administrativo una vez vencido el plazo de caducidad del art. 25, LNPA, particularmente la que tiene por objeto una pretensión de daños que tiene por causa la ilegitimidad de un acto administrativo, para otro sector, la acción ordinaria o reparatoria resulta independiente de aquélla[1751], permitiendo demandar, incluso por vía ordinaria, la nulidad de un acto administrativo, excepto que se trate de cuestiones planteadas y resueltas en la vía recursiva (es decir, a través del recurso jerárquico), en virtud de la interdicción legal que impide resolverlas en el reclamo administrativo previo.

Esta última interpretación se impone después de la modificación del art. 30, LNPA, que introdujo la anterior ley 21.686, toda vez que: a) el reclamo administrativo previo puede interponerse respecto tanto de las cuestiones no planteadas y resueltas, como de las planteadas y resueltas; b) el art. 30 no prohíbe ni impide que las cuestiones no planteadas por la vía de recurso puedan ser objeto de reclamo administrativo previo.

De ello se sigue que el art. 30, LNPA, no excluye la posibilidad de utilizar la vía reclamatoria para impugnar actos administrativos[1752], de acuerdo con la doctrina que en su momento propiciamos[1753] junto con Linares[1754], con anterioridad a la mencionada reforma legislativa.

[1748]   ESTRADA, Juan Ramón de, "Agotamiento...", *cit.*, ps. 322-323.

[1749]   MARIENHOFF, Miguel S., "Demandas...", *cit.*, p. 1030; MUÑOZ, Guillermo, "Naturaleza...", *cit.*, p. 42, y HUTCHINSON, Tomás, *La Ley Nacional...*, *cit.*, t. II, ps. 277-280.

[1750]   Como más adelante se verá, es la doctrina de la C. Nac. Cont. Adm. Fed. en pleno, 24/4/1986, "Petracca e hijos SACFI v. Estado nacional. Ente Autárquico Mundial s/cobro de pesos", *cit.* en nota 19.

[1751]   Hacia esta línea, admitiendo la posibilidad de rehabilitar el procedimiento administrativo por medio del reclamo previsto en el art. 30, LNPA, habiendo vencido el plazo de caducidad del art. 25 de dicha ley (y desde luego también con antelación), se inclinan: LINARES, Juan F., *Fundamentos de derecho administrativo*, Astrea, Buenos Aires, 1975, ps. 418 y ss.; GORDILLO, Agustín A., *Tratado de derecho administrativo*, t. 4.2., Macchi, Buenos Aires, 1982, ps. 12-26; MAIRAL, Héctor A., *Control...*, *cit.*, t. I, p. 402; TAWIL, Guido S., *Administración y justicia*, t. II, Buenos Aires, 1993, ps. 191-192, y CASSAGNE, Juan Carlos, *Cuestiones de derecho administrativo*, Abeledo-Perrot, Buenos Aires, 1987, p. 271, entre otros. Algunos autores, sin compartir esta postura, abogan por una interpretación restrictiva sobre los plazos de caducidad, admitiendo variadas excepciones: BIANCHI, Alberto B., "¿Tiene fundamentos...?", *cit.*, ps. 397 y ss., esp. ps. 417 y ss.

[1752]   Véase DE ESTRADA, Juan R., "Agotamiento...", *cit.*, p. 323.

[1753]   CASSAGNE, Juan Carlos, "Acerca...," *cit.*, p. 829 y, del mismo autor, "La Ley Nacional de Procedimientos Administrativos 19.549", ED 42-835.

[1754]   LINARES, Juan F., Fundamentos..., *cit.*, p. 417, y Sistema de recursos y reclamos en el procedimiento administrativo, Astrea, Buenos Aires, 1974, p. 28.

Al propio tiempo, se desprenden otras consecuencias en punto a la impugnación de los actos vinculados con la celebración, ejecución, modificación y extinción de los actos contractuales que pasamos seguidamente a considerar.

8. EL ART. 25, LNPA, Y LOS ACTOS RELATIVOS A LA CELEBRA-CIÓN, EJECUCIÓN, MODIFICACIÓN Y EXTINCIÓN DE LOS ACTOS ADMINISTRATIVOS

A) Alcance del art. 7° in fine, LNPA

En torno al art. 7° *in fine*, LNPA, han girado dos interpretaciones opuestas.

Dicha norma prescribía que "los contratos que celebre el Estado, los permisos y las concesiones administrativas se regirán por sus respectivas leyes especiales, sin perjuicio de la aplicación analógica de las normas ..." del Título III, "si ello fuera procedente". En virtud del RCAN, art. 36, dicho artículo hoy reza: "Los contratos que celebren las jurisdicciones y entidades comprendidas en el Sector Público Nacional se regirán por sus respectivas leyes especiales, sin perjuicio de la aplicación *directa* de las normas del presente título [III], *en cuanto fuere pertinente*"[1755].

Bajo la redacción original, se planteó la cuestión de determinar si, frente a la ausencia de normas específicas, se aplica a la impugnación de los denominados actos administrativos contractuales (es decir, los relativos a la celebración, ejecución, modificación o extinción de los contratos) las prescripciones del Título IV de la LNPA, particularmente la de los arts. 23 a 27 de ese cuerpo legal.

Una interpretación rigurosa es la que adoptó el plenario "Petracca", en el cual se consideró que el ámbito del Título IV de la LNPA comprende la impugnación de los actos administrativos contractuales, extendiendo el plazo de caducidad, inclusive, para las pretensiones indemnizatorias vinculadas a dichos actos[1756]. Ello, aun cuando, unos meses antes, la Corte Suprema había sentado una doctrina contraria, si bien respecto de los actos vinculados con la ejecución y modificación de los actos administrativos contractuales en "Mevopal"[1757], que el Alto Tribunal reiteró poco tiempo después en el caso "OKS"[1758].

[1755] Las bastardillas no son del original.

[1756] C. Nac. Cont. Adm. Fed., en pleno, 24/4/1986, "Petracca e hijos SACFI v. Estado nacional. Ente Autárquico Mundial s/cobro de pesos", *cit.* en nota 19.

[1757] En el caso "Mevopal SA y otra v. Banco Hipotecario Nacional", Fallos 307:2216 (1985). Dicha circunstancia – como se verá– tiene particular interés para la interpretación posterior de la doctrina que fluye del caso "Gypobras SA v. Estado nacional (Ministerio de Educación y Justicia)", Fallos 318:441 (1995), que se limita al supuesto de extinción del contrato administrativo.

[1758] 21/10/1986, "OKS Hermanos y Cía. SACI y Financiera v. Yacimientos Mineros de Aguas de Dionisio s/ordinario", no publicado en la colección *Fallos*.

En definitiva, y desde una perspectiva más amplia, se trataba de armonizar la línea jurisprudencial "Mevopal"[1759], "OKS"[1760], en posterior conjunción con "Serra"[1761] y "Gypobras"[1762].

Si se considera – como se vio– que hoy la norma prevé la aplicación de: a) las respectivas leyes especiales, sin perjuicio de b) la aplicación *directa* de las normas del presente título (III), *en cuanto fuere pertinente*"[1763], se infiere la consagración legislativa del criterio que concibe al contrato administrativo como especie del género acto administrativo[1764].

[1759] "Mevopal SA y otra v. Banco Hipotecario Nacional", Fallos 307:2216 (1985), en el cual se estableció que "los actos administrativos, aun unilaterales, referentes a la celebración, ejecución o modificación de un contrato administrativo, en principio, no pueden considerarse en forma aislada, con abstracción del contrato del cual acceden en cuanto determinan los derechos u obligaciones emergentes de aquél, por lo que se rigen por idénticas pautas a las del contrato, ajenas, por ende, al marco contemplado en los arts. 23 y 24 de la ley 19.549 y al sistema de impugnación de su art. 25" (cons. 4°). Ello, sobre la base de que se generaría un "dispendio jurisdiccional inusitado" si el administrado debiera iniciar, frente a la emisión de cualquier acto administrativo, un juicio contra su contratante, situación que generaría un resentimiento en el espíritu de colaboración que debe imperar entre ambas partes. Por ello, la prescripción comenzaría a computarse a partir de la notificación de cada acto.

[1760] "OKS Hermanos y Cía. SACI y Financiera v. Yacimientos Mineros de Aguas de Dionisio s/ordinario", 21/10/1986, no publicado en la colección *Fallos*. En este fallo se hizo remisión al crierio de "Mevopal SA y otra v. Banco Hipotecario Nacional", Fallos 307:216 (1985), concluyéndose en la improcedencia de la aplicación de la caducidad decretada, por resultar extraña al ámbito del litigio en el que la actora pretendía la actualización monetaria de un crédito por mayores costos.

[1761] "Serra", Fallos 316:2454 (1993), en el que se estableció que la acción intentada, ante la negativa de pago de la comuna porteña no quedaría sometida al plazo de caducidad de la LPA, sino al de prescripción.

[1762] "Gypobras SA v. Estado nacional (Ministerio de Educación y Justicia)", Fallos 318:441 (1995), en el cual se confirmó la sentencia que había declarado operada la caducidad, precisándose en qué medida la LNPA resultaba aplicable a los contratos administrativos. Para ello se debió interpretar lo dispuesto por el art. 7°, última parte, de dicha ley, que somete a esos contratos a sus respectivas leyes especiales, sin perjuicio de la aplicación analógica del Título III de dicha normativa. *A contrario sensu*, tal criterio de interpretación (analógico, no directo) no tenía por qué ser extendido al Título IV de la mencionada ley, relativo a la impugnación judicial de los actos administrativos. Como consecuencia, se entendió que era "indudable la aplicación del art. 25 (de la LPA) a los pleitos relativos a relaciones jurídicas originadas en contratos celebrados por la Administración" (cons. 6°, párr. 2°).

Sobre todo ello puede verse un detallado análisis en TAWIL, Guido S., "El art. 25...", *cit.*, p. 475.

[1763] Las bastardillas no son del original.

[1764] Tal concepción surge, asimismo, del precedente "SA Organización Coordinadora Argentina v. Secretaría de Inteligencia", Fallos 321:174 (1995), arg. consid. 5°.

Resultarán aplicables, entonces, al contrato como acto administrativo, las consideraciones ya vertidas acerca de la concepción restrictiva en materia de caducidad (art. 25, LNPA, contenido en el Título IV) en el campo de los actos administrativos. Y dicha concepción restrictiva implicará, en principio, reducir la aplicación de la caducidad a los supuestos de anulación (impugnación, en la terminología de la LNPA). Ello, en pos de un adecuado resguardo de la garantía de tutela judicial efectiva del contratista.

B) Los actos administrativos dictados en el transcurso de los procesos licitatorios

En armonía con la tesis que desarrolló la Corte Suprema en el caso "Mevopal", se ha sostenido que, en materia de actos dictados durante un proceso licitatorio, el punto de arranque para computar el plazo de caducidad es el acto de adjudicación.

Ello se debe a que – sin perjuicio de la posibilidad de promover acciones autónomas contra los actos intermedios cuando se excluya ilegítimamente a un oferente– lo cierto es que para dicho proponente, no obstante que el acto haya causado estado, el carácter definitivo se perfecciona recién con el acto de adjudicación, que es aquel por el cual se resuelve la cuestión de fondo respecto de la relación contractual entre el oferente y el licitador[1765].

C) Doctrina de la Corte en materia de actos vinculados a la celebración, ejecución y modificación de los contratos administrativos. El contrato administrativo como una operación compleja

La doctrina liminar de la Corte Suprema en esta materia fue expuesta en el caso "Mevopal" en los siguientes términos:

"Los actos administrativos, aun unilaterales, referentes a la celebración, ejecución o modificación de un contrato administrativo, en principio, no pueden considerarse en forma aislada, con abstracción del contrato al cual acceden en cuanto determinan los derechos y obligaciones emergentes de aquél, por lo que se rigen por idénticas pautas a las del contrato ajenas, por ende, al marco contemplado en los arts. 23 y 24 de la ley 19.549 y al sistema de impugnación de su art. 25"[1766].

Una explicación técnica del fallo de la Corte se encuentra en la teoría de las llamadas "operaciones complejas"[1767]. Según esta teoría, los plazos de caducidad se computan, en materia contractual, a partir del acto de liquidación final, recepción definitiva y, en su caso, del que resuelve su extinción.

[1765] Conf. BIANCHI, Alberto B., "¿Es aplicable el plenario 'Petracca' a los procesos licitatorios?", separata de la Academia Nacional de Derecho y Ciencias Sociales de Buenos Aires, *Anales*, año XXXV, segunda época, nro. 28, ps. 43-61.

[1766] "Mevopal SA y otra v. Banco Hipotecario Nacional", Fallos 307:2216 (1985), doctrina reiterada en "OKS Hermanos y Cía. SACI y Financiera v. Yacimientos Mineros de Aguas de Dionisio s/ordinario", citado en nota 84.

[1767] CASSAGNE, Juan Carlos, *Cuestiones...*, *cit.*, p. 277, nro. 35.

El carácter complejo de la operación contractual, reconocido por la doctrina francesa[1768], integrada por actos sucesivos que culminan con un acto final, impone la superación de los plazos de caducidad si no se quiere romper con el principio de colaboración que debe regir la relación entre el contratista y la Administración[1769].

En este sentido, bastaría con interpretar, aun sin acudir a la concepción del acto coligado, que el plazo de caducidad se computa recién a partir de ese acto final que, a los fines del proceso contencioso-administrativo, configura el acto definitivo previsto en el art. 23, inc. a), LNPA.

Desde luego que la interpretación que mejor se compadece con la tutela judicial efectiva es la que postula la inaplicabilidad del plazo de caducidad a todos los actos administrativos pero, como seguidamente se verá, no es ésta la tendencia jurisprudencial que exhiben los fallos de la Corte Suprema[1770].

Una interpretación contraria, como apuntó la Corte en el caso "Mevopal", conduciría "a que durante la relación contractual y frente a la emisión por la Administración de cualquier acto unilateral, el administrado tuviera que iniciar, en cada caso, un juicio contra su contratante", lo que implicaría, en palabras del Alto Tribunal, "un dispendio jurisdiccional inusitado y provocaría un resentimiento en el espíritu de colaboración que debe existir entre la Administración y quien ejecute el contrato..."[1771].

D) Impugnación judicial de los actos de rescisión o extinción contractual

El ciclo de esa doctrina culmina, en el estadio actual de la evolución de la jurisprudencia de la Corte, con lo resuelto por este Tribunal en el caso "Gypobras"[1772],

---

[1768] Conf. CHAPUS, René, *Droit du contentieux administratif*, Montchrestien, Paris, 1982, p. 255. En la doctrina francesa, se sostiene que hay una operación compleja en aquellos supuestos en que cuando una decisión final no puede adoptarse sino después de una serie de decisiones sucesivas que permiten el dictado de una decisión final.

[1769] Principio reconocido por la doctrina y la jurisprudencia. Véanse "Galián, Edgar v. Provincia de Corrientes", Fallos 300:1292 (1978); "Durusse de Fernández, Graciela Belkis v. Provincia de Santa Fe", Fallos 308:633 (1986), cons. 5°; TAWIL, Guido, "El principio de colaboración y su importancia en el procedimiento administrativo", LL 1985-E-952; y, en especial, la doctrina de la Corte Suprema según la cual el principio cardinal de la buena fe hace exigible, por un lado, a la Administración que no incurra en prácticas que impliquen comprometer los intereses superiores que ella está obligada a preservar, y como contrapartida, el contratista debe comportarse con diligencia, prudencia y buena fe, habida cuenta de su condición de *colaborador* de la Administración en la realización de un fin público; conf. "Actuar Agrupación Consultores Técnicos Universitarios Argentinos SA y otros v. Agua y Energía Eléctrica Sociedad del Estado s/contrato administrativo", Fallos 325:1787 (2002) (la bastardilla no es del original).

[1770] "Gypobras SA v. Estado nacional (Ministerio de Educación y Justicia)", Fallos 318:441 (1995).

[1771] "Mevopal SA y otra v. Banco Hipotecario Nacional", Fallos 307:2216 (1985), consid. 4°.

[1772] "Gypobras SA v. Estado nacional (Ministerio de Educación y Justicia)", Fallos 318:441 (1995), y TAWIL, Guido S., "El art. 25...", *cit.*, ps. 473-484. Véase, asimismo, MONTI DE HITZFELDER, Laura M., "La aplicación de la Ley de Procedimientos Administrativos 19.549 en el ámbito de los contratos administrativos", JA 1996-IV, 801 y ss.

que para un sector de la doctrina traduce un apartamiento de la tesis sustentada por el Alto Tribunal, en lo sustancial, en las causas "Mevopal" y "OKS"[1773].

En rigor, en "Mevopal"[1774], la Corte sostuvo dos principios no necesariamente dependientes y hasta podría decirse que, de algún modo, preanunció en la última parte del considerando 4° la decisión adoptada más tarde en "Gypobras"[1775].

Un primer principio consiste en la aplicación de la teoría de las "operaciones complejas", que impide considerar cada acto en forma aislada, y aplicar a esos actos el plazo de caducidad del art. 25.

Un segundo principio radica en sostener que las pautas que rigen la impugnación de los contratos resultan ajenas a los arts. 23 y 24, LNPA.

En el caso "Gypobras" se trata, precisamente, de la impugnación de un acto final del contrato – la rescisión–, lo que no contradice, en este punto, la doctrina elaborada por la Corte en "Mevopal", como lo resolvió la sala 4ª de la Cámara Nacional de Apelaciones en lo Contencioso Administrativo Federal[1776].

El cambio jurisprudencial se advierte sólo en cuanto la Corte sostiene que, en materia de contratos administrativos, su impugnación judicial se rige por las prescripciones del Título IV de la LNPA[1777], siendo procedente la aplicación del art. 25 de dicha ley (contenido en dicho Título IV), lo que, aun cuando implica una interpretación que juzgamos disvaliosa a la luz del principio de la tutela judicial efectiva, no contradice la médula o esencia de la tesis de "Mevopal", que es la concepción del contrato administrativo como una operación compleja que impide hacer jugar, en forma aislada, los plazos de caducidad del art. 25, LNPA.

[1773] TAWIL, Gudo S., "El art. 25...", *cit.*, p. 475.

[1774] En cuanto se señala que "al no haber cuestionado la demandada el punto de arranque del plazo de noventa días contenido en el art. 25 y, dado que la pretensión de nulidad de los actos administrativos fue iniciada con anterioridad a su vencimiento – computado desde la recepción definitiva de la obra– forzosamente se concluye en la improcedencia de la caducidad alegada"; conf. "Mevopal SA y otra v. Banco Hipotecario Nacional", Fallos 307:2216 (1985), esp. cons. 4°.

[1775] "Gypobras SA v. Estado nacional (Ministerio de Educación y Justicia)", Fallos 318:441 (1995).

[1776] Allí se señaló que las conclusiones del caso "Mevopal SA y otra v. Banco Hipotecario Nacional", Fallos 307:2216 (1985), "no son directamente aplicables a aquellos actos mediante los cuales se dispone la rescisión contractual". Véase cons. XIII de la sentencia de la C. Nac. Cont. Adm. Fed., sala 4ª, 28/12/1993, "Gypobras SA v. Estado Nacional (Ministerio de Educación y Justicia) s/contrato de obra pública", citada en TAWIL, Guido S., "El art. 25...", *cit.*, p. 474.

[1777] Véase JEANNERET DE PÉREZ CORTÉS, María, "Control judicial. Habilitación de la instancia. Interrogantes que resultan de las disposiciones legales y de las decisiones de la Corte Suprema de Justicia de la Nación en la materia", en AA. VV., *El derecho administrativo, hoy*, Ciencias de la Administración, Buenos Aires, 1996, p. 68.

E) La concepción de la Corte en materia de acciones que tienen por objeto pretensiones indemnizatorias derivadas de contratos administrativos. Otros supuestos en que no se aplica el plazo de caducidad

Aun cuando no haya tenido, hasta ahora, mayor repercusión doctrinaria[1778], la cuestión planteada en el plenario "Petracca" fue resuelta años más tarde en sentido contrario, en ocasión del caso "Pensavalle"[1779], fallado en el año 1989. En este fallo se admitió la procedencia, para un reclamo de daños y perjuicios derivado de la ejecución de un contrato administrativo, de la vía del reclamo prevista en el art. 30, LNPA.

Ese precedente, en el que la Corte Suprema hace suyo el criterio del dictamen de la Procuración General de la Nación, a cargo entonces de la doctora María Graciela Reiriz, sienta dos claros principios, a saber:

1) que cuando no se impugna un acto administrativo de alcance particular la demanda no está sujeta a los recaudos habilitantes del art. 23, LNPA, y

2) que no se requiere interponer la acción dentro de los plazos de caducidad previstos en el art. 25 de la citada ley.

La trascendencia de este precedente no escapó, en su momento, al lúcido comentario de Estrada en cuanto reconoce que la Corte decide, de ese modo, una cuestión novedosa y controvertida al señalar que "el acto decisorio del reclamo no está sujeto para su impugnación al plazo de caducidad e incluso, ante un reclamo mal dirigido, no existe inconveniente en formularlo nuevamente ante la autoridad competente"[1780].

Lo mismo acaece en aquellos supuestos en que el derecho objeto de la pretensión no nace del acto administrativo que rechaza la pretensión resarcitoria, sino de la relación instaurada entre las partes, plasmada en un contrato administrativo, y también cuando la acción intentada no tuviera por objeto la pretensión de hacer cesar una nueva situación jurídica que emane del acto administrativo ni precise, para su viabilidad, de la declaración de invalidez del acto para hacer cesar su presunción de legitimidad[1781].

[1778] Una excepción es el comentario de ESTRADA, Juan Ramón de, "Agotamiento...", *cit.*, p. 328.

[1779] "Pensavalle SRL v. Nación Argentina", Fallos 296:729 (1976), también publicada en REDA, nro. 4, Depalma, Buenos Aires, 1990, p. 330.

[1780] ESTRADA, Juan Ramón de, "Agotamiento...", *cit.*, p. 328, agregando que "(l)a circunstancia de que el reclamo se resuelva mediante un acto no obligaría a seguir, para su impugnación, el régimen de los arts. 23 y siguientes de la ley, ya que se está frente a un régimen diferente en el cual el acto juega un papel secundario, dirigido a decidir previamente acerca de una pretensión anterior del particular"; apunta, además, que "cuando se está frente a un reclamo, el particular está haciendo valer una situación subjetiva que no nace de un acto administrativo sino que tiene su fuerte en derechos subjetivos o intereses legítimos preexistentes; la decisión del reclamo sólo tiene por objeto decidir si en sede administrativa se le reconocerá su pretensión, pero nada agrega o quita a ésta".

[1781] La doctrina del texto es la expuesta por la Corte Suprema en el caso "Serra", Fallos 316:2454 (1993).

Va de suyo que tampoco se aplica el plazo de caducidad prescripto en el art. 25, LNPA, a aquellas acciones que tienen por objeto demandar el cumplimiento de contratos, y, en general, a las acciones que persigan la ejecución de una obligación de dar[1782], como también cuando se demanda al Estado una conducta positiva o negativa cuyo derecho no nace de un acto administrativo[1783], en cuyo caso las acciones se encuentran sólo limitadas por los plazos de prescripción que rigen cada clase de pretensión.

Lo mismo acontece con las denominadas causas civiles en las que el Estado sea demandado y se debatan cuestiones regidas por el derecho común, y, en general, en todos los supuestos que no constituyan impugnación judicial de actos administrativos, que se rigen por las prescripciones de los arts. 30 y ss., LNPA[1784], que, en este sentido, constituyen el régimen ordinario o común del proceso contencioso administrativo.

En resumidas cuentas, la existencia de dos vías en la LNPA o, al menos, la configuración de requisitos diferentes para agotar la instancia administrativa no puede ser negada, como tampoco que contra la decisión que resuelve el reclamo administrativo previo no cabe aplicar el art. 25, LNPA.

Más que por la diversidad de vías, la cuestión se complica por la introducción de tesis muy discutibles en el proceso contencioso-administrativo moderno, como son la teoría del acto consentido en sede administrativa (extendida incluso a los actos nulos o de nulidad absoluta), por la que el vencimiento de los plazos para interponer los recursos administrativos hace perder los derechos de fondo[1785], su extrapolación al ámbito judicial a través de los plazos de caducidad y, desde luego, el carácter revisor de la jurisdicción contencioso-administrativa, instituciones todas ellas que se encuentran en retroceso en el derecho comparado.

Nubla también el panorama descripto la antigua idea de que el proceso contencioso-administrativo es, en esencia, un proceso de impugnación al acto, un proceso al acto, al que no se lo divorcia de las acciones de contenido patrimonial[1786]. Así, no obstante que el particular carezca de interés en demandar la nulidad del acto, se exige la promoción de recursos dentro de plazos breves para el agotamiento de la vía administrativa.

[1782] Conf. JEANNERET DE PÉREZ CORTÉS, "Admisibilidad de la acción..., *cit.*, p. 34.

[1783] Conf. MAIRAL, Héctor A., *Control... cit.*, t. I, p. 388.

[1784] JEANNERET DE PEREZ CORTES, María, "Control...", *cit.*, p. 69.

[1785] MUÑOZ, Guillermo A., "El reclamo administrativo previo", LL 1988-A, 1064-1065, reconoce que la articulación entre el proceso y los recursos administrativos que se exigen para el agotamiento de la instancia administrativa produce "un efecto tan discutible como pernicioso: el vencimiento de los fugaces plazos para interponer los recursos en sede administrativa trae aparejada la pérdida de los derechos de fondo". Por ello propicia instaurar un mecanismo optativo para agotar la vía administrativa (el de los recursos administrativos y el de reclamo previo).

[1786] En esta línea, si bien limitada a los perjuicios derivados de un acto administrativo concreto, se ubica el caso "Alcántara Díaz Colodrero, Pedro v. Banco de la Nación Argentina", Fallos 319:1476 (1996), también publicado en LL 1997-A-70, con nota de CAPUTI, María Claudia - SACRISTÁN, Estela B., "La caducidad del art. 25 de la ley 19.549, la presunción de legitimidad de los actos administrativos y la seguridad jurídica", LL 1997-A-70/80.

478

Todo ello respecto de un acto dictado en el marco de un contrato administrativo, figura que debe entenderse como orientada por los principios de buena fe[1787], coherencia[1788] y confianza recíproca[1789].

[1787] Ha dicho la Corte Suprema que los contratos deben celebrarse, interpretarse y ejecutarse de *buena fe* y de acuerdo con lo que verosímilmente *las partes* entendieron o pudieron entender, obrando con cuidado y previsión (art. 1198, CCiv.), principio que es aplicable en el ámbito de los contratos administrativos; conf. "Destilería Argentina de Petróleo SA (DAPSA) v. UBA s/proceso de conocimiento", Fallos 326 (del 1/9/2003) (la bastardilla no es del original). En similar sentido, "Lunmar Naviera SAC v. YPF SE s/cobro de pesos", Fallos 323:1321 (2000); "Chubut, Provincia del v. Centrales Térmicas Patagónicas SA s/sumario", Fallos 324:4199 (2001); "La Providencia SA v. Ferrocarriles Argentinos s/daños y perjuicios", Fallos 326 (del 4/7/2003); "José Cartellone CCSA v. Dirección Nacional de Vialidad s/contrato obra pública", Fallos 326 (del 12/8/2003); "Cálix SA v. Provincia de Buenos Aires", Fallos 326 (del 12/8/2003).

[1788] "Exolgan SA v. Administración General de Puertos s/proceso de conocimiento", Fallos 326 (del 11/6/2003).

[1789] Según enseña la jurisprudencia de la Corte Suprema, en el ámbito de los contratos administrativos es exigible a *los contratantes* un comportamiento *coherente*, ajeno a los cambios de conducta perjudiciales, y debe desestimarse toda actuación que implique un obrar incompatible con la *confianza* que – merced a sus actos anteriores– se ha suscitado en la otra parte; conf. "Actuar Agrupación Consultores Técnicos Universitarios Argentinos SA y otros v. Agua y Energía Eléctrica Sociedad del Estado s/contrato administrativo", Fallos 325:1787 (2002) (la bastardilla no es del original). Asimismo, se ha destacado, implícitamente, la vertiente ética de tal confianza recíproca en "Actuar Agrupación Consultores Técnicos Universitarios Argentinos SA y otros v. Agua y Energía Eléctrica Sociedad del Estado s/contrato administrativo", Fallos 325:1787 (2002) (voto de los Dres. Belluscio, Petracchi y Bossert).

CAPÍTULO VII

EL DESARROLLO DE INFRAESTRUCTURAS PÚBLICAS: NUEVOS MECANISMOS DE FINANCIAMIENTO VINCULADOS CON LA ACTIVIDAD CONTRACTUAL DE LA ADMINISTRACIÓN, EN ESPECIAL LA COLABORACIÓN Y/O ASOCIACIÓN ENTRE LOS PARTICULARES Y EL ESTADO*

Sección 1ª

INTRODUCCIÓN

1. OBJETO DE ESTE CAPÍTULO

Antes de introducirnos en el análisis jurídico de los temas específicos que integran este capítulo, vamos a explicar, en forma suscinta las razones que justifican su inserción en una parte general sobre los contratos administrativos.

Se trata, básicamente, de nuevas instituciones de derecho público, que promueven las posibilidades de la participación privada, de cara a las necesidades del país. La circunstancia de constituir un *ius novum* y la necesidad de contar con la participación privada para el crecimiento económico plantean un verdadero desafío a la creatividad jurídica e innovación tecnológica de los proyectos, cuya sustentabilidad se encuentra favorecida por el hecho de que, como se verá, los nuevos institutos participativos crean un marco abierto y variado de posibilidades.

En cualquier caso, corresponde advertir acerca del peligro que representa la inadaptabilidad de muchas de las fórmulas comparadas y del lenguaje jurídico al derecho argentino y, sobre todo, a la idiosincrasia de quienes van a interpretarlas durante la selección y ejecución de los proyectos (reguladores, jueces, etc.). Esto no se supera, desde luego, con posturas "chauvinistas", pero tampoco importando soluciones o modelos que difícilmente se adapten a nuestra realidad y arrojen resultados útiles (por ej., el sistema de audiencias públicas que se introdujo en la regulación del gas), incluso contrarios a las finalidades que se perseguían. En suma, se trata de un pro-

---

* El material de este capítulo, en la mayor parte de su contenido, tiene origen en diversos estudios profesionales efectuados bajo la dirección del suscripto, con la participación de los Dres. Pablo J. Piccoli, Gerónimo Rocha Pereyra, Ezequiel Cassagne, Carlos Legón Marienhoff y Francisco Durand, a quienes el autor agradece especialmente su colaboración. Una parte de esos estudios aparece reproducida en un trabajo titulado "La asociación público-privada para el desarrollo de infraestructura en Argentina", publicado por PICCOLI, Pablo - ROCHA PEREYRA, Gerónimo, "Desafíos de la regulación", JA 2006-III-69.

blema de adaptación de los sistemas comparados al derecho vernáculo y, especialmente, a la realidad política y socioeconómica que circunda cada sector en el que se llevarán a cabo los proyectos.

2. LA DECADENCIA DE LOS SISTEMAS TRADICIONALES PARA CONSTRUIR Y/O FINANCIAR LAS INFRAESTRUCTURAS PÚBLICAS Y LA COYUNTURA ECONÓMICA

En nuestro país, el sistema para construir y/o financiar los proyectos de infraestructura del sector público se basaba en el modelo jurídico tradicional, constituido por esquemas convencionales que, con sus variantes y modalidades, se concentraban en dos grandes contratos: a) el de obra pública, regido por la ley 13.064, y b) el de concesión de obra pública, regulado por la ley 17.250. Éste fue también, durante mucho tiempo, el modelo que rigió en Europa continental.

En el caso de la obra pública, las características del modelo clásico pueden resumirse así: 1) el Estado paga el costo de la obra pública con los recursos generales provenientes de tributos (impuestos o contribuciones especiales) o del crédito público que, a su vez, puede tener distintas fuentes de financiación; 2) el pago de la obra se lleva a cabo a medida que ella avanza, de modo que el contratista financia sólo una pequeña porción del total, que corresponde a la diferencia entre el momento en que se genera el costo y se abonan los certificados; 3) de cada certificación, que comprende los acopios y la parte de la obra que se ha construido, se deduce un monto que pasa a integrar el "fondo de reparos", cuyo objeto consiste en servir de garantía de la buena construcción de la obra, el cual se libera al tiempo de su recepción definitiva.

Como puede apreciarse, en la forma pura de este esquema existe una relación unívoca y directa entre el contratista y el Estado. Sin embargo, las cosas cambian cuando se acude al financiamiento privado (*v.gr.*, consorcio de bancos), en el que, al insertarse el contrato de financiación, se genera un sistema diferente en el cual el papel del contratista pasa a ser el de un mero constructor que percibe sus ingresos (a medida que la obra se construye) de parte de los financistas del proyecto (un grupo de bancos o un banco prestamista). Al finalizar la obra, los bancos se cobran del Estado o de los usuarios (*v.gr.*, mediante la percepción de un peaje).

Resulta evidente que tanto el esquema puro de la obra pública como el de la concesión de obra pública (que admitía diversas combinaciones) han sufrido la erosión proveniente de diversos factores. Las razones de la decadencia de estos esquemas puros (al menos como sistemas generalizados) se orientan principalmente en cuatro direcciones: a) las carencias presupuestarias y la insuficiencia de los recursos corrientes para financiar las infraestructuras; b) las restricciones para acceder al crédito público; c) el crecimiento relativo de las obras de infraestructura y las nuevas necesidades tecnológicas que se plantean en algunos sectores; d) el hecho de que muchas de las inversiones de los proyectos de infraestructura comprendan los llamados "bienes públicos"[1790], cuya utilización no debe restringirse – al menos en

---

[1790] El bien público se caracteriza por la ausencia de rivalidad en el consumo y por su no excluibilidad. Por ejemplo, la paz cuesta poco o nada para el disfrute de un individuo adicional. Además, son altos los costos de impedir que algún individuo disfrute de ese bien

principio– a los usuarios; e) las demoras provenientes del sistema burocrático de administración de los contratos, y f) los niveles de corrupción que existen en el Estado y en la sociedad misma que proyectan sus efectos al costo del sistema.

Por estas causas, en la medida en que los esquemas futuros reduzcan el papel del Estado a sus justos límites y se distribuyan de un modo equitativo los riesgos entre los contratistas y los que financian los proyectos, se podrán alcanzar los mejores resultados para el bien común.

Un estudio efectuado en el año 2005 destacó la necesidad de realizar importantes inversiones en infraestructura, especialmente en aquellas vinculadas a los servicios públicos. Algunas investigaciones han pronosticado que, de mantenerse la tasa de crecimiento a un promedio del 4% anual, la ecuación energética de hoy día resultará insuficiente, ya que – según dicho análisis– sólo para el año 2010 precisaremos: a) incorporar 3200 MW de generación hidroeléctrica (es decir, otra Yacyretá); b) 600 MW de fuentes provenientes de centrales nucleares (como Atucha II); c) elevar la producción de gas natural a 72.000 millones de m^3 y la de petróleo a 54.000 millones de m^3 (aproximadamente, un 25% más de lo que se producía entonces)[1791].

El cuadro expuesto indica que el Estado precisará acudir a los sectores privados y/o a las alianzas estratégicas que éstos concierten para poder llevar a cabo los proyectos y/o planes de infraestructura que requiere el desarrollo del país, para lo cual, tanto el régimen de iniciativa privada como el denominado APP, pueden constituirse en herramientas útiles para instrumentar la colaboración entre las empresas privadas y el Estado.

3. EL CAMBIO DEL PAPEL DEL ESTADO

Aunque es probable que no haya sido un propósito perseguido en forma explícita por el régimen estatuido, un análisis objetivo acerca de su implantación y las posibilidades que se abren indica que, de ser utilizado, puede operarse una modificación en el papel del Estado en la planificación de los proyectos de obras y/o servicios públicos de la infraestructura pública.

Ahora bien, ese cambio puede implicar, en virtud de la amplitud que caracteriza al régimen de iniciativa privada, que las empresas sustituyan al Estado en el papel que antes cumplía en la planificación de los distintos proyectos, así como en la elaboración de los marcos regulatorios y en la determinación de las condiciones (técnicas, económico-financieras, jurídicas, etc.) de los pliegos.

(STIGLITZ, Joseph E., *Economics*, 2ª ed., W.W. Norton, New York, 1997). A su vez, el "bien público mundial" (*global public good*) es aquel con beneficios fuertemente universales en lo que respecta a países (que abarcan más de un grupo de países), personas (los que reciben varios grupos de población, preferiblemente todos) y generaciones (se extienden a generaciones presentes y futuras, o al menos satisfacen las necesidades de las generaciones presentes sin excluir las opciones de desarrollo de generaciones futuras) (KAUL, Inge - GRUNBERG, Isabelle - STERN, Marc A., *Bienes públicos mundiales*, Oxford, México, 1999).

[1791] El estudio que se cita en el texto, llevado a cabo por el Instituto General Mosconi, fue recogido por el diario *La Nación* en su edición del día 21/8/2005, p. 8.

De ese modo, la empresa que fuera autora de debe buscar la armonización del interés privado con el público, asumiendo, en este último caso, el papel que correspondía al Estado en el antiguo esquema contractual.

La nueva situación, de manejarse en forma correcta, representará una ventaja considerable, pero también puede generar dificultades en el caso de presentarse iniciativas que, aun cuando fueran aprobadas y declaradas de interés público, no resistan el test de razonabilidad, calidad y eficiencia que exigen los principios constitucionales y, seguramente, también demandará la opinión pública.

De todas maneras, las ventajas – respecto del sistema clásico– son muchas. Se encuentran en el diseño de criterios y/o normas del marco regulatorio del proyecto, garantías de mantenimiento de las reglas de juego, la posibilidad de ampliar iniciativas anterior o posteriormente presentadas, así como en proponer los criterios objetivos de comparación objetiva de las propuestas al abrirse el procedimiento de selección (las circunstancias económicamente equivalentes) y las características del proyecto (v.gr., si se acude al sistema "llave en mano"). En cualquier caso, la óptica debería inclinar la balanza del interés público hacia la creatividad empresaria y a la innovación tecnológica, resguardando los aspectos confidenciales de las propuestas para evitar que sean copiadas por competidores desleales o de mala fe.

4. LA INSUFICIENCIA DEL "CONTRATO DE OBRA PÚBLICA" COMO HERRAMIENTA JURÍDICA PARA EL DESARROLLO DE INFRA-ESTRUCTURAS PÚBLICAS

A pesar del avance que en la materia se ha producido en los últimos quince años, a partir de las importantes inversiones en infraestructura que se han efectuado como consecuencia del proceso de privatizaciones iniciado en 1990, la República Argentina sufre un evidente déficit en lo concerniente a las obras necesarias para el desarrollo económico y social de su territorio y población.

Obras tales como carreteras, redes ferroviarias, puertos, oleoductos, aeropuertos, gasoductos, centrales generadoras de energía, líneas de transmisión y redes de telecomunicaciones hacen posible el adecuado transporte de mercaderías, personas e información, integrando las diversas regiones del país y a éste con el exterior. Por su parte, los sistemas de distribución de agua potable, las cloacas, las plantas procesadoras de residuos, las escuelas y hospitales públicos, etc., permiten a los habitantes del país alcanzar confortables niveles de vida y salud. Esos emprendimientos, además de las necesidades puntuales que cubren, contribuyen a la generación de empleo y a la reactivación de la economía en general[1792].

Pero la necesidad de dotar al país de la infraestructura básica se enfrenta con la insuficiencia de recursos estatales para llevar a cabo las grandes inversiones que se requieren para la construcción de estas obras, habida cuenta de que no puede poster-

---

[1792] En el decimoprimer consid. 11 del dec. 1299/2000 (BO del 1/4/2001), titulado "Régimen para la Promoción de la Participación Privada en el Desarrollo de Infraestructura", está contenida la idea de que la participación privada en el desarrollo de infraestructura revitalizará el sector de la construcción y, con ello, se logrará un efecto multiplicador en el resto de la economía y, particularmente, en el empleo.

garse la satisfacción de otras necesidades básicas de la población (como las vinculadas a la asistencia social y a la salud, o las relativas a seguridad y educación)[1793].

Por estos motivos, el modelo tradicional del Estado que sufragaba directamente
el costo de la construcción de estas infraestructuras públicas a través de lo recaudado
por impuestos o préstamos de organismos públicos internacionales, se encuentra en
crisis, y con él también el clásico "contrato de obra pública", en el cual, además de
costearse la construcción con fondos del tesoro público, la relación contractual se
caracteriza por el hecho de que es la Administración contratante quien paga al constructor privado a medida que la obra avanza.

Cierto es que esta forma de afrontar el costo de infraestructuras públicas se justifica en algunos casos, por lo que no puede dejarse totalmente de lado. Se trata de
los supuestos en que las obras constituyen – desde el punto de vista de la teoría
económica– "bienes públicos", entendiéndose por tales aquellas cosas o servicios
que son indivisibles y de cuyo uso no puede excluirse a los habitantes.

Las instalaciones para la defensa nacional, la seguridad interior, la justicia, la salud pública, el servicio meteorológico o el de bomberos son ejemplos de este tipo de
"bienes públicos", en los cuales, una vez que la infraestructura es construida o el servicio establecido, no es posible impedir que no sean usados o usufructuados por aquellas personas que no los paguen. Se ha dicho que los "bienes públicos" son indivisibles
y no exclusivos, y que los individuos que tienen interés en que sean provistos se conducen estratégicamente, no haciendo manifiesto su interés y esperando que otros paguen por esas obras o servicios. En ese escenario, aun aquellos que no hayan afrontado
el costo de estos bienes, igualmente podrían beneficiarse con ellos, lo cual no sería
justo. Desde otra perspectiva, si todos los habitantes esperaran que otros paguen los
costos de la policía o de la defensa nacional, nadie lo haría y no podría implementarse
esta protección básica[1794].

Por esas razones, los "bienes públicos" demandan, sin alterar el principio de
subsidiariedad, una intervención estatal que afronte directamente el costo de las
obras públicas de que se trate, sobre todo teniendo en cuenta que, por lo común, se
trata de infraestructuras de gran importancia social y no susceptibles de explotación
económica o cuyo nivel de rentabilidad no las hace atractivas para el sector privado[1795].

[1793]   En el segundo consid. 2° del dec. 1299/2000 se señala que el objetivo de esta norma es mejorar la infraestructura económica y social de la República Argentina, manteniendo al mismo
tiempo el equilibrio fiscal, estableciendo estructuras jurídicas que posibiliten el aprovechamiento de los recursos disponibles en el sector privado de la forma más eficaz posible y al
menor costo para el Estado.

[1794]   PIERCE, Richard J. - GELLHORN, Ernest, *Regulated Industries*, West Publishing Co., St.
Paul, Minn., 1994, ps. 16 y 17.

[1795]   En este sentido, en el consid. 1° del dec. 1299/2000 se señala que la intervención del sector
privado debe incentivarse sobre todo en aquellos proyectos que no podrían ser financiados
exclusivamente por sus usuarios y que están destinados al desarrollo de infraestructura
económica o social, concepto este último abarcativo de los sectores de salud, educación y
justicia, entre otros. Véase: AGUILAR VALDEZ, Oscar, "Contratación administrativa y financiamiento. La relación entre el financiamiento y los mecanismos de ejecución contractual. El caso de los contratos de construcción y explotación de infraestructuras públicas", en

Ahora bien, la necesidad de desechar completamente el clásico "contrato de obra pública" no impide reconocer la tendencia a restringir al máximo su campo de acción, en virtud de los distintos inconvenientes que esta figura contractual genera.

En efecto, si una de las principales características del típico "contrato de obra pública" radica en el pago inmediato de las tareas ejecutadas al contratista (a través del sistema de certificaciones de obra), el financiamiento de la construcción por parte de este último es mínimo; la verdadera financiación corre por cuenta del Estado y, por lo tanto, está sujeta a las restricciones presupuestarias impuestas por las circunstancias de índole política y legal[1796], lo cual hace que las obras no se concluyan en los plazos de ejecución previstos, o bien que se extiendan de manera indefinida.

Se han abierto paso, por todo ello, nuevas formas de contratación pública, entre las que se encuentran algunas en las que el costo de construcción de la infraestructura no resulta soportado por las arcas estatales, sino por aquellos sujetos que directamente la utilizan, asignándose de esta manera en forma más equitativa el esfuerzo económico que implica la realización de estas obras[1797], así como otras modalidades contractuales en las que, si bien el precio es abonado con recursos públicos, no es el Estado quien carga con el costo de financiamiento de la obra durante la etapa de construcción, además de transferir al sector privado algunos de los riesgos ínsitos en este tipo de contratos y asegurándose, de esta manera, la operatividad de la infraestructura de que se trate.

En este esquema contractual, el contratista privado no sólo tiene a cargo la construcción – como en el tradicional modelo del "contrato de obra pública"–, sino que también debe encarar la financiación de la obra, cuyo costo financiero se difiere en el tiempo por el Estado, en el caso de emprendimientos pagados directamente con fondos del tesoro público, o afrontado por aquellas personas o empresas que obtienen una directa utilidad con el uso de la obra.

CASSAGNE, Juan Carlos - RIVERO YSERN, Enrique (dir.), *La contratación pública*, t. I, Hammurabi, Buenos Aires, 2007, ps. 561 y ss.

[1796] Es que si la ejecución y, por ende, el pago de la obra pública abarcan varios ejercicios presupuestarios, el gasto que demande constituye "deuda pública", en los términos del art. 57, ley 24.156, y está sujeta a la restricción presupuestaria del art. 2º, inc. f), ley 25.152. Respecto de las limitaciones de gastos acordes con la capacidad del presupuesto estatal, ver: TRAVI, Aldo, "La contratación pública en Italia", en CASSAGNE, Juan Carlos - RIVERO YSERN, Enrique (dir.), *La contratación...*, cit., ps. 321 y ss., especialmente ps. 355-357.

[1797] Se ha considerado, en este sentido, que el sistema de pago de infraestructuras públicas a través de recursos del tesoro público, integrado principalmente por lo recaudado en materia de impuestos, no resulta justo en tanto hace pesar el costo de estas obras sobre los contribuyentes actuales, sin distinción de las posibilidades efectivas – o no– de utilización de la infraestructura por parte de ellos, lo cual genera inequidades "intergeneracionales" e "interregionales", es decir que la infraestructura no sea costeada por todas las generaciones a las que pueda beneficiar y que los recursos públicos no se destinen a zonas del país donde el nivel de renta sea menor (RUIZ OJEDA, Alberto, "Hacia un nuevo entendimiento y articulación de las relaciones entre los factores implicados en la provisión y gestión de infraestructuras", en RUIZ OJEDA, Alberto [coord.], *La financiación privada de obras públicas. Marco institucional y técnicas aplicativas*, Civitas, Madrid, 1997, p. 53).

Obviamente, esta asunción del financiamiento de la obra por el contratista privado suele traer como consecuencia un encarecimiento de su costo, sobre todo cuando se trata de sistemas donde el precio es pagado por los usuarios[1798], pero esta circunstancia no alcanza para desvirtuar las múltiples ventajas que estos nuevos contratos representan.

Cabe aclarar que en el marco de estas nuevas modalidades contractuales, el Estado resigna algunos de los poderes de dirección y control sobre la ejecución de los trabajos que tenía en el "contrato de obra pública", pero conserva plenamente la potestad de planificación para el desarrollo de las infraestructuras[1799], como gestor del interés público[1800], además de beneficiarse con la delegación de la financiación que realiza y con la traslación de ciertos riesgos al contratista privado, en tanto paga por la infraestructura una vez que se libra al uso público, garantizándose así su adecuado funcionamiento.

Por lo expuesto, el "contrato de obra pública" ha quedado circunscripto, en los hechos, a la ejecución de aquellos emprendimientos no explotables económicamente por particulares (que usualmente constituyen "bienes públicos" en el sentido económico de este término), o de baja rentabilidad, que los haga poco atractivos para la inversión privada y respecto de los cuales, además, por sus características (sobre todo por la escasa complejidad técnica de la obra de que se trate), no sea necesario que el constructor garantice el correcto funcionamiento de la infraestructura.

La importancia de las nuevas formas de contratación que se analizarán seguidamente se centra en aquellas hipótesis en que el Estado, aun cuando afronte el costo directamente con recursos del tesoro público, considere conveniente no cargar con la financiación del proyecto y asegurarse la plena operatividad de la obra a contratar, difiriendo el pago al momento en que, concluida la construcción, se haga evidente el correcto funcionamiento de ésta; o en los supuestos en que, por tratarse de infraestructuras altamente rentables desde el punto de vista económico, sea posible que su costo sea soportado por los usuarios de ellas, corriendo el financiamiento por cuenta del constructor o de un tercero (por ejemplo, bancos).

Por lo tanto, cualquiera sea el origen de los fondos que se aplicarán al pago de la construcción de las infraestructuras – recursos del erario o tarifas abonadas por

---

[1798] Según Fanelli Evans (FANELLI EVANS, Guillermo E., "La financiación de concesiones de obras y servicios públicos", LL 1998-D, 958), en los contratos en donde el Estado no paga su precio "de contado", sino que sólo "concede" al particular la potestad de percibir su precio de los usuarios o beneficiarios, en múltiples mínimas porciones individuales, es decir, cuando el cobro del precio de la obra (incluido el costo del dinero necesario para construirla) sólo se puede efectuar a plazos muy largos, el concesionario debe obtener un crédito muy caro (en tanto es a muy largo plazo), lo cual encarece sobremanera el precio de estos contratos, encarecimiento este que naturalmente va a pesar sobre los usuarios o beneficiarios de la obra o servicio.

[1799] ARIÑO ORTIZ, Gaspar, "¿Hacia dónde va el Estado? Mercado e iniciativa privada en un mundo en transformación", RAP, nro. 230, Buenos Aires, 1997, ps. 5 y ss.

[1800] En este sentido, en el consid. 4° del dec. 1299/2000 se afirma que será el sector público el que determinará el servicio o infraestructura requerido.

los usuarios– , es decir, sean los fondos presupuestarios o extra presupuestarios[1801], la característica común de estas modalidades contractuales es el financiamiento por el sector privado.

Es así como cabe considerar las variantes de contratos administrativos para la construcción de infraestructuras públicas (distinguiendo aquellas en las cuales el pago se realiza con fondos públicos, de las que el costo es sufragado por los particulares usuarios de las obras), como también los diversos mecanismos de financiación a los que puede recurrir el contratista privado, para finalizar con las garantías que éste puede otorgar a los financistas y las que el Estado puede brindarle a él.

5. CONSIDERACIONES SOBRE LOS NUEVOS MECANISMOS DE FINANCIACIÓN Y LA ATIPICIDAD DE LAS FIGURAS CONTRACTUALES

Como condición básica para la implementación del financiamiento privado de obras públicas, el Estado precisa un alto estándar de seguridad jurídica, a través de regulaciones razonables y, sobre todo, estables, destinadas a perdurar en el tiempo, no sólo porque éste es un factor preponderante para atraer la participación misma del sector privado en emprendimientos públicos[1802], sino también, como lo ha reconocido el propio Estado[1803], porque el riesgo derivado de la falta de seguridad jurídica es un elemento que indudablemente encarece las obras[1804].

Por último, hay que advertir que la mayor parte de los nuevos mecanismos no constituyen, de por sí, formas jurídicas contractuales, sino más bien un sistema o marco que contiene diversos tipos de contrato[1805], tanto de derecho público como de derecho privado. Sin embargo, en el derecho comparado se los ha incluido en el

---

[1801] Ésta es la clasificación que hace GUIRIDLIAN LAROSA, Javier, *Contratación pública y desarrollo de infraestructuras (nuevas formas de gestión y financiación)*, LexisNexis, Buenos Aires, 2004, p. 28.

[1802] CASSAGNE, Juan Carlos, "Regulación y servicios públicos (la seguridad jurídica después de las privatizaciones)", en CASSAGNE, Juan Carlos, *Fragmentos de derecho administrativo*, Hammurabi, Buenos Aires, 2003, ps. 201 y ss.

[1803] En esta línea, la creación del Fondo Fiduciario de Desarrollo de Infraestructura, a efectos de garantizar los pagos comprometidos a favor de la persona jurídica encargada del proyecto, una vez que la obra ha sido construida y, en aquellos casos en que corresponda, el servicio comience a ser prestado, se anuncia como una medida para otorgar mayor seguridad jurídica a las empresas que decidan contratar y reducir así los costos vinculados con la incertidumbre sobre el pago en tiempo y forma (consid. 3° del dec. 1299/2000).

[1804] Además del largo tiempo de recupero de la inversión, el financiamiento (y, por ende, el costo) de la obra se encarece por el denominado "riesgo país" o "riesgo político", en el cual se incluyen las variaciones que la política oficial del concedente puede efectuar en dichos lapsos. Si bien la autoridad concedente puede ser hoy proclive a este tipo de contratos, resulta difícil predecir qué actitud adoptará frente a ellos después de sucesivos cambios de gobierno y políticas económicas. De allí que este riesgo sea considerablemente mayor en países inestables (FANELLI EVANS, Guillermo E., "La financiación...", *cit.*, ps. 958 y ss.).

[1805] MAIRAL, Héctor A., "La asignación de riesgos en la financiación privada de proyectos públicos", *RAP*, nro. 320, Buenos Aires, 2005, ps. 209 y ss., y en *RAP, Doctrina Pública*, XXVII-2, 2006, ps. 139 y ss.

ordenamiento que rige la contratación pública[1806], considerándolos contratos administrativos, como ocurre, por ejemplo, en España, cuando la Administración es parte de este tipo de contratos.

En cualquier caso, cuando el Estado sea la contraparte en un contrato de esta naturaleza, o se requiera financiación pública, el procedimiento de selección es el propio de toda contratación pública que, como regla general, debe efectuarse por licitación pública[1807].

Lo que caracteriza a estos sistemas es su atipicidad contractual, en la medida en que permiten utilizar y combinar diferentes figuras contractuales, estableciendo distintos grados de distribución de los riesgos[1808], cada uno de los cuales presenta ventajas y desventajas. La principal ventaja que presentan estos sistemas, particularmente las APP, es la de movilizar los recursos y la capacidad tecnológica del sector privado hacia el público[1809]

Sección 2ª

EL RÉGIMEN DE INICIATIVA PRIVADA

1. ÁMBITO DE APLICACIÓN, FINALIDADES Y NORMAS GENERALES

La iniciativa privada, que cobró existencia en el derecho argentino con la ley 17.520 (modificada por ley 23.696), restringida en sus comienzos a la concesión de obra pública, y que luego se extendió a otras figuras contractuales, primero por aplicación analógica de esa ley y su reglamentación[1810], y luego por expresa disposición del dec. 436/2000, que continúa vigente, ha sido de nuevo regulada a través de la sanción del dec. 966/2005.

Este decreto, según establece su art. 1º (que hace referencia a las leyes 13.064, 17.520 y 23.696), ordena el instituto de la iniciativa privada en lo relativo a las obras de infraestructura (contratos de obra pública y de concesión de obra y de servicios públicos, así como las privatizaciones dispuestas por la Ley de Reforma del Estado).

A su vez, el dec. 436/2000, por su parte, resulta de aplicación a todos los demás contratos (especialmente compraventa, suministros, servicios, locaciones, alquileres con opción de compra, permutas y concesiones de uso de bienes del dominio público y privado del Estado nacional), siempre que no se encuentren expresamente ex-

---

[1806] Ley 30/2007, art. 19.1 a).

[1807] Al respecto, ver MEILÁN GIL, José Luis, *La estructura de los contratos públicos,* Iustel, Madrid, 2008.

[1808] Ampliar en MAIRAL, Héctor A., "La asignación...", *cit.,* ps. 210 y ss., y AGUILAR VALDEZ, Oscar, "Contratación administrativa...", *cit.,* ps. 588 y ss.

[1809] GUGLIELMINETTI, Ana P. - BENSADÓN, Pascual, "Algunos aspectos jurídico-económicos de la asociación público-privada (a propósito del dec. 967/2005)", EDA 2005-638.

[1810] MERTEHIKIAN, Eduardo, *La iniciativa privada en la concesión de obra y de servicios públicos,* Ábaco, Buenos Aires, 1992, ps. 80-81.

488

cluidos, como ocurre con: a) los contratos de empleo público; b) las compras con caja chica; c) los que se celebren con Estados extranjeros, con entidades de derecho público internacional, o con instituciones multilaterales de crédito, y d) los que se financien con recursos provenientes de los Estados o entidades mencionados en el punto anterior, sin perjuicio de su eventual aplicación supletoria, cuando pudiere corresponder).

Como se desprende de los considerandos del dec. 966/2005, el principal objetivo de la iniciativa privada radica en alentar a los particulares a que participen activamente en el desarrollo de actividades de interés público, propias de la Administración.

En efecto, el Estado recibe una propuesta que, en caso de ser declarada de interés público, configura la base sobre la cual se formularán los lineamientos de un eventual contrato. Este sistema se justifica porque, si fuera la Administración la que elaborara las bases del contrato, es probable que se generen menos ideas, que a su vez representarían una menor eficiencia, eficacia y rentabilidad que la propuesta que podría presentar una empresa privada o un particular que se encuentre interesado en un proyecto determinado.

Si a ello se añade que de todos modos se debe proceder conforme a alguno de los procedimientos de selección del cocontratante con el correlativo control estatal, los autores de iniciativas privadas pueden lograr que sus propuestas reflejen altos estándares de eficiencia y rentabilidad, lo que supone beneficios para la comunidad en general, al promover la compatibilidad del interés privado con el público.

El dec. 966/2005 contiene una serie de disposiciones generales y otras, en su Anexo I, que constituyen la regulación específica del instituto de la iniciativa privada en materia de contratos de obra pública, concesión de obra pública, concesión de servicios públicos y contratos afines.

Entre las primeras, cabe destacar las siguientes:

(i) A través del art. 4° se instruye a los Ministerios de Economía y Producción y de Planificación Federal, Inversión Pública y Servicios para que, por medio de una resolución conjunta, procedan a la integración *ad-hoc* de la Comisión de Evaluación y Desarrollo de Iniciativas Privadas, aclarándose que ella no contará con erogación presupuestaria alguna. La Comisión tendrá a su cargo – dice la norma– la recepción y evaluación de los proyectos de iniciativa privada, presentados por los interesados conforme al nuevo régimen.

Asimismo, prescribe que, cuando por cuestiones de competencia en razón de la materia, la presentación de una iniciativa exceda el ámbito de actuación de los Ministerios antes mencionados, se convocará a la Comisión al Ministerio o jurisdicción que resulte competente.

(ii) El art. 5° aprueba la "secuencia de procedimiento", que como Anexo II integra la norma.

(iii) A su vez, el art. 6° establece que el Ministerio de Planificación Federal, Inversión Pública y Servicios será la autoridad de aplicación e interpretación del decreto, quedando facultado para dictar las normas reglamentarias, complementarias y/o aclaratorias que resultasen necesarias. En ese carácter, dicho Ministerio es quien suscribe, en calidad de representante del Estado nacional, la documentación que se precise para la implementación de las modalidades de contratación previstas en la norma.

2. LAS PRINCIPALES CUESTIONES QUE SUSCITA EL RÉGIMEN DEL DEC. 966/2005

A) Facultades del Poder Ejecutivo en cuanto al encuadramiento de una propuesta como iniciativa privada

El segundo párrafo del art. 1° del Anexo I prescribe que "(t)oda presentación de un particular ante el Estado nacional, cuyo objeto sea regulado por la normativa enunciada en el párrafo precedente, quedará sujeta al presente régimen". A su vez, el art. 5°, segundo párrafo del citado Anexo, señala que "(e)l Poder Ejecutivo Nacional decidirá la calificación de interés público y la inclusión en el régimen de Iniciativa Privada de la propuesta".

La calificación de interés público constituye un concepto jurídico indeterminado que no puede dar lugar a decisiones injustas o irrazonables. Tras la declaración de interés público de una propuesta por parte del Poder Ejecutivo, debe continuar el procedimiento de selección previsto en la Ley de Iniciativa Privada (conforme el art. 5°, dec. 966/2005).

B) Requisitos de la propuesta. Posibilidad de ampliación

En el segundo artículo del Anexo I se establecen los requisitos mínimos que precisa cumplimentar una iniciativa privada: a) identificación del proyecto y su naturaleza; b) las bases de su factibilidad económica y técnica; c) monto estimado de la inversión; d) los antecedentes completos del autor de la iniciativa; e) la fuente de recursos y de financiamiento, el que deberá ser privado.

Es del caso señalar, aunque es por lo demás obvio, la necesidad de que la propuesta sea completa y clara, teniendo siempre en mira que será la que a fin de cuentas configure el contenido de la iniciativa privada, incluso en una mayor medida que el pliego de bases y condiciones que se elaborará sobre la base de aquélla, o bien de las bases sobre las cuales se llame a concurso de proyectos integrales, en su caso.

Adviértase que será fundándose sobre la propuesta misma que se podrán impugnar, incluso, los instrumentos referidos, en caso de que ellos no reflejen fielmente el contenido de la iniciativa declarada de interés público.

Por lo demás, nada obsta a que se incorpore en la propuesta como condición la necesidad de que se dicte un determinado conjunto de normas que pudieran ser indispensables o de utilidad para la implementación del sistema.

En cuanto a la información que se debe incluir al momento de presentar una iniciativa privada, va de suyo que no debe incluir los aspectos confidenciales o secretos de la propuesta que cada empresa se reserva para no alterar su ventaja competitiva respecto de otros oferentes. De otro modo, se estaría haciendo entrega de información sensible sobre la propia oferta a eventuales competidores, perjudicando así su situación frente a una posible licitación.

En efecto, tal como afirma la doctrina, "aquel particular que pretenda que su propuesta sea declarada de interés público y que sobre la base de la misma el Estado lleve adelante una compulsa con la de otros, deberá establecer, sin lugar a equívocos, los lineamientos técnicos de su iniciativa, con el mayor grado de detalle que sea posible, *aunque sin vulnerar secretos*, a fin de demostrar que conoce el objetivo, los medios y los procedimientos técnicos para llevarlo adelante"[1811].

En cuanto a la viabilidad económica del proyecto en relación con la información que debe incluir la iniciativa, se ha dicho que "no debe colegirse de lo dicho que la Administración se encuentre autorizada a exigir del iniciador información que debe estar contenida en la futura oferta (ejemplo de ello es lo que los economistas denominan en general 'flujo de fondos', 'flujo financiero' o *cash flow*), pues estos datos deben reservarse para la etapa correspondiente, que no es otra que la de la selección propiamente dicha. Lo contrario implicaría tanto como dejar al autor de la iniciativa *a merced de sus eventuales competidores, que al trabajar sobre una idea ya elaborada y explicitada tendrán allanada, seguramente, gran parte de la tarea*"[1812].

Se ha sostenido también que "determinar en forma taxativa qué debe contener una iniciativa como requisitos de presentación para ser admitida como tal, es como tratar de determinar de antemano un punto de equilibrio entre la puja de la Administración por conocer más detalles de las presentaciones con el sector privado al intentar no desnudar estrategias que podrían comprometerlo al tiempo de un llamado a licitación"[1813].

Al fin de cuentas, siempre deberá buscarse un equilibrio entre la información que se suministre al organismo de que se trate en el marco de una iniciativa privada. Debe ponerse especial énfasis en no incumplir los requisitos que exige la normativa, pero, a la vez, aplicar una determinada cautela en el suministro de la información, puesto que siempre se corre el riesgo de que la información sensible o confidencial que se proporcione en el marco de la iniciativa sea conocida por eventuales competidores, lo cual puede hacer perder al autor del proyecto ventajas comparativas en la etapa de selección del contratista.

Por otra parte, sería conveniente proponer que se implemente un sistema en virtud del cual se sancione al oferente que utilice los datos aportados en la iniciativa para elaborar su propia oferta en competencia con la del autor. Ello, por supuesto, sin perjuicio de la responsabilidad civil o penal en que pudiese incurrir el funcionario a través del cual se hubiera divulgado la información.

En relación con este tema, resulta de interés establecer si, una vez presentada una iniciativa privada, y antes de que el organismo competente resuelva lo referente al interés público de ella, es viable ampliar la presentación, completándola.

[1811] MERTEHIKIAN, Eduardo, *La iniciativa privada...*, cit., p. 94.

[1812] MERTEHIKIAN, Eduardo, *La iniciativa privada...*, cit., p. 95.

[1813] Se ha expuesto que "(e)n ese sentido, estimamos que tanto la Administración como los particulares, al tiempo de evaluar una iniciativa por un lado, como de confeccionarla por el otro, deberán observarla lo más objetivamente que puedan, y determinar si la presentación efectuada presenta un objetivo claro y si ese objetivo es factible de cumplir desde un punto de vista de la factibilidad jurídica, técnica, económica y financiera" (DE GOYCOECHEA, Juan Carlos, *Iniciativa privada. Concurso integral de proyectos*, Advocatus, Córdoba, 1999, p. 165).

Pensamos que nada se opone a ello, ya que lo que está en juego no es sino el interés público (sin la presencia del cual la propuesta no prosperaría), por lo cual existe un verdadero interés de la Administración en recibir aportes que complementen el alcance de la iniciativa privada, proporcionándole mayores elementos de juicio.

C) Garantía

El tercer artículo trata sobre la garantía de mantenimiento de la oferta (que oscila entre el 0,5 y el 0,6% del monto de la inversión prevista). El sistema que implementa la norma consiste en fijar una escala en la que se fijan proporciones entre el monto del contrato y el de la garantía. Esta última será ejecutable en caso de no presentación de la oferta, sin necesidad de requerimiento alguno. Resulta obvio que, si la oferta se presenta y no resulta elegida, la garantía deberá ser devuelta al presentante.

D) Procedimiento para la evaluación y aprobación de la propuesta

El art. 4° establece que, una vez verificado el cumplimiento de los requisitos de los arts. 2° y 3° (del Anexo I), la Comisión de Evaluación y Desarrollo de Iniciativas Privadas deberá requerir a la jurisdicción competente (por razón de la materia sobre la que trate el proyecto) la evaluación de la presentación efectuada, debiendo enviar a la mencionada Comisión un informe circunstanciado acerca de ésta dentro del plazo de 30 días (prorrogable por otros 30 si la complejidad del proyecto así lo exigiese, a criterio de la Comisión).

El siguiente artículo (5°), le otorga a la Comisión un plazo de 60 días (desde que se reciba la evaluación dispuesta en el artículo anterior) para evaluar el interés público comprometido por la presentación, debiendo elevar al Poder Ejecutivo nacional un informe circunstanciado sobre la elegibilidad de la propuesta.

El Poder Ejecutivo nacional decidirá la calificación de interés público y la inclusión dentro del régimen de iniciativa privada de la propuesta.

La eventual desestimación de la propuesta corresponderá a la Comisión, la que deberá expedirse dentro de los 30 días (nuevamente, prorrogables por otros 30, si la complejidad del proyecto lo requiriese).

Cabe resaltar que la Administración se encuentra obligada a expedirse sobre la presentación, es decir, a declararla de interés público y proceder, en consecuencia, de acuerdo con el ordenamiento, o bien, a desestimarla, en ambos casos, a través del dictado de un acto administrativo suficientemente motivado en su causa y finalidad (conf. art. 7°, LNPA). La facultad de optar entre efectuar la declaración o desestimar el proyecto es, en principio, de naturaleza discrecional.

Desde luego, frente a la presentación, el Estado no se encuentra obligado a declarar la iniciativa como "de interés público", pues su obligación sólo llega al punto de tener que expedirse, declarándola, o bien, desestimando la propuesta. Lo que no puede es, justamente, hacer nada y, menos aún, utilizar la idea sin reconocer al autor de la misma sus derechos como tal.

En efecto, así lo entiende también la doctrina al decir que "hasta tanto recaiga sobre ella una declaración de voluntad de la autoridad de aplicación, estimatoria o desestimatoria. En el primer caso deberá declararla de interés público y determinar, de acuerdo con las circunstancias del caso, el procedimiento de selección respectivo,

492

escogiendo entre el concurso de proyectos integrales o la licitación pública. De lo contrario y mediante decisión también motivada, deberá rechazar la propuesta empresaria"[1814].

E) Procedimiento posterior a la declaración de interés público. Los mecanismos de selección del contratista

El art. 6° reglamenta los pasos a seguir a partir de la declaración de interés público de una propuesta y su inclusión en el régimen de iniciativa privada. A tal efecto, dispone que el Ministerio de Planificación Federal, Inversión Pública y Servicios determinará la modalidad de contratación, debiendo optar entre la licitación pública o el concurso de proyectos integrales.

Corresponde señalar que la "licitación" es un procedimiento de selección del cocontratante de la Administración Pública, que se realiza sobre la base de una previa justificación de idoneidad moral, técnica y financiera. El procedimiento tiende a establecer qué persona o entidad es la que ofrece el precio o condiciones más convenientes para el Estado[1815].

Por "licitación pública", en cambio, debe entenderse aquélla donde el número de oferentes no tiene limitaciones, dado que pueden concurrir a ella todas las personas o entidades que, de acuerdo con las normas vigentes, estén en condiciones de presentarse a la licitación de que se trate.

En consecuencia, se puede afirmar que el rasgo típico de la "licitación pública" es la posibilidad de que concurra a ella un número ilimitado de oferentes, en tanto ellos se hallen encuadrados en las prescripciones normativas generales que rigen la convocatoria.

En esa inteligencia, el dec. 1023/2001 (Régimen de Contrataciones de la Administración Pública Nacional), en su art. 25, "establece que la licitación es pública cuando el llamado a participar está dirigido a una cantidad indeterminada de posibles oferentes con capacidad para obligarse".

A su vez, la licitación pública como procedimiento, de acuerdo con lo dispuesto por el art. 26, dec. 1023/2001, puede llevarse a cabo a través de etapas múltiples o únicas, pudiendo ser tanto nacional cuanto internacional.

Se configura una licitación pública de etapas múltiples cuando se realice en dos o más fases la evaluación y comparación de las calidades de los oferentes, los antecedentes empresariales y técnicos, la capacidad económico-financiera, las garantías, las características de la prestación y el análisis de los componentes económicos de las ofertas mediante preselecciones sucesivas.

La licitación pública es nacional cuando la convocatoria se encuentre dirigida a interesados y oferentes cuyo domicilio o sede principal de sus negocios se encuentre en el país, o tengan sucursal en él, debidamente registrada ante los organismos habilitados a tal efecto.

[1814] MERTEHIKIAN, Eduardo, *La iniciativa privada...*, *cit.*, ps. 95-96.
[1815] MARIENHOFF, Miguel S., *Tratado de derecho administrativo*, t. III-A, 4ª ed. act., Abeledo-Perrot, Buenos Aires, 1998, p. 181.

Finalmente, se califica como internacional cuando por las características del objeto o la complejidad de la prestación, la convocatoria se extienda a interesados y oferentes del exterior. Revestirán tal carácter aquellos cuya sede principal de negocios se encuentre en el extranjero y no tengan sucursal debidamente registrada en nuestro territorio.

Actualmente, a diferencia de lo que ocurría con anterioridad, la licitación o concurso público es la regla en toda contratación estatal, resultando los demás sistemas de selección del cocontratante estatal de excepción[1816].

En efecto, el art. 24 de la norma citada expresamente establece: "Selección del cocontratante. La selección del cocontratante para la ejecución de los contratos contemplados en el art. 4° de este régimen *se hará por regla general mediante licitación pública o concurso público,* según corresponda...".

A través del concurso de proyectos integrales también puede seleccionarse al cocontratante de la Administración. Básicamente, en el caso de estos concursos se opera una verdadera transferencia a los particulares de actividades que son de naturaleza materialmente administrativa, dado que serán ellos quienes elaboren los respectivos proyectos y no la Administración (como sucede con la licitación pública al elaborarse el pliego de bases y condiciones).

En este caso, ya no es la Administración quien define las reglas y cualidades que la obra o el servicio han de tener, sino que serán los eventuales oferentes los que elaboren el modelo de obra o servicio que pretenden encarar en forma integral, es decir, desde los puntos de vista técnico, económico, financiero y jurídico. De tal modo que, como afirma la doctrina, "el plexo normativo vigente sólo será aplicable (en muchos aspectos) de manera supletoria, ante la falta de previsión específica en las bases o en las ofertas respectivas"[1817].

Por lo demás, como este sistema de selección del cocontratante de la Administración apunta básicamente a valorar las cualidades de la propuesta, más que el precio ofrecido para la implementación de un proyecto determinado, deben establecerse previamente los lineamientos sobre los cuales se ha de evaluar el proyecto, ya que no se tratará exclusivamente de una comparación numérica.

Es decir, deben establecerse con claridad las bases para la fórmula polinómica en sujeción a la cual se calificará cada aspecto de la propuesta (económico, técnico, financiero, jurídico).

El sistema de evaluación sobre la base de una fórmula polinómica, en la que se asigne previamente a cada uno de los aspectos de la propuesta una determinada puntuación sobre la total posible (*v.gr.*, el aspecto "novedoso" del proyecto), debe ser propuesto con la presentación de la iniciativa privada.

Para el caso de que se opte por la licitación pública, el mencionado Ministerio elaborará el pliego de bases y condiciones y demás documentación respectiva, conforme con los criterios técnicos, económicos y jurídicos del proyecto de iniciativa

---

[1816] CASSAGNE, Juan Carlos, *El contrato administrativo,* 2ª ed., LexisNexis - Abeledo-Perrot, Buenos Aires, 2005, ps. 69 y ss., especialmente ps. 72-74.

[1817] MERTEHIKIAN, Eduardo, *La iniciativa privada..., cit.,* p. 109.

privada y convocará a licitación pública dentro del plazo de 60 días desde la fecha que dispone la implementación del procedimiento de licitación.

Si, en cambio, se opta por el concurso de proyectos integrales, el iniciador de la propuesta (es decir, el autor de la iniciativa) deberá presentar los términos de referencia de los estudios, su plazo de ejecución y presentación, y el costo estimado de su realización, dentro del término de 30 días. Vencido éste, el Ministerio de Planificación Federal, Inversión Pública y Servicios llamará a concurso de proyectos integrales en el plazo de 30 días más.

F) Derechos del iniciador ante el rechazo de su propuesta

El art. 7° establece que, en caso de desestimarse el proyecto, cualquiera fuere la causa, el autor de la iniciativa no tendrá derecho a percibir del Estado ningún tipo de compensación por gastos, honorarios u otros conceptos. Sin perjuicio de ello, no hay que descartar la eventual invocación de la figura del "empleo útil"[1818], propia del derecho privado, de posible aplicación según el caso que se trate.

Por su parte, el art. 10 pone en cabeza del autor de la iniciativa el derecho a percibir del adjudicatario – en caso de no haber resultado elegido él–, en calidad de honorarios y gastos reembolsables, un porcentaje del uno por ciento (1%) del monto que resulte aprobado en los términos del art. 5° (del Anexo I).

G) Ventaja del iniciador en el proceso de selección

El art. 8° establece beneficios a favor del autor de la iniciativa, puesto que dispone que si las ofertas presentadas fueren de conveniencia equivalente, será preferida la de éste.

La norma aporta un criterio para establecer cuándo hay equivalencia de ofertas: oportunidad en caso de que la diferencia entre la oferta del autor de la iniciativa y la oferta mejor calificada no supere en cinco por ciento (5%) a esta última.

Esta ventaja se aplicará tanto en caso de que se opte por la licitación pública como por el concurso de proyectos integrales.

[1818] La figura del "empleo útil" surge del art. 2306, CCiv., que establece: "Cuando alguno sin ser gestor de negocios ni mandatario hiciese gastos de utilidad de otra persona, puede demandarlos a aquellos en cuya utilidad se convirtieron".

De acuerdo con lo dispuesto por el art. 2309 del mismo cuerpo normativo, se ha de juzgar útil todo empleo de dinero que aumentó el precio de cualquier cosa de otro, o del que le resultó una ventaja o mejora en sus bienes, aunque después llegase a cesar la utilidad.

La doctrina explica que en nuestro derecho positivo la figura se refiere únicamente a gastos en dinero y no a servicios prestados, destacando que la acción que se intente basada en esta figura puede hacerse aun cuando la utilidad llegase a haber cesado (siempre que la cesación de la utilidad no se haya producido por culpa del autor del gasto).

Tal como se ha afirmado, "el beneficiado por un empleo útil del dinero tanto puede ser una persona de derecho privado como una entidad pública; en ambos casos, el autor del gasto tiene acción" (conf. BORDA, Guillermo A., *Tratado de derecho civil. Contratos*, t. 2, 7ª ed. act., Abeledo-Perrot, Buenos Aires, 1997, ps. 436 y ss.).

El art. 9° prescribe el reconocimiento de otra ventaja para el autor, ya que si su oferta resultase superada por hasta un veinte por ciento (20%), el oferente mejor calificado y el autor de la iniciativa serán invitados a mejorar sus ofertas (en forma simultánea y en sobre cerrado). Para el caso de que ello suceda, y ante la mejora de ofertas, ya no será de aplicación para su valoración la fórmula de equivalencia de ofertas establecida en el artículo 8° en esta segunda vuelta, resultando ser la oferta más conveniente la que así sea evaluada, sin ninguna ventaja de un oferente sobre otro.

H) Derechos de autor

El art. 11 limita los derechos del autor de la iniciativa a una vigencia de dos años, aun en caso de no ser declarada de interés público.

Si fuese declarada de interés público, y luego la licitación o el concurso fueren declarados desiertos, o bien no se presentasen ofertas admisibles, o el llamado fuera dejado sin efecto, cualquiera fuera la causa, el autor de la iniciativa conservará los derechos previstos en el nuevo régimen por el plazo de dos años a partir del primer llamado, siempre y cuando la nueva convocatoria se realice utilizando los mismos estudios y el mismo proyecto.

I) Aplicación del régimen de "compre nacional"

El art. 12 prescribe que las disposiciones del régimen establecido por el dec. 966/2005 no obstan a la aplicación de lo dispuesto en la ley 25.551, en el dec.-ley 5340/1963 y en la ley 18.875 y sus normas reglamentarias y/o complementarias (que conjuntamente integran el régimen de "compre nacional" y "compre trabajo argentino"), debiendo fijar los respectivos pliegos de bases y condiciones y/o los términos de referencia, los requisitos exigidos por las normas mencionadas. Por lo demás, resulta evidente que un decreto del Poder Ejecutivo no podría conculcar leyes dictadas por el Congreso Nacional.

J) Procedimiento en caso de controversias

Finalmente, el art. 13 establece que, para la resolución de todas las controversias que pudieren surgir con motivo de la ejecución, aplicación y/o interpretación de los contratos celebrados bajo el régimen, los pliegos de bases y condiciones y la documentación referida al concurso de proyectos integrales, podrán establecer mecanismos de avenimiento y/o arbitraje.

Se trata de una norma que no es preceptiva, teniendo en cuenta que la fórmula legal prescribe que los pliegos y la documentación "podrán" determinar algún mecanismo de avenimiento o arbitral para la solución de las controversias, lo cual constituye una potestad discrecional y no vinculante. De no ser utilizada dicha potestad, la regla es que las controversias deben someterse ante los tribunales de la justicia federal, según las normas que rigen su competencia.

*Sección 3*ª

LA FINANCIACIÓN ESTATAL Y/O PRIVADA DE LAS INFRAESTRUCTURAS PÚBLICAS. ESQUEMAS CONTRACTUALES

1. CONTRATOS DE COLABORACIÓN PARA LA CONSTRUCCIÓN DE INFRAESTRUCTURAS PÚBLICAS CUYO COSTO ASUME EL ESTADO CON RECURSOS DEL TESORO PÚBLICO, PERO CUYO FINANCIAMIENTO ESTÁ A CARGO DE PARTICULARES

Se trata de modalidades contractuales por las que, como ocurre con el "contrato de obra pública", el costo de construcción (y en algunos casos también el de mantenimiento) de las infraestructuras es pagado directamente con fondos públicos, provenientes de impuestos y otros recursos del Estado. En ese tipo de contrataciones, la morosidad estatal, al ser prevista por los contratistas en sus precios, puede generar el encarecimiento de las obras.

Ello ocurre dado que, en este tipo de contratos, si la Administración abona el precio de la obra a la finalización de ésta (no existen los pagos parciales del "contrato de obra pública"), el constructor debe proveerse de la financiación y, por otro lado, las consecuencias de la falta de pago del Estado pueden ser mucho más graves que en aquel contrato, ya que, al producirse, el contratista ya ha efectuado toda su inversión.

Esta circunstancia, sin embargo, podría hallar debida solución respecto de aquellas infraestructuras que pueden ser usadas no sólo por el Estado, sino también por empresas privadas. En estos casos, puede preverse que, ante la falta de pago, el contratista no esté obligado a la entrega de la obra a la Administración, pudiendo utilizarla libremente.

En nuestro ordenamiento jurídico, el dec. 1299/2000 contempla estos nuevos contratos cuyo costo, si bien asume el Fisco, resulta financiado por los particulares con la finalidad de promover la participación de empresas privadas en el desarrollo de infraestructuras, mediante el establecimiento de un régimen para el diseño, construcción, mantenimiento, operación y financiamiento de las obras de infraestructura económica o social que decida encarar el Poder Ejecutivo[1819].

Se trata de un sistema que pone a cargo del contratista no sólo la construcción, sino también el mantenimiento y la financiación de las obras, y en el cual la Administración únicamente paga por su uso a partir de que dicha utilización comienza. Esto representa un incentivo para la rápida finalización de los trabajos, pues es recién entonces cuando el contratista y quienes han provisto la financiación comienzan a cobrar la contraprestación del Estado.

Este régimen no es aplicable a los proyectos en los cuales el ingreso proveniente de usuarios, a través del peaje, sea superior al sesenta por ciento (60%) del costo total de la obra durante el período del contrato, como así tampoco a contratos que

---

[1819]   Art. 1º, dec. 1299/2000.

consistan en la operación y mantenimiento de corredores viales y demás proyectos, servicios y/u obras afectadas a regímenes de concesión y/o privatización[1820], los que, encuadrables como "concesiones de obra pública", continúan rigiéndose por sus normas específicas.

Como dato relevante del régimen del dec. 1299/2000, puede anotarse que se introduce un factor que otorga mucha mayor certidumbre a los contratos que se celebren de acuerdo con su régimen, cual es la inexistencia de prerrogativas estatales implícitas, que excedan las propias del derecho privado (como, por ejemplo, la de modificar unilateralmente las cláusulas del contrato o rescindirlo por razones de interés público).

En efecto, se establece en este cuerpo legal[1821] que los derechos y obligaciones de las partes serán sólo aquellos expresamente previstos en ese decreto, en el respectivo pliego de licitación y en el contrato correspondiente, en la reglamentación de fecha anterior a la celebración de aquél, incorporada por referencia, y en las normas del derecho privado que resulten aplicables. Se agrega, en este sentido, que cuando no se prevea el derecho del ente contratante de rescindir anticipadamente el contrato o de modificarlo unilateralmente por razones de conveniencia e interés público, la contratación deberá ser autorizada por el Poder Ejecutivo nacional con la previa intervención de la Procuración del Tesoro de la Nación.

Se consagra la estabilidad del contrato administrativo al exigirse que las prerrogativas de la Administración estén expresamente previstas, cuestión que ha dividido a la doctrina argentina[1822], aparte de prescribir legalmente la posibilidad de excluir ciertas prerrogativas que pueden afectar dicha estabilidad (*v.gr.*, rescisión del contrato por razones de interés público).

Cabe advertir que, en el molde clásico del "contrato de obra pública" en el que la Administración contratante paga a medida que los trabajos van avanzando, la potestad de modificación o rescisión unilateral no genera dificultades insalvables para el contratista, pues, en caso de que dichos cambios excedan un determinado porcentaje, posee la facultad de rescindir el contrato, habiendo ya cobrado lo construido hasta ese momento. Pero en las modalidades contractuales en que el constructor financia la obra y el Estado paga recién cuando ésta se encuentra concluida, la existencia de estas prerrogativas impide conocer con seguridad la inversión que se requerirá para finalizar la obra y el plazo que ello demandará, lo cual dificulta la obtención del financiamiento necesario.

A) Contratos "*llave en mano*"

En estos contratos, el contratista particular asume no sólo la obligación de construir la obra, sino también la de financiar su realización; la cual, una vez concluida,

---

[1820] Art. 2°, dec. 1299/2000.

[1821] Art. 19, dec. 1299/2000.

[1822] En este aspecto, la coincidencia entre nuestra postura y la de Mairal puede advertirse en el trabajo de JEANNERET DE PÉREZ CORTÉS, María, "Acto administrativo y contrato administrativo", en AA.VV., *Contratos Administrativos,* Jornadas organizadas por la Universidad Austral, *RAP*, Buenos Aires, 1999, ps. 139-147.

es transferida al Estado comitente, quien, cuando la infraestructura se ha construido, abona el precio mediante un pago único o bien en varios pagos diferidos[1823].

Como en toda modalidad en la que el financiamiento corre por cuenta del contratista, el precio incluye esta circunstancia y es, por lógica, mayor que el que pudiera fijarse en un contrato como el de "obra pública", en que el pago es prácticamente coetáneo con la ejecución.

Pero, a diferencia del "contrato de obra pública", en el cual la Administración participa activamente en el proceso constructivo ejercitando sus poderes de inspección y certificando parcialmente el avance de los trabajos, en un contrato de construcción "llave en mano", el ente público contratante se desentiende de lo que ocurra en la fase de ejecución, ya que contrata un producto terminado. Esto justifica, a su vez, que el Estado pueda negarse a recibir la obra – sin abonar su precio– cuando ella no se haya construido conforme a lo convenido.

Esta modalidad contractual se encuentra expresamente prevista en nuestro ordenamiento jurídico[1824] y, cuando el plazo de ejecución de la obra exceda un ejercicio financiero, se exige, para su implementación, una previsión en el presupuesto en el que se incluyan los recursos que se invertirán en el futuro, el monto total del gasto y los cronogramas de ejecución[1825], así como las partidas asignadas al pago de cánones y/o la constitución de garantías[1826].

B) *Shadow toll* ("peaje en la sombra")

En esta modalidad contractual, si bien se otorga el mantenimiento y explotación de la infraestructura pública al privado, el costo de construcción de la obra no recae sobre los usuarios a través de las tarifas o "peajes" (como en el contrato de "concesión de obra pública", que se analizará en el punto siguiente), sino que quien abona la contraprestación del concesionario es la Administración, aunque lo hace según la cantidad de usuarios que han utilizado la infraestructura. La ventaja para el Estado es que en este tipo de contratos el ente público contratante no se hace cargo de la financiación de la obra y se desentiende también de su mantenimiento.

En consecuencia, el concesionario asume la financiación de la obra y luego la mantiene y explota (a diferencia del contrato "llave en mano", en el cual no hay mantenimiento ni explotación por el constructor). El pago se hace con fondos públicos, pero dependiendo del uso que el público haga de la infraestructura.

Esta figura exige que el contratista privado asuma importantes riesgos, ya que no sólo recae sobre él todo lo atinente a la construcción y financiamiento de la obra, sino que carga también con las consecuencias de un bajo índice de uso de la infraestructura (por lo cual se trata de una variante para la construcción de aquellos emprendimientos que se presumen rentables) y, finalmente, con la morosidad estatal y las restricciones presupuestarias antes mencionadas al señalar las desventajas del

---

[1823] GUIRIDLIAN LAROSA, Javier, *Contratación pública...*, *cit.*, p. 51.

[1824] Art. 14, dec. 1299/2001, y Reglamento de Contrataciones del Estado (dec. 436/2000).

[1825] Art. 15, ley 24.156.

[1826] Arts. 13 y 25, dec. 1299/2000.

modelo de "contrato de obra pública". Estas desventajas conducen a un encarecimiento de las obras, ya que, obviamente, el empresario contemplará estos riesgos en su precio.

En punto a estas restricciones presupuestarias, se presenta el mismo panorama que el señalado al analizar los contratos "llave en mano"; es decir, la ley 24.156 exige una previsión en el presupuesto en la que se incluyan los recursos que se invertirán en el futuro y el monto total del gasto, sólo que en este caso se verifica una dificultad adicional: no resulta posible hacer una certera proyección de los fondos necesarios para el pago del contrato, dado que no se sabe anticipadamente cuántos usuarios utilizarán la infraestructura durante el ejercicio financiero en cuestión. No obstante, la realización previa de estudios de factibilidad, en función de los cuales efectuará la Administración su previsión presupuestaria para los años posteriores, puede contribuir a superar la dificultad apuntada.

Si bien el *shadow toll* no se halla expresamente contemplado en el ordenamiento jurídico argentino, no existe impedimento de orden legal alguno para que la Administración celebre un contrato bajo dicha modalidad.

C) Leasing

En el *leasing* o "alquiler con opción de compra", la Administración paga por el uso de una obra construida por un particular y, al vencimiento de un determinado período, puede decidir adquirir la infraestructura y devenir propietaria del bien objeto del contrato.

En doctrina se han expresado algunas dudas acerca de su recepción en el ámbito de la contratación pública, habiéndose sostenido que, en tanto en esta figura el contratista retiene la propiedad hasta que, a partir de un cierto momento del cronograma de pagos, el tomador puede optar por adquirirla, ello puede chocar con los principios que rigen el dominio público[1827].

No obstante, este contrato se encuentra expresamente contemplado en nuestro ordenamiento jurídico entre las opciones a las que puede recurrir un ente público contratante[1828], disponiendo la ley 25.248 (que regula el *leasing* y a la que reenvía el dec. 1299/2000) que "pueden incluirse en el contrato los servicios y accesorios necesarios para el diseño, la instalación, puesta en marcha y puesta a disposición de los bienes dados en *leasing,* y su precio integrar el cálculo del canon" y que el tomador (es decir, la Administración) se encuentra facultado para "...usar y gozar del bien objeto del *leasing* conforme a su destino, pero no puede venderlo, gravarlo ni disponer de él. Los gastos ordinarios y extraordinarios de conservación y uso, incluyendo seguros, impuestos y tasas que recaigan sobre los bienes y las sanciones ocasionadas por su uso, son a cargo del tomador, salvo convención en contrario"[1829].

Existe además una variante, denominada *lease-back*, por la cual la Administración Pública puede ceder al contratista el uso y explotación de bienes inmuebles, instalaciones u obras ya existentes de su propiedad, bajo la condición de que el par-

---

[1827] MAIRAL, Héctor A., "La asignación...", *cit.*, ps. 204 y ss.
[1828] Art. 14, dec. 1299/2000, y dec. 436/2000.
[1829] Art. 7°, ley 25.248.

ticular realice obras nuevas o amplíe o mejore las ya construidas, contra el pago de un canon, y con reversión final de la totalidad de los bienes e instalaciones a la Administración[1830].

2. CONTRATOS PARA LA CONSTRUCCIÓN DE INFRAESTRUCTURAS PÚBLICAS CUYO COSTO ES SUFRAGADO POR LOS USUARIOS

Los tipos contractuales antes descriptos, aun con la ventaja para la Administración de atribuir al contratista privado el financiamiento del costo de construcción de la infraestructura, se siguen fundando, como el tradicional modelo del "contrato de obra pública", en el pago de la contraprestación al constructor por parte del Estado, con las desventajas e inconvenientes que se han señalado.

Es por ello que, actualmente, han cobrado trascendencia las figuras contractuales en las que el costo de construcción (y hasta de mantenimiento) recae, en forma directa, en los usuarios de la infraestructura, con lo cual – además de relevar al Estado en forma absoluta de toda carga económica, tanto en la financiación como en el pago mismo de la obra– (con lo que se superan las restricciones presupuestarias), se agrega una dosis de equidad al sistema, en tanto el sacrificio económico que implica realizar estas obras es afrontado por quienes obtienen un beneficio por su utilización. Además, la Administración se asegura que, luego de un determinado plazo, la infraestructura le sea transferida en condiciones de operatividad.

Resulta lógico que estas modalidades de contratación requieran, para su eficaz funcionamiento, que la infraestructura de que se trate sea de aquellas que el público pueda tener interés en utilizar (es decir, cuya explotación económica sea rentable, ya que de lo contrario será difícil encontrar financiamiento en los mercados de capitales) y, además, que no califique, en términos económicos, como un "bien público", en el sentido de permitir que aquellos sujetos que no paguen el correspondiente precio puedan ser excluidos del uso de la obra[1831].

En nuestro país, esta alternativa de contratación pública se encuentra regulada en la figura de la "concesión de obra pública"[1832], en la que el concesionario asume el financiamiento, la construcción y el mantenimiento de una infraestructura, o sólo

---

[1830] Esta posibilidad surge del art. 5°, inc. e), ley 25.248.

[1831] Señala la Fundación de Investigaciones Económicas Latinoamericanas (FIEL), en este sentido, que en el caso de los "bienes públicos", donde la exclusión es impracticable, el usuario no tendrá predisposición a pagar un precio por el uso de ese bien, con lo cual la única solución admisible de costeo es a través de impuestos generales (FIEL, *La programación de la inversión pública en la Argentina*, Buenos Aires, 1996, p. 41).

[1832] En el plano internacional, los contratos por medio de los cuales un contratista privado asume la construcción, operación y ulterior transferencia al Estado de infraestructuras públicas se denominan BOT (*Build, Operate & Transfer*) y consisten, precisamente, en convenios por los cuales se encomienda a una empresa privada o a un consorcio de empresas privadas la construcción de una infraestructura pública, para lo cual utilizará fondos privados y, posteriormente, tendrá derecho a su explotación económica (a través de la percepción de una tarifa de los usuarios) durante un período de tiempo, a cuyo término tales infraestructuras son transferidas al Estado.

su mantenimiento[1833], recibiendo como contraprestación las tarifas o "peajes" que pagan los usuarios.

La doctrina, por su parte, ha señalado que se trata de la contratación que hace la Administración de una empresa para la realización de un trabajo público en el cual, en vez de pagar un precio, se remunera al concesionario otorgándole la explotación de la obra construida durante un plazo determinado[1834]. Se lo ha caracterizado también como el contrato por el cual la Administración encomienda a un particular la realización de una obra de interés general, asumiendo éste la tarea por su cuenta y riesgo, con la expectativa de recuperar su costo y recibir una utilidad, mediante el cobro de una tarifa a los usuarios[1835].

Este tipo de contratos se encuentra alcanzado por la regulación contenida en la ley 17.520, previéndose que la concesión pueda ser onerosa (cuando el concesionario se compromete a abonar un canon al Estado, que puede ser fijo o representar un porcentaje de sus ingresos), gratuita o subvencionada por la Administración, ya sea con una entrega inicial o con contribuciones periódicas[1836].

El contratista, en el marco de la "concesión de obra pública", si bien no corre con el riesgo derivado de las restricciones presupuestarias (pues su ingreso no está constituido por recursos públicos), sí asume aquel vinculado con la viabilidad comercial o rentabilidad de la infraestructura, aunque esta asunción de riesgos se encuentra morigerada, de alguna forma, por la aplicación del principio del mantenimiento del equilibrio económico financiero, propio de todo contrato administrativo.

Además, como toda concesión, plantea el problema del riesgo político que puede traducirse en bajas tarifas (que impidan realizar inversiones de mantenimiento) y en la posibilidad de que el Estado expropie o nacionalice la explotación (al menos en Latinoamérica).

3. La asociación público-privada como medio de financiamiento y desarrollo de obras y servicios

El modelo de asociación pública-privada (en adelante, APP), conocido en el derecho anglosajón como *Public-Private Partnership* o simplemente *PPP*, es una técnica de desarrollo y financiación, pública y privada, de proyectos públicos, que implica una importante participación de ambos sectores, tanto en la realización de una obra, como también en su financiamiento y operación.

Si bien son numerosas las definiciones dadas para las APPs en el ámbito internacional, todas ellas hacen hincapié, por una parte, en la participación del sector privado en actividades que, anteriormente, eran desarrolladas en forma exclusiva por la Administración y, por otro lado, en el aprovechamiento de las condiciones de

---

[1833] La ley 23.696 previó la posibilidad de que este tipo contractual sea utilizado no sólo para la construcción y mantenimiento de obras nuevas, sino también para el de aquellas que ya existen.

[1834] MARIENHOFF, Miguel S., *Tratado...*, *cit.*, t. III-B, p. 528.

[1835] BOTASSI, Carlos A., *Contratos de la Administración provincial*, Scotti, La Plata, 1996, p. 109.

[1836] Art. 2°, ley 17.520.

cada uno de los sectores involucrados, en el sentido de que cada uno aporta "aquello para lo que es mejor" – en el sentido de capacidades, habilidades, experiencia, etc., de parte del sector privado y acceso a organismos internacionales de crédito, propiedad sobre bienes de dominio público, etc., de parte del sector público– para la provisión de servicios de infraestructura, con énfasis en el principio de "valor por dinero" y la provisión de servicios de calidad[1837].

Entre los sistemas de APP pueden incluirse tanto aquellos contratos por los cuales el contratista privado financia y construye el proyecto y luego lo opera, como aquellos otros en los que el Estado paga a partir del uso efectivo de dicha obra (es decir, las figuras ya analizadas de los contratos "llave en mano", *shadow toll*, *leasing* y *sale & lease back*), aunque el concepto de APP adoptado por nuestra normativa sea más acotado.

En efecto, en el marco del Régimen Nacional de Asociación Público-Privada, aprobado por dec. 967/2005[1838], las APP configuran un acuerdo asociativo entre el sector público y el sector privado, por medio del cual el Estado no es un mero adquirente de un servicio o de la construcción de una obra, sino que se constituye en socio de la parte privada. En este tipo de sociedades no hay inconvenientes, en principio, para que el sector privado pueda ser contratista de la sociedad que lo tiene como socio. Su finalidad es facilitar la asociación entre el Estado y el sector privado para el desarrollo de infraestructura y servicios, compartiendo los riesgos y mejorando la agilidad de las operaciones.

El esquema de APP que regula este nuevo régimen implica la constitución de sociedades entre el sector privado y el Estado, pudiendo celebrarse con los particulares los diversos contratos que se enuncian en dicho marco normativo.

En tal sentido, el dec. 967/2005 no contempla aquellas modalidades en las que el sector público es un mero adquirente que paga por la disponibilidad de la obra o el servicio, ni aquéllas en las que se convierte en un locatario con posterior opción a compra[1839], sino que diseña un régimen de APP en las que el sector público es fundamentalmente un socio del sector privado.

En nuestro país, un típico ejemplo de este supuesto de sociedad de participación público-privada es la compañía Energía Argentina SA – ENARSA– , creada por ley

---

[1837] Así, se ha dicho que las APP son, básicamente, sólo otro medio de procurar la provisión de servicios públicos e infraestructuras, combinando lo mejor de los sectores público y privado, poniendo el énfasis en el principio de "valor por dinero" y en la provisión de servicios públicos de calidad. Cfr. Irish Goverment Public Private Partnership (PPP*) website* – *www.ppp. gov.ie/splash.php*– . Por su parte, The National Council for Public-Private Partnerships define a las APP como aquel acuerdo contractual entre un ente público (federal o local) y un sujeto privado a través del cual las habilidades y ventajas de cada uno de ellos se combinan con el fin de desarrollar un servicio o infraestructura para uso público. Asimismo, a la par que se combinan los recursos de cada uno de los sectores, se comparten los riesgos involucrados en el desarrollo del proyecto (*cfr. www.ncppp.org/howpart*).

[1838] BO del 17/8/2005.

[1839] Opción que puede obligarse a ejercer, en los términos del art. 14, dec. 1299/2000.

25.943. En dicha ley se prevé la posibilidad de que ENARSA se asocie con terceros para el cumplimiento de sus finalidades[1840].

Según el dec. 967/2005, podrán ser objeto de asociaciones público-privadas los siguientes contratos: a) ejecución y/u operación y/o mantenimiento de obras y/o servicios públicos; b) ampliación de obras y/o servicios públicos existentes; c) proyecto, financiamiento y construcción de obras y/o servicios públicos, incluyendo, entre otras modalidades, operaciones de llave en mano; d) prestación total o parcial de un servicio público, precedida o no de la ejecución de la obra pública; e) desempeño de actividades de competencia de la Administración Pública que resulten delegables; f) ejecución de obra pública, con o sin prestación del servicio público, para la locación o arrendamiento por la Administración Pública[1841].

Asimismo, dicha norma determina que en los casos de ejecución de obra pública, al término de la APP respectiva, la propiedad de la obra corresponderá al Estado[1842].

Por su parte, el art. 4° de este decreto dispone que "las asociaciones público-privadas deberán organizarse como sociedades anónimas, fideicomisos o bajo cualquier otra forma o modalidad, que resulte apta para financiarse por medio del régimen de oferta pública previsto por la ley 17.811 y sus normas complementarias".

Corresponde tener en cuenta que la ley 17.811 establece en su art. 21 que "pueden realizar oferta pública de títulos valores las sociedades que los emitan y las personas físicas o jurídicas inscriptas en el Registro establecido por el art. 6°, inc. d), de esta ley. Estas últimas deben llevar un registro o fichero con los datos personales, documentos de identidad y firma de sus clientes..."[1843].

Con la finalidad de darle mayor transparencia al accionar de estas sociedades, el dec. 967/2005 establece la obligación de adherirse al régimen de oferta previsto por la ley 17.811 y sus normas complementarias[1844].

La propuesta de constitución de APP bajo este régimen debe ser promovida por algún organismo de la Administración Pública[1845] ante la "Comisión de Evaluación y Desarrollo de Asociaciones Público-Privadas" (en adelante, la Comisión), creada por el decreto analizado, integrada por el Ministerio de Economía y Producción y por el Ministerio de Planificación Federal, Inversión Pública y Servicios. En caso de

---

[1840]   Ver. art. 1°, ley 25.943.

[1841]   Ver art. 2°, dec. 967/2005.

[1842]   Ver art. 2°, dec. 967/2005.

[1843]   El art. 6°, inc. d), estatuye que la Comisión Nacional de Valores debe llevar el registro de las personas físicas y jurídicas autorizadas para efectuar oferta pública de títulos valores y establecer las normas a que deben ajustarse aquéllas y quienes actúan por cuenta de ellas.

[1844]   Ver art. 3°, inc. e).

[1845]   Cabe aclarar que el régimen no requiere que el desarrollo del proyecto sea de competencia del organismo que promueve la constitución de la APP; sin embargo, de faltar aquélla, tal circunstancia puede configurarse como óbice para la aprobación del proyecto por la "Comisión de Evaluación y Desarrollo de Asociaciones Público-Privadas".

504

que la materia del proyecto exceda la competencia de esos ministerios, será convocado el ministerio o jurisdicción que resulte competente[1846].

Las propuestas de APP deberán identificar el proyecto y su naturaleza, así como también las bases de su factibilidad técnica, económica y financiera y el monto estimado de la inversión[1847].

Deberá indicarse la forma jurídica que adoptará la APP, con identificación de la participación que asumirá el Estado nacional. Es necesario recordar las diferentes formas bajo las cuales pueden organizarse estas asociaciones, tal como prescribe el art. 4º ya citado. Así, pueden constituirse como sociedades anónimas, fideicomisos o bajo cualquier otra forma o modalidad que les permita financiarse por medio del régimen de oferta pública.

Asimismo, la propuesta debe contener una identificación expresa y una descripción completa de los aportes de cada socio. En cuanto a los aportes a realizar por el sector público, éstos pueden ser: a) pago en efectivo; b) cesión de créditos tributarios y/u otorgamiento de beneficios tributarios en los términos establecidos para las concesiones de obras públicas establecidos por el art. 6º, ley 17.520; c) derechos sobre bienes del dominio público del Estado, tales como cesiones, permisos, autorizaciones excluyendo sólo al derecho de propiedad. En el caso de los bienes del dominio privado, los derechos que se pueden otorgar a la APP no tienen limitaciones, abarcando incluso el derecho de propiedad sobre ellos; d) prestaciones accesorias – que no integran el capital de la sociedad– tal como establece el art. 50, Ley de Sociedades Comerciales; e) y otras formas de aporte legalmente autorizadas.

La Comisión evaluará el cumplimiento de los requisitos enunciados, hallándose facultada para solicitar al organismo promotor las aclaraciones, documentación o informes ampliatorios que considere pertinentes, a cuyo efecto éste cuenta con un plazo de treinta días para expedirse.

Una vez verificado el cumplimiento de los requisitos expuestos y evacuadas las solicitudes, si las hubiere habido, la Comisión debe, dentro del plazo de sesenta días, elevar un informe circunstanciado al Poder Ejecutivo nacional, en el que se analice el interés público comprometido y se aconseje la elegibilidad o desestimación de la propuesta de APP.

De ese modo, le corresponde al Poder Ejecutivo nacional decidir la calificación de interés público y de la inclusión en el Régimen de Asociación Público-Privada establecido en el decreto bajo análisis. En caso de declararse de interés público y la inclusión de la propuesta en este régimen, el Ministerio de Planificación Federal, Inversión Pública y Servicios iniciará el procedimiento de selección del socio privado conforme las leyes 13.064 17.520 y el dec. 1023/2001.

[1846]   *Cfr*. art. 2º, dec. 967/2005.

[1847]   El estudio previo de factibilidad fue también previsto para la técnica concesional y en el régimen establecido por el dec. 1299/2000 (art. 14, inc. a).

4. Mecanismos de financiación privada para la construcción de infraestructuras públicas

La nota común de todas las modalidades contractuales mencionadas en este capítulo, a excepción del clásico "contrato de obra pública", consiste en que, en todas ellas, sin perjuicio de que su costo sea sufragado por recursos públicos o por tarifas pagadas por los usuarios, es el sector privado – y no el Estado– quien provee el financiamiento de las importantes inversiones que es preciso realizar para la construcción de las infraestructuras públicas.

En este sentido, se ha dicho que en la obra pública, el pago "...se realiza a medida que se va construyendo la misma obra, lo que significa que el contratista no financia al Estado más que en cada etapa (generalmente mensual) de la obra. De esta manera, al cumplirse cada etapa, se certifican los acopios de materiales realizados y la parte de la obra construida, y el monto resultante es pagado por el Estado con una deducción (el fondo de reparos) que actúa como garantía de la buena construcción de la obra y se libera, por ende, a la recepción de ésta. Cuando se recurre a la financiación privada la posición del Estado cambia drásticamente. En este caso, el Estado no adelanta fondos al constructor ni los hace adelantar por su cuenta, sino que un banco (o grupo de bancos) es quien efectúa inicialmente dicho adelanto por cuenta propia, aunque posteriormente pueda recurrirse a la emisión de obligaciones negociables para reemplazar parcialmente, o complementar, los préstamos bancarios. Sin embargo, al igual que en los sistemas anteriores, el constructor cobra a medida que construye. Terminada la obra y puesta en uso, comienzan los pagos con que se reembolsa a los bancos, provengan ellos de los usuarios (caso del peaje), del Estado mismo o de una combinación de ambos"[1848].

De esta manera, a la par de las variantes de contratación pública antes analizadas, cobran gran importancia los mecanismos de financiamiento, habiéndose sostenido que el factor con mayor incidencia en el costo de las concesiones de obra pública es el precio del dinero necesario para llevarlas a cabo[1849], por lo cual la financiación se convierte en el principal instrumento que hace posible la realización de inversiones en infraestructuras públicas.

En estos casos, dado que por lo común el contratista no tiene la capacidad económica suficiente para financiar la construcción de las obras, se acude al mercado financiero, utilizando determinados mecanismos, entre los cuales nos interesa destacar el denominado *project finance*, así como la variante de la "titulización".

A) *Project finance*

En virtud de esta forma de financiación, generalmente asociada con la "concesión de obra pública" o con el *shadow toll*, el pago del financiamiento obtenido por el contratista se efectúa con el flujo de fondos que genera la explotación de la obra; en otras palabras, es la infraestructura en sí – con la garantía del *cash flow* de su

---

[1848] MAIRAL, Héctor A., "La asignación...", *cit.*, ps. 204 y ss.
[1849] FANELLI EVANS, Guillermo E., "La financiación...", *cit.*

explotación– la que se autofinancia, con lo cual su utilización es posible sólo respecto de obras rentables[1850].

Los prestamistas otorgan el crédito basándose principalmente en las ganancias que dará el proyecto y en los activos físicos afectados a éste, con lo cual este tipo de préstamo no es estrictamente dependiente de la solvencia o de los otros activos del contratista, en tanto éste no tiene la obligación de cancelar el crédito en caso que el proyecto no genere ganancias suficientes para cubrirlo (aunque este principio no es absoluto, en tanto los contratistas pueden otorgar ciertas garantías y/o asumir determinados compromisos frente a los bancos).

Se trata de un préstamo de recurso limitado (*limited recourse financing*), en tanto el constructor no garantiza a los otorgantes del crédito el pago del préstamo. Los prestamistas se cobrarán de las ganancias que genere el proyecto, con lo cual se brinda independencia y autonomía financiera a cada proyecto y no se comprometen bienes privados del contratista empleados en otros emprendimientos[1851].

El financista no es, técnicamente, acreedor del contratista sino del "proyecto" en sí mismo considerado[1852]. Por tales motivos, el *project finance* es, verdaderamente, un financiamiento "al proyecto" y no a personas jurídicas determinadas[1853]. Es el otorgante del crédito, por ende, quien asume el riesgo comercial de la construcción de la infraestructura pública (representado por el mayor o menor uso que el público hará de la obra), así como también el de que el contrato de concesión sea "rescatado" por el Estado y se deje sin efecto el cobro de la tarifa, con lo cual se afectaría el mecanismo de repago de la financiación (por eso es que, en general, en los *project finance* expresamente se descarta la prerrogativa de rescate de la Administración).

Debido al hecho de tener que asumir los prestamistas un riesgo más alto que en préstamos convencionales, suele producirse un incremento en las tasas de interés de los créditos[1854], lo cual, en última instancia, se ve reflejado en la tarifa que abonan los usuarios.

Se presenta, además, un importante grado de supervisación de los prestamistas sobre los constructores y operadores de la infraestructura, lo cual puede ser considerado una desventaja[1855] o una circunstancia favorable, dada la presión que las entidades crediticias van a ejercer sobre el contratista para obtener una mayor eficiencia en la explotación de la obra[1856].

[1850] GUIRIDLIAN LAROSA, Javier, *Contratación pública...*, *cit.*, ps. 63-64.

[1851] ARAMBURU, Pedro E., "Conceptos básicos sobre el *project finance*", LL 1999-B, 1041.

[1852] MAIRAL, Héctor A., "La teoría del contrato administrativo a la luz de recientes normativas", en AA. VV., *El contrato administrativo en la actualidad*, La Ley, Buenos Aires, 2004, ps. 5 y ss.

[1853] CORREA LUNA, Alejandro - ONETTO, Claudio A., "Estudio legal de la garantía y pago del financiamiento de proyectos petroleros (Su aplicación a contratos de locación de obras y servicios en general)", LL 1988-D, 1074.

[1854] ARAMBURU, Pedro E., "Conceptos básicos...", *cit.*, ps. 1041 y ss.

[1855] ARAMBURU, Pedro E., "Conceptos básicos...", *cit.*, ps. 1041 y ss.

[1856] GUIRIDLIAN LAROSA, Javier, *Contratación pública...*, *cit.*, p. 65, nota 163.

Esta mayor injerencia del financiador se traduce en algunas facultades que, en el contrato, se reconocen a las entidades financieras y que no son habituales en el marco de la contratación administrativa, entre las que se destaca la de, en caso de incumplimiento del concesionario, proponer a la Administración concedente la sustitución de éste por una entidad constituida y controlada societariamente por los prestamistas, debiendo tal sociedad reunir los recaudos exigidos por el pliego para calificar[1857].

Se prevé también en forma general, para todo contrato celebrado en el marco del dec. 1299/2000 (que, como dijimos, no incluye a la "concesión de obra pública"), que el contratista pueda contratar los préstamos bajo la condición de que su incumplimiento importará la cesión del respectivo contrato a favor de los acreedores, sujeta a la aprobación del ente público contratante, el que deberá otorgarla siempre y cuando el cesionario, o la persona a la que éste encomiende el cumplimiento del contrato cedido, reúna las condiciones requeridas para cumplir las obligaciones en él previstas y las del cedente frente a los proveedores, hasta el monto establecido en el contrato[1858].

B) Titulización

El contratista puede proveerse en forma anticipada de los fondos necesarios para la realización de la obra, emitiendo papeles de deuda o títulos que serán adquiridos en los mercados de capitales y que tendrán como garantía el derecho de crédito originado en el flujo de fondos a generar por los usuarios (caso en que la titulización funciona como sustitutiva o complementaria del *project finance*), o el derecho de cobro de la contraprestación que debe abonar el Estado, en los supuestos de los contratos en que la obra no se autofinancie con su explotación posterior[1859].

A través de la titulización se constituye un patrimonio autónomo con activos representados por flujos de caja por realizar (como son los peajes o los pagos por el Estado) y se emiten papeles para colocarlos en el mercado[1860].

5. GARANTÍAS PARA LA FINANCIACIÓN PRIVADA DE LA CONSTRUCCIÓN DE INFRAESTRUCTURAS PÚBLICAS

Con el propósito de asegurar al contratista que obtendrá su contraprestación, y a quienes proveen la financiación (sean los adquirentes de títulos o los prestamistas en un *project finance*) que su crédito les será reembolsado (reduciendo así el riesgo crediticio y la tasa de interés del préstamo y, por ende, el costo de la obra), se han ideado algunos mecanismos de garantía, que funcionan en forma conjunta o complementaria con las variantes de financiamiento privado antes analizadas.

[1857] Esta posibilidad está prevista en el art. 23 del contrato de concesión para la construcción, mantenimiento y explotación del puente Rosario-Victoria y, en materia de hidrocarburos, en el art. 73, ley 17.319.

[1858] Art. 28, dec. 1299/2000.

[1859] GUIRIDLIAN LAROSA, Javier, *Contratación pública...*, *cit.*, ps. 70 y ss.

[1860] ARAMBURU, Pedro E., "Conceptos básicos...", *cit.*, ps. 1041 y ss.

508

A) Fideicomisos públicos. El Fondo Fiduciario de Desarrollo de Infraestructuras

Para brindar seguridad jurídica tanto al constructor como al financista[1861], se ha previsto que cuando se trate de inmuebles que formen parte del dominio privado del Estado, éste podrá colocarlos en un fideicomiso[1862], bajo condiciones que aseguren su transferencia al ente público contratante a la finalización del contrato y su afectación a la obra y al servicio que con ella se preste durante su vigencia[1863], instituyendo así lo que la doctrina denomina "fideicomisos públicos"[1864].

La condición jurídica del fideicomiso público constituido por una entidad de derecho público para la administración de recursos derivados de contratos por ella celebrados es la de un contrato administrativo, siendo sus elementos determinantes la titularidad estatal del patrimonio respecto del cual se transferirá la propiedad fiduciaria y la finalidad de interés público que por su intermedio persigue.

El contrato administrativo de fideicomiso público se encuentra sujeto al recaudo habilitante de la existencia de una ley emanada del Congreso que autorice la afectación de los bienes en orden a su constitución[1865].

El objeto fiduciario puede estar constituido tanto por inmuebles del dominio privado del Estado, como por dinero en efectivo, aportes financieros de organismos internacionales de crédito, acciones, títulos de deuda, etc. No pueden ser colocados en fideicomiso los bienes del dominio público del Estado, en tanto la finalidad de aquél es servir de garantía a través de la eventual ejecución y realización de los bienes que integran el Fondo, y las cosas del dominio público son, en principio, inalienables e inejecutables.

De conformidad con el art. 14, ley 24.441, la constitución de un fideicomiso trae aparejada, como ventaja principal, la creación de un patrimonio de afectación, el cual queda al margen de las acciones que al efecto pudieran llegar a entablar tanto los acreedores del fiduciante, cuanto los del fiduciario. Se ha dicho así que "una de las innovaciones más trascendentes que trajo la ley 24.441 es la creación de un patrimonio separado, o patrimonio de afectación que no corre la suerte del patrimonio

---

[1861] En el consid. 6° del dec. 1299/2000, se declara que la aplicación de la ley 24.441 (que regula el fideicomiso) al régimen allí contenido tiene como propósito asegurar la intangibilidad de los pagos debidos al adjudicatario del proyecto y, por éste, a los proveedores de financiación.

[1862] El art. 1°, ley 24.441, establece que "habrá fideicomiso cuando una persona (fiduciante) transmita la propiedad fiduciaria de bienes determinados a otra (fiduciario), quien se obliga a ejercerla en beneficio de quien se designe en el contrato (beneficiario), y a transmitirlo al cumplimiento de un plazo o condición al fiduciante, al beneficiario o al fideicomisario".

[1863] Art. 24, dec. 1299/2000.

[1864] KIPER, Claudio M. - LISOPRAWSKI, Silvio V., *Teoría y práctica del fideicomiso*, Depalma, Buenos Aires, 2002, ps. 70 y ss.; GÓMEZ DE LA LASTRA, Manuel C., *Estado y fideicomiso*, Microjuris, Noticias del 10/4/2003.

[1865] En este sentido, la ley 25.152, con la modificación introducida por la ley 25.565 (de Presupuesto para el año 2002), establece que "toda creación de organismo descentralizado, empresa pública de cualquier naturaleza y fondo fiduciario integrado total o parcialmente con bienes y/o fondos del Estado nacional requerirá del dictado de una ley" (art. 5°, inc. a]).

del fiduciante ni del fiduciario. Esto configura una excepción a la regla de la universalidad del patrimonio"[1866].

Como una variante del fideicomiso público, el dec. 1299/2000 ha creado el Fondo Fiduciario de Desarrollo de Infraestructura, que es un patrimonio de afectación en el ámbito del Ministerio de Infraestructura y Vivienda, inicialmente aportado por el Estado nacional y las jurisdicciones que adhieran al régimen, administrado por un consejo de administración[1867], con el objeto de garantizar y hacer los pagos al contratista, una vez que la obra ha sido construida y, si corresponde, el servicio comience a ser prestado[1868].

En este último sentido, el dec. 1299/2000, como antes se señaló, especifica claramente que sólo una vez verificada la finalización de la obra según el método previsto en el contrato, el encargado del proyecto (el contratista) tendrá derecho a percibir la contraprestación correspondiente[1869].

La norma establece expresamente que el patrimonio del Fondo quedará irrevocablemente afectado a la garantía de los pagos debidos, revirtiendo en el Estado al vencimiento del plazo de duración del Fondo[1870], con el objetivo de brindar seguridad jurídica al constructor. No obstante, indirectamente también lo hace al financista, ya que éste, asegurándose que el constructor va a cobrar, se garantiza también el repago de su crédito.

En la mecánica del dec. 1299/2000, la contraprestación del contratista puede ser satisfecha de las siguientes formas: a) mediante el pago directo por el Fondo fiduciario, siempre que el ente público haya provisto los recursos suficientes en tiempo oportuno; b) a través de una obligación subsidiaria de pago a cargo del Fondo, si se produjese una demora o incumplimiento de la Administración superior a treinta días, o c) por medio de la constitución de garantías directas contratadas por el Fondo a favor del contratista, o contratadas por el Estado nacional con o sin recurso contra el Fondo[1871].

El administrador del Fondo debe constituir y mantener, en todo momento, una reserva de liquidez, que deberá ser invertida en títulos o valores públicos, y/o en depósitos a plazo fijo en bancos oficiales nacionales, provinciales o municipales, con vencimientos que no excedan de un año[1872], pudiendo los demás bienes que integren el Fondo ser vendidos, dados en locación, usufructo, concesión, fideicomiso o dispuestos de otra manera, a fin de ser utilizados como garantía[1873].

[1866] CLUSELLAS, Eduardo G. - ORMAECHEA, Carolina, *Contratos con garantía fiduciaria*, Ábaco, Buenos Aires, 2003, p. 107.
[1867] Arts. 4° y 5°, dec. 1299/2000.
[1868] Consid. 3° y art. 4°, dec. 1299/2000.
[1869] Art. 17, dec. 1299/2000.
[1870] Art. 9°, dec. 1299/2000.
[1871] Art. 26, dec. 1299/2000.
[1872] Art. 7°, dec. 1299/2000.
[1873] Art. 8°, dec. 1299/2000.

B) Cesión en garantía

Otra variante, similar al fideicomiso, está constituida por la posibilidad del contratista de ceder al proveedor del financiamiento, en garantía prendaria, los créditos derivados de la contraprestación debida por la Administración, en cuyo caso el Estado puede oponer al cesionario (es decir, en este caso, al adquirente de los títulos o a los bancos en un *project finance*) todas las defensas fundadas en el incumplimiento del contrato que fueran oponibles al cedente[1874].

En los contratos en los que el ingreso del contratista provenga de tarifas pagadas por quienes utilicen la obra (típicamente, en la "concesión de obra pública"), el constructor puede ceder en garantía el flujo a generar por los usuarios de la infraestructura respectiva, alternativa esta que ha sido contemplada en la concesión de los Accesos Norte y Oeste de la Ciudad de Buenos Aires[1875].

Se trata de un mecanismo instituido por el financista para garantizar el cobro de su crédito. Es así que se designa un fiduciario para que perciba el peaje y destine su producido en primer lugar al repago del préstamo y entregue el sobrante al concesionario. Se reduce así el riesgo del prestamista, con lo cual se abarata el crédito y, como consecuencia, el costo de la obra.

[1874] Art. 28, dec. 1299/2000, y 19, dec. 964/2001 (reglamentario del dec. 1299/2000).

[1875] En este sentido, en el dec. 1582/1996 (BO del 8/1/1997) se autoriza a las concesionarias a "ceder fiduciariamente su derecho al cobro de peaje... y asimismo su derecho a las indemnizaciones y/o compensaciones que le correspondiese percibir a la misma ante un evento cualesquiera de terminación anticipada de la Concesión..." (art. 1º), agregándose que "la cesión fiduciaria del derecho al cobro del peaje a que se refiere el presente, es autorizada con el mismo alcance y extensión que dicho derecho tiene conforme al Contrato de Concesión y sus Convenios Modificatorios, por lo que no se podrá transferir un derecho mejor ni más extenso del que posee la Concesionaria. La cesión fiduciaria del derecho al cobro del peaje incluye la facultad de su percepción directa en las cabinas de peaje y/o en todos los lugares de expendio de abonos y pases, que el fiduciario podrá ejercer por sí o por terceros, o por la propia Concesionaria" (art. 4º).

TITULO DECIMO

LOS CONTRATOS ADMINISTRATIVOS EN PARTICULAR

CAPÍTULO I

EL CONTRATO DE EMPLEO PÚBLICO

1. PROBLEMÁTICA JURÍDICA DEL EMPLEO PÚBLICO EN LA ACTUALIDAD

El vínculo que relaciona a los agentes que se desempeñan en la Administración Pública con el Estado plantea una serie de cuestiones jurídicas que asumen, en nuestro país, una especial trascendencia política e institucional.

Ese vínculo, que constituye, sustancialmente, una relación jurídica de naturaleza contractual, se concretiza a través de diferentes modalidades de prestación de la actividad (permanente o transitoria, remunerada o *ad-honorem*) regulándose a través de una suerte de *"rompecabezas jurídico"*[1876], que obliga a realizar una interpretación armónica para determinar el alcance de las normas aplicables.

En tal sentido, la armonía interpretativa no pasa tanto por la integración de los distintos regímenes positivos vigentes sino por esclarecer diversas cuestiones que integran un conjunto de aspectos comprensivos desde el punto de partida de la relación jurídica que une a la Administración con el funcionario, las finalidades que ésta persigue, la jerarquía de los principios y ordenamientos positivos hasta, finalmente, el papel que desempeñan la analogía y la subsidiariedad ante el vacío o incompatibilidad de las normas y principios de los ordenamientos especiales.

En Argentina, la doctrina clásica abordó, en su momento y con profundidad, la problemática, principios y técnicas del empleo público[1877]. Pero las dificultades que exhibe el actual escenario del empleo público (conformado por distintos regímenes susceptibles de entrar en colisión), sumadas al proceso de laboralización creciente que ha venido padeciendo la figura, han provocado una injustificada retracción doctrinaria en el campo del derecho administrativo, habiendo sido objeto de una paralela apropiación por parte del derecho laboral llegando a eclipsar, incluso, principios

---

[1876] La expresión pertenece a BALBÍN, Carlos F., véase su *Curso de Derecho Administrativo*, La Ley, Buenos Aires, 2007, p. 722.

[1877] *Vid*: MARIENHOFF, Miguel S., *Tratado de Derecho Administrativo*, t. III-B, Abeledo-Perrot, Buenos Aires, 1994, p. 8 y ss; DIEZ, Manuel María, *Derecho Administrativo*, t. III, Bibliográfica Omeba, Buenos Aires, 1967, p. 329 y ss; BIELSA, Rafael, *Derecho Administrativo*, t. I, 6ª ed., La Ley, Buenos Aires, 1964, p. 12 y ss.; FIORINI, Bartolomé A., *Derecho Administrativo*, t. I, 2ª ed., Abeledo-Perrot, Buenos Aires, 1976, p. 770 y ss.

fundamentales del derecho público (como la continuidad de la función o servicio público y la interdicción o limitación del derecho de huelga en la función administrativa estatal y en los servicios esenciales).

Por lo demás, la proliferación de regímenes abiertos y el traspaso de las técnicas propias del derecho laboral ha generado la posibilidad de soluciones contradictorias en lo que concierne al alcance de la garantía constitucional de la estabilidad, entre otras cuestiones de trascendencia, las cuales, ante la notoria elusión del legislador, han terminado por resolverse en la vía judicial a través de decisiones de la Corte Suprema[1878].

A ese cuadro, hay que adicionar, todavía, la recurrencia a la contratación por tiempo limitado de personal, las fallas de la carrera administrativa y del sistema de selección de los agentes públicos así como la influencia del gobierno (en sentido estricto y político) sobre los funcionarios, en detrimento del principio de neutralidad política y de eficacia indiferente (GARRIDO FALLA). La última adición que recibe la problemática del empleo público se halla representada por el aumento de la corrupción (agravada por la presencia del narcotráfico) la cual, lejos de limitarse a casos aislados y locales, ha pasado a convertirse en un flagelo internacional generalizado y permanente que no parece detenerse con las leyes y las convenciones internacionales porque responde a profundos defectos enraizados en la naturaleza tanto de los corruptos como de los corrompidos. La corrupción, como es sabido, resulta difícil erradicar cuando se generaliza y pasa a formar parte de la conducta habitual de un pueblo.

2. EL ENFOQUE POLÍTICO-CONSTITUCIONAL Y LA FINALIDAD DEL EMPLEO PÚBLICO

La teoría de la separación de poderes no se agota en la división funcional orientándose al equilibrio y la coordinación de los poderes mediante un sistema de frenos y contrapesos[1879].

Por ese motivo, resulta incompatible con la concepción divisoria, que es la médula de nuestra Constitución y de muchas otras del derecho comparado, el otorgamiento de facultades omnímodas al Poder Ejecutivo sobre los agentes que integran la Administración Pública, pues si bien, dicho poder goza de independencia de cara al Legislativo y al Judicial, no esta facultado para despedir a su antojo o por razones políticas, al personal que se encuentra bajo su mando o dirección.

Hay, pues, una conexión inescindible entre la garantía constitucional de estabilidad del empleo público (art. 14 bis CN) y la separación de los poderes ya que lo que la Constitución trata de asegurar con esa garantía es, no sólo la protección de la persona que ejerce un cargo público sino la neutralidad política en el ejercicio de la función pública.

[1878] Entre otros casos ver: "Ramos, José Luis c/Estado Nacional (Min. de Defensa – ARA) s/indemnización por despido", CSJN Expte. R. 354.XLIV 06/04/2010; "Sánchez Carlos Próspero c/Auditoría General de la Nación s/despido", voto en disidencia Fayt, Maqueda y Zaffaroni, 06/04/2010 CSJN Expte. S.2225.XLI.

[1879] BOSCH, Jorge Tristan, "Ensayo de interpretación de la doctrina de la separación de los poderes Universidad de Buenos Aires", Seminario de Ciencias Jurídicas y Sociales, Buenos Aires, 1944, p. 39 y ss.

Esto explica la razón por la cual los países que cuentan con buenas administraciones públicas (entre otros, Francia, Alemania, Estados Unidos e Inglaterra) se hayan empeñado en instaurar sistemas que aseguran la imparcialidad de los empleados públicos frente a los poderes políticos de turno, en base al establecimiento de una carrera profesional que garantice su idoneidad y especialización así como la igualdad en el acceso a la función pública. Entre nosotros, estas garantías se encuentran reconocidas, genéricamente en el art. 16 de la CN[1880].

La finalidad del empleo público, que es una de las parcelas en que se subdivide la función pública, integra uno de los objetivos que procura realizar el Preámbulo de la Constitución en cuanto está íntimamente vinculada con la promoción del bienestar general o, con mayor propiedad, el bien común. A su vez, en este fin que persigue el empleo público, que consiste en la realización del interés público, se aloja el fundamento de los principios de continuidad, de imparcialidad política[1881] y del de eficiencia, los cuales se proyectan a diferentes aspectos de la función administrativa, como la interdicción o limitación del derecho a huelga[1882].

3. RELATIVIDAD DEL *NOMEN IURIS*. NATURALEZA JURÍDICA DE LA RELACIÓN DE EMPLEO PÚBLICO

A) La denominación jurídica

Todo debate fincado en la utilización del lenguaje constituye una suerte de discusión bizantina en la medida en que cada autor utiliza, conforme a sus convicciones, diferentes fórmulas idiomáticas para expresar una misma realidad. Esta circunstancia nos advierte que, muchas veces, estamos en presencia de una mera controversia verbal. Pero, aunque se trata de fórmulas relativas, ello no impide dar las razones que abonan la utilización de un término sobre otro, sin dejar de reconocer la posibilidad de apelar al uso alternativo del vocablo genérico para definir la función pública (*v.g.* empleados y funcionarios públicos e, incluso, agentes públicos). No obstante, la relatividad no justifica recurrir a fórmulas propias del derecho laboral, como el término trabajadores[1883], cuya utilización debe reservarse para los vínculos humanos de dependencia que se forjan en las relaciones entre el capital y el trabajo, como elementos básicos de una economía social de mercado.

[1880] Arzua Horacio R.M. c/Administración de Parques Nacionales, Resol. 11/00, CNACAF, Sala IV, de fecha 30/10/07.

[1881] Sobre la imparcialidad política: PARADA VÁZQUEZ, Ramón, *Derecho Administrativo,* T° II, 3ª ed., Marcial Pons, Madrid 1989, p. 387 y ss.

[1882] Actualmente hay un vacío normativo en materia de huelga en los servicios esenciales y en los hechos, así como en algunas decisiones de la jurisprudencia, se considera jurídicamente viable el derecho de huelga en la función pública y, particularmente, en los servicios esenciales, véase: VANOSSI, Jorge R., *Derecho Constitucional de huelga en los servicios públicos esenciales,* Anticipo de Anales, Academia Nacional de Derecho y Ciencias Sociales de Buenos Aires, Año 42, 08/07/2004.

[1883] Cabe puntualizar que lo que se cuestiona en el texto no es el término en sí mismo sino su utilización en el régimen del empleo público que, a nuestro juicio y conforme a la Constitución, no se confunde con la relación que vincula a patrones y trabajadores en el derecho laboral, tal como apuntados en el texto.

En el caso del empleo público se trata de una institución diferente a la relación privada entre patrón y dependiente regulada por el derecho laboral cuyo fin esencial es la realización del bien de toda la comunidad a cuyo servicio se encuentra la prestación principal del empleado público[1884]. La Administración Pública, que representa al Estado como persona jurídica y al pueblo como entidad política, no puede ser asimilada a un patrón, aunque las leyes lo digan. En tal caso, se trata de una mutación inconstitucional ya que en el sistema de la Constitución se encuentra bien diferenciado (a propósito de la protección y fines de cada actividad) el empleado público, regido por el derecho constitucional y administrativo, del trabajador privado, cuya relación se rige por el derecho laboral.

B) Naturaleza jurídica de la relación de empleo jurídico

Durante algún tiempo se debatió si la relación de empleo público era de naturaleza estatutaria, como lo sostenía la doctrina francesa tradicional[1885] o si, en cambio, se daban los presupuestos que determinaban la presencia de una relación contractual, regida, básicamente, por el régimen típico del derecho administrativo.

Si el *sustractum* de la relación tiene por causa el acuerdo de voluntades entre un particular y un órgano u ente de la Administración Pública –caracterizado por un régimen exorbitante[1886]– con la finalidad pública de realizar funciones estatales propias de su actividad, aunque las condiciones se encuentran predispuestas en algún ordenamiento o estatuto sancionado unilateralmente por la Administración, no caben dudas en el sentido de que se configura un contrato administrativo. Tal es la posición de la mayoría de la doctrina de nuestro país[1887].

[1884] LUQUI, Roberto Enrique, *Revisión judicial de la actividad administrativa,* t. 2, Astrea, Buenos Aires, 2005, p. 65 y ss., formula una crítica aguda y certera acerca de la "*metamorfosis*" del empleo público en nuestro país y advierte que "*las contradicciones que genera el "híbrido" agente público regido por el derecho laboral se trasladaron a la justicia y la confusión es tal que en muchas ocasiones depende del fuero que elija el actor para que su pretensión se resuelva de una u otra manera*" (*op. cit.* p. 71)

[1885] LAUBADERE, André de, *Traité Ëlémentaire de Droit Administratif,* t. II, LGDJ, 5ª ed., París, 1970, p. 23 y ss. y LAUBADERE, André de - MODERNE, Frank - DELVOLVE, Pierre, *Traité des Contrats Administratifs,* t. I, LGDJ, Paris, 1983, p. 83 y ss.

[1886] Entre los poderes exorbitantes se encuentra las *potestas variandi* que le permite a la Administración modificar el contenido y alcance de las prestaciones debidas por los empleados públicos, aunque sin afectar la esencia de la relación contractual. Aparte de los límites constitucionales derivados de los principios de igualdad y de razonabilidad el ejercicio de dicha prerrogativa (por el principio de legalidad, art. 19 CN) debe derivar de una potestad expresa (no implícita) reconocida por el ordenamiento.

[1887] MARIENHOFF, Miguel S., *Tratado de Derecho Administrativo, cit.,* t. III-A, ps. 16-17; FIORINI, Bartolomé A., *Derecho Administrativo, cit.,* t. I, p. 770 y ss, especialmente p. 784; GORDILLO, Agustín, *Tratado de Derecho Administrativo,* t. I, 8ªed., Fundación de Derecho Administrativo, Buenos Aires, 2003, p. XIII-20; BALBÍN, Carlos, *Curso de Derecho Administrativo, cit.,* t. I, p. 705; GARCÍA PULLÉS, Fernando, (Dir.), con la colaboración de BONPLAND, Viviana - UGARTE, Marcelo E., *Régimen de Empleo Público en la Administración Nacional,* Lexis Nexis, Buenos Aires, 2005, p. 16 y ss. En Contra: DIEZ, Manuel María, *Derecho Administrativo, cit.,* t. III, p. 355.

Dado que se trata de un acuerdo de voluntades, que tiene por objeto la colaboración[1888] con la función administrativa estatal, en el que la prestación principal esta a cargo del agente público, se aplican las reglas y principios que derivan de esta clase de relaciones bilaterales (no se aplica -por ejemplo- el principio *"in dubio pro operario"*, sin perjuicio de no admitir interferencias lesivas de la libertad interior del empleado público, protegidas por el principio contenido en el art. 19 de la CN.

Asimismo, el principio de continuidad de la prestación, cuya principal consecuencia genera la interdicción o limitación del ejercicio del derecho de huelga en la función pública, encuentra su fundamento más cabal en la circunstancia de tratarse de un contrato de colaboración. No obstante, el sistema argentino, como producto de la laboralización de la relación de empleo público, ha reconocido en forma amplia y absoluta el derecho de huelga de los funcionarios públicos[1889], lo que debe reputarse inconstitucional en cuanto conculca los principios constitucionales que regulan el empleo público.

Hay que entender, de una vez por todas, que los empleados públicos no pueden tener un régimen de privilegio que les permita aprovechar, simultáneamente, todas las ventajas que les brinda el derecho público (estabilidad) y el derecho privado (principio pro-operario, irrenunciabilidad de derechos etc.) sin soportar los deberes y cargas que le impone la función. Es una demostración más, si cabe, la confluencia, en el contrato administrativo de colaboración, de relaciones regidas, conjuntamente, por la justicia particular (conmutativa y distributiva) y por la justicia legal (debido a la comunidad)[1890].

4. LA SELECCIÓN DE LOS AGENTES PÚBLICOS

La base real de toda organización administrativa se encuentra en las personas que la componen. Por este motivo hasta el mejor sistema del mundo fracasa si la Administración no cuenta con un mínimo de personal que sepa dirigir, ejecutar y controlar las tareas que se llevan a cabo en beneficio público. Esa aptitud para administrar se denomina *"idoneidad"* y entre nosotros posee base constitucional (art. 16, CN).

Aún cuando los gobernantes tienen el deber constitucional de nombrar personas idóneas para los cargos públicos, no es difícil comprender por qué hasta ahora en la Argentina no se aplicó en plenitud el sistema de selección por concurso público para ingresar en la Administración. Lo que ocurre es que el concurso público, como todo sistema de selección basado en la concurrencia y en la igualdad, obliga a designar objetivamente a los más idóneos, con independencia de los factores subjetivos (par-

---

[1888] Sobre los contratos administrativos de colaboración: MARIENHOFF, Miguel S., *Tratado de Derecho Administrativo, cit.*, t. III-A, Nº 611, ps. 113-114 y nuestro libro *El contrato administrativo,* Abeledo-Perrot, 3ª ed., Buenos Aires, 2009, ps. 26-27.

[1889] VÁZQUEZ VIALARD, Antonio, *La regulación legal de la huelga en los servicios esenciales,* Anticipo de Anales, Academia Nacional de Derecho y Ciencias Sociales de Buenos Aires, Año 42, 08/07/2004.

[1890] Ampliar en nuestro *Derecho Administrativo,* t. I, 9ª ed., Abeledo Perrot, Buenos Aires, 2008, p. 56 y ss.

tidismo, amistad, influencia, lealtad personal, etcétera) que, desgraciadamente, suelen gravitar en la decisión que se adopta en cada caso.

El sistema de selección por concurso público aparece como conveniente y es justo que él se imponga para toda designación que se realice en la Administración central o en el ámbito de las entidades descentralizadas, inclusive para los ascensos a las categorías superiores de aquellos que se encuentran en igualdad de condiciones.

La clave fundamental para que pueda funcionar bien todo sistema de selección radica en el establecimiento de:

a) Bases objetivas para merituar la idoneidad que requiera cada cargo

b) Elección de jurados intachables e imparciales con experiencia en la función que debe cumplir el aspirante.

c) La vigencia efectiva de garantías de estabilidad

Otra realidad incontrastable es el sobre dimensionamiento de los medios personales.

¿Qué política seguir con el personal sobrante? La solución a este problema no puede llevarse a cabo, desde luego, de un día para el otro, máxime cuando, en las actuales condiciones de la economía, resulta muy difícil que los empleados públicos que cesen puedan reubicarse en la actividad privada. De ese modo, una política drástica provocaría, sin duda, el engrosamiento de la llamada "*desocupación encubierta*", que tanto daño produce a la economía nacional y, en particular, a sus factores de producción.

La Administración actual exhibe una gran desigualdad y dispersión de esfuerzos ya que, mientas hay oficinas donde los empleados sobran, no cumplen el horario o no tienen tareas reales que llevar a cabo, hay otras reparticiones que necesitan de una mayor dotación.

La estabilidad de los funcionarios se impone no sólo por una norma preceptiva de nuestra Constitución Nacional (art. 14 bis), sino en virtud de la real conveniencia pública. En efecto, como toda organización humana, la Administración Pública precisa utilizar el conocimiento y la experiencia de las personas que, para su mejor servicio, han de prestar su actividad en el marco de complejas relaciones sociales y psicológicas. Allí se entrecruzan sentimientos y conductas que contribuyen a que se trabaje con una mayor armonía y seguridad, bajo la jefatura de un funcionario. Cuando esa relación se rompe por el mero arbitrio administrativo de prescindir de los empleados públicos, sin que existan causas objetivas que justifiquen esa prescindibilidad, se fractura todo el orden administrativo. Surgen así las persecuciones personales por motivos de la más variada índole y, en muchas ocasiones, a través de la declaración de prescindibilidad o de disponibilidad, suele encubrirse la desviación de poder del funcionario que dispone la expulsión.

La estabilidad de los agentes aparece entonces como un presupuesto inexcusable del buen obrar de la Administración Pública y en algún momento de su historia política la Argentina debe pasar a ser, en este punto, un Estado rectamente organizado, rompiendo de una vez por todas el círculo vicioso que encierra toda política frontal o disimulada de prescindibilidades.

Ese círculo vicioso ha consistido, por una parte, en disponer ceses de servicios por supuestas razones de racionalización administrativa, mientras se cubrían los cargos con personas que ingresaban sin previo concurso público de selección, o bien, con empleados de inferior jerarquía que con anterioridad dependían del personal prescindido o puesto en disponibilidad.

Los resultados están a la vista. El deterioro que ha provocado esa política de prescindibilidades es tan profundo que no puede corregirse con la obra de un sólo gobierno, necesitándose muchos años de acertadas designaciones y coberturas para que nuestra Administración comience a mejorar. No ha de olvidarse tampoco que la carga de frustraciones e inseguridades que se ha transmitido a la organización administrativa ha sido, en alto grado, un factor que estimuló el éxodo de los funcionarios más capaces hacia la actividad privada. Eso no puede corregirse de un día para el otro. Requiere una tarea ardua pero gradual y que los empleados públicos vean en sus gobernantes un ejemplo al impulsar ese proceso con energía, pero, sobre todo, con justicia y honradez.

Una de las fórmulas que pueden contribuir a mejorar las relaciones entre los funcionarios políticos del gobierno y los funcionarios permanentes del aparato burocrático del Estado consiste en atribuir estabilidad a las personas que sean elegidas para dichos cargos mediante un riguroso concurso público. Eso implicaría que el subsecretario dejaría de ser un funcionario político, sin conocimiento de las técnicas administrativas, para pasar a ser un funcionario permanente que actuaría como nexo entre el nivel político y la organización burocrática.

De lo contrario, los funcionarios que ejercen el poder político deben controlar y coordinar actividades cuyo funcionamiento eficaz desconocen y terminan perdiéndose en la rutina de los expedientes sin que nadie tenga un control coordinado sobre el conjunto de la actividad, salvo casos muy especiales, pues en la actualidad el reclutamiento de estos funcionarios se efectúa, en la mayoría de los casos, entre personas allegadas a los ministros, secretarios o subsecretarios.

Uno de los más graves peligros que afronta cualquier proceso de reforma administrativa es, sin duda, la ideologización que se pretende imponer a los funcionarios públicos[1891]. En general, cuando la ideología que se exige no coincide con el sistema político real que rige la comunidad (como la ideología marxista en una democracia occidental), se genera una serie indefinida de tensiones antitéticas entre quienes cumplen con el oficio del adoctrinamiento y el medio social al cual se destina la ideología. La resistencia parte primero de los grupos humanos que reciben la dosis ideológica y luego, en un régimen donde imperen las libertades reales del hombre, culmina siempre haciéndose carne en la mayoría de la población.

El desconocimiento de esta verdadera oposición entre ideología y realidad ha sido, en no pocas ocasiones, la causa verdadera del fracaso o caída de aquellos regímenes políticos que han dado absoluta primacía a la ideologización de los funcionarios y de toda la sociedad en aras de un mito, una determinada clase social o un hombre.

[1891] Véase también MARTÍN RETORTILLO, Sebastián, "Perspectivas de la Administración Pública", en *Revista de Estudios de la Vida Local*, N° 221, 1984, p. 19.

Por estos motivos, el establecimiento de una carrera administrativa –si es que realmente se quiere llevar a cabo una tarea objetiva y exenta de ideologización- ha de poner el acento en la real idoneidad que deben poseer los funcionarios para ascender a las escalas superiores, pero dando también una esencial gravitación a la calificación de su desempeño al servicio del bien común.

Porque la carrera administrativa nunca puede ser un fin en sí misma, al servicio de la ideología de quien gobierna. Es tan sólo un instrumento –uno de tantos- para asegurar el acceso de los más idóneos a los cargos más elevados en la estructura administrativa, sin que su existencia implique que las personas que se encuentran en las escalas inferiores del escalafón posean una suerte de derecho automático al ascenso. Ello, a la par que no excluye la concesión de premios que puedan corresponder en razón del tiempo dedicado al servicio, impide fundar el mérito para el ascenso en la mera antigüedad.

Las instituciones de todo el país y especialmente los gobiernos nacional y provinciales deberían cobrar conciencia de la necesidad de impulsar un proceso tendiente a que la Administración Pública argentina se convierta en una organización moderna y eficaz, que se halle al servicio del público y no de ninguna ideología particular, al servicio de la libertad y no del despotismo.

Por todo ello, la Administración no sólo puede mejorar modificando las estructuras anquilosadas sino que debe recibir los aportes humanos más idóneos, sin perjuicio de reajustar sus competencias reales y los procedimientos administrativos en aquellos aspectos donde puedan colarse la arbitrariedad o el abuso de poder.

La situación en que se encuentra el empleo público viene de mucho tiempo atrás y no hay un único gobierno responsable de ella.

Pero, hay que tener en cuenta que mantener el actual estado de cosas conspira no sólo contra las reglas más elementales de la economía sino que genera el descreimiento progresivo de los ciudadanos –verdadera antesala de las crisis políticas-, porque la Administración Pública es una de las herramientas indispensables para gobernar y alcanzar los objetivos del bien común predicados en el Preámbulo de la Constitución que nos rige.

5. LA GARANTÍA CONSTITUCIONAL DE LA ESTABILIDAD DEL EMPLEADO PÚBLICO

El art. 14 bis de la CN distingue, claramente, la estabilidad del empleado público de la protección del trabajador contra el despido arbitrario. Esa distinción obedece a que el derecho del trabajo parte de una premisa diferente a la estabilidad: se admite el despido sin causa atribuible al agente con indemnización sustitutiva, lo cual implica, como se ha apuntado[1892], que no existe estabilidad en el derecho laboral[1893].

[1892] SÁNCHEZ, Alberto M., "Madorrán ¿Cuánto de propia tiene la estabilidad propia?", *REDA* nro. 61, Depalma, Buenos Aires, 2007, ps. 756-759.

[1893] Fallos 310:272 (1987). Hay autores que consideran que en el Derecho Laboral hay estabilidad impropia: COMADIRA, Julio R., *Derecho Administrativo*, 2ª ed, Abeledo Perrot, Bue-

En cambio, el sistema del derecho administrativo, al consagrar la estabilidad y atribuirle rango constitucional, ha venido a establecer un principio que carece de sentido en el derecho privado: la interdicción de disponer el cese de la relación de empleo público sin invocación de causa, la cual genera la imposibilidad de sustituir la estabilidad por una indemnización.

Pero, tanto en el empleo público como en la relación laboral privada, es posible, en principio, extinguir el vínculo contractual por las causales establecidas en los respectivos ordenamientos legales o convencionales en la medida que se transgredan los derechos y garantías constitucionales.

Ahora bien, como los derechos y las garantías constitucionales no poseen carácter absoluto[1894] y se gozan conforme a las leyes que reglamentan su ejercicio (las cuales, por cierto, no pueden degradar ni alterar la sustancia de los derechos que la CN declara o reconoce) las leyes administrativas suelen establecer causales que permiten, por excepción y razones fundadas en circunstancias organizativas (que abonen su necesidad), declarar la disponibilidad de personal por causales de racionalización administrativa sustituyendo la pérdida de la estabilidad por una compensación o reparación monetaria.

Como puede notarse, esta situación –que ha recibido el calificativo de estabilidad impropia[1895]– no puede confundirse con ninguna de las figuras del derecho laboral que regulan la extinción del vínculo con el trabajador. En efecto, ella sólo revela el carácter relativo de la estabilidad, ya que no puede confundirse con el despido sin causa o, incluso, arbitrario del derecho laboral, aunque originen ambas situaciones el derecho a ser indemnizado por el Estado o el empleador y la causal del *distracto* sea ajena al agente. Este aspecto común no alcanza para asimilar los regímenes ni tampoco para sostener que poseen un *"sustrato común"*[1896] puesto que difieren en:

a) el despido sin causa del derecho laboral no encuentra cabida en el derecho administrativo en el que por imperio de los principios de legalidad y de neutralidad política los actos que disponen el cese de la relación de empleo deben ser motivados; y,

b) la pérdida de la estabilidad, con fundamento en razones públicas de racionalización administrativa, tampoco encaja en las instituciones del derecho laboral. Simplemente, no necesita que sea objeto de regulación normativa en dicho ámbito (al admitirse el despido sin causa).

Por esas razones, habría que abandonar todo intento de asimilar instituciones, cuyas raíces y finalidades difieren en forma tan radical. También sería conveniente dejar de utilizar la terminología que ha venido empleándose hasta ahora para separar

nos Aires, 2003, p. 623y ss.; y, GARCÍA PULLÉS, Fernando, (Dir.), con la colaboración de BONPLAND, Viviana - UGARTE, Marcelo E., *Régimen de Empleo...*, *cit.*, p. 30.

[1894] MARIENHOFF, Miguel S., *Tratado de Derecho Administrativo*, t. III-B, 3ª ed., Abeledo Perrot, Buenos Aires, 1983, p. 283; BALBÍN, Carlos F., *Curso de Derecho Administrativo*, *cit.*, t. I, ps. 717-718.

[1895] DIEZ, Manuel María, *Derecho Administrativo*, *cit.*, t. III, p. 462, Miguel S., *Tratado de Derecho Administrativo*, *cit.*, t. III-B, p. 283.

[1896] BALBÍN, Carlos F., *Curso de Derecho Administrativo*, *cit.*, t. I, p. 719.

la llamada estabilidad propia de la impropia, que ha sido fuente de erróneas interpretaciones doctrinarias y jurisprudenciales.

La estabilidad del empleo público asume un carácter rígido en el sentido de que no puede perderse sin causa (individual o genérica) ni ser reemplazada por una indemnización, como regla general. Al propio tiempo puede, excepcionalmente, tener carácter relativo, por causa justificada en motivos de racionalización ajenos al agente público –pero inherentes al empleo público– a condición de que el funcionario sea debidamente indemnizado.

A su vez, conviene notar que, en algunas posturas jurisprudenciales[1897], se cae en el error de confundir la garantía de la estabilidad con la cesantía arbitraria e, incluso, con la sanción expulsiva (por ejemplo cesantía o exoneración) supuestos en que la sanción se motiva en forma exclusiva, en la conducta del agente cuya falta grave conduce a la ruptura del vínculo contractual. Desde luego, que el interés público esta presente en ambos casos pero su naturaleza y fundamentos difieren, conforme se desprende de la jurisprudencia de la Corte Suprema que alude reiteradamente a que el fin que persigue la garantía de la estabilidad del empleado público se encuentra, en la necesidad de "...*poner a los servidores del Estado al abrigo de la discrecionalidad de los gobernantes de turno y de los vaivenes de la vida política*"[1898].

Por esa razón, la jurisprudencia sentada por la Corte Suprema en el caso "*Ramos*", estableció que cuando la Administración incurre en desviación de poder encubriendo una designación aparente bajo la apariencia de un contrato por tiempo indeterminado el empleado público se encuentra protegido por la garantía de estabilidad del art. 14bis de la CN y puede reclamar una indemnización, con arreglo al derecho público, si la Administración dispone el cese de sus funciones[1899].

La otra gran diferencia entre la garantía en la estabilidad del funcionario público y la protección del despido arbitrario del trabajador finca en la circunstancia de que en el derecho laboral el conflicto termina resolviéndose en un despido con indemnización (en las diferentes especies) mientras que en el derecho administrativo la estabilidad garantiza la reincorporación del agente.

En el caso "Madorrán", sentenciado por la Corte en el año 2007[1900], se trataba de un empleado de la Administración Nacional de Aduanas despedido por incumplimiento de los deberes a su cargo. Lo notable es que la sentencia, no obstante la proyección que ha tenido, no abordó la cuestión de fondo (si el despido era arbitrario) conforme a la Convención Colectiva de Trabajo (art. 7º CCT56/1992-E laudo

---

[1897] Fallos 161:336 (1931), in re "Enrique c/ Provincia de Santa Fe" y Fallos 307:539 (1985), voto de los Dres. Aberastury y Zavala Rodríguez (en el primero de los mencionados) y del Dr. Belluscio (en el segundo).

[1898] Considerando 6º del caso "Madorrán", Fallos 330:1989 (2007).

[1899] BOGUT SALCEDO, José Esteban, "Los contratados en la actual jurisprudencia de la Corte o sobre la revisión de la tradicional doctrina convalídante de excesos", en GORDILLO, Agustín (Dir.), La Ley, Suplemento Extraordinario Administrativo, 75 Aniversario, Buenos Aires, 2010, ps. 243-244, efectúa un prolijo análisis y sistematización de los principales fundamentos del fallo.

[1900] In re "Madorrán Marta C. c/Administración Nacional de Aduanas", Fallos 330:1989 (2007).

16/1992)[1901] por considerar que no constituía materia del recurso extraordinario, sino una cuestión de hecho reservada a la instancia ordinaria.

Pero la Corte, con buen criterio, admite el recurso extraordinario y resuelve confirmar la declaración de nulidad e incompatibilidad del art. 7° del CCT/1992-E y condena a la Administración Nacional de Aduanas a reincorporar a la actora.

La doctrina ha destacado la trascendencia que, al establecer los alcances del art. 14bis de la CN en sentido favorable a la actora, reviste el caso "Madorrán", cuya fundamentación, según el voto de la mayoría, apeló a *"los principios y pautas de interpretación del Derecho Internacional de los Derechos Humanos y el derecho del trabajo, con expresa invocación del Pacto Internacional de Derechos Económicos, Sociales y Culturales, la Declaración Universal de Derechos Humanos, la Declaración Americana de los Derechos y Deberes del Hombre, la Convención Internacional sobre la Eliminación de todas las formas de Discriminación Racial y la Convención sobre la Eliminación de todas las Formas de Discriminación contra la Mujer"*. Se trató, en definitiva, de interpretar el alcance *"de la protección derivada del art. 14bis de la Constitución a la luz..."* de las citadas fuentes constitucionales[1902].

6. LA REGULACIÓN LEGAL DEL CONTRATO DE EMPLEO PÚBLICO

A) La jerarquía normativa y el papel de la analogía

La situación en que se encuentra actualmente el marco legal del contrato de empleo público es la de coexistencia de regímenes y derechos que resultan incompatibles en muchos aspectos con el carácter público del vínculo que une a la Administración con los agentes, carácter que ha sido reafirmado en la jurisprudencia de la Corte Suprema[1903].

Esa proliferación de regímenes obedece no sólo a razones inherentes a la especialidad de las teorías (lo cual se justifica en cada caso) sino también a circunstancias de carácter general que le restan unidad al conjunto del sistema, originando la concurrencia de prescripciones y principios propios del derecho administrativo con la normativa del derecho laboral.

Frente a ese cuadro, verdaderamente anárquico, diseñado en algunos casos para escapar de las reglas del acceso a la función por concurso público, se plantea el problema de dilucidar lo concerniente a la jerarquía de las normas y principios aplicables.

Conviene notar que esa jerarquía se impone por imperio del precepto constitucional que deslinda el empleo público del contrato de trabajo regido por el derecho

---

[1901] El art. 7° inc c) del CCT56/1992-E facultaba a la Administración Nacional de Aduanas a extinguir la relación de empleo sin invocación de causa y mediante el pago de la indemnización prevista en el art. 245 de la Ley de Contrato de Trabajo.

[1902] CAPUTI, María Claudia - SALVATELLI, Ana, "Manifestaciones de la Globalización en la jurisprudencia de la Corte Suprema sobre el derecho administrativo", en GORDILLO, Agustín (Dir.), *La Ley, Suplemento Extraordinario Administrativo*, 75 Aniversario, Buenos Aires, 2010, ps. 157-158.

[1903] *Vid*: "Chedid", Fallos 320:74 (1997) entre otros.

laboral (art. 14 bis CN). En ese sentido, no puede dudarse de que, en virtud de la naturaleza administrativa de la relación, prevalece el ordenamiento que regula el empleo público[1904]. Los otros regímenes generales, como el que organiza las convenciones colectivas de trabajo en el sector público, se aplican de dos maneras:

a) por analogía[1905], cuando la norma de la convención colectiva sea compatible con el régimen del empleo público; y,

b) por subsidiariedad, cuando exista una remisión expresa al ordenamiento de la ley 25.164. La técnica de la subsidiariedad difiere de la analogía en que la norma se aplica directamente, sin necesidad de adaptarla a los principios pertenecientes al derecho público.

No se puede desconocer, sin embargo, que la tendencia actual en Argentina ha girado hacia la laboralización de la relación de empleo público, potenciando el papel de los sindicatos, principalmente para establecer las condiciones del ejercicio de la función y la remuneración del personal. Seguidamente, veamos, someramente, los distintos regímenes del frondoso *puzzle* armado por nuestros legisladores.

B) La Ley 25.164

Como se ha señalado, la ley 25.164 constituye el régimen jurídico básico que prevalece en razón de su naturaleza y jerarquía, sobre otros regímenes generales (ya sean anteriores o posteriores). Esta ley, con su reglamentación[1906], regula el contrato de empleo público estableciendo los derechos, garantías y deberes de los funcionarios, su ámbito de aplicación, los requisitos para el ingreso, el régimen disciplinario y de incompatibilidades, las personas y sectores excluidos y otras instituciones que completan el marco de la regulación básica.

En lo que concierne al personal abarcado por la ley 25.164 prescribe que comprende a todo el que se desempeña en el ámbito del Poder Ejecutivo (administración central y descentralizada), excluyendo de su aplicación al Jefe de Gabinete, Ministros, Secretarios, Subsecretarios y autoridades máximas de los entes descentralizados, al personal militar y de las fuerzas policiales y de seguridad, personal diplomático, al clero y al personal incluido en los convenios colectivos del sector privado.

A su vez, también se halla excluido el personal de determinados entes reguladores[1907], que se rige por la ley de contrato de trabajo 20.744. Cabe, asimismo, advertir que a los empleados de las empresas y sociedades del Estado la ley básica se les aplica en forma limitada[1908].

[1904] Ley 25.164, cuyo art. 1° prescribe que: "*la relación de empleo público queda sujeta a los principios generales establecidos en la presente ley, los que deberán ser respetados en las negociaciones colectivas que se celebren en el marco de la ley 24.184*".

[1905] GARCÍA PULLÉS, Fernando, (Dir.), con la colaboración de BONPLAND, Viviana - UGARTE, Marcelo E., *Régimen de Empleo...*, *cit.*, ps. 72-74.

[1906] Decreto 1421/2002.

[1907] *Cfr*. Art. 60 Ley 24.076 (Ente Nacional Regulador del Gas) y art. 64 Ley 24.065 (Ente Nacional de Regulador de la Electricidad).

[1908] En la medida en que resulten aplicables los capítulos relativos al ingreso, deberes y prohibiciones, conforme a las cláusulas convencionales homologadas por Decreto 66/1999.

Una muestra clara del embrollo jurídico que exhibe el régimen argentino del empleo público lo proporciona la propia ley básica al prescribir la posibilidad que el personal alcanzado por la LCT o convenios colectivos del sector privado (ley 14.250) pueda incorporarse al régimen del empleo público, con motivo de la celebración de convenios colectivos de trabajo[1909].

Por su parte, tampoco se aplica directamente la ley 25.164 (sin perjuicio de su aplicación analógica) al personal que se desempeña en los poderes Legislativo y Judicial, el cual se rige por los respectivos ordenamientos especiales[1910].

Entre los derechos de los agentes el ordenamiento básico de la función pública prescribe la estabilidad (de la que antes nos ocupamos), el derecho a una retribución justa, igualdad de oportunidades en el desarrollo de la carrera, capacitación permanente, libre afiliación sindical, licencias, renuncias y participación en los procedimientos de calificaciones y disciplinarios.

En cuanto a los deberes los funcionarios públicos, además de los expresamente tipificados en la ley[1911], tales como la obligación de prestar el servicio en forma personal, observar las normas y obedecer las órdenes del superior con competencia y fines legítimos, junto a los deberes de fidelidad, excusarse en supuestos de parcialidad, existen otros, de carácter inherente o implícito, que derivan de principios generales, como el principio de continuidad de la prestación que, en principio, implica un valladar para el ejercicio libre e ilimitado del derecho de huelga en los servicios esenciales. Esta limitación o interdicción se impone aún cuando el ordenamiento hubiera guardado silencio al respecto.

Asimismo, la ley básica regula las garantías y el procedimiento del régimen disciplinario, el cual se rige por un conjunto de principios que encuadran en el derecho al debido proceso adjetivo[1912], que integra una garantía más amplia que conforma una tutela administrativa efectiva, entre cuales prescribe que:

a) El procedimiento respete el derecho de defensa;

b) El agente no pueda ser sancionado dos veces o más, por un mismo hecho;

c) La sanción debe graduarse según la gravedad del hecho y los antecedentes del agente;

d) La sustancia del procedimiento disciplinario es independiente del proceso penal, lo que no obsta la posibilidad de que, como consecuencia del proceso penal, el Estado pueda sustituir la sanción aplicada por otra de mayor gravedad;

e) La imposición de sanciones menos graves (apercibimiento y suspensión hasta cinco (5) días;

[1909] Ley 25.164, art. 3°, *in fine*.

[1910] Los agentes administrativos que se desempeñan en el ámbito del Poder Judicial están sujetos de un régimen integrado por una acordada de la Corte Suprema de 1952 (Cfr. Decreto 1285/58), la Ley 24.946 (Ministerio Público y 24.937 (Consejo de la Magistratura)), mientras que los empleados del Poder Legislativo se rigen por la Ley 24.600.

[1911] Ley 25.164, art. 23.

[1912] CANOSA, Armando N., *El debido proceso adjetivo en el procedimiento administrativo*, Lexis-Nexis, Buenos Aires, 2005, p. 57 y ss.

f) Los plazos de prescripción serán de seis meses a dos años (según la gravedad del hecho), computándose a partir del momento de su comisión;

g) El término para la resolución del sumario no podrá exceder de seis meses, contados a partir de la comisión de la falta que se le impute al agente.

Las sanciones aplicables van desde el apercibimiento y suspensión de treinta (30) días a un (1) año hasta, en los casos más graves, la cesantía y la exoneración. Contra la resolución que aplica las sanciones disciplinarias la ley básica mantiene el antiguo recurso directo ante la Cámara Nacional de Apelaciones en lo Contencioso Administrativo Federal, el cual debe interponerse dentro del plazo de noventa (90) días computados a partir de la notificación de la resolución sancionatoria[1913].

En resumidas cuentas el régimen de la ley 25.164 contempla cuatro clases de funcionarios:

1. Aquellos subjetivamente excluidos (Jefe de Gabinete, Ministros, etc.) sin perjuicio de la aplicación analógica de los principios generales del instituto;

2. Los empleados permanentes;

3. Los agentes públicos contratados por un plazo fijo; y,

4. Los asesores y agentes *ad-honorem*.

C) Las convenciones colectivas de trabajo

Lejos de constituir un fenómeno nuevo han venido celebrándose, en el ámbito de determinados organismos del sector público, desde hace varias décadas (a partir de 1970), convenios colectivos de trabajo. De ese modo, una importante cantidad de funcionarios pasaron a regirse por el derecho laboral (Aduana, Dirección General Impositiva, Organismos Nacionales de Previsión Social etc.)[1914].

Esa tendencia, culminó en el dictado de la ley 24.185, que generalizó la posibilidad de regular por el derecho laboral la relación de empleo público, y fue impulsada por diversos tratados internacionales, celebrados en el marco de la OIT (ej. Convenio 154 concerniente al Fomento de la Negociación Colectiva, aprobado por ley 23.544 del año 1988). Con anterioridad a la ley 24.185 el Congreso Nacional sancionó la ley 23.929, incorporando el sector docente (público y privado) al régimen de convenciones colectivas de trabajo[1915].

Aunque no todas las materias de la relación contractual de empleo público puede ser objeto de las convenciones colectivas, lo cierto es que la ley establece un marco abierto de posibilidades para incorporar nuevas regulaciones a condición – como ya se dijo- que no alteren las prescripciones de la ley básica 25.164. Las materias excluidas son las relativas a:

1. La estructura orgánica de la Administración Pública Nacional;

2. Las facultades de dirección del Estado; y,

[1913] Ley 25.164, arts. 39, 40 y 41.

[1914] Ampliar en: GARCÍA PULLÉS, Fernando, (Dir.), con la colaboración de BONPLAND, Viviana - UGARTE, Marcelo E., *Régimen de Empleo...*, *cit.*, p. 32 y ss.

[1915] TO Ley 14.250.

3. El principio de idoneidad como base de ingreso y de la promoción en las carreras administrativas[1916].

Ese marco abierto para regir una porción importante de la relación de empleo público contrasta con la tendencia que se observa en países de gran tradición administrativa como Francia, en los que prevalece el principio de jerarquía combinado con el derecho de los funcionarios a participar en las negociaciones con el gobierno[1917] que, en definitiva, es quien adopta las decisiones.

En cambio, la tendencia que exhibe el ordenamiento positivo en cuanto asimila el agente público al trabajador privado, es tan desatinada como perjudicial a sus intereses, como ha sido advertido por la doctrina[1918].

Lo cierto es que, la circunstancia de ser el empleo público un contrato administrativo de colaboración, permite -por la implicancia de su régimen jurídico- que la Administración Pública ejerza su *potestas variandi* y proceda a modificar aspectos de la convención colectiva propios de la organización administrativa, dentro de los límites constitucionales y legales. Con ello queda en evidencia que la pretendida laboralización del empleo público carece de su razón de ser básica (la plena autonomía negocial) constituyendo –sobre todo en épocas de crisis- una fuente inagotable de conflictos sociales tanto colectivos como de carácter individual.

En el régimen de negociación de las convenciones colectivas de trabajo los empleados públicos se encuentran representados por las asociaciones gremiales o federaciones con personería sindical, que actúan en el ámbito nacional. A su vez, la representación del Estado es asumida por el Ministro de Economía y el Secretario de la Función Pública o por representantes de jerarquía no inferior a Subsecretario y el objeto de la convención puede tener tanto alcance general como sectorial.

D) La ley de Contrato de Trabajo

Otra regulación que revela la dispersión y consecuente anarquía del régimen del empleo público concierne a la posibilidad de aplicar al personal de la Administración Pública la Ley de Contrato de Trabajo (Ley 20.744), pues no obstante prescribir que sus disposiciones no serán aplicables a los dependientes de la Administración Pública Nacional, Provincial o Municipal agrega que "*excepto que por acto expreso se los incluya en la misma o en el régimen de las convenciones colectivas de trabajo*"[1919]. ¿Qué clase de acto expreso? La ley no lo dice y creemos que ello no puede quedar librado a la voluntad de las partes de una convención colectiva sino que debe establecerse por ley, aunque subsistan dudas acerca de su constitucionalidad, por las

[1916] Ley 24.185, art. 8°.

[1917] Véase: MARCOU, Gérard, "La función pública en Francia", en *Organización Administrativa, Función Pública y Dominio Público,* Jornadas de la Universidad Austral, RAP, Buenos Aires, 2005, p. 45.

[1918] LUQUI, Roberto Enrique, Revisión judicial…, *cit.*, t. 2, ps. 69-71, apunta que una prueba de ello "…la tenemos en las convenciones colectivas que, por un lado, establecen el sumario previo como requisito para sancionar a los agentes y, por otro, la facultad de la Administración de despedirlos sin causa, aunque indemnizándolos, lo que permite burlar la regla antedicha" (*op. cit.*, t. 2, p. 71).

[1919] Ley CCT, art. 2.

razones que hemos expuesto precedentemente. Así ha ocurrido en el plano de la realidad normativa en el caso del ENARGAS[1920] y del ENRE[1921].

E) Régimen de contrataciones de servicios personales

En ejercicio de la delegación que hizo la ley 25.453 (denominada de déficit cero) el Poder Ejecutivo dictó el Decreto 1184/01 subdelegando, en el Jefe de Gabinete, el dictado de un régimen destinado a contratar servicios personales que tengan por objeto *"desarrollar estudios, proyectos y/o programas especiales en los términos que determina la reglamentación"[1922]*. Este régimen, si bien excluye al personal permanente y no permanente, admite la contratación de docentes o investigadores de las Universidades Nacionales, y también prescribe que los servicios que se contratan comprendan a estudiantes universitarios de las carreras de grado y postgrado, con más de un año de antigüedad.

F) Los estatutos especiales

La especialidad de ciertas actividades ha conducido, generalmente por la presión del sector gremial respectivo, a que se dicten regímenes jurídicos de carácter sectorial que se denominan estatutos[1923]. El problema que se plantea concierne a su congruencia con el régimen general de la ley marco pues de instrumentarse por leyes del Congreso éstas prevalecerán sobre el régimen general, en la medida que fueran compatibles con los principios constitucionales. De ese modo, si un estatuto consagrase el derecho de huelga en forma irrestricta y absoluta, contrariando el principio de continuidad de la función o servicio público y sin reglamentar un mínimo indispensable para que la población no se perjudique, ello conculcaría el principio de razonabilidad o justicia, comprendido en el concepto amplio de legalidad que enuncia el art. 19 de la CN.

[1920] Ley 24.076, art. 60.

[1921] Ley 24.065, art. 64.

[1922] Decreto 1184/2001.

[1923] En el sector público, uno de los sectores que se rige por un estatuto especial es el docente (Ley 14.773 y sus modificaciones) que, además, puede ser objeto de ampliaciones a través del procedimiento de negociación colectiva.

CAPÍTULO II

EL CONTRATO DE OBRA PÚBLICA

Sección 1ª

OBRA PÚBLICA Y CONTRATO DE OBRA PÚBLICA

1. INTRODUCCIÓN

El contrato de obra pública cuenta con una extensa y proficua tradición en el derecho público de raíz continental europea, principalmente por la influencia que irradió el derecho francés, en el que, desde las postrimerías del siglo XIX y en especial durante el siguiente siglo se configuró como uno de los principales contratos administrativos[1924], con una teoría propia y diferenciada de la locación de obra del Derecho Civil, sobre todo en el proceso de selección del contratista[1925].

Con independencia de la evolución que ha tenido la figura del contrato de obra pública (*marché des travaux publics*) en el derecho galo y su proyección parcial en el escenario latinoamericano[1926], han sido trascendentes los aportes provenientes de la doctrina española que ha venido profundizando su problemática a partir de la

---

[1924] *Vid.* LAUBADERE, André de, *Traité de Droit Administratif*, actualizado por VENEZIA, Jean-Claude – GAUDEMET, Yves, t. 2, LGDJ, París, 1986, p. 302 y ss.; DUFAU, Jean, *Droit des travaux publics*, PUF, París, 1998, p. 161 y ss.; DEBBASCH, Charles, *Institutions et droit administratifs*, t. 2, 3° ed., PUF, París, 1992, ps. 179-180.

[1925] GUETTIER, Christophe, *Droit des contrats administratifs*, 1° ed., PUF, París, 2004, ps. 297-298, apunta que como consecuencia de la trasposición de las directivas europeas se ha instaurado un control precontractual de la publicidad y concurrencia, con instrumentos que tienden a asegurar el principio de transparencia.

[1926] BANDEIRA DE MELLO, Celso Antonio, *Curso de Direito Administrativo*, 24° ed., Malheiros, San Pablo, 2007, p. 680 y ss. Cabe advertir que mientras en Brasil la doctrina sostiene la existencia de la categoría del contrato administrativo (BACELLAR FILHO, Romeu Felipe, *Reflexões sobre Direito Administrativo*, Forum, Belo Horizonte, 2009, p. 161 y ss.) la categoría ha sido objeto de revisión en Venezuela (*vid*: BREWER-CARÍAS, Allan Randolph, *Derecho Administrativo*, t. I, Universidad Externado de Colombia y Universidad Central de Venezuela, 2005, ps. 282-291) y que, en otros países como Colombia y Perú, sus respectivos derechos administrativos han optado por utilizar la figura del contrato estatal, aun cuando se regule, en muchos casos, en forma prevaleciente por el derecho público (véase: RODRIGUEZ R., Libardo, *Derecho Administrativo general y colombiano*, 15° ed., Temis, Bogotá, 2007, p. 401 y ss., especialmente ps. 405-413 Y LINARES JARA, Mario, *El contrato estatal*, Grijley, Lima, 2001 y del mismo autor *Contratación Pública*, Grijley, Lima 2008, p. 181 y ss., quien utiliza en esta obra la denominación de contrato administrativo).

segunda parte de la pasada centuria[1927]. No menor ha sido el impacto del derecho comunitario europeo que han recibido los respectivos derechos nacionales, los cuales han tenido que adaptar los diferentes ordenamientos que rigen los contratos de obra que celebran las entidades estatales e, incluso, extender a empresas privadas el conjunto de principios y normas de derecho público que rigen la selección de contratistas que afrontan la realización de obras de cierta envergadura económica, con la finalidad de promover y asegurar la libre competencia, eje de la economía social de mercado[1928] "de cuyo funcionamiento depende la eficiencia del sistema productivo y el bienestar de los consumidores"[1929].

Interesa señalar que la concepción adoptada por el Código Civil, al abordar en forma un tanto desordenada el contrato de locación de obra (*locatio operis*) como una sub-especie de la locación de servicios en sentido amplio diferenciando, a su vez, dicha figura de la locación de servicios en sentido estricto (*locatio operarum*)[1930], tomó como eje de la construcción dogmática de la figura contractual, el principio de riesgo y ventura, cuando la obra se contrataba por una suma fija y determinada[1931], principio que se morigeró más tarde con la aplicación de la teoría de la imprevisión[1932], tendiente a compensar los efectos del fenómeno inflacionario cuyas consecuencias, en el modelo decimonónico del Código Civil, eran soportadas exclusivamente por el locador, provocando su ruina empresaria y los efectos sociales consiguientes (desocupación, desaparición de la categoría de los empresarios emprendedores, etc.).

[1927] Si bien no hacemos aquí una reseña de los numerosos y variados aportes sobre el contrato de obra pública efectuados por la doctrina española hay que reconocer que se caracterizan por su calidad jurídica, tanto en los aspectos descriptivos como en lo concerniente a la creatividad que exhiben; cabe citar al respecto, los trabajos de GARCÍA DE ENTERRÍA, Eduardo, *La figura del contrato administrativo*, RAP, nro. 41, Instituto de Estudios Políticos, Madrid, 1963; ARIÑO ORTIZ, Gaspar, *Teoría del equivalente económico en los contratos administrativos*, Instituto de Estudios Administrativos, Madrid, 1968 y SOLAS RAFECAS, José María de, *Contratos administrativos y contratos privados de la Administración*, Tecnos, Madrid, 1990, entre otros.

[1928] Véase: JIMÉNEZ BLANCO, Antonio, *Manual de Derecho Administrativo*, Vol. 2, en colaboración con PAREJO ALFONSO, Luciano – ORTEGA ALVAREZ, Luis, 4° ed., Ariel, Madrid, 1996, p. 155 y ss.; anota que "el mercado no puede ser concebido como un ámbito excluido a la conformación general por los poderes públicos" (*op. cit.*, p. 157).

[1929] IBAÑEZ NAJAR, Jorge Enrique, *Estudios de Derecho Constitucional Económico*, Pontificia Universidad Javeriana, Bogotá, 2001, ps. 298-301, apunta que "la economía de mercado es uno de los elementos constitutivos de la Constitución económica colombiana" (p. 299).

[1930] Las diferentes formulaciones latinas de la *locatio* se denominan, respectivamente *locatio conductio operis* (locación de obra), *locatio conductio operarum* (locación de servicios) y *locatio conductio rei* (locación de cosas); véase: CABANELLAS DE TORRES, Guillermo, *Diccionario de Derecho Romano y latines jurídicos*, Heliasta, Buenos Aires, 2007, ps. 610-611.

[1931] Art. 1633 del Código Civil, texto anterior a la reforma introducida por la ley 17.711.

[1932] Art. 1633 del Código Civil, texto según la reforma hecha por la ley 17.711, que agregó "salvo lo dispuesto en el artículo 1198" (este artículo regula la teoría de la imprevisión en los contratos bilaterales conmutativos y en los unilaterales onerosos y conmutativos de ejecución diferida o continuada).

El Derecho Público parte, en cambio, de otras premisas, entre las cuales destacan el deber de colaboración del contratista, el *ius variandi* y el principio del equilibrio económico-financiero del contrato. Estos dos últimos principios se conectan
con el deber de colaboración y juegan como polos opuestos de una ecuación en la
que se equilibran las desigualdades que se producen en el ámbito contractual, por
causas no imputables a los contratistas.

De ese modo, el contratista se beneficia con una mayor estabilidad de sus derechos y obligaciones y la Administración puede conseguir mejores precios, al no
cargar todos los riesgos que se generan por *aleas* administrativas (hecho del príncipe, *ius variandi*, etc.) y/o económicas (circunstancias imprevisibles, aunque no revistan carácter extraordinario).

Es cierto que en algunos países, como Italia y Suiza, los contratos de locación
de obra que celebra la Administración se consideran sustancialmente regidos por el
Derecho Civil, aunque el Derecho Público interfiere en la regulación de los procesos
de selección, y que también se acepta la aplicación de causas correctoras de los desequilibrios contractuales.

Pero en el campo de los contratos de la Administración, al igual que en otros
escenarios, fueron los principios del Derecho Administrativo los que impulsaron el
movimiento hacia la aplicación del Derecho Público y el abandono de las concepciones clásicas privatistas. Para confirmar este aserto basta con recordar que el primer caso en el que se aplicó la teoría de la imprevisión fue el de un contrato de concesión de servicios públicos[1933].

Finalmente, otra de las características que exhibe el contrato de obra pública,
como cualquier otro contrato administrativo, radica en la confluencia de diferentes
especies de justicia ya que si bien, como todo contrato refleja, sustancialmente, relaciones de conmutación (*v.g.* entre el precio y la obra) la interferencia de la Justicia
legal y de la distributiva[1934], es mayor que en los contratos regidos por el derecho
privado.

2. OBRA PÚBLICA Y CONTRATO DE OBRA PÚBLICA

El ordenamiento nacional que regula el contrato de obra pública se ocupa de definir expresamente, en forma separada, el objeto de la contratación que es la obra
pública (en Francia, los trabajos públicos), a diferencia del contrato de obra pública,
cuya figura resulta implícita; un criterio similar se observa en la legislación de la

---

[1933] In re "Compagnie du Gaz de Bordeaux", resuelto por el Consejo de Estado Francés, el 24 de
marzo de 1916.

[1934] Sin perjuicio de no compartir la tesis de Barra sobre la prevalencia de la justicia distributiva
en la relación contractual, el ejemplo que proporciona dicho autor resulta válido en cuanto a
que el deber de "...observar una conducta imparcial frente a todos los oferentes..." se halla
impuesto por exigencias propias de la justicia distributiva, ver: BARRA, Rodolfo Carlos,
Contrato de obra pública, t. II, Abaco, Buenos Aires, 1986, ps. 452-453.

530

Provincia de Buenos Aires[1935]. Ambos ordenamientos han seguido la tendencia tradicional de la doctrina francesa[1936].

La razón de ser de esta tendencia legislativa estriba en el hecho de que una obra pública puede construirse unilateralmente por la propia Administración[1937] (algo que en la práctica es poco común) y, por otra parte, en la circunstancia de que los ordenamientos se ocupan, sobre todo, del proceso de selección y del régimen de ejecución y extinción, dejando a la doctrina y a la jurisprudencia la determinación de los aspectos inherentes a la estructura, finalidad y caracteres del contrato de obra pública.

Ello ha traído no pocos problemas de cara a las distintas posiciones doctrinales que han definido el contrato de obra pública, reflejándose tanto en el campo interpretativo como en la determinación de la competencia para entender en los litigios que se susciten, particularmente cuando en el fuero federal coexisten dos jurisdicciones (contencioso administrativa y civil y comercial) que, por ejemplo en el ámbito de la Capital Federal[1938], corresponden a dos fueros diferentes.

A) La definición legal de obra pública

La ley 13.064[1939] (en adelante LOP) define la obra pública en base a dos elementos constitutivos: a) que se trate de una construcción o desarrollo de un trabajo o servicio de industria y b) que dicha actividad se lleve a cabo con fondos pertenecientes al Tesoro de la Nación[1940].

a) El *opus*

Por de pronto, la obra pública consiste siempre en una creación humana[1941] o artificial que tiene por objeto la construcción, fabricación, reparación, mantenimiento, modificación, conservación, instalación, etc., que comprende obras, trabajos o servicios sobre bienes muebles e inmuebles[1942] o, incluso, bienes inmateriales[1943]. Como

[1935] Art. 1° Ley 6021 (t.o. por decreto 4536/96).

[1936] LAUBADERE, André de, *Traité de Droit Administratif, cit.*, t. 2, p. 279 y ss.; DUFAU, Jean, *Droit des travaux publics, cit.*, p. 21 y ss.

[1937] BOTASSI, Carlos Alfredo, *Contratos de la Administración Provincial*, Scotti Editora, La Plata, 1996, p. 105.

[1938] Véase: LUQUI, Roberto Enrique, *Revisión judicial de la actividad administrativa,* t. 1, Astrea, Buenos Aires, 2005, p. 84 y ss.

[1939] La ley 13.064 derogó la anterior ley 775 y ha sufrido no pocas modificaciones.

[1940] Art. 1°, LOP.

[1941] MARIENHOFF, Miguel S., *Tratado de Derecho Administrativo*, t. III-B, 4° ed., Abeledo Perrot, Buenos Aires, 1994, p. 512.

[1942] BARRA, Rodolfo Carlos, *Contrato de obra pública*, t. I, Abaco, Buenos Aires, 1984, p. 67; DRUETTA, Ricardo Tomás – GUGLIELMINETTI, Ana Patricia, *Ley 13.064 de Obras Públicas. Comentada y anotada*, Abeledo Perrot, Buenos Aires, 2008, p. 1.

[1943] MARIENHOFF, Miguel S., *Tratado de Derecho Administrativo*, t. III-B, *cit.*, ps. 530-531; DIEZ, Manuel María, *Derecho Administrativo*, t. III, Bibliográfica Omeba, Buenos Aires, 1967, p. 31; GORDILLO, Agustín A., *Contratos Administrativos*, t. I, Astrea, Buenos Aires, 1982, p. 48.

puede advertirse la LOP no establece exigencia alguna en punto al destino de la obra pública a construirse (por ejemplo, si estará afectada al uso común mediante su incorporación al dominio público) criterio que estimamos acertado, dado que las obras que construye, instala, etc. el Estado son susceptibles de ser afectadas a un uso no estatal, incluso de naturaleza privada.

b) La realización de la obra con fondos del Tesoro Nacional

El otro elemento que sirve para configurar el concepto legal de obra pública consiste en que ésta se realice con fondos pertenecientes al Tesoro de la Nación, concepto que alude al origen fiscal de los fondos, con independencia del carácter estatal o no del comitente[1944]. En tal sentido, la Corte Suprema de Justicia extendió el concepto de obra pública a las realizadas por una cooperadora escolar con fondos que, en forma preponderante, provenían del Tesoro Nacional, con imputación presupuestaria e intervención del ex Tribunal de Cuentas, haciendo hincapié en que el Estado se había reservado en dicho caso la supervisión, inspección y contralor, tanto en el aspecto técnico como en el administrativo[1945]. Asimismo, se considera que, por el carácter público de los fondos[1946], las locaciones de obras que se llevan a cabo a través de la utilización de recursos que integran fideicomisos públicos[1947] constituyen obras públicas comprendidas en la definición que prescribe el art. 1° de la LOP.

Por otra parte, la norma que venimos comentando excluye expresamente del régimen de la LOP a las construcciones militares y a las obras que se ejecuten con subsidios[1948]. Mientras que la primera causa de exclusión se justifica en virtud de la especialidad que reviste el régimen legal de las construcciones militares[1949], la segunda responde a la transformación que se opera una vez efectuado el subsidio e ingresado al patrimonio privado o público no estatal, en cuyo caso los fondos públicos (subsidios) cambian de naturaleza y pasan de públicos a privados[1950].

3. MODOS DE EJECUCIÓN DE LA OBRA PÚBLICA

Al respecto, el art. 3° de la LOP prescribe que "[e]n caso de que el Estado resuelva realizar obras públicas por intermedio de personas o entidad no oficial, procederá conforme con lo establecido en la presente ley".

[1944] DRUETTA, Ricardo Tomás – GUGLIELMINETTI, Ana Patricia, *Ley 13.064...*, *cit.*, p. 5, aceptan que los fondos provengan de entidades ajenas a la Administración.

[1945] En el caso "Shirato, Gino c/ Estado Nacional", Fallos 304:490 (1982).

[1946] DRUETTA, Ricardo Tomás – GUGLIELMINETTI, Ana Patricia, *Ley 13.064...*, *cit.*, p. 12.

[1947] Sobre el fideicomiso público, ver: MERTEHIKIAN, Eduardo, "Acerca de la utilización de fideicomisos por el sector público", en la obra colectiva *Organización administrativa, función pública y dominio público*, Jornadas de la Universidad Austral, RAP, Buenos Aires, 2005, p. 539 y ss.; GUIRIDLIAN LAROSA, Javier D., "El fideicomiso como técnica contractual administrativa", EDA 2003-546.

[1948] Véase: DE LA RIVA, Ignacio M., Ayudas públicas. Incidencia de la intervención estatal en el funcionamiento del mercado, Hammurabi, Buenos Aires, 2004, p. 163 y ss.

[1949] Regidas por la ley 12.737 y disposiciones reglamentarias.

[1950] DRUETTA, Ricardo Tomás – GUGLIELMINETTI, Ana Patricia, *Ley 13.064...*, *cit.*, p. 9.

A) Realización de obras por administración

Como se advierte, el precepto sólo aborda la modalidad de ejecución de obras por administración[1951], aunque se ha interpretado que del mismo se infiere la figura del contrato de obra pública[1952], el cual, de esa manera, se configura por implicancia de un texto expreso, aparte de que, prácticamente, la mayor parte de la regulación legal se refiera a la ejecución contractual de la obra pública, la que constituye la regla general en el sistema de la LOP[1953].

Dado que no es función esencial del Estado la asunción del papel de empresario, ni éste posee la aptitud para desempeñarse en dicho cometido, la doctrina[1954] ha criticado esta modalidad de ejecución de la obra pública. Además, ella puede prestarse a grandes abusos (actos de favoritismo e incluso corrupción), máxime cuando se encuentra insuficientemente reglamentada.

B) Ejecución por contrato de obra pública

El contrato de obra pública no se halla expresamente definido en la LOP, pero su configuración se desprende de un modo implícito de la mayoría de los artículos de dicho ordenamiento legal que hasta llega a prescribir la exigencia de suscribir un contrato[1955], como requisito para el perfeccionamiento del acuerdo de voluntad. En este punto, el régimen de la LOP constituye "el instrumento respectivo" a que alude el art. 20 del RCAN y difiere de los restantes contratos que, conforme a dicha norma, quedan perfeccionados con la notificación de la orden de compra, sin que sea necesario otro requisito formal.

Cabe advertir, asimismo, que las prescripciones de la LOP prevalecen sobre las normas del RCAN no sólo en virtud de lo prescripto en el propio Decreto 1023/2001[1956] y en el art. 7° de la LNPA (tras la reforma introducida por el art. 36 de dicho Reglamento)[1957] sino en virtud de que, como normas de naturaleza especial, por principio, no resultan derogadas por las leyes generales posteriores, en la medida que no exista "repugnancia efectiva" con las disposiciones de éstas últimas[1958].

[1951] *Vid*: BEZZI, Osvaldo Máximo, *El contrato de obra pública*, 2° ed., Abeledo Perrot, Buenos Aires, 1982, p. 27 y ss.

[1952] DRUETTA, Ricardo Tomás – GUGLIELMINETTI, Ana Patricia, *Ley 13.064..., cit.*, ps. 14-17.

[1953] DIEZ, Manuel María, *Derecho Administrativo*, t. III, *cit.*, p. 25.

[1954] BARRA, Rodolfo Carlos, *Contrato de obra pública*, t. I, *cit.*, ps. 266-267.

[1955] Art. 21, LOP.

[1956] ORTIZ DE ZÁRATE, Mariana – DIEZ, Pedro H., "Perfiles de la contratación administrativa a la luz del Decreto 1023/2001", *REDA*, nro. 43 Depalma, Buenos Aires, 2002, p. 49 y ss.

[1957] DRUETTA, Ricardo Tomás – GUGLIELMINETTI, Ana Patricia, *Ley 13.064..., cit.*, p. 18.

[1958] *Cfr.* nuestro *Derecho Administrativo*, t. I, 9° ed., Abeledo Perrot, Buenos Aires, 2010, ps. 163-164 y jurisprudencia de la Corte Suprema citada en nota 39.

a) Concepto de contrato de obra pública

El concepto de contrato de obra pública se encuentra atado al de obra pública no obstante que esta última puede ser llevada a cabo por administración, sin necesidad de contratar su ejecución con un sujeto privado[1959]. Se trata de un contrato administrativo[1960] –sustancialmente una *locatio operis*- que reposa en un acuerdo de voluntades entre el contratista y la Administración, cuya finalidad o causa relevante de interés público consiste en dotar al Estado de la ejecución de una obra que formará parte de su infraestructura inmobiliaria o de su propiedad mobiliaria o derechos inmateriales. Esa finalidad pública puede ser tanto inmediata como mediata[1961], y es independiente del uso al cual se destinará el bien respectivo[1962].

Por extensión, habrá también contrato de obra pública cuando un ente público no estatal, o incluso privado, contrate la ejecución de una obra, con fondos del Tesoro Nacional y con una finalidad de interés público relevante (*v.g.* cooperativas escolares)[1963].

b) Caracteres del contrato de obra pública

No se discute que el contrato de obra pública participa de los siguientes caracteres:

a) es un contrato conmutativo y sinalagmático en cuanto sus prestaciones esenciales son recíprocas, cada una de las cuales constituye la causa de la otra (la ejecución de la obra por el contratista es la contrapartida de la obligación del comitente de pagar el precio de la obra). Por otra parte, resulta obvio que la causa por la que el contratista ejecuta la prestación es porque confía en que la Administración cumpla la suya;

b) de colaboración, habida cuenta que la prestación principal se halla a cargo del contratista, lo cual surte efectos en materia interpretativa[1964];

c) es oneroso, calidad ésta que excluye la gratuidad;

d) es formal, en el sentido que se exige, para su perfeccionamiento, la suscripción de un contrato entre las partes[1965];

e) contiene obligaciones de resultado de ejecución diferida.

[1959] BARRA, Rodolfo Carlos, *Contrato de obra pública*, t. I, *cit.*, ps. 68-69.

[1960] Así lo califica la LOP (art. 21).

[1961] DRUETTA, Ricardo Tomás – GUGLIELMINETTI, Ana Patricia, *Ley 13.064...*, *cit.*, p. 19.

[1962] Véase, sin embargo: MARIENHOFF, Miguel S., *Tratado de Derecho Administrativo*, t. III-B, *cit.*, p. 522, quien considera que el contrato de obra pública es administrativo cuando "se relacione, directa e inmediatamente, con alguna de las funciones esenciales o específicas del Estado...".

[1963] In re "Shirato, Gino c/ Estado Nacional", Fallos 304:490 (1982).

[1964] MARIENHOFF, Miguel S., *Tratado de Derecho Administrativo*, t. III-A, 2° ed., Abeledo Perrot, Buenos Aires, 1978, p. 115.

[1965] Arts. 21 y 24 LOP.

534

c) Su ejecución no es a riesgo y ventura

Como se ha señalado con anterioridad, el régimen del contrato de obra pública revela que no es un contrato celebrado a riesgo y ventura y no lo es, fundamentalmente, en virtud de la prevalencia que cabe asignarle al principio del equivalente económico[1966] que, en esta figura contractual, impregna el contenido del esquema dogmático que rige las relaciones entre las partes.

La tesis que afirma que el contrato de obra pública no se celebra a riesgo y ventura se apoya en un conjunto de razones que, siguiendo a un sector de la doctrina, pasamos a reseñar:

a) la circunstancia de que el art. 5° de la LOP permite al comitente optar por la posibilidad de no acudir al sistema de ajuste alzado absoluto;

b el precepto contenido en el art. 39 de la LOP según el cual la Administración está obligada a reconocer las pérdidas ocasionadas al contratista por culpa de sus empleados, actos propios del comitente no previstos en el pliego, o caso fortuito y fuerza mayor;

c) la revisión de precios motivada en hechos del príncipe;

d) la recomposición contractual que puede operarse con arreglo a la teoría de la imprevisión establecida en el art. 1198 del Código Civil;

la determinación de nuevos precios de cara a dificultades materiales imprevistas;

e) la obligación de indemnizar al contratista "todos los gastos y perjuicios" que le irrogue la orden de suspensión total o parcial de los trabajos, dispuesta por el comitente (art. 34, LOP);

f) la fijación de nuevos precios fundada en el aumento o disminución de un ítem contractual contenido en la oferta que supere el 20% de su valor (art. 38, LOP);

g) la revisión de los precios básicos del contrato cuando ellos resultan superiores al umbral previsto en el Decreto 1295/02;

h) el reconocimiento de créditos (legítimos abonos) con base a la equidad o en el principio de enriquecimiento sin causa[1967].

En cambio, nos parece que en los procesos que conducen a una renegociación por razones de emergencia, al menos en el ordenamiento positivo argentino, no se puede desconocer que existe un riesgo mitigado o compartido[1968], que adquiere relevancia, entre otros supuestos, cuando el impacto en las tarifas altere (en situaciones de emergencia) la competitividad de la economía o la distribución de los ingre-

---

[1966] CASSAGNE, Juan Carlos, *El contrato administrativo*, 3° ed., Abeledo Perrot, Buenos Aires, 2009, p. 100 y ss.

[1967] DRUETTA, Ricardo Tomás – GUGLIELMINETTI, Ana Patricia, *Ley 13.064..., cit.*, ps. 20-21.

[1968] ARIÑO ORTIZ, Gaspar, "El equilibrio financiero del contrato administrativo", en CASSAGNE, Juan Carlos – RIVERO YSERN, Enrique (Dirs.), *La contratación pública*, t. 2, Hammurabi, Buenos Aires, 2006, p. 731, sostiene que ese "riesgo mitigado o compartido" desplaza al riesgo y ventura del contrato privado.

sos[1969], debiéndose respetar los límites constitucionales que hacen a la razonabilidad, legalidad y justicia de las decisiones estatales (arts. 19 y 28 CN).

Sección 2ª

SUJETO, OBJETO Y CARACTERES PRINCIPALES DEL CONTRATO DE OBRA PÚBLICA

1. SUJETO Y OBJETO DEL CONTRATO DE OBRA PÚBLICA. DISTINCIÓN CON EL CONTRATO DE SUMINISTRO

En el contrato de obra pública el comitente no necesariamente es el Estado Nacional (por lo común la Administración Pública centralizada y/o descentralizada). También pueden revestir dicho carácter los entes públicos no estatales, así como las personas privadas que actúen por delegación[1970] aplicando, a la ejecución de la obra, fondos del Tesoro Nacional.

A su vez, la calidad de contratista puede ser asumida por cualquier persona física o privada, que se encuentre inscripta en el Registro Nacional de Constructores de Obras Públicas. Este requisito acredita la idoneidad técnica, económica y moral del contratista[1971], así como legitimación para intervenir en los procesos de selección[1972].

En lo que concierne al objeto del contrato de obra pública, éste comprende toda clase de bienes susceptibles de integrar el *opus* o trabajo público pudiendo recaer en inmuebles (incluso por accesión), muebles (esculturas, construcción de barcos y maquinarias, etc.) y hasta bienes inmateriales o incorporales (locaciones de obra intelectual)[1973].

Con respecto a la locación de obra pública que tuviera por objeto la construcción de un bien mueble se hace necesario distinguir dicho contrato administrativo del de suministro. Las dificultades que plantea la diferenciación entre ambos tipos de contratos no se presentan en el Derecho Administrativo francés que circunscribe el contrato de obra pública a los que recaigan sobre bienes inmuebles[1974], con lo que el contrato de suministro es la única figura que regula la adquisición de bienes muebles, incluso cuando éstos hubieran sido encargados por la Administración.

[1969] Ley 25.561, art. 9°.

[1970] Art. 2° LOP.

[1971] MARIENHOFF, Miguel S., *Tratado de Derecho Administrativo*, t. III-A, *cit.*, p. 165 y ss.; DROMI, Jorge Roberto, *Licitación pública*, Ciudad Argentina, Buenos Aires, 1999, p. 319.

[1972] BARRA, Rodolfo Carlos, *Contrato de obra pública*, t. II, *cit.*, ps. 532-533.

[1973] Art. 4°, LOP.

[1974] *Vid*, entre otros, RIVERO, Jean – WALINE, Jean, *Droit Administratif*, 19° ed., Dalloz, París, 2002, p. 111; RICHER, Laurent, *Droit dés contrats administratifs*, 4° ed., LGDJ, París, 2004, p. 384 y ss.

536

Para justificar la distinción en nuestro derecho se han sostenido, por parte de la Procuración del Tesoro de la Nación[1975] (en adelante PTN), fundamentaciones variadas[1976], ninguna de las cuales es de suficiente entidad como para justificar por sí sola una diferencia específica.

Para precisar la diferenciación hay que tener en cuenta un conjunto de elementos entre los que cabe señalar, en primer lugar, que se produzca el encargo especial de una obra sometida al control de la Administración. A su vez, se ha considerado que no es imprescindible que exista el bien al momento de celebrarse el contrato para que se configure un suministro, dado que éste puede tener también por objeto bienes futuros[1977]. La especialidad del objeto contractual excluye, según nuestra opinión, del ámbito del contrato de obra pública, el encargo de fabricación de bienes en masa que, de ordinario, impliquen una dación al mercado.

2. LA OBRA PÚBLICA POR ACCESORIEDAD COMO OBJETO CONTRACTUAL Y LA FUERZA ATRACTIVA DEL CONTRATO DE OBRA PÚBLICA

Según la doctrina y jurisprudencia francesas[1978], seguida por la argentina[1979], el contrato de obra pública se caracteriza por su fuerza atractiva o expansiva, una de cuyas consecuencias sería el reconocimiento de la figura del contrato de obra pública por accesoriedad.

No obstante, una cosa es la fuerza atractiva o expansiva y otra cuestión distinta es el contrato de obra pública por accesoriedad. En efecto, mientras este último supuesto se funda en el principio de que lo accesorio sigue la suerte de lo principal, la fuerza expansiva extiende el régimen del contrato de obra pública a los contratos que consisten en operaciones complejas[1980], en los que la obra pública desempeña un papel de cierta entidad, aunque no constituya la prestación principal del contrato. Por ello, en los casos en que la obra pública sea algo completamente secundario, con relación a los elementos de otros contratos, no rige el principio de la fuerza expansiva que, quizás, obedezca a la circunstancia de que es el contrato de mayor tradición jurídica en el Derecho Administrativo francés[1981].

[1975] Una completa sistematización ha hecho DRUETTA, Ricardo Tomás – GUGLIELMINETTI, Ana Patricia, *Ley 13.064...*, *cit.*, p. 25.

[1976] La PTN ha sostenido, por ejemplo, que uno de los criterios distintivos entre el contrato de obra y el de suministro se encuentra en que en el primero su objeto traduce una obligación de resultado. Sin embargo, lo mismo acontece en el contrato de suministro (véase: PTN, Dictámenes 90:159, entre otros).

[1977] PTN, Dictámenes 139:269.

[1978] Véase: DEBBASCH, Charles, *Institutions et droit administratifs*, t. 2, *cit.*, ps. 180 y la doctrina citada por Marienhoff en su *Tratado de Derecho Administrativo*, t. III-B, *cit.*, p. 545, nota 1807).

[1979] GORDILLO, Agustín A., "Obra pubblica y contrato de obra pubblica", en *Rassegna di Lavori pubbliche*, nro. 5, Roma, 1964, letra B, punto 3, citado por MARIENHOFF, Miguel S., *Tratado de Derecho Administrativo*, t. III-B, *cit.*, ps. 545-546, nota 1807.

[1980] MARIENHOFF, Miguel S., *Tratado de Derecho Administrativo*, t. III-B, *cit.*, p. 546.

[1981] DEBBASCH, Charles, *Institutions et droit administratifs*, t. 2, *cit.*, ps. 180.

El ordenamiento positivo contempla distintos supuestos de obra pública por accesoriedad[1982] pero no recoge el principio de la fuerza atractiva que es, ante todo, una tesis doctrinal que no ha tenido recepción jurisprudencial generalizada.

Sección 3ª

LOS SISTEMAS DE CONTRATACIÓN DE LA LOP

1. SISTEMAS DE CONTRATACIÓN

El artículo 5 de la LOP estatuye que la licitación[1983] y/o contratación de obras públicas se hará sobre la base de tres sistemas tradicionales y uno residual (los sistemas de excepción que se establezcan). La elección de uno u otro sistema, si bien queda librada a la discrecionalidad de la Administración debe respetar el principio de legalidad (que incluye el de razonabilidad) y hallarse debidamente fundada, como cualquier acto administrativo.

En rigor, los sistemas de contratación constituyen modalidades del precio[1984] que representa la contrapartida de la prestación del contratista, siendo un elemento esencial del contrato[1985].

El precio contractual se establece con independencia de la decisión de la Administración de proveer todos o parte de los materiales a utilizar en la ejecución de la obra pública[1986].

Veamos, a continuación, los sistemas de contratación contemplados por la LOP.

A) Unidad de medida y/o precio unitario. Variantes

En este sistema, recogido en la ley 775, el precio se determina para cada una de las unidades de la obra, para lo cual resulta necesario efectuar el cálculo métrico de las diferentes partes de la obra en medidas tanto de superficie como de volumen (ej. metros cúbicos de mampostería, metros cuadrados de baldosas o adoquines, etc.)[1987]. Existen dos variantes de esta modalidad de contratación: a) unidad de medida simple (también llamada precio unitario[1988] por un sector de la doctrina), en el que se han fijado los precios unitarios sin que se llegue a determinar la cantidad de obra que se va a ejecutar y b) unidad en el conjunto o unidad de medida (en sentido técnico más

---

[1982] Arts. 1°, 2° y 3° Decreto 19.324/49.

[1983] En realidad, si la licitación es un procedimiento para arribar a la contratación, el empleo del término resulta sobreabundante.

[1984] MARIENHOFF, Miguel S., *Tratado de Derecho Administrativo*, t. III-B, *cit.*, p. 551; JURISTO SÁNCHEZ, Rafael, *La ejecución del contrato de obra pública*, edición del autor, Madrid, 1983, p. 301 y ss.

[1985] JURISTO SÁNCHEZ, Rafael, *La ejecución del contrato...*, *cit.*, p. 301.

[1986] Art. 5°, LOP.

[1987] DIEZ, Manuel María, *Derecho Administrativo*, t. III, *cit.*, p. 37.

[1988] DIEZ, Manuel María, *Derecho Administrativo*, t. III, *cit.*, ps. 37-38.

estricto) en el que se determinan, conjuntamente, los precios y la cantidad de obra que se llevará a cabo respecto de cada uno de los ítems ofertados[1989] o bien, el número de unidades a ejecutar[1990]. De emplearse esta variante, el precio de la obra será el producto de la totalidad de las unidades ejecutadas[1991] por su valor unitario.

Se considera que el sistema de precios unitarios o de unidad de medida simple no resulta conveniente para la Administración en virtud de que no permite la determinación de un precio cierto *a priori*, debiéndose reservar para obras menores, particularmente para trabajos de conservación[1992].

B) Ajuste alzado. Modalidades

El sistema de contratación denominado de ajuste o precio alzado[1993] tiene por base la determinación previa de un precio fijo o invariable[1994] (ajuste alzado absoluto). Cuando se contrata sobre la base de un precio fijo o invariable con la posibilidad de un aumento o rebaja proporcional del precio, según la cantidad de obra que se ejecute, se configura el ajuste alzado relativo. En el ajuste alzado los riesgos derivados del alea normal de la contratación (excepto los comprendidos por la teoría de la imprevisión) corren a cargo del contratista[1995].

A raíz de la generalización de los procesos inflacionarios este sistema no goza de la preferencia de la Administración ni del contratista, recomendándose para obras de escaso monto y envergadura[1996].

C) Coste y costas

Se trata de un sistema contractual por el cual el contratista es reembolsado de todos los costos que ha hecho o en que ha incurrido, más un porcentaje determinado sobre dichos costos o sobre el valor de los trabajos realizados. Mientras los costos representan todos los gastos directos e indirectos (incluso los gastos improductivos que ha debido afrontar el contratista) las costas representan su beneficio o utilidad.

[1989] DRUETTA, Ricardo Tomás – GUGLIELMINETTI, Ana Patricia, *Ley 13.064...*, *cit.*, p. 45.

[1990] SPOTA, Alberto G., *Instituciones de Derecho Civil. Contratos*, Depalma, Buenos Aires, 1979, ps. 365-366.

[1991] DRUETTA, Ricardo Tomás – GUGLIELMINETTI, Ana Patricia, *Ley 13.064...*, *cit.*, p. 45.

[1992] DIEZ, Manuel María, *Derecho Administrativo*, t. III, *cit.*, p. 38.

[1993] El adjetivo "alzado", referido al precio, refleja la idea de un precio por una cantidad determinada, es decir, no sujeta a una medición o determinación posterior (criterio del art. 1633 del Código Civil). Esa idea se completa, con la condición de invariabilidad del precio, posiblemente, por la razón de que, en realidad, constituye un precio aumentado que comprende la asunción de los riesgos normales de la obra por parte del contratista. Conforme al Diccionario de la Real Academia Española la voz alza significa aumento y el verbo alzar registra, como sinónimo, el verbo elevar.

[1994] MARIENHOFF, Miguel S., *Tratado de Derecho Administrativo*, t. III-B, *cit.*, nro. 1125, b), p. 541.

[1995] BARRA, Rodolfo Carlos, *Contrato de obra pública*, t. 3, *cit.*, p. 881.

[1996] MARIENHOFF, Miguel S., *Tratado de Derecho Administrativo*, t. III-B, *cit.*, nro. 1125, b), p. 545.

Para determinar el beneficio existen diferentes modalidades, a saber: a) la utilidad se determina calculando un porcentaje fijo sobre todos los costos (*cost plus*); b) el beneficio se establece en una suma fija y determinada y c) una combinación entre ambas[1997].

En el sistema de costos y costas, con excepción del riesgo empresario, el alea contractual de los eventuales aumentos de costos es asumida por el Estado, lo cual constituía la regla en los contratos de obra pública a los que se les aplicaba el sistema de la ley 12.910 (llamada de mayores costos) y normas reglamentarias y complementarias. En este régimen, la Administración asumía, íntegramente, tanto el alea administrativa del contrato como el alea económica[1998].

La utilización de este sistema de contratación se justifica en aquellas construcciones de "especial complejidad técnica en la que no es posible fijar un precio de antemano" o que requieren "una determinada calidad de los materiales a emplear[1999].

Ello no es óbice a que, sin embargo, se mira este sistema con desconfianza[2000], sobre todo en la medida que el contratista se beneficia también al elevarse su ganancia por el aumento de los costos. Para poner coto a esta objeción, en algunos países como los EE.UU, se proscribe el sistema de *cost plus* (porcentaje de utilidad sobre el costo) en el ordenamiento federal, admitiéndose una serie de variantes del costo y costas que limitan o impiden la utilidad del contratista frente a los mayores costos[2001].

[1997] DRUETTA, Ricardo Tomás – GUGLIELMINETTI, Ana Patricia, *Ley 13.064…, cit.*, p. 50.

[1998] *Vid*: DIEZ, Manuel María, *Derecho Administrativo*, t. III, *cit.*, p. 80 y ss., efectúa un análisis completo y detallado del régimen.

[1999] BARRA, Rodolfo Carlos, *Contrato de obra pública*, t. 3, *cit.*, p. 885.

[2000] DIEZ, Manuel María, *Derecho Administrativo*, t. III, *cit.*, p. 39.

[2001] BARRA, Rodolfo Carlos, *Contrato de obra pública*, t. 3, *cit.*, p. 886, nota 19, enuncia una serie de variantes admitidas por el ordenamiento federal norteamericano, a saber: a) una suma fija y determinada como beneficio contractual que, en general, no debe exceder el 10% del costo estimado del contrato, que no varía cualquiera fuera el costo final resultante (*cost-plus-a-fixed-fee contract*); b) fijación de un premio o de una multa según que los costos reales de ejecución sean inferiores o superiores respecto al costo estimado, estableciendo un beneficio mínimo asegurado, y un máximo, sobre el cual no le corresponde premio alguno al contratista (*cost-plus-incentive-fee contract*) y c) una variante similar a la precedente, con la diferencia de que se determinan una base mínima de beneficio (por lo general, el 2% del costo estimado) más un premio si el desarrollo de la ejecución del contrato se ajusta a los criterios determinados por el comitente estatal, que suelen detallarse en las estipulaciones contractuales (*cost-plus-award contract*).

Sección 4ª

LA SELECCIÓN DEL CONTRATISTA

1. LOS PROCEDIMIENTOS DE SELECCIÓN DEL CONTRATISTA ESTATAL: LA LICITACIÓN PÚBLICA COMO REGLA GENERAL

La selección del contratista estatal aparece dominada por tendencias antitéticas. De una parte, el principio de eficiencia parece favorecer la tendencia a reconocer la plena autonomía negocial a favor de la Administración y una mayor celeridad en la adjudicación del contrato, lo que se lograría con la libre elección o contratación directa. Sin embargo, la libre elección afecta los principios de concurrencia, igualdad y publicidad, que constituyen la base de los sistemas de selección en el mundo civilizado permitiendo que la compulsa de distintas propuestas la Administración puede elegir la "oferta más conveniente"[2002]. Además, la licitación pública se impone, como regla general de los mecanismos de selección, por dos razones de peso: a) el principio de la transparencia que tiende a evitar las prácticas de corrupción[2003] y b) el principio de defensa de la competencia, consagrado en el nuevo artículo 43 de la CN, vigente tras la reforma de 1994[2004].

Tanto el ordenamiento positivo nacional[2005] como el provincial[2006] han prescripto la licitación pública como regla general de los procedimientos de selección en los contratos de obra pública. Carece, pues, de sentido comentar la jurisprudencia anterior, esencialmente aquella emanada de la Corte Suprema que declaró que, a falta de texto expreso, la regla era la libre elección del contratista estatal[2007].

La licitación pública[2008] se caracteriza por ser un procedimiento por el cual, mediante una convocatoria pública[2009] o llamado a los interesados en formular propuestas de contrato, con arreglo a un pliego de condiciones, la Administración procede a elegir la oferta que resulta más conveniente al interés público[2010].

[2002] Ampliar en GAMBIER, Beltrán, "El concepto de oferta más conveniente en el procedimiento licitatorio público (La doctrina de los conceptos jurídicos indeterminados y el control judicial)", LL 1998-D, 744.

[2003] REJTMAN FARAH, Mario, *Régimen de contrataciones de la Administración Nacional*, Abeledo Perrot, Buenos Aires, 2010, p. 111 y ss.

[2004] Véase nuestro libro *El contrato administrativo*, 3° ed., *cit.*, p. 58.

[2005] Art. 9°, LOP, texto según el Decreto 1023/2001.

[2006] Ley 6021 de la Provincia de Buenos Aires (arts. 9 y 12); ampliar en BOTASSI, Carlos Alfredo, *Contratos de la Administración Provincial*, *cit.*, p. 55 y ss.

[2007] "Meridiano SCA c/ Administración General de Puertos", Fallos 301:292 (1979).

[2008] CASSAGNE, Juan Carlos, *El contrato administrativo*, 3° ed., *cit.*, ps. 68-69.

[2009] FIORINI, Bartolomé – MATA, Ismael, *Licitación pública, selección del contratista estatal*, Abeledo Perrot, Buenos Aires, 1972, p. 42 y ss., destacan el carácter público del proceso.

[2010] Aunque sea obvio, no está de más señalar que la conveniencia de la oferta se relaciona con el interés público (cfr. COMADIRA, Julio R., *La licitación pública. Nociones. Principios. Cuestiones*, 2° ed., Lexis Nexis, Buenos Aires, 2006, ps. 1-3).

Si bien, con razones atendibles[2011], se ha intentado morigerar el peso del principio de igualdad en los procedimientos de selección del contratista, destacando la mayor trascendencia del principio de competitividad (con lo que estamos de acuerdo de *lege ferenda*) lo cierto es que el principio de igualdad encuentra apoyo en los artículos 16 y 75 inc. 23 de la CN (que prescriben el principio de igualdad de trato)[2012].

2. EXCEPCIONES A LA REGLA DE LA LICITACIÓN PÚBLICA

Las excepciones a la regla de la licitación pública se encuentran establecidas en el art. 9° de la LOP[2013], el cual prescribe los supuestos en los que podrá acudirse a la licitación privada o a la contratación directa[2014].

La característica que tipifica el procedimiento de licitación privada es que, a diferencia de la licitación pública, la concurrencia de oferentes se halla limitada a quienes la Administración invita a formular propuestas. En los demás aspectos, se aplican, en forma supletoria, los principios y requisitos de la licitación pública.

En lo que concierne a la contratación directa del art. 9° de la LOP no se deduce que ella se distinga del principio de libre elección, como enseña un sector de la doctrina[2015], sino que resultan equivalentes. A lo sumo, podría decirse que la contratación directa constituye la forma reglada de la libre elección[2016].

Las excepciones establecidas en el art. 9° de la LOP son de interpretación restrictiva y no vinculan a la Administración, la que puede optar por acudir a una licitación pública o a los otros procedimientos contemplados en la norma (licitación privada y contratación directa) en los siguientes supuestos:

a) cuando el costo de la obra no exceda del monto que establezca el Poder Ejecutivo nacional;

b) cuando los trabajos que resulten indispensables en una obra en curso de ejecución, no hubiesen sido previstos en el proyecto ni pudieran incluirse en el contrato respectivo. El importe de los trabajos complementarios antedichos no excederá de los límites que fije el Poder Ejecutivo nacional;

c) cuando los trabajos de urgencia reconocida o circunstancias imprevistas demandaren una pronta ejecución que no dé lugar a los trámites de la licitación pública, o para la satisfacción de servicios de orden social de carácter impostergable;

d) cuando la seguridad del Estado exija garantía especial o gran reserva;

[2011] GORDILLO, Agustín A., "El informalismo y la concurrencia en la licitación pública", *REDA*, nro. 11, Depalma, Buenos Aires, 1992, ps. 296-297.

[2012] *Vid.* nuestro libro *El contrato administrativo*, 3° ed., *cit.*, p. 58.

[2013] Texto según Decreto 1023/2001.

[2014] Una crítica a dicho procedimiento de contratación puede verse en: BIGLIERI, Alberto, "Contrataciones directas", LL 2010-D, 1.

[2015] MARIENHOFF, Miguel S., *Tratado de Derecho Administrativo*, t. III-A, *cit.*, nro. 627-A, ps. 163-164; BARRA, Rodolfo Carlos, *Contrato de obra pública*, t. 2, *cit.*, p. 503 y ss.

[2016] CASSAGNE, Juan Carlos, *El contrato administrativo*, 3° ed., *cit.*, p. 64.

e) cuando para la adjudicación resulte determinante la capacidad artística o técnico-científica, la destreza o habilidad o la experiencia particular del ejecutor del trabajo o cuando éste se halle amparado por patente o privilegios, o los conocimientos para la ejecución sean poseídos por una sola persona o entidad;

f) cuando realizada una licitación pública, no haya habido proponente o no se hubiera hecho oferta admisible;

g) los demás casos previstos en el cap. I del tít. II del régimen de contrataciones de la Administración nacional, en tanto no se opongan a las disposiciones del presente.

3. LOS PLIEGOS DE CONDICIONES DE LA LICITACIÓN PÚBLICA: SU NATURALEZA Y MODIFICABILIDAD

El llamado a licitación pública consiste en una invitación a presentar ofertas con arreglo a uno o varios documentos denominados pliegos de condiciones de la licitación, cuyos orígenes se remontan al derecho greco-romano[2017], en el que su minuciosidad constituía un dato remarcable.

Los pliegos son elaborados por la Administración, con o sin intervención de firmas consultoras, y pueden regular tanto las condiciones generales como las particulares[2018]. En algunas oportunidades se separa el pliego de bases de la licitación del que tiene por objeto establecer las condiciones generales. A su vez, un sector de la doctrina ha distinguido el pliego de condiciones particulares de los pliegos de condiciones con "especificaciones técnicas particulares"[2019].

A nuestro juicio, las clasificaciones que se han elaborado en torno a los pliegos de condiciones pecan de imprecisión y resulta imposible deslindar con claridad conceptual cuando se está en presencia de un tipo determinado de pliego, máxime cuando se pretende establecer un orden de prelación jerárquica.

La naturaleza de los pliegos ha sido una cuestión abierta al debate doctrinal. Todo pliego de una licitación, destinado a una pluralidad indeterminada de oferentes, configura, una vez publicado, un acto de alcance general o reglamento[2020], hasta su adjudicación y el perfeccionamiento del contrato de obra pública, momento a partir del cual pasan a integrar el vínculo contractual[2021], aún cuando contengan cláusulas generales de procedimiento.

Si se tiene en cuenta que el pliego puede ser impugnado en sede judicial como acto de alcance general por un eventual oferente, y que es probable que el contrato

---

[2017] MÉNDEZ, Héctor P., *La subasta en el mundo greco-romano*, Abeledo Perrot, Buenos Aires, 1960, ps. 34-35 y 84.

[2018] Se considera que las condiciones generales son aquellas reglas dictadas para ser aplicables a todos los contratos o a un tipo de contrato en general mientras que las particulares son las que fijan las condiciones particulares o específicas de cada contrato (MARIENHOFF, Miguel S., *Tratado de Derecho Administrativo*, t. III-A, *cit.*, p. 210).

[2019] FIORINI, Bartolomé – MATA, Ismael, *Licitación pública...*, *cit.*, p. 77.

[2020] *Cfr.* nuestro *El contrato administrativo*, 3° ed., *cit.*, p. 76 y Fallos 315: 2889 (1992), voto del Dr. Barra.

[2021] MARIENHOFF, Miguel S., *Tratado de Derecho Administrativo*, t. III-A, *cit.*, ps. 211-212.

se suscriba con anterioridad a la sentencia definitiva, resulta difícil determinar *a priori*[2022] una única naturaleza. Por esas razones sostenemos la tesis de la variabilidad progresiva del pliego cuya naturaleza se determina en función al vínculo de la persona afectada o beneficiada y su incorporación o no al contrato administrativo.

Antes de la adjudicación de la oferta, la Administración puede modificar, con la debida publicidad, los pliegos de condiciones de una licitación pública y, en tal caso, debe interpretarse que se trata de un nuevo llamado[2023], con lo cual quedan sin efecto los actos administrativos dictados en el curso del procedimiento licitatorio, precisamente para resguardar los principios de igualdad y concurrencia, que constituyen la médula de toda licitación.

4. ETAPAS DE LA LICITACIÓN

A) Llamado o convocatoria: su naturaleza jurídica

La convocatoria o llamado a licitación es un acto administrativo que, como tal, precisa reunir los requisitos prescriptos en el art. 7° de la LNPA[2024] y cumplimentar los recaudos establecidos en la LOP. Estos recaudos exigen que el llamado a licitación exprese: a) la obra que se licita; b) el lugar de ejecución; c) el nombre del organismo que llama a licitación; d) la dirección en la que pueden consultarse las bases y pliegos; e) las condiciones a las que debe ajustarse la propuesta; f) el funcionario competente para recibir las propuestas; g) el lugar en que se celebrará la licitación y h) la garantía que debe constituir el oferente[2025].

El llamado a licitación presupone que se hayan cumplimentado los pasos previos mediante la emisión de los actos referidos en los arts. 4° y 7° de la LOP, es decir, la aprobación del proyecto y de los pliegos, la existencia de presupuesto oficial y de crédito legal que habilite la contratación[2026].

Dado que la naturaleza jurídica del llamado es la de una invitación a cotizar o presentar ofertas[2027], la Administración está facultada a dejarlo sin efecto[2028], sin dar derecho a los oferentes a que sean aceptadas sus propuestas[2029], con lo cual se invierte la regla existente en el Derecho Privado.

[2022] DROMI, José Roberto, *Licitación pública, cit.*, p. 157.

[2023] DRUETTA, Ricardo Tomás – GUGLIELMINETTI, Ana Patricia, *Ley 13.064..., cit.*, p. 109, apuntan que, en tal caso, los oferentes podrán retirar sus ofertas y las garantías que hubieran constituido.

[2024] RCAN, art. 11 inc. a) Decreto 1023/2001.

[2025] Art. 11, LOP.

[2026] DRUETTA, Ricardo Tomás – GUGLIELMINETTI, Ana Patricia, *Ley 13.064..., cit.*, p. 99.

[2027] "Hotel Internacional Iguazú c/ Gobierno Nacional", Fallos 308:618 (1968).

[2028] COMADIRA, Julio R., *La licitación pública..., cit.*, ps. 188-190, considera que dicha potestad compete al Presidente o el Jefe de Gabinete en virtud de los arts. 99 inc. 1° y 100 inc. 1° de la CN.

[2029] Art. 18, LOP.

544

B) La presentación de ofertas: contenido y forma

El principio fundamental que domina la presentación de ofertas o propuestas es el de que las mismas deben formularse con arreglo a las condiciones generales y/o particulares establecidas en los pliegos de la licitación[2030]. Tal regla enmarca su contenido aunque se admite que las propuestas se aparten del pliego en detalles que carecen de trascendencia[2031] por aplicación del principio del informalismo.

Otro requisito que se considera esencial predica –en su faz negativa- la prohibición de presentar ofertas condicionadas. Las propuestas han de ser siempre incondicionales y con arreglo a las cláusulas de los pliegos, debiendo contener todos los aspectos que legitiman su validez, en lo que hace a su certeza, completitud y coherencia[2032].

Además, la oferta no debe contener distorsiones como podría ocurrir si el proponente alterara la incidencia real en el precio final de los elementos básicos de la oferta[2033].

En cuanto a la forma, las ofertas deben presentarse por escrito, recaudo éste que surge de los arts. 15 y 16 de la LOP[2034].

C) Preadjudicación y adjudicación. El criterio de la oferta más conveniente

a) La preadjudicación

La LOP no contempla la posibilidad de que se realice una preadjudicación con anterioridad al acto administrativo de adjudicación a la oferta que resulte ser la de mayor conveniencia para la Administración. No obstante, nada impide que ella se establezca en el proceso de selección, precisamente en los pliegos, designando una comisión de preadjudicación para llevarla a cabo.

Existe consenso doctrinario en que la preadjudicación constituye un acto interno, provisional y no vinculante[2035], aunque se admite la posibilidad de que los oferentes puedan impugnarla[2036].

[2030] MARIENHOFF, Miguel S., *Tratado de Derecho Administrativo*, t. III-A, p. 230.

[2031] MARIENHOFF, Miguel S., *Tratado de Derecho Administrativo*, t. III-A, p. 230.

[2032] DRUETTA, Ricardo Tomás – GUGLIELMINETTI, Ana Patricia, *Ley 13.064..., cit.*, p. 130.

[2033] PTN, Dictámenes 1981, Servicio Permanente de la Dirección Nacional de Vialidad, dictamen 129.812/81, citado por DRUETTA, Ricardo Tomás – GUGLIELMINETTI, Ana Patricia, *Ley 13.064..., cit.*, ps. 130-131, nota 102.

[2034] MARIENHOFF, Miguel S., *Tratado de Derecho Administrativo*, t. III-A, p. 229.

[2035] LINARES, Juan Francisco, "Valoración de los sistemas de selección del contratista", en *Contratos Públicos,* Primer Congreso Internacional de Derecho Administrativo, Universidad Nacional de Cuyo, Universidad de Mendoza, Asociación Argentina de Derecho Administrativo, Mendoza, 1980, p. 179; MARIENHOFF, Miguel S., *Tratado de Derecho Administrativo*, t. III-A, p. 244; MONTI, Laura M., "Las categorías jurídicas de la preadjudicación y la precalificación en el ámbito de la licitación pública", LL 2000-C, 112 y ss.

[2036] FANELLI EVANS, Guillermo E., "La preselección de oferentes en la licitación pública", ED 97-899.

b) La adjudicación

El proceso de selección culmina con el acto administrativo por el cual la Administración elige la oferta que considera más conveniente, sin que ello implique perfeccionar el acuerdo de voluntades con el oferente, circunstancia que recién se produce al formalizarse el contrato[2037]. Hasta la suscripción de este último, la Administración puede declarar su voluntad de no contratar, con las responsabilidades consiguientes, mientras que el adjudicatario también puede arrepentirse, en cuyo caso perderá la garantía de la oferta[2038].

La Administración debe responder por los daños y perjuicios derivados de la revocación legítima de la licitación (por razones de oportunidad) como por razones de ilegitimidad (imputables a la Administración). La doctrina considera que se trata de una típica responsabilidad precontractual, posición que compartimos[2039].

c) La oferta más conveniente constituye un concepto jurídico indeterminado

El criterio que prescribe la adjudicación a la oferta más conveniente[2040] configura un típico concepto jurídico indeterminado[2041] en el sentido que sólo admite una solución justa, enmarcada en el principio de razonabilidad. Si bien muchas veces se han confundido los conceptos y los criterios de selección no es correcto interpretar que la decisión administrativa de elegir entre uno u otro oferente constituya una actividad discrecional[2042].

En cambio, existe consenso doctrinal en el sentido de que la adjudicación a la oferta más conveniente debe hacerse con arreglo a pautas objetivas sobre la base de una comparación de todos los elementos que integran la oferta (precio, plazo, plan de inversiones, aspectos técnicos y antecedentes profesionales)[2043]. El precio es, entonces, uno de los elementos a tener en cuenta en esa comparación objetiva, aun-

---

[2037]   Arts. 20 y 21 LOP.

[2038]   DRUETTA, Ricardo Tomás – GUGLIELMINETTI, Ana Patricia, *Ley 13.064...*, *cit.*, ps. 151-152.

[2039]   *Vid* SEIJAS, Gabriela, "Responsabilidad precontractual de la Administración", REDA, Vol. 14, Lexis Nexis-Depalma, Buenos Aires, 2002, p. 361 y ss. distingue con una excelente sistematización doctrinal y jurisprudencial tres tipos de responsabilidad precontractual frente a la revocación de una licitación pública: 1) la que se opera por el ejercicio legítimo de la potestad revocatoria (por oportunidad, mérito o conveniencia); 2) la revocación por razones de ilegitimidad a causa de vicios de procedimiento y 3) el supuesto en que la Administración revoca la licitación y, simultáneamente, celebra una contratación directa. En todos estos supuestos, con los matices de cada uno, Seijas postula la configuración de la responsabilidad precontractual.

[2040]   Art. 18 LOP.

[2041]   GAMBIER, Beltrán, "El concepto de oferta más conveniente...", *cit.*, LL 1998-D, 744.

[2042]   Véase: CORVALÁN, Juan Gustavo, "Un nuevo enfoque sobre la discrecionalidad administrativa", RAP, nro. 351, Buenos Aires, 2007 y nuestro libro *El principio de legalidad y el control judicial de la discrecionalidad administrativa,* Marcial Pons, Buenos Aires – Madrid, 2009, p. 173 y ss.

[2043]   DROMI, José Roberto, *Licitación pública*, *cit.*, p. 428; BARRA, Rodolfo Carlos, *Contrato de obra pública,* t. 2 *cit.*, p. 652.

que puede alcanzar una mayor gravitación como criterio de selección en las licitaciones estándar que no plantean dificultades tecnológicas o constructivas de cierta envergadura (ej. construcción de aceras)[2044]. En cualquier caso, la decisión de no adjudicar a una oferta de menor precio exigirá justificar, fundadamente, las razones por las cuales no es considerada la oferta más conveniente por la Administración con arreglo a una comparación objetiva basada en criterios de razonabilidad[2045].

d) Mejora de precios

En principio, la mejora de precios desnaturaliza el proceso de selección[2046], no sólo por no hallarse prevista en la LOP sino porque afecta los principios de igualdad y concurrencia. En efecto, si todos los oferentes han tenido la oportunidad para formular libremente sus propuestas, la iniciación de una nueva ronda de ofertas perjudica a quien ha cotizado el precio más bajo, pudiéndose prestar, además, a prácticas de corrupción o favoritismo.

Sin embargo, existen algunas situaciones en las que existe un virtual empate técnico y económico-financiero entre ofertas que merecen la adjudicación, en cuyo caso se justifica que la Administración recabe una mejora de precios entre los que se encuentran en paridad de condiciones para ser adjudicatarios[2047].

e) Adjudicación a una única oferta

A pesar de que el procedimiento de la licitación pública procura atraer la mayor concurrencia posible puede darse el supuesto de que se presente una sola oferta, ya sea por dificultades de orden técnico y/o constructivo que adviertan los eventuales interesados en participar en el proceso licitatorio[2048], o bien por cualquier otra causal, como la magnitud del riesgo que asumirán de ser adjudicatarios.

En tales supuestos, la presentación de una única propuesta no invalida ni afecta la legitimidad del procedimiento licitatorio, siempre, desde luego, que la licitación no estuviera impregnada de otros defectos que conduzcan a declarar su invalidez (ej. desviación de poder en beneficio del único oferente).

D) Formalización del contrato

Del art. 21, así como de otros preceptos de la LOP[2049], se desprende la necesidad de que, una vez notificada la adjudicación, la persona que resultó adjudicataria suscriba un contrato con el comitente.

[2044] DRUETTA, Ricardo Tomás – GUGLIELMINETTI, Ana Patricia, *Ley 13.064...*, *cit.*, p. 152 y ss. y las citas de Dictámenes de la PTN que hacen en notas 177, 178 y 179.

[2045] BARRA, Rodolfo Carlos, *Contrato de obra pública*, t. II, *cit.*, p. 656.

[2046] MARIENHOFF, Miguel S., *Tratado de Derecho Administrativo*, t. III-A, p. 255.

[2047] PTN, Dictámenes 203:148.

[2048] DRUETTA, Ricardo Tomás – GUGLIELMINETTI, Ana Patricia, *Ley 13.064...*, *cit.*, p. 147 y PTN, Dictámenes 203: 148, citado en nota 158.

[2049] Arts. 14, 20, 21 y 23 LOP.

La firma de dicho contrato viene, de esta manera, a perfeccionar el vínculo contractual[2050], sin requerirse ninguna formalidad posterior (como su instrumentación por escritura pública)[2051].

Conforme a la norma antes citada forman parte del contrato de obra pública "las bases de licitación, el pliego de condiciones, las especificaciones técnicas y demás documentos de la licitación"[2052]. A dicha documentación contractual cabe adicionar las aclaraciones a los pliegos, la oferta y los planes de inversión, de trabajo y certificación[2053].

En el momento de suscribir el contrato el adjudicatario debe afianzar su cumplimiento mediante la constitución de una garantía, que se mantiene hasta la terminación de la obra y su recepción definitiva por parte de la Administración. Las modalidades en que puede constituirse dicha garantía son variadas. Originariamente, se circunscribía a depósitos en dinero, títulos o bonos nacionales y fianza bancaria. Más tarde, se admitió su constitución en títulos y bonos provinciales y municipales[2054] y la contratación de seguros de caución[2055].

El monto de la garantía ha sido por la LOP fijado en el 5% del monto del contrato[2056], suma que se ajustará en función de la disminución o aumento del valor de la obra.

5. EL CARÁCTER PERSONAL DE LA EJECUCIÓN CONTRACTUAL. CESIÓN Y SUBCONTRATACIÓN

El art. 23 de la LOP prescribe que el contratista no podrá transferir o ceder, total o parcialmente, el contrato a un tercero, ni asociarse para su cumplimiento sin autorización de la autoridad competente.

De dicho precepto se desprende la obligación de cumplir personalmente[2057] el contrato de ora pública que, como antes se puntualizó, es un contrato administrativo de colaboración que persigue un resultado cierto y determinado. Ahora bien, el principio de ejecución personal del contrato no implica que todos los contratos de obra pública deban considerarse *intuitu personae* sino tan sólo aquellos contratos que contengan obligaciones personalísimas[2058], como las contrataciones efectuadas en el marco del art. 9° inc. e) de la LOP[2059].

[2050] BEZZI, Osvaldo Máximo, *El contrato de obra pública*, 2° ed., *cit.*, p. 101 y ss.

[2051] DRUETTA, Ricardo Tomás – GUGLIELMINETTI, Ana Patricia, *Ley 13.064...*, *cit.*, ps. 162-163.

[2052] Art. 21 LOP.

[2053] DRUETTA, Ricardo Tomás – GUGLIELMINETTI, Ana Patricia, *Ley 13.064...*, *cit.*, p. 163.

[2054] Ley 14.000.

[2055] Ley 17.804, el seguro de caución es una de las modalidades más utilizadas.

[2056] Art. 21 LOP.

[2057] MARIENHOFF, Miguel S., *Tratado de Derecho Administrativo*, t. III-A, p. 315.

[2058] DRUETTA, Ricardo Tomás – GUGLIELMINETTI, Ana Patricia, *Ley 13.064...*, *cit.*, p. 170.

[2059] El art. 9° inc. e) prescribe, como excepción al procedimiento de licitación pública el siguiente caso: "e) cuando para la adjudicación resulte determinante la capacidad artística o técnico-

548

En principio, toda cesión o transferencia del contrato de obra pública debe ser autorizada en forma expresa por el comitente admitiéndose, sin embargo, que en ciertos supuestos excepcionales pueda interpretarse que ha existido la voluntad implícita de la Administración de aceptar la cesión, sobre la base de hechos y/o conductas que acreditan su aquiescencia[2060].

El principal efecto de la cesión del contrato consiste en la liberación de la responsabilidad del cedente[2061] excepto los casos de daños producidos por ruina total o parcial en los que, por aplicación del art. 1646, que se ha reputado perteneciente al orden público general[2062], el cedente responde directamente frente al dueño de la obra por la ruina ocasionada por vicios que se comprueben en la parte de la obra ejecutada antes de la cesión[2063].

No obstante lo prescripto en el art. 13 inc. b) del RCAN, al establecer la solidaridad entre cedente y cesionario, tal norma no resulta de aplicación al contrato de obra pública por cuanto ello implicaría vaciar el contenido y alcance del precepto de la LOP que admite la cesión del contrato cuando media conformidad de la Administración[2064].

En lo que concierne a la subcontratación, ella no surge del art. 23 que comentamos sino del precepto contenido en el art. 50 inc. d) de la LOP y se encuentra subordinada a la previa autorización por parte de la Administración, requisito que ha sido reputado esencial en la jurisprudencia del fuero contencioso administrativo federal[2065].

El subcontrato ha sido definido como aquel "…en el cual una de las partes que es contratista de la Administración, encomienda a su vez a otra parte, denominada subcontratista, la ejecución de todo o parte de la obra objeto del contrato de obra pública originario o principal, a cambio de un precio[2066]. Va de suyo, que el subcontrato no implica la sustitución del contratista principal y que, como tal, no es parte

científica, la destreza o habilidad o la experiencia particular del ejecutor del trabajo o cuando éste se halle amparado por patente o privilegios o los conocimientos para la ejecución sean poseídos por una sola persona o entidad".

[2060] GARCÍA-TREVIJANO GARNICA, Ernesto, *La cesión del contrato* administrativo. *La subcontratación*, Civitas, Madrid, 2002, ps. 59-60; Druetta y Guglieminetti (DRUETTA, Ricardo Tomás – GUGLIELMINETTI, Ana Patricia, *Ley 13.064...*, cit., p. 172, nota 30) transcriben un fallo de la Sala IV de la CNACAF de fecha 19/12/1986 in re "Eliseo Hermida y Cía SA c/ DNV s/ cobro de pesos" en el que se aceptó la cesión tácita, con todos sus efectos.

[2061] MARIENHOFF, Miguel S., *Tratado de Derecho Administrativo*, t. III-A, p. 318.

[2062] BUERES, Alberto J. – HIGHTON, Elena H., *Código Civil y normas complementarias. Análisis doctrinal y jurisprudencial*, t. 4-A, Hammurabi, Buenos Aires, 2007, p. 647.

[2063] GREGORINI CLUSELLAS, Eduardo L., *Locación de obra*, La Ley, Buenos Aires, 1999, p. 145.

[2064] DRUETTA, Ricardo Tomás – GUGLIELMINETTI, Ana Patricia, *Ley 13.064...*, cit., ps. 174-175.

[2065] CNACAF, Sala 3° en el caso "Folgore SA c/ Ente Autárquico Mundial 1978 (o Comisión Especial Decreto 2055/1979)", ED 111-391 (consid. 7°) citado por DRUETTA, Ricardo Tomás – GUGLIELMINETTI, Ana Patricia, *Ley 13.064...*, cit., p. 175, nota 39.

[2066] JURISTO SÁNCHEZ, Rafael, *La ejecución del contrato...*, cit., p. 117.

en el contrato de obra pública, sin perjuicio del derecho que le asiste a reclamar de la Administración cuando, a pesar de haber cumplido sus obligaciones en debida forma, no ha percibido total o parcialmente, el precio del subcontrato[2067], todo ello con fundamento en lo prescripto por el art. 1645 del Código Civil.

Sección 5ª

RESPONSABILIDAD CONTRACTUAL Y RIESGOS

1. LA DISTINCIÓN ENTRE RESPONSABILIDAD CONTRACTUAL Y EXTRACONTRACTUAL

La ejecución de las obras comprometidas por el contratista se halla presidida por un conjunto de principios generales (*v.g.* el principio general de la buena fe y el de confianza legítima)[2068] hallándose enmarcada en el sistema de derechos, prerrogativas y garantías que configura el régimen administrativo del contrato. Al momento de interpretar las cláusulas contractuales y los hechos de las partes es importante tener en cuenta que se trata de un contrato de colaboración (cuya principal obligación, que es de resultado, consiste en la ejecución de la obra objeto del contrato), en el cual encuentran cabida todas las especies de justicia (particular y general), aun cuando asume mayor trascendencia la justicia conmutativa, que establece los repartos o intercambios debidos en proporción a las cosas y no a las personas[2069], determinando los criterios que rigen la responsabilidad contractual.

A su vez, en el Derecho Administrativo, la distinción entre responsabilidad contractual y extracontractual (no obstante sus notas comunes) se explica y justifica por un conjunto de fundamentos que son propios del Derecho Público y, en particular, de los contratos administrativos, en los cuales rigen en una ecuación integrada por los principios de colaboración y del equivalente económico a favor del contratista y por el interés público que encarna la Administración.

La órbita de la responsabilidad contractual comprende todas las consecuencias patrimoniales derivadas tanto del incumplimiento por culpa de las obligaciones preexistentes que emergen del contrato administrativo, como también las que conciernen al incumplimiento de los deberes legales[2070], expresos o implícitos, que surgen del ordenamiento jurídico que rige el contrato. Así, por ejemplo, las indemnizaciones debidas por la Administración en virtud de lo prescripto en el art. 39 de la LOP entran en el campo de la responsabilidad contractual.

[2067] MARIENHOFF, Miguel S., *Tratado de Derecho Administrativo*, t. III-A, p. 320.

[2068] COVIELLO, Pedro J. J., *La protección de la confianza del administrado*, LexisNexis, Buenos Aires, 2004, p. 403 y ss.

[2069] CASSAGNE, Juan Carlos, *Derecho Administrativo*, 9° ed., *cit.*, t° I, ps. 58-59.

[2070] Véase: SÁENZ, Jorge A., "La responsabilidad contractual en el derecho público argentino", en *Responsabilidad del Estado*, libro en homenaje a María Graciela Reiriz, Facultad de Derecho, Universidad de Buenos Aires, Departamento de Publicaciones, Rubinzal Culzoni, Buenos Aires, 2008, ps. 71-78, uno de los trabajos más completos y exhaustivos que se ha escrito sobre la materia en la doctrina nacional.

A la inversa, cuando el factor de atribución está fuera del contrato y proviene del *alterum non laedere* o de la violación del principio de igualdad ante las cargas públicas (art. 16 CN) (por hecho del príncipe o daños de terceros sobre el contrato), la responsabilidad es de naturaleza extracontractual. La doctrina enseña que ambas órbitas de responsabilidad son claramente distinguibles[2071], aunque, en el Derecho Privado, a pesar de las diferencias[2072], se ha intentado unificarlas[2073].

La diferencia entre un tipo y otro de responsabilidad se encuentra (además del factor de atribución) en el régimen de la prescripción, que es decenal para la contractual y bianual, para la extracontractual.

De otra parte, como se ha puntualizado, el contrato de obra pública se rige, esencialmente, por las normas y principios propios del Derecho Administrativo. La aplicación del Derecho Privado no se lleva a cabo por la técnica de la subsidiariedad[2074] sino por la analogía[2075] que, ante cualquier laguna en el ordenamiento administrativo, permite cubrir el vacío, excepcionalmente, con una norma privada, previa adaptación o juicio de compatibilidad con la normativa y principios de Derecho Público que constituyen la sustancia de la disciplina. Si la norma privada armoniza con las prescripciones legales y los principios del derecho administrativo (*v.g.* en materia de prescripción) es posible aplicar directamente la norma porque lo permite el juicio de compatibilidad con el ordenamiento jurídico administrativo (constituido, reiteramos con normas y principios) y no en razón del carácter subsidiario de la norma privada. Este examen de compatibilidad que todos los autores y jueces realizan, en forma inconsciente o consciente, revela que estamos en presencia de la técnica de la analogía y no de la subsidiariedad[2076]. El propio LINARES, defensor de la tesis de la aplicación subsidiaria del Código Civil al Derecho Administrativo,

---

[2071] Kemelmajer DE CARLUCCI, Aída, "La responsabilidad civil en los albores del siglo XXI", LL 1984-2, 447.

[2072] TRIGO REPRESAS, Félix A., - LÓPEZ MESA, Marcelo J., *Tratado de la Responsabilidad Civil*, t. II, La Ley, Buenos Aires, 2005, p. 5 y ss.

[2073] Ver: LÓPEZ MESA, Marcelo J., "Unificación de la responsabilidad por daños", en *Derecho de Daños*, La Rocca, Buenos Aires, 1989, p. 73 y ss.

[2074] VERGARA BLANCO, Alejandro, en su excelente libro *El Derecho Administrativo como sistema autónomo. El mito del Código Civil como "derecho común"*, Abeledo Perrot, Santiago de Chile, 2010, especialmente p. 29 y ss.

[2075] No se puede acudir a la analogía sin antes agotar la posibilidad de cubrir el vacío con la integración de otras normas y principios propios del Derecho Administrativo.

[2076] En contra: SÁENZ, Jorge A., "La responsabilidad contractual...", *cit.*, p. 79 y ss. Si bien compartimos el análisis y conclusiones sobre importantes aspectos de la problemática involucrada en el valioso trabajo de dicho autor nos permitimos disentir con su punto de partida (aplicación supletoria del Código Civil a los casos de Derecho Público, como principio general). En cambio, nos parece que acierta cuando sostiene que el art. 1198 del Código Civil "es parcialmente incompatible con la exigencia de que los contratos administrativos estén sometidos a este principio general de conservación, toda vez que esa norma ofrece como primera alternativa la extinción del contrato" (*op. cit.*, p. 112).

supedita dicha aplicabilidad a "que la generalidad de los términos de la norma de que se trate lo tolere"[2077].

La técnica de la aplicación subsidiaria del Código Civil al Derecho Administrativo encuentra su fundamento en la errónea creencia según la cual el Derecho Civil sería derecho común[2078] y el derecho administrativo un derecho especial. Pero, aparte que el desarrollo autónomo de la disciplina publicista resta consistencia a esa tesis, la raíz medieval que explicaba la razón de ser del *ius commune* desapareció tras el proceso de codificación en el que el Derecho Civil asumió carácter general y las leyes civiles que no integraban el Código pasaron a ser especiales, prevaleciendo sobre la codificación por el principio de especialidad que hizo que ni siquiera la ley general posterior pudiera derogar la ley especial anterior, salvo el supuesto de repugnancia efectiva.

Esta situación no se reprodujo en el Derecho Administrativo en el cual, por principio, sólo procede la aplicación de normas civiles a través del procedimiento de la analogía, una vez agotadas las posibilidades de integrar el vacío legal con las normas y principios generales del sistema publicista. Si se reconoce la autonomía del Derecho Administrativo es forzoso concluir que el mismo se configura como el derecho común de las Administraciones Públicas.

Hechas estas precisiones, en lo que sigue vamos a destacar los principales institutos que le atribuyen al contrato de obra pública una modulación diferenciada con respecto al contrato privado de locación de obra.

A) Modificaciones del proyecto constructivo (*potestas variandi*) y equivocaciones del presupuesto

Una de las características que presenta el régimen de ejecución contractual de la LOP radica en la atribución legal que expresa la potestad de modificar el proyecto constructivo reconocida por el art. 30, cuyo alcance se halla limitado por el art. 53 de dicha ley. La metodología del art. 30 de la LOP es criticable en cuanto omite consignar expresamente que la potestad modificatoria no es absoluta, pues a la Administración no le es permitido desnaturalizar o alterar la esencia del contrato celebrado[2079].

El objeto de las *"potestas variandi"* puede consistir tanto en la reducción como en el aumento de los costos o trabajos proyectados.

Pero la Administración carece de libertad para modificar el contrato de obra pública y debe, en todos los casos –como presupuesto esencial de su validez- justifi-

---

[2077] Ver: LINARES, Juan Francisco, *Caso administrativo no previsto*, Astrea, Buenos Aires, 1976, ps. 112-113.

[2078] Ampliar en VERGARA BLANCO, Alejandro, *El Derecho Administrativo como sistema autónomo..*, *cit.*, p. 67 y ss.

[2079] MÓ, Fernando F., *Régimen legal de las obras públicas*, 2° ed., Depalma, Buenos Aires, 1982, p. 224.

car la respectiva decisión en una causa de interés público[2080], a fin de preservar la específica finalidad pública que persigue con la construcción de la obra. Tradicionalmente concebida como un *ius* o derecho de la Administración, configura una potestad o, si se prefiere, una prerrogativa de poder público que, como toda prerrogativa, debe ser ejercida en forma razonable.

Dicha potestad traduce una vinculación relativa habida cuenta que el contratista se encuentra obligado a aceptar aquellas modificaciones al proyecto constructivo que no superen un tope del 20%, teniendo derecho a percibir el importe del aumento sin que pueda reclamar indemnización alguna por los beneficios que hubiera dejado de percibir[2081].

Por su parte, este supuesto de modificación del proyecto constructivo debe distinguirse de las modificaciones que se producen por "equivocaciones del presupuesto" imputables al comitente, con respecto a la extensión o valor de las obras[2082].

En este caso, tanto la Administración como el contratista tienen derecho a que se fije un nuevo precio unitario de común acuerdo. El art. 37 de la LOP dispone, además, que si no se arribase a un acuerdo entre las partes la Administración puede disponer que los trabajos se lleven a cabo en forma directa o por un nuevo contrato, sin que el contratista tenga derecho a reclamar indemnización alguna.

Si como consecuencia de la modificación resultase que un ítem fuera suprimido totalmente el contratista no tiene derecho a reclamar un nuevo precio por los ítems no suprimidos, salvo que a raíz de la modificación debiese recomponer los ítems no suprimidos (en definitiva, el proyecto original) y ello le generase mayores costos.

Por último, cabe señalar que, en los dos supuestos indicados (modificaciones del proyecto constructivo y equivocaciones del presupuesto) el contratista tiene derecho a la rescisión el contrato, cuando las modificaciones excedieran el 20% del valor de las obras contratadas[2083].

B) Limitaciones al principio contractual de "riesgo y ventura"

Una de las características distintivas de los contratos administrativos se encuentra en el principio del equivalente económico o equilibrio financiero del contrato administrativo[2084]. La médula de este dogma capital de la contratación administrativa[2085] está compuesta por el principio de intangibilidad de la ecuación económico-financiera del contrato, según el cual la Administración, que no gestiona un interés de naturaleza privada (civil o comercial) sino un interés público relevante, orientado a que se cumpla con la finalidad contractual perseguida, asume la obligación de mantener incólume la ecuación económica-financiera en la que el contratista basó su oferta.

[2080] ARIÑO SÁNCHEZ, Rafael, "Modificaciones de los contratos", en *Comentarios a la Ley de Contratos de las Administraciones Públicas*, t. III, publicación de Ariño y Asociados, Comares, Granada, 2005, p. 808 y ss.

[2081] Art. 30, LOP.

[2082] Art. 37, LOP.

[2083] Art. 53 inc. a), LOP.

[2084] CASSAGNE, Juan Carlos, *El contrato administrativo*, 3° ed., *cit.*, ps. 101-104.

[2085] MARIENHOFF, Miguel S., *Tratado de Derecho Administrativo*, t. III-A, *cit.*, p. 469 y ss.

En otras palabras, se invierte la regla privada que predica que los contratos se celebran a riesgo y ventura, por una suerte de indemnidad a favor del contratista, con exclusión de aquellos daños que provienen de su obrar culposo o doloso. Ello garantiza al contratista que la ecuación contractual originaria se mantendrá incólume durante toda la vida del contrato.

Muchas son las razones que militan a favor de la compensación de los desequilibrios contractuales y las diferentes técnicas aplicables, habiendo la literatura jurídica dedicado páginas memorables[2086] al estudio de sus fundamentos y proyección en las diferentes teorías correctoras de dichos desequilibrios. En particular, en los contratos de obras públicas, hay un conjunto de causas que justifican las técnicas y teorías correctoras de los desequilibrios que pueden sintetizarse en las siguientes:

a) la conveniencia de eliminar factores de riesgo no imputables al contratista para obtener mejores precios en las ofertas que se formulan en las licitaciones;

b) la desproporción existente entre el monto de las obras públicas a ejecutar y el patrimonio privado del contratista, a fin de evitar que éste tuviera que contratar costosos seguros que, en definitiva, se trasladan siempre al precio de la obra[2087];

c) asegurar la igualdad en el acceso a las licitaciones por parte de los contratistas con una suerte de garantía[2088], que coloca en igual posición económica a todos los oferentes;

d) evitar la ruina de los contratistas, de quienes la Administración precisa que actúen como sus colaboradores para el ejercicio de sus funciones públicas habida cuenta que la gestión privada suele ser más eficiente que la pública en la administración de los recursos.

De cara a ese panorama doctrinal la doctrina y la jurisprudencia, tanto la judicial como la administrativa, emanada de la Procuración del Tesoro de la Nación, no siempre han exhibido la claridad indispensable, habiéndose confundido, en muchas ocasiones, la técnica aplicable así como la finalidad tuitiva que persigue la Administración en los contratos de obra pública. Una de las confusiones más corrientes, justificada cuando se sancionó la LOP, debido al insuficiente desarrollo que presentaba en esa época el derecho de los contratos administrativos, ha sido la de confundir la teoría de la imprevisión, de origen público[2089] pero de sistematización doctrinal y positiva (más tarde) civilista, con el régimen de variaciones de cos-

---

[2086] Ariño ORTIZ, Gaspar, *Teoría del equivalente…, cit.*, p. 621.

[2087] Las economías de escala positiva permiten al Estado asegurar todos los riesgos contractuales no imputables al contratista. Este sistema, a lo largo del tiempo, disminuye los costos contractuales, neutralizando así el elevado costo de los seguros que deberían contratar las empresas privadas.

[2088] *Vid*: BARRA, Rodolfo Carlos, "La intangibilidad de la remuneración del contratista particular en los contratos administrativos", ED 62-731.

[2089] Sobre sus orígenes en el Derecho Administrativo francés, véase: LAUBADÈRE, André de – MODERNE, Franck – DELVOLVÉ, Pierre, *Traité des Contrats Administratifs*, t. 2, 2° ed., LGDJ, París, 1984, p. 565 y ss.

tos de la ley 12.910, que permitía compensar tanto los mayores costos imprevisibles como los previsibles[2090].

Desde otro ángulo contractual, si bien la doctrina ha reconocido que la LOP regula una especie de fuerza mayor distinta a la regulada por el derecho civil[2091], (particularmente en lo que concierne a los requisitos de irresistibilidad e imprevisibilidad) ha habido precedentes administrativos que han considerado que la demora de la Administración, en el otorgamiento de permisos de importación, no configura un caso de fuerza mayor conforme al art. 39 de la LOP[2092].

A su vez, al propio tiempo que la PTN ha exigido que para invocar el supuesto del hecho del príncipe que de lugar a indemnización éste debe haber sido imprevisible[2093] –lo que, obviamente, la respectiva teoría no exige[2094]- se dieron opiniones contradictorias en punto a si la vigencia de la Ley de Convertibilidad implicaba o no[2095] la derogación del régimen de mayores costos previstos en la ley 12.910 y en las disposiciones legales y reglamentarias que la complementan.

Algunas de estas cuestiones han sido superadas en el régimen que sustituyó al de variaciones de costos de la ley 12.910[2096], llamado de "redeterminación de precios", que reconoce mayores costos en base al principio del sacrificio compartido, pero otros problemas quedan aún pendientes y requerirán del auxilio de la doctrina y jurisprudencia para otorgar la mayor estabilidad, seguridad jurídica y confianza legítima[2097] posible a los contratos de obra pública.

Si bien son varias las cuestiones en cuanto a la hermenéutica del nuevo régimen de "redeterminación de precios" hay una que asume singular trascendencia y es la referida a si dicho régimen impide o no el reconocimiento de indemnizaciones contractuales fundadas en la teoría del hecho del príncipe o de la fuerza mayor administrativa las cuales, en definitiva, repercuten sobre los precios de las obras públicas.

a) **Acontecimientos que tienen por causa actos de la Administración no previstos en los pliegos y su asimilación a la fuerza mayor en la LOP**

Entre los acontecimientos que implican la configuración de la fuerza mayor (o del caso fortuito) en los contratos de obra pública, se encuentran aquellos "que ten-

---

[2090] Druetta, Ricardo Tomás – GUGLIELMINETTI, Ana Patricia, *Ley 13.064...*, *cit.*, p. 337; ver además: GORDILLO, Agustín A., "Mayores costos. Imprevisión. Indexación", en *Contratos Administrativos*, Astrea, Buenos Aires, 1982, ps. 1155-1161.

[2091] MARIENHOFF, Miguel S., *Tratado de Derecho Administrativo*, t. III-A, *cit.*, ps. 358-360.

[2092] PTN, Dictámenes 75:394.

[2093] PTN, Dictámenes 147:4.

[2094] COVIELLO, Pedro J. J., "El caso Tecnobra: un fallo con interesantes planteos", LL 1993-E, 486.

[2095] CRIVELLI, Julio C., *El ajuste del precio en la locación de obra*, Abaco, Buenos Aires, 2004, p. 137.

[2096] Decretos 1312/1993 y 1295/2002.

[2097] Véase: COVIELLO, Pedro J. J., *La protección de la confianza...*, *cit.*, p. 56 y ss.

gan su causa directa en actos de la administración no previstos en los pliegos"[2098]. Al respecto, no obstante, el criterio de la Corte[2099], en el sentido de que el art. 39 de la LOP debe interpretarse con carácter restrictivo y excepcional, hay que tener en cuenta que la regulación de la LOP, al ser de naturaleza administrativa, "no supone un régimen de excepción al de la locación de obra privada…"[2100].

La asimilación de los hechos del príncipe a la fuerza mayor implica que se deben cumplir los requisitos de la teoría que se incorpora y asimila y no los de la que recibe la asimilación. Así lo exige el principio general de conservación o continuidad de los contratos administrativos[2101], particularmente el de obra pública, de modo que no cabe exigir que se trate de un hecho irresistible e imprevisible, que no pudo evitarse. Basta con acreditar –como prescribe la norma- que los actos no se hallaban previstos en los pliegos de la licitación.

Cabe preguntarnos ¿de quién deben provenir los hechos de la Administración? ¿Qué tipo de actos o hechos configuran la fuerza mayor administrativa? ¿Cuáles son las consecuencias?

Los hechos del príncipe que configuran la causal específica de fuerza mayor en el contrato de obra pública son todos aquellos pertenecientes a la llamada alea administrativa, cualquiera fuera su naturaleza (general o individual) y el órgano que los produce (nacional, provincial o municipal)[2102].

En lo que atañe a las consecuencias de la fuerza mayor ellas generan la obligación de indemnizar todos los perjuicios, por aplicación analógica del Código Civil, tanto en concepto de daño emergente como de lucro cesante. Es cierto que, como se trata de una suerte de responsabilidad por acto lícito podría suponerse que la indemnización se limita a los daños directos y objetivos, con exclusión del lucro cesante, pero no hay que olvidar que se trata de una responsabilidad contractual, que funciona en el régimen del contrato de obra pública, uno de cuyos principios fundamentales es el de conservación del contrato y la consecuente estabilidad de su ecuación financiera, como lo demuestra la circunstancia de que, conforme al art. 39, primer párrafo de la LOP, el contratista limita su responsabilidad a los daños que le sean imputables a título de culpa o negligencia.

b) Acontecimientos extraordinarios que impiden al contratista adoptar las medidas necesarias para prevenir sus efectos. Su asimilación a la fuerza mayor

Otra causal, que la LOP asimila a la fuerza mayor, es la relativa a los perjuicios provocados por "acontecimientos de origen natural extraordinarios y de característi-

---

[2098] Art. 39, párrafo segundo, inc. a), LOP.

[2099] En el caso "Chediak", Fallos 319:1681 (1996).

[2100] DRUETTA, Ricardo Tomás – GUGLIELMINETTI, Ana Patricia, *Ley 13.064…, cit.*, p. 294.

[2101] SÁENZ, Jorge A., "La responsabilidad contractual…", *cit.*, ps. 112-113.

[2102] DRUETTA, Ricardo Tomás – GUGLIELMINETTI, Ana Patricia, *Ley 13.064…, cit.*, p. 298-299.

cas tales que impidan al contratista la adopción de las medidas necesarias para prevenir sus efectos"[2103].

El núcleo de la norma vuelve a subsumir en el concepto de fuerza mayor administrativa algunas de las condiciones que caracterizan la posibilidad de invocar la teoría de la imprevisión en el derecho civil pero, como puede observarse, no exige que el acontecimiento sea irresistible ni imprevisible sino tan sólo de carácter extraordinario, limitándolo a la ocurrencia de "acontecimientos de origen natural", con lo cual excluye a los de naturaleza económica, y aunque el contratista conserva el derecho a invocar por analogía la teoría de la imprevisión, debe hacerlo a través de una pretensión judicial con distinta fundamentación.

El resarcimiento de los perjuicios exige siempre la verificación del daño y prueba de su monto así como la acreditación del nexo causal entre el acontecimiento extraordinario y el perjuicio causado[2104].

c) La redeterminación de precios

El régimen de variaciones de costos prescripto en las leyes 12.910 y 15.285 fue derogado por la Ley de Convertibilidad[2105], que prohibió cualquier actualización, reajuste o indexación de precios. La sustitución de dicho régimen se operó, primeramente, por el Decreto 1393/1993 de redeterminación de precios, reemplazado más tarde por el Decreto 1295/2002 (ambos dictados con fundamento en los incisos 2 y 3 del art. 99 de la CN, pero que, técnicamente, constituyen –por su naturaleza legislativa- DNU fundados en el último precepto constitucional enunciado.

Sus principales características son:

a) no se exige que la redeterminación de precios obedezca a acontecimientos imprevisibles, como tampoco lo hacía la ley 12.910 y su sistema complementario;

b) el contratista tiene la carga de requerir ante el comitente la redeterminación de precios en cada caso cuando se den los requisitos exigidos por la norma;

c) se establece un umbral para la determinación consistente en la exigencia de que el costo de los rubros enunciados en el art. 4° del régimen legal (materiales y demás bienes incorporados a la obra[2106], costo de mano de obra, amortización de equipos, reparación y repuestos y todo otro elemento que resulte significativo a juicio del comitente) representen una variación promedio de los precios de dichos insumos que sea superior al 10% de los precios básicos del contrato o al precio establecido en la última redeterminación;

[2103] Art. 39, segundo párrafo, inc. b).

[2104] DRUETTA, Ricardo Tomás – GUGLIELMINETTI, Ana Patricia, *Ley 13.064...*, *cit.*, ps. 299-300, con cita de PTN, Dictámenes 110:307; 150:504; 183:183 y 198:37, entre otros (notas 44, 45 y 46).

[2105] Ley 23.928.

[2106] CRIVELLI, Julio César – VEGA, Susana E., "Un nuevo sistema de redeterminación de precios para la obra pública: el DNU 1295/2002", *RAP*, nro. 321, p. 453, consideran que dicho concepto, por su amplitud, comprende "todos los bienes que son necesarios para realizarla".

d) las variaciones de precios comprendidas en el procedimiento de redeterminación solamente rigen con respecto a las obras que se ejecutan al fin del período en que los precios sean fijos e inamovibles de acuerdo a las previsiones del pliego o contrato;

e) durante el período de mora o atraso por causas únicamente imputables al contratista, los precios quedan congelados, no procediendo su redeterminación;

f) se excluye de la redeterminación de precios el reajuste del 10% sobre el precio del contrato que configura el beneficio del contratista, lo cual implica que éste asuma una parte considerable del riesgo contractual que, en definitiva, se convierte en una pérdida, salvo que pudiere invocar la teoría de la imprevisión, como se verá más adelante;

g) rige sólo para los contratos de la LOP, con exclusión expresa de las concesiones que cuentan con régimen propio y especial, con cobro directo a los usuarios.

d) Fuerza mayor no contemplada expresamente: daños provocados por terceros

Se ha visto que la LOP[2107] no incluye expresamente, en el concepto de fuerza mayor administrativa que adopta, los daños provocados por terceros (*v.g.* actos de terrorismo) que pudieran justificar la invocación analógica de dicho precepto legislativo.

Sin embargo, no resulta necesario acudir a las normas civiles que estatuyen los requisitos que justifican la fuerza mayor o caso fortuito toda vez que el propio art. 39 de la LOP consagra un concepto amplio de fuerza mayor (que hemos calificado como fuerza mayor administrativa) al prescribir –en forma implícita- que el contratista tendrá derecho a la reparación de las pérdidas y perjuicios ocasionados a la obra cuando ellos no fueran atribuidos "a su propia culpa, falta de medios o errores en las operaciones que le sean imputables"[2108].

e) Sobre la posibilidad de invocar la teoría de la imprevisión

Dado que el art. 39, segunda parte, inc. b) de la LOP no incluye los acontecimientos de otra naturaleza que no sean aquellos de origen natural para justificar la indemnización debida al contratista, se plantea la cuestión acerca del derecho del contratista para solicitar al comitente y, en su caso, para demandar ante la justicia, la indemnización correspondiente a la teoría de la imprevisión (por otros acontecimientos extraordinarios, imprevisibles, que conforman el alea económica contractual).

Como es sabido, esta teoría consagrada en el art. 1398 del Código Civil, reposa en un fundamento de equidad y acoge el principio del sacrificio compartido, que se alcanza a través de la recomposición del contrato.

[2107] Art. 39, segunda parte, inc. b), LOP.

[2108] *Cfr.* DRUETTA, Ricardo Tomás – GUGLIELMINETTI, Ana Patricia, *Ley 13.064...*, *cit.*, p. 287.

Se ha considerado que la teoría de la imprevisión resulta aplicable en el derecho administrativo y, en particular, en el contrato de obra pública[2109]. Así, en el Derecho Administrativo se sostiene la aplicabilidad de la teoría de la imprevisión a los contratos administrativos con fundamento en el art. 13 inc. a) del RCAN (Decreto 1023/2001), aunque pueda basarse también en el art. 16 de la CN (que consagra el principio de igualdad ante las cargas públicas)[2110]. La razón de esto último es clara pues el contratista, hallándose sometido a cargas legales impuestas en interés público, no debería soportar los mismos riesgos que asumen las personas privadas que no están sometidas a esas cargas especiales. Se trata, en fin, de la doctrina del perjuicio especial que según la doctrina que se escoja permite obtener la indemnización de todo el daño producido, o bien éste se limita al daño emergente. A nuestro juicio, el criterio tiene que permitir indemnizar el valor objetivo del bien o derecho así como todo el daño inmediato, excluyéndose sólo el lucro cesante no comprendido en dicho valor objetivo[2111] (*v.g.* por su aleatoriedad o generación eventual) como sucede en materia de expropiación. Por esa razón (con particular referencia a la indemnización correspondiente a la revocación de un contrato administrativo por razones de interés público) se sostiene que se opera el reconocimiento de un lucro cesante moderado[2112].

Ahora bien, del hecho que da lugar al reajuste o revisión del contrato se ha interpretado –siguiendo la doctrina del Consejo de Estado en el arrêt "Compañía de Gas de Burdeos"– que la recomposición del contrato no incluye la reparación integral sino una ayuda[2113] que a nuestro juicio deber ser suficiente para que el contratista no trabaje a pérdida ni se afecte, sustancialmente, la ecuación económico-financiera del contrato.

f) Las dificultades materiales imprevistas

Puede suceder que durante la ejecución de las obras el contratista enfrente dificultades materiales imprevistas (por causas geológicas e hidráulicas y, en general, físicas) que tornen más onerosa la realización del proyecto constructivo[2114].

Dichas dificultades, que no son imputables al Estado ni al contratista, deben presentarse en forma anormal e imprevista y no pueden confundirse con "los errores del proyecto", a que alude el art. 4° de la LOP[2115].

[2109] Druetta, Ricardo Tomás – GUGLIELMINETTI, Ana Patricia, *Ley 13.064...*, *cit.*, p. 347 y ss.

[2110] MARIENHOFF, Miguel S., *Tratado de Derecho Administrativo*, t. III-A, *cit.*, p. 538.

[2111] Art. 10 Ley de Expropiaciones; ver también nuestro *Derecho Administrativo*, t. II, 9° ed., Abeledo Perrot, Buenos Aires, 2008, ps. 621-626.

[2112] Cfr. PERRINO, Pablo E., "El alcance de la indemnización en los supuestos de extinción del contrato administrativo por razones de interés público. El reconocimiento del lucro cesante moderado", en CASSAGNE, Juan Carlos – RIVERO YSERN, Enrique (Dirs.), *La contratación pública*, *cit.*, t. 2, ps. 1119-1137.

[2113] MARIENHOFF, Miguel S., *Tratado de Derecho Administrativo*, t. III-A, *cit.*, p. 539.

[2114] Véase: MARIENHOFF, Miguel S., *Tratado de Derecho Administrativo*, t. III-B, *cit.*, p. 566.

[2115] DIEZ, Manuel María, *Derecho Administrativo*, t. III, *cit.*, ps. 78-79.

El carácter anormal de las dificultades materiales se relaciona con la posibilidad de haberlas previsto, bastando que ellas no aparezcan con frecuencia[2116] según el curso ordinario de las cosas, es decir, de la ejecución de una obra.

Las consecuencias que produce la aparición de esta clase de dificultades son principalmente dos: a) el derecho a rescindir el contrato de obra pública si al contratista no puede técnicamente afrontarlas o requieren un presupuesto financiero adicional de magnitud que la Administración no desea comprometer; b) el derecho a ser resarcido de todos los mayores costos que, por tal causa, eleven el precio de la obra.

En lo que concierne a su fundamento jurídico positivo el mismo no se encuentra expresamente contemplado en la LOP aunque participa de su finalidad tuitiva[2117], habiéndose sostenido que surge del juego de los artículos 34 y 39 de la LOP[2118] o bien, que se trata de aplicar el principio que prohíbe lesionar los derechos de terceros, en este caso, del contratista[2119].

En nuestra opinión, hay dos principios que fundamentan la aplicación de la teoría, a saber: a) el principio de conservación y continuidad[2120] del contrato que cumple una finalidad de interés público que impide que el contratista asuma riesgos imprevistos que conculcarían la igualdad de las cargas públicas, y b) la intangibilidad de la ecuación económico-financiera del contrato protegida por la garantía de la propiedad (art. 17 CN).

En cualquier caso, puede también argumentarse que si la responsabilidad por los errores del proyecto está a cargo de la Administración[2121] igual solución correspondería aplicar por analogía al supuesto de dificultades materiales imprevistas.

2. UNA CAUSAL QUE ACRECE EL RIESGO CONTRACTUAL: LA *EXCEPTIO NON ADIMPLETI CONTRACTUS*

El principio que emerge del art. 1201 del Código Civil denominado *exceptio non adimpleti contractus* también está presente en la contratación administrativa, particularmente en el contrato de obra pública[2122] en el que aparece con una modulación especial. No se trata de la aplicación directa[2123] del precepto del Código Civil sino de un principio propio del Derecho Público que contiene un doble fundamento. En efecto, por una parte –como se viene reiterando- el contrato de obra pública se rige por el principio de conservación y continuidad de la finalidad de interés público relevante que persigue su realización y, por la otra, la necesidad de impedir que la

---

[2116] Marienhoff, Miguel S., *Tratado de Derecho Administrativo*, t. III-B, *cit.*, p. 567.

[2117] DRUETTA, Ricardo Tomás – GUGLIELMINETTI, Ana Patricia, *Ley 13.064...*, *cit.*, p. 216.

[2118] BARRA, Rodolfo Carlos, "Las dificultades materiales imprevistas, diferencia con la teoría de la imprevisión", ED 83-624.

[2119] MARIENHOFF, Miguel S., *Tratado de Derecho Administrativo*, t. III-B, *cit.*, p. 569.

[2120] Este principio se halla establecido en el art. 13 inc. c) del RCAN (Decreto 1023/2001).

[2121] Art. 4°, LOP.

[2122] MARIENHOFF, Miguel S., *Tratado de Derecho Administrativo*, t. III-B, *cit.*, p. 565.

[2123] MERTEHIKIAN, Eduardo, "La excepción de incumplimiento contractual y su aplicación al contrato de obra pública", LL 1994-D, 302 y ss., considera, en cambio, que procede la aplicación directa del art. 1201 del Código Civil.

560

prosecución de la obra, ante el incumplimiento de las obligaciones del comitente (fundamentalmente las relativas al pago del precio) puede afectar la ecuación económico-financiera del contrato administrativo y, por ende, llevar al contratista a asumir la carga de financiar la ejecución de la obra. Esta situación, susceptible de generar graves pérdidas patrimoniales e incluso provocar la ruina del contratista, hace que deba respetarse el principio *alterum non laedere* que, como principio general del derecho, resulta aplicable a toda la materia administrativa[2124].

Tanto en la doctrina[2125] como en la jurisprudencia de la Corte[2126] ha prevalecido una tesis acotada de la *exceptio* que la torna procedente cuando el contratista demuestra que existe una razonable imposibilidad de proseguir la ejecución de la obra pública, anticipando los fondos imprescindibles para asegurar su continuidad y realización definitiva. Esta obligación que, de hecho, suele ejecutar todo contratista al anticipar los recursos financieros (pues la Administración suele incurrir en mora en los pagos de los certificados de obra) no debe alterar el sinalagma conmutativo del contrato, lesionando el principio de justicia, ínsito en todo acuerdo contractual[2127].

El problema que plantea esta *"exceptio" ius* administrativa del contrato de obra pública radica en el criterio por el cual se considera o se mide la situación de razonable imposibilidad de cumplir. En este punto, coincidimos con la opinión[2128] que entiende que, implícitamente, dicho criterio se desprende del propio ordenamiento jurídico operándose, de tal modo, una autointegración normativa.

En tal sentido, la respuesta ha de ser la misma que para justificar los atrasos en que pudieran incurrir los contratistas en el cumplimiento del plan de trabajos o plazos contractuales, en aquellos casos en los que el monto de los certificados en mora o dejados de pagar en término superase el 15% del valor contractual actualizado o el retraso excediese en tres meses al plazo contractualmente convenido para el pago[2129].

Este criterio se proyecta para determinar la gravedad del incumplimiento de la Administración a fin de establecer en qué circunstancia el contratista se encuentra en una situación que torna "imposible la ejecución del contrato", como prescribe el art.

[2124] Véase nuestro *El principio de legalidad...*, *cit.*, ps. 50-54.

[2125] MARIENHOFF, Miguel S., *Tratado de Derecho Administrativo*, t. III-A, *cit.*, p. 380; CASSAGNE, Juan Carlos, *El contrato administrativo*, 3° ed., *cit.*, ps. 97-99.

[2126] *In re* "Cinplast", Fallos 316:212 (1993); ver además: RIVA SA c/ CNEA – Comisión Nacional de Energía Atómica s/ nulidad de resolución", Fallos 318:131 (1995), aunque sin hacer aplicación de la *exceptio,* sostuvo un fundamento similar para justificar la disminución del ritmo de las obras.

[2127] Al respecto, DRUETTA, Ricardo Tomás – GUGLIELMINETTI, Ana Patricia, *Ley 13.064...*, *cit.*, p. 387, nota 160, señalan que: "[l]a financiación forzosa a cargo del contratista por falta de medios de pago destruye la propia naturaleza del contrato de obra pública, una de cuyas características fundamentales es la de poner en cabeza del comitente la responsabilidad del financiamiento de la ejecución del proyecto constructivo, siendo ajeno el contratista al aporte de aquellos medios".

[2128] DRUETTA, Ricardo Tomás – GUGLIELMINETTI, Ana Patricia, *Ley 13.064...*, *cit.*, ps. 391-392.

[2129] Decreto 1186/1984.

13 inc. c) del Decreto 1023/2001, para justificar el incumplimiento contractual del contratista[2130].

La principal consecuencia que genera la invocación de la *exceptio* consiste en el derecho del contratista a disminuir el ritmo de las obras y, eventualmente, suspender su ejecución[2131], sin perjuicio de la facultad de demandar la rescisión del contrato.

3. LA RESPONSABILIDAD DEL CONTRATISTA

En lo que concierne a la responsabilidad del contratista cabe advertir que ella se sustenta, exclusivamente, en factores de atribución de naturaleza subjetiva, como son la culpa o negligencia y el dolo, concebida la primera como la "omisión de aquellas diligencias que exigiere la naturaleza de la obligación y que correspondieren a las circunstancias del modo, tiempo y lugar"[2132] mientras que el dolo se configura por el incumplimiento deliberado de la obligación[2133].

La responsabilidad subjetiva del contratista se encuentra consagrada, de un modo general, en la primera parte del art. 39 de la LOP en cuanto prescribe que "el contratista no tendrá derecho a indemnización por causa de pérdidas, averías o perjuicios ocasionados por su propia culpa, falta de mérito o errores en las operaciones que le sean imputables".

Existe, pues, la obligación del contratista de obrar con pleno conocimiento de las cosas de manera de prever cualquier perjuicio originado en su actuación negligente[2134]. En tal sentido, se ha responsabilizado al contratista de las pérdidas producidas por demoras en la ejecución de las obras, cuando aquellas eran imputables a su falta de diligencia o actuación negligente[2135].

A su vez, la LOP recoge una serie de supuestos especiales de aplicación del principio enunciado, prescribiendo la responsabilidad del contratista por: a) la correcta interpretación de los planos y de los defectos que se ocasionen durante su ejecución y conservación hasta su recepción final[2136]; b) la provisión o uso indebido de materiales, sistema de construcción o implementos patentados[2137]; c) el incumplimiento de sus obligaciones laborales, el que podrá configurar la causal de grave negligencia para proceder a la rescisión del contrato por culpa del contratista[2138] y d) errores u omisiones en los precios fijados en el contrato[2139].

[2130] MAIRAL, Héctor A., "La teoría del contrato administrativo a la luz de las recientes normativas", LL Suplemento especial "El contrato administrativo en la actualidad", Buenos Aires, 2004, p. 12, considera, en cambio, que el precepto cierra las posibilidades de invocar la *exceptio*.

[2131] BARRA, Rodolfo Carlos, "La naturaleza jurídica de los mayores costos en la obra pública y la desvalorización monetaria", ED 73-333.

[2132] Art. 512, Código Civil.

[2133] Art. 506, Código Civil.

[2134] DRUETTA, Ricardo Tomás – GUGLIELMINETTI, Ana Patricia, *Ley 13.064...*, *cit.*, p. 288.

[2135] In re "Chediak", Fallos 319:1681 (1996).

[2136] Art. 26, LOP.

[2137] Art. 27, LOP.

[2138] Art. 36, LOP.

[2139] Art. 37, LOP.

Sección 6ª

EJECUCIÓN Y PAGO DE LAS OBRAS

1. LA SUJECIÓN A LOS PLIEGOS EN LA INICIACIÓN Y REALIZACIÓN DEL PROYECTO CONSTRUCTIVO

El principio básico que rige la ejecución de las obras es el de la sujeción a los pliegos y demás documentación que integra el contrato[2140]. Así lo prescribe, en forma expresa, el art. 25 de la LOP o sea que, como regla general, el contratista no se halla facultado para realizar otros trabajos que los previstos en el proyecto constructivo que resulta de los pliegos (condiciones generales y especiales) que sirvieron de base a la licitación.

Las cláusulas de los pliegos, al incorporarse al contrato de obra pública junto a las demás fuentes de obligaciones (circulares y documentación contractual), vinculan a las partes como si fueran la ley del contrato[2141], a la cual deben subordinarse durante la ejecución contractual hasta la recepción definitiva de las obras.

Aunque según la LOP el replanteo del proyecto no es preceptivo, es usual que se encuentre contemplado en los pliegos o que igualmente se lleve a cabo sin estar previsto en la documentación contractual. Consiste en la comprobación que efectúa la Administración, sobre el bien inmueble en que se construirán las obras, de que las condiciones del proyecto constructivo indican su razonabilidad y adecuación al tiempo previsto para su ejecución, conforme a pautas técnicas y económicas.

El replanteo produce diferentes efectos pudiéndose señalar, entre otros, la determinación del plazo del comienzo de la ejecución del proyecto constructivo, la toma de posesión de los bienes inmuebles en los que se emplazarán las obras, la corrección de los elementos fácticos que figuran en el expediente y la revisión de la documentación contractual[2142].

Ahora bien, antes de proceder a la realización del emprendimiento los pliegos suelen exigir al contratista que presente lo que denomina el "programa de trabajos" o plan de obras, el cual deberá ser confeccionado por aquel sobre la base del plan de trabajos que, en forma provisional, incluyó en su oferta. En cualquier caso, constituye una obligación inherente al contrato de obra pública cuya exigencia facilita el control de la ejecución de los trabajos por parte del comitente en los plazos fijados, aparte de que favorece la eficiencia empresaria y el cumplimiento del ritmo de las obras[2143].

[2140] MARIENHOFF, Miguel S., *Tratado de Derecho Administrativo*, t. III-B, *cit.*, p. 559.

[2141] Tal como lo señaló la Corte en los casos "Radeljak", Fallos 311:2831 (1988) y "Robles", Fallos 316:382 (1993).

[2142] GArCÍA-TREVIJANO GARNICA, Ernesto, *La resolución del contrato administrativo de obra,* Montecorvo, Madrid, 1996, p. 144.

[2143] Druetta, Ricardo Tomás – GUGLIELMINETTI, Ana Patricia, *Ley 13.064...*, *cit.*, p. 192 y ss.

2. EL DEBER DEL CONTRATISTA DE EFECTUAR LA CORRECTA INTERPRETACIÓN DE LOS PLANOS Y SU RESPONSABILIDAD POR LOS DEFECTOS QUE SE PRODUZCAN HASTA LA RECEPCIÓN FINAL DE LAS ORAS

La ejecución del contrato de obra pública demanda la continua colaboración del contratista con el comitente para lo cual la LOP instituye una serie de deberes a cargo de aquel. Entre esos deberes se encuentra el vinculado con la obligación de efectuar la correcta interpretación de los planos, y su responsabilidad por los defectos que se produzcan durante la ejecución y conservación de las obras hasta su recepción final, deber que surge, implícitamente, del art. 26 de la LOP que consagra, en tal caso, la responsabilidad del contratista.

Se trata de un deber esencial del contratista que consiste en realizar la interpretación razonable de los planos y, en general, la verificación de la viabilidad técnica y económica del proyecto que elaboró el comitente, así como de los estudios y antecedentes que éste tuvo en cuenta para confeccionarlo. Ello no implica el deber de llevar a cabo la revisión integral del proyecto pues la obligación del contratista se circunscribe a la comprobación de aquellos datos y elementos susceptibles de ser detectados, en forma inmediata, por la apariencia de los defectos y vicios[2144].

Pese a que la norma no prescribe factor de atribución alguno, no se trata de una responsabilidad objetiva sino por culpa (y tal es el principio en la responsabilidad contractual), no comprendiendo el deber de detectar vicios no aparentes u ocultos del proyecto.

Si el contratista advirtiese la existencia de un defecto o vicio de los planos y/o demás elementos del proyecto, tiene la obligación de comunicar tal circunstancia al comitente de inmediato para que éste adopte las medidas necesarias para modificar el proyecto o, incluso, rescindir el contrato, si comprobara la imposibilidad técnica de realizar las obras proyectadas.

El deber del contratista configura una obligación de tracto sucesivo y se proyecta a toda la vida del contrato continuando, incluso, después de la recepción provisoria de las obras hasta su recepción definitiva, aunque en esta última etapa sea más bien un deber de vigilancia[2145] que de diligencia en la ejecución del contrato.

En cualquier caso, la obligación del contratista no suple ni traslada la responsabilidad del comitente como autor del proyecto que subsiste también durante la ejecución de la obra, y aún a posteriori por los vicios ocultos del proyecto constructivo.

3. LAS POTESTADES DE DIRECCIÓN Y CONTROL

En todo contrato administrativo[2146] se encuentran ínsitas las potestades de dirección y control, cuya mayor intensidad se refleja, en general, en los diferentes tipos de concesiones que otorga la Administración y, fundamentalmente, en el contrato de obra pública.

[2144] BARRA, Rodolfo Carlos, *Contrato de obra pública*, t. 2, *cit.*, p. 728 y ss.

[2145] JURISTO SÁNCHEZ, Rafael, *La ejecución del contrato...*, *cit.*, p. 285.

[2146] MARIENHOFF, Miguel S., *Tratado de Derecho Administrativo*, t. III-A, *cit.*, ps. 80-81.

La potestad de dirección en la LOP aparece muchas veces confundida con la de control ya que, por lo general, ambas funciones se encuentran refundidas en la inspección de obra, aun cuando pudiera ser que, excepcionalmente, la Administración resolviera, también, designar la persona que estará al frente de la dirección de la obra (siempre que estuviera contemplado en los pliegos) ya que, por lo común, este funcionario técnico y ejecutivo es designado por el contratista.

El instrumento a través del cual se expresa el Inspector de Obra se denomina Orden de Servicio, cuya naturaleza es la del acto administrativo[2147], el cual, para un sector de la doctrina, posee carácter ejecutorio[2148]. Sin embargo, como la ejecutoriedad del acto administrativo no incluye la ejecución coactiva[2149] sobre la persona o bienes del contratista, el acto carece de ejecutividad y para obligar al contratista a cumplirlo debe mediar una orden judicial. Al ser la Orden de Servicio un acto administrativo es obvio que ella puede ser objeto de impugnación por parte del contratista, tanto en sede administrativa como en la judicial.

Toda orden que disponga el Inspector de Obra tiene como límite las bases del contrato y debe, en principio, darse por escrito[2150] aceptándose que, en supuestos de extrema urgencia manifiesta, se imparta la orden en forma verbal, lo que según la doctrina encontraría sustento en el art. 8°, *in fine* de la LNPA, que admite la utilización de una forma distinta a la escrita[2151].

4. PAUTAS PARA LA EJECUCIÓN DE TRABAJOS

A) Principios aplicables y concepto de trabajo adicional

El principio básico en la materia se encuentra establecido por el art. 31 de la LOP al prescribir que la ejecución de las obras se deberá llevar a cabo "con estricta sujeción al contrato" y que si así no lo hiciere el contratista no tendrá derecho a reclamar suma alguna al comitente. No obstante, el propio art. 31, en su última parte, abre la puerta para el otorgamiento de excepciones al citado principio al establecer el alcance de la prohibición y prescribir que tendrá derecho al pago de los trabajos adicionales siempre que obtenga "orden escrita que para ello le hubiere sido dada por funcionario autorizado". De ese modo, el precepto consagra otro principio según el cual todo trabajo adicional requiere del otorgamiento de una autorización por parte del comitente o que los trabajos adicionales sean requeridos por éste.

De ese modo, las obligaciones del contratista pueden verse modificadas en la medida en que la Administración requiera la ejecución de obras o trabajos adicionales no previstos en el contrato, en cuyo caso la prestación a su cargo se tornará más onerosa. En tal supuesto, la modificación contractual –así como la debida compensación al contratista- puede encontrarse fundada, según sea su caso, bien en el ejercicio de la *potestas variandi* por parte del Estado co-contratante, o en la

---

[2147] BEZZI, Osvaldo Máximo, *El contrato de obra pública*, 2° ed., *cit.*, p. 147.

[2148] BARRA, Rodolfo Carlos, *Contrato de obra pública*, t. II, *cit.*, p. 717.

[2149] CASSAGNE, Juan Carlos, *Derecho Administrativo*, t. II, *cit.*, p. 323 y ss.

[2150] Art. 29, LOP.

[2151] DRUETTA, Ricardo Tomás – GUGLIELMINETTI, Ana Patricia, *Ley 13.064...*, *cit.*, p. 228.

denominada doctrina de las "situaciones materiales imprevistas" o acontecimientos encuadrables en la noción caso fortuito o fuerza mayor antes examinados.

El principio de inalterabilidad del contrato juega con desigual eficacia dentro del contrato de obra pública según se refiera a las obligaciones de la Administración o del contratista, pues mientras la primera tiene, como hemos visto, la *potestas variandi*, el segundo debe realizar la obra de acuerdo con lo pactado en el contrato, careciendo, en principio, de toda facultad para alterar o modificar el proyecto de la obra.

El proyecto, pues, cumple una primera función descriptiva de la tarea que ha de realizarse, facilitando así la determinación del objeto en el momento de la celebración del contrato de obra pública. Más el proyecto no sólo individualiza la obra en el sentido de que la referencia al mismo permite conocer qué obra ha de realizarse, pues también señala al contratista cómo hay que realizarla y bajo este aspecto es sin duda la norma que, de modo inmediato, regula la ejecución de la obra contratada[2152].

En esa línea, es posible afirmar que el contrato de obra pública involucra una obligación principal de resultado en cuya virtud el contratista asume la responsabilidad de ejecutar los trabajos según las reglas del arte y de acuerdo a los planos, diseño constructivo y especificaciones técnicas y los demás documentos del contrato, los cuales, salvo contadas excepciones, son confeccionados por la autoridad administrativa contratante.

Ahora bien, puede ocurrir que al comenzar el cumplimiento o la ejecución del contrato de obra pública surja la necesidad de realizar trabajos u obras adicionales no previstas en el contrato, cuya realización resulta indispensable para la obra pública principal en curso de ejecución[2153].

Se trata de trabajos adicionales que coadyuvan al cumplimiento del objeto del contrato de obra pública. De tal suerte, el interés público contenido en los adicionales de obra es plenamente coincidente con el perseguido con la obra pública proyectada. En otras palabras, el valor, provecho o utilidad de la obra en curso de ejecución en nada se ven modificados por realización de trabajos adicionales. Antes bien, la ejecución de trabajos adicionales se torna necesaria y, más aún, indispensable para alcanzar el fin público involucrado en la contratación.

Los trabajos adicionales justifican el aumento de los precios contractuales o el reconocimiento de los mayores costos incurridos.

Sin embargo, es preciso desde ya dejar sentado que no todo mayor costo en la ejecución del contrato de obra pública es susceptible de ser encuadrado dentro del concepto de adicional de obra y que tampoco deben confundirse los adicionales de obra con los trabajos previstos en el proyecto de la obra pero que incrementan su costo, por causas imputables a la Administración o bien por riesgos imprevisibles al momento de celebrar el contrato (tal como puede acontecer por modificación del tipo de cambio). Esta situación encuadra en lo que se denomina "revisión de precios *ex lege*", variaciones de costos[2154] o la reformulación de los precios unitarios del

[2152] Juristo SÁNCHEZ, Rafael, *La ejecución del contrato...*, cit., p. 124.
[2153] DRUETTA, Ricardo Tomás – GUGLIELMINETTI, Ana Patricia, *Ley 13.064...*, cit., p. 240.
[2154] Ampliar en CASSAGNE, Juan Carlos, *El contrato administrativo*, 3° ed., cit., ps. 110-111.

contrato, pero nunca podría dar lugar a su reconocimiento por vía de un trabajo adicional, ya que no hay obra adicional sino sólo mayores costos en las condiciones de ejecución de una obra prevista dentro del contrato.

En tal sentido, los trabajos adicionales tampoco pueden ser confundidos con los denominados gastos improductivos, los cuales también suscitan un mayor costo de la obra pública, pero no generan nuevas labores. Estos últimos tienen su causa en las perturbaciones, demoras o paralizaciones en la ejecución de los trabajos que afectan el desarrollo de la obra y generan, lógicamente, un desequilibrio contractual. Se trata de gastos que se siguen produciendo aunque la obra no se realice o continúe (por ejemplo, el mantenimiento de los equipos y planteles, los gastos de administración, la conservación del obrador, limpieza de la obra, etc.) asemejándose a los gastos fijos de un emprendimiento. Por tal razón, producida la paralización, total o parcial, la obra continúa acarreando al contratista gastos financieros y de mantenimiento que deben ser reconocidos y abonados, en tanto sean demostrados[2155].

En suma, de acuerdo a una estricta lógica jurídica, se estará en presencia de un adicional cuando: a) se trate de un *mayor* trabajo, lo que excluye las reducciones o supresiones de obra; b) sea un trabajo objetivamente nuevo, que no haya sido acordado al contratar la obra. De ese modo, el trabajo adicional debe resultar indispensable por una circunstancia sobreviniente, externa al contrato y ajena a las partes[2156].

En cuanto a sus efectos, cabe señalar que la existencia de trabajos adicionales suele importar una alteración del plazo o cronograma de ejecución de obra[2157], por lo que debe reconocerse una ampliación del mismo a los fines de acometer las tareas. Los días de prórroga surgen del aumento proporcional de obra realizada y los días asignados al ítem original. Además, los trabajos adicionales determinan la necesidad del contratista de afectar mayores recursos a su acometimiento, por lo que el Estado deberá compensar este desequilibrio a través de su reconocimiento y pago posterior.

B) La compensación debida al contratista por la ejecución de adicionales de obra y otras tareas ejecutadas, cuyo pago no fue autorizado

Durante la ejecución del contrato de obra pública, son frecuentes las alteraciones de hecho del proyecto de obra que el contratista se ve obligado a realizar, ya sea por orden de la entidad administrativa contratante (por sí o a través del supervisor de la obra) o bien *motu propio* como, por ejemplo, para hacer frente a casos de fuerza mayor que pongan en peligro la integridad de la obra, la vida de las personas o la propiedad, sin contar con la aprobación pertinente, en los casos en los que ésta sea requerida. En cualquier caso, y mientras se trate de trabajos idóneos para el cumplimiento del objeto del contrato, el hecho de no haber el contratista contado con dicha autorización, en forma previa para la ejecución de los mismos, en modo alguno puede justificar que no se reconozca y pague el mayor costo que insuman los trabajos y tareas realizadas para cumplir el contrato de buena fe.

[2155] PTN Dictámenes 167:519; 239:547, entre otros.
[2156] DRUETTA, Ricardo Tomás y GUGLIELMINETTI, Ana Patricia, *Ley 13.064...*, *cit.*, p. 241.
[2157] DRUETTA, Ricardo Tomás y GUGLIELMINETTI, Ana Patricia, *Ley 13.064...*, *cit.*, p. 248.

La experiencia demuestra esta cuestión presenta aristas complejas que colocan al contratista en una delicada situación. En efecto, por un lado, siempre existe el riesgo de que la Administración considere que si el contratista no realiza los trabajos adicionales o prestaciones mayores a las originariamente pactadas se le impute un incumplimiento con las graves consecuencias que ello conlleva.

Además, nótese que muchas veces las consecuencias que puedan derivar de la suspensión de tareas pueden tener un impacto económico enorme, suscitar un retroceso en el desarrollo del cronograma del plan de trabajos, o bien provocar peligros, no sólo para la integridad de la obra, sino también para la población. De ahí que sea común que el contratista se encuentre constreñido a ejecutar los trabajos mencionados a pesar de no contar con la autorización debida. La propia dinámica de la ejecución de la obra pública exige dicha respuesta.

Puntualmente, con relación a los adicionales de obra, cabe señalar que los plazos que puede demandar la tramitación de su autorización muchas veces no se corresponden con los tiempos propios y la necesidad de la ejecución de una obra pública.

Pues bien, por diversos argumentos de peso, corresponde, en estos casos, reconocer al contratista el derecho a cobrar las obras y tareas adicionales o mayores a las pactadas, siempre que hayan sido consentidas por la dirección de la obra y hayan sido aprovechadas por la contratante, máxime cuando fueron recibidas sin observaciones en el Acta Final de Recepción.

Negar su compensación en tales supuestos, escudándose en la falta de cumplimiento de requisitos formales, sería abiertamente contrario a la buena fe contractual y trasuntaría una actuación antifuncional y abusiva de los derechos del contratante. Máxime en aquellos casos en los cuales la necesidad de ejecutar trabajos mayores a los pactados u obras adicionales hubiera tenido su causa en errores cometidos por la Administración al elaborar el proyecto, la demora administrativa en la corrección del mismo, o en el irregular ejercicio de los poderes de dirección y control.

5. SUSPENSIÓN DE LAS OBRAS. CONSECUENCIAS DE LA SUSPENSIÓN: LOS GASTOS IMPRODUCTIVOS

La suspensión de las obras altera la continuidad del contrato de obra pública y, como se verá seguidamente, puede ser dispuesta tanto por la Administración por causa fundada o bien por el contratista, cuando enfrenta situaciones que no le son imputables y que afectan la continuidad de la obra en las condiciones pactadas.

La decisión de suspender la ejecución de los trabajos o incluso de no iniciarlos se concreta siempre en el marco del equilibrio del contrato de obra pública, con el objeto de resguardar la intangibilidad de la ecuación económico-financiera del mismo.

A) Suspensión de las obras ordenada por el comitente

El art. 34 de la LOP prescribe que la Administración podrá suspender "el todo o parte de las obras contratadas" tanto cuando ejerza la *potestas variandi* prescripta en el art. 30 de la LOP como por cualquier otra causa justificada.

Ante todo, la causa debe ser justificada mediante la emisión de una orden escrita que constituye un acto administrativo y que, como tal, precisa cumplir con la preceptiva del art. 7° de la LNPA.

Además, el art. 34 de la LOP prescribe: a) la necesidad de labrar un acta que contenga la medición de la obra ejecutada "en la parte que alcance la suspensión" con una serie de detalles referidos al valor del plantel y de los materiales acopiados y contratados debiéndose dejar constancia, asimismo, de la nómina del personal que quedará a cargo de la obra y b) el derecho del contratista a ser reembolsado de todos los gastos y perjuicios que le acarree la suspensión de las obras.

Entre los gastos y perjuicios que el contratista tiene derecho a que le sean resarcidos se comprenden, en principio, todos los que no le sean imputables a su culpa o negligencia, según el principio que rige la responsabilidad contractual en la LOP. Es decir que, como el alcance de la responsabilidad de la Administración no se encuentra acotado por principio ni por norma alguna, la indemnización debida al contratista comprenderá tanto el daño emergente como el lucro cesante[2158].

El rubro indemnizable, en los supuestos de suspensión de las obras, tanto en la ordenada por el comitente como en la dispuesta por el contratista, estará constituido por los denominados gastos improductivos[2159] que consisten en aquellas "...erogaciones e inversiones..." efectuadas con relación a la obra "...carentes de productividad y no lucrativas con causa en hechos o incumplimientos contractuales que no le son imputables"[2160] y comprende tanto los gastos directos como los indirectos[2161].

B) Suspensión de las obras dispuesta por el contratista

Si bien la situación no se encuentra contemplada, en forma expresa, en el régimen de la LOP, su posibilidad se desprende de los principios que la informan y del principio *alterum non laedere*, que constituye un principio general del derecho y, resulta directamente aplicable, en el caso, para fundar la procedencia de la correspondiente indemnización a favor del contratista.

En efecto, el principio que domina toda la ejecución contractual circunscribe la responsabilidad del contratista a los perjuicios ocasionados por su culpa o negligencia[2162], hallándose la responsabilidad contractual por los demás daños a cargo de la

---

[2158] Barra, Rodolfo Carlos, *Contrato de obra pública*, t. 2, *cit.*, p. 843 y ss.

[2159] Véase: MARIENHOFF, Miguel S., "Contrato de obra pública. Gasto improductivo y daño: su resarcimiento, fuerza mayor o caso fortuito. Teorías de la voluntad y del riesgo", LL 1983-A, 796.

[2160] DRUETTA, Ricardo Tomás – GUGLIELMINETTI, Ana Patricia, *Ley 13.064...*, *cit.*, p. 259.

[2161] *In re* "Esuco" resuelto por la Sala 2° CNACAF, LL 2001-B, 480.

[2162] Art. 39, LOP.

Administración. De ese modo, por las razones que antes hemos dado, la Administración se encuentra vinculada al mantenimiento de la ecuación económico-financiera del contrato administrativo de obra pública.

Varias son las causas que pueden llevar al contratista a disponer la suspensión de los trabajos (atrasos en recibir los materiales que debe entregarle el comitente, demoras en la verificación del replanteo de las obras, alteración de los suelos por causas extraordinarias sobrevinientes a la suscripción del contrato, aleas económicas extraordinarias, etc.), habiéndose sostenido que la indemnización procede aún en aquellos supuestos en que la Administración no autoriza la suspensión[2163]. En cualquier caso, el contratista tiene la obligación de poner en conocimiento del comitente la decisión de suspender las obras y su fundamento o motivo.

6. RECEPCIÓN DE LAS OBRAS: PROVISIONAL Y DEFINITIVA

La recepción de las obras conforme al art. 40 de la LOP tiene, en principio, carácter provisional hasta el vencimiento del plazo de garantía que se hubiere establecido en el respectivo contrato.

Su finalidad principal radica en verificar que las obras se han cumplido de conformidad con las estipulaciones contractuales, programas de trabajos, controles de calidad y órdenes de servicio impartidas y, asimismo, si las obras contienen deficiencias, errores de cálculo o constructivos que pudieran afectar su normal funcionamiento o habilitación. Cuando esas deficiencias fueran intrascendentes el comitente debe proceder a fijar un plazo para que el contratista efectúe las reparaciones correspondientes[2164].

La recepción provisional produce los siguientes efectos: a) la entrada en posesión de las obras por parte del comitente; b) la iniciación del plazo de garantía que permite a la Administración controlar y comprobar su normal funcionamiento y aptitud; y c) la liberación por los vicios aparentes, en el supuesto que el comitente recibiere las obras de conformidad y sin reservas, no pudiendo la Administración, *a posteriori*, plantear su disconformidad con lo recibido[2165].

Al vencimiento del plazo de garantía, el comitente está obligado a efectuar la recepción definitiva de las obras[2166]. Hasta ese momento, el contratista es "responsable de la conservación y reparación de las obras, salvo los defectos resultantes del uso indebido de las mismas"[2167].

[2163] DRUETTA, Ricardo Tomás – GUGLIELMINETTI, Ana Patricia, *Ley 13.064...*, *cit.*, p. 265 y nota 192, con cita de PTN, Dictámenes 246:118 y 246:454.

[2164] MARIENHOFF, Miguel S., *Tratado de Derecho Administrativo*, t. III-B, *cit.*, p. 582.

[2165] BARRA, Rodolfo Carlos, *Contrato de obra pública*, t. 2, *cit.*, ps. 775-776.

[2166] DIEZ, Manuel María, *Derecho Administrativo*, t. III, *cit.*, p. 100.

[2167] Art. 41, LOP.

7. EL PAGO DE LOS TRABAJOS

El derecho del contratista a percibir el precio como contrapartida de la ejecución de los trabajos que debe llevar a cabo para cumplir con el resultado comprometido (el *opus*) constituye uno de los elementos esenciales del contrato de obra pública[2168].

La jurisprudencia de la Corte ha reconocido que el precio contractual configura el derecho de naturaleza patrimonial protegido por la garantía del art. 17 de la CN, a raíz de lo cual la Administración no puede modificarlo en forma unilateral sin afectar la remuneración del contratista[2169].

A) Condiciones y procedimientos para el pago del precio

El pago del precio se vincula, necesariamente, con el financiamiento de las obras públicas. En el régimen de la LOP, el principio que tipifica el contrato es el de que, aún cuando éste tiene por objeto una obligación de resultado indivisible, el sistema prescribe, en forma implícita, los pagos en la medida del avance de los trabajos. Es lo que surge del juego de los artículos 45 y 48 de la LOP[2170]. De lo contrario, carecería de sentido la prescripción relativa a la mora en los pagos parciales que regula el art. 48 de la LOP ni que el art. 45 establezca que las condiciones de los pagos se regirán por las condiciones contempladas en los pliegos. Se ha dicho, con buen criterio, que el precio de los contratos públicos ha de ser "el resultado de un procedimiento de búsqueda de una oferta de mercado, competitiva y ajustada al tipo de prestación realizada, con previa determinación legal o contractual de sus posibles variaciones"[2171], tema sobre el que nos ocupamos *ut supra*.

a) El procedimiento previo

El procedimiento de pago de los trabajos realizados comienza con su medición por parte del comitente quien a través del supervisor o inspector de obra y con intervención del representante técnico del comitente, realiza la verificación y mensura de la parte de la obra ejecutada por el contratista, labrándose, al efecto, un acta de medición que participa de la naturaleza de un acto administrativo.

Si no hubiere conformidad del contratista, el contratista puede formular las reservas del caso, con los fundamentos correspondientes, dentro de los plazos que establecieran los pliegos. En cualquier caso, la medición que se realiza, salvo conformidad del contratista, posee carácter provisorio y habilita al contratista a impugnarla, en sede administrativa o judicial, si hubiera manifestado su reserva o disconformidad. Interesa puntualizar, asimismo, la inaplicabilidad de la solución que pres-

---

[2168] Marienhoff, Miguel S., *Tratado de Derecho Administrativo*, t. III-B, *cit.*, p. 561; JURISTO SÁNCHEZ, Rafael, *La ejecución del contrato…, cit.*, p. 301.

[2169] "Chacofi SACIFI c/ DNV s/ ordinario", Fallos 311: 1576 (1988) y "Decavial SAICAC c/ DNV s/ revocatoria", Fallos 312:103 (1989).

[2170] *Vid*: GORDILLO, Agustín A., "Obra pública y Contrato de Obra Pública", en *Contratos Administrativos*, t. I, Astrea, Buenos Aires, 1982, ps. 56-57.

[2171] RIVERO YSERN, Ricardo, "El precio de los contratos públicos", en CASSAGNE, Juan Carlos – RIVERO YSERN, Enrique (Dirs.), *La contratación pública*, t. 2, *cit.*, p. 902.

cribe el art. 624 del Código Civil, que cede frente a la solución que surge por imperio de la autonomía o autointegración de los principios del Derecho Administrativo, toda vez que por aplicación de los principios que fundan la responsabilidad de ambos contratantes, no se concibe que la falta de reservas por parte del contratista tenga por efecto la remisión de los intereses dado que, por el interés público involucrado, la Administración debe hacerse cargo de los errores que cometa en la medición por su culpa o negligencia, en la medida en que sean acreditados por el contratista en oportunidad de la liquidación final o con antelación a ésta.

Desde luego que el procedimiento que admite la realización de pagos parciales constituye la regla en otras contrataciones de obras públicas financiadas por el sector privado, fuera del alcance de la obra pública en aquellos supuestos en los cuales, por decisiones inherentes a la política fiscal el Estado acuda al financiamiento del sector privado, la Administración puede hallarse habilitada legalmente a: a) la concesión de obra pública; b) el fideicomiso público; y c) llave en mano, etc[2172].

b) El certificado de obra

El concepto de certificado de obra no se encuentra definido en la LOP que solamente prescribe que la modalidad de pago será regulada en los pliegos. Sin embargo, es de uso generalizado en el contrato de obra pública con independencia de su regulación en los pliegos de la licitación.

Se trata de un documento que acredita la realización de un determinado monto de la obra que ha sido verificado y medido por el comitente, el cual configura una suerte de título de crédito cuyas peculiaridades se rigen por el Derecho Administrativo y no por el Derecho Mercantil. En el plano procesal no constituye un título ejecutivo[2173] y su naturaleza es la de un acto administrativo (en tanto constituye una declaración de voluntad de la Administración, regulado por la LNPA).

Existen distintas especies de certificados de obra: a) parciales (que pueden ser los básicos, de acopio y de redeterminación de precios) y b) finales.

Los certificados parciales son siempre provisorios en cuanto se hallan sujetos a la liquidación final en donde se lleva a cabo el ajuste definitivo en la liquidación final y ésta resulta aprobada por la autoridad competente.

En cambio, el certificado final se considera definitivo y es en esa oportunidad en la que el contratista debe formular las reservas en observaciones que hacen a su derecho por los errores o vicios que contenga, para no caer en la aplicación analógica del art. 624 del Código Civil, que considera que a falta de reservas se considera que el contratista ha renunciado a reclamar su crédito. De no haber reservas, el certificado de obra produce los efectos cancelatorios del pago de acuerdo a lo previsto en los arts. 724 y 725 del Código Civil, normas estas compatibles con los principios del derecho administrativo. Los certificados de obra son susceptibles de ser cedidos a

---

[2172] GUGLIELMINETTI, Ana Patricia, "Contratos administrativos y financiamiento privado", Revista *Actualidad en el Derecho Público*, nro. 11, *Ad Hoc*, Buenos Aires, 1989, p. 129; AGUILAR VALDEZ, Oscar R., "Contratación administrativa" en CASSAGNE, Juan Carlos – RIVERO YSERN, Enrique (Dirs.), *La contratación pública*, *cit.*, t. 2, p. 561.

[2173] BARRA, Rodolfo Carlos, *Contrato de obra pública*, t. III, *cit.*, p. 926.

terceros[2174], sin necesidad de autorización del comitente aplicándose, en tal caso, los artículos 1434 y siguientes del Código Civil. Por lo común, los certificados de obra son descontados en las instituciones bancarias y a estas operaciones financieras se refiere el art. 48 de la LOP.

c) El fondo de reparos

Del importe de los certificados de obra que la Administración paga al contratista, ella retiene un porcentaje (en la práctica del 5% al 10% del valor de cada certificado, inclusive los certificados de acopio de materiales) en concepto de garantía, con la finalidad de cubrir los riesgos derivados de eventuales fallas o vicios de las obras (construcción deficiente, mala calidad de los materiales empleados, etc.).

El importe que la Administración deduce puede ser sustituido, según se establezca en los pliegos, por fianza bancaria a satisfacción del comitente o bien, por un seguro de caución, también a satisfacción del comitente, previsto en la ley 17.804 y su decreto reglamentario[2175]. Este sustituto del fondo de reparos es el instrumento más utilizado en la obra pública.

Su restitución debe ser llevada a cabo al tiempo de la recepción definitiva de las obras y opera siempre que el contratista hubiera efectuado las reparaciones exigidas por el comitente durante el período de garantía y no tuvieran deudas pendientes.

Si el comitente demora, en forma injustificada, la devolución del Fondo de Reparos en los plazos establecidos en los pliegos o convenidos contractualmente, debe responder por los perjuicios que le ocasione al comitente que, según la doctrina, pueden ser objeto de compensación aplicando los intereses por mora previstos en el art. 48 de la LOP y los costos adicionales que afrontó en el supuesto de haber utilizado garantías adicionales para sustituir el importe del Fondo de Reparos.

d) Mora en el pago de los certificados

La LOP consagra una solución administrativa específica y típica del contrato de obra pública, la cual consiste en una compensación *ex lege* de los perjuicios que le provoca al contratista la mora o retraso en los pagos con el pago de "intereses a la tasa fijada por el Banco de la Nación Argentina, para los descuentos sobre certificados de obra"[2176].

La mora es automática por imperio de la ley y no requiere interpelación previa por parte del contratista[2177].

La LOP también prescribe que el contratista no tendrá derecho al pago de intereses cuando el retraso le fuere imputable (ej. reclamos infundados del contratista

---

[2174] Marienhoff, Miguel S., *Tratado de Derecho Administrativo*, t. III-B, *cit.*, p. 563.
[2175] Decreto 411/1969.
[2176] Art. 48, primera parte, LOP.
[2177] DRUETTA, Ricardo Tomás – GUGLIELMINETTI, Ana Patricia, *Ley 13.064...*, *cit.*, p. 377.

sobre las mediciones de la obra o interrupción de la emisión o trámite de los certificados por actos propios del contratista[2178]).

e) Liquidación final

También denominada "cierre de cuentas", consiste en el acto por el cual la Administración deja constancia de que con los pagos efectuados, previa emisión de los certificados de obra, se han cancelado todas sus obligaciones contractuales o bien, se han generado créditos a su favor o alguna deuda pendiente por parte del contratista.

Las pautas interpretativas de la liquidación final son, según la PTN, las siguientes: a) debido análisis de las cláusulas del pliego referidas a la extinción del contrato; b) no es necesaria una declaración expresa de ambas partes contratantes que de por finalizada toda diferencia; c) ha de merituarse la conducta de las partes con relación a la certificación emitida y sus conceptos –multas aplicadas, compensaciones, devolución de garantías, certificación negativa consentida- de la que podrá presumirse la existencia de la liquidación final de obra o el consentimiento del contratista con ésta y d) el pago total del precio con los ajustes pactados y la entrega de la obra como punto final del contrato"[2179].

8. INEMBARGABILIDAD

Con el fin de mantener incólume el patrimonio del contratista durante la ejecución de la obra hasta su recepción definitiva, la LOP establece que las sumas que abone la Administración al contratista estarán exentas de embargo judicial, salvo que los acreedores sean obreros empleados en la construcción o personas a quienes se deban el precio de servicios, trabajos o materiales a causa de la obra[2180]. La télesis del precepto legal apunta al interés público[2181] que persigue la Administración con el objetivo de que el contratista pueda continuar la ejecución de las obras en las mejores condiciones financieras posibles para afrontar el costo de los gastos e inversiones.

Con respecto a los demás acreedores del contratista, la LOP prescribe que será procedente el embargo después de la recepción definitiva de la suma liquidada que deba entregar el comitente al contratista[2182], es decir, con la liquidación final.

[2178] Art. 48, segunda parte, LOP.

[2179] PTN, Dictámenes 213:314, citado por Druetta, Ricardo Tomás – Guglielminetti, Ana Patricia, Ley 13.064…, cit., p. 361 quienes efectuaron la sistematización que trascribimos en el texto.

[2180] Art. 47, primera parte, LOP.

[2181] MARIENHOFF, Miguel S., *Tratado de Derecho Administrativo*, t. III-B, *cit.*, ps. 564-565.

[2182] Art. 47, segunda parte, LOP.

574

Sección 7ª

EXTINCIÓN DEL CONTRATO DE OBRA PÚBLICA

1. CONSIDERACIONES GENERALES

La metodología que emplea la LOP para regular la extinción del contrato no responde a una sistematización basada en la naturaleza de las causales que justifican la decisión del comitente de poner fin a la relación contractual. En efecto, el régimen legal sólo discrimina entre extinción *ex lege* (muerte o quiebra del contratista) y la extinción que deciden las partes del contrato (el comitente y el contratista) conforme a una enumeración de supuestos que pertenecen a categorías jurídicas diferentes.

Al referirse a la extinción contractual, la LOP utiliza, en todos los casos, el término rescisión, pero esta circunstancia no origina mayores inconvenientes en el campo de la interpretación ya que se ha considerado equivalente a la resolución contractual[2183]. Si bien los antecedentes de la rescisión en el derecho romano han plateado la posibilidad de distinguir, para evitar confusiones, entre ambas figuras[2184], lo cierto es que su utilización promiscua en el lenguaje jurídico da pie para sostener que se trata de términos intercambiables[2185]. Una situación similar acontece con otras dos figuras de extinción que cuentan con regulaciones típicas del derecho administrativo: la revocación por razones de interés público y la caducidad (que se superpone a la rescisión con normas y principios propios).

En este sentido, el Régimen de Contrataciones de la Administración Nacional (RCAN) asimila los conceptos de rescisión y resolución[2186] contractual, en línea con la tendencia del derecho moderno que prefiere emplear la voz resolución para indicar la extinción de un contrato, tanto por causas *ex lege* como por incumplimiento de las obligaciones contractuales esenciales del contratista, denominada caducidad[2187].

A continuación pasaremos al análisis de los distintos supuestos de extinción contractual contemplados en la LOP para abordar después las causales de extinción no previstas expresamente en el régimen de dicha ley, que son la revocación del

---

[2183] SPOTA, Alberto G., *Instituciones de Derecho Civil. Contratos*, Vol III, Depalma, Buenos Aires, 1980, p. 511 y ss. considera que son términos equivalentes; en cambio, otro sector doctrinal distingue entre rescisión, resolución y revocación, véase: SALVAT, Raymundo M., *Tratado de Derecho Civil Argentino. Fuentes de las Obligaciones*, t. I, 2° ed. actualizada por Arturo ACUÑA ANZORENA, Tipográfica Editora Argentina, Buenos Aires 1957, p. 204 y ss.

[2184] SOLAS RAFECAS, José María de, "Extinción de los contratos", en *Comentarios a la Ley de Contratos de las Administraciones Públicas. La gestión del contrato*, t. III, Ariño y Asociados, Comares, Granada, 2005, ps. 966-967.

[2185] SPOTA, Alberto G., *Instituciones ..*, Vol III, *cit.*, ps. 511 y 512.

[2186] Art. 12 inc. a) RCAN.

[2187] En tal caso, el régimen de caducidad del acto administrativo resulta aplicable al contrato administrativo y prevalece, en virtud de lo prescripto en el art. 7° de la LNPA, sobre las prescripciones del pacto comisorio del Código Civil exigiéndose: 1) que se trate de incumplimiento de obligaciones esenciales; 2) que se intime al contratista su ejecución y 3) que se le fije un plazo razonable para el cumplimiento de la obligación respectiva.

contrato por razones de interés público, cuyo fundamento se encuentra en el ordenamiento general sobre procedimientos administrativos[2188], y la declaración de invalidez del contrato administrativo comúnmente denominada revocación por razones de ilegitimidad[2189], cuya causa no es sobreviniente (como en la caducidad o resolución contractual) sino contemporánea a la ejecución y conclusión del contrato[2190].

2. EXTINCIÓN POR CAUSA DE MUERTE O QUIEBRA DEL CONTRATISTA

El principio de ejecución personal del contrato de obra pública conduce a disponer la extinción del contrato cuando se opera su desaparición física o jurídica (muerte o quiebra)[2191]. En ambos supuestos, la extinción del contrato es preceptiva para el comitente[2192] pues la rescisión se opera de pleno derecho.

La LOP permite que los herederos o el síndico de la quiebra puedan acordar con el comitente llevar a cabo la obra bajo las condiciones estipuladas en el contrato, decisión que deberá motivarse en cada caso conforme a lo prescripto en el art. 7° de la LNPA. De no aceptar la Administración la continuación del contrato desechando las ofertas de los herederos y/o del síndico de la quiebra los sucesores no tendrán "derecho a indemnización alguna"[2193].

3. RESCISIÓN DEL CONTRATO DISPUESTA POR LA ADMINISTRACIÓN

El art. 50 de la LOP prescribe una serie de situaciones, de distinta naturaleza, susceptibles de justificar la rescisión contractual, a saber:

A) Fraude y grave negligencia

Estas dos causales justifican el ejercicio de la potestad de rescindir el contrato con fundamento en la conculcación de los principios de confianza y de buena fe[2194] que se hallan en la raíz de los contratos administrativos de colaboración; particularmente en el de obra pública.

El fraude implica siempre una conducta dolosa mientras que la negligencia traduce la falta de previsión u omisión imputable a la culpa del contratista, aplicándose, por analogía, los términos generales del Código Civil en materia de culpa y dolo en el incumplimiento de obligaciones convencionales.

[2188] Art. 18 LNPA.

[2189] Art. 17 LNPA.

[2190] SPOTA, Alberto G., *Instituciones ..*, Vol III, *cit.*, p. 513.

[2191] Art. 49, LOP.

[2192] DRUETTA, Ricardo Tomás – GUGLIELMINETTI, Ana Patricia, *Ley 13.064...*, *cit.*, p. 399.

[2193] Art. 49, *in fine*, LOP.

[2194] Fallos 315: 892 (1992).

576

B) Otras causales: contravención de las obligaciones y condiciones estipuladas en el contrato, lentitud de las obras e incumplimiento del plazo fijado para la iniciación de las obras

Con una defectuosa técnica legislativa, el art. 50 de la LOP[2195] agrupa en un mismo artículo una cláusula genérica y residual de incumplimiento o contravención de las obligaciones estipuladas en el contrato con dos supuestos específicos que, por lo demás, son redundantes ya que se encuentran también comprendidos en la causal genérica, como son la lentitud de los trabajos y la trasgresión del plazo de iniciación de los trabajos.

Estas causales, ciertamente indeterminadas, suponen que el incumplimiento del contratista sea grave y culpable. El precepto prescribe que, cuando se impute lentitud de los trabajos, el comitente exija al contratista que ponga los medios necesarios en el plazo que al efecto le fije, procediendo a la rescisión del contrato si no adoptase las medidas necesarias para remediar el atraso[2196]. A su vez, si el contratista se excediera del plazo fijado para la iniciación de las obras el comitente podrá prorrogarlo si aquel demostrase que la demora se ha producido por causas inevitables y ofreciese cumplir su obligación. Si fijado el nuevo plazo el contratista tampoco lo cumple el contrato quedará rescindido con pérdida de la fianza[2197].

C) Cesión o transferencia y/o subcontratación total o parcial

De acuerdo a lo prescripto en la LOP el contratista no puede transferir ni ceder el contrato "en todo o en parte, a otra persona o entidad, ni asociarse para su cumplimiento, sin autorización ni aprobación de la autoridad competente"[2198]. La violación de esta obligación genera la rescisión del contrato de obra pública y lo mismo ocurre si el contratista decide subcontratar una parte o el total de los trabajos sin contar con la "previa autorización de la Administración"[2199].

D) Causales determinadas: abandono de las obras e interrupción de los trabajos

A diferencia de los otros casos de rescisión contemplados por la LOP, que recién hemos visto, la ley también prescribe supuestos determinados para configurar las causales que justifican la rescisión del contrato.

En ambos casos, la configuración de la causal rescisoria se opera cuando el contratista hace abandono o interrumpe los trabajos por un plazo mayor a ocho días en tres ocasiones, o bien, si el contratista abandona o interrumpe la ejecución de las obras, en forma continuada, por el plazo de un mes[2200]. Interesa señalar que, por el principio de continuidad de la obra pública, la rescisión no se produce de pleno de-

---

[2195] Art. 50, incs. a), b) y c) LOP.
[2196] Art. 50, segunda parte, LOP.
[2197] Art. 50, tercera parte, LOP.
[2198] Art. 23, LOP.
[2199] Art. 50, inc. d), LOP.
[2200] Art. 50, inc. e), LOP.

recho y que la Administración debe intimar al contratista el cumplimiento de sus obligaciones fijándole un plazo razonable al efecto, de conformidad a lo prescripto por el art. 21 de la LNPA.

4. CAUSALES DE EXTINCIÓN NO CONTEMPLADAS EN LA LOP

Existen causales de extinción no previstas expresamente en la LOP que pueden dar lugar a la rescisión dispuesta por la Administración Pública, o también de parte del contratista (*v.g.* los supuestos de invalidez) sin perjuicio de la facultad que poseen ambos contratantes para rescindir por mutuo acuerdo el contrato de obra pública.

En general, la resolución del contrato por el comitente, por incumplimiento de las obligaciones esenciales, queda subsumida, como se ha visto, por la figura de la caducidad, cuyos requisitos propios y especiales prevalecen sobre el régimen del pacto comisorio expreso o tácito, prescripto en el art. 1204 del Código Civil.

A) Revocación por razones de interés público

Esta especie de extinción, por razones de oportunidad, mérito o conveniencia, pertenece a la teoría general del contrato administrativo, a la cual nos remitimos[2201]. Su fundamento genérico positivo se encuentra en la prescripción contenida en el art. 18 de la LNPA, aplicable en materia contractual en virtud de lo dispuesto en el art. 7° de la LNPA y, específicamente, se encuentra contemplada en el régimen que rige las contrataciones de la Administración Pública nacional[2202].

En cuanto al alcance de la indemnización, a nuestro juicio y de acuerdo a la jurisprudencia de la Corte[2203], ella debe ser integral, comprensiva tanto del daño emergente como del lucro cesante dado que estos conceptos integran el valor objetivo de los bienes y/o derechos patrimoniales que resultan sacrificados por una razón de interés público[2204].

B) Revocación por razones de ilegitimidad. Las prácticas corruptas

El ámbito de la revocación por razones de ilegitimidad prevista en el art. 17 de la LNPA también se proyecta a la figura del contrato administrativo por las razones señaladas en el punto anterior.

Se trata de un supuesto de invalidez del contrato por la comprobación de vicios o defectos susceptibles de invalidar el acuerdo bilateral, celebrado entre el contratista y el comitente, en violación de los requisitos legales (art. 7° de la LNPA) e implica la ocurrencia, según la gravedad de los respectivos vicios, de las causales de nulidad absoluta y relativa. No estamos pues dentro de la órbita del cumplimiento o ejecución del contrato de obra pública sino de supuestos tasados de invalidez administrativa.

[2201] Cassagne, Juan Carlos, *El contrato administrativo*, 3° ed., *cit.*, p. 121 y ss.

[2202] Art. 12 inc. b) segundo párrafo del Decreto 1023/2001.

[2203] "Sánchez Granel", Fallos 306:1409 (1984).

[2204] Véase nuestro libro *El contrato administrativo*, 3° ed., *cit.*, p. 124.

Si el vicio que padece el contrato fuera de nulidad relativa, o bien cuando los derechos subjetivos de las partes del contrato se estén cumpliendo, la Administración sólo podrá impedir su subsistencia y efectos que se encuentran pendientes mediante declaración judicial de nulidad[2205].

Un caso que merece particular atención es el relativo a la comprobación, por parte de la Administración, de prácticas corruptas a raíz del debilitamiento del principio de transparencia[2206]. Dichas prácticas caen en las prohibiciones de la Convención Interamericana contra la Corrupción, aprobada por ley 24.759, cuyos principios y normas poseen jerarquía superior a las leyes, conforme al art. 75 inc. 22 de la CN, encontrándose también previstos en el Régimen de Contrataciones de la Administración Pública Nacional (RCAN) en el que se prescribe la rescisión de pleno derecho del contrato, cuando en cualquier etapa de la licitación (inclusive durante la ejecución del contrato) se incurriere en algunas de las prácticas de corrupción tipificadas en el precepto[2207].

Si bien el RCAN califica la causal extintiva del contrato como rescisión de pleno derecho se trata, en realidad, de un supuesto de invalidez *ex lege* que genera una nulidad absoluta en los términos del art. 14 inc. b) de la LNPA, sin perjuicio de la sanciones que correspondan por la comisión de los respectivos delitos tipificados en el Código Penal.

C) Rescisión convencional (distracto)

Al igual que lo que acontece con el derecho privado las partes pueden, de común acuerdo, rescindir el contrato de obra pública.

De acuerdo al principio del paralelismo de las competencias[2208], el órgano o ente administrativo que suscribe el convenio de rescisión ha de ser aquel que celebró el contrato de obra pública con el contratista y en el acto que la autorice (aunque también puede expresarse en el contrato) debe dejar constancia del cumplimiento de todos los requisitos que exige el art. 7° de la LNPA. En este aspecto, asume especial

---

[2205] Art. 17 LNPA.

[2206] REJTMAN FARAH, Mario, *Régimen de contrataciones...*, *cit.*, ps. 133-136.

[2207] El art. 10 del régimen aprobado por el Decreto 1023/2001 prescribe que: "Será causal determinante del rechazo sin más trámite de la propuesta u oferta en cualquier estado de la licitación o de la rescisión de pleno derecho del contrato dar u ofrecer dinero o cualquier dádiva a fin de que: a) Funcionarios o empleados públicos con competencia referida a una licitación o contrato hagan o dejen de hacer algo relativo a sus funciones. b) O para que hagan valer la influencia de su cargo ante otro funcionario o empleado público con la competencia descripta, a fin de que éstos hagan o dejen de hacer algo relativo a sus funciones. c) Cualquier persona haga valer su relación o influencia sobre un funcionario o empleado público con la competencia descripta, a fin de que éstos hagan o dejen de hacer algo relativo a sus funciones. Serán considerados sujetos activos de esta conducta quienes hayan cometido tales actos en interés del contratista directa o indirectamente, ya sea como representantes administradores, socios, mandatarios, gerentes, factores, empleados, contratados, gestores de negocios, síndicos, o cualquier otra persona física o jurídica. Las consecuencias de estas conductas ilícitas se producirán aun cuando se hubiesen consumado en grado de tentativa".

[2208] MARIENHOFF, Miguel S., *Tratado de Derecho Administrativo*, t. III-A, *cit.*, p. 406.

relevancia el cumplimiento de la obligación de motivar el acto[2209], con expresión de su causa y de la finalidad que se persigue con el distracto, que no puede consistir en subsanar vicios ni justificar graves incumplimientos del contratista.

Al propio tiempo, en la rescisión bilateral pueden acordarse compensaciones haya o no concurrencia de culpas, habiéndose sostenido que cuando se trata de una rescisión sin culpa el monto de la compensación no puede exceder el que corresponda en los supuestos de caso fortuito o fuerza mayor[2210] contemplados en la LOP[2211].

5. EFECTOS DE LA RESCISIÓN O RESOLUCIÓN CONTRACTUAL POR CULPA DEL CONTRATISTA

La LOP regula las consecuencias que produce la rescisión del contrato dispuesta por la Administración[2212] salvo el supuesto de "demora en el inicio de la ejecución de las obras"[2213], cuyos efectos patrimoniales se circunscriben a la pérdida de la fianza.

La culpa es el factor de atribución que el legislador ha tenido en cuenta en los supuestos contemplados en el art. 51 de la LOP, lo cual implica la posibilidad de que el contratista demuestre que no medió conducta culposa alguna de su parte. No hay pues, en principio, aquí responsabilidad objetiva sino subjetiva, excepto que el daño se produjera por el riesgo o vicio de la cosa y el perjuicio fuera causado por bienes utilizados por el contratista, en cuyo caso el contratista, para eximirse de responsabilidad, total o parcialmente, ha de acreditar la culpa de la víctima o de un tercero por quien no debe responder[2214].

Las consecuencias contempladas en la LOP son:

a. La indemnización de todos los perjuicios que sufra la Administración a raíz del nuevo contrato que tenga que celebrar para la continuación de las obras o por la ejecución directa de las mismas[2215].

Como la LOP no perfila pautas objetivas para la determinación la aplicación de este inciso a) del art. 51 debe hacerse con suma prudencia conforme a las circunstancias del caso y con arreglo a los principios de razonabilidad e interdicción de arbitrariedad evitando extender, en forma injustificada, la responsabilidad del contratista.

La LOP también ha tenido en cuenta la circunstancia de que una vez rescindido el contrato de obra pública por culpa del contratista decidiera continuar las obras variando "el proyecto que sirvió de base para la contratación" prescribiendo que los

---

[2209] Véase: BERCAITZ, Miguel Angel, *Teoría general de los contratos administrativos*, 2° ed., Depalma, Buenos Aires, 1980, ps. 597-599.

[2210] DRUETTA, Ricardo Tomás – GUGLIELMINETTI, Ana Patricia, *Ley 13.064...*, *cit.*, ps. 422-423.

[2211] Art. 53, inc. d) y art. 54 incs. a), b), c), d) y f), LOP.

[2212] Art. 51, LOP.

[2213] Art. 50, inc. c), LOP.

[2214] Art. 1113, segunda parte, Código Civil.

[2215] Art. 51 inc. a) LOP.

580

efectos de la rescisión se circunscribirán a la pérdida de la fianza, agregando, además, que los trabajos hechos por el contratista se liquidarán hasta la fecha de cesación de los mismos"[2216]. En cualquier caso, y sin perjuicio de que resulta conveniente que el criterio legal se encuentre fijado en la ley, su fundamento responde a los principios generales de justicia, razonabilidad y a la protección que otorga al contratista la garantía de la propiedad prevista en el art. 17 de la CN, según la cual la Administración no puede extender su responsabilidad al variar el proyecto, según la apreciación que haga del interés público en juego.

En el caso que la rescisión se produjera por la comisión de fraude o grave negligencia, el contratista perderá, además, la fianza rendida[2217];

b. La toma de posesión y transferencia de los bienes, equipos y materiales necesarios para la continuación de las obras[2218];

No obstante que la ley no precisa expresamente el título jurídico consideramos que al hablar de previa valuación convencional sobre bienes, equipos y materiales de propiedad del contratista, hecha de común acuerdo, se refiere al contrato de compraventa[2219], sin perjuicio de lo cual puede, si lo considera conveniente, entrar en posesión de los respectivos si le resultasen necesarios para la continuidad de las obras, quedando pendiente, para la liquidación final, el pago del crédito que corresponda al contratista.

De no arribarse a un acuerdo entre las partes y si la Administración resolviera quedarse con los bienes, deberá promover el respectivo juicio de expropiación, cumpliendo con todos los requisitos constitucionales y legales[2220].

c. Ejercicio del derecho de retención sobre los créditos del contratista por materiales entregados, liquidación de obras terminadas y por fondos de reparos[2221].

La norma prescribe que los créditos del contratista por los conceptos enunciados quedarán retenidos por la Administración "a la resulta de la liquidación final de los trabajos"[2222].

[2216] Art. 52 LOP.

[2217] Art. 50 inc. a) y art. 51, última parte, LOP.

[2218] Art. 51 inc. b), LOP.

[2219] Véase: DRUETTA, Ricardo Tomás y GUGLIELMINETTI, Ana Patricia, *Ley 13.064...*, *cit.*, p. 435, señalan la posibilidad de que la Administración tome los bienes a través de una locación o "leasing".

[2220] Art. 17 CN y ley 21.449.

[2221] Art. 51 inc. e), LOP.

[2222] Art. 51 inc. c), in fine, LOP.

6. RESPONSABILIDAD CONTRACTUAL DE LA ADMINISTRACIÓN: CAUSALES DE RESCISIÓN DEL CONTRATO DE OBRA PÚBLICA. EFECTOS

A) Los factores de atribución en la responsabilidad contractual de la Administración contratante

La doctrina sobre el contrato administrativo no ha abordado, integralmente, el tema de la responsabilidad contractual de la Administración[2223] optando por analizar, en forma separada, las diferentes teorías que justifican la recomposición, revisión o indemnizaciones debidas al contratista para mantener el equilibrio económico-financiero del contrato, lo cual se reitera en algunas obras generales al considerar los medios de extinción del contrato administrativo, particularmente la rescisión[2224]. En otros países como Colombia, el reconocimiento de la responsabilidad contractual del Estado se produjo en forma más tardía (1984) ya que, hasta esa época se aplicaban las prescripciones del Derecho Privado[2225].

En principio, no existe un criterio único de imputación que determine que la responsabilidad contractual del Estado sea de naturaleza subjetiva (sustentada en la culpa) u objetiva (en base a un factor ajeno a la culpa del comitente).

En la responsabilidad contractual del Estado por incumplimiento de una obligación concreta emergente del contrato administrativo, que se traduce en el reconocimiento de una indemnización a favor del contratista, resultan de aplicación, por analogía, las reglas que prevén los arts. 505 y 591 a 522 del Código Civil[2226]. En este tipo de responsabilidad el factor de atribución de naturaleza subjetiva se disocia del factor de atribución objetivo[2227], característico de la responsabilidad extracontractual (falta de servicio, riesgo y sacrificio especial) teniendo en cuenta la limitada aplicación que se ha reconocido a la teoría del riesgo en el Derecho Administrativo[2228]. La razón de ello es clara y se vincula con las dificultades que existen en la responsabilidad extracontractual para identificar el autor del hecho generador del daño e incluso para la imputación de su culpa o negligencia. Tal circunstancia llevó, en su momen-

---

[2223] Con excepción del trabajo de SÁENZ, Jorge A., "La responsabilidad contractual...", *cit.*, p 67 y ss., especialmente ps. 89-118.

[2224] MARIENHOFF, Miguel S., *Tratado de Derecho Administrativo*, t. III-A, *cit.*, p. 473 y ss. y ps. 584-594.

[2225] Ver al respecto, BARRERA MUÑOZ, William, "La responsabilidad del Estado en el derecho colombiano", REDA, año 21, Abeledo Perrot, Buenos Aires, 2009, p. 581; anota que la causa de ello radicaba en las dificultades que hubo para elaborar una teoría pública en materia de desequilibrio económico (op. *cit.*, p. 982).

[2226] SÁENZ, Jorge A., "La responsabilidad contractual...", *cit.*, p 67 y ss., especialmente ps. 89-90.

[2227] *Cfr.* ABERASTURY, Pedro, "Principios de responsabilidad del Estado", en ABERASTURY, Pedro (Dir.), *Responsabilidad del Estado*, Lexis Nexis Abeledo Perrot, Buenos Aires, 2007, ps. 19-20.

[2228] Ampliar en PERRINO, Pablo E., "La responsabilidad del Estado ocasionada por el riesgo o vicio de las cosas", en *Organización Administrativa, Función Pública y Dominio Público*, Jornadas organizadas por la Universidad Austral, Facultad de Derecho, Ediciones RAP, Buenos Aires, 2005, ps. 503 y ss.

to, al Consejo de Estado francés a crear, en forma pretoriana, un régimen de responsabilidad extracontractual que funcione con total prescindencia de la culpa o negligencia o incluso dolo de los agentes públicos, con base en la teoría objetiva de la falta de servicio[2229]. La diferencia entre ambos tipos de responsabilidad extracontractual y por incumplimiento del contrato se sustenta en la circunstancia de que en esta última el daño proviene de una relación obligatoria[2230] en la cual la imputación se operaría con el mero incumplimiento de una obligación concreta prevista en el contrato, cuya culpa se presume y es fuente de responsabilidad patrimonial.

Los supuestos en los cuales se objetiva la responsabilidad en el contrato administrativo son variados y han tenido origen en la construcción efectuada por la doctrina y la jurisprudencia francesa, seguida luego por la española (en sus grandes lineamientos, aunque con matices propios) y la argentina. Su trascendencia en la realidad y práctica contractual es muchísimo mayor que la responsabilidad por incumplimiento contractual, hecho que se comprueba con la escasa repercusión jurisprudencial que ha tenido la responsabilidad de la Administración por incumplimiento de obligaciones concretas convencionalmente pactadas en el contrato de obra pública.

En el derecho civil, la extinción del contrato por incumplimiento de las obligaciones de cualquiera de las partes se regula bajo la figura y régimen del pacto comisorio expreso o tácito, de conformidad a lo prescripto en el art. 1204 del Código Civil. El derecho contiene una regulación específica que prevalece sobre aquella que se denomina caducidad del acto administrativo, aplicable a los contratos administrativos en virtud de lo dispuesto en el art. 7° de la LNPA. Como no hay razón ni principio alguno para no proyectar este régimen a la caducidad dispuesta a instancias del contratista, éste debe cumplir con los requisitos que le impone el art. 21 de la LNPA para obtener una declaración judicial de extinción o resolución del contrato por incumplimiento de alguna obligación esencial por parte del comitente debiendo entonces: a) intimar previamente a la Administración el cumplimiento de la obligación esencial, y b) fijarle un plazo razonable para su cumplimiento, hubiera o no culpa del comitente. A nuestro juicio, por aplicación del principio de continuidad del contrato administrativo de obra pública, no se puede pactar, en estos casos, la resolución de pleno derecho del contrato por incumplimiento de las obligaciones de cualquiera de las partes.

Por tanto, no se puede afirmar que la regla consiste en establecer el factor de responsabilidad basado en la culpa (en sentido amplio) del comitente[2231] aun cuando

---

[2229] Así lo venimos sosteniendo desde nuestro primeros trabajos que, en forma separada pero paralela, y en coincidencia, publicamos con Juan Francisco LINARES; véase, de este último autor, "En torno a la llamada responsabilidad civil del funcionario público", LL 153-601 y nuestro artículo "La responsabilidad contractual del Estado en el campo del Derecho Administrativo", ED 100-982. Como es sabido, el criterio seguido por la Corte más tarde en el caso "Vadell" (Fallos, 300:2030 [1984]) se sustentó en la interpretación que desarrollamos sobre la falta de servicio y la concepción objetiva de la responsabilidad.

[2230] Véase: MEDINA ALCOZ, Luis, *La responsabilidad patrimonial por acto administrativo*, Thomson Civitas-Aranzadi, Cizur Menor Navarra 2005, ps. 233-234.

[2231] SÁENZ, Jorge A., "La responsabilidad contractual...", *cit.*, p. 91, aunque al explicar la interacción del sistema del Código Civil con los principios y normas especiales del derecho ad-

tampoco puede sostenerse, no obstante que existan varias leyes que la reconozcan, que dicho factor sea, como regla, de naturaleza objetiva, es decir, sin culpa. No existe pues, en el campo de la responsabilidad contractual un único factor subjetivo de atribución ni una regla de carácter general como acontece en la responsabilidad extracontractual donde rige el principio de la responsabilidad objetiva, sin culpa, en cualquiera de los factores de atribución (falta personal, riesgo o sacrificio especial) que se aplican por la actividad dañosa tanto ilegítima como legítima.

Los casos de responsabilidad sin culpa han sido sintetizados en la teoría general del contrato administrativo, sin perjuicio de lo cual, la LOP, aparte de las dificultades materiales imprevistas, de las que nos ocupamos precedentemente, recoge uno de ellos (el caso fortuito o fuerza mayor) como una causal de rescisión del contrato a favor del contratista. En este ámbito, además del caso fortuito o fuerza mayor, que será objeto de análisis en el punto siguiente (dentro de las específicas causales de rescisión del contrato de obra pública) se configuran diversas especies de responsabilidad contractual sin culpa. La sistematización de los casos de responsabilidad contractual sin culpa comprende distintos supuestos; aquí sólo los enunciaremos, por haberlos examinado, conforme a la tradición doctrinal[2232], dentro de la teoría general del contrato administrativo[2233]:

a) la modificación del contrato administrativo (*potestas variandi*);

b) la teoría de la imprevisión o riesgo imprevisible;

c) el hecho del príncipe o acto del soberano (*factum principis*);

ministrativo sostiene, con razón, que se configuran responsabilidades contractuales sin culpa (op. *cit.*, p. 101 y ss.).

[2232] BERTHELEMY, Henri, *Traité élémentaire de Droit Administratif*, 11° ed., Rousseau et Cie Editeurs, París, 1926 se ocupa, aunque sin desarrollarlas, de las distintas teorías correctoras de los desequilibrios contractuales, particularmente de la teoría de la imprevisión al abordar la concesión de servicios públicos (op. *cit.*, ps. 713-714). Con posterioridad, los autores franceses tratan las diversas técnicas que afirman el equilibrio financiero-contractual dentro de la teoría general del contrato administrativo, véase: LAUBADÈRE, André de – MODERNE, Franck – DELVOLVÉ, Pierre, *Traité des Contrats Administratifs*, t. 2, *cit.*, p. 116 y ss.; estos autores abordan las distintas teorías tendientes a corregir los desequilibrios contractuales bajo el título "La incidencia de los hechos nuevos sobre la ejecución de los contratos administrativos", VEDEL, Georges – DELVOLVÉ, Pierre, *Droit Administratif*, t. 1, 12° ed., PUF, París, 1992, ps. 410-428. La doctrina española y también la argentina, venezolana y colombiana han seguido una tendencia semejante: GARCÍA DE ENTERRÍA, Eduardo- FERNÁNDEZ, Tomás R., *Curso de Derecho Administrativo*, 13° ed., Civitas, Madrid, 2006, p. 694 y ss.; MARIENHOFF, Miguel S., *Tratado de Derecho Administrativo*, t. III-A, *cit.*, p. 469 y ss.; RODRIGUEZ R., Libardo, *Derecho Administrativo...*, *cit.*, p. 430 y ss., BANDEIRA DE MELLO, Celso Antonio, *Curso de Direito Administrativo*, *cit.*, p. 625 y ss.; BACELLAR FILHO, Romeu Felipe, *Reflexões sobre Direito Administrativo*, *cit.*, p. 171 y ss.; DELPIAZZO, Carlos E., *Contratación Administrativa*, Universidad de Montevideo, Facultad de Derecho, Montevideo, 1999, p. 222 y ss.; LINARES JARA, Mario, *El contrato estatal*, *cit.*, p. 175 y ss. ; BENAVIDES, José Luis, *El contrato estatal*, 2° ed., Universidad Externado de Colombia, Bogotá, 2007, p. 447 y ss.; FERNÁNDEZ RUIZ, Jorge, *Derecho Administrativo. Contratos*, Porrúa, México, 2003, p. 87 y ss.; JUSTEN FILHO, Marcal, *Curso di Direito Administrativo*, 5° ed., Saraiva, San Pablo, 2010, p. 512 y ss.

[2233] Cassagne, Juan Carlos, *El contrato administrativo*, 3° ed., *cit.*, p. 100 y ss.

d) la revisión de precios *ex lege* que, en el caso de la obra pública, se encuentra subsumida en la llamada redeterminación de precios que hemos analizado *ut supra*.

B) Las causales específicas de rescisión contractual que prevé la LOP

Con una metodología deficiente, la LOP agrupa en un solo artículo[2234] una serie de causales específicas de rescisión contractual cuyo factor de atribución exhibe la diversidad a que antes nos referimos, en el sentido de que no existe un factor de atribución único y uniforme para todos los casos que prevalezca como regla general en la materia. Dichas causales son:

a) cuando las modificaciones mencionadas en el art. 30 o los errores a que se refiere el art. 37 alteren el valor total de las obras contratadas en un 20% en más o en menos

Se trata del ejercicio de la *potestas variandi* que al exceder los límites cuantitativos establecidos en los art. 37 y 38 da el derecho al contratista de optar por rescindir el contrato con fundamento en que afecta la ecuación económico-financiera originariamente prevista. Es obvio que se trata de una rescisión sin culpa del contratante. Además, corresponde adicionar otro supuesto de rescisión a este inciso del art. 59 de la LOP como lo ha señalado la doctrina[2235], el cual consiste en la "supresión de un ítem"[2236] que también otorga al contratista el derecho a rescindir el contrato.

Los porcentajes de aumento o disminución establecidos en las normas son acumulativos en el caso que las modificaciones cuantitativas fueran sucesivas bastando alcanzar los respectivos porcentajes con la sumatoria de todas ellas[2237]. En cambio, la supresión de un ítem le brinda al contratista la opción de rescindir, sin límite cuantitativo alguno, aunque puede siempre acumular su valor para fijar dicho límite.

b) cuando la Administración suspenda por más de tres meses la ejecución de las obras

Sin perjuicio de la indemnización prevista en el art. 34 de la LOP[2238] el contratista posee el derecho a rescindir el contrato de obra pública cuando la suspensión excede el término de tres meses sin invocar ni acreditar (dentro del plazo de prescripción) que se trata de un supuesto de culpa contractual, pues la responsabilidad es naturalmente objetiva.

La suspensión de las obras puede ser total o parcial, y en este último caso, el derecho del contratista –que siempre es una opción a su favor- se circunscribe a pedir que se declare en sede administrativa o judicialmente, la rescisión parcial.

[2234] Art. 53 LOP.

[2235] DRUETTA, Ricardo Tomás – GUGLIELMINETTI, Ana Patricia, *Ley 13.064…, cit.*, p. 441.

[2236] Art. 43, segundo párrafo, LOP.

[2237] DRUETTA, Ricardo Tomás – GUGLIELMINETTI, Ana Patricia, *Ley 13.064…, cit.*, p. 442.

[2238] El art. 34 de la LOP prevé que si el comitente, sin haberse estipulado en las condiciones o cláusulas contractuales, decidiera utilizar materiales pertenecientes al Estado debe reintegrar al contratista el valor de los materiales apropiados o que hubiera contratado con destino a la ejecución de las obras.

c) cuando el contratista se vea obligado a suspender las obras por más de tres meses, o a reducir el ritmo previsto en más de un 50% durante el mismo período, como consecuencia de la falta de cumplimiento en término, por parte de la Administración, de la entrega de los elementos o materiales a que se hubiera comprometido

Esta causal, como la prevista en el inc. e) del art. 53 de la LOP prevén la rescisión unilateral ejercida por el contratista como consecuencia del incumplimiento de la obligación asumida por el comitente, de entregar los elementos y materiales comprometidos, siempre que dichos incumplimientos provoquen la suspensión de las obras, por más de tres meses o importen una reducción del ritmo de los trabajos en más de un 50% durante dicho período.

Como puede advertirse, la causal prevista en este inciso constituye uno de los casos de responsabilidad contractual subjetiva en la que el factor de atribución está configurado por la culpa o dolo del comitente, lo cual se presume. El contratista sólo debe acreditar la falta de cumplimiento en los términos establecidos en la norma para acreditar su derecho a la rescisión y, consecuentemente, a las indemnizaciones que correspondan, de conformidad al art. 54 de la LOP.

La declaración de rescisión del contrato debe ser dispuesta por los jueces[2239], previa presentación ante la Administración del reclamo pertinente pues, el principio de colaboración así lo requiere, sin que jueguen los plazos de caducidad para promover la demanda, tal como acontece en todas las causales contempladas en el art. 53 de la LOP.

Esta interpretación concuerda con la necesidad de practicar –de común acuerdo– la valuación de los bienes que deberá pagar el comitente al contratista por efecto de la rescisión, conforme a lo previsto en el propio inciso ya que si las partes no se pusieran de acuerdo sobre el valor de los bienes o incluso, si son o no necesarios para la ejecución de las obras la cuestión debe dirimirse en el fuero contencioso-administrativo o bien, ante un tribunal arbitral[2240].

d) por caso fortuito o fuerza mayor que imposibilite el cumplimiento de las obligaciones emergentes del contrato

La interpretación de este inciso no puede divorciarse del concepto de caso fortuito o fuerza mayor administrativa definido en el art. 39 de la LOP dado que, si bien los supuestos contemplados en la segunda parte (hecho del príncipe e imprevisión) se asimilan a la fuerza mayor y el efecto de esta situación debe ser soportado por la Administración, la misma *ratio legis* corresponde aplicar para definir el caso fortuito o fuerza mayor a que hace referencia el inc. d) del artículo 53 de la LOP, para que el contratista pueda ejercer su derecho a rescindir el contrato.

Es por demás evidente que la regulación autónoma por el Derecho Administrativo prevalece siempre sobre la normativa del Código Civil que no cumple función hermenéutica alguna ni se aplica en forma subsidiaria[2241] sino por analogía ante carencias normativas o dikelógicas, que no se dan en esta causal ni en otras materias

---

[2239] Marienhoff, Miguel S., *Tratado de Derecho Administrativo*, t. III-A, *cit.*, p. 588.

[2240] Art. 55, LOP.

[2241] Un posición contraria a la que sustentamos en el texto sostienen DRUETTA, Ricardo Tomás – GUGLIELMINETTI, Ana Patricia, *Ley 13.064...*, *cit.*, ps. 444-445.

que cuentan con una regulación positiva en la LOP. En cualquier caso, de presentarse un vacío legal o laguna normativa corresponde acudir primero a la autointegración dentro del sistema de principios generales que constituyen el basamento del Derecho Administrativo como disciplina autónoma y común (no especial) del derecho que rige la actuación de la Administración Pública y sus relaciones con los particulares. La fuerza mayor administrativa no necesita, para su configuración, que sea irresistible o insuperable[2242].

El inciso requiere que el caso fortuito o fuerza mayor provoquen la imposibilidad de que el contratista pueda cumplir con las obligaciones emergentes del contrato de obra pública. Al respecto, cabe formular dos precisiones: a) que debe tratarse, obviamente, del incumplimiento de obligaciones esenciales; y b) que la imposibilidad de cumplir con las obligaciones no necesariamente tiene que ser definitiva sino que basta que se presente en un determinado momento de la ejecución de la obra pública que torne imposible proseguir con las etapas subsiguientes en las condiciones pactadas, es decir, sin alterar la ecuación económico-financiera del contrato[2243]. De lo contrario, si el contratista tuviera un patrimonio considerable que le permita financiar las obras sin inconvenientes de índole financiera, el derecho de rescisión nunca sería susceptible de ser ejercido, llegándose por la vía de exigir que se configure la imposibilidad de cumplir la ejecución del contrato en forma definitiva, a desvirtuar el sentido de la rescisión en la LOP. En resumidas cuentas, la imposibilidad de cumplir las obligaciones contractuales se relaciona con la inalterabilidad de la ecuación económica-financiera del contrato.

e) cuando la Administración no efectúe la entrega de los terrenos ni realice el replanteo de la obra, dentro del plazo fijado en los pliegos especiales más una tolerancia de treinta días

Se trata en este inciso de una causal subjetiva de responsabilidad contractual por culpa del comitente que ha incumplido obligaciones de resultado como son la entrega de los terrenos y el replanteo de la obra. La Corte Suprema ha interpretado que el contratista debe acreditar, para tener derecho a rescindir el contrato de obra pública, que existe una relación causal entre el replanteo tardío de la obra y los incumplimientos del contratista dado que el replanteo tardío no tuvo entidad suficiente para dejar de llevar a cabo las obras (la Administración había omitido determinar el punto fijo de niveles ni las cotas de nivel de conjunto). Por ese motivo, confirmó la sentencia definitiva de Cámara que declaró la rescisión del vínculo por culpa del concurrente[2244].

Al respecto, consideramos que el criterio sentado por la jurisprudencia de la Corte al exigir requisitos adicionales no previstos en la LOP como la demostración de la imposibilidad de cumplir con la ejecución del contrato por parte del contratista, una correcta inteligencia del precepto debió haberla conducido a declarar la procedencia de la rescisión contractual por culpa de la Administración por haber incumplido una obligación expresa, determinada y específica impuesta taxativamente por la ley.

[2242] MARIENHOFF, Miguel S., *Tratado de Derecho Administrativo*, t. III-A, *cit.*, p. 359.

[2243] MARIENHOFF, Miguel S., *Tratado de Derecho Administrativo*, t. III-A, *cit.*, p. 359 y ss., especialmente p. 393.

[2244] "Ingeniero Augusto Spinazzola", Fallos 311:314 (1988).

De ese modo, desarticuló la concepción positiva y finalista de la obra, dividiendo el riesgo de la culpa concreta de la Administración entre ambas partes del contrato de obra pública, lo cual, notoriamente, implica una interpretación arbitraria y *contra legem*.

C) Efectos de la rescisión contractual dispuesta por el contratista

Las consecuencias de la rescisión unilateral dispuesta a instancias del contratista, con fundamento en las cláusulas enunciadas en el art. 53 de la LOP son las siguientes:

a) Liquidación a favor del contratista previa valuación de común acuerdo con él sobre la base de los precios, costos y valores contractuales, del importe de los equipos, herramientas, útiles y demás enseres necesarios para las obras, que éste no quiera retener.

Este inciso del art. 54 de la LOP reconoce que, a raíz de la rescisión dispuesta por el contratista, éste tiene derecho a que le abonen el valor de los bienes de su propiedad que resultan "necesarios para la obra". En cualquier caso, si no puede arribarse a un acuerdo sobre la valuación de los bienes o la necesidad de éstos para las obras, la cuestión tendrá que dirimirse en sede judicial o ante el tribunal arbitral que acuerden las partes[2245].

b) Liquidación a favor del contratista del importe de los materiales acopiados y los contratados, en viaje o en elaboración, que sean de recibo.

Este inciso no plantea mayores dificultades. El acopio de materiales comprende aquellos que al momento de la rescisión se hallaban pendientes de certificación y pago. En cuanto al precio de los materiales corresponde, como criterio general, utilizar los precios del contrato o los que surjan del análisis que realizó el comitente sobre el precio de las ofertas[2246].

Al igual que lo prescripto en el inciso anterior si la Administración decidiere que los materiales no resultan necesarios para la continuación de la obra, la cuestión será sometida a la jurisdicción contencioso-administrativa o el tribunal arbitral que intervenga por acuerdo entre las partes[2247].

c) Transferencia, sin pérdida para el contratista, de los contratos celebrados por el mismo, para la ejecución de las obras.

La doctrina no ha abordado la tarea de interpretar este efecto de la rescisión contractual no obstante la trascendencia que genera en las relaciones entre el contratista y los terceros, generalmente subcontratistas que pueden no tener interés e incluso oponerse a la cesión o transferencia del contrato privado por el comitente público.

Hay que tener en cuenta que el subcontrato no es un contrato administrativo. Por tanto, la transferencia de los subcontratos prevista en el inc. c) del art. 54 de la LOP no se produce *ope legis*, debiendo mediar la conformidad expresa del contratista.

[2245] Art. 55, LOP.

[2246] DRUETTA, Ricardo Tomás – GUGLIELMINETTI, Ana Patricia, *Ley 13.064...*, *cit.*, p. 449.

[2247] Art. 55, LOP.

Por lo demás, si las partes hubieran pactado que como consecuencia de la rescisión del contrato de obra pública se opera la rescisión del subcontrato, resulta evidente que la transferencia nunca puede operarse ya que existe la imposibilidad jurídica de transferir un subcontrato que ha quedado rescindido por voluntad de las partes que, por lo común, son personas privadas.

d) Si hubiera trabajos ejecutados el contratista deberá requerir la inmediata recepción provisional de los mismos, debiendo realizarse la recepción definitiva una vez vencido el plazo de garantía.

Este inciso prescribe, en realidad, la continuidad de los procedimientos legales y contractuales para arribar a la recepción definitiva de las obras y realizar la liquidación final de los créditos y débitos entre ambas partes. En consecuencia, obliga al contratista a solicitar la recepción provisional de los trabajos efectuados en forma inmediata de modo de acelerar el proceso de conclusión del contrato, con todas las cuentas liquidadas en debida forma.

e) Liquidación a favor del contratista de los gastos improductivos que probare haber tenido como consecuencia de la rescisión del contrato.

El concepto de gasto improductivo comprende las erogaciones que no tienen propósito de lucro pero que resultan necesarias para mantener la continuidad de los trabajos (*v.g.* alquiler de equipos, gastos de personal, salarios caídos durante el período de suspensión imputable al comitente, etc.).

Si bien la norma prescribe que se liquidarán aquellos gastos improductivos que el contratista probare haber tenido como consecuencia de la rescisión contractual, la última parte del art. 54 excluye el reconocimiento de dichos gastos cuando la rescisión se funde en la ocurrencia de caso fortuito o fuerza mayor.

No obstante, si los gastos improductivos en que incurrió el contratista son anteriores a la decisión de requerir la rescisión contractual el contratista conserva incólume su derecho a reclamárselos al comitente[2248] ya que, en tal caso, ellos no se generan como consecuencia de la rescisión del contrato.

[2248] Por ejemplo, en el supuesto de suspensión de las obras contratadas, dispuesta por la Administración de conformidad al art. 34 de la LOP.

CAPÍTULO III

SUMINISTROS Y CONCESIONES

Sección 1°

EL CONTRATO DE SUMINISTRO

1. OBJETO Y CARACTERES

La figura del contrato de suministro –cuya antigüedad se remonta a los albores del derecho administrativo[2249]– comprende aquellos contratos que tienen por objeto la provisión de bienes muebles necesarios para la Administración Pública (en sentido material) que ésta encarga a un particular y que éste acepta entregar mediante el pago de un precio determinado[2250].

Se trata de una especie contractual típica del derecho administrativo que no siempre coincide con la figura de la compraventa privada (que, en cualquier caso, no se aplica en subsidio sino por analogía) dado que puede comprender supuestos en los que el contratista asuma la obligación de fabricar los bienes objeto de la provisión que le encarga la Administración.

De todas maneras, como todo contrato administrativo, el de suministro está sujeto al régimen exorbitante integrado por prerrogativas públicas como por un conjunto de garantías, según se ha explicado al abordar la parte general de la contratación administrativa.

Entre sus caracteres principales debe señalarse que, en principio, el contrato de suministro es bilateral, consensual (salvo que la normativa exija requisitos formales) y conmutativo, pudiendo ser las respectivas prestaciones de ejecución instantánea o sucesiva.

En cuanto a las cosas muebles que constituyen el objeto de la prestación ellas pueden ser fungibles o no, consumibles o no consumibles[2251], divisibles o indivisibles.

2. RÉGIMEN NORMATIVO

En primer lugar, el marco normativo del contrato de suministro se integra con el Régimen General de Contrataciones de la Administración Pública Nacional, contenido en el Decreto 1023/2001 el cual establece, como se ha visto, el procedimiento

---

[2249] POZO GOWLAND, Héctor, "Contrato administrativo de suministro", LL 2004-A, 867.

[2250] MARIENHOFF, Miguel S., *Tratado de Derecho Administrativo*, t. III-B, 4° ed., Abeledo Perrot, Buenos Aires, 1994, p. 662 y ss.

[2251] MARIENHOFF, Miguel S., *Tratado de Derecho Administrativo, cit.*, t. III-B, p. 665.

de selección del contratista y las prerrogativas públicas durante la ejecución, así como en lo que concierne a la extinción del contrato.

A su vez, y sin perjuicio de otras regulaciones especiales (*v.g.* el sistema de precios testigo[2252] o las contrataciones inter-administrativas[2253]) se aplican al contrato de suministro las prescripciones del Reglamento para la Adquisición, Enajenación y Contratación de Bienes y Servicios del Estado Nacional, aprobado por Decreto 436/2000 y sus disposiciones complementarias[2254], que reglamentó los artículos pertinentes de la antigua Ley de Contabilidad (Decreto-Ley 23.354) que fuera derogada por el mencionado Decreto 1023/2001, dictado en ejercicio de facultades delegadas.

Esta situación no solo constituye una anomalía en el régimen que regula el contrato de suministro sino que al dar vigencia a un ordenamiento dictado para reglamentar normas legales que fueron derogadas se producen, necesariamente, una serie de vacíos normativos y contradicciones[2255] que dificultan la aplicación del régimen generando situaciones susceptibles de afectar la seguridad jurídica.

Sección 2°

CONCESIÓN DE SERVICIO PÚBLICO

1. REMISIÓN

La figura de la concesión de servicio público fue central entre las técnicas concesionales y dominó, durante muchos años, el panorama del derecho administrativo. Lejos de decrecer con el transcurso del tiempo, los procesos de transformación del Estado ocurridos en Europa y en Latinoamérica a fines del siglo pasado, han producido el renacimiento de la figura, si bien sobre nuevas bases y con las adaptaciones que imponen las nuevas circunstancias políticas y económicas.

Esa trascendencia y su conexión con el servicio público nos ha llevado a abordar su problemática en la parte general de la teoría del contrato administrativo a la cual nos remitimos.

[2252] *Vid*: SÁNCHEZ CORREA, Ramiro, "El sistema de precios testigo" en *Cuestiones de Contratos Administrativos*, en Homenaje a Julio Rodolfo Comadira, *RAP*, Buenos Aires, 2007, p. 589 y ss.

[2253] Ampliar en CUADROS, Oscar A., "Los contratos inter-administrativos en el régimen actual", en *Cuestiones de Contratos Administrativos, cit.*, p. 19 y ss.

[2254] PTN, Dictámenes, 240:162.

[2255] REJTMAN FARAH, Mario, *Régimen de contrataciones de la Administración Pública Nacional*, Abeledo Perrot, Buenos Aires, 2010, p. 9.

Sección 3°

CONCESIÓN DE OBRA PÚBLICA

1. CONCEPTO

Cuando una obra o trabajo público no resulta financiada con fondos del tesoro nacional, el Estado puede prescindir de llevarla a cabo mediante el contrato de obra pública y acudir a otra especie contractual denominada concesión de obra pública. La caracterización de este contrato implica adoptar la figura concesional genérica de la concesión de servicio público[2256] para la construcción, administración y explotación de una obra pública a cuenta y riesgo[2257] de un concesionario privado.

Se trata de un sistema de financiación de las obras públicas que se utilizó, en gran parte del siglo XX, para la financiación de las infraestructuras públicas (*v.g.* caminos, puentes, puertos, etc.) que en la actualidad ha perdido la importancia y magnitud que antes tenía, de cara a la necesidad de acudir a otros sistemas de financiación de infraestructuras públicas en los que la función del Estado como clásico comitente resulta morigerada por la gestión de los empresarios privados que financian el proyecto y asumen la responsabilidad de llevarlo a cabo.

En lo sustancial, la concesión de obra constituye un contrato de obra pública que difiere, en cuanto a la forma de remuneración (que proviene de los particulares o usuarios) y al hecho de que el vínculo contractual no se limita a las relaciones entre el contratista y la Administración[2258], extendiéndose a los terceros usuarios de la concesión que son quienes, en definitiva, abonan el precio de las obras, a través del "peaje"[2259] o "contribución de mejoras"[2260].

2. EL MARCO LEGAL

La concesión de obra pública ha sido regulada, si bien en sus principios básicos, por la ley 17.520, la cual prevé la posibilidad de dos modalidades distintas según el carácter oneroso (cuando el concesionario abona un canon por la explotación de la obra, o bien, cede parte de sus utilidades al Estado) o gratuito (en los casos en que el concesionario recupera la inversión que realiza a través del pago del peaje o contribución de mejoras) supuestos a los que cabe adicionar la posibilidad de subvencionar la inversión por parte de la Administración, ya sea en forma inicial o periódica, reintegrables o no al Estado[2261].

[2256] BARRA, Rodolfo Carlos, "La concesión de obra y de servicios públicos en el proceso de privatización", *REDA* nro. 6, Depalma, Buenos Aires, 1991, p. 30.

[2257] BOTASSI, Carlos A., *Contratos de la Administración provincial*, Scotti, La Plata, 1996, p. 109.

[2258] MARIENHOFF, Miguel S., *Tratado de Derecho Administrativo, cit.*, t. III-B, ps. 539-540.

[2259] Véase: FLORIAN, Pablo Federico, *Concesión de obra pública*, La Ley, Buenos Aires, 2001, p. 13 y ss.

[2260] MARIENHOFF, Miguel S., *Tratado de Derecho Administrativo, cit.*, t. III-B, p. 538 y ss.

[2261] Art. 2° Ley 17.250.

En lo que concierne a la posibilidad de que el objeto de la concesión sea el mantenimiento o conservación de una obra pública existente o si, en cambio, debe tratarse de una obra nueva[2262], la ley 23.696 aclaró que "...podrán otorgarse concesiones de obra para la explotación, administración, reparación, ampliación, conservación o mantenimiento de obras ya existentes, con la finalidad de obtención de fondos para la conservación de otras obras..." siempre que tuvieran vinculación técnica, física o de cualquier otra naturaleza con las obras existentes[2263].

Sección 4°

LA CONCESIÓN DE USO DEL DOMINIO PÚBLICO

1. CARACTERÍSTICAS DE LA CONCESIÓN DE USO DEL DOMINIO PÚBLICO

Los bienes del dominio público (estatal, provincial o municipal) pueden ser objeto de usos privativos o especiales, en beneficio directo de los particulares que los utilizan, en la medida en que dichos usos no conculquen el interés público ni los fines que persigue la institución dominial.

Cabe tener presente que, sin caer en la tesis que sostiene que el dominio público constituye una función pública (por cuanto se trata de una categoría instrumental y no funcional) y sin olvidar tampoco los deberes de prestación que están a cargo de la Administración[2264], es evidente que el interés privado del concesionario (en cuyo beneficio directo se otorgó la concesión) se encuentra siempre vinculado al interés público, el cual no puede considerarse reflejo ni indirecto[2265] sino directo y compatible con el interés privado, sin que prevalezca uno sobre otro.

En ese escenario, la Administración posee competencia según los respectivos ordenamientos para otorgar concesiones de uso sobre bienes que integran el dominio público (*v.g.* concesiones de riego y de uso de puertos, de sepultura, etc.) mediante la celebración de contratos[2266] que otorgan a los concesionarios verdaderos derechos reales administrativos de uso[2267]. Se trata de contratos administrativos de atribución

---

[2262] FANELLI EVANS, Guillermo E., *La concesión de obra pública*, Ciencias de la Administración, Buenos Aires, 1989, ps. 19-21.

[2263] El art. 58 de la Ley 23.696 incorporó la norma aclaratoria como párrafo segundo del art. 1° de la Ley 17.520.

[2264] PAREJO ALFONSO, Luciano, "Dominio público: un ensayo de reconstrucción de su teoría general", *Revista de Administración Pública*, nro. 100-102, Centro de Estudios Constitucionales, Madrid, 1993, p. 2417.

[2265] FERNÁNDEZ ACEVEDO, Rafael, *Las concesiones administrativas de dominio público*, Thomsom-Civitas, Madrid, 2007, p. 211.

[2266] LAFUENTE BENACHES, María Mercedes, La concesión de dominio público (Estudio especial acerca de la declaración de su caducidad), Montecorvo, Madrid, 1988, p. 36 y ss.

[2267] MARIENHOFF, Miguel S., *Tratado de Derecho Administrativo*, t. V, 2° ed., Abeledo Perrot, Buenos Aires, 1988, p. 566 y ss.

que, en principio, son temporales, aún cuando cabe admitir que determinadas concesiones, como la de sepultura, puedan ser otorgadas a perpetuidad[2268].

Un sector de la doctrina ha cuestionado el reconocimiento de derechos reales administrativos fuera de los establecidos en el Código Civil sosteniendo que todos los derechos reales son de creación legislativa y forman parte del contenido de dicho ordenamiento[2269]. Semejante afirmación tropieza con la naturaleza pública y local del derecho administrativo (arts. 121, 122, 123 y 126 CN) pues los aludidos preceptos constitucionales consagran, en rigor, la autonomía del derecho público respecto del derecho privado[2270].

La concepción del derecho administrativo a favor de los concesionarios de uso de bienes del dominio público se perfila sobre la base de dos rasgos esenciales: el efecto inmediato del poder del titular sobre los bienes y su carácter absoluto, o eficacia *erga omnes,* frente a terceros[2271].

Es evidente que ello otorga mayor protección a los titulares de los derechos de uso los cuales cumplen, en muchas ocasiones, actividades supletorias de las del Estado o meramente útiles para el aprovechamiento económico de los bienes públicos por parte de los habitantes. En definitiva, les confiere a los concesionarios de bienes de uso del dominio público la posibilidad de ejercitar acciones reales en defensa de sus derechos públicos de naturaleza patrimonial[2272].

El derecho emergente de una concesión de uso (derecho real administrativo) constituye un derecho subjetivo que goza de la garantía de la estabilidad en el sentido de que una vez otorgado no puede, en principio, ser objeto de revocación por razones de ilegitimidad en sede administrativa[2273] y si bien, como todo contrato administrativo, es susceptible de revocación por razones de oportunidad, mérito o conveniencia, la Administración se encuentra obligada por los principios constitucionales en juego (art. 17 CN) a obtener una declaración legislativa del interés público que justifique la potestad revocatoria, debiéndose indemnizar los daños directos relacionados con el valor objetivo de los bienes o derechos sacrificados por razones de interés público. En definitiva, se trata de aplicar la fórmula que rige en materia expropiatoria habida cuenta las analogías que guarda con la revocación por razones de interés público.

[2268] MARIENHOFF, Miguel S., *Tratado de Derecho Administrativo, cit.*, t. V, p. 435 y ss., admite con carácter general la posibilidad de otorgar concesiones de uso a perpetuidad.

[2269] GHIGLIANI, Alejandro E., "En torno a las concesiones de ocupación de bienes del dominio público", LL 39-1002, especialmente ps. 1008-1009.

[2270] MARIENHOFF, Miguel S., *Tratado de Derecho Administrativo, cit.*, t. V, p. 570 y ss.

[2271] DIEZ-PICASO, Luis, *Fundamentos del Derecho Civil Patrimonial*, t. III, Civitas, Madrid, 1995, p. 68 y ss.

[2272] CASSAGNE, Juan Carlos, "Acerca de la noción del dominio público y las nuevas ideas sobre los usos especiales", JA 2010-III, número especial, *Dominio Público*, p. 11 y ss. especialmente p. 24.

[2273] Arts. 17 y 18 LNPA.

2. CONCESIÓN Y PERMISO DE USO: LA PRECARIEDAD

De las concepciones del derecho real administrativo no es posible desprender la consecuencia de la precariedad del derecho emergente de la concesión[2274]. Antes bien, la estabilidad de la concesión de uso es de principio y, en tal sentido, se distingue claramente del permiso de uso que es otorgado a título precario.

En tales casos, en el orden nacional, cuando el derecho es otorgado a título precario, la Administración se encuentra facultada para disponer su revocación sin indemnizar al titular del derecho precario conforme a lo establecido en el art. 18 de la LNPA. Al respecto, la LNPA prescribe que el carácter precario del derecho sea establecido en forma expresa lo cual excluye la configuración de una precariedad implícita o reserva de revocación[2275].

La precariedad es el rasgo típico que permite distinguir la figura de la concesión de uso de la del permiso de uso de bienes del dominio público. El otorgamiento de un permiso de uso –a diferencia de la concesión- implica un acto bilateral de la Administración de carácter provisorio, que trasunta una mera tolerancia de la ocupación y uso de bienes del dominio público, siendo uno de los elementos claves de su configuración su naturaleza atemporal. En cambio, el plazo -cualquier fuera su extensión- revela la constitución de un derecho a favor del concesionario, habiéndose sostenido que el mismo es incompatible con la figura del permiso[2276] que puede ser revocado, sin indemnización, en cualquier momento, por la Administración.

En adición al criterio del plazo se han formulado una serie de argumentos que, a nuestro juicio, vienen a circunscribir de un modo razonable la categoría de la precariedad del permiso de uso. Un primer criterio se vincula al modo (estable o transitorio) en que el concesionario o el permisionario se instala en el bien público (*v.g.* el concesionario de uso de una presa a construir sobre un río). A su vez, corresponde también tener en cuenta la magnitud de las inversiones que realiza el titular del derecho de uso, cuyo nivel cuantitativo y cualitativo inclina la balanza a favor de la figura de la concesión ya que no es concebible que un permisionario asuma el riesgo de la revocación del permiso sin indemnización.

En algunas provincias, como la de Buenos Aires, se denominan permisos de uso precarios a figuras contractuales que no revisten esa condición jurídica (*v.g.* concesiones en balnearios o playas). En tal caso, corresponde interpretar que se trata de concesiones de uso no obstante la errónea calificación jurídica que hicieran, ya fuera el legislador o la Administración, pues los derechos particulares no pueden quedar a merced del ejercicio discrecional y menos aun arbitrario de la potestad revocatoria de la Administración, máxime cuando la ley exige que el carácter precario debe surgir "en forma expresa y válida" del acto de otorgamiento del derecho.

[2274] Como lo sostuvo Hauriou en la doctrina francesa de principios de siglo XX, véase: MARIENHOFF, Miguel S., *Tratado de Derecho Administrativo*, cit., t. V, ps. 573-574.

[2275] *Vid.* GRECCO, Carlos M. – MUÑOZ, Guillermo A., *La precariedad en los permisos, autorizaciones, licencias y concesiones*, Depalma, Buenos Aires, 1992, p. 38 y ss.

[2276] MARIENHOFF, Miguel S., *Tratado de Derecho Administrativo*, cit., t. V, p. 111; GRECCO, Carlos M. – MUÑOZ, Guillermo A., *La precariedad en los permisos...*, cit., ps. 50-53.

BIBLIOGRAFÍA

ABAD HERNANDO, Jesús L., "Notas sobre las reformas a la Ley de Procedimiento Administrativo", en *Comercio y Justicia*, introducción *in fine*, Córdoba, 1978.

——————————— *Autonomía conceptual de las instituciones del Derecho Administrativo*, Córdoba, 1967.

——————————— *La Ley Nacional de Expropiaciones 21.499*, AADA, Buenos Aires, 1977.

——————————— "La jurisprudencia como fuente del Derecho Administrativo y su trascendencia actual", LL 1985-E-895.

——————————— "Pliego de condiciones", *Contratos públicos*, Primer Congreso Internacional de Derecho Administrativo, Mendoza, 1980.

ABERASTURY, Pedro (h), *Legislación administrativa usual con jurisprudencia*, 2ª ed. ampl. y act., Abeledo-Perrot, Buenos Aires, 1993.

——————————— "El control de legalidad en el Anteproyecto de Ley de Administración Financiera y Control de Gestión del Sector Público Nacional", LL 1991-D-1281.

——————————— "La decisión de controversias del Derecho común por parte de tribunales administrativos", JA 2005-III, número especial "El caso 'Ángel Estrada'", del 31/8/2005.

——————————— Consolidación de deudas contra el Estado, Abeledo-Perrot, Buenos Aires, 1993.

——————————— "El plazo de caducidad", en CASSAGNE, Juan Carlos (dir.), *Tratado de derecho procesal administrativo*, 1ª ed., La Ley, Buenos Aires, 2007, v. 1.

——————————— "Principios de responsabilidad del Estado", en ABERASTURY, Pedro (Dir.), *Responsabilidad del Estado*, Lexis Nexis Abeledo Perrot, Buenos Aires, 2007.

ABERASTURY, Pedro (h) - CILURZO, María Rosa, *Curso de procedimiento administrativo*, Abeledo-Perrot, Buenos Aires, 1998.

ADAMS, John C., *El Derecho Administrativo norteamericano: nociones institucionales de Derecho Comparado*, trad. del inglés, Eudeba, Buenos Aires, 1964.

AFTALIÓN, Enrique R., *Derecho Penal Administrativo*, Arayú, Buenos Aires, 1955.

——————————— "La interpretación en la ciencia del derecho", LL 57, secc. Doctrina.

——————————— "El Derecho Penal Administrativo como Derecho Penal especial", LL LXXV-824.

596

——————————— "Las faltas policiales, la garantía de legalidad y el formalismo", LL 88-254.

AFTALIÓN, Enrique R. - GARCÍA OLANO, Fernando, *Introducción al Derecho*, 4ª ed., Buenos Aires, 1939.

AGÜERO, Nélida R., "La vista de las actuaciones en la Ley de Procedimientos Administrativos", *RADA*, nro. 4, Universidad del Museo Social Argentino, Buenos Aires, 1972.

AGUIAR, Asdrúbal, "La coherencia funcional entre el derecho internacional y el derecho del Estado. Reconstrucción teórica y análisis comparado de la jurisprudencia argentina y venezolana sobre derechos humanos y crímenes de lesa humanidad", *REDA*, año 19, Lexis-Nexis, Buenos Aires, 2007.

AGUILAR VALDEZ, Oscar R., "El agotamiento de la vía administrativa", en CASSAGNE, Juan Carlos (dir.), *Tratado de derecho procesal administrativo*, 1ª ed., La Ley, Buenos Aires, 2007, v. 1.

——————————— "Sobre las fuentes y principios del derecho global en las contrataciones públicas", expuesto en las Jornadas de Derecho Administrativo sobre "Principios del derecho administrativo. Su aplicación práctica", organizadas por la Universidad Católica Argentina, Buenos Aires, 20 y 21/8/2008.

——————————— "Apuntes sobre el control administrativo de los entes reguladores de los servicios públicos", en AA.VV., *Control de la Administración Pública Administrativo, Legislativo y Judicial,* Jornadas organizadas por la Universidad Austral, RAP, 2003.

——————————— "Competencia y regulación económica. Lineamientos para una introducción jurídica a su estudio", en AA.VV., *Servicio público, policía y fomento*, Rap, Buenos Aires.

——————————— "Contratación administrativa y financiamiento. La relación entre el financiamiento y los mecanismos de ejecución contractual. El caso de los contratos de construcción y explotación de infraestructuras públicas", en CASSAGNE, Juan Carlos - RIVERO YSERN, Enrique (dir.), *La contratación pública*, t. II, 1ª ed., Hammurabi, Buenos Aires, 2006.

AHE, Dafne (coord.), *El Derecho Administrativo de la emergencia II*, Fundación Derecho Administrativo, Buenos Aires, 2002.

AHUMADA, Horacio, "La ley de protección ambiental para la minería N° 24.585. El Código de Minería y la Constitución Nacional," LL 1996- E, 1361.

AJA ESPIL, Jorge A., Constitución y poder. Historia de los poderes implícitos y de los poderes inherentes, TEA, Buenos Aires, 1987.

ALANIS, Sebastián (coord.), *El Derecho Administrativo de la emergencia III*, Fundación Derecho Administrativo, Buenos Aires, 2003.

ALBERDI, Juan B., *Obras completas de J. B. Alberdi*, t. V, "Estudios sobre la Constitución argentina de 1853", Imprenta La Tribuna Nacional, Buenos Aires, 1886.

——————————— *Sistema económico y rentístico de la Confederación Argentina según su Constitución de 1853*, Eudeba, Buenos Aires, 1979.

——————————— *Obras completas*, t. III, El Congreso, Buenos Aires, 1886.

——————————— *Bases y puntos de partida para la organización política de la República Argentina*, F. Cruz, Buenos Aires, 1914.

ALESSI, Renato, *Instituciones de Derecho Administrativo*, trad. a la 3ª ed. italiana del *Sistema Istituzionale di Diritto Amministrativo*, t. I, Bosch, Barcelona, 1970.

——————————— *La revoca degli atti amministrativi*, Milán, 1956.

——————————— *Sistema istituzionale del Diritto Amministrativo* italiano, 2ª ed., Giuffrè, Milán, 1958.

——————————— *Principi di Diritto Amministrativo*, t. I, Giuffrè, Milán, 1960.

ALFONSÍN, Raúl, "Núcleo de coincidencias básicas", LL 1994-D-824.

ALONSO GARCÍA, Enrique y otros, *Tratado de Derecho Comunitario europeo* (Estudio desde el Derecho español), t. I, Civitas, Madrid, 1986.

ALONSO OLEA, Manuel (dir.), *Homenaje a Segismundo Royo Villanova*, Moneda y Crédito, Madrid, 1977.

ALSINA ATIENZA, Dalmiro, "Retroactividad de la anulación de los actos jurídicos", JA 1950-II-20, secc. Doctrina.

ALSINA, Hugo, *Tratado de Derecho Procesal*, t. I, Ediar, Buenos Aires, 1956.

——————————— *Tratado teórico-práctico de Derecho Procesal Civil y Comercial*, t. I, Compañía Argentina, Buenos Aires, 1941-1943.

ALTAMIRA GIGENA, Julio I., "El derecho de defensa en sede administrativa", JA 1967-III-34.

——————————— *Los principios generales del Derecho como fuente del Derecho Administrativo*, Astrea, Buenos Aires, 1972.

——————————— *Responsabilidad del Estado*, Astrea, Buenos Aires, 1973.

ALTAMIRA GIGENA, Pedro I., *Curso de Derecho Administrativo*, Depalma, Buenos Aires, 1971.

ALTERINI, Atilio A., *Responsabilidad civil. Límites de la reparación civil*, Abeledo-Perrot, Buenos Aires, 1972.

——————————— *Contratos. Teoría general*, Abeledo-Perrot, Buenos Aires, 1998.

ÁLVAREZ GENDÍN, Sabino, *Tratado general de Derecho Administrativo*, t. I, Barcelona, 1958.

ANDORNO, Luis O., "La responsabilidad del Estado por actividad lícita lesiva", en *Responsabilidad por daños. Homenaje a Bustamante Alsina*, t. I, Abeledo-Perrot, Buenos Aires, 1995.

ANDREA FERREIRA, Sergio de, *Direito Administrativo didático*, Río de Janeiro, 1979.

——————————— *Leções de Direito Administrativo*, Río de Janeiro, 1972.

598

———————————— *As Fundaçoes de Direito Privado Instituidas pelo Estado*, Río de Janeiro, 1973.

ANDREUCCI, Carlos, "La emergencia y el federalismo", *Revista de Derecho Público*, Rubinzal-Culzoni, Santa Fe, 2002-1.

ARAMBURU, Pedro E., "Conceptos básicos sobre el *project finance*", LL 1999-B-1041.

ARIAS PELLERANO, Francisco, *Temas de Teoría Política*, El Coloquio, Buenos Aires, 1970.

ARIÑO ORTIZ, Gaspar, *Descentralización y planificación*, Instituto de Estudios de Administración Local, Madrid, 1972.

———————————— *Economía y Estado*, Abeledo-Perrot, Buenos Aires, 1993.

———————————— *Las tarifas de los servicios públicos. Poder tarifario, poder de tasación, y control judicial*, Instituto García Oviedo, Sevilla, 1976.

———————————— *Principios de Derecho Público Económico. Modelo de Estado, gestión pública, regulación económica*, Fundación de Estudios Regulatorios, Comares, Granada, 1999.

———————————— *Teoría del equivalente económico en los contratos administrativos*, Instituto de Estudios Administrativos, Madrid, 1968.

———————————— "La afectación de bienes al dominio público", ENAP, Madrid, 1973.

———————————— "¿Hacia dónde va el Estado? Mercado e iniciativa privada en un mundo en transformación", *RAP*, nro. 230, Buenos Aires, 1997.

———————————— "Contrato y poder público. La figura del contrato administrativo en el derecho español y europeo", en CASSAGNE, Juan Carlos (dir.), *Derecho administrativo. Obra colectiva en homenaje al profesor Miguel S. Marienhoff*, Abeledo-Perrot, Buenos Aires, 1998.

———————————— "Contratos del Estado y *common law*", prólogo a MONEDERO GIL, José I., *Doctrina del contrato del Estado*, Instituto de Estudios Fiscales, Madrid, 1977.

———————————— "El equilibrio financiero del contrato administrativo", en CASSAGNE, Juan Carlos - RIVERO YSERN, Enrique (dir.), *La contratación pública*, t. II, 1ª ed., Hammurabi, Buenos Aires, 2006.

———————————— "Estudio introductorio", en ARIÑO Y ASOCIADOS, *Comentarios a la Ley de Contratos de las Administraciones Públicas*, t. I, Granada, Comares, 2002.

ARIÑO SÁNCHEZ, Rafael, "Modificaciones de los contratos", en *Comentarios a la Ley de Contratos de las Administraciones Públicas*, T° III, publicación de Ariño y Asociados, Comares, Granada, 2005.

ARISTÓTELES, *Política*.

ARNANZ, Rafael A., *De la competencia administrativa (con especial alusión a la municipal)*, Montecorvo, Madrid, 1967.

AUBY, Jean Marie - DUCOS-ADER, Robert, *Droit Public*, Sirey, París, 1966.

AUBY , Jean Marie - DRAGO , Roland, *Traité de Contentieux Administratif*, t. II, LGDJ, París.

AUBRY, Charles - RAU, Charles F., *Cours de Droit Civil Français*, t. III, Marchal et Billard, París, 1856.

BACELLAR FILHO, Romeu Felipe, *Reflexões sobre Direito Administrativo*, Forum, Belo Horizonte, 2009.

BADENES GASSET, Ramón, *Las fundaciones de Derecho Privado*, Acervo, Barcelona, 1960.

BADENI , Gregorio, *Tratado de Derecho Constitucional*, t. 1, La Ley, Buenos Aires, 2004 y 2° ed., La Ley, Buenos Aires, 2006.

——————————— "Los decretos de necesidad y urgencia", ED 138-926.

——————————— *Derecho Constitucional. Libertades y garantías*, Ad-Hoc, Buenos Aires, 1993.

BADILLOS, Ana - RECALDE, María Cecilia, "El derecho de la emergencia y los contratos administrativos", *RAP*, nro. 301, Ciencias de la Administración, Buenos Aires, 2003.

BAENA DEL ALCÁZAR, Mariano, "Los entes funcionalmente descentralizados y su relación con la Administración central", *Revista de Administración Pública*, nro. 44, Instituto de Estudios Políticos, Madrid, 1964.

——————————— *Régimen jurídico de la intervención administrativa en la economía*, Tecnos, Madrid, 1966.

BALBÍN, Carlos F., *Curso de Derecho Administrativo,* t. I, La Ley, Buenos Aires, 2007.

BALLBÉ, Manuel, "Concepto de Dominio Público", *Revista Jurídica de Cataluña,* 1945-5, Barcelona.

BANCO INTERAMERICANO DE DESARROLLO, Foreign Direct Investments in Latin America: Perspectives of the major investors. An Update, París, 1999.

BANDEIRA DE MELLO, Celso A., *Natureza e regime juridico das autarquias*, San Pablo, 1967.

——————————— "Las cláusulas de reajuste de precios en los contratos administrativos", en CASSAGNE, Juan Carlos (dir.), *Derecho administrativo. Obra colectiva en homenaje al profesor Miguel S. Marienhoff,* Abeledo-Perrot, Buenos Aires, 1998.

——————————— *Curso de direito administrativo*, 24ª ed., Malheiros Editores, San Pablo, 2007.

——————————— *Elementos de Direito Administrativo*, Revista dos Tribunais, São Paulo, 1980.

BARBARA, Jorge E., "El Estado post privatizador. Los entes reguladores", LL 1994-B-1184.

BARBE PÉREZ, Héctor, *Los principios generales del Derecho como fuente del Derecho Administrativo en el Derecho Positivo uruguayo*, Universidad de Montevideo, Facultad de Derecho y Ciencias Sociales, Montevideo, 1958.

600

BARBER SOTIRIOS, A., *Sobre el significado de la Constitución de los EE.UU.*, trad. de Ana Santos, Abeledo-Perrot, Buenos Aires, 1986.

BARNÉS VÁZQUEZ, Javier, "La tutela judicial efectiva en la Constitución Alemana", en

BARO, Daisy, *La relación de empleo público*, Fundación de Derecho Administrativo, Buenos Aires, 1982.

BARRA, Rodolfo C., "Hacia una interpretación restrictiva del concepto jurídico de servicio público", LL 1983-B-363.

——————————— "Acerca de la naturaleza jurídica de las sociedades de Estado", ED 67-601.

——————————— "Cogestión administrativa y autoadministración", *Universitas*, nro. 33, Educa, Buenos Aires, 1973.

——————————— "Cometidos administrativos en la actividad notarial y responsabilidad del Estado", ED 117-925.

——————————— "Derecho de la integración: ordenamiento jurídico y función judicial [Reflexiones útiles de cara al Mercosur]", ED 154-979.

——————————— "Entes reguladores: en camino de su delimitación institucional", JA 2005-III, número especial "El caso '*Ángel Estrada*'", del 31/8/2005.

——————————— "La Corte Suprema de Justicia de la Nación y la separación de poderes", LL 1993-E-796.

——————————— "La intangibilidad de la remuneración del contratista particular en los contratos administrativos", ED 62-727.

——————————— "La legitimación para accionar en la reciente jurisprudencia de la Corte", ED 151-801.

——————————— "La legitimación para accionar. Una cuestión constitucional", en CASSAGNE, Juan Carlos (dir.), *Derecho Procesal Administrativo*, obra en homenaje a Jesús González Pérez, t. I, Hammurabi, Buenos Aires, 2004.

——————————— "La potestad reglamentaria de la Administración Pública en el derecho argentino", en *La Contraloría General de la República*, Santiago de Chile, 1977.

——————————— "Responsabilidad del Estado en el derecho de integración", en *Responsabilidad del Estado y del funcionario público*, Ciencias de la Administración, Buenos Aires, 2000.

——————————— "Responsabilidad del Estado por sus actos lícitos", ED 142-930.

——————————— *Contrato de obra pública*, t. I, Ábaco, Buenos Aires, 1984.

——————————— *Contrato de obra pública*, t. II, Ábaco, Buenos Aires, 1986.

——————————— *Contrato de obra pública*, t. III, Ábaco, Buenos Aires, 1988.

——————————— Discurso inaugural de las Primeras Jornadas sobre Regulación Económica e Iniciativa Privada, realizadas en Buenos Aires en el mes de septiembre de 1993, *RAP*, nro. 183, Ciencias de la Administración, Buenos Aires, 1993.

——————————— *El Jefe de Gabinete en la Constitución Nacional*, Abeledo-Perrot, Buenos Aires, 1995.

——————————— *Los actos administrativos contractuales. Teoría del acto coligado*, Ábaco, Buenos Aires, 1989.

——————————— *Principios de Derecho Administrativo,* Ábaco, Buenos Aires, 1980.

——————————— *Tratado de Derecho Administrativo*, t. I- II, Ábaco, Buenos Aires, 2002-2003.

——————————— *Tratado de Derecho Administrativo*, T° 2, Ábaco, Buenos Aires, 2007.

——————————— "El caso 'Pizarro Aráoz' y la modificación del sistema de variación de costos pactado en los contratos de obra del sector público", ED 95-736.

——————————— "Responsabilidad del Estado por revocación unilateral de sus actos y contratos", ED 122-859.

——————————— "La concesión de obra y de servicios públicos en el proceso de privatización", *REDA* nro. 6, Depalma, Buenos Aires, 1991.

——————————— "La naturaleza jurídica de los mayores costos en la obra pública y la desvalorización monetaria", ED 73-333.

——————————— "Las dificultades materiales imprevistas, diferencia con la teoría de la imprevisión", ED 83-624.

——————————— "Redeterminación de precios en los contratos de obra pública y concesión de obra pública", en AA.VV., *Cuestiones de Contratos Administrativos,* Jornadas organizadas por la Universidad Austral, Facultad de Derecho, *RAP*, Buenos Aires, 2007.

BARRAZA, Javier I., *Manual de Derecho Administrativo*, La Ley, Buenos Aires, 2005.

BARREIRO, Rubén, "Naturaleza jurídica de la relación concesionario-usuario y responsabilidades emergentes", en Ente Nacional Regulador de la Electricidad, *Jornadas sobre Servicio Público de Electricidad*, Buenos Aires, 1995.

BARRERA MUÑOZ, William, "La responsabilidad del Estado en el derecho colombiano", REDA, año 21, Abeledo Perrot, Buenos Aires, 2009.

BATTAGLIA, Felice, *Estudios de Teoría del Estado*, trad. del italiano, Publicaciones del Real Colegio de España en Bolonia, Madrid, 1966.

BAUDRY, G., *L'expropriation pour cause d'utilité publique*, Recueil Sirey, París, 1953.

BAUER, R. J., *Updating public utility regulation*, Chicago, 1966.

BELADIEZ ROJO, Margarita, "La nulidad y la anulabilidad. Su alcance y significación", *RAP*, nro. 133, Centro de Estudios Constitucionales, Madrid, 1994.

——————————— *Validez y eficacia de los actos administrativos*, con un estudio preliminar de A. Nieto, Marcial Pons, Madrid, 1994.

BELL, John, "Droit Public et Droit Privé: une nouvelle distinction en Droit anglais", en *Revue Française de Droit Administratif*, nro. 1 (3), Dalloz, París, 1985.

BELLUSCIO, Augusto C., "Declaración de oficio de la nulidad", ED 95-785.

BENAVIDES, José Luis, *El contrato estatal*, 2° ed., Universidad Externado de Colombia, Bogotá, 2007.

BENEDETTI, Auretta - ROSSI, Giampaolo, "La actividad contractual de la Administración Pública en Italia", *Documentación Administrativa*, nro. 248/249, Instituto Nacional de Administración Pública, Madrid, 1997.

BENOIT, Francis P., *Le Droit Administratif français*, Dalloz, París, 1968 y su traducción: *El Derecho Administrativo francés*, Instituto de Estudios Administrativos (INAP), Madrid, 1977.

BENVENUTTI, Feliciano, "Funzione amministrativa. Procedimento. Processo", *Rivista Trimestrale di Diritto Pubblico*, 1952.

——————————— "Scienza dell'amministrazione, diritto amministrativo e riforma della pubblica amministrazione", en *La Tecnica della Organizzazione nelle Pubbliche Amministrazione*, nro. 4, Milán, 1957.

——————————— *Appunti di Diritto Amministrativo*, Padua, 1959.

——————————— *Disegno dell'Amministrazione Italiana*, Padua, 1996.

——————————— *L'Ordinamento Repubblicano*, Venecia, 1975.

BERÇAITZ, Miguel Á., "Proceso y procedimiento contencioso-administrativo", *RAP*, nro. 44.

——————————— *Teoría general de los contratos administrativos*, Depalma, Buenos Aires, 1952.

——————————— *Teoría general de los contratos administrativos*, 2ª ed., Depalma, Buenos Aires, 1980.

BERGEL, Salvador D., "El régimen creado por la ley 17.318", ADLA XXVII-B-1967.

BERMEJO VERA, José, "La participación de los administrados en los órganos de la Administración Pública", en MARTÍN-RETORTILLOBAQUER, Lorenzo (coord.), *La protección jurídica del ciudadano. Estudios en homenaje al profesor Jesús González Pérez*, t. I, Civitas, Madrid, 1993.

BERTHELEMY, Henri, *Traité élémentaire de Droit Administratif*, 11° ed., Rousseau et Cie Editeurs, París, 1926.

BEZZI, Osvaldo Máximo, *El contrato de obra pública*, 2° ed., Abeledo Perrot, Buenos Aires, 1982.

BIANCHI, Alberto B., "Algunas precisiones sobre el alcance de las facultades jurisdiccionales de los entes reguladores", EDA 2000/2001.

——————————— "¿Es un requisito indispensable de la expropiación irregular la ley que califique la utilidad pública?", ED 121-503.

——————————— "Dimensión actual de la delegación legislativa", REDA, nro. 42, LexisNexis - Depalma, Buenos Aires, 2002.

——————————— "El caso Promenade y la llamada inderogabilidad singular de reglamentos en un controvertido fallo", *REDA*, nro. 2, Depalma, Buenos Aires, 1989.

——————————— "El caso San Luis o de cómo la emergencia fue encarada desde la delegación legislativa", *REDA*, nro. 45, Depalma, Buenos Aires, 2003.

——————————— "El control judicial bajo la doctrina de la deferencia", en *Control de la Administración Pública*, Ediciones Rap, Buenos Aires, 2003.

——————————— "El *writ of certiorari* en nuestra Corte Suprema como concepto jurídico indeterminado", ED 125-857.

——————————— "Horizontes de la delegación legislativa luego de la reforma constitucional", *REDA*, nro. 17, Depalma, Buenos Aires, 1994.

——————————— "La Corte Suprema ha establecido su tesis oficial sobre la emergencia económica", LL 1991-C-141.

——————————— "La regulación económica en Estados Unidos", *REDA*, nro. 32, Depalma, Buenos Aires, 1999.

——————————— "La responsabilidad del Estado en la época de Rozas: la ley 25.453", ADLA, LXI-D.

——————————— "La tarifa en los servicios públicos (Del rate of return al price-cap)", en *REDA*, nros. 27/29, Depalma, Buenos Aires, 1998.

——————————— "Los reglamentos delegados luego de la reforma constitucional de 1994", en CASSAGNE, Juan Carlos (dir.), *Derecho Administrativo. Obra colectiva en homenaje al profesor Miguel S. Marienhoff*, Abeledo-Perrot, Buenos Aires, 1998.

——————————— "Reflexiones sobre el caso 'Ángel Estrada' y sus efectos en la jurisdicción arbitral", ED, supl. de Derecho Administrativo, del 18/5/2005, p. 10.

——————————— *"Status* constitucional de los acuerdos ejecutivos luego de la reforma constitucional", LL 1999-A-197.

——————————— "Una noción restringida del servicio público (Apuntes para su cuarta etapa)", en *REDA*, nro. 53, Depalma - LexisNexis, Buenos Aires, 2005.

——————————— *Control de constitucionalidad*, 2ª ed., Ábaco, Buenos Aires, 1992.

——————————— *La delegación legislativa*, Ábaco, Buenos Aires, 1990.

——————————— *La regulación económica*, t. I, Ábaco, Buenos Aires, 2001.

——————————— *Responsabilidad del Estado por su actividad legislativa*, Ábaco, Buenos Aires, 1999.

——————————— "Del abuso de categorías y especies normativas en el ordenamiento jurídico argentino", EDA 2000-2001, p. 780.

——————————— "¿Tiene fundamentos constitucionales el agotamiento de la instancia administrativa?", LL 1995-A-397.

——————————— "¿Es aplicable el plenario 'Petracca' a los procesos licitatorios?", separata de la Academia Nacional de Derecho y Ciencias Sociales de Buenos Aires, *Anales*, año XXXV, segunda época, nro. 28.

——————————— "Algunas reflexiones críticas sobre la peligrosidad o inutilidad de una teoría general del contrato administrativo. (Una perspectiva desde el derecho administrativo de los Estados Unidos)", ED 184-900 (primera parte) y ED 185-714 (segunda parte).

604

——————————— "El crédito legal previo como requisito presupuesto de una licitación", ED 125-270.

——————————— "La fuerza mayor en la contratación con el Estado. El caso actual de los contratos de prestación de los servicios públicos", en CASSAGNE, Juan Carlos - RIVERO YSERN, Enrique (dir.), *La contratación pública*, t. II, 1ª ed., Hammurabi, Buenos Aires, 2006.

——————————— "Nuevos alcances en la extensión de la responsabilidad del Estado", ED 111-550.

BIDART CAMPOS, Germán J., "Inmutabilidad del acto otorgante de un beneficio promocional", trabajo presentado al II Congreso Argentino de Ciencia Política, Buenos Aires, 1960, JA 1960-III-627.

——————————— "Conflictos de poderes provinciales e intervención federal. El caso reciente de Mendoza", JA, secc. Doctrina, 1975.

——————————— "El convenio colectivo de trabajo como fuente contractual y extracontractual", ED 45-815.

——————————— "La competencia originaria de la Corte Suprema de Justicia", ED 18-761.

——————————— "La inconstitucionalidad de la Ley 23.982 en la indemnización expropiatoria", ED 162-520.

——————————— "La interpretación y la integración constitucionales", ED 28-871.

——————————— "La jurisdicción judicial y las cuestiones políticas", ED 9-918/919.

——————————— "La titularidad del derecho de huelga en la Constitución Argentina", ED 114-815.

——————————— *Derecho Constitucional*, ts. I y II, Ediar, Buenos Aires, 1964/1966/1968.

——————————— *Derecho Político*, 2ª ed., Aguilar Argentina, Buenos Aires, 1972.

——————————— *El Derecho Constitucional del Poder*, t. I-II, Ediar, Buenos Aires, 1967.

——————————— *Manual de Derecho Constitucional argentino*, Ediar, Buenos Aires, 1984.

——————————— *Tratado elemental de Derecho Constitucional argentino*, Ediar, Buenos Aires, ts. II, 1986, III, 1986 y VI, 1995.

——————————— *Tratado elemental de Derecho Constitucional*, t. I-A, Ediar, Buenos Aires, 1999.

BIDEGAIN, Carlos María, *Cuadernos del curso de Derecho Constitucional*, 2ª ed., Abeledo-Perrot, Buenos Aires, 1969.

BIELSA, Rafael, "El estado de necesidad con particular referencia al Derecho Constitucional y administrativo", que se publicó originariamente en el *Anuario del Instituto de Derecho Público*, t. III, Rosario, 1940.

——————————— "Acto jurisdiccional y acto judicial", LL 104-825.

605

——————————— "Naturaleza jurídica de la multa administrativa", JA 60-25.

——————————— "Necesidad de motivar jurídicamente los actos del poder administrados en el sistema político de la Constitución", en *Estudios de Derecho Público*, 2ª ed., t. III, Depalma, Buenos Aires, 1952.

——————————— "Nociones sumarias sobre el estudio del Derecho Administrativo", *Revista de la Facultad de Derecho y Ciencias Sociales de la UBA*, nro. 10, Buenos Aires, 1948.

——————————— "Responsabilidad del Estado como poder administrador", JA 43-416.

——————————— *Ciencia de la Administración*, 2ª ed. act., Depalma, Buenos Aires, 1955.

——————————— *Derecho Administrativo*, t. I, 3ª ed., Imprenta de la Universidad del Litoral, Santa Fe, 1937.

——————————— *Derecho Administrativo*, t. I, El Ateneo, Buenos Aires, 1947.

——————————— *Derecho Administrativo*, t. II, 6ª ed., La Ley, Buenos Aires, 1964-966.

——————————— *Derecho Administrativo*, t. I, 5ª ed., Depalma, Buenos Aires, 1955.

——————————— *Derecho Administrativo*, t. V, 6ª ed., La Ley, Buenos Aires, 1966.

——————————— *Derecho Administrativo*, t. V, Ateneo, Buenos Aires, 1956.

——————————— *Derecho Administrativo*, ts. I, II y V, 6ª ed., La Ley, Buenos Aires, 1964-1966.

——————————— *Derecho Administrativo*, ts. I, II, III y V, 5ª ed., Depalma, Buenos Aires, 1955-1957.

——————————— Derecho Administrativo. Legislación administrativa argentina, t. III, 3° ed., Lajouane y Cía, Buenos Aires, 1939 y 4ª ed., El Ateneo, Buenos Aires, 1947.

——————————— *Derecho administrativo*, t. V, 5ª ed., J. Lajouane, Buenos Aires, 1947.

——————————— *Derecho Administrativo*, T° III, 4ª ed., La Ley, Buenos Aires, 1964.

——————————— *Estudios de Derecho Público*, t. I, Depalma, Buenos Aires, 1950.

——————————— *Estudios de Derecho Público*, t. III, "Denominación y sustancia de algunas cuestiones jurídicas", Depalma, Buenos Aires, 1950-1962.

——————————— *La locución justa y razonable en el derecho y la jurisprudencia*, Universidad, Rosario, 1942.

——————————— *Principios del régimen municipal*, Lajouane, Buenos Aires, 1930.

606

——————————————— *Régimen jurídico de la policía*, La Ley, Buenos Aires, 1957.

——————————————— *Sobre lo contencioso-administrativo*, Castellví, Santa Fe, 1964.

BIGLIERI, Alberto, "Contrataciones directas", LL 2010-D, 1.

BILLAUDOT, Françoise, "Evaluación de la desconcentración", *Desconcentración administrativa*, México, 1976.

BLACKSTONE, William, *Interpretation of Law*.

BLANCO O'DENA, Diego E., "Principios aplicables al régimen disciplinario del empleo público", REDA, nro. 51, Depalma-LexisNexis, Buenos Aires, 2005.

BOBES SANCHEZ María José, *La teoría del dominio público y el derecho de las carreteras,* Iustel, Madrid, 2007.

BOBBIO, Norberto, *El problema del positivismo jurídico*, Eudeba, Buenos Aires, 1965.

BODDA, Piero, *La nozione di causa giuridica della manifestazione di volontà nel Diritto Amministrativo*, L'Istituto Giurico della R. Università, Turín, 1933.

BOFFI BOGGERO, Luis María, "La teoría de la separación de los poderes y el gobierno de los jueces", ED 12-831.

BOGGIANO, Antonio, *Derecho internacional. Derecho de las relaciones entre ordenamientos jurídicos y derechos humanos*, La Ley, Buenos Aires, 2001.

BOGUT SALCEDO, José Esteban, "Los contratados en la actual jurisprudencia de la Corte o sobre la revisión de la tradicional doctrina convalídante de excesos", en GORDILLO, Agustín (Dir.), *La Ley, Suplemento Extraordinario Administrativo*, 75 Aniversario, Buenos Aires, 2010.

BOLLA, Mario E. - BERCOVICH, Raúl A., *La crisis de la noción clásica de autarquía*, La Plata, 1975.

BONFANTE, Pedro, *Instituciones de Derecho Romano*, trad. de la 8ª ed. italiana, Instituto Editorial Reus, Madrid, 1965.

——————————————— *Storia del Diritto Romano*, t. I, Milán, 1957.

BONNARD, Roger, *Précis de Droit Administratif*, 3ª ed., LGDJ, París, 1935.

BONPLAND, Viviana M. C., "Responsabilidad extracontractual del Estado (Análisis exegético de las citas del codificador al artículo 1112 del Código)", LL 1987-A-779.

BOQUÉ, Roberto, "Las relaciones reales administrativas", en REINA TARTIÈRE, Gabriel de (Dir.), *Dominio público*, Heliasta, Buenos Aires, 2009.

BOQUERA OLIVER, José M., "La publicación de disposiciones generales", *Revista de Administración Pública*, nro. 31, Instituto de Estudios Políticos, Madrid, 1960.

——————————————— *Estudios sobre el acto administrativo*, 4ª ed., Civitas, Madrid, 1986.

——————————————— *Derecho Administrativo y socialización*, 1ª ed., Civitas, Madrid, 1965.

———————————— *Derecho Administrativo y socialización*, 1ª ed., Civitas, Madrid, 1965.

———————————— *Derecho Administrativo*, t. I, Instituto de Estudios de Administración Local, Madrid, 1972.

———————————— *La selección de contratistas*, Instituto de Estudios Políticos, Madrid, 1963.

BORDA, Guillermo A., "Balance provisional de la nueva Ley de Expropiaciones", ED 72-705.

———————————— "La reforma del Código Civil. Efectos de la ley con relación al tiempo", ED 28-69.

———————————— *La Reforma de 1968 en el Código Civil*, Perrot, Buenos Aires, 1971.

———————————— *Tratado de Derecho Civil argentino*, t. II, Perrot, Buenos Aires, 1965.

———————————— *Tratado de Derecho Civil argentino. Obligaciones*, t. II, 2ª ed., Abeledo-Perrot, Buenos Aires, 1967.

———————————— *Tratado de Derecho Civil argentino. Parte general*, t. I, 4ª ed., Perrot, Buenos Aires, 1965.

———————————— *Tratado de Derecho Civil. Parte general*, t. I, 5ª ed., Perrot, Buenos Aires.

———————————— *Tratado de Derecho Civil. Parte general*, t. I, 6ª ed., Perrot, Buenos Aires, 1976.

———————————— *Tratado de derecho civil. Contratos*, t. 2, 7ª ed. act., Abeledo-Perrot, Buenos Aires, 1997.

———————————— *Tratado de derecho civil. Obligaciones*, t. II, Abeledo-Perrot, Buenos Aires, 1998.

BORIO, Fernando R., "El principio de ejecutoriedad del acto administrativo y sus fundamentos", ED 86-750.

BOSCH, Francisco M., *La moneda del César*, Huemul, Buenos Aires, 1972.

BOSCH, Jorge T., *¿Tribunales judiciales o tribunales administrativos para juzgar a la Administración Pública?*, Zavalía, Buenos Aires, 1951.

———————————— "Ensayo de interpretación de la doctrina de la separación de los poderes", Seminario de Ciencias Jurídicas y Sociales, Universidad de Buenos Aires, Buenos Aires, 1944.

———————————— "La extinción de los actos administrativos en la jurisprudencia de la Corte Suprema Nacional de Justicia", separata de la *Revista Argentina de Estudios Políticos*, nros. 3 y 4, Buenos Aires, 1946.

———————————— "La institución del *Attorney General* de los Estados Unidos de América", LL 80-934.

———————————— "Lo contencioso administrativo y la Constitución Nacional", LL 81-834, secc. Doctrina.

BOTASSI, Carlos A., *Contratos de la Administración provincial*, Scotti, La Plata, 1996.

——————————— "Dominio y jurisdicción. Competencia nacional, provincial y municipal", en la obra colectiva *Organización administrativa, función pública y dominio público,* Jornadas de la Universidad Austral, RAP, Buenos Aires, 2005.

BOULLAUDE, Gustavo, "La competencia de los entes reguladores de los servicios públicos en el ejercicio de la función jurisdiccional. Sus límites", JA 2005-III, número especial "El caso 'Ángel Estrada'", del 31/8/2005.

BOVIS, Christopher, *EC Public Procurement Law*, Longman, London, 1997.

BRAIBANT, Guy, *Le Droit Administratif français*, Dalloz, París, 1984.

BRAIBANT, Guy - QUESTIAUX, Nicole -WIENER, Celine, *Le contrôle de l'Administration et la protection des citoyens* (*Étude comparative*), Biblioteca del Instituto Internacional de Administración Pública, París, 1973.

BRARD, Yves, *La responsabilidad administrativa de las personas privadas*, Tesis, Caen, 1975.

BREWER CARÍAS, Allan R., "La carga de la prueba en el procedimiento administrativo", *RADA*, nro. 11.

——————————— "La distinción entre las personas públicas y las personas privadas y el sentido de la problemática actual de la clasificación de los sujetos de derecho", *RADA*, nro. 17.

——————————— *Las empresas públicas en el Derecho comparado*, Universidad Central de Venezuela, Facultad de Derecho, Caracas, 1967.

——————————— *Las instituciones fundamentales del Derecho Administrativo y la jurisprudencia venezolana*, Caracas, 1964.

——————————— *Principios del procedimiento administrativo*, Civitas, Madrid, 1990.

——————————— *Contratos administrativos*, Jurídica Venezolana, Caracas, 1992.

——————————— *Derecho Administrativo*, t. I, Universidad Externado de Colombia y Universidad Central de Venezuela, 2005.

BREYER, Stephen G. - STEWART, Richard B., *Administrative Law and Regulatory Policy*, 3ª ed., Little Brown & Co., 1992.

BRICHETTO, Marcelo, "Efecto de la incertidumbre regulatoria sobre la industria del gas", *RAP*, nro. 307, Ciencias de la Administración, Buenos Aires, 2004.

——————————— "Servicio público, riesgo empresario y estabilidad fiscal", *RAP*, nro. 294, Ciencias de la Administración, Buenos Aires, 2003.

BUDASSI, Iván F., "El control de razonabilidad en la doctrina de la Corte Suprema de Justicia de la Nación", *REDA*, nros. 21/23, Depalma, Buenos Aires, 1996.

——————————— "Licencias y concesiones: un estudio comparativo entre los sistemas del Reino Unido y la Argentina", *REDA*, nro. 24/26, Depalma, Buenos Aires, 1998.

——————————— "Responsabilidad de los concesionarios: ¿derecho común?", JA 2005-III, número especial "El caso Ángel Estrada", del 31/8/2005.

——————————— "Servicios públicos y defensa de la competencia", ED Administrativo, 2000-2001.

BUENO MONREAL, José M., Principios fundamentales del Derecho Público Eclesiástico, Madrid, 1945.

BUERES, Alberto J. – HIGHTON, Elena H., *Código Civil y normas complementarias. Análisis doctrinal y jurisprudencial*, t. 4-A, Hammurabi, Buenos Aires, 2007.

——————————— *Código Civil y normas complementarias. Análisis doctrinario y jurisprudencial*, t. 5, Hammurabi, Buenos Aires, 1997.

BULIT GOÑI, Enrique G., "La coparticipación federal en la reforma constitucional de 1994", LL 1995-D-977.

BULLINGER, Martín, "La discrecionalidad de la Administración Pública. Evolución, funciones, control judicial", *Revista Jurídica Española La Ley*, del 30/10/1987.

——————————— *Derecho Público y Derecho Privado*, trad. del alemán, Madrid, 1976.

BULLRICH, Rodolfo, *Curso de Derecho Administrativo*, t. II, Biblioteca Jurídica Argentina, Buenos Aires, 1932.

——————————— *La responsabilidad del Estado*, J. Menéndez, Buenos Aires, 1920.

——————————— *Principios generales del Derecho Administrativo*, Guillermo Kraft, Buenos Aires, 1942.

BUSSO, Eduardo B., *Código Civil anotado*, t. III, Ediar, Buenos Aires, 1949.

——————————— *Código Civil anotado*, t. I, Ediar, Buenos Aires, 1944.

BUSTAMANTE ALSINA, Jorge, "La responsabilidad del Estado en el ejercicio del poder de policía", LL 1990-C-430.

——————————— *Teoría general de la responsabilidad civil*, 4ª ed., Abeledo-Perrot, Buenos Aires, 1983.

——————————— *Teoría general de la responsabilidad civil*, 9ª ed., Abeledo-Perrot, Buenos Aires, 1997.

——————————— "La devaluación del peso y la teoría de la imprevisión", *Responsabilidad civil y otros estudios*, Abeledo-Perrot, Buenos Aires, 1984.

BUTTGENBACH, André, *Manuel de Droit Administratif*, Bruselas, 1954.

CABANELLAS DE TORRES, Guillermo, *Diccionario de Derecho Romano y latines jurídicos*, Heliasta, Buenos Aires, 2007.

CABRAL, Julio E., "Ámbito de aplicación de la Ley Nacional de Procedimientos Administrativos", en DIEZ, Manuel M. (dir.), *Acto y procedimiento administrativo*, Plus Ultra, Buenos Aires, 1975.

CAETANO, Marcello, *Manual di Direito Administrativo*, Lisboa, 1963.

CAJARAVILLE, Esteban, "La facultad de indultar del Poder Ejecutivo y su alcance con relación al art. 86, inc. 6º, CN", LL 113-959.

CAJARVILLE PELUFFO, Juan Pablo, *Sobre Derecho Administrativo*, TºII, Fundación Cultura Universitaria, Montevideo, 2007.

CÁMARA, Héctor, *Sociedades de economía mixta*, Arayú, Buenos Aires, 1954.

CAMUS, Albert, *El hombre rebelde*, Lozada, Buenos Aires, 1975.

CANASI, José, *Derecho Administrativo*, t. II, Depalma, Buenos Aires, 1972.

CANDA, Fabián O., "La importancia del elemento forma en el contrato administrativo (Consecuencias de su omisión en la jurisprudencia de la Corte Suprema de Justicia de la Nación)", en AA.VV., *Cuestiones de Contratos Administrativos,* Jornadas organizadas por la Universidad Austral, Facultad de Derecho, RAP, Buenos Aires, 2007.

CANNADA BARTOLI, E., "Il diritto soggettivo come presuposto dell'interesse leggitimo", *Riv. Trim. di Diritto Pubblico*, abril-junio 1953.

CANOSA, Armando N., "Influencia del Derecho a la tutela judicial efectiva en materia de agotamiento de la instancia administrativa", ED 166-988.

——————————— "El caso 'Ángel Estrada' y las deficiencias en el ejercicio de funciones jurisdiccionales por parte de órganos administrativos", JA 2005-III, número especial "El caso 'Ángel Estrada'", del 31/8/2005.

——————————— "La delegación legislativa en la nueva Constitución", en CASSAGNE, Juan Carlos (dir.), *Estudios sobre la reforma constitucional*, Depalma, Buenos Aires, 1995.

——————————— "Nuevamente el art. 1113, CCiv., y la responsabilidad del Estado", ED 157-85.

——————————— "Nuevas formas del control de plazos en el procedimiento administrativo", ED 149-823.

——————————— *Los recursos administrativos*, Ábaco, Buenos Aires, 1996.

——————————— "La caducidad en los contratos administrativos", en AA.VV., *Cuestiones de Contratos Administrativos,* Jornadas organizadas por la Universidad Austral, Facultad de Derecho, RAP, Buenos Aires, 2007.

——————————— *El debido proceso adjetivo en el procedimiento administrativo,* Lexis-Nexis, Buenos Aires, 2005.

——————————— "El dominio público", en la obra colectiva *Organización administrativa, función pública y dominio público,* Jornadas de la Universidad Austral, RAP, Buenos Aires, 2005.

CANOSA, Armando N. - MIHURA ESTRADA, Gabriel, "El procedimiento de selección del contratista como procedimiento administrativo especial", JA 1996-IV-774.

CAPUTI, María Claudia - SACRISTÁN, Estela, "La caducidad del art. 25 de la ley 19.549, la presunción de legitimidad y la seguridad jurídica", LL 1997-A-70.

CAPUTI, María Claudia - SALVATELLI, Ana, "Manifestaciones de la Globalización en la jurisprudencia de la Corte Suprema sobre el derecho administrativo", en GORDILLO, Agustín (Dir.), *La Ley, Suplemento Extraordinario Administrativo*, 75 Aniversario, Buenos Aires, 2010.

CARASALLE, Juan Manuel, "La obligación de suministro de los distribuidores de electricidad ante la crisis energética", *REDA*, nro. 53, LexisNexis, Buenos Aires, 2005.

——————————— "La *exceptio non adimpleti contractus* en materia de servicios públicos", *REDA* nro. 51, Depalma, Buenos Aires, 2005.

CARBONIER, Jean, *Droit Civil*, t. II, 1ª ed., Presses Universitaires de France, París, 1955.

CARELLO, Luis A., "Las cooperativas de servicios públicos. ¿Personas públicas o personas privadas?", JA 1987-III-756.

CARNELUTTI , Francesco, *Sistema de Derecho Procesal Civil*, Uthea, Buenos Aires, 1944.

CARRANZA, Jorge A., *Las fundaciones en el Derecho Privado*, Depalma, Buenos Aires, 1977.

CARRE DE MALBERG, Raymond, *Teoría General del Estado*, FCE, México, 1948.

CARRIÓ, Genaro R., *Notas sobre Derecho y lenguaje*, Abeledo-Perrot, Buenos Aires, 1966.

CASARES, Tomás D., *La Justicia y el Derecho*, Abeledo-Perrot, Buenos Aires, 1945.

——————————— *La Justicia y el Derecho*, 3ª ed., Buenos Aires, 1974.

CASARINI, Luis E., "El procedimiento licitatorio y la locución: oferta más conveniente (¿O la debilidad de la teoría de los conceptos jurídicos indeterminados?)", *RAP*, nro. 319, Ciencias de la Administración, Buenos Aires, 2005.

CASÁS, José O., "La emergencia infinita en el ámbito del derecho tributario argentino", *REDA*, nro. 41, Depalma, Buenos Aires, 2002.

CASAS, Juan Alberto - ROMERO VILLANUEVA, Horacio J., *Expropiación. Ley 21.499. Comentada, anotada y concordada con las normas provinciales*, Astrea, Buenos Aires, 2005.

CASÁS, Osvaldo, *El principio de reserva de la ley en materia tributaria*, t. I, Buenos Aires, 2000.

CASIELLO, Juan J., *Iglesia y Estado en la Argentina*, Poblet, Buenos Aires, 1948.

CASSAGNE SERRES, Blanca A., *La Constitución Nacional. Filiación histórica del preámbulo argentino*, El Ateneo, Buenos Aires, 1945.

CASSAGNE, Juan Carlos, "La Ley de Procedimientos Administrativos y su reciente reforma", *Revista Derecho Empresario*, nro. V, Arindo, Buenos Aires, 1978.

——————————— "Acerca de la caducidad y prescripción de los plazos para demandar al Estado", ED 45-829.

——————————— "Acerca de la noción del dominio público y las nuevas ideas sobre los usos especiales", JA 2010-III, número especial, *Dominio Público*.

——————————— "Condición y régimen jurídico de la empresa Ferrocarriles Argentinos", ED 31-1048.

——————————— "De nuevo sobre la categoría del contrato administrativo en el derecho administrativo argentino", ED del 30/9/2001.

——————————— "De nuevo sobre la legitimación para accionar en el amparo", LL 1995-E-469/471.

612

——————————— "Efectos de la interposición de los recursos y la suspensión de los actos administrativos", ED 153-994.

——————————— "El amparo en las provincias: su procedencia respecto de actos dictados durante el proceso licitatorio", ED 126-130.

——————————— "El carácter federal de la ciudad de Buenos Aires", *La Nación*, 13/1/1996.

——————————— "El derecho de la post-privatización", LL, "Actualidad", 22/2/1994.

——————————— "El equilibrio económico financiero del contrato administrativo", *Anales de la Academia Nacional de Derecho y Ciencias Sociales*, 2ª época, nro. 26, t. I, año XXXIII, Buenos Aires, 1988.

——————————— "El equilibrio económico financiero del contrato administrativo", *REDA*, nro. 1, Depalma, Buenos Aires, 1989.

——————————— "En torno a la evolución de las instituciones del derecho administrativo argentino y sus principales tendencias", EDA 2005-478.

——————————— "En torno a la noción de servicio público", *Revista Jurídica de Buenos Aires*, t. II, Abeledo-Perrot, Buenos Aires, 1988.

——————————— "En torno al fundamento jurídico de la responsabilidad del Estado", ED 99-937.

——————————— "En torno de la figura del contrato administrativo", en CASSAGNE, Juan Carlos, *Cuestiones de derecho administrativo*, Depalma, Buenos Aires, 1987.

——————————— "En torno de las sanciones administrativas y la aplicabilidad de los principios del Derecho Penal", ED 43-939.

——————————— "Entre la estabilidad y la revolución", *Clarín* del 15/3/2005.

——————————— "Expropiación: causa, sujeto y objeto. Las obras o planes de ejecución diferida", en *La Ley Nacional de Expropiaciones, 21.499*, La Asociación, Buenos Aires, 1977.

——————————— "Función y organización de los asesores jurídicos del Estado", ED 57-861.

——————————— "Inmutabilidad del acto administrativo dictado con prescindencia del dictamen jurídico en el procedimiento impositivo", ED 70-376.

——————————— "La autorización para edificar. Su naturaleza. Efectos sobre la potestad revocatoria", LL 1982-D-936.

——————————— "La caracterización legal de las contrataciones de la Administración Nacional", *REDA* nro. 49, Depalma, Buenos Aires, 2004.

——————————— "La condición jurídica de las cooperativas prestatarias de servicios públicos", ED 122-981.

——————————— "La cuenta de inversión", en AA.VV., *La cuenta de inversión*, Dunken, Buenos Aires, 2005.

——————————— "La delimitación de la categoría del contrato administrativo (Réplica a un ensayo crítico)", ED 181-942.

——————————— "La ejecutoriedad del acto administrativo: la suspensión de sus efectos en el procedimiento administrativo", ED, diario del 30/11/2009.

——————————— "La ejecutoriedad del acto administrativo", en DIEZ, Manuel M. (dir.), *Acto y procedimiento administrativo*, Plus Ultra, Buenos Aires, 1975.

——————————— "La extensión del concepto de tutela y el control de los actos de las sociedades del Estado", LL 1978-C-717.

——————————— "La igualdad en la contratación administrativa", en *Cuestiones de Derecho Administrativo*, Abeledo-Perrot, Buenos Aires, 1987.

——————————— "La ilegitimidad ordinaria de una autorización para edificar: procedencia del acto administrativo que dispuso su revocación", ED 49-893.

——————————— "La impugnación judicial de reglamentos", LL 1979-C-721.

——————————— "La Ley de Procedimiento Administrativo y el Código Procesal Contencioso Administrativo de la provincia de La Pampa", LL 1979-D-828.

——————————— "La Ley Nacional de Procedimientos Administrativos 19.549", ED 42-835.

——————————— "La participación pública en el control de los servicios públicos", RAP, nro. 250, Ciencias de la Administración, Buenos Aires, 1999.

——————————— "La propiedad de los yacimientos de hidrocarburos", *Academia Nacional de Derecho y Ciencias Sociales de Buenos Aires*, Buenos Aires, 1991 y en ED 145-857.

——————————— "La reglamentación del derecho de huelga en los servicios esenciales", ED 139-865/872.

——————————— "La responsabilidad contractual del Estado en el campo del Derecho Administrativo", ED 100-982.

——————————— "La responsabilidad de los funcionarios públicos", *La Nación*, 29/10/1987.

——————————— "La responsabilidad del Estado (balance y perspectivas)", LL diario del 18/11/2009.

——————————— "La responsabilidad del Estado por omisión", LL 1989-C-512.

——————————— "La responsabilidad extracontractual del Estado en el campo del Derecho Administrativo", ED 100-986.

——————————— "La responsabilidad extracontractual del Estado en la jurisprudencia de la Corte", ED 114-215.

——————————— "La revisión de la discrecionalidad administrativa por el Poder Judicial", *REDA*, nro. 3, Depalma, Buenos Aires, 1990.

——————————— "La revocación de la autorización para construir por razones de interés público".

——————————— "La revocación del acto administrativo afectado del vicio de nulidad absoluta", ED 86-264.

—————————— "La revocación del acto administrativo por falta de causa", ED 38-291.

—————————— "La suspensión del acto administrativo como consecuencia de la interposición de un recurso en sede administrativa", ED 41-997.

—————————— "La transferencia de jueces a la ciudad de Buenos Aires", *La Nación*, 16/12/1996.

—————————— "La transformación del Estado", LL 1990-E-899 y 1078.

—————————— "La transmisión de derechos personales y reales en el Derecho Administrativo. Relaciones con el Código Civil", LL 1984-B-740.

—————————— "La tutela judicial efectiva. Su incompatibilidad con el dogma revisor y con la regla del agotamiento de la vía administrativa", *REDA*, nro. 32, Depalma, Buenos Aires, 1999.

—————————— "La tutela judicial efectiva", en CASSAGNE, Juan Carlos (dir.), *Tratado de derecho procesal administrativo*, 1ª ed., La Ley, Buenos Aires, 2007, v. 1.

—————————— "Las entidades estatales descentralizadas y el carácter público o privado de los actos que celebran", LL 143-1172.

—————————— "Las facultades jurisdiccionales de los entes reguladores (a propósito del caso 'Ángel Estrada')", LL 2005-C-736.

—————————— "Las relaciones inter-administrativas", ED 36-927 y ss., y en *Revista Chilena de Derecho*, vol. 2, nro. 3/6, Santiago, 1975.

—————————— "Las técnicas de habilitación en el marco de una nueva concepción sobre el servicio público. Concesión, licencia, autorización y permiso", en ARIÑO ORTIZ, Gaspar, *La regulación económica. Teoría y práctica de la regulación para la competencia. Hacia un nuevo concepto de servicio público*, Ábaco, Buenos Aires, 1996.

—————————— "Los contratos de la Administración Pública (Distintas categorías y regímenes jurídicos)", ED 57-793.

—————————— "Los contratos de la Administración Pública. Distintas categorías y regímenes jurídicos", *RAP*, nro. 78, Instituto de Estudios Políticos, Madrid, 1975.

—————————— "Los contratos públicos y la reciente ley de emergencia", LL 2002-C-1037.

—————————— "Los contratos públicos y la reciente Ley de Emergencia", *REDA*, nro. 39, LexisNexis - Depalma, Buenos Aires.

—————————— "Los plazos en el procedimiento administrativo", ED 83-897.

—————————— "Marcos regulatorios y regulación económica", *RAP*, nro. 183, Ciencias de la Administración, Buenos Aires, 1993.

—————————— "Monges, Analía v. Universidad de Buenos Aires - res. 2314/95", Fallos 319:3148 (1996), LL 1997-C-150.

—————————— "Naturaleza administrativa de ciertos contratos celebrados por empresas estatales", ED 110-610.

615

———————————— "Problemática y aspectos administrativos de la regionalización industrial", LL 155-1096.

———————————— "Procedencia de la revocación de un acto administrativo por razones de ilegalidad en sede administrativa", *RADA*, nro. 3, Universidad del Museo Social Argentino, Buenos Aires.

———————————— "Reflexiones sobre las ayudas públicas", *REDA*, nro. 45, LexisNexis - Depalma, Buenos Aires, 2003.

———————————— "Reflexiones sobre los contratos de las empresas públicas", EDA 2007-548.

———————————— "Regulación y servicios públicos (la seguridad jurídica después de las privatizaciones)", en CASSAGNE, Juan Carlos, *Fragmentos de derecho administrativo*, Hammurabi, Buenos Aires, 2003.

———————————— "Sobre la condición de instrumentos públicos de las actuaciones administrativas y su valor probatorio", ED 63-304 y 899.

———————————— "Sobre la fundamentación y los límites de la potestad reglamentaria de necesidad y urgencia en el derecho argentino", *Revista Española de Derecho Administrativo*, nro. 73, Civitas, Madrid, 1992.

———————————— "Un caso de arbitrariedad y el control de los actos administrativos de las universidades por el Poder Judicial", ED 146-114.

———————————— "Una sentencia trascendente de la Corte que declara la nulidad en un decreto del Poder Ejecutivo", ED 178-687.

———————————— *Acto administrativo*, 1ª y 2ª ed., Abeledo-Perrot, Buenos Aires, 1974-1978.

———————————— *Cuestiones de Derecho Administrativo*, Depalma, Buenos Aires, 1987.

———————————— *Derecho Administrativo*, T° I-II, 1ª, 2ª, 3ª, 4ª, 5ª, 6ª, 7ª, 8ª y 9ª ed., Abeledo-Perrot, Buenos Aires, 1982-2008.

———————————— *El acto administrativo*, 1ª y 2ª eds., Abeledo-Perrot, Buenos Aires, 1974-1981.

———————————— *El contrato administrativo*, 2ª ed., LexisNexis - Abeledo-Perrot, Buenos Aires, 2005.

———————————— *El contrato administrativo*, 3° ed., Abeledo Perrot, Buenos Aires, 2009.

———————————— *El principio de legalidad y el control judicial de la discrecionalidad administrativa*, Marcial Pons, Madrid-Buenos Aires, 2009.

———————————— *La ejecutoriedad del acto administrativo*, Abeledo-Perrot, Buenos Aires, 1971.

———————————— *La intervención administrativa*, 1ª ed., Abeledo-Perrot, Buenos Aires, 1992 y 2ª ed., Abeledo-Perrot, Buenos Aires, 1994.

———————————— *La Ley Nacional de Expropiación 21.499*, Buenos Aires, 1977.

———————————— *Los principios generales del Derecho en el Derecho Administrativo*, Abeledo-Perrot, Buenos Aires 1988.

CASSAGNE, Juan Carlos (dir.), *Estudios sobre la reforma constitucional*, Depalma, Buenos Aires, 1995.

—————————————— *Derecho Administrativo*, obra colectiva en homenaje al profesor Dr. Miguel S. Marienhoff, Abeledo-Perrot, Buenos Aires, 1998.

—————————————— *Derecho Procesal Administrativo. Libro homenaje a Jesús González Pérez*, Hammurabi, Buenos Aires, 2004.

—————————————— *Procedimiento y proceso administrativo*, Jornadas organizadas por la Facultad de Derecho de la UCA, LexisNexis, Buenos Aires, 2005.

CASSAGNE, Juan Carlos - PERRINO, Pablo E., *El nuevo proceso contencioso administrativo de la provincia de Buenos Aires*, 1ª ed., LexisNexis, Buenos Aires, 2006.

CASSESE, Sabino, "La transformación del servicio público en Italia", su conferencia del 12/6/1996 en el Instituto Italiano de Cultura de Buenos Aires para el Seminario Ítalo Argentino sobre el Régimen Jurídico de los Servicios Públicos 'Estabilidad y privatización', en *Actualidad en el Derecho Público*, Ad-Hoc, Buenos Aires, 1997.

CASSESE, Sabino (dir.), *Trattato di Diritto Amministrativo*, ts. I y II, Giuffrè, Milán, 2000.

—————————————— *Trattato di Diritto Amministrativo*, t. I, 2ª ed., Giuffrè, Milán, 2003.

CASTRO HERNÁNDEZ, Manuel H., "El derecho de propiedad y la emergencia", ED 203-718.

CATALANO, Edmundo F., *Código de Minería Comentado,* Zavalía, Buenos Aires, 1999.

CATALDI, Giuseppe, Il procedimento amministrativo nei suoi attuali orientamenti giuridici e non giuridici, Milán, 1967.

CATALDO, Juan Vicente, "El principio de estabilidad del acto administrativo", en AA.VV., *Colección de análisis jurisprudencial. Elementos de Derecho Administrativo*, La Ley, Buenos Aires, 2003.

CELORRIO, Atanasio H., "El recurso jerárquico en materia tributaria", *RADA*, nro. 3, Universidad del Museo Social Argentino, Buenos Aires, 1972.

CERMESONI, Jorge E., "El sistema constitucional regionalista: la experiencia italiana", LL 142-1178.

CERULLI IRELLI, Vincenzo, *Corso di Diritto Amministrativo*, Turín, 1999.

CHAPUS, René, *Droit Administratif général*, t. I, 2ª ed., Montchrestien, París, 1986.

—————————————— *Droit du Contentieux Administratif,* 3ª ed., Montchrestien, París, 1991.

—————————————— *Droit Administratif général*, t. I, 11ª ed., Montchrestien, París, 1997.

—————————————— *Droit Administratif General,* T° 2, Montchrestien, París, 1985.

CHINCHILLA MARÍN, Carmen, "Nulidad y anulabilidad", en LEGUINA VILLA, Jesús - SÁNCHEZ MORÓN, Miguel (dirs.), *La nueva Ley de Régimen Jurídico de las Administraciones Públicas y del Procedimiento Administrativo Común*, Tecnos, Madrid, 1993.

CHINOT, René, Le privilège d'exécution d'office de l'Administration, Maurice Lavergne, París, 1945.

CIANFLONE, Antonio - GIOVANNINI, Giorgio, *L'appalto di opere pubbliche*, 10ª ed., Giuffrè, Milán, 1999.

CIBINIC, John - NASH, Ralph, *Administration of Government Contracts*, 3ª ed., The George Washington University, Washington DC, 1995.

CINCUNEGUI, Juan B., "El procedimiento de audiencia pública en el sistema de control de los servicios públicos", RAP, nro. 189, Ciencias de la Administración, Buenos Aires, 1994.

CLUSELLAS, Eduardo G. - ORMAECHEA, Carolina, *Contratos con garantía fiduciaria*, Ábaco, Buenos Aires, 2003.

COELHO, Luiz F., *Fundaçoes Publicas*, Río de Janeiro, 1978.

COLMEIRO, Manuel, *Derecho Administrativo español*, 3ª ed., Imprenta de José Rodríguez, Madrid, 1865.

COLOMBO, Leonardo A., *Culpa aquiliana (Cuasidelitos)*, La Ley, Buenos Aires, 1944.

COLLAZO, Oscar J., *Administración Pública*, Macchi, Buenos Aires, 1974.

COMADIRA, Julio P., "La Ley de Emergencia 25.561 y el alcance de la prohibición a los prestadores de servicios públicos de suspender o alterar sus obligaciones", JA 2003-IV-992.

COMADIRA, Julio R., "Algunas reflexiones sobre el procedimiento administrativo", *Boletín del Instituto de Derecho Administrativo Profesor Rafael Bielsa*, nro. 5, Buenos Aires, 1972.

———————————— "Algunos aspectos de la licitación pública", en AA.VV., *Contratos Administrativos,* Jornadas organizadas por la Universidad Austral, Facultad de Derecho, Ciencias de la Administración, Buenos Aires, 2000.

———————————— "El caso 'Furlotti': consolidación de una doctrina".

———————————— "El caso 'Gorordo': nueva jurisprudencia de la Corte Suprema en materia de habilitación de la instancia y revisión judicial de la denuncia de ilegitimidad", ED 181-960.

———————————— "El Derecho Administrativo como régimen exorbitante en el servicio público", en AAVV, *Servicio público, policía y fomento*, Jornadas organizadas por la Universidad Austral, Facultad de Derecho, Ediciones Rap, Buenos Aires, 2005.

———————————— "El exceso de punición y su incidencia sobre la validez del acto administrativo", *REDA*, nro. 4, Depalma, Buenos Aires, 1990.

———————————— "La articulación de los ordenamientos nacional, provincial y municipal en el Derecho argentino. La incorporación de la región", en su *Derecho Administrativo*, 2ª ed., LexisNexis, Buenos Aires, 2003.

618

——————————— "La observancia de la causa y el fin en la contratación administrativa reservada. La revocación por ilegitimidad del contrato administrativo en cumplimiento", ED 177-749.

——————————— "La posición de la Administración Pública ante la ley inconstitucional", *REDA*, nro. 1, Depalma, Buenos Aires, 1989.

——————————— "Los decretos de necesidad y urgencia en la reforma constitucional", en su *Derecho Administrativo*, 2ª ed., LexisNexis - Abeledo-Perrot, Buenos Aires, 2003.

——————————— "Los decretos de necesidad y urgencia en la reforma constitucional", LL 1995-B-825.

——————————— "Los reglamentos de necesidad y urgencia (Fundamento. Su posible regulación legislativa)", LL 1193-D-750.

——————————— "Los sujetos reguladores en la post-privatización", RAP, nro. 183, Ciencias de la Administración, Buenos Aires, 1993.

——————————— "Modos anormales de terminación del procedimiento administrativo", JA 1976-IV-622.

——————————— "Reflexiones sobre la regulación de los servicios privatizados (con especial referencia al Enargas, ENRE, CNT y ETOSS)", en *Derecho Administrativo*, 1ª ed., Abeledo-Perrot, Buenos Aires, 1996.

——————————— "Reflexiones sobre la regulación de los servicios públicos privatizados y los entes reguladores", ED 162-1134.

——————————— "Responsabilidad del Estado por omisión (Actos interorgánicos y conceptos jurídicos indeterminados en un fallo de la Cámara Contencioso Administrativa)", LL 1996-A-600.

——————————— *Acto administrativo municipal*, Depalma, Buenos Aires, 1992.

——————————— *Derecho Administrativo*, 2ª ed. act. y ampl., Abeledo-Perrot, Buenos Aires, 2003.

——————————— *Derecho Administrativo*, Abeledo-Perrot, Buenos Aires, 1996.

——————————— *La anulación de oficio de los actos administrativos en sede administrativa*, Astrea, Buenos Aires, 1981.

——————————— *La licitación pública,* 2ª ed. actualizada y ampliada, LexisNexis, Buenos Aires, 2006.

COMADIRA, Julio R. - MONTI, Laura, *Procedimientos administrativos*, Ley Nacional de Procedimientos Administrativos, anotada y comentada, t. I, La Ley, Buenos Aires, 2002.

COMADIRA, Julio R. - WINKLER, Dora P., "Las contrataciones interadministrativas y el principio de la libre elección", ED 119-860.

COOLEY, Thomas M., *Principios del Derecho Constitucional en los Estados Unidos de América*, J. Peuser, Buenos Aires, 1898.

COPI, Irving M., *Introducción a la lógica*, Buenos Aires, 1968.

CORRÁ, María Inés, "La contratación pública electrónica", en AA.VV., *Cuestiones de Contratos Administrativos*, Jornadas organizadas por la Universidad Austral, Facultad de Derecho, RAP, Buenos Aires, 2007.

CORREA LUNA, Alejandro - ONETTO, Claudio A., "Estudio legal de la garantía y pago del financiamiento de proyectos petroleros (Su aplicación a contratos de locación de obras y servicios en general)", LL 1988-D-1074.

CORTELLEZI, Juan, "Un fallo que afirma el principio de igualdad de los oferentes en los concursos de precios y las prerrogativas de dirección pública", *REDA* nro. 56, Depalma, Buenos Aires, 2006.

CORVALÁN, Juan Gustavo, "Un nuevo enfoque sobre la discrecionalidad administrativa", *RAP*, nro. 351, Buenos Aires, 2007.

COSCULLUELA MONTANER, Luis, *Manual de Derecho Administrativo*, 11ª ed., Civitas, Madrid, 1997.

COSSIO, Carlos, *La teoría egológica del derecho y el concepto jurídico de libertad*, Losada, Buenos Aires, 1944, y la 2ª ed., Abeledo-Perrot, Buenos Aires, 1964.

COUTURE, Eduardo J., *Estudios de Derecho Procesal Civil*, t. II, Depalma, Buenos Aires, 1949.

COVIELLO, Pedro J. J., "El caso 'Columbia': nuevas precisiones de la Corte Suprema sobre la responsabilidad por actos estatales normativos", *REDA*, nro. 9/10, Depalma, Buenos Aires, 1992.

————————————— "La denominada 'zona de reserva de la Administración' y el principio de legalidad administrativa", REDA, nro. 21/23, Depalma, Buenos Aires, 1996.

————————————— "El caso Tecnobra: un fallo con interesantes planteos", LL 1993-E, 486.

————————————— "El contrato administrativo en la jurisprudencia de la Corte Suprema de Justicia de la Nación", en AA.VV., *Contratos Administrativos,* Jornadas organizadas por la Universidad Austral Facultad de Derecho, Ciencias de la Administración, Buenos Aires, 2000.

————————————— "El criterio del contrato administrativo en la jurisprudencia de la Corte Suprema de Justicia de la Nación", ED 111-852.

————————————— "El elemento subjetivo en los contratos administrativos según un fallo de nuestra Corte Suprema (breves anotaciones al caso 'Pluspetrol')", EDA 2007-307.

————————————— *La protección de la confianza del administrado*, Lexis Nexis-Abeledo Perrot, Buenos Aires, 2004.

————————————— "La teoría general del contrato administrativo a través de la jurisprudencia de la Corte Suprema de Justicia de la Nación", *130 años de la Procuración del Tesoro de la Nación*, Buenos Aires, 1993.

COX, A., *Law and National Labor Policy*, t. II, Universidad de California, 1960.

COZZI, Adalberto E., "El proyecto de Ley Nacional de Procedimientos Administrativos y su reglamentación", Jus, nro. 19, Platense, La Plata, 1971.

CRAIG, P. P., *Administrative Law*, 4ª ed., Sweet & Maxwell, Londres, 1999.

CREO BAY, Horacio D., "El abogado en el procedimiento administrativo", JA 1977-II-749.

——————————— "Nuevo régimen jurídico institucional de la ciudad de Buenos Aires", LL 1994-E-1027.

CRETELLA JUNIOR, José, "Principios fundamentales del Derecho Administrativo", en *Estudios en homenaje al profesor López Rodó*, t. I, Universidad Complutense, Madrid, 1972.

——————————— *Curso de Direito Administrativo*, Río de Janeiro, 1974.

——————————— *Fundaçoes de Direito Publico*, Río de Janeiro, 1976.

CRIVELLI, Julio César, *El ajuste del precio en la locación de obra*, Abaco, Buenos Aires, 2004.

CRIVELLI, Julio César - VEGA, Susana, "Estado Argentino: La emergencia permanente", *RAP*, nro. 264, Ciencias de la Administración, Buenos Aires, 2000.

——————————— "Emergencia y prohibición indexatoria de tarifas (Una vía de salida en la concesión de servicios públicos)", *RAP*, nro. 282, Ciencias de la Administración, Buenos Aires, 2002.

——————————— "Un nuevo sistema de redeterminación de precios para la obra pública: el DNU 1295/2002", *RAP*, nro. 321.

CUADROS, Oscar A., "Responsabilidad estatal y Derecho Administrativo" (en prensa), expuesta en las "Primeras Jornadas Internacionales sobre Responsabilidad del Estado (en homenaje al prof. Dr. Osvaldo Pritz)", realizadas en la ciudad de Mendoza, los días 26 y 27/4/2005.

——————————— "Los contratos inter-administrativos en el régimen actual", en AA.VV., *Cuestiones de Contratos Administrativos,* Jornadas organizadas por la Universidad Austral, Facultad de Derecho, *RAP*, Buenos Aires, 2007.

CUÉTARA, Juan Miguel de la, La actividad de la Administración. Lecciones de Derecho Administrativo, Tecnos, Madrid, 1983.

——————————— *Las potestades administrativas*, Tecnos, Madrid, 1986.

CUETO RÚA, Julio C., *Fuentes del Derecho*, Abeledo-Perrot, Buenos Aires, 1961.

——————————— "La responsabilidad del Estado por errores judiciales en las causas criminales", en *Jurisprudencia sobre responsabilidad extracontractual en el Derecho Público y Privado*, Universidad Nacional de La Plata, El Instituto, La Plata, 1943.

CULLEN, Iván José María, "Delegación legislativa: sentido y alcance del art. 76 de la Constitución Nacional", *Revista del Departamento de Derecho*, vol. 2, Centro de Estudios Políticos y Estratégicos Americanos, Buenos Aires, 2001.

CHAPMAN, William L., "Crónica resumida del proceso de control gubernamental y comentarios sobre la nueva Ley de Reforma del Régimen de Control de la Administración Financiera del Estado Nacional", *Revista de Administración Pública*, nro. 169, Centro de Estudios Políticos y Constitucionales, Madrid, 2005.

CHAPUS, René, *Droit Administratif général*, t. I, 2ª ed., Montchrestien, París, 1986.

――――――――――― *Droit Administratif général*, t. I, 10ª ed., Montchrestien, París, 1996.

――――――――――― CHEVALLIER, Jacques, *L'élaboration historique du principe de séparation de la juridiction administrative et de l'administration active*, LGDJ, París, 1970.

――――――――――― D'ALESSIO, Francesco, *Istituzioni di Diritto Amministrativo*, t. I, Unione Tipografica Editrice Torinense, Turín, 1939.

――――――――――― *Istituzioni di Diritto Amministrativo*, t. I, Turín, 1932.

――――――――――― DABIN, Jean, *Doctrina general del Estado. Elementos de filosofía política*, trad. del francés por Héctor González Uribe, JUS, México, 1946.

――――――――――― D'ALESIO, Francesco, *Istituzioni di Diritto Amministrativo Italiano*, 2ª ed., Unione Tipografica Editrice Torinense, Turín, 1939.

――――――――――― *Istituzioni di Diritto Amministrativo*, t. I, Turín, 1932.

DABIN, Jean, *Doctrina general del Estado. Elementos de filosofía política*, trad. del francés por Héctor González Uribe, Jus, México, 1946.

――――――――――― *El Derecho subjetivo*, trad. del francés, Revista de Derecho Privado, Madrid, 1955.

DANOS ORDOÑEZ, Jorge, "Los principios generales del derecho en el derecho administrativo peruano", en la obra colectiva *Los principios generales del derecho administrativo iberoamericano*, Netbiblo, La Coruña, 2008.

――――――――――― "El régimen de los reglamentos en el ordenamiento jurídico peruano", en las *Memorias del VI Foro Iberoamericano de Derecho Administrativo*, Universidad del Externado, Bogotá, 2007.

――――――――――― "El régimen de los contratos estatales en el Perú", *REDA* nro. 60, Depalma, Buenos Aires, 2007.

DAVIS - PIERCE, *Administrative Law Teatrise*, t. I.

DEBBASCH, Charles, *Contentieux administratif*, Dalloz, Paris, 1981.

――――――――――― *Institutions et droit administratifs*, t. 2, 3° ed., PUF, París, 1992.

DE CORAIL, Jean Louis, *La crise de la notion juridique de service public en droit administratif français*, LGDJ, París, 1953.

DE GOYCOECHEA, Juan Carlos, *Iniciativa privada. Concurso integral de proyectos*, Advocatus, Córdoba, 1999.

DE LA RIVA, Ignacio M., *Ayudas públicas. Incidencia de la intervención estatal en el funcionamiento del mercado*, Hammurabi, Buenos Aires, 2004.

――――――――――― "Control judicial de los actos de gobierno: estado actual de la cuestión", en CASSAGNE, Juan Carlos (dir.), *Procedimiento y proceso administrativo*, Jornadas organizadas por la Facultad de Derecho de la UCA, LexisNexis, Buenos Aires, 2005.

——————————— "La libertad de empresa en los servicios públicos concesionados", *REDA*, nro. 44, LexisNexis, Buenos Aires, 2003.

——————————— "La naturaleza jurídica del dominio público", en REINA TARTIÈRE, Gabriel de, (Coord.), *Dominio Público*, Heliasta, Buenos Aires, 2009.

DEL VECCHIO, Giorgio, *Los principios generales del derecho*, Bosch, Barcelona, 1979.

——————————— *Filosofía del Derecho*, t. II, 9ª ed. española, Bosch, Barcelona, 1969.

——————————— *Persona, Estado y Derecho*, trad. del italiano, Instituto de Estudios Políticos, Madrid, 1957.

DELBEZ, Louis, "La révocation des actes administratifs", *Revue de Droit Public et de la Science Politique*, t. 45, LGDJ, París, 1928.

DELPIAZZO, Carlos E., *Contratación Administrativa*, Universidad de Montevideo, Facultad de Derecho, Montevideo, 1999.

DEMICHELI, Alberto, *Génesis de las "Bases"*, Depalma, Buenos Aires, 1966.

DE SIMONE, Orlando, "El dominio originario de los recursos naturales", LL 1997-C, 1440.

DI MALTA, Pierre, *Essai sur la notion du pouvoir hiérarchique*, LGDJ, París, 1961.

DI RENZO, Francesco, *I Contrati della Pubblica Amministrazzione*, Giuffrè, Milán, 1975.

DÍAZ ARANA, Juan J. (h), *Influencia de Alberdi en la Constitución Nacional*, Abeledo, Buenos Aires, 1947.

DÍAZ CISNEROS, César, *Derecho Internacional Público*, t. II, 2ª ed., TEA, Buenos Aires, 1966.

DÍAZ DE GUIJARRO, Enrique, "Inaplicabilidad del artículo 1112 del Código Civil, a las relaciones, entre sí, de los funcionarios públicos", JA LXI-531.

DIEZ, Horacio P., "El conocimiento del vicio por el administrado y la revocación del acto viciado de nulidad absoluta. La interpretación de la Corte Suprema de Justicia de la Nación en el caso 'Almagro'".

——————————— "La impugnación de los 'actos administrativos contractuales'", en CASSAGNE, Juan Carlos (dir.), *Derecho procesal administrativo. Obra en homenaje a Jesús González Pérez*, t. II, Hammurabi, Buenos Aires, 2004.

——————————— "La inmodificabilidad de las ofertas en los procedimientos de selección del cocontratante del Estado. La proyección de ese principio durante la etapa de ejecución del contrato administrativo", en AA.VV., *Cuestiones de Contratos Administrativos,* Jornadas de Derecho Administrativo de la Universidad Austral, RAP, Buenos Aires, 2007.

DIEZ, Manuel M., *Derecho Administrativo*, t. I, Bibliográfica Omeba, Buenos Aires, 1963 y 2ª ed., Plus Ultra, Buenos Aires, 1974.

——————————— *Derecho Administrativo*, t. II, 1ª ed., Bibliográfica Omeba, Buenos Aires, 1965.

——————————— *Derecho Administrativo*, t. III, 1ª ed., Bibliográfica Omeba, Buenos Aires, 1967.

——————————— *Derecho Administrativo*, t. IV, Bibliográfica Omeba, Buenos Aires, 1969.

——————————— *Derecho Administrativo*, t. V, Plus Ultra, Buenos Aires, 1971.

——————————— *El acto administrativo*, 2ª ed., TEA, Buenos Aires, 1961.

——————————— *Manual de derecho administrativo*, t. I, Plus Ultra, Buenos Aires, 1977.

DIEZ, Manuel M. (dir.), *Acto y procedimiento administrativo*, Plus Ultra, Buenos Aires, 1975.

DIEZ, Manuel M. - HUTCHINSON, Tomás (colab.), *Manual de Derecho Administrativo*, t. II, Plus Ultra, Buenos Aires, 1980.

DIEZ-PICASO, Luis, *Fundamentos del Derecho Civil Patrimonial*, t. III, Civitas, Madrid, 1995.

DIKSON - CLANCY, *The Congress Dictionary*, Nueva York, 1993.

DOCOBO, Jorge J., "Delegación a los ministros y secretarios de Estado", JA 1975-708, secc. Doctrina.

——————————— "El plazo de gracia en el procedimiento administrativo", LL 1979-B-105.

——————————— "El reglamento de procedimientos administrativos aprobado por el dec. 1759/1972", JA, nro. 4028, p. 9.

——————————— "Funciones de los subsecretarios", JA, 1972, secc. Doctrina.

——————————— "La actuación administrativa", JA 1975-519 y ss., secc. Doctrina.

——————————— "La Ley Nacional de Procedimientos Administrativos", JA, nro. 4027, del 4/5/1973.

——————————— "La Procuración del Tesoro de la Nación", *Boletín del Instituto de Derecho Administrativo Profesor Rafael Bielsa*, nro. 6, Buenos Aires, 1972.

——————————— "Las sociedades del Estado y el amparo por mora de la Administración", LL 1982-C-331.

DRAGO, Roland, *Les crises de la notion d'établissement public*, París, 1950.

DROMI, José R., "Acción retrocesión. Presupuestos procesales y sustanciales", LL 1975-A-156.

——————————— "Actividad administrativa provincial. Enfoque histórico", JA, secc. Doctrina, 1975, ps. 712/720.

——————————— "Contratos de la Administración. Régimen jurídico unitario", JA 1974, secc. Doctrina.

——————————— "El dictamen y la formación de la voluntad administrativa", *RADA*, nro. 2, Universidad del Museo Social Argentino, Buenos Aires, 1971.

624

———————————— "La desconcentración administrativa", JA, nro. 3769, p. 11.

———————————— *Acto administrativo. Ejecución, suspensión y recursos*, Macchi, Buenos Aires, 1973.

———————————— *Derecho Administrativo Económico*, t. I, Astrea, Buenos Aires, 1983-1985.

———————————— *Derecho subjetivo y responsabilidad pública*, Temis, Bogotá, 1980.

———————————— *El acto administrativo*, Madrid, 1985.

———————————— *Instituciones de Derecho Administrativo*, Astrea, Buenos Aires, 1973.

———————————— *Manual de Derecho Administrativo*, t. II, Astrea, Buenos Aires, 1987.

———————————— *Reforma del Estado y privatizaciones*, t. I, Buenos Aires, 1991.

———————————— *Licitación pública*, Ciudad Argentina, Buenos Aires, 1999.

———————————— *La licitación pública*, 2ª ed., Ciudad Argentina, Buenos Aires, 1995.

———————————— *Derecho Administrativo,* t. 2, Astrea, Buenos Aires, 1992.

DROMI, José R. - SARMIENTO GARCÍA, Jorge, "Proceso administrativo", JA 1975-641 secc. Doctrina.

DRUETTA, Ricardo T., "Renegociación del contrato administrativo", en AA.VV., *Contratos administrativos*, Jornadas organizadas por la Universidad Austral, Ciencias de la Administración, Buenos Aires, 2000.

DRUETTA, Ricardo Tomás – GUGLIELMINETTI, Ana Patricia, *Ley 13.064 de Obras Públicas. Comentada y anotada*, Abeledo Perrot, Buenos Aires, 2008.

DUEZ, Paul, *Les actes de gouvernement*, Recueil Sirey, París, 1935.

DUEZ, Paul - DEBEYRE, Guy, *Traité de Droit Administratif,* Dalloz, París, 1952.

DUFAU, Jean, *Les concessions de service public*, Moniteur, París, 1979.

———————————— *Droit des travaux publics*, PUF, París, 1998.

DUGUIT, Léon, *Traité de Droit Constitutionel*, t. III, 2ª ed., Fontemoing & Cie, París, 1923.

———————————— *Traité de Droit Constitutionnel*, ts. I y II, 3ª ed., Fontemoing et Cie, París, 1927.

DUPEYROUX, Henri, *Faute personnelle et faute du service public*, Tesis, París, 1922.

DURÁN MARTÍNEZ, Augusto, "Ejecución de los contratos administrativos", en *Contratación administrativa*, Fundación de Cultura Universitaria, Montevideo, 1968.

625

DWORKIN, Ronald, *Los derechos en serio*, 2ª ed., Ariel, Barcelona, 1989.

EINSENMANN, Charles, "Droit Public, Droit Privé", *Revue de Droit Public*, Chevalier Marescq, París, 1952.

EKMEKDJIAN, Miguel Á., "La inconstitucionalidad de los llamados reglamentos de necesidad y urgencia", LL 1989-E-1296.

ENTRENA CUESTA, Rafael, *Curso de Derecho Administrativo*, t. I, 3ª ed. (reimpresión), Tecnos, Madrid, 1970.

——————————— *Curso de Derecho Administrativo*, t. I-1, 9ª ed., Tecnos, Madrid, 1986.

——————————— "Consideraciones sobre la teoría de los contratos de la Administración", *Revista de Administración Pública*, nro. 42, Instituto de Estudios Políticos, Madrid, 1963.

——————————— *La nueva contratación pública*, INAP, Madrid, 2002.

ESCOLA, Héctor J., "La revocación del acto administrativo afectado de nulidad absoluta (Algo más en torno del art. 17 de la Ley Nacional de Procedimientos Administrativos)", LL 1977-C-816.

——————————— *Tratado general de procedimiento administrativo*, Depalma, Buenos Aires, 1973.

——————————— *Tratado integral de los contratos administrativos*, t. I, Depalma, Buenos Aires, 1977.

ESPINOSA-SALDAÑA BARRERA, Eloy, "Proceso contencioso administrativo, amparo alternativo y algunas previsiones a la espera de un amparo individual", en *Derecho Administrativo*, Jurista Editores, Lima, 2004.

ESTEVES, José A., "Un diagnóstico errado", *Revista del Colegio Público de Abogados de la Capital Federal*, nro. 77, julio 2004.

ESTRADA, José Manuel, *Curso de Derecho Constitucional*, t. III, Sudamericana de Billetes de Banco, Buenos Aires, 1902.

ESTRADA, Juan Ramón de, "Enseñanza privada y servicio público", ED 119-955.

——————————— "Atribución de los poderes Legislativo y Ejecutivo para crear entidades autárquicas", *Estudios de Derecho Administrativo*, t. I, Buenos Aires, 1975.

——————————— "Juicios contra el Estado nacional", JA 1977-III-689.

——————————— "La primera reforma de la Ley Nacional de Procedimiento Administrativos", *EDLA*, nro. 1, Buenos Aires, 1978.

——————————— "La revocación por ilegitimidad del acto administrativo irregular (El art. 17 de la Ley Nacional de Procedimientos Administrativos)", LL 1976-D-820.

——————————— "Responsabilidad del Estado por actos legislativos y discrecionales (Fundamento y límites de la responsabilidad estatal conforme a derecho)", ED 102-838.

_____ "Agotamiento de la vía administrativa y habilitación de la instancia judicial: dos importantes fallos de la Corte Suprema", *REDA,* nro. 4, Depalma, Buenos Aires, 1990.

FALCON, Giandománico, *Le convenzione pubblicistiche,* Giuffrè, Milán, 1984.

FANELLI EVANS, Guillermo E., "Las reformas al reglamento de la Ley Nacional de Procedimientos Administrativos", EDLA, 1978, Universitas, 1979.

_____ *La concesión de obra pública,* Ciencias de la Administración, Buenos Aires, 1989.

_____ "La financiación de concesiones de obras y servicios públicos", LL 1998-D-958.

_____ "La preselección de oferentes en la licitación pública", ED 97-898.

FARGOSI, Horacio P., "La actividad financiera privada ¿Servicio público impropio?", en *Estudios en homenaje a Isaac Halperin,* RDCO, Depalma, Buenos Aires, 1978.

_____ "La posición dominante en el contrato. Nuevamente sobre la actividad bancaria como servicio público", LL 1980-D-558.

FATONE, Vicente, *Lógica y teoría del conocimiento,* Sudamericana, Buenos Aires, 1953.

FAZIO, Giuseppe, La delega amministrativa e i rapporti de delegazione, Giuffrè, Milán, 1964.

FERNÁNDEZ, Tomás R., "De nuevo sobre el poder discrecional y su ejercicio arbitrario", *Revista Española de Derecho Administrativo,* nro. 80, Civitas, Madrid, 1993.

_____ "Del servicio público a la liberalización desde 1950 hasta hoy", *RAP,* nro. 150, Centro de Estudios Políticos y Constitucionales, Madrid, 1999.

_____ *La doctrina de los vicios de orden público,* Instituto de Estudios de Administración Local, Madrid, 1970.

FERNÁNDEZ ACEVEDO, Rafael, *Las concesiones administrativas de dominio público,* Thomsom-Civitas, Madrid, 2007.

FERNÁNDEZ DE OLIVERA, Regis, *Ato administrativo,* San Pablo, 1978.

_____ *Infrações e Sanções Administrativas,* San Pablo, 1985.

FERNÁNDEZ DE VELASCO, Recaredo, *Los contratos administrativos,* Librería General de Victoriano Suárez, Madrid, 1927.

FERNÁNDEZ FARRERES, Germán, *La subvención: concepto y régimen jurídico,* Instituto de Estudios Fiscales, Madrid, 1983.

FERNÁNDEZ TORRES, Juan Ramón, La formación histórica de la jurisdicción contencioso administrativa (1845-1868), Civitas, Madrid, 1998.

_____ *Jurisdicción administrativa revisora y tutela judicial efectiva,* Civitas, Madrid, 1998.

FERNÁNDEZ RUIZ, Jorge, *Derecho Administrativo. Contratos,* Porrúa, México, 2003.

FERRARA, Francesco, *Teoría de las personas jurídicas,* Reus, Madrid, 1929.

FERRO, Héctor R., *Expropiación de empresas y fondos de comercio*, Astrea, Buenos Aires, 1977.

FIORINI, Bartolomé A., *Derecho Administrativo*, ts. I y II, 2ª ed. act., Abeledo-Perrot, Buenos Aires, 1976.

——————————— "Inexistencia del acto administrativo jurisdiccional", LL 101-1027.

——————————— *Manual de Derecho Administrativo*, t. I, La Ley, Buenos Aires, 1968.

——————————— *Recurso jerárquico*, Abeledo-Perrot, Buenos Aires, 1963.

——————————— *Teoría jurídica del acto administrativo*, Abeledo-Perrot, Buenos Aires, 1969.

FIORINI, Bartolomé - MATA, Ismael, *Licitación pública. Selección del contratista estatal*, Abeledo-Perrot, Buenos Aires, 1972.

FLAMME, Maurice A., "El régimen de las actividades comerciales e industriales de los poderes públicos en Bélgica", en *La empresa pública*, t. II, Zaragoza, 1970.

FLEINER, Fritz, *Les principes généraux du Droit Administratif allemand*, trad. del alemán al francés de Ch. Einsenmann, Delegrave, París, 1933.

——————————— *Instituciones de Derecho Administrativo*, trad. de la 8ª ed. alemana, Labor, Barcelona, 1933.

FLORES DAPKEVICIUS, Rubén, "Los contratos administrativos y la licitación pública en la República Oriental del Uruguay", *RAP*, Buenos Aires, año XXIX-344.

FLORIAN, Pablo Federico, *Concesión de obra pública*, La Ley, Buenos Aires, 2001.

FOLIGNO, Darío, *L'attività amministrativa*, Milán, 1966.

FONROUGE, Máximo J., "Las audiencias públicas", punto 1, *REDA*, nro. 24/26, Depalma, Buenos Aires, 1997.

——————————— "La indemnización en la revocación del contrato administrativo por razones de interés público", en AA.VV. *Contratos Administrativos*, Jornadas organizadas por la Universidad Austral, Ciencias de la Administración, Buenos Aires, 2000.

FONT LLOVET, Tomás, "Nuevas consideraciones en torno a la suspensión judicial de los actos administrativos", *Revista Española de Derecho Administrativo*, nro. 34, Civitas, Madrid, 1982.

FONTÁN BALESTRA, Carlos, *Tratado de Derecho Penal*, t. III, Abeledo-Perrot, Buenos Aires, 1990.

FORSTHOFF, Ernst, *Tratado de Derecho Administrativo*, trad. del alemán, Centro de Estudios Constitucionales, Madrid, 1958.

FRAGA, Gabino, *Derecho Administrativo*, 3ª ed., Porrúa, México, 1944.

——————————— *Derecho Administrativo*, Porrúa, México, 1958.

FRAGOLA, Umberto, *Gli atti amministrativi*, Turín, 1952.

FRANCAVILLA, Ricardo H., "El alcance de la potestad sancionadora del Estado", en CASSAGNE, Juan Carlos, *Cuestiones de derecho administrativo*, Depalma, Buenos Aires, 1987.

FRANCISCI, Pietro, *Storia del Diritto Romano*, Milán, 1948.

FRANCHINI, Flaminio, *La delegazione amministrativa*, Giuffrè, Milán, 1950.

FRANCO SOBRINHO, Manoel de Oliveira, *Atos administrativos*, San Pablo, 1980.

————————————— *Os serviços de utilidade pública*, Curitiba, 1940.

FREELAND LÓPEZ LECUBE, Alejandro, "Las fuentes del Derecho Comunitario", LL 1993-B-766.

FRÍAS, Pedro J., *Las nuevas constituciones provinciales*, Depalma, Buenos Aires, 1989.

FRUGONE SCHIAVONE, Héctor, "Principios fundamentales del procedimiento administrativo", en *Procedimiento administrativo*, Montevideo, 1977.

GALLEGO ANABITARTE, Alfredo, *Derecho general de organización*, Instituto de Estudios Administrativos, Madrid, 1971.

————————————— *Ley y reglamento en el Derecho Público occidental*, Instituto de Estudios Administrativos, Madrid, 1971.

GALLEGOS FEDRIANI, Pablo, "La Ley de Emergencia Económico-Financiera 25.334. Diversos aspectos procesales de la misma", ED 191-729.

————————————— "Las medidas cautelares contra la Administración Nacional", LL 1996-B-1052.

————————————— "Sobre el control jurisdiccional en la contratación administrativa", en CASSAGNE, Juan Carlos - RIVERO YSERN, Enrique (dir.), *La contratación pública*, t. II, 1ª ed., Hammurabi, Buenos Aires, 2006.

GALLIGAN, D. J., *Discretionary powers*, Clarendon Press, Oxford, 1992.

GALLO DE POMPONE , Celia E., "La voluntad en el acto administrativo", en DIEZ , Manuel M. (dir.), *Acto y procedimiento administrativo*, Plus Ultra, Buenos Aires, 1975.

GAMBIER, Beltrán, "El concepto de 'oferta más conveniente' en el procedimiento licitatorio público (La doctrina de los conceptos jurídicos indeterminados y el control judicial)", LL 1988-D-744.

————————————— "Algunas reflexiones en torno a la responsabilidad del Estado por omisión, a la luz de la jurisprudencia", LL 1990-E-617.

————————————— "El procedimiento administrativo: algunas cuestiones que suscita el principio del informalismo", JA 1992-III-2 y ss., secc. Doctrina.

————————————— "La impugnación directa de los reglamentos en sede administrativa en un dictamen de la Procuración del Tesoro de la Nación", *REDA*, nro. 2, Depalma, Buenos Aires, 1985.

————————————— "La responsabilidad estatal por causas vinculadas con emprendimientos urbanísticos (autopistas urbanas) y el artículo 2620 del Código Civil, en un fallo de la Corte", *RAP*, nro. 136, Ciencias de la Administración, Buenos Aires, 1990.

——————————— "El principio de igualdad en la licitación pública y la potestad modificatoria en los contratos administrativos", en CASSAGNE, Juan Carlos [dir.], *Derecho administrativo. Obra colectiva en homenaje al profesor Miguel S. Marienhoff*, Abeledo-Perrot, Buenos Aires, 1998.

GAMBIER, Beltrán - LAGO, Daniel, "El medio ambiente y su reciente recepción constitucional", en CASSAGNE, Juan Carlos (dir.), *Estudios sobre la reforma constitucional*, Depalma, Buenos Aires, 1995.

GARCÍA BELAUNDE, Domingo, *Las Constituciones del Perú*, t. I, 2° ed., Universidad San Martín de Porres, Fondo Editorial, Lima, 2006.

GARCÍA BELSUNCE, Horacio A., "Homenaje a la Constitución Nacional de 1853 en su sesquicentenario", *Anales de la Academia Nacional de Derecho y Ciencias Sociales de Buenos Aires*, nro. 41, La Ley, Buenos Aires, 2003.

——————————— "La autonomía del Derecho Tributario", en *Estudios Financieros*, Abeledo-Perrot, Buenos Aires, 1966.

——————————— "La delegación legislativa", en GARCÍA BELSUNCE, Horacio A. (coord.), *Estudios de Derecho Constitucional Tributario en homenaje al profesor Juan Carlos Luqui*, Depalma, Buenos Aires, 1994.

——————————— "Régimen penal tributario. Concurso de sanciones", LL 1990-C-918.

——————————— *Derecho Tributario Penal*, Depalma, Buenos Aires, 1985.

——————————— *Enfoques sobre Derecho y Economía*, Depalma, Buenos Aires, 1998.

——————————— *Garantías constitucionales*, Depalma, Buenos Aires, 1984.

——————————— *La autonomía del Derecho Tributario*, Depalma, Buenos Aires, 1996.

——————————— "Los tratados internacionales de derecho humanos y la Constitución Nacional", separata de la Academia Nacional de Ciencias Morales y Políticas, Buenos Aires, 2006.

GARCÍA BELSUNCE, Horacio A. (coord.), Estudios de Derecho Constitucional Tributario en homenaje al profesor Dr. Juan Carlos Luqui, Depalma, Buenos Aires, 1994.

GARCÍA DE ENTERRÍA, Eduardo, "Un paso importante para el desarrollo de nuestra justicia constitucional: la doctrina prospectiva en la declaración de ineficacia de las leyes inconstitucionales", *Revista Española de Derecho Administrativo*, nro. 61, Civitas, Madrid, 1989.

——————————— "Administración local y Administración periférica del Estado: problemas de articulación", en *La Administración española. Estudios de ciencia administrativa*, Instituto de Estudios Políticos, Madrid, 1961.

——————————— El dogma de la reversión de las concesiones", en *Dos estudios sobre la usucapión en Derecho Administrativo*, Tecnos, Madrid, 1974.

——————————— "El problema jurídico de las sanciones administrativas", *Civitas*, nro. 10, Madrid, 1976.

——————————— "La configuración del recurso de lesividad", *Revista de Administración Pública*, nro. 15, Instituto de Estudios Políticos, Madrid.

——————————— "La lucha contra las inmunidades del poder en Derecho Administrativo", *Revista de Administración Pública*, nro. 38, Instituto de Estudios Políticos, Madrid, 1962.

——————————— "La participación de los administrados en las funciones administrativas", en ALONSO OLEA, Manuel (dir.), *Homenaje a Segismundo Royo Villanova*, Moneda y Crédito, Madrid, 1977.

——————————— "Riesgo y ventura en la contratación administrativa", *Revista de Administración Pública*, nro. 2, Instituto de Estudios Políticos, Madrid, 1950.

——————————— "Sobre silencio administrativo y recurso contencioso", *Revista de Administración Pública*, nro. 47, Instituto de Estudios Políticos, Madrid, 1965.

——————————— "Verso un concetto di Diritto Amministrativo como diritto statutario", *Riv. Trimestrale di Diritto Pubblico*, nro. 2/3, 1960.

——————————— *Estudios sobre autonomías territoriales*, 1ª ed., Civitas, Madrid, 1985.

——————————— *Legislación delegada, potestad reglamentaria y control judicial*, Tecnos, Madrid, 1970.

——————————— *Los principios de la nueva Ley de Expropiación Forzosa*, Instituto de Estudios Políticos, Madrid, 1956.

——————————— *Problemas del Derecho Público al comienzo del siglo*, Civitas, Madrid, 2001.

——————————— *Reflexiones sobre la ley y los principios generales del Derecho*, Civitas, Madrid, 1984.

——————————— *Revolución Francesa y administración contemporánea*, Taurus, Madrid, 1972.

——————————— "La figura del contrato administrativo", *Revista de Administración Pública*, nro. 41, Instituto de Estudios Políticos, Madrid, 1963.

——————————— "Sobre la imprescriptibilidad del dominio público", *Revista de Administración Pública*, Nº 13, Madrid, 1954.

GARCÍA DE ENTERRÍA, Eduardo - FERNÁNDEZ, Tomás R., *Curso de Derecho Administrativo*, t. I, 1ª ed. (1974); 5ª ed., (1989); 7ª ed., (1995); 9ª ed., (1999); 10ª ed., (2000); Civitas, Madrid.

——————————— *Curso de Derecho Administrativo*, t. II, 1ª ed., (1977); 2ª ed. (1981); 6ª ed. (1993); 9ª ed., (2004), Civitas, Madrid.

——————————— *Curso de Derecho Administrativo*, 13° ed., Civitas, Madrid, 2006.

GARCÍA MÁYNEZ, Eduardo, *Introducción al Derecho*, México, 1944.

GARCÍA OVIEDO, Carlos, *Derecho Administrativo*, t. II, 9ª ed. act. por Enrique Martínez Useros, EISA, Madrid, 1968.

——————————— *Derecho Administrativo*, t. I, Madrid, 1955.

GARCÍA PELAYO, Manuel, *Derecho Constitucional comparado*, 4ª ed., Revista de Occidente, Madrid, 1957.

——————————— *Derecho Constitucional Comparado*, 6ª ed., Revista de Occidente, Madrid, 1961.

——————————— *Las transformaciones del Estado contemporáneo*, Alianza Editorial, Madrid, 1977.

GARCÍA PULLÉS, Fernando R., "Actividad administrativa interna, interorgánica e interadministativa", en *Acto administrativo y reglamento*, Jornadas organizadas por la Universidad Austral, Facultad de Derecho, RAP, Buenos Aires, 2002.

——————————— "Ángel Estrada. La Corte Suprema y el fundamento de la potestad jurisdiccional. Facultades del legislador y de los justiciables", JA 2005-III, número especial "El caso 'Ángel Estrada'", del 31/8/2005.

——————————— "La impugnación de actos administrativos de alcance general", ED 148-853.

——————————— "La potestad sancionatoria de la Administración Pública y la reforma de la Constitución Nacional", *Documentación Administrativa*, nro. 267-268, INAP, Madrid, 2003/2004.

——————————— *Régimen de empleo público en la Administración Nacional*, LexisNexis, Buenos Aires, 2005.

——————————— *Tratado de lo contencioso-administrativo*, t. II, Hammurabi, Buenos Aires, 2004.

——————————— "Potestad sancionatoria de la Administración Pública en la contratación administrativa", en CASSAGNE, Juan Carlos - RIVERO YSERN, Enrique (dir.), *La contratación pública*, t. II, 1ª ed., Hammurabi, Buenos Aires, 2006.

——————————— "El proceso contencioso administrativo como instrumento de control", en CASSAGNE, Juan Carlos (dir.), *Derecho procesal administrativo. Obra en homenaje a Jesús González Pérez*, t. I, Hammurabi, Buenos Aires, 2004.

——————————— *Régimen de Empleo Público en la Administración Nacional;* con la colaboración de BONPLAND, Viviana - UGARTE, Marcelo E., LexisNexis, Buenos Aires, 2005.

GARCÍA TREVIJANO FOS, José A., *Los actos administrativos*, 1ª ed., Civitas, Madrid, 1986.

——————————— "Titularidad y afectación en el ordenamiento jurídico español", *Revista de la Administración Pública*, nro. 29, Instituto de Estudios Políticos, Madrid, 1959.

——————————— *Principios jurídicos de la organización administrativa*, Instituto de Estudios Políticos, Madrid, 1957.

——————————— *Tratado de Derecho Administrativo*, 3ª ed., Revista de Derecho Privado, Madrid, 1967.

——————————— *Tratado de Derecho Administrativo*, t. I, Revista de Derecho Privado, Madrid, 1972.

632

——————————— "Reciente evolución de la jurisprudencia administrativa: los actos separables admitidos por el Tribunal Supremo", en *Revista de Administración Pública*. nro. 36, Instituto de Estudios Políticos, Madrid, 1961.

GARCÍA-TREVIJANO GARNICA, Ernesto, *La cesión del contrato administrativo. La subcontratación*, Civitas, Madrid, 2002.

——————————— *La resolución del contrato administrativo de obra*, Montecorvo, Madrid, 1996.

GARRIDO FALLA, Fernando, "Las empresas públicas", en AA.VV., *La Administración Pública y el Estado contemporáneo*, Instituto de Estudios Políticos, Madrid, 1961.

——————————— "Las tres crisis del Derecho Público subjetivo", en AA.VV., *Estudios dedicados al profesor García Oviedo*, t. I, Universidad de Sevilla, Sevilla, 1954.

——————————— *Administración indirecta del Estado y descentralización funcional*, Madrid, 1950.

——————————— *Derecho Administrativo*, t. II, 10ª ed., Tecnos, Madrid, 1987.

——————————— *Las Empresas Públicas*, Madrid, 1961.

——————————— *Las transformaciones del régimen administrativo*, 2ª ed., Centro de Estudios Constitucionales, Madrid, 1982.

——————————— *Régimen de impugnación de los actos administrativos*, Instituto de Estudios Políticos, Madrid, 1956.

——————————— *Tratado de Derecho Administrativo*, ts. I-II, 4ª ed., Instituto de Estudios Políticos, Madrid, 1966.

——————————— *Tratado de Derecho Administrativo*, ts. I-II, 7ª ed., Centro de Estudios Constitucionales, Madrid, 1980.

——————————— *Tratado de Derecho Administrativo*, t. I, 8ª ed., Centro de Estudios Constitucionales, Madrid, 1982.

——————————— *Tratado de derecho administrativo*, t. II, 8° ed., Tecnos, Madrid, 1987.

——————————— *Tratado de Derecho Administrativo*, t. I, 10ª ed. (1987); 11ª ed., (1995); 13ª ed., con la colab. de Alberto P. Olmeda y Herminio Losada González (2002); Tecnos, Madrid.

——————————— *Tratado de Derecho Administrativo*, t. II, 9ª ed. Tecnos, Madrid, 1989.

——————————— *Tratado de Derecho Administrativo*, t. III, Madrid, 1963.

——————————— *Tratado de Derecho Administrativo*, t. II, 10ª ed., Tecnos, Madrid, 1992.

GARRIDO FALLA, Fernando (dir.), *El modelo económico en la Constitución española*, Instituto de Estudios Económicos, Madrid, 1981.

GARRIDO FALLA, Fernando - FERNÁNDEZ PASTRANA, José María, *Régimen jurídico y procedimiento de las Administraciones Públicas (Un estudio de la Ley 30/1992)*, 1ª ed., Civitas, Madrid, 1993.

GARRIGUES, Joaquín, *Tratado de Derecho Mercantil*, t. I, vol. 1, Revista de Derecho Mercantil, Madrid, 1947.

GAUNA, Juan O., "La problemática del control judicial de los actos de la Administración Pública. La teoría de la separación del poder", LL 1979-C-922.

——————————— "Dominio Público en la Ciudad Autónoma de Buenos Aires", en la obra colectiva *Organización administrativa, función pública y dominio público,* Jornadas de la Universidad Austral, RAP, Buenos Aires, 2005.

GELLI, María Angélica, "Cuestiones de la delegación legislativa", ED 182-1277.

——————————— "La estabilidad de los contratos y la emergencia del default", en GORDILLO, Agustín (dir.), *El contrato administrativo en la actualidad*, La Ley, Buenos Aires, 2004.

——————————— *Constitución de la Nación Argentina. Anotada y concordada*, 2ª ed. ampl. y act., La Ley, Buenos Aires, 2003, 3ª ed. ampliada y actualizada, La Ley, Buenos Aires, 2006 y 4° ed., La Ley, Buenos Aires, 2008.

——————————— "De la delegación excepcional a la reglamentación delegativa. Acerca de la reforma a la Ley de Administración Financiera", LL 2006-E-868.

GÉNY, Bernard, "De la méthode et de la technique du droit privé positif a celles du Droit Administratif", en *Le Conseil d'État*, "Livre Jubilaire", París, 1952.

GÈNY, François, Método de interpretación y fuentes en Derecho Privado, 2ª ed., Reus, Madrid, 1925.

——————————— *Science et technique en droit privé positif*, t. I, Socété du Recueil Sirey, París, 1914.

GHIGLIANI, Alejandro E., "En torno a las concesiones de ocupación de bienes del dominio público", LL 39-1002.

GIANNINI, Massimo S., *Corso di Diritto Amministrativo*, Giuffrè, Milán, 1967.

——————————— *Diritto Amministrativo*, t. I-II, Giuffrè, Milán, 1970.

——————————— *Diritto Pubblico dell'economia*, II Mulino, Bologna, 1977.

——————————— *Lezioni di Diritto Amministrativo*, Giuffrè, Milán, 1950.

GIUCCIARDI, Enrico, *La giustizia amministrativa*, 2ª ed., Padua, 1943.

GIULIANI FONROUGE, Carlos M., *Derecho Financiero*, t. I, Depalma, Buenos Aires, 1965.

GOLDENBERG, Isidoro H., *La relación de causalidad en la responsabilidad civil*, Astrea, Buenos Aires, 1984.

GOLDSCHMIDT, James, "El Derecho Penal Administrativo", *Boletín de la Facultad de Derecho de Córdoba*, vol. 1-3, 1946.

GOLDSCHMIDT, Werner, *Introducción al Derecho*, 3ª ed., Depalma, Buenos Aires, 1967.

——————————— *Introducción filosófica al Derecho*, 4ª ed., Depalma, Buenos Aires, 1973.

GÓMEZ DE LA LASTRA, Manuel C., *Estado y fideicomiso*, Microjuris, Noticias del 10/4/2003.

GÓMEZ-FERRER MORANT, Rafael (coord.), *Libro homenaje al profesor José Luis Villar Palasi*, Civitas, Madrid, 1989.

GONZÁLEZ ARZAC, Rafael M., "La competencia de los órganos administrativos", ED 49-886.

——————————— "La competencia de los órganos administrativos", *Estudios de Derecho Administrativo*, t. I, Buenos Aires, 1975.

——————————— "Los plazos de impugnación judicial de los actos administrativos", ED 51-253.

——————————— "Los plazos de impugnación judicial de actos administrativos nacionales", ED 51-951.

GONZÁLEZ CALDERÓN, Juan A., *Derecho Constitucional argentino*, t. I, 2ª ed., Lajouane, Buenos Aires, 1923.

——————————— *Curso de Derecho Constitucional*, Buenos Aires, 1943/1960.

GONZÁLEZ DE RECA, Florencia, "Las sociedades del Estado como forma jurídica de la organización de empresas estatales", RADA, nro. 8, Plus Ultra, Buenos Aires, 1977.

——————————— "Las sociedades del Estado. Su régimen jurídico y su grado de autonomía", *Sindicatura General de Empresas Públicas*, Buenos Aires, 1980.

GONZÁLEZ GARCÍA, Julio V., *El alcance del control judicial de las administraciones públicas en los Estados Unidos de América*, McGraw-Hill, Madrid, 1996.

——————————— *La titularidad de los bienes del dominio público*, Marcial Pons, Madrid, 1998.

GONZÁLEZ NAVARRO, Francisco, *Derecho Administrativo español*, t. I, EUNSA, Pamplona, 1987.

——————————— *El procedimiento administrativo español en la doctrina científica*, Presidencia del Gobierno, Secretaría General Técnica, Madrid, 1972.

GONZÁLEZ PÉREZ, Jesús, "El método en el Derecho Administrativo", *Revista de Administración Pública*, nro. 22, Instituto de Estudios Políticos, Madrid, 1957.

——————————— "La revisión de los actos administrativos" en *Procedimiento administrativo*, ponencias del IV Encuentro Hispano-argentino sobre Derecho Administrativo. Santiago de Compostela, España, 15 y 16/2/1994, Edición de la Escola Galega de Administración Pública (EGAP).

——————————— "La revocación de los actos administrativos en la jurisprudencia española", *Revista de Administración Pública*, nro. 1, Instituto de Estudios Políticos, Madrid, 1950.

——————————— "La suspensión de la ejecución del acto objeto del recurso administrativo", *Revista Española de Derecho Administrativo*, nro. 5, Civitas, Madrid, 1975.

——————————— "Las partes en el proceso administrativo", *Anales de la Real Academia de Ciencias Morales y Políticas*, Real Academia de Ciencias Morales y Políticas, Madrid, 1997.

——————————— *Administración Pública y Libertad*, McGraw-Hill, México, 1971.

——————————— *Comentarios a la Ley de Jurisdicción Contencioso Administrativa*, 1ª ed. (1978); 2ª ed. (1994); 4ª ed. (2003); Civitas, Madrid, 1978.

——————————— *Comentarios a la Ley de Procedimientos Administrativos*, 1ª ed., Civitas, Madrid, 1977.

——————————— *Derecho Procesal Administrativo*, t. I-II, 2ª ed., Instituto de Estudios Políticos, Madrid, 1963-1967.

——————————— *El administrado*, El Consultor de los Ayuntamientos, Madrid, 1966.

——————————— *El derecho a la tutela jurisdiccional*, 3ª ed., Civitas, Madrid, 2001.

——————————— *El principio general de la buena fe en el derecho administrativo*, Civitas, Madrid, 1983.

——————————— *El procedimiento administrativo*, Madrid, 1964.

——————————— *La dignidad de la persona*, Civitas, Madrid, 1986.

——————————— *Los derechos reales administrativos,* 2ª ed., Civitas, Madrid, 1984.

——————————— *Los recursos administrativos y económico-administrativos*, 3ª ed., Civitas, Madrid, 1975.

——————————— *Manual de Derecho Procesal Administrativo*, 3ª ed., Civitas, Madrid, 2001.

——————————— *Manual de procedimiento administrativo*, 2ª ed., Civitas, Madrid, 2002.

——————————— *Responsabilidad patrimonial de las administraciones públicas*, 1ª ed., Civitas, Madrid, 1996.

GONZÁLEZ PÉREZ, Jesús - GONZÁLEZ NAVARRO, Francisco, Comentarios a la Ley de Régimen Jurídico de las Administraciones Públicas y Procedimiento Administrativo Común, t. I, Civitas, Madrid, 1997.

——————————— *Régimen jurídico de las administraciones públicas y procedimiento administrativo común*, Civitas, Madrid, 1993.

GONZÁLEZ, Joaquín V., *La expropiación en el Derecho Público argentino*, t. I, La Facultad, Buenos Aires, 1915.

——————————— *Obras completas*, t. V, Universidad de La Plata, Buenos Aires, 1935.

——————————— *Manual de la Constitución argentina*, Estrada, Buenos Aires, 1951.

——————————— *Manual de la Constitución argentina*, 28ª ed., Estrada, Buenos Aires, 1983.

GONZALEZ, Joaquín V., *Obras completas,* t. IV, Universidad de La Plata, Buenos Aires, 1935.

GONZÁLEZ-TREVIJANO, Pedro, "Conceptos jurídicos indeterminados y realidades económicas difusas en la Constitución de 1978", en COSCULLUELA MONTANER, Luis (coord.), *Estudios de Derecho Público Económico. Libro homenaje al prof. Dr. D. Sebastián Martín-Retortillo*, Civitas, Madrid, 2003.

GONZÁLEZ-VARAS IBÁÑEZ, Santiago, *El contrato administrativo*, Civitas, Madrid, 2003.

GORDILLO, Agustín, *Tratado de Derecho Administrativo*, t. I, 8ª ed., Fundación de Derecho Administrativo, Buenos Aires, 2003.

———————————— "Acto, reglamento y contrato administrativo en la ley 19.549", *RADA*, nro. 3, Universidad del Museo Social Argentino, Buenos Aires, 1972.

———————————— "Ángel Estrada", JA 2005-III, número especial "El caso 'Ángel Estrada'", del 31/8/2005.

———————————— "El estado actual del derecho administrativo", REDA, nro. 14, Depalma, Buenos Aires, 1993.

———————————— "El informalismo y la concurrencia en la licitación pública", *REDA*, nro. 11, Depalma, Buenos Aires, 1992.

———————————— *El acto administrativo*, 1ª ed., Abeledo-Perrot, Buenos Aires, 1963; 2ª ed., Abeledo-Perrot, Buenos Aires, 1969.

———————————— *El derecho administrativo de la economía: parte general*, Macchi, Buenos Aires, 1967.

———————————— *Empresas del Estado*, Macchi, Buenos Aires, 1966.

———————————— *Estudios de Derecho Administrativo*, Perrot, Buenos Aires, 1963.

———————————— *Introducción al Derecho Administrativo*, 2ª ed., Abeledo-Perrot, Buenos Aires, 1966.

———————————— *Procedimiento y recursos administrativos*, 1ª ed., (1964); 2ª ed., (1971); Macchi, Buenos Aires.

———————————— *Tratado de Derecho Administrativo*, t. I, 1ª ed. (1974); 2ª ed. (1995); 3ª ed. (1995); Macchi, Buenos Aires.

———————————— *Tratado de Derecho Administrativo*, t. I, 5ª ed. (1998); 8ª ed. (2003); Fundación de Derecho Administrativo, Buenos Aires.

———————————— *Tratado de Derecho Administrativo*, t. II, 1ª ed., Macchi, Buenos Aires, 1975.

———————————— *Tratado de Derecho Administrativo*, t. II, 2ª ed. (1998); 3ª ed. (1999); 4ª ed. (2000) Fundación de Derecho Administrativo, Buenos Aires.

———————————— *Tratado de Derecho Administrativo*, t. IV-I, 3ª ed., Macchi, Buenos Aires, 1980.

———————————— *Tratado de Derecho Administrativo*, ts. III y IV, 3ª ed., Macchi, Buenos Aires, 1979.

——————————— *Tratado de Derecho Administrativo*, t. IV_II, Macchi, Buenos Aires, 1982.

——————————— "Desregularización y privatización portuaria", REDA Nº 9/10, Depalma, Buenos Aires, 1992.

——————————— "El reclamo administrativo previo", ED 89-777.

——————————— "Los contratos administrativos", en LIBERATORI, Elena A. - ORTIZ DE ZÁRATE, Mariana [eds.], *Contratos administrativos. Regímenes de pago y actualización,* t. I, Astrea, Buenos Aires, 1982.

——————————— "Mayores costos. Imprevisión. Indexación", en *Contratos Administrativos*, Astrea, Buenos Aires, 1982.

——————————— "Obra pubblica y contrato de obra pubblica", en *Rassegna di Lavori pubbliche*, nro. 5, Roma, 1964.

——————————— *Contratos Administrativos*, t. I, Astrea, Buenos Aires, 1982.

——————————— "Obra pública y Contrato de Obra Pública", en *Contratos Administrativos,* t. I, Astrea, Buenos Aires, 1982.

GORDILLO, Agustín (dir.), *El contrato administrativo en la actualidad*, La Ley, Buenos Aires, 2004.

GRANERIS, Giuseppe, *Contribución tomista a la filosofía del Derecho*, Eudeba, Buenos Aires, 1977.

GRAU, Armando E., "La razonabilidad en el procedimiento administrativo argentino", *Revista Ciencias Administrativas*, año XI, nro. 27, La Plata, 1968.

——————————— "Resumen sobre la extinción de los actos administrativos", JA 1961-I-40, secc. Doctrina.

——————————— *Habilitación de la instancia contencioso-administrativa*, La Plata, 1971.

——————————— "Bases para una autarquía universitaria", *Doctrina Jurídica*, t. V, nro. 121, La Plata, 1973.

GRAU, Emilio, "Suspensión del acto administrativo y medida de no innovar contra el Estado", *Revista Jurídica de Buenos Aires*, t. III, Facultad de Derecho y Ciencias Sociales, Buenos Aires, 1965.

GRECCO, Carlos M., "Estudio preliminar sobre los denominados intereses 'difusos', 'colectivos' y su protección judicial", LL 1984-B-868.

——————————— "La doctrina de los conceptos jurídicos indeterminados y la fiscalización judicial de la actividad administrativa", LL 1980-D-1306.

——————————— "Potestad tarifaria, control estatal y tutela del usuario (a propósito de la privatización de Entel)", *REDA*, nro. 5, Depalma, Buenos Aires, 1990.

——————————— "Sobre el silencio administrativo", LL 1980-C-777.

——————————— "Vías de hecho administrativas", en MUÑOZ, Guillermo A. - GRECCO, Carlos M., *Fragmentos y testimonios del Derecho Administrativo*, Ad-Hoc, Buenos Aires, 1999.

——————————— "Vías de hecho administrativas", LL 1980-C-1210.

638

——————————— -"Potestad tarifaria, control estatal y tutela del usuario", *REDA*, nro. 5, Depalma, Buenos Aires, 1990.

——————————— "Procedimientos administrativos y contratos administrativos", en AA.VV., *Contratos administrativos*, Ciencias de la Administración, Buenos Aires, 2000.

——————————— "El ocaso de la dogmática tradicional del dominio público", en *Organización Administrativa, Función Pública y Dominio Público,* Universidad Austral, *RAP*, Buenos Aires, 2005.

GRECCO, Carlos M. - GUGLIELMINETTI, Ana P., "El principio de proporcionalidad en la Ley Nacional de Procedimientos Administrativos de la República Argentina (Glosas preliminares)", Documentación Administrativa nro. 267-268, INAP, Madrid, septiembre de 2003/abril de 2004.

GRECCO, Carlos M. - MUÑOZ, Guillermo Á., *Lecciones de Derecho Administrativo*, Morón, 1977.

——————————— *La precariedad en los permisos, autorizaciones, licencias y concesiones*, Depalma, Buenos Aires, 1992.

GREGORINI CLUSELLAS, Eduardo L., *Locación de obra*, La Ley, Buenos Aires, 1999, p. 145.

GRISEL , André, *Droit Administratif Suisse*, Éditions Ides et Calendes, Neuchâtel, 1970.

GRISON, Michel, *Teodicea*, Herder, Barcelona, 1972.

GRIZIOTI, Benvenuto, *Principios de la Ciencia de las Finanzas*, trad. a la 6ª ed. italiana, Buenos Aires, 1959.

GUAITA , Aurelio, *Derecho Administrativo especial*, t. I, Librería General, Zaragoza, 1965.

GUASTAVINO, Elías P., *Tratado de la jurisdicción administrativa y su revisión judicial*, t. I, Biblioteca de la Academia Nacional de Derecho y Ciencias Sociales de Buenos Aires, Buenos Aires, 1987.

——————————— "Indemnizaciones por la actividad lícita lesiva del Estado", ED 118-190.

GUETTIER, Christophe, *Droit des contrats administratifs*, 1° ed., PUF, París, 2004.

GUGLIELMINETTI, Ana Patricia, "Contratos administrativos y financiamiento privado", *Revista Actualidad en el Derecho Público*, nro. 11, Ad Hoc, Buenos Aires, 1989.

GUGLIELMINETTI, Ana Patricia - BENSADÓN, Pascual, "Algunos aspectos jurídico-económicos de la asociación público-privada (a propósito del dec. 967/2005)", EDA 2005-638.

GUGLIELMINETTI, Ana P. - GRECCO, Carlos M., "Invalidez del acto administrativo (una visión alternativa del caso 'Los Lagos')", *Revista de Derecho Público*, vol. 2004-2, Rubinzal-Culzoni, Buenos Aires, 2004.

GUICCIARDI, Enrico, *La giustizia amministrativa*, Padua, 1943.

639

——————————— *La giustizia amministrativa*, 2ª ed., Cedam, Padua, 1934.

GUIRIDLIAN LAROSA, Javier D., "La inactividad de la Administración, los remedios para paliarla y su vinculación con la técnica de los conceptos jurídicos indeterminados", *REDA*, año 14, LexisNexis - Depalma, Buenos Aires, 2002.

——————————— "Dominio público y fiducia", en REINA TARTIÈRE, Gabriel de (Dir.), *Dominio público*, Heliasta, Buenos Aires, 2009.

——————————— "El fideicomiso como técnica contractual administrativa", EDA 2003-546.

——————————— *Contratación pública y desarrollo de infraestructuras (nuevas formas de gestión y financiación)*, LexisNexis, Buenos Aires, 2004.

GUSMAN, Alfredo S., "Control administrativo, judicial y legislativo sobre las universidades públicas", *Control de la Administración Pública. Administrativo, legislativo y judicial*, Ediciones Rap, Buenos Aires, 2003.

HAMILTON, Alexander, *El Federalista,* Cap. LSSVII, Fondo de Cultura Económica, México, 1957.

HALPERIN, Isaac, "El régimen de sanciones al asegurado en la nueva ley argentina de seguros", *RDCO*, nro. 12, año 2, Depalma, Buenos Aires, 1969.

——————————— *Manual de sociedades anónimas*, Depalma, Buenos Aires, 1961.

HALPERIN, David A., "El carácter obligatorio de los plazos en el procedimiento administrativo", *RAP*, nro. 16, Ciencias de la Administración, Buenos Aires.

HALPERIN, David A. - CANOSA, Armando N., "Reflexiones sobre temas de derecho administrativo actual a partir de un fallo de la Corte", ED 156-963.

HALPERIN, David - CANOSA, Armando N. - MARTORELLO, Beatriz R., *Emergencia económica. Ley 25.344*, Errepar, Buenos Aires, 2001.

HALPERIN, David - CATTANI, Horacio R., "Procedimiento Administrativo", *RAP*, nro. 6, Ciencias de la Administración, Buenos Aires, 1979.

——————————— "El recurso de reconsideración en el procedimiento administrativo nacional", *Revista AIKH*, nro. 1.

HALPERIN, David A. - GAMBIER, Beltrán, *La notificación en el procedimiento administrativo*, Depalma, Buenos Aires, 1989.

HARO, Ricardo, "Control de razonabilidad y poder de policía", apartado de *Estudios de Derecho Administrativo*, Córdoba, 1978.

HAURIOU, Maurice, *La jurisprudence administrative de 1892 à 1929*, t. III, Recueil Sirey, París, 1929.

——————————— *La teoría de la Institución y la Fundación*, trad. del francés, Abeledo-Perrot, Buenos Aires, 1968.

——————————— *Précis de Droit Administratif et de Droit Public général*, 3ª ed., Librairie de la Société Récueil Général des Lois et des Arrêts, L. Larose, París, 1897.

——————————— *Précis de Droit Administratif et de Droit Public général*, Recueil Sirey, París, 1927.

——————————— *Précis de Droit Administratif et de Droit Public*, Recueil Sirey, París, 1927-1906.

——————————— *Principios de Derecho Público y Constitucional*, trad. del francés por Carlos Ruiz del Castillo, Reus, Madrid, 1927.

——————————— "La teoría del riesgo imprevisible o los contratos influidos por instituciones sociales", *Revista de Derecho Privado*, vol. 13, Madrid, 1926.

HAYEK, Friedrich A. von, *Derecho, legislación y libertad*, trad. española, t. II, Madrid, 1978-1979.

HELLER, Hermann, *Teoría del Estado*, trad. del alemán, FCE, México, 1942.

HEREDIA, Horacio H., "El contencioso administrativo en el fuero federal de la Capital de la República Argentina", *Revista de la Universidad de Buenos Aires, homenaje al Profesor Rafael Bielsa*, t. I, Buenos Aires, 1979.

——————————— "Recurso jerárquico", en DIEZ, Manuel M. (dir.), *Acto y procedimiento administrativo*, Plus Ultra, Buenos Aires, 1975.

HERNÁNDEZ, Antonio María (h.), *Derecho municipal*, t. I, Depalma, Buenos Aires, 1984.

——————————— *Federalismo, autonomía municipal y ciudad de Buenos Aires en la reforma constitucional de 1994*, Depalma, Buenos Aires, 1997.

HERNÁNDEZ, Belisario, "Los recursos administrativos", LL 147-1290.

——————————— "Las empresas públicas argentinas y el nuevo régimen de sociedades anónimas con participación estatal", LL 130-964.

——————————— "La recentralización administrativa en materia de competencia para designar personal", LL 143-1192.

HORWATH, Pablo - VANOSSI, Jorge R., "El fallo 'Baker v. Carr' y la justiciabilidad de las cuestiones políticas", LL 114-984.

HUAPAYA TAPIA, Ramón, "El objeto del proceso contencioso administrativo en la ley 27.584", en la obra colectiva *Derecho Administrativo*, Jurista Editores, Lima, 2004.

HUERGO LORA, Alejandro, *Los contratos sobre los actos y las potestades administrativas*, Civitas, Madrid, 1998.

HUICI, Héctor, "La actividad jurisdiccional de los entes reguladores", LL 1996-B-843.

——————————— "El caso 'Ángel Estrada'. Diversas proyecciones en materia de servicios públicos", JA 2005-III, número especial "El caso 'Ángel Estrada'", del 31/8/2005.

——————————— "La potestad jurisdiccional en el control administrativo de los servicios públicos", LL 1996-B-981.

HUTCHINSON, Tomás, "La caducidad del procedimiento administrativo", RAP, nro. 12, Ciencias de la Administración, Buenos Aires, 1979.

——————————— "Algunas consideraciones sobre las audiencias públicas [Una forma de participación ciudadana]", en *Jornadas Jurídicas sobre Servicio Público de Electricidad*, Buenos Aires, 1995.

——————————— "La suspensión de los efectos del acto administrativo como medida cautelar propia del proceso administrativo", ED 124-677.

——————————— "Los daños producidos por el Estado", *Jus*, Revista Jurídica de la Provincia de Buenos Aires, nro. 36, Platense, La Plata, 1984.

——————————— *La Ley Nacional de Procedimientos Administrativos. Ley 19.549, comentada, anotada y concordada con normas provinciales*, t. I-II, Astrea, Buenos Aires, 1985.

——————————— "La responsabilidad del Estado por la revocación del contrato administrativo por razones de interés público", en AA.VV., *Contratos administrativos,* Jornadas organizadas por la Universidad Austral, Facultad de Derecho, Ciencias de la Administración, Buenos Aires, 2000.

IACCARINO, Carlo M., *Studi sulla motivazione con particolare riguardo agli atti amministrativi*, Roma, 1933.

IBAÑEZ NAJAR, Jorge Enrique, *Estudios de Derecho Constitucional Económico*, Pontificia Universidad Javeriana, Bogotá, 2001.

IMAZ, Esteban, "Teoría del acto inexistente", LL 89.

IVANEGA, Miriam M., "El caso 'Tobar': ¿emergencia o imprevisión en la programación presupuestaria?", *REDA*, nro. 42, Depalma, Buenos Aires, 2003.

——————————— "Control judicial sobre las tarifas en los servicios públicos", en *Servicio público, policía y fomento*, Jornadas organizadas por la Universidad Austral, Facultad de Derecho, Ediciones Rap, Buenos Aires, 2005.

——————————— "Los principios de la organización administrativa", en *Documentación Administrativa*, nro. 267/268, Instituto Nacional de Administración Pública, Madrid, 2004.

——————————— *Mecanismos de control público y argumentaciones de responsabilidad*, Ábaco, Buenos Aires, 2003.

——————————— *Principios de la Administración Pública*, Ábaco, Buenos Aires, 2005.

JAPIOT, René, *Des nullités en matière d'actes juridiques*, Dijon, París, 1909.

JEANNEAU, Benoît, *Les principes généraux du droit dans la jurisprudence administrative*, Sirey, París, 1954.

JEANNERET DE PÉREZ CORTÉS, María, "La habilitación de la instancia judicial en la doctrina de la Corte Suprema de Justicia de la Nación", *REDA*, nro. 27/29, Depalma, Buenos Aires, 1998.

——————————— "La legitimación del afectado, del Defensor del Pueblo y de las asociaciones. La reforma constitucional de 1994 y la jurisprudencia", ED supl. de Derecho Administrativo del 29/4/2004 y en LL 2003-B-1333/1355 y en supl. La Ley de la *Revista del Colegio Público de Abogados de la Capital Federal*, julio 2003, nro. 26.

——————————— "Legitimación en el proceso contencioso administrativo", su exposición en las Jornadas sobre Derecho Procesal Administrativo. Universidad Católica Argentina, 1999, en *RAP*, Ciencias de la Administración, Buenos Aires, 2000, nro. 267.

642

—————————— "Las partes y la legitimación procesal en el proceso administrativo", en CASSAGNE, Juan Carlos (dir.), *Derecho Administrativo*, obra colectiva en homenaje al profesor Dr. Miguel S. Marienhoff, Abeledo-Perrot, Buenos Aires, 1998, ps. 461/511.

—————————— "La legitimación y el control judicial. El alcance del control judicial del ejercicio de las funciones administrativas públicas", en *Documentación Administrativa*, nro. 269-270, t. II, Instituto Nacional de la Administración Pública, Madrid, 2004.

—————————— "Acto administrativo y contrato administrativo", en AA.VV., *Contratos administrativos,* Jornadas organizadas por la Universidad Austral, Facultad de Derecho, Ciencias de la Administración, Buenos Aires, 2000.

—————————— "Admisibilidad de la acción por cobro o indemnización de daños sin impugnar, dentro del plazo del art. 25 de la ley 19.549, la legitimidad del acto administrativo que ha desestimado la misma pretensión o cuyo contenido excluye el pago de lo reclamado", en *La impugnación judicial de los actos administrativos en el orden nacional. A propósito de los casos "Petracca" y "Mevopal",* Separata del Instituto de Derecho Administrativo de la Academia Nacional de Derecho y Ciencias Sociales de Buenos Aires, *Anales*, año XXXV, segunda época, nro. 28, Buenos Aires, 1990.

—————————— "Control judicial. Habilitación de la instancia. Interrogantes que resultan de las disposiciones legales y de las decisiones de la Corte Suprema de Justicia de la Nación en la materia", en AA.VV., *El derecho administrativo, hoy*, Ciencias de la Administración, Buenos Aires, 1996.

JELLINEK, Georg, *Sistema dei Diritti Pubblici subbiettivi*, Società Editrice Libraria, Milán, 1912.

JELLINEK, Georges, *Teoría general del Estado*, Buenos Aires, 1954.

JESCH, Dietrich, *Ley y Administración: estudio de la evolución del principio de legalidad*, trad. del alemán, Instituto de Estudios Administrativos, Madrid, 1978.

JÈZE, Gastón, *Principios generales de Derecho Administrativo*, trad. del francés, t. I, Depalma, Buenos Aires, 1948.

—————————— *Principios generales del derecho administrativo*, t. III, Depalma, Buenos Aires, 1949.

—————————— Principios generales del derecho administrativo, t. IV, Depalma, Buenos Aires, 1950.

JIMÉNEZ BLANCO, Antonio, *Manual de Derecho Administrativo*, Vol. 2, en colaboración con PAREJO ALFONSO, Luciano – ORTEGA ALVAREZ, Luis, 4° ed., Ariel, Madrid, 1996.

JIMENEZ CASTRO, Wilburg, *Introducción al estudio de la teoría administrativa*, FCE, Buenos Aires - México, 1974.

JIMÉNEZ DE ASÚA, Luis, "Las contravenciones o faltas", LL 56-959.

JORDANA DE POZAS, Luis, "Ensayo de una teoría del fomento en el derecho administrativo", en *Estudios en homenaje a Jordana de Pozas*, t. I, Instituto de Estudios Políticos, Madrid, 1961.

——————————— "El principio de unidad y sus consecuencias políticas y administrativas", *Estudios en homenaje a Jordana de Pozas*, t. I, Instituto de Estudios Políticos, Madrid, 1961.

——————————— "El problema de los fines de la actividad administrativa", *Revista de Administración Pública*, nro. 4, Instituto de Estudios Políticos, Madrid.

JOUVENEL, Bertrand de, *El poder*, 1ª ed., Madrid, 1956.

JURISTO SÁNCHEZ, Rafael, *La ejecución del contrato de obra pública*, edición del autor, Madrid, 1983.

JUSSO, Raffaele, *Motivo e motivazione nel procedimento amministrativo*, Milán, 1963.

JUSTEN FILHO, Marcal, *Curso di Direito Administrativo*, 5° ed., Saraiva, San Pablo, 2010.

KATZAROV, Konstantín, *Teoría de las nacionalizaciones (El Estado y la propiedad)*, trad. española, Imprenta Universitaria, México, 1963.

KAUL, Inge - GRUNBERG, Isabelle - STERN, Marc A., *Bienes públicos mundiales*, Oxford, México, 1999.

KELSEN, Hans, *Teoría general del Derecho y del Estado*, trad. de E. García Máynez, 2ª ed., Universidad Nacional Autónoma de México, México, 1958.

——————————— *Teoría general del Estado*, Editorial Nacional, México, 1959.

——————————— *Teoría pura del derecho*, Eudeba, Buenos Aires, 1963.

KEMELMAJER DE CARLUCCI, Aída R., "Emergencia y seguridad jurídica", RDPyC, nro. 1.

——————————— "La responsabilidad civil en los albores del siglo XXI", LL 1984-2, 447.

KEMELMAJER DE CARLUCCI, Aída (dir.), *Derecho de daños*, t. I, La Rocca, Buenos Aires, 1993.

KIPER, Claudio M. - LISOPRAWSKI, Silvio V., *Teoría y práctica del fideicomiso*, Depalma, Buenos Aires, 2002.

KREBS, Walter, "Contratos y convenios entre la Administración y los particulares", trad. por Julio Nieto König, *Documentación Administrativa*, nros. 235-236, Madrid, 1993.

LABANCA, Jorge, "Actividad bancaria como servicio público y autorización para funcionar como banco", JA 1967-VI-811, secc. Doctrina.

LABAND, Paul, *Le Droit Public de L'Empire Allemand*, traducción francesa del original alemán, t. II, V. Giard & E. Briere, París, 1901.

LAFERRIERE, Edouard, *Traité de la jurisdiction administrative et des recours contentieux*, Berger-Levrault, París, 1ª ed. 1887-1888; 2ª ed. 1896, reimpr. LGDJ, París, 1989.

LAFUENTE BENACHES, María Mercedes, La concesión de dominio público (Estudio especial acerca de la declaración de su caducidad), Montecorvo, Madrid, 1988.

644

LAGUNA DE PAZ, José C., "Nuevo marco jurídico de las actividades liberalizadas", *REDA*, nro. 33/35, Depalma, Buenos Aires, 2000.

———————— *La autorización administrativa*, Thomsom- Civitas, Madrid 2006.

LAHITOU, Juan P., "Desafíos para recomponer la relación tarifa-calidad en los servicios públicos", *REDA*, nro. 55, LexisNexis - Depalma, Buenos Aires, 2006, ps. 99 y ss.

LAMBERT, Edouard, *Le gouvernement des juges et la lutte contre la legislation sociale aux Etats Unis; l'expérience américaine du contrôle judiciaire de la constitutionnalité des lois*, Giard, París, 1921.

LAMPUE, Pierre, "La notion d'acte jurisdictionel", *Revue de Droit Public*, t. 62, 1946.

LANDI, Guido - POTENZA, Giuseppe, *Manuale di Diritto Amministrativo*, Giuffrè, Milán, 1971.

LANDI, Guido - POTENZA, Giuseppe - ITALIA, Vittorio, *Manuale di Diritto Amministrativo*, 11ª ed., Giuffrè, Milán, 1999.

LANGROD, Georges, "L'enterprise publique en Droit Administratif comparé", *Revue Internationale de Droit Comparé*, nro. 2, LGDJ, París, 1956.

———————— *El pensamiento administrativo no jurídico*, Centro de Formación y Perfeccionamiento de Funcionarios, Madrid, 1964.

LARENZ, Karl, *Derecho de las obligaciones,* t. I, traducción española de J. Santos Briz, Madrid, 1958.

LASCANO, David, "Improrrogabilidad y perentoriedad de términos judiciales", LL 19-132.

———————— *Jurisdicción y competencia*, Kraft, Buenos Aires, 1941.

LASSERRE, Bruno - LENOIR, Noëlle - STIRN, Bernard, *La transparence administrative*, 1ª ed., Presses Universitaires de Frances, París, 1987.

LAUBADÈRE, André de, *Traité des contrats administratifs*, t. II, 2ª ed., LGDJ, París, 1984.

———————— *Traité de Droit Administratif*, t. II, 8ª ed., actualizado por VENEZIA, Jean-Claude y GUADEMET, Yves, LGDJ, París, 1986.

———————— *Traité de Droit Administratif*, t. I, 9ª ed. act. por Jean-Claude Venezia e Yves Gaudemet, LGDJ, París, 1984.

———————— *Traité elémentaire de Droit Administratif*, ts. I-II, 5ª ed., LGDJ, París, 1970.

———————— *Traité élémentaire de Droit Administratif*, t. III, 3ª ed., LGDJ, París, 1966.

———————— *Traité élémentaire de Droit Administratif*, t. IV, LGDJ, París, 1977.

———————— *Traité theorique et pratique des contrats admnistratifs*, t. I- II, LGDJ, París, 1956.

LAUBADÈRE, André de - MODERNE, Franck - DELVOLVE, Pierre, *Traité des contrats administratifs*, t. I, 2ª ed., LDGJ, París, 1983.

——————— *Traité des Contrats Administratifs*, T° 2, 2° ed., LGDJ, París, 1984.

——————— "Las tendencias extensivas del derecho administrativo en Francia según la jurisprudencia", *Revista de la Universidad de Buenos Aires. Homenaje al profesor Doctor Rafael Bielsa,* vol. II.

LAVILLA RUBIRA, Juan José, "Nulidad y anulabilidad de los actos administrativos", en PENDAS GARCÍA, Benigno (coord.), *Administraciones públicas y ciudadanos. Estudio sistemático de la ley 30/1992*, Praxis, Barcelona, 1993.

LAVILLA RUBIRA, Juan J., "La participación pública en el procedimiento de elaboración de los reglamentos en los Estados Unidos de América", Servicio de Publicaciones de la Facultad de Derecho, Universidad Complutense, Madrid, 1991.

LAZZARINI, José L., "El Poder Ejecutivo fuerte alberdiano", JA 1974, secc. Doctrina, p. 195.

LECLERQ, Jacques, *El Derecho y la sociedad. Sus fundamentos*, trad. del francés, t. I, Herder, Barcelona, 1964.

——————— *Lecciones de Derecho Natural*, t. I, "El Derecho y la sociedad", Herder, Barcelona, 1965.

LEFEBURE, Marcus, *Le pouvoir d'action unilatérale de l'administration en droit anglais et français*, LGDJ, París, 1960.

LEGARRE, Santiago, *Poder de policía y moralidad pública. Fundamentos y aplicaciones,* Ábaco, Buenos Aires, 2004.

LEGAZ Y LACAMBRA, Luis, *Filosofía del Derecho*, 2ª ed., Bosch, Barcelona, 1961.

——————— *Introducción a la Ciencia del Derecho*, Bosch, Barcelona, 1943.

LEGÓN, Fernando, *Tratado integral de la expropiación pública*, Abeledo, Buenos Aires, 1934.

LEGUINA VILLA, Jesús, *La responsabilidad del la Administración Pública*, 2ª ed., Tecnos, Madrid, 1983.

LEGUINA VILLA, Jesús - SÁNCHEZ MORÓN, Miguel (dirs.), *La nueva Ley de Régimen Jurídico de las Administraciones Públicas y del Procedimiento Administrativo Común*, Tecnos, Madrid, 1993.

LEISNER, *Grundrechte und Privatrecht*, Munich, 1960.

LESSONA, Silvio, "Líneas generales sobre la empresa pública", en VERDERAY TUELLS, Evelio (coord.), *La empresa pública*, t. I, Publicaciones del Real Colegio de España, Zaragoza, 1970.

LESTANI, Humberto H., *La jurisdicción contencioso administrativa o ejercicio de la jurisdicción conforme al régimen constitucional argentino*, Ariel, Buenos Aires, 1937.

LEVENE, Ricardo (h.), *Introducción al Derecho Contravencional*, Depalma, Buenos Aires, 1968.

LINARES, Juan F., "Efectos suspensivos de los recursos ante la Administración", LL 85-906.

646

——————————— "El silencio administrativo denegatorio en la ley 19.549",
LL 1980-C-768.

——————————— "En torno a la llamada responsabilidad civil del funcionario público", LL 153-601.

——————————— "Garantía de defensa ante organismos administrativos",
LL 87-875.

——————————— "Inmutabilidad y cosa juzgada en el acto administrativo",
Revista de Derecho y Administración Municipal, nro. 211, Buenos Aires, 1947.

——————————— "La competencia y los postulados de la permisión",
RADA, nro. 2, Universidad del Museo Social Argentino, Buenos Aires, 1971.

——————————— "La prohibición de innovar. Bases para su sistemática",
Revista del Colegio de Abogados de Buenos Aires, vol. II, Buenos Aires, 1942.

——————————— "Valor objetivo e indemnización en la ley 21.499",
RADA, nro. 15-16, Plus Ultra, Buenos Aires, 1977.

——————————— Cosa juzgada administrativa en la jurisprudencia de la
Corte Suprema de la Nación, Kraft, Buenos Aires, 1946.

——————————— *Derecho Administrativo*, Astrea, Buenos Aires, 1986.

——————————— *Fundamentos del Derecho Administrativo*, Astrea, Buenos Aires, 1975.

——————————— *La razonabilidad de las leyes. El debido proceso como
garantía innominada en la Constitución Argentina*, 2ª ed., Astrea, Buenos Aires,
1980.

——————————— *Poder discrecional administrativo*, Abeledo-Perrot, Buenos Aires, 1958.

——————————— *Razonabilidad de las leyes*, 2ª ed., Astrea, Buenos Aires,
1970.

——————————— *Sistema de recursos y reclamos en el procedimiento administrativo*, Astrea, Buenos Aires, 1974.

——————————— "Valoración de los sistemas de selección del contratista",
en *Contratos Públicos,* Primer Congreso Internacional de Derecho Administrativo,
Universidad Nacional de Cuyo, Universidad de Mendoza, Asociación Argentina de
Derecho Administrativo, Mendoza, 1980.

——————————— *Caso administrativo no previsto*, Astrea, Buenos Aires,
1976.

LINARES, Mario, *El control estatal*, Grijley, Lima, 2002.

LINARES JARA, Mario, *Contratación Pública*, Grijley, Lima 2008.

——————————— *El contrato estatal,* Grijley, Lima, 2001.

LINARES QUINTANA, Segundo V., "La legislación de emergencia en el Derecho argentino y comparado", LL 30-908.

——————————— "El Derecho Constitucional de la huelga", en AA.VV.,
La huelga, t. I, Instituto de Derecho del Trabajo, El Instituto, Santa Fe, 1951.

——————————— "La interpretación constitucional", JA 1960-II-48 y ss.,
secc. Doctrina.

———————————— "Raíces hispánicas del constitucionalismo", separata de la Academia Nacional de Ciencias Morales y Políticas, vol. XXIX, Buenos Aires, 2001.

———————————— *Derecho Constitucional e instituciones políticas*, t. I, 1ª ed., Abeledo-Perrot, Buenos Aires, 1970.*Gobierno y administración de la República Argentina*, Tº 1, Tea, Buenos Aires, 1946 y t. II, 2ª ed., TEA, Buenos Aires, 1959.

———————————— *Raíces hispánicas del constitucionalismo*, Separata de la Academia Nacional de Ciencias Morales y Políticas, Buenos Aires, 2001.

———————————— *Tratado de la ciencia de Derecho Constitucional argentino y comparado*, t. II, Plus Ultra, Buenos Aires, 1956.

———————————— *Tratado de la ciencia del Derecho Constitucional argentino y comparado*, t. III, 2ª ed., Plus Ultra, Buenos Aires, 1985.

———————————— *Tratado de la ciencia del Derecho Constitucional argentino y comparado*, t. IV, Alfa, Buenos Aires, 1956.

———————————— *Tratado de la Ciencia del Derecho Constitucional*, t. V, Alfa, Buenos Aires, 1953-1963.

———————————— *Tratado de la Ciencia del Derecho Constitucional argentino y comparado*, t. IX, Alfa, Buenos Aires, 1962.

———————————— *Tratado de la Ciencia del Derecho Constitucional*, 3ª ed., t. IX, Kraft, Buenos Aires, 1988.

LINOTTE, Didier - MESTRE, Achille - ROMI, Raphael, *Services publics et droit public économique*, t. I, 2ª ed., Litec, París, 1992.

LLAMBÍAS, Jorge J. - ALTERINI, Atilio A., *Código Civil Anotado,* t. IV- A, Abeledo Perrot, Buenos Aires, 1981.

LOCHAK, Danièle, Le rôle politique du juge administratif français, LGDJ, París, 1972.

LOEWENSTEIN, Karl, *Teoría de la Constitución*, trad. del alemán, 2ª ed., Ariel, Barcelona, 1979.

LONG, Marceau - WEIL, Prosper - BRAIBANT, Guy, *Les grands arrêts de la jurisprudence administrative*, 5ª ed., Sirey, París, 1969.

LONG, Marceau - WEIL, Prosper - BRAIBANT, Guy - DELVOLVÉ, Pierre - GENEVOIS, Bruno, *Les grands arrêts de la jurisprudence administrative*, 11ª ed., Dalloz, París, 1996.

LÓPEZ, Lucio V., *Derecho Administrativo argentino*, Imprenta La Nación, Buenos Aires, 1902.

LÓPEZ DE HARO, Carlos, *La Constitución y libertades de Aragón y el justicia mayor,* Reus, Madrid, 1926.

LÓPEZ MEIRELLES, Hely, *Direito Administrativo brasileiro*, 6ª ed., San Pablo, 1978.

LÓPEZ MESA, Marcelo J., "Unificación de la responsabilidad por daños", en *Derecho de Daños*, La Rocca, Buenos Aires, 1989.

LÓPEZ NIETO Y MALLO, Francisco, *El procedimiento administrativo*, Bosch, Barcelona, 1960.

LÓPEZ OLACIREGUI, José M., "De la nulidad de los actos jurídicos", *Revista Lecciones y Ensayos*, Fundación de Derecho y Ciencias Sociales, Buenos Aires, 1960.

LÓPEZ RODO, Laureano, "O elemento personal nas administracións públicas", *REGAP*, nro. 3, Santiago de Compostela, 1992.

LORENZETTI, Ricardo L., "Estudio sobre la nueva concepción del riesgo creado en el derecho argentino", en KEMELMAJER DE CARLUCCI, Aída (dir.), *Derecho de daños*, t. I, La Rocca, Buenos Aires, 1993.

LUCERO ESPINOSA, Manuel, *La licitación pública*, Porrúa, México, 1993.

LOUSTEAU HEGUY, Guillermo A., "El nombramiento de jueces sin acuerdo previo", LL 112-870.

LOZANO, Blanca, *La extinción de las sanciones administrativas y tributarias*, Marcial Pons, Madrid, 1990.

LOZANO, Luis Francisco, "Facultades legislativas delegadas y funciones administrativas asignadas por la ley", LL del 18/08/2009.

———————————— "La facultad del Congreso de crear funciones administrativas regulatorias", LL del 15/09/2009.

LUCIFREDI, Roberto, L'atto amministrativo nei soui elementi accidentali, Giuffrè, Milán, 1963.

LUCIFREDI, Roberto - COLETTI, Giuseppe, *Descentramento amministrativo*, Turín, 1956.

LUQUI, Juan Carlos, "Algunos principios de recaudación tributaria", *Revista de la Facultad de Ciencias Económicas, Comerciales y Políticas*, t. II, Rosario, 1942.

———————————— "Primeras Jornadas Latinoamericanas de Derecho Tributario", JA 1956-IV-155.

———————————— *Régimen jurídico de la universidad oficial*, Depalma, Buenos Aires, 1968.

LUQUI, Roberto E., *Revisión judicial de la actividad administrativa*, t. I y II, Astrea, Buenos Aires, 2005.

———————————— "Algunas consideraciones sobre el concepto de Administración Pública", LL 151-1069.

———————————— "Estudio de la reforma del Código Civil", JA, Buenos Aires, 1969.

———————————— "Examen de la razonabilidad de los actos administrativos por el Poder Judicial", LL 132-383.

———————————— "Nociones sobre la revisión jurisdiccional de los actos administrativos", LL 144-1200.

———————————— *Apéndice al tratado de Derecho Civil, con las reformas introducidas por las leyes 17.711 y 17.940*, Abeledo-Perrot, Buenos Aires, 1969.

———————————— *Tratado de Derecho Civil, Parte general*, t. I, Perrot, Buenos Aires, 1961.

——————————— *Tratado de Derecho Civil. Parte general*, ts. I y II, Perrot, Buenos Aires, 1961-1968.

——————————— *Tratado de Derecho Civil. Parte general*, ts. I y II, 6ª ed., Perrot, Buenos Aires, 1975.

LLAMBÍAS, Jorge J., "Diferencia específica entre la nulidad y la inexistencia de los actos jurídicos", LL 50-876.

Código Civil anotado, t. II-B, Abeledo-Perrot, Buenos Aires, 1979.

MAIORANO, Jorge L., "Algunas reflexiones acerca de la noción de servicio público", *RADA*, nro. 14, Plus Ultra, Buenos Aires, 1976.

——————————— *La expropiación en la ley 21.499*, Astrea, Buenos Aires, 1978.

——————————— *La expropiación en la ley 21.499*, Cooperadora de Derecho y Ciencias Sociales, Buenos Aires, 1978.

——————————— "La ocupación temporánea como fundamento jurídico de la responsabilidad estatal por un obrar legítimo", LL 1980-C-468.

——————————— MAIRAL, Héctor A., *Control judicial de la Administración Pública*, ts. I y II, Depalma, Buenos Aires, 1984.

——————————— "La determinación de las tarifas en la concesión de servicios públicos", *RADA*, nro. 2, Universidad del Museo Social Argentino, Buenos Aires, 1971.

——————————— "La ideología del servicio público", *REDA*, nro. 14, Depalma, Buenos Aires, 1993.

——————————— "La influencia de los Derechos francés, español y norteamericano en el concepto de servicio público del Derecho Administrativo argentino", *Documentación Administrativa*, nro. 267-268, INAP, Madrid, 2003/2004.

——————————— "La teoría del contrato administrativo a la luz de recientes normativas", en GORDILLO, Agustín (dir.), *El contrato administrativo en la actualidad*, La Ley, Buenos Aires, 2004.

——————————— "Las sociedades del Estado o los límites del Derecho Administrativo", LL 1981-A-805.

——————————— "Los meros pronunciamientos administrativos", en CASSAGNE, Juan Carlos (dir.), *Derecho Administrativo*, obra colectiva en homenaje al profesor Dr. Miguel S. Marienhoff, Abeledo-Perrot, Buenos Aires, 1998.

——————————— "Los vicios del acto administrativo y su recepción por la jurisprudencia", LL 1989-C-1014.

——————————— *La doctrina de los propios actos y la Administración Pública*, Depalma, Buenos Aires, 1988.

——————————— "De la peligrosidad o inutilidad de una teoría general del contrato administrativo", ED 179-655.

——————————— "El aporte de la crítica a la evolución del derecho administrativo", ED 180-849.

650

—————————————— "La asignación de riesgos en la financiación privada de proyectos públicos", *RAP*, nro. 320, Buenos Aires, 2005 y en RAP, *Doctrina Pública*, XXVII-2, 2006.

—————————————— "Los plazos de caducidad en el derecho administrativo argentino", en CASSAGNE, Juan Carlos (dir.), *Derecho procesal administrativo. Obra en homenaje a Jesús González Pérez*, t. I, Hammurabi, Buenos Aires, 2004.

—————————————— "Nuevas ideas en materia de dominio público", en la obra colectiva *Organización administrativa, función pública y dominio público,* Jornadas de la Universidad Austral, RAP, Buenos Aires, 2005.

MALJAR, Daniel E., "Antecedentes jurisprudenciales de la Corte Suprema sobre el derecho de emergencia. El principio de razonabilidad utilizado como límite", ED 197-799.

MANS PUIGARNAU, Jaime M., *Lógica para juristas*, Bosch, Barcelona, 1969.

MÁNTARAS, Pablo, "¿Corresponde verificar de oficio la habilitación de la instancia en el proceso contencioso administrativo?", LL supl. Jurisprudencia de Derecho Administrativo del 19/5/2000.

MANZANEDO MATEOS, José Antonio - HERNANDO, J. - GÓMEZ REINO, E., *Curso de Derecho Administrativo Económico (ensayo de una sistematización)*, Instituto de Estudios de Administración Local, Madrid, 1970.

MAQUIAVELO, Nicolás, *El Príncipe*.

MARCOU, Gérard, "La función pública en Francia", en *Organización Administrativa, Función Pública y Dominio Público,* Jornadas de la Universidad Austral, ed. RAP, Buenos Aires, 2005.

MARIENHOFF, Miguel S., "Administración Pública. Actividad interorgánica. Relaciones interadministrativas", JA 1962-III-77, secc. Doctrina.

—————————————— "Cambios en el derecho objetivo y responsabilidad patrimonial del Estado", en la *Separata de Anales de la Academia Nacional de Derecho y Ciencias Sociales de Buenos Aires*, Segunda Época, nro. 30, Buenos Aires, 1992.

—————————————— "Contrato de obra pública. Gasto improductivo y daño: su resarcimiento, fuerza mayor o caso fortuito. Teorías de la voluntad y del riesgo", LL 1983-A, 796.

—————————————— "De nuevo sobre la 'lesión' en el derecho administrativo. Improcedencia de su invocación por el Estado. Lo atinente al administrado", JA 1976-III-766.

—————————————— "Demandas contra el Estado nacional. Los arts. 25 y 30, Ley Nacional de Procedimientos Administrativos", LL 1980-B-1082.

—————————————— "El acto administrativo general: el reglamento", JA 1974-171, secc. Doctrina.

—————————————— "El exceso de punición como vicio del acto jurídico de Derecho Público", LL 1989-E-963.

——————————— "El lucro cesante en las indemnizaciones a cargo del Estado. Lo atinente a la revocación de actos o contratos administrativos por razones de oportunidad, mérito o conveniencia", ED 114-949.

——————————— "La 'lesión' en el derecho administrativo. Improcedencia de su invocación por el Estado. Lo atinente al administrado", JA Doctrina 1975-468.

——————————— "La nueva Ley Nacional de Expropiaciones", JA 1977-I-823.

——————————— "La supuesta autonomía municipal", LL 1990-B-1012.

——————————— "Los 'privilegios en el Derecho Público' (Exclusividad: monopolio, exención impositiva) Lo atinente a la 'reserva de zona'. La 'zona de influencia'", ED 162-1200.

——————————— "Revocación del acto administrativo por razones de oportunidad, mérito o conveniencia", LL 1980-B-817.

——————————— *Caducidad y revocación de la concesión de servicios públicos*, Abeledo, Buenos Aires, 1947.

——————————— *Permiso especial de uso de bienes de dominio público*, Abeledo-Perrot, Buenos Aires, 1996.

——————————— *Régimen y legislación de las aguas públicas y privadas*, Valerio Abeledo, Buenos Aires, 1939.

——————————— *Responsabilidad extracontractual del Estado por las consecuencias de su actitud "omisiva" en el ámbito del Derecho Público*, Abeledo-Perrot, Buenos Aires, 1996.

——————————— *Tratado de Derecho Administrativo*, t. I, 5ª ed. act., Abeledo-Perrot, Buenos Aires, 1995; t. II, 2ª ed. act., 1975; 4ª ed. act., 1993; t. III-A, 2ª ed. act., 1978; 3ª ed.,1989; 4ª ed. act., 1994; 5ª ed. act.,1994; t. III-B, 2ª ed. act.,1978; 3ª ed.,1983; 4° ed., 1994; t. IV, 6ª ed. act., 1997; t. V, 2° ed., 1988.

——————————— *Tratado del dominio público*, TEA, Buenos Aires, 1960.

MARTIN, Xavier, "Fundamentos políticos del Código Napoleón", en AA.VV., *La codificación: raíces y prospectiva. El Código Napoleón*, t. I, Educa, Buenos Aires, 2003.

MARTÍN MATEO, Ramón, *El horizonte de la descentralización*, Instituto de Estudios de Administración Local, Madrid, 1969.

——————————— *Manual de Derecho Administrativo*, 3ª ed., edición del autor, Madrid, 1974.

MARTÍN REBOLLO, Luis, "Ayer y hoy de la responsabilidad patrimonial de la Administración: un balance y tres reflexiones", *Revista de Administración Pública*, nro. 150, Centro de Estudios Políticos y Constitucionales, Madrid, 1999.

——————————— "Los fundamentos de la responsabilidad del Estado", en *Responsabilidad del Estado y del funcionario público*, Ciencias de la Administración, Buenos Aires, 2000.

——————————— "Responsabilidad de la Administración", en *Expropiación Forzosa, Cuadernos de Derecho Judicial*, XX-1993.

MARTÍN RETORTILLO BAQUER, Lorenzo, "La configuración de la Administración Pública y el concepto de *desenivorsorge"*, *Revista de Administración Pública*, nro. 38, Instituto de Estudios Políticos, Madrid, 1962.

——————————— (coord.), *La protección jurídica del ciudadano, Estudios en homenaje al profesor Jesús González Pérez*, t. I, Civitas, Madrid, 1993.

MARTÍN-RETORTILLO BAQUER, Sebastián, *Derecho Administrativo Económico*, t. I, Madrid, 1988.

——————————— *El Derecho Civil en la génesis del Derecho Administrativo y de sus instituciones*, 2ª ed., Civitas, Madrid, 1996.

——————————— "Perspectivas de la Administración Pública", en *Revista de Estudios de la Vida Local*, Nº 221, 1984.

MARTÍNEZ, Víctor H. "El dominio eminente", *Anales de la Academia Nacional de Derecho y Ciencias Sociales de Córdoba*, Disertación realizada en la sesión privada del 4 de agosto de 1998, t. XXXVII.

MARTÍNEZ LÓPEZ-MUÑIZ, José Luis, "La actividad administrativa dispensadora de ayudas y recompensas: una alternativa al fomento en la teoría de los modos de acción de la Administración Pública", en GÓMEZ-FERRER MORANT, Rafael (coord.), *Libro homenaje al profesor José Luis Villar Palasi*, Civitas, Madrid, 1989.

——————————— "Derecho público y Derecho privado, disyuntiva determinante para el Estado de Derecho", discurso pronunciado en el acto de recepción en la Real Academia de Legislación y Jurisprudencia de Valladolid (España), Valladolid, 2009.

——————————— "La adjudicación", en CASSAGNE, Juan Carlos - RIVERO YSERN, Enrique (dir.), *La contratación pública*, t. II, 1ª ed., Hammurabi, Buenos Aires, 2006.

MARTÍNEZ USEROS, Enrique, "Los requisitos de forma en los actos administrativos", *Anales de la Universidad de Murcia*, 1949-1950.

MARTÍNEZ VIVOT, Julio J., "La huelga de los empleados públicos y en los servicios públicos", en *Derecho del Trabajo*, t. XLIV-B, La Ley, Buenos Aires, 1984, nro. 12.

MARTINS, Daniel H., *Objeto, contenido y método del Derecho Administrativo en la concepción integral del mundo del derecho*, Montevideo, 2000.

——————————— *Procedimiento administrativo*, Montevideo.

MARTY, Gabriel - RAYNAUD, Pierre, *Droit Civil*, t. I, París, 1956.

MASSINI, Carlos I., "Notas acerca de la concepción realista del Derecho", revista *Sapiencia*, separata 125.

——————————— *Sobre el realismo jurídico*, Abeledo-Perrot, Buenos Aires, 1978.

——————————— "Acerca del fundamento del principio de subsidiariedad", *Revista de Derecho Público*, nro. 39/40, Santiago de Chile.

——————————— MATA, Ismael, "Los entes reguladores de los servicios públicos", en *El Derecho Administrativo argentino, hoy*, jornadas organizadas por la Universidad Austral, Facultad de Derecho, Ciencias de la Administración, Buenos Aires, 1996.

——————————— "Los entes reguladores de servicios públicos (La experiencia de Argentina)", *Documentación Administrativa*, nro. 267-268, INAP, Madrid, 2003/2004.

——————————— "Régimen de los bienes en la concesión de servicios públicos", en AA.VV., *Contratos administrativos*, Jornadas organizadas por la Universidad Austral, Ciencias de la Administración, Buenos Aires, 2000.

——————————— "El riesgo en los contratos administrativos", *RAP* nro. 320, Buenos Aires, 2006.

MATTARELLA, Giorgio, "L'attivitá", en CASSESE, Sabino (dir.), *Trattato di Diritto Amministrativo*, 2ª ed., t. I, Giuffrè, Milán, 2003.

MATTES, Heinz, *Problemas de Derecho Penal Administrativo: historia y derecho comparado*, trad. del alemán de José María Rodríguez Devesa, Edersa, Jaén, 1979.

MAYER, Otto, *Derecho Administrativo alemán*, t. I, trad. de Horacio H. Heredia, del original francés (París, 1903), Depalma, Buenos Aires, 1949.

——————————— *Derecho Administrativo alemán*, t. IV, Depalma, Buenos Aires, 1954.

——————————— *Le Droit Administratif allemand*, t. I, V. Giard & E. Brière, París, 1904.

MAYER, Jorge M., "La influencia de Alberdi, Gorostiaga, Campillo y Gutiérrez en la Constitución de 1853", *Separata de la Academia Nacional de Derecho y Ciencias Sociales*, nro. 19, Buenos Aires, 1981.

MAZEAUD, Henry - MAZEAUD, Léon - MAZEAUD, Jean, *Lecciones de Derecho Civil, Parte segunda*, trad. del francés, vol. I, Ediciones Jurídicas Europa-América, Buenos Aires, 1959.

MEDINA ALCOZ, Luis, *La responsabilidad patrimonial por acto administrativo*, Thomson Civitas-Aranzadi, Cizur Menor Navarra 2005.

MEEHAN, Héctor, "La autarquía de las universidades estatales argentinas", *Cuadernos de los Institutos*, nro. 70, Córdoba, 1963.

MEILÁN GIL, José Luis, *La distinción entre norma y acto administrativo*, Madrid, 1967.

——————————— *El proceso de la definición del Derecho Administrativo*, Centro de Formación y Perfeccionamiento de Funcionarios, Madrid, 1967.

——————————— *La estructura de los contratos públicos*, Iustel, Madrid, 2008.

MÉNDEZ, Aparicio, Las relaciones jurídicas interadministrativas, Montevideo, 1953.

——————————— *La jerarquía*, Montevideo, 1950.

——————————— *La teoría del órgano*, Amalio M. Fernández, Montevideo, 1971.

MÉNDEZ, Héctor P., *La subasta en el mundo greco-romano*, Abeledo Perrot, Buenos Aires, 1960.

MERKL, Adolf, *Teoría general del Derecho Administrativo*, trad. del alemán, Revista de Derecho Privado, Madrid, 1935.

MERTEHIKIAN, Eduardo, "La emergencia y la emisión de cuasimonedas por las provincias", *RAP*, nro. 303, Ciencias de la Administración, Buenos Aires, 2003.

——————————— "Renegociación de servicios públicos de jurisdicción nacional, emergencia y derechos de los usuarios", RAP, nro. 282, Ciencias de la Administración, Buenos Aires, 2002.

——————————— "Servicios públicos, emergencia, delegación legislativa, renegociación, prestación privada, y aprobación ficta por el Congreso (a propósito de las leyes 25.561, 25.790 y 25.820)", en GORDILLO, Agustín (dir.), *El contrato administrativo en la actualidad*, La Ley, Buenos Aires, 2004.

——————————— "La reforma del Estado y el nuevo sistema de control gubernamental", *RAP*, nro. 171, Ciencias de la Administración, Buenos Aires, 1992.

——————————— "Acerca de la utilización de fideicomisos por el sector público", en la obra colectiva *Organización administrativa, función pública y dominio público*, Jornadas de la Universidad Austral, RAP, Buenos Aires, 2005.

——————————— "Excepción de incumplimiento contractual en los contratos administrativos", en AA.VV., *Contratos administrativos,* Jornadas organizadas por la Universidad Austral, Facultad de Derecho, Ciencias de la Administración, Buenos Aires, 2000.

——————————— "La excepción de incumplimiento contractual y su aplicación al contrato de obra pública", LL 1994-D, 302.

——————————— *Estudios sobre la contratación pública*, Ciencias de la Administración, Buenos Aires, 1996

——————————— *La iniciativa privada en la concesión de obra y de servicios públicos*, Ábaco, Buenos Aires, 1992.

MESSINEO, Francesco, *Doctrina general del contrato*, t. I, Ediciones Jurídicas Europa América, Buenos Aires, 1952.

MESSNER, Johannes, *Ética social, política y económica a la luz del Derecho natural*, RIALP, Madrid, 1967.

MESTRE DELGADO, Juan F., *La extinción de la concesión de servicio público*, La Ley, Madrid, 1992.

MICELE, Mario R., "Recursos judiciales contra sanciones aplicadas por órganos de la Administración. Previo depósito de la multa. Restricciones para la viabilidad del conocimiento por el Poder Ejecutivo", LL 1977-C-126.

MICHELI, Gian Antonio, *L'onere della prova*, Cedam, Padua, 1942.

MILJIKER, María E. (coord.), *El derecho administrativo de la emergencia I*, Fundación Derecho Administrativo, Buenos Aires, 2002.

MIR PUIGPELAT, Oriol, *La responsabilidad patrimonial de la Administración. Hacia un nuevo sistema*, Civitas, Madrid, 2002.

MO, Fernando F., *Régimen legal de las obras públicas*, 2° ed., Depalma, Buenos Aires, 1982.

————————— *Régimen legal de las obras públicas*, Depalma, Buenos Aires, 1966.

MODERNE, Franck, "Le rachat des concessions", en BÉNOIT, Francis-Paul (dir.), *Colléctivités locales*, t. III, Dalloz-Sirey, París, 1985.

MOLINARIO, Alberto D., *Derecho Patrimonial y Derecho Real*, La Ley, Buenos Aires 1965.

MONEDERO GIL, Oscar, *Doctrina del contrato del Estado*, Instituto de Estudios Fiscales, Madrid, 1977.

MONTEJANO, Bernardino, "El fin del Estado: el bien común", *Persona y Derecho*, vol. 3, Pamplona, 1977.

MONTEJANO, Bernardino (h), *Curso de derecho natural*, 2ª ed., Buenos Aires, 1978.

MONTEJANO, Bernardino (h.) - NOACCO, Julio C., *Estática jurídica*, Buenos Aires, 1969.

MONTI, Laura, "Control de la habilitación de la instancia contencioso administrativa (nuevas orientaciones jurisprudenciales)", ED supl. de Derecho Administrativo, serie especial del 31/10/2000.

————————— "El ejercicio de funciones jurisdiccionales por organismos administrativos en la jurisprudencia de la Corte Suprema (Sistematización de jurisprudencia vinculada con el caso 'Ángel Estrada'), JA 2005-III, número especial "El caso 'Ángel Estrada'", del 31/8/2005.

————————— "Las categorías jurídicas de la preadjudicación y la precalificación en el ámbito de la licitación pública", LL 2000-C, 112.

————————— "La aplicación de la Ley de Procedimientos Administrativos 19.549 en el ámbito de los contratos administrativos", JA 1996-IV-801.

MONTI, Laura N. - MURATORIO, Jorge I., "La aplicación de la Ley Nacional de Procedimientos Administrativos a los actos de los entes públicos no estatales", *REDA*, nro. 14, Depalma, Buenos Aires, 1993.

MONTORO PUERTO, Miguel, *La infracción administrativa. Características, manifestaciones y sanción*, Nauta, Barcelona, 1965.

MOREAU, Jacques, *La responsabilité administrative*, 3ª ed., Presses Universitaires de France, París, 1996.

MORELL OCAÑA, Luis, *La delegación entre entes en el Derecho español*, Madrid, 1972.

MORELLO, Augusto M., "Compensación del Estado por daños originados en su accionar lícito", ED 120-887.

MORELLO, Augusto M. - STIGLITZ, Rubén S., "La doctrina del acto propio", LL 1984-A, 865.

MORÓN URBINA, Juan Carlos, *Comentarios a la ley del procedimiento administrativo general, Gaceta Jurídica,* Lima, 2006.

MORTATI, Costantino, *Istituzioni di Diritto Pubblico*, t. I, 8ª ed., Cedam, Padua, 1969.

MOSHER, Frederick C. - CIMMINO, Salvatore, *Ciencia de la Administración,* trad. española, Rialp, Madrid, 1961.

MOSSET ITURRASPE, Jorge, "La teoría general de la responsabilidad civil y el Derecho Administrativo", en *La responsabilidad. Homenaje al profesor Isidoro H. Goldenberg*, Abeledo-Perrot, Buenos Aires, 1995.

——————————— *Contratos*, Ediar, Buenos Aires, 1987.

MOUCHET, Carlos - ZORRAQUÍN BECÚ, Ricardo, *Introducción al Derecho*, 2ª ed., Buenos Aires, 1956.

MOULIN, Jean-Marcel, *EDF-GDF, non à la privatisation-spoliation*, Fondation Copernic, Syllepse, París, 2004.

MOZO SEOANE, Antonio, *La discrecionalidad de la Administración Pública de España*, Montecorvo, Madrid, 1985.

MUÑOZ MACHADO, Santiago, *Tratado de Derecho Administrativo y Derecho Público general*, t. I, Civitas, Madrid, 2004.

——————————— *Tratado de Derecho Administrativo y Derecho Público General*, t. II, Iustel, Madrid, 2006.

——————————— "Las concepciones del Derecho Administrativo y la idea de participación en la Administración", *RAP*, nro. 84, Centro de Estudios Constitucionales, Madrid, 1977.

——————————— *El Estado, el Derecho interno y la Comunidad Europea*, Civitas, Madrid, 1986.

MUÑOZ, Guillermo A., "Reglamentos de necesidad y urgencia", *REDA*, nro. 5, Depalma, Buenos Aires, 1991.

——————————— "El reclamo administrativo previo", LL 1988-A-1063.

——————————— "Naturaleza de los plazos establecidos por la ley 19.549 para la impugnación judicial de los actos administrativos", *Revista Argentina de Derecho Administrativo,* nro. 5, Universidad del Museo Social Argentino, Buenos Aires, junio 1973.

MURATORIO, Jorge I., "Algunos aspectos del poder de policía municipal", ED 155-697.

——————————— "La Administración Pública como sujeto del procedimiento administrativo: la competencia del órgano", en CASSAGNE, Juan Carlos (dir.), *Procedimiento y proceso administrativo*, LexisNexis - Abeledo-Perrot, Buenos Aires, 2005.

——————————— "Algunos aspectos de la competencia efectiva entre oferentes de la licitación pública", en AA.VV., *Cuestiones de Contratos Administrativos,* Jornadas de Derecho Administrativo de la Universidad Austral, RAP, Buenos Aires, 2007.

NALLAR, Daniel M., La naturaleza de los actos emitidos por los entes reguladores y el alcance de sus competencias (tesis doctoral), Universidad Austral, Buenos Aires, 2008.

NATALE, Alberto, "Renegociación de concesiones. Cláusulas de ajuste de tarifas", en *La transformación regulatoria, la seguridad jurídica y los contratos de gas*, Asociación de Abogados de la Industria del Gas, La Ley, Buenos Aires, 2000.

NAVA NEGRETE, Alfonso, *Derecho Procesal Administrativo*, México, 1959.

NEWBERY, David M., "Rate of return regulation versus price regulation for public utilities", en NEWMAN, Peter (ed.), *The New Palgrave Dictionary of Economics and the Law*, vol. 3, Macmillan, Londres, 1998.

NIELSEN, Federico, "Algunas cuestiones controvertidas en el régimen sancionatorio previsto en la Ley de Migraciones", REDA, nro. 47, LexisNexis - Depalma, Buenos Aires, 2004.

NIETO, Alejandro, *La organización del desgobierno*, Ariel, Barcelona, 1994.

───────────── *Derecho administrativo sancionador*, 2a ed., Tecnos, Madrid, 1994.

───────────── *Los bienes comunales*, Edersa, Madrid, 1964.

NIEVES BORREGO, Julio, "Estudio sistemático y consideración jurídico-administrativa de la subvención", *Revista de Administración Pública*, nro. 42, Madrid, 1963.

OLIVAN, Alejandro, *De la Administración Pública con relación a España*, Instituto de Estudios Políticos, Madrid, 1954.

OLIVEIRA FRANCO SOBRINHO, Manoel de, *Empresas Públicas de Brasil*, San Pablo, 1975.

───────────── *Fundaçoes e Empresas Publicas*, San Pablo, 1972.

───────────── *Contratos administrativos*, Saraiva, San Pablo, 1981.

ORLANDO, Vittorio E., *Principios de Derecho Administrativo*, trad. de la 2ª ed. italiana, 1ª ed., Instituto Nacional de Administración Pública, Madrid, 1978.

ORTEGA Y GASSET, José, *El tema de nuestro tiempo*, Espasa-Calpe, Buenos Aires, 1942.

ORTIZ DE ZÁRATE, Mariana - DIEZ, Horacio P., "Perfiles de la contratación administrativa a la luz del decreto 1023/2001", *REDA* nro. 44, LexisNexis-Depalma, Buenos Aires, 2002.

ORTIZ RODRÍGUEZ, Celso, "Los daños morales en la responsabilidad patrimonial de la Administración Pública", *Revista La Ley*, Madrid, 22/11/1985.

OTTAVIANO, Vittorio, "Sometimiento de la empresa pública al Derecho Privado", en VERDERA Y TUELLS, Evelio (coord.), *La empresa pública*, t. I, Publicaciones del Real Colegio de España, Zaragoza, 1970.

OYHANARTE, Julio, "Aspectos del nuevo régimen expropiatorio", RADA, nros. 15-16, Plus Ultra, Buenos Aires, 1977.

───────────── *La expropiación y los servicios públicos*, Perrot, Buenos Aires, 1957.

———————————— "Régimen Constitucional de las Fuentes de Energía", LL 88- 863.

PÁEZ, Juan L., *Tratado teórico práctico de las asociaciones*, 3ª ed., Ediar, Buenos Aires, 1964.

PAILLET, Michel, *La faute du service public en Droit Administratif Français*, LGDJ, París, 1980.

PALACIO, Lino E., *Derecho Procesal Civil*, t. I, 2ª ed. reimp., Abeledo-Perrot, Buenos Aires, 1986.

———————————— *Manual de Derecho Procesal Civil*, t. II, Abeledo-Perrot, Buenos Aires, 1965.

———————————— "Algunas consideraciones sobre los actos jurisdiccionales de la Administración", en *120 años de la Procuración del Tesoro*, Buenos Aires, 1983.

PALAZZO, Eugenio, "La emergencia administrativa y los juicios contra el Estado", *Prudentia Iuris*, nro. 27/28, Universidad Católica Argentina, Buenos Aires, 1991.

———————————— "Peralta y Smith: Diferencias de estilo, de circunstancias y de conclusiones", *RAP*, nro. 285, Ciencias de la Administración, Buenos Aires, 2002.

PALOMINO MANCHEGO, José, "Constitución, supremacía constitucional y teoría de las fuentes del derecho", *Revista de Derecho y Ciencia Política*, Vol. 65, Universidad de San Marcos, Lima, 2008.

PARADA VÁZQUEZ, José R., "Privilegio de decisión ejecutoria y proceso contencioso", *RAP*, nro. 55, Instituto de Estudios Políticos, Madrid, 1958.

———————————— *Derecho Administrativo*, t. I, Pons, Madrid, 1989.

———————————— *Régimen jurídico de las Administraciones Públicas y procedimiento administrativo común* (Estudio, comentarios y texto de la ley 30/1992, del 26 de noviembre), Marcial Pons, Madrid, 1993.

PARADA VÁZQUEZ, Ramón, *Derecho Administrativo,* Tº II, 3ª ed., Marcial Pons, Madrid 1989; t. III, "Bienes Públicos, Derecho Urbanístico", 4º ed., Marcial Pons, Madrid, 1991.

PAREJO ALFONSO, Luciano, *Estado social y Administración Pública. Los postulados constitucionales de la reforma administrativa*, 1ª ed., Civitas, Madrid, 1983.

———————————— "Dominio público: un ensayo de reconstrucción de su teoría general", *Revista de Administración Pública*, nro. 100-102, Centro de Estudios Constitucionales, Madrid, 1993.

PARKER, D., "Caveat emptor at privatization? Reflections on the regulatory contract in the UK", occassional paper 9, Centre for the Study of Regulated Industries, Chartered Institute of Public Finance and Accountancy, Londres, 1997.

PEARSON, Marcelo H., "Aplicación del plazo de gracia del art. 124 del CPCCN en el procedimiento administrativo nacional", RAP, nro. 7, Ciencias de la Administración, Buenos Aires, 1979.

———————————— *Del recurso jerárquico*, Buenos Aires, 1954.

——————————— *Manual de procedimiento administrativo*, 1ª ed., Abeledo-Perrot, Buenos Aires, 1976.

PENDAS GARCÍA, Benigno (coord.), Administraciones Públicas y ciudadanos. Estudio sistemático de la ley 30/1992, Praxis, Barcelona, 1993.

PERA VERDAGUER, Francisco, *Expropiación forzosa*, Barcelona, 1970.

PÉREZ FERNÁNDEZ, Vicente E., "Los límites a la discrecionalidad administrativa (Los conceptos jurídicos indeterminados y los hechos determinantes)", LL 1994-D-1066.

PÉREZ HUALDE, Alejandro, "Breve reflexión sobre la credibilidad de los marcos regulatorios y de los entes reguladores", LL 1999-D-349.

——————————— "Crisis jurídico política, emergencia económica y y recurso extraordinario federal en el terreno tributario", en GELLI, María A. (dir.), *Emergencia económica y recurso extraordinario*, La Ley, Buenos Aires, 2003.

——————————— "La Corte Suprema y sus novedades en el tratamiento de la normativa de emergencia", JA 2003-IV-1405.

——————————— "Renegociación de las concesiones de servicios públicos en Mendoza", en AA.VV., *Control de la Administración Pública*, jornadas organizadas por la Universidad Austral, Facultad de Derecho, Ediciones Rap, Buenos Aires, 2003.

——————————— "Responsabilidad del Estado y del concesionario en el contrato administrativo de concesión", en *Contratos administrativos*, Ciencias de la Administración, Buenos Aires, 2000.

——————————— "Tarifas y renegociación de contratos", en GORDILLO, Agustín (dir.), *El contrato administrativo en la actualidad*, La Ley, Buenos Aires, 2004.

——————————— *El concesionario de servicios públicos privatizados*, Depalma, Buenos Aires, 1997.

——————————— "Hacia una 'nueva' doctrina judicial sobre emergencias", presentada en las Primeras Jornadas Internacionales "Perfilando la Constitución. El Rol de la Corte Suprema de Justicia de la Nación y de la US Supreme Court en la Constitución Nacional", organizadas por el Consejo Latinoamericano de Estudios de Derecho Internacional y Comparado, celebradas en la Universidad del Congreso, Mendoza, 29 al 31/5/2003.

——————————— *Renegociación de contratos públicos*, LexisNexis-Abeledo-Perrot, Buenos Aires, 2002.

——————————— "Extinción de los contratos de la Administración", en CASSAGNE, Juan Carlos - RIVERO YSERN, Enrique (dir.), *La contratación pública*, t. II, 1ª ed., Hammurabi, Buenos Aires, 2006.

PÉREZ TREMPS, Pablo, *Constitución española y Comunidad Europea*, Civitas, Madrid, 1994.

PERRINO, Pablo E., "Algunas reflexiones sobre los reglamentos delegados en la reforma constitucional", en CASSAGNE, Juan Carlos (dir.), *Derecho Administrativo*, obra colectiva en homenaje al profesor Dr. Miguel S. Marienhoff, Abeledo-Perrot, Buenos Aires, 1998.

——————————— "Distribución de competencias entre el Estado Federal, las provincias y los municipios para la regulación de los servicios públicos", REDA, vol. 14, Depalma - LexisNexis, Buenos Aires, 2002.

——————————— "El derecho a la tutela judicial efectiva y el acceso a la jurisdicción contencioso administrativa", en AA.VV., *Proceso administrativo I*, Revista de Derecho Público, Rubinzal-Culzoni, Buenos Aires, 2003.

——————————— "La delegación legislativa", en *El Derecho Administrativo argentino, hoy*, jornadas organizadas por la Universidad Austral, Facultad de Derecho, Ciencias de la Administración, Buenos Aires, 1996.

——————————— "La responsabilidad de la Administración por su actividad ilícita. Responsabilidad por falta de servicio", ED 185-781.

——————————— "La responsabilidad del Estado ocasionada por el riesgo o vicio de las cosas", en *Estudios de Derecho Administrativo*, t. XI, Diké, Mendoza, 2005.

——————————— "La responsabilidad del Estado y de los concesionarios derivada de la prestación de servicios públicos", en *Contratos administrativos*, Ciencias de la Administración, Buenos Aires, 2000.

——————————— "Los factores de atribución de la responsabilidad extra-contractual del Estado por su actividad ilícita", en *Responsabilidad del Estado y del funcionario público*, Ciencias de la Administración, Buenos Aires, 2001.

——————————— "El alcance de la indemnización en los supuestos de extinción del contrato administrativo por razones de interés público. El reconocimiento del lucro cesante moderado", en CASSAGNE, Juan Carlos - RIVERO YSERN, Enrique (dir.), *La contratación pública*, t. II, 1ª ed., Hammurabi, Buenos Aires, 2006.

——————————— "El régimen del agotamiento de la vía administrativa en el nuevo Código Contencioso Administrativo bonaerense", en CASSAGNE, Juan Carlos - GORDILLO, Agustín (dirs.), *El nuevo proceso contencioso administrativo de la provincia de Buenos Aires*, Platense, La Plata, 2000.

——————————— "Reclamo administrativo previo", en CASSAGNE, Juan Carlos (dir.), *Derecho procesal administrativo. Obra en homenaje a Jesús González Pérez*, t. I, Hammurabi, Buenos Aires, 2004.

——————————— "La responsabilidad del Estado ocasionada por el riesgo o vicio de las cosas", en *Organización Administrativa, Función Pública y Dominio Público*, Jornadas organizadas por la Universidad Austral, Facultad de Derecho, Ediciones RAP, Buenos Aires, 2005.

PESOA, Fernando, *Eróstrato y la búsqueda de la inmortalidad*, Emecé, Buenos Aires, 2001.

PETRA RECABARREN, Guillermo R., "Extinción de los contratos de la Administración", JA Doctrina-1976-IV-679.

PIAGGIO, Lucas, "Límites a la aplicación de la doctrina de la emergencia económica en materia de deuda pública: el caso Falcón", RAP, nro. 287, Ciencias de la Administración, Buenos Aires.

PICONE, Francisco H., "La doctrina de la Procuración del Tesoro de la Nación (1971-1973)", separata de la Revista *Jus*, nro. 22, Platense, La Plata, 1973.

PIEPER, Josef, *Justicia y fortaleza*, Madrid, 1968.

PIERCE, Richard J. - GELLHORN, Ernest, *Regulated Industries*, West Publishing Co., St. Paul, Minn., 1994.

PIZZORUSSO, Alessandro, *Lecciones de Derecho Constitucional*, t. II, trad. de la 3ª ed. italiana, Centro de Estudios Constitucionales, Madrid, 1984.

PODESTÁ COSTA, Luis A., *Derecho Internacional Público*, t. I, 4ª ed., TEA, Buenos Aires, 1960.

PODETTI, José R., *Tratado de las medidas cautelares*, 2ª ed., Buenos Aires.

POUGNAUD, Pierre, *Service public "à la française" ¿une exception en Europe?*, Institut de Gestion Déléguée, París, 1999.

POZO GOWLAND, Héctor, "Contrato administrativo de suministro", LL 2004-A, 867.

PRAT, Julio A., *De la desviación de poder*, Librería La Facultad, Montevideo, 1957.

——————————————— *Derecho Administrativo*, ts. I y II, Acali, Montevideo, 1977.

PRIETO, Hugo N., "El dominio de los recursos naturales. La titularidad de las provincias y sus consecuencias en materia de hidrocarburos", LL Sup. Const., 20 de septiembre de 2005.

PRITZ, Osvaldo A. F., "El rescate", en AA.VV., *Los servicios públicos*, Depalma, Buenos Aires, 1994.

——————————————— "El rescate", en AA.VV., *Contratos administrativos,* Jornadas organizadas por la Universidad Austral, Facultad de Derecho, Ciencias de la Administración, Buenos Aires, 2000.

——————————————— "Rescate: Delimitación y efectos", en AA.VV., *Estudios de derecho administrativo*, Depalma, Buenos Aires, 1995.

PROSSER, Tony, *Law and the Regulators*, Clarendon Press, Oxford, 1997.

QUEVEDO MENDOZA, Efraín, "Enarsa. Un novedoso concepto en empresas del Estado", entrevista publicada en *Servicios & Infraestructura*, año 1, nro. 2, Buenos Aires, junio-julio 2004.

QUINTO, Javier de, *Principios económicos de tarificación*, en ARIÑO ORTIZ, Gaspar (ed.), *Precios y tarifas regulados*, Comares, Granada, 2001.

QUIROGA LAVIÉ, Humberto, *Derecho Constitucional*, Depalma, Buenos Aires.

——————————————— *Constitución de la Nación Argentina Comentada*, Zavalía, Buenos Aires, 1996.

RAINAUD, Jean M., *La distinction de l'acte réglamentaire et de l'acte individuel*, R. Pichon et R. Durand-Auzias, París, 1966.

RANELLETTI, Oreste, *Le guarentigie della giustizia nella Pubblica Amministrazione*, Giuffrè, Milán, 1934.

——————————————— *Le guarentigie delle giustizia nella publica amministra-*
zione, Milán, 1937.

——————————————— *Teoria degli atti amministrativi speciali*, 7° ed., Giuffrè,
Milán, 1945.

REAL, Alberto R., "Extinción del acto administrativo creador de derechos",
Revista de la Facultad de Derecho y Ciencias Sociales, nros. 1-2, Montevideo,
1960.

RECASENS SICHES, Luis, *Introducción al estudio del Derecho*, 2ª ed., México, 1972.

——————————————— "Estudios de filosofía del Derecho", en DELVECCHIO,
Giorgio, *Filosofía del Derecho*, t. II, 9ª ed. española, Bosch, Barcelona, 1969.

REIMUNDIN, Ricardo, "La suspensión del acto administrativo como medida
de 'no innovar'", JA 1967-IV-280.

REIRIZ, Graciela, "Legitimación para ser parte en el procedimiento administrativo", en DIEZ, Manuel M. (dir.), *Acto y procedimiento administrativo*, Plus Ultra,
Buenos Aires, 1975.

——————————————— "Autoridades administrativas independientes para la regulación y control de los servicios públicos", en BOTASSI, Carlos A. (dir.), *Temas
de Derecho Administrativo. En honor al profesor Dr. Agustín A. Gordillo*, Platense,
La Plata, 2003.

——————————————— "Responsabilidad del Estado", en *El Derecho Administrativo, hoy*, Ciencias de la Administración, Buenos Aires, 1996.

——————————————— *La responsabilidad del Estado*, Eudeba, Buenos Aires,
1969.

REJTMAN FARAH, Mario, "Un importante giro jurisprudencial en la revisión
de oficio de la llamada habilitación de la instancia", LL 1999-E-185.

——————————————— "La independencia de los entes reguladores como requisito para el ejercicio de sus competencias", JA 2005-III, número especial "El caso
'Ángel Estrada'", del 31/8/2005.

——————————————— "Responsabilidad del Estado por omisión judicial: una
tendencia que se expande", LL 1996-D-88.

——————————————— "La consagración legal de la habilitación de instancia de
oficio: su inconstitucionalidad", en CASSAGNE, Juan Carlos (dir.), *Derecho procesal administrativo. Obra en homenaje a Jesús González Pérez*, t. I, Hammurabi,
Buenos Aires, 2004.

——————————————— *Régimen de contrataciones de la Administración Pública
Nacional*, Abeledo Perrot, Buenos Aires, 2010.

RENARD, Georges, *La théorie de l'institution*, París, 1930.

REVIDATTI, Gustavo A., "Las partes en el procedimiento administrativo", en
DIEZ, Manuel M. (dir.), *Acto y procedimiento administrativo*, Plus Ultra, Buenos
Aires, 1975.

REZZÓNICO, Luis M., *La fuerza obligatoria del contrato y la teoría de la imprevisión*, Perrot, Buenos Aires, 1954.

RICCIARDI, Darío, "La rentabilidad negativa", en AA.VV., *Jornada de reflexión y propuesta de cambio. Segba, 1958-1988*, Asociación del Personal Superior de Segba, Buenos Aires.

——————————— "Reflexiones sobre aspectos de la regulación tarifaria en los servicios públicos del sector eléctrico", *REDA*, nro. 48, Depalma, Buenos Aires, 2004.

RICHER, Laurent, *Droit des contrats administratifs*, 2ª ed., LGDJ, París, 1999.

——————————— *Droit des contrats administratifs*, 4° ed., LGDI, París, 2004.

RIPERT, Georges - BOULANGER, Jean, *Tratado de Derecho Civil, según el tratado de Planiol*, t. I, "Parte general", trad. del francés, La Ley, Buenos Aires, 1963.

——————————— *Tratado del Derecho Civil según el tratado de Planiol*, trad. del francés, t. IV, La Ley, Buenos Aires, 1964.

RISOLÍA, Marco A., "Un peligroso avance de la responsabilidad objetiva", *Revista de la Universidad de Buenos Aires*, t. IV, Buenos Aires, 1980.

——————————— *Soberanía y crisis del contrato*, 2ª ed., Abeledo-Perrot, Buenos Aires, 1958.

RIVALTA, María, La motivazione degli atti amministrativi, Milán, 1960.

RIVERO, Jean, "Hauriou et l'avénement de la notion du service public", en AA.VV., *L'évolution du Droit Public; études offertes à Achille Mestre*, Sirey, París, 1956.

——————————— *Droit Administratif*, 8° ed., Dalloz París, 1977.

——————————— *Droit administratif*, Dalloz, París, 1968.

——————————— "Los principios generales del derecho en el derecho francés contemporáneo", *Revista de Administración Pública*, nro. 6, Instituto de Estudios Políticos, Madrid, 1951.

——————————— *Droit Administratif*, 3ª ed., Dalloz, París, 1965.

RIVERO, Jean – WALINE, Jean, *Droit Administratif*, 19° ed., Dalloz, París, 2002.

RIVERO ORTEGA, Ricardo, "¿Es necesaria una revisión de los contratos administrativos en España?", *Revista Española de Derecho Administrativo*, nro. 121, Madrid, 2004.

RIVERO YSERN, Ricardo, "El precio de los contratos públicos", en CASSAGNE, Juan Carlos - RIVERO YSERN, Enrique (dir.), *La contratación pública*, t. II, 1ª ed., Hammurabi, Buenos Aires, 2006.

ROBSON, William A., *Industria nacionalizada y propiedad pública*, trad. española, Tecnos, Madrid, 1964.

ROCA JUNYENT, Miguel, "Neorregulación, servicio público y el papel del Estado en el mundo globalizado", su exposición en el *44° Congreso de la Union Internationale des Avocats*, Buenos Aires, 29/10/2000 al 2/11/2000.

ROCHA PEREYRA, Gerónimo, "La interpretación judicial sobre la legitimación del defensor del pueblo", EDA 2004-404/425.

——————————— "Sobre el Derecho Administrativo sancionador (las sanciones administrativas en sentido estricto)", REDA, nro. 43, LexisNexis - Depalma, Buenos Aires, 2003.

——————————— "El decreto 204/2004. Un posible retroceso en la contratación pública", JA 2004-III- 29, Suplemento de Derecho Administrativo.

——————————— RODRIGUEZ, Libardo, *El equilibrio económico en los contratos administrativos*, Temis, Bogotá, 2009.

——————————— *Derecho Administrativo general y colombiano*, 15° ed., Temis, Bogotá, 2007.

——————————— *Derecho Administrativo Colombiano*, Universidad Nacional Autónoma de México y Editorial Porrúa, México, 2004.

RODRÍGUEZ ARIAS, Julio C., *La sociedad de economía mixta*, Rosario, 1940.

RODRÍGUEZ MORO, Nemesio, *La ejecutividad del acto administrativo con especiales referencias a lo municipal*, Instituto de Estudios de Administración Local, Madrid, 1949.

RODRIGUEZ VARELA, Alberto, "La neoescolástica y las raíces del constitucionalismo", separata de la Academia Nacional de Ciencias Morales y Políticas de Buenos Aires, Buenos Aires, 2005.

ROJO, Pablo, "El derecho de la post-privatización", *RAP*, nro. 183, Ciencias de la Administración, Buenos Aires, 1993.

ROMANO, Santi, *Corso di Diritto Amministrativo*, 3ª ed., Cedam, Padua, 1937.

——————————— *Fragmentos de un diccionario jurídico*, trad. de Sentís Melendo, Ediciones Jurídicas Europa-América, Buenos Aires, 1964.

——————————— "Il Comune", en *Primo Trattato Completo di Diritto Amministrativo Italiano*, t. II-I, Milán, 1932.

——————————— *El ordenamiento jurídico*, trad. del italiano, Instituto de Estudios Políticos, Madrid, 1963.

ROMERO, José I., "Las empresas del Estado y las leyes de procedimientos administrativos", ED 46-835.

——————————— "Sociedades del Estado", JA 1975, secc. Doctrina, p. 631.

RONDON DE SANSO, Hildegard, *El procedimiento administrativo*, Caracas, 1976.

ROUSSEAU, Charles E., *Derecho Internacional Público*, trad. del francés, 2ª ed., Ariel, Barcelona, 1961.

ROUSSEAU, Jean-Jacques, *El contrato social*, Aguilar, Madrid, 1973, cap. VI.

ROVNER, Ricardo D., "Los controles introducidos por la reforma de 1994: ¿Puede el Congreso ejercerlos? El caso de la Comisión Bicameral Permanente y de los informes del Jefe de Gabinete de Ministros", RAP, nro. 312, Ciencias de la Administración, Buenos Aires, 2004.

RUIZ OJEDA, Alberto, "Hacia un nuevo entendimiento y articulación de las relaciones entre los factores implicados en la provisión y gestión de infraestructuras", en RUIZ OJEDA, Alberto [coord.], *La financiación privada de obras públicas. Marco institucional y técnicas aplicativas*, Civitas, Madrid, 1997.

RUIZ MORENO, Horacio, "Los llamados reglamentos de necesidad y urgencia. La emergencia como motivación en las leyes y reglamentos", LL 1990-B-1029.

RUIZ MORENO, Isidoro, *Derecho Internacional Público*, t. II, Buenos Aires, 1940.

SACHERI, Carlos A., *El orden natural*, Eudeba, Buenos Aires, 1979.

SACRISTÁN, Estela B., "Aspectos constitucionales de la renegociación de los contratos de prestación de los servicios públicos", en *Debates de Actualidad*, Revista de la Asociación Argentina de Derecho Constitucional, julio-octubre 2003, año XVIII, nro. 191.

———————————— "Dos puntos de vista diversos (Conceptos tarifarios, cuestiones de hecho y prueba, circunstancias sobrevinientes", *REDA*, nro. 53, Lexis-Nexis - Depalma, Buenos Aires, 2005.

———————————— "El concepto de tarifa justa y razonable", ED 189-14.

———————————— "El problema de la fuente en las relaciones de fomento", *REDA*, nro. 43, LexisNexis - Depalma, Buenos Aires, 2003.

———————————— "*Ius variandi* y modificación de precios", *RAP*, nro. 219, Ciencias de la Administración, Buenos Aires, 1996.

———————————— "La administración legisladora (y dos saludables recaudos)", en CASSAGNE, Juan Carlos (dir.), *Derecho Procesal Administrativo. Libro homenaje a Jesús González Pérez*, Hammurabi, Buenos Aires, 2004.

———————————— "La Constitución de 1853 como instrumento de progreso económico: los capitales extranjeros", en AA.VV., *Estudios sobre la Constitución Nacional de 1853 en su sesquicentenario*, Academia Nacional de Derecho y Ciencias Sociales de Buenos Aires, Instituto de Derecho Constitucional e Instituto de Derecho Administrativo, La Ley, Buenos Aires, 2003.

———————————— "La experiencia argentina en materia de tarifas reguladas por el sistema de *price-caps*", EDA 2003-438.

———————————— "La relación jurídica de fomento: ¿unilateralidad o bilateralidad?", ED 184-948.

———————————— "Naturaleza jurídica de las tarifas. Sistemas tarifarios", en *Servicio público, policía y fomento*, jornadas organizadas por la Universidad Austral, Facultad de Derecho, Ediciones Rap, Buenos Aires.

———————————— "Notas sobre legitimación procesal en la jurisprudencia norteamericana y argentina", en BAZÁN, Víctor (coord.), *Defensa de la Constitución. Garantismo y controles. Libro en reconocimiento al Dr. Germán J. Bidart Campos*, Ediar, Buenos Aires, 2003.

———————————— "Impugnación administrativa de los reglamentos de necesidad y urgencia y delegados (La cuestión de su naturaleza legislativa)", en CASSAGNE, Juan Carlos (dir.), *Procedimiento y proceso administrativo*, UCA - LexisNexis, Buenos Aires, 2005.

SÁENZ VALIENTE, José María (h.), *Curso de Derecho Municipal*, Buenos Aires, 1944.

SAGÜÉS, Néstor P., "El constitucionalismo social", en VAZQUEZ VIALARD, Antonio (dir.), *Tratado de Derecho del Trabajo*, t. II, Astrea, Buenos Aires, 1982.

——————————— "Derecho Constitucional y derecho de emergencia", LL 1990-D-1039, secc. Doctrina y en *Separata de la Academia Nacional de Derecho y Ciencias Sociales de Buenos Aires, Anales XXXV*, segunda época, nro. 28, Buenos Aires, 1990.

——————————— "Los decretos de necesidad y urgencia. Derecho Comparado y Derecho argentino", LL 1985-E-798.

——————————— "Los derechos no enumerados en la Constitución Nacional", *Separata de la Academia Nacional de Ciencias Morales y Políticas - Anticipo Anales XIV*, Buenos Aires, 1985.

——————————— "Principio de subsidiariedad y principio de antisubsidiariedad", *Revista de Derecho Público*, nro. 39/40, Santiago de Chile.

——————————— *Elementos de Derecho Constitucional*, tomos 1-2, 3ª ed. act. y ampl., Astrea, Buenos Aires, 1999.

——————————— *Mundo jurídico y mundo político*, Depalma, Buenos Aires, 1978.

SÁENZ, Jorge A., "La responsabilidad contractual en el derecho público argentino", en *Responsabilidad del Estado*, libro en homenaje a María Graciela Reiriz, Facultad de Derecho, Universidad de Buenos Aires, Departamento de Publicaciones, Rubinzal Culzoni, Buenos Aires, 2008.

SÁINZ DE BUJANDA, Fernando, *Sistema de Derecho Financiero*, t. I, vol. II, Facultad de Derecho de la Universidad Complutense, Madrid, 1977.

SAINZ MORENO, Fernando, Conceptos jurídicos, interpretación y discrecionalidad administrativa, 1ª ed., Civitas, Madrid, 1976.

——————————— "El dominio público: una reflexión sobre su concepto y naturaleza, cincuenta años después de la fundación de la "Revista de Derecho Administración Pública", en *Revista de Administración Pública,* nro. 50, Centro de Estudios Políticos y Constitucionales, Madrid, 1999.

SALOMONI, Jorge L., "Régimen de los bienes públicos en las concesiones o licencias de servicios públicos (el caso de la explotación en la distribución del gas natural)", en AA.VV., *El Derecho Administrativo argentino hoy*, Universidad Austral, Ciencias de la Administración, Buenos Aires, 1996.

SALVAT, Raymundo M., *Tratado de Derecho Civil argentino, Parte general*, t. II, 10ª ed., actualizado por Romero del Prado, Víctor N., TEA, Buenos Aires, 1958.

——————————— *Tratado de Derecho Civil Argentino. Fuentes de las Obligaciones,* t. I, 2° ed. actualizada por Arturo ACUÑA ANZORENA, Tipográfica Editora Argentina, Buenos Aires 1957.

SALVATELLI, Ana, "Acerca de la emergencia y sus excesos", *RAP*, nro. 280, Ciencias de la Administración, Buenos Aires, 2002.

SAMMARTINO, Patricio Marcelo E., "El régimen del dominio público y sus implicancias procesales", AA.VV, *Organización Administrativa, Función Pública y Dominio Público,* Jornadas de la Universidad Austral, RAP, Buenos Aires, 2005.

SAMPAY, Arturo E., *La filosofía jurídica del art. 19 de la Constitución Nacional*, Cooperadora de Derecho y Ciencias Sociales, Buenos Aires, 1975.

———————————— *Introducción a la Teoría del Estado*, Bibliográfica Omeba, Buenos Aires, 1964.

SAN AGUSTÍN, *La ciudad de Dios*, Porrúa, México, 1979.

SÁNCHEZ, Alberto M., "Madorrán ¿Cuánto de propia tiene la estabilidad propia?", *REDA* nro. 61, Depalma, Buenos Aires, 2007.

SÁNCHEZ AGESTA, Luis, *Curso de Derecho Constitucional comparado*, Editora Nacional, Madrid, 1968.

SÁNCHEZ CORREA, Ramiro, "El sistema de precios testigo", en AA.VV., *Cuestiones de Contratos Administrativos,* Jornadas organizadas por la Universidad Austral, Facultad de Derecho, RAP, Buenos Aires, 2007.

SÁNCHEZ VIAMONTE, Carlos, *Instrucción cívica, Manual de Derecho Constitucional*, Kapelusz, Buenos Aires, 1945.

———————————— *Manual de Derecho Constitucional*, Kapelusz, Buenos Aires, 1958.

SANDULLI, Aldo M., *Il procedimento amministrativo*, Giuffrè, Milán, 1959.

———————————— *Il procedimento amministrativo*, Giuffrè, Milán, 1964.

———————————— *Manuale di Diritto Amministrativo*, 10ª ed., Jovene, Nápoles, 1970.

SANTAMARÍA DE PAREDES, Vicente, *Curso de Derecho Administrativo*, 4ª ed., Establecimiento Tipográfico de Ricardo Fé, Madrid, 1894.

SANTAMARÍA PASTOR, Juan A., *Fundamentos de Derecho Administrativo*, t. I, Centro de Estudios Ramón Areces, Madrid, 1988.

———————————— *La nulidad de pleno de los actos administrativos*, Madrid, 1972.

———————————— *Principios de Derecho Administrativo*, 2ª ed., t. II, Centro de Estudios Ramón Areces, Madrid, 2000.

———————————— "La teoría del órgano en el Derecho Administrativo", *Revista Española de Derecho Administrativo*, nro. 40/41, Civitas, Madrid, 1984.

———————————— *Comentario sistemático a la Ley de Régimen Jurídico de las Administraciones Públicas y del Procedimiento Administrativo Común*, Libros Jurídicos Carperi, Madrid, 1993.

SANTAMARÍA PASTOR, Juan A. - PAREJO ALFONSO, Luciano, *Derecho Administrativo. La jurisprudencia del Tribunal Supremo*, Madrid, 1989.

SANTIAGO, Alfonso - THURY CORNEJO, Valentín - GALEANO, Juan José (colab.), Tratado sobre la delegación legislativa. Régimen constitucional antes, durante y después de la reforma constitucional, Ábaco, Buenos Aires, 2003.

SARAVIA, Luis Adolfo, "El petróleo y las provincias", LL 1999- B, 1182.

SARMIENTO GARCÍA, Jorge H., "El *ius variandi* y los contratos de la Administración", en AA.VV., *Contratos administrativos*, jornadas organizadas por la Universidad Austral, Facultad de Derecho, Ciencias de la Administración, Buenos Aires, 2000.

———————————— "Primeras reflexiones sobre la tesis de Mairal frente al 'contrato administrativo'", ED 180-858.

———————————— *Concesión de servicios públicos*, Ciudad Argentina, Buenos Aires, 1999.

SARMIENTO GARCÍA, Jorge H. (dir.), *Estudios de Derecho Administrativo*, Depalma, Buenos Aires, 1995.

SARMIENTO GARCÍA, Jorge H. - PETRA RECABARREN, Guillermo M., *Ley de Procedimiento Administrativo de Mendoza 3909. Concordada y comentada*, Mendoza, 1973.

SARRÍA, Félix, *Derecho Administrativo*, Assandri, Córdoba, 1961.

SARTORI, Giovanni, "El terrorismo y las ilusiones peligrosas", trad. por Mirta Rosenberg del *Corriere della Sera* de Milán, *La Nación* del 26/7/2005.

SATANOWSKY, Marcos, *Tratado de Derecho Comercial*, t. I, TEA, Buenos Aires, 1957.

SAVIGNY, Federico C. de, *Sistema de Derecho Romano actual*, t. I, Góngora, Madrid.

SAVY, Robert, *Droit Public Economique*, París, 1972.

SAYAGUÉS LASO, Enrique, *Tratado de Derecho Administrativo*, t. I, Talleres Gráficos Barreiro, Montevideo, 1963.

———————————— *Tratado de Derecho Administrativo*, t. I, 4ª ed., Montevideo, 1974.

———————————— *Tratado de Derecho Administrativo*, t. I, 8ª ed. puesta al día por Daniel H. Martins, Clásicos Jurídicos Uruguayos, Fundación de Cultura Universitaria, Montevideo, 2002.

———————————— *Tratado de Derecho Administrativo*, t. II, ed. del autor, Montevideo, 1959.

———————————— *La licitación pública*, Acali, Montevideo, 1978.

SCHWARTZ, Bernard, *Administrative Law*, 2ª ed., Little, Brown & Co., Boston, 1984.

SCALIA, Antonin, "The doctrine of standing as an essential element of the separation of powers", *Suffolk Law Review*, 1983, vol. 17.

SCHEIBLER, Guillermo (coord.), *El Derecho Administrativo de la emergencia IV*, Fundación Derecho Administrativo, Buenos Aires, 2004.

SCHMIDT, Eberhard, "Las repercusiones de la obra científica de James Goldschmidt sobre la legislación y la ciencia de Alemania", trad. por Goldschmidt, Werner, *Revista de Derecho Procesal*, Ediar, Buenos Aires, 1951, vol. 1951-2.

SCHWARTZ, Bernard, *Los poderes del gobierno, comentario sobre la Constitución de los Estados Unidos*, trad. de Olloui Labastida José Juan, t. I, Librería La Facultad, México, 1966.

SEGAL, Rubén, "Sociedades del Estado", LL 156-1423.

SEGOVIA, Juan F., "Las providencias de necesidad y urgencia", ED 116-911.

SEIJAS, Gabriela, "Responsabilidad precontractual de la Administración", *REDA*, Vol. 14, Lexis Nexis-Depalma, Buenos Aires, 2002.

SEILLER, Bertrand, *Droit Administratif, 2. L'action administrative*, Champs Université, Flammarion, París, 2001.

SERRANO GUIRADO, Enrique, "El trámite de audiencia en el procedimiento administrativo", RAP, nro. 4, Instituto de Estudios Políticos, Madrid, 1951.

SESÍN, Domingo J., Administración Pública. Actividad reglada, discrecional y técnica, 1ª ed., Depalma, Buenos Aires, 1994.

——————————————— *Administración Pública. Actividad reglada, discrecional y técnica*, 2ª ed. actual. y ampl., LexisNexis, Buenos Aires, 2004.

——————————————— "Determinación del interés público. Actividad reglada o discrecional. Intensidad del control", *REDA*, nro. 47, Depalma, Buenos Aires, 2004.

——————————————— "Discrecionalidad administrativa y conceptos jurídicos indeterminados", en *El Derecho Administrativo argentino, hoy, Jornadas organizadas por la Universidad Austral*, Ciencias de la Administración, Buenos Aires, 1996.

——————————————— "Contratos administrativos: jurisprudencia", en AA.VV., *Contratos administrativos, Jornadas organizadas por la Universidad Austral*, Facultad de Derecho, Ciencias de la Administración, Buenos Aires, 2000.

——————————————— "La determinación de la oferta más conveniente en los contratos administrativos", en AA.VV., *Cuestiones de Contratos Administrativos, Jornadas organizadas por la Universidad Austral*, Facultad de Derecho, RAP, Buenos Aires, 2007.

SILVA CENCIO, Jorge A., Servicio público y concesión de servicios públicos, Montevideo, 1980.

——————————————— *Estudios de Derecho Administrativo*, t. I, Montevideo, 1979.

——————————————— *La descentralización por servicios en la Constitución de 1967*, 2ª ed., Montevideo, 1971.

SILVA CIMMA, Enrique, *Derecho Administrativo chileno y comparado*, t. I, Editorial Jurídica de Chile, Santiago de Chile, 1961.

SILVA TAMAYO, Gustavo E., *La desviación de poder como supuesto específico de abuso de derecho*, LexisNexis, Buenos Aires, 2006, en prensa.

——————————————— "Nulidad manifiesta y vicio no ostensible", ED 138-981.

SILVESTRI, Enzo, *L'attività interna della Pubblica Amministrazione*, Milán, 1950.

SIWEK POUYDESSEAU, Jeanne, "Antecedentes de la desconcentración administrativa de Francia", en *Desconcentración administrativa*, México, 1976.

SOCHONQUE, Adolf, "La doctrina del Derecho Penal administrativo de J. Goldschmidt y su reconocimiento en la legislación alemana", RDP, nro. 3/4, Buenos Aires, 1951.

SOLA, Juan Vicente, *Constitución y economía*, LexisNexis, Buenos Aires, 2004.

——————————— *Tratado de Derecho Constitucional*, t. IV, La Ley, Buenos Aires, 2009.

SOLAS RAFECAS, José María de, "Extinción de los contratos", en *Comentarios a la Ley de Contratos de las Administraciones Públicas. La gestión del contrato*, t. III, Ariño y Asociados, Comares, Granada, 2005.

——————————— Contratos administrativos y contratos privados de la Administración, Tecnos, Madrid, 1990.

SOLER, Sebastián, *Derecho Penal argentino*, t. I, Buenos Aires, 1945.

——————————— *Derecho Penal argentino*, t. I, TEA, Buenos Aires, 1956.

SORACE, Domenico, *Diritto delle Amministrazioni Pubbliche*, II Mulino, Bolonia, 2000.

SORCABURU, Aníbal E., "El recurso jerárquico en la República Argentina", RADA, nro. 4, Universidad del Museo Social Argentino, Buenos Aires, 1972.

SORIA, Daniel F., "Los actos administrativos de trámite equiparables a definitivos y su impugnabilidad judicial", LL 1990-C-947.

——————————— "El reclamo administrativo previo y el acceso a la jurisdicción contencioso administrativa. Su evolución y las reformas introducidas por la ley 25.344", en AA. VV., *El Procedimiento Administrativo y el Control Judicial de la Administración Pública*, IV Jornadas Hispano-Argentinas de Derecho Administrativo en Homenaje al profesor Laureano López Rodó, Instituto Nacional de Administración Pública, Madrid, 2001.

SORIANO GARCÍA, José E., Desregulación, privatización y Derecho Administrativo, Bolonia, 1993.

SOTELO DE ANDREAU, Mirta, "Las contrataciones reservadas", en AA.VV., Cuestiones de Contratos Administrativos, Jornadas organizadas por la Universidad Austral, Facultad de Derecho, RAP, Buenos Aires, 2007.

SOTO CALDERÓN, Juan C., "Democracia y bien común", en ¿Crisis de la Democracia?, Santiago de Chile, 1975.

SOTO KLOSS, Eduardo, "El cambio de circunstancias como causal de modificación o extinción del acto administrativo en el derecho francés", *Revista de Administración Pública*, nro. 64, Instituto de Estudios Políticos, Madrid, 1971.

——————————— "L'entrée en application de l'acte administratif", en *Homenaje a Enrique Sayagués Laso*, Instituto de Estudios de Administración Local, Madrid, 1969.

——————————— "Consideraciones sobre los fundamentos del principio de subsidiariedad (Una aproximación)", *Revista de Derecho Público*, nro. 39/40, Santiago de Chile.

——————————— "La democracia ¿para qué? Una visión finalista", en *¿Crisis de la Democracia?*, Santiago de Chile, 1975.

——————————— "La idea de reparación de un daño como restitución de una situación injusta sufrida por una víctima", en *Responsabilidad del Estado*, Universidad del Norte Santo Tomás de Aquino, Tucumán, 1982.

SPACAROTEL, Gustavo D., "La constitucionalidad de la emergencia en la provincia de Buenos Aires", *REDA*, nro. 41, Depalma, Buenos Aires, 2002.

SPOLANSKY, Norberto, "Culpabilidad, la responsabilidad solidaria de las sociedades anónimas y la de sus directivos", LL 1978-D-235.

SPOTA, Alberto G., "Fundamento jurídico de la medida de no innovar", JA II-232.

——————————— *Contratos*, t. III, Depalma, Buenos Aires, 1980.

——————————— *Tratado de Derecho Civil. Parte general*, t. I, Depalma, Buenos Aires, 1967.

——————————— *Instituciones de Derecho Civil. Contratos*, t. II y III, Depalma, Buenos Aires, 1974 y 1980.

——————————— "'Desafectación' y venta de las islas. La usucapión de las mismas", comentario a la jurisprudencia de la Corte Suprema ("Cardile, Pancracio c/ Provincia de Buenos Aires", Fallos 191:473 [1941]), JA 1942-I, 1019

——————————— *Tratado de Derecho Civil*, T° I, vol. 1, Depalma, Buenos Aires, 1953.

STASSINOPOULOS, Michel, *Traité des actes administratifs*, Athènes, 1954.

STIGLITZ, Joseph E., *Economics*, 2ª ed., W.W. Norton, New York, 1997.

SUBRÁ DE BIEUSSES, Pierre, "Dominio público y derechos reales", en CASSAGNE, Juan Carlos (Dir.), *Derecho Administrativo*, obra colectiva en homenaje al Profesor Miguel S. Marienhoff, Abeledo-Perrot, Buenos Aires, 1998.

——————————— "La extinción del contrato administrativo", en CASSAGNE, Juan Carlos - RIVERO YSERN, Enrique (dir.), *La contratación pública*, t. II, 1ª ed., Hammurabi, Buenos Aires, 2006.

SUNSTEIN, Cass R., *After the rights revolution*, Harvard University Press, Cambridge, Mass., 1990.

TACITO, Caio, *O abuso de poder administrativo do Brasil*, Río de Janeiro, 1959.

TAFUR GALVIS, Álvaro, *Las entidades descentralizadas*, Bogotá, 1977.

TAWIL, Guido S., "El proceso de capitalización de deuda. Cuestiones y perspectivas", ED 129-915.

——————————— "A propósito del proyecto de Ley de Concesiones, Licencias y Permisos de Servicios Públicos", RAP, nro. 252, Ciencias de la Administración, Buenos Aires, 1999.

——————————— "Algunas reflexiones en torno al régimen jurídico de los bienes afectados al servicio público", en AA.VV., *Organización administrativa, función pública y dominio público*, jornadas organizadas por la Universidad Austral, Facultad de Derecho, Ediciones Rap, Buenos Aires, 2005.

——————————— "Licencia y contrato como título habilitante para la prestación del servicio público", en AA.VV., *Contratos administrativos*, jornadas organizadas por la Universidad Austral, Facultad de Derecho, Ciencias de la Administración, Buenos Aires, 2000.

——————————— "Servicio público: ¿Eficacia o desgobierno? (A propósito de privilegios, tarifas, atención al público y otros problemas presentes en el proceso de transformación del Estado)", LL 1991-C-639.

——————————— *Administración y Justicia. Alcance del control judicial de la actividad administrativa*, t. II, Depalma, Buenos Aires, 1993.

——————————— "Los plazos para accionar en la instancia contencioso-administrativa. Primera aproximación", *RAP*, nro. 133, Buenos Aires, 1989.

——————————— "El art. 25 de la ley 19.549 en la reciente jurisprudencia de la Corte Suprema", LL 1995-E-473.

——————————— "Los grandes mitos del derecho administrativo. El carácter revisor de la jurisdicción contencioso administrativa, la inactividad de la Administración y su fiscalización judicial", ED 128-958.

TAWIL, Guido S. - MONTI, Laura M., *La motivación del acto administrativo*, Depalma, Buenos Aires, 1998.

TEISSIER, Georges, *La responsabilité de la puissance publique*, París, 1906.

THIBON, Gustave, *El equilibrio y la armonía*, trad. del francés, Rialp, Madrid, 1978.

THIRION, Nicolás, *Les privatisations d'entreprises publiques dans une économie sociale de marché*, LGDJ, París, 2002.

THURY CORNEJO, Valentín, *Sistema político y aprendizaje constitucional (a 10 años de la reforma de 1994)*, Universidad Católica Argentina, Buenos Aires, 2005.

TOMÁS DE AQUINO, *Suma Teológica*, ts. VI y VII, Biblioteca de Autores Cristianos, Madrid, 1956.

TORANZO, Alejo, "Declaración de oficio de la caducidad de la acción contencioso administrativa. La Corte Suprema se aparta de sus precedentes menguando su autoridad vertical", LL 1999-E-756.

TORRES, Ismael F., "Ley 25.344 (de Emergencia Económica). principales proyecciones", *RAP*, nro. 275, Ciencias de la Administración, Buenos Aires, 2001.

TRAVI, Aldo, "La contratación pública en italia", en CASSAGNE, Juan Carlos - RIVERO YSERN, Enrique (dir.), *La contratación pública*, t. II, 1ª ed., Hammurabi, Buenos Aires, 2006.

TREVES, Giuseppino, La presunzione di ligitimitá degli atti amministrativi, Padua, 1936.

TRIBINO, Carlos R. - PERRINO, Pablo E., *La justicia contencioso-administrativa en la provincia de Buenos Aires*, Depalma, Buenos Aires, 1995.

TRIGO REPRESAS, Félix A., - LÓPEZ MESA, Marcelo J., Tratado de la Responsabilidad Civil, t. II, La Ley, Buenos Aires, 2005.

TURPIN, Colin C., "Public Contracts", en VON MEHREN, Arthur (chief ed.), International Encylopedia of Comparative Law, vol. VII – Contracts in General, J.C.B. Mohr (Paul Siebeck) Tübingen y Martinus Nijhoff Publishers, La Haya, Boston, Londres, 1982.

UGOLINI, Daniela B., "Los derechos sociales y la emergencia", LL 2004-C-1519.

——————————— "El nuevo rol del Estado y los contratos administrativos", ED 148-870.

———————————— "Perfeccionamiento del contrato administrativo", en AA.VV., *Cuestiones de Contratos Administrativos,* Jornadas organizadas por la Universidad Austral, Facultad de Derecho, RAP, Buenos Aires, 2007.

ULLA, Decio C. - LEPENIES, Irmgard E., "La tutela cautelar administrativa", *REDA*, nro. 4, Depalma, Buenos Aires, 1990.

URIBURU MICHEL, Francisco M., "Los derechos de las provincias a las minas de su territorio", Academia Nacional de Derecho y Ciencias Sociales de Buenos Aires, 1991, en la Obra de la Convención Nacional Constituyente 1994, t. VII, Buenos Aires 1997.

URRUTIGOITY, Javier, "Comentario sobre la delegación legislativa en la reforma constitucional", en *La reforma constitucional interpretada*, Depalma, Buenos Aires, 1995.

———————————— "Del derecho de la emergencia al derecho de la decadencia", *RAP*, nro. 289, Ciencias de la Administración, Buenos Aires, 2002.

———————————— "El Derecho subjetivo y la legitimación procesal administrativa", en AA.VV., *Estudios de Derecho Público*, Depalma, Buenos Aires, 1995.

———————————— "Régimen de ejecución de sentencias contra el Estado", en AA.VV., *Estudios de Derecho Administrativo III*, Diké, Mendoza, 2000.

———————————— "Retribución en los servicios públicos", en AA.VV., *Los servicios públicos. Régimen jurídico actual*, Instituto de Estudios de Derecho Administrativo (IEDA), Depalma, Buenos Aires, 1994.

———————————— "Derecho subjetivo e interés legítimo en la contratación administrativa", en AA.VV., *Contratos Administrativos,* Jornadas organizadas por la Universidad Austral, Facultad de Derecho, Ciencias de la Administración, Buenos Aires, 2000.

———————————— "Impugnación jurisdiccional de los contratos", en CASSAGNE, Juan Carlos - RIVERO YSERN, Enrique (dir.), *La contratación pública*, t. II, 1ª ed., Hammurabi, Buenos Aires, 2006.

USLENGHI, Alejandro J., "La expropiación irregular en la ley 21.499", *RADA*, nro. 15-16, Plus Ultra, Buenos Aires, 1977.

———————————— "La naturaleza jurídica del municipio según la Corte Suprema", *REDA*, nro. 3, Depalma, Buenos Aires, 1990.

———————————— "La protección del usuario de los bienes del dominio público", en la obra colectiva *Organización administrativa, función pública y dominio público,* Jornadas de la Universidad Austral, RAP, Buenos Aires, 2005.

VALDÉS COSTA, Ramón, *Instituciones de Derecho Tributario*, Depalma, Buenos Aires, 1992.

VALIENTE NOAILLES, Carlos, *Manual de jurisprudencia de la Corte Suprema de Justicia de la Nación*, t. I, Fondo de Obras Jurídicas, Buenos Aires, 1970.

VALLINA Y VELARDE, Juan Luis de la, *Transferencia de funciones administrativas*, Instituto de Estudios de Administración Local, Madrid, 1964.

VALLS, Mario F., *Recursos Naturales,* t. 1, Abeledo Perrot, Buenos Aires, 1994.

VANOSSI, Jorge R., *Recurso extraordinario federal. Control de constitucionalidad*, Universidad, Buenos Aires, 1984.

——————————— "Las facultades privativas ante la dimensión política del Poder Judicial", JA del 9/3/1971, ps. 9/10.

——————————— *El carisma de una Constitución perdurable*, publicación de los Institutos de Derecho Constitucional y de Derecho Administrativo de la Academia Nacional de Derecho y Ciencias Sociales de Buenos Aires, La Ley, Buenos Aires, 2003.

——————————— "Derecho Constitucional de huelga en los servicios públicos esenciales", Anticipo de Anales, Academia Nacional de Derecho y Ciencias Sociales de Buenos Aires, Año 42, 08/07/2004.

——————————— *Régimen constitucional de los tratados*, El Coloquio, Buenos Aires, 1969.

——————————— "Los reglamentos de necesidad y urgencia", LL 1987-II-885.

VANOSSI, Jorge Reinaldo A. - DALLA VÍA, Alberto Ricardo, *Régimen constitucional de los tratados,* 2° ed., Abeledo-Perrot, Buenos Aires, 2000.

VARGAS CARREÑO, Edmundo, *Derecho Internacional Público. De acuerdo a las normas y prácticas que rigen en el siglo XXI,* Ed. Jurídica de Chile, Santiago, 2007.

VÁZQUEZ FERREIRA, Roberto A., "Servicios públicos, defensa del consumidor, procedimientos"; JA 2005-III, número especial "El caso 'Ángel Estrada'", del 31/8/2005.

VÁZQUEZ VIALARD, Antonio, "La regulación legal de la huelga en los servicios esenciales", Anticipo de Anales, Academia Nacional de Derecho y Ciencias Sociales de Buenos Aires, Año 42, 08/07/2004.

VAZQUEZ VIALARD, Antonio (dir.), *Tratado de Derecho del Trabajo*, t. II, Astrea, Buenos Aires, 1982.

VEDEL, Georges, *Droit Administratif,* 1° ed. (1961); 4ª ed. (1968); Presses Universitaires de France, París.

——————————— *Derecho Administrativo*, trad. de la 6ª ed. francesa, Aguilar, Madrid, 1980.

VEDEL, Georges - DELVOLVE, Pierre, *Droit Administratif,* 9ª ed. actual. por Jean-Claude Venezia y Yves Gaudemet, Presses Universitaires de France, París, 1984.

——————————— *Droit Administratif,* t. 1, 12° ed., PUF, París, 1992.

VERAMENDI, Enrique, "La delegación legislativa en las constituciones italiana y española, ¿verdaderas fuentes del art. 76 de la Constitución Nacional?", *REDA*, nro. 52, LexisNexis - Depalma, Buenos Aires, 2005.

VERDROSS, Alfred, *Derecho Internacional Público*, trad. del alemán, 2ª ed., Aguilar, Madrid, 1957.

VERDERA Y TUELLS, Evelio (coord.), *La empresa pública*, t. I, Publicaciones del Real Colegio de España, Zaragoza, 1970.

VERGARA BLANCO, Alejandro, "El novísimo derecho de bienes y recursos naturales en Chile. *Publicatio* y derechos reales administrativos", *REDA* nro. 49, Lexis-Nexis, Buenos Aires, 2004.

——————————— *El Derecho Administrativo como sistema autónomo. El mito del Código Civil como "derecho común"*, Abeledo Perrot, Santiago de Chile, 2010.

VERGOTTINI, Giuseppe de, *Derecho Constitucional Comparado*, trad. del italiano, Espasa-Calpe, Madrid, 1983.

VESPERINI, Giulio, "Le Regioni e Glienti Locali", en CASSESE, Sabino (dir.), *Trattato di Diritto Amministrativo*, t. II, Giuffrè, Milán, 2000.

VIDAL PERDOMO, Jaime, *Derecho Administrativo general*, 2ª ed., Bogotá, 1966.

——————————— *Derecho Administrativo*, 5ª ed., Serie Textos Universitarios, Biblioteca Banco Popular, Bogotá, 1977 y 11ª ed., Temis, Bogotá, 1997.

VIDELA ESCALADA, Federico, *La causa final en el Derecho Civil*, Abeledo-Perrot, Buenos Aires, 1968.

VIEHWEG, Theodor, *Tópica y jurisprudencia*, trad. del alemán, Taurus, Madrid, 1964.

VIGO, Rodolfo L. (h), *Los principios generales del Derecho*, JA 1986-III-864.

VILLAGRA MAFFIODO, Salvador, *Principios de Derecho Administrativo*, Asunción, 1981.

VILLAR PALASI, José Luis, "Consideraciones sobre el sistema jurídico", *Revista de Administración Pública*, Instituto de Estudios Políticos, Madrid.

——————————— "La actividad industrial del Estado en el Derecho Administrativo", *Revista de Administración Pública*, nro. 3, Madrid.

——————————— "Las técnicas administrativas de fomento y de apoyo al precio político", *Revista de Administración Pública,* nro. 14, Instituto de Estudios Políticos, Madrid, 1954.

——————————— *Curso de Derecho Administrativo*, t. I, Madrid, 1972.

——————————— *La intervención administrativa en la industria*, t. I, Instituto de Estudios Políticos, Madrid, 1964.

——————————— *Lecciones sobre contratación administrativa*, Facultad de Derecho de la Universidad Complutense, Madrid, 1969.

VILLAR Y ROMERO, José María, *Derecho Administrativo*, Reus, Madrid, 1948.

VILLARRUEL, María S., "El rescate en los contratos administrativos", en AA.VV., *Cuestiones de Contratos Administrativos,* Jornadas organizadas por la Universidad Austral, Buenos Aires, RAP, 2007.

VILLEGAS, Walter A., *Régimen jurídico de la expropiación*, Depalma, Buenos Aires, 1973.

VILLEGAS BASAVILBASO , Benjamín, *Derecho Administrativo*, t. I, TEA, Buenos Aires, 1949.

——————————— *Derecho Administrativo*, t. II, TEA, Buenos Aires, 1950.

——————————— *Derecho Administrativo*, t. III, TEA, Buenos Aires, 1951.

——————————— *Derecho Administrativo*, t. IV, TEA, Buenos Aires, 1952.

——————————— *Derecho Administrativo*, t. V, TEA, Buenos Aires, 1954.

——————————— *Derecho Administrativo*, t. VI, TEA, Buenos Aires, 1956.

VILLEY, Michel, Estudios en torno de la noción de Derecho subjetivo, Valparaíso, 1976.

——————————— *En torno al contrato, la propiedad y la obligación*, trad. del francés, Ghersi, Buenos Aires, 1980.

VIRGA, Pietro, *Diritto Amministrativo*, t. 2, 5ª ed., Giuffrè, Milán, 1999.

VÍTOLO, Alfredo M., "La crisis del sistema constitucional de control del poder", *REDA*, nro. 47, LexisNexis - Depalma, Buenos Aires, 2004.

VÍTOLO, Daniel R., *Decretos de necesidad y urgencia*, Buenos Aires, 1991.

VITTA, Cino, *Diritto Amministrativo*, 5ª ed., vol. I, UTHE, Turín, 1962.

——————————— *Diritto Amministrativo*, t. I, Turín, 1955.

——————————— *Diritto Amministrativo*, t. I, Unione Tipografico, Turín, 1948.

VIVANCOS, Eduardo, *Las causas de inadmisibilidad del recurso contencioso administrativo*, Barcelona, 1953.

WADE, H. William R., *Derecho Administrativo*, con Prólogo de Pérez Olea, trad. del inglés, Instituto de Estudios Políticos, Madrid, 1971.

WADE, William - FORSYTH, Christopher, *Administrative Law*, 8ª ed., Oxford University Press, Londres, 2000.

WALINE, Marcel, *Droit Administratif*, 9ª ed., Sirey, París, 1963.

WEAVER, Samuel P., *Constitutional Law and its administration*, Callaghan, Chicago, 1946.

WEIL, Prosper, *Le Droit Administratif*, París, 1964.

WIGNY, Pierre L., *Droit Administratif, principes généraux*, 4ª ed., Bruylant, Bruselas, 1962.

WOLF, H. I., *Verwaltungsrecht*, t. I, 5ª ed., Munich, 1963.

WORTHINGTON, Margaret M. - GOLDSMAN, Louis P., *Contracting with the Federal Government*, 4ª ed., John Wiley & Sons Inc., New York, 1998.

XANTHOS; "Expropiación irregular. Prescripción liberatoria de la acción. Consolidación de las obligaciones del Estado", LL 2002-A-183.

XIFRA HERAS, Jorge, *Formas y fuerzas políticas*, Bosch, Barcelona, 1970.

YMAZ, Esteban, "Acerca de la interpretación constitucional", JA 1949-III-8, secc. Doctrina.

ZANOBINI, Guido, *Corso di Diritto Amministrativo*, t. I-II, 8ª ed., Giuffrè, Milán, 1958.

——————————— *Curso de Derecho Administrativo. Parte general*, t. I, trad. del italiano, Arayú, Buenos Aires, 1954.

——————————————— *Corso di Diritto Amministrativo*, t. III, 6ª ed., Giuffrè, Milán, 1958.

ZEGARRA VALDIVIA, Diego, "La noción de servicio público en el sistema jurídico peruano; una aproximación", en la obra *Derecho Administrativo*, Jurista Editores, Lima, 2004.

ZELAYA, Simón F., "Forma del acto administrativo", en DIEZ, Manuel M. (dir.), *Acto y procedimiento administrativo*, Plus Ultra, Buenos Aires, 1975.

ZILLI DE MIRANDA, Martha, "Los controles interno y externo de la Administración Pública en el ámbito nacional de la República Argentina", en *Documentación Administrativa*, nro. 269/270, Instituto Nacional de Administración Pública, Madrid, 2004.

——————————————— "El empréstito público ¿contrato administrativo?", en AA. VV., *Cuestiones de Contratos Administrativos,* Jornadas de Derecho Administrativo de la Universidad Austral, Ediciones RAP, Buenos Aires, 2007.

ZUANICH, Alfredo R., *La institución ministerial*, Perrot, Buenos Aires, 1951.

ZUBIAUR, Carlos A., "La concesión de servicios públicos", *Revista Jurídica de Buenos Aires*, 1991-III, Abeledo-Perrot, Buenos Aires.

ÍNDICE JURISPRUDENCIAL

CORTE SUPREMA DE JUSTICIA DE LA NACIÓN

Antonio, Jorge, Fallos 236:657 (1956).

Aquino, Virgina C. v. Chaco, Pcia. del y otro s/ejecutivo, Fallos 314:810 (1991).

Arancibia Clavel, Enrique Lautaro s/ homicidio calificado y asociación ilícita y otros, Fallos 327:3312 (2004).

Aranda Camacho, Carlos v. Dirección Nacional de Vialidad s/expropiación irregular, Fallos 315:596 (1992).

Arenzon, Gabriel Darío c/ Nación Argentina, Fallos, 306:400 (1984).

Arjones, Armando y otros, Fallos, 191:197 (1941).

Arrotea de Muñoz, Amalia v. Provincia de Córdoba, Fallos 196:122 (1943).

Ascasubi, Dolores y otra v. Nación, Fallos 201:329 (1945).

Asencio Cid, Felipe v. Nación Argentina - Ministerio de Bienestar Social, Fallos 308:987 (1986) y LL 1986-E-752.

Asociación Constitución y Libertad Argentina, Fallos 195:439 (1943).

Asociación Escuela Popular Germana Argentina Belgrano c/ Nación Argentina, Fallos, 245:146 (1959).

Astilleros Alianza SA de Construcciones Navales, Industrial, Comercial y Financiera v. EN (PEN) s/daños y perjuicios - (incidente), Fallos 314:1202 (1991).

Ayerza, Hernán v. Provincia de Buenos Aires, Fallos 139:150 (1923).

Balbuena, Blanca G. c/ Provincia de Misiones s/ daños y perjuicios, Fallos, 317:728 (1994).

Baldini, Gabriela Javiera Rosario, Fallos 295:455 (1976).

Balma, Ángel Juan, Fallos 220:1246 (1951).

Balpalá Construcciones c/ Dirección Nacional de Vialidad s/ nulidad de resolución, Fallos, 312: 2373 (1989), y en ED, 137-160.

Banco de la Nación Argentina v. Banco Central de la República Argentina s/amparo-ley 16.986, Fallos 326:3254 (2003).

Banco de la Nación c/ Poder Ejecutivo de la Provincia de Mendoza, Fallos, 226:408 (1953).

Banco de la Nación c/ Provincia de Córdoba, Fallos, 249:292 (1961).

Banco de la Provincia de Buenos Aires v. Nación Argentina, Fallos 186:170 (1940).

Banco de Santander y otros, Fallos 300:100 (1978), y LL 1978-D-231.

Banco Los Pinos Cooperativa Limitada s/ quiebra s/ incidente de verificación por Garay, Oscar Ernesto, Fallos, 317:318 (1994).

Bauer, Guillermo v. Municipalidad de Rosario, Fallos 177:373 (1937).

Beccan, Manuel de Jesús c/ Municipalidad de la Ciudad de Buenos Aires, Fallos, 211:53 (1989).

Benedetti, Celso c/ Combustibles Sólidos y Minerales ENDE, Fallos, 247:363 (1960).

Beneduce, Carmen Julia y otras c/ Casa Auguste, Fallos, 251:472 (1961).

Biain, Abel Rubén y Olivero, Antonio Jesús v. Instituto de Previsión Social de la Provincia del Chaco s/demanda contencioso-administrativa, Fallos 318:1349 (1995).

Bigio, Alberto v. Dirección Nacional de Aduanas, Fallos 289:336 (1974).

Bit Electrónica, B.3229.XXXVIII.

Bourdié, Pedro Emilio v. Municipalidad de la Capital, Fallos 145:307 (1925).

Braun y Linder, Fallos 239:51 (1957).

Britos de Tornessi, Paulina e hijos v. Nación, Fallos 196:422 (1943).

Brunella Vda. de Weiser, Edda Leonor v. Dirección General Impositiva, Fallos 289:67 (1974).

Brunicardi, Adriano C. v. Estado nacional (BCRA) s/cobro, Fallos 319:2886 (1996).

Budano, Raúl Alberto c/ Facultad de Arquitectura, Fallos, 310:1045 (1987).

Bussi, Antonio Domingo v. Estado nacional - Congreso de la Nación - Cámara de Diputados s/incorporación a la Cámara de Diputados, Fallos 324:3358 (2001).

Cáceres Cowan, Blas y otros, Fallos 250:491 (1961).

Cachau, Oscar José v. Buenos Aires Provincia de s/daños y perjuicios, Fallos 316:1335 (1993).

Cafés La Virginia S.A. s/ apelación, Fallos, 317:1282 (1994).

Caja Nacional de Ahorro y Seguro v. NCR Argentina SAIC, Fallos 310:2709 (1987).

Caja Nacional de Ahorro y Seguro v. Yacimientos Petrolíferos Fiscales" Fallos 295:651 (1976) y ED 69-375.

Caja Nacional de Previsión para el Personal de la Industria v. F. Piccaluga y Cía. SRL, Fallos 246:37 (1960).

Cajida, Arturo v. Instituto Nacional de Acción Social, Fallos 246:132 (1960).

Cálix SA v. Provincia de Buenos Aires, Fallos 326:2686 (2003).

Caminos del Río Uruguay SAC y CV v. EN (Mº de Infraestructura y Vivienda) s/medida cautelar (autónoma), causa 24.888/2000 del 15/2/2001.

Canal y Puerto del Oeste SA v. Gobierno Nacional, Fallos 141:190 (1924).

Cantón, Mario Elbio c/ Gobierno Nacional, Fallos, 301:403 (1979).

Cardile, Pancracio c/ Provincia de Buenos Aires, Fallos 191:473 (1941).

Cardiocorp SRL v. Municipalidad de la Ciudad de Buenos Aires, Fallos 329:5976 (2006).

Carl Chung Chi Kao, Fallos 324:3019 (2001).

Carlos Reisz S.R.L. y Cía. c/ Nación Argentina, Fallos, 248:79 (1960).

Carman de Cantón, Elena c/ Nación Argentina, Fallos, 175:368 (1936).

Carranza de Lawson, María v. Álvarez Soto y Cía., Fallos 137:294 (1922).

Casanova, Miguel R. c/ Provincia de Buenos Aires s/daños y perjuicios, Fallos, 320:2539 (1997).

Case (Comp. Arg. de Serv. Esp. SA) v. Gas del Estado s/contrato administrativo, causa 28.150/96.

Casier, Miguel Ángel c/ Corporación del Mercado Central de Buenos Aires s/ nulidad de acto administrativo, Fallos, 315:1336 (1992).

Castantini, Luis c/ Provincia de San Juan, Fallos, 161:253 (1931).

Ceballos, Fernando, Fallos, 255:124 (1963).

Cerámica San Lorenzo I.C.S.A. s/ apelación multa 20.680, Fallos, 311:2453 (1988).

Cerámica San Lorenzo SACI v. Nación, Fallos 295:1017 (1976).

Cía Swift de La Plata c/ Estado Nacional Argentino (PEN) s/ daños y perjuicios, Fallos, 320:113 (1997).

Cía. Argentina de Estiba y Almacenaje SAC v. Administración Gral. de Puertos s/daños y perjuicios, Fallos 312:2096 (1989).

Cía. Argentina de Teléfonos SA v. Provincia de Mendoza, Fallos 211:83 (1948).

Cía. Azucarera Tucumana SA v. Gobierno Nacional, JA 1989-IV-437 y LL 1989-IV-425.

Cía. General de Electricidad de Córdoba SA (en liquidación) v. Provincia de Córdoba, Fallos 262:302 (1965).

Cima, María Cristina v. SA Telam, Fallos 298:172 (1977).

Cimadamore Esio, Bruno, Fallos 191:245 (1941).

Cine Callao, Fallos 247:121 (1960).

Cinplast IAPSA SA v. ENTel. Empresa Nacional de Telecomunicaciones, Fallos 316:212 (1993).

Cipollini, Juan Silvano c/ Dirección Nacional de Vialidad, Fallos, 300:143 (1978).

Cocchia, Jorge Daniel c/ Estado Nacional y otro s/ acción de amparo, Fallos, 316:2624 (1993); y en LL 1994-B-643; ED, 156-316.

Cohen, Rafael v. Instituto Nacional de Cinematografía s/nulidad de resolución, Fallos 313:228 (1990).

Colavita, Salvador y otro c/ Provincia de Buenos Aires s/ daños y perjuicios, Fallos, 323:318 y en ED, 187-935.

Colegio Bioquímico del Chaco v. Instituto de Previsión Social de la Provincia del Chaco s/demanda contencioso-administrativa, Fallos 316:2477 (1993).

Colegio Público de Abogados de la Capital Federal c/ Martínez Echenique, Benjamín s/ cobro de sumas de dinero, Fallos, 315:1830 (1992).

Colella, Ciriaco c/ Fevre y Basset, Fallos, 268:352 (1967), y en LL 127-166.

Colombo de Colombo, Rosa y otras v. Transportes de Buenos Aires en liquidación u otro, Fallos 266:193 (1966).

Color SA c/ Max Factor Sucursal Argentina, Fallos, 317:1527 (1994).

Columbia SA de Ahorro y Préstamo para la Vivienda c/ Banco Central de la República Argentina, Fallos, 315:1026 (1992) y en REDA, nro. 9/10, Depalma, Buenos Aires, 1993, p. 139 y ss.

Comité Radical Acción c/ Resolución Jefe de la Policía de la Capital, Fallos, 156:81 (1929).

Compañía Argentina de Navegación Nicolás Mihanovich Ltda. c/ Fisco Nacional, Fallos, 160:133 (1931).

Compañía Argentina de Teléfonos SA c/ Provincia de Mendoza, Fallos, 257:159 (1963).

Compañía Avellaneda de Transportes SA v. Gobierno de la Nación, Fallos 289: 461 (1974).

Compañía Azucarera Concepción SA v. Estado nacional s/proceso de conocimiento, Fallos 322:496 (1999) y ED 183-671.

Compañía Azucarera Tucumana v. Provincia de Tucumán, Fallos 150:150 (1927).

Compañía Azucarera y Alcoholera Soler SA c/ Estado Nacional (Ministerio de Economía), Fallos, 311:1617 (1988).

Compañía Electricidad de Corrientes v. Provincia de Corrientes, Fallos 201:432 (1945).

Compañía Swift de La Plata v. Gobierno de la Nación, Fallos 149:218 (1927).

Conevial S.A. Constructora, Indus. Com. Inm. y Finan. c/ EN (ANA) s/ repetición, Fallos, 310:2193 (1987).

Consejo de Presidencia de la Delegación Bahía Blanca de la Asamblea Permanente de Derechos Humanos, Fallos 315:1361 (1992) y LL 1992-E-101.

Construcciones Taddía SA v. Estado nacional - Ministerio de Educación y Justicia s/cobro, Fallos 315:2217 (1992).

Coronel, Alba Gloria y otras v. Dirección Nacional Servicio de Empleo, Fallos 250:682 (1961).

Corporación Cementera Argentina SA c/ Provincia de Mendoza, Fallos, 262:22 (1965).

Corporación Inversora Los Pinos SA c/ Municipalidad de la Ciudad de Buenos Aires, Fallos, 293:617 (1975).

Crespi Hnos. y Cía., Fallos, 234:166 (1956).

Crotto Posse de Daireaux, Valeria y otro c/ Provincia de Buenos Aires s/ cobro sumario de pesos, Fallos, 311:233 (1988).

Chacofi SACIFI c/ Dirección Nacional de Vialidad s/ ordinario, Fallos 311:1576 (1988).

Chachero Fernández, Ricardo v. Sacamoto, Malvina, Fallos 247:293 (1960).

Chanza, José y Cía. SA, Fallos 304:684 (1982).

Chedid, Gabriela s/ licencia por maternidad, Fallos 320:74 (1997).

Chiodetti, Remo José y otros v. Nación, Fallos 269:448 (1967).

Chocobar, Sixto Celestino c/ Caja Nacional de Previsión Social para el Personal del Estado y Servicios Públicos s/ reajuste por movilidad, Fallos 319:3241 (1996).

Chubut, Provincia del v. Centrales Térmicas Patagónicas SA s/sumario, Fallos 324:4199 (2001).

D'Anna, Carlos c/ SIAM, Fallos, 311:290 (1988).

D'Argenio, Inés D. v. Tribunal de Cuentas de la Nación, Fallos 308:727 (1986) y LL 1986-D-770.

Daleth SCA, Fallos 269:256 (1967) y ED 20-123.

Davaro, Saúl v. Telecom SA s/juicio de conocimiento, Fallos 315:1883 (1992).

Day, Enrique W. P. y otros, Fallos, 260:62 (1964).

De Felippi, Susana M., Fallos 299:20 (1977).

De Gandía, Beatriz I. c/ Provincia de Buenos Aires s/ indemnización daño moral, Fallos, 318:845 (1995) y en LL 1996-D-79.

De Martín, Alfredo v. Banco Hipotecario Nacional, Fallos 296:723 (1976) y ED 72-595.

De Sezé, Román María José v. Gobierno Nacional, Fallos 241:384 (1958) y LL 94-239.

Decavial SAICAC c/ DNV s/ revocatoria, Fallos 312:103 (1989).

Defensor del Pueblo de la Nación v. Estado nacional - Poder Ejecutivo nacional - Ministerio de Economía, Obras y Servicios Públicos y otros s/amparo ley 16.986, Fallos 323:2519 (2000).

Del Vecchio, Domingo y otra v. Nación Argentina, Fallos 304:985 (1982).

Denti Limitada Establecimientos Papeleros SA c/ DGI, Fallos, 307:1502 (1985).

Destilería Argentina de Petróleo SA (DAPSA) v. UBA s/proceso de conocimiento, Fallos 326:3135 (2003).

Devoto y González, María Juana v. Provincia de Córdoba, Fallos 194:428 (1942) y Fallos 210:310 (1948).

Di Salvo, Octavio s/habeas corpus, Fallos, 311:334 (1988) y en LL, 1988-D-269.

Diarios 'Norte' y 'Voz Peronista', Fallos 244:59 (1959).

Dirección Nacional de Vialidad v. Provincia de Buenos Aires, Fallos 294:202 (1976).

Distribuidora Médica de Elena Kapusi, D.604.XXXV.

Domínguez, Alberto Roberto c/ UNR, Fallos, 307:1964 (1985).

Dulcamara SA v. ENTel. s/cobro de pesos, Fallos 313:376 (1990).

Duperial SAIC v. Nación, Fallos 301:953 (1979) y ED 85-627.

Durusse de Fernández, Graciela Belkis v. Provincia de Santa Fe, Fallos 308:633 (1986).

Editorial Luis Lasserre v. Moly, Alberto, Fallos 192:260 (1942).

Eduardo Sánchez Granel Obras de Ingeniería SAICFI v. Dirección Nacional de Vialidad, Fallos 306:1409 (1984).

Ekmekdjian, Miguel Ángel v. Sofovich, Gerardo y otros, Fallos 315:1492 (1992) y ED 148-338.

El Jacarandá S.A. v. Estado Nacional s/ juicio de conocimiento, Fallos 328:2654 (2005).

El Jacarandá SA s/juicio de conocimiento, Fallos 328 (2005).

El Rincón de los Artistas SRL v. Htal. Nac. Profesor Alejandro Posadas s/ordinario, Fallos 326:3700 (2003).

Electroingeniería SA v. Dirección de Energía de Catamarca, Fallos 324:1087 (2001).

Elemec SA v. Dirección de la Energía de la Provincia de Buenos Aires, Fallos 324:2672 (2001).

Elinec SRL y otro, Fallos 303:2108 (1981).

Empresa Constructora F. H. Schmidt v. Pcia. de Mendoza, Fallos 179:249 (1937).

Empresa Mate Larangeira Méndes SA y otros s/recurso de amparo, Fallos 269:393 (1967).

Empresa Nacional de Telecomunicaciones v. Provincia de Santa Cruz, Fallos 249:621 (1961) y LL 102-704.

Enrique c/ Provincia de Santa Fe, Fallos 161:336 (1931)

Ercolano, Agustín c/ Lanteri de Renshaw, Julieta, Fallos, 136:161 (1922).

Escriña Bunge, Rafael y Álvarez, Edmundo c/ Gobierno Nacional, Fallos, 129:306 (1919).

Espacio SA v. Ferrocarriles Argentinos s/cobro de pesos, Fallos 316:3157 (1993).

Esso SA Petrolera Argentina v. Nación, Fallos 271:7 (1968) y LL 131-773.

Establecimientos Americanos Gratry S.A. c/ Nación, Fallos, 180:107 (1938).

Estado Nacional c/ Arenera El Libertador SRL, Fallos, 312:1098 (1989).

Estado Nacional c/ Provincia de Santiago del Estero s/ nulidad por inconstitu-cionalidad ley 5379 y decreto 3017, Fallos, 310: 2812 (1987).

Estado nacional v. Textil Escalada SA, Fallos 312:2444 (1989).

Etcheverry, Juan Raúl c/ Aerolíneas Argentinas, Fallos, 244:196 (1959).

Exolgan SA v. Administración General de Puertos s/proceso de conocimiento, Fallos 326:1851 (2003).

Farmacia Roca SCS v. Instituto Nacional de Seguridad Social para Jubilados y Pensionados s/contencioso-administrativo, Fallos 312:234 (1989).

Fenni de Basílico, Carmen B. c/ Provincia de Buenos Aires s/ daños y perjui-cios, Fallos, 315:2319 (1992).

Ferace, Victorio s/demanda de inconstitucionalidad, Fallos 311:1557 (1988).

Fernández Arias, Elena y otros v. Poggio, José, Fallos 247:646 (1960).

Fernández Moores, Alberto Julián, Fallos 269:181 (1967).

Fernández, Julio Alberto, Rey Gorrez, Dora Raquel v. Dos Muñecos SA, Fallos 259:231 (1964).

Fernando Orfila, Fallos, 154:192 (1929).

Ferrocarril del Sud v. Nación Argentina, Fallos 183:116 (1939).

Ferrocarril Oeste c/ Provincia de Buenos Aires, Fallos, 182:5 (1938) y en LL 12-122.

Ferrocarril Pacífico c/ Nación Argentina, Fallos, 202:48 (1945), y en LL 39-188.

Ferrocarriles Argentinos v. Jorge Papadopulos, Fallos 306:333 (1984).

FF.CC. Oeste v. Obras Sanitarias, Fallos 170:233 (1933).

Fibraca Constructora SCA c/ Comisión Técnica Mixta de Salto Grande, Fallos, 316:1669 (1993).

Figueroa, Andrés v. Universidad Nacional de Buenos Aires, Fallos 253:312 (1962).

Figueroa, Luis L. v. Nación Argentina, Fallos 197:548 (1943).

Fiscal c/ Director del Diario "El Mundo", Fallos, 293:317 (1975).

Fisco Nacional c/ Ferrocarril Central Argentino, Fallos, 146:249 (1926).

Fisco Nacional-AFIP v. Fuerza Aérea Círculo del Personal Civil s/ejecución fiscal, Fallos 327 (2004).

Font, Jaime Andrés y otros c/ SRL Carnicerías Estancias Galli, Fallos, 254:56 (1962) y en JA, 1962- VI-314.

Ford Motors Argentina SA, Fallos 306:1401 (1984) y LL 1984-B-2285.

Frascalli, José Eduardo v. Senasa s/acción de amparo, Fallos 327:4958 (2004).

Frías de Vedia, Honorina v. Nación, Fallos 182:267 (1938).

Frigorífico Anglo SA v. Junta Nacional de Carnes, Fallos 185:251 (1939).

Frigorífico Swift, Fallos, 187:449 (1940).

Fundación Universidad de Belgrano, Fallos 300:1070 (1978).

Furlotti Setien Hnos. SA v. Instituto Nacional de Vitivinicultura, Fallos 314:322 (1991).

Gabardini de Cima, Corina y otro c/ Provincia de Corrientes, Fallos, 297:161 (1977).

Galdo, Ramón, Fallos 251:492 (1961).

Galián, Edgar v. Provincia de Corrientes, Fallos 300:1292 (1978).

Galli, Hugo G. y otros v. PEN - ley 25.561, decs. 1570/2001 y 214/2002 s/amparo, sent. del 5/4/2005).

Ganadera e Industrial Ciriaco Morea SA v. Provincia de Córdoba, Fallos 210:172 (1948).

Ganadera Los Lagos S.A. c/ Nación Argentina, Fallos, 190:142 (1941).

García de Machado, Sara c/ Caja de Jubilaciones, Pensiones y Retiros de la Provincia de Córdoba, Fallos, 312:1681 (1989).

García, Ricardo Mario y otra c/ Provincia de Buenos Aires, s/ indemnización de daños y perjuicios, Fallos, 315:1892 (1992).

García, Ricardo Néstor, Fallos 248:422 (1960).

Garda Ortiz, Enrique c/ Nación Argentina, Fallos, 308:2095 (1986).

Garden, Jacobo Aarón y otros v. Municipalidad de la Ciudad de Buenos Aires, Fallos 320:1263 (1997).

Gartner, Ángel E. v. COMFER, Fallos 325:1808 (2002).

Gas del Estado Sociedad del Estado v. Lindoro ICSA, Fallos 306:328 (1984).

Gerino Hnos. SRL, Fallos, 249:715 (1961).

Ghiraldo, Héctor v. Pacho, Samuel, Fallos 202:456 (1945).

Gil, Fernando Ernesto v. Universidad Nacional de Misiones, Fallos 308:249 (1986) y LL 1986-D-702.

Giménez Vargas Hnos. Soc. Com. e Ind. c/ Provincia de Mendoza, Fallos, 239:343 (1957).

Gobierno Nacional c/ Franco Mercedes, Elena y Enrique, Fallos 151:272 (1928).

Godoy, Miguel Ángel c/ Banco Central de la República Argentina s/ sumario daños y perjuicios, Fallos, 317:1225 (1994).

Gómez, Andrés v. Caja de Jubilaciones, Fallos 181:425 (1938).

Gómez, Gerardo c/ Comisión Administradora de Emisoras Comerciales y LS 82 TV, Canal 7, Fallos, 273:111 (1969) y en ED, 30-186.

Gómez, Pedro Anselmo v. Provincia de Buenos Aires, Fallos 120:57 (1914)

González de Delgado, Cristina y otros v. Universidad Nacional de Córdoba, Fallos 323:2659 (2000).

Gorordo Allaria de Kralj, Haydée María v. Estado Nacional (Ministerio de Cultura y Educación), Fallos 322:73 (1999).

Goti Aguilar, Juan Carlos y otros, Fallos 259:196 (1964).

Gregorio Gutiérrez v. Cía Hispano Americana de Electricidad, Fallos 158:268 (1930).

Griet Hnos. v. Provincia de Tucumán, Fallos 137:212 (1922).

Guerrero, Luis Ramón v. Municipalidad de Córdoba, Fallos 312:1306 (1989).

Guida, Liliana v. Poder Ejecutivo nacional s/empleo público, Fallos 323:1566 (2000).

Gutiérrez, Gregorio v. Cía. Hispano Americana de Electricidad, Fallos 158:268 (1930).

Gypobras SA v. Estado nacional (Ministerio de Educación y Justicia), Fallos 318:441 (1995).

Hamilton, Dalton M. v. UBA, Fallos 315:701 (1992) y LL 1993-C-41.

Heredia de Morales, Justiniana, c/ Estado Nacional s/ ordinario, Fallos, 302:159 (1980).

Hijos de Isidoro Grillo SA, Fallos 263:477 (1965) y LL 107-256.

Hochbaum, Salomón Isaac, Fallos 277:205 (1970).

Hogg, David y Cía. SA, Fallos, 242:353 (1958).

Horta, José c/Hardindeguy, Ernesto, Fallos, 137:47 (1922).

Horteloup, Andrés v. Provincia de Santa Cruz, Fallos 259:343 (1964).

Hotel Internacional Iguazú c/ Gobierno Nacional, Fallos 308:618 (1968).

Hotel Internacional Iguazú SA c/ Estado Nacional s/ ordinario, Fallos, 310:2653 (1987).

Hotelera Río de la Plata SACI c/ Provincia de Buenos Aires s/ restitución de dólares, Fallos, 307:821 (1985).

Hugues Tool Company SACIFI v. Nación Argentina, Fallos 307:178 (1985).

Industrias Metalúrgicas Pescarmona SA v. BCRA s/proceso de conocimiento, Fallos 326:2056 (2003).

Ingeniería Omega Sociedad Anónima v. Municipalidad de la Ciudad de Buenos Aires, Fallos 323:3924 (2000).

Ingeniero Augusto Spinazzola, Fallos 311:314 (1988).

Intense Life SA v. Tierra del Fuego, Provincia de (Secretaría de Salud Pública) s/cobro de sumas de dinero, Fallos 330:178 (2007).

Irazú Margarita c/ Copetro o quien corresponda s/ indemnización de daños y perjuicios, Fallos, 311:75 (1988).

Irizar, José M. v. Provincia de Misiones, Fallos 319:1934 (1996).

J. J. Chediak SA v. Estado Nacional (Fuerza Aérea Argentina) s/ nulidad de re-solución, Fallos 319:1681 (1996).

José Cartellone CCSA v. Dirección Nacional de Vialidad s/contrato obra públi-ca, Fallos 326:2625 (2003).

Juan Cava c/ Provincia de Buenos Aires s/ daños y perjuicios, Fallos, 130:143 (1919).

Juan Lastra c/Obispado de Venado Tuerto, Fallos, 314:1324 (1991).

Jucalán, Forestal Agropecuaria SA v. Provincia de Buenos Aires s/daños y per-juicios, Fallos 312:2266 (1989).

Junta Nacional de Granos v. Frigorífico La Estrella SA s/nulidad de contrato, Fallos 328:2954 (2005).

L'Eveque, Ramón Rafael p/robo, Fallos 311:1451 (1988).

La Buenos Aires Cía de Seguros SA c/ Petroquímica B. Blanca SA, Fallos, 311:750 (1988).

La Esmeralda, Capitalización SA v. Provincia de Córdoba, Fallos 207:373 (1946).

La Holando Sudamericana Cía. de Seguros SA v. Corrientes, Provincia de s/cobro de sumas de dinero, Fallos 330:2268 (2007).

La Providencia SA v. Ferrocarriles Argentinos s/daños y perjuicios, Fallos 326:2081 (2003).

Lanati, Marta N. y otros c/ Dirección Nacional de Vialidad s/ daños y perjuicios, Fallos, 314:661 (1991).

Laperne, Pedro Alfredo, Fallos 253:15 (1962).

Laplacette, Juan s/ suc. y otros c/ Provincia de Buenos Aires, Fallos, 195:66 (1943).

Laser Disc, Fallos 326:3206 (2003).

Lecturia de Iglesias, María J. y otros v. Estado nacional - Ministerio de Educación, Fallos 310:1865 (1987).

Legón, Fernando v. UBA s/nulidad de resolución, Fallos 314:1234 (1991).

Lencinas, Edmundo c/ Dirección Nacional de Industrias del Estado, Fallos, 250:234 (1961).

Lew, Benjamín y otro c/ Estado Nacional - Ministerio del Interior - Policía Federal, Fallos, 320:1999 (1997).

Libedinsky, Jorge SACIFyC. v. Municipalidad de la Ciudad de Buenos Aires, Fallos 310:548 (1987).

Linch, Mauricio, Fallos 290:202 (1974).

Livio Dante Porta SRL y Cía., Fallos 286:333 (1973).

López de De Marco, Blanca, Fallos, 252:375 (1962).

López, Juan Manuel y otra v. Nación Argentina (Fuerza Aérea Argentina) s/ordinario, Fallos 306:731 (1984).

López, Tiburcio y otros v. Provincia de Tucumán, Fallos 179:394 (1937).

Lorenzo, Constantino v. Nación Argentina, Fallos 307:2384 (1985).

Lucena, Rafael y otro c/ Nación, Fallos, 250:135 (1961).

Luengo, Simón y otros, Fallos, 6:227 (1968).

Luis Ramón Guerrero v. Municipalidad de Córdoba, Fallos 312:1396 (1989).

Lunmar Naviera SAC v. YPF SE s/cobro de pesos, Fallos 323:1321 (2000).

Lludgar, Norberto, Fallos 267:411 (1967).

Maas de Mihura, Catalina y otra v. Municipalidad de Rosario, Fallos 184:621 (1939).

Mackentor SA v. OSN s/daños y perjuicios, Fallos 312:1017 (1989).

Madorrán Marta C. c/Administración Nacional de Aduanas, Fallos 330:1989 (2007).

Magnarelli, César Adrián v. Misiones, Provincia de y otros s/ cobro de pesos, Fallos 326:1280 (2003).

Mango, Leonardo v. Traba, Ernesto, Fallos 144:219 (1925).

Mar de Ostende v. Provincia de Buenos Aires, Fallos 320:222 (1997).

Marco, Juan José v. Nación Argentina, Fallos 195:59 (1942).

María Guerrero de García e hijos SRL, Fallos 258:299 (1964).

Mariño, Edwnard Arturo v. Nación, Fallos 252:326 (1962).

Mariscal, Luis M. J., LL 119-242.

690

Martín y Cía. Ltda. S.A. c/ Nación Argentina, Fallos, 257:99 (1963).

Martín, Estela Delia Correa de v. Universidad Nacional de San Juan, Fallos 315:2899 (1992).

Martínez Suárez de Tinayre, Rosa María Juana y otro v. Argentina Televisora Color LS 82 Canal 7 SA (ATC Canal 7), Fallos 308:821 (1986)

Mas Consultores, Fallos 323:1515 (2000).

Maskivker, Moisés s/impuestos internos, Fallos 211:443 (1948).

Mattaldi Simón Ltda. SA v. Provincia de Córdoba, Fallos 195:250 (1943).

Melo de Cané, Rosa, su testamentaria, Fallos 115:111 (1911).

Menéndez, José Antonio v. Banco Hipotecario Nacional, Fallos 258:213 (1964).

Menkab SA c/ Provincia de Buenos Aires s/ daños y perjuicios, Fallos, 318:1800 (1995).

Merck Química Argentina SA c/ Nación, Fallos, 211:162 (1948).

Meridiano SCA v. Administración General de Puertos s/demanda daños y perjuicios, Fallos 301:292 (1979).

Meroño, Francisco Policarpo s/sucesión, Fallos 202:5 (1945).

Metalmecánica SA v. Gobierno Nacional, Fallos 296:672 (1976) y ED 71-465.

Mevopal SA y otra v. Banco Hipotecario Nacional, Fallos 307:2216 (1985).

Mezzadri Hnos. y Cía. SA, Fallos 297:360 (1977).

Miglierini, Hilda Aurora y otros c/ Provincia de Río Negro (IPROSS) s/ contencioso administrativo s/ inaplicabilidad de ley, Fallos 327:2111 (2004).

Miras, Guillermo SACIF v. Administración Nacional de Aduanas, Fallos 287:76 (1973).

Monges, Analía M. c/ UBA -resolución 2314/1995-, Fallos, 319:3148 (1996).

Monje, Humberto Daniel v. Obras Sanitarias de la Nación, Fallos 317:695 (1994).

Montarsa Montajes Argentinos SA c/ Provincia de Neuquén, Fallos, 302:1223 (1980).

Montes, José Antonio y Empresa Hidráulica Argentina (INHAR) v. Municipalidad de Quilmes, Fallos 315:1760 (1992).

Moño Azul SA s/ley 11.683, Fallos 316:687 (1993).

Mordeglia, Gerónimo (sucesión) v. Provincia de Buenos Aires, Fallos 200:393 (1944).

Motor Once SACeI v. Municipalidad de la Ciudad de Buenos Aires s/nulidad de acto jurídico, Fallos 312:649 (1989) y LL 1989-D-955.

Motor Once SACI c/ Municipalidad de la Ciudad de Buenos Aires, Fallos, 310:943 (1987)

Mouviel, Raúl Oscar y otros s/ desórdenes, Fallos, 237:636 (1957).

Movimiento Scout Argentino v. Estado nacional - Ministerio de Justicia s/inconstitucionalidad, nulidad y revocación de acto administrativo, Fallos 302:545 (1980).

Müller, Miguel Angel v. Poder Ejecutivo Nacional –Contaduría General – Ejército Argentino– decreto 430/00 s/ amparo ley 16.986, Fallos 326:1138 (2003).

Municipalidad de La Plata s/ inconstitucionalidad del decreto-ley 9111, Fallos, 325:1249 (2002).

Municipalidad de Tucumán v. SA La Eléctrica del Norte, Fallos 179:54 (1937).

Musso, Eugenio Segundo v. Nación, Fallos 242:254 (1958).

Nación Argentina c/ José Francisco Merlo Gómez, Fallos, 214:243 (1949).

Nación Argentina v. Jacobo Kohan Careya, Fallos 252:334 (1962).

Nación Argentina v. Josefa Della Valle de Palma, Fallos 305:837 (1983) y ED 106-150.

Nación c/ Copropietarios del diario "La Capital", Fallos, 212:134 (1948).

Nación c/ Ducás, Manuel S., Fallos, 212:64 (1948).

Nación c/ Suero, Alfonso, Fallos, 226: 270 (1953).

Nación v. Ferrario Jorge J., Fallos 251:246 (1961).

Nación v. IANUA SA" Fallos 277:450 (1970).

Nación v. La Industrial del Norte Santa Fe Ltda. SAC Ingenio Arno, Fallos 300:299 (1978).

Nación v. Lahusen, Valdemar Düring, Fallos 237:38 (1957).

Nación v. Las Palmas del Chaco Austral SA, Fallos 291:507 (1975).

Nación v. M. de Baigorri, Delia, Fallos 204:205 (1946).

Nación v. Rennis, Mario, Fallos 295:307 (1976).

Nación v. Tonello, José y Ángel, Fallos 272:88 (1968).

National Carbon Co. Inc. v. Nación Argentina, Fallos 269:261 (1967).

Nava, Alberto Emilio c/ Estado Nacional (SIDE) s/ cobro, Fallos, 319:1532 (1996).

Necon SA v. Dirección Nacional de Vialidad s/ordinario, Fallos 314:491 (1991).

Nista, Orlando, Fallos 307:1936 (1985).

Noel y Cía Ltda. SA v. Dir. Gral. Imp. Réditos, Fallos 195:119 (1943).

O'Brien, Walter v. Nación, Fallos 255:231 (1963).

Obra Social del Consejo Nacional de Educación v. Nación, Fallos 272:299 (1968).

Ocampo, Carlos Vicente, Fallos 234:129 (1956).

Oddone, Luis Alberto y otros v. res. 236, 328 y 363 del Banco Central s/recurso de apelación, Fallos 310:1129 (1987).

OKS Hermanos y Cía. SACI y Financiera v. Yacimientos Mineros de Aguas de Dionisio s/ordinario, Fallos 310:2907 (1987).

Organización Coordinadora Argentina SRL v. Empresa Nacional de Telecomunicaciones, Fallos 300:568 (1978).

Padres de alumnos de colegios dependientes de la UNC, Fallos 322:270 (1999).

Pagano, Gerardo c/ Gobierno de la Nación, Fallos, 133:61 (1920).

Paino Cayetano c/ Nación y Soc. Arrigo Hnos., Fallos, 235:940 (1956).

Papini, Mario Néstor v. Nación Argentina, Fallos 304:422 (1982).

Parodi de Villanueva, Beatriz Norma v. Instituto de Servicios Sociales para el Personal de Seguros, Reaseguros, Capitalización y Ahorro, Fallos 307:2199 (1985).

Partido Junticialista, Fallos 263:267 (1965).

Paz de Uttinger, Ernestina v. Nación, Fallos 210:1071 (1948).

Pcia. de Corrientes v. Cía. de Electricidad de Corrientes, Fallos 230:380 (1954).

Peluffo, Diego Pedro s/promueve querella, Fallos 319:43 (1996).

Pensavalle SRL v. Nación Argentina, Fallos 296:729 (1976).

Peralta, Luis Arcenio y otro v. Estado nacional -Ministerio de Economía- BCRA s/amparo, Fallos 313:1513 (1990).

Pereyra Iraola, Martín v. Provincia de Buenos Aires, Fallos 138:161 (1923).

Pereyra Iraola, Sara v. Provincia de Córdoba, Fallos 206:247 (1946).

Perón, Juan Domingo, Fallos 238:76 (1957).

Piaggio de Valero, María Elena v. Municipalidad de la Ciudad de Buenos Aires, Fallos 311:1206 (1988).

Pietranera, Josefa y otros v. Nación, Fallos 265:291 (1966).

Piria, Francisco y otros sus sucesiones v. Provincia de Buenos Aires, Fallos 249:165 (1961).

Pluspetrol Energy SA v. Ente Nacional Regulador del Gas, Fallos 330:2286 (2007).

Pose, José D. c/ Provincia de Chubut s/ daños y perjuicios, Fallos, 315:2834 (1992) y en ED, 157-85.

Prada, Iván Roberto c/ Buenos Aires, Provincia de s/daños y perjuicios, Fallos, 316:1465 (1993).

Pradera del Sol v. Municipalidad de General Pueyrredón, Fallos 327:5356 (/2004).

Promenade SRL c/ Municipalidad de San Isidro, Fallos, 312:1394 (1989) y en REDA., nro. 2, Depalma, Buenos Aires, 1989, p. 377 y ss.

Provincia de Buenos Aires c/ Club Mar del Plata, Fallos 146:288 (1926).

Provincia de Buenos Aires c/ Riglos, Fallos 147:178 (1926).

Provincia de Mendoza v. Empresa Constructora F. H. Schmidt SA s/cobro de pesos, Fallos 179:249 (1937).

Puch, Héctor Santos, Fallos 265:349 (1966) y LL 125-307.

Punte, Roberto A. v. Tierra del Fuego, Antártida e Islas del Atlántico Sur s/ cumplimiento de contrato, Fallos 329:809 (2006).

Punte, Roberto A. v. Tierra del Fuego, Antártida e Islas del Atlántico Sur s/ cumplimiento de contrato, Fallos 330:3444 (2007).

Rabinovich, José, Fallos 300:716 (1978).

Radeljak, Fallos 311:2831 (1988).

Raffo y Mazieres SA s/contenciosoadministrativo de plena jurisdicción e ilegitimidad, Fallos 315:1561 (1992).

Ramos, José Luis c/Estado Nacional (Min. de Defensa – ARA) s/indemnización por despido, Fallos 333:311 (2010).

Rappallini, Aristeo E. R. y otro v. Dirección Nacional de Industrias del Estado DiNIE, Fallos 271:354 (1968).

RIVA SA c/ CNEA – Comisión Nacional de Energía Atómica s/ nulidad de resolución, Fallos 318:131 (1995).

Rivademar, Ángela D. B. Martínez Galván de c/ Municipalidad de Rosario, Fallos, 312:326 (1989) y en LL 1989-C-49

Robba, Eugenio v. Dir. Gral. Imp. Réditos, Fallos 195:56 (1943).

Robles, Fallos 316:382 (1993).

Roca Wright, Alejandro C. v. Nación, Fallos 205:200 (1946).

Rodríguez Blanco de Serrao, I. C., Fallos 304:898 (1982).

Rodríguez Melero, Francisco v. Nación, Fallos 185:177 (1939).

Rodríguez Pinedo, María Esther c/ Marín de Brugnettini, María Esther, Fallos, 244:46 (1959).

Roger Balet, José v. Alonso, Gregorio, Fallos 209:405 (1947).

Roisman, Miguel Ángel c/ Nuevo Banco Italiano, Fallos, 283:443 (1972).

Rojo, Luis César, Fallos 215:357 (1949).

Romay, Francisco A., Fallos 256:467 (1963).

Romero de Martino, Leonor Virginia v. Caja Nacional de Ahorro y Seguro, Fallos 307:539 (1985).

Rosa, Carlos Alberto c/ Estado Nacional - Ministerio de Justicia y otro s/daños y perjuicios varios, Fallos, 322:2683 (1999).

Ruiz, Mirta E. y otros c/ Provincia de Buenos Aires s/ daños y perjuicios, Fallos, 312:2138 (1989) y en LL 1990-C-430.

Russo, Ángel, y otra v. C. de Delle Donne, E., Fallos 243:467 (1959).

SA Barbarella CIFI, Fallos, 300:1087 (1978).

SA Compañía Argentina de Teléfonos c/ Provincia de Santiago del Estero, Fallos, 259:165 (1964).

SA Marconeti Ltda., Fallos, 271:186 (1968) y en LL 131-987.

SA Organización Coordinadora Argentina v. Secretaría de Inteligencia del Estado, Fallos 321:174 (1998) y ED 177-749.

SA Organización Coordinadora Argentina y Secretaría de Inteligencia del Estado de la Presidencia de la Nación, Fallos 318:1518 (1995).

Sáenz Peña, Luis A. c/ Gobierno Nacional, Fallos, 124:22 (1916).

Salvatore de López, Amelia c/ Provincia de Buenos Aires, Fallos, 320:568 (1997).

San Luis, Provincia de v. Estado nacional s/acción de amparo, Fallos 326:417 (2003).

Sanabria, Blas Ovando y otro v. Municipalidad de la Ciudad de Buenos Aires, Fallos 308:1282 (1986).

Sánchez Carlos Próspero c/Auditoría General de la Nación s/despido, Fallos 333:335 (2010).

Sánchez Granel, Eduardo S. G. Obras de Ingeniería SAICFI c/ Dirección Nacional de Vialidad, Fallos, 306:1409 (1984) y en ED, 111-551.

Santiago Kenny c/ Provincia de Santa Fe, Fallos 113:158 (1909/1910).

Saslavsky A. R. c/ Prov. de Córdoba, Fallos, 190:318 (1941) y en LL 24-290.

Saud, Carlos Rubén, Fallos 301:426 (1979).

Schirato, Gino v. Nación Argentina, Fallos 304:490 (1982).

Schroder, Juan v. Estado nacional - Secretaría de Recursos Naturales y Ambiente Humano s/amparo, LL 1994-E-449.

Secchi, Antonio H. v. Valentín, Eusebio Ricardo, Fallos 239:142 (1957).

Sefina SRL v. Banco de la Provincia de Buenos Aires s/demanda contencioso-administrativa, Fallos 326: 4681 (2003).

Segba c/ Municipalidad de la Ciudad de Buenos Aires, Fallos, 268:284 (1967).

Serra, Fernando Horacio y otro v. Municipalidad de la Ciudad de Buenos Aires, Fallos 313:83 (1990).

Serra, Fernando Horacio y otro v. Municipalidad de la Ciudad de Buenos Aires, Fallos 316:2454 (1993).

Serú, Liliana Esther c/ Provincia de Buenos Aires, Fallos, 300:867 (1978).

Servicio Nacional de Parques Nacionales v. Franzini, Carlos y sus herederos o quien resulte propietario de Finca 'Las Pavas', Fallos 318:445 (1995).

Servicios Empresariales Wallabies SRL v/ Salta, Provincia de s/ incumplimiento de contrato, Fallos 323:1841 (2000).

Servini de Cubría, María Romilda s/ amparo, Fallos, 315:1943 (1992).

Sidema v. Entidad Binacional Yacyretá s/expropiación irregular, Fallos 320: 934 (1997).

Signo Publicaciones SRL, Fallos 251:404 (1961).

Simón, Julio Héctor y otros s/ privación ilegítima de la libertad (Poblete), Fallos 328:2056 (2005).

Sindicato Argentino de Músicos s/personería gremial, Fallos 253:229 (1962).

Sindicato de Músicos, Fallos 248:800 (1960).

Soc. Com. Ind. Giménez Vargas Hnos. v. Provincia de Mendoza, Fallos 239: 343 (1957).

Sociedad Argentina de Transportes e Industrias Anexas (SATIA) v. Provincia de Buenos Aires, Fallos 188:27 (1940).

Sociedad de Empleados y Obreros del Comercio de Tucumán, Fallos 250:772 (1961).

Soete, Eduardo Julio, Fallos, 253:171 (1962).

Sofía, Antonio y otro, Fallos 243:504 (1959).

Soficomar y Constitución Palace Hotel SRL y otro v. Nación, Fallos 268:56 (1967), LL 127-71 y ED 21-610.

Solá, Roberto y otros v. Estado nacional - Poder Ejecutivo s/empleo público, Fallos 320:2509 (1997) y en ED 178-224.

Solazzo, Fallos 310:2340 (1987).

Soñez, Raúl Eduardo v. Administración Nacional de Aduanas, Fallos 310:272 (1987).

Sosa de Basso, María Angélica y Basso, María Cristina v. Buenos Aires, Provincia de y Municipalidad de Junín, Fallos 310:1578 (1987).

Spinazola, Enrique v. Compañía Sansinena SA, Fallos 217:216 (1947).

Spota, Alberto Antonio, Fallos, 300:836 (1978).

SRL SIEP v. Nación, Fallos 299:1280 (1977).

Stabile, Francisco Pablo, Fallos, 266:153 (1966).

Stamei SRL v. Universidad Nacional de Buenos Aires s/ordinario, Fallos 310: 2278 (1987).

Stramandinolí e hijo v. Gobierno de la Provincia de Jujuy, Fallos 117:304 (1913).

Sudamericana de Intercambio v. Nación Argentina, Fallos 306:1138 (1984).

Synge, Kathleen Frances Anne, Fallos 235:883 (1956).

Tajes, Raúl Eduardo, Fallos 322:555 (1999).

Talleres Carmona SCA v. Ferrocarriles Argentinos, Fallos 306:856 (1984).

Tarnopolsky, Daniel v. Estado nacional y otros s/proceso de conocimiento, Fallos 322:1888 (1999).

Taussig, Jorge F. s/arts. 109 y 110, Código Procesal, Fallos 314:377 (1991).

Tecnobra SA v. Comisión Nacional de Energía Atómica, Fallos 316:729 (1993).

Tejedurías Magallanes SA c/ Administración Nacional de Aduanas, Fallos, 312:1656 (1989).

Tidone, Leda Diana v. Municipalidad del Partido de General Pueyrredón, Fallos 316:3231 (1993).

Tinedo, Mamerto y otros c/ ENTel y otro, Fallos, 308:199 (1986).

Tobar, Leónidas v. Estado Nacional –Ministerio de Defensa – Contaduría General del Ejército– Ley 25.453 s/ amparo ley 16.986, Fallos 325:2059 (2002).

Tomás Devoto y Cía. S.A. c/ Gobierno Nacional, Fallos, 169:111 (1933).

Torres, Ángel Esther c/ Aerolíneas Argentinas, Fallos, 245:271 (1959).

Transportes Tres de Febrero SRL v. Nación Argentina, Fallos 303:1890 (1981).

Universidad Nacional de La Matanza v. Estado nacional s/amparo ley 16.986, 12/8/2003, JA 2004-I-57.

Universidad Nacional de Mar del Plata v. Banco Nación Argentina s/daños y perjuicios, Fallos 326:1355 (2003).

Usandizaga, Perrone y Juliarena SRL v. DGI, Fallos 303:1548 (1981).

Vadell, Jorge Fernando c/ Provincia de Buenos Aires, Fallos, 306:2030 (1984).

Valdez Cora, Ramón, Fallos 182:355 (1938).

Valdez, José Raquel c/ Nación, Fallos, 295:937 (1976).

Vázquez de Filipini, Filomena v. SA Wayss y Freitag SA, Fallos 206:21 (1946).

Vega, Andrés Roberto y otro v. Instituto Nacional de Vitivinicultura, Fallos 311:1565 (1988).

Véliz, Domingo P., Fallos, 301:1051 (1979).

Verónica S.R.L. s/ apelación ley 20.680, Fallos, 311:2339 (1988).

Verrocchi, Ezio D. v. Poder Ejecutivo nacional - Administración s/acción de amparo decs. 770/1996 y 771/1996, Fallos 322:1726 (1999).

Vialco SA c/ Nación Argentina Fallos, 301:1122 (1979).

Vialco SA v. Agua y Energía Eléctrica, Fallos 304:919 (1982).

Vicente Martini e hijos, Fallos 200:450 (1944).

Videla Cuello, Marcelo sucesión de v. La Rioja, Provincia de s/daños y perjuicios, Fallos 313:1638 (1990).

Viento Norte de herederos de Bruno Corsi SRL c/ Provincia de Santa Fe s/ ordinario, Fallos, 320:266 (1997).

Vieytes de Fernández, Juana (suc.) v. Provincia de Buenos Aires, Fallos 295:973 (1976) y ED 69-86.

Vignoni, Antonio S. c/ Estado de la Nación Argentina, Fallos, 311:1007 (1988) y en ED, 129-521.

Vila, Alejandro v. Nación, Fallos 188:135 (1940).

Vivanco, Manuel R. v. Nación, Fallos 194:254 (1942).

Weber, Adolfo, Fallos 259:430 (1964).

Wiater, Carlos c/ Estado Nacional s/ proceso de conocimiento, Fallos, 320-2289 (1997).

Winkler, Juan León c/ Nación Argentina, Fallos, 305:1045 (1983).

Wlodavsky, Pedro y otros, LL 1978-A-431.

Yacimientos Petrolíferos Fiscales v. Corrientes, Provincia de y Banco de Corrientes s/cobro de australes, Fallos 315:158 (1992).

Yacimientos Petrolíferos Fiscales, Fallos 301:341 (1979).

YPF SA v. Enargas - res. 421/1997 y 478/1997, Fallos 328 (2005).

Zacarías, Claudio H. c/ Prov. de Córdoba, Fallos, 321:1124 (1998) y en LL 1998-C-317.

Zaratiegui, Horacio y otros v. Estado nacional s/nulidad de acto legislativo, Fallos 311:2580 (1988).

Zavalía, Carlos Norberto, Fallos 271:29 (1968) y ED 23-12.

Zezza, Oscar y otros c/ Provincia de Buenos Aires, Fallos, 300:639 (1978).

Zielli, Eduardo Francisco, Fallos, 271:338 (1968).

CÁMARA NACIONAL DE APELACIONES EN LO CONTENCIOSO ADMINISTRATIVO FEDERAL

AGA Argentina SACIFMIR v. Comisión Nacional de Energía Atómica s/contrato administrativo, 8/6/1995.

Ahned v. Estado nacional, sala 3ª, 28/4/1988.

Alice, Alberto Vicente c/ UBA, Facultad de Ingeniería s/ ordinario, sala III, 26/07/1988, causa nro. 16.804.

Amil, Andrés c/ YPF, sala III, LL 1982-C-332.

Ángel Estrada y Cía. SA v. res. 71/1996 SEyP, sala 1ª, 15/10/1998, ED 187-982.

Argecom SRL y Ortega SRL v. BCRA s/art. 5º, ley 18.924, 14/11/1991.

Arzua Horacio R.M. c/Administración de Parques Nacionales, Resol. 11/00, Sala 4°, 30/10/07.

Baiter SA v. Estado nacional - Ministerio de Obras y Servicios Públicos, sala 3ª, ED 107-419.

Basanti, Agustina c/ Universidad de Buenos Aires -Resolución 2314/1995-, sala I, 20/11/1997.

Blas, Humberto Agustín c/ Universidad de Buenos Aires -Resolución 2314/1995-, sala I, 27/11/1997.

Bustelo, Rafael Justo v. Estado nacional - Ministerio de Educación s/empleo público, sala 3ª, 3/9/2004.

Cambios Teletur SA v. Banco Central, s/ordinario, sala 3ª, 16/4/1985.

Cas TV SA y otras v. Estado nacional y otro, sala 1ª, 6/6/1990.

Cía. Argentina de Estiba y Almacenaje SA v. Administración General de Puertos s/daños y perjuicios, sala 3ª, 23/10/1986.

Consumidores Libres Coop. Ltda. v. Estado nacional, sala 5ª, 20/10/1995, LL 1995-E-469.

Coordinación Ecológica Área Metropolitana —SE— (TF 13.840-I) v. DGI, sala 4ª, 21/9/1995.

Credimax SACIFIA v. Empresa Ferrocarriles Arg. s/contrato de obra pública, sala 3ª, 10/8/2000.

Cuarto Creciente SA v. Administración de Parques Nacionales s/impugnación de resolución, sala 4ª, 12/6/1986, RAP, nro. 100, Buenos Aires, p. 127.

Defensor del Pueblo de la Nación -Incidente III- c/ Estado Nacional s/amparo ley 16.986, sala III, 23/09/1997, causa nro. 18.499.

Del Río Baltasar, Jorge v. Estado nacional s/ordinario, sala 3ª, 13/3/1986.

Dirección General de Fabricaciones Militares v. Ecca SA, sala 3ª, 11/10/1984, JA, nro. 5427, p. 36.

Dunco SA v. BNA s/cobro de pesos, causa 35.532/94, sala 2ª, 1/4/1993,

Eliseo Hermida y Cía SA c/ DNV s/ cobro de pesos, Sala 4°, 19/12/1986.

Elma v. Gobierno Nacional - Administración Nacional de Aduanas, sala 1ª.

Encotesa v. DNPA - Fuerzas Armadas s/amparo ley 16.986, sala de feria, 13/1/1995.

Estado nacional - Ministerio Público de la Nación v. Estado nacional - res. 121/2003 Consejo y otro s/amparo ley 16.986, sala 3ª, 24/2/2004.

Esuco, Sala 2°, LL 2001-B, 480.

FEMESA v. General Motors Interamericana Corporation Sucursal Arg. s/contrato administrativo, sala 1ª, 8/11/2001.

Finmecánica Spa Aérea, causa 20.615/98, sala 1ª, 6/11/1998.

Folgore SA c/ Ente Autárquico Mundial 1978 (o Comisión Especial Decreto 2055/1979), sala 3°, ED 111-391.

Fundación San Martín de Tours, sala 4ª, 15/9/1981, LL 1982-B-364.

Gamboa, Manuel c/ Secretaría de Transporte, sala I, 08/06/2000, LL 2000-F-633

Gil Navarro, Luis Miguel v. Administración Nacional de Seguridad Social y otros s/amparo, sala 5ª, 7/8/1996.

Gobierno Nacional v. Yabotti SRL, en pleno, 29/12/1958, ED III-179.

González, Claudio Luis v. Estado nacional - Honorable Senado de la Nación s/juicio de conocimiento, sala 4ª, 2/6/1992.

Hughes Tool Company SA v. Gobierno Nacional, Ministerio de Economía, sala 3ª, LL 1984-D-360.

Incofer SA v. Ferrocarriles Argentinos, causa 3431/86, sala 4ª, 26/8/1986.

Ipesa, Guía de la Industria SA v. Entel s/ordinario, sala 4ª, 15/10/1985.

Junta Nacional de Granos, sala 1ª, 25/6/1981.

Linares, Gumersindo José María v. CONET s/amparo por mora, sala 4ª, 2/6/1992.

Luchina v. Gobierno Nacional, sala 4ª, LL 1988-A-209.

Mansilla, José César v. DGFM s/nulidad de resolución, sala 4ª, 15/10/1991.

Mare, Pedro Jorge v. Estado nacional - Ministerio de Relaciones Exteriores Comercio Internacional y Culto s/amparo por mora, sala 4ª, 10/7/2003.

Marenco, Oscar A. v. Gobierno Nacional, sala 2ª, ED 67-437.

Multicambio SA v. Banco Central de la República Argentina, en pleno, 1/10/1985, JA 1986-I-140.

Nucleoeléctrica Argentina SA v. res. 128/2000 ENRE (6507/1999), sala 4ª, 9/4/2002.

Organización de Protección Industrial SA v. Gas del Estado s/nulidad de acto administrativo, sala 2ª, 24/10/1991.

Pastor Ana María c/ Universidad de Buenos Aires s/ nulidad de resolución, sala III, 17/06/1986 causa nro. 11.374.

Pastorino, Juan Alberto v. Ministerio de Trabajo y Seguridad Social s/amparo ley 16.986, sala 3ª, 10/10/1995, causa 26.953/95.

Pereyra, Juan Carlos v. Estado nacional s/retiro, sala 4ª, 3/10/1991.

Peso, sala IV, ED, 114-236.

Petracca e Hijos SACIFI y otros v. Estado nacional (Ente Autárquico Mundial '78) s/cobro de pesos, Causa 9068, en pleno, 24/4/1986, publicado en CARATTINI, Marcelo G. (Recop.), *Fallos plenarios*, Ciencias de la Administración, Buenos Aires, 1997.

Prato, Jorge René v. Estado nacional s/nulidad de resolución, sala 3ª, 5/9/1986, *RAP*, nro. 107, Ciencias de la Administración, Buenos Aires, 1987, p. 129.

Preasco, Jorge Ángel v. FN s/nulidad de resolución, sala 2ª, 5/3/1992.

Rodríguez Blanco de Serrao v. Gobierno Nacional, sala 3ª, 13/11/1979.

Romero, Gerardo, 15/4/1999, en pleno, LL 1999-E-192.

Saguier, Marcelo H. v. Estado nacional - Ministerio del Interior s/empleo público, 26/3/1996.

Santana, Carlos Alberto v. Estado nacional - Ministerio de Educación y Justicia s/empleo público, sala 4ª, 29/8/1995.

Sapag Roque, Alicia, sala 4ª, 15/10/1991, LL 1992-A-366.

Schoeder J. v. Estado nacional, sala 3ª, 8/9/1994, LL 1994-E-449.

Sinardo, Javier c/ Gobierno Nacional, sala II, 06/11/1974, ED, 61-518.

Swissair Líneas Aéreas Suizas, sala 4ª, 3/7/2003, REDA, nro. 47, LexisNexis-Depalma, Buenos Aires, 2004, p. 151.

Sykes, Violeta y otros c/ Banco Central de la República Argentina, sala IV, 02/07/1985, causa nro. 8809.

TAMSE v. Ind. Met. Pescarmona SA s/juicio de conoc.", sala 4ª 29/11/1994.

UBA v. Poder Ejecutivo nacional s/juicio de conocimiento, sala 2ª, 4/6/1991.

Universal Services SA v. BCRA s/proceso de conocimiento, sala 2ª, 26/10/1999.

Universidad Tecnológica Nacional v. Ministerio de Cultura y Educación s/amparo proceso sumarísimo (art. 321, inc. 2º, CPCC), sala 1ª, 24/2/2000.

Uriburu de Aldao, María C. v. Entel, en pleno, 4/12/1975, LL 1976-A-357.

Vianini SPA v. Obras Sanitarias de la Nación s/cobro de pesos, sala 1ª, 24/8/2004.

Video Cable Comunicación SA v. Instituto Nacional de Cinematografía y otros s/varios, sala 3ª, 16/7/1992, causa 29.293.

Villa, Alicia v. UBA, sala 2ª, 1º/12/1992, LL 1993-A-20.

Von der Becke, Edmundo v. Estado nacional - Ministerio de Economía s/ordinario, sala 2ª, 16/9/1993.

Worthington Arg. SAIC s/recurso de apelación, sala 2ª, 15/7/1992.

Yacimientos Carboníferos Fiscales v. Frabia SA, sala 4ª, 27/4/1982, ED 102-233.

Yamil Ekel Milgron (Cleanciti) v. DGI (EN) s/proceso de conocimiento, sala 3ª, 19/2/2002.

Youssefian, Martín c/ Secretaría de Comunicaciones, sala IV, del 23/06/1998.

YPF v. Administración Nacional de Aduanas, en pleno, 17/6/1987.

YPF v. Administración Nacional de Aduanas, sala 3ª, 5/6/1988, RAP, nro. 128, Ciencias de la Administración, Buenos Aires, 1989, p. 158.

Zaratiegui Horacio v. Estado nacional - Ministerio de Defensa s/nulidad de decreto, sala 3ª, 14/10/1986.

OTROS TRIBUNALES

Cámara de Trabajo de la Capital Federal, fallo plenario 256, "Imperiale, Danli Jesús c/ Yacimientos Petrolíferos Fiscales", JA, 1961-VI-325 y ED, 1-520.

Cámara Federal de la Capital, "Torres Blanco c/ Municipalidad de la Ciudad de Buenos Aires", 1928, JA, 27-1180.

Cámara Federal de la Capital, en pleno, "Gobierno Nacional c/ Cura, Ángel", LL 92-475, y JA, 4-1958-274.

Cámara Nacional Civil (sala D), "Municipalidad de la Ciudad de Buenos Aires v. Pose Rama, Eliseo", ED 45-439.

Cámara Nacional Civil (sala G), "Moix, Mauricio v. Municipalidad de la Capital", 2/10/1986, JA 1986-IV-739.

Cámara Nacional Civil de la Capital Federal (sala F) "Hopstein y Yarque", ED XLII-175.

Cámara Nacional de Apelaciones en lo Civil y Comercial Federal, "Segba c/ Cerdeira, Manuel A.", ED, 16-379.

Cámara Nacional de Apelaciones en lo Civil y Comercial Federal, "Segba c/ Hionis, Demetrio", LL 1975-D-3.

Cámara Nacional de Apelaciones en lo Civil y Comercial Federal, "Pardini, Juan C. c/ Servicio Penitenciario Federal y otro", sala III, 16/12/1988, LL 1989-B-369.

Cámara Nacional de Apelaciones en lo Civil y Comercial Federal, sala I, "Segba c/ Ledo", 14/09/1976, causa nro. 4550.

Cámara Nacional de Apelaciones en lo Civil y Comercial Federal, sala I, "Segba c/ Saguetti", 14/09/1976, causa nro. 4553.

Cámara Nacional de Apelaciones en lo Civil y Comercial Federal, sala II, "Astilleros Hernán Cortés SA c/ Estado Nacional", del 05/05/1988, ED, 131-468.

Cámara Nacional de Apelaciones en lo Comercial (sala A) "Segba c/ Cipiensky, Natalio", ED, 55-340.

Cámara Nacional de Apelaciones en lo Comercial (sala C) "Iweco Weil y Cía. SA c/ Segba", ED, 6, 579-560.

Cámara Nacional de Apelaciones Federal en pleno, "Gobierno Nacional c/ Fábrica de Cubiertos Perel SCA", 02/09/1975, ED, 64-266.

Cámara Nacional en lo Comercial (sala 3ª), "Inversor SCPA", LL 1980-D-558.

Cámara Nacional en lo Comercial (sala B), "Gobierno Nacional v. La Editorial SA", LL 1980-A-388.

Cámara Nacional Especial de la Capital Federal, "Gobierno nacional v. Novillo Quiroga, Lilia Menéndez C. de", 11/12/1953, JA 1955-I-119.

Cámara Nacional Federal (sala 4ª), "Peso", ED 114-236.

Juzgado Nacional de Primera Instancia en lo Contencioso Administrativo Federal, "Elma v. Gobierno Nacional - Administración Nacional de Aduanas", ED 79-326.

TRIBUNALES PROVINCIALES

Suprema Corte de Justicia de Buenos Aires, "Corporación Argentina de Productores de carne v. Municipalidad de Avellaneda", 9/12/1981, LL XLII-A-I-1252 sumario 30.

Suprema Corte de Justicia de Buenos Aires, "Divertimentos Acuáticos SA", ED, 178-638.

Suprema Corte de Justicia de Buenos Aires, "Litardo, Miguel A. v. Provincia de Buenos Aires", LL Repertorio 30 [año 1970], A-I, p. 56, *Diario de Jurisprudencia - Boletín Judicial de la Provincia de Buenos Aires*, 89-5.

Suprema Corte de Justicia de Buenos Aires, "Rusconi, Oscar v. Municipalidad de La Plata", 4/7/1995, LL 1996-C-22.

Suprema Corte de Justicia de Buenos Aires, "Sciammarella, Alfredo c/ Prov. de Buenos Aires", ED, 99-214.

Suprema Corte de Justicia de Buenos Aires, "Fasolo Hnos. SRL v. Prov. de Buenos Aires", JA 1982-II-141.

Suprema Corte de Justicia de Buenos Aires, 5/6/1990, causa BA.B.80.241, "Fryd, Abraham David v. Pcia. de Buenos Aires s/demanda contencioso administrativa".

Suprema Corte de Justicia de Mendoza, "Torres, Francisco c/ Prov. de Mendoza", 04/04/1989 LL 1989-C-514.

Suprema Corte de Justicia de Mendoza, causa nro. 45919, "Pettino, Jorge L. y otro, en Pettino, Ricardo D. y otro v. Reynaldo Caseres s/demanda ordinaria", 28-2-1990.

Tribunal Superior de Justicia de la Ciudad de Buenos Aires, "Doy, Miguel v. Gobierno de la Ciudad de Buenos Aires s/acción declarativa de inconstitucionalidad y nulidad", 20/4/2001, causa 52/99.

Suprema Corte de Santa Fe, "Transportes la Florida SRL y otros v. Municipalidad de Rosario", 26/6/1986.

Suprema Corte de Tucumán, 13/3/1987, "Diavil SRL", ED 126-130.

INDICE

TÍTULO SEXTO
PROCEDIMIENTOS Y RECURSOS ADMINISTRATIVOS

CAPÍTULO I
EL PROCEDIMIENTO ADMINISTRATIVO

CAPÍTULO II
PRINCIPIOS FUNDAMENTALES DEL PROCEDIMIENTO ADMINISTRATIVO

CAPÍTULO III
LAS PARTES EN EL PROCEDIMIENTO ADMINISTRATIVO

CAPÍTULO IV

LOS PLAZOS EN EL PROCEDIMIENTO ADMINISTRATIVO

CAPÍTULO V

ESTRUCTURA DEL PROCEDIMIENTO ADMINISTRATIVO

CAPÍTULO VI

EL PROCEDIMIENTO DE IMPUGNACIÓN EN PARTICULAR (RECURSOS, RECLAMACIONES Y DENUNCIAS)

Sección 1ª

LOS RECURSOS ADMINISTRATIVOS

Sección 2ª

EL RECURSO DE RECONSIDERACIÓN

Sección 6ª
OTRAS VÍAS ADMINISTRATIVAS (QUEJA, ACLARATORIA, RECTIFICACIÓN Y DENUNCIA DE ILEGITIMIDAD)

TÍTULO SEPTIMO
LA ACTIVIDAD INTERVENTORA

CAPÍTULO I
LAS PRESTACIONES DE LA ADMINISTRACIÓN O DE LOS PARTICULARES, REGIDAS POR EL DERECHO ADMINISTRATIVO

Sección 1ª
EL SERVICIO PÚBLICO

Sección 2ª

LA GESTIÓN DE LOS SERVICIOS PÚBLICOS Y LAS RELACIONES JURÍDICAS QUE VINCULAN A LOS USUARIOS

CAPÍTULO II

LA ACTIVIDAD INTERVENTORA Y SU INCIDENCIA
SOBRE LOS DERECHOS PRIVADOS

CAPÍTULO IV

LA EMERGENCIA Y SU PROYECCIÓN A LOS CONTRATOS QUE TIENEN POR OBJETO LA PRESTACIÓN DE SERVICIOS PÚBLICOS

CAPÍTULO V

LAS SANCIONES ADMINISTRATIVAS

CAPÍTULO VI

LAS POTESTADES ABLATORIAS Y SU INCIDENCIA SOBRE LOS
DERECHOS REALES DE LOS PARTICULARES

Sección 1ª

LA EXPROPIACIÓN POR CAUSA DE UTILIDAD PÚBLICA

Sección 2ª
LA OCUPACIÓN TEMPORÁNEA

Sección 2ª
EL RÉGIMEN JURÍDICO DEL DOMINIO PÚBLICO

TITULO NOVENO
LOS CONTRATOS DE LA ADMINISTRACIÓN PÚBLICA

CAPÍTULO I
LA CONTRATACIÓN PÚBLICA

CAPÍTULO II
EL RÉGIMEN DE CONTRATACIONES DE LA ADMINISTRACIÓN NACIONAL

CAPÍTULO III
LOS PROCEDIMIENTOS DE SELECCIÓN DEL CONTRATISTA ESTATAL Y LA ADJUDICACIÓN DEL CONTRATO

CAPÍTULO IV

LOS EFECTOS DEL CONTRATO ADMINISTRATIVO, SUS ELEMENTOS Y EL RÉGIMEN DE EJECUCIÓN CONTRACTUAL

CAPÍTULO V

LA EXTINCIÓN DE LOS CONTRATOS ADMINISTRATIVOS

CAPÍTULO VI

IMPUGNACIÓN ADMINISTRATIVA Y JUDICIAL DE LOS ACTOS
RELATIVOS A LA CELEBRACIÓN, EJECUCIÓN, MODIFICACIÓN Y
EXTINCIÓN DE LOS CONTRATOS DE LA ADMINISTRACIÓN

CAPÍTULO VII

EL DESARROLLO DE INFRAESTRUCTURAS PÚBLICAS:
NUEVOS MECANISMOS DE FINANCIAMIENTO VINCULADOS
CON LA ACTIVIDAD CONTRACTUAL DE LA ADMINISTRACIÓN,
EN ESPECIAL LA COLABORACIÓN Y/O ASOCIACIÓN ENTRE LOS
PARTICULARES Y EL ESTADO

Sección 1ª

INTRODUCCIÓN

Sección 2ª

EL RÉGIMEN DE INICIATIVA PRIVADA

Sección 3ª
LA FINANCIACIÓN ESTATAL Y/O PRIVADA DE LAS INFRAESTRUCTURAS PÚBLICAS. ESQUEMAS CONTRACTUALES

TITULO DECIMO
LOS CONTRATOS ADMINISTRATIVOS EN PARTICULAR

CAPITULO I
EL CONTRATO DE EMPLEO PÚBLICO

CAPÍTULO II
EL CONTRATO DE OBRA PÚBLICA
Sección 1ª
OBRA PÚBLICA Y CONTRATO DE OBRA PÚBLICA

Sección 2ª

SUJETO, OBJETO Y CARACTERES PRINCIPALES DEL
CONTRATO DE OBRA PÚBLICA

Sección 3ª

LOS SISTEMAS DE CONTRATACIÓN DE LA LOP

Sección 4ª

LA SELECCIÓN DEL CONTRATISTA

Sección 7ª
EXTINCIÓN DEL CONTRATO DE OBRA PÚBLICA

729

ÍNDICE JURISPRUDENCIAL